哈佛燕京圖書館文獻叢刊第三種

参考消息

一九四四年·六月——一九四五年十一月

第三册

广西师范大学出版社
GUANGXI NORMAL UNIVERSITY PRESS

参考消息

一九四五年一月十三日至一九四五年七月二日

參攷消息

（只供參考）

第七八八號

解放日報 新華社 編

今日出半張

卅四年二月十三日

星期二

敵誇大估計呂宋島美軍損失

【同盟社東京十一日電】正山下大將指揮下的我軍，在呂宋北部地區、克拉克地區、及馬尼拉地區與敵人激戰中，至本月八日，敵人在仁牙因灣登陸以來，一個月來的綜合戰果如下：在綜合戰果中，克巴耶玆安地區的戰果，僅是按一月月底計算。（綜合戰果），（一）人員殺傷（已經證實者陣亡爲一萬六千一百零二人、但推算至少達三萬），（二）毀壞敵砲一百七十二門（野砲九十一門，迫擊砲五十五門，速射砲二十六門），（三）破壞燃燒車輛四百六十三輛，（四）破壞坦克二百零一輛，（五）破壞卡車九輛，（六）擊落擊毀飛機七十一架，（七）擊沉擊傷登陸用船隻二十五艘。（八）除上述外，並破壞燃燒運貨車五十五輛，重機槍六十七挺，輕機槍二十七挺、其他通訊器材、彈藥粮秣甚多。（九）繳獲自動砲六門、重機槍十二挺、輕機槍五十五支、無綫電發報機六部，又在敵人人員的損失中，我楔入隊曾斃敵二千人。

【同盟社菲島基地十日電】麥克阿瑟宣傳「只要十小時即可攻略馬尼拉」，但是菲島的日軍已作戰一星期，這粉碎了麥克阿瑟的虛僞宣傳。自六日以來，敵軍重砲及迫擊砲集中轟擊巴錫河北岸一帶，並逐漸入侵，該敵更集中砲火轟擊該河南岸地區，因此中央郵局及舊城均爲火焰所包圍，我軍決心擊滅敵人，直到最後的一兵一卒，於是把近代的建築物都變成托其卡基地，房頂及門戶都變成機槍陣地。把敵軍牽制在巴錫河以北，七日敵軍以水陸兩用的坦克數輛爲先導，企圖由馬拉卡尼安西方渡過巴錫河，我軍集中猛烈的砲火攻擊之，並組織突擊隊急襲敵軍，擴大戰果，我重砲猛攻敵軍司令部，及聖多瑪大學，使敵指揮系統陷於混亂狀態，另一方面，敵人利用降落傘不斷供給武器彈藥。五日以來，敵人以坦克數輛爲先導，三度來襲尼古拉飛機場附近，每次均被我擊退。

日寇加緊掠奪泰國粮食

【同盟社曼谷九日電】以安定民生爲當前目標的阿拜溫政府，爲了使物資流通、使統制均衡，進行綜合的國家的統制基礎工作，最近準備工作已經完了。第一步統制工作，即已開始。首先在泰國，不論軍需或民需均有必要的統制。食粮物資統制局，於去年十二月廿八日已經發表，但上述統制區域，僅限於曼谷及吞布里（譯音）地區，凡有二十九公斤食粮的人，都要把數目和所在地向食粮物資局報告，並嚴格地禁止自由販賣，政府並在着手統制石印用的印刷和墨水，關於米價問題，故若今後部份奸商，想提高米價，則政府準備實行國家統制，因而熱望市民的協助，但泰拉斯公司與商業部的管理米公定價格，若一等米每一百公斤二十七銖五薩坦，二等米每一百公斤十五銖一薩坦時，將不實行國家統制，阿拜溫政府至去年九月二十日，會成立經濟委員會，作爲審議目前經濟上的各種問題的最高機關——以阿拜溫總理爲委員長，以財政、農林、商業、工業、內政各部部長爲委員。全面地研究與調查國家經濟。此次決定解散這一組織，而另外成立經濟會議，以民間的專門家多人爲委員，以期在確立戰爭經濟體制上，臻於完璧。目前政府的重點，放在貫澈農民政策、安定農民生產上，最近政府曾命泰拉斯公司製定收買穀子的適當價格，並派遣調查人員到各個農村去，調查實際情況，以便採取根本的救濟對策。另方面對於農民，則採用木炭和衣料的Batesstem制，當自農村收買穀子時，付給農民，以衣料代替現金，或根據農民的希望，給以部份現金、部份衣料，這一計劃是帶給農村的一個福音，將被一切農民所歡迎。

希臘設諮議會

【路透社雅典十日電】本日官方公報稱：希臘已設立「諮議會」以備攝政達馬斯金諾斯大主教之諮詢。

華北敵寇聲明與王逆蔭泰合作

【同盟社北京十二日電】華北日軍當局於十一日發表聲明，表示與華北政務委員會新委員長進行全面合作。該聲明稱：前委員長王克敏因病辭職，深堪痛惜。但是現在戰局愈益激烈，華北的使命眞是重大，在此時期，王蔭泰就任華北政務委員會委員長，更加加強參戰體制。我們對於華北政務委員會的決戰施策的成效，有很大的期待。日軍當局痛惜前任委員長的雛任，同時跟新委員長進行全面的合作，更加强化日華同盟，以期貫徹保衛東亞的戰爭。

美國派來大批人員 協助國民黨整編軍隊

一美國新聞處訊一蔣委員長與魏特梅耶將軍用以整編中國軍隊加强中國軍隊實力的美國幹部，已經在規模宏大的一項新軍事計劃中取得地位。

魏特梅耶將軍已經屢次在招待記者會中提到這些幹部，但是却從來沒有詳述他們的組織、任務，以及他們在整編中國軍隊一項偉大計劃中的地位。只關於幹部組織一項（如魏特梅耶將軍總部的官員所示）已足以顯示整個中國軍隊整編計劃的偉大和重要。××××在中國軍隊中工作的美國隊伍，他們完全是一種幹部，他們僅將在實力已經充分建立或正在建立的軍隊中工作。

每一支幹部隊伍，當有一個司令官。其下分爲情報、作戰、和供應三組。每一隊都有使用野砲和步兵武器的專門人，及汽車運輸專家，從事工程、醫務和獸醫等工作的軍官。通訊人員和裝備，實際上每一隊都是一個大部隊的雛型。

幹部隊並沒有指揮的權限。他們只將提出建議訓練，並且協助和供給各種技術。蔣委員長和魏特梅耶將軍已經訂定中國將校和美國顧問人員間的關係，雙方都接受最高當局命令。

魏特梅耶將軍以中國戰場美軍總司令的地位，在他的參謀長麥克魯中將協助之下，擬定這一幹部的工作計劃。並且由麥克魯將軍担任指揮工作，魏特梅耶將軍又以蔣委員長的參謀長的資格，協助擬訂中國軍隊的整編計劃。美國幹部部隊將和這項計劃有密切的關係。

這部份軍隊正在補足名額，都將獲得充分裝備，這便是集中兵員和裝備於少數部隊而不分散於多數部隊，每一支整編後的部隊，都將成爲一支效率極高的隊伍。

沒有參加美國隨軍所辦將領參謀學校十星期課程的集團軍總司令、軍長、師長（包括副的在內）及參謀長，都將參加特別爲他們設置的四星期課程的目的。在使他們了解美國的現代參謀和指揮方法，這樣方可能從他們本部隊的美國幹部和新裝備手中得到（電文不清）協助之下訓練裝備和運用他們的部隊。美國陸軍供應部隊派來的一個軍官，將利用中國以及美國所租借的物資，籌劃供應工作。一個汽車運輸軍官及其軍隊運輸的編組工作，在籌設中的汽車運輸學校協助之下訓練中國司機和××人員。

這些官兵將建立通訊網爲若干部隊之用。並且協助中國軍隊建立和運用通訊設備。工作人員將訓練中國的工兵隊，處理後方以及戰場上的問題，特別注重於預料可以到達的新裝備。美國醫生將負有訓練、醫治和協助救護傷兵的三重任務，美國獸醫官將擴大中國原有的牲畜照護計劃。

步兵和野砲軍官將訓練中國的步兵和砲兵，協助保養裝備以及組織和戰術設計等工作。

這些軍官在戰場上將在其各別的部門上提供戰術建議，這裏他們除了對於自己的人員之外，也沒有指揮之權，作戰方針完全由中國方面決定。

將來較重的大砲和保養裝備，在史迪威公路上的運輸，會使這些幹部隊尤其砲兵與工兵軍官們的責任，更形重要。其中一部份將爲運入中國的新裝備，主要的必須依靠公路。但是好的公路並不很多。這些裝備的保養、運動、和戰術上的使用，對於中國軍官們將引起了許多新的和××。對於在這些裝備上花了好幾年工夫的美國專家們，却是很熟悉的。

這些正在加强的軍隊，是由參謀總長何應欽指揮，而其幹部隊則由麥克魯將軍指揮。這並非雙重的指揮，因爲何總長對於有關中國軍隊的一切事項，都有最後決定之權，而麥克魯將軍則居於輔助的地位。

中美兩國將領們主張充分利用那已在另外一個負責訓練中國軍官和士兵的指揮部之下所建立的×個學校，這些學校是步兵訓練學校，野戰砲訓練學校，參謀學校，畜牧獸醫學校，以及×成立的運輸學校，由中國各部隊中所挑選的官兵將繼續送往在該學校受訓，使訓練水準增高。

魏特梅耶將軍對此新方案極爲信任。他表示：蔣委員長已經批准了這個方案的詳細計劃，以及協助中國將領的美國人員的職掌，凡屬已經派遣幹部隊前往協助的中國將領，無不歡迎這新方案，並且願欲充分利用這方案。我深信中美軍隊密切和誠摯地合作以後，我們必可獲得其一切的利益。中國軍隊有了好營養，好訓練和好領導以後，決無人可以懷疑其必能勇猛作戰。我們聯合的努力，已經積極的發動了。蔣委員長和我深信我們的努力必可成功。中國那可尊敬的歷史上，必將增添幾頁光榮的史蹟。（完）

參攷消息

（只供參考）

第七八九號

解放日報
新華社編

今日出半張

卅四年二月十四日

星期三

傳三國會談公報暗示
蘇聯將參加對日作戰

【合衆社華盛頓十二日電】盛傳三巨頭會議決定於四月廿五日在舊金山召開聯合國會議一事，或係暗示蘇聯終將參加對日之戰。蓋四月廿五日乃蘇聯有權通知日本，廢止蘇日中立條約的最後一天。

【路透社紐約十二日電】此間各報及廣播，評論三巨頭會議時，特別指出聯合國會議在舊金山開會之日期，係訂在蘇聯對日本宣佈取消中立條約或將該條約延長五年之日期以後。據紐約時報華盛頓通訊：華府人士之所眞正注意者，乃三國之聯合聲明中竟絕未提及日本。華府人士對三巨頭會議之匆匆結束，均表緘默，但皆認信蘇聯將參加對日作戰，且聯合國之選定是日開會，實係巧合，且係一種政治戰或顯示將有大事發生也。

【中央社華盛頓十二日電】本週末此間盛傳一未證實的消息，謂蘇聯在此次三巨頭會議中，對於軍事戰略方面，較珍珠港事變以來與英美兩國更爲接近。且有若干批評家，相信蘇聯在太平洋戰爭之最後階段中，俟德國戰敗後終將與日本作戰。此間華盛頓郵報揭載兩項未經官方證實的消息，其一謂三巨頭會議曾有一項決定，即一致同意蘇聯可派代表出席英美聯合參謀部，該參謀部原只有英美代表參加。華盛頓之軍事及外交人員，均認爲此乃一重要之決議，且謂此項新辦法，可使對在德境作戰之盟軍，與蘇軍密切合作。該報又謂此乃蘇聯注意太平洋問題之又一明證，如蘇聯果在德國戰役結束後參加盟軍方面與日本作戰，是蘇聯與盟國必須有最密切之合作。華盛頓郵報又載消息一則，謂三巨頭業已議定，將來德軍戰敗後如何與德國游擊隊作戰之計劃，據此間所獲消息，德國現正在德國南部、奧地利及意北山岳地帶，築關及建立其軍火與供應庫，希望德國強大部隊之核心，可以繼續支持，直至盟軍第一失敗時，可以再度出而統治德國。倫敦每日郵報謂：斯大林或將宣佈廢止蘇日中立條約，此可證明最近由莫斯科返此之美國人士所言，斯大林擬不再繼續維持蘇日中立條約。按日蘇中立條約，本年四月中旬滿期，屆時雙方可互相通知取消或延長。

德對三國會議反響

【路透社倫敦十三日電】德國國內對克里米亞會議的第一個反響，今日已由德意志新聞社發表。標題如下：「德國將要被毀滅了。」「雅爾他的可恨計劃」「主要戰爭罪犯邱吉爾、羅斯福和斯大林協同一致對人類犯了新的罪行」。「德國將摧毀惡鬼般的計劃」。論文說：「德國的敵人之毀滅的瘋狂性現在已經採取了最後的形式。雅爾他計劃是一切時代中最大的政治謀殺企圖。它的目的是直接對濟德國人民，並且由於它想消滅歐洲的中心的强惡意向，它正痛擊着這個大國。每一行都表示着摩根索和臭名遠著的德國人哈特爾•萬西塔特的精神」。德國新聞社又說，「德國將挨到禽獸般的力量的打了。它將被割成片片。而所有德國人……這些苟延殘喘的德國人將被迫押爲奴隸隊，替外國暴政作工。簡單說來這便是那可恨計劃的內容，那就是以『無條件投降』的口號開始的。我們預測我們敵人的目的在於造成超級凡爾賽，現在這個預測已經確切證實了。雅爾他計劃的消息像警號一般震動了德國。這個謀殺的計劃決不應實現。我們的憤怒應成爲全國的狂怒。九千萬德國人將死守他們祖國的國土並以武裝力量去摧毀一切時代中最兇的惡的計劃。」

敵評三國會議說
蘇聯始終控制三國會談

【同盟社東京十三日電】本月四日開始舉行的英美蘇三巨頭會談，已於十二日結束，現已發表三國聯合公報。舉行會談的地點，是在克里米亞半島有名的避寒地雅爾塔。會談是在雅爾塔西南約二哩的俄皇尼古拉二世的別墅內舉行。但在舉行會談時，紅軍的冬季攻勢着着進展，因此自會談開始之時，蘇聯就佔了很有利的地位。會談的議題可以分爲軍事問題、歐洲政治問題、戰後和平機構這三個問題。關於打倒德國，這是三國進行戰爭的共同目的，由此看來，公報所說的是完全可以相信的。而三國對於歐洲政治問題所採取的立場是很微妙的，在會議上對於英蘇兩國的對立、美國對於英蘇兩國設立勢力圈的政策所採取的理想主義的政策，這兩者間的對立怎樣達到妥協，是值得注意的。按公報看來，英蘇兩國勢力的均衡是這樣來維持的，即承認蘇聯在波蘭、南斯拉夫等國的××（電碼不明），而蘇聯承認英國保衛地中海的政策。另一方面，美國尊重大西洋憲章這種理想主義的政策，在蘇英兩國設立勢力圈這種政策面前，不得不實行全面的退却。波蘭流亡政府被否認，而且由於承認寇松綫，不變更領土的原則完全被蹂躪。但是為了美國的面子，規定援助波蘭設立『自由』的政府及歐洲被佔領的各國人民獲得其選擇自己的政府的權利。而美國所得到的東西，只是『自由』、『尊重自主權』這樣的空文，歐洲的地圖，將被英蘇兩國所改變。又據公報說，莫斯科設立賠償戰爭損害委員會，同時在倫敦舉行第一次三國外長會議，在舊金山舉行戰後問題的會議。

同盟社評論
紅軍攻略柏林計劃

【同盟社蘇黎世十二日電】據前綫報導悉：科涅夫軍主力，如其說將進行布累斯勞包圍作戰，不如說正在向渚德雷斯登、萊比錫一直西進。柏林電報強調蘇軍包圍布累斯勞的企圖，而且，莫斯科到來的各種情報則不管那個，而重視西進作戰。科涅夫軍的左翼，已在奧得河左岸地區到達距柏林一百六十公里之地點，坦克先鋒部隊並自左岸地區北進，企圖進攻德軍的側面，德軍在中部奧得河西岸，與朱可夫軍對峙中。目下科涅夫軍主力究竟是直接進擊德勒斯登、萊比錫，抑向西北進擊，以便逼近柏林，現在尚不明瞭。現在朱可夫軍在不斷努力增加預備軍中，等待開始突破作戰的時機。由此觀之，朱可夫、科涅夫軍在作戰上，已取得密切的連繫，這是毫無疑問的。在這種意義上說，朱可夫軍右翼進攻斯德丁的進展，亦堪注目，這樣柏林正面的朱可夫軍，將等待南北兩翼的進擊，而採取正規的攻勢。

雅典會議結束

【路透社雅典十二日電】希臘民族解放陣綫與希臘政府雙方之代表，經最後十小時之會議後，已於本日清晨簽訂協定。據官方發表之聲明稱：所討論之一切問題均已獲致協議。

【路透社倫敦十一日電】英駐希臘公使及現屬雅典之英內閣駐地中海區代表被邀列席希臘政府及希臘人民解放軍代表舉行之會議。

【路透社雅典十二日電】希臘政府今晨發表關於由和平會議（在京城外瓦爾其薩地方舉行的）回返雅典的希臘代表的公報如下：『由大主教提議所召開的希臘政府和民族解放陣綫代表間的會議，已告結束。關於所討論的一切問題，都無例外地俱於今晨四時三十分鐘，達成協議。因時當夜晚，不可能發表詳細聲明，兩方只簽訂了一簡短草約。在談判時期中，地中海英國駐節公使哈羅……（英駐希臘大使李柏 俱會出席會議。今晨簽訂之草約提到希臘共產黨中央委員會（缺）——民族解放陣綫和人民解放軍中央委員會書記巴沙立茲，人民民主聯盟總書記吉里陛科斯宣稱：他們對在會議上所討論的一切問題，都已達到一致意見。……詳細聲明的……協定，係於今日下午二時簽訂的』。

【路透社雅典十二日電】路透社雅典特派員報導：英戰時內閣駐地中海代表麥克米倫，認為希臘政府與人民解放陣綫代表團間所締結的協定，是『公平又老實的處理』。麥克米倫說：『協定完全證明英皇政府在最近困難中所採取的政策。雖然如此，這却並不等於就完結了。重要的是這政策的結果，應使希臘的將來得到收獲。我相信目前協定的條款打開了這條路。』麥克米倫（他曾和英大使里伯爾一同參與昨夜協定條文的簽字）對希臘政府之能達到締結協定，表示極大的愉快，而民族解放陣綫代表團那面，也做得很明達。麥克米倫說：希臘和英國，在他們歷史上曾共同經歷過許多考驗和不幸，但也共同享與了勝利。在將來，希臘在她的復興的困難任務中，會得到英國的締肯的好意，在實際可能範圍內，希臘也可以得到如她願望及英國能夠供給的那樣大的友誼和有效的幫助。

敵完全佔領遂贛基地羣

【同盟社東京十一日電】我中國派遣軍進行打通粵漢路南段的作戰，同時在中國東部進行作戰，獲取美空軍在中國東部留下的空軍據點——遂贛地區。一月廿八日攻略遂川機場後，只有十天完全佔領遂贛基地羣。這個地區是在戰略上有利的地點，舉遂川的例子來說，該地離南京五百五十公里，離上海八百八十公里，離台灣新榮六百九十五公里。和平地區的主要部份，及離台灣西部及中國東南沿岸三百公里海面都處在戰鬥機行動圈內。該地到日本的距離是一千三百公里，利用遠程飛機轟炸日本是可能的。敵人用來轟炸和平地區的基地羣已落入我軍手中，這樣，我軍用來應付敵人從太平洋進攻中國大陸的航空體制，至此已告完備。

【同盟社東京十一日電】大本營於二月十一日十五時發表：我軍佔領遂川飛機場後，相繼攻略南雄、贛州各機場，二月七日又佔領新城飛機場，至此完全覆滅遂贛地區的飛機場羣。

參攷消息

（只供參考）
第七九〇號
解放日報社 新華社 編
今日出半張
卅四年二月十五日
星期四

同盟社評三國會議

【同盟社里斯本十三日電】關於克里米亞會議的結果，已將有關各國的決定內容分別傳遞各流亡政府。戴高樂政權當局避免作一切批評。很明顯的戴高樂對不讓他出席而決定歐洲各種懸案表示不滿。另一方面據倫敦來電，南斯拉夫流亡政府，已向克里米亞會談屈服，最近即與貝爾格萊德之間成立聯合政府。波蘭流亡政權，在克里米亞會談後完全遇到被拋棄的境地，遂於十四日召集緊急會議，對克里米亞會談的公報協議對策，一般認為該政權拒絕與盧布林政權合流是既定的事實。據美聯社電訊稱：關於波蘭問題，美國共和黨衆院議員與克斯基，堅決表示反對稱：「還是從波蘭人背後殺死波蘭人，出賣自由的決定。」同時美國霍華德系各報，一齊反對蘇波兩國解決糾紛的決議案，並向全國宣傳在舊金山會談中此次決定將有所改變。

【同盟社東京十四日電】斯大林委員長並不是因指揮作戰不能遠離，美國各報如「每日郵報」稱：（一）美英蘇三國的關係，蘇聯的地盤日益加大，看一下此次的公報，亦表現了蘇聯的立場得到了勝利，公報全文的語調，完全是蘇聯的主張。（二）可以說蘇聯是予英美以義，而自己則享受果實，此次處理波蘭問題南斯拉夫問題，就是一個很好的例子。關於在歐洲「解放」各國實行民主主義一點，亦是同樣的，蘇聯的憲法是建築在民主主義之上，蘇聯的一切機構都是用高度的民主主義進行，但問題是如何的應用，蘇聯式與英美式之間，是有天壤的差別。三國此種表面的「民主主義」的一致，將不能結束今後歐洲的糾紛。

三巨頭會議後德國實行虛聲恫嚇

【合衆社倫敦十三日電】據斯托哥爾姆訊，德外部發言人稱，三巨頭協議已解除德方之一切道義責任，今後德國作戰可以使用一切適當之方法與物品，不論其效果如何嚴重。

霍華德系報紙反對三巨頭對波蘭問題處理辦法

【路透社紐約十四日電】美國報紙對波蘭形勢展開了尖銳的批評。勸美國出席舊金山會議代表團××修改克里米亞會議對波蘭之決定運動似乎正在進行中。全美國斯克利普斯——霍華德系的報紙都發表「讓舊金山××××××」的社論。

【路透社紐約十三日電】美國報紙對於三國會議中波蘭問題之決定，均加嚴格批評，各報似已發動促請美國出席舊金山會議代表設法修正波蘭決議。【路透社倫敦十四日電】據××訪員稱：前總理米科拉茲柯及其農民黨、大多數基督教民主黨員甚至社會黨員的半數不支持波蘭政府的聲明。

王世杰招待記者談三國會議感想

【中央社重慶十四日電】外國記者招待會，十四日下午三時舉行，王部長世杰，吳次長國楨，張參事平群出席主持。關於英美蘇三領袖克里米亞之結果，王部長答覆某記者之詢問，發表感想如下：克里米亞會議結果使我們得到一個清楚的印象，即主要聯合國間密切合作的志願，不但不如一部人士所料業已減低，反之實日見增強。我們東亞與西歐兩面的敵人，所以努力掙扎，企圖延長戰事，其主要希望，為聯合國內部團結之破裂，敵人此種希望，現在已被粉碎。此次會議的最大成就，為定期召開聯合國會議，成立國際和平安全機構，中國為莫斯科四國宣言之簽字國，亦為頓巴敦橡樹林會議參加者，故對此項會議，尤表歡迎。會後的工作，在使舊金山會議能有真正而持久的成就，此一責任，不僅是主要聯合國家的責任，而是一切聯合國家的責任，我於此願×× 向諸位報告中國業已同意共同召集舊金山會議，並已對此次三國會議關於未來國際安全機構投票程序問題之決定，表示可以同意。某記者詢對於甘乃光先生在報上發表之中國戰後經濟意見，有何評述，張參事答稱，此項意見範圍至廣，難於詳釋。××政府對於各種工業。除鐵道水力發電軍火製造等外，均趨重於獎勵民營企業。甘先生所謂中國戰後經濟將為計劃的自由經濟，實與政府所採政策相合，中國將利用種種方法，以促成現代化，故公私及中外投資，均在獎勵之列。

希臘解放軍月內解除武裝

【路透社雅典十二日電】根據希政府與希臘民族解放陣綫所簽訂之軍事條款，自今日起在十四日以內，所有希臘境內之希臘人民解放軍，必須解除武裝。

一合衆社倫敦十二日電」希臘之內戰，現因成立協定而已告結束。今夜經過十小時的徹夜會商後，民族解放軍已於今晨四時三十分，與政府成立協定。其中允准解放軍之要求，對希王歸國問題，舉行公民投票，並實行大選。但政府至少在大選前清除民族解放陣綫份子。

【路透社倫敦十三日電】據路透社雅典訪員報導：一般人士對希臘新協定會結束「內戰的惡夢」底前途，公開表示滿意。希臘共產黨作家科斯塔維達斯對路透社稱：「協定使我們感到滿意，是因為它規定了『極左派』合法的復現，這將有利於整個希臘。政府恢復了民主自由，國家的秩序也將恢復了。」希臘自由黨領袖索福利斯寫道：在××下面，我們大家一定會在國內找到和平與安謐。讓我們尊重一切政治信仰與思想，只要求他們的活動應在合法的領域中進行。我們不能否認共產黨是一個政黨，但他們必須恢復像政黨一樣的合法地位。只要各方面在執行其條款中表現誠意，這協定便會有很好的結果。希臘進步黨領袖加瑪達利斯說：「協定底主要好處是有了全國自由選舉底可能性。但我對將來並不完全樂觀」。我知道從今天起，作為這協定的選舉效果，便是不能沒有正式的拘票而在雅典與比里猶斯區任意捕人，這就是有希臘正規法律保障的。當選區的進行解除武裝時，戒嚴令（直到現在在政府領土上仍實行着）的同樣鬆緩，將擴及全國。

同盟社說蔣介石答應「實施憲政」是想換個手段確保獨裁

【同盟社東京二日電】蔣介石聲言在今年內實施憲政，同時又說為了準備這一工作，於五月五日舉行國民黨六中全會。利用戰爭，三次延期實施憲政的蔣介石所以又發表這次聲明，主要的是由於美國的壓力，和中共的叫喊。所謂實施憲政，就是說把國民黨一手獨佔的政權，交還給國民，其結果共產黨便成為一個公開的政黨，登上政治舞台，所以憲政如真實施起來，蔣介石只有垮台。然而重慶和中共的關係，據說還有造而再度發生內戰的危機。憲政問題完全是共產黨和其他小黨派向國民黨提出來的，可以說是純粹的內政問題。重慶對於這個要求，在過去從未答應過一次，而這次竟有這樣的態度，誠如重光外相在議會上所指出的，完全是美國干涉內政的結果，在史迪威向蔣介石提出的要求中，曾包括清洗排外主義，和加強國共合作兩項要求，這就是說美國希望成立自由民主主義者，國共兩黨居於同等地位的國共聯合內閣，或者聯合民主政府，這一點將和共產黨要求相同。美方輿論認為中國共產黨是中國的強者，跟重慶比較起來，表示擁護中共的中共的姿態是有理由的。重慶的強處在於蔣介石徹底的獨裁政治及中國民族主義革命的唯一領導者。民權主義是三民主義之一，他與民族主義，民生主義相結合。重慶（缺）對於以排他的獨裁為本質的一黨說來，民主主義當然是相反的東西，而且受到虐待。沒有期限地延期實施憲政。民國十七年十月北伐完成時即結束軍政時期，進入現在訓政時期（第二階段）以來的所有一切的運動必定是實施憲政，即揭起反對蔣介石獨裁的旗幟，進行鬥爭的中共，其要求民主的攻勢可以說也是承繼這個傳統。另一方面蔣介石從於民國廿五年五月五日宣佈憲法草案廿六年十一月召開國民大會，製定和實施憲法，而進行憲政時期，這就是所謂「五五憲草」。但是以發生盧溝橋事變為理由，又延期實施之，訓政時期在實際上後退至軍政時期。在此期間又允諾於民國廿九年實施憲政，以對付汪精衛在和平建國運動中所展開的政策，政權工作。但又藉口戰爭的影響又被撕碎。民國卅二年又決定於戰後一年內實施之，以答覆中共的政治攻勢，甚至被迫於今年實施。此次蔣介石企圖轉變手段，實施憲政，藉以確保蔣氏的獨裁。共產黨想藉口民意，獲得共產黨的合法地位。國民黨五五憲草，就是使國民黨的獨裁變成法律。蔣介石欲獲得中華民國元首——總統的相當廣泛的強力的獨裁權。

美蘇成立借租協定

【同盟社斯托哥爾姆九日電】斯托哥爾姆晚報紐約特派員於六日，就美、蘇間成立軍火租借協定問題報導稱：美國、加拿大、蘇聯三國之間，年去一年曾進行談判締結軍火租借協定，最近判談已告結束。新協定將於下週內簽字。這次成立的協定是第四期協定，期間由一九四四年七月一日起到一九四五年六月三十日為止。談判延長到一年之久的原因，是由於在解決下列兩個困難問題上會發生爭執，即（一）追究蘇聯方面堅決要求龐大數量重工業機械的理由，（二）蘇聯拒絕美國提出以特定國防物資為限的租借品問題。根據新協定的規定，租借額在二十億到四十億美元之間。（註：（一）（二）兩點因錯掉太多，恐有錯誤）

敵由南雄南犯侵入澄江

【中央社粵北前綫某地十三日電】南雄敵一股，十二日晨向南竄擾後，竟於當午到達澄江（南雄南約八十華里），遭我軍迎頭痛擊，敵我傷亡均烈。下午八時，敵增援攻入澄江，現該地附近仍在激戰中。

參考消息

（只供參考）
第一九七一號
新華社 解放日報 編
今日出半張
卅四年二月十六日
星期五

海通社評 三國會議

【海通社斯托哥爾姆十三日電】倫敦對於雅爾塔會議的首次評論絕不是都是熱烈的。據『布爾』自倫敦報導，尤其是有兩件事在倫敦受到批評。首先是它未明確規定盟國對德國提出的休戰條件。這一缺之××即被認爲是盟國政治戰爭上的最嚴重錯誤，一般希望，此次會議將克服這一缺點。據『布爾』稱，使倫敦人士失望也不小的便是對於遠東戰爭的缺乏任何表示。『達根斯』報倫敦訪員的報導很有興趣，該訪員一般地很了解倫敦重要政界人士的意見，訪員宣稱，雅爾塔在紙上達到如何的一致，將在實際中表現出來。在理論上說，一切分歧似已被消除。關於此點，最顯著的便是波蘭問題的解決，該訪員指出，這個問題的解決顯然是在不尊重倫敦波蘭政府下達到的，繼稱，同時必須估計，會議結果未能滿足法國的要求，它未被認爲與其他盟國享有同等的權利。

【海通社柏林十三日電】紐約訊，『紐約時報』自華盛頓報導稱，雅爾塔公報中最有興趣的便是它未論及的一點，即是說日本。繼稱，但美國相信，蘇聯終久將參加反日戰爭。其他美國報紙及廣播評論員關於此點指出，聯合國舊金山會議是計劃在蘇聯或日本必已對現在中立條約發出通知（除非它自動延長五年）之後召開的。美國波蘭人士猛烈批評雅爾塔會議的結果。美籍波蘭人協會聯合委員會於聲明中稱這個結果爲『五次瓜分波蘭』，並稱確定寇松綫爲波蘭東部邊界爲『恥辱的讓步』。美參議員施斯台德於華盛頓美籍波蘭人宴會上宣稱，雅爾塔關於波蘭的協定，表示波蘭已被宰割』。但另一方面，國會人士限於×××雅爾塔公報，稱它『有助於將來的和平』。

【海通社柏林十三日電】白宮星期一夜宣佈，羅斯福由雅爾塔會議返回華盛頓的日期尚不知道。羅斯福在歸途中是否將與戴高樂會談也不知道。雅爾塔會議從二月四日起至十一日結束。羅斯福與邱吉爾在未與斯大林開會和飛往克里米亞之前，曾會晤於馬爾他。華盛頓推測羅斯福[illegible]乘此[illegible]紐約民主黨領袖愛德華·佛林及羅斯福的女兒波的[illegible]亦[illegible]同行，邱吉爾亦攜其女兒阿拉布·奧里佛同行。

【海通社柏林十三日電】倫敦訊：三巨頭會議已以三位政治家的聯合公報而結束。據路透社息：會議在克里米亞雅爾塔舉行。公報提及確定的擊敗德國維持與要求無條件投降的遠大計劃，及佔領德國的計劃。無條件投降的形式僅在德國擊敗以後宣佈。雅爾塔會議亦擬定適當建立戰後波蘭的計劃，及迅速解決南斯拉夫問題的計劃。公報亦宣佈：『聯合國』會議今年四月在舊金山舉行，在這次會議上，將擬定對待德國的詳細計劃。

倫敦波流亡政府否認 三國會議關於波蘭問題的決議

【路透社倫敦十三日電】倫敦波蘭流亡政府本夜發表公報，本政府於雅爾塔會議開始前，曾以備忘錄一件送交英美政府，事先會商並徵得我方的同意時，不××關係波蘭命運的任何決定，同時波蘭政府亦發表聲明，申述其願望，三國會議雖準備並擬定此項決定，然不值未有波蘭政府參加並認可，波蘭政府對此決定毫無所悉。英美蘇三國關於波蘭問題所採擇的解決方式，違背××盟國之×原則，關於大西洋憲章應用之含義和精神，及每個國家保護其本身利益權利背道而馳，波蘭政府特聲明三國會議關於波蘭問題所××××××獲得本政府之承認，亦不能夠約束我波蘭國家本國政府乃波蘭之中心，並得一般國家之承認，五年半來，且指揮國內秘密×及各戰區波軍與軸心國家搏戰，前送遞英美之[illegible]中已申述[illegible]立場，本政府備忘錄中，此聲明之立場仍可用於今日。

康納利說 他深信蘇聯將對日作戰

【路透社[illegible]日電】此間各界今日華盛頓訊，[illegible]美國會議員多信羅、邱兩氏已與斯大林成立協議，由蘇聯最後參加對日作戰，此係一方面由於三巨頭宣佈其已成立『極密切之合作辦法』，一方面由於舊金山會議之日期乃在蘇聯或日本必須宣佈取消日蘇中立條約，或將該約再延長五年之日期以後。美國參議院外交委員會主席康納利今日宣稱，深信斯大林曾告羅邱兩氏，渠將參加對日作戰，康氏又告新聞記者說：關於此事，余尚未獲得任何情報，但余衷心相信，蘇聯將與日本作戰。

【中央社重慶十四日電】據美新聞處舊金山十四日電，舊金山市長萊普漢宣稱，國務院代表將抵此間。統籌開會事宜，各旅邸奉命預留房舍，以備大批政府及外交人員抵埠。

邱吉爾於歸途中抵雅典

【路透社雅典十四日電】英邱吉爾首相出席克里米亞會議後，返國途中今午行抵此間，渠曾於康斯卓恩廣場對二萬餘羣衆致詞。首相演說時艾登外相，英戰時內閣駐中東代表麥克米倫，及地中海戰區盟軍總司令亞歷山大元帥均立其側，希臘內閣全體閣員亦立四週。攝政達馬斯金諾斯立於邱吉爾首相旁。首相略稱：吾英希二國於艱途中並肩前赴，為時已久，於友誼及忠誠中聯合一致。希臘人民之自由繁榮及快樂對一切國家如不列顛聯合國及英國均屬重要，願每一男女心中首唯希臘國家是顧，願希臘之前途於彼等目中閃耀光明。

日寇說：
喪失柏林魯爾並不等於德國滅亡

【同盟社東京十二日電】德國軍事評論家麥庫斯・庫魯爾，於十日強調柏林、魯爾的喪失，並不等於德國即被毀滅之意稱：西綫盟軍的戰略目標為魯爾，紅軍的戰略目標不用說是柏林。紅軍已到達奧得河，其中之一部且已渡過奧得河。盟軍以進抵萊茵河為最高目標，指向萊茵河正面攻擊的徵候已漸趨明顯。東西兩面敵人，即使達到了它的目的，也不能粉碎德軍；相反地，由於德軍彈性的防禦作戰，即使盟軍受到損失，假定他們到達萊茵區以及佔領柏林，他們勝利的前途還是遼遠的。德國還有力量進行如去年十二月十六日所發動的，使全世界注意的反攻（！）。德國人民痛感到戰爭的激烈，他們將所有的物資和精神集中於戰爭，柏林的外國人對此表示驚異。

【中央社重慶十二日電】據柏林廿八日廣播：德宣傳部長戈培爾最近於「帝國雜誌」發表標題為「人民防衛」之論文稱，敵人佔領德國之土地，就經濟上言之實為最重要者，擁有廣大領土作戰之時間現已過去。目前每一村鎮，每一工廠，及每一英畝耕作土地之喪失，均表示吾人作戰力量之直接減少，德國二千年來之歷史中，曾有數次陷於同樣之危機中，每一次事變發生時，幾均令人失望，每一事變發生於劇烈瘋狂之戰爭中，均有其最高潮，但每一次事變終結時，德國均獲致勝利，而為歐洲大陸之主要國家。

同盟社說
美報指出中國分裂的危機

【同盟社里斯本八日電】延安政府要求重慶樹立臨時政府，並表示重慶如不答應即將單獨成立共產國家。美國國務次官格魯於最近招待記者團時聲稱：「如果不能用政府的方法使兩者成立和解，中國將再度發生內亂或將分裂為兩個或兩個以上的國家」。據紐約來電，「時報」特派員哈瓦特報導如下：延安正考慮在華北樹立獨立組織，到那時候在中國公然主張主權的將有兩個力量。蔣介石政權雖有國外的承認，但共產國家亦統治着八千萬民衆，駕御着六十萬軍隊。因此用和平的手段解決中國國內的對立糾紛是極為困難的。重慶與延安的交涉正碰到完全的正面衝突，儘管美國的外交是在極力耐心地調停，但並沒有發現任何的和平基礎，兩者現在完全是在對立着。

同盟社說
國共談判間難題相當多

【同盟社里斯本十四日電】此次重慶與延安的和解交涉，延安代表周恩來將重慶方面的讓步項目完全拒絕，合衆社駐重慶特派員，就延安方面的要求內容報導如下：據重慶政府的報告，交涉不一致的地方相當廣泛，延安方面為了組向議會××的國家最高機關，要求縮小蔣介石的權力。

【同盟社廣州十四日電】據此間所獲確實情報，重慶駐美大使魏道明，於二月二日接見新聞記者時，會聲言美國援華物資，不僅送給重慶，並且還有相當的數量，分配給中共。對此，延安方面立即於四日發表當局聲明：聲言自一九四一年一月皖南事變發生以來，不僅停止了對於八路軍的一切供給，反而用數十萬大軍包圍邊區，防止一切物資流入延安，或加以沒收，延安應分攤的援助物資，完全被重慶沒收獨佔了。所以援華物資全沒有分配給延安。警英美方面非常注意援華物資的用途，和國共妥協問題，故延安這一聲明，不外澈底反駁重慶向美英的掩飾政策，同時這一對重慶的反駁，也說明了兩者間的糾紛，是算不清楚的。

同盟社說
蔣介石患肺炎，病勢嚴重

【同盟社南京十四日電】據此間所獲情報，蔣介石於一月下旬患肺炎，發四十度高熱，此後的病勢則一進一退，其左右人士極為憂慮云。

魏特梅耶和陳納德
送蔣介石一架飛機

【中央社重慶十五日電】中國戰區美軍總部十五日訊，中國戰區美軍總司令魏特梅耶及第十四航空隊司令陳納德，以飛機一架贈送蔣委員長私人使用。

敵人口中的
山東敵我戰報

【同盟社青島十四日電】元旦以來，我軍向魯東魯北魯南之敵，展開討伐作戰，一月中之綜合戰果（括號內為延安系）交戰回數廿二次（十六次）、摧毀敵飛機場一處（一處），繳獲步槍彈藥及其他物品甚多。

參考消息
（只供參考）
第七九二號
解放日報社 新華社 編
今日出一大張
卅四年二月十七日
星期六

又有十六家華僑報紙 要求蔣介石結束一黨專政

【同盟社里斯本十四日電】西半球的華僑報紙十家於十一日發出通電，希望結束國民黨獨裁，樹立中國聯合政府以及立即召集國民大會。據十三日舊金山廣播，除了上述十家報紙外，又有華僑報紙十六家發表強硬的意見，要求結束蔣介石政權。舊金山的『青年中國』、『國民日報』等，參加上述聲明的華僑報紙十六家，包括舊金山、紐約、芝加哥、多倫多、檀香山、哈瓦那、里馬、巴拿馬、巴拉馬利波、遮邁卡、墨西哥、洛杉磯各地的報紙。

同盟社說 魏特梅耶聲明支持重慶

【同盟社里斯本十五日電】渝、延兩政權的和解談判；由於延安代表周恩來的暴露談判內容，說明兩方面的根本對立毫未改善。美國憂慮談判的結果，甚正如以前總統特使曼斯菲德與副國務卿格魯所稱，若和解談判失敗時，中國將造成分裂，再度演成內戰，而誘致蘇聯的干涉。赫爾利大使在努力斡旋此次的談判。據路透社重慶電稱，中國戰場美軍司令官魏特梅耶十五日接見記者團時，雖曾吞吞吐吐地說到渝、延談判的無結果，但同時並說『我擬盡最大的努力，支持美國政府所承認的重慶政府。若中國能解決其政治問題，則戰後將成為強國』，美國一向跟着延安跑，因之使問題愈加複雜，在這一問題上顯示支援重慶的方針，而極望和解談判的成功。

【同盟社廣西前綫基地十五日電】據可靠的情報稱，美軍派遣聯絡官（美國軍官）一名，常駐所謂的西南陸空軍總司令部（何應欽任總司令），同時決定派遣美人聯絡官若干名，駐於緬甸遠征軍、第四戰區、黔桂邊區（新設的邊區，總司令為湯恩伯）及滇越邊區（新設的邊區，總司令為盧漢）各司令部及其隸屬下的各級司令部。這些聯絡官任教育或從事於聯絡的業務。軍

國民黨草擬 戰後復員計劃

【中央社重慶十六日電】中央設計局會同[illegible]戰後復員計劃，已由[illegible]本月內當可完成。聞此[illegible]計劃，將與[illegible]工作取得配合。

【中央社重慶十日電】中國新聞學會，對於新聞自由問題之研究工作，現正積極進行中。除已印發調查表調查各會員之意見外，並於七日下午三時，邀請前有關機關代表，舉行新聞自由問題談話會，徵求各方意見。[illegible]參政會、交通部、中宣部、新聞檢查局、[illegible]中央社等機關代表二十餘人，由馬星野主席，[illegible]部長[illegible]何鄂[illegible]，新聞檢查局主任[illegible]乃鏡，中央部[illegible]見，至六時始散。

【中央社重慶十六日電】國府十六日令：（一）[illegible]朱致鎣，呈請辭職，應照准，此令。任命××為[illegible]，此令。（二）浙江省政府委員兼浙江省[illegible]行政督察專員[illegible]，派杜偉為浙江省政府委員兼浙東行署主任，此令。（三）任命林樹恩為陝西省政府委員，此令。

【中央社紐約十四日電】中國國民黨墨西哥城支部，選舉李樹洪（譯音）為出席國民黨六全代表會代表。

【中央社重慶七日電】外傳自貢市鹽產低落，已影響以後方民生，妥定訪鹽務當局，就詢一切。據談，川鹽生產已常，不致影響後方軍用民食，至於製鹽原料之核算，計分如下三項辦法：（一）舉凡有限價或議價規定者，則照限價或議價計算。（二）未經限價或議價規定者，則照市價計算。（三）遇有限價發生波動而調整辦法尚未奉准時，則商同主管機關召集有關商人，予以成本之合理計算，故過去鹽產並未低落，今後食鹽亦無匱乏之虞。

【中央西安八日電】寶天路向西舖設鐵軌，已達[illegible]十公里，全部工程即可完成。

國民黨將召開黨政軍會議 檢討行政三聯制，提高工作效率

【中央社渝十六日電】蔣主席於元旦中樞紀念週時，曾勗勉提高行政效率，加强作戰力量，為政策各首長為達到此項要求，擬舉行黨政軍提高行政效能總檢討會議，議題約有七項：（一）如何簡化辦事程序，減少層次手續。（二）如何實行分層負責，力求處理迅速。（三

慶方面亦各派聯絡官一名駐於美軍後方司令部及美空軍司令部。其業務只是處理材務。以前美國軍官指揮重慶作戰的傳聞離譜，但是像這次有組織地大量配置聯絡官尚屬首次。

胡宗南飛榆林活動

【中央社榆林十一日電】（遲到）胡長官宗南，九日由西安飛榆林，十日代表蔣委員長致祭已故晉陝綏邊區副總司令兼陝北警備司令高雙成，十一日復飛返西安。鄧寶珊、榮祥、馬鶴天、左世允等，均往機場歡迎。胡九日午抵榆林，下榻鄧總司令寶珊所住之榆林山莊，九日晚鄧設宴為胡洗塵，十日上午八時胡至高雙成私邸共兩次致祭，首次代表蔣委員長致祭，二次胡本人致祭，均由鄧寶珊榮祥及地方各首長等陪祭。儀式隆重肅穆，蔣委員長祭文有「失我良將曾侗予衷」之語。胡祭文尤為沉痛，十日上午九時榆林各界在去歲新建成之中山紀念堂開盛大歡迎會，胡出席致詞，述大戰形勢，並勗勉各界人士爭取最後勝利。胡召見當地軍政幹部，下午召開邊疆教育地方問題等座談會。胡此次來榆，係由西安直淌，並未轉道寧夏，為年來西安榆林直達機之首創。

【中央社榆林五日電】榆林專員傅雲，此次出席陝北行政會議，對陝北災情對陝北民衆痛苦，詳為報告，當局甚為注視。陝省府除原配陝北各縣振款卅二萬元外，又續撥卅萬元。陝主席祝紹周復提借省級公務員捐薪二百萬元，振濟陝北災民。此次陝財長李崇年飛榆視察期間，亦以地方災重民困，對陝北各項公債及獻金，允為免派，對陝北鄉鎮公益儲蓄，儘可能勸募，省府不再攤派云。

饒少偉「脫險」抵渝
獨山破獲間諜案

【中央社重慶十六日電】衡陽保衛戰之第五十四師師長饒少偉氏，最近脫險，由某戰區長官部輾轉飛昆抵渝。（編者按：饒少偉係與方先覺等同時被敵放出，送到三戰區去的）

【中央社貴陽十六日電】獨山近破獲一間諜機關，主犯夫婦二人已被捕。據供稱，彼等受敵指揮，混入黔南各地，以看相測字為業，實則刺探我方軍情，供敵情報，彼等有所謂測字班之組織，均經敵方特種訓練，然後分發至我方活動，被俘之夫婦已將所有之人名供出。（編者按，中央社不久即發出電報，將此消息撤銷）

）如何厲行稽催與督察，使時無稽延，事無擱置。（四）如何使政令貫澈到基層，而能確實執行。（五）如何加强業務與檢討。（六）如何嚴格實行對所屬各地各級機關之考核，使業務得收實效，人民不受苛擾。（七）其他問題。黨政軍各機關，根據以上七個問題，將提出具體意見與方案，分別檢討，然後匯合作總檢討。聞將開會三日，始可決定具體方案。

【中央社渝十六日電】行政三聯制創辦已三年，該新制之得失，每年均有檢討，以求改進。中央方面除中央設計局及黨政工作考核委員會外，各機關另設有設計考核委員會，以執行設計與考核工作。年來雖多有進展，但對於整個制度推行之利弊得失，猶待詳細檢討。蔣主席頃特令國防最高委員會於最近期內，籌備召集行政三聯制檢討會議，舉行籌備會議時，蔣主席將親主持，中央設計局與考核委員會，現正詳細研究關於檢討會議之議題，聞有各級設計考核機構及其工作改進辦法與計劃配合問題，總計劃與總預算案如何編造，立法院政務考核及各級考核問題，總考核報告編纂問題等。

軍委會一週戰況（十日至十六日）

【中央社渝十六日電】軍委會發言人談一週戰況，本週內緬北方面我軍採取兩翼迂迴戰術，擾襲敵後，適時切斷緬甸公路，使由芒友倉皇撤退之敵，遭我殲滅性之打擊，敵五十六師團長僅以身免，殘敵狼狽，向隊潰逃，此為我國際交通線打通後之首次勝利，戰果實堪稱道。現又攻克貴街，續向新唯攻擊前進。攻佔新唯後，當可直下臘戍。惟據判斷敵在該處或將有一番掙扎激戰。湘粵贛邊境，我軍反攻至為得手，予敵之打擊頗大。我軍攻佔鐘田、宜章、坪石等據點後，現已將郴州以南迄坪石間之粵漢鐵路及由宜章東南至樂昌以北之湘粵公路，已歸為我軍所控制。至贛州之敵，雖與南雄北犯敵會合於南康，但始興已為我攻克，遂川亦在我包圍中，敵之首尾不能相顧，似已陷入顧此失彼之境況。我各部隊不斷襲擊敵軍，頗有相當斬獲。

【中央社重慶十六日電】軍委會十六日發表戰訊，贛西方面我軍，於十二日晨將[illegible]守遂川東北太平頭抗之敵擊潰，並乘勝追擊前進，至午續將滁田（遂川東北約廿里）攻克，殲敵甚衆。粵北方面我軍在始興以東之路由、濟塘圍、澄江等地阻擊由南雄東犯之敵，至十三日晚，敵卒未得逞，乃折向雞塲圩（始興東南約卅里）進犯，在我堵擊中，湘南方面我與以西中[illegible]，瑄向將軍寨，瓜里岔一帶之敵攻擊，戰鬥甚烈。本（十）十一兩日中，我軍擊斃敵四百餘。浙江方面溫州附近之金江大橋，於本月三日爲我軍突擊部隊破壞。緬甸方面顯成東北之漩弄，爲敵××顯成重要據點之一，據守該地敵，因感受滇西我軍壓迫已於本月九日向西撤退，我軍當跟蹤追擊中。

同盟社說 粵省鶴山國民黨軍向我磨擦

〔同盟社廣州十五日電〕據到達此間的確實情報稱，廣東省西江南岸鶴山與開平週圍地區之國共兩軍，自去年十二月下旬以來，即在進行激烈的鬥爭，而自一月中旬以後，又演成武力衝突。即是說，由於我華南派遣軍的控制西江，使重慶軍的軍事力量已分崩離析。延安匪賊乃趁此機會，擴大地盤；以約一個團的兵力威嚇重慶軍，與挺進第三縱隊之間進行激戰。重慶軍除戰死一名團長外，共傷亡百名，延安方面約傷亡三十名，目前仍在對峙中。這一戰火並蔓延至廣州灣方面，該地以北地區，似亦在演着國共二軍的武裝衝突。此次國共兩軍的武裝衝突，在華南還是第一次，因此，今後的動向是非常值得注目的。

重慶對於三巨頭會議的反響

〔同盟社里斯本十三日電〕重慶對於此次未邀其參加三巨頭會談表示不滿，恐懼美英蘇在會談中的內部糾紛表面化。綜合重慶的電報，重慶極關心三巨頭會談的結果，蘇聯是否終於參加對日戰爭。美聯社報導：重慶政界認爲三巨頭會議的決定，證明他們將來對於遠東各種問題採取協調的政策，並暗示蘇聯的態度。因此表示歡迎，但是在重慶看來，如果美英不能絕對保障重慶領土的完整，那末重慶就不會表示歡迎。

王逆蔭泰出場 闡明施政綱要三項

〔同盟社北京十五日電〕華北政務委員會新委員長王蔭泰，於十五日上午十一時，在華北政務委員會外交大樓舉行就職典禮，新委員長王蔭泰，在會上宣佈施政方針三項：（一）根據國家至上，勝利第一的原則，上下一致向着建設新華北的道上邁進。（二）加強官民合作的本來政治體制。努力保鄉安民，促進生產。（三）強硬的實行健全的政治。他熱烈地表示向着完成中國自強的大業邁進的決心。

日寇松島艦隊報導部長談 美軍在中國登陸可能性很大

〔同盟社東京十五日電〕中國方面艦隊報導部長松島大佐，概括菲

德傳戴高樂被邀參加三國會議 法國將要求參加參謀長會議

〔海通社柏林十一日電〕巴黎訊，××當局星期六於「外交紀事」報上宣稱，法國將參加三巨頭會議，巴黎電台亦發出同樣報導。這些消息均未詳細說明法國參加會議的詳情。據說，『從巴黎聽到的好消息，戴高樂已被邀參加『三巨頭會議』的最後階段。

〔同盟社蘇黎世十一日電〕十日夜倫敦突然廣播邀請戴高樂參加三國會談的消息，引起各方面的衝動。中立國觀察：戴高樂參加三巨頭會談，表示美英放棄過去不答應法國參加盟國會議的方針，接受蘇聯的提議，（缺一大段）。當然現在不能具體地批評會議的內容，（缺）十二月法蘇締結條約以來，英法關係就不很好，英國企圖利用美國的壓力，再度把法國拉入自己的陣營，它在英法再分割黎巴嫩、敘利亞的問題上，恫嚇法國或表示向其讓步。但是英國終於不能打動戴高樂，中立國方面觀察蘇聯在此次會議上，要拿出最後一張王牌，提起『自由德國』的問題，它估計美英要根本加以拒絕，如是邀請戴高樂參加三國會談，作爲蘇聯不提『自由德國』問題的代價。

〔合衆社巴黎十三日電〕權威法方人士稱：法國將要求在未來之參謀長會議，及外長會議中，取得地位，並認爲如美英蘇未與法國咨商，即確定佔領德國之區域，則絕對『不可能且亦不能接受』。戴高樂將軍已將三巨頭會議之正式報告，提交內閣，據悉渠對於三巨頭會議所×決定並不掩遮其，（電文不清）以前一度盛傳渠與羅斯福總統將舉行會議一節，目前恐未必實現。

德國續評三國會議 認爲在基本問題上蘇聯獲得勝利

〔海通社柏林十三日電〕部長斯米德博士以勝利的口吻於招待外國記者會上宣稱，『雅爾他會議所發表的公報是很好的，因爲它幫助德國領袖們來保持與加強德國人民的戰爭熱情。』他說，『這是一個『災難的大憲章』。仇恨和毀滅的意志是這一文件主要的因素。這就是團結的因素，這種團結因素我們絕未忽視或否認』。在列舉關於德國的各點後，他氣憤地說：『這種問題不值得討論』，『每個德國人在讀了公報後將知道如果雅爾他計劃實行時，他將遭受空前未有的巨大痛苦。因此，德國成百萬人民將決心盡力孤注一擲。成百萬人將進行游擊戰爭。每個德國人在他死去以前，將力圖帶領五個或十個敵人和他一同進入墳墓。每個人都很清楚了解，關於蘇軍在德國東部各省屠殺的文件。成百萬德國人將以屠殺還報屠

島概況，並對戰局作如下解說：敵人在仁牙因灣登陸以來，已經五個禮拜，這一期間，敵人的戰果，僅限於縱斷呂宋平原，到達毫無戰略意義的文化都市——馬尼拉，敵人原來計劃擊潰我兵力的企圖，完全沒有成功。呂宋島的日軍，確保戰略的要地，主力部隊則毫無損失，向擊潰敵人的兵力前進。山下將軍的作戰指導，完全是很可靠的。敵人不僅是在到達馬尼拉，而且將深入襲擊我陣地，到那時候有三個可能，第一進攻日本本土，第二在中國登陸，第三在東南亞洲半島登陸，根據現在的戰局看來，敵人的目的將以第二種在中國登陸之可能性為最大，但這一企圖絕對不會成功。在菲島沒有獲得十分成功的敵人，即使向我中國派遣軍，及中國艦隊所防衛的中國大陸進攻，亦不會獲得成功，特別是最近我軍掃蕩華中華南敵殘存兵力與根據地的結果，大陸上我軍態勢更形鞏固，現在敵人如在中國方面登陸，它將遭受到較太平洋反攻還重大的損失，日本軍的作戰指導，同時東亞十億民眾，百年來在美英的壓迫之下，現在將與我軍配合，一致起來復仇。

日報讀賣新聞論 德日法西斯思想的一致

【同盟社東京九日電】讀賣新聞頃揭載社論稱：德國的情勢日益嚴重。它受東西兩方面敵人的攻擊，我們希望其進行奮鬥，並且期待其獲得勝利。德國因為地理的原因，在東面受到斯拉夫的壓力，西面受到盎格羅薩克遜的威脅，這是德國不可避免的，因此德國外交的目標就是迴避或利用它們，同時在戰略上還要防備它們的進攻，德國在苦難中獲得力量，意志和智慧，它在東西兩面受到攻擊，但是德意志民族仍繼續進行勇猛、果敢的戰鬥。我們衷心信賴德國的資質。但是問題不僅限於民族的資質，現在更重要的就是日耳曼、斯拉夫和盎格羅薩克遜對於所謂近代社會的弊病，以及將來社會的展望，有三個獨自的態度，和三種思想原理，不僅是三個民族進行作戰，而且是三個思想進行鬥爭，我們在這樣嚴重的關頭，還信賴德國，是因為德國九千萬人民信奉這個思想原理，我們不僅與德意志民族結合着，而且與抱有此種思想原理的德國民族結合着。日本的思想與德國是不一樣的，但是其中有共同之點，而與其提攜，戰爭必需估計一個民族的力量及思想，我們根據這兩點，信賴德國民族，我們衷心希望德國如過去一樣能夠忍受其力量和思想的審判，而獲得勝利。

殺。八千萬人民知道如何保衛他們自己。我們已從較小的國家中取得了經驗」。斯米德繼稱，因此，它是一個『愚蠢的文件』。它絕不能實行，因為它沒有估計到德國人民的抵抗意志。」我並不相信德國的軍事力量，不能在最近將來改變軍事形勢，戰爭歷史上曾有比德國今日所處的更壞的形勢。德國軍事上及政治上領導的特殊頑強，以及前進蘇軍所處的危險形勢，應更多的加以考慮」。至於以盟國關係而論，克里米亞會議是斯大林的勝利，據威廉街意見，他在一切基本問題上都取得了勝利。根據一切現象看來，對於羅斯福最為重要的問題，即是說，束縛它於戰後國際秩序中，使蘇聯不能如過去一樣的單身行動一節，發言人未加討論。柏林一般意見認為，公報的用辭以及『每日快報』之類的評論，均顯示這些問題尚未解決，羅斯福尚未達到他所希望的各點，柏林頗懷疑，羅斯福與邱吉爾為此目的所強行要求的舊金山會議，是否能改變蘇聯這種政策。威廉街發言人說，斯大林在波蘭及南斯拉夫問題上均取得了勝利，他已以三國的永遠管制，在歐洲各地建立了他的永遠勢力，他以對東南歐問題的保持沉默，獲得了勝利。

同盟社說法國 處於飢餓狀態中

【同盟社馬德里十三日電】伊瑟報導大班員撰文稱：反軸心各國說什麼自由呀，大西洋憲章呀，從納粹德國統治下解放歐洲呀，喊着漂亮的口號，正在『解放』歐洲各國。但是人類都被他們混淆迷惑了。事實上是無一人被救，這已經逐漸得到證明了。歐洲各國未被美英解放，卻遭受到侵略，甚至連敵人本身也開始述說着：歐洲各國現在是處於無政府狀態，處於血腥的革命前夜。試看一看英美的報章雜誌，對於歐洲非佔領地難以收拾的情景，是如何觀察。對於前途的不安是如何顫慄恐慌。如每日先驅報的駐巴黎訪員談到法國的現狀時，對於法國的無政府狀態是如何顫慄不安。巴黎市上每日有強盜出現，他們不僅襲擊市民，而且襲擊美英軍人，他們之中亦有美軍的逃兵，身着軍裝並持武器，因此甚至法國的警察都不能接近他們。每日電訊報的經濟記者於述說這一慘狀後，說現在『解放』一語對於法國國民來說，卻變成慘淡悽涼的結果。每日郵報則說自美英軍登陸以來，配給市民以石炭時只有十一月份的十公斤，除此以外，什麼燃料、肉類、都感不足。市民們僅吃到少量的麵包與馬鈴薯，每日快報的特派員提起巴黎市民的生活時，慌恐非常，老人與兒童的死亡層出不窮。為了獲得一點麵包，不知站立幾個鐘頭，女人與小孩在寒冷的天氣中號哭泣涕。沒有麵包，沒有石炭，也沒有柴火，飯館裏也是如此。

參攷消息
（只供參考）
第七九三號
解放日報 新華社 編
今日出一大張
卅四年二月十八日
星期日

國民黨中央執委會通告
五月五日召開六次代表大會

【中央社渝十七日電】中國國民黨第六次全國代表大會，定本年五月五日起舉行。中央執行委員會頃特以重要議題通告全國黨員云：本黨負革命建國之使命，際偉大艱難之時會，犧牲奮鬥，無時或息。自二十七年臨時全國代表大會以來，為時已過七載，在此七年之中，本黨主義隨抗戰之進展而益見昌明，革命目標亦因不斷努力而逐步實現。為檢閱本黨陣容，集中全黨力量，以領導國民加速完成抗戰建國之大業，爰定於本年五月五日召集第六次全國代表大會。所有大會議案，中央正博採衆議，詳加研討。茲將重要議題列舉如次：一、國民大會之召集，抗戰建國同時並進，為本黨既定之方針。頒佈憲法，實施憲政，乃本黨五十年來一貫之主張。全國國民，經長期抗戰之鍛鍊，國家意識與義務觀念已入人心，我總理手訂之三民主義，五權憲法，更已普遍為國民所崇仰。允宜及時召開國民大會，製頒憲法，以促憲政之早日實施。此本次大會所應研議者一也。二、憲法草案之研討。憲法草案係一本總理遺教及訓政時期之××而擬議，稿經數易，審訂週詳，惟自二十五年五月五日宣佈以來，全國各界人士熱烈研究，貢獻甚多，宜如何博採衆議，取精用宏，俾國家根本大法，更臻完美。此本次大會所應研議者二也。三、本黨總章之修訂。本黨總章自廿七年臨時全國代表大會修訂以後，施行已閱七年。其中自不無有待斟酌損益之處，同時黨的組織活動方式，亦須適應時代之要求。際茲抗戰勝利，憲政實施，尚待吾人之努力奮鬥，本黨各級組織應如何調整充實，工作與活動如何改進加強，俾發揮黨的活力，樹立新的規模。此本次大會所應研議者三也。四、政治綱領之研討。本黨政綱政策固一以主義為依歸，每一時期，必標舉其主要任務與目標以號召國人贊同努

的新提案：沒有被接受的可能。周恩來聲明如下：重慶所稱的讓步條件並不明顯，是不坦白而且是不公平的。重慶所公佈的讓步條件，第一將共產軍置於軍事委員會之下，這等於將共產軍交給國民黨。第二國民黨現在並沒有打算結束一黨專政。因此，這些條件是重慶政府不可能實行「讓步」，是沒有意義的。重慶政府的讓步條件，是意味着要把延安軍交給國民黨，不然就不承認延安的合法地位。隸屬於一黨支配下的行政院的戰時內閣，沒有權力決定政策。關於延安軍再編制問題，會提議以三人組織聯合委員會，這也不過是要將延安軍交給國民黨，另一方面重慶又拒絕了延安的提案。所謂延安的提案是：（一）樹立民主的聯合政府。（二）設立聯合統帥部。（三）為了廢除一黨專政，決定樹立民主的聯合政府與政治的計劃，應召開國民黨（重慶）、共產黨（延安）及中國民主主義聯盟三黨會議。（四）釋放愛國政治犯。（五）停止壓迫民主，停止特務機關的活動。（六）撤退封鎖延安地區的部隊，並停止攻擊延安軍。

【同盟社廣州十五日電】據最近到達此間的情報稱：一月下旬周恩來赴重慶時攜帶的調整國共關係案，包括比去年會談所提出的更加強硬的要求，其中似乎提議周恩來就任重慶軍政部次長，而重慶方面對此採取捺然的態度。

陝府在神木等十一縣設立國民兵團

【本報訊】陝省成立民衆動員總指揮部，已誌前訊。據西安報載，總指揮官由祝紹周自兼，參謀長杭毅兼任，副參謀長史仲魚兼任。主要工作由保安司令部辦理，並於省府所屬各行政區，設動員指揮部，指揮官由各該專員兼任。各縣設動員總隊，縣長兼總隊長。

又訊：陝省府決議本年度於神木、栒邑、淳化、耀縣、宜川、黃陵、宜君、同官、麟遊、潼關、平民、柞水等縣，設立國民兵團，並自本年度二月份起實施。

【本報訊】西安報載，截至一月廿六日止，陝從軍青年飛昆者已達三、九二八人。又據中央社訊，從軍青年飛昆前，有一二青年行止失檢，已經從軍青年自動組織之糾察隊查出兩人，呈請祝主席取消其從軍資格，並追還制服。

美對外經濟處長克羅萊宣稱
雷多公路與租借法之關係

【美國新聞處紐約七日專電】（雷多公路與租借法之關係）美國對外經濟處處長

力。在興中會同盟會時代，以推翻滿清建立民國為宗旨。十三年改組，以打倒軍閥廢除不平等條約為目標。臨時全國代表大會，則以團結全國力量，抵禦日敵侵略為國策。因是全國有志之士，無不翕然從風。今後政治方面自仍應以抗戰建國綱領為繩準，然為振奮人心，一新觀感，允宜以實現三民主義建立現代國家為歸趨，就對內對外之政治措施，揭發要領，頒示全國，一方面為全黨同志樹立奮鬥之鵠的，一方面即以號召全國人士共趨本黨旗幟之下，以共躋建國大業之完成。此本次大會所應研議者四也。以上四者，實為本次大會之主題，必須有周詳之思考，與正確之決定，方能完成此繼往開來之使命。所望全黨同志精心研討，各紓所見，以供大會之採擇，特此通告。

美新聞處報導
十六家華僑報紙支持蔣介石

【美新聞處舊金山十二日電】西半球出版的十六家華文報紙今日刊載文章反對要求結束蔣介石政府的西半球另外十家華文報紙所發表的宣言。舊金山出版的『青年中國』『國民日報』等十六家報紙指出蔣介石諾許在戰爭結束以前召開國民大會，建立改善士兵生活的五萬萬法幣基金，以及蔣關於訓練中國軍隊與盟軍部隊一道工作的計劃。除在舊金山出版的兩家報紙以外，有紐約國民日報，紐約華文日報，芝加哥三民晨報，多倫多醒華報（譯音），維克多亞里斯共和國報，火奴魯魯聯合中國新聞，哈瓦那民生日報，利馬民生報，巴拿馬共和國報，荷屬圭亞那南方巴門報，英屬西印度牙買加共和國新聞，墨西哥圭申報，舊金山中國青年，及洛杉磯青年指導報。

同盟社轉播
國共兩方聲明

【同盟社里斯本十五日電】重慶與延安兩政權的和解談判，再度遇到暗礁，重慶政府十四日發表稱：重慶提出了四個讓步的條件：（一）承認延安的合法地位，（二）允許延安代表參加重慶軍事委員會，（三）為了組織戰時內閣，允許共產黨及各黨代表參加行政院，（四）為了研討共產軍的再編制與供應問題，由延安、重慶、美國代表組成聯合委員會。

但公佈稱，延安已予拒絕，據重慶來電，關於此事延安代表周恩來，於臨離開重慶時，攻擊說，重慶發表的關於談判的聲明極為不當。並說明延安何以拒絕上述讓步條件的理由。又據另電訊傳稱：周恩來曾明示將往延安的再

克羅來今日向美國參議院外交委員會宣佈租借法『須予繼續直至德日兩國最後無條件投降之日為止』。

其語略曰：遠東方面，聯合國家之戰爭已自各方面帶至日本之抵抗中心。一九四五年一月廿六日，乃吾人繼續援助中國達到一重要階級之一日，是三年來之首批陸上運輸車隊，開抵中緬邊界。美國陸軍工程人員驅車抵此時，乃停車樹立木標一方，上書中英文字樣，大意係謂雷多公路之首批運輸車隊今日抵此，由印度通中國之陸上交通線已告恢復。此路既開，是美國已實踐其在××之退卻時代向中國所作之諾言，即以制勝之工具，畀予其盟友是也。『×××』一大事之幕後，尚有一具有深遠意義之租借故事。遠在二年餘以前，由中國飛往印度之中國軍隊，經配備美國最新式之武器及由美國軍官加以訓練後，即由印度西北部阿薩密省之雷多開始，自緬北潮濕而多水蛭之叢林與山岳中驅擊日軍，此即今日舉世聞名之精銳之中國第卅八師。當其作戰之際，屢與美國之騎兵及英國之空運部隊會合作戰。當其向密芝那進攻時，尾隨其後者則有向中國建築新陸上交通線上之白種與有色之美國陸軍工程人員。怒江以東沿滇緬公路而下者，則有另支之中國軍隊，與彼由雷多東進之軍隊會師。當中英美軍隊及美國陸軍之制服以及印度之糧食，均係由飛機以降落傘投擲地面或投落於叢林內臨時開闢之飛機場中，大部份之飛機，係由美國第十航空隊自印度政府在印度所修築之各基地，或係由第十四航空隊自中國政府在中國所修築之各基地駕駛而來者。飛機所用之大部份，係由英國依照租借辦法自其在安邦登之大煉油廠所撥付者。其所載運之供應品，則係由印度先鋒隊在各飛機場所卸下者。先鋒隊之糧食，由美國供給，而薪餉則由英國付予之。此項人員與供應品之力量，組成一更強大之聯合國攻擊力量。

一月廿八日，開抵中國之首批運輸車隊並不甚大，僅有卡車一百餘輛，但載有數百噸之彈藥、輕砲與其他供應品。對於中國其價值不可估量。此類車輛均將留予中國。但為建立集中之新運輸計劃之第一批車輛，早在有效進行中國之軍事行動。

據估計，現中國自由區內所有之卡車不滿六千輛，其中半數均近於殘破不可使用，為補救此項情形計，將在租借法下由此新公路運往中國。為協助中國組織其運輸系統，已派美國技術人員一千餘名前往中國，其中有已到中國者。中國方面亦將依照租借法選派千餘人赴美，此項運輸系統一經建築以後

，中國即可處理將來運入之大量增加之租借物資。

與此新陸上交通綫平行者，正在依照租借法建築一長達二千英里之油管，以便將汽油與石油輸入中國供運輸之用，並以飛機汽油輸往接濟前由中國各基地襲擊日本之中美空中人員。此外仍將由駝峯空運綫以各項供應品自印度運往中國。此三個路綫，近三年以來，已將各項租借品運入中國，每月所運數量約計三萬噸。

此三路並進之供應辦法，空運陸運及油管，係由中美英三國之人力與資源所聯合建築，其將來所運之物資，比較昔年滇緬公路每月所運之一萬五千噸將增加多倍，將使聯合國家之聯合力量自中國發動新而且大之攻勢。

緬甸方面，另有一支英印非之聯合力量，在蒙特巴頓海軍上將指揮之下，向緬甸海岸進攻。英第十四軍及印度第十五團已由伊姆法爾推進二百英里，距瓦城僅二十五英里，且已在雅里島登陸。此次英軍所用之武器，一部份係美國所製造者，但大部分係在英國或印度所製造。印度之聯合國之大軍火庫，印度從有租借法所供給之工業材料，現能造出大批之武器、彈藥、車胎、制服及其他軍用品，此不獨可供英軍、印軍之用，並且可以供中、美兩國軍隊之用。

太平洋方面之日軍，正由第三支之聯合國軍隊逐漸擊退，其情形與緬甸相同。新幾內亞海軍羣島、斯×坤羣島、塞班島、關島、摩羅泰島、帛琉島及非律濱羣島發動攻勢時所用之武器，均係來自美國，但澳、紐、英、荷諸國之陸海空軍人員，曾在西南太平洋各地與我美國士兵比肩作戰。澳、紐假租借原料之助，亦已供給此聯合軍之行動所用之大部分供應品。

由荷屬東印度羣島逃出及在密士失必依照租借法加以訓練之荷蘭飛行人員，駕美國之飛機，食紐西蘭之糧食，着澳洲之制服與皮鞋，乘紐澳之登陸艇，在非律濱羣島登陸，用英澳之輪胎，食澳紐之口糧，而向日軍進攻。

一九四四年，西南太平洋區我軍所用之輪胎與真空瓶，實際上均為澳洲各工廠所製造，計輪胎二十五萬個，真空瓶二百八十個。製造時所用之棉炭精及其他化學品，均係美國所供給者。英國則自錫蘭製造粗橡皮。製造輪修胎與真空瓶者則為澳洲工廠與澳洲工人租借乃匯合此類供應（下缺）

法國要求解釋黑海公報

「合衆社巴黎十六日電」官方宣佈：法國駐美英蘇三國大使，本日分向駐在國提出要求對黑海會議公報，加以「必須解釋」的照會，此項照會，曾經戴高樂將軍今晨主持的內閣會議通過。法方在照會中，第一問法國是

（二）作戰方式的困難，由作戰方式方面來看，美軍必須經過戰史上空前未有的，多角的而且是困難的階段，這就是說，美國過去在太平洋的作戰，第一是以護航隊及掩護登陸為主的海軍作戰，第二是登陸部隊設置空軍基地的作戰，與從而獲取制空權的作戰，第三是用陸軍完全佔領目的地。它採取以上述三階段為公式的逐島作戰，美國軍隊的最後目的，是侵入日本本土，如與分析美軍的作戰方式，大約規定下列三階段：（甲）進行逐島作戰，以推進空軍基地。（乙）依靠推進了的空軍基地，全面的激底的轟炸日本本土。（丙）利用陸軍侵入日本本土。美軍現在還處在第一階段。「每日電訊報」空軍記者威廉姆斯准將稱，直至今日，美軍是集中兵力向着日軍的缺點進攻，但隨着戰爭的接近日本本土，效果就行減少，內線作戰，飛躍地加強了圓周半徑，但日本利用這一物理的作用，今後使美軍在每個地方作戰，使其兵力不可能集中。

（三）步調的不一致，美軍的另一難關，是與英軍及重慶軍步調的不一致，反軸心軍部隊的各戰綫部隊，大約太平洋是美軍、緬甸是英軍、中國大陸是重慶軍，隨着各個戰場的接近，要求更進一步的密切聯絡與合作。華盛頓……（掉）稱：「美英協力的不够，在海軍作戰上表現得更明顯」，英國太平洋艦隊司令福萊塞，一月十四日亦承認上述事實，他說：「我們想在歐洲的共同作戰方法，在太平洋上我們按照美國方式統一起來，但英美海軍的共同作戰有某種困難」。原來計劃英太平洋艦隊是歸尼米茲或麥克阿瑟指揮，以協助美軍，但因為在技術上的困難及福萊塞因為受着與自己同一官級的美國將領指揮極為不滿，所以現在明確地劃分美英海軍作戰區域，英軍在東印度獨立作戰。英太平洋艦隊所屬巨型軍艦的過半數是航空母艦，其目的本來是補充美國航空母艦的不足，但因上述合作不够，英國航空母艦，是與美軍採取另外一種行動，英國海軍部承認日軍關於一月廿四、廿五日，英機動部隊空襲巨港的公報，此次空襲有航空母艦「光輝」號，「勝利」號，「印度衛達布爾」號，「印德柯奇加布爾」號，戰艦「英王喬治五世」號及巡洋艦「阿哥諾特」號參加。又英國駐華盛頓軍事使團代表索穆維爾，一月二十四日聲明：「英太平洋艦隊，是在美海軍作戰部長金氏指揮之下作戰，而不是歸尼米茲指揮，因此英太平洋艦隊與尼米茲的對日攻擊沒有直接關聯」。這一句話是頗值得注意。另一方面，中國大陸上美蔣軍事的調整，極為困難，史迪威事件即可充分反映這一事實。此外尚有主張直接在中國登陸的尼米茲路綫，以及麥克阿瑟所主張的避免與日軍在中國大陸進行長期戰，而

否已和三大國家相同的地位，出席舊金山會議。法國所要求的地位，是『邀請』國家，不是被邀請國家。其次，法國在軍事佔領德國和柏林管制委員會方面，是否和三大國家處於完全平等的地位。第三，法國是否被邀出席任何佔領區界限的會議，法國權威人士提到第一點時說法國在和三大國家處於相等地位的條件下，才接受出席舊金山會議的邀請，法國未能在事先獲得充分的商討，則不接受佔領區的界限規定。另悉，法國政府現草擬佔領區草案，等討論該項問題時，即將提出。

三巨頭會議前
羅邱先行會議

【中央社華盛頓十二日專電】白宮發言人說：羅斯福於本月二日抵馬耳他島，在三巨頭會議前，他會與邱吉爾、斯退丁紐斯、霍浦金斯、及美陸海軍與政治專家等舉行英美會議。羅斯福先與美陸軍參謀總長馬歇爾，及美海軍作戰部長金氏舉行會議，以後就與邱吉爾晤談。當天夜裏，羅斯福就飛往克里米亞海岸薩方飛機場。蘇外委長莫洛托夫代表斯大林元帥，在那裏歡迎。其後，總統由該處乘車往雅爾他附近里代狄亞沙皇尼古拉斯第二的夏宮。自本月四日以來，三巨頭就在那裏日夜連續舉行會議，到十一日下午才結束。

日寇評稱盟軍
在太平洋作戰的四個難關

【同盟社斯托哥爾姆十一日電】最近美國國內對於太平洋作戰，又充滿着樂觀的論調，美國軍隊自登陸萊特島，仁牙因灣作戰，及進攻馬尼拉等戰事的進展，助長這種樂觀的情緒，但是頭腦冷靜的軍事專家，認為這種樂觀是過於輕率的，美國對日作戰的前途還有下列各種困難。

（一）困難的作戰領域：（甲）美軍的對日作戰，在地域上只是在呂宋島登陸，菲律濱羣島正規的困難的陸上作戰還剛開始，（乙）如能確保菲島空軍基地，就能妨礙日本本土與南方資源地帶的交通，如不進行南洋羣島的作戰，那末美國就不能有效地抑制日本的戰爭資源。（丙）下次的作戰計劃，縱使最有可能在台灣登陸，但是由現在這樣的攻勢看來，考慮直接進攻日本是很困難的。（丁）日本又在中國擴大和加強新的軍事的地位，這對於防衛日本或轉移日本防衛的重點，有很大的關連。因此美軍必須在中國大陸進行大規模的陸上作戰，殲滅日本陸軍，這還是前途渺茫的困難的事業。它的作戰還是廣泛的，而且是非常複雜的。

勁用優勢的海軍。這兩種主張現仍在美國報紙上很激烈地爭論着。

（四）歐洲第一主義？還是太平洋第一主義？最後可以指出反軸心軍世界戰略的背道而馳，美國的態度是將主要努力集中於太平洋，英國對此表示很大的不滿和不安，這是世界周知的事實。最近西綫的沉寂更增加了這一不滿。據『每日郵報』華盛頓特派員報導，傳英國政府與最高樂政權向美國提出抗議，認為美國不應把力量分散在歐洲、太平洋上，實際上由於物資分配的不均衡，以很多的東西運至太平洋，因此歐洲西部戰綫，由於人力物資的不足，現在戰事仍然在停頓狀態，假使大西洋的美軍與在太平洋的美軍數目即使相等，但運輸上需要的船舶要比大西洋多三倍。美國海軍專家稱：美國海外航用的商船約有三千萬噸，其中一半以上是從事太平洋陸海戰之用，而且與每月五十萬噸的海外航運的商船建造噸數相比，麥克阿瑟進行戰鬥，速度如果更快，那末大西洋的船舶將更不足，對歐運輸一旦減退，那麼歐戰不可能有進展，這是軍事專門家一致的意見。傳英國代理外長李察勞氏在他訪問華盛頓時，會與美國秘密締結關於有利地再分配西部戰綫船舶的協定。如果上述是事實的話，那麼對反軸心國在太平洋的戰略提供了新的問題。

英報評重光聲明
『不拒絕任何協商和平之手』

【中央社倫敦十五日專電】東京發出述及日本重光外相『不拒絕任何協商和平之手』原則之悽惻廣播，已引起英倫各報之酸性反應，並夾有輕蔑之意，此於各報社論與卡通畫中，可以見之。新聞記事報所載之卡通最為動人，畫中繪有一頭戴王冠之日皇，及戴禮帽之小磯首相，小磯伸長手臂滴落行兇之冷血，且稱：吾人之政策，乃不拒絕任何協商和平之手『每日前鋒報對重光聲明予以藐視。該報所刊之漫畫，繪一名號『軸心公司』之商號，標題為『夢中夥伴』希特勒探首窗外，見三國會議宣言，咒恨不已，小磯則於屋頂溜之而去。曼徹斯特衛報社論以『日本腳冷』為題，評論重光聲明稱，開羅會議已經明標揭無談判和平之餘地，必有多數日人，深悉日本最後失敗業已注定，日軍雖瘋狂如彼，然日本並沒有納粹德國拚死到底之政黨，東京廣播所稱各節，可能係其實話，盟方即堅持無條件投降，吾人亦不能謂日本將如德國拚戰到底。盟方作戰計劃，自為戰到最後之打算，但同時今年日本內部情勢，亦當予以注視，日本於德國戰敗之際，必感到孤寂無[illegible]。

參考消息

（只供參考）
第七九四號
解放日報 新華社 編
今日出一大張
卅四年二月十九日
星期一

敵同盟社報導 美軍在琉璜島登陸詳情

【同盟社東京十七日電】擁有航艦的敵有力艦艇開始攻擊琉璜島，以圖在該處獲得空軍基地。我守軍在航空部隊協助下，果敢地反擊敵人。十七日更猛烈地轟炸琉璜島，敵人於上午十時利用登陸舟艇在該島東岸一個地點登陸，我守軍立即在海邊消滅其大部份，使敵人受到重大損失。此次敵人在南方海岸一帶施放烟幕，企圖使另一部隊接近海岸。我軍立即擊退之。現在不容許敵人在該島登陸。正如大本營所公佈者，由於我守軍的攻擊和航空部隊的猛烈攻擊，陸續擊沉敵護航艦隊，當時使敵人登陸的企圖受到挫折。

【同盟社東京十七日急電】大本營發表：（二月十七日十八時二十分）（一）本月十七日十時前後，敵人在猛烈的砲擊與轟炸的掩護下，企圖在琉璜島登陸，但即被我守備部隊擊退。（二）自二月十六日起，我航空部隊與守備部隊在攻擊該島週圍敵艦所獲戰果，迄今已被確認者如下：擊沉戰艦一艘，擊沉巡洋艦二艘，艦類未詳二艘。擊毀登陸用運輸船三艘，擊落飛機十架。

【同盟社中太平洋某某基地十七日電】琉璜島週圍一帶，自十六日晨起天氣不好，視綫不明，因此欲確知逼近前來的敵人面貌是非常困難的，下午一時許，敵人逐漸衝入視綫以內的地點，敵之兵力爲小型航空母艦一艘，戰艦五艘，巡洋艦六艘及其他驅逐艦，登陸用舟艇，大型運輸艦，潛水艇等，是一不可輕侮的勢力。敵之艦砲射擊首先對着我軍陣地，我方立即打開砲門，奮勇迎戰，此時我機一架自艦首前方衝入敵巡洋艦將其擊沉。今日上午八時又有敵機二百架空襲八丈島，我方擊落敵機十三架（八架不確實），擊傷敵機十三架。

敵稱馬尼拉 繼續市街戰

【同盟社東京十七日電】我馬尼拉守備部隊，面對着佔壓倒優勢的強大敵軍，仍舊在宮城內以及英特莫斯魯左要據點，死守從大東街、柏沙布

【同盟社東京十七日電】由本土東南海面的敵艦起飛的艦載機，於十七日上午七時來襲關東地方，下午一時敵機的來襲已經結束，今日來襲的敵機約六百架，比昨天有顯著的減少。這是因爲十六日我制空部隊將其擊落二百架。十七日敵機的損失尚在調查中，我方擊落和擊傷相當數量的敵機。敵人在兩天中受到相當大的打擊。今後二三天仍需嚴加戒備。今日敵機轟炸的目標與昨天一樣，主要是轟炸飛機場，但亦轟炸一部份的飛機工廠。

【同盟社東京十七日電】大本營發表（十七日十五時卅分）（一）敵艦載機繼十六日之後，於十七日上午七時，再襲關東地方及靜岡，（二）我軍在十六日迎擊來襲本土的敵機動部隊戰果中，直至現在已判明之戰果，計擊落敵機一百四十七架。毀壞敵機五十架以上，燃燒毀壞巨型艦一艘，我方損失飛機六十架，地上損失甚小。

【同盟社中太平洋基地十七日電】敵艦載機自十六日晨起，來襲八丈島方面，共達二百架，我所在部隊迎擊敵機，截至現在爲止，共毀落敵機二十六架。

【同盟社東京十七日電】我航空部隊於十六日上午，在本土東南方海面，捕捉敵機動部隊並向它猛攻，擊毀艦種不明的敵大型艦一艘並使其起火燃燒，此外尚創傷若干敵艦艇。

【同盟社東京十八日電】大本營發表：（二月十八日十六時）（一）二月十七日敵艦上機襲擊本土時，我方獲得下列戰果：擊落一百零一架，擊毀二十八架，我方自炸。行踪不明機共十七架，（二）二月十七日發表的戰果（二月十六日來襲的敵艦上機），據此後判明，續有廿七架被擊落。

同盟社 一週戰況

【同盟社東京十八日電】「本土及小笠原方面」敵海上部隊主力，於二月上旬離開菲島海面，十六日出現於我本土南部海面。該敵擁有戰艦，巡洋艦等海上艦艇隊，並附有登陸用的母艦。敵艦於接近琉璜島後，自上午至下午，經相當長時間，由艦上發砲轟擊陣地，與此相呼應，將轄爾將軍指揮下的敵第五十八機動部隊，出動全部的航艦飛機，來襲我關東地區的飛機場，並於十七日繼續進行連續襲擊。敵登陸用的船艇隊，於十六日黃昏，由南面接近琉璜島，並向海面敷設水雷，敵人想攻佔該島的企圖，已顯著地趨向強烈。同時，敵航艦飛機約二百架，於同時上午飛襲八丈島，企圖強力地擴大制空權。「馬里亞納方面」尼米茲的總部已進駐關島，馬里亞納方面B二九式機的力量已逐漸增強，航空兵力及海上部隊也正在向該方面步步增強中。

勞俱樂部等處海岸地區起，伸延到尼古拉飛機場東側馬根萊，舊美軍兵營的戰綫，堅持巴錫河南岸一帶的防綫，一步也不後退。在左翼英特莫斯，根據山下將軍的方策，引敵深入的我陸上部隊，對敵軍最激烈的砲轟毫不表示提怯，繼續據守城牆進行死戰。田中海軍少尉指揮下的陸海軍部隊，於十四日上午十一時許，擊退由馬根萊西北方沿坦克壕向我軍衝來約一個連隊的敵軍，燒毀敵坦克兩輛。同月下午二時許，我陸海軍部隊向沿坦克壕來襲我尼古拉飛機場附近據點之敵，勇敢地進行白晝衝殺以擊退敵軍，現仍在奮戰中。曾爲現代都市的馬尼拉，現在已斷電、斷水，瀰漫大火照耀着夜晚的黑暗。殺奔馬尼拉之敵，因缺乏飲水，極感困苦。敵人正急於想佔領馬尼拉，但昔日的馬尼拉，而今已被燒成一片瓦礫廢墟，盡是些斷牆鋼骨和漆黑焦土。

「同盟社呂宋前綫十七日電」正當馬尼拉仍繼續拚死進行市街戰之際，戰鬥已逐漸擴大至馬尼拉東北方的山地。待機中的我有力部隊，由十四日夜開始發動廣泛的反攻。在空軍掩護下，我軍到處進行奮不顧身的衝殺，敵軍的犧牲在不斷增大中。馬尼拉東北郊外之敵，於十日下午砲擊門托拉班，當夜我突擊隊數隊，向邑沙爾州學里基那進展，乘敵不備，展開肉搏戰鬥，予敵以極大損失。同日夜間我另兩突擊隊，侵入馬尼拉東郊賽芬，坦爾門旦之敵軍陣地，一齊發動攻擊，十五日拂曉[illegible]見該處已發生大火。企圖[illegible]帛侖根州安格托東進之敵，屢次遭我駐軍阻擊，自十一日至十四日之間，據已查明的戰果，計殺傷敵軍五百多以上，破壞及燒毀卡車卅五輛，及很多糧食與彈藥。在克拉克飛機場方面，進攻我鮑本高地防綫之敵，自十三日以來，攻勢突趨靜寂。北部戰綫，無大變化。十三日夜間，一部分敵軍進攻我三寳方面陣地，經兵相接後，敵受大損失而退走。在聖尼古拉斯、烏明根方面，敵正在趕築防禦工事。敵在仁牙因，聖佛比安，達古盤各機場，擁有大小各型飛機共約三百五十架——主要用於我北部戰綫的陣地上空，另外，敵似已開始使用克拉克飛機場。

敵稱美機襲東京之役
擊落美機一百四十五架

「同盟社東京十七日電」敵艦載戰機於十六日來襲本土之際，我制空部隊於迎擊戰中獲得極大的戰果，據已查明者，遭我擊落之敵機，即已達一百四十五架。

「摩洛泰島」我軍在叢林中構築據點與陣地，以便進行持久的血戰。同時以果敢的白刃衝殺戰，予敵軍以極大損失。自敵軍登陸到現在爲止，已查明的戰果，計殺傷敵軍四千六百十六名，炸毀及燒毀大砲十門、砲車三輛、物品堆積所一百十三處，及大批武器、彈藥、燃料。「中國方面」：七日攻佔新城後，八日會合其他部隊毀滅遂（川）贛（州）的基地群，現我軍尤繼續擴大戰果中。「緬甸方面」：緬北郊巴特附近之我軍，自七日以來在郊巴特西南方構築防綫，迎擊敵新編第一軍的三個師。自去年十二月二十日起，到本月五日爲止，該方面的綜合戰果計殺傷敵軍三萬，擊落敵機廿九架，繳獲及破壞大砲三十門、坦克一輛、卡車五輛、輕重機槍三百七十七挺。孟米德正面的敵第五十師及英印軍第卅六師，自摩洛泰附近渡過西凡利河，南岸地區的我軍當即實行反攻，敵予以極大損失。在曼德勒地區敵英印軍第二十師，沿金特寧河南下，自二月五日以來，進攻位於金特寧河及伊洛瓦底江合流地點附近之我軍陣地，而另一強大的敵軍正從金特寧河西岸地區南下中，英印軍第五師，由德林地區進逼曼德勒西岸巴哥庫的正面。另一方面，英印軍第十九師由曼德勒北方逐漸增強兵力，於七日，出動約二千人並附有坦克，進至新古附近活動。英印軍第二師現正由東北地區，沿大道向曼德勒推進中，我軍現正到處堅決地阻止敵軍，以期殲滅敵軍。阿拉干方面海岸正面的敵軍行動，目前甚活躍，正在極近的距離內與我對峙中。拉姆萊島上的我守軍，與洋波庫河南端地區之優勢敵軍展開惡戰，我軍繼續進行挺身衝殺戰，敵受損失極大，我航空部隊連日出動，襲擊敵陸路及車輛隊以及敵機場，獲得了極大的戰果。

波蘭流亡政府表示
將用武力反對克里米亞決定

「同盟社斯托哥爾姆十五日電」倫敦來電，波蘭流亡政府十三日，對克里米亞會議的決定，發表強烈的反對聲明，波蘭總理阿萊茲維斯基，十五日會見美英記者團，他聲明說：「波蘭決不向英、美、蘇的控制與決定屈服，堅決的鬥爭下去」，記者問「波蘭流亡政權是否表示什麼態度與採取其他的行動？」阿萊茲維斯基答稱：「各位，本政府想表示見解亦是無益的，在海、陸、空戰鬥的有力兵力，正堅決等待本政府的斷然命令，正如大家所知道的。」

拉蘇格布日寇反登陸

【同盟社呂宋諸島十五日電】[illegible]精神，擾亂在拉蘇格布登陸，向馬尼拉北上之敵約兩個師團，[illegible]中。與此相配合的我特別衛鋒隊，於十三日乘夜陰以強襲敵後，在該登陸地點拉蘇格布實行反登陸，深入以拉蘇格布為中心的敵設立橋頭堡區的敵陣地，爆毀敵人車輛，或向敵重砲陣地投擲手榴彈，使敵人陣地陷於不可收拾地步。由於我衛鋒隊大膽的活動，在敵人陣地發生大火災，從很遠的我陣地亦可望見，勇士們的士氣極為旺盛。

敵稱美軍傷亡七十八萬

【同盟社里斯本十五日電】據華盛頓來電，陸軍部長史汀生於十五日發表談話稱，美陸軍在歐洲西線，從諾曼第登陸戰以來，到二月一日為止，損失兵員卅九萬四千八百十四名，[illegible]各戰場合計已五十九萬三千[illegible]百四十二名，如果加上最近發表的海軍人員的損失數目，美國從開戰以來，陸海軍的損失合計為七十八萬二千一百八十名。

敵稱在正太綫南與我軍戰鬥
美空軍聯絡員一人犧牲

【同盟社北平十二月電】皇軍對太行軍區之「匪」約二百名，於壽陽附近石太綫南方將其主力擊潰，敵遺棄屍體中有美國人一名，該美國人現已斃命，但據所持物品之調查，係美駐華空軍第廿航空隊由延安派出的地上聯絡員，據：（掉）根據駐華美空軍與延安方面的協定，指定第二十航空隊為了聯絡，萬一發生障礙時，太行軍區附近可以作為乘降落傘降落的地點，並在重要地點派遣相當的聯絡員，根據他所攜帶報告書：去年十二月十七日，第二十航空隊B二九式機三三六三號，在平順東北方十里舖上空，發生障礙，有四名駕駛員乘降落傘降下，此外在他的圖囊中有很多的報告文件。他如何的在石太綫附近活動雖不明瞭，據推測恐是進行偵察，並圖救出皇軍中的美國乘客，在被遺棄的美人衣服口袋中，有鉛筆、鋁質的銀色章與很小的像片。

【同盟社鄭州十三日電】一路向建設新河南邁進中的河南我皇軍，在年去作戰中，收到下列綜合戰果：交戰回數一千六百二十一次，交戰敵兵力約六十九萬，我方收容敵屍體七萬三千六百十八具，俘虜二萬四千二十九人，獲各種砲三百九十四門，車輛二百二十七輛，重機槍五百五十七支，步槍三萬七百二十五支，擊落P四十式三十九架（內七架不確實），P五一式機五十

[illegible]他中立國中的各種計劃亦如此。日本亦一樣，他雖竭力挑撥中國與美英蘇的關係，他雖竭力擾亂中國國內的團結，他更[illegible]在各佔領區挑撥所謂黃白的種族仇恨。他們有如盧溝的殺人犯『且看卅年後又是一條好漢』，然而這不僅是他們的幻想而已。去年末以來，波蘭、希臘、南斯拉夫、意大利、比利時各解放國家都發生許多微小而夢魘一樣的事變，而這些事變的角色，為各強國均有其不同同情者，這些不同的同情如不幸而擴大，不僅將影響對德戰爭，並為世界未來隱患，所以羅斯福總統在本年致國會咨文中，率直指出帝國主義強權政治以及孤立主義都將造成第三次大戰，此亦可見納粹和日寇之欲以求者，並非毫無影響。然第三次大戰是什麼意思呢？如第一次世界大戰死亡傷三千萬人，此次大戰的結果恐在一二萬萬之間，則將來大戰，可能是人類之毀滅，除了日寇納粹獰笑以外，誰亦是得不償失的，這是愛好自由與和平的人類斷乎必須避免的。然而在本月以前，誰又能十分泰然呢！現在由於三國聲明所決定的聯合作戰之努力，由於對德處理之澈底，由於對波蘭、南斯拉夫以及其他解放國之賢明辦法，特別由於三國對於大西洋憲章重申莊嚴之信誓，以及召集舊金山會議之決定，我們以及全世界都可堅決確信無論英蘇美任何一國，都是和平的，絕無領土野心，絕無干涉他國內政欲望的，所以這一會議宣佈了納粹及其同類的死刑，而亦宣佈了帝國主義強權政治和孤立主義的死刑，這一聲明是預防第三次大戰之血清，亦就是納粹和日寇最後幻想之破滅，這是何等可為人類慶賀的大事。

由這一聲明所表現的光明和協的精神，對於未來國際合作更是一無上[illegible]，如果去年今年之際國際上特別是歐洲不無若干戾氣，則這一聯合聲明確可化戾氣為祥和，澄清世界的局霧。戾氣之由來的恐懼，實在的，世界上最可恐懼者，莫過於恐懼之本身。一個著名的學者、政治家貝奈斯總統在其可紀念的大作『民主政治之今日與明日』中曾指出，過去愛好和平的各大國間互信未能堅定，這才使納粹極權得以有系統而殘酷的從中漁利，並先發制人發動大戰。在此次三國聲明中，英美讓步很大，而蘇聯讓步亦是很大的。三大政治家『相忍為世界』的精神可資佩，而其所以能相忍者，自亦由於經過坦白的談判以後，都獲得了免於恐懼之自由。 我並願贊揚一向被人視為神祕的蘇聯政治家，[illegible]表現之風度是如此和藹[illegible]，[illegible]對於英美[illegible]乃至全世界，都有莫大的利益。有此優良先例，我們深信在未來的舊金山會議中，英美蘇和中法五國之間必能獲得同樣互信合作的更廣泛的成就。五十年代的

一架。B二五式機五架（內一架不確實），B二九式機一架。

敵在贛州搶到大量武器

【同盟社大陸前綫基地十四日電】我在華作戰部隊，於十日在贛州附近，曾沒收敵大量兵器，其主要東西如下：十五吋榴彈砲五百七十六架，黃色炸藥四噸，黑色炸藥七百廿噸，地雷二百四十個，木柄手榴彈一千七百五十個。

海通社傳 比利時左翼份子組閣

【海通社柏林十一日電】布魯塞爾訊，據星期日下午無綫電台宣佈，社會黨領袖法納克爾，已於星期日組成比利時新內閣。閣員名字可能於今晚宣佈。法納克爾曾在地下運動中起過作用，前此曾一度企圖組閣，但因天主教黨拒絕參加有共產黨代表參加的政府而告失敗。

【海通社柏林十一日電】布魯塞爾訊，新總理法納克爾，雖尚未發表其閣員名單，但據悉，天主教黨亦將參加。據論傳，抵抗運動的『共些份子』亦將參加此內閣。

中央社專論 克里米亞會議與世界前途

克里米亞會議的偉大意義和價值，無論如何不會評價過高，由三國聯合聲明這一光輝文獻及在其中所表現的政治家的精神，我們可以確信不僅對德戰爭可以迅速而澈底獲勝，而第三次大戰已可決定的避免了。因此它對於太平洋的勝利與和平，自亦有重大而良好的影響。中國的政府和人民一致以無限熱情歡迎這一聲明，不是偶然的。

聯合聲明的第一個主要意義，確實證明三大國家都有愛好和平的誠意與精誠合作的決心，因此人類自古迄今一個最大希望，所謂世界和平者，從此不復是幻想與迂談，而將是一個可能而且必然的事實了。自從去年聯合國對德發動強有力的反攻以後，特別是紅軍雷霆萬鈞的進軍以後，納粹的崩潰已是必然的命運，而在東方，日寇的情況決不比納粹更好，他們知道無望了，然他們卻有一個最後希望，即利用同盟國若干意見之不同來苟延殘喘，同時更希望擴大同盟國之矛盾，散佈第三次大戰的種子以便在第三次大戰之中翻身。納粹的公開宣傳如此，他的政治攻勢和軍事佈置之目的如此，而在西班牙

政治家較之十九世紀固有巨人與侏儒之別，即較之一九一八年的人物，亦有成人與幼童之分了。

有人說克里米亞會議沒有提到太平洋和日本，其實這是當然的，這是以解決歐局爲主的會議，而涉及太平洋和日本的會議，自不會無中國之參加。但這一會議對於太平洋的影響，自無疑處重且大，其一、對德戰爭之迅速結束，世界和平之確有保障，是世界之幸，自亦亞洲之幸。其二、三國會議分區佔領德國和澈底解除德國軍事經濟政治文化武裝的方法，自必完全適用於日本。其三、會議決定召集的舊金山會議，除了討論投票程序問題以及頓巴敦建議的世界安全憲章問題之外，自經決定共同對日戰略及處置日本的具體問題。有克里米亞的和諧空氣和光明精神爲先驅，太平洋和全世界的永久安全必能在舊金山得到更完全而圓滿的成就，至於舊金山開會之日，恰在蘇日中立條約最後通知是否延長之後十日，我不願對此作任何推論，然此日將爲日本極不愉快之日，而爲中蘇傳統友誼決定邁進一大步之日，則是毫無可疑的。

最後願一言者，中國人民×××之最深，故望永久和平亦最切，特別是由古代孔子墨子和禮運一類的思想以及現代孫中山先生三民主義一類思想所教育的中國人民對於大西洋憲章以迄頓巴敦建議中的思想，抱有最忠誠而無疑的篤信。一二年來，種種事實刺激一小部份人有時不免覺得此種信仰未必可以適於天眞，然經此次聲明，可說使全體中國人民更加強其對三大友邦的信心，我們自亦盼望中國友邦亦加強對中國的信心，不必因若干不負責任之言論誤會一個最無可誤會的國家與民族。我想中國除了一個國家應有的權利與自尊心以外，絕無所求，此亦即赫爾利大使在其本年國書中認爲是美國與中國友誼日增而與日本終於爲敵之原則。由克里米亞會議所創造的光明祥和的空氣，我們更深信中國一貫政策之正確，亦深信中國爲英美蘇三大友邦無論現在與將來不會有任何隔閡，所以我亦願意提起國民和政府之注意，除了自己革新政治，努力作戰，做一個現代的國家以外，應本自己一貫方針，和我們最有關係的幾個友邦，特別是蘇聯英國和美國更進一步增進邦交。（胡秋原）

參攷消息
（只供參考）
第七九五號
解放日報社 新華社 編
今日出一大張
卅四年二月二十日
星期二

美軍登陸琉璜島
美機襲擊父島母島

【同盟社東京十九日電】琉璜島南方海面之敵機動部隊，於十九日上午八時，以百艘登陸船隻，再度向該島西南部二根濱靠近海岸，我守備部隊立即迎擊，現正在激戰中，敵人更以百餘艘組織二第三登陸用船隻進攻，我方在水上擊潰敵人，現在猛烈反擊中。

【同盟社里斯本十八日電】接近琉璜島的美國機動部隊，已證實有在該島登陸的企圖，因受到日守備部隊的熾烈反擊，直至現在登陸尚未成功，仍在動員其海空軍力量，砲擊轟炸該島。該島的日軍守備部隊，所發揮的反擊力量，予敵人的作戰計劃以極大妨礙。十八日由關島發出的美國報導，間接承認了這一事實，該報導稱：綜合各種情報，琉璜島是日軍防衛綫中的最鞏固的前哨陣地，該島的日軍防衛部隊，直至今日尚能發揮反攻力，說明了日軍在一個小島上的準備工作非常堅固。美國海空軍儘管要切斷該島與日本本土的聯系，但日軍仍能將該島變爲一個要塞，並且獲得成功。十八日尼米茲司令部的公報稱：攻擊琉璜島的解放式機及艦載機，遭受到對空砲火的集中襲擊，又向該島砲擊的一艘軍艦，亦因沿岸熾烈的砲火攻擊而受到損害。

【同盟社東京十九日電】十六日以來，我航空部隊及守備部隊，向琉璜島周圍的敵艦船施行攻擊，直至現在所獲戰果，計擊毀艦船二十三艘，擊落飛機十三架。另一方面，十六十七兩日，對敵艦載機實行攻擊，共擊落擊毀敵機三百五十三架。內分（琉璜島周圍戰果）：轟沉戰艦一艘，巡洋艦三艘，艦種不明三艘，擊沉巡洋艦二艘，登陸用運輸船四艘，擊傷巡洋艦一艘，登陸用運輸船八艘，擊落飛機十三架。（迎擊敵機戰果）：十六日擊落一百七十四架，擊傷五十架，十七日擊落一百零一架，擊毀二十八架。

邀請，半數主張接受邀請，半數（包括戴氏本人在內）則認法如接受邀請出席次要性會議之邀約，則有損法國之尊嚴，此間外交界人士咸認戴高樂拒絕邀請，對羅斯福總統乃爲不禮貌，且減少羅斯福總統將來來此訪問之機會。

【同盟社馬德里十八日電】據巴黎來電，關於法國拒絕羅斯福邀請法國方面，本是祕密行事，但由於美國大使館，洩露了這一祕密，所以法方對此非常不滿，表示憎惡。而法方拒絕的理由則爲羅斯福拒絕了戴高樂日前對羅氏的邀請，最近美法間關於軍火租借的談判會使法方頗不愉快，繼之法國呈惡三要求。但三國會談終於拒絕了法國的參加，因而法國對美英，特別是對美國的感情日趨惡化。

紐約時報傳
三國會議中波蘭問題

【路透社倫敦十六日電】紐約時報專電：據悉，羅斯福曾於雅爾塔盡了最大的力量，以圖××斯大林同意，議改組的波蘭保持羅夫。關於此點，他已失敗了，因爲羅夫還在三大盟國領袖同意作爲蘇波邊界的一綫以東，且距離很遠。但可能是：波人佔優勢的羅夫人的國籍尚未最後解決，因爲似乎可能是，克里米亞會議同意了某種祕密議定書，但爲了避免這個名詞的不好涵義，或者可稱之爲紳士協定。無論如何，很可能是，關於×××××，羅斯福及邱吉爾在承認蘇聯半個波蘭的要求時，他們反過來，在成立新政府以代替倫敦流亡政府及蘇聯扶植的臨時政府方面，作了某些××。他們的目的在於在總選之前，保證波蘭政權的基礎盡可能廣泛與富於代表性。此間外交界感覺，不論對與不對，斯大林又再次表示了相當機敏的政治家風度。因爲他在堅持應承認蘇聯對羅夫的合法權利後，已給他自己取得了向新政府表示姿態的機會，這個政府將立即××××，同時向波蘭人民表示：蘇聯願意做個好鄰邦。由於對波蘭的領土要求已被接受，斯大林對於未來政府，似乎具有××××，明白表示出來，他對新波蘭國家的內政問題，並無干涉的意圖，這個新波蘭國家的西部邊界可能擴張至奧得河、涅斯河一綫，包括斯德丁在內。

在倫敦的波蘭人中，非常混亂和不明確。許多人不願服從阿基塞夫斯基的領導，因後者完全拒絕參與××××。雖然如此，曾不斷拒絕參與××政體的米科拉茲柯農民黨，則一致願意根據解決蘇波問題的提議，與三強國合作，米科拉茲柯將於下××啓程赴莫斯科。衆信：他現在尚留於此地，乃由於希望能與英外相艾登一談，現在所能公佈者，即在他離此赴莫斯科之前，共

參考消息

（只供參考）

第七九六號

解放日報 新華社 編

今日出一大張

卅四年二月廿一日

星期三

大公、國民、益世等報 籲蔣介石說話

【中央社重慶廿日電】大公報、國民公報、益世報廿日社論一致呼籲團結。大公報標題爲『應該快趕團結了』。首述周恩來再來重慶後，於十六日在新華日報發表聲明，×××××及附譯王部長在外記者招待會上公開聲明，（缺十七字）非空手而去。無論中央與延安兩方面意見距離多麼遠，問題焦點在延安主張召開一個黨派會議以決定共×××綱領。由王部長聲明中，知道政府已允許召開一個國共代表及各黨各派、無黨無派的領袖會議，以考慮國民大會開會前關××××團結的過渡辦法。我們希望趕快召開國共××黨各派無黨無派領袖會議以求團結。該報末尾謂此時歐洲已打近柏林，亞洲美軍登陸琉璜島，羅邱斯會議一舉澄清歐洲政治問題。我們××××××局面×撲面而來，我們×××今日之局面非政治解決不可，而政治解決（缺八字）提出我們以國民×情×想政治解決××原則指×，（一）共守三民主義的××原則；（二）主席爲國家元首全軍統帥的領導×；（三）不×動國民政府的基礎，開放政權，容納一黨以外的人參加，決定政策的最高機構，如同戰時內閣，由這個機構執行抗戰到底的國策，以過渡到結束訓政實施憲政的時期。在此原則下，我們相信團結必可實現，吾人確信有二個必不可易的現實，第一蔣主席之爲元首與統帥，是天與人歸，必不可爭；第二我們的黨無論是國民黨或其他以及未來的黨，都必須放下軍隊做爲憲政的政黨，這兩點就是說蔣先生已經不是一黨的領袖，乃是全國的領袖，國民黨有好歷史，大領袖，今日開放政權，還要國民黨領導。在這兩點現實之下，在政治上來個相忍相讓，結成一個以蔣主席及國民黨爲領導的團結統一的局面，當爲國家及各黨派之福。該報末稱，我們的團結問題早就應該解決，到今天怎好還不解決，今天已到中國政治家運用最高智慧睿智明決解決問題之時。國民公報題爲『團結之言』，

西康米區之新津、新都、廣漢、趙家渡等地舉辦公倉庫，凡屬米商均可運儲，並能向倉庫辦理抵押貸款，月息四厘，如遇糧價暴漲，則由政府評價收購，平糶市場，現正積極籌備進行中。

同盟社稱 赫爾利返國述職

【同盟社里斯本十九日電】據美聯社重慶電訊稱：美國駐重慶大使赫爾利，於十九日由重慶出發首途返華盛頓。赫爾利返國，是去報告自前大使高斯辭職後，從他於去年十一月接任以來，與重慶之間的外交關係的發展等問題；但可以料想將着重地向總統報告重慶與延安的和解問題。因最近談判陷入嚴重僵局，事態較史迪威事件以前更爲惡化的事實。

重慶籌組 民主日報

【本報訊】一月廿六日華西日報載『陪都點滴』內稱：此間參政員與黨政文化工商各界名流共三百餘人，籌組規模宏大之民主日報社，已推定于右任、孫科、陳立夫、吳稚暉、邵力子、龔同茲、杜鏞、錢永濤、潘公展、龐振流、成舍我、王冠英等五十四人爲籌備委員。該社宗旨，在促進民主政治，建設三民主義新中國，分別出版日刊、晚刊、政治研究書刊及舉辦新聞教育事業，資本總額爲三千萬元。

龍雲聲稱 老百姓希望還政於民

【本報訊】據雲南日報載，雲南省團隊幹訓班第一期於上月十八日舉行結業典禮，龍雲出席發表演說。龍氏謂，現在雲南處境的嚴重性仍如從前，必須培植訓練地方民衆武力以保民衛國。以往練團風氣不佳，是因爲過去客觀環境的困難和限制所致。龍氏繼謂，『老百姓之如此忠於抗戰，無論犧牲如何慘重均不悔，他們是把希望寄托在爭取自由平等的中華民國之上，以求民主政治的眞正施行，和徹底實現政府還政於民。人民有了政權，才能自己設法解除痛苦，全力貫注以復興國族。』

楊森說他的部隊 湘戰以來損失最大

【本報訊】一月十七日雲南日報載楊森談話。據說，去年五月廿七日長衡會戰開始後直到十二月十日止，他率部轉戰於鄂南、湘北、贛東、湘南、桂柳、黔南，一百八十五天進行六十四次激烈戰鬥，常在彈盡糧絕下苦戰到一連僅剩一兩個人，在這次戰鬥中他的部隊遭受了莫大損失。去年十二月廿四日楊森到渝，蔣介石兩度召見他，要他出任貴州省府主席，楊氏考慮許久才答應下來。楊森說：傷亡多（指他的部隊）倒證明我們在打硬仗；相反的，有些部隊一個也不損失，僅僅是做到

明確的說，它不贊成倫敦任何波蘭人來合作實行這個協定。

但米科拉茲柯及其朋友方面，則沒有這樣的否定回答。似乎是，他們還保持着虛懷的態度。他們關於協定的實際執行，希望較公報上所說的知道得更多一些。他們爲力圖獲得保證說：公報上說的是什麼就是什麼，即新政府將眞正在廣泛的民主的基礎上建立起來，這個政府將眞正能創始民主的政權、行將儘速舉行的選舉，將眞正是自由的與不受束縛的以及現在住在外國的任何波蘭人（只要他們沒有沾染法西斯主義或合作主義的話）如果他們願意的話，將能自由地返回波蘭，並能安全地不受迫害威脅地在波蘭重新開始生活。預料一旦邱吉爾及艾登返回倫敦後，米科拉茲柯即將希望會見他們，並向他們提出這些問題。米科拉茲柯及其他波蘭民主領袖是否決定準備（如果他們受到莫洛托夫、哈立曼、卡爾的三人委員會的邀請時）前往莫斯科並參加成立新政府的討論，將取決於邱吉爾和艾登的答覆。倫敦深信，米科拉茲柯得到的將是使他信服和滿意的答覆。他將被告訴說，克里米亞公報說的什麼，的確就是什麼。公報中包含有很多保證，即英美政府和蘇聯政府將繼續關心和不斷注視波蘭政府革新的整個過程，這一過程以三人委員會主持下的新政府的成立而開始。除了關於波蘭協定所宣佈的保證外，克里米亞對歐洲解放區的宣言不僅適用於其他國家，而且也適用於波蘭。三國政府首腦在那個宣言中（其中並邀請法國臨時政府參加這一政策）『聯合宣佈他們互相間同意。在歐洲解放區暫時不穩定的期間內，在幫助自納粹德國統治下獲得解放的歐洲人民以民主方法解決他們緊迫的政治問題及經濟問題方面，三國政府政策的協同一致，國民經濟生活的重建，必須以獲得解放的民族能建立他們自己所選擇的民主制度之方法達成之』。關於三人委員會何時與『現在（盧布林）的臨時政府各委員及波蘭國內外其他民主領袖』開始談判，現尙不悉。非至邱吉爾與艾登已有機會口頭向米科拉茲柯解釋情形時爲止，此委員會恐不會發出請柬，邀請倫敦民主領袖前往莫斯科。的確，三大委員會所將遵循的程序，此間還不知道。但一般認爲，波蘭新的開端必然不久即將開始，而且倫敦廣泛希望，新的舉國一致政府將被及時建立起來，以便參加四月廿五日開幕的舊金山會議。

田粮機構合併

【中央社渝十九日電】財部田賦管理委員會歸併於粮食部事，已大致決定，俟廿日政院會議通過後，即可實行。又省級田粮機構分立者，尙有川、黔、粤、桂四省，亦將合併爲田賦粮食管理處，由粮部直接指揮。惟關於地價稅等，則交由財部直接稅署負責徵收。

【中央社重慶十九日電】國府十九日令，石體元給予五等景星勳章，此令。按石氏現任川省府財廳長兼田賦管理處長，對於該省卅二年度田賦徵實及徵借粮食，辦理努力，在限期內徵數達九成以上，成績優異，特頒勳章一座，以昭激勵。

【中央社榆林十八日電】陝壩中央銀行經理郭且盛奉命視察伊盟，擬在伊盟設立中央銀行辦事處，郭氏由陝壩乘汽車抵扎薩克旗，並來榆林一行，將來中央銀行伊盟辦事處地點，已勘定爲沙王府所在地。

【中央社重慶十七日電】據美新聞處中國參謀人員訓練班十七日電，接受美方訓練之中國參謀人員訓練班第三屆員生，將於本日在此舉行畢業典禮，領受畢業證書者，共有中國將校一〇一人，內有少將五人。

張友漁論國民大會、國參會與民意機關

【本報訊】一月廿八日華西日報刊載星期專論：張友漁作『國民參政會與民意機關』，稱：『把召集國民大會作爲擋箭牌，以阻礙採納挽救嚴重危局的緊急措施，是不對的；但根本反對召集國民大會，認爲今天的國民參政會就可以代替國民大會而成爲民意機關，也是不對的。』『國民參政會決不就是民意機關；要求樹立民意機關決不能以國民參政會的存在爲滿足：從而我們決不能把實現民主政治的希望完全寄託在國民參政會的改革上，並把積極參加國民大會做爲民主運動的主要手段。』作者於詳舉國民參政會之無民主、無實權之後，結論道：『在今天，國民參政會已不能發揮更大的作用了。如果全國人民都在要求實現民主政治的時候，我們還抱着國民參政會作爲民主的堡壘，專爲參加它而積極活動，實在說，未免與整個民主運動有些不合拍了。』

爲他們在倫敦波蘭政府中所擔負的任何職位，這個政府現在已爲美國及蘇聯遺棄了。關於是否將進行努力，以便在現正留在意大利及法國作戰的波軍中選擇××民主的領袖一節，現在推測紛紜，但很明顯的，這將輪不到索森科夫斯基和安德斯這類的人物。阿基塞夫斯基亦列在剝奪權利的名單上——關於這點的事實，紅星報今日所刊的漫畫便是最好的證明，這個漫畫標題是：「自取覆亡」，描寫流着眼淚的阿基塞夫斯基雙手抱着戈培爾躺在一個棺材裏面，波蘭人民正在加速埋葬他們，棺材上面注明幾個字說：「盟國分裂的希望」。

路透社外交訪員說

波流亡政府中的兩個營壘都不滿意三國會議

【路透社倫敦十七日電】路透社外交訪員尼爾報導：在克里米亞會議的各種決定中，關於波蘭的決定。引起輿論界最廣泛的討論。這是很自然的。波蘭是最困難的獨特的問題，會議決定對此亦特別詳細與清楚，作爲一個羅曼蒂克的問題，它是很使人感到興趣的。三巨頭關於波蘭問題決定的基本點是：這是一個新的開端。如公報所說的，『新的形勢已經產生了』。克里米亞會議決定不要將舊酒裝到新瓶裏去。意義重大的是：蘇聯同意了這一革新政策，同樣重要的是，美國也毫不保留的參加了協定，包括立即採用寇松綫爲波蘭的東部邊疆在內，這是兩個新的因素，暗示雙方政策上的和解發展。可以斷定，三巨頭簽字於協定時，是毫未想到它將被修改以服從於（比方說）波蘭的反對意見的。協定是確定的與最後的。它是一種妥協，因此，它不能使任何一方面完全滿意，尤其是不能使任何一部份的波人意見完全滿意，但是，現在已經很顯然，非波蘭方面的一致意見，均認爲它是目前環境下最好的可能妥協。倫敦波人的意見大致可分爲兩大營壘，即阿萊茲維斯基政府及其擁護者的意見，和米科拉茲柯以及和後者抱同樣觀點者的意見。如同可以料到的一樣，這兩大營壘的感覺不滿。兩方最爲抱憾的是羅夫和加里西亞油田的劃歸蘇聯，以及在盧布林臨時政府的「基礎」上建立舉國一致的新臨時政府的決定。但這兩營壘的不滿程度各有不同，而且無論如何，態度上的相同就在這裏終止了。阿萊茲維斯基政府已兩次宣佈它完全拒絕這個協定，並

巴爾的摩爾太陽報

論國共關係

【美新聞處舊金山十六日廣播】巴爾的摩爾太陽報社論稱：重慶方面公告××的問題正在過去××在蔣介石國民政府與中國共產黨之間，在美大使赫爾利敦促之下進行着。中國國內對抗日戰爭令人失望的狀貌已經達到這樣的程度，即中國的努力已爲國共兩黨之間的歸隙所阻礙。大問題是爲什麼能夠利用對日本的共同憎恨，作爲誘致兩個集團造成猜忌和罪咎並聯合力量×××驅逐侵略者。現在勝利的前途更加光明，也許達到諒解的機會是更好的。國共兩個勢力的聯合可能證明爲轉變局勢的恰好的推進機。

【中央社華盛頓十七日專電】富有權威之華盛頓郵報譴責中共拒絕國民政府對加强全國統一所作之重要讓步爲『妨礙工作者之態度』，並認此項態度將使延安當局在美國不能獲得同情。該報認爲國民政府之讓步，至少爲蔣委員長應允延安當局一部份要求之明顯偏向。該報並稱中共要求之出乎國民政所願應允之範圍已非首次，而中共主要之要求即欲減削蔣委員長之權力，而此又爲國民政府所始終反對者。中國今日之主要需要，即建立眞正之中國抗敵統一戰綫，而中國之敵人亦即爲吾美之敵人。中國今既迫切要求統一，國民政府可能再度讓步，然苟非延安當局眞願與國民政府泯除意見，縱令中央政府再行讓步，亦殊難見其有何成就也。

趙敏恆認識

爭取新聞自由

【合衆社重慶十八日電】因著書攻擊外國記者被自重慶外國記者俱樂部驅逐的前路透社駐重慶記者趙敏恆，在『新聞戰綫』地方月刊上發表一文，攻擊世界爭取新聞自由的運動爲『新聞侵略』。趙敏恆說道：在過去有國際的武裝與貿易侵略，他預言在將來將有『新聞侵略』，新聞侵略如其他形式侵略一樣也能使許多國家成爲殖民地。趙說：最積極主張新聞自由的國家是通訊社最發達的英國與美國。他說：因此，新聞自由一詞××有利的。『新聞自由政策實行時，別國人民的新聞機關不能與英美競爭。我們將遇到外國新聞侵略。我們中國記者必須認識這一趨勢，因而進行努力。』

「同盟社中太平洋基地十九日電」敵古拉曼（譯音）式戰鬥機約七十架，於十七日白晝來襲小笠原群島的父島，同日黃昏，包括古拉曼式機的敵機約四十架來襲母島，被我軍擊落與擊傷五架。十八日白晝，又有敵航艦飛機一—包括戰鬥機與轟炸機共約二百五十架來襲父島，被我擊落十八架，擊傷十八架。

「同盟社中太平洋基地十九日電」我航空部隊於十八日晨，攻擊小笠原群島父島附近的敵艦船隊，擊毀敵運輸艦一艘。

羅斯福邀戴高樂赴阿爾及爾會談，已遭法拒絕

「路透社巴黎十八日電」路透社特派記者金氏報導：戴高樂將軍拒絕赴阿爾及爾會晤羅斯福總統的消息的透出，在法國最高級人士中引起了相當大的震動。法國政府人士今日清晨對於這事的詢問，避而不答；但在稍後，戴高樂周圍被畀予權力的官員承認收到了羅斯福的邀請，但未予接受。負責人士中認為這一洩露是破壞信義，因為美國駐法大使加佛萊遞交當請柬給戴高樂時，同時遞交羅斯福發來的極端祕密備忘錄一件，其中包括有雅爾塔的決定。加佛萊要求說：請柬和備忘錄應被視為絕對祕密。由於法國當局現在感覺他們的地位，已被過早的單方面的公佈所嚴重損害，而且他們那一方面還不便於對此事發表全面的聲明，法國當局對於這種洩露更為怨恨，法外部高級官員今晨造訪美大使，提出有力的抗議。

「合衆社巴黎十八日電」記者自最可靠方面獲悉：羅斯福總統出席三國會議後，會於上週邀請戴高樂將軍於法國以外某地與其會商關於法國參加舊金山會議及軍事佔領德國問題。唯戴氏已予拒絕。羅斯福總統之請柬，係由美國駐法大使加佛萊轉交法方，十三十四兩日，內閣會議曾予討論，最後決定拒絕接受邀請，據悉法方除謂「目前時際不宜會商」外，未聲明所以拒絕邀約之特殊理由，此乃週來似是而非之各方報導戴羅會晤之內幕，美駐法大使加佛萊十一日曾兩訪戴高樂，一次提出三國會議之正式報告，一次邀請法國出席舊金山會議，加氏十二日晨間復訪戴氏，提交羅斯福邀請戴氏於法國以外某地會晤之請柬，羅斯福措辭誠摯，深以未能接受戴氏去年十二月間邀請訪問巴黎為憾，但稱戴氏來參加雅爾塔會議。今藉此機會商討法國參加舊金山會議及軍事佔領德國諸問題，當有裨益，法內閣會議曾兩度討論美總統之

登接見過他，他頗得邱吉爾的信任，同時華盛頓方面也認為他是優越的政治家。衆信他在莫斯科亦將受同樣接待。

紐約時報評波蘭問題

「路透社莫斯科十七日電」紐約時報專電：羅、邱、斯所指定的三國委員會，預料將在顯示有迅速成功良好前途的氣氛中開始工作，此三國委員會的任務是在與解放區及流亡波人討論後，建立擴大的舉國一致的波蘭臨時政府。藤魯特和摩拉夫斯基已自華沙抵此，但流亡波人何時與自何處啓程赴莫斯科，現尚無任何象徵。關於米科拉茲柯是否將成為擴大的波蘭新政府的委員，此間尚無官方情報。因此，外國僑民均很感興趣的閱讀今日在紅星報的「國際述評」，其中波蘭領袖自克里米亞會談來，首次被以同情的語調論及。「在斥責波蘭流亡政府拒絕接受克里米亞決定及企圖引起仇視蘇聯，並削弱盟國團結的一貫政策後，紅星報繼稱，『在波蘭流亡集團中，米科拉茲柯和他的擁護者，已拒絕承認倫敦流亡政府的「決議」。很可能的，在這一集團甚至在其他集團中間，有很多人準備負起波蘭未來命運的責任，並參加改組了的波蘭政府。根據克里米亞會議關於波蘭問題的決定，只有真正民主的反納粹的政治家才能被容納於未來的波蘭政府中。這些政治家及政府全體委員必須執行波蘭人民的意志，即是說，建立統一、獨立、民主和強大的波蘭，它對蘇聯和一切聯合國都是友好的。十分明顯的，關於波蘭，三大盟國將不需受關於波蘭的特別決定之指導，而且受克里米亞會議關於歐洲解放區宣言中所確定的原則的指導。這表示到波蘭去的道路是（缺）。』」紅星報的批評由於其指出一些願意負起波蘭未來命運責任，並參加改組過的政府的人物，特別令人尋味。針對米科拉茲柯的主要批評是因為他沒有能力應付困難的形勢而引起的。當去年八月及十月他兩次在此間進行波蘭團結的談判時，他個人似乎相信（尤其最後一次）他應當參加解放區的政府。但兩次他都因到倫敦去與其他流亡領袖會談，兩次他都未能說服他們，接受他認為可以接受的計劃。因為這次以及其他原因，似乎有些理由可以懷疑：米科拉茲柯是否將自動地在新政府中佔一位置。雖然培魯特及摩拉夫斯基已於×日抵此，但關於他們在莫斯科的活動尚無公開消息，現在還不能會見他們。非在莫洛托夫、哈立曼、卡爾正式開始其工作之時，很難預測他們，使波蘭各種人士團結於一堂，進行商談以作為決定政府最後組成的序幕的過程中，所將遵循的程序。十分明顯的，倘居國外的波人將以個人的身分出席，而不是代

該報提出三點：第一、在抗戰中老百姓並沒有不團結，而中央所統帥的軍隊一直與敵人作戰，中共的游擊隊也會與敵作激戰，這些士兵不惜死傷，百分之百是爲共同的民族，老百姓和士兵都沒有不團結。我們的兩黨該怎樣自覺。第二、我們要想列在一等國家，不能自我生問題。第三華盛頓郵報對中共拒絕中央作重大讓步的方案加以譴責，我們固希望中共能如華盛頓郵報所說不再有『妨害工作者之態度』，亦希望今後談判，雙方不要以黨的利益放在國家民族的利益之上，該報結論謂，我們無意指摘那一方，希望尊重輿論的雙方稍加考慮，有助於團結的成功。益世報社論題爲『再談國是與民主』，首述統一的當然解釋是不許『國內有國』，是不許國家的軍令政令不能行領土內的某一地域或某些人士。我們今日政府，它的性質是舉國公認的國政府，我們應不忘民國廿五年西安事變後的民意表現。次述民主有民主的一定常軌，它應在統一條件下實施，擁兵自固或據地自雄，都不是民主國家的正常狀態。『國於天地必有與立』，這『必有與立』是紀綱，也就是民主政治的常軌，捨此而談國是，必使國家益陷紛擾。該報復指出國民要參政，儘可擴大參政會，增加名額，或設諮詢機關，合理合法的方式甚多，必不許任何人以任何方式否認自己已經承認的合法政府。

李宗仁 任漢中行營主任

【中央社老河口十九日電】今晨八時，此間各界舉行新運十一週紀念會，同時豫南、鄂北各界代表舉行歡送李長官榮任漢中行營主任大會，豫省劉主席任大會主席，致紀念詞及歡送詞，會中各代表會向李長官獻鼎獻旗，以示崇仰。

【中央社寧都十九日電】（一）贛閩邊城之寧都爲東南戰區軍政重鎮，特設警備司令部，由方滷璇、張慕陶、黃鎮中爲正副司令，十九日就職。（二）中正大學及贛川分校分抵寧都，擇定長勝市（寧都南四十里）爲校址。

【中央社重慶十九日電】川省田賦征實及糧食征借，截至本月中旬止，已收一千九百餘萬石，現正由省府繼續催收中，短期內當可全部收齊。

【中央社昆明十九日電】內次張維翰十九日晨由渝飛抵昆，據語記者，此行係爲召開滇黔兩省戶政督導會議，俟在昆舉行會議並抽調二三市縣實際辦理情形後，將續赴成都，召開川康區戶政會議。

【中央社成都十九日電】當局爲掌握實物，調劑供需，決由農民銀行在川

丁『保存實力』，而沒有盡到守土的任務。士兵待遇，就現在數目只要調理得法，可能維持足夠營養。運到前方的軍糧，的確摻砂很多，一斗米總有幾兩砂。

榆林一帶地方軍 被國民黨併吞欺壓情況

【新華社晉西北十八日電】據最近河西來人稱：河西某部友軍在國民黨反動派吞併地方軍陰謀實施之下，生活窮困不堪。內部矛盾已達極點：蔣介石企圖把這支隊伍作爲進攻邊區的一支別動隊，派去大批特務，專事分化挑撥，打擊原有軍官，排以上的軍官大部被撤職。某總司令曾推薦其舊部下任命師長未被採納，最後還是用黃埔系的人担任。甚至連特務營長也被胡宗南的姪女婿接任了。前六師二團于團長因不滿國民黨特務之橫行，竟被藉故槍斃。在國民黨特務操縱下，該部士兵窮困不堪，名義上每人每年發單衣、棉衣各一套，但不按時發給，且又短瘦，一個副排長三九寒天還打赤脚，冬夜凍得發抖，白天搶着往老百姓家裏鑽。用的吃的更可憐，整年兩頓粗穀米，一稀一稠。戰士好幾年不知白麵與肉味，一個排卅多個人，一個月發一百斤山藥（還要扣錢），沒一點油鹽。只好用拌湯煮山藥當菜吃。薪餉已幾個月不發了，發了又頂什麼用呢？副排長月餉六七十元法幣，花起來值不上二毛白洋。士兵就更不用提了，害病的人非常多，也不予醫治，大家受不了這種非人的生活紛紛逃亡，連長排長也有的開了小差。

紐約時報載 中印油管敷設情形

【本報訊】據紐約時報載，一九四二年中印緬戰區將領即有修建中印油管之建議，直到一九四三年魁北克會議才予決定。建築工作的一部分開始於一九四三年十二月，但大部分則到一九四四年三月才告着手。敷設工作全由美國的陸軍供應部工程處負責，設計工作則由美國各油丙類運送公司的工程師們担負。關於油管的裝置，使用的是質地較輕的『進攻油管』，一部分粗六英寸，一部分粗四英寸。運油量，在理想的狀況下，一條六英寸粗的進攻油管，每月約輸油三萬噸；四英寸粗的運油管，則每月約輸油一萬四千噸。關於油類：大部分是由中東及其他各煉油廠用油船運到加爾各答；另有一部是狄厄普油田及阿薩密省北部煉油廠的汽油及油料。同時還送三種油類，汽油、潤滑油和發動機油，一種跟着一種的裝入油管向前運去，每種之間僅有很短的間隔。

力行報分析南京羣奸派系

「本報訊」一月十八日西安秦風。工商日報刊載力行社上海通訊社（按：力行社爲國民黨復興社特務組織）分析「南京羣奸的派系如下：汪家班子主要可分爲八派：（一）公館派。此派者爲褚逆民誼，林逆栢生，陳逆春圃，陳逆君慧，陳逆璧君等。這一批人都是汪逆的裙帶關係，此派實操於陳逆璧君。她自稱：「武則天再世」，除極力弄錢外，無他能。此派以林逆栢生爲主角，大唱「全面和平論」。他們說，他們所以與日本妥協，是「仿效俄國一九一七年的布列斯特和約」。（二）老改組派。此派以陳逆公博爲領袖。陳逆因久據僞「上海市長」，遂開始利用上海的高等流氓，造成一批幹部，在上海專開賭場，當南市、閘北、滬西等地三十餘大小賭場未開關前，每日收入賭捐達三百多萬元。此派無理論，只曉得做官賺錢。（三）新中央派。以周逆佛海爲首領，班底最硬，梅逆思平，羅逆君强，丁逆默邨，[illegible]逆仲雲等皆屬之。此派因特僞「財政部」之權力，濫發僞鈔，手面最「闊」。梅逆思平曾任僞實業部部長，任內因國金條五千餘兩，棉紗一萬包，被敵憲兵隊查出，全部沒收，且吃了敵憲兵的耳光。此派高唱中國局面，爲「重演三國誌」，魏蜀吳三分天下，久分必合。周逆自稱爲中國的「克倫斯基」，謂現在的僞政府，爲一「過渡形式」。（四）上海派。以業被敵人毒死的李逆士羣爲首腦。其嘍囉有萬逆里浪，胡逆均鶴等。李逆原爲國民黨特工出身。有名的滬西極司七十六號，即爲李逆在上海的特工基地。李逆被毒殺後，其嘍囉各自另尋主人，以投陳逆公博手下者爲多。因而該派即無形消滅。（五）憲政派。以袁逆殊（韓學易）爲主，袁逆原屬李逆士羣之上海派，後因得敵領事館的支持，遂自成一系統，高唱「實行憲政」。袁過去在上海幹特工，後投入敵方，現充僞江蘇省教育廳長，在上海辦有僞「新中國報」及雜誌「政治月刊」及「中國內幕」等刊物。（六）維新派。首領爲梁鴻志及任逆援道。兩逆均爲舊維新政府中人，故稱維新派。陳逆羣亦屬此派。梁逆爲舊安福系，任逆則以敵海軍派爲背景。因梁逆與華北之王逆克敏取得聯系，而任逆本手握僞軍一部實際兵權，故在僞府中保有相當力量。（七）國社黨。以褚逆青來爲首領。（八）青年黨以趙逆毓松爲首領。（九）舊保皇派。以江逆亢虎爲首領。以上三派，實際上無嘍囉，自唱獨脚戲，敵人對之並不重視。

汪逆病死前，僞府內部鬥爭尖銳，尤以公館派、新中央派、老改組派之間最烈。周逆佛海認爲僞主席必屬他無疑，但敵人以此類漢奸太刁滑，不如華

接近東京，損失將更要增大，戰鬥的困難也要大大地增加。

路透社估計德國兵力

「路透社盟軍第二十一軍團總部二十日電」德現集中西線應付艾森豪所部作戰的兵力共計八十八個師團，用於東線與蘇軍作戰者共計一百六十個師團，德軍於意大利境內作戰的兵力有三十個師團，故在西線與作戰的德軍共達[illegible]十個師團，共約七十萬人。新建的[illegible]軍不到二十個師團，現德軍正由此後備軍中抽調部隊增援他線。德國高級統帥部現可以調動的額外兵力僅其國內現所徵募的兵員共計十至二十師團，由此看來，德軍現應付東線蘇軍及西線美、英、法軍猛烈攻勢的武裝部隊，總計當超出二百萬人以上。

日寇誇稱登陸美軍的損失增大

「同盟社東京廿四日電」在琉璜島登陸的敵（美）海軍部隊，其主力指向該島南岸西側千島飛機場之正面，至十九日下午八時爲止，已約有一萬人、及坦克（包括水陸兩用坦克）約二百輛卸至陸地。佈防於該島最西端摺鉢山及南部登陸地點，正面高地的我軍，在灘上阻擊敵軍，至黃昏時，已殺傷敵兵員三千五百名（內有一千四、五百名被殲滅），戰果正在繼續擴大中。琉璜島到處密佈着火山，從海灘到陸地地形一層比一層高，因此登陸後的敵軍，雖經二個小時，其所建立的橋頭堡縱深不過三百米突至七百米突，寬度約三公里，敵爲推進橋頭堡壘，目前正在拚命地進行惡戰。敵在這樣狹仄地區決地採取萬餘大軍的密集作戰，又受兩側及正面我守軍砲火的交叉火力的轟擊，損失極大。敵在琉璜島登陸之前，曾實施連續轟炸約六十次，並時常以艦上大砲的砲擊配合轟炸，敵軍登陸之際，我海防砲火及大部防禦工事，看來好像已被破壞，但事實上卻正如戰況所反映的那樣，我軍的强固陣地幾乎未損壞，它正向登陸的敵軍發揮着百分之百的威力。敵人犯了大失算，它將一如過去在任何其他島嶼上進行登陸戰時相同，一定要遭受極大的損失。

「同盟社東京廿日電」大本營於二月廿日十五時發表：敵軍於二月十九日晨，開始在琉璜島登陸，該島我守備部隊迎擊之，目下正在激戰中。

「同盟社東京廿日電」琉璜島周圍的敵軍於十九日上午六時卅分，乘大型運輸船五十艘，接近該島南側海面，上午八時有登陸舟艇三批，各約百艘，相繼在變常濱海岸登陸，我守備部隊猛烈攻擊之，特別是摺鉢山及南面卸貨場的我重砲、輕重機關槍，由東西兩方面猛攻敵登陸部隊，敵人不顧重大損

比那些漢奸可靠，故當時會有調王逆克敏任僞主席，將陳逆公博調華北之訊。後來因陳逆公博走敵酋畑俊六之路，得以上台。

同盟社談美國在太平洋上作戰目標

〔同盟社斯托哥爾姆十七日專電〕據英國廣播公司稱：現在在太平洋戰場，以尼米茲爲最高指揮官，有三個美國大艦隊在作戰中。那是說，在最北方，密徹爾指揮下之艦隊游弋於日本本土沿岸海面；第二個艦隊在小笠原、琉璜島作戰；另一艦隊，則在菲島海面作戰。第一、第二兩艦隊於十六、十七兩日，由於轟炸日本本土與企圖在琉璜島登陸，而開始了攻勢。據倫敦電稱，密徹爾指揮下的航空艦隊，其勢力是由四艘最新式航空母艦構成，飛機在一千五百架以上，轟炸東京的機數，只不過用了一半。華盛頓電則指出：此次的空襲東京，是掩護在琉璜島登陸的，一旦在關島、東京之間的琉璜島落於美軍手中，則將進入戰鬥機對B29式機及其他轟炸機的掩護圈內，同時以該島爲基地的美海軍部隊，事實上將支配日本本土南方沿岸，威脅日本的南方交通綫。華盛頓人士揣測：根據美艦隊的活動加以判斷，進襲日本本土或將屬於最近的將來的事。但大部份觀察家認爲：這樣的作戰，需要大規模與長期準備，否定立即進攻日本本土之說，認爲美國的主要戰略目的，在於一直到小笠原、台灣，都建設空軍前進基地，破壞日本的航空基地與軍需生產，擊潰日本的航空戰力。關於此點，美軍事專門家朱伯特把日本的戰略地位比之於過去的德國，認爲反軸心軍首先要傾其全力擊潰德國空軍，以便在進入大陸時，幾已確保制空權。美軍隨着機動的部隊的空襲，同時在背後配備海關[illegible]力艦隊，以備與日本艦隊進行海戰。現在美軍的作戰目標，第一是獲得擁有良好港灣的小島嶼，遠離基地，作爲作戰艦隊的避難所。嗣後將完全封鎖日本。但專門家認爲：單單依靠封鎖，則使日本屈服要化費很長的時間。從而美軍要與封[illegible]相平行，要連續地轟炸產業交通設施，企圖以此來削弱日本的軍事經濟力量。朱伯特主張美軍對於日本本土，應儘可能迅速地予以決定性的攻擊。至於中國、緬甸、泰國與東印度的戰鬥，則由重慶與英軍担負。關於機動部隊的空襲東京，據瑞典日報駐紐約訪員報導稱：美國國民認爲美國機動部隊有遭受日本海上艦隊、潛水艇、航空部隊等攻擊的危險。這一空襲對於美國海空軍來說，是一真正的考驗。即是說美國海軍在持續作戰中損失很大，但是隨着

失，仍然強行登陸，同日正午，已有敵坦克百輛及兵力四千登陸，其先頭部隊於同時刻進出於千島飛機場西南端。我軍截至十九日正午，已擊破和燃燒敵登陸用的舟艇十[illegible]艘，使敵坦克卅輛以上不能行駛，此外還殺傷敵軍兵員二千名，使第一批登陸的敵人受重大損失。

法國請蘇美英解釋克里米亞會議

〔中央社倫敦十九日電〕戴高樂將軍對羅斯福總統邀其赴阿爾及爾會晤之拒絕，可謂自由法國過去十日間，以其未得參加克里米亞會議而懷恨之首次正式洩露。英報本日以顯著地位刊載法內閣決議，支持戴高樂拒絕接受邀約之新聞。英報對法國亟欲於聯合國理事會，獲一平等地位，共同處理解決歐洲問題之願望，寄以深厚之同情。然對戴高樂之拒絕會商，仍一致表示遺憾，某報稱，戴高樂拒絕羅斯福總統之邀約，乃可憾之錯誤。蓋法國最佳之利益，已因戴高樂此舉，而大受影響。戴高樂應遏制其對雅爾塔會議之任何恨意，而緊握着時機與羅斯福總統坦白交換意見。另一權威報紙約克郡報稱；戴高樂之未參加克里米亞會議，英方雖表遺憾，但其拒絕羅斯福總統誠摯的邀約，則將認爲非絕然明智之舉。在未獲巴黎方面之繼續詳情報導以前，法國因戴高樂未參加三大盟國會議而懷之恨意，是否乃戴氏拒絕羅斯福總統邀約之唯一理由，猶不可知，但據此間迄今接獲之報告，羅斯福總統之請柬，係於十二日夜間九時發出，盼於次晚六時答覆，由是戴氏×作不及廿四小時之考慮，而作其最後決定及準備。倫敦泰晤士報巴黎訊，法內閣大多數部長，均支持戴高樂拒絕邀約之決定，某信主張戴氏接受邀約者，僅外交部長比道爾一人，就實際言，過去一週內，有種種跡象，指陳法國政府於克里米亞會議之若干問題未獲得更清楚之解釋前，即不願完全贊同三大盟國決議。此於法政府最近訓令其駐美英蘇大使，要求駐在國對克里米亞之會議決議再作說明一事，可以明白見之。現悉法政府希望三國就下列四點加以闡明：第一，關於法國於德國境內之佔領區問題，咸請法國駐英大使馬西格里已奉命通知此間歐洲顧問委員會，法國政府所部隊由法軍駐防之區域界限。第二，關於法國政府有意參加的將於柏林成立之管制委員會，立加闡釋。第三，關於法國去年未曾參加之頓巴敦橡樹會議。第四，關於克里米亞會議所宣布關於被解放歐洲及干涉歐洲事務之範圍兩點。

參考消息

（只供參考）

第七九七號

解放日報
新華社 編

今日出一大張

卅四年二月廿二日

星期四

琉璜島上美軍續進 敵謂美軍死傷甚重

【同盟社東京廿一日電】在琉璜島登陸之敵（約二萬人），已被殺傷七千名以上，即超過三分之一。雖然如此，並逐漸擴大橋頭堡壘，終日終夜自海上以艦砲射擊，並以飛機掩護，至二十日侵入千鳥機場——以部份兵力攻擊西方的摺鉢山我軍陣地，敵之主力則向東進擊，逼近元山飛機場前面。我方自十九日夜起，即予以猛烈的反擊，特別在二十日夜十一時左右，果敢地逆襲南防波堤與南村方面之敵，予敵以巨大失損，迫敵後退。在其他方面，敵亦接近我主要陣地，距我主要陣地二百至三百碼，但由於我方的猛烈砲火，使敵損失慘重，其攻擊力漸見緩慢。這樣，敵人隨着人員的巨大損失與登陸的二百輛坦克中被毀一百輛以上，因而極度狼狽，二十日正午以後，敵人在專門把物資運往陸上，但美軍即使有龐大的物資數量，但在供應上似已碰到巨大的困難。

【同盟社里斯本二十一日電】美聯社訪員報導：在琉璜島，日軍的抵抗非常激烈，現在琉璜島已經變成黑暗地獄。似在憂慮美國海軍雖遭受到巨大的損失，卻又企圖估價摺鉢山以北的飛機場。尼米茲司令部於二十一日晨的公報中稱：美軍已在南飛機場附近，日軍則以迫擊砲、大砲、火箭砲等猛轟。美聯社電稱：美軍在南飛機場東側地區，遭遇到日軍的猛烈攻擊。另一前綫報導於二十日稱：美國海軍部隊於南飛機場附近，遭遇到日軍的夜間攻擊。美海軍部隊自十九日上午開始登陸以來，戰鬥始終是非常激烈，這一戰鬥在海軍史上，將是最困難的戰鬥。日軍以大砲與迫擊砲，繼續激烈地砲擊（缺一句）。

敵在馬尼拉 進行反包圍戰

【同盟社呂宋前綫廿一日電】松崎記者報導，[illegible]島戰守備隊，戰鬥日趨激烈。與此相配合，呂宋各地的我精銳，亦猛烈向美軍舉行反攻。另外敵積極增强島上的兵力，

東西，我們不要以妄想回答其妄想，將要用行動回答之，我們必須冷靜地，振起對傲慢無禮的敵愾心，堅決地向着勝利的途上邁進。

朝日新聞社論 要德寇戰鬥到底

【同盟社東京廿一日電】朝日新聞揭載社論稱：不論紅軍怎樣猛攻柏林，德國有極大的決心死守之。除了軍事上的要求外，還發揚戰鬥到底的精神，堅持戰爭到底的鬥志。在戰場上抱着不敗、不退讓的精神是很重要的。國內民衆不論戰爭如何，都不動搖，且有勇猛心，這是很重要的。在上次大戰中，西部戰綫於一九一八年十月二十六日至同年十一月十日有決定的意義，但是戰爭仍在德國及比利時國內進行，而且東部戰綫已不存在。但是在今日的西部戰綫，反軸心軍進迫德國國內的萊茵河；在東方，紅軍如潮水般地湧至德國。我們看到德國人民站在歷史面前的嚴肅的姿態。上次大戰的結果，使德國人民受到重大的損失，而敵人在此次戰爭中所抱的目的，除了軍事行動所引起的結果外，還擾亂德國國內，這是非常明顯的。但是歷史未必會重復的。今天的情況與廿六年前有顯著的不同。今日德國人民萬一又遭遇敗戰的命運，那末他們充分認識祖國和德國每個國民要遭遇到怎樣的命運，這一點可說是盟邦在近代戰爭中的強處，我們確信對於德軍的勇戰奮鬥是可以信賴的，而且可以一舉而粉碎各種的批評。

關於波蘭問題 邱、艾答覆下院質問

【路透社倫敦廿一日電】今院辯論時，曾提及寇松綫問題。守黨議員薩伏利教授詢問艾登道：於西里西亞從未屬於俄國的事實，他有什麼證據可說明寇松綫以東的居民望合併於蘇聯？艾登說，這個問題不是純粹蘇波問題，而且很大的是烏克問題。他至今尚無確實的情報，但知道這個區域烏克蘭人佔大多數。斯托克斯問：政府如果沒有充分的確實情報，如何能達到決定呢？艾登說：×××烏克蘭人佔多數，據我所知，未發生爭論。艾登未答覆諾克斯少將的插言，後者問道：難道這不是屈服於強權政治嗎？艾登告薩伏利說，據波蘭一九三一年的統計：羅夫居民百分之六十四是講波蘭的話，但若假定目前的數字和一九三一年的數字有任何密切關係的話，將是不智的。羅夫一貫是波蘭人佔優勢，×××鄉間則大部份是非波蘭人。薩伏利問：艾登難道不知道眞在的俄羅斯人不及百分之五十嗎？艾登說：蘇波問題是有的，但大部份是烏克蘭問題[illegible]。艾登說，據他知道，蘇聯政府現正在救濟波蘭，而聯合國善後救濟總署的

進日以一百數十隻船及多數舟艇，運輸兵力。在可里幾多方面，敵軍仍積極進行登陸，十八日更有降落傘部隊着落。

「同盟社呂宋前綫松崎報導班員二十一日電」我守衛馬尼拉陸海軍部隊，向敵展開反包圍戰，戰事的進展已有動搖敵防綫的徵象。我軍爲對抗敵軍，一方面堅守已被壓縮的市內外據點；另一方面則潛入莫耶沙古拉、古岑等地，到處實施肉搏楔入戰。在班布庫、英特摩斯、中央郵政局、黑亞雷、菲律賓大學附近，我軍向敵展開劇烈的肉搏戰。形勢已完全倒轉，敵人處境極窘迫。另一方面，我强有力精銳部隊由馬尼拉市東北方繼續由側背向敵進行快速的進擊，十七日以後突入馬尼拉市東北開森飛機場。我另一精銳部部向馬尼拉市北十五公里曼克華英西進，於十八日黃昏在曼克華英東北方，攻擊二百五十名擁有五輛裝甲車之敵軍，鹵獲裝甲車四輛，予敵以毀滅性的大打擊。向南進擊中的我另一部分精銳部隊，紛碎或執拗地襲擊敵坦克及砲兵陣地，排除敵軍盲目的砲擊，由背後突破敵防綫，終於在十八日在馬根萊舊美軍兵營的敵方大軍交戰中的我海軍部隊會合。這一行動與向馬尼拉北部西進中的我軍遙相呼應，形成由東方及北方對馬尼拉市之敵軍採取包圍的態勢。山下將軍的戰法是誘敵大軍深入馬尼拉市，然後一鼓而殲滅之，目前的情勢已開始顯示這種戰法的英明。

日本論盟國處置日本的方案

「同盟社東京廿一日電」日本產業新聞頭揭載題爲「敵人處置日本的方案」的社論，內稱：上月中旬敵人在美國溫泉舉行的太平洋問題調查研究會上決定的處置日本的方案，是永久沒有機會來執行的，這不過是白天做夢，敵人對我國所抱的意圖日益明顯，這一點是應該注意的，敵人協議和公佈這種方案的目的，是使參加對日作戰的各國發生獲得勝利的錯覺，以鼓舞和激勵這些國家，如有可能，亦使日本人民的士氣沮喪，日本人民已預見此種方案的內容，因此更決心打倒敵國陣營的中心——美國。這種方案的基本精神還是以前的ABCD對日包圍的方策，企圖藉此窒死日本，他們不能理解我國堅持的眞正和平的目的，即使是理解的話，但是他們知道這跟他們自己的野心根本對立，所以不使日本無條件投降，不永遠束縛東亞，就不可能榨取世界，敵人這些意圖的出發點是對正義造成恐怖，現在這一點可以說是很明白的；他們認爲這樣可以使大東亞各國人民屈服，這可以說明他們對於大東亞民族的看法，處理日本的方案是不值得我們認眞考慮的

供應品亦正在裝運中。

「合衆社倫敦廿一日電」邱吉爾首相在下院答覆某議員詢問，關於三巨頭會議所作波蘭與波羅的海決定，是否與大西洋憲章第二條有所抵觸說：大西洋憲章爲一種指南。而非一種規則。邱首相於答覆詢問時間，斷詞拒絕報告克里米亞會議之詳情。

「路透社倫敦廿一日電」艾登今日於回答問題時告下院說：英國並未向法國提出英法同盟的提議。現正討論的是另一種協議的可能性。

史佛卓將赴南

「海通社巴黎十九日電」據巴黎無綫電稱，史佛卓勳爵將率領波諾米所派遣的意大利代表團，至南斯拉夫，與鐵托商討南意問題。北部邊境和南斯拉夫……要求意大議渡羅塔將軍，將爲討論的主要議題。

海通社傳蘇將保護阿拉伯、中歐、東南歐

「海通社巴黎十九日電」法國新聞社「關於克里姆林宮之對外政治綱領」報導稱：蘇聯正計劃將三大同盟置於其保護之下：（一）包括所有阿拉伯國家；（二）包括歐洲南部所有南歐斯拉夫國家及（三）中歐同盟。泛阿拉伯同盟已成爲既定事實，因爲蘇聯外交界人士已使阿拉伯人確信克里姆林宮正完全支持着他們。關於泛斯拉夫同盟，據說在東南歐也是存在的，這個同盟中包括有保加利亞、馬其頓、南斯拉夫和阿爾巴尼亞。根據莫斯科的計劃，中歐同盟是結合匈牙利、奧地利、捷克和波蘭四國。關於羅馬尼亞，將歸併於蘇聯內，作爲一個自治共和國。至於土耳其亦列入這體系內的問題，現尙未確定。

敵稱美國所苦惱的兩個問題

「同盟社里斯本十七日電」在此時的美國來說，最大的苦惱是戰爭的長期化與人的損失的加大。紐約之美新聞處十七日電訊，就上述問題與上次世界大戰加以比較，間接反映出美國的焦燥與不滿。美國從開戰以來以至今日，已經作戰了一千一百六十八天，如與第一次世界大戰之五百八十四天比較，差不多等於二倍。又根據最近的材料，直至二月十五日美軍的損失達七十八萬二千一百八十名，如與上次大戰損失總數三十六萬四千八百名比較，已經超過了二倍。如將此次大戰的損失分類與上次大戰的損失分類加以比較：（此次大戰）已陣亡十六萬九千零四十六人，負傷四十萬九千一百六十人，俘虜六萬零三十人，失蹤十萬零九百四十四人。（上次

大戰）陣亡十二萬六千人，負傷二十三萬四千三百人，俘虜及失蹤四千五百人。美國在上次大戰共動員了四百七十五萬五千名，據二月二日陸軍省的發表，僅陸軍方面已動員了八百一十萬，其中五百一十萬已派遣至海外。而且上次戰美軍在狹隘的地區作戰，此次大戰則在世界的每個地方進行。

同盟社傳
甘地不滿三國會議

【同盟社昆斯本十八日電】甘地因同印兩教徒的提攜工作無結果，近來即在瓦爾塔的×××靜觀世界戰局的動向，現在當反軸心三巨頭發表了克里米亞公報之際，於十八日發表聲明，指出假使反軸心獲得勝利。但按照美英兩國在印度的情形看來，第三次世界大戰亦容易引起的。根據路透社電訊，甘地之聲明要點如下，美英兩國現在在印度所進行的鬥爭，如再繼續下去，那麼反軸心軍即使獲得勝利，印度及其他各國將在反軸心各國的壓迫下遭受很大的苦難，勝利亦是空虛的。結果反軸心軍的勝利，將接近比現在戰爭更血腥的戰爭。犧牲印度，反軸心軍即使獲得勝利，亦與從納粹主義法西斯主義的灰中又站起一個怪物一樣。

津島重一任敵藏相
敵陸軍人員調動

【同盟社東京廿一日電】情報局發表（二月廿一日下午七時四十分）。本月廿一日下午七時三十分在宮中舉行親任式，並發表如下：從三位勳二等津島重一任大藏省大臣，大藏省大臣正三位勳二等石渡莊太郎任國務大臣，國務大臣石渡莊太郎兼任內閣書記官長（一等）；國務大臣兼內閣書記官長廣瀨依願免本官及兼職。

【同盟社東京廿一日電】津島藏相，香川縣人，本年五十八歲，明治四十五年東京帝大畢業，入大藏省，昭和二年七月出赴歐洲，任駐在財務官，他首次設置了××金的貸款。歸國後昭和九年二月任理財局長，該年七月在藤井藏相之下任次官，繼之作為××藏相的心腹，繼續在大藏省工作，昭和十一年××××，翌年一月任日銀副總裁，昭和十六年十一月，繼××之後任華北開發會社副總裁，直至今日。

【同盟社東京二十日電】陸軍省於二月二十日頒佈命令如下：陸軍少將小池二×補教育總監部總務部長，陸軍少將兒玉久藏補仙台陸軍飛行學校校長，陸軍大佐永井八津次補陸軍省軍務局軍務課長，陸軍大佐美山要藏補陸軍省副官，陸軍大佐安江網彥補大分聯隊區司令官、陸軍大佐加封義政補京城陸軍兵器部長。按小池少將係東京人，陸大卒業後任教育總監部課員，嗣後駐紮法國，歷任軍務課課員，兵團幕僚，參謀本部課長，教育總監部長等職

勢，需要嚴加注意，敵方宣傳的西南總反攻，就是說從太平洋上西進的美國，在中國沿岸構築橋頭堡陣，一方面完全切斷南方各要地和本部的關係，一方面從中國大陸，迅速和日本進行決戰。美國空軍在中國大陸推進大平就是根據這個戰略來的。去年六月便開進中國了，至六月下旬便有機動兵團，待機重慶。繼之更用巨型飛機，運輸以十吋，七吋大砲為主力的砲兵聯隊，坦克聯隊，反坦克砲部隊，此外還不斷把空運部隊用的滑翔機部隊，降落傘部隊，以及通訊部隊，輜重部隊，向昆明附近集中。現在總兵力已有三萬以上，配備在西南前綫，而緬甸遠征軍和在印重慶軍，亦陸續向昆明開拔云。

【同盟社昆斯本廿日電】重慶因為大陸戰爭形勢的變化，非常着急，遂於最近將何應欽的西南司令部遷至昆明。似乎依靠中印航空路及最近打通的雷多公路，緬甸公路運來的供應品，在華南方面等待反攻機會的到來。據重慶來電：十九日何應欽向昆明軍官學校第三期畢業生發表演說，說明日軍除了滿洲的關東軍外，在中國大陸還展開龐大的兵力，這是防備美軍在中國沿岸登陸。嗣後重慶軍在昆明設立新的總司令部的目的是應付這種日軍龐大兵力的展開，我們響應反軸心軍的行動，重新配置部隊，同時計劃進行有效的攻勢。

同盟社稱
美空軍基地向北推進

【同盟社大陸基地廿一日電】中國西南的空軍基地潰滅後，敵空軍努力整備陣容和努力進行後方的供應工作，最近有向北方基地推進的趨向。敵機由鄂中以北將特別由湖南芷江、湖北老河口兩個第一綫基地的出擊日益增加，敵人藉此可以掩護成都基地的B29式機的行動，敵人企圖向北推進前進基地。

何應欽談大量日軍
準備應付美軍登陸

【路透社重慶廿日電】據中國新軍（總部在昆明）總司令何應欽將軍稱，日軍正展開五十個師團或在華日軍的五分之二，以圖應付美軍在沿海的可能登陸。他說，這些軍隊尚不包括滿洲的日軍（估計約廿二個師團）在內。他說，中國軍隊正在重新佈置其部隊並正計劃有效的攻勢措施，以便配合盟國在遠東的戰略。據美軍司令部今日發表的聲明稱，美國人正進行世界上最大的軍事及教育計劃，以便提高中國軍隊的作戰效能。中國軍隊從將軍起至士兵止，均將有機會學習美國的軍事方法。

。兒玉少將係仙台市人，陸大卒業後歷任軍務課員，兵務局課員，兵團參謀及聯隊長，兵務課長等職。

【同盟社京東廿一日電】小磯內閣第三次改造內閣後，石渡藏相就任國務大臣兼書記官長，津島華北開發會社總裁就任藏相，對於執行一千億元大預算，財政金融政策決定出的基本方向，如使政府財政支出合理化，通過官民使資金效率化，加強儲蓄等，不唯不發生任何變化，並將有力地執行之。新藏相曾任過大藏省次官，日本銀行副總裁，正如其履歷所表示出來的，是一位財政金融專家。昭和十六年由日本銀行副總裁，轉任華北開發會社總裁，對於開發華北經濟，自給物資的戰力化，有很大貢獻，在職達六年，根據在華北的經驗，對於確保經濟的××××，特別是防止大陸的通貨膨脹，新藏相會發揮他的優秀才能。

石渡官長略歷

【同盟社東京廿一日電】石渡書記長官，東京人，現年五十五歲，×××畢業帝國大學後，進大藏省工作，昭和十二年任賀屋藏相的次官，平沼內閣時任大藏省大臣，米內內閣成立後任內閣書記官長，嗣後勅選爲貴族院議員，歷任大政翼贊會事務總長，國民政府經濟最高顧問。東條內閣改造時，再度任藏相，小磯內閣成立後仍留任，直至今日。

國民黨駐印度代表關於國共問題的談話

【美新聞處舊金山十九日電】中國情報部駐加爾各答辦事處主任羅氏今日說，如果中國共產黨同意接受蔣介石統一的統帥部的命令的話，中國政府是急切於幫助他們對日作戰的。羅氏現正在美國旅行，××美國對中國的××。他說，蔣政府目前有兩個目標，第一儘速贏得戰爭，第二完成十年到廿年的和平以從事建設，而使中國成爲亞洲的「穩定勢力」。羅氏說，中國的其他一切目標將延緩到這兩個志願完成爲止。他說他發現美國的人民無疑問的同情中國的態度已代之以對於中國情形之實際情報的鑽攻，並相信這種改變是更好的。

同盟社稱 美軍三萬集結昆明

【同盟社廣州十九日電】由於美陸軍、重慶軍的陸上軍，和在華美空軍的協同作戰，遂造成大陸決戰的日趨濃厚的形勢，特別對於美陸軍和約有九十個師的重慶軍，在西南舉行總反攻的態

外記者招待會 翁文灝談戰時生產局工作

【中央社渝廿一日電】舉行，翁部長文灝、吳次長國楨、張參事平群出席主持。戰時生產局顧問孔萊氏亦出席。翁部長對戰時生產局目前工作，作十分鐘之報告。首謂生產局已經與各廠家訂定合同之生產，可分爲第一類包括軍工器材，如地雷彈殼、刺刀及電話等；第二類關於製造業之主要原料，有鐵鋼銅鉛等；第三類爲卡車所需之材料。截止二月十日，生產局已付出訂貨款項約達十七萬萬元。關於鼓勵增加生產一點，翁氏謂由於新卡車將大量輸入中國，本年燃料需要量將必增大，故此項燃料有增加之必要。上年酒精產量爲一千二百萬加侖，今年準備增產目標爲三千萬加侖，爲加強戰時生產，四川省之炭及煤焦生產，須求比例的增加。翁氏最後，此後關於美國租借物資一事，已商得美方同意，除軍火及運輸車輛外，全交由戰時生產局掌理，自三月一日起開始工作云。某記者問，月初紐[illegible]府已廢除統購統銷制度而日前美國基納兄弟製絲公司忽又宣布已與中國簽訂購買大批生絲合同此舉是否違反政府政策？張參事答：桐油、生絲、毛、豬鬃統購統銷辦法現在尚未取消，是否廢除，仍在考慮中。此項詢問，或由於政府已取消鹽、烟、火柴三專賣之誤會而生。基納公司所訂合同，自與現行政策不相抵觸。某記者問，對於出口貨物抵銷結匯辦法有何解釋。張參事答：政府鑒於年來出口貿易不振，而同時國內缺乏必須物品之供應，爲調劑進口貿易起見，特規定凡商人營運結匯物品出口推銷者，除照章辦理結匯手續外，採購等值必需品進口，抵銷所結外匯，並訂定辦法，經行政院核准，自卅三年十月十六日起實施，此爲政府促進民營貿易之一種方法。某記者問復興商業公司及世界貿易公司之現在地位如何。張參事答：廿七年，我政府與美國成立桐油借款協定，規定以桐油運美，所得貨價抵償借款，乃組織復興公司，專一負責執行。現在業務範圍擴大，包括辦理政府易貨償債、經營進出口貿易及接受中外各商行委託代辦出口貨物等項，爲一國營貿易公司。至於世界貿易公司，乃我前在紐約所成立，因中美桐油借款成立時，美日兩國尚保持國際通常關係，以限於當時環境，故兩次借款均以商業方式由世界貿易公司出面辦理。該公司現亦承辦借款購料輸美貨品經銷與我國現款在美購料事務。

參攷消息

（只供參考）
第七九八號
解放日報 新華社 編
今日出一大張
卅四年二月廿三日
星期五

中央社英文廣播大公報捧蔣社論

【中央社重慶二十日電】（英文廣播）今日大公報社論呼籲早日實現團結，指出巨大的變化，可能在擬定之四月二十五日舊金山會議前的兩個月中到來。如果在會議的時候，中國不能達到政治上的團結，那嗎，她的呼聲怎能被聽取呢？蔣主席已數度表示他願政治解決目前團結問題。從人民的觀點看來，我們相信這種解決應基於下列原則：一，遵從三民主義中所闡述的建國大綱的原則；二，在蔣主席及蔣統帥領導下；三，在不危害國民政府的基礎上，非國民黨人士參加政府。此種參加政府可採取戰時內閣形式。此種戰時內閣不僅只是諮詢性質，而且有決定政策的權力。這個組織將是象徵着團結，並執行抵抗到底的國策，及作為過渡到立憲的橋樑。我們相信；如果一切黨派不只是說說而已的話，那嗎，在這些原則下，團結是能夠實現的，我們相信如此，因為我們看見兩點。首先，全國人民希望蔣主席仍舊繼任主席及最高統帥，其次，所有黨派，不管國民黨，中國共產黨及其他黨派也好，當立憲到來的時候，都將交出他們的軍隊，而作為純粹的政黨。在立憲時期，一個政黨是不會永遠當權的。而牠當權的時候，牠將遵從法律。這兩點的意思，就是說蔣主席不僅是一個黨的領袖，而且是全民族的領袖。國民黨有牠優良的歷史傳統，有好的領袖，牠的主義又受全民族所支持。牠有極大的可能性保持牠的作為國家的××的地位。容納其他黨派參加政府，也仍舊需要國民黨的領導。這兩點事實是沒有什麼可以爭辯的。在這種情形下，通過相互的容讓，在蔣主席領導下如能達到團結和鞏固，那嗎，對於××共他的黨派，不也是好事嗎？

海通社也說赫爾利返回華府

【海通社柏林廿一日電】重慶訊，美大使赫爾利已突然回返華盛頓。消息靈通人士說，赫爾利將向白宮報告目前重慶中國的形勢，特別是關於重慶和延安中國共產黨之間討論的破裂情形，因為華盛頓方面對應該達到協定一點極感興趣。

【中央社渝廿二日電】廿二日為中美文化協會大週年紀念日，該會新址已於今日揭幕。美駐華大使赫爾利，特致書面賀詞。

【中央社渝廿二日電】經濟部工礦調整處，奉令裁撤，下月一日起停止辦公。原有業務及工作人員，擬分別安置於戰時生產局各有關部門。

同盟社說中山日報等對史迪威公路表示悲觀

【同盟社廣州二十二日電】重慶對於打通史迪威公路進行拚命的宣傳，[illegible]但是自韶關失守後，繼續在廣東信宜發行的華國日報及中山日報都登載中央社駐密芝那特派員發的關於史迪威公路的悲觀的長篇電稿，其要旨如下：來到現地，首先害怕的就是悲觀的論調非常多。縱使這條公路打通，重慶只能繼續抗戰，而不能進行反攻。其理由有下列各點：（一）新公路太長；（二）運貨汽車的不足；（三）新公路是作運輸軍需之用。新公路打通之前，美國方面證明中印公路是軍用的道路，而不是為了中國民衆的利益而建設的，這相當刺激了中國民衆的感情。甚至持樂觀論調的人們，最近對於這條公路也沒有抱很大的期望。只有陸空一體的運輸成為可能時，才能希望由印度運入援蔣物資。

偽寧改革偽國府軍事委員會的機構

【同盟社南京八日電】國民政府，因加強軍事委員會的機構，決定取消政治部，新設政治保衛部，任命總督一人副總督一人。八日之最高國防會議通過政治保衛部總督，由軍事委員長兼任。

【本報訊】據復蘇月刊二卷十期載汪逆死後的漢奸鬥爭稱：汪逆赴日就醫前，對所任偽行政院長兼偽主席職務，曾提交偽中央會議決議，以偽上海市長陳逆公博代行。去年九月，周逆佛海知汪病勢無望，急謀乘機排擠，取陳而代之；陳亦知汪逆不久去世，自覺繼汪者「捨我唯誰」，但又感周力雄厚，不與之合作，難安居高位，所以一面向其日本主子獻媚，一面向周曲意交歡。後來日寇考慮後繼人物，覺得周逆驕橫，不如陳逆的溫順可靠，而陳逆又為改組派領袖，不像周逆佛海是半路投汪的，所以決定仍以陳逆為行政院長兼偽主席。至此，在敵壓力下，周逆也只能俯首就範。十一月十日至十八日，開了八天會，群奸分贓會議始確定：陳逆公博為行政院長，兼代偽主席及偽軍事委員會委員長，梁逆鴻志任偽立法院長，顧逆忠琛升任偽監察院長等。至偽上海市長肥缺，各方爭奪亦烈。陳逆本想把持上海偽市長不放，任命其黨羽偽市府秘書吳逆頌皋代理（吳曾任偽外交部條約司司長），但覬覦這個肥缺的有公館派的偽實業部長陳逆君慧及周逆佛海黨羽之一羅逆君强。各派爭鬥時，陳逆璧君極力支持其親屬陳君慧，一定要搶偽上海市長職務，好乘機發財。所以陳逆才放棄上海市長職，決定由公館派的陳逆君慧任偽上海市長，羅逆君强爲偽浙省主席。至此一場狗爭骨頭的把戲才暫告一段落。（編者按以後偽上海市長仍由周逆佛海担任）

敵讀賣新聞論
重慶的聯合政府問題

【同盟社東京二十二日電】讀賣新聞開頭揭載題爲『重慶的聯合政府問題』的社論內稱：史汀生公開說美國下一次的作戰目標是中國登陸作戰。美國對重慶最大的政治要求就是促進聯合政府的成立問題。去年國共調整關係的會談停頓後，返回延安的周恩來又於新年言明，只要蔣介石是我的元首，就要用政治的手段圓滿地解決國共問題，使中國不致於發生內戰。雙方的問題，其中心在於樹立聯合政府問題。延安政權自中國事變發生及國共合作後，即以打破獨裁制度爲黨的課題，自去年起這個要求積極，周恩來在延安七七紀念會上關於會談的報告及林祖涵在參政會上的演說，都以此爲中心。蔣介石在新年聲明要在本年內實施憲政，最近延安乘此潮流，發表聲明稱：如果反對聯合政府，那末延安要在華北成立獨立的共產國家。美國支持延安，並通過延安向重慶表示自己的希望。美國亦採取同樣的辦法，使重慶政府改組和實施憲政。最近納爾遜的報告，曼斯菲爾德的報告，美國戰時情報局對中國的正式報告，格魯的演說等都表示解決中國問題的唯一辦法就是樹立聯合政府。美國言明不干涉中國內政問題，因此它只是支持延安的意見，使延安促進其（指美國）願望的實現。華僑報紙十家要求結束國民黨獨裁、樹立聯合政府的通電及華僑報紙十六家要求結束蔣政權的聲明，都是美國在背後支持。這樣聯合政府具有與向來不同的特點，對於重慶政府的壓力已經加强。蔣介石主張中國的革命只有依靠國民黨的專制才有可能成功，共產黨要解體，而併入國民黨。直至今日還堅持這種主張。現在他已處在這樣痛苦的地步，即重慶政府的性格是否要發生質的變革。在過去的歷史傳統說來，延安的背後站着蘇聯，而此次美國擠進來，使國共問題不單是國民黨與共產黨的國內問題，而是帶有摻雜着國際關係的非常複雜的性格。聯合政府的問題，不僅要認識這個問題的本身，而且要認識它包存着將來這種複雜的國際關係的萌芽。

戰時生產局美專家返國

【中央社渝廿二日電】戰時生產局之美籍專家六人，定日內離渝返美，計有酒精專家史特萊茵，鋼鐵專家哥倫貝爾、歐維遜及伍德史寄特。彼等於去年十一月十六日隨納爾遜氏來渝，對我國戰時生產工作，殊多貢獻。

敵稱馬尼拉市內
仍在進行巷戰

【同盟社東京二十日電】馬尼拉市內外的戰鬥，依然非常激烈，我軍堅守××，屹然不動，特別在巴西格河南岸之因勒姆羅斯（舊城內），我軍憑依西班牙時代遺留下來的牆壁繼續奮戰，使敵人一步也不能接近。城內現在仍然殘留着很多市民，因此，我守備部隊並在保護他們。據二十日美聯社電稱，說明指揮直接攻擊因勒姆羅斯之美軍少將格里斯沃，企圖進行焦土攻擊。並說美軍鑒於在馬尼拉已損失巨大兵力，因而對於舊城將進行破壞性攻擊。因勒姆羅斯，有很多西班牙佔領時代的著名的天主教堂，從前在我軍保護下的很多居民已經走光，雖然如此，美軍尚進行慘無人道的破壞性攻擊，這無非說明敵人損失的慘重。

同盟社傳
美國拉攏梵蒂岡

【同盟社東京二十日專電】美國務卿斯退丁紐斯及總統私人顧問賀浦金斯，最近在出席克里米亞會談的中途，曾訪問梵蒂岡。接着，羅斯福的特使戴勒也於六日進謁教皇。羅斯福最近派很多人訪問梵蒂岡，究竟是想談什麼。首先在歐洲，新教徒數有八千七十萬，信舊教者二億三百九十萬，約爲前者的二倍半，在歐洲中立國家內可以稱爲新教國的只有瑞典一個國家，因此美國與舊教國的關係如何，對這些暫時存在的中立國家的態度有不小的影響。又南美全體的信教人口，天主教徒六千八十三萬，新教徒僅六十五萬，最近美國經常使中南美的弱小國家向軸心國宣戰，他利用對天主教的懷柔工作，作爲完全使西半球奴隸化的一種手段。羅斯福爲了實現他的確立以美國爲首的和平體制的迷夢，定要利用世界天主教的勢力，作爲精神上的支柱與武器。他的目標勿寧說是美國要在戰後對抗它所最怕的蘇聯的思想攻勢。蘇聯正教會二月十日在『告全世界民衆書』中，攻擊教皇，紅軍機關報『紅星報』批評教皇稱：皮奧二世將於最近向交戰國準備提出和平傷告，但教皇所企圖的和平，與反軸心國在歐洲的再建計劃正是相反，這是值得注意的，美蘇全面對立的背後，在宗教方面亦值得注意。

合衆社稱：美軍在日寇本土登陸比在中國登陸有利

【合衆社重慶廿日電】盛頓許多消息靈通方面人士，由於米徹爾艦載機襲擊東京，而信心益增。擊敗日本的主要戰役在中國進行，他如在日本本土進行，這種戰略，不會拒絕沿中國海岸以突擊隊甚至巨大的登陸部隊進行作戰，以配合對日本的主要進攻，牽制亞洲大陸的日本軍隊。關於直接進攻日本本土所提出的論點是：一、較諸進行主要的亞洲戰役能夠使日寇更快的屈膝而損失代價更小，因舉行亞洲戰役依然需要進擊日本本土。二、巨大美國作戰艦隊在距東京灣三百哩外，能夠實行三天連續的襲擊的能力，表示在今後數月會在日本上空獲得空中優勢，並在日本三島週圍獲得制海權。三、在日本本土擊敗日本會大大使從亞洲大陸驅逐日寇的問題簡單化，如果日本選擇。亞洲作爲最後的立足地，則美軍可切斷日軍的主要供應與增援的來源，瓦解其士氣，使日寇更易遭受中國軍隊與游擊隊的處置，中國軍隊與游擊隊那時將容易獲得供給。四、許多研究日本問題的人相信，在日本本土擊敗日本後，亞洲大陸的日軍會繼之崩潰。五、美軍佔領已在計劃中要佔領的琉璜、小笠原及琉球等島以及其他一切美軍所能佔領的地方，已提供足以對日本本土作戰的根據地，且可能較在中國大陸建立空軍根據地（中國大陸上之基地若欲與小笠原諸島同樣有効必須在上海以北）需更少的時間及代價。據說，盟軍也可能佔領海南島，打斷平漢鐵路，並進一步阻撓更南方日軍部隊使用海路作爲供應與逃跑之用。

敵同盟社報導琉璜島戰況

【同盟社東京廿二日電】琉璜島我守備部隊於廿日夜半一齊開始進攻，砲兵部隊亦與此相呼應，集中轟擊敵軍陣地，使敵受到重大的損失，截至廿一日黃昏，已殺傷敵兵一萬二千人以上。登陸的敵第四、第五兩師團，損失百分之五十，其戰鬥力顯然降低，因此敵人需要緊急地供應兵力，遂於廿一日正午用大型運輸船約卅艘運輸第三師開始登陸，敵兵力有三個師共達三萬人以上。

【同盟社中太平洋基地二十二日電】敵軍在琉璜島登陸以來，已過了三天，嗣後由於我軍果敢的迫擊戰鬥，使敵軍一步也不能前進，敵我戰綫截至二十日黃昏爲止，絲毫沒有變化，敵人撤拗地在南防波堤、南飛機場等處構築

總部於二十二日發表戰報稱：琉璜島登陸戰開始以來，在四十八小時之內，美軍死傷及失蹤的海軍人員共約三千六百五十名，其中三千五百名爲士兵，一百五十名爲將校。美軍從來不發表自己損失的正確數目，這次公佈的數目不用說全是自欺欺人的，實際損失當然不止此數。美軍曾公佈在塔拉瓦島登陸戰中共死傷二千九百五十名，[illegible]島爲二千八百二十九名，馬紹爾群島爲二千二百四十九名，這次琉璜島的登陸苦戰，損失自然更大得多，合衆社電訊也驚慌地報稱，海軍部隊在琉璜島所受之損失，較諸塔拉瓦島以至於馬紹爾群島中狄寧島登陸戰時爲大，損失比率也繼續顯著地增大。

英下院不滿三國會議中關於波蘭問題

【合衆社倫敦廿一日電】英下院保守黨及工黨議員本日對美英蘇三國關於波蘭的決議，提出詢問。艾登外相避免置答，關於大西洋憲章的定義，邱吉爾首相說僅是『方針而非定則』，議員對三國會議關於波蘭問題的決議，均極不滿。議員有詢以英國政府是否認可寇松綫以東之波蘭人民，均願併入蘇聯者，艾登外相未予置答。保守黨議員薩佛利教授詢以『你們和移交波蘭人民前，未因大西洋憲章之約束，而對彼等加以考慮嗎？』薩氏作此詢問時，全場闃然，艾登外相答稱『下院諸君對多年來該區域內烏克蘭民族運動之力量，定有所悉，政府方面對此自不能獲得詳細而合時之實際報告。』工黨議員史多克福稱：『政府既無實際情報，何能作此決定。』艾登答稱：『閣下對此如願繼作辯論，余願於下週答覆。』工黨議員諾克斯爵士於一片歡呼聲中稱：『這不是對強權政治的屈服嗎？』此乃下週辯論前之前哨大戰，足示大多數議員對克里米亞會議決議均表不滿。邱吉爾首相將於廿七日以臨戰之姿態，親臨議會主持辯論，並辯護克里米亞會議對波蘭之決議，衆信他將要求議員投其信任票，亦如他於最近數次辯論中所提出之要求一樣，多數議員雖有不投票表決，以示不表贊同之可能，但無疑將可獲得勝利。

同盟社傳美英貸款給蘇聯的情形

【同盟社東京廿二日電】今年一月二日紐約時報載稱：蘇聯向美國政府交涉借款二十億美元，作爲蘇

橋頭堡壘，約一萬的增援部隊，自南海岸前來登陸，砲兵交錯，終夜未停，至廿一日下午六時左右，敵之第一綫似已列成一綫，由西登陸點千島砲台、船見台、高砂台一直到南方，敵軍坦克砲兵等集結於船見台南側之窪地。不久，來飛機場南面與登陸地點附近，敵兵亦相繼登陸，其混亂情形，從我軍陣地亦可遠遠地望見。敵人現在正在激烈地砲擊北部陣地附近，我軍士氣非常旺盛，我軍在該島高地上的北部陣地，早已是易守難攻的堅陣，我軍猛擊敵軍，使敵付出犧牲。自摺鉢山發出的消息稱，我軍雖少，但在敵軍的包圍下猶在英勇奮戰中。

【同盟社東京二十二日電】我航空部隊於十七日、十八日、十九日與二十一日四天，猛攻琉璜島週圍敵艦，截至現在為止，綜合戰果如下：擊沉大型艦三艘，艦類未詳一艘，擊沉：艦類未詳二艘，破壞大型航空母艦一艘，焚毀艦類未詳三艘。

【同盟社東京廿二日電】我琉璜島的守備部隊，襲擊繼續不斷登陸的敵人坦克，進行挺進攻擊，至二十日下午已將登陸的敵坦克半數一百輛以上毀壞燃燒，敵人登陸開始時每輛坦克有步兵三十人，現在增加到每輛坦克一百人，這樣保衛坦克的損失，並求得後續部隊的供應，說明了不顧損失依靠物力的敵人，如何的畏懼武器的損失與兵員的損失。

【同盟社東京廿二日電】在琉璜島登陸之敵兵力，截至廿一日夕刻，已有三萬以上，數日來我英勇守備部隊猛烈抵抗結果，已殺傷敵兵一萬兩千人以上，登陸敵軍對於我守備隊的猛烈反攻，遭受重大傷害，極為焦慮，根據敵軍的無綫電聯絡，益加證明此事，特選譯二三箇電如下：（一）二十日午前九時：日軍射擊極為猛烈，特別是坦克的損失極大，務要暫時停止坦克的登陸，（二）廿一日九時：現在我資材庫正在燃燒中，迅速把消火器送來。（三）廿一日午後七時，傷亡繼續，迅速使後備隊登陸。（四）廿一日：受敵人襲擊，很難確保陣地，火速增援。

【同盟社里斯本二十二日電】美軍經歷時兩個月的連續轟炸，並在五十八機動部隊佔壓倒性砲轟的掩護下，開始琉璜島的登陸戰，守衛該島的日軍展開壯烈無比的迎擊戰，結果使美軍蒙受了由瓜達康納爾開始，在太平洋上進行逐島反攻戰以來，空前未有的損失。據華盛頓來電，關島美太平洋艦隊

聯在戰後恢復經濟的資金，這是長期低利的借款，蘇聯使用此項借款，購買重工業的機械。關於蘇聯要求借款，迄未發表具體的公報。最近蘇聯當局宣明，蘇聯最初要求六十億美元以上，嗣後與美國財政部交涉的結果，才得出這個數目字，美國務院亦公佈國務院收到外國政府這樣的照會，即該國政府可否與美國交涉長期借款，作為戰後復興經濟的資金。

這個問題於一九四四年十一月三十日，美國會下院曾提出責難，認為現行的法規，禁止這類貸款，同時也曾檢討過解決這個問題的方策，另據倫敦電訊稱：蘇聯也曾向英國提出為數達七萬萬五千萬鎊、期限二十年的信用貸款的要求，英國表示如能減半可以答應，結果蘇聯認為不能滿足蘇聯的要求。

華北偽逆更換

【同盟社北京十九日電】以華北政務委員會新委員長王蔭泰為首的新陣容，已於十八日由國府及政務委員會情報局公佈之。此次的新陣容，除了經濟總署督辦汪時璟，綏靖總署督辦杜錫均外，更換了三個總署督辦和三個廳長。提拔礦務總署督辦蘇體仁為總務廳長官，並使其兼任內務廳長，經濟總署督辦汪時璟兼任財務廳長，以圖使經濟行政在企劃、實際上臻於一元化。提拔熟悉地方實情的河北省長吳贊周為農務總署督辦，山東省長唐仰杜為礦務總署督辦，前任委員長王克敏兼任的教育總署督辦，則由北京大學院長文元模擔任，這特別表明新委員長對於新教育的熱心。新的政務委員會在[illegible]、農務、礦務、教育各部門，均提拔練達之士，以便實施有力的具體的決戰施策，應付日趨激烈的戰局。特別提拔河北、山東兩省長為農務、礦務兩督辦，表示要達成華北的重要[illegible]，提供戰爭資源。政務委員會要求完成華北作為兵站基地的任務。

【同盟社北平廿一日電】華北政務委員會於廿日之常務委員會上，決定如下：許修直任北平特別市長；[illegible]任天津特別市長；榮臻任河北省長；楊毓洵任山東省長。

參考消息

（只供參考）

第七九九號

解放日報 新華社 編

今日出一大張

卅四年二月廿四日

星期六

海通社論 蔣介石對三國會議不滿

【海通社里斯本十七日電】每日郵報紐約方面消息，蔣介石對他沒有被邀請參加雅爾塔會議大爲不滿。蔣介石在各種招待記者會上表現這種情緒。又說蔣介石從來沒有開過這麼多的招待記者會，而且關於重慶中國的情勢的任何情報也從來沒有這許多通過新聞檢查的。

左舜生氏論國民大會與國共談判

【本報訊】左舜生在『民憲』十一期（一月十五日出版）上評論蔣介石元旦廣播中的『國民大會』諸言說，這對於『若干年來以空談爲實現民主稍效棉薄的一部分人，是一種說不出的欣慰』。但左氏認爲要有幾個原則和先決條件。他認爲有四個原則：（一）『國民大會必需開得莊嚴神聖，眞誠切實，萬不可先有一個因陋就簡的念頭』。（二）『國民大會所應代表的應該是全國民意的總和……尤其是應使一部分確有政治見解的國民，覺得稱心滿意』。（三）『盼望這個會成爲全國團結的象徵』。（四）應承認國民大會爲行使最高主權的機關……如一經召集之後，又不能執行憲法上所付予之治權，而只能制定一部暫時並不實行的憲法，則政治意義必異常稀薄，似不如等到戰後召集來得從容妥當。』關於先決問題，（一）舊代表不能反映現在民意，或者是變更舊代表有效的決議；或者『戰後一年行憲』決議仍不變更。（二）『各黨各派一律公開，在法律上與國民黨取得同等地位，……否則將來國民大會中仍將充滿一黨的空氣，民主的實現，將更遙遙無期。』（三）必須國民黨放棄中央執監委與候補執監委爲當然國大代表的權利，或以同等權利畀予各黨，否則即使各黨得到了合法地位，『其地位依然是絕對不平等的。』（四）各方再愼重考慮，如不能解決實際問題，『則國民大會召集以前，仍須有一暫

諾稱：『我們誠懇地要求立刻實現民主政治，剷除一切貪污，改善戰士生活，減輕民衆負担，加强政府建設政治的和經濟的眞正三民主義的新中國。』同期『反攻』上發表孟憲章『從三分軍事七分政治說到三分經濟七分政治』。作者提出『三分經濟七分政治』口號作爲『三分軍事七分經濟』口號的補充。作者對他『本黨（指國民黨）』的意見如下：『更須切實的普遍的喚起民衆組訓民衆，使眞能實行選舉、罷免、創制、複決四權，以便將現在掌握在土豪劣紳手中的基層政治大權，轉移於眞正人民的手中。對於憲政國家一般應享有的身體、居住、信仰、言論、出版、集會、結社等基本自由權，乃至爲蘇聯所久已實行、英美正力加提倡的經濟自由權，政府應本訓政時期所公佈者，迅速畀予不違反抗戰國策的一般人民。對於全國的英俊之士，只要不違反三民主義的最高原則，應盡量羅致，以便組成一全國一致的强有力的中央政府。』

黃炎培說 民主是强心延壽特效藥

【本報訊】憲政月刊元旦號載黃炎培『機關民主化』一文稱：今天全國政治上最大的主流是民主，民主亦適用於每個機關，就是：第一、尊重每個人的人格；第二、虛心訪求每個人的意見；第三、盡量利用每個人的能力；第四、萬勿蔑視低級；第五、萬勿厭恨反抗精神。黃氏說：對於反抗，『應付的方法，只有先反省自己的缺點，如有過誤，虛心承認，然後把事實來告訴他，把至誠來感動他，……等到（對方）經驗逐漸加多，思想上起了變化，自然地、自動地，會減少或竟消滅不很合理、或很不合理的反抗行爲了。……說得大些，政治革命，不就是這麼一會事嗎！』結論謂：『國家需要是民主，每一機關所需要是民主。……無論是一個國家，是一個機關，欲求安全、發展、長久，唯有民主，民主是强心延壽特效藥。』

紅軍節在渝慶祝情形

【中央社重慶廿三日電】爲蘇聯紅軍節廿七週年紀念日，蘇聯駐華大使館代辦司高磋及代理武官倪國思，於上午十一時至下午一時在大使館舉行茶會，招待我政府長官，駐華各國使節軍事代表團及文化界人士。蔣主席派國府文官長吳鼎昌代表前往道賀。我黨政軍長官計到：吳鐵城、王寵惠、孫科、宋子文、于右仁、居正、王世杰、陳慶雲、陳立夫、張厲生、朱家驊、徐堪、谷正綱、盛世才、翁文灝、俞飛鵬、謝冠生、程潛、白崇禧、馮玉祥、陳誠、徐永昌、張治中、陳紹寬、何成濬、周至柔、林蔚、賀國光、甘

時過渡的緊急辦法。』左氏警告謂：『切戒潦草從事，而遺無窮的悔憾於將來。』

於同期短評『突破軍事政治上的難關』中，左氏稱：『敵人看到我們的陸上交通將次復活，我們更是爐火中燒；我們大後方仍有若干之基地可以威脅他們在淪陷區的軍事據點，他們還是甚感不安；因此敵人繼河南、湖南、廣西以後的第二個軍事動作，他們便可能還要企圖發動，這應該值得我們非常警惕。……國共判談，這是最近中外所一致關心的，但是從去年五月開始，一直鬧了半年……依然是一張白紙，沒有留下半點痕跡。我們應該明白認識，這個問題如不能得着圓滿解決，不能影響戰爭，稽延勝利，戰後且將為統一之障，建設之梗，甚至引起國際的新糾紛也不一定。要解決這個問題，應從解決黨派問題入手，只要政府實行民主，放棄一黨體制，承認一切黨派的合法公開，則政治問題軍事問題不難迎刃而解。否則國民黨外的各黨，一一發生生存問題，當然要各求自存自衛之道，如此而言政令統一，軍令統一，豈非等於緣木求魚。軍事的危機並未解除，……政治的困難已更加深刻，全國一致的軍事行動，必須有全國一致的政府與之配合始有可能。』

在題為『注意兩個時機』的短評中，左舜生又謂：非島之戰後英美將在中國登陸，英美登陸後蘇聯遠東政策將趨積極，這是兩個時機。『在這兩個時機到來以前，必需中國本身能真正做到團結統一，而且必需在軍事、政治、外交、財政、生產、動員等方面能樹立一個完整的體系，始為有益。……否則，不僅中國在國防所處的地位或將增加困難，即國內問題，亦將更感棘手』。結語則謂：『自從蔣先生於本年元旦發表可以提早召開國民大會以後，國民黨中常會更有於本年五月五日召開六全代表大會決定，這樣一做，時間又可延宕一年，抗戰將正式達到第九年，像上舉一個團結統一的反攻體系，依然無法樹立，我們實要慮時機坐失，有緩不濟急的危險』。

『反攻』雜誌 要求實施民權政治

【本報訊】重慶『反攻』雜誌於十七卷七期的『新年獻辭』中謂，『唯有給予人民以言論、集會、結社、出版、居住、身體的自由，就業保障的自由，公開檢舉貪贓枉法的自由，而後能實現全民動員集中全國力量。……人民獲得了自己做主人的地位，為保衛自己的權利，任何損害國家民族利益的敵對行為。都會看成損害自己利益的一樣去對付。……我們唯有迅速堅決實行民權的政治才能挽救危機。』該雜

乃光，董顯光、吳國楨、胡世澤、張伯苓、莫德惠、邵力子、賀耀祖、王寵惠、方治、唐縱。各國使節及軍事代表團長及文化界人士等千餘人。司高諾代辦，倪國思武官率全體館員款待佳賓。中外賀客舉杯同祝蘇聯紅軍及斯大林元帥戰略之偉大勝利。賓主熱烈歡敘之盛會至一時半始散。

曾昭掄談 西北角上的哈薩問題

【本報訊】去年秋冬新疆哈薩克族暴動，前已誌報。該時曾在蘭州參加化學年會之西南聯大教授曾昭掄，於民主周刊第一期（昆明，去年十二月九日出版）上撰文『西北角上的哈薩問題』。該文稱：一九四四年三月初，在新疆外蒙接界處，新疆駐軍與哈薩人發生糾紛，險些引起中蘇外交上一種波折。不久由於雙方持重，歸於寂然。不料自六月中旬以來，甘青公路上，又斷續發生若干次所謂哈薩人襲擊車輛，破壞交通的事件，此種情形，迄今（去年十二月）不但未曾平息，且變本加厲。原來在新疆四百萬人口十四個民族中，漢族僅佔百分之廿（八十萬人），最多為維烏爾族（即纏回），第三個民族即為哈薩，據云共有四十萬人。因此族『驃悍』，常引起問題。該族人與蘇聯遠東境內之哈薩克蘇維埃共和國，屬同一民族。新疆哈族迄未脫離游牧生活，宗教方面全信回教。造成目前哈族問題更主要的理由，為新疆哈族與蘇聯哈族往來頻繁，而蘇聯建國以來，蘇聯哈族生活及文化提高甚多。相形之下，自易生不滿情緒。自盛世才主新之後，一九三五年哈人與駐軍間曾發生一次大衝突。哈人敗，有一萬二千人輾轉移居於甘肅之河西，及青海境內，均被驅逐，又敗，一部回河西，一部回新疆，死傷不止一半。流亡河西的哈人，約二千人駐玉門縣，靠近玉門油礦一帶的山裏；其餘三千多人，散布在安西、敦煌兩縣境內的南山；還有五百多人由青海逃至印度。河西哈人靠遊牧不足維持生計，乃時而將漢人的牛馬駱駝牽去。因此漢哈時作械鬥。一九四四年十月作者在敦煌時，該處駐軍主張剿撫兼施，故他們招來哈族頭目十八九人，共同商談，今後或可和緩。

另一方面，擾亂甘新公路之所謂『哈薩』，則完全是另一回事。（？）這種舉動是三月事件的連續。施行是項破壞工作者，據本地人和公路上的人員說，大部非『真哈薩』，而是來自外蒙的『蒙匪』。傳聞外蒙方面將此種執行破壞工作者稱為『蒙哈聯軍』（？）蒙古人任總指揮。他們設在馬×（不

帶）山內。出沒無常。六月廿六日第一次□擊以來，無一月之隔斷，初則焚燬道班工房，繼則埋地雷炸車輛，並以機關槍掃射。數月遇險車輛約佔通過總數的百分之一。該『騷擾』（？）人數據說已由六月的二百人增至二千人，有說不下一萬二千人者。出擾區域東起安西，西迄哈密，哈密西仍有零星出擾。此區域之工作者皆感是項問題之嚴重。

會昭掄結論稱：『非從調整中蘇關係着手不可。尚望當局對此，多予注意』。

軍委會一週戰況

【中央社重慶廿三日電】軍委會發表十七日至廿三日一週戰況，軍委會發言人談，本週來在贛北與湘粵贛邊境各地戰鬥，仍繼續進行中。贛北我軍，採取分進合擊，向臨成方向攻擊，頗為順利，於廿、廿一兩日，先後攻佔新維及臨成西北之贛區。現距臨成僅四十二哩。在東北方面，另部我軍渡過隘關溫江，攻佔濱弄，隨之收復，僅爲時間問題。至於粵漢路南段，我軍爭奪戰，於茲半月有餘，××耒陽以南×郴州宜章以迄曲江等地區內，殘留敵估計約達七千四百餘人，現宜章坪石各地，雖復陷敵手，但我軍仍不斷向敵攻擊中。又滇川大庾及始興附近之戰鬥，無大變化，贛與以西地區激戰，仍未稍戢。

敵朝日新聞論

美國的野心與蘇聯

【同盟社東京廿三日電】（朝日新聞社論）由於克里米亞會談，使美英蘇三國協議又前進了一步，此點必須承認，過去英美蘇三國間所存在的各種懸案，如波蘭問題等，暫時得到解決，即蘇聯得到實際利益而美英得到空名，最重要的政治問題仍然未解決，留到將來，或者只是相對的解決，而沒有絕對解決，即使關於歐洲命運的問題亦是同樣的，根本原因是其國家性格的不同，美洲是另一問題，但美國反對分割歐洲勢力範圍，而對於分割歐洲勢力範圍最關心的是英國，英國想把自己的分割主義引誘蘇聯，但蘇聯從獨自的對歐政策出發，反對這一分割主義，實際上已打破了西歐集團。美國對歐政策的中心，正如過去對中國主張門戶開放機會均等主義一樣，認爲在歐洲從經濟方面到政治方面，均可實行門戶開放主義，這就是說要在金權（？）經濟上控制和支配歐洲，這就是美國的世界政策亦是美國對世界的野心，美國對抗和阻止蘇聯在歐洲的發言權，乃至誘人的一張王牌，就是他的經濟力，美英用經濟的壓迫與威嚇，將許多歐洲小國强迫拉入反軸心國陣營，蘇聯現在努力於恢復被戰爭破壞的國土，因此蘇聯非常需要美國在經濟上技術上的援助，這是毫不希奇的。美國對於這件

的策略加以訓練，爲時差不多一年了。希特萊已經把希特勒青年組織中的幾階的人員們，按照一九一八年後散在德國各地而控制德國利害關係的部隊恐怖團體和義勇兵團的模樣，組成游擊單位。大量的武器，若干無線電台，野地醫院，和製造隨身攜帶的武器的工廠設備，已經貯藏起來，作爲這些（游擊）的防禦軍之用。

希特勒自己，也似乎在準備將在某些進不去的地區支持下去。他曾明白告訴他的親信們說：『如果必需，我將像霍弗（Andreas Hofer）那樣退到山谷中去。』霍弗的奧大利的農民，他領導過多山的泰洛爾（Tyrol）地方的人民，在十九世紀早期反對巴伐利亞人和拿破崙。在某些這種山谷的要塞中，希特勒可能帶着盟國的犯人作爲人質，使其反對世界的戰爭扮演一幕可怕的戲劇的頂點。

當那最後的游擊抵抗者被盟國的軍事力量掃除後，納粹的第二個計劃就實行起來。這計劃叫做『二N』計劃，從德文（Nach Niederlage）而來，其意義是『失敗以後』。這是一個廣泛範圍的綱領，陰謀使德國處於混亂之中，從這種混亂之中，納粹企圖最後以惟一强大而有很好組織的政治力量出現。這個綱領的目的在破壞和毀滅盟國的佔領力量，直到我們（盟國——譯者）厭倦於這種工作而退出來——再把德國交給納粹。

殘存下來的納粹黨人，現在官方的數字是六百萬，將隱藏他們的黑色和褐色短衫，黨章，卍字，一切納粹主義的外表裝飾。對盟國將很少公開抵抗，但和我們合作的德國人將被秘密消滅。盟國的行政官吏將神秘的失踪。秘密運動者將從任何與盟國合作的德國政府中奪取其替罪人物，並力圖把德國的失敗責備正規軍，以挽救納粹神話的面子。

這個二N計劃是以相當的遠見來準備的。在一九四三年的末幾個月，納粹黨清洗了數千人，這些人被認爲不可信任——失敗主義者和那些爲了自己的利益而參加納粹的半條心的人，一個精華的力量於是組成了細胞，這些細胞將進行地下運動。

地下納粹黨的司令部設在慕尼黑，參謀部的領袖們已經被指定以監督破壞和抵抗。其中有威廉·謝普曼，他在一九二三年法國佔領期間領導奮鬥的恐怖隊；後來成爲納粹衝鋒隊的參謀長；有開臘甫魯納，他繼赫德里亞（劊子手）爲薩斯塔波中希姆萊的左右手；有魏納爾·馮·阿文士李本，他在一九一八年後專門從事於政治暗殺，現在成爲希特勒寵愛的人。

事情非常動搖，因爲內心害怕蘇聯的强大，因此美蘇雖處於同盟關係，但卻表現了深刻的矛盾，美國利用對蘇經濟援助，作爲離間日蘇關係的資本，這是值得注意的。它的代價就是要把中立的蘇聯拉到遠東方面，以壓迫從美英金權（？）的桎梏中解放出來的東亞民族，問題是蘇聯對此的反應如何，一般推測英美在此次克里米亞會談中必然提出這一問題，但關於這一問題，公報中並未提及，同時在反軸心國聯合會議上才表決對日作戰決議，這說明蘇聯對世界局勢，採取愼重判斷的態度。美英用經濟的壓迫乃至經濟的香餌，使中立國家變節，但像蘇聯這樣既有實力又堅持其對世界獨自政策的國家，美國金權（？）的策謀能否生效是一疑問。

納粹的地下戰爭計劃

譯自一九四四年十二月號『讀者文摘』

Allan A. Michie作

王朝成譯

編者按：這篇文章裏，暴露了納粹法西斯匪徒另一次戰爭的陰謀計劃，據軍事專家M．維爾納的意見，這個計劃的致命弱點，就是沒有人民的基礎，不能發動游擊戰爭。但是，從這篇文章中可以得出結論，即盟國必須不予納粹任何可乘之機，必須把法西斯徹底掃除淨盡。

我們之中太多的人設想，當德國國內有組織的軍事抵抗停止的時候，我們和納粹的戰爭就完了。這是個危險的幻想。在有組織的抵抗以後，將發生祕密的抵抗。

現在在盟國手中的情報證明，納粹了解到失敗的不可避免，已經訂出了繼續他們的地下運動的精確計劃，一旦有利時機來到，再度奪取德國的統治。納粹從法國『馬基』和鐵托游擊隊的成功中獲取了痛苦的教訓。另外，他們自己也善於此種計謀，因爲在魏馬共和國的年代中，他們的許多活動就是地下的活動。

從德國來的許多情報中，明顯的看到，希特勒和納粹領袖們有兩個分別而連在一起的計劃。第一個短期計劃是在盟國佔領德國後用黨衛軍（SS）和希特勒青年師團在德國的森林和山谷中繼續戰鬥。納粹以典型的澈底性研究了被佔領國內地下運動的各種方法，二N計劃當然是已經把這些被採用

二N計劃中的一部份是以一切努力來防阻主要的納粹黨人落入盟國手中。希姆萊已把他的某些人放在集中營內，估計盟國將認爲他們是明顯的反納粹份子而釋放他們。爲這些納粹的『犧牲者』已經小心地準備了假的記錄。其他某些人，官方報告說已經死了，實際則到了德國的其他地方，他們改用新的名字和新的身份書。另外，則將做地下運動的某些蓋斯塔波的官吏，用面部外科手術改變了他們的相貌。據所知道德國人已經在收集盟軍的制服，特別是從英國和美國死人的身上收集，以便化裝的納粹份子能夠在盟國佔領區間來來往往。到去年九月止，根據盟國的情報，至少有一萬個蓋斯塔波人員已經改變了他們的相貌履歷而忙於在德國國內採取沒有罪的職務。

當和平到來時，這些人將成爲青年團體、宗教組織和知識界的領袖，假借納粹的痛恨者和民主主義者──『好』德國人。而在幕後，他們將實現那個長期的二N計劃，以使主要的政治位置落入納粹黨手中。

使納粹主義最後復活的經費已經存在中立國銀行內，在祕密運動年份內要製造的祕密武器的計劃已經妥當地隱藏起來。這個納粹祕密運動爲一個高於希姆萊的蓋斯塔波的超蓋斯塔波所控制。那些最瘋狂的納粹份子被選爲這個組織的人員。這組織的頭腦是海斯梅耶爾，他是個圓滑的屠殺者，被他少數親信的同黨認爲『美麗的特化物』。他如此成功地避免公開，以致大多數納粹黨人只知道他一個名字。海斯梅耶爾是一個舊時政治惡棍，在七月二十日的炸彈陰謀案（即去年七月二十日謀刺希特勒的炸彈案──譯者）後幫助希特勒逐出反對希特勒的將領。一九四四年初期他至少已設立了五十個破壞學校，這些學校的畢業生將在主要之處組織恐怖。

這個無終止的戰爭的遠景並不是美好的。從他們自己的經驗中，納粹很知道一個佔領軍的力量是有限的，一個很有組織的抵抗運動能夠做許多事情來毀壞其各種努力。第一次世界大戰後，德國國內的破壞抵抗從很分散而常常不合作的美國內來：失業的退職軍人，德國參謀部人員，和某些戰爭產業家。

這一次納粹的和平時期的戰爭的危險是不可比地大了，因爲這是在德國沒有實際失敗以前，就以有計劃的澈底性準備出來的。只有我們堅持對德國施行嚴厲的佔領直到納粹主義和軍國主義最後被撲滅，世界才能有和平。

參攷消息

（只供參考）

第八〇〇號

解放日報
新華社 編

今日出一大張

卅四年二月廿五日

星期日

同盟社報導
蔣介石統一指揮新設三大戰區

【同盟社大陸某基地廿三日電】抗戰首都的機能，逐漸由重慶移至昆明，有下列事實可以證明此點：即最近一個月昆明設置了中國軍總司令部，中國戰區美軍戰鬥部隊司令部及對華供應部三個機關。這些事情作為抗戰中國的新動向，不僅在軍事上，而且在政治經濟各方面都有極大的重要性。首先關於設置中國軍總司令部問題，這是鑒於去年大陸作戰的慘敗，是因為指揮、統帥的不徹底和混亂，同時為了打破各戰區的軍閥割據主義，遂依據重點的大戰區主義，確立指揮系統。即是說，新設湯恩伯的黔桂湘邊戰區外，又設置東南戰區，由第三戰區的顧祝同統一指揮薛岳的第九戰區和余漢謀的第七戰區。李宗仁作為漢中行營主任，掌握西北戰區的指揮權，這個戰區包括第一戰區第五戰區及其東方的地區。重慶構成戰區的三大重點後，設置總司令部，起用何應欽為總司令官，這是重慶軍指揮系統的一個進步。問題是在於其中樞設於昆明以及美軍在背後指導總司令部，雷多公路及中印公路的起點，昆明是非常重要的。重慶在昆明設立總司令部，並在昆明周圍集結將近三十個師的重慶軍，首先是為了保衛美軍的橋頭堡壘——昆明。總司令部給中國戰區美軍戰鬥部隊司令部及對華供應部指揮官以重要的地位，是值得注意的。中國戰區美軍戰鬥部隊司令部是掌握重慶軍的大本營，由該處派往各地的美軍軍官監視、訓練重慶軍，並使其美國化，干涉其作戰的指揮。麥克魯在何應欽的總司令部所佔的地位當然握有絕對的壓力。另一方面麥克魯兼任戰時運營管理局副局長，該局是運營重慶戰時經濟所依靠的動脈——雷多公路。麥克魯與魏特梅耶合作後，在昆明設立對華供應部。重慶軍均由該部取得軍需品，但是該部指揮官提爾斯與麥克魯一樣，亦在總司令部佔有地位，因此何應欽的處境是很困難的。

城、張治中任主席，首由青年遠征軍政治部主任蔣經國報告工作概況，次各委員就各項報告提出詢問，均經分別答覆。再工作檢討，對：（一）關於徵集方面者，如宣傳與徵集配合問題，報告登記檢查體格及入伍之時間銜接與手續問題，發動社會倡導問題。（二）關於集中方面者，如招待、管理、給養、衛生、運輸秩序諸多問題，均有縝密檢討。最後討論通過要案多起，晚間全體聚餐，蔣委員長親臨參加並致訓。

蔣介石講詞

【中央社重慶廿一日電】蔣委員長於廿一日晚在全國知識青年志願從軍指導委員會舉行第三次全體會議時，特親臨訓詞如下：政府此次發動知識青年從軍運動，能於最短期間獲得如此圓滿之結果，此其成就，實至為寶貴。知識青年從軍運動之意義，不僅在求得目前抗戰之勝利，且欲於抗戰期中使一般知識青年，受嚴格的軍事教育，習慣於軍事的生活，具備現代國民的生活與技能，庶幾將來抗戰結束之後，人人能成為建國之幹部，而負荷建國之使命，故青年遠征軍之成立，其於培養青年之功效，較之任何學校教育，尤為偉大。目前指導委員會之第一步工作——從軍青年之集中，於下月底即可完成。第二步工作即將開始。所謂第三步工作，即在訓練青年，使成為戰時健全之軍人，與戰後建國的幹部，此項工作較之徵集青年，尤為重要，指導委員會今後仍當繼續努力，領導社會，協助部隊，完成編練的任務。協助之方，即不斷派遣人員，分赴青年遠征軍各部隊，考察慰勞，藉以鼓勵士氣，並講明政府成立本軍的目的。而余以為尤其重要者則我指導委員會各同志與各學校校長，各機關主官以及社會領袖人士，對於其自身之子弟、學生與僚屬，必與之經常聯系，不斷通訊，以砥礪其志節，提振其精神，勉其為忠勇之軍人，為將來建國之幹部，如每人每日能為從軍青年寫寄一信，則三月之後，可得書信九十封，從軍青年獲得此種親切的鼓勵與指示，對於輔助訓練，必有莫大之功效。當青年熱情豐富，其感受力亦特強也。此次青年遠征軍訓練之成績，如能達成政府之預期，則在適當期間，當發起第二期從軍運動，而在此以前，吾人所應特別注意者，即為發現第一期征集時與現在軍中之缺點，並研究其改進之方法。指導委員會各省分會，均須就近週咨博訪，以期發現缺點，並考慮其原因，然後通告全軍，一致預防，共同改進，任何事欲求進步，當先知缺點之所在，然後能對症下藥。目前各地青年遠征軍不無流弊發生，然而學校青年與機關職員之從軍者，則大都能自重自治，恪守紀律，愛惜我青年遠征軍之榮譽，故第二期從軍運動發起時，對於投効之青年，當以機關職員與學校青

康澤說報名從軍青年有十五萬人

【中央社重慶廿一日電】全國知識青年志願從軍指導委員會第三次全體會議，於廿一日在中央黨部舉行，出席委員張伯苓、梅貽琦、竺可楨、程天放、章益、張洪沅、顧毓琇、劉季洪、李蒸、吳鐵城、程潛、陳果夫、張治中、陳立夫、陳誠、朱家驊、錢大鈞、徐永昌、鹿鍾麟、谷正剛、梁寒操、狄膺、段錫朋、賴璉、余井塘、康澤、羅卓英、徐思平、賀國光、袁守謙、李惟果、鄭彥棻等青年遠征軍各師代表，暨政治部主任等均列席，公推吳鐵城、程潛、張治中、梅貽琦、顧毓琇等為主席團，廿一日上午會議，由程潛主席，吳祕書長，程代總長，暨梅貽琦校長，相繼致詞後，祕書長康澤報告發動經過，工作概況，徵集效果，及工作檢討。略謂，自卅三年十月十一日發動組織知識青年志願從軍運動會議以來，除本會即日成立外，各省市及各專科以上學校，各職業黨部，並先後分別成立征集機構，辦理徵集事宜，全國知識青年皆熱烈響應，踴躍應征，迭據各級征集委員會電報，登記志願從軍人數早經超過十萬，青年志願軍之預定數額，本會曾經再三電飭各級徵集機構，將登記檢查合格人數，分別性別年齡籍貫學歷職業黨團籍等項表報，現除少數專科以上學校業已寄到外，各省市大概因人數較多，計算需時，且須俟各縣市將檢查合格人數統計表報告到省後，始能彙報本會，又以戰時交通阻滯，郵電遲緩，刻下各省市尚未將檢查合格人數及合格統計報告到會。茲查各級徵集委員會報告，登記之從軍人數總計十五萬餘人，原定十萬青年從軍之預定數額，已超過百分之五十以上。其中如重慶、四川、甘肅、陝西、福建、廣東、湖北等省市以及同濟、朝陽、中央政校、中工、西北大學等校，皆超過配額甚多。綜其成功原因有三：（一）領袖之偉大號召。（二）各徵集委員會工作人員之努力。（三）社會人士之響應。若論中國缺點，則以此次運動發動宣傳過早，而各項準備工作未能及時完成，復因戰事影響，各地徵集接待事宜亦間有未能按照計劃順利實施。徵集工作已大體完滿告一段落，今後所應特加注意者，即此次從軍青年大都為勇敢熱忱之優秀份子，必須予以良好之領導，以發揮其報效國家之力量，故今後工作重點，似在編練及管理與使用諸端云。午刻散會，下午由梅貽琦主席，編練總監羅卓英報告編練情形甚為詳盡。廿一日上午繼續報告，由吳議年為主體。總之，此次從軍青年，踴躍投效，超過預定數額，固由於青年愛國精神之表現，亦各同志努力號召之結果，時局逾艱難，而吾人工作愈緊張，而效愈偉大，此實與我國其民族轉危為安，轉敗為勝之最大保證，尚望各同志益加省勉，繼續努力，以達成政府之期望，完成抗戰建國之使命。

重慶憲政實施協進會研究憲章意見

【中央社渝廿二日電】憲政實施協進會，第一組委員會，廿一日上午九時繼開會討論憲章意見，到十餘人，由召集人孫科主席，首討論國民代表產生方式，咸認為顧及目前實際情況，除區域代表外，似宜加採職業代表制，並須於憲法中規定區域代表於職業代表之百分比。至於代表任期，國民大會集會次數等，則仍維持原草案。繼討論總綱與五院組織，省之地位，及中央與省之關係等問題。又憲草國民經濟及教育各章，經決定廿四日上午開會討論，以便趕於三月一日向第五次全體會提出報告。

【中央社渝廿四日電】憲政實施協進會第一組憲草討論會，於廿四日上午九時繼開第三次會，計到該組召集人孫科，王寵惠，委員黃炎培，王雲五、胡霖、孔庚、李永新、錢公來、范予遂、江一平、薩孟武、陳啓天、朱家驊、周炳琳、李中襄、祕書長邵力子、副祕書長雷震等十餘人。由召集人孫科主席，繼續討論憲章第五、六、七、八四章，均有所決定。茲誌其大要如次：（一）地方（電文不清）經設省之區域一節。（二）國民經濟教育兩章內容過於瑣碎，允宜改訂。（三）憲法之解釋，由司法院組織憲法解釋委員會為之。該會將於三月六日再開會一次，方可對憲章意見討論完結云。

【中央社立煌廿四日電】六全大會皖省代表名額計十人，省黨部決定三月中旬複選，除淪陷縣代表業經指定外，各縣均在積極辦理初選。省會昨今兩日投票情形極為良好。

【中央社立煌廿四日電】新任蘇省主席王懋功，於二十二日由某地抵立，晉謁李長官品仙商洽要公，定二十六日返任。

敵公佈榮逆子恆被我擊斃消息

【同盟社濟南二十四日電】榮子恆中將，於昭和十八年六月，自魯中山嶽地帶率其部下參加和平軍營，任國府軍暫編第十軍軍長，協助皇軍，挺身於山東方面的治安建設。乃於二月一日午夜，[illegible]，[illegible]入交戰，[illegible]在[illegible]水縣壯烈犧牲，榮中將於該日午夜，[illegible]之來[illegible]時，[illegible]指揮部下，迎擊敵人。敵自縣城以西，及其激戰之夕，復親赴前線[illegible]，至上午[illegible]時，終於自北門與西門侵入。在黑暗中展開激戰，榮將軍手持軍刀，站在部下將士的先頭，在火焰中與蜂擁而來的敵人交戰，激戰繼續到二日未明，榮將軍察知戰況不利後，乃同其子紀仁（十七歲），向敵衝擊數次，終於滿身槍傷，與所帶的手榴彈同歸於盡。其壯烈情形，鬼神都爲之哭泣。

國民黨糧食收入只夠供軍用 公教人員食米改發代金

【本報訊】重慶新民報一月廿三日報導：「徐堪一月廿二日在記者招待會上報告糧政：（一）關於糧價，半年來除有特殊性者以外，大半平穩，四十五個城市，[illegible]，鄂北則歉收，其他江西、浙江、安徽等地，[illegible]部份特殊，北方各省之麥收皆佳，爲調劑民食，糧部曾向四聯借款，及[illegible]各省代借各三億[illegible]千萬元。（二）徵收徵借。卅三年度原定八千三百餘萬石，後[illegible]爲六千六百餘萬石，北方各省徵額已交足百分之八九十，四川原爲二千萬石，現已收到一千七百萬石，月底可達一千九百萬石，兩廣及贛皖等地，[illegible]徵時甚佳，現因軍事關係，已停徵。（三）軍糧，自軍事轉變後，對於豫、湘、黔、滇等省，凡不足者，皆已另外購補，四川因增加過境軍隊，亦增多不少，並將輸黔十萬大包，惟已早作準備，絕不影響糧價，但供應以軍糧爲第一，故公教人員改爲代金，以補不足。（四）今後將加強糧運，配合軍事需要，平穩糧價，以安定民生，前者盟軍已允予協助，並將內運食米加工設備以改善品質，總之靠天吃飯之國家，只要豐收，一切困難皆可解決，目前各省情形甚佳，小春好，秋收固不能預測，但冬水田足，亦有幾成把握。」

關於中國問題 納爾遜報告書的一部分

【本報訊】納爾遜曾於去年十二月二十日向羅斯福提出關於中國問題的報告書，其中一部分業經羅斯福核准發表。一月二十八日華西日報將中央社轉播美新聞處廿六日電，該部份報告披露，茲節要如下：

「中國之主要努力，截至目前（去年十二月二十日）爲止，皆集中於直接有益於作戰努力之步驟。九月間余赴重慶時，因共比較缺乏具有建設性的作戰努力，頗爲驚心。但……此種情勢現大部分已經校正。中國政府現正致力

勢。在二月[illegible]，[illegible]即[illegible]路，及[illegible]是明開始管之增加，均將大有[illegible]於增加中國之供應，增加與有關系之生產，以及改善後之運輸，將可增加[illegible]中國經濟之力量，各[illegible]各地生產增強之分配，以及缺之成品情形之減少，均將成爲[illegible]之力量。相當時期內，在一[illegible]之經濟中之技術改善的結果，將[illegible]生產力之增加，[illegible]水準之提高，[illegible]與力與稅收之增加，以及政府辦理各項急需事項，例如增加中國每人平均生產之農產產品所需經費之增加，必將感覺中國之經濟情形，正在增強，及中國之戰時生產力正在增長。……將來在戰時生產局之下，中國工業界地位提高以後，自援發揮一種自由化之力量，此種合作，實富有歷史上之重要性，則可以加速戰爭之進展，與增進和平之基礎。如中國在有計劃之戰時生產方面，係由該國政府與商界之適當協助，開告成功，則中美兩國戰時之經濟關係，將更形密切，中國有在美國協助下而自行發展其工業之能力與願望，如此種協助，係以現實之眼光加以計劃，而經發之各措亦係基於健全之基礎，則中國戰事宣告結束後，即可能代替日本爲東方主要之貿易國家，[illegible]則美國之出口貿易，亦將因有廣大之市場而逐漸發展。我並且相信在美國的協助下，中國之發展，可以轉入和平與民主之途徑，而消除自來左右東方及南太平洋政治態度的恐懼戰爭的心理。」

重慶召開 台灣革命同盟代表會

【中央社重慶二十二日電】台灣革命同盟會第四屆會員代表大會閉幕後，新任執監委員，經於廿二日舉行聯席會議，分別選舉李萬居、謝光、劉啓光、張邦傑、李友邦爲常委，游彌堅爲常務監察，當即宣誓就職。

【中央社龍州廿三日電】國立中山大學校長金曾澄，率領教授員生六百餘人，繼續抵達此間，據金校長談，中大今後復課問題，現已積極籌備，將來計劃在[illegible]設置校址，[illegible]察實際情形，仍縣設置一二學院，絕不因戰事而影響學業，希望學生教授將來能開道東來，後方將儘量設法收容。

【中央社渝廿四日電】行政院全國燃料管理委員會，已奉令改歸戰時生產局，仍由秦汾任主任委員。又經濟部燃料管理處，亦改隸戰時生產局，易名爲煤焦管理處，處長一職，仍由劉塔芳担任。

【中央社重慶二十三日電】自貢鹽場場商代表王績良等，曾於二十二日謁宋代院長，籲請政府予以緊急救濟，聞宋氏允代飭財部鹽政局予以切實救濟。

於獲致勝利之任務。余十一月間曾與中國各領袖作多次談話，經彼此同意，解決若干問題。總統之任命魏特梅耶將軍為中國戰區總司令，及嗣後任命赫爾利為駐中國大使，與美國戰時生產代表團的抵達重慶，俱為以後實施若干意義重大之措施奠定基礎。（一）為採取積極步驟，以阻止日軍之前進。（二）為中國戰時生產局之建立及工作。……吾人之第一項步驟，為與由中國經濟部長翁文灝領導之若干中國官員合作起草一中國戰時生產之基本法，此項法律賦予廣泛之權力。……吾人於組織及政策方面，與翁文灝博士密切合作協助，為中國軍隊加緊軍火之生產，並協助中國政府，使其獲致重工業界之合作。中國之作戰努力，已首次獲得調整。……同時並已採取良好措施使中國之戰時生產局與美軍兵工署方面保持密切之聯系。……（三）美國技術生產代表團，已在中國工作，彼等將與中國之工廠經理及政府之官署合作，以三個月為期，目的為增加生產，改良品質，並減低成本，注意力立即集中於中國軍隊所需之若干品類上，以獲致其生產之立即增加；（四）戰時生產之需要，亦經設法供給資金，中國政府所設立之銀行，亦曾約定以法幣一百億元，借予中國戰時生產局。……且因中國若干工業需增週轉資金，故四行亦須為戰時生產減低其利率至某種程度。……總之，所有關於貸款之一切官場手續，均已大為減少。（五）增加之各種運輸設備，已分配於中國。（六）中國政府人員已有所更動，藉以增強作戰努力。……緊接政府改組以後，及與之有密切聯系者，即為軍事供應制度之改革，及中美兩國統帥部更密切之合作。中國國民黨與共產黨領袖間着眼於軍事合作之商談，亦有所裨益。（七）業已設法增強中國人民之民氣。中國戰時生產局之設立，以技術代表團之到達中國，對於中國人民之民氣，頗有直接之影響。……十一月間余曾與蔣主席討論民氣問題，渠曾表示，渠將親自負責增強民氣之工作。余在中美文化協會及向中國工業及金融界領袖發表演說，亦以中國內部必需合作為主題。……除軍事局勢已有改善，吾人可以希望，由於今秋（指去年秋季）所採取行動之結果，在經濟方面，亦將有宏大之收穫。中國戰時生產局一九四五年關於主要項目生產之計劃，乃依中國兵工署前所擬定之計劃加倍生產，而其增加之生產率，不出數星期即可在中國各戰場發生作用；至於完全用作燃料之酒精之生產計劃，亦係將余未到中國以前計劃之速度，加倍生產。余盼在一九四五年春季時，中國各部之戰時生產，至少應倍於十一月間之生產

「中央社成都廿二日電」民委會外事局長何浩若，廿二下午偕該局顧問湯麥生中校，及畢範宇博士，飛抵蓉辦理招考譯員事宜。

「中央社西安廿二日電」陝省卅三年度徵、借、軍各糧，截止最近，已達八成五以上，尾數在續徵中。

「中央社貴陽廿二日電」滇黔戶政督導會議，由內次長張維翰在昆主持，黔省由民政廳長譚克敏及省府委員兼筑市長何輯五出席，兩氏今晨首途赴昆，攜有一切戶政材料。

紅軍迫近柏林 戈培爾發出呼號

「海通社柏林十六日電」由於蘇軍距帝國京城七十公里，戈培爾博士在帝國週刊上，談到儘管一切困難，德國有贏得這次戰爭勝利的機會。「只有當人民及其領袖認為戰爭已經失敗時戰爭才算完結。只要戰爭延續下去，沒有什麼不可能補償的。有許多例子證明，在一定時機似乎真的定將自動地使交戰國一方崩亡的軍事上發展突然中止了，並重復轉到有利於交戰國這一方。愈是接近戰爭結束時發生這樣事情，機會就愈加順利。如果戰爭要結束有如照各個不同階段似乎不得不結束那樣的話，那末這次戰爭也許被英國、美國和蘇聯已經打贏了。真的今天敵人手中有着較我們更大的戰爭潛在力。但這點是僅僅指物質方面，真的如此而不是指精神方面而言。我們知道，最不利的戰爭比較敵人加到我們身上的和平起來，總還是好一些和吃得消些的。人民要保衛他們的生命，決心利用一切方法甚至最大胆不顧一切的方法，這樣的人是不可能被打敗的」。「他們能夠無限地繼續戰爭——只少直到他們的敵人必須感到他們如不甘冒他們自己生存的危險就不可能達到目的。在這裏就有着我們勝利的機會，我們在這一階段戰爭中所有的其他一切真實的和可能提供的機會還不算在內。」戈培爾結語說「我們不久將採取這決死的方法，使我們為了全部的將來，而以高價得出德國人民的生命，以及子子孫孫的生命。全世界三個帝國已在痛打我們要把我們打倒。他們不要諱謎，而是應該害羞，在這次戰爭中他們十個對我們一個而還無法把這一個打倒。我們的救星是我們的武器。讓我們使用武器作最後戰鬥吧，讓最後戰鬥將決定一切。這個戰鬥是我們一個大機會。明天這個戰鬥是否將成為我們的大勝利，全在於我們身上。

參考消息

（只供參考）

第八〇一號

解放日報 新華社 編

今日出半大張

卅四年二月廿六日 星期一

敵宮內省御宮御所被炸

【同盟社東京廿五日電】大本營發表（二月廿五日廿時四十五分）（一）本月廿五日午前，約有六十餘架敵艦上機，襲擊關東地區，另有一百三十架B二九式機，於午後侵入帝都上空，從高空盲目投下大量炸彈，（二）宮內省發馬寮及御宮御所門側，落下少數燒夷彈和炸彈，被害極微；（三）帝都有若干地區發生火災，但至夕刻即被撲滅，故損失不大，關於我制空部隊的戰果，現正在調查中。

希特勒發表聲明

【同盟社柏林廿四日電】希特勒總統於本日納粹黨製定綱領廿五週年紀念日，特向××大會發表聲明，表明斷乎繼續抗戰，打開國難的決心，同時預言歷史的轉機，就要到來，吐露了他的必勝的信心，總統由於軍務繁忙，不克離開行營，其聲明由人代讀，散會後黨員異常興奮誓死為貫徹戰爭，奮鬥到底。

【海通社馬德里廿五日電】西班牙『新聞報』在其關於元首於宣佈納粹黨黨綱二十五週年之際所發表的宣告的短評中宣稱，『在德國除有勝利概念外，沒有投降的言詞，也沒有投降的概念。』該報繼稱：希特勒在此決定時期，以嚴正言詞，來加強德國人民戰鬥至勝利時為止的決心。

戈培爾論克島會議

【海通社柏林廿二日電】帝國宣傳部長戈培爾博士在最近一期德文『帝國週刊』中撰文，預測和論及亞爾塔會議所起草的計劃，結果將造成第三次世界大戰。他寫道：『所謂第三次世界大戰大約將為一個短期間的戰爭，一九四八年羅斯福將在大選中失敗，而共和黨亦即孤立派將當選。那時他們第一個正式的法案或將為美軍退出沸騰的歐洲。當歐洲大陸上沒有別的軍事力量的時候，英國六十個師團，和蘇聯六百個師團就將面對面於歐洲。在英國，工黨政權（如果不是更急進的半布爾塞維克政府的話）將上台。他們在猶太報紙和全國厭戰人民所鼓舞的輿論的壓力之下，或將不久即宣佈自己與歐洲無涉。這樣事情可以在今天波蘭的問題上看到。斯大林注視着將來整個世界將處在克里姆林的獨裁之下，如果德國人民放下他們的武器，蘇聯就會不顧羅斯福所達到的協定而早已佔領整個東歐和東南歐，包括德帝國一大部份了。在這極廣大領土（連蘇聯也在內）面前，就將立即放下鐵幕來，然後即將開始大批屠殺各個民族。留下來的事情，便是煽動成百萬拚命的無產階級勞動動物，他們對世界其他地方的事情，只惟克里姆林要他們知道的才會知道。殘餘的歐洲將落入混亂的政治和社會的騷動中，而成為布爾什維克化的前奏。這些國家中的生活將如地獄一般，在英國被排斥後，成百萬的奴隸將建造半世紀的坦克、戰鬥機和轟炸機，並即將開始對美國作主力進攻。那時，我們就要咒詛今天的美國了，是美國總統在久還的會議上所發公報中替這種事態發展準備了道路。』戈培爾結語稱，『在二〇〇〇年，德國將不是被敵人佔領，而是德意志民族將成為文明人類的智力出賣者』。

【海通社斯托哥爾姆廿二日電】倫敦消息，前薛科爾斯基內閣國務員，會在各種國際事務中演過神秘角色的名叫挺格爾者，已離倫敦赴華沙。相信他的使命為調停倫敦波蘭人及盧布林政府間關係。

傳美開放對共產黨禁令

【海通社柏林廿一日電】紐約訊，據支加哥論壇報說，美國陸軍部長已開放對共產黨員的禁令，該禁令中規定不准共產黨員，任美軍軍官，也不准參加祕密軍事會議。陸軍部對此項消息未加正式否認或承認。

傳朝鮮地下軍有三十萬

【路透社重慶廿二日電】路透社特派訪員巴維報導：據自漢城抵此的朝鮮祕密運動領袖李平談，朝鮮已建立了三十萬的地下軍，現正待機行動。李氏又說，關於組織詳情由於安全原因，不能發表，但他宣佈，自中日戰爭爆發以來，朝鮮已有二十萬人因所謂革命活動被日人逮捕。七萬人被屠殺。他斷言，滿洲的朝鮮革命軍隊在朝鮮最後解放中將起重要作用。

桂永清任駐英軍事代表團團長

【本報訊】國民政府前駐德大使館武官桂永清，自一九四一年中德絕交後，即逗留瑞士，暗與納粹來往。法國解放後，曾赴巴黎活動。近據中央社訊，桂永清已任中國駐英軍事代表團團長，前往備致。

『合衆社洛杉磯廿三日電』中國水利專家張含英等九人，業於今日抵此，研究洛杉磯之水利工程。

重慶人士推測美軍下一動向

『路透社重慶廿三日電』路透社駐重慶訪員一週軍事評論道：這兒的觀察家們認爲美軍下一個動向是直接對日本本土呢還是對中國大陸，這個問題還是懸而未定的。過去有一個時候會被認爲幾乎完全可以確定。但菲律賓戰役之後當爲在中國沿海登陸，但是最近海軍和空軍襲擊東京已引起了一種臆測，即日本本土是否可能成爲下一個目標。這種動向會使日本與其佔領區隔離而孤立起來，但這將是非常艱難費力的戰鬥。日本國內的交通還是很優異的，而且目前琉璜島戰事給與了美軍將在日本本土島嶼會遇到如何抵抗的某種概念。在中國海岸登陸會比較容易些。雖然據報日本正投入大量部隊去防禦中國大陸，可是中國有着漫長的海岸綫而且其各處分散的港口也沒有鐵路和公路互相聯接。今天中國軍方發言人透露，在克里米亞會議之前，日本從滿洲開了三個師團到中國本部，主要的便是防禦上海以南的區域，同時華中的日軍部隊也已有開到華南的。發言人說，不久以前中國在粵漢路南段所附着的鋒隊現已被日本封住，但中國軍仍在鐵路兩旁作戰着。他說日軍在這一戰區過去三星期中傷亡七千餘。他否認謠傳日軍從中國戰場抽調回國防禦其本土之說，並對日本是否還有能力向昆明或重慶再作一次進攻一點表示懷疑。

張君勱論國共關係

『本報訊』張君勱在『民憲』雜誌第十一期上撰文『國共問題公開報告以後』（一按：張氏已於一月飛美出席太平洋學會），首稱：『方今國人憂心如焚，而不知前途稅駕之所者，莫過於下列各問題：（一）國共問題能在戰爭期內解決否乎？（二）萬一此問題不能解決，豈非國家又將陷於內戰乎？（三）國內政權更迭，豈非長與武力消長結不解緣乎？（四）國內之民主也，憲政也，法治也，和平建設也何日而能實現乎？』繼謂：『以上四點可概括於一個原則之下，即吾國之從事於政治活動者，能否稍爲裁抑其黨派觀點，而稍爲國家前途着想而已。』張氏認爲必須『擴大國家基礎，縮小黨爭地盤。』『反之名爲政黨矣，而其背後所憑藉者，或爲軍隊、或爲金錢、或爲政權、爲人民之愚弄、或藉威迫利誘使多數人爲吾驅使……敗者未必甘心蟄伏……甚或對外作戰之日，雖舉旗反抗，亦無所顧忌，則此類在朝黨不容安枕可知矣。』作者論及兩黨在參政會上之公開報告，引述了林伯渠同志擬編部隊等四項條件（而不引聯合政府主張），又引述了蔣介石第一日的講話，中有『政治解決的基礎，在乎擁護國家統一』一段，之後謂：『吾人以爲建國目的，不離乎國家統一，不統一者不成國家』。作者把國共磨擦之責任，推給共產黨，謂：『吾國自北伐以迄今日，常在內憂外患之中，中央軍隊，自抗戰以來，一心抵禦外侮，然因近年十八路（？集團）軍之自由擴張，而中央軍始與之儼然對峙，在新四軍事變中，雙方已曾以兵戎相見，對於西北邊區，自不免有所謂惴惴其慄之狀，甚至日人侵入中原與湘桂以來，中央調動軍隊，不能自出自在者亦此故也。』作者提出以『民主國之常規』來從黨政軍三方面求得解決。『第一、軍。民主國只許有國軍，不許有黨軍。……吾人以爲政府應再明白宣佈軍隊專司國防，不事黨爭，各軍餉械待遇，一視同仁，各種軍隊中可無須設置黨部，即軍委會指揮之地，亦應調用各方人員共同負責，以示無偏無黨之公心。』『第二、黨。……各政黨成立於國家之下……惟國民黨爲造成民國之黨，在訓政時期負領導革命訓練人民之責任，其地位乃較其他黨派爲特殊。……政府誠於此時將國民黨所居之特殊地位及早改變，豈不……將國人所藉之以爲攻擊之資者奪之以去乎？』『第三、政治。……誠認民國之爲民國，主權在民之原則，順此者存之，逆此者去之，則天下人民曉然於政府之與民更始，以必達於民主政治之正軌，奚必擁有黨軍以事內爭，則所以統一國家之關鍵，豈不在是矣乎？』該文結論說：『中華民國之建國大業能否成功，決之於今日之國共關係而已。……不解決則已，欲解決則無他時矣。』

『本報訊』昆明民主周刊第一卷第一期，時評『怎樣渡過難關』稱：『今日問題的癥結，還在政治，國內黨派眞能團結。全國人民對於政府具有百分之百的信心與擁護。倘這兩個條件具備，……難關必能渡過。』

參攷消息

（只供參考）

第八〇二號

解放日報 新華社 編

今日出一大張

卅四年二月廿七日

星期二

中央社專論
反對召開黨派會議

—中央社重慶廿六日電—（缺十二字）發表一文，題為『×××』，文云：自去年歐洲政治糾紛一度緊張之時，有人提出一種主張，即召集各黨派會議以成立聯合政府。我們自不必問其目的如何，只須問其在法律和事實上有無根據。我們講政治，總要根據一個大家能公認的原則，否則各人講各人所認為要得的辦法，而誰也不能說誰，那就是無從求問題之解決。

以法律而論，我們既然承認了三民主義這一套，那麼就要在這範圍內作最大努力，我們只可主張縮短軍政過程，速開國民大會。黨派會議在中國歷史上以及可據為大家公認的法律上沒有這東西，一定要堅持它，即是拖延和拒絕國民大會。國民黨又何嘗不樂得不開，那麼憲政亦就更為荊棘了。

以事實而論，如今日各黨派確能包括全中國的人民，自亦無不可。然今日大多數的人，應算是無黨無派的，大家希望結束訓政，如要開各黨派會議，成立黨派聯合政府，有黨派的人固然覺得自己有份，而在無黨派者方面，結束一黨訓政之時，又要受一種『聯合訓政』，其不歡迎，自是人情之常。若必抬高有黨派者之身份，則以現在中國黨派的標準而論，至少幾十黨很可在幾十天之內速成的，那豈不將成為世界之笑話。

所以我們決不覺得黨派會議有何根據。論者謂這是希臘、意大利、南斯拉夫已有先例，但我想我們沒有師法這些國家的必要。而近來更有一種甚為奇特之論，說克里米亞會議三大國家關於歐洲解放國家的宣言，亦可以適用於中國。必須如此，在舊金山會議中才是決定者而不是被決定者云。噫，是何言歟!?

所謂『關於歐洲被解放國家宣言』，是對於歐洲只有流亡政府的國家而言的。中國雖然弱，然至今在自己領土之內抵抗敵人，我們何必要妄自菲薄

同盟社造謠
我對美態度

—同盟社太原廿五日電—美國除自任為國共談判的調停人外，並派遣軍事代表駐節延安，組織駐重慶各國記者代表視察中共地區，繼續進行接近中共的工作，企圖把航空基地推進中共地區。入春以來，更在延安、榆林、寶鷄等地設立了領事館，故美國在這些工作上的活動，漸趨露骨，由於其要求範圍相繼擴大，延安方面已採取警戒性的態度。據聞美國最近要求在榆林、×孜、延安三地設立情報處，重慶雖已允許，但延安方面却斷然予以拒絕。

同盟社報導
西北地區情況

—同盟社廣州廿三日電—圍繞西北地區的美英蘇三國的勢力暗鬥，伴隨着美國在西北進行大規模活動，自然促使問題進一步地尖銳化。當初重慶採取這樣的苦肉計，即求訴美英援助重慶開發西北，引導能與蘇聯努力對抗的美英勢力伸入新疆省，想站在美英蘇三國之間坐收漁人之利。以蘇聯為背景的新疆省當局，乃斷然發起驅逐印度商人，封鎖印度貿易，限制去印度旅行等的示威運動。英國為此曾向重慶提出嚴重抗議，但重慶表示束手無策，因此英國只得直接向蘇聯交涉，以解決新疆省內的各種事件。美英正極力想擴大勢力至新疆省及西北各省。英國正在力求擴充與強化經阿富汗，新疆省而進抵西北地區的公路，以及西藏——印度、印度——西康的公路，並擬在印度到新疆之間敷設鐵路。美國與英國相呼應，已在承化、迪化、綏定、烏蘇建立飛機場。此外作為轟炸日本的根據地，以成都為中心，在半徑三百公里以內，已建立了新津、遂寧、合川、萬縣、梁山等十五個外圍基地。以西安為中心已建立了寶鷄、甘州、榆林、內鄉、老河口、恩施等十幾個外圍基地。重慶今天已被捲入西北地區美英蘇三國權益爭奪戰的漩渦，而這可說是它自己撒下的禍種。重慶本來想重建抗戰陣營，但今天情勢不允許，重慶已陷於無能為力的地步。圍繞於美英蘇三國間的暗流，今後將掀起什麼樣的波紋，是值得注意的。

國民黨在湘桂邊
集結二十六個師

—同盟社廣西前綫廿五日電—根據我軍當局不完全的估計，重慶軍在此次湘桂作戰中受到重大的打擊，欲恢復作戰前的狀態，至少需要一年至一年半的時間。不管怎樣，但是最近重慶在西南各省集結大兵力，以配合美國在中國沿岸登陸作戰的計劃。現在已在廣西省宜山西方的要衝河池、南丹、金城江附近開始蠢動。即是說，配合在黔桂邊區（

以流亡國家自居呢！再則，三國會議談的是歐洲問題，我們除了敵人之外，誰亦不要決定，自然更不能受一個自己並未參加的國際會議之拘束。縱使我們自己糊塗到自請適用流亡國家的原則，恐怕三國會議也未便接受的。

綜這些話表示一點，即近來提倡黨派會議者，有意在四月廿五日舊金山會議之前，用各種方法達到聯合政府之目的，其意即曰，否則就要大家不好看。假使如此，實在是一種政治的魔道。第一，我們可以不喜歡這一政府，但不可不愛自己整個國家的地位；第二，講政治不必諱言，爭權猶之做生意，不諱言謀利，但爭之謀之，必以其道。如果是希望利用國際會議和政府的弱點來作爭權的手段，實在是很不好的政治風氣，而在今天斷不能達到目的。今天最合理的途徑，是快開國民大會，並使其真正是國民大會，除此以外，對於實行憲政都是成事不足，敗事有餘的。

紐約先驅論壇報和拉鐵摩爾論中國

【合衆社紐約廿六日電】紐約先驅論壇報××中國的樂觀主義：引證蔣夢麟博士言的預：國民黨將於五月廢止一黨專政，與共產黨達到妥協。論壇報說：他的話較最近的重慶來電更令人鼓舞，最近的重慶來電並不表示國共協定有很大希望，如果我們是對的話，是有理由高興的。這一發展會加強中國的戰爭努力，如果中國共產黨較其希臘（原文不清）的同志更聰明，中國保守派能避免波蘭流亡政府所犯的××，那末對於中國好的可能性是如此大，以致使他們驚異。

【合衆社紐約二十六日電】紐約先驅論壇報列載拉鐵摩爾的評論。亞洲的解決辦法，拉鐵摩爾相信作為遠東最大的自由國家的中國，宜於對亞洲的將來起重要的作用，亞洲將以中國馬首是瞻。如果中國在其盟國援助下，能夠振作起來，解決其內部問題，並達到鞏固的力量，中國的範例將給亞洲許多小國的民族主義的志願以刺激。如果中國分裂（原文不清），亞洲其他各部的殖民地的秩序或將過分的延長。他斷言蘇聯將要求經滿洲通海的鐵路設施，但是議論他們談判此種鐵路設施時，將不要求這些鐵路與海港的佔領與控制。然而他警告：如果中國趨向分裂，則蘇聯在滿洲方面及英國在中國西南部將感到強大壓力，不得不採取一些步驟以保證最小限度的統治。拉鐵摩爾對蔣介石評價甚高，據他的意見，縱使中國能達聯合，蔣將成為一切政黨選擇的主席。

以湯恩伯為總司令）的兵力約有二十六個師，其配置兵力是相當不容易的。重慶首先抽調最精銳的第六戰區部隊約十三個師集結於該方面，配置在以貴陽為中心的地區。配置在芷江、寶慶方面的兵力中殆無第六戰區的敗殘部隊，都是由緬甸北部、貴陽、成都及新疆方面抽出的部隊。另一方面，因桂柳作戰受到重大打擊的第四戰區，一時失去作為一個戰區的戰力。戰區長官張發奎逃往廣西西北的百色附近，由第七戰區敗退的第卅五集團軍受其指揮（缺）。由於以前設置美蔣聯絡官制度，使重慶軍事自主權瀕於危殆時（下缺一句）。

顧維鈞返國傳將長外部

【合衆社開羅二十五日電】顧維鈞博士在赴重慶途中抵此。據悉顧將向中國政府報告雅爾塔會議決定。開羅方面表示相信顧或將接任外交部。顧也將代表中國出席舊金山會議。

【合衆社重慶廿六日專電】重慶朝鮮青年組織了「朝鮮民主黨」，保證「發揮一切力量立即組織與發動朝鮮群衆起義及反日游擊戰爭」。

國民黨在新疆『宣撫』

【中央社迪化廿三日電】新省府三月來之宣撫工作，已收顯著效果。呼圖壁縣境內之哈薩克族遊牧同胞七百餘人，業已返回牧地，並派代表來迪晉謁吳主席致敬。昌吉、阜康等地哈族牧民四百餘人，亦先後來歸。省府對此等來歸哈胞，極為嘉許優待。

【中央社綏西某地廿三日電】烏盟巴盟盟長與中公旗××聯袂抵此，向傅副長官述職。

【中央社成都廿四日電】齊魯大學校董會議決推湯校長吉禾赴美募集復校基金，另組校務委員會處理校務，由馬爾基博士任主席。（按：該校學生因反對湯吉禾貪污、專制，曾罷課迫其去職，詳情已見解放日報）

【中央社綏西某地廿四日電】伊盟籌設地方法院，辦理蒙漢民衆訴訟案件，並將遴選推事七人，分駐各旗，實施巡迴審判制。

【中央社貴陽廿四日電】卅三年度黔省徵借額定三一〇萬石，截至二月十日止，已收僅達定額百分之四十七。

【中央社渝廿四日電】六全大會渝市代表自三月一日起，各區分黨部舉行初選，初選代表總額二九三人，預定三月十二日舉行複選，選出全國代表大會代表九人。

【中央社西安廿四日電】六參大會陝初選代表全省共爲一二八人，限下月中以前竣事，至複選方式採取分區抑集中，刻正計議中。

德軍事評論員論東綫

【海通社柏林廿二日電】從東綫戰鬥的日益激烈，尤其是二大羣（北面是西普魯士與波美蘭尼亞，在南綫是在累斯勞以西至古本週圍地區）看來，可作這樣的結論：東綫數百萬人參戰的新階段日益明顯。由於這樣的事實，蘇方在奧德——奈伊斯特林的克羅森——弗蘭福特增强其兵力，緊張性已告加劇。此焦點陣綫地區相對沉靜的繼續，只能作爲這樣的表示，即大事件正在醞釀着，由於蘇方的計劃已很明顯，現在興趣是集中在德軍高級統帥部的態度上。關此，德國有資格方面悉：過去六週，至少已表明：元首行營不僅把持了一般的形勢，而且有了某些進展，其規模必成爲重大的均衡。

【海通社柏林廿二日電】星期四午德軍事評論員指出古本與斯德丁之間前綫平靜的二個可能原因，他說：蘇軍也許等待加强其北翼（此處受南波麥拉尼德軍對策的威脅），抑或是古本與哥星茲之間，蘇軍的戰鬥，不如預期那樣的進展。評論員繼稱：德軍已再次在古本以南渡河，但德軍防止了橋頭堡壘的成立。蘇軍的進攻已告徒然。蘇軍數度企圖於古本以南渡河，在內茨地區建立强固陣地，蘇軍已結束其進攻準備，而大規模攻勢的初步條件則尚欠缺。

【海通社柏林廿二日電】據德軍事發言人星期四午宣稱：過去二日，東綫仍然相對地穩定，尤其是各重心德軍抵抗已大爲增加，因而，蘇軍的攻勢已被分裂爲焦點中的個別戰鬥。諸重心位於布累斯勞以南，班茲勞以南，與西南及古本附近。這些地區德軍已獲得良好的防禦勝利，格蘭登附近地區神經中樞，亦已獲得某種穩定，此間蘇軍的進攻可被擊退或截止。

同盟社報導一週戰況

【同盟社東京二十五日電】「琉璜島方面」——本月十六日，在琉璜島港外，出現了敵水上部隊，並附有船團，開始向陸上砲擊，同時於十六、十七兩日，敵艦載機共一千數百架來襲關東地方，敵人終在十六日晨，部份在琉璜島南岸地區登陸，另方面敵機動部隊則包圍琉璜島，保護登陸美軍的上空，並側面地以三十架至五十架的飛機，連日飛襲小笠原羣島，父島、田島的我航空基地，我琉璜島守備部隊，克服一切惡劣條件，予敵以猛烈的反擊。與此相呼應，我神風特別攻擊隊第二皇楯隊與航空部隊英勇出擊，予該島週圍之敵艦船羣以巨大的打擊。「非島台灣方面」——我軍對侵入馬尼拉市

詞：意大利的藝術品完全被美英破壞，同時意大利的道德亦爲之掃地，例如許多人因怕私怨復仇而逃避到山中，因[illegible]而找工作，然[illegible]文有許多男人與小孩死去，爲了一塊麵包，或女人爲了一[illegible]不到。在那不勒斯的醫院，有年青的女人犯了[illegible]（下缺）。這樣[illegible]的結論就是一個：「美國對於投降了的意大利的允諾，連一條亦未實行」。最近到達的每日先驅報，會有該報駐羅馬記者的值得注意的報導說：『在羅馬給美英佔領軍當局工作的打字員和電話交換員，只要外出一步，便會被他們的同胞——意大利人，撕掉頭上戴着的帽子，其他在維羅、加維爾等等街道上，也不斷發生這樣的事情，因而最近使由武裝的美英軍隊，保護着他們上班。這無非是表明了歐洲人對於美英軍的怕惡感。

（編者按：此電訊無電頭來源，估計或爲同盟社所發，刊爲僅供參考）

美陸軍部命令允許美共產黨員任軍職

【合衆社華盛頓廿四日電】國會軍事委員會主席梅氏說：他將召開一小組委員會，以調查陸軍部最近的命令。這個命令規定允許委任美國共產黨員以任何陸軍職務，除非確實證明他們不忠實於美國。（下缺）

【合衆社華盛頓廿四日電】明尼蘇達州衆議員威廉·丁·加諾爾於國會處女演說中說：共和黨除非對國事採取不同的態度，將於「不及四年」內死亡。此演說使國會兩側人士讚許他的勇敢——民主黨[illegible]他演說的政治性質，共和黨因爲他演說的能力。

同盟社評土耳其對德日宣戰問題
說他屈服於英美的壓迫

【同盟社里斯本廿三日電】土耳其共政府於二十三日公佈對日德兩國宣戰，顯然地這是由於英國政府的强制要求，它暴露了英美兩國向迄今尚未對日德兩國宣戰的諸小國進行恐嚇、兇狠的壓迫的事實。即是說：中南美各國雖已和日德兩國斷絕邦交，但仍避免參戰，然而最近卻相繼對軸心國宣戰，人們會指摘那是由於美國政府在背後提出强制的要求。根據這次土耳其的參戰，顯然地英美兩國不僅對土耳其，而且對其他各國也同樣地以參加在舊金山召開的聯合國會議爲條件，强制地要求各國對日德兩國宣戰。據安哥拉廣播，土國已接受參加舊金山會議的邀請。此外，屈服於英美兩國壓迫的國家，除土耳其外，還有葡萄牙、冰島、智利、厄瓜多爾、巴拉圭、祕魯、烏拉圭、委內瑞拉，上述各國中，中、南美各國及土耳其中本佈——

之敵三千人，依然確保舊城城內與櫻兵營，戰況是在一進一退地進展着，我有力部隊，則自敵之背後，攻擊敵人，與敵展開激戰，我軍一部已逼近馬尼拉近郊，衝入馬尼拉市——北方之我軍一部，則衝入海岸線。在蘇必格灣地區，敵人於十五日在巴坦南方馬利伯勒斯登陸——以謀打開馬尼拉灣口，十六日以降落傘部隊與登陸用舟艇，在可里基多島登陸。我守備部隊迎擊敵人，獲得莫大戰果，十八日敵又投入降落傘部隊，目下正在該島展開激戰中。在克拉克地區，無大變化。在仁牙因地區，目下雖無什麼大的變化，但三寶北方我軍，衝擊敵人，粉碎敵之進攻企圖，自本月三日至十六日止，共殺傷敵兵八百十九名，鹵獲貨車九輛以及其他甚多，又於二十日夜，我軍燃燒仁牙因飛機場三處，並燃燒聖佛比安海岸敵設施二處，一處爆炸，敵機對於台灣中部以南的空襲，連日非常激烈，每日來襲的敵機，平均爲二百數十架，敵大型機之警戒，一直伸展到巴林海峽，台灣海峽、南部八重山羣島方面，因此是不容輕視的。『緬甸方面』——在緬北，一月底敵已打通雷多公路，雲南遠征軍的主力約十一個師，集結於畹町以北之中國領土內，另方面蘇爾頓指揮的四個師，爲了防衛該公路，仍然與我對峙中。在孟米德正面，我軍對進抵北方密特紅附近之印度第三十六師攻擊非常順利，殺至十三日止，殺至雪利義河河岸，將敵擊滅於河岸。在曼德勒地區，敵第十四軍，仍然置甚重點於明姆正面，以有力機動部隊，約兩個師，自十三日起開始强渡該河，遭我果敢地反擊，壓制敵之蠢動，嗣後敵更增强後續兵力，企圖渡河。在伊洛瓦底江東岸地區，敵人進抵科克正面與舍克皮尤西北地區；正與我國軍交戰中。自一月十五日起，至現在止，共殺傷敵軍六千九百名，在阿拉干方面，敵人於十六日在塔曼德南方登陸，企圖逐漸擴大地盤。『北方方面』——十九日，敵以八艘左右的艦艇，砲擊北千島×入島，但我陸上的損失全無。我航空部隊立即出動，猛攻敵人，雖然不能確認戰果，但認爲已予敵以相當大的損失。

美國雜誌報導意大利現狀

美國雜誌『柯里亞斯』一月號，登載約紐大主教斯塔曼所撰述的意大利旅行記，他開頭就說：『被美英所佔領的意大利各地的情形，比任何以悲觀論調觀察的新聞均更特別嚴重，現在風靡全國的絕望與混亂，如與古代中世紀野蠻民族的歐洲相比較，則後者完全是不足道的』。斯塔曼

宣戰。根據土耳其外交部的公報，很明顯地可以看出英美兩國正以同樣的壓迫加諸葡萄牙和冰島。

敵每日新聞評論
美軍損失突破百萬

【同盟社東京廿四日電】每日新聞評論道：據最近美方公報，美軍截至二月十五日，損失七十八萬二千一百八十七人，比上次大戰美軍的損失（卅六萬四千八百人）增加一倍以上。中立國方面指出，美軍當局發表的這個數目字是不可靠的。去年十一月六日，美聯邦將士局長臨因茲，公佈一九四四年十月八日登記完畢的美軍將士不可能服役的，有廿七萬一千人。日內瓦日報駐華盛頓特派員以上述數目字爲基礎，計算因殘廢不能服役者約佔傷兵總數百分之四十，因此美軍傷兵總數爲七十萬人。又如果美軍戰死者爲受傷者的一半，那末戰死者或爲卅五萬人，因此美軍損失將要突破一百萬。發表這個估計的數字後，美國政府即公佈美軍損失四十七萬二千七百七十九人（截至去年十月），美國對於發表本國兵員損失是神經過敏的，對美國戰爭指導者說來，兵員損失的急增是最嚴重的打擊，亦是嫌惡的陰慘的現象，進行侵略戰爭的敵人如果愈急於竭盡全力抹煞日德兩國，那末其兵員的損失愈要增大。今後全國人民應團結一致，追擊敵人，使其不斷地出血，無限制的殺戮美兵直至其知道他們的戰爭指導者的野心不正和不人道之時爲止。

國際雜訊

【路透社倫敦廿二日電】兩週前下院當工黨議員斯托基斯要求英政府，贊同戴高樂關於萊茵兩岸必須屬於法國的聲明時，戴高樂將軍一月廿五日關於此事的聲明被提到了。國務大臣勞氏回答說：在這次記者會議席上，我沒有××戴高樂關於萊茵兩岸必須屬於法國的任何聲明底消息。他只提到法軍武力佔領某些地區。英國政府堅於對德國邊境的任何政治上的決定，都必須以後由一切列强來共同決定，對據說的戴高樂底任何聲明，是否贊同×××。

【路透社倫敦廿二日電】路透社外交訪員報導：此間荷蘭政府方面證實，美國方面所發表的消息說荷蘭政府兩週前向各盟國政府送交冗長備忘錄，概括提出他們對頓巴敦橡樹林安全計劃的意見。同一方面又說：在美國所發表的備忘錄文句既不準確又不完全。可是記者獲悉，荷蘭政府目前並未計劃發表備忘錄全文或摘要，似乎僅係及時送交三巨頭考慮者。

參考消息

（只供參考）

第八〇三號

解放日報 新華社 編

今日出一大張

卅四年二月廿八日 星期三

海通社說 中日雙方均致力於美軍登陸的準備工作

【海通社上海廿七日電】整個中國戰區目前戰事的沉寂，一般認爲是暴風雨前的平靜；即是說，重慶所期望的美軍登陸前的平靜。日方以及重慶方面過去數週中，均致力於這一未來大戰的準備工作，關於此點，據自重慶方面獲悉，美軍在喪失其中國西南部的大多數基地後，現正忙於在北方湖南湖北兩省未被佔領區建築空軍基地。重慶目前正紛紛揣測：如果登陸在計劃中時，中國犬牙交錯的海岸那一段將被選擇爲美軍登陸的場所。重慶人士一般傾向於相信，廣州及香港間的地區以及以西的北海附近，將被選爲登陸的場所。據指出，在這些地區登陸，重慶將使美軍能自日軍手中奪回廣州—漢口間的大陸走廊，同時自後面進攻日軍沿中國東南海岸的基地。重慶軍事專家認爲廣州與香港地區特別有利，因爲香港與九龍，有良好的港口設備，而且在粵漢鐵路的幫助下，相當易於迅速而深入的攻入南中國。日方對付一般預料的美軍登陸的準備情形，仍然是一個謎。與重慶所預料的相反，關於未來戰爭的可能規模或它可能發生的地點，從日本方面一點東西也聽不到。但日方對未來事件的如此鎮靜，似乎表示，日方的準備工作業已完成。

敵情報部人員談美國局勢

【同盟社東京二十日電】情報局井口第三部長，於十九日夜發表廣播講演，縱論以進攻菲島爲中心的美國局勢，廣播要旨如下：關於我們的戰爭，正像重光外務大臣在議會上闡明的，我們這一生死的戰爭實是防衛大東亞的戰爭，解放亞洲，復興東亞的正義戰爭，設若這一戰爭失敗，則東亞各民族永遠被侵略，免不掉被別人的榨取，東亞各國所以賭諸命運，一定要贏得勝利者，其根本原因也就在這裏。我們的主要敵人美國，自然決不是那估後勢的敵人，這特別是這次戰爭，是美國想制霸世界的野心引起的，他們的作戰目的，就是照着他們的計劃，消滅不良的日本民族，美國不遺餘力地使世

美國的苦情，這一困難還不僅表現在軍需品方面，在歐洲方面，由於對所謂的解放地區，不能運輸大量救濟品，已在維持治安上，發生很大的障礙。所以船舶的不足，已在反軸心國進行戰爭上，引起了很大的削弱作用，最近美國供給國外派遣軍的必要數量，比之一九四三年，每月平均增加三倍，運輸路迅速延長至二倍。其軍需品生產量和運輸力，僅能供給海外需要量的百分之六十。另外關於美國的造船量，根據已公佈的，一九四三年是一千八百五十六艘，一千九百二十四萬噸，但一九四四年，則降至一千四百七十七艘，一千六百三十四萬三千噸。比之造船目標的二千萬噸大爲減低，從而美國目前在供應上的困難，由於東西兩戰線物資消耗的增大；供應線的延長以及因造船力低下而產生的船舶不足現象，可以說這一困難今後是很少改轉的希望，即是說，以物量相誇耀的美國的戰力，亦逐漸到了頂點，這事已成爲非常明顯的事實。因此，此刻對於我們來說，恰好是進行反攻扭轉戰局的良好機會。此即所謂知己知彼，百戰百勝。我們處此困難的戰爭情形下，要冷靜不爲所動，堅持必勝的信念，同時要把握住敵人戰力的實情，更加英勇戰鬥，向最後的勝利邁進。

琉璜日寇組敵肉搏攻擊隊 呂宋敵軍竄擾逼近馬尼拉

【同盟社中太平洋基地二十六日電】敵人以四個師團在琉璜島登陸，在這樣的一個小島，竟投入幾萬兵力，繼續着寸土必爭的決鬥。琉璜島是現在已變成世界上最狹小的戰場與最激烈的戰場。我軍必須堅守琉璜島，最高指揮官和二等兵都有同樣的意圖。現已編成「肉搏攻擊隊」，並進行猛烈的訓練和演習，他們採取特別的戰術，俾能一人殺傷大量的敵人。

【同盟社東京廿六日電】琉璜島敵人雖遭我軍猛烈反擊，但仍很快的整理南西兩登陸場，同時修理千島飛機場的第一跑道。又在南登陸場附近增設了臨時碼頭，以使ＡＳＲ級舟艇與運輸船所載的貨物登陸。敵人又根據新設的三條汽車路，將上述登陸物資以汽車運至千島飛機場，目下我砲兵向敵人新設的碼頭射擊，敵人設備及登陸之物資受到極大損失。

【同盟社東京廿六日電】琉璜島西正面部隊山田曹長所指揮的挺進攻擊隊，廿一日夜在西海岸出動，奇襲千島個岡附近之敵指揮所，殺傷敵兵甚多，獲得敵指揮所內的作戰要圖，旋即歸還。上述作戰要圖，對敵人的戰鬥配備狀況有極詳細之記載，該挺進攻擊隊的功績，極爲重大。

【同盟社呂宋前線二十六日電】我有力部隊於十四日自馬尼拉東北方，進攻馬尼拉附近敵軍側背：炸毀敵物資堆積所等，並如旋風般繼續進擊，一部

界變爲自己的殖民和商品的市場，實現制霸世界的美元帝國主義。

根據美財政次長加里在衆院戰後計劃委員會上的講話，美國只有維持一九四四年輸出額一百五十億元（約等於戰前輸出額的四倍），才能繼續戰後的完全就業，在這一百五十億元之中，有一百十五億是靠軍火租借法輸出的，所以美國必需通過軍火租借，向與國輸出龐大的物資，同時在戰後也要保持同等數量的輸出。否則美國便無法維持它的經濟，所以反軸心各國及中立國家，對於美國獨佔世界市場的不安與恐怖，日益增加，現在英國報紙星期快訊報已開始指責道：美國在對日作戰中，佔領的英國領土，還希望繼續保持到戰後，此不過是美國財閥準備將來壟斷遠東貿易的野心。中立國家瑞典的宗教雜誌，在某篇論文中評道：今天我們的世界，在面對着未曾有的危機，益格魯撒克遜民族的政策，企圖以金元制霸世界，壓制其他的劣勢民族，不擇手段地消滅一切和自己競爭的對手，這種對於美國批評非難的聲音，已逐漸在抬頭，美國雖然依其物力，旁若無人似的。

然而，檢討一下美國後方的生活，也有很多困難，和若干隘路，例如無法避免的混亂，反軸心內部戰爭目的的不一致，由於利害衝突而引起的內訌，日趨激烈等，雖然如此，對於這些也不能過高的評價，人們常說人可以充當戰費的一半，政府的方針，大體都得到實現等，足以說明美國戰力的強大。不過以物力當家、金元主義威力自許的美國，也有它一定的限度，當前人力的枯竭，就是一個束縛美國戰力的東西。根據最近陸海兩當局的公佈，開戰以來美國傷亡的人員已超過七十八萬，特別在去年十二月，僅一個月即傷亡七萬四千七百人，不難想像這個數目還是七折八扣下來的，美國軍事評論家鮑爾溫估計美軍每月的損失，大體是十萬至十二萬人。美國總人口共爲一億三千八百萬人，關於戰時動員情況，陸軍動員去年末爲一千一百三十五萬，就中陸軍七百七十萬，海軍三百六十五萬，此外農業動員五千二百萬，合計爲六千三百萬，在美國總人口中，能夠勞動的，老幼共計才六千四百萬人，所以美國動員已達到最高峯，現在剩下來的餘力，已是寡不足道了。美國人力資源的困難，由此可見。羅斯福所以在國民不滿意情況下，依然提出國民徵用法案，其理由也在這裏。最近美海長聲稱：太平洋作戰在供給上的困難，較歐洲作戰大三倍，其困難和供給綫的延長成正比，如供給綫延長二倍，則供給的困難增加四倍，供給綫延長三倍，供給的困難增加九倍，告白了

我軍已逼近馬[illegible]斯以南馬尼拉灣沿岸，切斷敵供應路綫，另一隊已逼近馬尼拉市內，擾亂[illegible]之我海軍部隊，果敢地攻擊敵人，獲得巨大戰果。

「同盟社東京二十六日電」自敵軍一月九日開始呂宋登陸後，至二十三日爲止——在此一個半月當中，我軍殺傷兵員七萬名以上，破壞火砲四百七十門，鹵獲火砲十八門，坦克無法行駛或被燒燬者二百三十五輛，燃燒各種車輛五百四十五輛，擊落敵機九架，沉毀艦船六十艘，此外並破壞舟艇二十九艘，鹵獲砲車一百輛以上，輕重機槍二百五十挺以上，這裏還不包括航空部隊的戰果。這是在巴姆班地區截至二月十四日爲止的戰果。

海通社報道：

倫敦「波蘭政府」將移美國

「海通社柏林廿三日電」倫[illegible]使將來的波蘭[illegible]倫敦波蘭政府沒有加以考慮的話，阿基[illegible]政府[illegible]是不可能的[illegible]

土耳其參戰的影響

羅斯福不晤見梵蒂岡教皇

。據稱：[illegible]波蘭的美國公民代表大會[illegible]列克的邀請，[illegible]發言人的[illegible]，因此，盟國委員會將很[illegible]在博斯普魯斯出現。盟國現在完全開放了達達尼爾海峽，而此海峽，在以前是[illegible]閉鎖。土耳其之參戰供給[illegible]並不[illegible]力的[illegible]發生任何變化。發言人說[illegible]土耳其參戰的[illegible]重要原因：（一）土耳其在[illegible]和阿剌伯區域的地位。（二）英國期望在將來的舊金山會議獲得儘多的投票。[illegible]人士的意見，這是英國的一種夢想，因爲斯大林將要求蘇聯所有自治共和國有投票權，當斯大林在舊金山出現時，他就有了那些投票權了。

「海通社里斯本廿三日電」每日快報[illegible]稱：美國孤立派又試圖使大西洋飛行家林白給他們服務。

「海通社里斯本廿六日電」據[illegible]伯利安半島消息[illegible]的教會方面自雅爾塔會議以來，梵蒂岡與美政府之間的關係，顯已大見緩和。據指出對於梵蒂岡的最大的失望，是未能實現羅斯福與[illegible]之間的會議。據宣稱，雖然在雅爾塔會議以前，[illegible]金斯與斯退丁紐斯進行數度商談，他們[illegible]保證[illegible]出席雅爾塔會議的代表，將保護天主教教會的利益，而迄到今天，梵蒂岡對英美政[illegible]，關於這

方面在雅爾塔會議所達到的一切，並未獲得通知。美國方面辯解道：羅斯福未行訪問，因為總統考慮到教皇突然的病況。梵蒂岡方面認為這一議論是一藉口。據宣稱：教皇認為在雅爾塔的會議對於天主教教會是非常重要，如果羅斯福應約前來，教皇雖在病中，亦會接見。據指出梵蒂岡經過其他方面獲悉雅爾塔會議關於這方面的結果，並已悉斯大林對天主教教會的態度，依然如以前一樣是否定的。梵蒂岡獲悉斯大林認為匈牙利與德國的教會工作者都是法西斯主義的僕備，他們的生命，斯大林不能××。斯大林要求完全的天主教×××。（缺一句）梵蒂岡方面進一步悉：羅斯福要與他的天主教顧問討論在雅爾塔關於教會的結果，以便以後經過他的私人代表戴勃與教皇進行會談。消息靈通人士宣稱，整個事件，已引起教會方面的震動。

【海通社柏林廿六日電】詢及德國外交部對瑞典外長根特的演講時，里賓特洛甫發言人涉及星期五德國報紙刊載的消息題為『瑞典的誹謗』。威廉街發言人說德國此聲明為對根特演講的預先答覆，指出：最近數週，挪威恐怖份子施行了許多嚴重的爆炸陰謀與屠殺襲擊。挪威警察××與挪威保安警察長馬特森少將已被暗殺。結果三十四個恐怖份子受法庭審判並已處決。里賓特洛甫發言人宣稱：訴訟手續與判決的宣佈，是『依照於有効的合法的程序，與艾森豪威爾將軍在德國佔領區所作的毫無二致。』

【海通社斯托哥爾姆二十六日電】芬蘭共產黨致函政府，要求立刻解散國家警察，並審判那些犯下『罪行』的警察隊。共產黨提出這個要求時說，自國家警察長安東尼以來，警察隊的精神未變。

路透社記者眼中的蘇聯在遠東的地位

【路透社紐約廿五日電】土外長宣佈對日本及德國宣戰的聲明之後，此間權威專家比以往更相信，蘇聯將於適宜時機參與遠東戰事。但不相信它的作用會像它在歐洲所起的那麼巨大。蘇聯參戰後，盟國將獲得的主要利益，將是它能完成聯合國在日本工業二個主要集中地——日本本土與滿洲國周圍的機場圈。

【路透社倫敦廿六日電】英國海軍部昨日直言否認美國報紙訪問美國水手的消息。美國水手說一九四二年七月掩護護航隊的英國船艦，『背棄了』護航隊的船隻，其中三十二艘被擊沉。英國海軍部今日發表關於此事的另一聲明。這宣露護航隊由三十五艘供應船組成，其中十九艘被擊沉。該聲明詳細描述了不僅是護航艦船，而且英國戰鬥艦直挫敗德寇戰鬥艦蒂爾茲號參巡洋艦希伯爾號對護航隊威脅的進攻所採取的勝利步驟。並指出德寇飛機與潛艇

的執行委員，報告的名稱就叫『全國的五分之一已屬國有』，大聲疾呼地叫大家注意，說政府已經不聲不響地擁有全國工業生產能力的五分之一，美國工業的重要一角已經『社會主義化』了。』四、恐慌不可避免『哥倫比亞大學的老教授，國民經濟研究所的所長米契爾先生，是美國當代經濟學界的泰斗。他，最近在紐約時報一連發表了四篇文章，討論美國戰後的經濟問題，立論極為精闢深入。我願引用一兩段以結束此文。他說：『我們的商業史，是一部更番擴張和緊縮的歷史。只有在我們的商業膨脹快到頂點的時候，我們才接近充分就業，而我們也從來沒有這樣密切和長久地接近充分就業，和我們大戰時期所做到的一樣。除非我們將來能夠學會更技巧地管理一切，我們必須準備看到將來一串無止境的循環性的恐慌，這些恐慌，有的較為和緩，有的則為激烈。』

東北工業與戰前全國工業及現在大後方工業之比較（新經濟第十一卷第一期論文：論接收東北產業的準備，作者韋特孚）

『東北在日人經營之下，各項事業發展極速，其規模之宏大，都非我們內地原有事業可與比較，較之我們後方現有的產業設備，更不知道大到那裏。』一、東北工業與戰前全國工業之比較：『東北資源蘊藏的豐富，向來即負盛名。近年來在日人費心調查之下，新礦年有發現。如最重要的煤、鐵、水力三項。煤礦方面，據戰前我們的調查估計，藏量約為四、一一〇、〇〇〇、〇〇〇噸，但是最近南滿鐵道株式會社及滿洲炭礦株式會社的調查，全東北煤礦藏量竟達一九、五〇〇、〇〇〇、〇〇〇噸，幾為前一個調查的五倍。鐵礦，我國戰前調查，東北藏量為八八三、五二二、〇〇〇噸，而據最近各年新礦發現的結果，此種藏量已達一、五一三、七九〇、〇〇〇噸，幾高於前次調查的一倍。水力方面，近在松花江、鴨綠江、鏡泊湖等河流，都已分別設置大規模的發電廠，日人利用這些寶貴資源，施以最新式的技術，生產了相當數量的物質。這些物質的數量，都大於我們戰前全國產量。如再拿煤、鐵、電力來說，煤的產量，戰前我國全國年產不過一五、〇〇〇、〇〇〇噸，而東北產煤，一九四一年達二五、七九五、〇〇〇噸，一九四二年估計為三〇、〇〇〇、〇〇〇噸，將及二倍。生鐵產量，戰前我國全國年產不及五六〇、〇〇〇噸，而一九四二年的東北產鐵，約為五〇〇、〇〇〇、〇〇〇噸，幾達九倍。鋼料我國戰前年產約為

在順利條件下對護航隊的進攻，是蘇聯護航隊前所未會遭遇過的最嚴重的。該聲明在結論中指出：四十二個多月來，蘇聯由北方路綫獲得百分之九一‧六供應品，其中大部是在英艦掩護下運輸的。

美國經濟狀況

（新經濟第十一卷第一期論文：美國的經濟走向那裏去。作者吳半農）一、戰前美國的企業的集中情形。『美國這次未參戰前，國會議員們，……特組織了一個「臨時國民經濟調查委員會」，專門調查經濟權集中的情形。這個委員會經過了相當的調查和整理期間，已於一九四一年把調查的結果印成報告數十巨冊問世。我現在要介紹的，便是這套報告裏的幾個結晶數字。一、美國全體公司的千分之一握有着全體公司資產的百之分五十二。二、美國全體公司的百分之五弱握有着全體公司資產的百分之八十七。三、美國全體公司的千分之一享受着全體公司純收入的百分之五十。四、美國全體製造公司的百分之四弱享受着全體公司純利的百分之八十四。報告裏面說：『現代統計史實證明，在恐慌時期，商業的集中更爲加速地進行，那時大企業家可以得到更好的機會，來犧牲小競爭者，以使其自身大上加上』。『今天在我們美國，私人權力集中的增長程度爲歷史上無二的現象」』。二、戰時國家資本主義之發展。『美國的國民經濟，在這戰爭期間得到了空前的發展和繁榮。據最近商務部發表的今年上半年的數字，美國的國民所得已年達一千五百八十萬萬美元之新紀錄；國民生產則已年達一千九百六十萬萬美元之最高紀錄。（一九三九年國民所得爲七百萬萬元，國民生產爲八百八十萬萬元）』三、美國戰時生產與戰前之比較。『美國的政府今天也辦了二千五百多個國有的工廠，在那裏大量生產各種重要軍用品。此是上次世界大戰時所沒有的。美國戰時新加的工廠設備，總值約爲美金二百萬萬元。就中政府的設備就占了一百五十五萬萬元，私人新加的設備只有四十餘萬萬元。一九三九年，美國全國工廠設備的總值約在五百五十萬萬美元左右。現在的總值約在七百五十萬萬美元，就中國有的工廠就要佔到五分之一。如果把各種工業分別來看，國有的力量尤見重要。例如各種飛機製造廠，國有的部份要佔到百分之九十；人造橡皮，國有的要佔到百分之九十八；製鎂工廠幾乎全部是國有，造船及煉鋁，大部也是國有；他如鋼鐵、化學、機器製造，電工器材等，國有的工廠都占着重要的地位。去年六月間，代表商人利益的『商業週刊』社，印了一本報告給他們

五〇、〇〇〇噸，而東北一九四二年估計可產鋼三、〇〇〇、〇〇〇噸，約及六十倍，又電力方面戰前全國發電量爲二五一、四九五瓩，而一九四二年東北水力及火力兩項發電量共計約爲一、五〇〇、〇〇〇瓩，計達戰前六倍。其次，如水泥，戰前全國（東北除外）年產五二三、〇〇〇噸，而一九四一年東北產量則爲二、一二四、〇〇〇噸，竟達四倍以上。此外，如頁母油岩及少數輕金屬工業，如鎂、鋁等，不僅產量可觀，而且根本是我們戰前莊至今日之所無。至於其他各項輕工業，如造紙等，產量也足驚人。』二、東北工業與現在大後方工業之比較：『東北現有的產業設備，較之我們戰前全國情形，既超過許多，倘使以之與我們現時後方的產業比較，其彼此懸殊的情形，尤爲明顯。我們若用現在僅有的人才去接受全部東北的產業，也就會發生事實上的困難，而需要我們預爲籌謀，以交通方面說，東北現有公營鐵道約一〇、〇〇〇公里，連同收買中東鐵路一、七三二‧八公，及私用鐵里路一一九‧三公里，合計約達一二、五〇〇公里，較之戰前國內鐵路全長一一、三四九公里，尚超過百分之十，如以我國戰前平均每公里需員工十八人計算，一二、五〇〇公里的東北鐵路，將需員工二二五、〇〇〇人，又如接收及接替的人員以二十分之一計算，所需預爲籌措的人員，也在一萬一千以上，再以公路爲例，東北公路截至一九四二年底止，全長共達二六、〇〇〇公里，其間行駛的汽車計有客車三、四〇〇輛，貨車七、六五〇輛，合計一一、〇五〇輛，即以這個數字爲標準，並以每輛汽車需八個人管理計算，共需人員八八、四〇〇人，又以二十分之一的人員接收接替，亦需人員四、四二〇名。工礦方面情形更爲複什嚴重，各種重要工鑛業的發展，既特別迅速，有些項目更爲我們至今所未有或有得太少，前者如煤、鐵、水電，後者如頁母油岩工業，製鎂工業，製鋁工業，木漿工業，橡皮工業等。東北燃煤年產約達現時後方總產量之五倍，生鐵達年產約達現時後方總產量之一五〇倍，鋼之產量約達三〇〇倍，水泥產量員約六七〇倍，電力設備六二四倍，其他各項情形大致相同，工礦兩業所需員工四不能如產量比例一樣，但是其需用人數，遠在我們現在就業人數之上，可想見。』

參攷消息

（只供參考）

第八〇四號

解放日報 新華社 編

今日出一大張

卅四年三月一日 星期四

吳國楨答記者
參加舊金山會議代表正在組織中

【中央社渝廿八日電】外國記者招待會二十八日下午三時舉行，王部長因有要公未出席，由吳次長國楨，張參事平群主持。某記者詢對於邱吉爾首相講演之觀感，吳次長答稱：余對於邱吉爾首相之表示，完全表示同意（缺），必須組成極大之世界機構，有充分力量可以維護一切大小國家之權利，（缺）余深信目前人類必能較過去諸時代獲得更公平之抉擇。吳氏繼謂：中國極願與盟國攜手前進，建設一維持和平之世界機構。某記者詢以顧大使返國之使命。吳氏答稱：顧大使奉召返國述職，並有許多問題須向政府報告。某記者詢以舊金山會議代表之人選，吳氏答謂：正在組織中，一俟組成，即可公佈。

【中央社昆明廿六日電】滇省府廿六日午召開黨政軍聯席會議，決議厲行戰時消費節約，除棉紗布等物資由省物管會嚴加管制外，自三月一日起規定：（一）每星期一、三、五為素食日，嚴禁屠殺豬牛羊牲口。星期二、四、六限制屠殺豬不得超過三百頭、牛廿頭、羊卅隻。（二）除星期日外，機關、團體，家庭、個人一律不准請客宴會，婚喪喜事不准送禮。（三）房屋租金由市縣政府擬定公平價格，呈省府核定施行。（四）節約電燈，每戶房屋平均每二方丈限用一盞。（五）稻谷雜糧一律禁用×××原料。

【中央社貴陽廿七日電】（一）黔省會各機關為整飭軍風紀，督導團於廿七日成立。該團督導範圍定為修文、貴筑、清鎮、龍里四縣。（二）黔省出席六全代表大會之代表定為九名，三月十日舉行初選，月底復選。

【中央社瑞金廿七日電】六全大會贛省代表規定八人，省黨部派監選員十三人分赴各縣區監選，定二月廿七日起至三月廿八日止為監選期間，然後舉行省代表復選事宜。

雲南日報論
國民大會等

【本報訊】一月十日雲南日報社論『對於六全大會的希望』，謂：『吾人希望六全大會積實同召開國民大會，還對於黨（指國民黨）的方面，國家方面，均有利益。……國民黨在抗戰八年中，可謂扶傾定危，鮮皆備嚐，徒以政制關係，雖於網羅全國精英，致使有用才力不無遺憾之感……欲集衆志並使之成為金城鐵壁，似非召開國民大會並實施國父的遺教不可。……分天下興亡之責於其他國人，正所以愛黨……』。又謂：『國民大會召開，如果在六全大會中得以決定，則代表的名額分佈與變更、選舉，似當另作決定。……目前的國內形勢，與以往已大不相同，譬如以前選出名額，有物故者，也有因案失去資格者，……照昔日選舉一千四百四十名中，尚有名額五百，未曾選出，選務未了，似應慎密研究，另訂辦法，重行普選，在選舉選舉的全過程中，尤應認眞嚴格，一掃以往作風。』

同報一月廿一日載，星期論文張鑛恩作『政治的諸會』，謂『國民大會必須提早召集，不但集會不要緩延，辦選舉也應力求公允』。該文稱：『在抗戰期間，召集國大會議，本是十分困難，幸隨國民大會代表，在民國廿五六年間，已選出四分之三，其餘四分之一仍須續選，此中縱然有若干困難，只要當局能處之以至公至誠，亦不難迎刃而解了。照中樞所定方針，於最近幾個月內，各種選舉都得趕辦完竣，最關要緊的，還是糾正過去辦選所患的弊病與缺陷。』

同報一月廿日社論『抗戰致勝的兩大條件』，評論十七日龍雲在省訓團演說，謂抗戰堅持賴民力，賴軍民合作；人民不辭犧牲所希望的是實現自由民主中國。認為兩大致勝條件就是：『三民主義，整整的全套的實行，其起點是在戰時厲行軍民合作；在戰爭勝利在望之日，其終點在推行憲政。』

該報一月二日社論『一切為了前綫』，評論蔣介石元旦廣播稱：『抗戰以還，軍事雖號稱第一，但事實卻又不盡是如此。……有些場合我們自然可以指出，一切為個人名利，一切為派系利益，一切為了養尊處優的後方。』該報謂目前戰局，『抗戰前途』仍『誠然未可逆料』。為了不『徒托空言』就必須：（一）糾正『一部分人事的不稱職，德不稱位』現象。（二）『財政上的支出膨脹，絕不再以通貨增發為其財源』。（三）戰時物價管制，由於人謀而『愈管愈不能管，愈管價愈高昂』情事亦應糾正。（四）要提高士兵待遇，軍中人事亦應糾正[illegible]。

五六

敵傳在緬北 渝軍與英印軍衝突

【同盟社緬甸前線基地廿八日電】緬北戰場的渝英軍的矛盾，最近由於待遇的不公平與互相輕視，現已達到頂點。美軍將士廿名，最近於西凡利河南方莫羅附近投降我守備隊，據他們說，重慶軍第五十師約一個半連（兵力二百名），一月十五日，曾在八莫南方襲擊附近的英軍部隊（兵力一百人），交戰二日，英軍傷亡八十五名，重慶軍傷亡五十名。這是由於英人（以英印軍第三十六師為主）極端地輕視中國人所致，因而使重慶軍幹部非常激昂，遂突然採取此舉。甚至重慶軍將校，發給的食糧及其他一切待遇，都比英軍士兵惡劣，重慶軍下級幹部與士兵，則事實上受着苦力的待遇，緬北戰場的此種紛爭，有益趨激化的象徵。

三個月中 兵役案五八〇件

【中央社重慶二十六日電】據兵役部負責人談稱：兵役弊端來源複雜，故目前有關兵役糾紛案件特別繁多。自上年十一月十六日該部成立以來，截至最近為止之三個月中，曾經處理之兵役控案共計達五八〇件，其中已結案者二四二件（包括經查不確不予受理者一七件），未結案者三三八件。就控案性質論，屬於舞弊者二六九件，賣放者五九件，拉頂者七四件，虐待者四四件，包庇壯丁者一四件，犯紀者六六件，屬於其他違法情事者卅八件。就控案發生之地區論，屬於四川者三八六件，佔全數百分之六十七，屬於其他各省者一八〇件，佔全數百分之卅三。

【中央社重慶二十六日電】教部定三月一、二兩日召開專科以上學校來渝校長會議。

雲南參謀學校 第三期學生畢業

【美國新聞處昆明廿六日電】雲南省美國新的參謀學校第三期最近舉行畢業（受訓者為華軍司令及參謀長），並即將招收第四期學生。該校由魏特梅耶中將指揮下的軍官主辦，是改組與復活華軍計劃的一個構成部份。參謀學校是美軍在華西六個華軍訓練中心之一。其他的是：一個步兵訓練中心，一個野砲學校，一個訓練司機及機械生的摩托學校，××訓練中心及一個訓練通譯員學校，受訓學生從少校至軍長起，均被授以美國近代參謀學的×××××，教官們都是從美國肯薩斯州里溫渥斯參謀大學畢業的軍官。華軍改組計劃準備將一切高級軍官均送至參謀學校受訓，而美國幹部將與這些軍官共同工作。因此，中國軍官將事先熟悉美國幹部行將實行的方法與程序。

謂：「為貫澈此一召示（指蔣廣播）其實際辦法，不外大大放寬新檢尺寸，我們認為除戰時軍事外交秘密外，其餘一切言論，一概有自由發表的機會，而受普通法律之支配。」

該報一月八日社論『太平洋戰局與我們』謂，戰局仍嚴重，應加緊刷新內部。說：日寇竭力加強海防，『特別蘇浙兩省的長江三角川區，加強擴大南京、上海，杭州的機場，並在浙東和蘇北的運雲港，建築新的機場』。而『為了消滅中印公路打通後的作用，他隨時有繼續向西南大後方深入的可能。……我們應該集此力謀內部的澈底更新，以便集中國力，阻止敵人的進攻。』

英情報局稱 羅總理拉德斯哥辭職

【路透社紐約廿八日電】戰時情報局收到布加勒斯特廣播稱，拉德斯哥已辭去羅馬尼亞總理之職。

【路透社倫敦廿八日電】羅總理拉德斯哥將軍的辭職發生於最近騷亂之後，一彈經窗戶飛入，他倖免於一死。羅馬尼亞現在蘇聯的控制下。據莫斯科廣播稱，蘇副外委長維辛斯基今日到達布加勒斯特。昨夜蘇方評論員稱，臭名昭著的『鐵衛團』在『國家自由黨』及『國家農民黨』（按即國家農蘭黨）的掩護下，進攻民主力量。拉德斯哥被斥責進攻共產黨及全國民主陣綫，此陣綫在他的內閣中佔有×席。

【路透社倫敦廿六日電】羅馬尼亞總理拉德斯哥與全國民主陣綫之衝突，實已進入新階段，此間僉信拉德斯哥領導之政府，一俟環境許可，即將更換由蘇聯同意之總理來領導。臨時政府即將成立，未來政府將由左右黨很平均組成，衝突狀態極似希臘內戰以前之情形。

同盟社傳紅軍兵力損失 已超過一千五百萬人

【同盟社里斯本廿六日電】維利斯．欣達斯作為紐約先驅論壇報的特派員，會訪問蘇聯，最近才歸國，他最近關於蘇聯的國內情形，曾於該報報端報導稱：蘇聯在與德國作戰當中，損失兵力已超過一千五百萬人，這一問題，對於將來的蘇聯恐將成為一深刻的問題。而蘇聯國民又必需為紅軍犧牲一切，這一問題對於將來，又將給以重大的影響。

德第特瑪代言人說 新的東綫攻勢將到來

【海通社柏林二十八日電】第特瑪中將代言人星期二在德國無綫電中發表演說，表示新的東綫攻勢行將到來，他說：目前階段的特點，是無劇的蘇軍的推進緩慢了下來，他認為「這種緩慢，是兩個波動間的沉靜，「過之後將一定隨之以新的攻勢」。現在只能夠推測牠什麼時候到來。雖然如此，能夠[illegible]軍統帥部可能立刻發動新的大打擊，仍舊是好的。因此，假如不[illegible]勢與茲的行動是第二次大攻勢的開始，那就是錯誤。此次攻勢可[illegible]地繼續着第一次攻勢，對於蘇軍是重要的。因此，在奧得河與易北[illegible]的大而天然的流動戰綫的這一緊急關頭，每一道德國防綫的勝利，都特別[illegible]要。同樣在波梅拉尼亞和西普魯士作戰，也應如此，那裏蘇軍顯然在竭力[illegible]立支守維斯杜拉河的德軍。為了尋求決定性的戰爭意見，蘇軍除了竭力疾快行動外，牠還想盡可能强烈的向西邊作更近一步推進，數量上的優越，永遠是有關係的事情，因為牠在每種情況下都涉及對方。這種優越性能從兩條路獲得，是極其明白的事，即增加自己，或者削弱敵人。一方面，蘇軍在凡是能夠佔領的地方，就佔領牠而深入推進。甚至他們已經超出這點了，他們集中每一樣東西在預料的焦點上，但是，見於蘇聯進攻部隊巨大的消耗，這些辦法能否達到目的，還值得懷疑。因此，無疑地蘇聯統帥部在考慮到必須急急於肅清那些作戰區域——其實這些區域對牠僅只是次要的，即科爾得與東普魯士」。

美强大艦隊集中琉璜島
敵稱作戰以來斃「敵」一萬八千

【同盟社里斯本廿四日電】美軍有全力集中於琉璜島作戰之模樣。據華盛頓來電：美海軍作戰部次長魏德瓦茲，於廿四日聲明稱：「太平洋艦隊的大半，正參加琉璜島周圍作戰」。

【同盟社菲島基地廿七日電】美艦包括驅逐艦共約廿艘、運輸船約一百艘、其他船艇一百二、三十艘，其大部分集結於琉璜島東南約五公里的海面，繼續以猛烈的艦上砲火向我琉璜島主要陣地作集中轟擊。同日上午，琉璜島上空的敵機、包括寇提斯式水上偵察機共約四十架，經常協助敵陸上攻擊，來襲我軍陣地。

【同盟社東京廿七日電】厚地大佐所指揮的部隊，在摺鉢山周圍殺傷敵軍一千名。據已査明的數目，敵自登陸以來，被我軍殺傷的人員，合計已達一萬八千五百名以上。

【同盟社呂宋前綫基地廿七日電】松崎記者報導：於十四日突然從馬尼拉東北方開始行動的我軍，在猛然側擊侵入馬尼拉敵軍之側背後，廿五日退回原防綫，迄至現在為止，據我某有力部隊報告，已獲得下列戰果，殺傷人員

會議的存在一個打擊，同時亦是對於反對阿根廷提案墨西哥會議決的一種反抗，亦是代表着拉丁美洲人的憤激。

納粹黨綱二十五週年日
希魔發表告全黨書

【海通社柏林二十五日電】國社黨綱領宣佈的第二十五週年紀念會上，×××對黨員宣讀元首的通告，宣稱元首的責任感及他的工作使他不能離開指揮部。元首通告宣稱：「黨綱宣佈當時的不可妥協的同樣的聯合，可把德國人民團結起來了。」「如果一九二〇年的德國僅有零星的力量，則現在德國的抵抗是不會崩潰的。如果今日的德國有昔日德國的弱點的一部分，則德國早就滅亡了。」通告中指出危險不是僅由正義消除的，而僅是由支援這一正義的力量來消除。德國的自存主要是依賴隨時進行犧牲的準備，亞細亞布爾塞維主義不是被日內瓦的大言，亦不是被任何其他條約所擊退，而僅是由我們勝利的意志，我們的抵抗及我們武裝的力量所擊退。通告又說：「過去怯懦的資產階級各政黨最初被布爾塞維主義騙入窮境，然後被消滅，今天一切資產階級國家也這樣的在消滅着，這些資產階級國家的傲慢的代表，相信他們能與魔鬼形成同盟，希望他們將比撒旦（魔鬼的名字——譯者註）更聰明伶俐。一切其政治家簽訂民主的資本主義與猶太人布爾塞維主義之間的撒旦條約的國家，遲早要成為他們所期求的精神的犧牲者」。「國社主義的德國，直至今年歷史的轉機終將發生以前，將繼續戰鬥。世界上沒有力量會削弱我們的胆量，他們已摧毀了諸多對於我們美麗、偉大、神聖的一切，以致我們僅能為一個任務而生活，即是建立國家，重建他們所摧毀的一切。如果整個在苦難中的國家表現作為德國人民的態度，上蒼終不能拒絕這一人民生活的權利，而是如歷史上所常有的將以地上的幸福為報酬」。「如果前綫及本國繼續決心要摧毀每一個竟敢違犯生存法規的人時，那麼他們會聯合避免國家被摧毀，在這次鬥爭結束時，德國必然勝利。我自己的生命僅對國家有價值，所以我們不間斷的工作以重建與加强我們防禦及進攻的戰綫，出產舊的與新的武器，使用這些武器，加强抵抗精神。我不能忍受的唯一東西是我國人民軟弱的象徵，所以使我最快樂與最驕傲的是德國人民在其最大的苦難中，表現其最堅强的個性的信念」。「生活使我們只能服務於一個法律，即是彌補國際猶太罪犯及其走狗對我們所做的一切。因此，我們在二十五年前作為一個補償對德國人民所作的損害的國體而前進，這樣，今天我們再度作為一個補償對我們所作的新的傷害

九百四十四人、擊毀裝甲車五輛、卡車二十三輛、大砲三門、[illegible]砲二門、機槍十挺、自動步槍及其他無數。

同盟社評論
泛美會議的目的

「同盟社東京廿六日電」如從這次泛美會議（在墨西哥市舉行的）的提案看來，這次會議的目的，可以說是欺侮阿根廷。

美國務院對此會議發表下列聲明：「在最近兩三週內，美洲共和國間，全面地交換意見之結果，決希望舉行一個美洲作戰努力的協力會議，藉以研究戰爭問題，和共同處理戰後問題。過去美國早已感覺到有舉行這種會議的必要，這種會議，可以增加在完成共同作戰目的上所需要的美洲各國的貢獻，同時對於爲爭取安全和永久和平的建設性的努力，希望再度確認美洲的指導地位。那麼這種會議，爲全面地支持這些大目標，就應該完成美洲的組織，同時可以乘此機會研究經濟合作的措置，藉以建設西半球的全體生活上的安全，

國務院聲明開頭即說到「美洲戰爭努力協力國之會議」，以便商量戰爭問題與交通諸問題，使用手段，使中、南美各國擔負更大的戰爭責任，同時在報償的意味上，使其參加戰後問題，這證明美國的計謀與使阿根廷參加戰後問題的方針。最近巴拉圭、厄瓜多爾、祕魯、智利、委內瑞拉都相繼對軸心國宣戰，可說都是美國戰時的謀略所致。値得注意的事就是此次的會議是作爲「美洲聯合國會議」而召開的，這事暗示今後的會議未必以泛美聯合會議爲主持者，而是由中南美大使會議或由美國本身主持。不管抱有許多欺瞞其他中南美各國的幻想，這都是妨礙阿根廷，其實現的可能性當然是很少的。會討論過經過泛美聯合會議提出的阿根廷案，截至十一月上旬，作爲促進開會的工作，阿根廷政府急於貫徹無實際價値的對軸心絕交的措置，這是事實。

但是一談到自主的問題，就遭遇到崩潰的命運，而且甚至發展爲「阿根廷除外的美洲會議」，因之使阿根廷的態度，忽然強硬起來。即是說，僅僅在美國務院公佈墨西哥會議的四小時以前，阿根廷案調解者的泛美聯合會議，已公佈無期延長討論阿根廷案，這事似乎大大地刺激了阿根廷政府，遂於一月十日，突然以公開聲明，公佈稱：阿根廷的權利在泛美會議未承認以前，將不出席該會今後的會議。阿根廷的此種態度是對泛美會議的怠慢與不負責任的抗議，實際上就意味着從泛美會議脫離開來。實際上如脫離泛美會，則使將來該會的泛美政策與工作成爲不可能。阿根廷的聲明，是對泛美

、侵略與損傷的團體而戰鬥」。「所以德國人時刻都想到德國的決心不要動搖，城市與鄉村中的男男女女一直至青年僅按照一個法則生活，即一切拯救國家免除這災難，戰後在其文化，城市與鄉村，在其國社主義社會生活中重建國家，二十五年前我曾宣佈國社主義爲運動的勝利，今天我常預言般地以德國帝國勝利的信心灌注我國人民」。

「海通社柏林廿五日電」元首行營於星期日下午發表下列通告：「元首在宣布納粹黨政綱廿五週年紀念日（二月二十四日）於其行營接見各帝國領袖，各納粹區黨委書記及各高達普領袖，以便給予他們以下列各指示：勝利地繼續戰鬥，繼續地組織一切抵抗力量及納粹黨在德國人民爲其命運的鬥爭中，無條件的活動。

海通社零訊

「海通社柏林廿七日電」巴黎訊，英記者金氏星期一報導稱：法國對於艾登及法外長比道爾目前在倫敦附近舉行的商討，寄以很高的希望。但金氏除暗示英法關於敘利亞及黎巴嫩所發生的困難將在討論之列外，未能提出兩外長所討論的問題。金氏於結語中稱：雖然法國報界採取抱怨的口吻，並批評英美，但法國政府極力企圖與這兩國取得友好關係。

「海通社布宜諾斯艾利斯廿六日電」阿根廷報紙廣播摘引倫敦美國商會主席費里澄斯在倫敦美國商會宴會上的聲明，他在這聲明中曾談到英美在戰後爭奪南美市場的尖銳鬥爭。這將使人憤起：費里澄斯曾說過：美國將是戰後英國最可畏的競爭者。他繼稱：「我們面對着一種很奇怪的現象：一方面美國工業都期望自動的幫助英國，但一旦在中立國市場競爭時，美國又想把一切商業掌握在它手中」。

「海通社柏林廿七日電」紐約訊，合衆社駐羅馬訪員巴卡德宣稱，意大利的糧食形勢比希臘及比利時還要壞得多。繼稱，除非救濟迅速來到，意大利居民的公開反叛將必然來到。肉、魚、牛奶、牛油、油甚至於菓子，只有在黑市中才能買到，而它的價格是絕大部份人民所買不起的。肉每磅價達五百里拉，魚每公斤達五百五十里拉，油一公升達一千里拉，煤每公斤廿里拉。

「海同社馬德里十日電」「阿利巴」報訪員丹尼爾。瓦亞茶茲自安哥拉報導稱，土耳其政治家及輿論界，對於索非亞審判的缺乏任何正義，頗爲激怒。「坦寧」報寫道：索非亞死刑審判的後果，將是仇恨。

參攷消息

（只供參考）

第八〇五號

解放日報
新華社 編

今日出一大張

卅四年三月二日
星期五

在憲政實施協進會上

蔣介石談國共問題

胡說八道強辭奪理

【中央社重慶一日電】憲政實施協進會一日上午十時舉行第五次全體會議時，蔣兼會長出席發表演詞：全文如下：

各位先生，中國國民黨繼承國父遺志，努力國民革命，以實行憲政，完成建國，爲最大目標。「七七」抗戰發生以前，政府原已決定於廿六年十一月十二日召集國民大會，不意日寇發動侵略，因此不能不延期召集，但國民黨實施憲政之意願，依然日益加強。第六次中央全會，曾決議於廿九年十一月十二日召開國民大會，終以戰事擴大，當時參政會商議緩開，乃又因而延期，於是在前年有憲政實施協進會之設立，本席於本年元旦，復代表政府宣佈本年內在軍事形勢許可之下，即可召集國民大會，制頒憲法，以符國民黨建立民國，還政於民之宗旨。

就中國國民黨既往的歷史經驗，以實行三民主義領導國民自求解放，以達到國內各宗族及國際之自由平等爲目的。辛亥以來，本黨領導國民，推翻滿清專制政府，消滅陰謀帝制之袁世凱，以及打倒繼承袁世凱而興起的一切軍閥。及至民國十七年，中華民國完成統一，最近八年以來，不辭任何犧牲，備歷險阻艱難，領導全國抵抗日寇的侵略，同時並積極準備實施憲政的工作。凡此事實，均明示中國國民黨是一個以解放中國扶植民權爲其歷史使命的革命政黨。

行進，中國國民黨已負起了偉大艱難領導全國的責任，所謂還政於民，就是交付這樣巨大的責任於全體人民，故必須經過國民大會的這個機構，始可有所託付，但在目前狀況之下，也已準備其他黨派參加政府的組織。

其次說到軍政統一問題。一個獨立統一的國家，決沒有軍權不統一的，尤其是對外抵抗侵略的時候，如果是真正愛國愛民的政黨，決不會有妨礙軍權的統一，以削弱國家抗戰力量，而幫助了敵人的侵略。我們在抗戰時期中，更應集中一切力量，驅逐敵人，所以必須要軍權統一，共產黨不應有獨立的軍隊，那是很明顯的道理。現在共產黨在各國的宣傳，說是他們的軍隊如果一旦歸中央統一，便不免要被消滅或被歧視，而在國外也不免有未明事實的人，受這種宣傳的蠱惑，甚至誇張共產黨的軍隊力量，與事實皆不符合，有時且與他們所宣傳的幾乎完全相反。抗戰以來，八年之中，始終負作戰責任的大家都知道實際上是政府所統率的國軍，現在已有盟國的通力合作，政府已準備極強大的軍隊與配備，以進行反攻，並配合盟軍共同作戰，以驅日寇於亞洲大陸之外。

本席對於共產黨的要求，已曾明白答覆，最近政府曾對共產黨代表周恩來說，政府準備在行政院內設置戰時政務會議，爲行政院決定政策之機關，將使共產黨及其他黨派人士參加。政府並準備組織一個三人委員會，管理整編共產黨軍隊爲國軍的一切事宜，三個委員中，一位代表政府，一位代表共產黨，一位是美國軍官，如美國政府同意固然最好，即美國政府不能同意派人，我政府也必用其他適當方法擔保共產黨軍隊整編後的安全及與其他國軍享受同等待遇。

此外，本席還提出一種辦法，以爲共產黨對於其軍隊的整編既不免有無端的疑慮，政府願於在抗戰期中，如美國政府同意時，可將共產黨軍隊在最高統帥節制之下，指派一個美國將官直接統率，不意上面這兩種提議，皆已遭受共產黨拒絕，所以共產黨如果眞心誠意願與國軍及盟軍協合作戰，在政府實已將公允可能的方法，坦白誠意的提出了。

抑又有須申述者，自從上年十一月中央與共產黨開始會商以來，中央深信各方意見有爭執時，果爲誠意取得解決，便不應互相攻訐，因此竭力勸告國內輿論，不應有攻擊共產黨的輿論，乃不意共產黨即藉此次商談機會，在國內外廣爲宣傳，並且對政府及國民黨肆意抨擊，因此國內外人士所聽聞者，只爲共產黨片面之詞，且在雙方會商之時，竟造作各種極可笑的流言，如稱我們要在這一次神聖抗戰中完成一個永久統一的國家，唯有統一的國家，才能順利的推行憲政，亦唯有統一的國家，才能順利推行各種經濟建設的工作，以提高我一般辛勞勤苦同胞的生活水準，而且更唯有統一的國家，才能於戰後的新世界中，爲人類和平福祉而有所貢獻，我們在日寇侵略以前，本是一個完整的統一國家，到現在除了共產黨和他們的軍隊不受中央命令而外，還是一個完整統一國家，此外並沒有不奉中央軍令的軍隊，亦並沒有不奉中央政令的地方政府。

本席這次宣示中國共產黨問題，是一個政治問題，應用政治方法解決，近來外面對於中央竭誠寬容，力謀解決的經過，尚有未明者，因此不得不將重要經過，加以說明：

這幾月，中央與共產黨的會商，已有多次，每次都是懸而不決，而在我們所得到的經驗都是，一個要求方才容納，立刻就來一個另外新的要求。共產黨最近的要求，是要中央立即取消黨治，將政權交給各黨各派組織的聯合政府，而我政府的立場，是準備容納其他政黨（包括共產黨）與全國無黨派的有志之士參加政府，但在國民大會召開以前，政府不能違反總理大綱，結束訓政，將政治上的責任和最後決定權，移交於各黨各派，造成一種不負責任的與理論事實兩不容許的局面。政府上次會請中共參加行政院決定政策的政務會議，類如外國的戰時內閣之組織。

八年來，在抗戰的進行中，國家屢遭軍事上的失利與經濟上的壓迫，我們所以能渡過危機，實由於我們有一個鞏固安定而負責的政府領導的緣故，現在戰事仍極嚴重，前途尚有不少的艱險，國民政府如將一切政權或責任交給於各黨各派，則中央政府勢必日日在風雨飄搖之中，其結果必使抗戰失敗，將使國家引起可怕的變亂，而陷民族於萬劫不復的境地。因爲我國情形與他國不同，在國民大會召集以前，我國便無一個可以代表全國人民使政府可以徵詢民意之負責團體，所以吾人只能還政於全國民衆代表的國民大會，不能還政於各黨各派的議會或其聯合政府。大家都知道，國民政府之基礎，是革命先烈與抗戰軍民無量數生命鮮血的犧牲所構成的，吾人上對國父與先烈，下對後世民族與抗戰軍民，都有不容放棄的責任，在此緊要關頭，更必須負責到底，以鞏固國家基礎，決不能以國事爲兒戲，使抗戰大業功敗垂成，以辜負國民與友邦的期望。

東三省被日寇侵略以來的十餘年間，無日不在危疑振撼狂風暴雨的小舟中，

政府已在同日寇接洽和平等語，本席在代表國家的人格與地位，否認此種誣衊。

凡我國人，莫不關心於四萬萬五千萬同胞未來之前途，亦莫不陳明其本人對於其後世興起者應盡的責任，決不願重蹈國家發生內戰，亦必能深悉政府歷年來委曲求全的事實，準備隨時與共產黨商議一個根本解決的辦法，政府所提出的辦法，如此寬大，已盡量替共產黨着想了，如果共產黨眞正爲國爲民，有團結一致共同抗戰的決心，而並無推倒國民政府，破壞抗戰以謀奪取政權的企圖，對於政府的提議實在沒有不可以接受的道理。政府嗣後，仍將繼續尋求合理的辦法，以使共產黨與其軍隊均能貢獻能力，竭誠効忠國家。

本席所以不厭求詳，反覆說明中共問題者，實在因爲中共問題懸而不決，是目前抗戰與一切建設的障礙，至於實施憲政問題，政府將依下列步驟促其早日實施：（一）預定於本年十一月十二日國父八十誕辰，召開國民大會，以實現憲政（一俟五月間，國民黨代表大會通過，即可正式決定公佈）。（二）自實施憲政之日起，各政黨均有合法的平等地位（政府前經向中共宣示，只須共產黨願將其軍隊及地方政府的組織交歸政府，即可承認共產黨的合法地位，此項宣示仍爲有效）。（三）國民參政會將於近期內舉行第四屆集會，此屆參政員人數及參政會職權，均較以前增大，政府擬在此屆參政會集會時，將召集國民大會辦法及其他憲政問題，提出參政會審議。

本席對於抗戰的勝利，與吾國民主政治的前途，均甚樂觀，現在一般輿論要求全國軍事與政治的統一及建設日益增強，此種輿論，爲全國民心所向，將成爲偉大澎湃而不可抑止之力量，深信全國任何團體，任何個人，終必遵循這種輿論的××，共謀抗戰勝利與建國成功之實現。我們憲政實施協進會，負有促成憲政以鞏固國家統一與永久福利之責任，故特爲各位先生，鄭重言之。

中央周刊 反共謬論

【本報訊】『中央周刊』自六卷四十一、二期（去年十一月十日出版）起，由張文伯接代陶百川主編。張在該刊六卷四十三、四期（十一月廿日出版）作『民主憲政的規模』一文，謾罵有人『兜攬政權』，決不能與之妥協。『目前顯然有若干人在假造民意，假借「自由」，以遂其「兜攬政權」之私。我們便要鄭重考慮：我們是不是要給這些人以「兜攬政權」的「自由」，再來一次妥協。本黨所主張的民權……唯有民國之國民乃得享之，必不輕假

此標於反對民國之人。所謂反對民國，不是專指破壞一黨的舉動，也不限於今日之漢奸，凡違反立國的主義及國家的紀綱者，都屬之。我們不能以自由標榜於交予他們，使他們便於叛國亂法。」於論到新聞自由時，又謂：「……而且還有一個有組織的集團，擁有武力，作趁火打劫的企圖。這種嚴重形勢，是任何各國所沒有的。」該文結論稱：「中國當前有最要緊的三件大事，那便是統一、勝利與法治。統一與勝利，是法治的前提，法治是自由與民主的軌轍。」該刊七卷一期（一月十二日出版）張文伯作「中國政治前途」，謂中共的要求與時俱進，使國共商談無結果，引武道的話證明邊區無「民主自由」，並罵爲「封建意識」，是民主的唯一「障礙」。「關於政治國體的合法存在，事實上凡「合法」者都已容許存在。國家法律與政治道德所不容許者，乃是不合法的行爲與不合法的狀態。即以中共問題而論，歷久談商而少結果之故，是由於中共的要求與時俱進。林祖涵在西安所提的，較前年林彪所提的多，中共所提的十二條，又較林祖涵在西安所提的多，後來林的復函，又較十二條以外，加上所謂「口頭八條」。這看了去年九月張治中氏在參政會的報告可知。其後隨着湘桂戰爭的日趨嚴重，中共的言論行動，距離原來的條件更遠。其所以距離更遠的根本原因，在於中共缺乏謀國的眞誠，把國家民族放在一旁。他們的報紙樂於傳播軍事上不利的消息，而對會於我們忠勇將士在前線浴血抗戰的捷報，却很少報導。這在讀者看了自知道。他們在所謂『邊區』的政治設施，『民主』『自由』的影踪是不易找到的。試舉一個美國朋友武道先生的話來證明，……他（從延安）回來後寫過一篇文字，他對『邊區』的『生產』是稱許的，對於『邊區』的『民主』『自由』則有如下的批評，他說：『在共產黨控制的區域中，言論究竟自由到何種程度，這是難於決定。對於國民政府，最高統帥部，和國民黨的批評，可以從各種印刷品中看到。反之，對於中國共產黨採用的政策，却不能批評。對於共產黨黨員的懈怠和執行政策的方法的錯誤，可以批評。非共產黨却不能對共產黨或「邊區政府」有所批評。如果國民黨在延安辦一張報紙，它的社論和新聞所享的自由，是不是會較新華日報在重慶所享受的更大呢？這是很成問題的」。」接着張文伯謂：「這……也就是中共口中的「民主根據地」的眞實寫照。我們希望中共能進步，吹得少些，做得多些，不要只承認「工作作風中的一項極大的毛病，就是有些工作人員習慣於獨斷專行，而不善於啓發人們的批評討論，不善於運用民主作風」。（按：張文伯這裏所引的是毛主席「一九四五年的任務」文中語）而要從根本上本質上把這些封

洲各復興國家成立聯合政府的經驗和資料。」（按：「憲政」月刊與「民主」半月刊均爲中國民主同盟機關刊物，民憲由左舜生主編；憲政則由張志讓主編，發行人爲黃炎培。）

德外交部代言人評邱吉爾演說

【海通社柏林三月一日電】里賓特洛甫代言人於星期三拒絕討論邱吉爾在下院關於英國戰後處理德國的聲明。代言人說：「這個聲明對於帝國政府是絕對值得去討論的。關於德國東部省份問題（按邱吉爾的意思是要將這些地方割讓給波蘭），代言人說，德國的敵人還沒有贏得戰爭。只有未來的戰爭，才能說明邱吉爾是否有資格來談領土問題。德國外交部描寫英首相關於波蘭問題的發言，是最弱的論點。代言人從邱吉爾的聲明得出結論，認爲英國在關於波蘭問題上，是投降於蘇聯的要求。代言人描寫邱吉爾演說的第二個弱點說：「邱吉爾、羅斯福的阿拉伯旅行是羞怯的表徵。」外交部相信雅爾塔會議上，並沒有達到關於阿拉伯區域將來的規定，因之，英美法在關於阿拉伯的將來，仍是強烈地敵對着。代言人認爲關於這件事，莫斯科還不會說最後一句話。代言人認爲，邱吉爾的演說，說明英國想在泛阿聯盟的掩護下，將法國排擠於外。他又指出：邱吉爾再也不會談及東南歐地方（除去希臘），因爲這地方是屬於蘇聯利益範圍內的。邱吉爾也未提及雅爾塔會議所決定的安全組織的任何事情，已爲威廉街嚴重懷疑，因爲這事尚待中國與法國的審查。威廉街發言人的意見，認爲邱吉爾避免在下院宣佈關於雅爾塔會議在此時期的決定，因爲深怕可疑的性質越漸顯明。威廉街發言人關於邱吉爾對波蘭問題的處理堅信邱吉爾對他自己所提出的解決辦法亦感到懷疑。無論如何，這個巨大歐洲問題表示出自一九三九年後英國所追求的政策在政治上的破產。柏林認爲以純粹德國東方的省份交給波蘭，無疑供給新歐洲的衝突及戰爭以溫床地帶。

敵寇吹噓琉璜島戰績 說擊毀美坦克二百輛

【同盟社東京一日電】自本月十九日敵軍登陸琉璜島以至二月底止，計殺傷敵兵一萬三千五百名，相當於敵海軍陸戰隊的一個師。燃燒坦克並使其不能行駛者二百廿六輛，相當於敵坦克部隊的一個師。敵人繼廿六日的總攻後，廿七日亦在全島進行艦砲射擊，毫不間斷，復於廿八日拂曉起，加強艦砲射擊，以艦上機轟炸並以地上砲火轟擊，因此戰況益趨激烈化，同時並動員很多迫擊砲與坦克全面地進行攻擊。我軍在各個據點迎擊敵人，予以反擊與巨創。現在敵我相持於附防

建憲識去掉。不然，他們這類「根據地」的存在，將永遠成為一軍隊武力絕對國家化」，「國家行政完整無缺」的唯一障礙，也就是國內民主的唯一障礙。」

顧維鈞抵加爾各答

【中央社加爾各答一日電】我駐英大使顧維鈞，於返重慶途中，今日抵此。

【中央社蘭州廿七日電】晉綏察三省邊區總司令張礪生，奉召赴渝，參加陸大受訓，日前來蘭，廿七日晨乘機飛渝。

【中央社西安廿七日電】陝省府頃通令各縣市，限本年四月底成立各縣鄉鎮民代表大會。又長安縣鄉鎮民代表大會，刻正依法選舉中。

【中央社渝廿七日電】關於過去上海攝製之影片在後方映演情形，有人向不明瞭，中央戲劇電影審查所負責人，特發表談話如次：本所處理上海攝製之影片，係遵照上級之指令，即在民國卅年十二月八日，太平洋戰事爆發，敵人武力佔領上海，組織偽中華聯合影片公司之後，所有在上海攝製之影片，不（缺十餘）內容如何，均為偽片，一律不准在後方映演，一面由政府轉飭各海關，不准此項偽片內運。本所對此項偽片，不僅名稱已有調查，且每一影片的演員及其內容情節，亦均有登記，即使片名可改，但演員與情節絕不可改，故難假冒。本所亦向未核准此項偽片得在後方映演。至卅年十二月八日以前上海租界內國產影片，雖與該時期以後之偽片有別，但其內容如有違反標準者，仍在禁演之列。

沈鈞儒主張 以蘇美為中心重建外交

【本報訊】元旦號『憲政』月刊載『中國如何運用羅斯福當選後的世界新局勢』座談會（十一月十四日舉行）紀錄，其中沈鈞儒的發言稱：『美國人對中國政治經濟的安定十二分的關懷，同時對於中蘇邦交也很留意……我以為美國的對於我國跡近干涉並不足奇，這也是基於他自國的政策與立場。至於我國目前如何運用此新局勢，我以為至少須從二方面進行：一、重新建立外交，以美蘇為中心，這本是我在第二屆參政會上的提議，惜當時被保留。二、改革現狀，實行民主，加強抗戰力量。

最後，關於憲政月刊，我想提出一點建議，即希望以後多登載一些最近歐

波隄、元山飛機場中央部、白山（阿堺代、田原阪之中央部）一綫，一部敵人已侵入玉名山與田原阪附近，又在摺鉢山方面，我軍仍有部份兵力，現仍堅守該地中。

同盟社傳美議員提出 使被收容的日本人絕種

【同盟社里斯本二十七日電】美國當局自開戰以來，不僅拘留了居住美國的日本人，而且把××市民，亦收容於強制收容所，而給於一切不妥當的待遇。據二十七日華盛頓來電稱，據云會有一驚人的提案提交美國國會，該提案主張在強制收容所中，認為最忠實於日本而收容於隔離收容所的日本人，應使之絕種。這在文明史上是史無先例的。上述提案根據二十七日在衆院歲出委員會發表的報告來看，這一提案已被一般地加以說明。提案人是俄克拉何馬選出的民主黨衆院議員詹森，據云他於委員會上討論到封閉強制收容所的問題時，會提出下述『絕種提案』，他說：『對於始終忠於日本而收容於隔離收容所的日本人，國會應籌劃必要的預算，以便使其絕種。』

海通社零訊二則

【海通社斯托哥爾摩廿七日電】英國保守黨所擬定的下月會議程序表示：選舉運動將集中在若干內政問題上。保守黨員主張戰後廢除國家對國家經濟生活的管制，他們也將擁護卑維里治的計劃，他們的這種主張，是對付自由黨選舉攻勢的有效宣傳。衆信自由黨在將來選舉中將佔一重要角色。這可由工黨領袖阿特里上星期日在布拉德佛德的演說中，隱約地看出來。——阿特里不主張一切都社會化，而只主張由國家管理主要企業。工黨提出這種溫和主張在英國國內認為是由於自由黨宣傳的結果。但有若干觀察家認為自由黨在未來選舉中將不會完全起一般人所想像的那樣重要的作用。這些觀察家認為：所有自由黨人所欲達到的目的，是在政治上擾亂敵人。

【海通社柏林廿七日電】倫敦訊，據『每日鏡報』紐約訪員報導，羅斯福總統急切欲在梵蒂岡和莫斯科間，進行調解。該訪員繼稱：關於所計劃的新的世界和平組織方面，羅斯福希望獲得梵蒂岡的完全支持。鑒於莫斯科和梵蒂岡間的矛盾有礙於這種目的，羅斯福乃派遣他的一個私人朋友至莫斯科，以便着手研究莫斯科和梵蒂岡間的外交關係。

參考消息
（只供參考）
第八〇六號
新華社 解放日報社 編
今日出一大張
卅四年三月三日
星期六

英報對蔣談話的反響

「路透社倫敦二日電」昨日下午六點以前，在此間所收到的重慶三百字來電，今爲倫敦四家報紙所刊載，但無社評。前此數次於社論中釋共產黨的要求爲「妨礙主義者及地方主義者」的倫敦泰晤士報，今日發表路透社來電的全文，標題是「蔣將軍呼籲團結」及「對共產黨的提議」。過去四週發表斯坦因四篇文章讚揚「共產黨民主實施」的新聞紀事報，發表蔣委員長的演說，標題是：「蔣將給各黨派以同等地位」。英國唯一的共產黨報紙工人日報亦刊載此演說，標題爲「蔣對×政府的計劃」，但插入一段社論似的文章，稱蔣的演說爲「對共產黨的惡毒攻擊，誣蔑他們求得團結的努力」。每日先驅報於背後一頁刊載演說的一部份，標題是「十一月的新中國政府」。

大公報、中央日報 爲蔣介石講話捧場

「中央社重慶二日電」蔣主席於一日憲政實施協進會第五次全體會議時宣稱本年十一月十二日召集國民大會，以實現憲政後，今日陪都各報一致著論表示歡迎，而對蔣主席訓示「中國共產黨問題是一個政治問題，應用政治方法解決」一點，尤予以熱烈擁護。大公報認爲聯合政府之說，未盡適合我國國情，該報社論稱：「中共主張召開黨派會議，結束一黨專政，組織各黨派的聯合政府，國民黨說國民政府是根據建國大綱及訓政約法施行訓政，主張召開國民大會，結束訓政，實施憲政，以還政於代表國民的國民大會，而不能還政於各黨派的聯合政府，在過渡期間，政府準備請各黨派參加政府的組織，如政務會議之類。中共軍隊的整編與統率，可請盟軍參與，以爲保障。這兩方面的距離，當然在一個聯合政府的問題，我們以人民的自由頭腦來考慮這個問題，在歐美憲政國家，當政治走到窮境時，各黨來個安協，組織聯合政府，以爲救濟，但在中國卻相當缺乏這個基礎：（一）我們就未實施憲政；（二）我們的黨，尚非憲政之下的普通政黨；（三）我們還沒法定的人民代表機關，以行使最高的政權

希望來個各黨派的聯合政府，國家的政治需要變，但不需要亂，就國民立場看，國民政府還是領導抗戰的國家中心，我們必得抗戰到底，同樣要××政府××道趕快結束訓政，開始憲政，在這一點上，我們對於蔣主席所提供的新諾言願表歡迎。中央日報稱，本黨以完成憲政爲政治建設最後目標，這是本黨成立以來一貫的政綱，亦是五十年來國民革命鐵與血的事實，而領導國民革命的本黨，無日不希望早一天召開國民大會實行還政於民的諾言，使國民大會不能如期召集，此無非由於日寇的侵略，所以全國朝野，唯有一致努力，等一日驅逐日寇，至少日寇不能威脅國家的生存，才能召開國民大會，成立民選政府。在本黨政綱上，在國民政府的責任上，必須如此，而因戰事所發生的各種事實困難，亦必須如此，要迅速完成勝利，首先必須鞏固國家的統一，以集中力量，從事戰鬥和建設，若聽國家分崩離析，抗戰力量亦因而分崩離析，給予敵人以可乘之隙。國之不存，一切行政一切建設，皆無保障，亦就根本無法推行了。該報補謂：國民政府對中共問題始終委曲求全，一本政治解決之方針，期望這一問題得到合理解決，故亦盡量容納共產黨的要求，關於政治問題，政府準備在國民大會召開以前，在行政院內設置戰時政務會議，爲行政院決定政策之機關，使共產黨及其他人士都能參加，關於軍事爲整編共產軍爲國軍，準備成立三人委員會，共同決定，除國共代表之外，設法託一可信托的第三者參加，而爲進一步袪除共產黨多餘的疑慮起見，對於共產黨軍隊參加作戰方法，也可在最高統帥指揮下，分由盟軍將領担任指揮。不幸共產黨對這些委曲求全的辦法竟完全拒絕，同時在政府隱耐不言之時，到處宣傳政府已在與日寇商洽和平，然而受此種自欺欺人彌天大謊之損失者，決不是本黨和政府。雖然如此，蔣主席依然表示政府仍願與共產黨繼續商討合理的辦法，以期集中一切力量，用於保衛祖國之戰爭，這本是全國人民之熱望。我們誠懇希望中國共產黨能顧念國家前途，有以慰國人之熱望。」

憲政協進會開會情形

「中央社渝一日電」憲政實施協進會，一日上午八時假軍委會禮堂舉行第五次全體會議，蔣兼會長親臨主席並致詞（原詞見另電），詞畢會員黃炎培、孔庚、林彬、錢公來、王世杰、左舜生、王雲五、李中襄、江一平、江庸、[illegible]、燕樹棠、張志讓、吳鐵城等曾相繼發言，熱烈提供意見。各會員對於政府謀取統一之苦心，及實施憲政之步驟，深爲感奮。蔣兼會長於十時四十分因有重要會議，先行退席，由召集人孫科、王世杰分別主席

，我們沒這三項前提基礎，若組織一個各黨派的聯合政府，當然是妥協式的，一旦遇某事不得妥協，某一黨派宣佈退出政府，這個臨時政府，即行垮台，而其背後又沒有一個人民代表機關爲監督爲後台，到那時政權無所託，將陷國家於無政府狀態。自從中共問題公開以來，本報就主張要『變』，不要『亂』，我們的主張至今如一，乘此機會，我們願再重申一遍，本報的主張：（一）我們主張提前召開國民大會，以便結束訓政，實施憲政，使國家走入民主憲政的正軌；（二）國民大會代表的人選，應重作考慮，以期眞能代表抗戰人民的公意；（三）在召開國民大會以前的過渡期間，不搖動國民政府的基礎，開放政權，容納一黨以外的人參加（包括國共兩黨其他黨派及無黨無派的人），組織一個決定政策的戰時內閣，以實現全國之團結。我們到現在還如此主張，我們以此主張爲尺度，看政府近幾月的主張，確是在進步中。今年元旦蔣主席表示：『一俟我們軍事形勢穩定，反攻基礎確立，最後勝利更有把握的時候，就要及時召開國民大會，頒佈憲法。』我們希望能够定期召開國民大會，並對代表問題重加考慮，現在蔣主席提供新諸言，定本年十一月十二日召開國民大會，而將召集國民大會辦法及實行憲政問題，提交國民參政會審議，這裏當然包括代表人選及憲法內容的問題，我們認爲這是一個進步，要國民政府結束訓政實施憲政還政於民，這可說是人同此心心同此理的希望，現在國民大會定本年十二月召開，就是說從此時算起，距結東訓政尚有八個多月，我們應該尚能等待。在此過渡期間，我們應該實成國民政府提辦結束訓政事宜，實成參政會愼審議，召開國民大會的辦法，及其他憲政問題，同時希望政府在不搖動國民政府的基礎之下，開放政權，以實現團結，關於這一點是否戰時政務會議，還可研究。而王世杰部長所聲明，政府允許召開的『國共代表及各黨各派無黨無派的領導會議』，是否亦可以考慮，這都是過渡期間的團結門徑，應該可以試行。現在正當抗戰的最後階段，勝利固然在望，而艱險尚多，國家需要統一，需要團結，亦絕對需要中心。國民黨在今天的領導地位，國民政府之爲國家中心，皆是事實，中國尚在革命過程中，尚在創造根本大法的時代，絕對因×的根據尚×有×微的政治問題，每須以政治協商的形式出之，中共要求聯合政府〆×非法得論，而政府一再宣告願以政治解決×，未會固守法律論，所以在根本精神上，政治解決是可能的。以國民心情而論，我們希望國民黨及早結束訓政，同時亦不

，午間由宋會員子文代表蔣兼會長與各會員聚餐。茲將出席人員與通過之決議案分誌如左：出席會員：

張伯苓、王寵惠、王世杰、江庸、孫科、吳鐵城、陳布雷、張厲生、熊式輝、梁寒操、洪蘭友、吳經熊、黃炎培、胡霖、王雲五、左舜生、陳啓夫、許孝炎、李中襄、周炳琳、江一平、錢公來、薩孟武、李永新、孔庚、奚倫騰、林彬、黃右昌、樓桐蓀、燕樹棠、張志讓、范予遂、宋子文。列席吳鼎昌、祕書長邵力子、副祕書長雷震。報告事項：祕書處報告：（一）張會員羣等請假由。（二）奉會長指定，宋子文范予遂爲本會會員由。（三）本會會員考察最近五個月工作報告。（四）五五憲草意見整理經過及研究結果報告。（五）最近各省辦理各級民意機關設置概況報告。討論事項：（一）孫召集人科，王召集人世杰，黃召集人炎培，提入本會第一考察區蕭主任委員公權報告，四屆省政府訓令各縣臨參會依法無監督審核地方財政收支之權，臨參會駐會委員會，不得越權討論地方庶政。致各縣臨參會相繼請求解釋之經過，特提付大會討論案，決議交小組會研討，後提出常務會辦理。（二）燕會員樹棠提，厲行司法人員之調整，擬定社會，公平心理，以奠憲政初步基礎案，決議交小組會研討，後再提出常會辦理。（三）孔會員庚提，請將政黨之組織又通過權，在憲法中明文規定，以維國家永久安定基礎案，決議交憲草組併案研究。

同盟社說舊十九路軍將領
成立中國國民黨救國委員會

「同盟社廣州一日電」據最近接獲情報，前年以來在廣州灣一帶發起的反蔣運動，以西南戰區的喪失爲契機，又重新招領，在該地周圍相當活躍。即是說，自前年秋以來，舊十九路軍敗將第三黨殘餘份子及一部分逃出重慶的反蔣將領，在廣州灣方面成立中國國民黨救國委員會，與中共幹部成立的廣州灣人民革命自治委員會合併，在西南各省展開反蔣的地下運動。當蔣介石正在宣傳美蔣合作共同作戰時，卻斷然表示反對。在極力避免主力作戰，對日本採取『防戰衰戰』策略，使美國採取對日決戰政略等方針下，以總術行動本部爲中心，進行靈活的地下運動，它的今後動向很值得注意。

邱吉爾下院演說全文

「路透社倫敦廿七日電」邱吉爾於今日開始辯論克里米亞會議時宣稱：「該會議以如此特殊之態度，而對現實的困難，其結果成爲國家之行動

，該會應正式對此表示其意見」。邱氏入下院代表政府提出一項動議，請下院批准三大國於克里米亞會議上之宣言」——尤其歡迎三國主張，不僅在達成最後擊敗共同敵人時，並在和平時，亦一如戰時，保持聯合國家之團結之決議，各議員聆悉後，均報以歡呼，渠稱：英美代表在赴克里米亞途中，曾在馬爾他島會晤，兩國聯合參謀部人員，曾專就如何發展西綫之戰事，及對日戰事之計劃，會商三日，邱相對於蘇聯人民以蘇聯誠懇款待作風表示滿意的感謝後，對法國未能參加會議一點，有所評論。邱氏稱：英國對法國之主要原則，爲有一強大之法國及強大之法國軍隊；惟英美蘇三國在戰爭中，雖有適當其沖之責任，但彼等不允許有任何阻礙彼等認爲必要時即相聚會商，以能有效執行。對共同事件責任之權利。遂請其他各國均參加會議，自亦屬可能，故法國有若干理由。克里米亞會議之決定，邱氏謂會議決定業經公佈，法國乃歐洲顧問委員會委員之一，最重要之工作，即由該委員會商定，其中包括與對待德國有關之若干事項之建議，並由法國之協助，促使接受德國無條件投降時，一個詳細條件得以確定。如吾人明日即遭遇德國崩潰，此一重要委員會，亦已對若干問題時所資料，並預先談到新世界機構之組織時，邱吉爾說：新世界之機構決非使各國損及其團結以從事迅速與有效行動之能力，同時世界機構不能基於強國之獨裁而成立。在一九四五年三月一日以前對德國或對日本宣戰及簽署聯合國宣言之聯合國代表，聚於一堂，若干國家，現正在對敵宣戰中，（大笑）此等國家之行動，應受吾人之尊敬與滿意，吾人之前途，即因此等國家之參加，而得光大，吾人應開始着手組織世界機構，吾人希望一切國家，均將屬於此一機構之中，吾人希望此一實力強大之團體，可防止一切侵略戰爭，及後來戰爭之準備並能使大小國間之一切糾紛，得以和平與合法方法以及其他需成世界機構一切原則之方法處理之，以往之國際聯盟將爲更強有力之團體所代替，在此一合作中，美國將×一主要地位，吾人由於慘痛經驗之教訓，希望今日能使界世各國，均明了新機構之力量，與其所給予願在和平中生存者之保衛能力，在此種情勢中，英國兩大政黨，必可代表吾人，此一會議之主要代表，將爲外相艾登與樞密大臣及工黨領袖阿特里。克里米亞會議中各盟國在軍事方面及政治方面均較以前更密切團結。盟國決議德國應完全解除武裝，納粹主義及黷武主義均應消滅，戰時罪犯應受公正迅速的懲罰，所有能生產軍用品的德工廠，都將消滅或遭控制，德國應盡其最大能力，以實物賠償盟國所受之損失，在另一方面盟國的目的並非爲毀滅德國人民，或不給他們有生存必需的工具。在國際上總將有國爭中，唯一限度」就是波蘭必須和盟國對蘇波友好之政策相協調，波蘭人民在盟國所能給予的協助下，應自行商定全國統一問題。（未完）

英人歡迎
斯羅訪英

【路透社倫敦一日電】羅斯福確定於夏季以前訪問倫敦，及斯大林元帥亦可能在擊敗德國後來此的消息，此間均表示歡迎。因爲此間曾強烈感覺，至今若以重大會議地點的選擇而論，英國在三強中被認爲是次要的伙伴。若干週來，此間即發出感憾的聲音說：大多數「二強」、「三強」、或四強會議以及聯合國會議舉行於世界各處——卡薩市蘭卡、莫斯科、魁北克、開羅、德黑蘭、頓巴敦橡樹林、布里敦森林，雅爾塔，現在又是舊金山。除了英國全國均深爲關切邱吉爾（他是三大領袖中年紀最老的一個）、關切他走遍「天涯地角」外，這裏還有一個國家榮譽的問題。此間正當地感到，進行戰爭最久（除中國外）並的確担當了最嚴重空襲的英國，值得担任盟國領袖及三強會議東道主的作用。這種情緒過去是私自裏悄悄地表露出來的，但這次在上下院關於克里米亞會議的辯論中，則公開的講出來了。至少有三個下院議員及兩個上院議員在過去兩天及今天表示了這種情緒。今天凡西塔特勳爵在上院說，他對於雅爾塔會議不是在倫敦召開表示遺憾。他又說，歷史家們回想起下面一件事時，會感到疑惑，即雖然英國首相是「抗戰之父」，但在整個戰爭期間沒有一個大的會議是在這裏 召開的。克蘭波恩子爵說：邱吉爾對國家的××（缺），其他偉大合作者到英國來訪問邱吉爾的時候會到來的。

德寇東綫戰報

【海通社元首行營二日電】德軍最高統帥部星期四午頒佈下列公報：在斯洛伐克的奧里山，阿特索爾以東與布列森，布爾塞維克發動了許多次較弱的進攻，未獲任何重大勝利。西里西亞的戰鬥限於哥爾德堡與勞班地區。該處裝甲警備軍昨日亦挫敗了蘇軍所願望的向該山入口處的突破。布累斯勞堡壘的駐軍刻正與由南面突破的敵人進行猛烈巷戰。古本城邊緣，布爾塞維克再度進攻已被挫敗，敵人遭受損失。阿恩瓦爾德（斯圖加特以南）以北，蘇進攻軍隊在坦克部隊協助下，強渡伊納河北岸我防禦砲，火已於此間禦阻之。在東波米蘭尼亞，昨日敵人試圖以擴展兩邊的滲入地區，以閃避對兩翼的威脅。然而，敵坦克、騎兵與步兵部隊只能把障礙陣綫略微向柏布里茲以南與魯麥斯堡東南後面推移。哥尼爾少將指揮的波森駐軍堅持了英勇戰鬥。在薩姆蘭，贏得地方之後，在攻勢戰鬥中，俘虜敵人六百名，斃敵五千六百三十人，毀坦克六十輛，大砲一百六十四門，反坦克砲三百十八門，迫擊砲一百六十八門，敵人企圖德國的地位，但這要等所有納粹主義和黷武主義的痕跡實地剷除以後，盟國管制委員會在德國戰敗時，即將開始工作。較久遠之方案中將有關於亞洲之各要項目詳細計劃，尚在由盟國草擬中。

邱相以後又談到波蘭問題，這是其演說中最困難及最激動的部份。他將波蘭問題分成疆界問題及自由問題兩部份。（缺一段）波蘭之自由、獨立、完整及主權，對於兩國之間最公平之劃分，英政府所批准的寇松綫，其中一點把波蘭的羅夫劃出，不能諱言的，我們不認爲這是公平的建議，斯大林元帥某日告余稱，列寧曾因貝萊斯托克及其周圍地區原係自俄國取去者，故反對寇松綫，斯大林元帥及新蘇聯政府則以該地大多數人民爲波蘭人故當歸還波蘭，斯大林說劃界的時候，因爲形勢的方便，此界綫得向雙方伸縮八至十公里的距離，然在雅爾塔會議時，乃確定此種不重要的變更，僅可使蘇聯稍受損失，而使波蘭人從此得悉。邱吉爾說：蘇聯人民爲我們全體而犧牲的，數以千萬計，如無蘇聯偉大之努力與犧牲，則不僅波蘭一國將淪亡，其民族亦將爲希特勒所毀滅。據悉：波籍猶太人被屠殺的有三百五十萬人，是人類史上最恐怖的暴行，我們協助蘇聯爭取寇松綫，大家請不要認爲不當，或以爲害怕強國原故。我們同意波蘭將在西北兩方獲得領土，在北方將獲得走廊地帶之但澤市，哥尼斯堡以西與以南的東普魯士的大部及其以西之寬而且長之波羅的海南海岸，西面則將獲得重要之工業區域上西里西亞省，此外則尚得在奧得河上獲得其他地區，此則有待和平會議時決定之，吾人不必懼及波蘭握有此種新領土之工作過重或其對未來之牢獄埋下種子，吾人必採取較上次大戰更嚴厲之手段，使德國之一切侵略行動，在將來若干世代中，絕不容發生。如新波蘭政府，能在其本國領土中展開工作。其東方疆界問題目前即可獲得解決，西方疆界則須俟盟國已佔領德國領土，及充分代表人民之波蘭政府能表達其意願時始克穩定，邱相於結束其對波蘭疆界之討論時謂：「余絕少以最大之信心，將一問題提至下院，請各黨議員，以明達之頭腦加以審查」。邱相旋又討論波蘭之自由問題，即「波蘭之主權與獨立是否應受拘束，或波蘭人民是否僅爲蘇聯國家勢力所保護，由武裝大衆違反人民意志，採取共產式極權制度」此乃較諸劃分疆界，更爲敏銳與重要之試金。蘇聯及斯大林曾發表鄭重宣言，維持波蘭的獨立主權，此次決定更有英美兩國參加其中，於此世界機構也能在相當時期，採取[illegible]，波蘭的未來命運全操在他本

突破里保已被遏止，在八次戰鬥中，蘇軍損失士兵一萬九千人，坦克三百零一輛，及許多大砲。

川省民衆 又要繳糧三百七十五萬石

【中央社渝一日電】爲改善士兵待遇，川省獻糧已由行政院核定爲，稻穀三百七十五萬石，並限於五月底一律辦竣。

【中央社渝二日電】顧大使回國述職，於二日下午四時一刻由印乘機飛抵渝。前往機場歡迎者有英大使薛穆及夫人，吳次長國楨，胡次長世澤，杭次長立武，外部次長吳南如，梁寒操、李惟果等十餘人，顧大使與往迎者歡晤後，逕赴旅邸休憩。

【中央社昆明一日電】緬北某地二月二十八日訊，何參謀總長應欽日前偕中國戰區美軍作戰司令官麥克魯將軍由昆飛此，訪晤我駐印軍總指揮索爾登將軍鄭副總指揮洞國及孫軍長立人等，視察駐印軍部隊。二十七日赴前方觀察砲兵，二十八日復赴某地視察野戰醫院。據何總長談，駐印軍官兵士氣旺盛作戰勇敢異常。在印緬之中美英軍合作密切感情融洽，故緬甸戰區前途極爲樂觀，全緬解放之期，當不在遠也。

重慶物價較戰前 增八百七十三倍

【同盟社里斯本廿八日電】據重慶來電，行政院代言人張平羣宣稱，現在重慶的零售物價，仍在繼漲，已較戰前增加八百七十三倍。去年十二月份的零售物價，曾較戰前增加四百六十五倍，一月份增加六百五十五倍，至二月份竟增加八百七十三倍，物價的高漲，實爲迅速，故重慶的物價問題，日趨嚴重云。

【中央社重慶二日電】國府二日令：（一）任命楊炳×爲教育部社會教育司司長此令。（二）任命王原一爲湖北省政府祕書長此令。（三）任命朱維馥爲司法行政部監獄司司長此令。

【中央社貴陽廿八日電】筑市參議會，原定四月初成立，因疏散關係，未及選舉，特展至九月底成立，並將現任臨時參議員任期，延長半年。

【中央社渝一日電】全國慰勞總會發動之慰問青年軍運動，刻正積極籌備組織綦江、璧山、萬縣、瀘縣、昆明、南鄭等六個青年軍慰問團，敦請黨政首長爲團長，各有關機關團體金融工商各界，指派代表爲團員，人選即可確定，擬定三月六日出發，分赴各地慰問。

參攷消息

（只供參考）
第八〇七號
解放日報 新華社 編
今日出一大張
卅四年三月四日 星期日

中央社報導 美報刊載蔣介石演講情形

【中央社紐約二日電】紐約時報以內頁一欄之篇幅，登載蔣主席之演說，然未著論批評。蔣主席召開各黨派之國民大會，準備實施憲政，以此行動求取內部之團結。紐約時報之標題如次：「蔣主席宣佈一切政黨參與政治之制度，在十一月十二日召開國民大會，制定憲法——保證各黨派的平等地位——，然蔣主席暗示全部行動可能緊於中共之合作」。前鋒論壇報標題曰：「蔣氏定秋間召集國民大會——並曰各黨派將獲平等地位——再度要求中共放棄成見」，該報亦無社論批評。共產黨之紐約工人日報，則發表社論曰「中國之團結與動員，目前應成爲吾人重大關切之事」。蔣主席演說，係於昨日與紐約，當時美國一般注意力正集中於羅斯福之報告，各報未著論批評，係由於此。

【中央社重慶三日電】美新聞處呂宋美軍戰地病院二十五日電：盧納本日談稱，蔣委員長在一九三八年至一九四〇年間，最少曾憤然拒絕日本方面提出之和平要求達十二次之多。渠稱，渠被扣留於菲島聚多多馬斯及洛斯班諾斯兩集中營中凡三年之久，中國之國情如何，毫無所知。渠繼稱，余深信蔣委員長係眞正與日本作戰，日本所提之條件頗多有利於彼者，如彼果僅圖政治上之權勢，則大可接受之，然彼對此條件竟不欲加以考慮。日方曾以中立國之大使及顯要之人物爲媒介，作十二次之和平試探，其條件爲中國承認僞「滿」，承認日本在華北有某種政始經濟之特權，承認內蒙政治之調整，以阻止外蒙蘇聯勢力之侵入，日本未曾有何領土上之要求，蔣委員長之態度，可由拒絕某一和平要求時所述之一語證明之，即中國境內如有一日兵，即無和平之可言是也。盧納曾爲多數此種要求之居間者，渠參與中國事務凡四十年，政治事件亦多所參與，渠曾與蔣委員長相處十餘年。

國民黨頒佈改善士兵生活辦法

【中央社重慶廿六日電】抗戰以來，物價飛漲，以致一般官兵，均感營養不足，影響戰力甚大。中央爲充實部隊力量，準備反攻起見，特根據事實迫切需要及目前國家財力，制頒改善官兵生活辦法，其中要點約有三項：（一）增加官兵薪餉，此次新給與標準所定薪餉，較去年者增加甚多。將官校官增加一倍，尉官增加二倍，士兵增加六倍，職級愈低者，其薪餉增加比率愈大。（二）改訂供應制度，我國原訂陸軍給與辦法，除一部份發給實物外，其餘皆係代金，惟各地物價與日俱增，薪餉不能隨時提高，故此次除增加官兵薪餉外，同時改訂供應制度，即官兵所需食品，一律給實發物，每人每日均可得到必須之品類與定量，以符合營養之標準。此外，則簡化補給機構，統一事權，希望此後官兵所需一切物品，能適時適地適量迅確送至前方分發，不必由各級到後方領取。至於官佐眷屬生活，在原則上已決定實施計口授糧，其詳細辦法，另定施行。爲顧慮國家負担及物資有限起見，此項改善官兵生活辦法，不能同時普遍實施，但國際路綫日益暢通，則物資供應可以隨時增加，且部隊整編之後，自可充實開支，故目前不能不先後緩急，採取重點主義，針對軍事需要，分期逐步施行。茲將詳細辦法附載於後：（甲）一般給與（一）辦公公費，軍部加二分之一，師團營部加三分之二，連部及獨立排加一倍。（二）旅費加爲上將日支一千元，少將七百元，上校六百元，中少校五百元，尉官四百元，士兵二百五十元。駐留日費，按八成支給。（三）士兵草鞋費，加爲甲種一百元，乙種九十元，丙種八十元，發由部隊合同兵站統籌購發現品。（四）騾馬醫藥費，加爲十元。（五）辦公、教育、洗擦諸用品及掌糧，由各單位按所領定額代金，自行統籌購辦實物補給。（乙）官兵薪餉及眷糧：（一）官新給，改爲上將月支二萬元，中將一萬八千元，少將一萬六千元，上校一萬四千元，中校一萬二千元，少校一萬元，上尉八千元，中尉六千元，少尉五千元，准尉四千元，各級附員除榮譽附員照正額官佐待遇外，一律按八成支給。各級主管特公費及官兵特種加給，一律取消。（二）士兵餉項，改訂爲上士六百元，中士五百元，下士四百五十元，上等兵四百元，一等兵三百五十元，二等兵三百元。（三）官佐直系親屬，集團居住後方或隨任所者，實行計口授糧，大口每月二市斗，小口一市斗，眷屬不在任所者，一律每人三市斗，按當地官價發給代金，每市斗暫以四百元計算，其計口授糧不足三市

軍委會一週戰況

【中央社重慶三日電】據軍委會發言人談，二月廿四日至三月二日一週戰況稱：本週在緬甸方面，我由東北西三面分向臘戍進攻之各部隊，逐步摧毀憑藉堅強工事頑抗之敵軍，均獲預期進展。在北面我軍尤爲神勇，現已攻迫距臘戍以北僅十九英里，西北佔領南圖，正西面攻至曼山，東北克復滾弄，現各面我軍更在有利形勢下，向敵進擊前進中。自四二年十二月初，我駐印軍由新平洋至本年二月廿日克復新維，共經十五個月之艱苦戰鬥，推進約達六百八十一公里，我遠征軍於去年五月十一日來，自惠通橋至新維，轉戰九個月零九天，進展約二百七十三公里，平均每天均各進展一公里乃至一點五公里。國內戰場我克湘南之茶陵，桂北之龍勝及攻入贛西之永新，粵北之仁化，足證我軍之活躍，使敵恐懼不安，顧此失彼。至於粵漢鐵路南段，我敵仍在宜章附近各地區激戰中。查該綫敵一再竄擾，但仍不能脫離我之威脅，同時在戰略上，我確已獲得預期效果。

陳誠談建立反攻體制的四個條件

【同盟社廣州二日電】據重慶二十八日的廣播，重慶政權軍政部長陳誠，於二十八日接見重慶記者團，他答覆記者所提關於西南總反攻的質問時，則羅列目前重慶抗戰力最的緊急事項。他說：最近的軍政，根據蔣介石的指示，着着進展，欲確立反攻體制，首先必須解決其與戰時預算關連問題後，才能進入戰略的第一階段。欲採取反攻態勢，必須急速促進下列四個基本條件：（一）確立反攻的軍事體制。（二）改善將士的待遇。（三）改變軍事機構。（四）再訓練軍事工作人員。

【同盟社廣州三日電】最近在成爲大陸戰局焦點的西南地區的民衆間，紛紛實難重慶政權，指出重慶政權不顧國民的痛苦，把國土提供給美軍，驅使國民參加戰爭，廣東人民陣綫機關報——前進報，代表民衆的呼聲，就重慶政權之提供戰場給美國，警告重慶政權。（下缺）

敵將廣州等地盟僑財產移交僞逆

【同盟社廣州三日電】華南派遣軍二日將廣州與汕頭地區的軍管理敵產四十二件，移交國民政府管理，二十八日已將移管目錄交給廣東省政府當局。同日由廣州大使館事務所公佈。此次移交的敵產，主要是以廣州爲中心的美、英人住宅附近的教會、學校、住宅等。[illegible]，華南的軍管理全部敵產，已全部移交給國民政府。

斗者，以代金補足之詳細辦法另案頒行。（丙）食品及馬乾：（一）日用品改爲日給大米廿五市兩（或麵粉廿六市兩），豆類二市兩（以黃豆爲主），花生油一市兩，植物油九市錢，肉類一市兩，蔬菜十市兩，食鹽五錢（其中一錢爲刷牙鹽），燃料廿一市兩三錢（即每月四十市斤。）（二）馬乾日給麩豆十三市斤，草十市斤，鹽一市兩，洋馬飼養量，照加二分之一。（三）前兩項食品及馬乾，均由兵站機構供應實物，其不在兵站區者，除大米麵粉食鹽外，其餘改發代金，交由各單位商同地方政府平價購辦，實報實銷。（丁）其他各項，未經規定者，仍照前給與辦理。（戊）實施：（一）第一期爲入住兵站與後方醫院及臨院休養院之傷殘官兵，及駐印軍調回國內之部隊，青年遠征軍各師，中央各憲兵團隊，陸軍大學，中央軍校，步騎砲工輜通訊與機械化各業科學校，均照編制兵實有人員，自三月一日起實施，額外人員一律取銷。各軍分校，及兵科業科分校，均不在內。（二）第二期爲已經整編完畢×軍師，及已縮併之機關，於其整編縮併後實施。（三）第三期爲其他部隊，由各戰區長官負責統籌，將本戰區內所有之師，裁減三分之一番號，以歸併充實其他三分之二之各師，同時再將已經充實之各師，以三師編爲一軍，以兩軍或三軍編爲集團，如此每師、每軍、每集團逐一調整完成者，即逐次照新給與規定實施。此外，所有實施費，經理部隊亦可照此原則辦理。至各機關各×××原預算範圍內或現在黨經費數額內，如此自行緊縮，足以實施新給與全部或一部之規定時亦得提前實施，並通知軍政部備案。此外，凡奉委員長特准照新給與發給者，則自奉准之日期實施。

俞飛鵬談目前交通狀況

【中央社渝廿八日電】交通部俞部長，廿七日下午四時，邀各負責人舉行座談會，報告：（一）鐵路——黔桂復路及寶天工程，正積極進行。湘桂、粵漢等路組織，將予簡化。路綫測量工作，擬予加強，鐵路復員及配合反攻辦法，均已詳加計劃，與有關方面商討中。（二）水運——調整客票貨運價格，商請生產局撥給足量官價用煤，又擬撈修川江沉舊輪船數千艘，修復招商局六大江輪，及利用美國撥給之機器，建設淺水拖輪，並擬派員赴國外定購海輪，加強將來運輸力量。（三）空運——請美國增撥運輸機，儘量加強空運設備，積極增闢航綫，渝哈、渝蓉各綫，迅速復航，渝漢（中）及渝筑昆航綫，早日籌闢。（四）電信——增架東南綫路。昆明貴陽之國際無綫通報設備，予以加強。（五）公路——車輛不問軍工商建各車，均統一管理，在渝延設修造總廠。中印公路正與美方洽商管理問題，油管工程共計三綫，完成時每日輸油量二、六〇〇噸，以後東綫用油，得以解決。

偽滿「建國」節
滿「華」舉行交換廣播

【同盟社新京一日電】張總理於一日建國節發表日滿華交歡廣播，其要旨如下：我滿洲國建國理想，和敵人美英非人道的、稱霸於世的思想完全相反，由建國以來的國勢隆盛發展、民族協和互相融洽、歡樂，國民共同建設永不動搖的樂土的自覺精神等事實可說明，這種理想是崇高的，基於道義的。經過這次大東亞戰爭的鍛鍊，國力和物質精神兩方面，更見飛躍的增强，國民期望粉碎美英野心以完成建國大理想的決心已日趨强固，正專心向增强戰力之途邁進。我國重大使命之一，即增產農產品。在增强產量方面已於二月上旬突破全面預定量，現仍在旺盛地提高出產量，能够獲得這樣光輝成果，其原因不外乎全國官民一致努力，以及全國農民發揮了熾烈的報國精神。面臨現階段的戰爭形勢，日滿華三國之間必需確立更澈底的、三位一體的戰略體制，我國有決心和親邦日本骨肉一體、舉國土，國人之全力，在決戰中向完成賦與我國的重要使命邁進。

【同盟社南京一日電】國府陳代理主席，於滿洲國建國十三年之際，於一日夜由南京廣播局發表下列廣播：現在大東亞戰爭已進入決戰階段，當此大東亞興亡存續之時，中華民國政府根據汪主席的遺言：「滿洲國在過去與將來都是同邦」，與滿洲國政府親密提攜，以不動搖的決心與盟邦日本協力，勇往向前，以取得戰爭的最後勝利，並使中滿兩國國交日益密切，努力於經濟提攜求得共存共榮。

邱吉爾下院演說全文（續昨）

新波蘭政府之人選，與憲法，今後英國政府將用一切力量，保證新政府所要求之自由選舉，能在一切適當民主保障

下，合理實現。邱氏謂：在新政府正式成立以前，英國仍承認波蘭在倫敦之政府，亦不立即承認現在波蘭之臨時政府，如波蘭在倫敦之政府已接受吾人一年前之忠告，則無所謂盧布林委員會與盧布林臨時政府。甚至在去年十月來柯拉茲科已可挾斯大林之友誼，進入波蘭，並成爲根據廣泛基礎組成之政府之總理。吾人不能解散倫敦及盧布林政府，而在對德國之大軍事行動之後，另建一蘇聯所需要之政府，萬一出此，即不啻妨害蘇聯攻勢之成功。現已議定在將來之選舉中，波蘭所有之許多黨派，均可參加，除納粹或法西斯或

期六已對意大利宣佈了新的措置。由於我親自領導提出這些建議，並且最後他保證它們的實施。我們要結束地中海的某些强力政治。我高興說我現在提出的一些事實，顯明的是在美國，或無論如何一切負責方面所能接受的，這一觀點爲總統所澈底贊成。所以，我兩國能够在意大利進行他們聯合的任務。在將來還有許多新的複雜與困難情形，但，無論如何，我們能在最親密的信心與團結中前進。如果我不讚揚意大利武裝部隊的男女人們在海上，在鄉村及在敵人後方所做的不能估價的貢獻，那將是不公平的。他們的貢獻是盟國共同的事業。

外相和我在總統的邀請下，到達埃及。向埃及國王法魯克致敬。我們認爲與現在的敍利亞會談，以更爲可能安定列凡特的事情，是很對的。儘管外約且的攝政伊拉埃德，奥米爾•阿布杜拉未在場的事實，使此事十分清楚。任何會議自然會包括這些當局在內，（英國？）並沒有分担新的中東政策的問題，反而建立這些友誼的個人聯系，藉着這種聯系，各國之間的社會事務時常獲得幫助。邱吉爾對於埃及總理的遇刺表示震懾和恐怖，「無疑，埃及的安全措施需要巨大的注意」總之，對於證明對政治暗殺有罪的人執行裁判應力求迅速。

我們感覺埃及政府決定對德日宣戰，並簽署聯合國宣言，這是對的，而且是聰明的行動。我們沒有壓迫埃及政府在將來的任何時候進入戰爭，而且在過去不只一次的我們的勸告埃及，顧惜人口衆多與著名的開羅城市，免遭大規模的轟炸，是顯然有利的。在戰爭時期埃及軍隊已起了重要的作用。他們在整個戰爭時期曾維持着秩序。我們在和埃及同盟條約之下，從埃及獲得一切便利，埃及政府及歷屆總理，曾給予我們支援。埃及是協合國，應獲得他作爲世界組織的成員之一的地位。土耳其已宣佈堅定地站在我們方面。一九三九年的同盟條約的當時，危險日增是很顯然的。土耳其在戰爭爆發之後感到由於需要新武器才能避免軍事的失敗，但這種新武器我們不能供給。所以，我們很久未壓迫土耳其其宣戰。直至在德黑蘭會議之後，我們才感到土耳其進入戰爭的時刻已到來。我不認爲兩國之間的聯系在去年災難之後已被損傷，我會見沙特阿拉伯的著名統治者伊布•散德國王，感到極大的興趣。我們在非烏姆沙漠的沃壤中，款待這一非凡的人物以午餐。關於他堅定不移，毫不動搖地忠實於我國及共同的事業，我曾向他表示英國的感謝。我們共同的事業，從未有像現在的光明。雖然我們沒有達到阿拉伯世界

與德國合作份子，不得參加，凡屬服從倫敦波蘭政府之士兵，均可於相當時間內，回返波蘭，並獲得一切保障以使將來在本國佔有其應有之地位，凡在我們指揮下作戰的波蘭士兵，我竭誠希望他們，如果願意，可以獲得英帝國的公民資格和自由。

我與阿比西尼亞皇帝的會談沒有激起嚴重的困難，因為，由於戴·拉·瓦爾勛爵剛完成的赴阿比西尼亞使命的結果，已達到關於今後兩年的協定。最後，我們曾與敍利亞總統舒克里進行長時會談，在這些會談中我們竭力保持對法國的友誼態度，並且鼓勵與法國適當解決的談判，這些適當的解決，不僅影響敍利亞，而且影響黎巴嫩。我必須說清楚英政府關於敍利亞、黎巴嫩以及與法國同盟國的關係的地位。這一地位是由一九四一年的協定所確定，在這一協定中，英法確定地宣佈東方國家的獨立。在那時以來英國政府清楚表示英國在東方各國永未打算排斥法國的勢力，而代以英國的勢力。我們也決定尊敬這些國家的獨立，用我們最好的努力，以保存由於法國與敍利亞很久以來所建立的許多文化與歷史聯系的特別地位。我們希望法國可能保存這一地位。我們信託這些國家將在世界組織內鞏固地建立起來，法國的特權也將予以重行組織。然而我必須清楚說明不是單由我們的武力保衛敍利亞及黎巴嫩的獨立，或法國的特權。我們尋求兩者，我們不相信它們是矛盾的。然而不會單由英國肩負太重，我們必須注意，蘇聯與美國承認並贊助敍利亞與黎巴嫩獨立的事實，但是我們不贊成任何其他外國的任何特別地位。

在午餐休會之前，邱吉爾對下院講：我從克里米亞及其他接觸，所得到的印象是，斯大林元帥和其他蘇聯領袖，願意與西方民主國家建立榮譽的平等與友誼，我也感覺到沒有一個政府比蘇聯更信守他們的義務。午飯後，邱吉爾轉至中東會議。羅斯福總統、阿比西尼亞皇帝，埃及國王法魯克和沙特阿拉伯國王之伊斯默會議，我個人在本月十五日離開總統，在克里米亞會議的見解之下，關於我們事情的長而極愉快的會談及關於我們在遠東的特別事務的會談之後，抵亞歷山大港。數星期以前在大部美國報紙方面有許多誤解，我一再問總統和斯退丁紐斯是否還有一些誤解，美國政府對我們在意大利採取的一些步驟有何種不滿。當我去年八月訪問意大利時，我曾向英政府提出幾個建議，關於這些建議使盟軍減緩佔領意大利的嚴酷，並且一般地減輕意大利人民的艱苦，這些事情曾在我們第二次魁北克會議上予以討論。上星

與巴勒斯坦猶太人民許多問題的解決，我曾希望當戰爭結束時，關於阿拉伯世界及中東的和平與進步，能夠有良好的安排。外相和我在從克里米亞回國的途中，曾於雅典停留。從我的觀點看來，這是整個旅程中的最重要的，我們上次訪問的激烈場面，與這次從廣大愉快的市民歡迎之間的對照，是我的生命中最生動，最感動與最愉快的經驗。位在攝政的大主教堅固地掌握着統治權。在我的記憶中，英國政府的政策沒有比這次獲得更完全的證明了。我確信我們從可怕的命運中拯救了雅典，我相信希臘人民將長久的讚揚我們的行動。沒有復仇的和平是達到了。像列伯爾和斯科比等人的聲望和行為繼續獲得英國聯合政府的贊同。

但是希臘國民軍依然組織起來，有效的維持秩序。希臘的預算必須收支相抵。希臘金幣必須在合理的限制內加以禁止。原料必須供給使雅典各種工業復工，在雅典有一百萬人以上。與希臘人民的團結與責任感必須更強。希臘不要期望全部恢復的過程，能够由英國的勞工式美國的援助所完全，外相在雅典較我多留一天，他使希臘當局深信現在政治的穩定業已達到，而經濟問題必須佔第一位。希臘各部長無論如何不能推脫，把這些任務留待外人解決。一旦可能時，他們必須達到在普選制基礎上以祕密投票的公平，自由無拘束的選舉，每人期望這一選舉只有這一選舉，始能整理與調整所已作的一切，我以巨大的信心期望這一選舉，我特別歡迎希臘政府的願望，英美觀察家將隨意至當地調查確切人民的意志，在尋找完全的與眞誠的表示。 邱吉爾結語：「我信託下院將感到由於我們在克里米亞會議中所有力加強的希望，正是這一希望是三大盟國團結一起，三大盟國彼此的相互諒解已增長。美國已深刻地與建設性的進入歐洲的生活與拯救工作。我三大盟國，已着手於實際的而又是神聖的遠大事業。團結起來，我們有不可抗拒的力量，以領導世界走向繁榮、自由與幸福。強國必須尋求服務於人而不是統治別人。我們與其他大小國家聯合一起可以支持世界組織，這一世界組織武裝的力量將保衛一切大小國家的權利，免受侵略。我深信人類將有較他們在記錄的年代中所知道的更公平的選擇。光明較以前更爲明亮，照耀的更寬廣。讓我們一道前進。」

參攷消息

（只供參考）

第八〇八號

解放日報 新華社 編

今日出一大張

卅四年三月五日 星期一

羅斯福演說

【路透社華盛頓一日電】羅斯福總統今日向國會聯席會議發表關於雅爾塔會議的報告說：「這一次是長途的旅程，但是我希望你們會同意這一次是結果豐滿的旅程。坦白的說，這次結果是否完全圓滿或不圓滿，大部份取決於你們，因爲除非坐在美國國會大廳中的你們，同意在雅爾塔所達成的決議並積極支持它時，會議將不會產生持久的結果。我在自克里米亞歸來中，堅決相信：我們在走向和平世界的道路上，已作了很好的開端。會議的主要目標有二：首先是以最大的可能速度和最小的盟國人員犧牲，擊敗德國。這一目標正以巨大力量執行中。德國陸軍及××，正感受我戰鬥部隊及盟國軍隊空前增長的威力。在我軍於德國領土上英勇前進以與英勇的紅軍會師中，每小時都給我們帶來了新添的榮譽。第二個目標是繼續建立國際和諧合作的基礎，此種和諧合作將帶來戰後的秩序與安全，並對世界各國間的持久和平，給予某些保證。我們也向着這個目標邁進了一大步。一年多以前，在德黑蘭，三最大強國的參謀長會擬定了長遠的軍事計劃。但在德黑蘭，非軍事領袖間，則僅僅交換了觀點和表示了意見。當時沒有訂立或企圖訂立政治協定。在克里米亞會議上，××××××，直至政治方面的特殊案件，並力圖達成協議。自德黑蘭會議以來，我們即會希望，在我們全體當中，應具有互相商討的更大便利，此種互相商討有利於世界和平的未來。我從未片刻動搖（？）過這種信念，即保證世界和平與安全的協定是能夠達到的。在德黑蘭至雅爾塔的過去時光中，三主要國家的非軍事代表未能舉行會議，已經證明是太長（十四個月）了。在這漫長的時期中，在波蘭、希臘、意大利、南斯拉夫這些地方。局部的問題曾被讓它成爲尖銳的問題。因此，我們在雅爾塔決定，我們得確定更經常的人員接觸以交換意見，因此，我們協議英、蘇、美三國外長每隔三四個月即舉行一

團，彼等將於明日與後日以及每日更多明瞭此等計劃矣。敵人將無休戰之機會，吾人在敵人未投降前，不可一刻偷閒，德國人民與士兵必須認識調停談判或個人投降愈早，則渠等目前之苦楚將消失愈速。渠等必須認識，惟有完全投降，始能開始再度建立爲世界或將親作高雅之鄰邦人民。吾人於雅爾達會議時，已再度說明此點，余現欲重複申述者，即無條件投降，並非欲毀滅或奴役德國人民，國社黨領袖，若竟不准德報紙與電台發表雅爾塔會議宣言中涉及該點之一部份， 國社黨領袖企圖使德國人民相信雅爾塔會議宣言在奴役或毀滅德人，但此實國社黨領袖希望挽救其自身生命，故欺騙德人，作此無用之抵抗。無論如何，吾人於此次會議中，已將無條件投降，對德實爾國詳加說明，意即英蘇法美暫時管制德國四國中，每一國均將佔領，或管制一不同之德國地區，四區行政，將由柏林四國代表組成之管制會議中獲得協調也。無條件投降，亦即等於納粹主義與納粹黨及其他所有野蠻法律與制度之壽終正寢，等於消滅德國公私及文化生活方面之所有軍國主義之影響，而於納粹之戰爭罪犯等，於爲一種迅速公正而嚴厲的懲罰，亦即等於德國武裝之完全解除，軍國主義及軍事裝備之毀滅，軍火生產之終止，亦爲武裝部隊之遣散，使曾一再破壞世界和平之德國參謀本部，永久解體。在德方侵略下無辜犧牲者所受之損失，應照樣賠償，無論工廠機器、車輛及原料皆須依照原物。強迫其賠償時，吾人將避免再蹈上次大戰時之覆轍，要求德國所永不能付清之金錢作爲償還之方式，吾人不欲德國人民陷於飢餓，使成爲世界其餘部份之負累。吾人處置德國之目標甚爲簡單，即欲確致未來世界之和平，吾人已有甚多經驗證明，德國如能保持或多或少之力量，能發動侵略戰時，此項目標，自不能達到。此項目標對於德國人民並無妨害，反之將保護其勿致重蹈德參謀本部及軍國主義前此所加予彼等之命運。 亦即希特勒今日所百倍加予彼等者。此舉僅將從德國本身割去數代以來，專爲全世界製造悲痛之惡瘤而已，當予逗留雅爾塔時，目覩德國軍國主義所產生之無意義之瘋狂與破壞。雅爾塔一地，無任何種類之軍事重要性，且並無防禦工事，在上次大戰前，其地原爲沙皇及俄國貴族之避暑勝地，以後直至希特勒侵略蘇聯以前，雅爾塔之宮殿及別墅爲蘇聯人民休憩之中心，迨希特勒侵略蘇聯以後，納粹軍官曾將宮殿取爲己用，當蘇軍強迫納粹退出克里米亞時，其別墅皆爲納粹所刼掠，然後幾乎悉予破壞，即最鄙陋之房舍，亦未倖免，現在雅爾塔除廢墟與荒涼外，所留無幾。塞巴斯托波爾，亦爲遭受完全破壞

次定期會議。我深深相信，根據這一協議，今多使世界合作的朋友們苦惱的事件，將不會重現。當我們會晤於雅爾塔時，除了要決定我們最後在軍事上戰勝德國的戰略、戰術計劃外，還有許多政治上極爲重大的問題。首先的問題是佔領與管制德國，完全摧毀它的軍事力量，來保證無論納粹主義或普魯士軍國主義均不能再度復活，以威脅世界和平與文明。第二是解決我們之間在頓巴敦橡樹林會議所××的國際安全機構問題上，仍然存在的少數分歧。第三，有關一切由納粹統治下已經解放或行將解放地區的一般政治問題，及經濟問題。第四，波蘭及南斯拉夫所引起的特殊問題。我們會議中，每天即討論這些問題，並自由地、坦白地互相辯論。但在最後，一切問題都獲得了一致的協議，而且以文字協定更重要的，我們達到了思想上和團結合作底方法上的一致。

希特勒所希望者，即吾人之意見不能一致，——即在盟國團結之壁壘中，或將發生一絲微之罅隙。以致使他與其黨羽獲有一最後逃脫罪譴之希望，此乃其宣傳機構數月以來之目的，但希特勒已告失敗，以往主要盟國，從未如此團結一致，不特其作戰目標未曾如此，即和平目標亦竟……彼等已決定繼續使所有愛好和平國家彼此團結——如此維持世界和平之理想，始可成爲事實，英美蘇三國參謀人員，彼此每日會晤，並與斯大林元帥，邱吉爾首相、及余討論調協盟國部隊之戰略與戰術之問題，彼等已完成其最後擊敗德國之計劃，德黑蘭會議時蘇聯前線與英美前線相距甚遠，某種長距離戰略合作雖有可能，但不能在戰術上逐日調協，但蘇聯軍隊現已越過波蘭，並正在德國本土作戰，英美軍隊現在西線戰場德國境土之上，已迫近萊茵河，今日局勢已大不同，更密切之戰術聯絡，已屬可能，此乃克里米亞會議中，所已完成之合作。關於艾森豪威爾將軍所統率部隊，東戰場蘇聯元帥所統率部隊與吾國在意境部隊間情報之交換，亦已有所規定，不必再如以往經過華盛頓或倫敦之參謀人員， 吾等已在最近英美飛機轟炸與蘇軍向柏林前進直接有關之據點時，發見此種交換情報之一結果。自今日起英美重轟炸機，在逐日戰術中，將被用以直接援助蘇聯部隊，以及西戰場之美國部隊，此等飛機，現正從事轟炸，以阻止德國物資由德國其他地方， 及由意大利向東戰場及西戰場輸送；此外並規定將各種有用物品以最有效之方法，予以分配，並運輸至在英美蘇聯合作戰方面作最好利用之地點，各種計劃與規定之詳情，均屬軍事機密，但此皆可加速德國崩潰之日期，納粹當局亦將知此等計劃，而至感苦之地點，全城之中所餘完整之建築，僅十餘所而已，余曾聞及華沙、萊狄斯、鹿特丹、卡文特里之事，但余得親見塞巴斯托波爾及雅爾塔之事。余乃知世上無足並容德國軍國主義，及基督教文明之餘地。在克里米亞會議中，與軍事措置有同樣重要性者，則爲有關世界永久和平之普遍國際機構，關於擬之協議，其基礎開係奠定於頓巴敦橡樹會議中者，惟在頓巴敦會議中，尚有未獲得協議之一點，即安全理事會議中之表決程序是也。在克里米亞會議中，美國對此一問題，曾作建議，經詳細討論後，即爲其他兩國一致接受，目前尚不能公開宣佈該項協議之條款，但最短期間必可發表，當對克里米亞會議有關安全理事會之表決程序發表時，余相信君等將知其此一複雜與困難問題之一公允解決辦法，此皆基於正義，並可保證在維持和平時之國際合作，世界各聯合國將於一九四五年四月廿五日在舊金山會議，吾人希望並預料該得一具體之機構憲章，藉以維持世界和平，並將一切侵略勢力永久絕滅，此次吾必不再事期待至戰事結束時，始建立和平機構，此次吾人既共同合作以期迅速勝利，吾人應共同努力，不再使戰爭發生，余如所有聯合國家對會議事實知之甚稔，即此一憲章，應由美國參議院三分之二議員贊成，於雅爾塔會議之若干規定亦復如是。（未完）

羅斯福招待記者 謂蔣演說極堪注意

【中央社華盛頓二日電專】羅斯福總統本日於其返回華府後之首次記者會上聲稱，彼於閱悉蔣主席宣佈十一月十二日召開國民大會實施憲政一項消息之餘，深感快慰。總統自國外歸來，顯然有極多公事需要處理，然覺此項消息極堪注意。先是某記者詢以總統對於蔣主席宣佈召集國民大會，逼中國政府於更廣大之民主基礎之上一事有何感想？羅氏答稱；此事極堪注意。並問該記者自何處得悉此項消息，該記者曰：業已見諸晨報。羅氏乃曰，彼閱之極爲欣慰。並重複一句曰：此事極堪注意。（按此爲羅斯福招待記者談及有關中國問題之一段——編者）

【中央社華盛頓三日專電】此間官方與非官方人士評論蔣主席三月一日在憲政實施協進會之講演，皆一致讚美蔣主席宣佈將於十一月召開國民大會，爲其一種誠意之表示。蔣主席於其演說中說明國民政府與中共談判經過後，此間人士皆目爲一種光明與希望，且表示雙方可能成立協議，雖未成立，蔣主席仍願意允許中共參加政府。 該人士認此爲一種公正觀念。 美代理國務卿格魯今日於記者招待會稱：蔣主席於三月一日發表之演說中宣佈規定於今年十一月十二日召開國民大會，開始實現憲政之政府，此一聲明之宣佈，適於吾人對中國政治與軍事統一極爲注意之時。演說中說明國民政府與中共之談判，且表示中國走向政治團結與憲政政府之趨勢。今年之內，吾人必獲見中國境內有決定性之軍事發展出現。格魯稱：余於一月一日發表之聲明稱，吾人懇切盼望有一强大與統一之中國。主席之聲明，使吾人獲一希望，即今年十一月召開國民大會後，可以促進一步之結團。吾人並可希望中國內部於此過渡期間，能成立協議，完全獲統一之軍事努力，以應付未來若干月間之重大情勢。格氏稱，渠希望與赫爾利××××××並×取××之意見。國民××××××觀察家，中央社記者評論蔣主席之演辭。×衆議員楚德曰：蔣主席之聲明，應能澄清關於中共問題之空氣，並證明渠確以××國之憲政而××。其演辭應向全世界表明中國之眞正領導屬於何方，其態度實與十五年前同樣前進。蔣主席對於此事，曾作忍耐，其召集國民大會，亦較吾人所預料者爲早，蓋戰爭尙未結束也。提出廢止限制華人移民律之華盛頓州參議員麥紐遜稱：蔣主席於目前召集國民大會一事，已表現誠意，蓋渠已實現其對中國人民所提建立憲政政府之諸言矣。余希望一切黨派均參與此一偉大努力。最近訪華之蒙斯非爾德稱：蔣主席之召集國民大會一舉應受祝賀。欲實現此一主張，必須有一團結之政府，使成爲建國期間之强固基礎，並再進一步使中國成爲一强大國以及和平之柱石。×××本人代表美國民衆之資格，敬祝蔣主席及反對黨談判之努力能獲成功，以取得國內之和協一致。華盛頓記者中若干最稱敏感之國際問題觀察家均頌揚蔣主席之演說。芝加哥每日新聞報記者黎琪稱：召集國民大會，實爲一偉大之前進步驟。團結至屬重要問題。此乃中國必然自行解決之政治問題。巴爾的摩爾太陽報記者佛萊朋稱：召集國民大會一事，至足令人興奮，且表明蔣主席之誠意，此種願使中共參加政府之態度，足以表現其有遠見。費城詢問者報記者歐布立恩稱：蔣主席之演說，對於美國將有良好影響，其建立憲政政府使各黨以平等地位參加之決心，足令美國方面懷疑中國無民主之態度一掃淨盡。路易斯安那州最有權威之××主筆，特別×××見中央社×××，對於蔣主席之演說極有好評。彼認爲蔣主席以誠意及之××實現憲政，且爲××中共問題之一項重要步驟。此一行動，××本心必能在適當期間獲得成就。如同盟國能立即供應中國之軍隊，其成就更速。

格林伍德辯論波蘭問題

一路透社倫敦廿八日電一工黨領袖格林伍德本日描述邱吉爾的下院講演，未激起任何憤怒。格林伍德讚許邱吉爾的下列願望：使世界知道，國會支援他在雅爾塔會議上面所採取的一切步驟。「首相可以從我們這兒得到保證，我們無疑地支持他。所以，如果他的良心是完全清楚的，他無須尋求永久的信任投票」。格林伍德歡迎首相所作「毀滅卑劣觀念不是必然毀滅一國人民」的聲明。在這次戰爭結束以後，我們或其他聯合國，絕不容許德國發展在任何情形下足以用於戰爭目的的生產能力或資源。他宣稱：三大强國不要把自己看成歐洲的盟主，他很高興邱吉爾曾表示他沒有這種想法。格林伍德關於波蘭說道：我想在波蘭背後決定波蘭的命運，是不合乎英國正義的原則。自由與獨立的波蘭，作爲對任何將來侵略性質的德國的警告」。他曾不爲波蘭政府申辯，但不以爲英國政府對待波蘭政府已很好了。××××當他人民不在時，決定任何國家的將來，對於三大强國是一主要的。邱吉爾描言：「這種決定是形成一能和決定自已將來的波蘭政府」，格林伍德說：我想我們都要一個能夠決定將來的舉國一致的政府，但是關於領土問題，波蘭卻很少發表自已的意見的權利。當格林伍德再度爭辯國會未被公開咨詢時說道：「我們現在正被咨詢。邀請波蘭政府出席雅爾塔會議是不可能的，因爲某一盟國承認這一波蘭政府，而另一盟國承認另一政府，在任何邀請能夠實現以前，在我們知道那一政府應被承認之前，我們絕對必須調查關於這一偉大決定的見解，新正在發生的事情，是爲一切强國所承認的政府，應成爲波蘭國民生活的代表，這一政府行將決定與服從我曾說過的自由與無拘束的選舉，波蘭將來的事變歷程，並且服從一切舉國一致政府的承認。直至波蘭的情形，能夠自由與無拘束普遍選舉的基礎上的時間爲止」。格林伍德說：我依然堅持我的論點。我能夠了解首相的困難，但我依然感覺，對於波蘭人民的將來，具有巨大規模與重要意義的這類決定應××××。關於舊金山會議的××格林伍德說：「關於三大强國，我們似乎是第三位」。有許多世界會議在其他地方召開，卻不在這兒開，我想這是極大的驕傲的問題。英國在這次戰爭中所起的作用與地位，××××許多會議應該×××地方如俟頓巴敦橡樹林。布里頓森林及溫泉。格林伍德說：他不反對舊金山×××開會，但是對他的印象是一切重要的會議都不在英國召開，定於倫敦召開的唯一的

龔德柏攻訐盟國無條件投降政策

【本報訊】一月十二日出版的七卷一期中央周刊載龔德柏作「世界戰局的展望」，稱：「上次大戰，意外地結束得快，是威爾遜的十四條的效力。德國希望根據十四條，可以無賠償無割讓結束戰爭。所以在力量未用盡之前，就宣告投降。這次戰爭意外的結束得慢，是同盟國的無條件投降政策的效力。德國知道這種無條件投降，將使德國命運，完全決於同盟國，尤其英美蘇三國的自由處置，德國任何政府，任何私人，却毫無發言權。所以他們於力量將盡之際，還在作困獸之鬥。日本雖於決定投降之後，還在挨炸中掙扎，希望獲得若干有利條件。假使沒有這種無條件投降政策，我相信戰爭早已結束了！」關於日本就要投降，龔德柏說：「只打斷敵人的海陸「生命綫」（指由千島經島至爪哇的敵海上交通綫與朝鮮——中國——南洋之敵大陸交通綫），敵人雖半死，但還未舉行葬式。我相信美國不久將在日本本土附近的小笠原羣島登陸，而繼之在東京灣登陸，爲日本帝國發喪。日本統治階級，早要投降。從前尚有東條反對，但東條下台後，已無人反對了。不過美軍還未在東京灣登陸，日本人還妄想獲得談判的和平，所以還未投降。現在美空軍不斷的轟炸，已將使日本人民有隨時喪命的危險。他們當已覺悟，只有投降，是唯一活命之道，若美軍先佔小笠原，再進攻東京灣，他們一切的希望都消滅了，日本投降的可能性，非常之大。所以我敢說，美國若進攻東京灣，日本或將在德國之先投降，而結束太平洋戰爭！」

【本報訊】龔德柏在「民治」雜誌第一期（去年十一月一日出版）發表一强調日本一定投降」之文，謂他早認定日本一定中途投降，「我以種種方式，宣傳東條將下台；日本將投降，約兩個月，東條下台了。這個前提成立，日本的投降更是必然了。……所以我在掃蕩報新民報發表文章，主張東條下台，是日本投降的第一步。」繼謂「頗有勢力的某報」（按：當係指大公報），斷定日本改組內閣，係「預備再幹」，「他們這種看法，可能即是某日本通（按：當係指王芃生）的看法。因爲某報主筆，關於日本問題，常常與某君商談，當然受其相當影響，某君近三數年來，在其職務上，誤自己誤够了。而因他的盲目觀察，更影響一家有勢力的報紙，使之隨而誤國，殊使我們哭笑皆非。」文稱：「某君如果認爲日本還能與美國作戰兩年，其高估日本，實不知超出日本眞實力量多少倍。辦該報的人，這樣錯誤，殊不可恕。」

會議，必須是一次艾登×××的會議。格林伍德說：我希望他們將獲得眞正的極好的歡迎，以便我們在世界的地位被眞實地與充分地獲得承認。格林伍德在號召建立世界經濟組織，以及世界政治組織說：一切人如果沒有與世界政治組織相平行平等的世界經濟組織，另一次世界大戰是不能避免的。

德報續評邱吉爾演說

【海通社柏林二日電】德國報紙對於邱吉爾在下院的演講加以評論。典型的例子是「人民觀察報」的標題：「出賣波蘭是一件好生意——毀滅德國的計劃」。「德意志世界日報」稱：邱吉爾强調毀滅德國的計劃，是因爲這樣會博得人們的掌聲，是因爲這樣才可能對這問題不發生意見上的分歧。國會議員約翰．哈欠的文章：「第二次瓜分德國」，具有特別興趣。列蘭斯說：如果敵人能擊敗德國，把全國分爲三個佔領地帶，這還不是最後的解決，因爲美國人有一天將離開，不願把軍隊留在歐洲，花費金錢，於是，蘇聯便會佔領更多一部份的土地。被削弱了的英國保不住在德國的一部份土地，抵不住蘇聯的壓力，結果目前的瓜分計劃，只是以後蘇聯完全佔領德國的第一步而已。

希臘各政黨贊成希臘成爲共和國

【路透社雅典廿一日電】自由黨、進步黨、農民民主黨及新成立的社會民主黨各領袖，今日宣佈，他們贊成希臘變成共和國。（編者按：自由黨、進步黨在反對干涉戰中，都曾反對民族解放陣綫，此處所謂「共和」恐不可靠。）

【路透社德黑蘭廿六日電】伊朗關於盟軍迅速撤出伊朗的願望，已爲克里米亞宣言所××。他們認爲這保證了戰後的獨立與完整。（下缺二句）

更正

二月二十八日參考消息登載的「美國經濟狀況」一文中：「二、戰時國家資本主義之發展」，小標題應改爲「二、美國戰時生產與戰前之比較」。「三、美國戰時生產與戰前之比較」，應改爲「三、戰時國家資本主義之發展」。

又「東北工業與戰前全國工業及大後方工業之比較」一文中，「生鐵產量……而一九四二年的東北產鐵，約爲五〇、〇〇〇、〇〇〇噸」，應改爲「約爲五、〇〇〇、〇〇〇噸」。

參攷消息

（只供參考）

第八〇九號

解放日報 新華社 編

今日出一大張

卅四年三月六日 星期二

渝外部公告
發出舊金山會議請柬

【中央社渝五日電】外部三月五日發表公告，關於在設立國際和平安全機構事，中、美、英、蘇四國政府，現正發出請柬，訂於四月廿五日，在美國舊金山舉行聯合國大會；凡在一九四五年二月八日前簽字於聯合國宣言的國家，以及在一九四五年三月一日前，向敵宣戰的協合國，均在被邀之列。請柬全文如下：『美利堅合衆國政府為其本身，應為大不列顛，北愛爾蘭聯合王國政府，蘇維埃社會主義共和國聯邦政府，及中華民國政府邀請貴國政府派遣代表，於一九四五年四月廿五日，在美利堅合衆國舊金山舉行聯合國會議，以便擬訂一維持國際和平與安全的普遍國際組織憲章。上列各國政府建議該會議，應以去年十月間依頓巴敦橡樹林會議結果所公佈的建立普遍國際組織的許多建議案，作為此種憲章的基礎，該建議案第六章第三節業經補充，規定如下：『丙投票一、安全理事會理事國，每國應有一投票權；二、安全理事會關於程序事項之決定，須有理事國七國的贊成票；三、安全理事會關於一切其他事項的決定，須有理事國七國的贊成票，包括常任理事國的同意票在內。但依第八章第一節及第八章第三節第一句而作決定時，爭議之當事國應不投票』。關於籌備事項的情報，當繼續隨時奉達，倘貴國政府對於建議案，要在會期以前表示意見或評語，美利堅合衆國政府願將此項意見或評語，轉達其他參加的政府。按：據外交息，此項公告，係由中、美、英、蘇四國政府同時分別在重慶、華盛頓、倫敦及莫斯科公佈。

翁文灝談獎勵民營工業
歡迎外人投資

【中央社重慶四日電】第一期經濟建設原則公佈以後，中外人士咸極重視，中央社記者特夫訪經濟部翁部長文灝，承對該原則發表談話如下：去年十二月底，我國政府曾經公佈第一期經濟建設原則，這些原則有兩點特別重要，第一點說明了政府在經建中

示此一會議不但在軍事方面加强英美蘇之對切合作，而各項政治問題，其（缺五）易滋誤會之點，已為之一掃而空，實與[illegible]會議十四個月以來盟國間團結合作之一大進步。顧大使續稱：關於遠東方面，邱吉爾首相暨羅斯福總統時，表示在歐洲戰事完結後，英將以全力對付日本，在此時期以前，英方自亦必盡其可能以協助對日戰事也。論及舊金山會議與國際和平機構問題，顧大使以為和平機構問題，將來在舊金山會議時自將討論而加以通過，以建立未來之國際和平基礎，甚望此一機構，能在歐洲戰事結束前樹立起來，制定一戰時與戰後共認之原則，其予未來世界之裨益，自極巨大。記者詢以英國朝野對華觀感，據稱：英國對我國之了解，日有進步，民衆亦極為表情，在若干集會中，英人公開表示意見，追溯過去對華政策常引為遺憾，對我援助，每認為不夠。然亦有人認為英國在我抗戰初期所以未能多所援助者，實由於心有餘而力不足之故。惟余以為此兩大民族日後之關係，只有日益密切，因英國在遠東屬地甚多，彼此實為鄰邦也。顧大使此來，係奉中央電召報告一般國際情勢，在重慶將有數日之耽擱。

滇成立僑務處
渝推廣黃金存款

【中央社渝五日電】國府五日令：（一）監察院甘肅寧夏青海監察區監察使高一涵任期屆滿，着予連任。此令。（二）廣西省政府委員兼秘書長蘇希洵呈請辭職，蘇希洵准免本兼各職。此令。（三）任命李鄴為軍政部會計長。此令。

【中央社渝三日電】國府三日令：一、任命宋秀峯為綏[illegible]省政府秘書長。此令。二、任命胡適為振濟委員會委員，並指定為常務委員。此令。三、任命馬克俊為立法院外交委員會秘書。此令。四、任命但偉為糧食部秘書。

【中央社昆明二日電】中國陸軍總司令何應欽將軍偕中國戰區作戰司令麥克魯中將，昨日返此。何氏曾往視察印緬戰區，並與印緬戰區美軍司令索爾登及國軍新第一軍高級將領會商後歸來。

【中央社昆明一日電】新任滇僑務處長李樸生今日下午就職視事，據語記者：緬甸戰事節節進展，太平洋盟軍攻勢日益展開，南洋群島、馬來、緬甸各地光復即在目前，滇僑務處今後將致力於僑胞復員工作，在滇緬僑胞多願歸返故居，軍事情形許可時，當由本處設法協助使重返緬甸重理舊業。

【中央社興集四日電】晉行政會議歷時九天，於四日午後閉幕，大會鑒於陷區人民水深火熱，首應收復人心，為解放之張本，各級行政機構均加調整，以期行政簡化，並本責任制原則，予區縣以機動執行之權，藉增行政效率

活動範圍，根據這個原則，政府獨營的經濟事業，包括郵政、電信、兵工廠、鑄幣廠、主要鐵路及大規模水力發電廠等，未經指定爲政府獨營之經濟事業，都可由人民經營；但是許多大企業如像石油礦、鋼鐵廠及航運事業，往往需要大量的資金，實非目前民力所可勝任，對於這些事業，政府亦仍可單獨經營或與民資外資合辦。很明顯的，中國將來的經濟工作，政府是歡迎私人企業努力的。政府的活動，注重實際上必須國營的工業。但這不是說政府將實行一種放任政策，相反的，政府將指導人民的活動，使重要的工作，能夠先行舉辦，同時使政府與人民的工作，彼此調和，如此我們可能希望加速中國戰後的工業化。第二點是關於歡迎外資的規定。外國友人對此規定會有特殊興趣的。過去因爲有治外法權的存在，政府爲了保障國家的利益，不得不對外資的活動加以限制，例如在從前曾經規定凡中外可辦的事業，外資不得超過百分之四十×，此項事業的董事長及總經理，必須爲本國人等。在新的規定中，除董事長仍應爲本國人外，其餘外人認爲不便的規定都全取消了。我們歡迎外資參加我們的經濟建設工作，外國人可與中國人合資經營事業，或直接投資單獨經營事業，然都要依照中國的法律辦理。我們不但歡迎外人參加中國人民所經營的事業，同時亦歡迎他們參加國營的事業。中國政府在這些事業中，除行使行政監督權外，對公司的日常事務只行使股東的權利，並不橫加干涉。余深信戰後我們若能同心致力於工業化，不但人民的生活水準將爲提高，同時中國的和平與繁×亦容易維持。有的外國友人常問我們戰後是否能維持國內×××經濟建設工作×以推行，這實是本末倒置之論。我們過去有時感覺維持秩序之不易，乃是我們沒有竭力去開發我們的國家，使每一個健全的人都有工作可做。假如我們能在工業化的進程中，在礦業、製造業、運輸、交通、貿易和各種自由職業中添了許多新的工作，以爲人民安身立業之所，我自信愛好和平的中國的人民，一定會將其聰明才智，致力於生產事業，以促進全體人民的福利，使太平繁榮之中國，可以早日實現。

顧維鈞談話

【中央社重慶三日電】駐英大使顧維鈞返國述職，已於三日下午晉謁蔣主席，有所報告。中央社記者三日晚訪顧大使於旅部，談及歐洲戰場，顧大使謂：倫敦一般人士之觀察，以爲當前東西兩線夾攻，均已進入佳境，再加以上空猛烈之轟炸，故對德戰事在本年夏季當可結束。記者提及克里米亞會議之成就，大使稱：一般輿論表

。大會要求各級幹部，「必廉潔」「必合謀」，一以鏟去貪污，一以廣納民意，俾行政上之最低條件。兵役糧政仍需團兵農合一制，期收同濟之效。

【中央社貴陽三日電】此間中中交農四行及信託、儲匯兩局舉辦之黃金存款、法幣折合黃金存款，成績極佳，徵至二月底止，共收存折合法幣約六萬七千九百十三萬元。

【中央社重慶五日電】政府爲推廣黃金存款起見，已令東川郵政管理局所屬之陝西街、觀壁街、海棠溪、觀音岩、牛角沱、南園壩等郵政支局，於本年三月一日起辦理法幣折合黃金存款業務。

【中央社筑三日電】筑中央銀行票據交換所自設立後，業務頗爲發達，現每日交換總額恆在一萬萬元以上。

【中央社重慶四日電】違反印花稅法案件在全國各法院佔一般刑事案件中，所佔比數甚大。據最近年來之統計，此類案件最多時一年曾達三千起，平均每年亦在一千至二千起之間，重慶實驗地方法院每年所終結之違反印花稅法案件，爲數亦極多。

【中央社貴陽二日電】省垣六全代表會代表開始競選，中央已派中央委員李宗黃爲黔省監選員，伍家宥及黃國楨爲西南公路及黔桂鐵路之兩特別黨部監選員。

【中央社迪化一日電】新疆省社會處一日正式成立，處長[illegible]劍鋒、副處長沈兆麟同時到職視事。該處將從救濟工作着手，以謀地方之安定。

【中央社渝四日電】留俄同學會第四屆會員大會，於四日下午三時在該會舉行，到會員一百四十餘人，由邵理事長力子主席，討論增進中蘇邦交及協議中蘇互派留學生等重要提案，全體通過電蔣主席致敬，並選舉第四屆理監事。

同盟社傳陳誠說 國民黨軍要縮減百萬

【同盟社里斯本四日電】據重慶來電，據二日大公報的報導，軍政部長陳誠在國民黨政治訓練班向受訓人員一千名發表演說稱：現在重慶軍爲了犧牲數量，求得質量的提高，將要縮減軍隊一百萬，由此引起的一百萬失業者將要埋怨我，但是剩下的四百萬將要支持我。

【同盟社里斯本三日電】重慶來電，東南亞反軸心軍最高指揮官蒙特巴頓的夫人，於三日由印度抵重慶，但訪問的目的尚不明瞭。

美軍事專家論蘇聯對日作戰時間

「路透社紐約三日電」據[illegible]軍事專家今日以明確的[illegible]揭露美國人廣泛的希望，即蘇聯將站在太平洋戰爭之外，至少須在擊敗德國六個月之後。他說：蘇聯已被迫調走以前駐在西伯利亞的五十萬人中之相當大部份至東線，因此不準備冒險與滿洲日軍作戰。此等日軍估計當在百萬——「日本軍事力量仍未動用的最大單一儲備」。他又指出：蘇聯將需至少需要六個月（可能一年）來自東線調回必要的軍隊，並在極爲困難的地面上構築道路。（缺）該專家結語稱：「蘇聯對日行動中，將[illegible]不[illegible]大的憂慮」。

英對波蘭問題猶有餘波

「路透社倫敦一日電」自治領大臣克蘭波恩本日在下院辯論克里米亞會議時聲稱，政府將向蘇聯政府提出，蘇軍逮捕並流放波蘭愛國志士之問題（？），此事克里米亞宣言中，並無規定，然英政府極爲重視。

「合衆社倫敦二日電」倫敦波蘭政府發言人稱：本夜波政府剛自波蘭國內地下電台接獲消息稱：波國總理阿基塞夫斯基夫人二月二十日爲蘇軍逮捕，地點不詳，阿氏夫人乃在紅十字會工作，其他紅十字會工作人員，亦經蘇軍逮捕。

「路透社華盛頓二日電」據此間所盛傳的消息：雅爾塔三國會議所決定的新的波蘭舉國一致臨時政府之總理，呼聲最高的候選人，爲克拉科的亞當·斯特凡·薩比哈大主教。今未知大主教將接受組織政府的任務，或雅爾塔所決定的程序，最後將造成薩比哈之被選擇。

羅斯福演說（續完）

美國參院將共適當代表，經常獲悉本政府建立國際安全機構之計劃，參衆兩院，均將派遣代表出席舊金山會議，美國代表中，共和民主黨議員各佔其一半，美國代表團，實具兩黨一體之眞義，世界和平非一黨方面之決定，亦如軍事勝利惟一方面之決定，我美利堅合衆國首於一九四〇年，遭受納粹企圖征服世界之威脅，嗣於翌年遭受日本偷襲之威脅時，黨派及政治鬥爭，均被我等一國民擱置一旁，所有力量，均貢獻於我共同之安全，吾人預料每一忠勇之美國人民，及海外每一人民，亦將以同樣之忠誠，爲和平目標而努力，世界和平之機構，不能爲一人或一黨，或一國之工作，亦不能爲美國、英國、蘇聯、法國或中國一國之和平，而必須爲基於全世界合作努力之和平，世界和平機構初創時，不能十全十美，但可能並將爲一基於大西洋憲章健全

問題，乃戰後歐洲之一[illegible]在苦惱之源，吾人集會克里米亞，乃決定解決此大，覓取一共同意見，吾人業以達成此一目的，吾人之目標乃協助建立一強大獨立而繁榮之波蘭，有一最後向波蘭人民選擇之政府。爲達成此一目的，乃決定建立一較前被奴役時，更能代表多數民意之新政府，乃屬當然。由是吾人於雅爾塔會議中，即採取改組波蘭國內成立臨時政府擴大其民主基礎，以容納現在波蘭國內外民主領袖之步驟，無一新改組之政府將由吾人承認爲波蘭臨時政府，然全國統一之新波蘭臨時政府，將保證儘早根據普遍選舉，及無記名投票原則，舉行自由選舉，有史以來波蘭及蘇聯所受侵略者攻擊之走廊，卅年中德國兩度經此走廊襲擊蘇聯，爲保證歐洲安全及世界和平，有一強大獨立之波蘭，乃屬需要，關於波蘭邊界之決議，乃係一種妥協，根據此一妥協，波蘭將於西北兩面獲得領土之賠償，以補償其因寇松綫所受之損失，西部邊界之定界，將由最後和會予以固定性之決定，並決定應有極長之海岸綫包括在內，吾人均知寇松綫以東之人民，大部份係白俄羅斯人，及烏克蘭人，該綫以西，則大多數係波蘭人民。一九一九年時，協約國代表同意寇松綫，乃兩國人民間之公正邊界，余深信處此時際，關於波蘭問題之協議，乃對建立自由獨立及繁榮之波蘭國家最有希望之協議，克里米亞會議乃與負作戰主要重責之三大主要軍事強國有關之會議，基此原則，法國雖未參加此次會議，然任何人對會議所承認其在未來歐洲，及世界所佔之地區，均不能予以忽視，法國已被邀接受在德國控制一片區域，並參加盟國德國管制委員會，爲第四國家，法國被邀參加担任舊金山聯合國會議之發起者，法國並與其他四主要盟國同任國際安全理事會之永久理事，吾人並曾要求法國與吾人一致，肩負關於歐洲被解放區之共同責任，如公報所宣示者。吾人對於南斯拉夫問題則正在履行中。

克里米亞會議僅牽涉歐洲戰爭，以及歐洲之政治問題，而與太平洋戰爭無關，此乃極自然之舉，然我英美聯合參謀部，在馬爾他已擬訂計劃以加強對於日本之攻擊，日本軍閥已知彼等並未遭受忽視，彼等已感受美國海軍B二九式機及我航艦飛機之威力，且並無再出與我一較雌雄之跡象，日本人已知「美海軍陸戰隊登陸」一項消息之意義，吾人於思及琉璜島的情勢之後，且可附加一語曰「局勢已有把握」，彼等亦知日本本土將遭受何種命運，麥克阿瑟將軍已完成其返回馬尼拉之偉大工作，尼米茲將軍正在日本本土後院之琉璜島方面，建立空軍根據地，前往東京，尚有一段遙遠與艱難之途程，戰敗德國，非即對日戰爭告一結束之謂，反之，美國必須在太平洋上，從事長期

，及公正原則，基於人類尊嚴觀念，並基於各觀信仰自由保證之和平。

盟軍今日正當邁入軍事勝利之際，彼等已解放四年來自由遭納粹摧殘，財產被納粹匪徒搶掠一空之人民，諸如被解放區域中，政治混亂，及不安之例證，已見如希臘、波蘭、南斯拉夫及其他國家，均屬其例，較此為劣者，乃若干被解放區域內，實際已開始產生意義糊含之「勢力範圍」觀念，此與國際合作之基本原則，固大相逕庭者，如容其蔓延或長此發展，可能產生可悲之結果，如擬責備某一國家，謂其應負造成此種局勢之責，則屬徒勞無益，世界主要國家如不繼續共同合作，共同解決，可能危及世界和平問題之責任，此種發展或屬無可避免，吾人曾於克里米亞集會，決定解決此被解放區之問題，余今以愉快心情，向國會證實，吾人已獲得一共同解決之方案，世界三個最強大國家，已同意解決任何自納粹佔領中被解放區域之政治及經濟問題，或任何前軸心附庸國家之政治及經濟問題，乃我三國政府之共同責任，三國於戰後未臻安定之過渡時期內，將聯合一致，共同協助任何被解放區域，或任何前軸心附庸國家之人民，經由堅定之民主程序，解決彼等本身之問題，三國將致力促使過渡期內之各國當局，能盡量代表其全國人民中之一切民主份子，並儘早舉行自由選舉，因此一強大國家，實不能避免對海外數千英里區域內政治狀態所負之責任，余前曾言，目前世界業已縮小，美國現正為全世界均享和平之目標，貢獻其龐大之努力，美國如願繼續肩負維護和平之責任，則仍將作此努力，吾人如避免負担此一責任，則乃我本身之可悲損失，被解放區域之×後決定，將共同為之，以是最後決定將常為相互讓步，與協調之結果，美國將不能堅持永遠實行其主張，蘇聯或英國亦然，吾人雖決定繼續為促進理想而努力，但對複雜之國際問題，亦將不能常有理想之解決方案，但余深信根據雅爾塔會議所獲之協議，今後歐洲之政治將較以前穩定，任何國家，一旦民意可自由表現，吾人目前之責任，即告結束。唯由國際安全機構議決之行動，則為例外，美國不久後亦必須開始適度協助被解放國家重建其經濟，藉此助其恢復其在世界上之地位，納粹作戰機構已剝奪[illegible]之原料、機器、工具、車廂及機車，彼等之工業，陷於停頓，大部份農業亦無生產能力。使被解放區域恢復舊觀，並非救濟即足，吾人應促使凡此被解放區域，重生產自足，無再須吾人之振濟，此對吾人亦屬有利者。三大主要盟國在被解放區共同行動之一顯著例證，乃波蘭問題之獲得解決，整個波蘭

與犧牲極鉅之鬥爭，然如吾人之世界和平計劃欲獲成功，日本之無條件投降，亦與德國之失敗同樣必要，蓋日本軍國主義亦應與德國軍國主義同樣澈底掃除，余自克里米亞歸來途中，曾約定與埃及國王法魯克、阿比西尼亞皇帝塞拉西、沙特阿剌伯國王伊本沙特會晤，吾人之談話，均與共同利益之問題有關，此種談話，對於雙方具有極大利益，蓋使吾人得有機會，當面晤談，交換意見，而無須經由函電往還之頗費時日也。余在途中，曾視察在工作中之陸軍、海軍及航空隊，一切美國人民，如果親睹余所見所聞之一切，則對於吾人之陸海空軍必與我同樣感受榮耀，我軍××有史以來最具效率之職業軍人作戰，然仍能獲致勝利，目前乃吾人之一項機會，使此等英勇戰士之子孫，在數年之間不必再從事作戰，克里米亞會議，乃美國歷史中之轉捩點，吾人不久即可向美國參議院，及美國人民提出一項重大決定，足以決定未來時代之間美國以及全世界之命運，此間並無供吾人袖手旁觀之餘地。因吾人×××世界合作×責任，否則吾人即須負担另一次世界大戰之責任，余知若干方面對於「計劃」一語，必無良好印象，然就內政問題而論，往往即因缺乏計劃，而造成可悲之錯誤，反之若干生活上之重大改善，以及若干對於人類有利之事物，均藉充分與審習之計劃而獲完成，開墾沙漠區域，開發河川水利，供給適當之住宅，均其實例。國家間之關係亦然，吾人此一代人，已第二次遭遇防止戰爭之工作。世界各國為應付此一工作起見，必須有一計劃，否則即無法達到目的，計劃之基礎已擬定，且已提交全人類討論與決定，任何計劃均不能盡善盡美，舊金山會議所通過之計劃，將來亦必須一再修改，一如吾人本國之憲法者然，某種計劃×支持若干年月，任何人亦不能確言。惟有在人類真正予以支持，並願予以奉行，甚至為之犧牲之條件下，和平始能持久。廿五年前，美國戰士曾期望全世界之政治家，貫定彼等以戰爭及犧牲換來之和平，當時吾人實有負彼等之期望，此次吾人決不能再有負彼等，而預料世界能再行度過，×克里米亞會議實為三大領袖國家曾成功之一次努力，以覓取和平之共同基礎，過去數世紀經驗失敗之一切片面行動，排外性，同盟勢力範圍，均勢，以及其他一切策略制度，均將因此告一結束，吾人主張以一種全世界之組織，代替上述一切制度，一切愛好和平之國家，最後均有機會參加此一組織，余相信國會以及美國人民，將接受此一會議之結果，認為係和平之永久機構之開端。在是項和平之下，我們乃能建立較佳之世界，以供我後世子孫居住。

參攷消息

（只供參考）

第八一〇號

解放日報社 新華社 編

今日出一大張

卅四年三月七日

星期三

合眾社報導新華日報社論 我對舊金山會議代表的意見

【合眾社重慶六日電】在重慶出版的共產黨機關報新華日報在社論中力言中國出席舊金山會議的代表團應包括各黨派的人員與無黨無派的領袖，並說：美國代表團中有許多政府黨以外的人員，而英國當局準備帝國會議，讓各個自治領的意見得在舊金山的會議上發表，「這是民主的精神和方法」。

陳伯康主張 以「憲極」代表「皇極」

【本報訊】常在前「時事雜誌」及「憲政」雜誌投稿的陳伯康，近在「民治彙編」第一期發表「設立物資總監與調整行政機構」一文，主張以「憲極」代表「皇極」。陳氏稱：「杜絕朋比爭權奪利，集中意志集中力量的方法，莫如建立憲極。以「憲極」來代替中國數千年的「皇極」政治，這是革命的正確的劃時代的體制。……現在是民主憲政時代，我們固不能再提到「皇極」這些字樣，也不希望建立什麼「主席極」或「院官極」抑「統監極」，或是「公館極」，我們希望大家努力起來建立一個「民主的憲極」。又謂：「至於黨派的主張，我以為不妨都提出來，讓大家研究，給予充分的自由；因為能夠「運用民主的憲極」之後，一切爭端，皆「會其有極歸其有極」，就可歸於一是。人事問題，也可以事為中心，實行選賢任能，使居其職者，必知其所任，必能任其所任。現在有些政黨中人，像要造成「黨極」一樣，似以為不黨同伐異，就沒有黨，就不成派。其實還是宗派觀念的殘餘，不是現代政治的作風，不知政黨是一種運用手段的組織，而以黨的組織為目的而自絕於人，像欲造成一特殊階級，還在國民的立場上看來，宗派觀念，互相傾軋，不擇手段，消耗國力，實在是很可痛心的事。我們認為政黨政派之所以成其為黨派的意義，不在其黨同伐異的手段如何巧妙或如何毒辣，而在其積極主

的政治教育仍嫌不夠普及。這個缺陷，必須由文化工作方面去填補。」該刊結語稱：「本刊的問世，即想在改造政治風氣，發展國民經濟，普及政治教育上稍貢芻蕘。」

擁護獨裁

該刊第二期載莊智煥「抗建集——政治篇——」提出六項建國主張，稱：中美中英新約之訂立，我所得者，不過收回已失之權利，國人萬不可以外表欺人而自欺。今後建國，應作下列各項之努力：「（一）確立民主政治：予人民以憲法或約法上之自由權利。……（二）確立三民主義之經濟政策：國內將資本家之權利義務，及地主之地位明白確定。統籌國際貿易之方案，國際間則訂定利用外資之原則方法，以吸引外資。（三）改良司法行政，改進司法程序，以期訴訟期能縮短，改良監獄，以求合於人道。（四）促進工業化……（五）發展交通網與明定國防地帶及軍事據點。……（六）將中國固有哲學思想及三民主義之根本精神，盡力宣揚於國外。」作者所認為的民主政治，乃是「謀於眾而決於獨……多數人的意見是民主，少數人的知識是集權，多數人的意見不合理時，由少數人的知識決定」；是所謂「施政府要把握民情」，「說服大眾是民主」，「有了民眾，就有了力量」，要「保持清醒頭腦，……將隨時新加的因素，亦加入籌度，而修正其攻守進退方案」；要「除既定方針外，商討研求，實屬必要，諍諫規勸，亦有裨益」；認為「研究須有自由。我國人對於排斥異端的最根本辦法，就是不去看它，置為了事。秦始皇的焚書精神在此。……所可奇的是三十年來禁止研究「資本論」，以為可根絕共產之思想仍舊不脫此窠臼，真是笑話！我們不明白一種理論，而要駁他、辯正他根本不可能。若說怕人被此學說誘惑，那末應該明白人的好奇心理，……金聖嘆知道禁書愈被人愛讀，何以執政者的見解反不若金聖嘆呢？」作者認為「政治權力之運用忌死呆，……所謂官僚政治，即此種現象。」而「民主政治之最大阻礙是官僚。」

所謂「積極的民主政治」

同刊第一期王冠青「論積極的民主政治」，謂積極民治是「現在和未來的新時代」的「潮流」。解釋如下：（一）民主與自由，不容許「武裝自由」「生產自由」，謂「武裝自由」則「會使國家的體制崩潰！國策根本動搖，人民假使可以武裝自由，誰都可以組織軍隊，誰都可以擴張軍隊，不必服從國家的軍令與政府的指揮，那麼國家還成什麼國家？」（二）民主與法治：「人民參與政治、管理政治，只有依法參加各級民意機關的活動，一切法外干涉政治、擾亂政治的運動，絕不能以民主為藉口而逾越法外的企

張與作爲是否能够多顧國利民，是否能够贏得大多數國民的擁護，則是合乎「民主的尝極」。所以能够「建用民主的澁極」，不但可使小黨派的小把戲遣不出亂子來妨害行政效率，政黨政派也可以打開門戶，改變深閉固拒作風，聯合全國積極的人士來從事更積極更廣大的努力。」

重慶「民治」月刊言論

攻擊官僚制度

【本報訊】於去年十一月創刊的重慶民治月刊，已出兩期。該刊發行人爲陳敎序，撰文者有莊智源，曾資生、胡秋原等人，爲國民黨內一部分人所辦。該刊基本主張，在發刊詞「到民治之路」中可見：「除了頭腦頑固的時代落伍者，誰也不能否認民治的重要性，誰也不會再將民治作爲一個問題來鼓簧弄舌。當前的問題，應該只有一個，就是怎樣到民治之路。」關於五十年來中國爲什麼未達到民治，該刊認爲其原因有三：「第一是在政治上沒有完全掃除官僚制度。……爲甚麼辛亥革命成功以後，形成了「革命軍起，革命黨消」的現象？爲甚麼北伐成功以後，形成了「軍事北伐，政治南伐」的現象？明眼人都知道從中作祟的是官僚制度。由這制度養成的一批政客官僚……辛亥革命時，他們一方面利用當時沒有堅定的革命思想、和沒有嚴格的政治訓練的革命軍，和革命黨對立：一方面利用投機份子的富世觀，由排擠革命黨進而消滅革命黨。……北伐成功後，他們又利用政治建設的需要，一批一批的混進了革命的隊伍，如能革面洗心，未嘗不可以昨死今生的精神作利國福民的事業，但事實上並不如此，他們仍以翻雲覆雨、興風作浪慣技，製造了許多破壞革命基礎、化分革命力量的糾紛，變亂頻仍，統一雖成，也大都是這班傢伙排演的拿手好戲。……第二是在經濟上沒有完成國民經濟建設，近十年的國民經濟建設運動，雖曾在領袖的領導下着手進行，可是因了客觀的條件和人爲的因素，始終沒有按步實施以底於成。……尤其是財政政策和經濟政策的脫節，和官僚勢力侵入商業資本的種種病象，使國民經濟患了很重的敗血症和窒息病。……要向民治之路邁進，必須從充實國民經濟和改善國民生活上着眼着手。第三是在文化上沒有普及國民敎育。民治國家的國民，要有政治常識、政治習慣，……這一方面需要樹立各級民意機關，樹立民治基礎，一方面也需要普及國民政治敎育。……各級民意機關雖在由政府逐步建立、但是國民

國。（三）民主與政治：「民主的積極作用在於促進政治，而不在分政權」……一部分政客式的政黨，往往以在分政權爲提倡民主的最終目的。」同刊第一期胡秋原「三民主義與自由主義」一文，於詳細論證後，結論說：「誰說三民主義與自由主義衝突呢？……自由主義以人本主義與理性主義爲基礎，發展爲民族主義，政治的和經濟的民主主義，這不正是三民主義的一般特點麼？中山先生最欣賞的字句，除了「天下爲公」之外，不是「自由平等博愛」和「民有民治民享」麼？……中山先生的三民主義是徹底的自由主義與民主主義。……有人贊成政治自由主義而反對經濟自由主義……然決無可疑者，經濟上之統制，勢必鞏固政治上的非自由主義勢力（官僚），而政治之修明，將與國家之富强，同爲不可期之事。」

同盟社談

美英的籠絡蘇聯政策

【同盟社東京六日電】「美英對各中立國家的籠絡政策，在「一定期間的參戰要求」是在某種程度上成功了，這對世界的戰局發生什麼變化是……（掉）。與此相反，日本須要嚴重警戒的，是美英想籠絡迫至現在尙保持中立的蘇聯問題。美英的宣傳機關，不斷宣傳舊金山會議日期——四月廿五日，正是日蘇兩國政府通知廢除中立條約的最後一天。但手腕莫測，而且不會忘記現實的斯大林所領導的蘇聯外交政策，對於帝國決不會輕率行動。蘇聯決不會隨便，爲美英的花言巧語所惑，在東亞有所動作，以危害受到犧牲後樹立於中國幹東歐的紅軍底優越，減低紅軍對美英兩軍的比重。反軸心國方面，認爲籠絡蘇聯的最大武器，就是美國的經濟力，蘇聯要恢復戰爭中荒廢了的工廠與農場，需要廣大的建設資材，那是不言而喻的，羅斯福即把這一點作爲一張王牌，在克里米亞會談中，極力向斯大林委員長進行工作，這件事實即使沒有反軸心方面的報導，亦不難想像。但羅斯福於三巨頭會談結束後，曾在阿爾及爾接見記者稱：「蘇聯對日本是一個完完全全的中立國，我亦將尊重其中立」，又傳美蘇兩國關於軍火租借協定的公開談判，其數目爲六十萬萬美元。美國民間資本的對蘇借款談判，其後毫無聽到談判有進展的報導。從此點觀之，可說蘇聯政府並未答應美國政府所希望的「反租借」的提供。美國二十五日的時報週刊曾論稱：「蘇聯所提供於「反租借」物資，已爲東部戰綫的紅軍用掉，因之，選一不能成爲實質的交易，將留待將來再做。因此，蘇聯已經不能成爲交易

的對象。」

德報論蘇日關係

「海通社柏林六日電」奧國．麥斯多夫少將，在星期日「德意志世界日報」上，討論德國報紙通常不加論述的日蘇關係問題。他宣稱：這一問題在克里米亞會議上未會提及。這樣，羅斯福關於美國最重要的問題空手而回。在摘引了英美關於這一問題的許多聲明之後，他繼說：「華盛頓方面希望四月這一切將得到解釋。日蘇中立協定有効期間五年，必須在其到期以前一年給予通知，這即是今年四月。」摩斯多夫對於斯大林在這一方面的態度與決定，未給予任何暗示，但是指出：日本能够依賴滿洲國，滿洲國會一再宣稱，它將竭盡一切力量援助日本獲得戰爭勝利，有趣的是，滿洲國所發表的聲明謂：人們期望蘇聯識時務。摩斯多夫關於英美在莫斯科依然中立情形下的對日戰略問題宣稱：「美國似乎堅守太平洋艦隊司令尼米茲的計劃，尼米茲會一再宣稱，對日戰爭必須在中國海岸區域戰勝。在中國前所未有的大戰，似乎已迫近了。美國似乎認識他們僅在完全佔領非律濱之後，能够進入這一決戰，他們也認識在中國登陸需要較美國在太平洋支配上的部隊，更大數量的部隊。

傳格魯不承認
愛拉立加入蘇聯

「同盟社里斯本三日電」華盛頓來電，副國務卿格魯，三日接見記者團，說明美國對波羅的海三國的方針如下：愛沙尼亞、拉脫維亞、立陶宛三國，在此次戰爭初頭，實際上雖被蘇聯所吸收，但美國仍正式把它們看做各自的獨立國家。

「海通社米蘭三日電」星期五據意大利北部的牧師情報說：美國駐梵蒂岡大使戴勒，將羅斯福的信件於星期三遞交教皇，該信件說總統由雅爾塔回來後，由於健康的原因，未能拜謁教皇，實為抱歉。消息靈通的牧師界人士說，梵蒂岡知道健康的原因並不能阻止羅斯福向戴高樂提議在阿爾及爾開會，而蘇聯和梵蒂岡之間的分歧阻止羅斯福拜謁教皇。

「同盟社柏林二日電」德國外交部當局反駁二日美總統羅斯福關於克里米亞會議的報告如下：羅斯福演說的最大目的，在於將美國人民束縛於克里米亞會議的決定，但徵諸上次大戰後威爾遜的例子，羅斯福這個企圖能否成功不得不說是個大疑問。他說反軸心國處理德國的方案決不使德國人民受餓，不以德國人民為敵，但隨後就暴露了剝奪德國工業設備和交通機關，完全剝奪德國這些設備，能不使德國人民不瀕於饑餓嗎？

然燒彈雨般地落向他們之際，他們卻毫不猶豫地出發去滅火。該報將此種精神與德國城市居民相比擬，其結語說：所有敵人的進攻，將會在這種人民的堅定和勇敢之下遭到失敗，直到這些人民能够放下他們的武器再回到他們和平的農民工作的一天到來。

芬共機關報指出
芬蘭應以羅馬尼亞為鑑

「海通社斯托哥爾姆二日電」據星期五瑞典新聞記者由赫爾辛基報導：芬蘭內部政治情況迅速惡化，最驚人的標幟就是蘇聯新聞電訊轉載斯托哥爾姆「阿爾頓」日報的消息，該消息中說：芬蘭的情況實不正常。敵人在掩護下，企圖以一切的方法，對蘇芬友誼進行破壞。芬蘭共產黨機關報，更指出芬蘭應以羅馬尼亞的發展為前車之鑑，且在蘭芬的公共生活中，並未十分有力的肅洗法西斯份子。

「海通社斯托哥爾姆二日電」芬蘭共產黨近來較前更活動，蘇聯安置有廣播電台供其使用，以進行政治上的廣播宣傳。近來，這些廣播宣傳將芬蘭政府官團描寫為「反動團體」。芬蘭政府受到警告，說它沒採取激烈措施對付陸軍中的反動份子與法西斯份子，可能對國家引起最嚴重的後果。應當不允許芬蘭陸軍成為法西斯的避難所。

海通社
報導法、意等國情形

「海通社柏林二日電」巴黎訊，巴黎若干地區舉行反盟國的示威運動，示威者帶着標語說：「給我們麵包，不要電影。」警察無法應付，軍隊應召驅散示威。

「海通社斯托哥爾姆四日電」據「哥德堡」報稱：波諾米意大利現有政黨刻已增至四十六個。

「海通社斯托哥爾姆二日電」斯坎的納維亞電訊社赫爾辛基訪員悉：通貨膨脹與工資爭端是芬蘭的主要問題，鈔票的發行達到一千五百萬芬蘭馬克，十倍於戰前的發行額，而物價不僅在黑市上迅速增加，罷工頻繁發生，但政府未採取對策。該訪員意見，政府對通貨膨脹的消極態度，是社會民主黨分裂的根源。×××說：要解決這些經濟問題，必須在職工會內，共產黨與社會民主黨之間達到協定。

「海通社柏林三日電」倫敦訊：據路透社星期五夜消息：在墨西哥城舉行的泛美會議委員會。建議阿根廷，應從五月一日起，以一切美洲各國間會議的同樣權利參加議會，已被接受。

同盟社評 琉璜及呂宋戰役

「同盟社東京四日電」自敵人於二月十九日在琉璜島登陸以來，以廿艘至卅艘的大小艦艇，百艘左右的運輸船，包圍琉璜島，一日內敵艦砲射擊達四千至八千發，空襲廣東的敵機動部隊，更出動百架至七百架的艦上飛機，以黑人部隊和坦克為先導協助陸上作戰，因而乃與我軍在各地發生激烈戰鬥。在摺鉢山方面，我軍於當戰彈絕後，更突入敵中央陣地，和北部友軍聯合猛衝直撞，敵軍器品和人員，均蒙受重大損失。本週末敵突破我元山方面第一線成功，已楔入我陣地，現正激戰中。又敵軍已在琉璜島南飛機場，降落若干小型飛機，以及在該島週圍進駐若干巨型飛艇，積極向前推進其哨網，對於小笠原我其他基地，則白晝用艦上機，夜間用巨型機，連續地進行轟炸。在菲島方面。馬尼拉方面，舊市街地區，展開了最激烈的戰鬥，由於敵機不分晝夜轟炸，市街已變為廢墟。在仁牙因、聖法比安方面，停有敵中型、小型機千三百架，配合B二四等巨型機，連日轟炸台灣中南部地區。最近的特點，是白天以巨型機編隊，重炸彈轟炸非軍事設備，夜間以少數飛機，進行頑強地夜襲。我潛水艦隊，在民答那峨、蘇綠海、呂宋西方，積極搗亂敵運輸路，廿八日午前，在仁牙因海面，擊沉敵巨型運輸船一艘，不斷給敵人以威脅，敵人對此乃在類似無人居住的小島登陸，藉以確保非律濱群島內航路的安全、敵特別部隊。於二月末在可里幾多島登陸，現在各地仍發生激戰，敵並以少數艦艇侵入馬尼拉灣內。

德國報紙上的太平洋戰爭

「海通社柏林五日電」駐柏林之特別記者K C吳報導：德帝國報紙除廣泛地報導東西綫苦戰外，並詳細描寫日軍在菲律濱，特別在琉璜島與美國之英勇戰鬥。琉璜島之戰，直到現在已有兩星期之久，曾致美國損失二萬多人，報紙描寫這是「舉世無匹的二十世紀的英勇史詩」。德國報紙列載在日本的記者關於這個小島的戰爭的報導，美國人在這個地方雖然使用了壓倒優勢的近代武器，但他們在極大的流血損失下，却只能逐碼進展。該報導特別強調日軍的戰鬥精神，並引用琉璜島指揮官的話說：只有殺死十個敵人的日本人，才有權利死去。「人民觀察報」寫道：面對着死的人類精神和人類意志，再一次證明是較之於一切優越性和死的物資強大的。人們在鋼鐵怪物般的美國坦克前勝利地站起來，並果斷地挖壕溝防衛到最後一口氣。下一代的人將被告訴以像史詩般的琉璜島的「英勇之歌」。「德意志日報」報導關於美國空襲日本城市的情形，她特別描寫日本市民的模範行為，當爆炸彈和

倫敦碼頭工人總罷工 煤礦工會堅主礦業國營

「同盟社里斯本三日電」三月一日爆發的倫敦碼頭工人的罷工，逐漸擴大，三日一齊參加總罷工，使倫敦的碼頭運輸事業幾陷於停頓狀態。又據倫敦來電，傳斯科特關的炭礦工廠，因工人罷工而遭受停止，礦工不等待工會的指令，不斷的離開工廠，參加罷工的工人現在已達一萬三千名。

「海通社柏林三日電」倫敦訊：英國煤礦工會星期四公告：數星期前英國煤礦礦主聯合會主席所提出的改組英國礦業的計劃，是無法接受的。煤礦工會堅持主張煤礦工業應該國有化，只有用這種方式才可能提高生產、創立健全的工資和工作條件，並改善安全措施。

同盟社報導美國的罷工

「同盟社里斯本五日電」紐約來電，底特律市克業斯提工廠通用汽車工會所屬的工人的罷工，及至二日，已波及布利格斯製造工廠，已經在底特律附近，有六家軍需工廠關閉，工作受到障礙的工廠十四家，參加罷工的工人二萬九千名，這些工廠均是製造飛機的工廠，克業斯拉的德甚主工工廠，是担任生產B29式發動機零件及其他緊急軍需品的重要工廠，戰時勞工局極力企圖停止罷工，但工人方面的態度極為強硬，罷工的工人方面在一日之大會上決定，拒絕勞工局的調停。另一方面在華盛頓，二日炭礦礦工聯合會主席路易斯與廠方開始交涉，但路易斯在交涉開始時即提出十八項要求，這一要求內有將××分的權利金，付給礦工聯合會的要求，這一要求實是美國工運歷史上過去所沒有的。炭廠方面立即發表聲明，強烈反對稱：「如果承認了這一要求，事實上就是將路易斯作為工人大王。」

法國飢饉疾病流行

「海通社柏林五日電」紐約訊：據論壇報說：所有被解放了的歐洲，正遭遇着飢餓，情況超過一切的想像，特別在法國，由於缺乏食物，開始了飢餓的示威遊行，嬰兒的死亡率增加了，由於肺病的原故，成人的死亡率也增加了，法國面對着飢餓和傳染病。法國人民只能得到被認為最低限度的食物的需要的百分之五十脂肪和三分之一的蛋白。減輕體重，貧血，軟骨病，直到現在法國流行着無名的疾病，論壇報又說：缺乏運輸車輛和船隻。造成了法國這種艱難的情況，因為盟國將法國多年經過空襲遺留下的交通工具充公了。論壇報的文章結語說：飢餓已到了這樣的程度，盟國所遭遇到嚴重的責任，是以食物來應付這種情況，而不是將許多必須品堆集在德國運輸系統上。

參攷消息

（只供參考）

第八一一號

解放日報 新華社編

今日出半張

卅四年三月八日 星期四

重慶外記着招待會上 王世杰談舊金山會議及國民大會

【中央社重慶七日電】外記者招待會七日下午二時半舉行，王部長世杰，張參事平羣出席主持。王部長首就舊金山會議事發表談話謂：中國政府對於克里米亞三國會議決定召開舊金山會議一事，曾力加贊同，並已以邀請國資格偕同其他三國發出請柬。中國政府自然期待此次會議能產生一個使人滿意的國際組織。我今天願就中國政府當時對於此事迅速表示同意的原因，予以說明。我們的主要動機有二：第一中國認為時間因素最關重要，中國曾不斷的主張盟國間應在戰爭結束前成立國際和平安全機構。舊金山會議目的，即在立即實現此一機構，自與我們素來主張相合。所以我們立即贊同。第二，就國際組織的功用而言，中國相信會員國間的合作精神，其重要性超過任何約章的文字規定。在克里米亞時，三國領袖已充分表現出合作意志。因此中國願以熱烈合作的精神，增強這種國際合作的意志。對於法國未能同意為邀請國一點，中國正如其他盟國一樣表示惋惜。但法國在舊金山會議，及由此會議所產生的國際新機構中所佔的重要地位，自不因此而受何影響。這是我們可以斷言的。關於國民大會之召集，王部長答覆記者詢問如下：諸位詢問召開國民大會的事，我願向諸位說明在民國廿六年七七戰事爆發以前，國民政府曾舉行國民大會代表的選舉，全體代表一四四〇名中，約有三分之二業經選出。現在政府決將關於國民大會的召集問題，提付國民參政會審議。在此以前，中國政府將不作任何決定。但無論如何我相信政府必將設法使各黨派以及無黨派之社會領袖，參加國民大會。

【同盟社里斯本六日電】華盛頓電悉，華盛頓明星報於五日在第一版揭載蔣介石準備出席舊金山會議，但重慶大使館當局否認這一消息，言明如下：蔣介石將出席參加舊金山會議的事，是不會有的。關於席出舊金山會議的重代表的姓名，並未送到任何報告。

漢口偽方評論家 評美國對延安政策

【同盟社漢口七日電】著名的華人評論家胡蘭成，於大楚報上評論美國的對延安政策稱：「美國對國共問題的關心跟以前對吉羅德、戴高樂間的糾紛所表示的關心是同一性質的。一時支持吉羅德的美國，於北非作戰快結束時，就拋棄吉羅德。與此同時，美國目下計劃在中國的南部與北部建設空軍基地，因之便圖謀與延安人士接近，而蘇聯在第三國際解散後，忙於注意歐洲的戰局和政治局勢而不能投其勢力於東亞。延安是將來蘇聯在中國發言權上的基礎，這是很顯然的。美國亦深知此點，同時利用延安以便將來經過他提出對日共同作戰問題，這亦是可以想像得到的」。

敵稱雲南遠征軍 損失十五萬人

【同盟社緬北前線六日電】重慶軍所恃的衛立煌指揮下的雲南遠征軍十六個師，去年五月間怒江正面總反攻以來，即在美軍督戰下作為警戒雷多公路的一個支柱，在突破中緬國境畹町前，共渡過十個月的工夫，與我部隊進行激戰。優勢的敵人兵力，在遭遇到勇戰悍鬥的皇軍出血戰術之後，全部隊已差不多消耗殆盡，現在該部隊集中於畹町以北，企圖恢復戰力中。這一期間敵人的犧牲，約達十五萬人，現正重新整頓。這一事實是由敵俘虜所證明。這完全說明了敵人雲南遠征軍，在遭受我軍猛烈打擊後，已受到極大損失。

今年棉貸十六萬萬

【中央社西安六日電】陝省農會今召開棉貸會議，到長安、汚縣、太谷等卅餘縣代表。對呈報棉畝請領貸款、×包雜費、協助獻棉等，均有具體決定，並已呈請省府核示。又據關係方面息：本年棉貸中央已核定為十六萬萬元。

【中央社瑞金五日電】贛出席六全大會代表，因受戰局影響，交通困阻，各縣選舉停止舉行，代表產生改由省黨部提具加倍名單，呈請中央圈定。

【中央社寧夏五日電】寧省出席六全大會代表選舉事宜，經決定初選代表各縣市共卅人，並派定委員十一人分地監選，初選三月廿日前辦竣，複選定三月廿八日舉行。

【中央社雲和六日電】浙出席六全代會代表，定三月廿九日在省復選。第六次省代表大會於同日開幕。該省黨部已分電七十六縣市黨部，於十日前將代表分別產生，如期來省出席，中央派黃委員紹竑為監選員。浙六屆省執監

八四

委員中央核定執委九人，候補五人，監委五人，候補二人。

〔中央社重慶五日電〕中央宣傳部主持之對沿海區同胞播講，業已分期開始，四日請粵籍參政員陳紹×以潮語播講，略謂：「凡我沿海同胞，均須隨時隨地協助登陸盟軍殲敵，如同法國民間武力之打擊納粹軍者然。」五日晚請前上海市政府秘書長周雍能氏用上海話廣播，六日則請立法委員盾浦劍氏用溫州話廣播。

同盟社說法國拒絕作為邀請國參加舊金山會議是企圖代表小國的利益

〔同盟社東京七日電〕法國拒絕作為一個邀請國參加舊金山會議，它拒絕的理由，據正式的聲明，說是法國沒有參加頓巴敦橡樹林、雅爾塔兩會議，因此不能對該決定負責，問題不單是這樣。根據新聞紀事報報導：法國對於在頓巴敦橡樹林、雅爾塔會議的決定，即作為新安全保障制度「憲章」的基礎的不滿，而要求作為「重新討論的基礎」。但三大國的企圖是以自己的決定為基礎，壓迫小國參加安全保障，以便確定大國為盟主。而且憲章規定大國不加制裁而犧牲小國使之盲從大國的意旨。但是這一決定，沒有「議論」的餘地，小國包括法國在內只有站在這個基礎上，盲目加以判斷，這樣法國對大國的「權威」不加肯從是很當然的。法國的意圖是拒絕邀請國資格出席舊金山會議，能同邀一分担專制的責任，而作為一批評者，代表小國的利益，其結果是使自己變成一個大國的地位（其中有一句遺漏），它的企圖能否成功尚是一疑問。

〔同盟社里斯本五日電〕巴黎來電，戴高樂政權拒絕了英美蘇三國邀請出席舊金山會議，戴高樂政權再三要求參加克里米亞會談，以討論國際安全機構案，但這一請求遭受拒絕，法國政府拒絕作為一個邀請國參加舊金山會議亦是這個原因。

海通社記者談攻入日本的歷史

〔海通社東京五日電〕河堺俗報導：除了六百五十年前蒙古人觸短的插曲之外，日本從來沒有被外國軍隊侵入過，因而日本人民慣於確信：他們的三島不會受到任何敵人的進攻，而這反乎規律似乎是不可想像的。這樣可能性的思想在日本人民看來簡直是妄誕的，正由於這一原因，現在正在心理上給日本人民以入侵可能性的準備，同時使他們相信：入侵決不會意味着失敗，相反地，會引渡到事件最後勝利的轉機。不久以前，人們一而再地聽到日本人當中發出吃驚的問題：「他們是否可能來呢？」這時，他們變成習慣於此種威脅的可能性，代替了原先的問題，今天人們聽到挑戰的話：「讓我們來吧，我們有了準備！」過去數月似乎給日本人帶來了這樣的信念，今天，他們的國家正面遇着類似十三世紀蒙古人征攻那樣的危機。一二九一年蒙古人在九洲登陸時，日本遭遇了嚴重危險。因為蒙古人是當時世界上最大的軍事力量，裝備有新式武器，遠超乎日本之上。蒙古人的箭在甚至日本最好的射手也不能達到的地方就把日本人擊倒了。日本徒步者對蒙古騎兵閃電式的進攻實際上是束手無措的。可是，嚴格地說，他們於其防禦形成了活的城牆，以阻止敵人的進攻。只是當一部份蒙古人，於其徒然進攻，撤退入其著名的神風號船隻之後，才追上消滅他們，當時，日本人表示：他們不會被物資抑或是數量上的優勢所嚇退。因此，假若同樣的精神、信心以及犧牲的心願今天又鼓舞着日本人民，這是不足為奇的。

同盟社傳美將更動軍事首腦

〔同盟社斯托哥爾姆四日讚〕據紐約日郵報報導說：目下在華盛頓正考慮一大規模地更動東西兩戰線的美軍首腦人員。即是說，（一）為了使歐陸戰場的美、英軍與蘇軍的作戰取得密切的配合起見，將設置英、美、蘇聯合參謀委員會，第十二集團軍司令官布萊德雷中將為美軍代表，第二十一集團軍司令官蒙哥馬利元帥為英軍代表，第一白俄羅斯前線蘇軍司令官朱可夫元帥為蘇軍代表。（二）羅斯福已考慮起用美國聯合艦隊司令官金氏為太平洋艦隊司令官，但遭到陸海軍的反對，因而聯路起來，缺乏果斷。尼米茲與麥克阿瑟兩人，皆在另外的最高指揮之下。……因此美國政府似乎準備任命美陸軍參謀總長馬歇爾為全×戰的總指揮官，從而起用政熱心軍攻歐年最高指揮官艾森豪威爾，作為美陸軍參謀總長馬歇爾的繼任人，至於艾森豪威爾的繼任人，則起用布萊德雷。

同盟社報導敵在冀魯戰果

〔同盟社石門五日電〕河北省中南部地區，自昭和十九年三月一日至二十年二月底，我現地軍擊滅延安匪的作戰綜合戰果如下：收容敵屍體四千九百三十具，俘虜六千四百九十二人，摧毀敵設備一千二百七十處，繳獲步槍六千四百零四支，手搶二千二百五十二支，輕機槍六百四十五挺，刺刀三千三百六十把，手榴彈一萬四千三百九十六顆，擲彈筒四十八個，自動步槍一百一十八支，自行車三百五十六輛，其他器械甚多。

參考消息

（只供參考）

第八一二號

解放日報 新華社 編

今日出一大張

卅四年三月九日

星期五

德國報導
南新政府成份

〔海通社貝爾格萊德八日電〕倫敦流亡政府前任總理蘇巴西區，爲以鐵托元帥爲首的南斯拉夫新內閣的外長。新內閣由廿八位閣員組成，其中包括八位哥羅提亞的議員，十二位塞爾維亞議員，一位門的內哥羅的議員，兩位馬其頓的議員，四位斯洛伐尼亞的議員及一位回教徒代表。

德國報導
羅亞塔事件

〔海通社柏林七日電〕倫敦訊，羅亞塔將軍的逃走在羅馬引起了第一等的政治危機，街上的騷亂更爲加強，炸彈投到了大街上，卡拉比尼利車站投有炸彈二枚，結果三人殞命。科艾里監獄區亦發生騷亂，此處羣衆（有婦女多名）企圖解放犯人，但被警察及消防隊所阻止。投擲炸彈之一是共產黨曼齊尼，他後來被自己（？）的手榴彈炸死。當局採取了嚴厲的辦法，以防止羅亞塔將軍逃入梵蒂岡城（？）。內閣星期三舉行長時會議，但無結果而展期。

同盟社傳
英空軍半年損失十萬人

〔同盟社里斯本六日電〕據倫敦來電稱，英國空軍大臣辛克萊六日在下院承認，最近德國流星彈更加猛烈地攻擊英國的事實後，說明英空軍損失的比率如下：反軸心國空軍損失的比率由一九四二年的百分之四點一減爲一九四四年的百分之一點七，現在英國空軍擴大至最大限度，已有二十萬青年在自治領受航空訓練，如果不減少英空軍的嚴重損失，那末英空軍就不能確保其優越地位。英空軍自一九四四年四月至九月的半年中，死傷和失踪的人員已突破十萬人。

同盟社報導
歐洲解放國家通貨膨脹嚴重

〔同盟社東京五日電〕當一國軍隊侵入敵人時，當然可以發行責任明確的軍票，充當通貨，但是美英軍在南意大利，北部法國登陸後，發行的

知道邱吉爾在雅爾塔會議上，曾發言支持羅馬尼亞，拉德斯哥估計一旦羅馬尼亞進行抵抗，蘇聯將需要三十個師團來應付。他認爲蘇聯現在忙於東綫的戰事，不會抽調這樣多師以資利用，目前在羅馬尼亞海岸附近的四艘英國巡洋艦，作保護在康斯坦薩卸下軍用品之用，這可能誇大了英國在這一賭博中底權力措施的××，當拉德斯哥發表猛烈攻擊羅馬尼亞共產黨領袖的演說以後，以蘇聯維諾格拉多夫將軍爲首的盟國軍事使團立即召開會議時，似乎使團在態度上沒達到一致。維諾格拉夫二月廿六日飛莫斯科後的第二天，便伴隨着對女共產黨領袖安娜，巴夫德爾（羅國）的猛烈攻擊。他報告以後，克里姆林宮便採取斷然決定，副外交人民委員長維辛斯基便負責執行這些決定。他於二月廿八日到達布加勒斯特。三月一日，蘇聯坦克開進布加勒斯特，羅馬尼亞駐軍被解除武裝。羅馬尼亞部隊交出武器後，被從首都調開。同時解散羅馬尼亞憲兵，警察減至六千人。

〔海通社布加勒斯特八日電〕羅馬尼亞新總理格羅查星期三對記者稱：新政府的人員都不是急進政治家。然而，這並不意味着不清洗羅馬尼亞各機關中的「法西斯份子」。新政府的第一個任務，便是實行土地改革，與恢復合法制度。

〔海通社柏林七日電〕布加勒斯特訊，有強烈共產黨傾向的農民黨領袖格羅查，組織了內閣。塔塔萊斯哥將任副總理兼外長，約拉斯坎努任國防部長，巴特拉斯坎任司法部長。

〔海通社柏林七日電〕倫敦訊，「新聞紀事報」稱，羅馬尼亞事件使雅爾塔決定辛酸的考驗。據指出，英美亟盼參加解決羅馬尼亞問題，但至今未收到回信。

〔海通社柏林七日電〕里賓特洛甫發言人根據威廉街收到的情報宣稱：蘇軍已解除布加勒斯特及若干羅馬尼亞地方城市守軍的武裝。據稱，英美代表沒有自由××××停留於一定的地區，只有具有蘇軍統帥部的特別許可證，才能離開。

〔海通社柏林七日電〕星期三里賓特洛甫的發言人宣稱，守備布加勒斯特及其他省城的羅馬尼亞軍隊，在羅國共產黨政府成立後，即被蘇軍繳械，這個共產黨政府是克里姆林宮堅持要求的。發言人指出：英美在羅國的代表，包括軍事人員在內，沒有行動的自由，他們不准離開其駐地區，如果他們要離開，就須有蘇軍指揮官的特別許可，日前一英軍上校因未被許可擅離駐地

軍票，那就是犧牲被侵略國民的最慘酷的商品。首先從意大利來看，軍票與里拉之間的換算率，是百分之八十三，一百元才換十七元。據去年末的調查，八百七十五億里拉的軍票，加上舊里拉，共有通貨二千六百億，在此情況下，是無法安定國民生活的，物價全面的上漲。意大利有名的馬克羅德，高漲一百十八倍。去年秋天的物價情況，十個雞蛋值三十五里拉，一公斤糖值四百里拉，一公斤奶油值三百五十里拉，一磅白麵包值四十五里拉，一雙鞋值五千里拉。但勞動者每日的收入，才三十里拉。羅馬在平時的人口爲二百萬人，但一下子擁來大批難民，增到二百多萬人。每個月必須確保五萬噸的糧食，但實際上只有二萬噸，而且大部份的糧食，是暗地裏流進來的。失業者像洪水似的，羅馬市民有百分之十是沒有吃的，吃一頓飯要二百個里拉至三百個里拉。法國除了軍票以外，法蘭西銀行券並流通六千多億法郎，與美元及英鎊的交換比率，亦趨低下。食糧方面的情形是非常惡化的，現在在巴黎，不能得到一點石炭。因爲物資不足，因之美軍將士們都偷出軍需物資，以昂貴的價格出賣……會在本國誇張其觀察的結果，說道：法國在納粹佔領時，享受着「消費景氣」。希臘現在很像第一次世界大戰後德國當時惡性通貨膨脹的國家，要算是希臘了。自去年美英軍登陸後，更迅速惡化，德國佔領當時，僅有通貨二百一十億希幣，然而不到半年，已發行到三百萬兆的一千五百三十萬倍。這樣的天文學數目字，舉個對通貨失去信仰的驚人的例子，去秋一根紙烟，竟賣到五百萬希幣。新政府在英國援助下，發行了金準備的新希幣，一磅換六百新希幣，一新希幣換五百億舊希幣，以此比率着手處理通貨，只要政情不安，是無法希望安定通貨的。而國民的生活，也只有呻吟在飢餓狀態中。

比利時　比利時的通貨，也有一千八百五十億法郎，較德國佔領當時增加三倍。爲整頓通貨問題，去年十月曾成立了英國比利時通貨協定，繼之公佈了整理通貨的辦法，即一萬、一千、五百、及一百的比利時銀行券，均於十月十三日以後，停止流通。（以下譯不出）

海通社報導 羅馬尼亞政情

【海通社柏林八日電】可靠人士方面的來訊，現在說明了羅馬尼亞總理拉德斯哥執於進攻共產黨的問題。人們都知道：他是爲皇室所支持的。但現據悉，拉德斯哥相信將獲得英、美方面的支持，他相信在雅爾塔會議上，已決定在戰爭結束以前，不改變佔領各國現在存在的民主政府。而且，他[illegible]而被扣，他的全部行李均被沒收，經過數日該上校始得被釋及索回行李，發言人宣佈，最近在保加利亞亦有同樣事件發生，有名望的英人，即因同樣原因被扣。發言人描寫羅馬尼亞政府爲純粹共產黨政府，因爲較一般自由主義者參加，只是一種粉飾，這些自由主義者毫無權利。

紐約郵報主張 將日本變爲農業國

【同盟社里斯本四日電】據紐約來電，二日之紐約郵報，登載該報專報導財務部的戰後案，據說美國不僅剝奪戰後日本的軍事力量，並且剝奪日本的全部工業與海外領土，僅留給日本以本國領土作爲一個農業國家。實際上這就是抹殺日本的提案。該報所報的要旨如下：據財務部的對日處理分案，日本全部工業將被剝奪，完全使之成爲一個農業國，在軍事政治經濟上使之居於一個弱小國家的地位。財務部的案件已經完成，將與國務院案，陸軍部案一併提交總統，並與處理德國案要求最苛刻地處分德國案件相同。該案大致根據下列方向：（一）全部剝奪日本海外所領有的地方，戰後日本將限制於日本本土一隅。（二）撤毀日本的全部軍需工業，其工廠機械設備，移到附近的地域。（三）日本在戰後的賠償將不用現款，而以物資支付，從日本所取得的工業設備亦成爲其中的一部份，並限制外國向日本投資，僅承認投資開發日本輕工業及農業，日本的農業可以繼續存在。

同盟社報導 在華美空軍動向

【同盟社廣州三日電】在華美空軍，爲準備將來大陸變爲主要戰場，不斷增強基地羣，以便使大陸上的空軍兵力，有廣泛的機動性，爲此，不斷設法造成這樣三個集團圈，即在西北地區（包括赤色地區）以西安爲中心的第三十八航空隊基地羣，以成都爲中心的第二十航空隊基地羣，以及在西南地區以昆明爲中心的第十四航空隊基地羣。但另據昆明來電，在華美空軍主力第十四、第三十八兩航空部隊最近依然向昆明附近集結，其飛機約有七八百架，第二十航空隊，則後退至加爾各答，最近B二九式敵機，對日滿及大陸方面的不太活動，似乎可以證明上述說法，不過以昆明爲中心的陸空軍，卻不顧惡劣氣候，連日出擊南中國海方面，威脅我南方的交通圈，如二月廿五日，竟猛炸中立地帶澳門，此外還連日偵察廣東地區，散佈恐怖的傳單，顯現出令人警戒的動向，如是可見西北基地羣雖在不斷增強中，但在華美空軍主力依然集結於西南。其所以如此，是爲了策應菲島戰事而採取的一種態勢。根據當地軍判斷，美空軍恢復呂宋島克拉克基地羣

建設完了，把轟炸機移駐該地區時，將大規模地有組織地連續轟炸南中國海和沿岸各地，可見在華美空軍的作戰目標，其中心依然在大海近岸作戰，因而敵人這一次作戰的預備行動，殊堪注目云。

羅隆基論「政治的民主與經濟的民主」

「本報訊」羅隆基作「政治的民主與經濟的民主」（去年十二月十六日昆明「民主周刊」第二期）一文稱：中國現在既無政治民主，亦無經濟民主。中國極大多數人要求此二者，惟二者孰先的問題是不簡單的。羅氏稱：「在我的觀察，中國最近的前途，有這三個可能：（一）經濟上工業化，而政治上沒有民主；（二）因經濟上的工業化却造成了英美式的資本主義的民主；（三）建立一個政治的與經濟的眞正民主。……中國先建立經濟的民主，再進而求政治的民主，這途徑怎樣？這等於說中國先開發工業，但在開發工業的時候，採用蘇聯的許多經驗，來到中國做試驗。在這裏，有一點要特別注意。在蘇聯是先有無產階級的專政，由無產階級專政而後大規模開發工業。用無產階級專政，來保證資本主義的不產生。這條路在中國有很大的困難。這些困難，我不願在這裏討論。但中國共產黨，依據他們的經驗，他們亦沒有採這條道路，所以他們是從新民主主義到新社會主義。那末，中國到底走那條路？在中國，民主運動與工業化是同時並進的運動，這是不可避免的事實。我的看法是這樣：假使中國能做到極大多數人駕馭國家，由國家來開發工業，這或者能避免資本主義的過程，走上眞民主的道路。這裏，我說的還是先有政治的民主，走到經濟的民主。用政治的民主來保證經濟的民主。……中國社會，大體說來，在財富上的階級綫沒有當年英國那樣深刻嚴重，所以中國在避免資本主義生產的問題上，談不到階級鬥爭。……果眞讓人民先有政治的平等自由，多數人必能利用這些自由平等權以駕馭國家，再用這樣一個政治民主的國家以進行工業化，大多數人民既能掌握政權，他們自己必力求防制資本主義的產生。……這裏，我們更可充分利用英美法百餘年來的歷史及蘇聯廿餘年的經驗做參考，因爲用政治的民主來保障經濟的民主，所以根本用不着階級專政。因爲中國今日尙無資本階級，不由資本家領導民主，所以不至成立資本主義的民主。……這裏的關鍵，是怎樣建立政治的眞民主，怎樣能使普通大多數的人民眞能掌握政權，於是眞能掌握國家這個工具。……當然這是一個極困難的問題。在我看來，這是中國當前唯一合理的出路！」

吳景超講演「戰後美國的資本會來中國嗎」

吳景超在西南實業協會星期五聚餐會上發表一篇講演，題目叫做「戰後美國的資本會來中國嗎？」最後講到美國人担心中國在戰後國內能否和平，這決定美國投資的去向。「當我與美國的朋友討論這個問題時，他們提出很多的質問，比如中國的技術人才是否够用呢？中國自己能够籌集若干資金來配合外資呢？中國的法律對於外資是什麼待遇呢？中國政府有什麼保證對於外資將來不會沒收呢？中國對於外資利用後的還本付息有什麼把握呢？這些問題都可以想法回答，回答後也可使對方相當的滿意。但是有一個問題，這每個對於中國關心的朋友都要問，而我們的答案不易使他們疑團盡釋的，是戰後我國的國內和平與秩序問題，他們常問：日本敗了之後你們自己是否還會發生內亂呢？共產黨的問題是否可以和平解決呢？我們儘管說不會內亂，[illegible]會說共產黨的問題會和平的解決，美國的朋友總會帶着懷疑的心情，好像是問：「你說的話果眞可靠嗎？」我們的答覆是否可靠是另一問題。但有一點是可靠的，就是假如我們於外患消除之後還再發生內亂，那麼，美國對於中國的同情，經過了八九年的對日苦戰換來的，一定會完全毀失。美國的資本決不會流入我國，決不會來幫助我們的經濟建設。經過了將近兩年的在美研究，使我深信戰後我們是否可以得到美國資本的援助，其主要的關鍵，看我國是否在戰後能眞正的統一。假如這一點做到了，別的問題都是次要的，都可迎刃而解。在歐戰將終的前夕，我們關懷中國的命運，不得不對於目前的民主統一運動，寄以熱誠的期待。」

掃蕩報在一月廿八日特寫吳氏講演做了一篇社論：「外資與我國經建問題」，認爲只有盟邦人士援助中國經建，才能促進國內的統一，保障國內的和平。否則，是本末倒置的想法。「……我們的答案不易使他們疑團釋的，是戰後我國的國內和平與秩序問題。其實，我國建國成功，即國內和平，秩序決不會成爲問題。我國建國的重點在於經濟建設。而經濟建設，如實業計劃所示，實以交通建設爲最主要的工作。交通發達，可以促進國內的統一，而統一正是和平秩序的保障。所以，一切關心中國的盟邦人士，正應認淸中國問題的本末先後，而以大量餘資，投諸中國，以促戰後經濟建設的成功。」

掃蕩報社論：實行憲政必由的大道

一月卅一日該報社論：「[illegible]逢敵人在中國戰場[illegible]之日，也當是我們所謂黨派問題波動劇烈和

耳語謠言特別離奇之時。在這過去是司空見慣了。而現在使我們不無感到奇異者，即是有若干主張民主的人，似乎不願開國民大會，而主張開一種所謂「黨派會議」。理由何在，我們還不甚清楚。不過，在理論上說，民主政治應是全民政治。黨派會議稽之中外歷史，實無前例。在中國，我們相信，國民大會可以包括各黨各派，而各黨各派決不能等於全民。因此，在責任上，本黨要奉政於民，只能奉諸國民大會，而不能交於國民中一小部分之黨派，我們相信，這是天經地義。如不贊成國民大會，有何民主可言呢？」

昆明西南聯大教授筆談國內外形勢

【本報訊】據二月五日新華日報載，昆明「新論衡」週刊今年年初發動了一個新年筆談會，邀西南聯大教授曾昭掄、吳晗、伍啓元、楊西孟及其他學術界人士參加筆談。筆談問題是國際大勢，東方戰局，中國各方面應有如何興革等。（一）關於國際大勢，大家認爲今年可能結束，歐洲政治形勢雖複雜，但大勢將是英美蘇合作，民主政治普遍發揚，法西斯殘餘勢力定可一掃而清。（二）關於東方戰局與中國任務，曾昭掄說：今年「大致美國將繼續對日本外圍猛力壓迫。美方攻勢第一步，將是澈底摧毀日本在菲島的實力，由此割斷日本在海上的所謂「帝國生命綫」。假定菲島戰爭可在今年四五月結束，那末夏天美國將對日本採取次一進攻步驟，這一步驟可能是在中國東南部海岸登陸，也可能在台灣登陸。美軍是否將在中國登陸，要看我們對於抗戰是否努力。」周新民提出要「配合敵後部隊，掃清蘇魯皖三省的海岸，以迎接盟軍的登陸，並配合對日的作戰。」吳晗說：「東方戰局的發展，和東方政局的能否革新具有不可分的聯系。……然而日本的海軍被消滅以後，……消滅日本陸軍的任務，必然落在中國身上。然而，中國陸軍能否承受這使命，主要的契機，在於中國的政局能否隨世界政局的發展，而有根本的澈底的更新。」（三）關於中國的形勢和應有興革，大家認爲敵人會不會進犯雲南，決定我們自身有無準備與決心；只有動員與武裝雲南人民，敵人才不能進犯雲南。關於中國應有興革，曾昭掄說：「法國復興的快，最值得我們借鏡，在戴高樂將軍領導之下，法國左右各派，一齊團結起來，共同爲國家努力。過去發國難財的法國人，不但全部財產被沒收，還要判罪。幫助敵人的法奸，也沒有一個漏網。」伍啓元說：「從國內經濟的觀點看，去年最值得記取的失敗有兩點：一是……（新華日報原文如此）第二個失敗是強使富裕階級負担戰費的運動，遭受了慘重的打擊，有錢的人至今還沒有出錢，他們至今還沒有負担戰費。他們的生活，還是像過去一樣的奢侈。」楊西孟，主張今年要增加生產，改善分配，「使富裕者們負担戰費，把他們國內國外資產的極大部分貢獻國家，這樣才能停止通貨膨脹，減低物價，使士兵的生活能夠充分的改善。」吳晗說：「在政治上應該有新的合時代合人民要求的新變革命。結束訓政，還政於民，完成民有民享民治的政治，完成全民動員，以全民力量，爲國軍後盾，在整個盟軍戰略中，中國陸軍負荷着摧毀日本陸軍，在日本本土登陸的任務。……外交上，應該加強中蘇邦交，用事實上的民主政治爭取美國軍民的信心。……」

大公報社評：展開民主憲政的坦途

一月二十九日該報社評，又將大要[illegible]但不需要[illegible]的原則提出：家開誠相見，加緊團結。「當前中國的情形，絕不容許暴力革命，最需要的是同意革命，和平革命。……我們必須開放言論，使人民自由論政，以培養共政治意識，而在政治機構上，常能新陳代謝，多給機會，以事務磨鍊人才。切莫行強力政治，那是與民主精神背道而馳的。國家既不容許強力革命，而政治的改革與進步也不是高呼幾聲標語口號所能達到的。大家要認清，內外環境所迫，非團結不可，誰也不能單獨負担這艱鉅的重任。當此重大時會，我們願以人民的名義高聲呼籲：請政府及各方都有量有誠，開誠相見……加緊團結，大量革新。」

甘財廳長易人

【中央社重慶八日電】國府七日令：（一）甘省府委兼財廳長陳立廷呈請辭職，准免本兼各職。（二）任命洪軌爲甘省府委兼財廳長。

【中央社綏西六日電】行政會議以本省連年秋收，決定本年（一）減少農民負担糧廿五萬市石；（二）由商民負担十萬石；（三）撥兵工二萬人爲農民修渠；（四）應征國民兵綏至春耕後入營；（五）撥款五百萬元作爲勸勞運動獎金。

【中央社永安七日電】據悉，中央儲蓄會東南各分支機構，已奉令裁撤。

【中央社重慶七日電】最近負責桂柳戰役之第×戰區司令長官張發奎抵渝述職，據談：去年十月廿九日，敵以三個師之兵力圍攻桂林城郊時，我守城部隊僅有一個軍，火力懸殊，致我守城官兵傷亡總數達三分之二以上。第一三一師長闞維雍少將，防守司令部參謀長陳濟桓中將，三十一軍參謀長呂旃蒙少將以次中下級軍官八十餘員，均戰至最後一彈，仍嚴守陣地，從容死難。

【合衆社紐約七日電】中國行政院孔副院長因胆汁及胃病，今日在醫院中施行手術，經過良好。

參攷消息
（只供參考）
第八一三三號
解放日報·新華社編
今日出一大張
卅四年三月十日　星期六

傳美邀請蔣介石出席舊金山會議

【海通社柏林七日電】華盛頓訊，美政府請蔣介石出席舊金山會議。但至今回信尚未收到。據估計，蔣介石將拒絕此邀請，理由是他不能在現在戰爭情況下離開中國。

大公報說國民黨選出八個代表參加舊金山會議

【路透社重慶九日電】大公報載稱，中國業已選出八個代表，出席下月份的舊金山會議。官方尚未發表正式公告。

【中央社重慶九日電】參政會駐會委員會九日舉行第十三次會議，聽取政府外交施政報告。由最近返國述職之駐英大使顧維鈞代表外長宋子文出席報告最近國際情勢，與克里米亞會議經過，暨我國對舊金山會議之準備。會議於晨九時舉行。到主席團張伯苓、莫德惠、王寵惠、王世杰、江庸，參政員冷遹、黃炎培、左舜生、陳啟天、江一平、錢公來、王普涵、許德珩、王雲五、孔庚、王啟江、陳博生、許孝炎、李中襄。秘書長邵力子、副秘書長雷震等。由王寵惠主席，秘書處報告文件後，顧大使在熱烈掌聲中起立報告，首述克里米亞會議召開之動機與會議之經過。顧氏稱，在此項會議召開××，各國人士××××期望，但亦多焦慮，假使不能將各項問題得一解決，必×同盟國家誤會日多，不但對於戰後和平合作發生障礙，且對當前作戰，亦會有不良影響。八日之會議結果，三國彼此間極爲協調，各項問題均獲解決，其內容已詳於發表之公報。顧大使至此即將會議中解決之各重要事項，如波蘭、關於被解放的歐洲各國之憲章、與未來之四個國際機構處置佔領後之德國賠款問題，三國外長會議，舊金山會議，逐項加以說明。顧大使認爲此次羅斯福總統一變美國歷來政策，積極參與處理歐洲問題，與英蘇兩國負同樣責任，實爲美國對歐洲外交史上一新紀元。關於四月廿五日舊金山會議將討論之議案，顧大使亦提出若干問題，作××之報告，同時並謂我國對舊金

，大的貪污仍然是沒有辦法的。眞的改革內政，還是要大的困難得到解決，政治眞的走上民主才行。要解決國內問題，首先要中蘇友好，中蘇友好，必需要在歐洲的英蘇的問題解決，因此希望美國能加速的斡旋英蘇間的問題，而我們自己，是更需要努力的。」

【本報訊】據二月十七日華西晚報載，第三黨領袖章伯鈞主編之「中華論壇」雜誌，創刊號已在渝出版，第一篇文章爲章氏自作之「一九四五年的民主諾言」。

大剛報論「國共團結與實行民主」

【本報訊】貴陽大剛報一月三十一日社評「論民主的前途」稱：「民主，這一抗戰基本的大問題，延至七年以後才來解決，本已過晚，況值此勝敗的樞紐之年，……『和』也再無時間可拖，愛國愛時，我們不能不呼籲從速實行民主！」又稱：「和民主同樣重要而同樣沒有圓滿解決的另一大問題，是國內團結。……不過，團結與民主雖爲兩件事，實際上是互爲表裏的，團結應以民主爲內容，民主應以團結爲基礎，唯如此，團結才是眞團結，民主才是眞民主。幾年來痛苦的經驗告訴我們：民主政治所以遲遲推延沒有實現，是由於團結尚有問題。實則，正因爲政治未能民主，民衆對團結問題推動的作用不大，團結問題不僅未能早獲合理解決，而且親痛仇快的事竟屢見不鮮。今中央決定提前召開國民大會之後，中共代表周恩來氏突由延來渝，誠如本報二十七日重慶專電所說：『各方對此極爲重視，咸感團結問題，露光明。』『唯政治癥結民主，把問題公開在全國人民之前，僵持七年的團結問題，始可望迎刃而解。』」該報謂：「『民主喊不出來，或是空喊而徒使渴望的人民失望，是於事無補的。』……當然，民主並非一蹴可及，諸如國民大會代表之選舉，人民行使四權的訓練，都需有一段準備的時間；但是，實行民主，首在決心。政治是衆人的事，只要我們決定了路向，決心去走，外人不能過問，敵人更不能阻撓。……我們相信，假定再能把民主政治下人民應享的若干權利，提前於國民大會未開前，即賦予人民，則必更可大大鼓舞民氣，徹底消除外人不必要的疑慮。」

【本報訊】一月十二日湖南晃縣中國晨報社論說：「古今中外，一個國家的獨立強盛的基本條件是團結，而保證團結的最基本條件即是民主。因爲民主，人民才知國家之可愛，團結之可貴，才會『兄弟鬩於牆，外禦其侮』。」

【本報訊】貴陽大剛報一月二十三日社論，評蔣介石元旦廣播所謂中國政

山會議之準備，政府正在舉行中。至於遠東問題以及對日戰爭之準備，大使曾就渠個人訪問所得與一般歐西人士之觀察，扼要加以敘述，最後則申論法國之國際地位，及其與各國之關係，以及未來之國際趨勢，並於答覆參政員詢問時，說明各國人士對我國之認識，以爲我國既處於強國之林，自應發行充實國力，以應未來對亞洲與世界所負之責任與貢獻。報告歷一小時半始畢，參政員許德珩王普涵兩氏，曾各提詢問一件，俱經顧大使即席答覆，至十二時許始散。」

「路透社倫敦八日電」英國與重慶間，已能直接拍發無綫電，且於一定之時間內，英國與中國間之電訊，可由可倫坡輪流自動轉換。倫敦與成都間自一九三七年十二月以來，即開始拍發電報。

華西日報
憂慮國大前途

「本報訊」關於蔣介石所宣佈的召開「國民大會」問題，華西日報一月十日社論中說：「進一步研究就會感到嚴重的困難，使人對於國民大會的前途，發生極大的憂慮。」它指出要使國民大會成爲『眞正代表國民而不受一黨一系之操縱把持』，以及通過國民大會所建立的是『最眞的民主國家，而不是一黨一系所玩弄的政權』之『絕對必要的先決條件』，就是『立即實行民主』。又說：『當前嚴重存在的軍事任務……並不能在完成之後，再實行憲，走上民主，而是只有先行依賴民主政治，獲得偉大的活力，才能夠把那些任務逐一完成。』關於如何實行民主，則指出第一、『政治機構民主化』，即『依現有條件，集合全國忠於抗戰，忠於國族，擁護民主的一切黨派，一切實力，一切民衆力量聯合而成的政治機構』。第二、『政府政策民主化』，即『按照民主原則，擬定民主政綱，貫徹實行』。

邵從恩說國共關係的解決
首先要中蘇友好

「本報訊」據一月八日雲南晚報轉載華西晚報邵從恩談國共問題稱：「在國內：……（夾着唏噓的音調）我總想不透，爲甚麼大家的成見會那樣深。從抗戰開始起，好多人都爲這件事奔走呼籲，但他們爲了維持那種『黨高於國』的成見，奔走呼籲的人們只得到一種沒有結果的結果——繼續談判的聲明。……當他們都擁有大量武裝的時候，炮火的聲音是比人民的聲音還要大些的。」談及國民政府人事調動，邵氏說：「政府的人事調動，是否有助於內政改革？我看很不够。即如說明這個力量來對付貪污吧，還不是只對付那些小貪污

治止兩大毛病，一爲手續繁，二爲政令不能貫徹，形成了公文政治。該報稱：『其實現政治之最大的弱點，倘不在層層公文等行政技術方面，而在於政府與人民之間不够聯系，不够打成一片，渾然一體。』而所謂人民，不能忘了佔絕大多數的鄉下人。他們出兵出款出糧，『只知道是政府的催逼。……他們很少有「阿斗」的自覺，很少知道三民主義已經承認他爲民族國家的主義。……』他們確實感到政府就是他們的主宰者，政府要他們出力出錢，不出就要受罰。官民利害相離，政府與人民間有一道鴻溝存在，這種情形，越到險危時期越爲顯著。……倘我們的人民都能够與國家發生直接的聯系，即他們的意見能隨時受到代表國家的各級政府之採納，而政府凡所措施，亦須對他們的代表人——民意機構負責，則……他們與政府之間的一道鴻溝，就立歸消滅。」又稱：「倘我們有了產自民選確有實權的地方民意機構，在這時就必能大大的分担政府之勞，而做起來一定更爲順利。故就事功觀點而論，發揮政治效率的秘訣，也在這裏。」

國民黨內發起「救黨運動」
甘乃光主張總裁普選

「本報訊」二月一日貴陽大剛報載重慶電稱：國民黨六大代表之產生問題，經迭次商討結果，名額定爲六百名，計後方省市二百八十名，軍隊百一十名，海外五十九名，戰區五十六名，青年團六十名。……無法選舉地區，由當地黨部提出加倍人數，呈請中央指定。各地代表均限三月底以前選舉。

「本報訊」一月二十七日大剛報載重慶特派員通訊，內稱：「國民黨決定在五月初召開六全代會，在一個黨務座談會裏，甘乃光氏主張應當絕對民主，實行普選，各地遍設票櫃，凡是黨員均可憑黨證投票。總裁，副總裁均應普選，藉以測驗民意。附議這種提議的人很多。黨（指國民黨）裏的一些前進，也感到黨實在太消沉了，要積極的實行救黨，現在正發動救黨運動，他們說：「亡羊補牢，猶未爲晚。」」

「本報訊」一月三十日大公晚報載稱：「婦女界向（國民黨）中常會請求按十分之二產生六全大會代表一節，茲聞中常會對黨內婦女之勇於負責精神頗爲嘉許，在原則上已允許將中委中之婦女名額增加。據某負責人云，如依所要求則三百中委中婦女即佔六十，按數字上固難談及男女平權，然六十名之婦女中委已打破任何黨之先例，近來黨內婦女莫不積極活動云。」」

中印公路管理問題 紛爭頗多

【中央社重慶九日電】史迪威公路管理問題，業已決定辦法，據甫自昆明返重慶之戰時運輸管理局副局長龔學遂對記者談，此事各方意見頗爲紛歧，經本人開誠商洽，已獲一致，即由本局在滇設立「雲南分局」，與美軍有關方面切實合作，統一管理該路運輸與工程。凡經核准行駛該路之卡車，必須編隊並服從領隊人員之指揮，不得在沿途自設廠站，造成紊亂局面。現已由本局派員在沿綫添設食宿站設備。至於雲南分局之組織，係包括過去之滇緬公路運輸與工程局管理史迪威公路之職權，係至國境爲止。該局之組織設局長一人，副局長二人，兩副局長中，由美軍方面推薦一人充任。預計本月中旬即可發表正式改組命令。關於史迪威公路滇緬情形與工程狀況，據龔氏稱，保密段新路工程已可由土路通車，現有數萬人趕修路面，雨季前可以竣工。此刻每日開入國境之汽車數十輛，爲避免阻礙舖路工作，均繞道八莫，惟此舊路橋樑，多數爲敵人破壞，現亦在趕修中。龔氏並謂，今後史迪威公路運輸物資共分：（一）美軍供應物資；（二）軍事委員會核准軍用物資；（三）經行政院核准之其他輸出品物資三類。龔氏以爲，該路之最大效果，爲卡車之源源內駛，輸油管舖設順利進行。

美軍重視 華西運輸工作

【中央社電】據美新聞處昆明訊：運輸爲供應在華西抗日之華軍工作中重要事務之一，新近成立之後勤總司令部之計劃中，對此一極爲注重。該部有各級之中美軍官執行工作，彼等要求華軍後方之運輸設備，應有重要擴展。後勤部在此設有司令部，並與何應欽將軍指揮下之中國陸軍總司令部及齊夫斯中將之美軍後勤司令部密切合作。目前自史迪威公路駛來之車輛，大多已不復由在中國、印度由美人組織訓練之中國汽車團等負其主要責任，彼等將運輸中國軍隊所需之大部物品。美軍後勤部運輸官員本生上校稱：「每一赴華之美兵，每月需三分之一噸之供應品，須經駝峯或由汽車自雷多運行千餘英里以供應之。吾人每向中國增運一美國兵士，必慎爲考慮第十四航空隊燃料之缺乏，及中國軍隊對軍火武器之需要。中國之司機及工匠居於本國，食衣均係取之國內，彼等耐心苦幹，並熱烈向美人學習汽車之構造，保護及修理。余在印度教授中國部隊凡一年半，深信中國汽車隊修理隊在受有相當訓練之後，即可欣然勝任其工作。遠在吾人得向中國輸送美國後勤工作人員之前，余即懷有信心，期望訓練有素之中國部隊，得從事其大部工作，目前運入供應美軍之物品數量，實尚不及其他諸個戰場之標準。

民，則洛陽人口已[illegible]到戰前的十三萬五千人。洛陽縣商會成立後，附近[illegible]調恢復；最近將接企業的種類，組織企業聯合公會。除了洛陽以外，臨汝、新安、伊川等八縣，由於各自治委員會積極進行建設工作，亦已先後[illegible]成果。最近偃師、鞏縣、孟津、登封四縣，將成立縣政府，這樣由於日[illegible]轉移進行建設工作，豫西的復興將有飛躍的進展。

海通社傳 羅亞塔逃往英國

【海通社柏林九日電】從意大利監獄逃跑的羅亞塔是在赴英途中嗎？這是里賓特洛甫發言人在宣佈西班牙以及梵蒂岡否認爲羅亞塔居留在它們那裏時所作的暗示。發言人稱：幾乎沒有任何人會假定他逃到德國去。英國也不否認吧？發言人亦暗示羅亞塔可能實現原先所暗示的威脅，即暴露意大利降後所玩的强權把戲。威廉街人士確信：意大利共產黨將利用此有利機會，犧牲波諾米以增長它的影響。

【海通社柏林九日電】華盛頓訊，合衆社羅馬訊，因羅亞塔將軍之逃跑而引起的政治危機，由於新的投彈和示威羣衆之襲擊科艾里監獄而趨於緊張，同時波諾米政府的形勢，也還是不穩的。意內閣會又舉行一個歷數小時之久的會議，但沒有達到甚麼積極決議。關於羅亞塔逃跑事件，據羅馬報界意見，羅亞塔將軍獲有强有力同謀者幫助。只在不久不前羅亞塔會自己歸過，會有人想法來救他的。

【路透社倫敦九日電】英國官方本日證實：羅馬尼亞總理拉德斯哥避難於英駐布加勒斯特公使館內。關於英國的這種措施，布加勒斯特盟國管制委員會內美蘇兩國委員及美蘇兩國政府，皆已獲得通知。

海通社評科隆失守 希特勒巡視奧得河前綫

【海通社柏林九日電】星期五的德國報紙，刊載關於科隆失守的軍事評論。報紙同聲說英美之所以有勝利的可能，乃由於德軍被束縛在東綫上。關於此事，德意志人民觀察報首次報導：德軍是曾從西方調到東方。」只是因爲德國需要增援，所以美國才能夠從西方得到科隆的勝利」。該報比較去年十一月十二月間美國在亞琛的「吋士戰」，說他們目前的推進，只有在德國從那裏撤退大部份軍隊之下，才有可能。（下缺）

【海通社柏林九日電】希特勒巡視奧得河前綫，他確信德國士兵的精神及德國的防禦措施。德國報紙刊載他視察旅行的像片，像上看來，希特勒非常吾人常須犧牲享受娛樂性之物品，以運送戰事需要之物品。紙煙雖無何重量，而美軍時或每月僅得兩包。美軍之若干食物，係中國所出產者，同時爲求節省貨實之能容運輸數量，糖果亦有在中國製造者。

重慶發行新貨幣

【同盟社廣東八日電】據此間獲得情報稱，重慶此次由於美國的援助，發行新貨幣作爲改革幣制的第一步驟。新貨幣與美元聯系，它與美元之比率是二與一之比，而與法幣之比率爲一與一百之比。這樣看來，這與以前法幣與美元的比率相比，提高了十倍。這樣可以收回增發的法幣，並使法幣成爲補助的貨幣，藉以防止法幣的破產。同時在戰後以美元爲中心的國際金融界中，採取金本位制，與美英蘇爲伍，以保持四大經濟強國的面子。此次發行的貨幣，在實際上將引起美國支配重慶的經濟，這在國際經濟上，將引起極大的反響。發行新貨幣的目的可說是在於防止通貨膨脹，此次的措置使原來的法幣減低價值，但是這不能消除法幣通貨膨脹的苦惱。

在華美空軍拚命擾亂敵陸上運輸

【同盟社南京八日電】中國派遣軍報導部：粵漢路南段作戰之後，更繼續展開逐漸航空基地擊毀滅作戰，使在華美空軍在華中、華南方面的蠢動喪失基礎，但美方因而拚命加強與擴充新基地。最近則把重點專門放在消耗我航空兵力與妨礙陸上運輸之作戰上，連日向我鐵道設施與我航空基地出擊。即是說自二月一日起到二十日止，在華美空軍的出擊次數共七十九次，出擊機數共三百零六架，若按地區來劃分的話，則過去最多的地方爲六次、新佔領地區一次。現在華北方面則增加爲四十二次，而以攻擊目標來劃分時，則轟炸飛機場爲六次、鐵路設施二十次。華中方面飛機場八次、鐵道設施十次。可以窺見在華美空軍是如何致力於擾亂我陸上運輸。

洛陽物價騰貴

【同盟社洛陽八日電】建設新河南的各種工作順利進展。豫西的中心都市洛陽，於去年八月一日樹立縣政府以來，正式實行各種施策，現在民心安定，治安很好，如元宵節之夜，街上擠着很多人。物價逐漸騰貴，現在本地麥子一市斤七[illegible]，電報局郵政局開門後，電話局及電燈廠亦可於最近恢復。隨着洛鄭鐵路的恢復，洛陽的地位將迅速提高，現在城內有居民八萬三千人，如加上鄰近的鄉鎮居

健壯。

戈培爾說德國的精神力量是目前戰局的轉捩點

【海通社柏林八日電】帝國宣傳部長戈培爾博士在「帝國週刊」所撰的最近一文中，表示他的深信，即戰爭轉捩點即將到來。戈培爾博士寫道：我們有優於敵人之處，這種優越處，是敵人不能予以抵消的。而這種優越處唯有經過若干時日後，始能充分表現出來。這種優越處將產生戰爭最後轉捩點。在精神力和暴力間的最後搏鬥中，前者終將獲勝。但精神力定必遭遇武裝甚佳的暴力。這始終是這樣的，而這就是我們的任務。獲得勝利的第一個條件是爲戰爭而動用我舉國之力。各戰場戰事，將仍屬流動性。戰事恐不會轉到完全停滯狀態，戰爭業已過其頂點，這話並不是說它的激烈性將減低。相反，它在其最後階段中，將再度導引至劇烈使用其武器，然後再突轉而爲相持不下之僵局。最後一回合，亦爲決定最後勝負的一回合。誰也不能預告，這個最後回合將始於何時。這要取決於太多的不可量性。敵人的聯合亦太龐雜，所以我們不能預告這個最後回合在此或彼事件中將如何發生反應。×××說：戰爭精神力的缺乏（如我們敵人陣營所表現的），可以物質上的優勢予以補償。但是歷史已告訴我們，這是不可能的事。同時人民的精神力，亦可預先予以估計。當德國人民在精神上不與第一次世界大戰的負担——這些負担與這次世界大戰的負担不可同日而語——相稱時，他們能再三再四擔起這次大戰的負担，綽綽有裕，人們相信這是一個奇蹟麼？這不是在這兒顯出作用的精神力麼？而這種精神力，在過去敵人從來就沒有了解過，就是在將來敵人也是決不會了解的。

合衆社傳法國動態

【合衆社巴黎七日電】在以後數週中，法國將設法組織小×××，這似乎是對××的反應，法國担心在不久舉行的世界安全會議中，會處於不愉快的孤立地位。據料法國將堅持的兩個××是：法國對××（萊茵？）的軍事佔領，及××聯盟。法國現在恐怕三強自己決定此萊茵的將來地位。

【海通社柏林七日電】巴黎訊，法外長比道爾宣佈，法國不作爲邀請國參加舊金山會議。據解釋：請柬條文的必要修正，將需要太長的時間，因此，法國雖願爲邀請國之一，但將作爲被邀國出席會議。

參考消息

（只供參考）

第八一四號

解放日報 新華社 編

今日出半張

卅四年三月十一日

星期日

英經濟學家雜誌 評國共關係

【路透社倫敦九日電】經濟學家週刊說：蔣介石於十一月十二日召開國民大會成立立憲政府的決定，對於共產黨延安的鐵石心腸，政府曾提出，一旦共產黨同意將其軍隊及地方政權合併於國軍及國民政府中時，即行承認共產黨。經濟學家說，『對於中國未來和平很不幸的，正是這個條件共產黨不願意接受。過去數月中，延安與重慶均在其宣傳中爭取世界輿論的同情。共產黨以模範的共和國和優良的游擊戰成績，迄今獲勝較多。重慶政權已因國內及國外的壓力，被迫擴大它的基礎，使其政策及領導開明。但是共產黨局部的勝利與成就，絕不能掩蓋下面的事實，即共產黨是武裝的政黨，在國家之內控制另外一個國家，而且他們不打算放棄政權或與其他政黨共享之。在這種形勢下，除寬讓步外，沒有其他提議能改變形勢，而這種提議是蔣委員長能夠採取或行將採取的最後一着。』

海通社傳播 我駁斥蔣介石談話

【海通社重慶十日電】共產黨人士，於星期五攻擊蔣介石在三月一日演說中所闡述的原則。共產黨官方通訊社某匿名的評論家，批評蔣介石：蔣介石的說話，有如一個喪心病狂的人，他提議共產黨軍的統帥部，由某美國軍官担任。蔣氏所謂十一月十二日召集的國民大會，被描寫爲欲將中國共產黨拖入國民黨陣營的陰謀。評論的結語要求立刻結束所謂蔣介石獨裁，並要求自由選舉國民大會代表。

英工黨及自由黨 致中國人民書

【中央社重慶九日電】中央社前駐倫敦特派員林咸讓氏，最近由敦返國，臨行時英各團體托其帶回向我國人民致敬書多件，茲將英國工黨及自由黨來書譯誌如下。『英國自由黨來書』：

本人能藉此機會，代表英國自由黨向中華民國懷抱相同思想之男女人士致敬，至感愉快。

吾人雖居英國，但深知世界各地自由份子近年來所遭遇之問題與困難，吾人深悉此種事實，故決心在國內和國際間，重申並加强自由主義之生活方式，吾人必不可失敗，否則戰禍必將再臨，人類自由，亦必再受摧殘。

英國自由黨人相信，今日之世界，正面臨一新而艱巨之工作，即一方面爲民衆尋求保障，使其不虞匱乏，一方面使已遭極權國家所蹂躪之經濟自由，從茲鞏固。自由主義之哲學與方法，實最適於負荷此最艱巨工作。

吾人與中國人民間，彼此需爲互相學習之處甚多，吾×英人研究中國之悠久之文化，及其重視精神力量之態度，獲益甚多，同時希望吾人努力於自由主義，應用於英國人民之日常生活時所獲得之經驗，及其成功與錯誤，對中國人民或亦可作他山之助。英國自由黨××爾汗卡德夫人，英國工黨來書：本人茲代表英國工黨，向英勇之中國人民致敬，衷心至感愉快。中國人民爲了反抗日寇侵略而從事偉大的鬥爭，吾人向×欽佩之心情，予以關切，吾人了解中國人民所受侵略之痛苦，至深刻×，受痛苦而××決心亦愈堅，吾人深知中國×敗××殘之敵人，而獲致勝利，對於中國之自由與英國之自由，同屬必要。吾人盼望並深信，中國民衆不僅能獲得國際間平等待遇，且能獲得社會與經濟之解放。吾人更知中國人民在精神文化及物質方面之生活水準愈高，則英國人民之生活水準亦能提高，吾人對於貴我兩民族間友誼之加深與密切××之建立，深具熱忱，吾人保證願盡全力，協助中國完成戰後建設之艱鉅工作，並協助其實現孫中山先生之偉大目標也。吾人固知英國工黨只求達成之使命，與孫中山先生所畢生致力之使命，實至接近，中英兩國民衆之合作愈臻密切，則成立普遍之和平與增進相互福利之希望，亦必愈大。工黨副主席拉斯基教授，一九四五年一月廿五日倫敦。

【中央社重慶十日電】英國援華委員會主席費瑞，頃致函中宣部王部長，代表該會對我國人民表示敬意。原函云：雪艇部長勛鑒：敬啓者，本人代表本會，謹向閣下致其深摯之敬意，並請向貴國人民轉達吾人對於渠等之英勇與犧牲，表示欣慰之忱。吾人對於中國之最後勝利，抱有絕對信心，並望吾人與中國人民共享和平之一日，即將來臨。屆時統一民主與自由之中國，必能對世界之文明貢獻其智能也。主席費瑞，一月十九日。

滇黔戶政督導會議 建議修改戶籍法

【中央社貴陽九日電】民政廳長譚克敏赴昆出席滇黔戶政督導會議事畢，昨夜返筑。據談，此次會議，除通告各要案外，以建議修改戶籍法為最大收穫。內政部仍感有不改必要，故由會制成草案，其要點為廢除寄籍內制，以×定籍制改為以個人為登記對象，俾融合編查戶口及戶籍法於一爐。

【中央社上饒九日電】僑方來歸空軍郭志偉等七壯士，由滬市黨部等機關派員率領，於九日由屯專車抵贛東，晉謁顧司令長官致敬，某地曾舉行盛大歡迎會。

【中央社重慶十日電】中央團部，為供應青年遠征軍精神食糧，將最近編印之青年讀物捐贈二萬六千四百七十五冊，業於八日分別送交各地青年遠征軍。又悉，重慶支團部，亦已收到團員捐贈之書刊，共約四千八百五十本，刻正整理寄發中。

【中央社西安九日電】英議員胡[illegible]一行，原擬抵寶雞後，即赴蘭州，現又變更行程，於九日夜十時許抵西安，[illegible]將有二三日勾留，除參觀各工合生產社及消費社外，並作公開講演。胡[illegible]在寶曾參觀該地合作社。

【中央社重慶十日電】中國銀行副總經理貝祖貽氏，九日十二時在中國西南實業協會主辦之星五聚餐會中，講述：「英美工商界對外投資問題」。貝氏認為，彼等希望於所投資之國家，殆有如此幾項原則：（一）政治上應有永久安定性。（二）對投資者在法律上應有公平之保障。（三）有關通商之法律，必須合理化。其次則為：（一）有關勞工之法律，必須健全。（二）產銷問題，必須合理。（三）利用技術人材，應不分國別。（四）新投資之國家，須有世界經濟市場之條件。（五）稅則須公平。（六）幣制須穩定。戰後我國如向英美吸收資本，上述原則，必須加以注意研究。

【中央社紐約八日電】中國國民黨美國支部，已選出出席六全大會之代表三人，計為舊金山中國戰時救濟協會前任副會長何少漢，芝加哥戰時救濟協會會長梅友卓，及波士頓中國慈善協會會長余模齊等三人。

楊雲竹在美說 日本三年內不會被擊敗

【美國新聞處舊金山七日電】中國外交部東亞司司長Y．C．楊氏（按指楊雲竹——編者）今日於此會見記者時說，日本國內的民氣仍然穩固，日本軍事領袖將迫使盟軍在日本本土被侵入後，於中國大陸進行決戰。楊氏說，中國並不料想日本迅速崩潰，至少在德國崩潰後一年後。「日本政府仍×××人民。它們將不會因轟炸而垮台。即在美國攻入日本本土後，他們仍將在華北及滿洲堅持戰爭。那裏有重工業可以支持他們的作戰」。楊氏為前中國駐日大使館顧問，並為出席溫泉太平洋學會的代表。他在美國研究日本的×××。

意法西斯黨益猖獗

【同盟社里斯本七日電】據羅馬專電：由於羅亞塔將軍的逃獄事件，引起的羅馬騷動，直至七日仍在擴大。七日早晨羣衆襲擊憲兵的兵營，投炸彈二枚，有二人死亡，勒基那監獄的法西斯黨員，於七日拂曉大舉逃獄，羣衆從外面幫助他們逃獄，羣衆在各處與警官隊發生衝突，羅馬繁華街到處發生羣衆的衝突事件，城內非常混亂，波諾米政府於七日上午八時舉行緊急閣議，協議對策，但是沒有得到結果。下午三時繼續舉行閣議。另一方面，共產黨中央執行委員會於七日發表聲明稱，「波諾米如不立即澈底地刷新內政，則共產黨的閣員和次長將一齊退出內閣。」至此羅馬政權又遭遇到嚴重的危機。

東京新聞社論 新國際機構與蘇聯

【同盟社東京十日電】東京新聞頃揭載題為「新國際機構與蘇聯」的社論，內稱：大國的新國際機構的提案，最值得注意的就是大國組任維持和平和安全的重要任務。當常任理事國的大國是糾紛的當事國時，新國際機構解決糾紛在事實上是不可能的，這一點可以看到。克里姆林宮現在雖然可以說是跟美英合作，但是它不滿意美英。蘇聯雖不反對維持和平與保障安全的新國際機構，但是又害怕這個國際機構轉化為反蘇的機關。往日英國下院討論雅爾塔會議時表示了英國政界的一部份人士抱有根深蒂固的反蘇偏見。某工黨議員說：他們與其說關心波蘭的利益，勿寧說是更熱中於敵視蘇聯。法國人民戰後得到勝利後，反蘇份子在表面上似乎在政界失去了偏向，但是蘇聯亦會知道這個事實，即不到數年形勢就逆轉了。在英國在反蘇勢力這一點上亦比美國稍為遜色，這是衆所周知的事實。而由副國務卿格魯聲明美國不承認蘇聯合併波羅的海三國的事實，亦可看出這一點。因此蘇聯還不會放棄這樣的觀念：蘇聯為各資本主義國家所包圍，它是社會主義的要塞。不難想像將來要發生種種不測的事件。蘇聯關於投票手續的要求亦證明此點。小國方面對於新國際機構變為大國獨佔的機關表示不滿，因此法國藉口未參加敦巴頓橡樹林會議及雅爾塔會議，拒絕作為邀請國參加舊金山會議，據傳它有可能作為小國方面的中心勢力而進行活動。今日法國還不能無視蘇聯的意見而進行活動，因此蘇聯可以與美英結合在一起，由大國的立場壓迫小國，同時也可以利用以法國為中心勢力的小國牽住美英。蘇聯可以說是處在很有利的地位。總之舊金山會議發生一大波瀾，將是不可避免的。

參考消息

（只供參考）

第八一五號

解放日報
新華社 編

今日出半張

卅四年三月
十二日
星期一

孫中山逝世廿週年紀念

蔣介石發表「告全國同胞書」

「中央社渝十一日電」三月十二日，爲國父逝世廿週年紀念日，蔣主席爲策進國民精神總動員，特發表告全國同胞書，全文如下：

今天是國父逝世廿週年紀念日，也就是我們國民精神總動員六週年的紀念，我們在今天撫循國民黨（缺五字）抗戰的前途實在是十分感奮，更應當加倍的警惕。

國父自乙酉年倡導國民革命到今天，恰滿了六十年，這六十年正是我們中國有史以來空前艱險的時期，特別是在國父逝世以後，這廿年之中，世界上的變化更是劇烈，日本帝國主義的陰謀益見囂張，我們中國首當日寇瘋狂行動之衝，隨時隨地都潛伏着亡國滅種的危機，足使國家民族陷於萬劫不復的境地，幸而我們有國父偉大遺敎的領導，有全國仁人志士的繼起，有三民主義昭示我們革命抗戰以正確的方針，又有光明的革命歷史給予我們以寶貴的敎訓，因此我們愛國同胞，皆能集中於國民革命旗幟之下，共同奮鬥，才能夠鞏固我們中華民國的基礎，貫徹我們抗戰的國策。到了今日，世界戰局正在急轉直下的關頭，我們中國也到了大陸作戰的前夕，這是世界史上空前未有的大時代，也是中國史上空前未有的大轉機，同盟會宣言說道：「所謂國民革命者，全國之人皆負革命之責任」，中國國民黨宣言說道：「所謂成功者，非一人一黨之謂，乃中華民國由阽危而鞏固而發揚光大之謂也」。這一轉機正是我們中國由阽危而鞏固而發揚光大的樞紐，這一段最後艱鉅的奮鬥，在六十年國民革命及八年來抗戰的過程中間，關係非常重大，我們能舉國一致艱苦奮鬥，使三民主義完全實現，抗戰目的整個達成，即我們國家民族的地位，就因此提高，後世子孫，就克享無窮的福利；反之，如果稍有因循，

的力量，以「軍事第一勝利第一」的宗旨，作思想行動的準則，不計個人的得失利害，一切皆以達成我們軍事勝利爲目標。我們要實行精神總動員，更要確實完成戰時一切人力物力的總動員，每一同胞都要節約消費，增加生產，服從戰時法令，實行戰時生活，我們要使我們民族不致成爲落伍的民族，就要我們國民對於作戰的貢獻，與各盟邦國民的作戰努力相等。我全國同胞要回溯我們自身八年來親自經歷的艱苦奮鬥，必須使之貫徹始終，要懷念我軍民先烈爲革命抗戰而貢獻生命的英勇犧牲，必須使之獲得代價，所以當此勝利在望的時候，更應該增強我們有我無敵的勇氣，貫徹我們百折不回的精神，以爭取抗戰勝利和革命的成功。

第三，我們要秉持「意志集中力量集中」的方針，任何國家當對外作戰期間，無不是集中全國所有一切的力量，完全爲戰勝敵人而使用，這是古今中外所沒有例外的。同時更必須集中全國人民的意志，而後才能眞正集中全國所有的力量，所以我們在六年前宣佈國民精神總動員綱領的時候，特別着重於此點。我們要回溯我們爲什麼不辭一切犧牲痛苦，與日寇作殊死的鬥爭，就因爲要打破日寇分裂我國，剝割我國的陰謀，就因爲我們國家民族的獨立與完整，不容絲毫的損害，我們的宗旨只有一個，就是要保障我們國家民族的生存，我們的目標只有一個，就是要爭取光榮勝利，消滅侵犯的勢力，從這個顯明一致的目標之下，決不容許有絲毫分散的力量，亦絕不可有絲毫分歧的意志，凡是眞正明瞭民族大義的同胞，都要知道我們的（這中間有可能缺字）抗戰是爲國家民族爭取整個的自由，必須整個國家有了自由，國民個人才有自由，如果國家喪失了自由，每個國民以及後世子孫都要成爲他人的奴隸牛馬，所以我們必須將全國國民的意志集中於「國家至上民族至上」的信念之下，更必須集中前方後方全國的一切力量，貢獻於「軍事第一勝利第一」的宗旨之下。我們抗戰八年，廣大的國土被人蹂躪，無數的同胞備受殘害犧牲，痛苦如此之深，仇恨恥辱如此之重，我們同爲黃帝子孫，眞應該個個人激發天良，以復仇雪恥爲齊一意志的中心，以殲滅寇敵爲貢獻力量的目標，當此最後決定時期，無論政府社會以至於個人應該沒有什麼不可以犧牲，沒有什麼不可以忍受，衆惟一心須共同堅持的，就是抗戰勝利的基礎，決不能使之動搖，國家民族的前途，決不容有所妨礙，必須如此，才能無負我們抗戰的初衷，才能實現我們革命的理想，這是我在今天所要爲我同胞特別說明的。

稍有忽怠，則過去無數志士仁人的艱苦奮鬥和英勇犧牲，就不免功敗垂成，在這個千載一時的機遇之中，我們全國同胞的雙肩，實在是負荷着沉重無比的責任。我全國同胞，必須振作革命的精神，齊一抗戰的步伐，認清道路，對準目標，以最善的努力作最後的奮鬥，務使抗戰勝利與革命完成，在此最短期間之內，畢其功於××，始可以無負於國父以及為革命抗戰而犧牲的國民在天之靈，亦可以無×於（缺六字）。

現在德國的東西兩線，均被突破，柏林圍城之戰，已經開始，日寇的海陸兩面，亦已遭受了致命的打擊，他今後只有在大陸上××戰爭，妄冀挽救其『海上帝國』的崩潰，預計大海決戰的時期，就在目前，而我們中國作戰的任務，必將更重，然而日寇始終不能消滅我們抗戰革命的力量，亦無法阻撓我們民族獨立的精神，他只有對我們施用政治陰謀，策動在其卵翼掩護之下的民族敗類，企圖消滅我們民族的精神，分散我們抗戰的力量，中傷我們國家的信譽，所以我們每一個同胞，必須堅定其對於革命主義的信仰，加強其對於抗戰目的的認識，振奮全國精神，粉碎敵寇陰謀，專心一志以達成我們抗戰勝利的目的，因此我在今天，特別要提起我們國民精神總動員的三點要旨，要求我全國同胞共同努力。

第一，我們要堅定『國家至上民族至上』的信念，國父說：『革命的基礎就是要有革命先烈那樣的××』。又說：『革命先烈的行為，就是不顧身家，犧牲性命，一心一意，為國家奮鬥』。我們實行國民精神總動員，就是要全國每一個同胞，都能夠對國家盡忠，對民族盡孝，必須國家民族獲得生存，個人才有安身立命之所，我們要認定國家民族的利益高於一切，在國家民族之前，應該犧牲一切的私見私心和局部個人的利益，所以大家都應該效法革命先烈的行為，犧牲小己的私利，誠心誠意為國家奮鬥。須知我們抗戰革命事業，就是救國家救民族，凡有利於抗戰與革命者，亦必須有利於國家與民族，凡不忠於抗戰與革命者，亦即不忠於國家與民族，我們一切思想言行，都要以這兩點為取捨的標準，只要我全國同胞堅持『國家至上民族至上』的信念，則抗戰自必勝利而革命亦必成功。

第二，我們要恪守『軍事第一勝利第一』的宗旨，國父教我們『以吾人數十必死之生命，立國家億萬年不死之根基』，我全國每一個同胞，都要領悟國父偉大的教訓，在這個神聖抗戰『將畢也鉅』的時機，竭誠貢獻我們所有

最後，我更需要指出的，我全國每一同胞，不僅要對國家民族的生死存亡負責任，並且對世界的安危禍福亦要負起責任，我們必須認識國民革命對國家民族生死存亡和世界安危禍福的影響，六十年來，如果中國沒有我們國父倡導國民革命，則我們國家或早被分割，民族或已經覆亡，我們更可以確切的說，沒有國民革命，必沒有今日的抗戰，沒有抗戰，則日寇為禍於世界必更大，而更烈。六十年來，國民革命保全了民族的完整，開創了民國的規模，打破了日寇的野心，減縮了世界的戰禍，到了今日，我們中國才能夠與全世界愛好和平的國家民族，共同奮鬥，以爭取反侵略戰爭的勝利，並奠定永久和平的基礎，我全國同胞追尋往事瞻望將來，茲務須體念國家締造的艱難，更當確認國民責任的重大，尤其要知道戰爭的善後×，戰時的工作，更是困難，勝利的前夕，比之抗戰的全程，更為艱鉅，我們今後員是『任重道遠』，惟有堅定『國家至上、民族至上』的信念，恪守『軍事第一、勝利第一』的宗旨，秉持『意志集中、力量集中』的方針，共同一致，團結奮鬥，才能夠使國家民族化險為夷，轉危為安，確保抗戰的勝利，永奠戰後的和平，我全國同胞們，我在六年以前，曾經說明國民精神總動員的推行，即為我們對於國父逝世具體的紀念，國父畢生致力國民革命的目的，是要『造成中華民國的基礎，使三民主義完全實現，革命大告成功，使我們中國與世界各國並駕齊驅，中國民族永遠生存於世界』。這一遠大的目的，即將在今後最短期間之內決定其實現，我全國同胞，必當十分感奮，加倍警惕，矢忠矢勇，貫徹始終，繼承國父的遺志，以安慰我們革命殉國的先烈，和八年來為抗戰而犧牲的軍民在天之靈。

同盟社傳 越南反日情緒高漲

「同盟社東京十日電」我駐越南大使館及駐屯軍當局，從與越南共同防衛的觀點上，感到越南當局的態度非常含混不清，對於越南當局的此種不信行為，每次均以正當手續要其反省。至本月九日松本大使在重大決心之下，要求與德古總督會見，該日夜晚九時在西貢總督官邸開始了有歷史意義的松本大使與德古的談判。松本大使向德古總督提出我方關於共同防衛越南的最後的具體方案，曾長時間的進行商討，我方提案終於不為德古總督所接受，談判遂告破裂。我軍當局遂決心單獨防衛越南，九日深夜遂斷然採取必要的最小限度的軍事行動，這一措置已順利而且迅速的進行完結。

【同盟社東京十日電】此次帝國所以對越南當局採取了非常措置，是由於越南方面的不能寬恕的背信行爲，這實在是一種逼不得已的一種最低限度的措置。關於防衛印度支那問題，帝國根據昭和十六年七月二十九日所締結的關於防衛印度支那的協定，始終一貫的抱着誠意友好、密切地與越南政府及其軍隊合作，集中全力努力於該方面的防衛。但最近隨着戰局的變化，越南當局逐漸改變其態度，表面上仍然保持過去的友好關係，而實際上是不合作的，並且祕密企圖與敵方取得聯系，這些需要我方嚴加警戒的事情以及越南當局的此種不遜態度，實不勝枚舉，此種情形發展下去，印度支那的共同防衛是不可能的，因此帝國不斷的喚起越南方面注意，越南方面不但毫無反省，反而加強對日作戰的準備，並企圖與美軍、華軍聯絡。當此美空軍侵襲印度支那日益緊迫之際，負有共同防衛責任的日軍，鑑於不容一日偷安的緊迫形勢，於是帝國遂以最大的誠意，爲了防衛越南，要求越南當局作最後的反省，當這條道路被拒絕的時候，必須日軍單獨地担負防衛印度支那的職責，並在軍事上採取必要的最小限度的應急措置。

【同盟社東京十日電】帝國政府終於對越南採取最後的非常措置，實行單獨防衛。我國在大東亞戰爭中，在大東亞各地解放美英的殖民地及半殖民地，極力援助樹立自主的民族國家，但是只允許越南殘存舊秩序是因爲越南當局誠意的與我國合作。但是最近越南首腦部及越南當局全體的反日感情非常利害。於是德古總督於去年十二月十八日在印度支那聯邦會上敢於說出「現在本國已爲美英軍解放了」這句話，表露了親美英和反日的心意。這樣的聲明實是等於對日宣戰。但是我方依然容忍、慎重，屢次促對方反省，德古總督以下的官員完全不顧這一點，反而暗中進行反日的對抗的措置。事情既然到此地步，那末帝國此次採取的非常措置完全是出於不得已的自衛的措置。同時越南現在已經掃除了法國色彩的敵性。我國此次的行動是意味着對於越南的殖民地政策下了決斷。日本已經確立了越南恢復原來的姿態走向獨立的基礎。它今後當然要很努力支援和助長越南獨立的運動。

【同盟社東京十日電】根據大本營發表的公報和帝國政府的聲明，可以明顯看出越南當局最近不僅不和帝國共同進行防衛，反而暗地裏採取不合作的態度，因而帝國乃迫不得已，採取了必要的措置，由從交趾支那和東浦寨師團長在去年初發給士兵的傳閱文告，完全證明上述實事，其文告全文如下：

等全部停止抵抗。直砲聲在夜半已經沉寂，西貢地區從開始行動後僅僅[illegible]小時，已完全復歸原狀。

【同盟社西貢十日電】九日夜松本、德古會談決裂後，我方立即採取必要的措置，首先接受軍事上的重要設施，並把德古總督、烏梅德海軍司令、布[illegible]札海軍司令，塔布拉空軍司令等要人拘禁起來，其間越南方面雖有一點抵抗，但在北、中、南印度支那各地，早則一個小時，遲到數小時以後，必要的措置已經完畢。十日晨，全印度支那在很平靜的空氣中度着新生的日子，[illegible]今後我國將與現住民政府一道爲加強印度支那的防衛體制而努力。由於[illegible]此次的措施，使長時期苦於越南壓迫與榨取的現住民，已經踏上多年來所希望的獨立之第一步。加以我國並聲明將全面地援助現住民的獨立運動，因此[illegible]使他們感激非常，充滿了精神上協助我方的情緒。特別是屬於舊越南的現住民將士，對日軍解除他們的武裝非常高興，一日就希望編入日軍司令官的指揮下。

【同盟社西貢十日電】橫山報導班員發電：在中立的假面具下，阻礙我國聖戰的越南現政府在我皇軍武威之前覆滅了，於是二千四百萬印度支那民衆[illegible]新作爲東亞的盟友走上新的道路，九日十九時，松本大使偕同[illegible]乘私人汽車訪問西貢市中心區的總督官邸，大使很誠實地要求德古總督最後反省，德古總督立即召集印度支那評議會的非常會議，討論對我方要求所應採取的態度，但是日越聯絡局長羅班上校帶來的回答是全面的否定，至於我方在[illegible]南各地發動實力，總督及越南政權多數首腦扣留於總督官邸。反抗的[illegible]和鎮壓他們的皇軍發射槍砲聲響遍各處，鷄鳴前後，[illegible]停止了，[illegible]空，抵抗的安南兵拋棄了槍，向我投降，其中亦有殺死法國軍官向我投[illegible]。現在只有金邊城有小規模的抵抗，抗日重要設備都被我接收，城內各[illegible]張貼日文、安南文及華文的佈告，安南人華僑都集在一塊看佈告，這表示[illegible]們信賴皇軍。商店和平常一樣繼續營業，上午八時已把重要設備接收完畢，西貢廣播電台廣播日軍的佈告並加以說明，因此各家商店完全了解這種事[illegible]各處人民都很安靜地進行工作。

日寇新要求下 泰總理屈服

【同盟社曼谷八日電】山本駐泰大使於九日會見阿拜溫總理與西雷納外長，言及越南的情勢，力言越南新事態的發生，對於日泰兩國關[illegible]

當此一九四五年的元旦日，本師團長特向交趾支那和柬埔寨師團所屬法國陸海軍各位將官，上級校官，下級校官，士官，兵士們致詞如下：德國已經潰敗，從被佔領了的祖國退走，因而法國又復興了，除敵性各國外，大多數國家都承認了戴高樂臨時政府，即GPRF（法蘭西共和國臨時政府），本師團長日前已把最高指揮官的指示的GPRF的訓令，傳達給各位，今再度提起注意，希望各位熱心地、沉着地防衛我越南，根據指示作戰計劃，在此期間，友軍一定會在越南登陸的，友軍離我們已經很近了，為了把帶給我們不少災難的敵人，從越南趕走，我們應該熱烈地等待着友軍到來的日子，在此，願和諸君一同預祝一九四五年的勝利。

日越談判破裂 寇軍與越軍開火

【同盟社東京十日電】關於帝國政府應付越南新事態的態度，帝國政府於十日正午發表下列聲明：帝國政府根據帝國與法國締結的關於共同防衛印度支那的條約，始終一貫地與越南的法國官憲及軍隊合作，担任該方面的防務。但是隨着戰爭形勢的推移，當地法國官憲的態度逐漸發生變化，不表示共同防衛美英聯合攻擊越南。我國代表雖然屢次促其反省。但是終於無效，於是帝國軍隊對於迫在眉睫的敵人，不得不單獨防衛越南。帝國軍隊為了防衛越南不得不排斥敵性的官憲而援助與我合作的官憲，俾能共同合作，達到預期的目的。這是不根據軍事條約而採取的必要的最小限度的處置。因此帝國政府對於印度支那當然沒有領土的野心，我們要聲明我們協助越南人民對抗侵略東亞的勢力，防衛其國土，並且根據大東亞共同宣言的宗旨，尊重他們民族獨立的願望。

【同盟社東京十日電】政府於十日上午九時在宮中舉行臨時閣議，慎重協議越南新事態的結果，決定了單獨防衛和支援現地人民獨立的根本態度。正午發表了表示上述方針的帝國政府聲明。

【同盟社西貢十日電】西貢報導班員發：在松本與德古談判中，由於越南拒絕了帝國誠懇的提案後，我現地軍遂不得不於九日晚十時四十分，開始了閃電式的行動，立即接收薩洛德庫街的總督官邸，一方面保護德古總督的身體，並將發電所、廣播局、車站、郵政局、各警察所，印度支那銀行，碼頭等重要設備。越南軍隊及武裝警察一部曾行抵抗，大部分答應我軍要求交出武器，至零時之前由於我方猛烈攻擊，越南砲兵第五聯隊、××聯隊兵聯隊

合作與親善的關係，毫不受其影響，帝國政府根據日泰同盟條約，將更加強兩國的提攜。同時並邀請泰國對此次日軍在越南的措置予以協力，同時並提出（一）自越南逃往泰國的軍隊與警察等，都要解除其武裝。（二）在泰國的越南外交官與居留民，都要加以扣留。（三）今後要更加促進日泰兩國間的物資交流。阿拜溫總理對於這一請求，已全面地予以允諾，旋即會談完畢。

【同盟社曼谷十日電】我駐泰國軍××部隊長，於九日夜訪問泰國國防大臣，根據越南的新事態向泰國國防軍最高指揮官約丁大將，提出下列要求：（一）暫時封鎖泰國越南的國境，（二）解除侵入泰國境內的越南軍隊，（三）在泰國的越南權利，日本軍不加干涉，一任泰國處理，泰國國防部長與國防軍總指揮官對此全部答應。

海通社論 美軍在日本登陸

【海通社東京九日電】海通社記者×××稱：美軍企圖在日本沿岸登陸是隨時可能預料的。美國的戰術總是這樣的：某地的戰鬥還沒有結束就開始新的戰鬥。如像：萊特島的攻勢開始了，而摩羅泰與比里里安的戰鬥還在繼續。開始進攻呂宋是萊特島戰在激戰之前，因此，在日本人看來，琉璜島戰鬥在繼續着的時候，就對日本本土實行進攻，這是不成問題的。日本報紙普遍強調：此任務將比以往任何企圖更為艱鉅。在太平洋各次戰鬥中，日本會因敵獲得活動與空軍優勢而遭受了不利。倘使美軍企圖在日本本土登陸，這一切將會不同，美國勢將擔負最近關於供應日益不足的可能性之聲明，日本方面解釋：這表現美軍登陸的準備尚須一些時候。另方面，它承認，美軍統帥為了縮短戰爭，也會把大批兵力與大量物資作孤注一擲，以實現勝利登陸。在所有這一切考慮當中，美軍繼續在日本以南作戰是有某些重要性的。它最近在××的進攻，據稱：其目的在於在台灣與日本之間建立空軍基地。這將使其可能，除了南面的琉璜島之外，還在西南建立另一基地，並切斷與台灣的聯系。而台灣卻是日本與其南洋地區交通的中央基地。

參攷消息

（只供參考）

第八一六號

解放日報 新華社 編

今日出一大張

卅四年三月十三日 星期二

重慶官方宣稱 盟軍將在越南登陸

【合衆社重慶十日電】當日本對越南法軍採取行動時，中國宣傳部即發表文告，內稱：盟軍萬一在越南登陸，雲南華軍即將從背後向南進入越南配合作戰。並謂：盟軍一旦在越南登陸，當地人民爲了爭取解放將給與充分援助，據稱：德古總督統率之法軍約一萬人，劃分駐越南四個軍區。裝備拙劣，他們原有五十門大砲，刻已全被日軍沒收，現在，法人與當地人民都在希望盟軍登陸。當地革命團體業已組織游擊隊，正待機行動。「盟軍一在越南登陸之後，雲南南部的華軍即將沿滇越鐵路與公路向南挺進，配合盟軍作戰。由多山的雲南南部走到越南平原，對於華軍（當他們有必需的現代物資時）並不困難。該通告稱：盟軍登陸的第二個目標可能是在海防和西貢，該處有良好的港口設備，船塢、造船所，且和越南其他地方以及雲南省運輸便利。越南有柏油路四千公里，道路數千公里，鐵道四百三十三公里。據稱：越南亦以亞洲之穀倉著稱，經常出口糧食一百六十萬噸，是够五百五十萬士兵吃一年。

同盟社稱 盟軍可能在華南登陸

【同盟社廣東十日電】本月八日由成都基地出發的B二九式機，首次轟炸華南沿岸，在此前後，本月二日由明多羅島，克拉克飛機場出發的P五一式機，亦轟炸華南方面，敵人對該方面的企圖需要嚴加警戒。敵人最近宣傳：由於與澳洲兵的換防，由新幾內亞起身的美國陸軍與由本國出發的美國陸軍已向馬里亞納方面西進。從澳洲英國艦隊基地路透社電稱：「美國爲了準備琉璜島以後的下期作戰；目前正向太平洋作戰的最前綫末端輸送，並向該方面待機中」。如果將上述各種情報，和最近開始連續轟炸華南沿岸的徵候聯系起來，也未嘗不可以認爲敵人次一作戰目標將指向我中國大陸海岸要塞綫。同時最近美陸長史汀生

團，川康及西北公路綫社會教育工作隊，均緩辦。第二、政府最近已將一切苛細捐稅分別取消，並將檢查緝私等機構予以裁併，惟戰時費用浩繁，亦須顧及財源，籌資挹注。查鹽稅之征收，手續簡便，稅款亦較切實，易於實行，征收亦已有成規，不致因增加稅收，增支經費。且各項日用品價格，均較戰前增加，食鹽指數尙爲最低，每人每月食量亦不及一斤，准將現行食鹽稅率每斤增加五十元，即日實行，俾資充裕餉源以利戎機。

【中央社重慶十二日電】戰時生產局新到美籍顧問卡內，助理顧問勃魯斯，彼等即爲替換行將離渝返國之孔萊與傑克遜。又該局在美聘請各種專家廿餘人，彼等亦已陸續啓程來華，現已啓程者十二人。計×地（特別助理）、岳康斯他爾（鋼鐵專家）、克萊斯各脫（煤與煤焦專家）、伊文思（電力專家）、賈文（石油專家）、李吉默艾倫（化學專家）、藍爵林（非鐵金屬製造專家）、斯傅與傑克布斯（機械運動與工具專家）。

【中央社重慶十二日電】美水土保持局長副局長羅德民博士，本年將再度來華，指導我國西北水土保持工作。

國民黨要在綏德等十一縣 成立所謂聯合臨時參議會

【本報訊】據一月卅一日西安秦風工商合版載：陝省府近以陝北綏德、淸澗、吳堡、安定、保安、鄜縣、甘泉、延長、延川、膚施、安塞等十一縣，地處邊遠，情形特殊，未能按照一般法令設置民意機構，特訂定陝西省陝北各縣聯合臨時參議會設立辦法，呈准行政院公佈。該辦法規定綏德、淸澗、吳堡、安定、保安五縣合組爲第一聯合臨參會，會址暫設榆林。鄜縣、甘泉、延川、延長、膚施、安塞等六縣合組第二聯合臨參會，會址暫設洛川。第一聯合臨參會參議員爲十五人，第二聯合臨參會爲十八人。聯合臨參會休會期間設聯合委員會。

【中央社西安十一日電】收購陝棉經陝省府派員赴各縣督導後，民間獻售異常踴躍，最少可購得廿一萬餘担。至淸查存棉，已定十六日開始。

徵借外匯 閻已決定辦法

【本報訊】貴陽大剛報一月廿二日載重慶專電：磋商甚久之徵借外匯問題，閻政府在原則上已決定徵借，技術上先由外匯存戶自行申報，其超過規定數額者，除無條件徵用一部分外，並須借用百分之四十，戰後二年內無息歸還，如隱瞞不報者政府决全沒收。閻存戶亦願徵借……且一經政府徵借，美政府即可解凍。」

【本報訊】一月廿七日大剛報載重慶通訊內稱：方先覺抵重慶後，訪問、

時期賊計在大陸登陸，而重慶也似乎與此相配合，最近照例作誇大宣傳，並向湘桂線中段及遂贛地區開始微弱的攻擊，新近由何應欽指揮的西南戰區的重[illegible]，據說最近也已暫時中止美國式彰練的訓練教程，而施以適應實戰的訓練。另外以昆明為中心，最近美國與蔣介石各方要人往來頻繁，值得注意。

國民黨戰報
收復遂川柳城

【中央社湖南前綫某地十二日電】遂川縣城十一日晚十時被我攻克，殘敵仍循公路向贛州敗逃，我正跟踪追擊。

【中央社桂南前綫十二日電】柳境敵經我軍廿五日來之不斷襲擊，疲於奔命，七日開始向柳州撤退，我軍乘勢猛攻，當晚即攻入城內，將敵悉數殲滅，完全克復柳城。

【中央社南平十一日電】閩東羅源灣江海外，八日下午一時竄來敵艦二艘，汽艇數隻，以砲火掩護，企圖登陸騷擾，我海防部隊立予迎擊，激戰三小時，將敵擊退。此役擊沉敵艇一隻，傷斃敵百餘。

國民黨政府實行簡化機構
裁併停辦機關及事業數十種

【中央社重慶十二日電】行政院三月九日臨時院會議決定要案如下：第一、檢討本年度各機關工作計劃及本年度國家總預算，依照國防最高委員會指示，簡化機構，促進效率，下列各機關及事業應分別裁撤停辦。（一）國家總動員會議及所屬救濟檢查隊裁撤，其業務交行政院採辦。（二）戰時選貨管理局及所屬八個處、廿八個管理站裁撤。（三）重慶等十七區銀行監理官辦事處裁撤。（四）財政部外匯管理委員會公債司，核銷償券處，儲蓄存款保證準備管理委員會均裁撤。外匯管理事項交中央銀行辦理。（五）珠江區航政局暨所屬以及寧波、溫州、福州、廈門、南平等航政辦事處均裁撤。（六）交通部材料保管處裁撤。（七）南潯、平漢、津浦、正太四鐵路保管處及首都鐵路輪渡保管處均裁撤交主管部接收。（八）農林部農場經營改進處裁撤併入該部主管司接辦。（九）農林部各省糧食增產督導總團十八單位均裁撤。（十）經務總局裁撤。（十一）振委會各地救濟區辦事處及總分站除三七兩區辦事處外，均裁撤，其業務交當地省市政府接辦，該會所屬其他各所隊亦分別裁撤。（十二）教育部中國醫藥研究所，兩廣地質調查所，敦煌藝術研究所，南洋研究所，國際學術文化資料供應委員會均裁撤。（十三）土地陳報停辦。（十四）中茶公司合併於復興公司。（十五）中國林木公司停止經辦。（十六）教育部中央美術館籌備委員會，西北藝術文物考察

『慰勞』者甚多，『據他自己說忙得連頭腦都是昏昏的。委員長請他和孫哈玉、周慶祥吃飯，席間勉勵他要特別冷靜，少出席各種宴會。這確是極愛護的提醒，關心他的人都希望他如此』。

【本報訊】貴陽大剛報一月三十日載：新任黔主席楊森在廿九日擴大紀念週上稱：『士兵待遇在貴州，開始每人每月九十五元，後提高至五百九十元，但實際上士兵待遇至今仍未提高，士兵忍飢耐寒，艱於撐營。』又稱：『本人來到貴州所見，敢說貴陽上至政府，下至民衆都相當腐化。』民廳長譚克敏報告謂：『本省對補給問題應求得解決』，『縣政工作要從「安」「進」二字下功夫。』

雲南曾拒絕俞飛鵬
主持中印公路業務

【本報訊】二月二日貴陽大剛報載一月廿三日重慶通訊稱：中印公路問題，在一切計劃後面，還存在着不可忽視的，可能變成危機的困難，『為了解決困難，克服危機，戰時運輸局美籍副局長麥克魯將軍，不畏跋涉之苦奔走了，他……到了昆明。龍雲款待了這位貴賓。對交通，龍雲先生有着許多意見，他的意見不向俞飛鵬部長商談，為的俞先生到新疆去了。他也不向最高當局建議，為的交通部長更換中許多事情使他們不大了解。李根源氏以六十高齡，啣蔣主席之命經昆明去前綫勞軍，也會到了龍雲，當然也談到西南交通的問題。看這些專使往還，戰時中印通車不論在管理上，技術上，人事上在在還須精密計劃，更重要的是在精誠的合作，始有利於人民與國家。不過合作的前提却須確立，從首都到地方，一致的要求是政治的民主。大家認為政治的民 可以消滅可慮的困難，可慮的危機。……看近來朝野要人會商的頻繁，似乎又有新的關照了。』按：去年十二月滇省臨參會曾有拒絕俞飛鵬去昆主持戰時運輸管理局業務的提案，據十二月廿四日雲南日報載：該案提出後『立經全場一致通過』。並擬派人見何應欽面陳，請制止俞氏來昆。提案理由據同日昆明民國日報稱：『緣俞飛鵬於滇緬公路暢通主持滇緬局運務時，使國家物資損失甚鉅；年來運輸之毛病迭生，俞氏實不能辭其咎，其誤國殃民之最著者有二：（一）當時滇緬路上通行之車輛，有冒洛外國牌照，大施其賺錢之技倆，而正當車輛，反而不得通行；（二）照當時規定商車每載一次公貨後，即自運商貨和汽油各一次，經俞到任後，竟止此法，致使堆積保山、龍陵、遮放、臘戍等地之大量公私物資，無法內運，對國家經濟之損失不可計數。為此參議會特提此臨時提議案，拒絕俞氏來昆主持意義還為重大的中印公路運輸業務，以[illegible]

致受嚴重之損失。並聞此項要求不能生效，俞氏仍然來昆，則本市之工商界將全體罷市，以表抗議」。雲南日報則稱：俞氏若離行走該路之國人汽車，啟各車多借外人名義，『有辱國家榮譽』。

曾昭掄論『法蘭西的教訓』
謂今年應定爲『反省年』

【本報訊】曾昭掄在昆明『評論報』第二十期（一月三日出版）上發表『法蘭西的教訓』一文，拿吉羅德與戴高樂作對比，謂戴氏『富進取心與革命性的性格』，法國軍隊在其領導下戰績輝煌，『此在別國情形下，很可能會因爲軍隊派別問題而引起內部磨擦，然而因戴高樂處置得法，寬宏大量，容納各方面人物，此種莫須有之糾紛遂未發」。政治方面，在戴氏領導下的法國臨時政府，閣員人選之年輕有爲，乃該國數十年所未有，過去那些老官僚，全從政治舞台上被淘汰了。』並謂戴氏嚴厲處置法奸及發國難財者一事，尤快人心。該文末稱：『我國抗戰至今八年，每逢新春，報章對於未來一年都有一番預祝。勝利年、決戰年，種種名詞都曾用過。然而事到今日，我們並未能與敵寇進行決戰，一時更談不到勝利即將到臨。如果今年也要安排一個徽號，作者願意拼出『反省年』一名。我們切不可再自誇大，一如過去之以『四強之一』自驕。也不可忽視現實，避開目前難題，一味談戰後建設以圖超脫。我們應當面對現實，努力解決目前切要問題，澄清吏治，增進團結，改善政治制度，把一切力量放在前綫上去。我們應當反省！我們應當學習法蘭西復興的榜樣！』

孫科著『中國之前途』
美人表示贊同

【本報訊】孫科著『中國之前途』一書（此書包括孫科近來所發表之言論文章十三篇，另英文本又多兩篇，一爲中國趨向民主；一爲中國憲法之草訂），在美出版，美人台約翰（美國台約翰出版公司經理）爲此書之發行人。他說：『孫科博士是一個實行家，又是中國民主憲政和代議政治運動的領導者。他認淸蘇聯及斯大林，並繼續不斷地以蘇聯建國之成績勖勉其國人，雖然他澈底瞭解中國自己的路綫必須是開明的民主政治路綫』。

紐約時報在該書出版不到十天（去年八月間），便刊載了前太平洋月刊主編裴斐氏的評論說：『孫科先生是中國最有思想的人之一，在中國統治階級中，很少人對於世界事勢能像他這樣透澈明瞭，並能以現代思想提出其有效的解決方法』。裴斐在討論書中幾個基本問題（尤其是中國當前政治趨向及中國戰後建設問題）之後，結語稱：『這本書是爲研究一個最重要的複雜的

息報又批評波對法國的親德份子和羅亞塔將軍的信徒們採取更嚴厲的行動。

（三）威廉街人士認爲關於國際安全組織問題，目前斯大林與羅斯福間正在這種基礎上交換條件，即：如果斯大林保證對於美國在中南美所採取步驟不加涉干，則美國亦不干涉蘇聯在歐洲的行動。

【海通社維也納十日電】羅馬尼亞司法部長巴特拉斯卡奴，正在擬訂關於强迫一部份羅馬尼亞人到蘇聯去工作的法律計劃。羅馬尼亞國民政府所得的情報說：格羅査首相企圖減輕該計劃的條件。

【海通社伊斯坦堡十日電】羅馬尼亞布加勒斯特政府首次放棄個人動員制度，而召集一九一七年到一九二四年級的人入伍。內政部長喬治斯古在無綫電廣播上說：戰爭的努力還不够，宣佈加緊動員國家的作戰潛在力。

海通社傳
意大利將突尼斯讓予法國

【海通社馬德里八日電】『普布羅』報說：將突尼斯讓予法國，對於意大利人民是一種幻想的消失。該報認爲：波諾米政府，對於戴高樂熱切的追尋友誼，付出極高的代價。由於突尼斯的讓予，波諾米意大利失掉了在此間保存王國的最後希望。報紙結論說中：突尼斯的數意大利人，此後將失去任何官方的保護。

芬蘭警察改組
傳季米特洛夫同志任保共領袖

【海通社斯托哥爾姆九日電】蘇聯對芬蘭國家警察的批評，使政府委派了一個委員會去改組警察。

【海通社斯托哥爾姆八日電】在芬蘭的選舉運動中，所有黨派都以建立眞正的民主作爲口號，來從事競選。但關於眞正民主這幾個字的解釋，却各有不同。而大家又害怕着共產黨的字句會流行開來。赫爾辛基在討論關於人民民主黨的被選可能，而國會中只有少數人希望有這種可能。自由黨報紙，『赫爾辛基沙馬納特』報要求各黨派選舉不屬於上屆國會的人士。斯托哥爾姆新聞報說：這個要求，其本質是害怕共產黨會以要求剝奪那些對戰爭應負其實任的人的選舉權，而改變選舉。

【海通社索非亞十日電】前共產國際總書記，被任爲保加利亞共產黨領袖。

孟斯斐爾特
預計日蘇戰爭

【合衆社華盛頓六日電】近訪華返此之美衆議員孟斯斐爾特告國會說：蘇聯軍隊雖未與日作戰，但蘇聯是協助美國對日作戰的盟

戰後世界問題的借鏡。」新共和國週刊於去年八月二十二日刊載史沫德萊的一篇幾千字長的評論，對該書深表贊同，尤其是對該書的對日十二條件，廢除日本天皇，解放東方民族，打破均勢主義，國際平等合作等主張。在她的評語最末一段稱：這本書充滿了有價值的意義，書中所提出的意見，實是進步美國人士所同情的，且應該爲進步美國人士所奮鬥以求其實現者。紐約前鋒論壇報亦刊載了兩篇文章，一篇在該報去年七月三十日書評專刊上，一篇爲拉鐵摩爾夫人所寫，一爲名學者約翰遜所寫。拉鐵摩爾夫人說：「這本書承認國民黨的實際政策和措施失當而應加以革新」。在對蘇聯的主張上她認爲是非常需要的。約翰遜關於該書的憲法的一部份，極加重視，他認爲孫科的憲法觀，好比當年起草美國憲法的大政治家麥狄遜（美國第四任大總統）。他把「中國的前途」變做爲麥氏的「聯邦主義者」。華盛頓明星報星期專刊登載了對於該書的評論，該報認爲此書所提出的關於中國建國程序和政治民主化，經濟計劃化的主張，討論到中國現在和將來在世界中的地位，稱「這本書具有寶貴的資料。」（以上摘自新中華去年十二月號）

傳羅亞塔又被捕

海通社論羅前總理逃亡

「路透社倫敦十日電」希臘綏勒利城本日廣播稱，此間甫自羅馬獲悉，意陸軍參謀總長羅亞塔已被逮捕。

「海通社倫敦十日電」被蘇聯所攻擊的前羅馬尼亞總理拉德斯哥，逃到布加勒斯特英大使館一事，星期五的曼徹斯特導報，已予以證實（缺一句）拉德斯哥受蘇聯報紙的猛烈攻擊，寧願逃到英大使館而不願受蘇聯軍事當局逮捕，這是不足爲奇的。該報又說：格羅查新政府充分地受到莫斯科的支持，但卻不受羅馬尼亞領導政黨的支持。該報結尾要求莫斯科不要限制巴爾幹的消息，否則對蘇聯的措施，將引起懷疑。

「海通社柏林十一日電」關於莫斯科消息所傳，羅總理拉德斯哥被克里姆林免職後在英國使館避難一事，威廉街認爲這是巴爾幹知識份子們希望從英國得到保護的另一幼稚行動。這「英國在作戰和一般政策上，都是幫助蘇聯來完成它的目的。里賓特洛甫的發言人指出，英美和蘇聯關係間的三個新的因素：（一）一部份英國報紙最近登載東南歐布爾塞維克化的加速進行，而美國官方仍貫澈執行其親蘇政策。（二）然而，蘇聯的目光並不限於自己的勢力範圍以內。在以前，眞理報曾攻擊英國的希臘總理普拉斯梯拉斯，現在消息已經逐漸消失了。

國。渠預料最後蘇日將進入「武裝衝突」，但對何時發生衝突，則拒作表示。要求蘇聯予吾人以西伯利亞基地或立即參加太平洋之戰之人士，宜熟慮之一問題，即蘇聯參加對日作戰是否不致減縮蘇軍在歐洲戰場之進展，蘇聯牽制大量日軍駐防於東三省、朝鮮邊疆，即對太平洋盟軍作戰目標有其裨益，蘇軍駐防於該區邊疆之兵力有五十萬至七十萬人之衆，日本關東軍有年輕力壯訓練良好配備齊全之士兵六十萬人，非於特殊情況下，不輕易調往一區作戰，日方畏懼蘇方於海參崴駐防之海空軍，日方深知蘇軍於遠東駐有潛艇八十至一百艘，且於海參崴有大規模地下機場。與以上優點對銷者，乃防禦海參崴之困難。渠繼指陳日方於朝鮮北部某地建有海空軍基地，其目的乃在乘有利時機攻擊海參崴蘇聯防務。

朝日新聞論歐洲局勢

「同盟社東京八日電」美英會預言要把德國佔領下的歐洲各國從德國的桎梏中解放出來，並宣傳美英將把自由和繁榮帶給他們。而歐洲各國人民亦相信美英會解放他們，於是繼續舉行反德鬥爭。嗣後各國的實際狀況，可以證明這種宣傳只是美英的謀略。在被「解放的歐洲各地充滿着饑餓和通貨膨脹的威脅。國內的磨擦、騷動和無政府狀態都是各國共同的現象。我們不能不承認被解放各國經濟的破產。英國保守黨的人士亦指出法國的經濟狀況比德國佔領法國時更壞。法國當局亦聲稱，在德國佔領期間之法國產業比現在更加順利。美英允許運輸糧食給歐洲各國，以此誘惑它們，但是事實並不是這樣，食糧的運輸要歸到船舶問題，但是還要歸到美英的誠意和眞意問題。英國曾經想利用的各國流亡政府亦相繼回到本國。另一方面，以往留在德軍佔領區進行反德戰爭的國內抗戰派對於不顧國難和國家的危機，而跑到倫敦的反動政府當然抱着極大的反感。因此各國內部發生糾紛當然是共同的現象。此外美英在對歐政策上亦有矛盾，這刺激了各國內部的鬥爭，蘇聯與美英有了本質的不同，它依靠自己的實力，提高其在歐洲的發言權。於是三國在歐洲進行鬥爭。但是美英蘇三國不斷地努力克服這種矛盾。克里米亞會議確定民主主義政權的原則就可以說明這一點。但是使本質上完全不同甚至對立的人物組織聯合政府在實際上只是××（）它們內部的鬥爭是非常深刻的。這一點是值得注意的。希臘的內亂以及羅馬尼亞發生的事件都可以證實這一點。歐洲的窮困和破壞就產生了左派革命的因素。以美英勢力爲背景的金權主義的因素已經逐漸消失了。

參考消息
（只供參考）
第八一七號
新華社 解放日報社 編
今日出一大張
卅四年三月十四日 星期三

海通社說舊金山會議時 蘇聯可得到卅票表決權

【海通社柏林十一日電】德意志世界日報駐斯本訪員在社論中寫道：舊金山會議中，蘇聯最少將有三十票表決權。除了她自己的表決權外，她還會有蘇維埃波蘭、塞爾維亞、芬蘭政府的表決權，甚至可能她還會得到法國、比利時、荷蘭、羅馬尼亞、意大利的支助，以防止對方佔三分之二多數的可能。訪員結語說：蘇聯在得到盟國承認她在歐洲的軍事優勢後，她會在舊金山會議中，強使西歐民主國家應該做些什麼。

【海通社斯托哥爾姆十一月電】自由黨報紙「斯托哥爾姆新聞」報說：如果舊金山會議意欲建立一種制度，使得各小國有資格伸手於強國的政治的話，那嗎就會沒有安全和平正義的可能。

【海通社斯托哥爾姆十一日電】瑞典日報華盛頓訪員星期四報導：美國議員們對羅斯福在雅爾塔會上的屈服態度的尖銳批評，使得華盛頓官方人士發出一種神秘的暗示，堅稱斯大林也作了很大的讓步。這些人士說：如果他們知道斯大林在雅爾塔會上作了多麼大的讓步的話（但是，這種讓步的性質，由於政治的和軍事的原因，不能予以公佈），這些批評的人就會臉紅的。據瑞典訪員說：關於軍事安全方面，華盛頓一般地解釋說可能斯大林他自己宣稱，準備在歐戰結束後，參加對日戰爭。共和黨議員哈希費爾得的批評，是最引人注意的。他說：計劃中的新國聯，即等於三大強國的霸權。因此，永久的國際合作唯有賴於這些國家中的三個主要負責國家，能否彼此相處下去。哈希費爾得繼稱：沒有人能夠希望在世界秩序中，五十個國家受三個人的喜怒無常所統轄。

【海通社里斯本十四日電】據接近里斯本美國大使館的人士消息：在雅爾塔會議上，討論到蘇聯在地中海的基地時，丹吉爾的問題亦被提到了。尚未

但是他們在琉璜島（全島的周圍還沒有四哩半）登陸就動員了全部艦隊，並且不知犧牲了多少人命，他們在法國北部登陸時，全部航程只用三小時。而且美兵一人的供應在最初一個月爲十六噸，以後一個月需要六噸，平均需要八噸。那末派遣廿萬登陸部隊就需要一百六十萬噸的供應品。由馬尼拉至我國本土的距離，爲二千三百公里，這就使他們的供應工作非常困難，敵人進攻我國本土的企圖是很明白的，現在我們要加以防備。擊滅敵人的絕好機會不是自己所以到來的，這種機會的到來要靠我們一億國民的努力。

「戰爭與工人階級」抨擊羅馬教皇 梵蒂岡否認與蘇進行談判

【路透社莫斯科十二日電】蘇聯重要雜誌「戰爭與工人階級」，本期××××強烈攻擊梵蒂岡支持反動勢力，××××「南斯拉夫人民的屠夫」羅亞塔將軍直至休戰後××尚未交付審判。該刊繼稱：「反動勢力爲了反對完全消滅法西斯和反對自由的、民主的意大利底建立，依靠梵蒂岡和牧師們來支持他們。梵蒂岡在使許多著名法西斯領袖免遭審判方面，已做了不少的事情。大部份由於梵蒂岡的支持，許多法西斯×××仍××××。（缺）

【路透社羅馬十二日電】梵蒂岡方面星期日否認梵蒂岡正與蘇聯進行談判，梵蒂岡新聞發表聲明稱：「所傳梵蒂岡與蘇聯進行談判的消息，是不確實的。」

【路透社倫敦十日電】據權威方面發悉，倫敦波蘭政府向教皇控訴，公開抗議雅爾塔會議對波蘭所作的決議，一般人相信教皇對此已加拒絕，但同時對波蘭的情勢深表關切。教廷駐西歐公使將利芬大主教，上週在倫敦所作的演說，其主旨即在傳達教皇的一般態度。本夜倫敦發悉，波蘭新任陸軍總司令安德斯免去相當數目的波蘭官員的職務，蓋被免職人員曾表示願返舊波蘭，並在盧布林政府重建的陸軍中供職。

英報爲拉德斯哥辯護 傳蘇聯將提出抗議

【路透社倫敦十日電】「觀察家」報派員消息：料蘇聯政府將向布加勒斯特英國代表總部「給予拉德斯哥將軍庇護提出抗議」。（倘若全國農民黨領袖曼奴與自由黨領袖布拉坦奴二人尚未被捕，他們很可能効法前任總理。）

據說：拉德斯哥將軍的在羅國的政策被認爲是反蘇的表現，因爲大家知道撤銷他的職務是得到了蘇聯，尤其是蘇聯副外長維辛斯基（現在布加勒斯特

做最後決定，但都同意法國不應在丹吉爾取得優越地位，而大部權利應歸於英國。並提到了將在丹吉爾設立某種管理委員會，由英國任此委員會的主席，其他強國（包括蘇聯）將派駐的代表參加。

「海通社斯托哥爾姆十日電」據「斯托哥爾姆新聞」消息：拉丁美洲代表於墨西哥城市所舉行的泛美會議上，對於敦巴頓橡樹林計劃提出了不致少於七個的條件。深信美國不願在舊金山會議上支持他們。

英國貝維里治爵士 反對國際安全理事會表決方案

「路透社倫敦十一日電」本月七日，英國國會議員，自由黨人貝維里治爵士——著名貝維里治社會安全計劃的作者——致函泰晤士報，批評雅爾塔會議關於國際安全理事會的表決方案。貝維里治認爲該方案將國際安全理事會五個常任理事國置於法律之上，而這個法律是爲其他各國設立的。可以肯定無疑地說，五個常任理事國由於具有實力，事實上是超越法律的，承認這點只是一個現實主義的問題。（中缺一句）堅持原則，是處理國際問題的唯一可靠方針，誰採取現實主義而不堅持原則，可以讓他了解：在擬議的表決方案下，遇有小國與五強之一發生爭執時，無論其理由如何正當，終無從國際和平組織獲得有效援助的希望。這樣，不可避免的結果是：小國必須由與一個大國聯合或抑頓一個大國以求得安全。有了勢力範圍、均勢、競建軍備和其他老的把戲，這就是到達第三次世界大戰的捷徑，在舊金山會議上，如果一般小國的意見反對大國的特權，我希望我國代表至少應尊重小國的意見。頓巴敦橡樹林會議的建議案，據稱是根據「一切愛好和平國主權平等的原則。」克里米亞會議所宣佈的協議，則使「主權平等」的語句沒有誠意。要使世界擺脫戰爭的重擔，憑着製造這種語句，是沒有任何希望的。

日寇讀賣新聞說 美軍攻日行動非常明顯

「同盟社東京十日電」讀賣新聞頃撰社論，題爲「防備敵人的作戰」內稱：以前我們已指出，說太平洋作戰控制琉璜島後，將使美軍基地由馬里亞納向前推進一千公里，並使它變成前綫供應的一大基地。美國前任亞細亞艦隊司令顏露爾露骨地表明這個戰略的意圖，他在一篇論文中說要靈活使用前進基地，用海軍機動部隊一直前進時，在日本本土登陸未必是不可能的。並且暗示由於麥克阿瑟進行接近亞細亞大陸的作戰，尼米茲可以進攻日本本土。它堅決讚歎海軍的作用，

）的有力支持。據莫斯科聲明稱：拉德斯哥，他當總理時，曾委任名列蘇聯戰爭罪犯名單的許多軍官以高職。其中包括：德米特拉斯與米科拉斯哥將軍。他們曾經在烏克蘭與斯大林格勒作戰……（缺數句）尙未搞清楚的是拉德斯哥應負責任的程度，假定他是犯了忽略抑或是故作不知之罪。倘使對他的控訴是政治性的，那麼他就有權要求躲避，這是民主的初步要求，不願剝奪他這一權利。只有當他被控與敵勾通抑或名列戰爭罪犯名單」，才能要求將他這一罪犯引渡過去。可是至今這些事情都沒有發生。

傳越南中南部 已爲日寇控制

「同盟社西貢十一日電」由於皇軍迅速的行動，截至十日黃昏爲止，中南部印度支那已被全部接收完畢。僅在北部越南部份法人憑藉要塞作微弱的抵抗。但在我軍精銳面前已無敵蹤，截至十一日正午止，海防、多森、諒森、老開，都已接受完畢，僅北部國境之景東、萊開，仍在繼續抵抗。

「同盟社西貢十二日電」西貢堤岸河內金邊城、順化各地由於皇軍採取適當的措置，民心非常安定，特別是西貢堤岸，主要糧食如大米、玉米仍然維持着以前的價格，當地人民担心的貨幣仍與以前的一樣通用。所以消除了不安的情緒。貨幣沒有動搖和混亂的現象。我方對於越南的處理，得到當地人士的絕對信賴，經濟界變動的事情，可說是完全沒有。而且越南軍爲我軍迅速的軍事行動所壓倒，因此完全沒有破壞交通工具與發電所，戰鬥開始後，仍在發電。

「同盟社河內十一日電」開戰當時失踪的前任越南軍司令，摩拉丹中將於十一日下午，與衛生總監保德羅中將同時被捕，東京卅師團長亞巴提亦被逮捕。

松本談日越談判經過

「同盟社西貢十二日電」直接担任關於日越共同防衛的談判的松本大使於十日夜暢談論關於談判的感想如下：九日下午七時（日本時間）在總督官邸會見德古總督，說明我方提案的內容約一小時五十分，我方提出提案後，德古總督要求給於二小時考慮的時間，然後提出覆文。我即說明越南與法國的關係及世界形勢，又說在於現在的戰爭形勢，萬一美英軍再攻擊越南時，越南將怎麼辦，因此現在要立即決定飛躍地加强日越共同防衛。而總督只說，在這樣的場合將要馬上商談。我說雖然商談，但是已經來不及，無論如何要採取必要的措置，以便加强日越共同防衛。德古總督看了提案似乎表示驚異。聽

與是因爲[illegible]方用公正的態度，採取外交途徑的形式解決這樣的問題。我說從各個角度來看，德古總督接受這個提案是對日越雙方有利的。但是總督不了解日本的眞意。我們出後，德古總督召集越軍司令官、師團長在西貢的要人商談後，用書面答覆拒絕我方的提案，因爲我方認爲德古總督沒有誠意，遂採取必要的措置。

日寇傀儡
安南帝國宣佈「獨立」

【同盟社東京十二日電】六十年來在法國苛政下呻吟的二千三百萬安南民衆的自由之日到來了，此即安南帝國保大帝，十日召開閣議，就獨立問題審議很久，廢除了束縛多年的法（法蘭西）安（安南）條約，並於十一日下午在見[illegible]殿向中外宣告越南帝國的獨立。（安南帝國獨立宣言）安南帝國政府於本日廢除法安保護條約，並宣告安南帝國已恢復獨立，今後即成爲獨立國家求得發展，同時根據大東亞聯合宣言的宗旨，作爲東亞一員以期獲得共存共榮之實。安南帝國爲了達到上述目的，接受日本帝國的誠意，並以全力與日本帝國合作。

【同盟社東京十二日電】法屬印度支那，是四百萬現地居民被不足四萬的法國人所統治着，從這一點就說明了是法國的殖民地。但實際上是由純粹法領的交趾支那及其他殖民地與保護領王國與布拉班（拉奧斯之一部）王國組成。這些國家分居民的××及國王，有固有的行政組織，越南的最高長官是代表法國利益的印度支那總督，各國均根據保護條約，軍事外交上的權力完全由總督掌握，並沒有給予作爲現代國家的權能。這些國家並沒有作爲一個獨立國家的權力，特別是像安南帝國，過去是很强盛的大帝國，在地域說包括東京（安南）在內，人口超過一千六百萬，出產非常豐富，有充分實力作爲獨立國家。原來成爲越南主流的有安南，干勃次亞、拉奧斯三大民族，每一民族均有它的國家存在，現在侵略勢力的越南當局被我現地軍一掃而光，上述的過去保護國關係自然亦隨之消滅，名實相符的獨立國家即可實現。

【同盟社東京十二日電】廢除法（國）安（南）保護條約、宣佈完全獨立的保大帝，爲安南國阮王朝的當今天子，他是一位現年三十一歲的年輕皇帝。保大帝是繼丁、陳、黎、阮各朝代興亡之後平定一八〇二年三阮兄弟之亂，復興阮朝統一印度支那的帝王嘉隆帝阮福英以來第十三代皇帝，於平定一九二六年××之役後，十二歲時即[illegible]王位。一八八七年法國安南條約訂立後，在法國公開的監視下，國王只不過徒有其名而已。一九三三年執政時，修改憲法，斷然實行新政治。大帝曾長期留學法國，但仍常著安南服，被稱爲

廣州灣，由於侵略勢力的消失，已恢復其原來的姿態，當國民政府希望收回自主的行使機關時，會議準備接受此項要求。

其次當前的戰局非常嚴重的，敵人的進攻日益熾烈，它們不顧呂宋島琉璜島的重大損失，仍然依仗其龐大物力，向前猛攻，但我皇軍不論在任何困難情況下，屹然固守陣地，鼓舞着必勝的士氣，力戰奮鬥，給敵以重大傷害。

另外馬里亞納之敵，不斷增强空軍力量，故敵機之空襲我國本土，亦日益頻繁，不僅如此，敵機動部隊，更出沒於我國近海，以艦載機攻擊我國本土，此種情況亦不容輕視，特別是殘暴的敵機，不絕殺傷我無辜的同胞，破壞我民房、學校、醫院，戰爭的前途，是不容輕易地斷定，又根據過去敵方對作戰之指導，應該覺悟到敵人急於在短時間內，結束戰爭，在最近的將來，可能發生敵人以直接向我國本土猛攻的事態，也就是說應該覺悟到本土有變爲戰場的可能。若皇土眞的變爲戰場，我相信此時一定會有大敗敵人的神機，雖然如此，我仍不把本土登陸作爲肯定的事實，因爲敵人在太平洋諸島登陸作戰中，已充分體驗到雖擁有絕對優勢的兵力，仍然吃了很大的苦頭，又何況我方的決戰準備，已完全完成，縱使敵人爲進攻本土，運輸了多數大的兵力和物力，都斷然不能允許敵人的窺伺，然而如果敵人來到我國近海，我們一定會在海上消滅它。眞的企圖登陸，一定能從海岸近處，把敵人趕到海裏去，果然上岸了，必定會在切菜板上殲滅它們，不僅這樣，我們還有地利與人和，即敵人窺伺的地方，都是我們的鄉土，協助皇軍共同進行防衛的，都是我們的一萬萬同胞，又何況一萬萬人民進行工農一體的國是，眞正竭盡國家的總力，以壓倒的優勢從事戰爭，如果更想到皇軍巧妙的傳統的統帥和我將士保護皇國的戰鬥精神，那末，我們可以按行將到來的本土周圍的作戰情況，消滅敵人決不許其停留在神洲。由作戰用兵的觀點看來，這樣進行陸海一致的作戰是很明顯的。我們相信可以抓住進行決戰的良機。政府預想到這些非常的事態，與皇軍的作戰相呼應，不斷採取與統帥相吻合的足以擊滅敵人的各種決戰措置。我在這裏表明政府決心掃除過去的老一套的做法，將一切國力集中於獲取勝利這一點上。我們要迅速大胆地實行這些施策。我希望此時一億同胞應該更加覺悟，鞏固必勝的信念，今後無論遭遇任何困難都能忍受，各個人都配置在職業崗位，運輸，防衛這些戰鬥的崗位上。斷然保護我國國體和國土。大東亞各國和各民族在敵人殘暴的進攻面前，爲了保衛東亞和東亞的興隆亦與帝國攜手，挺身奮鬥。我們對於大東亞各國、各民族這種努力和奮鬥，衷心表示好意。

安南歷代國王中最英明的皇帝。

【同盟社河內十二日電】我方聲明支援安南獨立後，安南大衆增長獨立的熱情，上月廿二日大越國家社會黨、大越民主黨等八個獨立運動的團體結成大越國家聯盟。該聯盟於十一日下午五時在繁華街普提拉克廣場舉行完成獨立的群衆大會，通過對日合作和完成獨立的方針。會後進行示威遊行。

小磯演說

【同盟社東京十一日電】小磯首相於十一日再開的議會上，發表下列演講：

首先想說明帝國政府對越南所採取的措置，越南的地勢，對東亞的安謐，和帝國的安全，有重大關係，這已是不言而喻的事了，威脅到越南的安全，就有害於東亞一般的安謐，而且帝國的安全，陷於危險狀態，因之日法兩國政府為共同防衛越南，在軍事上合作了。朔自大東亞戰爭爆發以來，大東亞局勢，有了很大的變化，但帝國依舊尊重和維希間的條約。去年八月，法國本國，雖在軍事上政治上發生了急變的形勢，我方依然協助越南法方的官憲和軍隊，共同防衛了越南可是越南當局，隨着局勢的變化也逐漸改變了態度，表面上標榜着和帝國的關係是友好的。可是暗地裏採取消極的不合作的態度，特別在根本問題上，他們倒確切希望美英的勢力，迅速地再制壓東亞，並且企圖與本國的反軸心份子，取得緊密的聯系。反觀東亞戰局，敵國美英已數次攻擊越南，現已進入這樣的階段，即不知何時正規地進攻該地。局勢實已緊迫之至，故帝國乃命令當地帝國代表，和越南當局再三談判商討必要的措置，藉以收到共同防衛的實效，然不見越方有任何誠意，並有意地消極抵抗，帝國政府認為事態已不容再歸拖延，乃於三月九日命令駐越南大使松本敦促德古總督，作最後的反省，同時使其提出要求，請求越方加强共同防衛越南的各項具體措置。但越南當局又藉詞拒絕，致帝國不得不單獨防衛越南，對抗迫近的敵人，而皇軍為了清除敵視吾人的官憲，遂在軍事上採用了必要的最少限度的措置，不待言者，帝國當仍舊尊重安南、東蒲寨、布拉班各國的舊有制度，同時對於準備保衛故鄉，抵抗美英進攻東亞的越南居民，不惜給以任何支援以便共同合作，對付美英等的進攻，完全防衛越南，帝國不僅對越南無任何領土野心，即上述措置，亦只是暫時的，帝國並具有決心，在越南實現大東亞宣言。在越南的侵略勢力，既被剷除，那麼長期被壓迫的安南等地的民族獨立熱潮，自然要順應抬頭，帝國為滿足他們的希望，將給全面的協助以遂成其希望，又關於曾作為法國一部份領土，被法國統治的

日寇論美英海軍的矛盾

【同盟社東京十日電】美聯社記者阿特利，隨軍美太平洋艦隊司令部已兩年半，最近返抵美國，六日在關於太平洋戰略的記事中，會攻擊英太平洋艦隊的無能並論斷在對日作戰中，美英兩國艦隊不可能共同作戰，結果使英國方面議論紛紛，顯然他的記事不只是一個通訊記者的觀測，而是反映了美太平洋艦隊司令官尼米茲與華盛頓海軍首腦部的意見，證明美國海軍方面對英國的離心的感情。但自威爾遜以來即為世界上第一等海軍國的英國，自然不能沉默不言，特別是英國根據魁北克會談的決定，體在對日作戰中起着重大的作用，因此再編太平洋艦隊，在福萊塞將軍的指揮下，遠遠地遣赴澳洲，因此當然要激昂憤慨，邱吉爾首相於魁北克會談後，會集合記者團，稱：「在太平洋作戰中，不能由美國完全負担」，但在會談時，美國軍令部長金氏，則強硬地主張由美國艦隊單獨作戰，這事根據以後的情報來看，是很顯然的，甚至財長摩根索，從經濟上的見地，說英國在太平洋反攻作戰中並無多大的餘力，當時，巴爾的摩太陽報曾報導過此事，英國艦隊沒有近代的作戰經驗。因之至今對於美軍的戰術，未有受到預期的訓練，故不能共同作戰，這是金氏率直的見解，歸根結底，英國艦隊無非是為了想要回昭南而編成的，這樣，美英兩國圍繞着東亞寶庫在政治上、戰略上的矛盾，今後將更加尖銳化。

倫敦波流亡政府要求教皇反對三國決定

【路透社倫敦十日電】據自確實方面獲悉，倫敦波蘭政府曾要求教皇公開抗議雅爾塔會議關於波蘭問題的解決辦法。據信，教皇已拒絕這樣做，但同時表示他對波蘭形勢的深深關切。威斯敏特大主教格利芬上週發表的演說，據信，目的是在於傳達教皇的總態度。倫敦今晨同時獲悉，波軍新總司令安德斯將軍已開除了相當大量的波蘭軍官，這些軍官表示希望返回波蘭並服務於盧布林改組了的軍隊中。

【路透社莫斯科十日電】蘇聯政府報紙消息報攻擊威斯敏特天主教主教格利芬二月五日在英波協會上所發表的演說。該報說：許多國家中的天主教人士，最近曾××法西斯綱領的書籍，並舉行帶有政治體物的彌撒。某些天主教堂的代表們的努力，不僅是為了他們所堅稱的「保衛」波蘭——其實他們首先是保衛德國。當你聽到許多國家中的天主教人士的這種聲音互相呼應時，那簡直像組織得很好的合唱。於是問題來了：「誰是指揮呢」？

【路透社羅馬十日電】梵蒂岡人士今日稱：美國政府在英國的充分支持下，正圖談判蘇聯與梵蒂岡關係的協定。據悉，梵蒂岡正切盼與蘇聯早日解決其分歧意見。

參考消息

（只供參考）
第八一八號
新華社 解放日報社 編
今日一大張
卅四年三月十五日 星期四

我黨嚴正批評下 蔣介石代言人理屈詞窮

【合衆社重慶十四日電】當要求評論共產黨的聲明謂蔣介石「或將在聯合政府中佔有一席以贖回其罪惡」時，（編者按：三月十二日解放日報社論會有：「中國人民仍可以給蔣介石一條痛改前非，將功贖罪的出路。這就是立即廢除蔣介石的獨夫統治，成立聯合政府，但仍允許蔣介石在聯合政府內佔一個位置」等語）政府發言人絕拒發表反聲明。政府發言人說，在緬甸勝利戰役到「一定階段」後，緬甸的中國軍隊即將被召回中國，參加總反攻。

敵讀賣新聞評國共談判 美使返國商討最後辦法

【同盟社東京十三日電】（上缺）想動員抗戰力量以對日作戰，成了近年來美國對重慶政策的基本方針，特別是去年六月華萊士訪問重慶以後，更復頑執拗提出要求，終於在去年底發展成為赫爾利何應欽、孔祥熙事件。在美國強硬要求的壓迫下，蔣介石乃略事改組行政院，從一月起再開談判，這次——也可說是最後一次的會談，到二月中旬以決裂告終，延安代表周恩來斷然地撤了回來。但是觀乎國共談判的經過，便是美國也認識到重慶的立場是對於國民黨的黨治主義絕對不能讓步，而延安在憲政實施以前要求成立聯合政府的立場，更是毫無動搖的餘地。因此迫使美國對於國共問題的政策，需要來一根本的解決。蔣介石於三月一日發表聲明國共談判決裂時，並公佈說將於十一月召開國民大會，以便決定憲政問題，延安的紛爭依然故我，因此召開這樣的國民大會，顯然是由國民黨一手包辦。召開國民大會，名義上說是實施憲政，但實際上完全是向着國民黨政權的獨佔方向走。因此由於召開國民大會，將使國民黨與延安及其他黨派的內部鬥爭更加激烈，這是誰人也可以看到的。這與

宣言，該雜誌評稱：蔣介石決定召集國民大會，樹在立憲政體。但是這個決定幾乎不能影響延安的心情。重慶提議如果延安同意共產軍與國軍（重慶軍）合併，邊區行政併入中央政府（重慶政府），那末重慶立即承認延安為合法的政黨。中國將來不能和平，正是因為這個條件是延安所不能答應的條件。過去幾個月延安重慶都拚命進行宣傳，以圖得到輿論的喝彩。延安的有利條件就是××××和游擊活動的紀錄。而重慶由於國內外的壓力，使其政策和指導不得不變成自由主義的。但是無論延安怎樣得到局部的成功和成績，但我們不能掩蓋下面的事實：即延安是支配一個國家的××的武裝的政黨，以及延安不能放棄其權力乃至與其他黨共分權力。在這樣的情勢下，重慶提出讓步條件還不能改變形勢，問題的關鍵在於蔣介石能不能或且有沒有意思採取最後的措置，改變此種形勢。

【中央社倫敦十二日專電】英國具有最大影響之「經濟學人」週刊，曾對蔣主席宣佈於十一月十二日召開國民大會，準備實行憲政一點，加以評論謂：蔣主席之決定，對於延安共產黨之頑強心理當少影響。蓋謂蔣主席希望共產黨人與中央合作，渠並允許所有政黨均有其合法地位，並享受平等待遇。中國政府應允在共產黨將其軍隊及地方行政機構交還政府，即可承認共產黨之合法地位。該刊謂此最後一條件，如不為共產黨所接受，則為未來和平中國之不幸。上月中，延安與重慶均會對世界各國宣佈其主張。共產黨人之宣傳，仍不能掩飾一種事實，即共產黨人乃以武力控制政府之政黨，並不擬放棄其武力，而與其他政黨作共同之行動。在此種情形下，重慶中央政府除放棄政權外，任何讓步亦不能改變情勢。

魏道明與羅斯福商談

【美新聞處華盛頓十三日電】中國大使魏道明與羅斯福總統商談有關戰爭努力及國際安全問題。大使事後告記者稱××××××兩件事。×××未來的舊金山會議以擬定世界安全機構的憲章。大使說：「我們將盡我們的力量來使大會達到成功」。第二是今年十一月的中國國民大會，在此大會上，「一切政黨均將參與為國家組成一個『民主的政體』」。

【中央社重慶十三日電】憲政實施協進會徵集各方對五五憲草之意見，經該會秘書處初步整理後，復提交第一組委員會，截至今日止，前後開會五次，已將全部憲法草案及各項意見研究完畢，將提出廿七日之常會，並分送全體會議與國防最高委員會。十三日上午九時舉行之第一組委員會，出席者計召

美國的政策是大異其趣，蓋美國一向是遵承延安的主張，慫恿成立國共聯合政權。另方面重慶首腦則堅持反共政策，但對於魏特梅耶以下美軍首腦所指揮的重慶軍之美國化，却是相當積極地協助。打通雷多公路的事實與重慶軍統帥部的轉設昆明，都是按照魏特梅耶司令部的意見，以華南為中心進行對日反攻作戰。這樣，重慶雖反對美國對華的基本政策——與延安妥協，但仍然想依賴美國以便藉此尋找打開[illegible]的道路，堅持親美反共政權，始終以進攻來抵抗延安的攻勢。所以在美國大使面前擺着的最困難的問題，是討好蔣介石，放棄國共的合作，以華中華南為中心，進行反攻日本；還是顧到對蘇聯的關係，和傳統的民主，進行重慶、延安間的調解工作。此次美大使返國，當和該問題有關。但另一傳說，美大使赫爾利可能打出他最後的一張王牌，向華府提議，由美蘇兩國共同調解延安問題。當此次國共談判決裂時，魏特梅耶會聲言是當然的。同時最近來到中國的美軍首腦，完全照着重慶軍首腦們的意見，製造作戰計劃，所以魏特梅耶頗有徹底清算，利用延安從華北、華中一直到華南，進行所謂對日總反攻的跡象；而總動員實際的現有兵力，配合着在華美空軍和空運部隊，局部地反攻日本。特別在最近重慶統帥部移至昆明後，實際上魏特梅耶掌握重慶軍的統帥權，而感到滿足的樣子。由此看來，美當局可能變更過去的計劃，採用魏特梅耶提議的局部反攻日本的計劃。

（據另一同盟社東京十三日電，此電係節譯讀賣新聞評國共談判，那一個電的開首是：「據紐約來電，赫爾利與魏特梅耶於八日進謁羅斯福，會談內容是討論關於最近重慶延安談判的決裂以及與上述密切關聯的對日反攻的方策，這是很明顯的。近年美國對華政策是調解重慶與延安的糾紛，以動員其力量對日作戰，」以下與此電同，最後還有一段「十日重慶合衆社亦報道稱：最近延安政權駐重慶辦事處向重慶的外國記者們散發小冊子，用激烈的詞句反駁道：三月一日蔣介石發表關於召開國民大會的演說只是為自己的××行為辯護，如不停止猜疑和惆悵，那末我們要否定蔣介石。」——編者）

英國經濟學家雜誌
評蔣三月一日演說

【同盟社斯托哥爾姆九日電】據倫敦來電，英國經濟學家雜誌於九日評論三月一日蔣介石約定召集國民大會的

集人孫科、王寵惠等，由孫科主席，繼續討論憲草關於經濟與教育兩章，其中重要者，對於第一一六條擬修正為「中華民國之經濟制度，應以民生主義平均地權，節制資本，協調勞資，提倡合作為基礎，以謀國民生計之均足。」第一二三條亦提出修正意見，第一二六條擬修改為「國家為謀農業之發展及農民之福利，應倡導合作農場，並以科學方法提高農民耕作效能，充裕農村經濟，改善農村生活」。此外對於教育章討論之重點為少×兒童應有受基本教育，免納學費，以及貧苦學生應設法使有受中等以上教育之機會，嗣後討論監察院之職權等問題。

哥拉斯語記者
日寇有隨時犯滇可能

【中央社渝十三日電】魏德邁代理參謀長哥拉斯十三日下午三時招待中外記者，某記者詢以蒙特巴頓勛爵來渝意義？哥代答稱：蒙氏會與蔣主席舉行軍事會議，美國將領亦到席旁聽。哥氏繼表示蒙特巴頓勛爵於魏特梅耶將軍之邀請，來渝與蔣主席會商。某記者詢以越南情形，稱：日本現在越南之行動，可認作長期統治之一種自然結果，故不足使吾驚疑。哥氏復答謂：越南仍在中國戰區蔣委員長指揮範圍之內。某記者詢以日本是否將在雲南邊境有所企圖，哥氏答稱：時時有此種可能，但中國方面已有準備。哥氏於答覆某記者稱：史迪威公路最近運輸情形甚佳，不過較預期過高之運輸量為低。最後某記者詢以中國軍糧改善情形，哥氏答謂：前一美軍官視察歸來報告，中國軍隊之食糧分配情形，顯然已大有進步。

【中央社渝十三日電】蔣主席為提高行政效能及檢討行政三聯制實施現況起見，特令飭中央各機關舉行總檢討會議，定十四日上午十時在國府舉行開幕，主席親臨致訓，指定出席者吳鐵城、王寵惠、吳鼎昌、熊式輝、張厲生、賀國光、沈鴻烈、陳果夫、陳布雷、錢大鈞、賈景德、雷震、李文範、雷殷等及有關機關各級人員百餘人，由蔣主席指定吳鐵城、吳鼎昌、賀國光、沈鴻烈、熊式輝為主席團，並組織臨時秘書處，由吳鼎昌兼任秘書長，許靜之、賴璉、鄭道儒為副秘書長。開會期間定為四日，十七日午後閉幕。

【中央社重慶十四日電】重慶市議員出席六全大會代表選舉大會，於十四日在中央黨部舉行，中央特派常務委員潘公展監選，上午九時開會，出席者

區分黨部分選代表李荃鳴等二百九十六人，由市黨部主任委員方治主席致詞，監選委員潘公展宣讀選舉條例並加說明後，開始選舉，結果顧建中一一九票、×美佑一一四票、曹毅亡八票、劉攻芸七十票、宋宜山六七票、陳介六六票、包華國六四票、吳茂蓀八三票、陳逸雲（女）二九票等九人當選。

【本報訊】蔣介石手令本年兵額限三月十五日前一次徵齊。二月四日大關報載，黔省徵兵仍按月徵六千人計算。兵役部迭派該部簡任參事方秋葦至黔軍管區坐催；派該部徵募處長徐國楨至黔各地督催云。

【中央社昆明十二日電】滇田粮管理處爲供應全市貧民食米，簽設省會粮食調節處，已呈請糧食部准撥借二萬萬元作爲基金，調節處定三月廿日成立，貧民憑證購米，各機關學校團體由處核發購運證，自向外縣購運。

外記者招待會

【中央社重慶十四日電】外記者招待會十四日下午三時舉行，蔣處長廷黻、吳次長國楨、張參事平羣出席主持。蔣處長發表談話謂：最近我曾訪問澳洲，我發現就是在戰時的交通情況之下，中澳兩國的距離僅卅三小時的飛行，戰後兩國的經濟及文化關係，必更密切。而且相信澳洲對於遠東和平的維持及經濟繁榮的建設，必能有極大的貢獻。遠東區域委員會在雪尼的會議，對遠東善後救濟問題會作實事求是之檢討，其決議案必能促進遠東各國難民的幸福。在澳洲觀察南太平洋的軍事發展，是不能不佩服友邦的偉大努力及偉大成功。日寇已知道他的東洋帝國根本無法保存，因此他已改變戰略，預備集中力量防守大國。在澳國及越南尤其在中國，他必盡最大之努力。中國及盟邦已準備應付敵人的新戰略。蒙特巴頓勳爵及其夫人之來訪，吾人認爲係我國之光榮。在勳爵的戰區內，中英兩國的軍事合作，必能達極高的程度。某記者問：近聞四行投資中國人事保險公司一千五百萬元，政府協助商業公司有無一定標準及限制不受政府協助之公司有何保障？張參事答：所提之保險公司，料指三月一日新成立之中國人事保險公司而言，四行及中央信託局等確曾投資一千五百萬，佔該公司股票二分之一。其主要業務爲人事保險，此在中國尚稱創舉，與社會經濟及福利均有大貢獻。政府認爲有特別提倡必要，因而投資鼓勵。現在我國有保險業四十餘家，其中卅家以上辦理人壽及水火保險，辦人事保險者僅此一家，故無所謂不久獎額擬×問題。況四行投資與放款既由四聯總處依政府方針決定，更無藉此厚彼之嫌。某記者問：渝市外國影片公司何以可能將其利潤之半數購買外匯，寄回外國？張參事答：近年來影院票價提高甚多，影商片租亦隨之而增，然外匯法價未變，倘准外商無限制免購外匯

「眞理」報，對米科拉茲柯大肆攻擊，並稱他是他英國人××××××。據××，由於這些分歧結果，新波蘭政府將不能在舊金山會議以前形成。「眞理」報稱，倫敦政界人士深恐波蘭問題的迅速解決將引導至×××的成立，×××爲英美輿論所接受。

【海通社斯托哥爾姆十三日電】共產黨在瑞典國會中提議，關於五金工人罷工事，各廠主應由非常法令强迫恢復生產，但此提議已爲所有黨派對共產黨的十七票而否決。此事特點是共產黨與社會民主黨間的分歧，和共產黨關於五金工人罷工事所處的困境。廠主能被迫屈服的希望業已打破和罷工者現處於困難地位一節，均不利於共產黨的威信。

【海通社柏林十二日電】里賓特洛甫發言人以最大的保留回答「眞理報」攻擊瑞典的問題。發言人說，這是瑞典的問題並避免加以評論，但指出了斯托哥爾姆報紙的態度。瑞典報紙已回答了莫斯科的攻擊，除「語言」報外，均駁斥了蘇方的攻擊。僅「語言」報寫道：「眞理報的文章顯示，瑞典要去爭蘇聯的不信任，仍要做多麼大的工作」。

敵議會重開
赤池濃等紛紛質問

【同盟社東京十一日電】今日上午十時十分舉行貴族院全體大會。由德川議長介紹被動選的新議員，並報告敵機轟炸皇宮後，進宮謝罪的情形。嗣由小磯首相發表演說，杉山、米內陸海兩相報告戰況，都相信捕捉與擊滅强敵的機會已不在遠，而博得全場鼓掌，旋即進入質問，赤池濃問：「美軍對於我國本土週圍的攻勢益加激烈，敵機的來襲還有不停，特別是敵機的轟炸宮城與大宮御所，這種暴行實在令人憤恨。相信此時對於我們來說，只有兩個問題，即如何安慰陛下，如何使國家安泰，政府對表示必勝不敗的信念，但願聞其信念的由來。」小磯首相答：「關於政府對戰局進展的施策與決心，我剛才已在演說中說明了」。赤池問：「（一）對於美英的殘暴及其老一套的手段，應給國民以如何的初步的知識？（二）應如何指導國民，使其不爲敵人的宣傳謀略戰所騙。（三）是否應實施充分的訓練，以便不管發生任何事態，使國民都能堅强防衛國土。（四）應如何努力使國民發揮其一切力量，並且使其沒有不能發揮力量的事情。（五）應如何指導國民，以便在防衛帝都與防衛國土上，促使國民奮起」。小磯首相答：「（一）關於美英的殘暴，是通過報紙與廣播，時常告訴國民。（二）對於敵人的謀略宣傳，則在宣傳謀略上對付之。（三）關於其他三點，俱可見之於我剛才的說明。我又欲趁此機會說明一事，即琉璜島的我軍將士爲了完

，其得利將過分太甚，殊不合理，照目前匯兌辦法，彩商獲利較之數年前仍超出數倍。

南京政府召開戰時民衆代表大會

【同盟社南京十四日電】中國和平地區（民衆響應盟邦日本國民的決戰體制，為突破中國空前的危機，已總動員起來，將於最近在首都南京召集華北、華中、華南的代表，開戰時民衆代表大會，以提高擊滅敵人美、英的氣勢。即是說，鑒於時局緊急而奮起的南京在野志士，於十二日召開戰時時局座談會，向東亞聯盟中國總會、國民運動促進委員會及新民會發出召開民衆大會的書面通知，三者的答覆都表示熱烈贊成。中國民衆的參戰趨向，伴隨着戰局的激烈化，已日趨積極。值得注意的一點，是這個民衆大會完全是民衆自己自發性的會議。在大會上，將向中國知識階層及一般民衆，強調解決中國問題需以盟邦日本在大東亞戰爭中贏得勝利為先決條件，它將促使中國民衆大大地振奮起來。

【同盟社鄭州十一日電】河南特別行政委員會成立之後，行政力量浸透於河南三十餘縣，急速促進自衛、自治的實現。本月九日，鄭州、洛陽等十三縣的自治委員會改組為縣政府，剩下的各縣亦逐漸實施縣政。

美稱日寇越過中國邊界

【合衆社重慶十日電】（遲到）合衆社駐昆明記者報導，當法軍及安南軍抵抗日方完全控制越南的企圖時，日軍已從越南越過中國邊界。據說日軍在邊界城市老開附近的班柯地方越界，老開位於河內至昆明的鐵路綫上。據訪員說：當局解釋日軍越界原因，與其說是威脅昆明，不如說是欲阻止法軍與華軍的會合。

海通社傳蘇、英、美談判波蘭問題無結果
瑞共關於五金工人罷工事的提議遭否決

【海通社斯德哥爾摩十三日電】據聞已在雅爾塔解決的波蘭危機，又形惡化。莫洛托夫與英美兩國大使在莫斯科的談判，迄今均無結果，引起美國政府×××。倫敦尤其不滿意無論米科拉茲柯或任何其他流亡波人均未被邀請參加新波蘭政府。而斯托哥爾摩報則報導稱，蘇方拒絕米科拉茲柯參加，但他則是美英關於波蘭政府名單上的第一名。「達根斯」報倫敦訪員稱，蘇方似乎認為，雅爾塔已向盧布林政府為新波蘭政府的宗旨讓步，倫敦盧布林擁護者的波蘭臨時

成其任務——正在殊死惡鬥中，他們只覺得子彈滿天飛。我為了顧到琉璜島將來的命運，避免乘此機會說許多事情。」接着赤池希望政府更加努力後，便停止質問。接着松本毅一發壇質問，於十一時二十五分召開秘密會議，下午零時三十分結束秘密會議，繼續進行議事日程，河相質問食糧問題，小磯首相答稱：現在已講求各種方法，至少保持二合三勺的平均配給量，希望多配給一些，但是可以斷言至少要確保二合三勺。下午零時五十五分休息，下午二時五分再度開會，提出下列二案：（一）昭和十八年度歲入歲出總決算及昭和十八年度各特別會計歲入歲出決算。（二）昭和十八年度國有財產增減總計算書，然後進行質問。大河內輝耕子爵（研究會）問：內政、外交工作上，需要同時進行積極的工作，但是因為首相不在，因此立即提出表決，全體按委員長所做的報告通過之，下午二時四十五分散會。

【同盟社東京十一日電】今日下午三時十分舉行衆議院全體大會，首由岡田議長報告關於前次敵機空襲東京時代表衆議院入宮報告，並朗讀栗原最高指揮官的謝電，因衆議院曾感謝琉璜島的皇軍，旋請小磯首相發言，與在貴族院同樣的發言，接着由杉山陸相、米內海相，作與在貴族院同樣的發言，旋即徵求大達內相發言，大達內相說：「關於昨天敵機空襲時的蒙受災害者，已採取萬全的措施。為了迅速實施罹災者的援護方策，已以有關閣僚構成委員會，討論具體方策，旋即進入質問。金光庸夫希望政府迅速實行積極與果敢的施策，小磯首相答稱：『政府在救護空襲罹災者、緊急疏散工廠、企業體制決戰化、整備飛機工業、確保食糧（積極的增產芋類）、確保液體燃料，加強船舶，陸上小運輸力上，已採取緊急重點施策，以謀培養戰力。就中關於企業體制，目下正在選擇業類，以便使其加強國家性，關於加強勞務體制，則出動國民挺進隊，關於刷新勞務行政，現在正在研究中，又關於新政治結社，政府預備可能予以協助。』接着由石塚虎太郎就防空對策，詢問政策的方案，小磯首相答稱：『關於消防對策與罹災者對策，擬採取充分的措施，特別關於疏散，正在「指定計劃」上加以大規模的改革，並努力增產飛機與防空兵器，軍官民協同一致，以便擊滅敵人』。接着於下午四時四十五分召開秘密會議，五時十七分散會。

參攷消息
（只供參考）
第八一九號
解放日報 新華社 編
今日出一大張
卅四年三月十六日
星期五

傳宋子文任 國民黨參加舊金山會議的代表團長

【中央社渝十五日電】據可靠官方消息：政府已制定宋代院長子文為中國出席舊金山會議代表團團長。

【中央社舊金山十五日電】舊金山會議開會在即，我國研究外交之團體將有所表示，以資響應。王寵惠、陳立夫、程天放、甘乃光、胡世澤諸氏有見及此，特聯合各大學政治外交系教授，及從事於外交工作工作者，發起中國外交政策學會，俾對舊金山會議有所貢獻，聞已籌備竣事，最近即將舉行成立大會。

【中央社渝十四日電】美外交部財政顧問奎理士雷萊，新近自美來華，十三日午後四時赴財政部訪晤俞部長鴻鈞，商討有關財政金融諸問題，晤談甚洽。聞雷氏在華將有若干時間之逗留。

【中央社昆明十三日電】蒙特巴頓夫人，今晨八時半離昆明返印。

【中央社渝十五日電】財部田賦管理委員會，經行政院議決，改隸糧食部後，該部已呈准調派陝財廳長李崇年於十六日負責接收，並繼續辦理。聞糧部於接收後，將成立田賦署辦理有關田賦事宜。

【中央社重慶十五日電】蔣主席十五日午十二時，召見自貢市市長劉仁菴及鹽商余述懷，對自貢鹽戶情形垂詢甚詳，並留午餐。下午四時，劉余兩氏晉見宋代院長，宋氏表示政府對鹽商困難甚為明了，刻正謀予以有效救濟，以解除鹽商痛苦。

謠傳德國會 提出和平建議

【路透社斯德哥爾摩十七日電】瑞典斯文斯加日報今日載息：「非常可靠方面」消息：德國會經過其在斯德哥爾摩的密使向盟國提出和平建議，而德國和平的建議已斷然被拒絕。該消息說：在貝茲加登徹夜

「吾國與吾民」作者林語堂博士因時常接觸外國對中國的批評，惱羞成怒，於一九四三年九月二十二日，搭機返國，察訪了半年，於一九四四年三月二十二日重回紐約。「枕戈待旦」一書就是他見聞與觀察的紀錄。其中有一部分是遊行記，一部分是政論。正處於令人焦慮時期的中國，很需要適當而公正的觀察，然而這書卻大謬不然。

中國抗戰已逾七年，經歷封鎖也兩年有半，中國人民創造了英勇業績，林博士既是中國人，自然也可分享其合理的榮耀。有鑒於中國工業的落後，林博士很稱讚中國的人民，以至於乾電池、電話、無線電、以及其他在戰時中國製造的物品。

中國人民既有許多特性，如能拋開政治專談民性，一定是很愉快的事情。可是中國政治對人民生活的影響也正像別國一樣，它不僅影響作戰與經濟情況，並影響其文化的滋長。政府的所為與所不為，關係於人民思想與精神發展所繫的文化命脈極大。

然而林博士的政治態度卻並不怎樣深摯。他一方面極力為中國目前的政府辯護，並斥責批評這個政府的言論為共黨宣傳，另一方面卻一再重述和同意這種批評。他對於中國士兵所受的驚人的待遇表示惋惜，他說：「中國士兵衣不暖。食不飽，裝備又壞，忍受着令人難信的艱苦。」同時他有一部分見解與中國官方恰巧相反，認為現在中國人民對於實行民主政治已有準備。他說：「應該準備實行民主的是政府，人民已經準備了。」同時，他雖不認為中國政府是法西斯政府，他卻寫道：「這個政府具有家長政治的一切弊病。拚命要指導人民的思想和行動，而不讓人民指導他們自己。」

他認為中國今日切需一個權利法案。因為「說中國對民主政治毫無準備實屬無稽之談」，他說：「如果說他們沒準備，也只因為權利法案沒有實行的緣故」。他認為現在言論自由應該准許，他並且懂得，無論如何政府不管是否憲政的，除非人民有權批評他們的領袖，否則斷乎不能維持其忠誠效率。他說：「國民黨既不開放言論出版自由，保障人民批評的權利，動向自然不會正確的。」

林博士在這本書裏最激烈的批評是攻擊國民黨並不關切中國一般人民的生命。

在全書中林氏一再斥責中國共產黨，重述國民黨對於共黨的宣傳，指美國關於中國的批評為中共宣傳的應聲虫，這樣說法自然是輕而易舉的事情，

的急烈會議之後，希特勒同意提議和平。德國的和平建議是撤出一切佔領的領土，納粹制度應在德國繼續存在，因為只有希特勒與希姆萊有統治德國人民的必須的權力。從盟國或××方面尚未證實這一消息。×××『據通常可靠方面息，德國外交部官員經過瑞典的居間（一段文不清）會與盟國官員發生接觸，並且要求和平。和平要求已被拒絕。和平提議係於貝茲加登所舉行的××會議上所決定，這次會議上里賓特洛甫×××整夜勸希特勒要求和平是重要的。希特勒×××最後（一句缺）德國的和平提議×××要求納粹制度應予保留，因為只有希特勒與希姆萊始能使德國人民順從突然要求和平的觀念。（兩句模糊）『這會導向傷害英美利益的國家（指德國）完全布爾塞維主義化』。（下面數句意不連貫。）

『合衆社倫敦十五日電』斯托哥爾姆瑞典日報發表未證明之消息稱，希特勒會於本月初向英美提出和平建議，結果遭英美拒絕。據該報駐柏林記者電稱，納粹代表與斯托哥爾姆之英美人士取得接觸，提出希特勒之和平建議，希此與當時歐洲可以早日獲勝之一般樂觀情勢恰於同時發生。瑞典日報稱，據悉希特勒係於貝茲加登會議中聽從里賓特洛甫之勸告提出和平建議。據悉希特勒同意派遣德國外交部高級官員赴斯托哥爾姆，彼堅持即令德國無條件投降，[illegible]與希姆萊亦應保留權位以避免混亂。

同盟社說 新華日報駁蔣介石的演說

『同盟社北京十五日電』蔣介石於本月一日的演說中暴露延安完全拒絕重慶提案，反對美國軍人參加渝延兩軍的聯合對日作戰等渝延交涉的內幕。但是延安機關報新華日報對於蔣介石的演說，指出下列三點即（一）重慶要求移交延安軍及延安地區作為重慶承認延安的代價；（二）重慶設立美、蔣、延的三人委員會，以圖改組重慶軍，但是沒有一句牽涉到改組重慶軍；（三）重慶不提到如何選出被佔領區的代表參加國民大會，從而認為蔣介石的演說是堅持獨裁政治，而拒絕成立民主主義的政府。

愛金生著文批評 林語堂新著『枕戈待旦』

『美國新聞處二月八日紐約電』『紐約時報』名記者前駐中國特派員一度訪問延安之愛金生氏于一月二十八日於該報發表對林語堂新著『枕戈待旦』(The Vigil of A Nation)一書的書評。該文節要如次：

但對於解決中國團結的基本問題毫無裨益，問題是能不經內戰而獲得解決，一定需要雙方人士開誠談判，捐除偏見。現在在自由中國關於中共的情形極少聽聞？一九四四年五月外國記者獲准訪問延安，和七月美國軍事視察組得准赴延以前，國共兩方之間幾年來沒有旅行之便。陝北一向被認為化外的非法地域。

林博士旅行期間最北也只到了西安，這裏是政府封鎖中共的大本營。他在西安參觀過一個囚禁懷有『異黨』思想的中國人的集中營，書裏說起營內『多半是青年，其中有四十個婦女，都在大學或大學以上的年齡。他們或由中共區域逃出，或在自由中國參與共黨活動，或有參與的嫌疑』，但林博士並沒有再北上延安一訪中共的首府。如果他能訪問延安，一定會發現他所信以為真的那些國民黨宣傳實在言之過甚。在中國後方確有許多關於中共的荒誕不經的傳說，而林博士本人也能免於受欺。我以為要解決中共問題最好的辦法莫如任令人們來往於兩個區域之間。這樣許多誤會就會消失。現在就是中國政府也是像盲人騎馬般地研究着這個問題。

美國目前流行一種假設，以為中國執政者非國即共，並無其他前途。林博士對於共問題的論斷，並不足以消釋這種見解。但按筆者在中國所得印象，中國的自由主義者雖不滿於現政府，也不贊成建立一個共產黨政府。他們所希望的是一個進步的代表全民族的政黨，具有民主的傾向，保障言論出版自由。同時中共雖然推行獲得農民擁護的政策，獲有持續的進展，但不論它日後希望如何，目前對國民政府[illegible]要求還只是承認政黨的合法存在與民主自由。它並不想望，也許並不需要目前即取得全國的領導權。我以為美國人士因中國大部人民對現政府不滿，就認爲他們要求共產黨政府，實在是一種錯誤。

今日中國有不少政治情報絕不可靠。國共兩黨都有些宣傳，真相究竟如何，極難明瞭。林博士對中共所作的一切攻擊，中共對國民黨也都有相同的攻擊，而且同樣持之有理。譬如說，林博士宣傳中共不打日寇，只打中央軍。中共對邊區周圍的中央軍就有確實相同的攻擊，他們說中央軍打的只是共產黨。中國政府說包圍邊區的軍隊目的在於防衛，中共也說他們向集邊區的部隊只為了自衛。

對每一項攻擊都有同等的反駁，不過隨共軍進入戰地的外國記者都認為中共軍隊與作戰，抗擊日寇。有許多著名的跳傘降落的美國航空隊多由中共游擊隊營救出險，對中共尤感謝。自然，中央軍也有過同樣的作爲。不過我會注意查考地名？去年三月抵次日本選將與盟軍接觸，事如屬實，什九是與共軍衝突。」同盟社稱他們爲『中國紅軍』。

我以爲中國共產黨在思想上確然是馬克斯主義者，但目前的政策旨在適應當前中國的要求，實在是一種溫和的『民主集中制』。這說法如不失當，它的確有利於農民，而且它幾乎把農民理想化了。

不論中共領袖們抱有什麼人道主義的動機，他們確實認識中共今後的力量一定出於農民的擁護。林語堂關於這一點倒也說得還公正，他說：『中共是民主的，只因爲他們在理論上永遠站在爲農工謀利的立場，它領導人民自主政府的工作超過國民黨，他們有工會，農會，婦女會，他們支持農民，並已減少地租田賦』。

政黨擁有軍隊雖然不合民主政治的作法，但中共認爲國民政府的軍隊全是國民黨黨軍，也許它的任務之一就是滅共；中共保持並發展它的部隊，不僅爲了抗擊日寇，也爲了保持政治力量，因爲在中國一個政黨如果沒有武力也就沒有政治力量。中國其他小黨派的所以毫無威望，就因爲它們都沒有武力支持。

中共對於農民今後的命運既已有所作爲。他們的確在當代中國作了若干積極而進步的貢獻。中國的政治生活，果能不經內戰，而把中共包容在內，將是一個奇蹟。雙方的不能信任起源於政治思想的不同。但是如果國共兩黨能根據民主基礎，共同擬定一個反攻日寇與改革政治的綱領，也將是現代中國一大偉業。任何人再重彈兩黨爭論的老調，只足以阻礙中國政治的發展。當今整個中國至少應照實行一部分中共的措施。

敵限制長江水運 杭州敵僑限期撤退

【中央社上饒十四日電】杭州敵下令自二月十日起，在杭敵僑限三月底撤回東北及日本，敵並下令局部封鎖長江水運，除兵艦外，大小商輪上行以安慶爲終點，不得擅行上駛，敵並在杭州灣至上海一綫，加緊構築工事。

【同盟社廣東十四日電】根據到達此間的情報，蔣介石一方面整頓對日反攻體勢，並爲了挽回地方各戰區的士氣，將中央嫡系軍官配置到各地，首先更動的爲李宗仁任漢中行營主任，將重慶衛戍司令劉峙調至西南前綫，劉峙之遺缺由王建緒接充。

工業、軍事及政治國家。」

中央社報導：英人對太平洋展望

【中央社倫敦十二日電】此間人士認爲歐洲戰事即可在兩月中結束之際，也漸認爲盟方已有計劃，使日本發生危險。此種感覺，係由於過去數日中，各種遠東發展的結果，如以燃燒彈轟炸日本，次數增多；法屬越南對日本態度的改變；盟軍對中緬日軍壓力增大；以及遠東戰場美國陸海軍高級將領在美國舉行會議等等。而日寇突然召開議會一事，他可證明。此間本日明星晚報說：日本承認皇宮爲超級堡壘所炸一事，是要使日本民衆明瞭該皇已必須自東京遷至日本其他目標較小的地方。倫敦郵報消息：尼米茲魏特梅耶金氏會談之後，已擬定擊滅日本兩項計劃：其一係假定蘇聯在遠東方面繼續保守中立。其二則爲假定蘇聯參戰。然無論如何因太平洋中的美軍戰鬥力量最强大，其統帥□自由美軍充任。該報繼稱：在最後打擊日本之初期，將爲水陸作戰，因是英國海軍將負其責，並或以海爾賽爲統帥，美國太平洋艦隊之職責，爲掩護盟軍登陸中國海岸，至盟軍在中國大陸會師，×日本本土××已超出海軍炮火轟擊範圍後，則麥克阿瑟或將充任統帥。

美報說：紅軍勝利的原因 是由於美國物資的帮助

【美國新聞處紐約九日電】鮑爾的閣在×報雜誌最近發表題名爲『他們帮助蘇聯獲得勝利』一文。該文稱：蘇聯能供應和裝備三百萬大軍，在由東普魯士至斯洛伐尼亞廣闊前線上，發動最有力的攻勢這事，使許多人驚異『他們是怎樣做的？』這沒有甚麼祕密，這只是因爲在最近幾年內，美租借法案物資，經由伊郎走廊不斷湧入蘇京。至於這種帮助對於目前紅軍勝利的供獻到底至何程度，沒有一個人是能知道的。但是，若沒有美國巨量供應品經由伊朗流入蘇聯，則目前正在進行的攻勢，將不可能發動，這並不是對蘇聯人民的勇敢和其領袖的才能有甚麼非難。斯大林元帥對這並不是不記得的，當他在德黑蘭三國會議席上時，曾舉杯讚頌『美國的生產』！縱貫伊朗的鐵路，係×××（？）建築，設備良好，長達一千二百英里，路綫曲折迂迴，穿過沙漠荒原，翻山越嶺，實爲我美軍在此次戰爭所達到的最値得驕傲的成就之一。由於美國工業和大量××的帮助，×××鐵路的瓶頸已斷，××造成爲一條供應綫走廊，經此走廊由美國運入蘇聯的物資

西安正報社論進言於六全大會
勸國民黨作澈底的改弦更張

「本報訊」二月二十日西安正報社論稱：「自十三年第一次全國代表大會決定若干意識及策略之後，國民黨確與十三年以前的黨不同了……這種不同，不是形名的，而是屬於質或性上的。及至十七年國民政府成立以後，則於質與性上又爲之一變。……這是史實……至於功過是非，則當別論。而今似又需要改變了。無論由國內的要求，或國際的迫切上看，皆不容國民黨不改絃更張了。……若想執着以往的心情與手法，應付今後的新世態，恐怕有些不可能。因此我們敢進言於與會諸代表曰，請以最大的智勇，作無所忌憚的改造，以便適應而今而後的新世界。其次，我們希望與會諸位代表勿忘古人一句名言，那就是「過則勿憚改」。……若夫「文過飾非」「有病諱醫」，皆非明智之士所宜取。一句話說穿了吧，若想以現有的制度，策略及人物去應付今後的新環境，新事業，那是絕對不夠的，諸位要自行檢討自己要勇於改過，若把虛而無實，缺而不廣，以及徼倖以過等等，澈下針砭決心將其洗除淨盡，則無論黨內黨外之士，皆將慶幸不遑矣。「……現在已不是紙上的議決案，及洋洋灑灑若干萬字之宣言所能了的時代了。無論國內及國際所企盼於國民黨者……都要求一個實惠而正確的效力，空言搪塞，絕非大家再願接受。」

海通社傳蘇聯封鎖羅國新聞
英人焦慮蘇聯在巴爾幹擴張勢力

「海通社柏林十四日電」倫敦訊，在布加勒斯特有英國報紙數家，但當地檢查機關似阻止這些報紙發出任何消息，「泰晤士」外交訪員如此禮貌地提到蘇方對在羅馬尼亞境英美訪員所規定的新聞封鎖。

「通海社柏林十四日電」「泰晤士」報外交訪員稱：據最近消息，前任羅馬尼亞總理拉德斯哥仍在英駐布加勒斯特公使館內。

「海通社柏林十三日電」華盛頓訊，美國記者吉爾瓦西於「科里爾」雜誌上撰文稱，「英國及美國對蘇聯的恐懼及懷疑如此強烈，以致人們發問人們是否在眞正與德國或蘇聯作戰」。他曾與許多英國人談話，他們均對蘇聯勢力在巴爾幹、東歐、波羅的海小國及中東的擴張，表示憂慮。該記者繼稱，當反法西斯戰爭尚未獲勝之際，兩最大盟國即在爭奪權力。蘇聯在強權政策的鬥爭方面，似乎佔在先頭。吉爾瓦西最後稱：蘇聯今日是東半球最大強的

，截至本年一月二日爲止，計達四、三四四、〇〇〇個。

戈培爾接見歐洲「勞工代表團」
海通社否認紅軍佔領庫斯特林

「海通社柏林十三日電」帝國部長戈培爾博士接見巨大的歐洲勞工代表團，大陸各國均有代表參加。戈培爾博士感謝外國勞工對歐洲大陸解放所作的貢獻，這種貢獻是不能過低估計的。他說，「如果敵國曾相信能發動反對德國的地下運動的話，這一希望已被打破了。從來沒有這類事變的一點徵候。當蘇軍突入德國東方領土，我們勞工友人們的考驗時期已經到來時，成千成萬的外國勞工（包括東方的勞工在內）和德國人一起，以無盡的行列向西移動。我們敵人曾寄以一切希望的成百萬歐洲各國人民，忠誠地、堅決地堅持他們的職守。外國朋友們將來一日離開德國時，將沒有什麼仇恨，而是忠誠的朋友，因爲他們已在困苦的時日中了解了我國人民，並相信在此次戰爭結束後，自由的社會主義歐洲必將出現。」

「海通社柏林十三日電」德軍發言人星期二午根本否認蘇方謂佔領庫斯特林的消息。守軍已擊退自北面來的猛烈攻擊。該城形勢一般的無變化。庫斯特林、紐斯塔特城郊若干時來曾在蘇軍手中，但該城本身及奧得河東岸的庫斯特林橋頭堡壘，雖被縮小，但仍在德軍手中。

「海通社柏林十三日電」據德國軍事發言人的意見，美軍在萊茵河東岸累馬根附近的橋頭堡壘沒有任何軍事重要意義。人們不僅應該考慮宣傳的要素，而且人們應該考慮眞實的事實。橋頭堡壘的建立僅是偶然的在原來預見到的地點所發生的，因爲那兒的美軍偵察到沒有被摧毀的橋樑。萊茵河東岸的地區從軍事與戰術觀點看來不適合於建立進行主要戰事的橋頭堡壘。

「海通社柏林十三日電」柏林星期二晨報在第一版熱烈評論羅斯福所宣傳的計劃，即是凡在西綫及意大利俘虜的德國士兵將移交蘇聯。據稱這一宣布僅是羅斯福與邱吉爾眞實企圖的證實。這一迄今保守祕密的雅爾塔會議附件的宣露，只會進一步增加德國人民抵抗的意志。

參攷消息

《只供參考》

第八二〇號

解放日報 新華社 編

今日出一大張

卅四年三月十七日

星期六

蘇聯報紙批評蔣介石

【同盟社里斯本十五日電】蘇聯一向通過報導機關攻擊延安與重慶談判的坐上暗礁，據莫斯科來電，紅星報又在報上猛烈地攻擊蔣介石，該報著論稱：「蔣介石之所以遭受軍事性的敗退，是由於不承認和不履行延安的要求。」

【路透社倫敦十四日電】英國出席澳洲遠東善後救濟總署會議首席代表巴特勒，認爲：戰後中國的穩定，爲太平洋上未來和平的重要因素之一。據澳洲拍來的電訊，巴特勒告在墨爾鉢的海外同盟說，聯合國必須至少在廿年內不讓日本發動另一次太平洋戰爭。除掉中國之穩定外，維持太平洋上和平的其他重要因素便是保持四大强國的目標一致與重新教育日本人民。

國民黨中宣部請王曉籟向滬廣播

【中央社重慶十六日電】中宣部於十五日請王曉籟在中央廣播電台用上海話廣播，內容除報告中央之政治經濟軍事外交設施外，並勉勵上海一帶同胞，靜待盟軍登陸，配合反攻。

「中央社重慶十六日電」據美新聞處昆明十三日電，刻在中國及印度受美方訓練之汽車部隊，將爲中美長官所擬計劃關於供應方面之一切服務。按照計劃，主張中國後方之運輸設備將有重要擴張。中國之新後勤部隊，與在何應欽將軍指揮下之陸軍總司令部及齊福士將軍指揮下之美國陸軍後勤部隊，密切合作，現由史迪威公路開入之新貨車，大半將由中國人駕駛。

【中央社隆昌十六日電】羅總監卓英，今午偕鍾師長彬抵此視察青年軍某團，下午集合全團官兵訓話，並召集該團官兵代表舉行座談會，既接見地方父老，諮詢對青年軍之意見。

【中央社重慶十五日電】軍政部長陳誠，十五日晚招待全國慰勞總會青年軍慰問團各團團長及團員，到馬超俊等及各團團長劉健羣，賀衷寒，柳克述等，席間陳部長就青年軍若干實際問題作詳盡說明。

必然要給全體中國老百姓以最基本的自由。只有自由才能產生知識。……求人類平等社會的建立，……爲建立三民主義的平等社會而奮進。……（三）我們所要建設的現代的中國，不但是眞正自由的中國，而且是眞正科學的中國。……中國在若干年前，就有先賢們提倡德、賽二先生的運動……即民主（或自己）與科學的運動，到如今還是中國之所切需。若有人要詢：現代中國往何處去？我們的答覆是：往自由（民主）與科學的道路前進。這是現代中國建設之一途。」

同誌第一卷第二期（一月十六版）首篇論文劉炳藜作「中國國民黨五十週年」，對國民黨本身，轉敗爲勝原則，及國民黨與其他新組織關係均有論述。劉氏認爲，推翻滿清，建立民國，打倒北洋軍閥統一中國爲國民黨對國家三大貢獻，但惟有完成抗戰勝利，方是它對國家的最大貢獻。劉氏稱：抗戰中「由於國民黨堅苦的領導，好容易渡過七八年來辛酸的歲月，雖然未能將日本帝國主義逐出國土（按，上文有謂：「在日本法西斯强盜的鐵蹄之下，幾乎遍體鱗傷」），但我們至今尚有半壁完整的河山，足以抵禦强盜侵略。苦楚了祖宗遺傳獨厚的我們的純良的老百姓！……十室九空，生靈塗炭！我紀念你們的苦楚！我要興奮起中國國民黨的靈魂，而與日本法西斯强盜來個最後的死活的鬥爭！……能完成這個最大的貢獻，中國國民黨方無負於民族國家，方可在歷史上萬古長存！」

劉氏謂：「有人說明，現在的中國國民黨有一部分是穩健的不長進的分子，這是必有的現象。我們不否認，黨中有些保守的甚至昏庸的份子。但是我們要承認黨中進步的與激進的份子尚不在少數。後者如何代替前者，這是黨的新陳代謝的問題，也是黨的歷史和革命發展的問題。……」該文結語謂，「我們當然願意總理遺教與總裁的諾言（指早結束訓政）能够早日實現。戰鼓鼕鼕，天公已在警告我們，中國國民黨只有大公無私，實現其救國救民的革命任務，才能使戰爭轉敗爲勝。」

同期「現代中國」雜誌載胡天「如何渡過難關」一文，提出應當「主動的與民更始」，該文指出，「數十年……雖然掛着民主的招牌，但未能走上眞正民主的康莊大道」，過去與將來世界都是民主的世界，「順此者昌，逆此者亡，歷史昭垂，促人深醒了。」該文稱：如何能配合盟軍與日寇作殊死鬥，「這是目前我們所應研究的戰爭問題，也是我們目前所應研究的政治問

【中央社西安十三日電】新任西安警備司令周體仁，頃已抵陝，定日內就職視事。又訊：新任甘省財廳長洪軌，今離陝乘車赴蘭履新。

【中央社西安十三日電】六全會陝代表，規定為八人，省黨部奉令分在西安市、三原、寶雞、長安、安康、南鄭、興平、榆林八地舉行複選。

復興派內一部人士創辦「現代中國」雜誌論說一斑

【本報訊】國民黨復興派內一部分人所創辦（去年十一月十六日創刊，今年一月十六日出版第二期）的「現代中國」雜誌，其基本主張是『與喚起中國國民黨的靈魂』，『與其他新組織的革命分子合作，力挽危局』，『順應世界潮流』，『主動的與民更始』等。該雜誌創刊詞稱：『人類同源』、『血統平等』，『如此即「四海之內，皆兄弟也」的主張，實為至當的理論』，循此則『由民族自決到民族團結，由民族文化的自由發展到世界文化的建立，其間並無軒輊。大同主義與世界主義是建立在文化主義與民族主義之上的。』文謂：『在政治部門言，人類也應該立於平等之上。……民主政治與民權政治在目的與原則上是相同的，這種民主政治是權與能分開的民主政治，也是以法治為基礎的民主政治。』又稱：『在經濟部門言，人類更應該立於平等的基礎之上……只有經濟的平等才是真平等；只有先求經濟上的平等，而後文化與政治的平等才能確定不移。……由此推論，凡人類公共的產業，自應為公有。』

該雜誌創刊號帶有綱領性質的首篇論文劉炳藜作『現代中國建設之一途』稱：『（一）私人利潤的增漲發生障礙，資本主義的發展瀕於垂危的時候，容易產生法西斯的惡魔。……中國人民經過了七八年的苦戰與受日本法西斯七八年來的蹂躪，當已明白了，要根絕世界法西斯的根苗，方可以免除世界人類的慘禍……中國人民……要……造成戰後的堅實的新的經濟制度，以使法西斯的惡魔永遠不能侵襲到全體人民生活的領域中。……而使全體中國人民共同享受繁榮。……在目前和戰後的中國，我們可有機會試驗和實現合理的與民主的經濟制度。……而我們所要建立的新的經濟制度，是以提高一般人民的生活水準為中心的。……（二）……偉大的新中國，建築在全體中國老百姓的基礎之上。忽視全體的中國老百姓，必然建築不起偉大的新中國。全體中國老百姓的力量，是建國的真力量。……若是單憑官或吏或知識份子的知識，必然不能建築起偉大的新中國。而要啓發全體中國老百姓的知識，

題。只有出於政治問題的解決，戰爭問題才能得到解決；只有由於主動的民主政治的實施，才能獲得民主戰爭的決定勝利；只有由於民主政治問題的實施，才能獲得民主戰爭的決定的勝利。……『還政於民』，『與民更始』的憲政時期，是國父費盡心血所求達到的目的。我們要主動的走入『與民更始』的憲政之路。在曙光射出之前必有黑暗；我們以為這個黑暗時期快要渡過了，我們要與民更始來渡過此光明前的黑暗。』

同誌載蕭文哲『現代中國之政治建設』一文（創刊號），稱：『一國三公，現誰適從？……羅馬敗亡，即由分割。今者中樞抗戰，宵小跳梁；政令不統一，武力供私用，甲之所是，乙必非之，乙之所是，甲乙非之，鈎心鬥爭，靡有寧日。……由此觀之，欲謀現代中國政治建設，須先對外掃除強寇壓迫，恢復國家自由，對內打破分離局面，統一政府組織，軍令政令，統出中央，完成國家統一』。

軍委會一週戰況

【中央社重慶十六日電】據軍委會發言人談十日至十六日一週戰況，緬甸方面，我軍自上週佔領臘戍後，繼沿臘戍及南圖各公路，分向西保攻擊前進，現已突破西保敵之外圍防綫，渡過南圖河，勇猛前進中。贛西我軍，自發動反攻以來，先後攻佔蓮花、永新，復於十一日完全克復遂川，現向贛縣進擊中。至於粵漢鐵路南段之爭奪戰，仍未稍戢。

【中央社上饒十五日電】閩福清灣外平潭（係閩海一大島）有敵又擬登陸，九日晨我軍向登陸敵進擊，擊沉敵艇一艘，俘獲敵艇三艘，其餘敵艇逃去，斃敵廿餘名，我略有傷亡。

【中央社上饒十五日電】盟國巡邏艦隊，在粵閩平（粵閩交界）海面，發現敵艦四艘，即向其襲擊，擊沉敵艦一艘，其餘敵艦向東逃去。

民答那峨之役傳有英艦參戰

【同盟社民答那峨前綫根據地廿四日電】準備從菲島，經婆羅洲，一直打到中國海之敵，終於準備攻打民答那峨的一角三寶顏，現已有一個師的兵力登陸，這次作戰中，似有澳洲方面的英國有力艦隊參加。

【同盟社里斯本十三日電】據敵方報導稱，美太平洋方面海軍陸戰隊司令官斯密斯中將，十三日偕同海軍陸戰隊第三師師長阿斯金少將及另外三名幕僚，至琉璜島北部岩頭督戰，被隱蔽處的日本兵狙擊，子彈僅在距他十五生的的地方飛過，斯密斯很自然地看看褲子是否被穿了洞。

同盟社傳
尼米茲指出兩國艦隊的差別

「同盟社里斯本十四日電」據舊金山訊，近日美國太平洋艦隊總司令尼米茲，於十三日在接見記者團時，說明英國艦隊參加對日作戰及美英兩國艦隊的差別如下：我對於英國艦隊的能力毫不担心，說到兩國艦隊的差別：那末美國爲求得行動的機動性，犧牲了艦艇上的某種東西，而速力較慢的英國艦隊，則是以從基地展開作戰爲構造的，美國艦隊能在海上巡弋兩個月，英國艦隊却不能那樣做，過去我曾和福萊塞在太平洋艦隊司令部相處一個星期，在總部會談中，關於是否使用英國艦隊曾做了決定，但現在不能將它公佈，因爲將他公開就會議，不知道。當然美國在太平洋的基地，全部可供給英國艦隊使用。

敵評舊金山會議

「同盟社東京十三日電」二月十二日所發表的克里米亞三國會談的公報中，曾聲明：「爲了消除戰爭的政治經濟因素，於四月廿五日在舊金山召開保障國際安全的會議」。這一會議的目標，當然是以日本爲對象，這是由羅斯福所提議。四月廿五號是日蘇中立條約通告廢除或延長的一天，所以選擇這一天說明了美國有他的深刻謀略。據美國外交部發表，美英蘇三國已向四十四個國家發出請柬，派遣代表出席會議。但此種會議不論如何討論，如何做出決會議，日本的回答就是何完成戰爭奮鬥。

紐約時報論歸還
北外西爾瓦尼亞

「路透社莫斯科十四日電」紐約時報專電：在羅馬尼亞總理格羅查及外長塔達萊斯哥要求他們渴望的北外西爾瓦尼亞地區後，斯大林元帥已將該區授予最近成立的羅馬尼亞政府。此事由塔斯社布加勒斯特電訊所宣佈。其中稱，格羅查曾向集合於羅京的一羣高興隊軍官員發表一長篇演說。因此，斯大林賞賜的唯一籌碼處便是它的速度。格羅查在所報導的演說中稱：六個月來，法西斯匪徒與代理人使我們處於有喪失我們偉大鄰邦蘇聯信任的危險中，蘇聯雖能一下消滅這種「盟國的舞蹈」，但它仍耐心的注視它。僅在最近，一個瘋子就在這個大廳中開始威脅蘇聯，他告訴全世界說：羅軍並不是和那些爲解放北外西爾瓦尼亞而戰的人們一起進軍的。在外西爾瓦尼亞，軍團黨人使許多無辜的羅馬亞公民遭受苦難。格羅查所指的「瘋人」是誰，沒有言明。所說的軍團黨大概與安多萊斯哥爲「指導者」的團體有關。格羅查繼稱：「馬林諾夫斯基曾告訴我說，「我不能對於我

章」，否認士耳其參加討論巴爾幹問題的權力。雅爾辛寫道：「鐵托想獲得馬其頓，他想統治士耳其與希臘間的領土，這表示威脅到士耳其的最重要利益」。但繼稱：「但是，我們不能將鐵托對我們的敵對態度和同樣把鐵托認爲是敵人的塞爾維亞朋友的態度，混爲一談，鐵托是衛護散佈外國思想的使命來到巴爾幹的」。

「海通社紐約十三日電」紐約時報接安哥拉的有線電說：巴爾幹人民對於雅爾塔會議及舊金山會議的眞正付諸實現，寄以很小的信心。羅馬尼亞的政治紊亂，保加利亞的不分青紅皂白的判決死刑和徒刑，希臘的內戰，以及南斯拉夫的復仇式的流血，所有這些都再一次使巴爾幹成爲歐洲的火藥桶，繼續有爆炸的威脅。前幾天羅馬尼亞所發生的事情，有力的證明了對盟國佔領國中臨時政府的民主份子的共同的責任心和代表毫不顧及，沒有和英美在布加勒斯特的代表商量，懷有這目的的維辛斯基就從莫斯科來，要求米哈爾王立刻改組政府。該報結語謂：雖然如此，格羅查新內閣，沒有馬尼烏國家農民黨及布拉蒂亞奴自由黨的領袖，而這兩黨不僅代表羅馬尼亞的眞正民主份子，而且代表大多數人民。

「海通社倫敦十三日電」觀察家報說：蘇聯抗議英大使館收容前任羅馬尼亞總理拉德斯哥。該報預期國家農民黨及自由黨領袖馬尼烏及布拉蒂亞奴亦將逃入英大使館，否則即將被捕。觀察家報說：布加勒斯特方面認爲拉德斯哥將軍之逃入英大使館，是反蘇示威。

希魔發表告士兵書
號召以「狂熱」保國挽救危機

「海通社柏林十四電」一九四五年烈士紀念日，元首發表了下列告德軍書：「士兵們！在凡爾賽和平條約中，就是今日我們的那些敵人，使德意志担負了完全解除武裝的條件，只許保持一些背理而可笑的職業化軍隊，來代替人民武裝力量。並嚴肅的答應了，此次解除武裝，應出普遍的解除武裝爲先例。一切都是欺騙！德國還沒有確定的放下武器，恫嚇和欺詐便開始了。在和平條約本身中德國被撕成粉碎。然而，敵人——首先是蘇聯——的軍力是前所未有的武裝起來了。蘇聯建立了龐大的軍隊，且從不否認此目的：有一天要從東面撲向，被猶太人造成毫無防禦力量的歐洲，還在世界其他國家人士看來是可怕的。此武裝到底有多大，你們，來自東綫的我國士兵都很淸楚。倘使德國仍然是一個軍事上毫無辦法的國家，那麼今天整個歐洲必成爲布爾塞維主義的犧牲品，而消滅歐洲各國的戰爭必已進行數年了。

前綫後方正發生什麼事情，漠不關心」。他這種說法是正確的。法西斯匪徒控制了北外西爾瓦尼亞。我不得不建立秩序並驅逐這些匪徒。這些，我就向各老黨派的先生們說：如果你們的良心是純潔的，那你們就應成爲眞正的民主主義者並盡一切力量來使蘇聯信任我們，而我們便將在二十四小時之內，收回北外西爾瓦尼亞。在巨大努力的代價後，我們把希特勒匪徒的殘餘份子清洗出去，在我們領土上建立了民主的政權。我們首先做的事情便是請求蘇聯把北外西爾瓦尼亞還給我們。我們打電報到莫斯科給偉大的斯大林元帥，一小時內他便給我們以滿意的答覆」。對於格羅查要求這種迅速的答覆，「××地大爲增强新政府的地位」。北外西爾瓦尼亞僅是羅馬尼亞親希特勒期間所喪失的省份之一，它已沒有收回該區的一點希望。南多布魯查不是很重要的地區，該區的割給保加利亞××地改善了和該國的關係，該小地區中的唯一重要點地便是遊覽名勝巴爾契克城和××，後者在保加利亞人替軸心歡呼，耀武揚威的開入時，已被遷至北面。羅馬尼亞在紅軍佔領比薩拉比亞及北布科維納時，承認這些地區脫出了布加勒斯特的控制，雖然羅馬尼亞在軸心暫時戰勝蘇聯期間內，曾短時重新建立它們的政權。因此，馬尼烏政綱中的主要一條一貫爲北外西爾瓦尼亞的恢復。但某些人認爲，這位老農民領袖曾於一九四〇年七月要求卡羅爾國王對蘇聯作戰，以收回比薩拉比亞，這種聲明很難改進他在[illegible]裏的聲譽。拉德斯哥與馬尼烏關係甚爲密切，他們二人現已廣泛地被列爲敵人。事變現在發展極速，以致盟國外交官很難僅僅閱讀莫斯科的許多報紙，即可趕上事變的發展。捷克的×××已爲紅軍解放，他們將誘使歸去，並可能於科息斯建立臨時首都，該城是卡薩·匈牙利人從希特勒帝國主義野心第二個解體的犧牲品手中奪取過來的。有關捷克的兩個重要領土問題是特斯深與魯森尼亞（即小俄羅斯）問題。

土耳其抨擊鐵托統治巴爾幹企圖
海通社傳巴爾幹將再成爲歐洲火藥庫

「海通社伊斯坦堡十二日電」土耳其報紙猛烈抨擊鐵托對外的政治態度，尤其是反對他唯一統治巴爾幹的企圖。土耳其著名記者薩拉科格奴於「葉尼·塞巴」報上寫道：「土耳其是屬於巴爾幹的。我們很難了解，爲什麼鐵托能說，數世紀來統治巴爾幹的不是巴爾幹人，且與巴爾幹毫不相干。」同時著名的輿論家雅爾辛在其「坦寧」報上猛烈抨擊貝爾格萊德各報的「敵意文

瞭解到這威脅着我們大國的將來，我於掌握政權之後，立即命令那樣地建立帝國國防，以便至少可不必再害怕輕易的進攻。然而，這只是在我以下許多建議被我們的敵手拒絕之後才建立起來的。我的建議是：普遍解除武裝，限制空軍，法律禁止轟炸戰事，廢除重砲與坦克，限制軍隊到最低限度。這些拒絕同時也表現了我國敵人的殘暴意圖。自一九三五年三月，實行普遍徵兵德國因而重獲爲維護其自尊所必需的力量之方法以來爲時業已十年。沒有這事情，德國今天已不復存在了。帝國主義與布爾塞維主義之間的猶太人聯盟威脅着歐洲，今天，已揭開了毀滅我們大國之巨大武裝的布幕。儘管日耳曼帝國被其大部份盟國卑怯地出賣了，現在，將近六年來，它還在進行軍事抵抗，獲得最大無比的勝利。即使現在命運顯然對我們不利，這些尖利無疑必爲堅忍英勇，强韌與狂熱所克服。過去沒有一個偉大的歷史國家不經過類似的情況：羅馬對迦太基的二年戰爭，普魯士對歐洲的七年戰爭，這些不過是許多例子當中的二個而已。因此，我的堅定不移的決心是，而且我們的將領們必須給我們的後代子孫建立一個不比以往給我們立下之範例爲壞的範例。因此，一九一八年決不會自行重復。我們大家都知道，非如此德國的命運將會怎樣的。……（缺）宣稱消滅德國！今天，只有一個號令：以堅決的決心，盡一切力量挽擂危機，實現轉捩點。爲此，要在物資與精神上增强我國及其軍隊的抵抗力量。我們在毀滅一切試圖反對此號令的人時，其狂熱也要同樣的大。倘若像德國這樣一個大國家，有着將近二千年的歷史，從未失去勝利的信心，可是，不管今後的時間是好或壞，狂熱都在盡他的職務，而上帝終將不會否認它對我們的恩賜。在歷史只有那些感到缺乏的國家才覆滅，而上帝只幫助那些決心自助的國家。我國人民將來的遭遇，我們現在已經在東綫廣大地區，與西綫許多地區經受過了。因此，每個人都明瞭我們必須做些什麼：進行抵抗，痛擊敵人直至其疲勞與潰敗！因此每個人要盡他自己的義務！

美國要求英蘇
商討羅國政局

「美新聞處華盛頓十五日電」美國會請求英蘇兩國根據雅爾塔會議之協定，商討羅馬尼亞之政局，美國務院發言人本日午後答覆詢問時發表下列聲明：羅馬尼亞之美代表，當然會以該國政局新近之演變隨時報告國務院，吾人以爲該國政局之若干現象，需要三大同盟國間之協商，吾人現正與英蘇政府討論目前該國之政治情勢。

參考消息

（只供參考）

第八二一號

解放日報 新華社 編

今日出一大張

卅四年三月十八日 星期日

美議員楚德 讚中共戰後實行共產化

【中央社華盛頓合衆十五日電】曾隨醫藥訪問團赴遠東中國之明尼蘇達州議員楚德在衆院作卅分鐘之演說，獲得非常好評。渠在演說中主張美國應對華作更大援助。渠又讚揚蔣委員長，欽佩其對日作戰堅忍不屈，主張停止目前對中國之批評。並謂中國共產黨口頭上贊成民主，實則希望戰後之中國完成共產化。共產黨所稱之民主，實即肅清一切異己而已。

魏特梅耶將返華

【中央社華盛頓十六日專電】魏特梅耶將軍返華在即，本日晉謁羅斯福總統辭行。魏特梅耶將軍稱：渠來此後曾兩謁羅斯福總統，此次會晤總統，曾論及在遠東對日作戰美國軍事資源之調節事宜。此亦即其來華府之目的也。魏特梅耶將軍留此期內，曾與馬歇爾元帥及美國其他主要陸軍將領商及此事。僉信渠此次會藉尼米茲元帥及海爾賽將軍來此之便，討論及對日作戰之全盤戰略。渠於晉謁總統後告記者稱：對日作戰各方面均呈樂觀之象，渠在此間進行之會商，對亞洲戰區美軍各長官，極其有助。然因無美國地面部隊受其統帥之故，致未能執行其所願執行之工作。渠對美國在華空軍讚譽備至，並稱盟軍於亞洲掌有全面戰略主動優勢。但日軍於中國戰區則獲有局部性之主動優勢。渠繼就越南法軍抵抗一事發表意見稱：越南法越軍隊數量至微，故不能與日軍進行有效之戰鬥。

益世報攻擊聯合國 對波蘭的決定，並對舊金山會議抱莫大疑懼

【本報訊】重慶益世報於三月廿一日發表社論『記取四月廿五日！』公然反對聯合國對波蘭問題的正決定，並誣衊聯合國所執行的政策『依然是

參加，就必須特別注意容納資歷最多的他區人士參加。」

鄧飛黃等論革新國民黨

【本報訊】胡秋原主編的『民主政治』創刊號於一月十六日出版，發刊詞稱：『保障抗戰勝利的根本條件，就是鞏固統一和實行民主。……不過我們的統一已有初步的基礎，進一步的統一必須於民主中求之。……所以實行民主政治真是急至急中之至急。……無論各黨各派、無黨無派以及每一國民，都應……談政治，談國事，既要談政治，便要認真談、公開談、規規矩矩的談。』

鄧飛黃作『中國政治之前途』一文稱：『我國數千年根深蒂固的封建勢力，反民主勢力，沒有根本肅清……使五十年來爲民主政治努力的革命黨——中國國民黨——所領導的政府不但沒有完成它的使命，反而現在各黨各派向它要求民主了！這……應當急起直追地有所改進啊！』他說由於堅持了抗戰，『於是「四强」之一的國際王冠卻之不恭受之有愧了！這種榮譽以開羅會議爲最高的頂點。自是以後，國際的批評，多有挑剔，國內亦競相攻訐。……自中原戰事一敗塗地……敵人長驅直入，我方草木皆兵！……遭受國內外輿論的非難，改革的要求，如大旱之望雲霓。』鄧氏說：文武官僚中『能以領袖之心爲心的究竟是少數』，而大多數腐敗，『貪污罔法，到處橫行！這是革命消沉，官僚高漲的必然現象。』現在各方所表『現的個人、地方、學系的鬥爭……彼此鈎心鬥角的傾軋，使國家分化爲無數不相容納不相調和的封建集團』。『黨與民衆脫節，黨與黨員脫節，軍官與士兵脫節，致使主義成爲空談，政策未有實施』。『要是這樣的因循敷衍下去，我們的缺點，只有一天一天的更加暴露，我們的力量，只有一天一天的更加削弱，我們的失敗，也將一天一天的更加擴大』。鄧氏認爲『必須有一種廣大的徹底的革新運動』，提倡『革命』、『科學』、『民主』三種精神，而因爲封建勢力、官僚政治使『我們自己也爲這種黑暗勢力所籠罩，所影響，所潛化，就是說我們自己將成爲革命的敵人，……所謂革命先洗心，必須首先從我們自己『革起』。『革新』的內容是：『一、根本剷除一切黑暗的反動的舊勢力，培養革命的進步的民主的廣大的勢力；二、淘汰一切貪污土劣的腐化分子……三、革除過去的弊病……四、與民更始，一新耳目，以振奮人心；五、舉國一致共同担負抗戰建國工作；六、要使民生主義與政策能徹底實行。』並提出：（一）最短期內召開黨（國民黨）代表大會，『決定今後……對內對外政策』；（二）最短期內召集國民大會，實施憲政，實現三民主義（文中鄧氏又謂：『只有革新自己，才能解除反對者的武裝』，否則『就是助長各黨各派的勢力』。『現在對於時局不滿的呼聲，不只限於黨外的各黨

「以小喻大」，「以弱示强」」，謂爲「不平的處分，難期有翻身之日」；並攻擊大西洋憲章，說「大西洋憲章的某幾項原則，有被人隨便解釋利用的可能」。接着，益世報畏懼處置波蘭的辦法將施於中國，對舊金山會議懷着極大恐懼，心虛地說：「我們敢斷言：若干東方的民族解放委員會，可能於最近將來，與世人相見。……我們的邊疆，也可能以某些所謂民族的名義有這樣的幾個組織在外國（？）出現。表面是民族自決，但在事實却是强國對弱國的分化（？），大國對小國的把持（？）。我們先不必指出這一傀儡劇（？）將由某一國家導演（？）；更願我們這一推斷，不必成爲事實，但可能的最壞場合，是不許我們大意的。」該報又說：「我們唯有以縝密的研究，做多方的準備。計劃不妨有不同的幾套（！），準備對一切可能的場合，相機實行，同時還應以種種方法，作國際氣候的種種試探（！），期能爭取主動（！），防患（？）未然。」末謂：「關於我們出席（指舊金山會議）代表的人選問題，我們也願提出兩項原則，請政府考慮：第一，人選要慎重；第二，組織要充實，能有生在邊疆的外交人士參加，似乎也有必要。我們對事都應節約，獨於外交場面（！）不應節約。」

「本報訊」一日十六日「民主政治」雜誌上一個署名太平洋人的時評稱：「大西洋憲章必需有效」稱：「强國不可干涉弱小國家……我們中國決不會干涉他人，但任何足以釀成希臘事變的徵菌，必須及早施以肅清。阿門！」

華西日報說：要多多容納地方人士於戰時內閣

「本報訊」華西日報二月廿三日社論：「團結二字的含義」中，提出目前所需要的團結不應當只「狹義」了解成各黨派之間或國共兩黨之間的問題，應當有「普遍而確鑿的了解」。該文認爲所以發生不團結現象的原因是「全國同胞中因爲種種關係而形成許多界限」所致。這種「界限」第一是「因政治理想的不同而產生」，第二是「因地理區域的不同而產生」。對於前者則指出：「黨派中的人士只是國民中的最小部份」，因此「要消除政治理想的界限，謀各黨派之團結，尤其要謀無黨無派者之團結，假設以共同組織戰時內閣爲表現團結的方法，容納各黨派人士參加，就必須特別多多容納無黨無派的人士參加」。「要消除地域的界限，謀全國國民之團結，尤其注意爲國家供獻最多的國民之團結，假使以共同組織戰時內閣爲表現團結的方法，容納各地方人士

派，就是黨內的幹部，到處都有人在發議論，在開座談會，在呼籲革新」。胡秋原作「召開國民大會以定國是、革新國民黨以安國本」，關於國民大會，主張原選有效，惟加上「戰時選出之參政員」及「其他方式產生之代表」；「應該通過憲法同時選舉政府。」關於國民黨大會，主張「必須將黨的基礎放在民族工業家，以及農民、工人和民主主義的智識份子上面。」末稱：「我常聽見許多國民黨的幹部牢騷、徬徨、動搖。這是希望之象徵。……而今天要緊的事，莫如提高國民黨人的信心了。……團結在領袖的週圍，實現三民主義。」

國民黨「青年軍」一年經費計算要三百萬萬元

「本報訊」一月十四日出版的昆明「自由論壇增刊」第十五期載「對青年從軍意見」一文稱：「據專家估計，以目前（按文寫於去年十一月，物價現已漲一倍以上）物價而言，十萬智識青年的軍隊組成後，其待遇若要達到我們現在遠征軍的標準，就非三百萬萬元不可。」

「本報訊」一月二十四日出版的重慶「小時報」週刊第十五號載稱：國民政府中央機關（軍隊、黨務機關不算）共達二百六十八個單位之多，全年開支經臨各費，統計共達五百餘萬萬元；國民黨中央黨部經臨各費亦達三十四萬萬元；全部一九四五年國家總收入估計二千六百萬萬元。又同刊十六期論宋子文的財政改革文中稱：取消九種貨物稅，全年減收十六萬萬元；取消戰時消費稅，又去掉三十萬萬元。

蘇駐瑞典大使柯崙泰返國

「海通社斯托哥爾姆十五日電」蘇聯駐瑞典大使柯崙泰夫人已到莫斯科，據此間可靠人士稱，蘇聯將以特別專機送她回斯托哥爾姆。至於柯崙泰莫斯科之行，仍認爲是屬於她私人事，據宣稱：她是想看她的現在在莫斯科的孫兒。

「海通社斯托哥爾姆十四日電」「表現」報稱：蘇大使柯崙泰夫人擬於本週赴莫斯科，該報指出：此行雖說純係「假期旅行」，但其政治意義…尤爲顯然，因柯崙泰從來未曾到過莫斯科。

「海通社斯托哥爾姆十三日電」海通社訪員林德曼報導。瑞典與蘇聯間的關係於過去數月間已達到提到輿論界的程度。關於此事的××爲「眞理報」

[illegible]論，[illegible]瑞典的中立。的確，瑞典方[illegible]於這種攻擊。然而瑞典經濟界不能忽[illegible]報[illegible]對瑞典的不合理的黑名單的批評方法（由西方國家實行的）。經濟界擔心如果蘇聯也實行這種黑名單方法，其後果對於瑞典經濟生活將是極不愉快的。經濟界擔心在這件事情中，蘇聯將把所有那些在戰爭中與芬蘭貿易的公司置於黑名單上。這類公司的數目是如此之大，幾乎貿易生活的任何部門都不能除外。經濟上的考慮可能爲瑞典政策的基本東西，然而它們僅涉及與各國關係的一部份。蘇對芬管制委員會對芬蘭國內政策日益增長的影響也使瑞典的××發出這樣的問題：如果還有什麼限度的話，那末蘇聯擴張野心的限度不知究在那裏。瑞典戰後外交政策的計劃仍建築在中立上。瑞典多數有資格政治領袖認爲：在成立北歐各國集團的機會實際上已經消逝之後，瑞典將盡力站在任何集團之外。（下缺）

敵寇每日新聞 評美、蘇、印三角關係

「同盟社仰光十四日電」每日新聞電稱：美國通過印度國內的對美機關——印美協會，與美國國內的印度聯盟、印度後援會、美國之友會等機關，以謀結好印度民衆。最近美副國務卿格魯，會表明同情印度與關心印度，此外紐約時報的普勒斯俱樂部，並召開『解放印度國民委員會』，討論印度的自由解放，致力於內部工作。同時美軍在加爾各答週圍，建設空軍基地，並駐紮大批的地面陸軍。據稱在阿薩密、孟加拉鐵路中有一千一百二十公里之長是爲了建設雷多公路，由英印軍管理，甚至傳說最近已由美軍買去。據敵方情報悉，美軍爲了擴充在印度的軍需工場，自戰爭爆發後曾投入二十六萬元（美元）的巨大資本，不斷侵入經濟勢力。又訊：蘇聯反對美國的入侵印度，暗地伸出魔手，當共產黨員伊斯邁爾當選爲加爾各答市長時，共產黨的勢力已經擴大，在加爾各答、馬德拉斯、馬拉哈巴德各地，俱組成『蘇聯之友會』，此外大批的赤色份子從伊朗、阿富汗來到印度。英國對於美國與蘇聯的活動正在嚴密警戒中，因此可以說英國的焦慮，多少包括着發展到决裂的因素。

德外交部否認「和平建議」 傳「和平條款」與意大利相似

「海通社柏林十七日電」關於斯托哥爾姆瑞典報紙所報導的所謂和平觸角，外交部代言人宣稱『斯托哥爾姆所報導的和平觸角純係虛構，德國方面未伸出和平觸角，以後也不會這樣作。這是定期更番發生的一種

路透社傳德寇將領更動

「路透社斯托哥爾姆十四日電」自盟軍越過萊茵河以來，斯托哥爾姆方面便通常流傳着未經證實的消息。德國自由新聞機關報導：希特勒以莫德爾元帥代替倫斯特德元帥，軍事法庭審判德國第一裝甲師師長。據說：實際播標的保衛者——斯社爾南那吉爾中將（前任巴黎指揮官的巡視）已被除掉了。東綫方面斯胡納中校代替了古德林將軍，斯胡納從前在芬蘭狄德爾部下服務，後來在蘇聯南部指揮軍隊，並率領軍隊從羅馬尼亞敗退。德國自由新聞機關稱：現希姆萊正指揮最重要的法蘭克福——庫斯特林陣綫。

同盟社評論 美軍下一攻勢

「同盟社斯托哥爾姆十三日電」返抵華盛頓的美太平洋艦隊司令尼米茲，與在華美軍司令魏特梅耶，在上週與羅斯福及其私人參謀長李海、美艦隊總司令兼海軍作戰部隊金氏、陸軍參謀總長馬歇爾等，就太平洋戰略舉行重要協議。同時，東南亞反軸心軍司令蒙特巴頓，在重慶與蔣介石以下中美將領舉行會談。這些活動反映了這樣的事情：即隨着戰局的急劇的發展，關於今後的進行對日作戰，是在急於做出『新的決定』，所謂『新的決定』是作爲反軸心軍次期作戰的方向，或將採取『日本本土登陸作戰』，或將採取『中國海岸登陸作戰』。無疑問的，二者必取其一。但美軍部有力人士，對於上述兩種作戰道路，有着激烈的論爭。每日郵報駐紐約訪員稱：『一向是太平洋作戰主角的麥克阿瑟，此次由於美陸海軍首腦人物在華盛頓會談的結果，已變成配角。代之而起的尼米茲，將變成對日決定性作戰的主角』。上述意見是爲美軍內部急進派的觀測辯護。陸軍參謀總長馬歇爾以下急進派，過去主張以推進太平洋大規模的海空軍基地的作戰，使美軍直接進攻日本本土，但現在則主張在中國沿岸進行登陸作戰。但來自華盛頓的另一電訊，與每日郵報的上述報導相反，該電訊稱華盛頓會談作出若何決定是不明的，據稱去夏羅斯福在珍珠港與尼米茲、麥克阿瑟會談時，會以麥克阿瑟爲主角而開始了菲律濱作戰，鑒於上述事實，魏特梅耶的參加此次會談，或將成爲大陸作戰的前提。但上述報導是述說美國內部慎重派的觀點的，與陸長史汀生的話是符合的，史汀生以前會強調說：下一次的作戰將在中國沿岸舉行。尼米茲亦向記者團承認他一貫的主張——即在中國進行登陸作戰。但美軍內部的慎重派，指出琉璜島作戰的慘重損失，警告『性急謀算』的危險，而主張日本本土的登陸作戰，應於歐戰結束後，有充分的準備與時間而後進

說計，企圖破壞德國人民及其領袖的戰鬥決心。頗饒興趣的一件事是：發言人在同一記者招待會上指出，國際新聞評論上所發表的盟國基本條款，與外交部從其他來源所得到的相同。例如對意大利的和平條款包括：（一）完全解除武裝，（二）償付佔領費，（三）交出二百萬意大利工人，由莫斯科委員會指導其使用，（四）割讓蘭培第亞島、厄爾巴島及薩伏衣附近至法國的狹長地帶給英國，割讓伊斯特利亞給南斯拉夫，割讓愛琴島嶼給希臘。承認阿比西尼亞的獨立，無條件接受由英美蘇佔有意大利海港，在未來的和平會議中規定。代言人說：『在盟國方面爲意大利作戰的意大利兵士流血犧牲就是爲這些條件』。

【路透社倫敦十六日電】德國通訊社發表里賓特洛甫發言人，關於所謂和平觸角的反駁，此種和平觸角的傳說，曾登載於瑞典報上。發言人說，『斯托哥爾姆所傳的和平觸角，純係騙局。德國人士並未伸出和平觸角，且將來亦不會伸出。這是敵人在隔了一定期間後，所不斷進行的許多策略中之又一次，目的在於動搖德國人民及其領袖繼續作戰的決心』。

【路透社倫敦十六日電】（缺頭）這種觸角的伸出是鑒於下列事實，即由於兩條戰線對德最大攻勢的實現，目前將成爲納粹密謀家的最好機會。自然，即使這種觸角伸出，盟國亦絕不會拋棄他們的無條件投降政策。此間官方人士雖未證實所傳的德軍和平觸角一節，但兩位倫敦報紙駐斯托哥爾姆的訪員今日均稱：里賓特洛甫特使之一，數日前曾經第三者的媒介，接近英國駐瑞典京城的公使館。每日電訊報與每日快報的訪員均在其斯托哥爾姆來電中說，英國在瑞典的官方人士曾說：『德方數日前經第三者的媒介，企圖接近英公使一下級職員。此密使立即被告訴說：英公使館對於這種接觸，絲毫不感興趣』。報導中說，里賓特洛甫最親密的幕僚之一前德國駐英大使館新聞參贊佛利茲．赫塞斯博士，於三月裏到達斯托哥爾姆，他請瑞典某富商接近英公使館一下級職員。同時斯托哥爾姆保守主義的報紙瑞典日報登載一故事說：德國最近於貝茲加登希特勒山中隱居，舉行了一次會議，在此會議上，里賓特洛甫及其他納粹黨領袖贊成與盟國談判。因此，弗立茲．赫塞斯跑到瑞典去。每個電訊報訪員說，里賓特洛甫毫無結果的企圖，在盟國官方人中被稱爲是『德國想造成西方盟國與蘇聯間不和的愚蠢宣傳企圖』。每日快報斯托哥爾姆訪員說，英國已充分告訴蘇聯及美國以里賓特洛甫的行動，而且傳說，蘇駐瑞典公使柯倫泰夫人已赴莫斯科報告。

行。英國與重慶亦切望在中國進行登陸作戰，如重慶軍的機關報『掃蕩報』，曾於社論中數次要求美軍在中國沿岸進行登陸作戰，並發出悲鳴道：『重慶不能再進行單獨的作戰，甚至撮云蔣介石、蒙特巴頓此次的重慶會談，是企圖由於中英共同作戰的密切化，而把緬甸作戰擴大至華南，這樣來誘引美軍開往大陸。總之，由於華盛頓會談與重慶會談，美軍如何決定其新期作戰的方向，雖不得知，但目下美軍首腦正站在這兩條道路的歧路上，這是毫無疑問的，因此今後美軍的動向是非常值得注目的。

敵稱呂宋美軍損失九萬 第六師團長巴特利克戰死

【同盟社菲島前線十五日電】自敵軍登陸至三月十五日，在此兩個月間，我方的綜合戰果如下：（一）殺傷人員九萬（已判明敵遺棄屍體四萬五千二百三十四具，但匪賊尚不在內）。（二）毀大砲六百五十七門、獲四十二門。（三）毀車輛一千八十七輛。（四）擊毀敵機（僅陸上部隊擊落的）八十七架，（五）擊沉或擊毀登陸用舟艇（僅陸上部隊）四十九艘，炸毀砲車一百九十七輛，重機槍一百五十七支，其他輕機槍，彈藥無數。（六）獲重機槍廿九支，輕機槍一百六十支。

【同盟社菲島前綫十六日電】馬尼拉東方高地的戰鬥日趨激烈。十六日敵方公佈：在該方面指導作戰的第六師團長愛德溫．巴特利克中將殉職，據傳敵兵員的損失激增。

倫敦波蘭政府 大言不慚向聯合國抗議

【合衆社倫敦十五日專電】據悉倫敦波蘭政府，最近曾以照會分別送達英美及中三國政府，堅持欲獲參加舊金山聯合國會議之應得權利。波方本日發表照會內容，對盟方發出請柬時，未邀波蘭表示抗議內稱：波蘭乃最先挺身抵抗德國侵略之國家，與敵抗戰時損失無比，其生命財產之犧牲，比戰爭中之世界任何其他國家爲重。波蘭政府乃波蘭唯一獨立代表，堅欲獲有參加舊金山聯合國會議之應得權利，並對未被邀請與會，提出鄭重抗議。波蘭不能與會助喪失對大會提出關於頓巴敦橡樹林會議建議案之意見，及有關克里米亞會議所商安全理事會表決程序之建議之機會。

參攷消息

（只供參考）
第八二二號
新華社
解放日報編
今日出一大張
卅四年三月十九日
星期一

民主同盟招待外國記者
左舜生表示不參加國民大會

「合衆社重慶十八日電」「中國民主同盟」代理主席左舜生教授，在外國記者會議席上預示：國民黨（？）約許在十一月十二日召開的國民大會『將不能如期召開。以前四次要召開國民大會，而最後終因環境困難而取消』。然而左舜生强調：縱然國民大會於十一月召開，中國民主同盟不會參加。第一，國大代表都是九年以前在强烈的國民黨獨裁統治之下選舉出來的』第二，許多精明幹練的民主份子未包括在國民大會已選出的代表中。第三，許多在九年以前因年齡限制不合格，但現在已經合格並對抗戰有巨大貢獻的人，未包括在代表之內。第四，國民黨中央執行委員會的委員好幾百個，『不經選舉，均爲當然國大代表』，因此使國民大會成爲國民黨及其黨羽的國民大會。第五，敵佔區聰明才智之士沒有代表參加。左舜生闡明該同盟的地位稱，『同盟站在右邊國民黨與左邊共產黨的中間。它毫無保留的反對任何形式的獨裁，並相信全國團結是勝利的先決條件』。同時『取銷滯通國民黨與共產黨間的鴻溝，衷心希望兩黨恢復談判』。

英作家克列吉
評國民大會代表

「路透社倫敦十八日電」××共產黨人士××聯系的作家克列吉，在今日『新政治家與民族』雜誌上所發表的他給×××人的信中，詢問出席中國將於十一月召開的國民大會的代表底×××。克列吉說：研究國民大會的組成問題，對於一切渴望民主的中國的人士，具有極大興趣。

從前他提到一九三六年五月所頒佈的選舉代表的章程時問道：即使出席大會的代表是在一九三六年民主選舉出來的，他們會比代表英國人現在的期望的英國下院，能更多的反應中國人的期望嗎」？

中央社發表
東南沿海各要港地理誌

中央社十六日社論：僞「東南沿海各要港地理誌」資料一備，內稱：自菲律賓解放後，到中國之路從此暢通，一千五百公里長之中國東南海岸，隨處都可爲盟軍登陸的橋頭堡壘。茲輯錄東南沿海各重要港灣島嶼之地理誌如後，作爲了解今後戰局形勢之一助。

中國東南海岸，連綿約長一千五百公里，北起舟山，南達海南島，其間之港灣與島嶼頗多：（一）溫州，東南海岸最北之要港，位海岸綫的突出部份，離甌江口五十公里，離台灣一百六十公里，可以側面控制日本本土與台北間的航道，它是浙南富饒之港口，主要輸出品有茶、藥材、水果。此外於甌江兩岸，有堅沙江口，有達一百廿公尺之高聳。（二）福州，位溫州南一百一十公里，處閩江之畔，距江口五十公里，有馬尾長門要塞湛江扼守。福州的出口港，在沿江直下十四公里處，吃水六公尺以下的船，均可駛行。福州出口名產，有茶、漆器、紙及及醃製食品。（三）廈門，位福州南一百六十公里處，建立於一叢小島之上，位龍江口，其對外貿易中心爲鼓浪嶼。廈門港口設備良好，有造船廠及修理廠，以其扼台灣海峽的中點，敵人已在該地設有強固防禦工事。（四）汕頭，臨台灣海峽之南端，濱韓江口，爲潮州之輸出口。港口掩護良好，夏季多颶風，故是往來船舶最好的避風所。其附近南澳、東山諸島，可用爲登陸之踏腳石。（五）大亞灣，距惠陽八十里，爲大鵬灣以東最寬闊之海灣及港口，廣東走私之要點。日軍於民國廿七年曾由此登陸，以梳廣州之背，港內水深廿三尺，灘頭平坦，有公路直達廣州，故爲良好登陸之地區。

（六）崖門，梨江入海口之一，在台山東南，吃水較淺，惟灘頭寬廣，亦適大規模登陸。新會台山鐵路，以此爲終點，其附近之灶島及上川下川島，均可爲登陸之踏腳石，值得吾人注意。

（七）廣州灣，位於雷州半島腹部，東海硇州二島，爲其心臟區，水深港闊，爲一優良軍港，由赤坎循公路入內陸，可經廉江以達桂境，日軍侵桂之前綫，即由此進犯。

海南島之海岸，南端之最大島嶼，距中國大陸十五里，是香港至北海及海防之樞紐，面積一萬三千五百方里，島南之榆林港，爲天然長港，可容大輪船停泊，海南島因其位於東亞綫之南，故盛產熱帶性之作物。

克列吉繼稱：在一九三六年中國仍進行內戰，汪精衛在國民黨中仍當權，一黨專政被强迫實行，人們可看出由一九三六年選出來的人組成的國民大會距民主有多遠，因他們缺之民主的×××。

克列吉結語時說：今年的國民大會，將使中國獲得很大的進步，開明人士與共產黨人士已提出關於使大會能民主地召開的建議，但一九三六年集合起來的應聲虫並不在其中。

合眾社傳 重慶出席舊金山會議名單

【合眾社重慶十八日電】雖然中國出席舊金山會議的代表團各團員，除代表團團長宋子文外，尚未正式發表，相信可能任代表團團員的非正式名單如下：最高國防委員會秘書王寵惠博士、駐英大使顧維鈞、駐美大使魏道明、駐美軍事使團團長商震，外次胡世澤、駐坎伯拉公使徐謨、劉在美國的國社黨領袖張君勱，蔣介石本人似不出席會議，雖然美國報紙有此消息。官方拒絕確定地宣露蔣的計劃，但注意力集中於五月五日國民黨全國代表大會，這需要蔣介石留在重慶。中國老外交家，出席巴黎和會、華盛頓九國公約會議的老戰士顧維鈞，幾乎確定參加中國代表團。

國民黨請前美物資統制局長來渝協助解決通貨問題

【合眾社華盛頓十七日電】中國大使館宣佈，前美國物價統制局長亨德遜，定下星期啓程赴渝，協助中國應付戰時通貨問題。亨氏告合眾社記者稱，彼以中國政府特別顧問之資格，第一次前往中國，至少將有一月勾留，以處理中國戰時之通貨問題。亨氏××××美兩國間往返數次，並稱彼並無意仿照納爾遜爲中國政府設立戰時生產局之辦法，爲中國設立物價統制局。渠在重慶之研究××，爲斷定中國需要何種協助，以應付戰時通貨問題。亨氏係納爾遜向中國方面介紹者。亨氏會就中國政府所遭遇之戰時經濟困難，作長期間之會商，亨德遜稱，余之工作爲分析中國業經完成之研究結果，然後提出建議，余將爲中國政府工作而非爲美國工作。中國大使館稱，亨德遜係應宋代院長之緊急邀請，始應邀赴渝，蔣主席對於此事，亦力表同意，此乃亨德遜自一九四三年國會，裝對於物價統制及定量分配政策，發生激烈爭論而辭去了物價統制局長一職以來之第二次出外工作。第一次係任艾森豪威爾之經濟顧問。

史迪威路工程人員擴大工作範圍

【據美新聞處昆明十三日電】中國後勤總部昆明司令部司令齊福士本日稱：以後數日中，將對史迪威公路工程人員實行新計劃，並增加彼等工作，彼等已受命擴大工作範圍，自密芝那經昆明至貴陽，將在彼等之工作範圍內。新添機器業已運至中國，且中國政府已撥卅億法幣作爲被征築路工人之工資，藉以改善昆明至貴陽段之公路。齊福士稱：本年春季及夏季內，中美人員將向東活動，供應品及運輸供應品之適當公路，乃屬需要。

國民黨當局以夷「剿」夷

【本報訊】西康夷人反抗國民黨民族壓迫政策的活動，仍甚活躍。國民黨當局曾於十二月上旬召開寧屬行政工作檢討會議，對今後「治夷方針與辦法，決定『根據軍政一元化的原則，力謀强化治夷機構，並集中治夷，絕對以武力嚴厲制止，並嚴加剿辦。……對於兇悍的野夷叛夷，擇尤剿辦；必須力求澈底。』並決定舉辦邊民實驗學校等懷柔辦法。『剿夷』着重於『以夷治夷』，一方面改編『剿夷』的主要部隊，以邱德强爲繼其父邱秀廷（去年七月逝世）爲靖邊司令，以繼乃父的『以夷治夷』、『黑（夷）留白（夷）』的政策；將所有部隊編爲常備兩團，每團轄九連，每連士兵百人；夷務部隊四團；與司令部直屬特務大隊一隊，其下編機槍、迫擊砲、手槍六連。直屬特務大隊長由邱白衆。另一面將二十四軍駐西昌行營，及各夷務指揮及特編大隊先後裁撤。至於夷人反正情況，劉文輝在會議閉幕詞（十二日）中有云：『在其他各地（北山腴田嵩姑拖烏麻隴寧西等區以外各地），政令不能推動者有之，並且還有少數夷人陽奉陰違者有之，偷種烟苗切殺擄掠無力制止者亦有之，甚且還有少數夷區情勢惡化，大不如前。』又據寧遠報十二月廿一日載永定營訊，在德昌至會理必經之路摩挲營、甸沙關、錦川橋、永定營一帶，大股的夷人反抗行動，時有所聞。

海通社口中的英對東南歐政策

【海通社柏林十五日電】倫敦訊。有人在下院問：羅馬尼亞既然正站在盟國方面對德作戰，並已死傷人員約十萬名，英國政府是否準備予羅馬尼亞以『共戰國』地位，外相艾登很簡單的答一個『否』字。艾登於答其他問題時稱：蘇聯政府已通知英政府，拉德斯哥將軍的羅馬尼亞政府不能維持蘇軍所在羅境內地的秩序。因此，羅京蘇得米瑞爾主教同意，組織了新的羅馬尼亞政府。艾登宣稱：在這個措施中，英蘇美三國間保持着接觸。

「海通社柏林十五日電」倫敦訊：外相艾登於下院稱：目前阿爾巴尼亞情勢，太不明朗化，因此實不能承認該國目前當局爲阿爾巴尼亞政府。英國政府近已接到承認地拉那政府爲阿爾巴尼亞政府的要求。英國軍事使團不久將啓程赴阿爾巴尼亞，調查該國情形。當英國政府獲悉關於阿爾巴尼亞情形的更詳細情報時，即將考慮可能承認的問題。關於近來邱吉爾與希臘間是否商談吞併阿爾巴尼亞南部的問題，艾登否認有這事。艾登着重指出：所有這些領土問題，只有在和平會議才予討論，因爲沒有總的解決，歐洲部份解決，是不可能有效達到的。但是有些情形，是不屬於此列的。

「海通社布加勒斯特十五日電」羅馬尼亞共產黨在其告羅馬尼亞人民書中，尖銳攻擊「歷史各黨」。該告人民書宣稱：這些黨在最近七個月來亟力對羅馬尼亞民主化進行怠工。該告人民書又稱：在拉德斯哥被推翻以後，格羅查內閣現已進行反對一切怠工者的戰鬥。因此，羅馬尼亞共產黨支持目前政府，以便永遠消滅羅馬尼亞法西斯主義。

同盟社口中越南民族運動

「同盟社東京十六日電」現在檢討最近安南民族運動的動向並介紹各派的勢力以及特別值得注意的指導者。印度支那的民族運動大概可分爲三種，即安南民族運動、東浦寨民族運動及老撾民族運動。東埔寨的民族運動於昭和十七年遭越南當局鎮壓後，受到挫折。泰越邊境發生糾紛時，越南當局故意利用了老撾民族運動，但是嗣後就沒有發展，只有越南民族運動比較活躍。此次大戰爆發之前，受到法國人民戰綫政府的刺激，交趾支那有了共產主義傾向的民族運動。法國慘敗，皇軍進駐越南後即發生大東亞戰爭，於是親日思想忽然抬頭，大東亞各地的民族運動尤其是緬甸獨立及印度將成立臨時政府時，歐美式的稍激的民主主義的民族運動已消聲匿跡，擁有廣大人民的國粹主義的獨立運動，其重心在越南北部，即安南人，信任日本使他們覺醒，但是受法國統治八十年的安南人還沒有完全消除歐美式的民主主義的思想。其殘餘勢力與重慶取得聯系，或在中國共產黨指導下重新開始進行活動。如在思想上分別安南民族運動的勢力，即有下列各派：（一）親日的獨立運動的團體爲越南幸福會；（二）親重慶的民族運動的團體爲越南國民黨；（三）獨立的民族運動的團體爲越南獨立黨。越南幸福會是越南民族運動的指導團體中歷史最久而且最有勢力的團體。日本在日俄戰爭中得到勝利刺激越南民族運動，於象創立幸福會。安南獨立運動史中最大的事件是昭和五年的××事件，這個運動的核心是越南國民黨，它在思想上受到孫文的國民

去年年底租借軍火的總額爲三百五十三億八千二百萬美元。向英國蘇聯及其他國家輸送飛機、坦克及其他軍需品食糧原料等，他吹噓這樣使美政府首腦可以說「在戰綫上展開了反軸心軍攻勢態勢」，或「形成反軸心國的對敵包圍圈」。反軸心國全面的反攻僅是依靠軍火租借援助而來的議論，不論英國亦不論蘇聯，決不會同意的。但美政府當局的××，或戰時海運局長稱：「一九四四年蘇聯的多季攻勢，是由一九四四年下半期給予蘇聯三百四十四萬七千噸的軍火租借物資所促成」，這句話不僅是自吹自擂，而且還有其他的企圖。必須充分認識這一點。與此相關聯，美國對澳洲、新西蘭、重慶、印度的軍火租借援助，逐漸增大，對這些包圍日本的國家的援助額，在去年年底以前達到一百零八億元。美國對日總反攻一定要積極向遠東方面實行軍火租借，以使與國專力於對日作戰。這是不難像得到的。

軍火租借法是爲了供給其他國家武器及軍需品要採用的戰時措置，特別從美國參戰後，可以說軍火租借法未受到任何阻礙，其本質是戰時的非常措置乃至暫定的措置，因此他的將來完全受戰局的發展所左右。軍火租借法的供給軍需品計劃期限，原規定到一九四三年六月底，已經有兩次每次延期一年，於本年六月底失掉效力，按照史汀生所說：「戰爭現在尚未結束，反軸心國仍在戰爭的危局中」，因此向國會提出延長該法一年。史汀生稱：「戰爭尚未結束，在太平洋上與日軍主力尚未衝突」。並說：「現在如不繼續實行軍火租借法，那是一個很大的錯誤」，他支持延長該法。但現在戰局對反軸心國有利，同時英美內部所發生的「戰爭樂觀論」、「戰爭短期結束論」，因而關於軍火租借法的將來，提供了新的而且複雜的問題，使輿論迷惑了方向或陷入自己分裂的狀態。在美英兩國國內，支持軍火租借法的論調與迅速撤廢軍火租借法的論調發生對立，這說明了美英兩國對軍火租借法所發生的對立已經表面化了。

軍火租借法雖在現實的運營中得到了證明，當它成立時是爲了供給缺乏美元資金的英國以軍需品，所謂用英國以防止歐洲戰爭的對美洲蔓延，以期美國及西半球的國防安全。但償還必須用物力與人力。被「戰爭短期結束論」所迷惑的英國人，看一看自己的狀態，已經衰退到對軍火租借援助沒有償還的能力，要復興英國第一個條件，就是要增加輸出，爲了償還亦必須如此。但軍火租借法（掉一句）從下面兩方面可以封閉英國的輸出：（一）禁止租借的物資及國產農作物的再輸出，乃至正常的輸出；（二）以往英國市場大半（電碼不明）如果沒有政治的摩擦，就沒有希望恢復市場。根據一九四二年×月廿三日的相互援助協定，英國會在戰時清算一部份援助品，但僅是此種

革命的影響，而且與重慶保持聯系。皇軍進駐越南以來，促進了獨立運動。越南獨立黨就是安南共產黨，它在實際上可說是受中國共產黨的指導，安南的左派份子只有實踐派，它與越南國民黨一樣，大概帶有現實的機會主義的傾向。

同盟社評論

軍火租借計劃與美國

——同盟社東京十七日電——（遲到）美國政府從一九四一年三月實施軍火租借法以來，已經四年。這一期間由於該法的運營，助長戰局日趨活潑。它對於美國經濟，以及英國等反軸心國的經濟政治方面，發生了任何人都想不到的重大影響，並且發展成為複雜的內外問題。對外經濟局長克羅萊於去年三月九日稱：『美國到一九四四年包括軍火租借援助在內的國家全部生產的一半要充當作戰之用』。他指出美國與英國、蘇聯對作戰的努力是同樣的。軍火租借在現在美國的經濟上究竟佔有多大的地位，在一九四三年五月廿五日，羅斯福報告說：軍火租借援助額，佔戰費總額百分之十二。克羅萊也說：在一九四三年底以前，上述比例增為百分之十四。其後陸長史汀生於本年二月中旬主張延長軍火租借法，他說：『軍火租借計劃的物資直至今日，僅佔美國軍需生產額的百分之十六，對美國經濟來說並不是一個大的負担，而且亦不佔一個大的位置』。但從今天在美國輸出貿易中所佔的地位來看，對美國經濟的將來有着決定的重要意義。（單位一億元）一九四一年輸出總額為五十一，軍火租借為七：一九四二年輸出總額為八〇，軍火租借四九：一九四三年輸出總額一二七，軍火租借為一〇一；一九四四年輸出總額一四一，軍火租借一×四。但一九三五年的輸出總額為三十二億，一九四〇年為四〇億，以此與上述數字相較，這一輸出的激增是可怕的。這完全是由軍火租借法所造成的。由軍火租借轉為民間輸出，或將使現在的輸出有某些的縮小。如廢除軍火組借，則輸出立即減低。戰時中美國的國家生產，這種國家生產如上述軍火租借的比率所表示者，是非常龐大的，由於國內消費增大而有某種程度的吸收，但大部份要靠將來龐大的輸出。因此想到最安全輸出手段，就是軍火租借計劃，同時為了依靠國家生產的安定，防止全國經濟機構的混亂，這一制度就更有重要性，這是很容易明瞭。

關於軍火租借法的本來目的——援助反軸心國的效果來看，也是很大的，比實際不容爭論。克羅萊於本年二月二十八日稱：實行軍火租借法以來，至措置並不能打開苦境。去年十月，派遣使節肯茲，談判改訂軍火租借的協定得到成功，美國根據『公正的再轉用原則』，已於去年底廢除鋼鐵及其他一部原料及一部加工品作為租借物資運往英國，於是英國只能運出國內生產的可以輸出的物資。另一方面英國嚴禁浪費國內的生產物，由美國交涉來的和購入的物質於歐戰結束後，在情形許可的範圍內可以再輸出，這樣解決了第一個障礙。而問題在於第二點，這就是說今後美國有可能維持國內生產的××，今日的經濟力不能××受軍火租借制度支配的市場。美國民間出口商為了促進自己的利益，不滿意出口受國家統制，而要求由租借軍火逐漸轉變為民間的輸出。在這樣的場合，英國出口商亦有其他的困難，因為廢除軍火租借制度，××××允諾美國出口商開拓世界市場。這樣可以促進美國出口商的輸出。反之，英國出口商的活動完全有可被阻止的可能性。今日英美輸出的競爭激烈化的一個原因，即在於此。但是戰爭的形勢，使反軸心國還需要得到大批軍火的援助，最近美蘇簽訂軍火租借協定。人們指出其理由是蘇聯要對日宣戰。但是無論軍火租借案繼續存在或是被廢除，軍火租借制度都是在援助英蘇及其他一切反軸心國的美名下，擴充交易經濟的勢力，對他國加强政治經濟的壓力。

——海通社柏林十五日電——華盛頓訊：美國食物供應局要求英國及歐洲盟國於四，五，六三月中，放棄由美國得到食物輸入的要求，因為美國缺之肉類、糖、及脂肪。美國國務院認為這樣的措置恐對舊金山會議不利。政府人士認為美國居民的供應必須減少，不予外國以機會抱怨美國。衆信羅斯福要求處理此問題。

傳敵擬『掃蕩』杭嘉湖地區

——中央社皖南某地十六日電——浙西敵現正擬封鎖京杭國道，向杭嘉湖一帶開始所謂掃蕩工作，企圖壓迫我軍退出各該地區，但我游擊部隊，在各該地區行動神祕，敵之企圖難以得逞。

——同盟社徐州十六日電——淮海省現地軍部隊，於十四日發表二月份綜合戰果如下：敵遺屍一千四百三十六具，俘虜十四名，擊落敵機一架，擊傷敵機四架。

——同盟社天津十六日電——津保地區皇軍部隊及協同皇軍的中國方面保安隊，二月份綜合戰果如下，敵遺屍二百七十具，俘虜九十一名。

參攷消息
（只供參考）
第八二三號
解放日報 新華社 編
今日出一大張
卅四年三月二十日 星期二

敵論國共關係日益緊迫

【同盟社東京十九日電】重慶延安關係達到非常嚴重的階段。三月一日蔣介石大胆向延安挑戰，延安駐重慶的辦事處於十日向外國記者散發小冊子，發動政治攻勢，指出：蔣介石的演說是對我著向延安的恫嚇。據確實情報：林祖涵演講：毛澤東爲了對抗蔣介石的態度，最近召開軍政會議，決定中共的最後態度。據傳毛澤東認爲蔣介石攻擊延安的演說，不久的將來即可變爲對延安實際威脅，因此他有這種意見，即只有用武力回答，才能使渝延問題得到最後解決。重慶方面對此亦採取極爲警戒的態度，傳最近蔣介石向地方各機關發出訓示說：「鑑於國共關係處在嚴重關頭，應加强邊境的監視，並嚴加防備。」無論如何，重慶的立場是企圖放棄與延安合作實行反攻，配合美軍在中國的登陸，這是很明白的。今日與延安的國內抗爭，已孕育着極深刻的危機，任何人都可了解；而且美國政府利用中國內部的分裂抗爭來使美國進出於中國，這樣將更助長了今後國共的衝突。

日寇積極應付盟軍在華南登陸

【同盟社華南前綫十七日電】急於在中國登陸的敵人，最近專門以巨型機擾亂我南中國海交通供給綫，繼續向沿岸進行偵察，並加强轟炸，它有在中國沿岸奇襲登陸的企圖。據到達此間的情報，傳美國向重慶提出要求說，重慶軍如不奪回韶關，切斷粵漢路，則美軍很困難在中國開始登陸。它督促重慶軍急速行動。但皇軍確保由武漢到越南的大陸縱貫路與衡陽至廣東的粵漢路，有充分强靭的機動兵力與地盤，如果敵人在中國沿海岸登陸，或重慶軍開始總反攻，我軍體制亦不爲之動搖，我軍只用湖南、廣西的大陸野戰軍一部，就可以應付重慶軍的反攻，剩餘之大部分可以轉用於迎擊美軍。我野戰軍依據中國西南堅陣，即使駐華美空軍配合重慶軍的地上作戰，亦不可能達到目的。即使美國在中國登陸，亦不像一個珊瑚

外，每人平均得肉一兩。軍委會會派美籍專家分赴各地檢查，均認爲合理，營養可無缺乏，各士兵亦頗爲健壯，體重平均增加一磅至二磅。被服照預算分發，最近將增發每人皮鞋一雙。此外關於理髮、洗衣、種種小問題，均已予以解決，士兵均能滿意。惟目前尚須改進者，則爲交通運輸及醫藥設備。羅氏繼稱：此次巡視該師，亦曾舉行官兵代表座談會，各代表天眞坦白，其建議與批評頗皆屬於積極性，可供參攷採納者，當即令飭該師辦理或轉報軍委會核辦。一般最殷切之希望，即爲增加新裝備，俾得及早訓練，以增强殺敵效力。

【中央社銅梁十八日電】記者慰問團抵此，得與青年軍聚晤，至感愉快。彼輩埋頭操練，準備與敵寇一決雌雄。此等知識青年，皆來自機關學校，朝夕與書報接觸，今來營地，因圖書設備未周，每當操練之餘，頓感精神食糧缺乏，與記者接談，咸囑代向社會呼籲，源源供給報章雜誌，以及文藝國防科學等書籍。

國民黨大事慰勞青年軍

【中央社渝十七日電】璧山十七日電話，全國慰勞總會璧山青年軍慰問團，由團長馬超俊率領，於十七日晨乘車離渝，午刻抵達此間，戴之奇師長迎接至師部休息，旋參觀師部及所屬各單位設備，其後戴師長報告該師士兵教育訓練概況，下午二時舉行慰勞大會，戴師長之奇首致歡迎詞，略謂本師成立未久，現在編練期中，尚無戰功，目前可以告慰於慰問團者，即本師官兵戰鬥精神旺盛，教育進度迅速，一切計劃訓練均爲反攻而準備，管理方面亦均遵照最高統帥部之計劃實施，尚著成效云云。馬團長繼致慰勞詞，略謂蔣主席及中樞長官、各界民衆，對青年軍之生活教育訓練，均甚關切。此次前來慰問，即係代表此種無比熱情。本團來此，雖爲時不久，所見所聞已足萬分欣慰。諸君將爲建軍建國之中堅，任重道遠，望更努力。詞畢分送慰勞品、書籍、娛樂品、運動器具等，由士兵代表接收。據記者於本日接觸所得，青年軍士兵之精神均極愉快，彼此甚爲親密，雖入營未久，業已習慣軍中生活，並能恪遵軍風紀，與人民相處極安。軍事訓練方面，開始僅月餘，進展則甚迅速，速成練業已完成，各士兵之實彈射擊，亦經常練習。彼等目前流行一句口號，爲『每一顆子彈消滅一個敵人』，因之射擊興趣至濃，技術日見精確。慰問團十七日晚宿於璧山，定十八日上午赴銅梁繼續慰問工作。

島的島嶼——如呂宋島的沿海地帶。華南沿岸一帶，像網上的小孔似的水路縱橫，背後又是高山峻嶺，阻礙了機動部隊的活動。皇軍在過去八年中在這裏與重慶軍交戰，經過了寶貴的戰鬥與鍛鍊，因此我野戰軍正準備一舉粉碎敵人在中國的活動。

路透社稱重慶公佈 中國工業化初步計劃

【路透社重慶十九日電】今日公佈之中國工業化的初步詳細計劃，各方面和印度十五年孟買計劃是相一致的。根據這些計劃，要求於戰後立即施行廣泛的建造程序，料將費二十億美金。該計劃提出建立九百五十三座工業工廠，估計需一十億美金。發展內地運輸體系需十億美金。中國政府至今尚未正式批准該計劃。

【路透社重慶十九日電】據稱，已經修業完畢而仍在海外之中國學生，不久將被召回中國。因為武裝抵抗與民族復興的工作，正急需他們的服務。

華軍攻佔西保

【路透社康第登將軍總部十八日電】華軍第五十師昨日攻佔西保。（按五十師為潘裕昆部。西保位於南圖河北岸，屬緬甸中部，為一極重要之商業中心。由西保向西南至瓦城約一三〇英里，東北至臘戍四五英里，均有公路鐵路直達。向北有公路直通南圖，向東可通至猛崖，另一公路向南直達孃共。）

青年軍消息一束

徵集五百女青年

【中央社成都十八日電】全國知識青年志願從軍指導委員會，頃電川省徵集委會令徵集女青年五百名，除衛生人員九十名留蓉訓練外，餘分兩期於四月前送渝集中訓練。

羅卓英談青年軍生活

【中央社渝十八日電】青年軍編練總監羅卓英赴瀘縣、隆昌視察青年軍二〇二師，十七日返渝，對記者談該師訓練及生活情形。羅氏首謂青年入營後，生活已成習慣，生活臻軍事化，對學科、術科之訓練，亦發生極大興趣，各種射擊進度頗速。該師軍士隊三百餘人，成績尤令人滿意。該師士兵知識水準頗高，自尊觀念甚強，加以師長鍾彬領導得法，寬嚴有度，故紀律甚佳，不特本師風氣良好，即地方各種不良風氣，亦為之轉移，故各方各界對青年軍瞭解日增，協助益力。該師營房即由地方人士及機關自動撥借，可為軍民情感融洽之明證。士兵就原有營地自動改造環境，對各項建設均能迅速完成。士兵生活，膳食由每連組一膳食委會主辦，所需食品定量分發，除米穀之

【中央社銅梁十八日電】慰勞總會第三青年軍慰問團，十八日上午抵虎峯，慰問某團青年軍。由馬團長超俊向全體士兵致慰問詞。嗣即散發慰問品，士兵亦練習機槍射擊，準極正確。慰問團下午四時抵銅梁，繼續慰問某某兩團，首舉行座談會，由馬團長與該師戴師長致詞，就若干有所×問（缺）。

【中央社昆明十七日電】慰勞總會昆明區青年軍慰問團，今晨由渝飛昆，團長李惟果偕團員攜帶慰勞品一二箱，內括各項運動器具與樂器，已交由中航空司運昆。該團定十九日起進行慰問工作。

鄭彥棻談今年要參加世界青年週

【中央社重慶十八日電】青年團中央團部鄭處長彥棻談世界青年週之產生及其意義稱：（略）本年係第三屆，定為「努力週」，表示國際青年須為爭取最後勝利而努力。……第一二屆世界青年週，我國並未舉行，本年世界青年理事會曾迭來函電，希望我國熱烈普遍舉行。當此盟國共同努力爭取最後勝利，國際關係日趨密切之際，我國青年對此關係全世界和平與幸福之世界青年週活動，自應普遍熱烈參加，藉以增進國際青年生活並共同為促進世界之永久和平與幸福云。

【中央社成都十七日電】川省黨部直屬各區黨部十七日選舉六全會代表，胡次威、何北衡、孫震、李徵稻、尤玉照五氏當選。

【中央社寧夏十七日電】奉派來寧監選出席六全代表中委姚大海，已於十六日下午由蘭乘車抵此。據姚表示，一俟在寧監選完畢，即赴綏西繼續監選。

【中央社筑十七日電】中委徐恩曾，十六日由渝抵筑。徐氏來黔主要任務為視察筑渝、湘黔、筑昆各綫中央戰時服務督導團工作情形。該團原規定以二月為期，業已屆滿，中央因鑒於此項工作，關係軍事政治至為重大，有予以延續之必要，故各督導隊現仍存在，惟人員已略減。督導團工作以融洽軍民感情為主，而以循循善導之方式出之。目前我國抗戰已進入接近勝利階段，軍民合作更屬必要，今日如不能切實做到軍民合作，則對軍事進展將有莫大妨礙。此來黔任務，係代表中央担任貴州區選舉六全大會代表監選員。

【中央社渝十八日電】戰時生產局為獎勵對戰時生產有重大貢獻之個人團體，特訂獎勵辦法。聞第一期發給時期已定為七月初旬。

英傳李維諾夫將率領蘇代表團出席舊金山會議

「路透社倫敦十六日電」副外交人民委員長李維諾夫可能率領蘇聯代表團出席四月二十五日的舊金山會議。倫敦外交界今日所流傳的這些消息，是根據於下列觀點，即外長莫洛托夫將十分忙碌於反德戰爭最後階段中的各種問題，不能長期離開歐洲，各種象徵顯示，會議幕後將有某種談判，因此最有關係的國家需要派遣有經驗的談判者。李維諾夫的流利英語，使他具有不少的便利條件，而且如果由其同僚前駐英大使副外委長邁斯基出而協助，那麼蘇聯代表團將特別強大。迄今爲止，四十五國中只有××國委任了他們的代表。

敵寇估計馬里亞納島上B二九式機的實際力量

「同盟社東京十七日電」馬里亞納基地的B二九式實際力量如何，看一下敵人敢於本月九日夜間轟炸東京，十一日夜間轟炸名古屋，十三日夜間轟炸大阪的情形，即可知道B二九式機在馬里亞納各基地，是集中了相當的數量。第一個問題就是向上述三都市來襲的敵機數，九日是一百三十架，十一日是一百三十架，十三日是九十架，敵人所發表的每次三百架完全是撒謊。第二個問題，就是三次來襲的敵機是不是同一的敵機。敵人來襲，我制空部隊予敵人之損失，計擊落四十八架，擊傷一百七十架。現已判明敵人以新製之飛機補充被擊落的飛機，從敵人的來襲機數、損失、使用同一飛機三點來判斷，馬里亞納基地B二九式機的第一線機——實際出動的飛機，約爲二百五十架。但馬里亞納收容B二九式機的能力，約爲三百五十架，按照這一判斷，敵人三次來襲亦是相當費力的。因此馬里亞納B二九式機的勢力，決不像敵人所宣傳的「每次均是三百架」，或「基地勢力是七八百架」。但是我們不能輕視，敵人可以從後方供應馬里亞納基地，敵人受到我制空部隊的損害後，有不斷的進行補充的能力，今後馬里亞納的敵機，將不能從三百五十架中，以二百五十架來轟炸我國。

海通社傳邱吉爾政府將垮台

「海通社柏林十七日電」倫敦訊。邱吉爾宣佈：目前政府垮台後，或可能成立一新的國民政府。這宣佈引起了人民極大的注意。英國報紙幾全部特載邱吉爾演講這一部分，很少疑問的，邱吉爾的這個宣佈，是被人們帶着混合感情所接受的。「新聞紀事報」某政治訪員坦白承認：

德寇求和「代表」在瑞典的活動失敗

「美國新聞處華盛頓十六日電」美聯社倫敦電訊稱：負責的外交家表示，他相信目的在於在盟國間散佈不睦干的德國和平觸角浪潮，可能於今後數週內震驚歐洲各中立國的首都。關於這種提議，昨日首次透出暗示，其時斯托哥爾姆極端保守的報紙瑞典日報報導這件事情。瑞典日報前柏林訪員佛萊德博士著一書曰「在鋼鐵壁壘之後」，洩露這個消息。他說，德國試探和平的使者曾提出威脅道：如果美國及英國不同意的話，希特勒將「向蘇聯乞降」。倫敦今日收到紐約時報駐斯托哥爾姆訪員亞歷森的報導稱，「里賓特洛甫的聽差赫塞，遭到英美蘇三國駐瑞京代表們的不睬」。他繼稱，「開始他要求在斯托哥爾姆大旅舍會見蘇聯公使柯倫泰夫人。當她拒絕見他的時候，赫塞又圖會見西方盟國的代表，不用說，但也沒有得到更多的成功。但赫塞決心在某些地方獲得他分裂聯合國陣綫的反響，因此以後他設法使瑞典各報紙知道他的使命」。斯托哥爾姆瑞典晨報今日稱：「如果德國不在這個時候伸出和平觸角，那也是很奇怪和很不自然的」，但又說：「從無條件投降條款看來，盟國是決心消滅納粹政權。認爲倫斯特德元帥向艾森豪威爾將軍提出停戰，多少有被接受的機會的想法，是同樣虛妄的，因爲希特勒的敵人在無條件投降的問題上，現在比以前任何時候更團結一致。但是德國伸出和平觸角這一事實，顯示出風是向那裏吹的」。

華盛頓的觀察家今日說，「德國在斯托哥爾姆的居間人已遭拒絕，並且已告訴他，盟國無條件投降的要求是不會修改的」。華盛頓觀察家今日午後稱，「如果德國政府眞正希望和平，它有直接的辦法可以求和，即它可以經過瑞士駐柏林公使，該大使可以直接傳遞德國××盟國的任何照會。」

「合衆社倫敦十七日電」此間觀察家評論本週關於和平之謠傳時，強調盟國現正苦於寬取×案（？）使德國能藉以投降，（？）如何結束歐洲戰事一最好證據，即艾森豪威爾與蘇聯各將帥，不久將向各該國政府報告德國所有一切有組織之軍事抵抗，均已停止，再經一閱月與三閱月後，德國南部之壁形陣地肅清時，將有同樣之聲明，說明游擊戰亦已結束。三巨頭會一再聲明，彼等不擬與希特勒政府之任何人員談判，自雅爾塔會議閉幕後，莫斯科自由德意志委員會，作爲德國臨時政府之可能，已見減少。目前在德國尚無任何反納粹團體於能戰爭最×時期殺死德國領袖，領導叛變。

邱吉的宣佈，特別是令其本人所屬保守黨中的有勢力人士失望。「每日電訊」報和「每日郵報」却相反，擁護邱吉爾的提議，它們擁護邱吉爾的這個提議，是有「很多充分理由」的，特別是下列理由：因為英國在過渡時期，戰事……須經過大困難時代。「曼徹斯特衛報」強調稱：許多英國人願見聯合政府繼續直到最重要戰後措施已經採取，軍部復原已告完竣時為止。該報指出：或有回到聯合政府的可能。

「海通社柏林十六日電」華盛頓訊。國務院星期四宣佈，美國政府已建議蘇、英兩國，進行關於羅馬尼亞政治發展的新的討論。該宣佈謂：在羅馬尼亞的美國外交代表，常常報告羅馬尼亞的情形，該宣佈強調謂：這種新的討論是完全合乎雅爾塔決議的。該宣佈着重指出：所討論主要問題，是格羅查政府，因該政府似為羅馬尼亞大多數人民所反對。

法國已將修改世界安全計劃的提議送交盟國

「海通社柏林十六日電」巴黎訊。法國情報部長特克賽特根宣稱：法國已於星期五送交盟國法國關於修改世界安全計劃的提議。法情報部長宣稱。法國已自蘇聯獲得保證：法蘇公約將自動包括於世界安全協定之內，但蘇聯關於法國應允參加舊金山會議的措辭，並未獲得通知。情報部長亦稱：敦巴頓橡樹林會議的措辭，無論如何是不能獲致安全的，我們需要有雙務條約，俾使各國能保衛邊界，抵禦侵略。

「海通社柏林十七日電」倫敦訊：荷蘭流亡政府外長凡•克利芬斯將於星期日抵巴黎，與法國臨時政府總統戴高樂及外長比道爾及其他人物舉行會談。據宣佈，集體安全的××人口與經濟問題，將予以討論。

「海通社伯爾尼十六日電」法國新聞社表示法國政府將派遣遠征軍至遠東作戰的希望，並提醒世人注意法國戰鬥艦呂希留號和其他部隊在太平洋盟軍聯合作戰中的行動。「新蘇黎世新聞」巴黎訊稱，衆信法國派遣遠征軍將××越南的喪失。

「海通社柏林十六日電」羅馬訊。共產黨報紙「烏尼塔」報說道：意大利自由黨只是在口頭上反對法西斯主義。該報譴責自由黨示威遊行，不是反對法西斯匪徒而是反對共產黨人。該報……警告政府應採取反對自由黨的措施，不然，意共產黨將重新考慮其對波諾米的態度。

同盟社一週戰況

「同盟社十八日電」本週顯著的特徵，是敵人海上攻擊的重點已離開琉璜島，以及馬紹爾、馬里亞納方面的敵基地空軍的活動，日益激烈。（琉璜島）琉璜島北部的我各據點逐漸淪於敵手，玉名山的我守備部隊，從三月八日以來即向敵陣突進奮戰，直至十三日大部分已經戰死。天山陣地的我部隊，亦逐漸粉碎敵人的進攻，至十三日亦被敵人佔領。我守備部隊依據北村附近及東山附近的兩據點，以步槍及白刃戰展開激烈戰鬥。從二月十九日以來，我部隊給予敵人之損失，計二萬五千八百名以上。（菲島方面）敵人從仁牙因灣登陸以來，至三月八日兩個月間，損失達九萬人，皇軍的士氣日益高漲。馬尼拉地區東方，敵人向該處的進攻日益激烈，我部隊士氣旺盛，迎接來攻之敵。克拉克地區的我軍，仍然激烈奮鬥。呂宋北部敵人的行動最近突然活潑，在山地修築汽車路，逐漸企圖深入內地，目前戰鬥重心是在三寶顏地區，大約有三個師團，其第一綫是在加爾蘭俄蘭活動，塞爾沙克唐艾的敵人亦見活躍，有企圖侵入巴揚潘盆地模樣，我方確保陣地並將敵人擊退。民答那峨島本月九日我三寶顏附近登陸的敵人，連日以艦砲射擊，敵我在飛機場附近展開激戰。我部隊繼續向敵人楔入，我航空部隊配合地上戰鬥，十一日及十三日轟炸三寶顏附近的敵陣地，十三日在波霍爾海峽攻擊敵魚雷艇。（緬甸方面）緬甸北部第一軍及第五十師團正向臘戌逼近，曼德勒地區擁有坦克五六十輛的敵人，向米科提拉附近活動，我部隊由南北兩方向敵人進攻，又將陷入敵手的飛機場奪回。現正繼續包圍攻擊中。另一方印軍第九師在曼德勒北方七十公里的聖加渡過伊洛瓦底江，本月八日侵入曼德勒。與此同時，曼德勒西方的敏務及加茲方面的敵人，亦於九日向曼德勒西南方三十公里的地區活動。在曼德勒的我軍，依據王城城壁與敵激戰，在伊洛瓦底江南岸地區，亦開始向敵人攻擊。（本土）馬里亞納基地的B二九式機，十日未明夜襲帝都，十二日未明夜襲名古屋，十三日夜半至十四日拂曉夜襲大阪，十七日未明襲神戶，各都市均受到損失，發生火災。由於我空軍及地上砲火的果敢邀擊，敵機亦受到極大損失。敵機來襲帝都與名古屋是一百三十架，襲擊大阪是九十架，襲擊神戶是六十架。每次機數日益減少，說明了敵人每次來襲均受到極大打擊。（西南太平洋方面）B29式機來襲昭南日益頻繁，婆羅洲東岸我資源地帶，敵人以少數巨型機進行戰略轟炸。（印度洋方面）本週內敵人在印度洋的動向，在安達曼群島北方有小型艦艇活動。

一三一

參攷消息

（只供參考）

第八二四號

解放日報 新華社 編

今日出一大張

卅四年三月廿一日

星期三

敵每日新聞社論

「抗戰中國的內爭」

「同盟社東京廿日電」「每日新聞」頃發表社論題名「抗戰中國的內爭」，稱：重慶與延安的談判，已經繼續了一年，最近遂又趨停頓，事實上已瀕於決裂的危機。蔣介石關於談判的中心問題的實施民主政治一事，始終主張在國民黨領導下的「漸進主義」（原文為此）；而延安方面却要求即時成立國共聯合政府，互相不讓步。但是問題的重要性，在於以世界戰爭的激化為背景而爭奪中國市場之戰的深刻化。處理歐洲各小國的事情，亦反映在對於中國國內問題上。要求實施憲政，本來就是延安及國內小黨派的政策。現在美國的戰略攻勢是中國民主化。自大東亞戰爭爆發以來，美國在與重慶共同作戰的過程中，痛苦地體驗到驅使中國對日作戰的困難。這一困難的根本原因，在於中國有國民主義的覺醒，即中國不欲為美國流血犧牲。美國知道其原因是由於國民黨的獨裁，在於中國國民主義的組織化。美國的所謂民主化攻勢，是要使其組織體的蔣介石獨裁解體，於是敏感的延安乃利用這一機會，動員一切機能，向世界宣傳說：只有我們才是中國獨一無二的民主主義者。大肆宣傳說：重慶軍的無力是由於蔣介石的獨裁，而抵抗日軍的是共產軍。只有延安是中國民主化的旗手。美國輿論受其迷惑，將多主張放棄不抗戰的重慶，而援助抗戰中國的鐵托（延安）。然而蔣却毫不為之所動，這就是他在新年獻詞中的實施憲政的聲明。還有一個重大的國際問題的要素，那就是因有蘇聯的存在，蘇聯在歐洲正顯著地表示着積極的活動。延安在蘇聯上來說，是莫斯科的唇齒。而過去的歷史證明：即使在今日——蘇聯仍是延安的難以動搖的後台。即是說，如何實現聯合的民主政府，現在也很難由蔣介石來決定。國共問題現在必須由廣大的視野來觀察，即他是在戰時與戰後的美蘇關係問題。

獨裁的政強奪。在今天，他們所迫切需要的是自由、解放。行動！明天……他們需要這樣一種政治生活：一切由人民掌握，而獲得十分普遍；這樣一種社會生活：人們各以其所志願的方式工作，而得到應得的報酬；這樣一種文化生活：人民各依其意志自由思想，由普遍地獲得真知真能。他們需要這些，他們必須得到這些。」

第三黨對時局的主張及其經濟綱領

【本報訊】第三黨領袖章伯鈞氏主編的「中華論壇」雜誌，「從星期登記到……出版，幾有一年之久」，創刊號於今年二月才出版。該刊封裏揭載「信念」如下：「民主的幸福，是必由人民全力奮鬥得來的。中國人民對日本法西斯的抗戰正是民主的民族解放大戰鬥。決不是一部分人或少數人的事業。由抗戰勝利所發生的成果，自然不許為一部分人或少數人所獨有的勝利品。」「民主政治不只是一種政治制度，而主要的却是一種道德制度。」這是捷克的建國元勛馬薩里克的名言。我們認為民主政治在更廣義的上面，它又是一種文化制度。今日的中國正急切的需要這種文化制度的建立。因為有了民主的政治，中國的文化才可以進一步的發展，工業和科學才可以真正的建設和培養起來。良善而又完美的道德制之基礎，必須是民主工業科學三者的綜合。

馬薩里克的繼承者貝奈斯總統又說過「民主的理想是如此的高尚，如此的尊嚴，所以值得相信，值得為它生活，值得為它奮鬥。」我們認為中國人民在此次抗日大戰中，是為民主的理想而奮鬥的。凡不合於民主生活的傳統，必需加以清理掃除。因為民主的人生就是獨立自由之人格的表現。從小農經濟社會所培生之半農奴的意識和生活形態是與現代化的民主生活不能並存的。一個真正的民主主義者必須是言行一致的愛國主義者。一個實踐的社會主義者又必須是言行一致的民主主義者。所以在今日的中國，社會主義者不只是民主主義者，而且是愛國主義者。革命的三民主義正是愛護祖國，主張民主和改造民生的總原則。在此總原則之下，中國可以統一，應該統一。」

該雜誌發刊詞中稱：「對於桂柳失陷後之時局的態度，實感着異常的嚴重，在有關抗戰各方面，如軍事、政治、經濟諸端，均有切實改造的必要，全國朝野人士，鑑於此等危機之可能的發展，已一再有所呼籲，主張及時改善現狀，我等（指第三黨）對於改造的途徑，早於民國卅年九月十八日時局宣

李璜離渝前關於團結的談話

「本報訊」據新民報二月廿五日載：李璜氏來渝三週，定廿五日返蓉，廿四日向記者發表談話稱：「此次來渝，係爲參加會議國內團結問題。三星期的印象，大體尚佳。問題仍將商談下去，且余對之始終樂觀，因爲去年以來，蔣主席一再表示，決以政治方式，解決各派糾紛。自政治家眼光看來，政治問題未有不能以政治方式求得解決者，不過須本着一定之政治原則，如現在歐洲各國內之黨派糾紛，皆本民主政治原則，漸次得到解決，即其實例。就世界大勢言，中國非民主不可，已成定局。故無論對國內國際問題，必須本民主政治原則，始易獲達預期目的。余對國內團結問題，一本國家民族立場，第一希望早日團結，在國際會議席上，可以提高國家地位，始不辜負八年來全國軍民對抗戰之犧牲。其次，勝利之後，國內不能因黨派問題而致發生內戰，令政治不能上憲政軌道，無以對後代子孫。吾人二十年前即本國家至上、民族第一，奮鬥至今；今後更當本此二義，以斯求國內團結也。」●

孫科對新民報談話

孫科氏在二月十三日與新華日報記者談話之後，復於十五日對新民報記者談話（見十六日該報），稱：「聯合二字，非另起爐灶之謂，故無須畏懼。且聯合政府爲過渡時期，臨時的辦法，非由人民正式選舉之政府。克里米亞三強會議後，歐洲問題大半解決，現只剩太平洋問題，中國必須趁時自謀團結，以增強國際地位。」（二月十六日新民報）

「本報訊」張西曼於一月一日出版的「國訊」三八三期上發表「明年爲中國的民主勝利年」，文後附註：「……寫於民主與科學雜誌籌備處」。張氏在文中稱：民主革命了五十年，「何以到今日反而朝不保夕地倍嘗着實非強大的日本法西斯帝國主義的加緊迫害呢？個中癥結，就在我們未能忠實推行三民主義，尤其是忽略了權能的精義！假使民無有權，那麼，低能無恥的現象絕對不能存在、蔓延、作祟、甚至麻痺了，摧毀了整個抗戰建國的機能。」又云：「三民主義一日不能實現，那麼，反帝國主義侵略和反封建餘孽的革命怒潮，就非一二細微分子高壓之力所能妄圖阻止。」●

「本報訊」去年十月三十日（遲到）在重慶出版的「今日東北」雜誌第四期稱：三千八百萬東北人「在今天需要的是自由和解放，在明天需要的是民主和繁榮」。該雜誌稱，東北人對重慶的廣播已「失去信心」。「今天，在他們聽來祇有安山和大連的爆炸聲，熱邊的步槍和手榴彈的吼聲，才是他們

言列陳十四項主張，與今日各方所提出的要求正相符合。我等固不敢掠先知之美，但願舉國有良心、有正義感、有愛護祖國之眞誠人士，都能在此重大關頭，爲其所主張者一致團結，爭取實行。」

同期該刊註爲「摘自我們的政治主張中的經建原則」的補白一則如下：「我們知道，自由競爭的工業資本主義，到二十世紀已變形爲獨佔的金融資本主義。金融資本主義的特質在：一切產業機關由極少數的大銀行控制，而國家的政策，主要的由金融資本家支配。這種現象在產業越發達的國家越是明顯，因此成爲帝國主義後期的特徵。金融資本不但對外有控制外交政策的力量，而且對內爲集中資本，支配國家財政及國民收入，統一的施行經濟建設的中樞。因此金融資本主義爲資本主義發展的最高形態。在這種情形中的資本主義，它的一切經濟的基礎和社會主義的已相差不遠了。不過金融資本的國家政權操在少數金融家手上，爲他們自己的利益罷了。資本主義發展到此階段，勞動平民只需一發動，把一切中樞的機關——特別金融機關接收過來即可以實行社會主義建設。落後的中國，它的金融機關在國內還大部分在封建的高利貸商業的錢莊，當舖等等手上，他一方面即被控制於帝國主義的銀行，雖然有不少中國資本家經營的新式銀行，但它的業務主要的是在於投機的買賣，而不是商業的控制，而且資本還是非常薄弱。這種現象，是半殖民地特有的。如果中國平民群衆取得政權，一方面爲着顚覆封建官僚的統治，它必須把那些爲封建官僚所統治的財政基礎加以改造清理；一方面必須把一切可用爲國家金融機關的設備，如各銀行及大錢莊等，分別由國家有償的收用，特別是帝國主義在華的金融機關，必須分別收回，以構成國有金融機關的基礎。至於收回金融機關所需的資本，可用發行公債的辦法籌劃出來。金融機關集中地收爲國有之後，對於吸收人民儲蓄，利用外資，推廣國際貿易，統一幣政，調劑金融，發展產業，以及其他一切控制資本，運用資本等爲國民經濟中心的事務，自然容易進行。上述種種，皆爲建設國家資本主義的要務；但必需輔以一貫的財政政策，才能確實得到控制私人資本，使逐漸地社會化的效果。因此必須實行抽取累進所得稅，資本收益稅，遺產稅等。同時，更須在廢止現行稅率之後，切實另定合理的稅率，統一幣政，實行金本位制，使全國人民負担公平，使產業向上發展。這樣資本的逐漸社會化便容易做到了。」

同期該刊載敬哉作「兩件應做的小事」稱：「第一、在[illegible]參政員的改選中，各黨各派的參政員，應當交由各黨各派的自由選派，不應再由政府來加

以確定」，使他們能在一各黨各派的政治家的代表。」「第二、滿屬委政會推選的延安觀察團應該馬上出發，以溝通國共兩黨的意見，促成兩黨的談判合作，爲使代表更能負責這種政治的使命起見，我們還主張政府應派曾經負責折衝兩黨關係的王世傑（王世杰）張文伯（張治中）兩先生，並另請其他黨派和各界的代表參加觀察團。」認爲這兩事爲「當前刻不容稍緩」，「而且都是輕而易舉的」。

德報評日越事件

「海通社柏林十八日電」人民觀察報星期日宣稱：戴高樂支援太平洋盟軍的聲明，是日本干涉越南所提出的理由之坦率的證明。戴高樂在他的聲明中諱言：「在日軍前進的時候，他已將新加萊多尼亞，新里布里德及其他法國屬地置於盟國支配之下，這樣使盟軍維持他們和澳洲與新錫蘭的交通」。戴高樂在其虛榮中似乎還未認識他這樣却供給了日軍干涉越南的許多理由以確實的證明。報紙寫道：「邱吉爾出賣帝國給美國的特別熱情似乎誘致戴高樂尾隨主人之後，將法國殖民帝國最後殘存的地方付之賭博」。

同盟社論今年度美國鋼鐵界的展望

「同盟社東京十七日電」「煤鐵貿易評論」雜誌二月十五日載稱：去年美國產鋼量，據最後的公報表示要樹立新的紀錄，而且自一九四〇年以來，還是繼續增加。一九四〇年產量爲六六、九八一、六六二噸，一九四三年爲八八、八三六、三六六噸，一九四四年爲八九、五五二、九六一噸。據美國鋼鐵協會發表的公報，一九四四年平均最高的作業基準爲全部能力的百分之九十五點四，比一九四三年的百分之九十八點一還減少一些，這是一九四四年完成擴充計劃，基準能力增大的結果。一九四二年爲全部能力的百分之九十六點八，一九四五年初工作效率不太高，年初兩星期平均爲百分之九十三。而是原因是天氣太冷，但去年十二月中旬以後，焦煤、石炭勞力的不足以及運輸力的減低阻礙了生產的上升亦是事實。例如某製鋼工廠因年初燃料不足，有百分之二十的高爐停止工作。一月初旬戰時生產局言明勞力的不足使鋼鐵界發生很大的困難。該局鋼鐵部表示如果不增加勞動力，那末就不能及時生產出必要的鋼條，通信用的鋼鐵。又說：如果能供給一些熟練工人，那末還可以應付緊急的訂貨。陸軍製造砲彈用的鋼，今後將繼續增加，到了年底，一個月要達到四十五萬噸。製造砲彈的部門（以製造大口徑砲彈用的鋼鐵爲中心），其勞動力非常不够，因此需要將入伍的工人調回工廠，才能應付增加的一部份鋼鐵。總之，製鋼

議。

德稱英美不救濟比荷解放區

「海通社柏林十一日電」威廉街發言人星期六日，對外國報紙代表尖銳攻擊英美在比利時與荷蘭境內佔領當局的行爲。威廉街發言人描述現在所喊出美國完全停頓運輸糧食至歐洲的要求，是美國自利主義的證明。關於此點他提及比利時總理納瓦克所作的聲明，納瓦克宣稱盟國佔領當局輸入比利時的糧食，僅抵以前德國佔領當局所供給的二十分之一。發言人然後發表德國在佔領期間運輸比利時糧食的數目。佔領的第一年，德國運比糧食四萬噸，以後每年在四萬與十萬噸之間。此外，德國運去大量種子，並且以許多方法幫助增加比利時的耕種面積。由於這二政策的結果，德國得以幫助比利時增加產糧面積從二十七萬公頃達到三十七萬四千公頃，而種洋芋區域從七萬七千公頃，增至十一萬五千公頃。種植馬草、糧食、甜菜、油菜等的面積數字亦有同樣的增加。單是這些數字，反映出德國與盟國當局對待比利時的巨大差別。發言人宣稱：聯合國善後救濟總署今日在比利時已完全失敗。盟國今日未將任何航運空間歸比利時支配。以後由德國同意，經紅十字會將肉類及其他商品運至里斯本，再經那兒運至比利時的許多國家，像阿根廷，今日已被抵制。」發言人提醒外報記者下述事實：德國佔領的領土，運河各島，爲英軍所封鎖，但是在德國同意下，經紅十字會可能予這些島上市民以有效的救濟。

「同盟社東京十七日電」向美英投降了的法國、意大利、比利時、希臘、等國國民，現在全都無吃無穿，輾轉在飢餓線上，和顫慄於寒氣之下。然而英美的士兵們，在他們國家內，依然無法無天地亂搞，搶奪東西，所以他們是在悽慘地徘徊於無秩序的自己祖國內。這裏告訴我們只有堅持作戰到底才有出路。法國在這次大戰之初，便被德國佔領，嗣後全國復蔓延戰火，投降美英，法國國民的生活，由於不斷變動，缺乏安定，便逐漸陷入悲慘境地。自反軸心國所謂開闢第二戰綫以來，爲把他們的祖國變爲戰場，以巴黎爲中心的鐵道、公路、河川等，均停止了一般的使用，因而食糧的缺乏，日趨嚴重，不僅沒有肉和牛油，連野菜也運不進來，雖實行了配給制度，但實際上配給的只有微少的麵包。法國衛生部關於這些悲慘的國民健康公佈稱：法國國民的健康，有顯著的低下，有百分之七十的國民身體，都帶着某種缺陷，特別值得注意的是肺病的蔓延。現在有六十萬的失業者，在最近的將來，就有增加到一百五十萬的可能。一般家庭用的煤，還不够分配，據最近消息

公司爲了製造砲彈，不得不變更生產計劃，這樣本年第一季鐵軌、建築用的鋼材等將受相當的犧牲。在造船方面，由於急速變更計劃的結果，一九四五年一月至七月之間，需要鋼板及其他鋼材九十萬噸。去年秋季估計本年上半年造船計劃將大爲削弱，但是到了今年，定造的船舶卻增加了。今年一個月需要鋼板、跑路用的薄鋼板等約四萬噸。定製汽油罐及兵營用的鋼板是很多的，本年第一季生產鋼板的目標比八十七萬五千噸更加增大。本年全年的產量估計將超過三百四十萬噸。這比去年的三百十萬噸增加卅萬噸。一九四五年襲製鋼界被擱置的事象，就是戰後計劃完全被放棄了。去年九月估計歐戰將要結束，因此定製大批民用的鋼材，這是聽到戰時生產局的意見（即歐戰結束後廢除民需鋼材的統制）所得到的結果。但是關後軍需生產完全變更了，因此民需的定貨被減少了。

敵寇空襲美特種艦隊
美潛艇活動於東部中國海

【同盟社東京十九日電】大本營發表（三月十九日十六時三十分）（一）十八日晨出現於九州南方海面之敵機動部隊，經我航空部隊猛烈圍擊，截至現在已判明的戰果如下：擊沉航空母艦一艘、航空母艦或戰艦一艘、戰艦或巡洋艦一艘、驅逐艦二艘，擊毀制式航空母艦一艘，此外尚未判明的戰果還很多。擊落飛機四十六架。（不包括陸上戰果）我方未歸還機若干架，地上設施損失甚微。（二）敵機動部隊的艦上機，自十八日至本日晨，仍在繼續轟炸我九州各地和大阪、神戶地區。

【同盟社東京十九日電】我航空部隊十八日晨，捕捉接近本土南方海上的敵機動部隊，上午五時三十分向敵猛攻，其後判明之戰果，計擊沉正式航空母艦一艘、戰艦或特設航空母艦一艘、戰艦或巡洋艦一艘、驅逐艦一艘，並有十數處火光沖天。其後我航空隊繼續攻擊，直至現在又燃燒敵正式航空母艦二艘，艦型未詳二艘，並有艦型未詳之船艦，受相當損失。

【同盟社大陸基地十八日電】敵機動部隊於十八日晨出現九州東南方海面，以艦載機轟炸九州方面後，更出動潛水艦的主力，從越南東方海面，經中國海逐漸北上，以東部中國爲中心，展開猛烈的活動。其目的大致有下列數點：（一）確保最接近日本本土的據點，（二）完全切斷南方資源地帶和日本本土的聯系，（三）確立在戰後對大陸的絕對的發言權，爲此乃攻擊由中太平洋基地，經沖繩、經浙江湖南一線，我大陸航空部隊對此已有萬全的準

，巴黎的高級飯店，都被美英軍佔領了，作爲他們的宿舍、娛樂場、俱樂部。高級劇場也不許法國人進去，法國國民完全呻吟在暴徒殺人、社會不安的狀態下。美英運來的物資，是非常之少的，早就期望的和平生活，僅是一場空夢，繼續着的仍是悲慘的夢。意大利紐約時報特派員稱：意大利國民現正瀕於飢餓，雖給自由但不給麵包，對於羅威者意大利國民並不感謝。意大利的危機並不是革命，而是國民的自暴自棄，在運輸軍需物資上，如英美方面不能夠運輸意大利的民需品時，必須採取其他聯絡方法。據羅馬勞工協會的調查，物價的騰貴如此以一九四○年十一月的物價作爲一百，到一九四四年十月則爲七百五十。據去年十月中旬的報導，羅馬有二百萬人口，但飲料缺乏，電燈在四天內可以有一天開燈，羅馬的人口逐漸減少，今年一月爲一百廿六萬。美英軍仍繼續徵用卡車，因而運輸工具更加缺乏，食糧的不足，日趨嚴重。輸入的果子醬和糖，僅分配給病人和兒童，而黑市的價格則在一千里拉以上，現在雖然還墨守桑東畢尼首相時代的統制制度，可是現在配給的只有麵包。羅馬南方的激戰地帶，已沒有一間好房子，由於資材輸入的困難，居民依舊過着過去的爲逃避戰爭，在山林中的穴居生活，幾乎大部份人都沒有一條被子。爲恢復舊觀，雖努力恢復鐵路外交，但並沒有大進展，而工業由於缺乏勞力和資材，漸至就沒有什麼希望（下缺一小段）。

希臘也是缺乏糧食和通貨膨脹，國民都在過着悲慘的生活，國內的耕地都荒廢了。若要把這些土地恢復耕植，需要很多的耕具，千餘架托拉機，和技術上的改良，然而是無希望輸進來這些東西來的。由於缺乏勞動力，種子、肥料、……——（缺一句）美英的戰後救濟機關，雖然預月規定輸入希臘十三萬噸，然而是不可能的，幾乎完全沒有配給制度。從美英輸入的一部份物資，都被一些亂七八糟的人拿走了，一大半都展轉在飢餓錢上。比利時雖然有充分的石炭、鐵礦資源，和交通網，然而布魯塞爾等地仍陷於飢餓狀態，比利時的現狀是很嚴重的。據說自去年十一月以來，布魯塞爾完全瀕於危機狀態。比外長斯帕克宣稱，再過二三個月，比利時的糧食便枯竭了，假若沒有外國的救濟，就要陷入嚴重的危機局面。又英國勞工會評議員常任幹事斯特爾宣稱，連比利時的炭礦工人，整天也只能分到兩片麵包……（缺兩句）根本就分不到奶油，石炭的不足也日益嚴重，而電氣的使用，亦僅限制從六時半至夜半。

參考消息

（只供參考）

第八二五號

解放日報 新華社 編

今日出一大張

卅四年三月廿二日 星期四

傳盟方艦艇 向揚子江集中

【合衆社舊金山廿日電】據東京十九日廣播稱：盟方魚雷艇及潛水艇，突入中國東海，正向揚子江集中，據此間合衆社收聽之還國際廣播稱：東京發述盟艦集中之三項理由爲：（一）控制接近日本本土之基地；（二）完全截斷日本與南洋之交通；（三）以便完全控制中國本土之基地。並謂上述艦艇在從事野心擴大之舉動時，會經過琉球羣島。

敵稱美國空軍 加強對南中國海的戰略轟炸

【同盟社大陸基地十七日電】以南中國爲重點的敵人最近的動向，部分以菲島爲基地與以中國大陸爲基地，從二月中旬以來逐漸激烈。至三月上旬已更形活潑。敵人以B廿四式機、B廿五式機、P五一式機，連日從早晨九時至下午四時最爲緊急，有時利用夜間或惡劣天候，捕捉掃射航行中的船舶，並低空反復轟炸。從中國的內地出發的敵機，担任轟炸香港以南至海南島、東京灣之間，由菲島基地起飛的敵機，担任轟炸由澳門、汕頭方面至香港以東地區。它的行動是以單機或少數機，以基地爲基點，採取三角形或四角形的行動。現在菲島方面的飛機有戰鬥機八百架、轟炸機五百架，計一千三百架。特別是敵機由明多羅島方面的出擊，最近已擾亂交通綫轉爲戰略的轟炸。另一方面至於中國內地敵空軍的動靜，最近由昆明一帶的敵機相當地增强了，除了出擊南中國海的敵機以外，在大陸方面，猛烈出擊華中和華北，最近進行正規的戰略轟炸的傾向相當濃厚。敵人亦努力在中國沿岸設立基地，敵人急於在福建崇安（福州西北二百四十公里）建設具有大跑道的飛機場，以圖達到接近大陸海岸的目的。

安特衛普港被毀嚴重

【同盟社里斯本十九日電】比利時的安特衛普港，自去年十月到今年一月底止，在這四個月當中，遭受飛彈的不間斷的攻擊，使反軸心軍不能把該港作爲供應基地而使用。駐屯於該港的反軸心軍當局，十九日已開始承認由於飛空襲當天充塞於市內的流離難民，到第二天就幾乎全部不見影蹤，它反映着指導部的組織力量和威信，正在日益發揮其効力的事實。市民的食糧——蔬菜和乾麵包等曾一時感到缺乏，但排除一切困難，憑糧票可以官定的價格買到主要的食糧，確保了最低限度的市民生活的安定。市民沒有任何憂慮，各人都在執行各自的任務，伴隨着戰局的緊迫，一切都爲了擴大重要戰力。電汽、媒以及揮發油等都專供給生產使用。政府雖然竭盡一切以增强生產，但並沒忘記對戰鬥市民的關懷，每當發出空襲警報時，一定給每一住家接通電流，播送情報，禮拜天整天供給用電流收聽無綫電、放映電影及其他等等方便。市民很感謝政府的措施，最近雖在每夜由八點到一點左右敵機進行神經戰的空襲下，一點也不害怕，以健全的神經使旺盛的戰鬥意志日益牢固，專心於防衛祖國，這種姿態是值得贊揚的。

【海通社柏林十八日電】軍事記者恩茲在『帝國』週刊寫道：帝國京城及其四郊已由軍事計劃分爲許多防區。抽調在東綫經受考驗的軍官任這些防區的指揮官。正在工兵軍團有經驗軍官的監督之下，及利用從各戰綫所學得教訓，修築工事，各防區由適合週圍地勢的凸出的工有加以掩護，坦克陷阱，抵抗寨，單身壕等等支持這些工事。警哨已建立起以偵察敵人可能伸出的任何觸角。工事是具有（全）面的性質，能够迎擊正面進攻及（迂迴）進攻。對抗自空中降落的準備已進行。愈接近城市中心，則防禦更爲強固與更加複雜。敵人的坦克要將被導入消滅坦克的走廊內。使柏林這樣大城市的運輸系統能够准許××部隊的轉移，與抵抗中心的突然形成。

波蘭軍民傷亡千萬

【合衆社倫敦十八日電】波蘭新聞局今晚聲稱：戰爭以來，波蘭傷亡估計有一千萬人，約合戰前三千五百萬人口的百分之廿八。德軍佔領的五年間，幾平民約五百萬——包括三百萬被大批屠殺與戰死的猶太人。軍隊與民衆傷亡總數——包括陣亡、受傷、被俘、被放逐與囚禁——無疑地，在人口的基礎上，已使波蘭之損失比聯合國其他任何國家爲大。軍隊的傷亡估計爲一百〇四萬五千人，平民達九百萬人。

中央社專論： 日寇國內戰綫的掙扎

【中央社專論】日寇在國內戰綫的掙扎——作者姜季辛：在小磯所認爲非獲勝利不可的非島的戰役，終不免慘敗以後，日寇全國原已人心惶惶不可終日。可是接二連三又遭受美軍登陸琉璜島，特種混合艦隊三度猛擊東京灣，以及最近累計數逾千架的超級空中堡壘，先後猛炸東京、名古屋、大阪和神戶，使此四大都市的工業中的戰爭而受到慘重的損失。據安特衛普港來電悉，該市的大半幾已全成廢墟。

美海軍損失突破九萬人
英國不滿美國減肉輸出

【同盟社里斯本十九日電】華盛頓來電，美國海軍部於十九日發表稱，自開戰以來至三月十七日爲止，美海軍陸戰隊及沿岸警備隊的損失合計爲九萬一千三百七十三人。

【同盟社里斯本十九日電】倫敦來電：美國政府以國內缺乏肉及增加駐軍食肉供給爲理由，公佈由四月至六月間第二期軍火租借的食肉輸出，將減少爲百分之八十。這個方針公佈後，在依靠美國供給食肉的英國引起了大恐慌。十九日英國各報都叫囂稱，如果美國實施減少輸出食肉方針，美國供給英國的食肉量與第一期相較，將減少爲七百萬磅，因此美國產食肉的分配量，每人只能分到一盎斯以下，英國將面臨深刻的食肉恐慌。

【海通社柏林十九日電】里約熱內盧訊，巴西外長伯莫．維洛索，偕美駐巴西大使，於短期訪問華盛頓後，同返此間。維洛索會與蘇聯駐美大使討論建立巴蘇間外交關係事宜。

芬共在國會選舉中獲得成功
傳蘇聯禁止美英飛機在羅境降落

【海通社斯托哥爾姆十九日電】共產黨人芬蘭國會中所獲得的成功，大大出乎一般人意料之外，但當選人數究爲多少，現尚不知悉。爲共產黨控制的人民民主黨，在大多數選舉區當選，幾乎得到社會黨一樣多的選票。社會民主黨失掉了許多選票。社會黨以外的其他黨派仍保持其原有地位，而保守派聯盟獲得了成功，百分之七十五到八十選民，投了票。

【海通社柏林廿日電】紐約訊，「紐約時報」駐伊斯坦堡訪員報導：布加勒斯特蘇聯軍事當局宣佈，英美飛機不得起落於羅馬尼亞。

同盟社傳柏林情況

【同盟社柏林十九日電】面臨着敵人喊叫由東西兩面向柏林發動春季大攻勢時，柏林正在步步建築成爲一個大要塞都市，全體市民也正在排除一切障礙，爲祖國的垂危挺身進行悲壯的戰鬥，試看一下最近柏林的情況，就可以顯著地體察到在那裏滾滾地沸騰着柏林市民的戰鬥意志。柏林以威廉街爲中心，市內到處都構築了好幾道防塞，担任警備的德國士兵的容姿，給予市民以可以信賴的感覺。治安維持得整然有序，犯罪行爲並不見得有特別增多的現象。在連續的空襲下，住宅被破壞，因此，由東部流入市內的難民的住宅大成問題。遭

心區變成焦土等慘重打擊，更令日寇統治者法西斯政權焦頭爛額，窮於應付。但是在這種種慘重打擊之下，釜底遊魂似的日寇法西斯政權，不惜毫無悔改傾向，而且變本加厲迫使呻吟於其鐵蹄下的日本人民和我國淪陷區同胞，犧牲所有的資財和生命，充其最後賭本，藉以延緩其崩潰。因此自美軍登陸琉璜島和特種混合艦隊猛襲東京灣以來，日寇法西斯政權便依據後述各種的姿態而從事其臨死的掙扎。最近盛傳的組織新黨的運動，乃小磯和小林合演的雙簧，決不是爲了監督政府，而使其政黨的組織復活。我們但看小磯所表示政府希望×××一致的政黨政府，對於足爲新政黨之障礙者將斷然予以清除的熱心，和小林所發組織新黨聲明中作爲純然護國運動之主體，廣羅天下之人才，以確立其核心的政治機構的語調，便可洞悉小林爲了便於廣羅人才以擁護法西斯政權，即所謂「護國」，不惜辭去國務大臣的官職，而以「民間」姿態從事活動的苦心。因爲過去所組織的大政翼贊會和翼贊政治會，是純官僚結社，無法廣羅全國「人才」，現在由小林以民間姿態出現，利用翼政會的軀殼，將各方面人物強迫拉攏在一起，不僅使這些人物共同負担「戰爭之國」的責任，且可以鼓勵一般人民起而「護國」擁護法西斯政權繼續作戰，藉以象徵日寇內部的團結一致，防止內部的分裂。在日寇法西斯政權的立場看來，這正是避免像墨索里尼一樣被人打倒的特好良藥。

新黨的組織，乃是法西斯政權用以防止日本中上階級動搖的一種手段，但是對於一般國民則於三月六日頒國民勤勞動員命，以軍事徵集的方式而普遍的征用全國十二歲以上六十歲以下的男子，和十二歲以上四十歲以下的女性（只是貴族婦女除外）。將以前多元的動員法令，一律禁止，而代以這種一元化的對全國人民普遍的適用的新動員法，如此才易於管理監察，不使人民有逃避的餘地。爲了這種全面動員法令的徹底施行，在不久以前，日寇法西斯政權會以特別法令規定對於在鄉軍人的法西斯組織——翼贊壯年團昇以輔助內務（警察行政）的特殊使命，使其以民間警察的姿態，在全國各地監督一般人民的動員，從事軍需生產糧食增產生產設備的遷移，以及本土防禦等工作，（以下經濟一部份缺）

黃炎培談團結問題

【本報訊】二月廿五日重慶時事新報刊登，廿八日成都新中國日報載黃炎培關於團結問題的談話如下：「當前團結問題爲朝野人士一致所重視，友邦亦極關懷，現距舊金山聯合國會議之期甚近，我國須從速有一統一團結局面，以加強反攻力量，俾見重於盟邦。余以爲此問題之解決，頗有希望。周恩來先生

返延安，在最近期間再來渝，美國總統代表赫爾利將軍亦將返華，以完成所負使命。此時中國國民亦應表示忠誠之意見，以促成統一團結局面之早日實現。黃氏繼稱：周恩來先生來渝後，曾赴孫哲生院長之私人宴請，被邀者十二人，包括各黨派及無黨派人士。席間商談至爲融洽，決定由十二人輪流作東，俾便暢談。第二次乃由邵力子先生作東，第三次由本人宴請，地點在國民參政會，此次商談國民黨方面由王世杰先生代表，共產黨方面由周恩來先生代表，當時雙方均表示且慢報告商談情形，相約本人再作東一次，後又改王世杰先生作東，周恩來先生恰巧亦發出請柬，相敘後，悉周先生翌日即飛返延安。第二日，余於清晨即以電話詢周先生是否成行，聞以氣候關係未果，余喜出望外，遂約李璜先生往晤王世杰先生，再電話周先生，大家再談一次。王周兩先生均表示「願意」，遂在中央宣傳部相聚，長談二小時半，此本月十四日事也。此日適克里米亞會議結果發表，咸以商談應加速進行。據余個人觀察：雙方意見並不懸殊，文件亦會看過。例如共產黨主張召開各黨派會議，國民黨則主張召開諮詢式之會議。余當時以爲諮詢式會議不妥，各黨派會議名詞亦未盡善，蓋無以包括無黨派者，但雙方均表示此乃名詞之問題而已；又如共產黨主張「結束黨治」，國民黨主張「結束訓政」，以客觀眼光看來，結束訓政更何別於結束黨治？雙方意見不同點約十餘項，以余觀察，大概無大問題」云。

張瀾論「中國民主同盟的緣起主張與目的」

「本報訊」中國民主同盟主席張瀾，在二月二十六日成都「新中國日報」上發表論文「中國民主同盟的緣起主張和目的」，反駁國民黨誣詆該同盟爲受共產黨利用之說，並謂民主同盟將不會受他方面之脅威或利誘而改變而分化，並指出各黨派不能以其一切行爲單獨代表民主同盟。原文如下：

民主同盟的基本主張，是要取消一黨專政的黨治，實行主權在民，天下爲公的眞民主政治。內以求國家之統一，外以得國際盟邦之平等。

當民國廿九年多間，國民黨與共產黨因新四軍事件而起糾紛，其時國民參政會中各黨派和無黨派之參政員十數人，聯合出而調解，向蔣委員長提出政治民主化，與軍隊國家化，兩項主張。以爲惟有實行政治民主化，軍隊國家化，才能解決國共兩黨糾紛問題，得到全國軍令政令之統一。雖未見採納，然此政治民主化，軍隊國家化，遂爲民主同盟之基本主張，至今未稍改變。

民主同盟組織之動機，是因調解國共兩黨以求全國團結之無效。三十年春間，遂由各黨派協商結合國共兩黨以外之各黨派，而組織一民主政團同盟。

范予遂一封公開信「致張君勱左舜生兩先生」

「本報訊」一月十六日出版的「民主政治」雜誌創刊號載范予遂（參政員，國民黨CC派）「一封公開信致張君勱、左舜生兩先生」，謂去年九月在國參會上所見聞的貪污腐敗現象，使他當時「啼笑皆非，坐立不安」。他說到會見太晤士報記者倘說中國只有個人軍隊，沒有國家軍隊，不能對日作戰，並「引戈登批評滿清軍隊的話：『將官帶兵二千而領五千兵的餉，這些將官都得砍掉。在這種情形下，中國不能有國軍。』我當時非常憤慨，他竟把滿清的腐化軍隊來比擬我們現在的國民革命軍。然而現在我們的軍隊怎樣？儘吃一半以上的空名，還是好的軍隊啊！我們的政治軍事，何以腐敗至此？岳飛曰：『文臣不愛錢、武臣不惜死，則天下治矣。』今日官不分文武，愛錢惟恐不先，惜死惟恐不後，實中國歷史上空前未有。」他說：「根本的毛病是在中國歷史」，「中國人民（？）中專制思想之毒太深，皇帝思想，牢不可破」。又說這是難改的，如法國非有八十年之革命不可；「當然，要儘早實現真正統一的三民主義民主共和國。也不要另出新花樣，只要人民對於政府及政府對於人民的諾言，能澈底實行，真正兌現，那就够了。那些諾言呢？人民（一）絕對擁護政府；（二）絕對擁護蔣主席領導抗戰建國；（三）絕對擁護國家的統一；（四）絕對站在國家利益而非黨派利益的前提下盡監督政府之責。政府（一）決心澈底儘速實行民主還政於民；（二）決心澈底剷除政治上之腐敗貪污；（三）決心澈底厲行法治；（四）決心澈底登用全國人材。……但在事實上政府沒盡做到，人民亦沒盡做到。就最近二年來的輿論及民意機關的表示，對政府的批評及不滿加深了。這在政府是應該大大的反省的。目前全國人民所最堅決要求的是政黨合法存在及聯合政府，而政府所最要堅決貫徹的是軍令政令的統一」。關於後者，范氏稱：「我們要把這（目前的）表面的統一，進爲眞實的統一，如不可驟得，自應求之以漸。」關於前者，他寄說他「主張政治應盡量公開，軍事應絕對統一。……大家爭各黨派合法存在，也不少國民黨人給予同情。惟同時爭聯合政府，則我極不贊成。……像你們兩個各自代表的黨，以我看，站在人民立場監督政府比參加政府內担任一部政務對於國家之貢獻，實在大得多。我們在漢口開第一次參政會時，胡石青參政員欲討論五五憲草而不可得，現在比當時，言論自由是多麼進步。……反對黨不比政府黨不重要。你們何必一定主張聯合政府呢？如果政府邀請各黨派首領參加討論並決定國家大政方針的會議或機構，我到不反對他們接受邀請。你們爲甚麼在這次參政大會不發言也不提出甚麼建議呢？你們以於政府是不足與謀嗎？這是我寫這封信的動機。最後，我再提醒人民及政府一句，不要使之成爲一個大的力量，居於國共兩黨之間，調和監督。以期全國終能達到民主的團結。並使於抗戰期中與抗戰軍事結束後，均不致再發生內戰，損害國家元氣，益陷於不易恢復之境。此種動機，亦至今未稍改變。

到了三十三年秋間，因國勢的阽危，已到極嚴重關頭，而在一黨專政的黨治之下，則政治軍事日益敗壞，財政經濟日益匱竭，人心亦日益離散，非立即實行眞民主政治不能振奮人心，團結全國，內以革新庶政，外以加强戰力，而獲得最後勝利。然欲促成眞民主的實行，僅限於黨派結合之政團，其力量實嫌不足。必須擴大到國內一般要求民主贊成民主的各界人士，都來參加，藉起響應，共同努力，始能促成眞民主政治之實現。於是把民主政團同盟的政團二字取消，改稱民主同盟，以期全國之一致。

民主同盟目前對於國共兩黨之態度，是極其公正明白的。共產黨能放棄階級鬥爭，走上民主政治的道路，民主同盟即與之攜手，採取友好態度，如共產黨還要踏襲無產階級專政的階級鬥爭，民主同盟絕不與之合作。國民黨能實行眞三民主義的民主政治，民主同盟即與之攜手，取友好態度，如國民黨徒以三民主義爲口號，仍想藉訓政爲名，保持一黨專政的獨裁，民主同盟亦絕不與之合作。民主同盟的主張，始終是政治民主化，軍隊國家化。軍隊國家化的目的，是軍隊屬於國家，軍民應盡忠於國家，而澈底取消軍隊內任何黨的組織，全國任何方面再不許有黨軍與私人武力。政治民主化的目的，是實行主權在民的政治，天下爲公，選賢與能，以期建設一個政治自由經濟平等的新民主國家，而走上安全繁榮之路。

更有言者，民主同盟基於國共兩黨以外之結合，而此結合，自有共同的正確主張，與共同的遠大目的，絕不會受他方面之威脅或利誘，而改變，而分化。不過各黨派雖加入民主同盟，民主同盟不能拘束各黨派之一切行爲，各黨派亦不能以其一切行爲單獨代表民主同盟。

民主同盟是始終站在國家的立場，謀各方之團結，以實行眞民主，以此救國，以此建國。乃近來常有自私自利的反民主的人，因見民主同盟主張取消一黨專政的黨治，公開政權，遂詆爲受共產黨利用。民主同盟是否受共產黨利用，自有事實證明。試問三民主義，是不是進步的十足的民主政治，實行三民主義，即是實行主權在民的民治，當然要取消黨治，公開政權，所可惜者，三民主義，未見實行，而使民主同盟起而要求，並讓共產黨得而利用，這是國民黨人應該自己反省的。

忘了彼此相互的諾言。（一月廿日）

中央社給各分社的每週指示

【中央社十九日電】各分社主任，各戰地特派員均鑒：本週參考事項，如下（一）盟機繼續大規模轟炸敵五大城市——東京，橫濱，名古屋，大阪，神戶，每次投彈皆在二千噸以上，而以神戶爲最多，達二千五百噸。以面積論，東京最大，故中彈區域亦以東京爲最廣。據敵方所得確報：東京於九日被炸死者三萬餘人，傷者六萬餘人，待救濟者九十餘萬人，被炸後三日尚有無家可歸者達數萬人，其損失之慘重，可以想見。議員要求重開議會，所議者只是救濟問題。東京各報紙出聯合版，即神戶、大阪兩地報紙，恐亦不免出此。至名古屋、大阪、神戶等地，面積小於東京，投彈更集中，故其被炸情形，當更慘。此數次轟炸，不過爲連續大轟炸之開始。琉璜島戰事結束後，美軍可利用島上機場，以戰鬥機保護超級空中堡壘，或逕由該島用空中堡壘轟炸敵各重要城市，作戰上甚便利。敵人民自維新以來，只沉醉於勝利歡樂，未嘗戰爭苦味，今當深知侵略者必自食其報。二琉璜島戰事經過血戰盟軍完全勝利佔領該島。敵雖寸土必爭，終因戰鬥與火力遠不如盟軍，全部戰死。其勇固可嘉，其愚則不可及。琉璜島之佔領，不獨於盟國空軍之活動可得許多便利，即海軍之活動，亦可避免敵人之阻礙。此乃我盟軍佔領敵人本土之第一島，在此次戰史上值得大書特書。（三）敵經幾度大轟炸及琉璜島陷落，人心士氣必大爲動搖，組織新黨問題，已因戰事不利而（中缺）敵自承防空辦法，完全失敗，其手忙腳亂情形，可笑又復可憐。敵小磯在議會演說一再強調，此次戰爭爲其國家存亡所繫，且謂盟軍有其三島登陸之可能，其驚惶焦急心理，大有岌岌不可終日之勢。小磯復以內閣總理資格參加大本營會議，敵自認爲可增強政戰兩略之統一，自吾人觀之，不能發見其有何價值。（四）美對外經濟事務處已製成戰後援助我國經濟之計劃，即將以八億五千萬美元爲我建設工業之用，以四分之三向國外購買器材，以四分之一在國內建立工廠，共分一百零四單位，所有重要工業皆加列舉，以俟我政府核准後，即可按照計劃推行。（五）舊金山會議我國代表團，除團長由宋外長担任外，其他代表大約網羅外交界，參政會，婦女界之有才能有資望有經驗之人物担任，週內即可發表。此次會議比較簡單，因一切大問題均經頓巴敦橡樹林會議決定，我爲邀請國之一，更無提出修正意見之可能，其他被邀請國當然有若干議論，但不至改變原案之重要部份。切諾（下缺一百多字）

參考消息

（只供參考）

第八二六號

解放日報 新華社 編

今日出一大張

卅四年三月廿三日 星期五

琉璜敵寇又「玉碎」了

同盟社吹噓海上戰果

【同盟社東京廿一日電】我琉璜島的守備部隊，從二月十九日敵人登陸以來，已經過一月，在這一小島的戰場上，抗拒敵人的龐大攻勢，特別是三月十三日以後，在北村及東山附近的陣地，繼續進行悽絕的奮戰。直至十七日子彈糧食甚至水料亦均完竭，戰局已到了最後關頭，下定最後決心的該島最後司令官栗林忠道中將，於向後方發出最後決鬥的電報後，栗林中將率領士兵數百名，帶手榴彈與炸藥一齊向敵陣衝殺，遡後該方面的通訊連絡即告斷絕，我栗原中將等官兵已盡人力之最大限度，給敵人以大量流血。最後祈禱皇國必勝和安泰後，即殺入敵陣，作最後的奮鬥。自敵軍登陸該島以來，我守備隊殺傷敵人達四萬五千人之多，佔敵登陸兵力百分之七十三，這種偉大戰功，將永垂不朽。

【同盟社東京廿一日電】我機於十八日早晨以後，攻擊出現於九州東南海面的敵機動部隊。如大本營所公佈的，迄今已擊沉敵航空母艦一艘、航空母艦或戰艦一艘、戰艦或巡洋艦一艘、驅逐艦二艘、×××艦三艘、艦種不詳的極大的軍艦一艘，擊傷航空母艦一艘。共擊沉擊傷敵艦八艘（應爲十艘——譯者註）。嗣後繼續攻擊，擴大戰果，即十九日我機仍猛攻敵機動部隊，迄今除了已公佈的以外，還擊沉敵航空母艦一艘、巡洋艦一艘。廿日下午，我特別攻擊隊進行攻擊，使敵大型航空母艦二艘發生大火。現已證實其中一艘被轟沉。嗣後我航空部隊仍在夜間進行攻擊，據我偵察機報告，發現海面洋溢油和其他東西。自十八日以來未證實的戰果如下：擊傷艦種不詳的敵艦四艘。迄今的綜合戰果如下：最少亦要擊沉擊傷敵航空母艦及其他軍艦共十六艘。

，致寇宿舍乃由原有學校及廟宇改修者，由政工人員領導全體士兵，加以布置修飾，煥然一新，且復饒有藝術風味。士兵之膳食，率照軍需署規定發給，每人每日可獲食米廿五兩，菜十一兩，鹽五兩，猪肉一兩，花生一兩，豆三兩，佐料費二元，煤九十兩，伙食均出士兵自行管理，以連爲單位，每連有伙食委員會，以司其事。並另組監理委員會，按期稽考賬目，經濟可謂完全公開。刻全體士兵，身體均極康健，據入伍之大學生及公務員青年軍表示，此種伙食較在校及在機關所得享者，有過之無不及。至衣服方面，每人有棉衣一套，絨毯一床，大衣及棉被各一，足以禦寒。內衣褲二套，無妨洗換。惟目前最困難者，即鞋襪一項供應，尚有待合理之解決。上述日常生活中，尚令人滿意者，厥爲全體官兵，自上至下，感情融洽，此蓋由於長官之態度和藹，公正合理，及吃穿與士兵相同等裝實表現有以致之。記者曾面詢戴師長，以率領青年軍及過去率領普通隊伍之感想，戴氏欣然表示，今日彼之理想，已可貫澈達於每一士兵矣。蓋過去士兵只能打仗，鮮知爲何而打仗，今日之青年軍，則均知彼等係爲何而戰，此種高漲之作戰情緒，加速訓練之進展。戴氏並以樂觀語調聲稱：青年軍入伍訓練僅五週，但已完成普通士兵五個月之訓練，如予以新武器，兩月後即可開赴前綫作戰。關於士兵休閒敎育，據記者所見，師部有中山堂，規模頗大，每連有中正室，爲進修康樂及社交活動之中心。每連另有體育、話劇、平劇等組織，每晚並有英語補習班，以滿足士兵熱烈之上進心。受過訓練之政工人員，散佈各連，彼等均自甄名從軍後所被選出者，故與青年軍相處，均極親切。師部刻已出版新軍週刊，及新軍導報各一種，油印掃蕩簡報則每連均有一種，其他各種精彩百出之壁報，隨處可見，一如普通學校，惟關於此事之唯一缺憾，急須解決者，乃軍中書刊之缺乏，故全體青年軍，渴望大量書刊之供應辦法能早日施行，彼等並表示有關文藝書刊，尤所歡迎。記者於此次隨團慰問任務行將完成之日，深信此一新軍全體官兵，確具有一同一信念，即彼等非僅在抗戰中將打勝日本，且在建國期間也必能爲中堅之幹部也。

【中央社渝廿日電】前市徵集會接待之廿齡志願從軍女青年二百餘人，於十八日前往某地入營。又前經決定分期召集之志願參加文化（原名政工）服務工作之女青年，原定自三月十五日起至二十日止報告入營，日來邊區及各省縣從軍女青年，遠道交通不便，紛紛要求延期報到，業經該會改定，並延期至三月底截止。

日本僑民及資產均由上海等地北移

【合衆社紐約廿一日電】前鋒論壇報社論謂；軍事政治專家均預料，日本將以北、滿洲、朝鮮及日本本島爲其內部堡壘之最後據點。敵現正對此從事準備。最近之有力證明，爲來自中國方面之報告謂：日本人民及工廠均由上海及其他沿海城市向北移。由日本觀點上言，此舉並非太早。因日本與華北間之海上交通，已受攻擊，日本將實力移至其本國及其隣近之大陸，其利益在於集中。日本在其內地堡壘中之地位，如無美國空軍之壓力，必至堅強。日本縱恐在戰爭結束前遭受封鎖。但彼殊無法預料任何空軍攻擊其工業區域。日本雖遭受空襲，仍希望能與美國相持數年。如彼果能支持，則無異爲痛苦之慘性自殺，惟一利益即爲希望其所受毀滅或可藉和平談判而止。此種和平，自前似至渺茫，但美國人士應切記勉力助成其實現。盟邦應保持其團結、應堅定其在東方獲得完全勝利之決心，非至日本戰敗並解除武裝，世界必不能安全，歐洲勝利來臨時，應切記珍珠港之慘痛。

皖中我軍救出盟國機師一名

【新華社華中十三日電】（遲到）皖中新四軍譯師又於去年底救護盟國戰友美籍飛機師一名，十二月廿一日美第十四航空隊盟機二架轟炸安慶之役，（P）五一式一八二號戰鬥機，因機件損壞，美籍機師克里斯曼上尉降落於安慶城以東地區，該機僅有一人，旋下後飛機由其友機自行炸毀，當爲我該地新四軍部隊協同人民自衛隊搶救出險，於廿九日護送至新四軍譯師司令官。譚師長曾政委曾親加招待，送至皖南友區歸隊。克里斯曼上尉年廿七歲，來華作戰已八個月，參加過轟炸廣州、武漢及濟南戰役，前三日轟炸武漢時曾擊落敵機一架，此次被我敵後軍民救護並受熱烈的歡迎招待，精神至爲愉快。曾說：「敵後中國人民的友愛精神，實令我感激，此種熱情，爲我在贛州某駐地時所未曾遇到的。他由其親身經歷中連連讚嘆敵後抗日組織力量的偉大謂：若無此種力量，他降落於安慶城東，必爲日軍所害，他希望美國能給敵後戰場以更好的幫助。

中央社記者暗示 青年軍不僅用於戰時而且用於戰後

【中央社銅梁十九日電】記者隨青年軍慰問團，歷璧山、虎峯、銅梁三地，經三日實地考察，並與三百以上青年軍接觸交談結果，對於全國矚目之青年軍編練訓練情況，獲得至佳之印象。三地青年軍營地，多設於青山綠水之間，自然環境極佳，身臨其境，心曠神怡

中央社說 英泰晤士報論國共問題

【中央社倫敦廿一日電】本日倫敦泰晤士報社論，最近發表關於國民黨及共產黨團結問題之聲明：稱『國民政府之建議提供兩黨協商之合理基礎』，首先指出中國政府對此問題態度之演進。繼稱：最近之一例，即蔣主席發表聲明，堅稱於本年十一月十二日召開國民大會，創立憲政政府，此一步驟將爲國民黨訓政時期之結束。該報對延安對中央政府建議最初反應之令人掃興，深表遺憾。但稱：共產黨如自滿於直率之拒絕（此就自前情形以觀，至少可能），彼等將自陷錯誤。

重慶舉行世界青年週

【中央社渝廿日電】陪都青年，爲熱烈響應本月廿一日至廿八日世界青年週，經組織重慶籌備會，積極籌備各項活動，以表現青年對增進世界青年團結之熱情與努力，除紀念大會以三月廿九日適爲中國青年節，特改三月廿九日與青年節紀念大會同時舉行外，茲特將該週內各項活動，大要探錄如下：（一）約請各界青年領袖，講演世界青年有關問題。（二）舉行戰後世界和平問題青年座談會。（三）邀請美英蘇法各國及中國青年代表，以各國語言對全世界廣播。（四）在勝利大廈舉行盟國青年茶話聯誼會？並由中華交響樂隊演奏世界名曲。（五）分在陪都體育場，跳傘塔、夫子池及川東師範球場，由英美蘇球隊與中國青年隊舉行足球、網球、籃球及排球友誼比賽。（六）重慶盟國各新聞處，放映各國青年戰時生活電影，並舉行各國青年戰時活動照片展覽。（七）中國青年代表團，向盟軍獻錦旗致敬。（八）在沙磁校區舉行國防科學展覽。（九）發動陪都青年，簽名向世界青年大會致敬意。

【中央社渝廿二日電】廿三日，爲世界青年週第三日，主要活動項目，除由中央大學校長顧毓琇於本日下午七時，以英語對全世界青年廣播外，並於是日七時五分至七時卅分，由美國畢惠芝君，美國辛×××君，蘇聯鳳鳴君，法國畢堯儒君，中國王德×女士，以各國語言，向世界青年廣播。

戰時運輸管理局設東南辦事處

【中央社上饒十八日電】戰時運輸管理局東南辦事處於三月一日成立，處長一職由戴載担任，副處長三人，內一人爲美籍。該處職掌：（一）統一管理東南各公路運輸機構，集中指揮調度其工具，配合運輸。（二）經常辦理東南區內客貨運輸業務。（三）監督及實施東南區內公路工程之建築，改善養護事項。（四）監督東南區內公路交通設備之籌設，參

設及使用事項。（五）發展及控制東南區內水電，汽運，鐵路，公路及鄰近諸地區之運輸聯絡事項。今後須研究交通運輸如何加強充實。

【中央社重慶廿一日電】記者招待會廿一日下午三時舉行，王部長世杰、吳次長國楨，張參事平群出席主持。某記者詢以亨德遜來華一事，有無說明，王部長答稱：亨氏來華，對於中國經濟狀況，當有甚大關係，本年年初我曾向諸君說過，中國政府認爲中國經濟陣綫，需要革新，其迫切實不下於軍事陣綫，在過去三四年間，政府所遭遇的種種困難，大部出於物價的激漲，這種激漲，使得我們士兵的營養與待遇，受到了嚴重影響，使一般公教人員和教學人員，遭遇了重大困苦，現在中國封鎖已被打破，中國國際交通可望日有進步，政府對於管制物價與鞏固法幣地位等問題，現在自應熟籌根本的有效的改進辦法，因此政府特別邀請亨德遜先生來華，一則希望亨氏能對物價問題提出良好建議，一則希望亨氏並能建議適當辦法，使中國獲得盟邦有效之援助。亨氏富於經驗，並具熱忱，我們相信亨氏此行，能多所貢獻。

【中央社昆明廿一日電】戰時生產局翁局長文灝，廿日晨四時半由蓉飛抵昆，同行者爲生產局美籍顧問孔萊，助理傑克遜，及該局新任顧問卡內，專家伊文思四員。翁局長昨日下午訪問滇主席龍雲，今起視察資委會各廠，並訪晤後勤司令齊福士將軍。孔萊及助理傑克遜，定廿三日離昆返美。卡內及伊文思，同日返渝。翁局長擬在昆多勾留一日，將於本週末返渝。

【中央社昆明廿一日電】曾養甫下午十時由渝飛昆，今晨赴羅平視察，定廿三日離昆赴美，考察交通事業。

祝紹周由渝返西安

【中央社西安廿一日電】祝紹周在渝述職公畢，今日上午飛返西安。

【中央社渝廿一日電】國家總動員會議，現已趕辦結束所有業務，定四月一日移交，政院職員全部遣散。

【中央社湘南前綫廿二日電】韓國同志會會長金在德，十六日率領會員卅九人，脫離敵羈絆，向我軍投誠。據金會長稱，渠等共有同志一百人，在漢口受敵方短期軍事教育，開往桂林補充，途次密××××潛逃中，途遭敵追擊，現只逃出三十九人，我方對渠等已優予接待。

英報論蘇土友好條約的廢除

【路透社倫敦二十二日電】星期四倫敦各報紙橫泛刊載莫斯科關於蘇土友好中立條約終止的決定。每日電訊報外交訪員評論說：『蘇聯已開動第一步來清理黑海問題，這是很久以來蘇聯就不滿意的。』他說：『此次行動的主要問題，是控制現尚在土耳其手中的韃靼尼爾海峽。成

飛機轟炸××陣地。德軍戰鬥機編隊有力的參加街巷作戰。我們擊毀了十一輛坦克，並由高射砲擊落卅三架敵機。

倫敦波蘭政府前勞工部長主張蘇波應早日達到協議

【路透社倫敦廿日電】紐約時報專電：倫敦波蘭政府前勞工部長斯坦克茲（會退出波蘭社會民主黨執委會，上週曾與英首相邱吉爾商討雅爾塔決議）宣稱：他準備根據克里米亞公報，參加對波蘭問題的解決，他極力主張早日達到協議。斯坦克茲是職工會領袖……黨員……此間現在波蘭內閣……阿基塞夫斯基總理……但他拒絕參加以前成立的內閣，他是隨前總理米柯拉茲科一同退休的。米柯拉茲科乃是盟國認爲倫敦波蘭人被邀請到莫斯科參加成立聯合波蘭政府的人物之一。斯坦克茲在與邱吉爾商談後稱：『他準備幫助波蘭問題的解決並久已致力於建立波蘇間善鄰關係，他認爲這種關係不僅有利於波蘭，而且也有利於蘇聯。』他解釋：他的態度並不是預先就懷疑克里米亞會議的誠意而只是要它經過實際考驗。我們藉參加成立新政府的談判，來防止大國說：雅爾塔方案——不給他一個機會。斯坦克茲曾兩度會晤羅斯福總統，他斷言總統和首相（指邱吉爾）都是波蘭的誠懇朋友，皆樂於獲得波蘭獨立和領土完整。『克里米亞決議，對波蘭雖然是不公平的，特別是這些決議奪去了我國的爾沃夫（羅夫）和波利斯拉夫地區，但我並沒有放棄波蘭與蘇聯間建立善鄰關係的希望。』但這一希望的條件是：波蘭須成立由主要政黨領袖們組成的眞正代議政府，以及這一政府必須予以對新波蘭國界××行動的自由。如果斯大林元帥不僅要獲得信任，而且要獲得波蘭人民的熱情，他最好迅速把羅夫給波蘭，波蘭人不僅把它看作是波蘭的城市，而且看作是他們的搖籃，並派遣眞正的代表，以便消除蘇聯不擬視波蘭爲獨立國家的懷疑。我深信這一新的波蘭將××其外交政策，不與蘇聯外交政策××。就是說她將不締結任何可以解釋爲反蘇聯盟的條約。當波蘭和蘇聯能夠站在一起反對外國進攻的每一危險時，所有波蘭與蘇聯都將獲救。我仍然看到德國對二國的危險，沒有這一國，另一國也不會有安全（兩國相依爲命才能安全）。波蘭民族的內部生活必須自由。我深恐建立新波蘭政府的遲延會造成危險的紛爭，因爲波蘭公衆××××××國界的改變。克里米亞決定的其他部分並未被三大國認眞地執行。並且波蘭民族正日益××更多的××，這對於未來關係×××的解決，造成了有利的氣氛。最後，如果波蘭沒有代表參加舊金山會議，那對於首先流血，頑強作戰和犧牲如此之大的國家，將是極不公平的。』

慰征軍慰勞團，廿日一時在曲靖第六軍軍部舉行慰勞式，由于斌團長向廖軍長耀湘，及龍李兩師長獻旗，並向全軍獻一四〇萬元。

賀衷寒號召青年軍 為勝利、和平、統一而奮鬥

【中央社綦江廿日電】全國慰勞總會綦江青年軍慰問團，於廿日上午九時，赴綦江近郊橋壩河，慰問青年軍二〇二師直屬部隊，到一千五百餘人。慰問大會由慰問團長賀衷寒領導致慰問詞，最勉青年軍同志為勝利、和平、統一、建設而努力，並祝全體官兵健康，奮鬥勝利。繼由胡參政員秋原報告國內大事近況，表示國人對青年軍之期望，並祝學成報國。至十一時半散會。全體舉行聚餐，各桌同志競相邀請慰問團團員參加共餐，交談極歡。

川省徵實收足一千九百萬石

【中央社成都廿三日電】（一）據田管處負責人談，卅三年度之實徵額，現已收達一、九一六萬餘石，僅餘二百餘萬石，預料最近期內，即可徵足。（二）省府頃通令各縣府及水警局，切實保護運糧船隻。

【中央社重慶廿日電】行政院廿日舉行第六九〇次會議，任免事項決議如下：（一）特任李鐵錚為駐伊朗大使，並免去該員原任駐伊朗公使職務。（二）任命馬步青為蒙藏委員會委員。（三）交通部路政司司長楊承訓，另有任用，應予免職，遺缺任命石志仁繼任。（四）交通部郵電司司長趙曾珏，參事陶鳳山，另有任用，應均予免職，任命陶鳳山為該部郵電司司長，趙曾珏為參事。（五）任命劉澤榮為外交部駐新疆特派員。（六）外交部駐甘肅特派員凌其翰應予調職，遺缺任命黃朝琴繼任。（七）軍政部軍需署軍需監副署長吳嵩慶，另有任用，應予調職，遺缺任命趙同堯繼任。（八）湖北省政府委員兼財政廳廳長兼湖北田賦糧食管理處處長趙同堯，另有任用，應免本兼各職。湖北田賦糧食管理處副處長朱鼎，另有任用，應予免職，任命吳嵩慶為湖北省政府委員，兼財政廳廳長，朱鼎為湖北田賦糧食管理處處長，鍾樸生、劉協德為副處長。（九）陝西省政府委員兼陝西田賦糧食管理處處長劉愷鐘，請辭兼職，應免兼職。甘肅田賦糧食管理處處長任師尚，另有任用，應予免職。任命任師尚為陝西田賦糧食管理處處長，呂宗祿為甘肅田賦糧食管理處處長。（十）西康省政府委員駱秉輪，派遣出國考察，應予免職

便逃往南方，又繼之我航空部隊尾追，從廿一日晨明黃昏，我特別攻擊隊和轟炸隊，聯袂出擊，進行猛攻的結果，第一次擊毀戰艦一艘，此外並見有兩處發生大火，證明敵艦被擊毀或擊沉，除上述以外，我攻擊隊十一架飛機，命中三顆炸彈，戰果尚未判明。廿一日夕刻敵機動部隊攜帶殘餘，向沖繩東方海面逃走，根據我機偵察，敵方的中心勢力，僅有七艘航空母艦，由此可見其他七艘至九艘的敵艦，不是沉沒，便是無法航行，如上述二十一日夜的攻擊，敵方受到的損失，好像是很大的，敵殘存兵力僅及當初的一半。

【同盟社東京廿二日電】大本營發表（三月二十二日十五時三十分）：在三月二十一日對敵機動部隊的攻擊戰果中，今又判明擊毀戰艦一艘。

【同盟社里斯本廿二日電】據華盛頓來電，美陸軍次長柏德遜今日公佈，自開戰以來至本年三月十四日美軍兵員損失八十五萬九千五百八十七人，比上星期公佈的數目增加一萬九千九百九十八人。

傳琉璜島美軍損失 佔太平洋戰爭一半

【海通社紐約二十二日電】美國無線電評論家星期三說：琉璜島之戰，是美海軍陸戰隊一百六十八年歷史以來，損失最大的一次。琉璜島之戰二十六天中，海軍的損失幾佔自太平洋戰爭以來，全部損失的百分之五十。過去三年損失人員四萬一千，而這此在琉璜島，海軍即損失人員二萬名。紐約時報也說：「琉璜島戰的特點，是所有戰爭中最艱苦的」。該報指出：全島只有一個地方可以登陸，而日本已早知此地，早已訓練有大砲以保護可能登陸處的每吋海岸。

【同盟社里斯本廿一日電】據紐約來電，美國海軍總司令維安德爾，廿一日夜在紐約聲稱：進攻東京的道路，到現在已到了困難的階段了，而最困難的部份，還在後面。其談話要旨如下：日軍為了保衛琉璜島，已把琉璜島變為歷史上空前堅固的要塞島。為了達到這個目的，日本軍事學家用盡了一切的技術和手段。又該島的天然地形，奠定了日本防衛計劃的基礎，因而造成了非常難以進攻的局面。現在吾人已迫近日本內防線，為了戰勝敵人，今後一定要兵力上、戰術上、戰鬥精神上，佔壓倒的優勢。

盟軍攻佔琉璜島後 小磯的演說

【同盟社東京廿二日電】小磯首相廿一日下午七時發表題為「克服國難的道路」的廣播演說，全文如下：「一億同胞諸君，守備我

因本土防衛的重要一環——琉璜島的皇軍將士，於十七日夜半，進行壯烈的最後總攻擊，我們很愧慚。過後該島不得不陷入敵手。這一事實必須正確地去估計它，我們率直地承認琉璜島的損失，是在大東亞戰爭進行上，劃一重大轉機的極爲痛恨的事件。這件事情不單是由於敵人航空前進基地或作戰基地更推進一步，因而敵人對本土空襲更加激烈，敵人企圖在對本土登陸的可能性更加增大，而且亦是意味着我悠久光輝的大日本帝國的一角，被敵人的泥足所蹂躪，雖然是一個小島，亦是使神州不沉的鐵則受創傷，實不勝遺憾。這件事件爲不奮激那麼什麼才能奮激呢？在元朝之役，蒙古軍如潮水般地洶湧至對馬，因此該地終於歸入敵手，但對馬的失陷，成爲使敵人在玄海灘覆沒的前提，同樣的琉璜島的失陷，也必須成爲在大東亞戰爭中獲得最後勝利的前提，因此琉璜島雖然喪失，我們必勝的信念，必然不會動搖。琉璜島每個將士英勇的奮戰，不僅在我國歷史上而且是永遠記錄在全世界歷史上值得敬仰的事蹟，並以寡勝衆，眞正的發揮了淳固的日本精神。我軍處在由覆蓋海上的衆多艦船的艦砲集中射擊下，四十六小時中，有數架飛機在我軍頭上轟炸，我方喪失了大部分火砲，又受到數倍於我的敵人進攻，不但增援無望，而且抬不起頭來，在慘烈的敵人砲火下，爲了保衛皇國國土，爭奪一寸的土地，予敵人以最大限度的損失。琉璜島的戰鬥，表面看來好像是物質數量對精神的勝利，但我相信琉璜島的勝利是一英勇的抗戰，證實了發揮至最高限度的精神力是如何的偉大。敵人在這一精神力之前，向這一個很小的只有二十二三平方公里的孤島，連續轟炸了七十天之後，不得不集中全美艦隊八百餘艘，使用三個師團的兵力，與九百輛坦克的兵力，從海空中投下了數萬噸的炸彈。當我們考慮到敵人的兵力與損失的時候，對我皇軍精神力的不可測量的偉大感甚爲感激，並且感到很大的光榮。但是我們也付出了很高的代價。隨着敵人一步一步的逼近本土，敵人將體驗到我國戰力，按比例增加的事實。敵人如果企圖在我國本土登陸，它們必須充分認識：到那時候是什麼東西在等待着他們。今後戰局將不分內地與外地而日益激烈。但這是很早就覺悟到的事情，而且每遇到一個困難，就更增加我們的鬥志，此種傳統的精神現在日益放出光彩，現在已與勁敵——美英兩國爲對手進行作戰，我們不應以輕鬆的心情去想勝利，將來即使接到不幸的消息、困難達到極點，那末困難程度愈大，我們的勝利就愈大，民族的榮幸就愈光輝。最後感到戰爭失敗的人就要失敗。相信比敵人強一些，而且相信勝利者就能勝利，因此必

【同盟社東京廿二日電】敵機動部隊出現於九州東南海面，我特別攻擊隊與航空部隊予以先制攻擊，繼之並於白晝、薄暮與夜間，連續地强襲該敵達四天之久，我方所獲戰果，每次皆由大本營公佈：綜合起來計擊沉正規航艦二艘，航艦或戰艦一艘、戰艦或巡洋艦一艘、驅逐艦二艘、艦類未詳二艘，擊傷正規航艦二艘，戰艦一艘，擊沉與擊傷合計共十一艘。二十三日大本營在其發表的綜合戰果中，稱擊沉航艦五艘，戰艦二艘，巡洋艦三艘，艦類未詳一艘，共計十一艘，說明以前所擊傷的，其後完全被擊沉，在未公佈的戰果中，被擊沉的艦類未詳二艘，有一艘是航空母艦，擊傷的航空母艦二艘與戰艦一艘，確認都已被擊沉，擊傷的艦類未詳一艘，還未包括在綜合戰果中。這些戰果，僅是已被確認的部份，此外由於大爆炸、火頭及其他原因，不消說未確認的戰果是很多的。此次來襲的敵機動部隊是非常有力的，以十餘艘航空母艦爲主，至二十一日，逃竄中的敵機動部隊，抵不過剩下七艘航空母艦而已，因此擊沉的航母空艦當不止五艘，實際上其大半已被毀滅，另方面擊沉的敵機約一百八十架，其中還不包括航艦上所搭載的，因之與航空母艦同歸於盡的敵機，不用說是很龐大的。如上所述，擊沉五艘正規航艦的巨大的戰果，實可與去秋台灣海面空戰的戰果媲美，給敵人接近本土的企圖以無言的回答。

敵稱 美國供給越南武器粮食

【同盟社北部越南××地廿三日電】越南對日本的背信行爲，經我駐屯軍的檢舉，已大白世界，我軍在河內西方山岳地帶某村，發現越南軍使用的彈藥，均寫着美國製品，而法國人士兵用的野戰食粮，亦都蓋有美國軍的記號。由此又證明了美國爲進攻日本，已把武器彈藥供給越南軍，又在該地電報局，還發現了和美國通訊的痕跡。

廢除蘇土友好條約 蘇聯未預先通知英國

【同盟社斯托哥爾姆廿一日電】倫敦來電：蘇聯政府二十一日夜突然宣告廢除蘇土兩國間的友好中立條約，英國外務省當局廿一日發表稱：蘇聯政府雖事前未曾通知，但從最近莫斯科的報紙與廣播局屢次攻擊土耳其看來，則是可以預料的。英國政府當然沒有什麼驚訝的地方。總之蘇聯、土耳其兩國間改定友好條約，純粹是兩國間的問題，因而沒有預先通知英國政府的必要。蘇聯對韃靼尼爾海峽有重

參攷消息

（只供參考）
第八二七號
解放日報 新華社 編
今日出一大張
卅四年三月 廿四日 星期六

敵犯鄂北豫南

【中央社渝廿三日電】據軍委會廿三日發表戰訊：（一）鄂北方面，荊門以北我敵已展開激戰，我軍警戒白雲山（荊門北八十里）東側大魚口前哨陣地部隊，迎擊由荊門東北朱家埠（距城六十里襄河西岸）來犯之敵，於廿一日午後接戰起，至廿二日晨六時未稍間斷，我軍堅強阻擊，斃敵甚衆，敵勢頓挫，旋敵後續部隊增至，但我軍仍以少敵衆（約一與五之比）並奮勇突擊，衝入敵陣，經五小時之血拚，獲得光榮戰績，該前哨部隊終以衆寡懸殊，全部殉職。敵於侵佔大魚口後，續分兩股北向自忠縣進犯，另敵兩股於廿一日分由桐木嶺（荊門東北八十里）鹽池廟（荊門西北六十里）向北進迫，我軍分途迎戰，迄至廿二日晚，我敵仍在壇河南岸之楊家冲（荊門東北一百里）快活舖（荊門北一百里）孔家灣（自忠縣南卅里）胡家集（荊門西北九十四里）各地區對戰中。（二）豫南方面，豫南前線我軍與敵發生前哨戰，廿一日晨起敵由魯山西向大營店（南召西北五十里），葉縣南向獨樹鎮（方城東北四十里），舞陽西向保安砦（方城東北六十里），牛蹄街（駐馬店西九十里）西向桃花店、唐王廟（均泌陽東北六十里）各地區我前哨陣地進犯，我軍各地警戒部隊，分別迎擊，迄晚仍在續戰中。廿二日午後，敵機數批輪番向南陽方城上空偵察，各路敵之後續部隊，均在向戰地增援，激烈戰鬥即將展開。（三）湘南方面我軍攻達攸縣東南郊部隊，續行攻擊前進，於十八日午肅清接官亭（東北郊）敵之抵抗，克復該據點，並攻入南郊汽車站（淥水南岸），入晚敵由攸縣城增援，竭力反撲，我旋又撤出汽車站，但戰鬥仍在汽車站東端進行。

緬北第六軍調回曲靖

【中央社滇緬遠征軍慰勞團隨團記者廿一日電】全國慰勞總會滇緬

，遺缺任命李先畬繼任。（十一）任命何玉書兼貴州田賦糧食管理處副處長。（十二）任命王立中為青海田賦管理處副處長。

【中央社渝廿三日電】戰時運輸管理局，與美方在昆明合組中美聯合配件總庫，已委派吳藻清主持其事，最近期間，即可成立。此後對於中美兩方之汽車配件與輪胎機油，均將由該行統籌辦理。

【中央社渝廿三日電】南洋經濟協進會，於二十二日舉行第一次理監事會議，到全體理監事，嗣即選鄭魯、周啓剛、崔俊千、陳君樸、王金鉦五人為常務理事，邢森洲、藍蔚、姚楞三人為常務監事，並推定鄭魯為理事長，崔俊千為總幹事。

華北偽政委會 門致中任綏署督辦

【同盟社北京廿一日電】華北政務委員會常務委員兼綏靖督辦杜錫鈞提出辭呈後，現已決定由陸軍中將門致中繼任。

讀賣新聞社論

【同盟社東京廿二日電】讀賣報知新聞評稱：敵人對於琉璜島的戰略價值，是很大的，據說直到現在敵太平洋艦隊仍然駐紮在這裏，而我們自然不能無理地一筆抹殺，千島飛機業已為敵使用，用我勇士鮮血換來的元山飛機，和北飛機場，經他們的工作隊，修理擴大，不久亦將變為他們轟炸我國本土的根據地，如把我國本土防空體制的疏散，試與敵方的前進速度相比，不有些落後之感嗎？敵人不僅單獨地要把琉璜島變為他的轟炸基地，而且其次期進攻作戰，還是面對著我國本土，現在試圖向中國大陸進攻的麥克阿瑟，已被在太平洋上實行中央突破，逐島進攻的尼米茲代替了，加之從敵人的消息中看來，是很容易看出他的作戰目標的，如果敵人真的進攻我本土來了，那麼繼琉璜島之後，戰場更加迫近神州，真正的出現了有史以來未曾有的大國難，敵人抹殺日本人，並不是陰謀，或者單純地××，最近敵機不斷無差別的轟炸日本都市，完全暴露了他們的本面貌，敵人雖然這樣慘忍，和仗恃其龐大的物力，但我方依然有致勝之道，也就是說要靠我一億臣民的決心，他們縱然以百萬二百萬大兵，進攻我國本土，縱然我們滿可以從陸上消滅他們。

敵稱日本近海美艦 已被擊毀一半

【同盟社東京廿二日電】關於十八十九兩日敵艦上機的空襲四國、九州，敵將尼米茲反照例地舉出誇大的數目字，宣傳他的戰果。我方的損失，實是寥不足道的，另外敵機動部隊，於廿日晨以後，立有蘇聯參加的國際控制的可能性，已與時並增。這預料將在任何蘇聯關於締結新條約的建議中提出來」。每日快報政治訪員說：土耳其代表可能到莫斯科去談判新協定。又說：「目前，英駐土大使比得還充分的向英外交部報告關於蘇聯終止協定的情形，與土耳其的反應。倫敦方面相信：一當歐洲戰爭到達頂點之時，三强將又一次會議，屆時政治問題將被集中討論。

中央社傳盟國若不赦免德寇領袖 德國部將屠殺盟方人員

【中央社日內瓦二十一日專電】德方請求議和之謠言，雖經德方駁斥，但於數日前經盟方證實，瑞士各報對此仍續予評論。此間國際人士自一九四〇年以來，即時聞此類謠言，現對此傳說仍極表懷疑，但對另一謠傳均予注意。日內瓦論壇報社論稱，自極重要及消息靈通方面獲悉，德官方已提出下列問題，即盟方對德國領袖予以整個赦免或對之施行處置戰爭罪犯之決議，後者如經決定，德國自將立時屠殺戰事俘虜及人質，在國內佔有重要地位之俘虜尤將遭受殺害。關於歐戰何時結束預測，各方意見甚少，但有人認爲此乃數週或數月內可揭曉的問題。據盟方發表關於德國內情之情報及德境被佔區域之公報，德國國內發生反抗納粹當權之普遍革命似不可能，德國人民精力已盡，毫無反應，以是結束對德戰爭之唯一可能，非德軍代表請降即德軍之全部崩潰。

德軍事評論家否認紅軍在匈牙利進行攻勢

【海通社柏林廿日電】德國軍事評論家否認蘇聯軍隊星期二在匈牙利的攻勢，有任何遠大目標。他們解說蘇聯的作戰應與德軍在此地區的進攻聯系來看。他們只對準較弱的德軍陣地。但是德軍在巴拉東湖，多腦河，和沙爾維茲運河之間繼續進攻，並獲得第二次的勝利。

【海通社柏林廿日電】蘇聯在匈牙利現正使用廿個步兵師團和無數的坦克師隊，以便擊破這裏的德軍陣綫。毫無疑問的，蘇聯最高統帥部對此地早有深謀遠慮。蘇軍在斯圖維森堡和福爾索加拉之間瓦爾梯斯山的出口向西北擴充深入地區。塔塔西面（突梯斯）建立了新的障礙物、那裏蘇軍的前進受到了阻礙。巴科尼森林東邊某些蘇聯進攻部隊得到一些進展以後，便受到了阻擬。德軍在匈牙利南部肅清了褒克洛斯西南德拉瓦河上橋頭堡壘的敵。蘇聯

海通社傳芬國會選舉結果 安多萊斯哥將受審

【海通社赫爾辛基廿四日電】最近發表的芬蘭國會組成份最後的結果如下；社會民主黨五十二席，人民民主黨四十九席，農民黨四十八席，國家黨廿八席，瑞典人民黨十六席，前進黨七席。以上的數字仍將略爲更動，因爲拉普蘭省的選票尚未到達。

【海通社柏林廿日電】威廉街發言人斯米特於星期二招待外國記者會上評論最近的芬蘭選舉說：「共產主義是被征服國家所流行的一種病症」。他宣稱：「芬蘭沒有除外，但這病症過程的最後總是死亡」。「巴錫基維不會再當多長久的總理了，角色作得好」，「他走的就是拉德斯哥的路」。

【海通社布加勒斯特廿日電】據布加勒斯特無綫電消息：前羅馬尼亞國家元首安多萊斯哥不久將在布加勒斯特法庭中做爲戰爭罪犯審訊。受同樣審訊的人有二百五十名，均爲前羅馬尼亞政治家及高級官員。

海通社零訊

【海通社斯托哥爾姆十九日電】荷蘭外交部長克列芬斯到巴黎去簽訂法比荷盧戰後建設的互助協定一事，倫敦方面對此事發生極大興趣，克列芬斯到巴黎是由於法外長比道爾的邀請，關於謠傳法國將團結西歐國家，在舊金山會議上採取一致行動一說，荷蘭官方予以否認。

【海通社斯托哥爾姆十九日電】瑞典日報說：斯托哥爾姆的蘇聯公使館，增加了大員。不下十五個人最近剛得到允許，到瑞典去參加蘇聯公使館。他們中一半將填缺職，另一半將參觀難民營，他們告訴難民們有回波羅的海的可能。

【海通社開羅十九日電】外約旦總理已抵這兒參加泛阿拉伯會議，他對路透社記者宣稱，他的國家將抗議大强國，因爲聯合國未邀外約旦參加舊金山會議。

鞋，在小組座談會或討論會裏，官長和士兵可以爲了一個問題，爭執得面紅耳赤，第一回事。起初難免有點不慣，久之也不覺得了。肖西青團長定下一個規則，凡是團部不論×××東西用，買一萬元以上的，都得有士兵代表參加，共同採購，經濟公開得這樣××。

使得一部份官長頭痛的，就是任何一件事，士兵時時要發問爲什麼，譬如爲什麼要操練立正，每日早上爲什麼要集合點名，爲什麼這樣，爲什麼那樣，一到問清楚了他們的進步就非常好。

參謀長王寓農對記者說，我一生最大的痛苦，就是沒有人了解我，現在我們是最快樂的了，因爲他們士兵的知識，人人足夠完全了解我們的理想希望與抱負。

青年軍慰問團 出發各地慰勞

【中央社綦江十九日電】青年軍慰問團，十九日上午八時在石角鎮繼續慰問二〇二師六〇五團全體官兵。廿日上午，至橋壩河慰問二〇二師直屬部隊。

【中央社昆明十九日電】全國慰勞總會昆明青年軍慰勞團，十九日晨在二〇七師司令部舉行慰問大會，師長方先覺率官兵三千餘人在廣場集合，由團長李維果主席，首致慰問詞，旋致贈慰勞品。

【中央社重慶十九日電】慰勞總會瀘縣青年軍慰問團，由[illegible]團長堯述率領。南鄭青年軍慰問團，由副團長×健凡率領，均定廿日晨出發。

【中央社渝廿二日電】市徵集委員會徵集之從軍女青年，前以接收問題，經決定分批集中，頃聞該會已定四月六日以前，將本市及下川東各縣所有從軍女青年，同時集中。又參加文化（政工）服務隊女青年，原定本月廿日截止報到。該會以送接遠道者來電請求延期，聞也展至四月六日截止報到。

新共和雜誌 贊成修築長江大水電站

【合衆社紐約廿三日電】最近一期之新共和雜誌以「中國電業之光」爲題著論稱：工程師薩凡治稱，宜昌堤壩乃一可以實施之計劃，此項計劃，非僅龐大而已，其規模之大，可能影響及於歷史。美國資本如能協助，則可能產生下列結果：第一，導引中國邁向工業化途徑；第二，使中國在遠東成爲強大國家；第三，爲美國在華利益立下基礎；第四，使美國電氣及機械工業，在未來廿四年內，日夜忙碌不停；第五，藉商業關係，使美國與世界獲有密切聯系；第六，樹立美國對外投資如何對本國有益之榜樣。

此間消息靈通外交界確實相信：三國業已舉行商談，其目的在於修改截至一九三九年的管理多瑙河下游之××協定。並以爲：不管達達尼爾或將來管理多瑙河灣或多得喀尼斯島的問題都不可能單獨討論。東地中海這一切問題都將加以討論，因爲這是在雅爾塔的程式裏，而不是和三國當中的僅僅一個國家單獨商談，因此，安哥拉方面預計：土蘇關係將不涉及較大問題，這種想法是不大符合於形勢的可能發展的。

西班牙保皇黨謀復辟

【路透社洛桑廿二日電】西班牙故王阿爾封斯的第三子與要求[illegible]者瓊恩親王，今日向美聯社駐洛桑訪員談話中，要求佛郎哥將軍辭職，並打開西班牙人中建立和平及和洽的道路。他說只有恢復皇朝，才能爲宗教、秩序及自由提供有效的保證。又說，佛郎哥政權是與西班牙人民的性格和傳統相違反的。路透社按：二月底倫敦方面收到消息說：「巴黎西班牙保皇黨人士報告說，瓊恩親王似將在舊金山會議前夜發表宣言。又報告說，西班牙保皇黨代表洛巴茲．與黑文已抵巴黎，將與瓊恩親王商談。」

【路透社馬德里廿三日電】西班牙報紙，今日均嚴厲斥責日軍在菲律濱的暴行。阿利巴報稱，像日本這樣完全破壞人民權利的國家，應爲世界上一切民族所公開唾棄。雅報力稱，日本人表現出，他們是對文明作戰的。

【路透社馬德里廿三日電】西班牙政府今晨已以強硬的照會遞交日本，要求日方解除其對菲島西班牙僑民與財產所施之暴行。

法國發表對雅爾塔會議修正案

【合衆社巴黎廿二日電】法國送達美英蘇中四國之頓巴敦橡樹林會議及雅爾塔會議計劃修正案之全文，已於本日發表，該修正案證實法方最近發表之聲明，即法國依賴區域性之條約以爲一般性安全機構之補充，法方文件聲明：法國現準備採取更積極之步驟，並同意接受較頓巴敦橡樹林計劃尤多之權限，蓋持久之和平需要擁有廣大權力之國際機構，及建立超過各個別國家權力之司法及國防權力。法國照會，同意加拿大、比利時．及荷蘭之建議，即理事會非常任會員席次，僅能畀予有力積極參與維持國際秩序之國家，法方並建議關於建議案之表決，應由三分之二大多數通過，並須常任會員國家之一致通過。（中央社轉播）

英德報紙對羅馬尼亞的評論

【海通社柏林十九日電】德國報紙登載着關於羅馬尼

彭春准免本職。（七）任命吳世澤爲駐智利國全權公使。（八）任命錢鎮亞爲軍委會軍令部第三廳人事處長。（九）政治部副部長何浩若，第三廳長黃少谷，另有任用，何浩若、黃少谷均應免本職。（十）任命黃少谷任軍委會政治部副部長。（十一）任命胡庶華爲國立湖南大學校長。（十二）任命張森楙爲兵役部總務處長，××周爲兵役部總務處副處長王伯驥爲兵役部督察處長，李嘉英爲兵役部人事處副處長，翁國柱爲兵役部役政司長，汪祖華爲兵役部役政司副司長，吳劍秋爲兵役部待補司副司長。（十三）任命孟昭瓚爲河南省政府委員兼河南省政府財政廳長。

鄂北豫南戰況

【中央社廿四日電】據軍委會廿四日發表戰訊：鄂北豫南前綫大戰序幕，已漸次揭開，照目前形勢之進演，刻已進入激戰階段。

近月以來，該方面敵寇調集兵力，鐵路公路運輸頻繁，於本月廿一日開始作較大規模之蠢動，分由鄂北豫南兩面進行攻勢，其所使用第一綫之兵力，目前經已發現者，估計鄂北由荊門北犯者約有一個半師團。豫南由嵩縣舞陽確山等地進犯者，約有二個師團，另附有戰車師團一部。集結廣水隨縣方面者，約有一個師團左右，合計約四個師團強，各面敵後似尚有相當控置部隊。

敵寇自滇西緬甸菲律濱羣島硫磺島迭遭慘敗，本土不斷遭受轟炸以來，即發出局勢嚴重慘痛呼聲，深懼盟國登陸我國沿海，與我軍發動反攻，切斷其所謂大陸交通綫，遭遇隔離擊破之危機。

敵寇此次由鄂北豫南蠢動，其目前企圖自未可輕視，我軍正按預定計劃，把握戰機，與敵寇週旋到底，最後吾人必予敵以嚴重之打擊，現各面戰鬥演進情形如次：鄂北方面，我軍於自忠縣以南卅里堰河南岸，阻擊敵人，由廿二日晚至廿三日上午二時，擊退敵之數度猛撲，並予敵以甚大創傷，殆至拂曉前，敵以强大兵力兩股，鑽隙强渡堰河，向北猛攻，傍晚突入自忠縣城，我守城部隊，於城內經過慘烈巷戰後，撤至預定地帶，該城當晚陷敵，現戰鬥續在城北地區進行。豫南方面，豫南前綫，現已展開激戰，一、由魯山侵至南召東北李青店附近之敵，會同由嵩縣增到之敵另一部隊，廿三日續向南召以西四十里之馬市坪進犯，該方面我軍與敵激戰，迄今仍在對戰中。二、魯山敵由魯山以南向南召猛犯，廿三日晚突入南召，我軍守備部隊，奮力反

活比較起來，精神上感覺如何，他們百分之百的答覆是滿意於青年軍的生活，此起學校生活來，格外有意義有趣味。

姜文芳、×蘊彬是全師中無獨有偶的二位女兵，他們都是國立戲劇學校的學生，和廿位男同學一起志願從軍，現在一起編在某師通訊連，她們說在這裏與在學校裏最大的不同，是生活上有熱有光，雖然辛苦一點，但是精神上較愉快得多了。說起劇專的同學，在這裏眞够活潑，師部話劇社就是以他們爲中堅組成的，那天歡迎慰問團的晚會上，他們演了一齣獨幕劇，是自編自導自演，士兵們的精神生活靠他們來調劑，來加油，受歡迎極了。他說請你想想，我們在這裏當兵對於國家的貢獻不殺，就說這演戲吧，與在重慶戲院子裏演戲的意義和價值可以相比嗎。

防毒班是集合專科以上學校理工科青年學生組成的，眞是學而致用，他們知識水準相同，志趣相同，所以生活得特別融洽，一有空暇，大家就研究學問，討論時事，那天他們約記者到連部去聚餐，飯後閒談，有位中央大學從軍同學王雲樵君，他請記者向社會人士呼籲，多贈送他們一些理化課本和文藝書籍。記者反問他們爲什麼要這些書籍，另一位交通大學從軍同學陳傳育君接着說，我們要高深的理化課本，繼續研究，吸收新知識，這樣我們二年後退伍了，在社會上和同學間，才不致落伍呀。藥專馬澤琛同學說，文藝短篇可以調劑我們的精神。中央政治學校從軍同學多半在做政工工作，新聞專修科同學胡孝先，在師部參加軍中導報編採工作，他隨着慰問團走到東走到西，一連忙了幾天，他說學校生活雖然比較輕鬆點，但是想東想西，應付這應付那，亂得很，在這裏整天緊張得很，一切依照規律做；忙是忙，精神上却愉快。全師士兵受訓一月來，平均體重每人增加了二公斤，他們脫而欣喜的告訴記者。

盟軍究竟什麼時候可能在中國海岸登陸，在長江流域以北，還是以南呢？這是復旦大學湯雪亞、李雪亞兩同學向記者再三追問的。他們特別關心時事，幾點鐘的談話，言不及私，問起軍營衣食住行生活問題來，他們的答覆是問題太小了，不値得談，吃飽穿暖，已經够了。當時在學校裏，×××的伏×他們還說了一段動人的話，照青年軍的情形，政府政策確然在向軍事第一軍人第一的路上走，雖然走得慢一點，但既是前進，總有到達的一天。

官長對於士兵愛護極了，他們的原則在操場上須絕對服從，在生活上啓發自動自覺自治，衣食住行，打成一片，穿着一式一樣的軍服，也光着脚穿草

參考消息

（只供參考）

第八二八號

解放日報社 新華社 編

今日出一大張

卅四年三月

廿五日

星期日

印度反動的華僑團體 支持蔣介石發動內戰

【合衆社重慶廿四日電】旅印中國二十四個團體，包括海南島協會、汕頭協會、山東協會、湖北協會等，頃致電蔣介石稱：『我們在看到報上登出共產黨對你的猛烈攻擊後，已再不能隱忍我們的極端憤怒了。很久以來共產黨即為國家禍害。你曾經非常寬大的容忍他們。在目前國家生存多難之秋，共產黨又發表了這樣無理的聲明。他們是叛亂者。我們請求你給他們以可能的最嚴厲懲辦，以維持紀律。所有印度的海外同胞均誓為你的後盾，支持你的征討。』

大後方各省市 國民黨御用民意機關組織概況

【中央社重慶廿日電】頃根據主管機關報告，自去年八月起至本年二月止，各省市辦理各級民意機關設置概況之統計，後方川、康、滇、黔、粵、桂、湘、鄂、皖、贛、閩、浙、豫、陝、甘、寧、綏、青、新十九省，共轄一四二八縣市局中，已設立×××共一、〇五三處。已設參民代表會之縣市局，共一一六二處，其中四川成都、華陽等二十六市縣已成立正式參議會，浙江長山等四十三縣，已成立正式參議會。此外重慶市已改編成十八區四一二保，其保民大會及區民代表會，正組織中。

國民黨大批更動駐外使節

【中央社渝十九日電】國府十九日令：（一）駐荷蘭國特命全權大使金問泗，另有任用，金問泗應免本職。（二）特任[illegible]霖為駐荷蘭國特命全權大使。（三）金問泗着專任比利時國特命全權大使，仍暫兼駐挪威國大使，駐捷克斯拉夫國大使，並兼代駐波蘭國公使館館務。（四）駐瑞士國特命全權公使胡世澤，另有任用，胡世澤應免本職。（五）任命梁龍為駐瑞士國特命全權公使。（六）駐智利特命全權公使張彭春，呈請辭職，張

擊，現正進行激烈巷戰。三、方城東北六十里之保安寨我軍前哨陣地，於廿三日晨被敵突破，現戰鬥續在該城東北四十里之獨樹鎮激烈進行。另敵一股，於廿三日晨出舞陽西南繞犯賒旗鎮（方城南四十里），同時葉縣西南敵向招撫崗（方城東北廿四里）進犯，我軍奮勇阻擊，均在激戰中。四、我軍阻擊由牛蹄街西犯敵，迄至廿二日晚，仍在泌陽以北六十里之某地區激戰，我敵均有傷亡。豫西方面洛寧敵，於廿三日晨經由馬店（洛寧西廿里）西犯，我軍前哨部隊於長水鎮（洛寧西卅二里）附近迎擊已發生接觸。贛西方面，一、我軍於大庾城郊，不斷向敵攻擊，予敵創傷甚重。廿一日晨，大庾敵增援反撲，經激戰後，我軍將敵擊退，並殲敵一一三人。二、贛縣城郊區戰鬥，仍在繼續中，並以西北郊及飛機場附近更為激烈。三、我軍由南康向郊續向城垣攻擊，敵抵抗頑強，戰鬥激烈。湘南方面：一、十九日，我軍於攸縣近郊區將東郊聖帝廟攻克，並再度攻克南郊汽車站。二、我軍於十七日拂曉，向南至耒陽附近敵之汽車隊突擊，毀敵汽車四輛，車上所載敵兵五十餘人，被我擊斃。三、我軍一隊向敵後施行突擊，現已深入郴縣以北約四十里之五公牌地區，並將該地敵人消滅一部。四、醴陵附近之敵，經我敵後部隊襲擊，將其斃傷約達百名，我並鹵獲戰利品甚多。淥口附近我敵後部隊將黃栗舖之第六號鐵橋全部炸毀，其附近鐵道，亦被炸毀，十八號使敵交通發生阻礙。

【中央社南陽廿三日電】（一）舞陽東南保安寨附近之敵，廿二日與我接觸，戰鬥甚烈。（二）魯山敵，廿二日分兩股竄犯，一股經魯山南之黃土嶺，向南召竄犯，一股向西進犯，現在中湯激戰中。

中央社對 璧山青年軍生活報導

【中央社銅梁廿二日電】「青年軍生活是現代青年的模範」，這是西南大校務委員梅貽琦，武漢大學校長王星拱，浙江大學校長竺可楨，西北大學校長劉季×，西北師範院長炳×，國立師範學院院長廖世×，社教學院院長陳禮江等一行，於月初視察璧山銅梁青年軍後的結論。他們都是多年從事教育的人，觀察深刻，感觸最多，所以他們的結論格外有力。

記者在這三天慰問璧山青年軍期中，會個別訪問中央大學、中央政治學校、復旦大學、交通大學、中華大學、朝陽學院、國立藝專、國立劇校、國立體專等等學校從軍同學近一百人，問他們青年軍的生活是否滿意，與學校生

須澈頭澈尾地頑强地進行戰鬥。現在國家所要求的是國民的腦筋。當關係皇國興廢，大和民族存亡的大決戰時期，只有勝利與死的問題，絕對沒有妥協的餘地。妥協與無條件投降是同一意義的。敵人已損傷我伊世神宮，並在陛下宮城的一角投彈，冒瀆我民族信仰的神聖無二的區域，殘暴的反復轟炸各都市，不僅燒毀神社、學校、醫院，而且殺戮了無辜的老人、婦女、兒童，這是如何的殘忍與兇暴。（缺一段字數不清）這一仇恨必須報復，全國國民必須一致起來向敵人進行痛烈的報復。這一報復的道路只有一個：就是繼續作戰直至粉碎敵人的野心而後止。一億同胞諸君，現在就是竭盡帝國的一切力量，集中於完成戰爭目的、與敵人物量拼命的時候。

敵寇妄圖準備奪回琉璜島瓜達康納爾島等

【同盟社東京廿三日電】一舉改變戰爭形勢的攻勢，爲一億國民所最希望者。廿三日的衆議院預算大會上，田中曾就此點質問政府的決心。小磯首相有力地聲明正準備進行攻勢作戰。海陸兩大臣亦以同樣宗旨回答。（小磯首相回答要旨）過去我們常說必須覺悟到本土可能變爲戰場，就是爲了要進行有準備的戰爭，我們不但決心不允許敵人在本土登陸，而且決心進行奪回琉璜島、塞班島、瓜達康納爾各島的攻勢。（杉山陸相回答要點）今日關於本土的戰場化，必須充分準備，在廣泛的太平洋上，拉布爾、塔拉克、非律賓以及北方各島的皇軍將士、進行頑强的抵抗，這究竟是爲了什麼？這不單純是爲了阻止敵人，這從首相的言語中即可了解。（米內海相答辭要點）今天的狀况必須向攻勢邁進。

同盟社稱 對盟軍攻擊重點爲航空母艦

【同盟社東京廿三日電】十八日敵（美國）機動部隊出擊，進犯我九州南方海面，我航空部隊經四日之久猛攻該敵。至廿一日，敵殘餘艦艇開始敗退，急遽南下。對此，我航空部隊予以猛烈追擊，在此期間我方所獲之戰果合計擊沉敵艦艇八艘，其中有航空母艦及算作爲航空母艦者五艘，被我擊傷四艘之敵艦中有三艘爲航空母艦及算作爲航空母艦者，擊沉擊傷敵航空母艦達八艘。被我擊沉擊傷的十二艘艦艇中航空母艦佔八艘，由此可見我主力集中攻擊的是敵機動部隊的骨幹——即航空母艦。由於敵艦的敗退，戰事似已告結束，若干敵艦艇似已輕易地逃脫了被我殲滅的命運。敵今後是否將重新編制策動新的戰事，很難預料。我們當前的緊急任務是確立强固的體制，以便敵出擊時，立即殲滅它。

大的利害關係，蘇聯並企圖控制由黑海到愛琴海的生命綫。土耳其政府更就××的將來提出法外的要求，作爲參戰的代價，蘇聯政府將加以外交壓迫亦未可知。

國際零訊

【海通社柏林十六日電】倫敦訊：波蘭流亡政府貿易部長瓊恩·瓜賓斯基（社會黨）提出辭呈。

【海通社柏林十五日電】紐約訊，紐約電台稱：現任巴西總統瓦爾加斯不參加即將到來的巴西總統選舉。總統候選人將是陸軍部長杜德拉將軍和哥梅茲空軍上將。哥梅茲將代表聯合反對派。

【海通社柏林十五日電】德黑蘭訊：羅斯福總統經美駐德黑蘭公使，邀請伊朗王沙市布爾作國賓訪問美國。伊朗已答應該項邀請。這邀請乃是對伊朗王從前邀請三大盟國在伊朗京城開會的應答。

【海通社柏林十六日電】華盛頓訊，此間委內瑞拉大使館正式公告，蘇聯與委內瑞拉間建立外交關係。

【海通社梵蒂岡廿二日電】羅馬警察設立十一種特別指揮部，用以緊密看守梵蒂岡的進口，以便防止政治逃亡者躲藏到梵蒂岡去。凡進出於梵蒂岡的人，都要遭受全般檢查，甚至離開梵帶岡到羅馬去的大主教，在羅馬也沒有行動自由，由這種特別警察指揮部的人員伴隨着，直到回到梵蒂岡。

【海通社巴黎二十二日電】法國內政部長宣佈：最近頒佈的法律，規定一九四〇年時曾選舉過貝當的國會議員，如今仍能參加競選。並說，這些議員，將由一個二十五位可信任的議員所組成的特別委員會詳細進行檢查。那些以前選舉過貝當，以後又參加法國抵抗運動者，仍有競選權。

【海通社不來梅廿二日電】此間自貝爾格萊德獲悉：南斯拉夫商業供給部長萊勒斯，在南斯拉夫經濟會議上宣佈：南斯拉夫全部對外貿易，出口與入口，將置於國家控制之下。

【同盟社蘇黎世廿二日電】據前綫報導：意大利戰綫德軍司令卡塞林現調任西部戰綫德軍總司令，直接指導作戰，前法國南部方面軍司令布拉斯考維赤元帥任副司令，輔佐卡塞林元帥。

紅色西班牙議會宣佈唐·朱安無權發表聲明

—海通社柏林廿四日電—華盛頓訊，華盛頓外交界認為想做西班牙皇帝的唐·朱安的聲明（他在聲明中要求佛朗哥辭職），有助於舊金山會議的準備工作。據指出，紅色西班牙領導人物想參加舊金山會議，從而能開始反對目前西班牙政府的行動，已不再是件祕密的事了。似乎是，唐·朱安以其要求佛朗哥辭職的呼籲，想提出西班牙專制主義者的要求。此間收到墨西哥城的消息稱，該地紅色西班牙議會主席業已宣稱：唐·朱安無權發表這種聲明。

西班牙抗議日本

—路透社馬德里廿四日電—外交部今日宣佈，西班牙政府經其駐東京公使，向日本提出強硬的照會，抗議「日軍在菲律濱對西班牙國民身體及財產所犯的暴行。」西班牙政府同時告訴日本政府說：西班牙決定停止保護在與日本交戰所斷絕關係國家中的日本財產。

德稱美不擬予菲獨立

—海通社柏林廿五日電—華盛頓訊，美國政府之不擬給菲律濱以完全獨立，可由美駐菲律濱高級專員麥克·努特星期日在此間對記者的談話看出來。麥克·努特宣稱：要想美國給菲律濱以完全獨立，恐是不可能的，菲律濱將依靠美國相當一個時期，至少在受戰爭的損失完全恢復以後，菲律濱要藉美國的幫助來重建國家。

羅馬教皇替軸心國說話

—同盟社蘇黎世二十三日電—羅馬教皇皮奧十二世，十八日在梵蒂岡為和平祈禱，其時雖是間接地但却以非常沉重的語調，非難反軸心國關於戰後和平的原則，予各方面以極大衝動。教皇的非難主要是針對濱克里米亞會議的決定。殆已無可懷疑。據消息靈通人士稱：教皇不高興以反軸心國永遠地支配世界，教皇甚至非難反軸心國關於戰後世界的整個構想，教皇的演說要旨如下：和平若違背真理、正義與忠誠而被決定時，就不可能融和各國國民，有一種人企圖迷惑他人，忽視正義，使將來的和平機構便利於自己的利益。陷於這種迷惑圈套的人，將遭受人為的災禍。在此最嚴重的時期，若愚弄國民，背叛人類，則將在歷史上留下醜名。世界上居指導地位的政治家，若想愚弄民衆，則不能××上帝。

—海通社柏林廿三日電—倫敦訊：據『每日電訊』報星期四稱：羅斯福私人使節佛倫已從莫斯科到達羅馬。該報繼稱：他將謁見教皇。他是受羅斯福

各民主黨派的暫時聯合，同盟的一切決議取決於各黨派的協議，因此他們是以代表中國青年黨的資格而參加中國民主政團同盟；誠如羅先生所說：「中國民主同盟目前已經成了單一的政治團體」，那麼，他就不能再以各民主黨派的聯合自居，而僅變成了中國各民主黨派中的一個單位，與中國青年黨、中國國家社會主義黨、中國第三黨、救國會等處於同等的地位，那麼，中國青年黨黨員而又同時參加中國民主同盟的分子，只能認為係以個人資格參加，而不能認為係黨的代表。因此，如張表方先生所說：「民主同盟不能拘束各黨派之一切行為，各黨派亦不能以其一切行為單獨代表民主同盟」。不過，我們還應該補充聲明一句，各黨派並未「加入民主同盟」，而只是各黨派的一部分黨員加入了民主同盟，他們是以個人資格參加的，猶如另一些黨員之以個人資格參加另一些同盟式的組織，如文化界同盟、出版界同盟之類。因此，如羅隆基先生所說，中國今日只有三個大的政治集團，而把中國青年黨等所謂『許多小黨』（我們不知怎樣才是大黨），都歸併到中國民主同盟系統之下，我們認為與事實不符，至少不免是一種誤解，有聲明的必要。」

又新中國日報二月廿三日社論『由雅爾塔展望舊金山』，謂到舊金山會議止期間，新中國在陣痛中必然誕生，並揭櫫『國青共平等合作，加強團結』之口號。該社論稱：「在最近六十天（按指到四月廿五日舊金山會議為止）之內，是德日命運決定之時，是聯合國命運決定之時，也是戰後新中國在陣痛的難產中必然要延生之時。」又稱：「中國政治革新的迫切需要——一切戰略政略、外交策略、經濟戰略之厘訂和執行，都有一個必要條件，就是需要一個代表全民意志、為全民所信托、有全民為後盾的一個民主統一的新政府。譬如四月廿五日的舊金山會議，其重要性遠過於一九一九年的巴黎和會和一九二二年的華府會議。抗戰中國要避免重蹈上次大戰中的喪職和北洋軍閥政府的失敗，必需在現時速即改革政治，組織舉國一致的政府，實行國、青、共平等合作，以加強團結，鞏固統一，然後才能產生一個舉國一致代表各黨派及全民意見的代表團，為全民所信托，有全民為後盾，在國際會議上發言才有威力。……中國民主新政府組織成之後，主新國府有國、青、共三大政黨及民主政團和全國民衆為後盾，我們相信蔣主席在國際會議席上發言的威力，一定不會亞於羅、邱、斯」。

參攷消息

（只供參考）

第八三〇號

解放日報 新華社 編

今日出一大張

卅四年三月廿七日 星期二

路透社稱 日本向盟方議和

【路透社紐約廿四日電】紐約時報今日刊載斯托哥爾姆電：相信由「可靠的柏林方面」傳出消息說，日本駐伯爾尼公使最近向盟方提出和平建議。該消息又說，希特勒聽到了這項交涉時，譴責日本駐柏林公使沒有通知他。據該消息說：日本公使說日本與盟方和平，將對德國有利，因爲那將加速蘇聯與盟國的衝突。

海通社自認納粹 封鎖戰事消息

【海通社柏林廿四日電】德國人民已若干時未被告知以西綫戰事已達頂點，而只當盟軍試圖渡過萊茵河時，戰事始算達到頂點，德國人民對於盟軍在俄班海姆和威夫渡河，並不感覺驚奇，也不感到慌亂。德的報紙表現極度鎮靜。「德國世界日報」寫道：「我們對於美軍在最近幾日中所獲得成功的意義，閉目不視，是沒有甚麼意思的。當美軍的作戰與蘇軍的推進，同時進行時，美軍即獲得了有利起點，但它們將……在不久將來，蘇軍新的迅速成功。它們也將不能突然用大規模攻勢或用它們曾試圖在阿爾恩赫姆所進行的而獲得很壞結果的行動，在萊茵河中流，進行突破——把戰事中心移向以西。

敵議會閉幕 小磯談話

【同盟社東京廿六日電】小磯首相發表談話稱：今天舉行閉院式，御賜勅語，第八十六屆帝國議會於此結束。本屆議會舉行開院式時，曾御賜龍恩深厚的勅語，實在感激之至。貴衆兩院恭敬地奉戴聖旨，愼重而敏捷地完成審議，與完成協贊的重大責任，不勝慶幸之至。政府通過這次議會，率直地陳述皇國面臨目前危急戰局的實際眞像，並解釋內外各種情勢，披瀝政府克服衆突破這次決定皇國興亡的非常難局，而進行惡戰的決心、施政的基本方針，以及具體的施策大綱，要求國民諸君下決心與協助，同時向中外聲明帝國貫徹大東亞戰爭的堅決立場。議員諸君由憂國的至情出發，率直地展開熱烈的議論，面對着緊逼的戰局，進一步地切盼政府斷然實行積極而果敢的決戰施策，會場裏洋溢着必勝的氣概，這是值得銘記的。通過議會，舉國一致斷然向贏得戰爭勝利邁進的一億國民的決心，更見昂揚。這次獲得協贊的預算案及各種法律案，經天皇批准後，政府將求其能切實付諸實施，同時曾在議會上說明過的重要施策，則將迅速地使其實現，以期集中一億國民的總力完備國土的防衛，並使戰力獲得飛躍的增强。現在琉璜島不幸已陷入敵手，敵機空襲我本土也有逐漸趨向激化之勢，當此本土有可能不得不變成戰場的情勢，愈來愈緊逼之際，國民諸君需要重新振奮維護國體的精神，一億國民要全都成爲防衛皇國的盾牌，爲完成生產與防衛的後方職責而挺身奮鬥，希望軍、官、民成爲一體，一路向必勝之大道猛進。

【同盟社東京廿六日電】第八十六屆議會閉院典禮，於廿六日午前十一時在貴院大會議堂嚴肅舉行，天皇陛下親臨參加，小磯首相以下各閣員、及德川、酒井，貴院正副議長、岡田、內崎衆院正副議長以及兩院議員均出席，午前十時五十分開始，小磯首相舉行最敬禮之後，稻田內閣書記官朗讀優渥的勅語書，繼之德川貴院正議長拜接勅語書，同十一時四分閉院典禮完了。

英報評波蘭問題

【海通社柏林廿五日電】倫敦訊：曼徹斯特衛報訪員寫道，雅爾塔關於波蘭的決定，三大强國間，似乎並無達到協議的象徵。西方兩大强國，對於雅爾塔公式的解釋與莫斯科的意見，有相當大的不同。英國政府是在不與盧布林波人相聯系的基礎上，美國務院似乎亦同具這一願望，並已將此願望通知莫斯科，但對於協議未獲任何進展。反之，意見的不一致，似乎更大了。盧布林委員會所作的是對於問題的片面的，不民主的解決。就國際範圍來說，人們應該對於某些名詞例如『民主主義者』的意義有一致的意見。只要波蘭文對這一課題不明確，是有濫用概念的危險的。

英傳白俄羅斯等 將爲單獨成員參加舊金山會議

【路透社華盛頓廿二日電】今日此間獲悉：出

席舊金山會議的蘇聯代表團，將提議在新的世界安全機構中，白俄羅斯與烏克蘭，以及俄羅斯本身，作爲單獨成員。蘇聯代表團，將包括或偕同蘇聯這些國家的代表們。但尚未悉，代表團是否將建議他們要作爲單獨的代表團參與會議。在目前的協議下，整個蘇聯在會議上僅有一票的表決權。

東京經濟周報

【同盟社東京廿六日電】由於琉璜島的失陷，戰爭已進入新的階段。本土的要塞化即從物質精神兩方面，確立本土的決戰體制乃是緊急的任務。正在此時，議會圍繞在軍事特別措置法（急速推進本土要塞化的法律基礎）及總額達四十五億元的戰災預算，展開熱烈的建設性的議論。政府亦是大胆率直地表明其信念和決心，而獲得很大的成果。

軍事特別措置法的意義：本土的要塞化，由於軍官民一體的合作，着着進行中，會後亦可强有力地實行之。人民亦準備協助之。如能廣義地運用既存的總動員法、防空法、徵發令，則在緊急的場合，亦可發動强攻，今後本土決戰的作戰準備，與以前相比，將要更大規模的、更急速的推進之。如考慮以前的三個法定的立法目的，各不相同，以及簡明地實行之，遂於此次向議會提出軍事特別措置法案。另外製定法制，同時此法表示軍當局對於本土決戰的決心，因此特別值到注意的。該法預定於四月中實施之。主要由地方廳實行之，主管大臣——陸海兩相權限，亦委託給軍管區、師管區、鎭守府，警備府的長官。由於國民協助實行該法，以及實際運營該法的末端機關的妥當的實行，是最急速，順利地推行本土要塞化最重要的東西。

海通社報導芬蘭選舉結果

【海通社斯托哥爾姆廿五日電】芬蘭國會選舉的結果，資產階級黨席位略佔多數，計佔一〇一席，而左翼黨佔九九席，社會民主黨佔五十席，人民民主黨佔四一席，農民黨佔四一席，保守集中黨佔二八席，自由進步黨九席，瑞典人民黨×席。社會民主黨失去了三七席，農民黨十一席，瑞典人民黨三席。

【海通社布達佩斯廿五日電】所謂『斯薩巴德薩格』共產黨報紙已在布達佩斯出版，它自稱其爲匈牙利共產黨機關報。該報紙是用手排字和以軍用拖拉機印刷的，社會民主黨機關報『涅夫斯薩巴』也已出版了。

敵組國民義勇軍
小磯發表談話

【同盟社東京廿四日電】小磯首相於組織國民義勇軍時，發表談話如下：一億同胞諸君！敵人已侵入我本土的前門，這實是有史以來的局面，亦是決定皇國興亡的關頭，我們同胞應於今日總蹶起。這就是說現在正是根據兵農一體，國民皆兵的本義，以一億總武裝，進行防護皇國的職責使神洲固若泰山的時候。數千年來一億國民傳統的潛在力，就是克服這種危急戰局的東西。全國人民應團結一致進行戰爭。此次認定全國人民都組織國民義勇隊，使他全部挺身出動，以期確立足以使全國人民欣然挺身出來防衛國土的必勝體制。自然防衛國土不僅限於拿武器突擊敵人，而準確地毫不遲滯地進行國內的業務如軍需生產、食糧增產、運輸及其他後方的業務，亦能使防衛國土的工作更加完備。學生業已放棄學業，努力增强戰力。應徵者和女子挺身隊員等，都犧牲自己，進行可歌可泣的奮鬥。我們可以聽到敵人空襲引起的災民，充滿憤激的呼聲。我相信當全國各個角落的人民的必勝氣魄和勤勞的慾望，合成一個巨大的洪流，在有統制、有秩序的組織下，使國民當命令一下，就全體出動進行防空防衛工作，進行運輸、增產食糧、或構築陣地、補助陸海軍部隊的作戰行動，或補助警防活動以及國家爲了防衛國土所要求的緊急業務的時候，祖國不怕任何東西，而能產生偉大的戰力和强韌的防衛力，縱使敵人在本土的一角登陸，或是本土的一部份變成戰場，那末只要我們有這種準備，就能轉爲這樣的體制即馬上拿起武器擊滅敵人。我深信同胞已有堅强的戰鬥情緒，應付此未曾有的困難局面。當國家處在這樣非常危急的局面時，政府却要暸示這樣的道路，俾使國民的偉大戰力貢獻給推行戰爭。目前人民熱烈希望給予使他們能够竭盡全力進行勞動的場所，但是現在沒有這樣的組織使全國人民竭盡所有的力量。進行戰爭以及結集一億人民的總力，進行防護皇國的職責。當國家危急時，我絕對信賴愈益光輝的人民的忠誠心，一億同胞諸君欣然參加國民義勇隊，這裏發現我們所應走的正確的道路，抱着與處在彈雨下的第一綫同樣的心情，一心一意向着防衛國土邁進。這樣一億同胞捨己奉公，恢復純眞的日本人的姿態，不問男女老弱，不分身份職業，大家都作爲防衛皇國的一兵，在一絲不亂的團結下，拿出基於透徹的國體觀念的必勝精神，努力進行生產及防衛工作，我堅信這樣可增强必勝的戰力，國土的防務非常鞏固，而在我們的面前，可以開闢一條走向勝利的平坦的大道。

參攷消息

（只供參考）

第八三一號

解放日報 新華社 編

今日出一大張

卅四年三月廿八日

星期三

同盟社琉球戰報

【同盟社東京廿七日電】大本營發表（三月廿七日十六時三十分）：三月二十三日以後，美軍以主力轟炸沖繩島的本島，二十五日以一部份兵力在慶良間羣島登陸。我當地守軍乃立即迎戰，並出動空軍攻擊敵艦隊，截至現在爲止已判明的戰果計擊沉巨型艦五艘、擊沉或擊毀巨型五艘、擊落飛機四十四架、擊毀一百零十架。

【同盟社東京廿七日電】數日來襲沖繩海上的敵機動部隊以航空母艦十餘艘爲基幹，配以有力的戰艦、巡洋艦、驅逐艦，這是非常優勢的機動部隊。敵人將這些機動部隊分爲四五羣，配置於沖繩本島四周。敵人的戰法是首先於二十三日至二十六日的四日中使用艦載機主要來襲沖繩本島，特別轟炸機場的設備。二十四日把航空母艦留在後方，而使戰艦的一部份及驅逐艦、巡洋艦前進，砲轟本島西方的小羣島後，企圖登陸渡嘉敷島及阿嘉島，目下登陸的企圖還未超出以少數兵力實行威力偵察的範圍。敵人害怕我奇襲兵器的出現，所以亦採取事前警戒的措置。但從敵機動部隊的攻勢及其行動推測，可以判斷敵附有運輸船隊，並有後方的供應。今後極有可能進行正規的登陸作戰以推進基地。我方對於敵人的行動嚴加戒備。我攻擊敵機動部隊已獲得相當的戰果。

【同盟社沖繩廿七日電】沖繩現地軍二十五日一時發表：（一）三月二十四日六時五十分，敵航艦飛機來襲西南諸島，到現在爲止，來襲敵機之數目共爲七百二十架。自九時二十五分起至十四時二十分止，沖繩本島東南海岸曾遭受敵艦砲擊。（二）到現在爲止所獲的戰果計擊落敵機廿一架，擊傷其十五架。（三）我方損失極輕微。

重要運輸地，美國戰略，係欲包圍日本地面基地，因飛機自該處每日可經常轟炸日本，此事在琉璜島上，業已開始，千島羣島最可能被登陸，目標一爲北海道以北六五〇英里之松輪島；一爲北海道以北五一七英里之新知島。該兩島皆有機場。三月十六日，美海軍曾猛襲松輪島，該島設防嚴密，阿留申羣島駐有第十一航空隊及艦隊，第四空軍大隊可以解放式、密契爾式、文杜拉式搜索機襲千島。

華北敵軍界稱美將在中國登陸

【中央社渝廿六日電】據柏林廣播：北平訊，華北有資格之日本軍界人士稱，琉璜島失守之後，東亞戰爭已極接近最後之決定性階段，吾人不僅須預料「敵人」將登陸日本本土，且將在中國登陸，目前中國大陸上從事決戰之準備，正在全力進行中，華北及「滿洲國」在決戰中，可能佔有決定性之地位，以故美空軍最近對於華北頗爲注意。日軍之第一位敵人自係美國，其在中國之力量，以空軍爲主，魏特梅耶將軍部下之軍官，刻正大量訓練渝方控制下地區之青年，鑒於此種情勢，日本在華北之戰略目的，不僅限於保衛現行地位，除此項防禦性目的之外，尚須有極機動之作戰部隊從事攻勢戰，以故目前根據各戰場作戰經驗，而從事之大規模訓練工作，正在進行中，從事未來決戰之軍事準備，必須有動員全民力量之計劃爲之支持。

德稱波諾米承認阿爾巴尼亞民族委員會

【海通社柏林廿五日電】羅馬訊：波諾米頃致照會地拉那阿爾巴尼亞民族委員會稱，意大利願意放棄迄今在阿爾巴尼亞所享受的一切特權，並願無條件的承認阿爾巴尼亞的完全獨立，照會同時要求兩國間恢復外交關係。

【海通社米蘭廿五日電】上意大利各城，均以大規模示威，紀念法西斯黨成立第廿六週年紀念。這些示威中最重要的便是米蘭的示威，墨索里尼會於此組織第一個「法西斯戰鬥隊」，首相自己於其司令部慶祝戰鬥的法西斯運動的誕辰，並檢閱意大利法西斯共和國的新軍。首相於向部隊講話時指出，反動集團的叛變，是意大利不幸的唯一負責者。但意大利國家能充滿信心的瞻望更光明的未來。全國一切忠實的份子決心以一切力量來保衛法西斯共和國。在指出法西斯黨在社會福利方面的成就後，首相回溯道：意大利國族五一同盟社東京廿七日電一馬里亞納基地的敵B29式機，配合敵在沖繩島方面的作戰行動，於廿七日上午十時許，伺機以約一百五十架飛機來襲北部九州。敵機主要以太刀洗、大村、大分等我飛機場以飛機工廠爲目標進行投彈約二小時。敵機這次來襲很顯然的是企圖切斷我後方，並進行空軍殲滅戰。我陸、空制空部隊當予迎擊，並將其擊退，但迎擊戰果及損失情形尚在調查中。B29式敵機由馬里亞納大舉飛襲九州，這次尚屬初創，隨着沖繩島方面作戰的進展，應該認淸今後敵B29式機配合敵機動部隊，將以各種方法加强對我轟炸。

論美軍侵入日本本土

一同盟社斯德哥爾姆廿六日電一美軍究竟是否要侵入日本本土，關於目前這一問題，是目下中立國方面關心的焦點，十九日瑞典日報揭載的軍事評論下了這樣的結論，認爲這一問題，如其單單從軍事上的可能性來估計，不如從這前美國人的心理狀態來估計，這樣，美軍之侵入日本本土，是必然會到來的。該報評論道：假如像傳說的那樣，立即進攻日本本土，則必須進行戰史上從所未有的大侵入，因日本本土距馬里亞納與菲律賓基地有二千五百公里之長，它需要龐大的供應力，並首先需在日本本土的任何一個地方，獲得橋頭堡壘，並需堅强地防衛根據地本身，當二月十六日大舉空襲東京、其後斯普魯恩斯之第五艦隊，與×××的航艦隊紛紛開入東京近海，以海軍飛機進行轟炸，如此等等，都是進攻日本本土的先聲，若尼米茲僅僅想尋找對日攻擊的橋頭堡壘，則大概將是廣州、上海等中國大陸的沿岸，並伴以進攻台灣，在這種場合，美軍需與重慶軍取得連絡，完全切斷日本與南方佔領地區的交通，並需考慮到上海與長崎間的四七六海里的距離，但不管怎樣，問題完全要以運輸船舶噸數的多少來決定，還是不容隱諱的是心理的要素，由於直接進攻日本本土，可以顚覆日本人的士氣，由此，可以與歐洲戰爭相符而行，迅速地結束太平洋戰爭，該報在言外之意，是美英結束戰爭的主張已漸趨表面化。

美軍事家暗示 千島羣島可能登陸

一合衆社華盛頓廿五日電一軍事觀察家暗示，自一月一日以來，美海空軍第廿五次猛襲千島羣島，爲準備實際登陸之蛻化步驟，如蘇聯參加對日作戰，則千島羣島，將成爲空中交通之

年前，由意大利士兵豎立於阿的斯巴巴，後者由於反動派的叛變，今天爲有色的軍隊侵佔了，這些反動派應負意大利不幸的唯一責任。但驕傲的意大利民族將絕不甘受失敗。全國一切忠誠的份子，決心對外國侵略者繼續作鬥爭，這些外國侵略者，僅僅由於反動派的叛變，才得插足於意大利領土之上。

英報評盟國食物會議

一海通社柏林廿二日電一倫敦訊：在華盛頓所舉行的盟國食物會議所宣佈的計劃（英國食物部長及英國生產部長也參加該會）在此間新聞界引起了許多批評。例如倫敦『泰晤士』報宣稱：延長現時的情況，令人們異常的驚駭，而在現時這種情況下，彼此互相遣責，解决這問題的辦法，必須滿足一切有關國家。英國很願意忍耐的繼續現時的食物配給。雖然英國的食物配給已經減到最低限度，而人們仍須忍耐以後某幾種物品的縮減。英國盡一切的可能，去增加生產，特別是鷄蛋和猪肉。

西班牙將停止代表日本利益 敵稱這是不友誼的態度

一同盟社馬德里廿四日電一西班牙政府於廿四日通告駐西班牙各國代表，西班牙將停止代表日本在其敵國中的利益，德國政府立即送備忘錄給西班牙當局，謂這對日本不利，西班牙的這種措置對日本是不友好的態度。

一合衆社馬德里廿四日電一西班牙政府對日在菲島殘殺西班牙僑民，並毁壞其產業之舉，已提出嚴重抗議，並通知日政府謂西班牙將停止代表日本在其敵國中之權利。

一合衆社馬德里廿四日電一西班牙人民，聞悉馬尼拉日軍暴行後，均感震動，而寄以深沉之關切，報紙記者尤其憤激，亞利巴斯報社論稱：菲島日軍罪行，現經證實爲『野蠻之殘忍行動』。吾人懷疑日軍暴行乃其施諸西班牙之有計劃的企圖，日本犯有此類暴行之大罪，應被驅逐於國際社會之外。雅報稱西班牙人民對於日軍暴行不能漠然不顧，我國慘死僑民血跡殷殷，繼要求日方適當滿意答覆之抗議後，與日斷絕外交關係，即將迅速到臨，西葡聯合與日斷絕外交關係，繼而共同對日宣戰極有可能。

一合衆社馬德里廿二日電一數日前此間權威方面訊：因日軍殘殺僑旅菲島之西僑，西班牙政府已鄭重考慮與日本絕交之舉，並有對日宣戰之可能。又訊：西政府將與葡萄牙採取共同行動，因日軍在葡屬帝汶亦有相同之行爲，西班牙全國報紙均以盟方所傳日軍殘殺西僑及侵犯西領事館之消息刊載首頁

，並予以廣播，此訊已引起其全國人民之公憤。

【同盟社東京廿七日電】佛朗哥政府以美國經常宣傳日軍在菲島的殘虐行爲爲藉口，拒絕代表日本利益，我外務省已於二十四日接到這一通告，我外務省關於此次佛哥朗政府突然的措置發表下列見解。（一）佛朗哥政府藉口日軍的殘虐行爲完全是沒有根據的。佛朗哥政府畏懼美國的宣傳，在通告之前，對於有無事實毫未徵詢我國，是沒有辦法爲了捏造的捏造。（第二點可能因電碼不清，而與第一點混同）（三）美國曾要求佛朗哥政府對日絕交或參戰，亦許佛朗哥政府是用此次措置，來緩和美國的壓迫。（四）不論如何，在國內地位中感到不安的佛朗哥政府，企圖屈服於美國的壓迫，改善其對內外的地位。

敵評盟國食物問題

【同盟社斯托哥爾姆廿五日電】美政府決定於四月以後，其對英國的食肉供給（根據軍火租借法），將減至過去的八分之一，而根據美國國內日趨惡化的食糧情況，對英國的食糧供給甚至將有全部禁止之說。因此給英國一般人士以深刻的不安與動搖，英國糧食部部長列維林亦悲鳴道：『英國國內所貯藏的糧食，目下已到了最底限度』，而且英國、澳洲與新西蘭，若遭受到卅年來所未有的歉收時，則將沒有任何對策，而只好要求美國犧牲其奢侈的國內配給。即是說英國國民對美國的不滿與埋怨之聲不絕於口，他們說：『美國國內的糧食情形已漸告枯竭，這已經是事實。以現在尚有節省消耗之餘地以節省的部份供給歐洲，不知對英國及歐洲是有多少的幫助。只有稍微縮減美軍的奢侈的食糧配給，就能拯救數百萬人的生命』。另方面歐洲大陸特別是反軸心國佔領的各國食糧情況，並非英國所可比，已經爲全面的饑饉狀態所苦悶。如邱吉爾也說：『歐洲大陸今冬有被可怕的饑餓襲擊之憂』。英國下院，亦把這事當作一個很大的問題。現在英國正站在歧路上，即是養活本國國民呢？或是不顧歐洲大陸的與國？因此結果將與美國之減少對英供給一樣，英國亦只得減少其對大陸的糧食輸出，增加國內貯藏。這樣，大陸完全處於飢餓狀態，必然要出現有史以來的悲慘的事情。十九日時報亦發出警論，強調不容易收拾事態。時報載稱：歐洲的饑饉是招致和平的最大危機。反軸心國最大的敵人，早已不是德國，而是大陸全體的飢餓。反軸心國設置救濟復興會議的目的，乃是解決這些預見到的事態，但是顯然是失敗了。日內瓦電報報導下列事實證實時報的報告：法國解放區的飢餓狀態很嚴重，里昂及邊境

退卻。何總長一再強調『以攻勢爭取勝利』之理論，渠稱『吾人目前必須爲未來任務有所準備』。麥克魯中將除謂對駐軍體格及訓練甚有深刻印象外，稱：渠深信中國軍隊如獲良好給養，良好領導及良好配備，即可與世界各地任何軍隊媲美。渠於巡行途中，並告若干部隊稱：魏德邁將軍現在華府會議，預料於本月底以前可以返抵中國。魏德邁返來時，渠將帶回此戰區未來作戰之計劃。何總長一行此次乘吉普車出巡，吉普車經不斷小徑及狹窄小道，駛往遙遠駐區，凡此村鎮，乃普通地圖中所不見其名者。駐軍多在城村附近闢建潔淨之營地，並種植蔬菜，飽養雞豕，以供所需。駐軍並以竹管自山溪通抵營地運輸飲水，濾清後飲用。蓋附近田內積水均骯髒不潔也。駐軍一面警戒，一面工作、遊戲、學習。駐軍之標準，現代設備自感不足，但每個士兵之康健體格，均爲其他國軍士兵所不及。彼等打靶練習及戰地演習勤務，均有優秀成績。然自有仍須改進之處。美籍軍官及派駐團部以次各單位之美軍人員之服務成績，亦甚可稱道。彼等現於南部區域與國軍士兵同共甘苦，彼輩不計物資之困苦，願與駐地部隊協同努力。派駐國軍某砲隊之美籍聯絡軍官羅蘭少校，即一典型。渠於所部打靶後，告記者稱：『本隊士兵於何總長一行來此前，即與[illegible]無似，余曾爲此事與彼等談話，冀使其情感稍趨冷靜』。

顧維鈞等由印飛美

【中央社加爾各答廿六日專電】我出席舊金山會議代表顧維鈞、王寵惠等一行，最近抵此，頃已啟程赴美。王寵惠由渝飛加時，微受不適，現已完全康復。

【中央社迪化廿六日電】中委兼新疆監察使羅家倫，今晨由迪飛渝。外交部駐新特派員劉澤榮在渝公畢，今午飛抵此間。

【中央社貴陽廿八日電】西南公路特別黨部出席六全代會代表業已選出戴學溶、莫衡二人。

【中央社寧夏四日電】寧夏出席六全代會代表複選提出於廿三日晨舉行，出席各縣市代表廿七人，中委姚大海監選，結果袁金章、馬敦厚、周百鍠、習敦道四人當選。

【本報訊】二月廿八日渝大公報載：韓僑在渝成立新黨——新韓民主黨。據稱：僑渝韓僑四百餘人，其黨派已有韓國獨立黨，朝鮮民族革命黨，朝鮮民族解放同盟，朝鮮無政府主義者總聯盟等黨派。二月七日有『新韓民主黨

地帶，向配給糧食當局進行大規模的示威運動。許多婦女團體，亦參加示威運動。有三萬人以勞工聯合會爲主體，舉行要求食糧的示威遊行。十九日巴黎亦有婦女五千餘人至市政府門前要求食糧，這種運動急速擴大至全國。至於意大利、希臘、羅馬尼亞各地情勢的暗淡，美英或是不顧本國人民的健康和民氣，而伸手救濟歐洲，或是減少其向被解放各國答應的食糧數量，並隨之實行政治的退却。例如像羅馬尼亞那樣，反軸心國的協力機構，在政治上已經失敗了。而在經濟方面也宣告失敗了。這正如每日先驅報所指出的。「新政治家」雜誌評論美英這種利己主義和失敗，給予大陸各國人民的衝動，略謂：「大陸各國由於反軸心國所謂解放的結果，已經幻滅了。它們也許要轉爲協助法西斯軍隊」。

順化越軍投降

「美新聞處訊巴黎廿四日電」本日法方公報稱：越南海岸中部順化之法屬越南守軍已投降。

何應欽、麥克魯巡視滇南駐軍

「中央社昆明廿三日電」（遲到）中國陸軍參謀總長何應欽將軍及中國戰區美軍作戰司令麥克魯中將，巡視駐防雲南省南部某地之國軍各部隊十一日後，本日返抵此間。何總長一行此次出巡歷程頗遠，一處距越南邊界僅十五英里，部隊之番號及駐區雖因軍事機密目前不能宣佈，但可得一言者，即何總長及麥克魯將軍此行歷程約八百五十英里，巡視之部隊係中國最優秀軍隊中所選拔之若干團。此等部隊現均隸屬於同一指揮之下。若干部隊曾歷經自台兒莊以迄漢口之各戰，近年且荷負捍衛所謂「中國側門」之重責。各部隊獲運抵國內美方裝備之供應，現經美軍人員協助重新編制，並接受現代戰爭技術之訓練，準備肩負來日作戰責任。鑒諸太平洋及邊境以南戰爭之發展，該區駐軍之重要性實無逾於今日者。此由中國最高統帥部以其最幹練之一將領專負指揮該區駐軍之責，可以見之。惟該將官之姓名，目前不能宣佈。何、麥兩將軍率領中美參謀人員一行，其中中國方面有中少將各一人及美國方面上校六人，於三月十六日乘吉普車出發，途中乘車、乘騎或步行，返昆則係乘運輸機。據悉何總長一行此次出巡，係早經擬定之計劃，然何、麥兩將軍所見所聞，對彼等所已進行與所將進行之攻勢計劃，自將有其影響。何總長每巡視一地，即爲國軍部隊灌注信心。駐區部隊於過去七年半戰爭中，與實力優越之敵軍對抗，曾飽經憂患，並因實力懸殊而作

」之創立，經三週研討，已將內部組織及對外宣言決定通過。其組織最高爲主席團，計有三人：洪震（現任在渝成立的韓國臨時政院議長）；柳東說（現任在渝成立的臨時政府參謀總長）金勝濟（現任臨時政府國務員）；次爲中央常務委員會，計有四人：金允敘，兼組織部長；安原生，兼宣傳部長；劉振東，兼財務部長；申基彥兼總書部長。

華西日報說民主力量已經和正取得主導地位

「本報訊」華西日報三月二日登載了蔣介石三月一日演說，副標題爲「中共要求取消黨治組織聯合政府，政府不願立即結束訓政故無結果」。同日社論「民主洪流爲何不能遏止」中稱：自反法西斯主義的大戰開始以來，民主的力量之所以能在世界規模以內普遍生長，天天強大，至今成爲不可遏止的洪流的原因，第一因民主爲勝利所必需；第二因民主爲和平所必須；第三因民主爲絕大多數人民自由幸福生活所必須，第四因保證實現的力量已成長到號居主導的地位。關於後一點，該社論稱：「今天就全世界的情形而論，連中國在內，已經成長的民主力量，一般是已經或正在取得主導地位。」又稱：「在政治上，許多被解放的國家，均先先後後採用各國民主政黨的聯合政府，向民主政治邁進，造成政治演進的規律表現，在政治上儘管還是民主落後，政治民主他還要全國上下努力爭取才能實現，但民主與反民主的鬥爭與其終結，總須服從目前世界的一般規律，而不能有所例外。」

「本報訊」雲南日報在二月廿一日登載中央社廣播重慶大公報、國民公報、益世報捧蔣社論的電訊後，廿二日發表社論「加緊團結，爭取勝利」。該社論認爲『政治團結』，「集中一切力量」是當前國是中最重大的問題。對於蔣介石元旦廣播，大加贊許，稱蔣介石是「此次世界大戰中的主要人物，由國民黨的總裁被國人推戴爲全國最高領袖」。又稱蔣所宣佈的「提早結束訓政，實施憲政」是「在黑海會議宣佈民主原則適用於歐局之先，可知我國戰時政治思想與制度，已經鑄成一定的趨勢與定型」。該社論認爲「實施憲政」與「政治團結」不僅是全國各界人士與各黨派一致的國是見解，而且是『執政的國民黨的最高政治目標』。又認爲有了以上觀點，對於目前團結問題，才「最易尋着解決途徑」。至於促成目前國內團結的具體主張，該社論認爲還距重要，所知各黨派商談的消息不多，僅願提供一個原則，即「儒家哲學所主張的『誠』字」。

參考消息

（只供參考）

第八三二號

新華社解放日報社編

今日出半張

卅四年三月廿九日 星期四

海通社傳蘇要求在舊金山會議上有五票表決權

同盟社評蘇廢除蘇土友好條約

【同盟社東京廿七日電】蘇聯總於廿一日宣佈廢除繼續了二十年的蘇土友好中立條約，這不曾向歐洲特別是巴爾幹政局，投了一顆炸彈。蘇聯當局對此僅聲言本條約已不能適應新的形勢，此外沒舉出任何具體理由。在過去蘇聯從軍事上向巴爾幹伸張自己的勢力，最近則迫使羅馬尼亞的拉德斯哥總理辭職，另外樹立以格羅查為首的親蘇政權，向確立自己的勢力圈邁進。由此看來，蘇聯這一措置，是十足的向土耳其舉行的政治攻勢，從而把自己的椅子，隱隱地放在全巴爾幹，這也可以說是蘇聯的獨自外交政策的表現。

【海通社柏林廿六日電】華盛頓訊，此間政界方面表示，蘇聯意欲在舊金山會議中要求五票表決權。蘇聯將要求下面五個蘇聯的共和國代表參加：中央俄羅斯、烏克蘭、白俄羅斯、哈薩克斯坦（？），喬治亞。頭三個共和國都有本身的外交人民委員部。

敵寇公報宣稱 緬境盟軍損失近萬

【同盟社緬甸前線基地廿五日電】我軍守備部隊迎擊優勢之敵，展開壯烈的市街戰，旬日以來即以寡兵奮勇迎戰，堅守曼德勒，至二十日已完全突破敵之重圍而轉移陣地，目下正與敵展開激戰中。曼德勒守備隊的堅守，給予我們以寶貴的時間，加上對曼德勒南方九十公里處密克特拉敵裝甲部隊攻擊的進展，其間我所在部隊已整理戰線完畢，遂以旺盛的士氣，到處與敵展開激戰。敵人的損失更加增大。就中在伊洛瓦底江戰線上——除了擊潰了英印軍第三十六師之一半外，並殺傷敵兵一個師以上，敵人似乎正在苦於補充中。預料在敵之後方連絡上，在今後的供應問題上將增加極大的困難。隨着最近雨季之將至，敵陣營亦悲觀之色極濃。又自敵第十九師，於二月中旬在曼德勒以北達平金渡河以來，截至今日為止，其所受的損失若按地區類別，計有如下之大：（一）新古、達平金地區——包括曼德勒市，殺傷兵員二千名以上，燒燬坦克十五輛；（二）卡單、明什地區——殺傷兵員五千名以上，焚燬坦克二十五輛以上；（三）克克特拉地區，殺傷兵員四百名以上，焚燬坦克九十二輛。

英新聞紀事報批評 天主教格利芬的誣蘇演說

【路透社倫敦七日電】自由黨機關報「新聞紀事報」本日批評華斯敏斯德天主教主格利芬博士在星期一關於波蘇問題的演講。該報於其社論中稱：格利芬博士的演講「表明他對蘇聯極其仇視」。蘇聯是英國戰時和平時的同盟。而格利芬博士認蘇聯為仇人是很不適合的。他告訴他的聽衆道：「不管我們的敵人所犯的罪惡是多麼大，你們必須饒恕你們的敵人。因此你們須給與蘇聯以贖其自身的機會。」格利芬博士也承認：三大盟國間的團結至為重要，但是他的演講的唯一結果，是破壞三大盟國間團結。格利芬稱：在雅爾塔會議上斯大林「對其英美同僚堅不讓步」。對甚麼堅不讓步呢？在上週，邱吉爾曾以果斷地處理了寇松線問題。寇松線並不是在蘇聯壓力下劃定的，而是在一九二〇年由西方民主國家所劃定的，在當時蘇聯既無防禦力量，同時也為其他國家所深惡。假若我們相信格利芬的話和假定他所主要關心的不是邊界而是波蘭獨立，那麼，他的話是沒有較好的意思的。他有甚麼根據來說：在此問題上，我們也向蘇聯屈服了。格利芬宣稱：「蘇聯太對不住波蘭人」，接着又自謙地說：「對不住愈大，饒恕的理由也就愈大」。根據這種類推，饒恕分裂同盟國團結的理由，一定也是很充足的。」

同盟社稱 蘇雜誌抨擊蔣介石

【同盟社上海二十六日專電】蘇聯的軍事機關報——紅星報，前此曾痛烈地攻擊蔣介石，指出蔣介石軍失敗的原因，是由於不承認延安之故，這引起一般人士的注目。最近到達此間的「戰爭與工人階級」雜誌曾揭載彼得連科、尼爾兩評論家署名的「重慶地區見聞記」，文中會痛烈地暴露重慶戰備的脆弱，引起莫大的反響。該文大要如下：記者在赴昆明途中，曾不斷目睹在雲南邊境移動中的中國軍隊，裝備與供給都是非常不好從，十八歲到五十歲的士兵，也疲勞困憊地行軍，自然我們所看到的這些軍隊，是所謂雜牌軍隊。與此相反，經常留在後方不戰而存的嫡系部隊，無論裝備與供給，都是雜牌軍所不可比擬的優秀，這顯然可以看出：重慶敗戰的原因，即在於此。但一到昆明，即看到很多營養充足與肥胖的青年，我們相信若徵集這些青年，是可以編制二十個師到三十個師的軍隊。（缺一段）重慶軍隱弱的原因，亦在於此。（下缺）

宋子文答外國記者
目前經濟情況並不嚴重

【中央社渝廿六日電】外記者招待會二十八日下午三時舉行，宋代院長於答覆某外記者謂：中國希望於舊金山會議者，能使國際安全組織早日成立，同時此亦為各同盟國所熱切希望之事。某記者詢以是否討論處置日本問題，宋代院長答謂：自戰事爆發時，即着手討論此一問題。宋氏並謂在開羅會議時，對此問題已有具體商定。某記者詢以中國對日本天皇處置之態度。宋代院長答謂：各方對此問題意見不一，余意在戰後日本天皇應予以推翻。某記者詢以是否贊成轟炸日本天皇，宋代院長答：當然將來可將此一問題留待解決。某記者詢以中國目前經濟情況，宋代院長答謂：目前經濟情況並不嚴重，如謂中國經濟有危機情形，應在上年敵進擾貴陽之時。近來德國瀕於崩潰及日本慘遭轟炸，對於中國經濟情況尤為有利。最後宋代院長表示，對於外商在華之經營，將多予以便利。

【中央社重慶廿八日電】軍政部長陳誠將軍為紀念第二屆青年節，發表一文，題為「到東京去」，提示全國青年應立定志願，打到東京去，勿僅以遠征印緬及出國留學而忽略直接打擊日本之急務。

【中央社重慶廿五日電】中國航空公司最近增闢西北新綫，由渝飛哈，經停蘭州，試航二次後，經過良好。前悉該綫正式航班，已定於本月廿八日由重慶直飛哈密。至由哈密飛回重慶，開始郵載運貨搭客。渝哈綫之蘭肅段票價為國幣六千元，蘭哈段為國幣一萬一千八百元，渝哈全綫直航票價為國幣二萬元，暫定每月飛行一次。

【中央社渝廿八日電】財部廿八日晚宣佈，出售黃金價格及法幣折合黃金存款折價，自三月廿九日起，改為每兩三萬五千元。出售現貨搭銷鄉鎮公益儲蓄辦法同時廢止。

【中央社渝廿八日電】加拿大駐華大使歐德倫，廿八日下午由印飛抵渝。

【中央社渝廿八日電】美國國務院派遣駐華大使館之經濟參贊畢格斯，於廿八日下午由印飛抵渝。

【中央社貴陽廿七日電】黔第二行政區前專員張策安，前黎平縣長謝鉉良及該縣田管處前副處長范文藻，城區征收處主任張發元等，盜賣公糧二五八五市石，現銀地院檢查處經兩月半之久，偵察終結，獲得確證，已提起公訴，張等四要犯除范文藻聞風潛逃，正在緝拿外，余均在押，此案即將公開審訊。

美卡車萬五千輛
即將輸華

【美新聞處紐約廿五日電】美國按照中國情形而適當設計之重型卡車一萬五千輛，即將輸華。此為中國政府，美國陸軍部及對外經濟處儘速改善中國內部運輸之龐大計劃之一部。負責組織此協助中國之重大事業者，為對外經濟處處之魏樂爾氏。魏氏為對外經濟處處長克羅萊之助理人員，中國人士頗多知之者。渠於一九四一年曾任中國政府處理租借品之中國國防供應公司祕書，並曾訪華多次，最近一次係隨納爾遜考察中國之戰時生產。

【中央社昆明廿四日電】十四航空隊司令部高射砲組主任陸軍上校裴思肯今語記者：中美合作担任遠東防空工作以來，頗收成效，現美國正積極協助我訓練防空人才，建設地面防空，充實防空武器，輔助防空教育，現正分區訓練，成績極佳，將來更可望擴充。貴陽方面，亦定下月派人前往主持其事，中國軍隊進步課程學習甚勤。又悉中國陸軍高射砲兵第四區，定廿六日由指揮官唐政領導向裴氏獻旗。

【美國新聞處廿四日電】奉派來華之美軍機械人員五百名，將協助中國於數月內訓練華人三千五百名及解決運輸之重要問題。

同盟社稱
新疆回教徒發生暴動

【同盟社上海二十五日電】重慶政權對新疆省回教徒的懷柔政策，最近日趨複雜化。重慶軍與回教徒之間，不斷發生武裝衝突，據最近從蘭州返抵某地的中國人談，說明曾發生歷時甚久的回教徒暴動事件。即是說自重慶軍進駐以來，新疆省的六百萬回教徒，不堪重慶軍的暴政，乃自去臘以來，在全省發生暴動，在各地共殺戮漢人二百數十名，佔領伊犂（烏蘇西北方二百九十公里處），形勢非常嚴重，與担負鎮壓的駐屯該地的重慶軍參鐵與李德梁軍，展開流血的衝突。蘭州與哈密間的交通，已完全斷絕。關於上述事情，重慶方面完全隱蔽事實，努力收拾局面，但二月二十三日中央社烏蘇電，證實上述暴動事件的事實。新疆省政府曾稱：「由於本年初三個月拚命的工作，結果有呼圖壁、埠康、昌吉各縣共兩千名的回教軍歸順。」並稱：當三月三日盛世才就任農林部長赴重慶途中，曾在哈密遭遇到回教軍的狙擊，僅得到九死一生，逃往重慶。可以窺見重慶對新疆省的民族政策，正遭遇非常困難的局面。

參攷消息

（只供參考）

第八三三號

解放日報 新華社 編

今日出一大張

卅四年三月卅日 星期五

宋子文在外國記者招待會上說 我未接受出席舊金山會議請帖

【同盟社里斯本廿八日電】重慶政府，曾於廿六日宣佈出席舊金山會議的中國代表中，有共產黨董必武，據重慶來電，代理行政院長宋子文於廿八日接見記者團時宣稱，出席舊金山的各代表，除了延安代表外，均接受了出席會議的請帖。又宋子文對於在舊金山會議上，是否提出東亞殖民地問題，則避而不答。

蔣介石到昆明視察

【同盟社里斯本廿七日電】據重慶來電，蔣介石於廿四日視察重慶軍基地昆明，並訪問在華美第十四航空隊司令部。於廿六日歸返重慶。

美任命奧布里治為駐華公使

【合衆社重慶廿八日電】重慶美大使館公使埃里斯・奧布里治今日抵渝，偕大使館青年錄事二人，卡特林・摩雷及魯斯・欽培爾。

重慶青年週紀念會向魏特梅耶獻旗

【中央社重慶廿八日電】世界青年週重慶紀念會向魏特梅耶將軍暨全體盟友獻旗典禮，廿八日下午三時在美軍總部舉行，由青年代表蔣緯以中英語言致詞，女青年代表周如英獻旗。

【中央社渝廿八日電】陪都第二屆青年節暨第三屆世界青年週紀念大會，廿九日上午十時假青年館舉行，午後一時至復興關公祭四川先烈及陣亡將士，晚間在青年館舉行各界青年代表同樂晚會，各學校各青年軍師部，均有紀念會。又廠界青年於是日發表告全國人士書，申述兩個願望。經濟方面，希望取消不必要的管制，政治方面擁護蔣主席三月一日聲明。青年團重慶支團部暨季團員及童軍檢閱，定廿九日上午九時假夫子池廣場舉行，由張治中任檢閱官。

美國派遣技術團赴重慶

【同盟社里斯本廿五日電】華盛頓來電：美國政府根據與重慶政府締結的協定，決定派遣約五百個技術專門家前赴重慶，據廿三日外國經濟院當局所洩漏的消息稱，上述技術團的先遣部隊，將於今後一個月內，前往重慶，他們在重慶，將担任訓練交通運輸部門的重慶人員約三千五百名。

華西日報論重慶文化界時局宣言

【本報訊】二月廿八日華西日報發表短評「善言」，論述渝文化界時局宣言，稱：「列名這宣言的三百餘人，實已包括了全國各地不同派別不同系統的文化人和作家，這也就反映出是全國文化界人士的一致要求。單憑這點，這要求也就是不能不予以重視的了。更何況民主團結，在目前已是救亡圖存的天經地義，除此而外，便無第二法門呢！禹聞善言則拜，我們希望我們的政府，仍保有我國古聖賢這種傳統。」

【本報訊】二月廿二日重慶大公晚報訊：「據悉：下屆參政員名單，下（三）月初即可公佈，其中國定參政員名額，依客觀之需求，有加多之必要，當局已在考慮中。」

【本報訊】戰時運輸管理局籌設新疆分局，已發表西北公路管理局局長何競武兼任該分局局長，陸振軒、鄒耕野為副局長。

【本報訊】二月廿七日華西日報載：川康綏署鄧潘二氏電令各治安當局嚴禁烟賭，發現有武裝人員包庇烟賭者，決予派隊圍捕，倘有鳴槍抗拒情事，准予就地格殺勿論。又對於無證攜槍及帶槍出入娛樂場所或旅館餐館者，仍予拿捕嚴懲。同報廿八日訊：廿七日川康綏署特別黨部初選（國民黨）六大代表，鄧錫侯得票最多，以二千七百八十七票當選為代表。陸軍九十五軍特別黨部六全大會初選代表於廿六日完畢，楊曬君得票最多當選。又訊：華西日報於二月廿七日又失竊，計為第六次；以前五次失竊案尚僅破獲一案。

【本報訊】四川省本年壯丁安家費每人會決定發一萬元，全省今年徵兵三十萬名。據二月廿七日華西日報載：此次安家費，國民黨中央准撥五分之三。

【本報訊】三月二日渝大公報載昆明二月二十五日專電稱：「（雲南）省府衛兵連排長蔡樸岳率部謀叛案，已經今日各報公佈，蔡及代特務長康莊和班長管三迎，已於二十四日槍決。緣蔡等不守法紀，本節前夕竟率部謀叛，並拐帶槍枝軍需等件出走。經省府發覺後，即呈報行營派兵偵緝，至北郊外

美報紙編輯協會代表在渝謂在蘇聯獲得未曾預料之鼓勵

【中央社重慶廿九日電】美國新聞界之代表福勒斯特，麥吉爾，西更曼來渝後，美國新聞處特於今日下午四時茶會，邀請本市新聞界人士與三氏晤面，到中外記者各國新聞處及美軍總部新聞聯絡官等二百餘人。福氏等與到會者一一握手見面，狀至愉快。福氏與記者握手時稱：「余初未料及中國新聞界人才如此之多。」隨後即與記者數人舉行自由談話。某記者詢問福氏：昨日下機時對中央社記者表示此行在蘇聯會獲得未曾預料之「鼓勵」，此語之解釋如何。福氏以極坦白之態度答稱：余等至蘇聯後，美國大使館曾設宴招待，並介紹蘇聯各界人士與余等三人會面。蘇外長莫洛托夫因病未至，由次長維辛斯基代表出席。宴會上吾等曾以新聞自由運動徵詢維氏之意見。據渠表示：吾人在戰時能爲共同目的打擊共同敵人，且合作以圖建立將來世界之永久安全，此兩大目標既能達到，其他問題更無足論矣。吾等聞此言後，實認爲異常滿意。此後吾三人亦曾與消息報、眞理報之主筆等晤談，所涉及之問題甚多，範圍亦廣。但彼等均一致表示，蘇聯政府之制度雖與其他各國不同，然對蘇聯與外界之自由交換新聞，則並無異議，根據此兩事實，余故謂得到莫大之「鼓勵」也。記者復詢以戰後如何在軸心國家倡導此項運動。福氏答稱：軸心國家人民固難了解此運動之宗旨，然戰後吾人需佔領軸心國家相當時期，必需使人民了解其中意義，則此運動自然生效矣。記者末詢以此行至中國之計劃。福氏答稱：中美兩民族之共同點甚多，余愛中國尤甚。一九二九年時，余曾來中國，余等此行來華，自然在徵集中國報人對新聞自由運動之意見，以備戰後實現此偉大目標。蓋余等深信此運動實爲促進國際諒解與安全之有力方法也。

【中央社渝廿八日電】美國報紙主筆協會所派負責促進聯合國新聞自由交換之三位代表，已於今日下午自昆飛抵重慶，代表團團長係美國報紙主筆協會副會長紐約前鋒論壇報副主筆福勒斯特，團員爲某大學新聞學院院長我中宣部董副部長顯光，中國新聞學會理事長蕭同茲，中央社代表徐兆鏞，中正校新聞學院教務長吉爾勒，美軍總部新聞聯絡官×曾里上校，美國新聞處編輯及各報記者等均往歡迎。

之邵甸將叛部包圍，叛部竟頑抗，結果蔡等當被生擒，叛兵死傷廿餘人，現悉士兵係被蠱惑，已准其歸隊。」

川黔等地出席國民黨六全大會代表名單

【中央社成都廿八日電】川省出席六全代表大會複選，廿八日在省黨部舉行，結果余富林、李琢仁、胡次威、余成勳、黃夢×、徐書樁、李天民、陳紫輿、李肇甫、羅文謨、唐傳義、俞培厚十二人當選。

【中央社貴陽廿八日電】黔六全大會代表，今晨九時複選，結果韓文煥、王亞明、譚克敏、周達時、何輯五、傅啓學、伍家宥、×××、陳明僊（女）九人當選。

【中央社寧都廿八日電】青年團江西支團部幹監會，選蔣經國爲六全大會代表。

【中央社西安廿八日電】今日下午四時，隴海鐵路特別黨部選舉出席六全大會代表，結果隋福延當選。

在華敵軍劃分五個戰區

【合衆社重慶廿八日電】僞方南京新聞晚報稱：日軍駐中國大陸指揮部，把中國本部佔領區分爲五個戰區，準備在中國大陸上與中國軍隊進行決戰。五個戰區如下：華北區、漢口區（華中區）、衡陽區（華南區）、上海區（華東區）及沿海區（包括香港、海南島、汕頭、廈門、福州）並任命五個指揮官歸日本駐華派遣軍總司令岡村大將統轄。

【同盟社南京廿九日電】廿八日在此間舉行的戰時民衆代表大會的主要議案，計有：（一）爲實現孫中山的遺志，推行和平選舉運動，向全國發表通電，促起全國民衆的奮起。（二）在各地設立聯合議會，疏通民意，藉以立即實現全面的和平。（三）以民衆名義，嚴重抗議美國的轟炸和平區。（四）爲解放大東亞全民族，積極支援南方各民族獨立運動。

國民黨在江西成立青年軍二〇八師

【中央社寧都廿八日電】東南青年軍，已開始編訓第二〇八師，溫師長鳴劍，由贛縣過此赴某地成立師部。

【中央社重慶廿九日電】萬縣青年軍二〇四師，奉命選派優秀士兵千人，赴印受訓。該師巴東所屬部隊中，選派足額，定日內赴某地乘機飛印。

德國否認求和

【海通社柏林廿八日電】里賓特洛甫發言人星期三關於斯托哥爾姆傳稱德外交部經濟司什奴萊公使伸出和平觸角」一事宣稱：什奴萊之在斯托哥爾姆，如同往常一樣，是爲了討論有關德國與瑞典經濟關係的技術問題，發言人指出，「什奴萊不談其他問題，因此他的訪問斯托哥爾姆與和平觸角無關」，並稱斯托哥爾姆的謠言「純係胡說」。發言人同時附帶指出，德國人士十日前，關於其時在斯托哥爾姆之德外交部另一官員所發表的否認。這一否認中會稱，德國未伸出和平觸角，且將不會伸出這種觸角。

同盟社評 土耳其和英蘇關係

【同盟社東京廿九日電】朝日新聞發表題爲命運和英蘇的社論稱：近東亞洲西部的問題，對於英美蘇說來，和解決歐洲問題同樣，是一個相當複雜，而且微妙的問題，在最近這一問題突然表面化了，成爲近東西亞的中樞的土耳其，過去雖在美英的壓力下，傾向了反軸心國家，然而問題並不單是土耳其採取了反軸心的態度，就算解決了，另一方面還有土耳其到底傾向英美蘇的那一邊，在這裏土耳其又採取了機會主義的態度，把自己的安全寄托在英蘇的均衡上面，可是蘇聯在這種關係上，突然投出一顆沉重的炸彈，於廿一日宣佈廢除蘇土友好條約，並宣佈廢除的理由，是由於第二次世界戰爭的局面，不斷發生重大變化，因而該條約已不適合新的情況，有給以重大變更的必要，同時蘇聯的言論宣傳機關，亦公開非難土耳其現政權，說它是非民主的，有法西斯的傾向，這一些如和土耳其現政權有親英美的色彩，聯系起來看，蘇聯的意圖，是不難推測出來的，蘇聯對外政策的基調是從政戰兩略的觀點，在自己週圍的鄰近地區，樹立親蘇政權，所以很明顯地土耳其自然也不會例外，從控制地中海的出口——達達尼爾海峽看來，蘇聯一貫是非常關心土耳其的，然而水上王國的英國，只要它想維持英帝國的生命線，絕不會同意土耳其和達達尼爾海峽成爲蘇聯的勢力圈，回憶十九世紀時，英蘇在達達尼爾海峽上的爭霸戰，更可證實此點，在今天英國和蘇聯在這方面，都保有發言權，所以很明顯地他們都在增大自己的勢力，設若保有從黑海到愛琴海出口的土耳其，容忍了蘇聯的政策，必然地要增加英國在這方面的不安和憂慮，因而圍繞着英蘇的外交戰，只有日趨嚴重。

要造成什麼既成的事實，以打破這種國際的和國內的氣圍氣，於是配合上述的戰略意圖，發動新的作戰，不管敵人的意圖如何，但是目前敵人企圖侵入皇土南方的一角——西南羣島這個事實確是嚴重的，敵人的戰力使其士氣旺盛，並使其能夠迅速的推進作戰，我方要正視敵人的這種戰力，要毫不鬆懈的完成擊滅強敵的決戰體制。

【同盟社里斯本廿六日電】琉璜島日軍的全員壯烈總攻擊，予反軸心陣營以極大損失，各種報紙雜誌亦登載日本軍隊的戰鬥精神，英國權威報紙曼徹斯特導報，在廿日報上以「一個孤島的代價」爲題，論述琉璜島作戰的教訓如下：佔領琉璜島要塞實際上需要廿六天，在琉璜島日軍守備隊不但頑強作戰，並構築了強力的防禦陣地，如要破壞需要犧牲龐大的人命，砲火及炸彈的轟擊，亦未能得預期效果，予美國國內以極大刺激。塔拉瓦島登陸作戰的出血，亦成爲毫無問題的苦戰。陣亡受傷者總計一萬九千九百卅八名，這只有與在緬甸的英軍損失相比才是很少，如與從事作戰的美國人數相比較，是一個很大的數目，實際上損失了陸軍的三分之二。爲了國家而死，則歐美人看來是一件最難的事情，但對日本人來說卻不是一件難事。日本人的………（掉）雖不是什麼驚奇的事情，但琉璜島守備隊員，卻捍鬥到最後一人，這是應當注意的事實。（缺二句）日本國民將成爲世界上最強的民族。

德寇西綫告急 日寇驚慌

【同盟社柏林江尻特派員廿八日電】曾經一時陷入危機的東部戰綫，剛稍爲穩定，而西綫美英軍的攻勢卻出乎意料地緊急，情勢已極爲嚴重。德軍爲了在東綫進行決戰，抽調西綫的兵力，這一抽調在美英方面，曾根據情報作過報導，這樣自然已預料到德軍將多少犧牲西綫。直撲美因茲正面的巴頓軍，突破德軍陣地，由萊茵河岸突入一百公里以上的遠方，有直接席捲德國中原之勢，形勢不允許樂觀。美英軍已穿過德軍防綫，只要渡過萊茵河，就能展開野戰，這種形勢，對德軍來說，將使防禦更加困難。美英軍由美因茲正面，乘德軍後方防禦的空虛，楔入深處，在降落傘部隊的掩護下，企圖由威塞爾方面進行突破。英第二軍配合加第一軍，於包圍並殲滅德中部集團軍後，更進而由北部平原地帶趨向柏林、漢堡方面，由南部向慕尼黑、維也納挺進，似在企圖與紅軍爭奪首功。看美英軍的作戰動向，在歐洲也好，在遠東也好，都想防止蘇聯勢力的擴大，另一方面則爲針對着國內困難的增長

敵擁美軍登陸慶良間島 爲進入戰略要地的中央

【同盟社東京廿八日電】美國於廿三日以來，使其在太平洋的全部海上兵力，出現於西南羣島的近海，廿四日開始砲轟沖繩本島南半部，廿五日使一部份兵力在沖繩本島西方廿餘公里的慶良間羣島的渡嘉敷島、阿嘉島登陸，由敵在西南羣島海面結集兵力的情況，現在敵作戰的程序及其執拗性來判斷，敵人企圖在沖繩本島進行登陸作戰，是毫無懷疑的。敵人表明了這種野心時，我航空部隊一齊進行活動猛攻敵艦船，現已獲得擊沉擊傷敵艦船卅一艘的戰果。我空軍繼續進行攻擊，西南羣島距九州和台灣都是六百公里，位於我主要戰略要地——九州、台灣的中央，實是一個典型的戰略的據點，敵人此次來攻是冒着極大的危險，楔入我戰略據點的中部，但是我左右兩翼的空軍的攻擊，敵人必受重大的創傷，敵人對我戰略體制嚴加戒備，去年秋天襲擊台灣時，得到了很苦痛的經驗，而此次來攻沖繩本島，表面看來似乎是很威風和過於盲動，但是實際上說來，它很害怕我航空部隊的襲擊，而採取極慎重的態度，其最顯著的表現就是敵人發動登陸沖繩本島之前，首先在慶良間諸島登陸，由地形看來，與其說敵人要在該處建設航空基地，勿寧說是要獲得用來進行沖繩本島登陸作戰用的運輸船隊的停泊地，敵人如以運輸船隊運輸兵力攻擊沖繩本島，那末由於我特別攻擊隊的攻擊，不出一週，該島近海無疑地要成為美兵的墳墓。於是敵人似乎要採取這樣的戰法，即在慶良間羣島建立停泊地，在該處集結兵力和資材後，利用登陸舟艇向沖繩本島進行登陸作戰，但是敵人離開該處不到五十步，一百步，就要遭我特別攻擊隊的襲擊，而其結果，將完全粉碎敵人的企圖。敵人來攻西南羣島的目的，是在該處建設強有力的航空基地，壓縮對日航空包圍圈，加強戰略的轟炸以破壞我戰力的源泉，同時以其航空兵力嚴重威脅我本土，與南洋各地及滿華的交通動脈，使對日作戰進入新的階段，除了這種戰略的企圖以外，大概還包含有政略的意圖，我們不能忽視敵人這種投機的作戰，羅斯福於四月廿五日召開舊金山會議的主要議題，是戰後國際處理的案件，這是以日德的屈服爲前題。太平洋戰局的現狀決不能說美軍確保決定性的優越的地位。即我方改善和加強大陸戰綫的戰略體制，我們在越南掃除敵性勢力以及美軍在呂宋島、琉璜島所受的重大損失使世界各國得到強烈的印象。在這樣的情形下，舉行的舊金山會議（以我國的屈服爲前提）只能作爲一場喜劇而結束。琉璜島的戰鬥使美國人民受到深刻的刺激，並使他們戰慄，美國在對日作戰中，急於想結束戰爭。對於東西兩面的攻勢，發揮統帥的神妙，如何靈活運用有限的力量，以抓住敵人的弱點，是留待今後的問題，德國當然不會完全無盤算而糊裏糊塗地繼續戰爭，戰局的前途不能作輕率的判斷。

德國自承紅軍切斷德國橋頭堡壘

【海通社柏林廿八日電】德國軍事發言人稱：蘇軍從奧得河西岸庫斯特林兩邊橋頭堡壘的進攻，已切斷了德國橋頭堡壘的通路。從西面通堡壘的走廊，約有二公里寬六公里長。現蘇軍已在某地切斷了這走廊，但他們的障壁只有五百米寬，這時德軍正發動猛烈反攻，企圖又與庫斯特林方面建立聯系。蘇軍在奧得河西岸的兩個橋頭堡壘（蘇軍從該處在庫斯特林前面建立障壁）第一個橋頭堡壘，在庫斯特林西北基尼茲地區，很寬但只有四公里深，第二個橋頭堡壘位於庫斯特林正南，以喬利茲城爲名，約有十七公里深，但不很寬。

南陽近郊發生戰鬥

【中央社渝廿九日電】據軍委會廿九日發表戰訊：（一）鄂北方面，我軍向敵側背攻擊部隊，現已攻達安家集、會家集（均荊門西北）、白雲山（荊門北）之綫，繼續對敵後施行壓力，南漳附近戰鬥仍烈，自忠縣北面戰況迄無變化。（二）豫南方面，我軍向南召攻擊部隊，廿七日已迫近城郊，南陽附近戰鬥激烈如前。鄧縣以南地區，仍在激戰中。敵步騎兵數百，由鎮平以北向內鄉方面竄犯，被我軍痛擊，斃殲甚衆。（三）豫西方面，我軍於廿八日晚猛攻長水鎮，經激戰後，獲有甚大戰果。

【中央社石花街廿九日】向內鄉方面竄犯之敵，正被我阻擊中。

【中央社花石街廿九日電】南陽附近敵，廿九日晨向南陽城猛攻，駐軍正堅守痛擊中。

【中央社恩施廿八日電】自忠城縣北歐家廟敵，復北竄至錢家營以南地區，我敵對戰正殷。

【中央社恩施廿六日電】廿六日晚敵一部猛攻南漳縣城，我軍以衆寡懸殊，轉戰城郊，候我援軍馳到，復乘機反攻，於廿七日拂曉克復縣城，當日午後，敵一股復竄至東關附近，與我激戰，其中一部敵軍，轉向南漳西北龍門集竄犯，我正阻擊中。

【中央社湖南前綫某地廿九日電】贛城自廿一日起，敵向外聯絡被我切斷，敵機一架，運來軍火接濟，投擲後即南去，我攻至天×公園附近，城東南×綿頭附近對峙，我正加強外圍兵力，繼續攻城中。

參考消息
（只供參考）
第八三四號
解放日報 新華社 編
今日出一大張
卅四年三月卅一日 星期六

國民黨政府正式任命舊金山會議代表

【中央社渝廿九日電】國民政府三月廿九日令：特派宋子文爲中華民國出席聯合國大會首席代表，顧維鈞、王寵惠、魏道明、胡適、吳貽芳、李璜、張君勱、董必武、胡霖爲代表，施肇基爲代表團高等顧問此令。

【中央社成都廿九日電】我國出席舊金山會議代表吳貽芳、李璜，廿九日下午飛渝。

泰勒評國共問題

【合衆社紐約廿九日電】佛芬德•泰勒，於先驅論壇上發表一文稱：『最近數週來，中國共產黨對重慶中央政府的態度有了基本的改變。共產黨以前在其言論中尊敬蔣介石，並同意他是團結中國底唯一可能的領袖。他們現在斥責蔣是『獨裁者』、『獨夫』、『喪心病狂者』。共產黨的新方針顯然不是由於中國所發生的任何事件而產生的。蔣委員長不是獨夫，他過去也不是獨夫。這字眼在二年前可以較現在更爲適宜地使用它。自漢口失陷來，重慶目前較任何時候均更爲努力，以準備中國使適合於民主主義。很可能的，中國共產黨方針的改變部份是由於蘇聯軍事力量的強大，而甚至更多的，是由於美國對他們政綱日益增長的同情。這種同情，是從去年訪問游擊區各訪員的熱情的報導中生長出來。今天的形勢是：國民黨與共產黨的中國均有某種集權的表現。雙方（比方說）均慣於對政治上的反對者使用政治檢查制度和集中營。若以民主而論，兩個集團均有某些東西可以提出。共產黨在發展地方民主方面獲得了很多進展，尤其是值得注意的，這種地方民主的發展是和土地改革一起進行的。另一方面，國民黨絕不是法西斯集團，如同共產黨所描繪的那樣。』

增援部隊，繼續擴大進展，現已攻迫荊門附近。我軍另一有力部隊，並已攻抵南漳東南地區，犯南漳敵受我重大威脅。豫南方面南陽附近，連日激戰，我軍斃敵至少在一千以上。鄧縣附近激戰仍未稍戢，敵步騎兵一部續向老河口方面竄犯，被我軍痛擊，予敵重創。向內鄉方面竄犯敵，附有少數機械化部隊，我軍繼續猛擊，斃敵數百，並擊毀敵戰車三輛。豫西方面我軍向嵩縣郊區之敵攻擊。於廿八日擊退敵之頑強抵抗，迫近城垣四里至六里之處，續行對敵施行猛攻中。

重慶譯員訓練班第一期畢業

【中央社渝卅日電】中央訓練團譯員訓練班，自由軍委會外事局接辦後，第一班學員，即將訓練完畢，該局於三十日晨十時，會同美軍總部代表招待本市新聞界參觀該班訓練情形，由何局長浩若，美軍總部代表湯姆森中校，譯員訓練班主持人畢薩宇招待。

【中央社蘭州卅日電】英議員胡特及機械專家富高德馬，二十九日晚由陝抵蘭，沿途會參觀雙石舖，天水各地工合業務。

【中央社渝卅日電】渝市下龍門浩三十日晨大火，延燒四小時始熄，燬屋二百餘間。下龍門浩商業區，幾燒去三分之二。

國民黨在贛東成立青年軍二〇九師

【中央社寧都卅日電】贛省知識青年應征踴躍，計達一萬一千人，現贛西南各地從軍青年，已至第二零九師入營者，計七百餘人。另有一千八百人因交通困難，多在途中。贛東從軍青年計×千，編入第二零八師。

【中央社渝卅日電】青年遠征軍總監羅卓英，赴萬縣視察二〇四師公畢，二十九日返渝。

【中央社寧都卅日電】省府定下半年舉行地方自治總檢閱，屆時派員分區實地檢查各縣遵照政黨指示積極推行清查戶口，整理自治財政，舉辦學校，建立民意機構等十四項重要工作。

【中央社沅陵廿九日電】湘省府沅陵行署今起舉行八九兩區行政會議，到委員等四十餘人，會期三日，定三十一日閉幕。

傳羅邱向斯大林要求莫洛托夫出席舊金山會議

【同盟社里斯本廿七日電】反軸心各國紛紛出選大人物作爲出席舊金山會議的代表，並且毫不懈怠地進行準備工作。獨有蘇聯仍然保持沉默，沒有公佈代表

何應欽及齊福士 共同呼籲中美供應人員合作

【中央社重慶卅日電】據中國戰區美軍司令部昆明廿九日電，何應欽將軍及在華美軍供應隊司令兼中國後勤總部昆明司令部司令齊福士將軍，昨在此間中國後勤總部特別典禮中共同呼籲互相合作，以解決中國之供應問題。何氏對中國後勤總部中美人員致辭稱，齊福士將軍過去於供應問題，至有成就，因是須負責中國供應表示，令人深感快慰。何氏繼而稱譽美國供應機構謂，美軍在歐洲及太平洋中所獲之勝利，泰半皆係供應軍需得力之功，過去中國軍隊並無現代化之供應機構，甚望此次之中美供應人員，可使中國陸軍獲得必要之供應，以得發動攻勢，因是余望中美人員共同合作，以使供應工作不受任何阻礙。齊氏繼之對中美屬員闡述中美後勤機構當前所有之種種問題，並特別注重運輸及食物供應二者，渠謂如各級人員能共同合作，則各種問題均可迎刃而解。美國之供應機構，係分層負責者，甚望此種制度，亦得應用於中國，使後勤總部成為一有效而能圓滑進展之組織也。

國民黨政府軍委會 發表一週戰況

【中央社渝卅日電】據軍委會發表廿四日至卅日一週戰況，軍委會發言人談本週來除湘贛各地戰況無重大變化外，茲將豫鄂及緬甸戰事分述如後：豫省方面，由洛寧西犯敵，經我軍反擊，被迫退據長水鎮，會數度反撲，均未得逞。由豫南魯山、葉縣、舞陽及駐馬店等地分路向南陽進犯之敵，在南召方城一帶經我守軍猛力阻擊，予敵以極大損傷，其戰事重心已移於南陽附近及西南地區，戰況極為激烈。其由泌陽續隊犯新野鄧縣方面之敵，仍在我阻擊中。至於鄂北方面，由荆門北犯被我阻止於南漳附近之敵，仍未得逞，我向鄂北之荆門南漳及豫南之南召等地敵側背攻擊部隊，均有相當進展。查敵寇此次之蠢動，純係以攻為守，因感我軍在南陽至老河口一帶平原地區所予平漢路沿綫敵之威脅重大，使其日夕惶懼難安，為求平漢鐵路南段之安全計，故作此局部蠢動，乃屬意料中事。敵起初雖猖獗，但我軍勇猛阻擊，其兇焰已稍熄。緬甸方面，我軍於廿七日完全佔領孟崖，仍繼續攻擊前進中。我軍與美軍自芒友發動新攻勢以來，進展達一百五十八英里。

【中央社渝[illegible]日電】[illegible]軍委會卅日發表戰訊，鄂北方面我軍攻達荆門西北

的名單，因此使美國政界頗為不滿。據華盛頓來電稱：美新聞記者的比森，於廿五日夜的廣播中指出：蘇聯輕視舊金山會議，只任命蘇駐華盛頓大使葛羅米科為代表。於是羅斯福與邱吉爾向斯大林委員長要求：至少要任命莫洛托夫那樣的大人物為代表，因此關於這問題，已經引起不少的波瀾。上述報導在廿六日白宮接見記者時，已經作為一個問題而提出，但總統秘書[illegible]涅斯，似並不予以積極的否定或肯定。

【同盟社斯托哥爾姆廿七日電】倫敦來電：英國將路雅斯．蘇維因軍艦讓渡給蘇聯（二萬九千一百五十噸），該艦已改名為阿爾漢格爾斯克，編入蘇聯艦隊。英國亦以驅逐艦、潛水艇數艘讓渡，美國又以輕巡洋艦米爾維基（七千五十噸）讓渡給蘇聯，改名為莫爾曼斯克。路雅斯．蘇維因是一九一六年竣工的老齡艦，有十五英吋砲八門、六英吋砲十二門、四英吋高砲八門，米爾維基於一九二三年六月竣工，有六英吋砲十二門、三英吋高角砲八門。

敵寇誇言琉球戰果

【同盟社東京廿九日電】敵機動部隊自二十三日起，來襲沖繩本島週圍，我航空部隊與水上部隊一起，反覆強烈地攻擊該敵，逐漸地獲得戰果。二十六日到二十八日的三天中間，僅已確認的戰果，即擊沉戰艦一艘、巡洋艦六艘、巡洋艦或驅逐艦一艘、驅逐艦七艘、掃海艇一艘，共計十六艘。擊傷戰艦或巡洋艦九艘、驅逐艦三艘、運輸艦一艘，共計十四艘。擊沉與擊傷計三十艘，其中並包括下列戰果：即在二十八日那天，我魚雷艇隊並壯烈地衝擊敵艦，轉瞬之間即擊沉敵巡洋艦二艘，破壞驅逐艦一艘。不消說，除了上述戰果以外，還有很多未被確認。如上所述，由於我機的肉彈攻擊，敵來攻部隊的損失，正在逐漸擴大中。雖然獲得如此大的戰果，但觀乎敵來攻部隊的勢力，只不過毀滅其一小部份而已。敵人現仍在沖繩本島週圍，以約十艘的戰艦為基幹，共有一百艘的強大艦隊在蠢動，而進行執拗的攻擊。而且在其週圍，並有以十餘艘的航艦為基幹的有力機動部隊在遊弋中。以艦上機担任攻擊西南諸島，至二十八日，以一百三十架飛機，急襲九州東南部地區，復於二十九日，反覆攻擊九州。另方面馬里亞納基地的B二九式機，也與此相呼應，於二十七日，整夜兩次大舉空襲北部九州，傾舉全力，協助這一作戰。僅拿這一件事來看，就可以窺見敵人是在如何拚命地進行此次的登陸作戰。

琉球進攻戰中 美軍戰術慎重

【同盟社東京廿八日電】琉璜島的大損失而出意料的敵人美軍，在西南諸島作戰中，其慎，程度顯得有點可憐。在登陸之前，反復地施行執拗的轟擊。首先發射大量的彈雨，這是極度恐懼人員損失的美軍的老一套的手段。在琉璜島作戰中，敵軍體會到未獲得登陸準備戰鬥的預期效果，認識到在要塞島實行直接登陸的危險，因而在這次西南諸島作戰中，就更加避免在沖繩本島進行直接的登陸，而在沖繩島西方廿七公里的小島羣——慶良間列島登陸。巡弋於沖繩島周圍的敵機動部隊的行動，似也同樣地很慎重。自天接近海岸，砲轟沖繩島，因懼怕我得意的薄暮，及拂曉攻擊，到下午五點左右便停止砲轟，遙遙地向海洋退避。到廿七日為止，沖繩島周圍敵艦船的總數已達一百艘，該方面的我軍部隊，在海上、在海邊濶盡全力攻擊敵人，至廿七日為止已獲得擊沉與擊傷敵艦卅一艘的光輝戰果，將士的氣勢有沖天之概。

同盟社評琉球形勢 狂呼在有利條件下「擊敵」

【同盟社東京廿八日電】西南諸島所預期的戰鬥已經開始了，目下敵人在接近沖繩本島的慶良間島登陸，敵人對沖繩本島的南部，用其一貫的手段——大砲轟擊進行制壓攻擊。正規的登陸戰現在尚未開始。琉璜島血戰結束後，敵人的人員艦船受到極大損失，遂又向西南諸島前進，它的力量是不可輕視的。我方亦準備在與琉璜島戰完全不同的有利條件下擊滅敵人。沖繩本島在距離九洲及台灣兩大戰略基地均是六百公里的地方，我們如想到台灣海面大戰果是在本土與菲島中間的台灣戰略凸角所獲得，那麼再度在本土與台灣中間的琉球戰略凸角（按飛機行動半徑來說僅是台灣航空戰的一半）將迎擊敵人，於有利條件下予敵人以痛烈打擊，更使敵人不能在沖繩本島登陸。在沖繩本島，我現地軍官民利用所建設的險固要塞，準備擊碎敵人。琉璜島的戰鬥使敵人知道我軍的戰鬥力是如何的強大，沖繩島亦是同樣的，是我軍在海洋上的一個戰略地點，如與琉璜島比較，在面積之大及地形上，能夠發揮我軍作戰的本領。在戰略地形上，沖繩島決戰是本土決戰的序幕，為了在這一作戰中取得勝利，軍官民須用特攻精神結合起來。敵人稱琉璜島為地獄中的地獄，沖繩島將是使敵人無限流血的無限地獄。

中央日報、掃蕩報 評美軍在琉球登陸

【合衆社重慶二十八日電】重慶各大報紙歡迎美軍在琉球登陸。官方中央日報說：「一旦琉球被佔領，日本本土和台灣將

我國本土，最近乃針對我大陸的交通網，從過去游擊式的出擊逐漸轉移為正規的攻勢，故其動向是不容輕視的。即是說二月份向華北出擊的敵機，果計共三百九十一架。主要以戰鬥機破壞火車頭與卡車，本月二十六日，敵機三十六架，轟炸我交通要衝石門，連日以來或以一架或數架飛機，襲擊京漢與津浦兩綫。敵人蠢動的激化，說明自去年底起在華美空軍企圖其向西北中國移動基地，而其配備則已進展至相當程度。在梁山、老河口、贛州、恩施等豫陝兩省的前進基地，已經配備了戰鬥機P51、B40、P38、共有B52式機的中距離轟炸機共二百架左右。而轟炸隊的前進基地，仍然是成都飛機場羣，最近並在寧夏、××建設飛機場，同時要把老河口擴大為大型機用的飛機場。並沿蘭州到迪化的公路修築工事擴張基地。美國向西北地區擴充基地與加強空軍攻勢——無非是想迅速整頓從西北進攻日本的態勢，便利於敵機自馬里亞納基地起飛以及機動部隊的出擊。同時欲擾亂華北、滿洲國、朝鮮的對日交通動脈，同時想迅速降低重工業特別是飛機的生產，敵人在太平洋上的損失越是加大，則必然更使自中國西北部轟炸作戰趨於激烈。

中央社報導西綫局勢

【中央社倫敦廿八日專電】值茲最後勝利在望之際，整個西綫陸軍記者幾每小時，均有極佳之消息傳來，一般揣測，均集中於以下兩大問題，第一即歐戰可能以何種方式結束，第二即希特勒於局勢完全無望時，將有何作為。第一問題之提出，係因盟方之「無條件投降」阻止「談判式之和平」，並因德國軍事局勢，已極度惡化，是否有任何德軍將領能建立另一防綫，乃一疑問。據戰地記者關於德軍抵抗散漫不振情形之報道，一為西綫德軍顯已分裂為二，缺乏中心之領導，若干德軍軍官，自動以其一部份部隊投降前進盟軍之報導，前已時有所聞，僉信德軍統帥部，面臨無望之軍事局勢，業將不致如上次大戰作整個性之投降，果爾盟方之唯一其他途徑，即正式宣佈對德戰爭之結束，即使知道作此聲明後，可能仍須進行消滅戰，亦須出此。據中立方面來訊，卡塞林實際從未肩負指揮西綫德軍作戰之責。中立方面來訊並稱，希特勒昨夜於貝茲加登召開作戰委員會，緊急會議時，決定於奧地利阿爾卑斯山內綫要塞，或丹麥進行最後戰爭，如何作戰惟希特勒本人知之，關於交（焦？）點有兩種不同意見，一方面謂巴頓所部以驚人速度向紐倫堡衝進，該軍如與蘇軍托爾布金元帥所率西進部隊會師，希特勒企圖於貝茲加登要塞進行最後作戰之任何計劃，亦將失敗，另一方面，受德方宣傳渲染之中立方面報導，則予人以另一印象，即希特勒之內綫堡壘，堅強難摧，抵

被切斷，台灣被孤立了起來。美國將在中國海岸登陸。佔領琉球意味着日本帝國的結束，及和日本徹決定意義的大戰的開始』。掃蕩報：『如果盟軍認爲需要在台灣登陸，琉球的地位將如萊特島對呂宋一樣。如果盟軍認爲不需要在台灣登陸，他們可以直接在江蘇和浙江沿海登陸。盟軍可以從琉球攻擊九洲。九洲爲日本南面的一個島』。

敵寇狂叫增產飛機 加强對英空中反攻

【同盟社東京廿九日電】敵機之空襲我國本土，漸趨激烈。琉璜島終於淪落敵手，敵機動部隊針對西南諸島，其蠢動是更趨激烈。當此之時，敵人今後的作戰究將如何？大概在一個作戰過程中，若能樹立有利的戰略體制，就不待完全佔領全島，便可進行下次作戰。鑒於敵人以往的作戰情形，敵人在菲島與琉璜島建設空軍基地後，敵人將投其全力於準備次期作戰，這是很明顯的。因此繼之而來的，將是徹底地轟炸日本本土和反軸心軍在中國大陸乃至在緬甸戰場的聯合攻勢。在這一階段的過程中，也說不定敵人將敢於試圖在我國本土登陸。那麼，我方應付這一情況的對策如何？關於此事，我們應考慮到積極的與消極的兩方面。積極的對策，是毀滅敵空襲基地，敵人在海上推進其作爲空軍基地的機動部隊，在陸上推進島嶼基地，兩路並進，以便掌握日本近海與本土的制空權。因此我國急需大量地生產飛機，以便捕捉與殲滅敵機動部隊，並徹底攻擊馬里亞納與菲島基地。飛出巢穴的蜂子是不容易殺死的，但只要燒毀其巢穴，就可一下子絕滅之。攻擊基地是最有效果的『蜂窩戰法』。在消極的方面來說，就要迅速地疏散工場，以此來維持戰力。必須以國家的力量來疏散工場，不然就來不及了。又在都市的防空設備方面，不用說要增强迎擊敵機的空軍，但觀乎過去德國的例子，則即使擊落敵攻擊機的幾分之一，畢竟敵機終能大批侵入，因此倒不如大量地生產小型戰鬥機，而鑒於德國失敗的例子，是因爲都市防空主要地放在加强疏散與加强高射砲防禦上。必須把重點放在生產攻擊用的超大型的飛機上，以此來使轉移攻勢的時機迅即到來。攻勢是最好的防禦，這在飛機生產非常發達的今天，是沒有絲毫變化的。

同盟社稱美軍將自 中國西北基地採取攻勢

【同盟社北京廿八日電】在華美空軍配合美軍自太平洋方面之進攻

扰可能進行數月之久。

美國居民向日僑住宅開槍

【同盟社里斯本廿八日電】日美開戰之初，美國曾强迫太平洋沿岸的日籍市民移住美國內地，最近乃得到美國當局的許可，逐漸返抵原址。在此期間，對於日本人不斷地發生殺害日人並焚毀住宅等不逞行爲，暴露美國的本來面目。據廿八日舊金山來電悉，在加利福尼亞州馬第拉地方，最近亦發生此開槍事件，結果有一名日本人負傷。該被害者於二月十三日，得到美國當局的許可，已返歸馬第拉。

德寇發明毀壞坦克武器 亞琛德籍市民被暗殺

【同盟社蘇黎世二十八日電】德國國民正在東西兩戰場，對蜂擁而來的敵軍進行悲壯的抗戰。德軍對於在裝備上非常優越的反軸心軍所以能進行最有效的戰鬥，完全是托福於化學兵器與坦克的力量。××報柏林電關於此點曾報導如下：對於中立國的觀察家來說，最值得注目的事實是德國現實主義的兵器製造者，能夠想像出最適合目前戰局的坦克之類的兵器。紅軍十五生的的重自動砲，是一種厚十八生的乃至二十生的的防衛兵器，但每次都被德國的坦克所擊毀，如三四式等坦克，以一個坦克『拳骨』就將其破壞。記者旅行到前綫之時，見到每個士兵都有坦克『拳骨』這一兵器。甚至每個新兵，都有此『魔術兵器』，德國的坦克『拳骨』的生產額爲月產一百餘萬個，並且在不斷改良中。最新的式坦克『拳骨』，是以鎔接法製造的，在炸中目標的瞬間，對於攝氏四百度高熱的坦克的有效距離爲一百二十米達。相信東部戰綫的德軍將士，一般說來都具有自信，即是由於這一兵器的力量。

【同盟社里斯本二十八日電】據美國第一軍路透社記者報導稱：歐芬科夫前此被反軸心當局任命爲亞琛市市長，已於二十六日夜被三名德國兵所暗殺。歐芬科夫現年四十歲，屬於純粹的德人右翼天主教派，多年以來即在亞琛市當檢事，當美軍佔領亞琛時，即背叛祖國德國，出爲敵人收買，在五個月以前，被反軸心軍任命爲市長，因之便成爲祖國運命所繫而戰鬥的德國愛國者憎惡的對象。

參考消息
（只供參考）
第八三五號
解放日報社 新華社編
今日出一大張
卅四年四月一日 星期日

王世杰宴美新聞界代表

【中央社重慶卅日電】中宣部王部長，卅日晚宴美新聞界代表福勒斯特、麥吉爾、亞更曼，中外新聞界百餘人被邀作陪，王部長致歡迎詞，三氏分別答詞。至九時散。王部長致詞稱，從來中國報紙對聯合國作戰目標的擁護，其熱心與努力，均與美報界一樣，中國政府對美國報紙主筆協會所提倡的新聞自由，願表贊同，中國政府並無使新聞檢查成為永久的制度，我預料戰後可能廢除新聞檢查的辦法，即在戰爭期內，中國政府亦必顧慮戰局好轉與敵人宣傳無效的情形下，而逐漸放寬檢查。戰後中國，亦不會有新聞管制，關於新聞的傳遞，宣傳部會不斷努力，增加方便，並求新聞收發費的減低。我們希望盟邦新聞機關，能盡力謀求其所派記者，對中國能為極客觀而充分的報導。王氏詞畢，三代表分別答詞，均認中國官方及新聞界之熱忱，並歡迎以××證明，對促進中國新聞自由具有決心。

【中央社重慶廿九日電】美新聞界三代表福勒斯特、麥吉爾、亞更曼，於二十九日上午九時半拜會王部長世杰，談對於戰後新聞自由之意見。王部長於三代表申述訪華使命後，會作表示謂，自新聞自由運動在美發動後，中國人士對之極感興趣。中國在戰後很可能廢除檢查制度，中國目前在戰時對於檢查尺度時時力求放寬。關於如何放寬尺度問題，國防最高委員會正在慎密討論，故不僅人民希望放寬檢查尺度，而政府方面亦竭力在做，進一步言之，不僅黨外有此希望，而黨內亦要求實現。十時半三代表訪孫院長，賓主歡晤時，三代表徵求孫院長對於新聞自由之意見，孫院長表示戰後新聞報導應該自由，三代表復詢以可能性，孫院長說，只要大家努力，及各國政府協助，一定可以實現。十一時許，三代表前往拜會吳秘書長鐵城，吳秘書長對於新聞自由問題，會表示謂，中國對於檢查問題，素無經驗，亦有許多地方做得不十分滿意，在戰時中國實施檢查制度，乃純顧及安全問題。余堅信中

查真相，如調查出其背[illegible]一蘇及中國，[illegible]。[illegible]此次行先後經英法此意者[illegible]時[illegible]狀）。請並可否[illegible]吾等一[illegible]聞自由之音，並願[illegible]求資國[illegible]議舉行時，[illegible]致著文[illegible]新聞自由運[illegible]，[illegible]實現。余[illegible]信各國代表努力贊助。[illegible]氏末謂，吾去[illegible]時，所抱[illegible]，[illegible]蘇[illegible]交換意見後，會獲得意外之鼓勵，且深信[illegible]於戰後，亦不致[illegible]閉新聞之門，即沒近在墨西哥舉行之泛美會[illegible]，[illegible]日[illegible]，會共同採取擁護態度，今日全美界人士，對此均有熱切表示，[illegible]信[illegible]，必可[illegible]利[illegible]矣。

盧貝爾論中國問題

【合眾社紐約卅日電】甫自中國[illegible]來的盧貝爾於星期六晚郵報上（該報為全國性的刊物，銷行三百餘萬份）撰述一文，認為中國是否能幫助擊敗日本的問題××（缺）。如果蘇聯參加進來，他們將企圖武裝並錄用中國共產黨，並擁護他們戰後的事業——這是另一個鐵托南斯拉夫的故事。我們恐迫蔣介石與共產黨休戰的主要動機××，是防止中國分裂為二，形成蘇聯支持一個集團，美國支持另一個集團。這點將不僅將破壞遠東的和平前途，而且將破壞我們和蘇聯在歐洲的合作。我希望使中國問題在一個家庭內××。中國未來軍事××××上所存在爭論問題××××兩類因素。一類是不可捉摸的，另一類是具體的。具體的因素必須要克服的政治上、經濟上及軍事上的弱點，以使中國轉入反攻。不可捉摸的因素涉及到品質問題。由於蔣介石要求並獲得[illegible]史迪威的×××責任，因此蔣氏須負起（缺一段）（此電缺得太厲害——編者）

中央社報導
全國國民黨御用民意機關成立情形

【實施憲政，為國父畢生之志業，亦本黨革命之一大鵠的，國民黨政府成立後，秉遵遺教，對實施之標準工作，積極策進，原定於二十六年召開國民大會，頒佈憲法，還政於民，但以盧溝橋事變起，舉國奮起抗戰，原定計劃不能實施，本黨及政府一本抗戰建國同時並進之政策，縱在戰事最緊張之時期，對實施憲政之準備工作，如各級民意機關之建立，地方自治之推行等，仍不遺餘力，並且決定於本年十一月十二日，召開國民大會，實施憲政，而實施憲政應以地方民意機關之建立為基礎，關於各省地方民意機關建置情形，當為各方所關懷，特綜合報導於次：四川為抗戰根據地，該省對地方各級民意機關之建立，亦最普遍，三十

國在戰後一定可有新聞自由。下午二時半，三代表至新聞學會講演，下午四時出席美國新聞處茶會，晚七時赴董副部長宴會，定於三十日晨赴國際電台，及中央大學參觀。

重慶各報歡迎美新聞界三代表

【中央社渝卅日電】中國新聞學會邀集各報負責人、總編輯、主筆等四十餘人，於卅日下午四時，在該會舉行茶會，歡迎美新聞界三代表福勒斯特、麥吉爾、賓亞曼。並舉行座談會，交換對於新聞自由問題之意見。會談歷二小時許，賓主對於新聞自由之意見異常融洽，各報社負責人所表示之懇摯態度，美三代表均極感動。蕭同茲主席致詞，對福氏等爲新聞自由運動，跋涉萬里，足跡幾遍全球，是種奮鬥精神，深使吾人敬佩。猶以福勒斯特團長，辛勤三閱月未獲休息，致體重減輕廿磅，今日蒞重慶，身體頗感不適，老同業此種艱辛努力，尤使吾人感佩。蕭氏繼謂，自新聞自由運動在美發起後，在中國不僅新聞界深爲興奮，朝野人士亦無不表示贊同，中國新聞學會本年舉行年會時，首先討論之問題，即響應美國新聞自由運動，並通過議案，原則上表示贊同，同時組織新聞自由研究委會，發動全國新聞界研究此問題。至於如何實現，在方法上無具體決定。昨日與三位先生晤面時，本人曾謂新聞自由運動不但無人反對，而且無人敢反對。(缺)仍有困難，故吾人須一致努力，克服一切障礙，促其實現。蕭氏並謂三氏最近訪問各國同業人士所獲材料，必極豐富珍貴，今日得聆三位(缺)。福勒斯特致詞首謂：自從離開美國以來，今日是吾人第一次所引爲最興奮與愉快者，吾等使命在訪問各國新聞界編輯與發行人，然後詢問當政人士，在訪問各國總理中，已有三位總理去職，但吾人曾分別訪晤其外長等官長，無論其係政府任命，抑係民選，均一致表示熱烈贊助。福氏並謂，新聞自由運動，乃在研究戰後如何自由交換新聞，並非討論目前各國之新聞檢查問題。美國主筆人協會擁有全國三百五十家報紙，每年舉行年會一次，並通過議決案，我們主張新聞自由，明文載於戰後和會條約中，各國政府不得壓制輿論，及檢查新聞。如此人民可得(缺)鞏固永久和平。不令如墨索里尼、希特勒及日本利用新聞宣傳具有破壞性之政策，致人民誤信宣傳而好戰，以致釀滅亡之禍。美國政府對於新聞自由運動，極爲注意，國務院亦曾詳加研究，將來在和會中，擬與各國政府商談此種運動，如果和約中准予明文規定，新聞界各簽約國應一致履行不渝，倘有違犯規定者，戰後和平×××調

一年秋間已有一百三十九縣市，成立臨時參議會、武隆、旺蒼、青川等三邊境縣局，亦於三十二年五月設立，故全省一百四十二縣市局，俱於三十二年上半年成立臨時參議會，並規定榮陽、萬縣、巴縣、江津、自貢等二十六縣市，於去年雙十節前成立正式參議會，縣以下之鄉鎮及保之民意機關，去年底均已全部設置。西康省之三十七縣局中，已成立臨時參議會及保甲大會者共十四縣。雲南共一市一一二縣十六設治局，成立臨時參議會者共十〇七個縣市局，成立保民大會者，有一二〇個縣市局，成立鄉鎮民代表會，則僅有十七個縣市。貴州地方政治，年來(缺)各級民意機關，截至去年底止，已全部成立。××一百縣市中已成立縣參議會及鄉鎮代表會及保民大會者，已有六十八縣，(缺)各級民意機構之適用，則較他處爲遲活。湖南或以戰時之影響，對於民意機構之設置，(缺)全省七十八縣中，僅有廿六縣成立縣參議會及保民大會。湖北全省七二縣，除陷敵者，成立縣臨時參議會者三七縣，成立鄉鎮民代表會者三九縣，成立保民大會者四四縣。安徽六二縣，成立縣臨時參議會者有三九縣。江西和福建，除淪陷區外，均已完全建立各級民意機構。浙江七七縣市，已成立各級民意機關者達七五縣。河南共一一一縣市，成立臨時參議會及保民大會者六九縣，成立鄉鎮民代表大會者則僅有廿縣。陝西全縣九十四縣市，成立各級民意機關者，共七四縣市。甘肅偏僻處後方，教育較不發達，但地方安定，成立各級民意機關者已達六七縣市。寧夏之地方民意機關，截至去年止，已經全部完成。綏遠廿一縣市局中，已有七縣建立各級民意機關。青海則只有十一縣有保民大會之設立，其餘均有待繼續努力。新疆共七十縣市局，保民大會已全部成立，縣臨時參議會則僅有五縣成立。至重慶之保民大會及區民代表會，亦在積極設置中。總計全國自由區一千四百廿八縣市局中，成立縣市參議會或臨時參議會者達一千〇五十三縣市局，成立鄉鎮民代表會者，共八百卅四個縣市局，成立保民大會者，達一千一百六十二個縣市局。

就上述數字觀察，可知地方各級民意機關，全國已成立者達百分之八十以上，政府在戰時推進地方自治之成績，藉此可見一般。而爲實施憲政，爲本年底召開之國民大會，實已奠堅固不動搖之基礎矣。

豫南鄂北戰況

【中央社渝卅一日電】據軍委會卅一日發表戰訊，鄂北方面，南漳東南地區，我

軍續向武安堰攻擊前進，廿九日已攻抵距武安壞數里之處。南漳附近之敵，廿九日晨曾一度侵入城垣，我軍增援反攻，當晚十一時將敵擊退，克復該城：殲敵五百餘，敵向東潰竄，我正追殲中。自忠縣北面敵，北向襄陽方向進犯，我軍阻擊，予敵重創。豫南方面，南陽仍在我軍固守中。內鄉附近，卅日整日激戰，我軍斃敵逾四百餘，並擊毀敵戰車四輛。鄧縣西南地區戰鬥，仍極激烈，敵屢圖進犯老河口我守軍陣地，但均被擊退，並予敵以慘重打擊。

【中央社渝卅一日電】據軍委會卅一日發表第二次戰訊，豫西方面洛寧以西長水鎮之敵，卅日晚增援向西反撲，被我軍痛擊，予以重創，現仍激戰中。卅一日我空軍第四大隊，出擊豫境前綫，轟炸鄧縣附近敵盤據之村莊，予敵重創。

【中央社石花街卅日電】廿九日夜，敵三次猛攻我老河口地區，均經我軍將敵擊退，並予以重創。

【中央社石花街卅一日電】我南陽守軍，現仍堅守格鬥，敵傷亡甚重。三十一日，我某師長對官兵訓話，有謂「南陽爲我等塚塲」，以表明其戰死南陽之決心。

國民黨在成都舉行川省首次黨員代表大會

【中央社成都廿九日電】川省首次黨員代表大會，廿九日十時假省黨部開幕，到留蓉中委張羣，洪蘭友及各機關首長，各市縣出席代表等五百餘人，黃季陸主席。洪蘭友、張羣等先後致詞，正午禮成，下午舉行預備會，並決定主席團暨各審查委員會人選。

【中央社華盛頓卅日電】我出席舊金山會議代表顧維鈞，偕秘書二人，於昨夜由重慶飛抵此，今日赴往紐約，下週可返此。王寵惠與胡世澤二氏，在開羅暫留，不久亦可抵此。

【合衆社墨西哥城廿九日電】中國駐墨西哥大使陳介，今午乘機往華盛頓。

【中央社渝卅日電】交通界息：（一）修築黔桂路獨山至都勻段，已擬具計劃，呈請撥款，俟核准後即可興工。（二）寶天路材料運輸困難問題已解除，現已完成五千里，預定本年夏季可以全部通車。（三）粵漢湘桂各路管理機構將縮小範圍，交通部已飭辦理。（四）救濟各路內遷員工，本年三四月份救濟費中可分發。一部員工並已設法安置。

戰艦金氏、喬治五艘、航空母艦×艘爲基幹的機動部隊，金氏．喬治號戰艦是大東亞戰爭開初即被我機炸沉的「威爾斯太子」號戰艦的姊妹艦。

但他們的面貌，現在尙未弄清，這樣，以福萊塞爲長官的英艦隊，過去主要是活動於太平洋方面，以艦上機轟炸安達曼、尼科巴或巨港，砲擊該方面的我軍基地。但中太平洋方面的戰況，已以英艦隊爲主，迅速地擴大範圍，從菲島作戰到琉璜島作戰，再到此次的沖繩作戰，以驚人的速度展開作戰。在這期間，英國艦隊看到了太平洋方面如上的情形，遂派遣若干艦艇、船舶或飛機，協助菲島作戰與琉璜島作戰，但在琉璜島作戰方酣之時，美國出現了在太平洋作戰中英國艦隊的無用論，顯然使美英兩國海軍在輿論上互相攻擊，但問題的本質，是並不像敵方所宣傳的那樣，不是一個很大的問題。結果，美國出擊沖繩時，便使福萊塞的機動部隊協助作戰，在第五艦隊的指揮下，參加共同作戰。故美英艦隊，在此次作戰中是非常密切地互相配合。根本的原因是在於兩國海軍集結全力，共同對付我國。從英國的立場來看，認爲太平洋戰局的速度與規模太快，並且巨大，若只容美國去做，則恐怕不久將喪失英國在太平洋上的發言權，這是不容諱言的主要原因。不管怎樣，英國艦隊是又被美軍的巧妙作戰的引誘，俱將成爲我精強的特別攻擊隊的香餌。

【同盟社里斯本廿九日電】據關島來電，太平洋艦隊總司令尼米茲就英國太平洋艦隊參加作戰一節發表如下：（一）英國艦艇包括戰艦英王喬治五世號，及航艦「名譽」號在第五艦隊司令斯普魯恩斯的指揮下參加琉球的作戰。上述的英國機動部隊，是福萊塞指揮的英太平洋艦隊的一部份。（二）英機動部隊的艦載機於廿六、廿七兩日，轟擊琉球諸島的設備。（三）上述部隊是由英國海軍最優秀的軍艦編成的。

大日本政治會舉行成立大會

【同盟社東京卅日電】大日本政治會於卅日下午二時在議事堂內中央食堂舉行成立大會。小林躋造，各籌備委員，翼壯團的水野鍊太郎以下發起人多數出席會議，政府方面列席者有小磯首相以下全體閣僚，推舉水野鍊太郎爲主席，首先報告籌備委員會開會經過，承認會名、規約、宣言、綱領案後，主席水野鍊太郎推舉陸軍大將南次郎爲第一屆總裁，全體鼓掌迎接南次郎大將，至此正式決定南次郎將就任總裁。繼由總裁作就職

敵在香港的集中營的狀況

【路透社倫敦卅一日電】殖民部接到國際紅十字會駐香港代表的報告，內描述香港斯坦特市拘押營中的條件。去年十二月訪問該營的代表說，營內死亡率，一九四二年爲三十一，一九四三年爲十七，一九四四年一月至五月間爲十。代表說：這些數字必須視爲很低，但是他了解死亡率在一九四四年下半年又行增加，這種增加主要在老年人中間或那些害慢性病及因沒有英國僑民被遣送回國的事實感到失望的人們中間。最近主要是脚氣病有顯著增加的原故，脚氣病曾引起極大的焦急。代表刻從被囚禁的人們獲悉，新鮮酵母特別是麥麵包的自由分發在最近曾產生了良好的結果。一般的說兒童健康很好，青年人與中年人雖然體重一般損失，健康尙好。然而年邁的被囚禁的人健康狀態不能令人滿意。報告說：拘押營的組織極好，健康與衛生組織進行了良好的工作，士氣與紀律很好，當局鼓勵社會工作，特別是蔬菜種植，但是依然需要額外的食品，特別是糖、脂肪，及維他命B。

敵稱美國礦工將罷工

【同盟社里斯本廿九日電】據華盛頓來電：美國東部煤田的形勢已嚴重，勞工有關當局根據禁止罷工法的規定，由礦工聯合會會員卅一萬一千二百一十一名投票，廿九日開票的結果，贊成罷工者達廿萬八千七百十八票，反對罷工者只二萬五千五十六票，於是決定進行罷工。但是代表礦工與廠方交涉的路易斯還持慎重的態度，現在是否罷工還不知道，但是當路易斯一下命令，東部各油田煤田的礦工就要舉行大罷工。

同盟社報導B29式機生產原價

【同盟社斯托哥爾姆廿九日電】飛機生產雜誌一九四五年二月號，以美國各報發表過的數字爲基礎，對美國飛機的生產與研究費，作了一個統計，波音B29式超級空中堡壘原型生產費爲三百卅九萬二千三百九十六美元，另外局部改良費爲九萬五千美元，彈庫擴充費七萬二千五百美元，推進機試驗費一萬五千六百美元，其他改良費九萬四千八百九十七美元，現在每架的生產原價平均爲六十萬美元。（原文如此）

敵稱美國終於誘出英國艦隊

【同盟社東京卅一日電】尼米茲司令部曾公佈過福萊塞的指揮的英國艦隊，曾有若干艘參加了此次沖繩方面作戰，它的勢力是以

的演說，並闡明新政治結社的使命和實踐的決心。然後決定於總裁指定職員之前，暫由籌備委員充任職員。然後由小磯首相及小林總裁致祝詞，嗣後提出緊急動議，全體一致通過感謝和激勵皇軍將士的決議。全體高呼天皇萬歲後，即於三時許散會。

【同盟社東京卅日電】大日本政治會的宣言和綱領如下：（宣言）敵人的進攻日趨激烈，本土業已變爲戰場，故乃廣泛地組織國民，使他們的忠誠，顯現在國政上，打破過去的老一套，眞的一億一心，克服國家危機，完成護國的大任。願我皇國愛國之士，均來參加本會，挺身共赴國難。（綱領）（一）拜受聖戰的大詔，以必勝護皇國，建設大東亞。（二）舉全國的總力，防衛國土，努力充實戰力。（三）遵守憲法，把國民的赤誠，直接和政治結合起來勇敢地執行政策。

【同盟社東京卅日電】大日本政治會總裁南次郎在該會成立大會上致詞稱：戰局的危急實非言語所能形容的。現在正是一億國民實行總武裝，共赴國難，獲得光榮的勝利以報答聖旨的時候。而實現軍官民絕對一體化的道路就是決戰政治，而決戰政治的要諦，就是國民自己的活動。今日戰鬥的人民要等待迅速果敢的政府的號令，而同時也要求政府更加奮勉。領和宣言中所明示者，乃是迅速結集一億國民的總力，使其與決戰的戰場直接連結起來。換言之，就是在戰爭中取得勝利與完成保護皇國的使命，欲完成這個使命，首先要我們會員自己站在一億國民的前面，不顧生死，進行果敢的實行，第二是軍官民完全一致。這種一致，如以往社會上所說的一致不同，而且不充分。眞正的一致就要人民信賴和服從軍官，而軍、官要信賴尊重人民。本會爲了把全國人民愛國的熱情與政治直接結合起來，[illegible]實行果敢的對策，同時使[illegible]軍當局亦要信賴國民的忠誠，以獲得軍官民一致的實效，藉以明確地顯現出皇國眞正的姿態。因此本會拋棄以往的一套，要有這樣的大膽量和大決心，即不論何人，要使其協助本會，互相提攜，向着獲得勝利的途上邁進，不然就不能作爲舉國的政治力，使全國人民信賴，而結集其總力。我深深地希望使一切要員[illegible]戰的國民作爲我們的同志，我願早日實現這種志願，確保戰爭的勝利，以對敵讎。

參攷消息

（只供參考）
第八三六號
解放日報社
新華社 編
全日出一大張
卅四年四月二日
星期一

敵稱佔領南陽

【同盟社河南沿綫基地久保、中野、山崎報導班員卅一日電】我華北軍機動部隊的精銳，正向河南平原作怒潮般的進攻，突破方城、唐河敵第二集團軍第六軍長劉汝珍的抵抗後，於廿七日拂曉前即殺到在華美空軍前進據點南陽郊外。在由南陽方面南下的快速部隊的配合下，於廿七日拂曉一齊開始攻擊，敵憑藉重砲陣地、山砲陣地等要塞化了的防衛陣地，試圖作最後的抵抗，我軍在其東北角打開一條突入路，於同日正午完全佔領南陽。

中央社報導
南陽、老河口戰報

【中央社重慶一日電】據軍委會一日發表戰訊稱：（一）鄂北方面，我軍於攻克南漳城後，繼續掃蕩附近殘敵，至卅一日，已告肅清，我向東追擊部隊，並已攻迫自忠縣以北之小河鎮附近，予犯襄陽敵之側背以重大威脅。襄陽西南地區激戰正殷，我軍擊斃敵已達三百餘，並俘敵中尉軍官一人。老河口我守軍陣地之一部，於三十日黃昏曾一度被敵深入，我軍英勇搏戰，將深入之敵悉予逐退，且敵復三度猛攻，均未得逞。我先後殲敵計一千二百餘，並鹵獲敵輕重機槍十三挺及其他軍用品多種。（二）豫南方面，鄧縣以西敵，於三十一日經我軍反攻，殲敵約四百，並進展十里，激戰仍烈。犯南陽敵，自三十日以來，不斷向我猛攻，三十一日拂曉前，曾一度深入西北城角，我守軍猛予反擊，激戰至午後五時，敵大半被殲，殘敵悉被擊退，南陽城刻仍安然無恙。內鄉附近激戰仍烈，我敵均無進展。（三）豫西方面，長水鎮（洛寧西）以西之敵，仍與我軍激戰中。（四）贛西方面，我軍攻克蓮花縣城垣部隊，至廿九日已將距城二至四里附近之赤缽嶺、花陂頭、下甓湖、水東等據點攻佔，殘敵正在肅清中。大庾城西南我軍，於廿八日向梅關（大庾南約廿里）攻擊，予敵重創，並俘敵數名。我軍向新城（大庾東北）攻擊部隊，於廿九日在該城西郊擊斃傷敵約達百人（五

河運，解放式機襲擊海南島設備。

敵稱美機進行有計劃的轟炸

【同盟社東京一日電】敵空襲東京、大阪、名古屋、神戶等我方都市，完全是一種肆意濫炸，它向神社文化區、及商店與一般民房的密集地帶進行大規模的盲目轟炸。據斯托哥爾姆來電，美國時代週刊三月十九日出的那期上，曾報導對東京及名古屋進行夜間轟炸的情形，其中有一段：「東京的官廳和公司，是一九二三年大地震後建築起來的耐震耐火的建築物，B29式機空襲東京時，選擇了宮城東方十平方哩地區爲轟炸目標，這一地區的房屋和官廳街、公司街相比，是較爲脆弱的建築。」時代週刊的上述記事，暴露了美國聲明空襲時攻擊目標限於軍事設施，及工廠云云，乃完全是一片胡說，敵人轟炸都市是有計劃的恣意濫炸，其事實已昭然若揭。

冲繩諸島介紹

【同盟社東京二十九日電】敵機動部隊於二十三日起，砲擊與轟炸西南諸島之冲繩本島，至二十五日，已以部份兵力在慶良間列島登陸。冲繩諸島位於琉球列島的中央部，在列島中最大的海島就是冲繩本島，以此爲中心，從北方到西南方，排列着伊平屋、慶良間、粟國、久米等島。敵人登陸的慶良間島，即在冲繩本島的西方約二十五公里處，是前渡、座間味、阿嘉、慶良間、自志富、黑前八個小島構成的。此中敵人已經登陸的島嶼，有渡嘉敷、座間味、阿嘉三個海島，最大的渡嘉敷島，共八．五平方公里，而座間味島則是八平方公里的小島。慶良間列島中，主要與冲繩本島一樣，是一些火山岩、古期岩，地勢又是非常險峻，在山上有很多鹿等野獸，並有很多溪水。港口則有座間味島的阿護浦，水深港闊。但敵人是企圖在冲繩本島登陸，作爲進攻冲繩本島的跳板，於是以一部兵力在慶良間列島登陸。冲繩本島長約一百三十五公里，寬度最大三十五公里，最小五公里，形狀特別細長，週圍約四百公里。加上小島，面積共爲一千二百十一平方公里。比之琉球島面積的二十平方公里，約大五十九倍。冲繩本島是位於我南九州與台灣的二大戰略基地相距約六百公里。

敵稱太平洋上美軍弱點

【同盟社東京一日電】朝日新聞著文評稱：在慶良間登陸之敵，把太平洋上的主力，都集中到冲繩島的近海，準備伺機在冲繩登陸，這次作戰，可以說太平洋上最大規模作戰的序幕，設若允許敵人在冲繩島上建立起自己的航空基地，和海軍供給地，其對我方戰略壓制的危險是用不着多所議論

（緬甸方面，我軍由西保西南沿公路攻擊前進部隊，已於廿八日佔領喬克姆。該地距西保廿英里，英軍旋進入該地，我軍當與英軍在喬克姆會師現由西保至喬克姆公路沿綫之敵，已悉予肅清。我軍另兩支部隊，一支隊向南攻擊，於同時攻達老館公路；另一支隊則攻達廿四英里路標處，我軍由孟×公路，向東南推進部隊，現已進展廿三英里。英軍卅六師向南攻擊部隊，現亦已攻達距西保以西廿六英里之南冒。

【中央社石花街卅一日電】卅日黃昏，敵攻達老河口，曾一度被敵滲入，我守軍立即搏戰，將敵逐退，敵未得逞。

【中央社石花街卅一日電】卅一日晨，竄犯老河口之敵，被我擊退，曾再度進犯，復被我守軍猛擊。同時我以砲兵助戰猛轟，敵死傷數百人，刻在原地激戰。

【中央社石花街一日電】我增援部隊均至老河口以東地區，正展開殲滅戰。

【中央社石花街一日電】卅日竄入老河口之敵，全數被殲，我俘敵五名，獲步槍多支，輕重機槍五挺。

【中央社石花街一日電】數日來，步砲兵聯合之敵，不斷南攻南陽，我守軍沉着苦戰，在我空軍協助之下，將屢犯之敵擊退，計先後斃敵數百，毀敵戰車數輛，南陽仍在我掌握中。

【中央社湘南前綫一日電】昨晚起，湘南前綫我軍向永興、柳州、宜章、坪石、樂昌之敵發動廣泛攻勢，已有數處與敵發生激戰，其中以攻樂昌一路進展最速，一日晨已迫城郊。

【路透社重慶三十一日電】日軍平漢綫以西的進攻，已摧毀老河口中兩航空隊的基地。現在的推測，日軍是否將再前進對重慶發動新攻勢。中國方面認爲日本在海岸遭受威脅的時候，進一步向內地伸展其交通綫，是一種自殺的行動。他們指出如果昆明——與迪威公路中國的止點，對日本是更有價值的×××。重慶報紙息：現在的指示是，日軍據估計約四師人，在消滅老河口飛機基地，搶走該區小麥收穫以後，將很快的撤退，一如日軍在粵漢路以東美軍飛機基地×××所爲一樣。陳納德少將總部公報說，同時美國飛機繼續給予平漢路以西中國地上部隊以充分的支持。該公報亦報導打擊日本杭州、漢口、南京及洞庭湖區域的飛機場，華南美機米契爾式機打擊廣州附近的

的，因而斷不能使敵人的企圖實現，敵人的物力固然龐大，士兵的士氣固然旺盛，然而也暴露了他們的弱點，第一過於延長了供給綫，第二人員、船舶、艦艇兵艦的貯備，日漸接近枯竭，第三此種情況愈延長，敵人的負担愈增大，所以敵人的急於進行決戰的焦燥感，日益顯著，作戰思想上，逐漸失去冷靜，現在即是敵人，已不得不率直承認其作戰的不安，對於敵人的這些弱點，如認真加以檢討，就自然可以發現勝敵之道，盖我們較諸敵人，有留著的有利條件，我們可以靈活地運用××，使敵人大量流血，用長期戰破壞敵人的作戰計劃，若能予沖繩近海敵艦隊兵力以致命的打擊時，則敵人將不得不考慮其作戰方式，國民希望於陸軍特別攻擊隊的，是非常之殷切的。但若僅僅依賴特別攻擊隊，將會降落特攻隊與國民的情緒，因此兩方面若不加反省與自勵，則特別攻擊隊精忠報國的英雄行爲，將不會得到美滿的結果。因此最要緊的，是靜悄悄地埋頭苦幹。

【同盟社東京卅一日電】我航空部隊及水上部隊，在西南諸島周圍攻擊敵機動部隊作戰中，所獲得之戰果中，已經證實而爲大本營所發表者，計擊沉航空母艦以下五十一艘，擊傷戰艦以下三十九艘，共計九十艘之多。其中分類如下：（擊沉）航空母艦二艘，戰艦二艘，巡洋艦十艘，巡洋艦或驅逐艦一艘，驅逐艦十三艘，掃海艇二艘，運輸船一艘，艦種不詳十六艘，巨型艦五艘，共計五十一艘。（擊傷）戰艦一艘，戰艦或巡洋艦十艘，巡洋艦一艘、驅逐艦八艘，運輸船三艘，艦種不詳十一艘，巨型艦五艘，共計十一艘。

海通社論美軍攻琉球

【海通社上海三十日電】正如一般人所預料的麥克阿瑟和尼米茲於此期間，在太平洋區域對琉球群島發動攻擊，琉球群島日軍現正與美侵佔部隊做劇烈戰鬥。此爲美國向越島進攻，迄今以來所到達的距日本最近之處。在戰略上，這些琉球群島對於敵人，比菲律濱和琉璜島還更重要，因爲它們不論對於進攻中國海岸和日本本土，均爲優良的跳板。擁有這些群島，能使美軍以菲律濱爲南面一段據點，對臺灣實行鉗形攻勢。美軍佔領琉球威脅日本及其西南方之交通。

鮑爾等對舊金山會議 蘇美增加票數的意見

【合衆社華盛頓卅日電】三個大國會將蘇聯對美蘇於舊金山會議中可增爲三票之事，將引起與會之大小各國之爭論，並總已引起美國社會及其出席大會代表團之爭論。

參議員飽爾評爲對小國之『無故之掌×』，參議員范登堡及××則反對此事，並反對美國增加票權，亦各反對其他國家增加票權，然對斯大林此項建議，並無說明，衆信渠之默契，在使美蘇更近於能與英方之投票力量相比，故此項默契之成立，遠在一月以前，迄今未宣佈，故非官方人士乃有上項反感，其立刻發生之反感，即雅爾塔會議中是否尚有其他默契，據公告稱：開會時，將作最後決定，就三强而言，雅爾塔協定，實際上會修改頓巴敦計劃。

海通社報導舊金山會議消息

【海通社柏林卅一日電】華盛頓訊：要求對莫洛托夫可能不參加舊金山會議一事發表評論時，國務卿斯退丁紐斯在招待記者席上說：無論莫洛托夫參加或不參加，美國代表團都會與蘇聯代表團極親密合作的，他繼稱：似乎不會三個自治的蘇維埃共和國個別特派代表出席大會的，因爲這三個共和國都不是同盟國的一員。

【海通社柏林卅日電】倫敦訊，曼徹斯特衛報外交訪員寫道，似乎還沒有任何跡象表示在雅爾塔會議關於波蘭問題的決定上三强已獲有一致意見。西方二强對所制出公式的解釋與莫斯科的觀點大不相同。

阿將拘留敵外交官員

【同盟社里斯本二十九日電】據來自布宜諾斯艾利斯的美聯社電稱，阿根廷政府，於向德日宣戰後，已通知帝國駐阿根廷大使富井固等十二名大使館館員，在政府未決定拘留方針之前，僅准予獨自居住。

海通社零訊三則

【海通社柏林卅一日電】威廉街方面鄭重指出：莫斯科『眞理報』爲何再三的攻擊弗朗哥，認爲這只說明了蘇聯仍意圖在×××時機，把伊比利安半島劃入勢力範圍之中。

【海通社柏林卅日電】倫敦訊：據『每日電訊報』華盛頓訪員報導，數個參議員在參院辯論中抗議把糧食過多地由美國輸送至歐洲。這些參議員堅決認爲：像這樣過多地把糧食運到歐洲，有使美國積糧大大減少的傾向。密士失必州依斯特蘭參議員，尤其抱怨太多的，醃豬肉運至蘇聯。

【海通社柏林廿九日電】羅馬訊，現逗留此間的羅斯福私人特使愛德華·佛林宣稱，他的使命也將到法國和英國去。他在訪問意大利前綫後，即將首途巴黎和戴高樂商談。然後將赴倫敦會晤邱吉爾。

德稱土供給航空站給美國

【海通社柏林廿九日電】伊斯坦堡訊，據安哥拉無綫

在黨派會議後，還應該召開一個包括朝野各黨派及各界各軍各地方代表的國事會議，把民主的基礎再擴大；經過這個會議，再成立聯合政府……民主的聯合的政府。……民主的聯合政府，只能是臨時的政府，還要進一步召開人民自由選舉代表組成的國民大會，選出各黨各派及無黨無派的民主人士，組織正式政府。這樣的國民大會和政府，才是建立在最廣泛的人民的基礎上的，這樣實現的憲政，才是眞正的民主憲政。」（以下兩大節，完全被删。）

雲南日報披露孫科氏關於聯合政府談話的負責聲明

【本報訊】二月二十七日雲南日報重慶通訊披露國共談判經過及孫科對他的談話的聲明。關於後者，該通訊稱：二月十六日新華日報記者登載孫科談話『小標題爲「必須認識聯合政府是遵循民主的方式，解決政治問題的途徑」』，次日中央社又發表了孫氏的談話，謂新華日報記者『記載與本人原意頗多出入』（按：中央社稿接着說：『殊爲遺憾。……我國無此先例（指爲英國的聯合政府），亦無此經驗，少數人未能明瞭聯合政府之眞諦，以爲各黨派推人組織政府，即爲聯合政府，其實此乃錯誤見解』），這談話各報都載了。第三天（指二月十八）孫氏復在新華日報上發表『對各報所載談話之負責聲明』，自己加以說明，他認爲十六十七兩日各報所載他的談話，連中央社所發的在內，尤其是有些標題（按：二月十七日中央日報發表時標題爲『孫院長談統一團結，「聯合政府」不能解決國是……』），都和他的本意有些不符。他說：『對聯合政府我沒有說這是解決問題的唯一辦法，同時我也沒有說聯合政府一定不能解決問題』，他說他對這問題，『並無成見』。對於團結問題，他提出了『四點原則：（一）建立三民主義共和國；（二）承認中國國民黨是現在第一大黨居領導地位，同時承認各黨派都應該參加政府，共同負責；（三）承認蔣主席是我們全國的領袖；（四）全中國的軍隊都應該促使其國家化。』而且他以爲各方面都可以同意『這四點』。（按：中央社稿原作『……其最主要之原則，厥爲：（一）各黨派是否承認建設三民主義的國家；（二）各黨派是否承認國民黨之領導政權；（三）各黨派是否承認蔣委員長爲全國之領袖；（四）各黨派是否承認軍隊是國家之武力』。）

關於國共談判，該通訊說，新華日報二月十六日能發表周恩來之談話：『這也是可珍貴的一點進步』。末稱：周氏聲明後，『團結問題的會商，到此

電稱，土政府提供美國政府利用伊斯坦堡、安哥拉、安達那等航空站，又有其他三個城市的航空站，城市名未宣佈，這些航空站，均作美國商業飛機中途着陸之用。從紐約到伊斯坦堡需經三十小時，客票旅費三百六十元。據安哥拉無綫電說土耳其希望成為國際航空事務中的重要國家，因為英國、法國及荷蘭都想經過該國建立航路。

【海通社柏林廿七日電】安哥拉訊，土耳其和法蘭西臨時政府簽訂協定，規定建立法國南部與土耳其港口間經常的航運。依照該協定規定，土耳其貨物運往瑞士時經過法國轉運。

侯有鰋痛駁胡秋原

【本報訊】大公報在二月廿六日，登載國民黨國防最高委員會祕書胡秋原「論黨派會議之說」一文，反對召開黨派會議與成立聯合政府的主張，謂黨派會議在「法律和事實上」都「沒有根據」，而且「不能」代表「全國人民」」，只為「抬高有黨派者之身份」。企圖挑撥無黨派人士與各黨派間的關係。侯有鰋氏在三月三日新華日報友聲欄發表論文「讀「論黨派會議之說」後的幾點意見」，對此項謬說加以痛駁。侯氏稱：胡秋原抹殺了事實的根據，「然而，根據卻是有的，一個是歷史的根據，更重要一個便是事實的根據了。國父孫中山先生曾經在北上時提出國民會議和國民會議預備會的主張……那時用的不是黨派會議名義……但是，性質上是各黨派的。……至於事實的根據，就更明顯和充分了（被刪）。」侯氏稱：目前的問題是如何結束黨治，「在維護黨治的前提下談「結束」黨治，是一條路；以民治結束黨治，是另一條路。前面一條路，不管採取甚麼辦法，轉來轉去還是黨治。所以只有以民治結束黨治的一條路好走。……先有了必要的民主權利和民主條件，才能結束黨治，黨治原封不動，是沒有民主可言的。……經過甚麼辦法從黨治走上治民……呢？……我覺得黨派會議是一種好辦法。現在似乎除了許多人提出的黨派會議外，還沒有看見提出其他更好辦法的。」關於所謂黨派會議不能代表人民的謬論，侯氏稱：「政黨總是能够（代表）一部分人以至大部人的意見的。固然黨派是一部分人組織的，黨派的意見，只要能得到人民的贊同，是能够代表民意的。尤其是在人民沒有能够享受民主權利，不能自由組織，不能自由表達意見的情形下，更是如此」。「他（黨派會議）在實現民主政治中担任了橋樑的作用」。盡到這個作用的條件，就是「一定要有一套眞正結束黨治的具體辦法。」，「其次，國家大事只有黨派會議還不够……我覺得，又告一段落了。這幾天，關心時局的人的心裏，都好像有點空虛，這是焦急的期待過後的一些難免的疲倦，這是水流中的一點積滯，却並不是可怕的絕望。不過大家心裏都擱着這幾個重要的字：時間！時間！大家都為她焦灼萬分！」

（編者按：登載孫科「負責聲明」的二月十八日新華日報；登載文化界「對時局進言」的二月廿三日同報；登載蔣演說後中國民主同盟關於國民大會聲明的三月六日同報，我們至今收不到。）

英遠東航空隊與美十四航空隊聯合作戰

【中央社重慶廿四日電】據美新聞處雷伊泰遠東航空隊總部二十日電，遠東航空隊副司令胡金森少將今日談稱：由於凱尼中將之遠東航空隊與陳納德中將之十四航空隊之聯合作戰，太平洋上及中國大陸之空戰已聯成一體。渠稱兩戰區之解放式機正以鉗形加緊封鎖企圖沿中國海岸逃避之日本船隻。又謂兩方早欲實施此種封鎖，最近菲島巴拉汪、民答那峨及其他等處機場之擴展，正是以加強對在華×××日軍之攻擊。第十四航空隊與第七航空隊（遠東航空隊之一部）之聯合對泰進擊，已迫使日軍放棄金蘭灣之大海軍。此種遠征迄少遭遇日本空軍之抵抗。日軍仍保有不少飛機，但不願以之抗拒此強大攻勢。

偽寧恢復中央日報

【同盟社南京三十日電】國府宣傳部為了強有力地宣傳國策與指導言論，特使民國日報停刊，而使中央日報復刊，作為國策中央報紙，已於國府還都紀念日，——三十日，發行復刊第一號日報。民國日報於昭和十三年八月在南京創刊，致力宣傳新生中國的國策，已經五年，有了莫大的貢獻，此次隨着中央日報的復刊，遂而取消（原文為發展的解消），以宣傳部次長孫利甫為社長。

【同盟社南京三十日電】二十日上午九時起，在國府大禮堂舉行還都五週年紀念典禮，出席者有陳代理主席及國府各部部長，下午三時起，在中央大學檢閱首都青少年團體，舉行有意義的慶祝儀式。在上海，則特別市政府與各個學校，於上午九時一齊舉行慶祝典禮。此外民間團體與商人，亦都舉行慶祝儀式。在北京，則於上午十時起，在中國南懷仁堂舉行華北政務委員會主持的慶祝典禮。又北京市政府與新民會，北京市商會在天安門內廣場，舉行共同主持的國府還都、華北政務委員會成立五週年紀念大會，決心徹底擊滅美英的精神。

參考消息

（只供參考）

第八三七號

解放日報 新華社 編

今日出半張

卅四年四月三日

星期二

敵傳蘇聯要求波蘭臨時政府出席舊金山會議

【同盟社斯托哥爾姆卅一日電】莫斯科廣播於卅一日發表蘇聯政府向美、英、重慶三國政府提出要求，要求讓波蘭臨時政府代表參加舊金山會議稱，蘇聯政府向美、英、重慶三國政府發出備忘錄，認爲代表波蘭民意的新政府如果在舊金山會議召開未能成立時，基於波蘭臨時政府現在統治波蘭全域，是獲得波蘭全體人民支持的行政機關，因此，蘇聯政府提議邀請該政府參加舊金山會議。

【同盟社里斯本卅一日電】據華盛頓來電稱：美國務院於卅一日夜，正式發表聲明，拒絕蘇聯邀請波蘭臨時政府參加舊金山會議的要求，並表示希望根據克里米亞會議決定的新波蘭聯合臨時政府，能於舊金山會議前成立，俾能派代表參加會議。另一方面，據稱英國政府也與美國政府採取一致步調，公佈已將不同意蘇聯要求的事由，通知蘇聯政府。

同盟社對西班牙抗議的辯護

【同盟社東京卅一日電】當戰局轉向反軸心軍有利之時，佛朗哥政府一變過去的態度，而跟隨英美蘇，佛朗哥政府以美國所宜傳的日軍在馬尼拉的殘暴行爲爲口實，二十二日通告拒絕作爲我國的利益代表國，這正如我外務省所指出的：說明了佛朗哥政府的對內對外陷於不安的一種標識。此種背信棄義斷然不能允許，佛朗哥政府突然與我國斷絕友好關係，而親近野蠻國，雖屬使我吃驚，我方從佔領馬尼拉當時，經常對西班牙人及西班牙權益表示了特殊處理的好意，從下述的事件來看亦可證明：（一）關於西班牙的言語，在美國領有統治之時是禁止作爲公用語使用，但我軍佔領後，即承認在法庭上可使用西班牙話。（二）在皇軍佔領馬尼拉當時的情況，西班牙馬尼拉領事，曾有報告致駐東京之該國公使（其一是昭和十七年一月六日）日軍佔領馬尼拉後極爲安全，美軍曾破壞燒毀倉庫及其他設備，情勢曾一度嚴重，其後由於美軍煽動，並發生掠奪行爲，日軍立即恢復治安。（其二該年一月二十日），關於宗教問題，對宗教，設施西班牙的宗教團體，日軍官憲表示了愛護之意，西班牙居民受到了日軍的優待，（三）我方採取極爲尊重宗教的好意措置，在昭和十七年二月十六日的報告中，馬尼拉教徒代表皮拉會說：『大主教與主教的活動，極爲自由，全部教區不受任何干涉，名教會均能集合開會，建築物絲毫未損失。（四）關於西班牙人的財產，皇軍經常加以保護，徵用房屋，均經過各業主的希望而加以免除。（五）關於治安關係，（以下掉）。

印度比哈爾省集訓大批中國司機

【美新聞處華盛頓廿五日電】陸軍部今夜發表：印度比哈爾省薩加爾訓練中心集訓中國青年數百，其中大多在他們一生中直至這次戰爭以前未見過戰車。他們刻在薩加平源受卡車駕駛員的訓練，以備供職史迪威公路。這一訓練中心週圍將及有三十餘山脈、十字路及密叢莽林。美國軍官及軍曹克服語言的困難，爲史迪威公路訓練卡車駕駛員每月數百，此舉是印緬戰場優異步驟之一。

同盟社供認美軍登陸冲繩

【同盟社東京一日電】冲繩本島周圍海面同機登陸的敵兵力，於四月一日上午七時二十分，分兩批企圖在冲繩本島南部登陸。第一批有登陸用的大型舟艇三十艘，小型舟艇七十艘。第一批兵力在湊川西南向公里附近登陸，另一批有登陸用的大型舟艇一百五十艘，小型舟艇六十艘，該批舟艇接近海岸企圖在北谷及嘉手納正面登陸。這兩批敵軍的後方均有登陸用的大型舟艇二十餘伺機登陸，自下我軍正在猛攻之。

【同盟社東京卅一日電】大本營發表西南諸島方面的戰況如下：（一）三十日以後敵艦載機雖未來襲，但是敵艦砲對冲繩本島的射擊仍極熾烈。（二）我航空部隊及水上部隊所獲的戰果中，據鬪後判明者如下：擊沉航空母艦二艘，戰艦一艘，巡洋艦四艘，驅逐艦六艘，運輸船一艘，艦種不詳的軍艦十六艘，擊傷敵戰艦一艘，戰艦或巡洋艦一艘，巡洋艦一艘，驅逐艦五艘，運輸船一艘，艦種不詳的軍艦十一艘。

同盟社一週戰況

【同盟社東京一日電】（一）西南諸島，敵機動部隊派出的艦上機，於三十日以後並不來襲，似在致力於海上供應，以便準備次期作戰。對於冲繩本島，仍以優勢的艦隊包圍該島，激烈地進行艦砲射擊。在二十九、三十日兩天，每天發射的砲彈達七千發。（二）馬里亞納、小笠原羣島方面，馬里亞納基地的B29式機，進入本週後，晝夜不停的前來出擊與轟炸，說明一方面敵人是在增強基地的航空兵力，同時又在增大整備基地的能力。敵機的來襲方面，以中部伊勢灣爲主，特別是二十六日以後，戰術轟炸的色彩非常濃厚，與西南諸島方面之敵軍動向有着密切的關聯，又部份來襲的B29式機，在關門海峽、瀨戶內海西部等我國內海，投擲延性炸彈，暴露出束縛我艦船行動的企圖，這些地方，是值得注目的。（三）菲島方面，馬尼拉以東地區，目前正在蒙塔爾班高地、聖馬特歐東南方高地與安齊浦羅東方山地展開激戰中。右翼方面的我軍轉入猛烈的反擊，該方面戰況的進展至爲有利。呂宋北方地區敵人仍然企圖進攻卡加揚平原，在巴勒方面投入三個師，在薩拉塞投入一個師的兵力，我方正迫擊敵人，確保該方面的堅固陣地，展開激戰中。呂宋島沿岸地區柏拉倫角附近，三月二日，部份敵人曾在該處登陸，目下我所在部隊正在予以反擊。宿務島方面，敵軍於二十六日，以約三十艘的登陸用舟艇，在宿務市南方五公里處附近登陸，刻正與我守備部隊展開激戰中。民答那娥島方面，現仍在三寶顏附近展開激戰中。我軍正予敵以巨大的損失。截至十五日爲止，曾殺傷敵兵員約五千五百名，焚燬坦克、裝甲車、汽車九十五輛。（四）緬甸方面，進抵臘戍地區的新編第一軍，其主力逐漸自臘戍公路正面南下，一部敵軍則自我軍右翼方面逐漸南下，現在一部敵軍，已出現於那姆馬河左岸。第五軍則自那姆茲、市勃南下，一部敵軍已逼近市勃。曼德勒地區，我軍與優勢的敵軍，展開壯烈的市街戰，已予敵以巨大的損失。我軍於十九日已衝破敵之包圍圈，轉移陣地[illegible]，刻正與追擊之敵交戰中。曼德勒南方地區之敵，其後續已進抵更的宛附近，我軍正於其東方悍鬥中。在更的宛河，伊洛瓦底江會合點的明基揚附近，擁有坦克、汽車與大砲之敵，自二十六日起，已進抵其南方塔溫他北方高地。阿拉干地區，進入拉勒河方面之西非第八十一師主力，正漸次沿着拉勒河南下進擊，敵軍於十三日在拉姆北方十三公里處登陸，現已進抵塔溫加普，刻正交戰中。我航空部隊於二十六日夜飛襲阿恰布方面，轟炸停船該港的敵艦船與拉姆萊島恰比至阿恰布與科克斯巴薩之敵飛機場，獲得巨大的戰果。（五）西南太平洋方面，B二九式機的來襲昭南，令人已稍趨停頓之感。至二十九日下午，又以B二九式機二十架來襲昭南。

海通社傳捷克新政府組成

【海通社柏林一日電】倫敦訊：星期六此間公佈：數週前從莫斯科抵此的捷克流亡政府總統貝奈斯，已成立了新政府。前任捷克駐莫斯科代表菲林格被委任爲總理。又委任的五位副總理中有共產黨主席馬薩里克——已故總統馬薩里克的兒子，並仍兼任外長。政府所在地仍暫時在科利查（在斯洛伐克亞）。

豫南鄂北戰報

【中央社渝二日電】據軍委會二日發表戰訊，豫南方面，一日內鄉西南及西北地區戰鬥均極激烈，我空軍協同作戰，獲得甚大戰果，計擊斃敵八百餘。我地面部隊並擊毀戰車十三輛、我軍炸毀敵卡車約九十輛、坦克三輛、卡車四十餘輛，並可能炸毀敵坦克二輛。據俘敵供稱，敵一一〇師團長小倉達次在內鄉西北地區指揮作戰，已受重傷。南陽我守軍艱苦作戰，於一日復擊退敵之猛攻，斃敵二百餘，並擊毀敵戰車三輛。鄧縣以西激戰仍烈，我敵均無進展。我豫省地方團隊協同作戰，於鄧縣附近擊斃敵甚衆，並鹵獲步槍百餘支、機槍數挺。豫西方面，長水鎮以西地區戰鬥激烈如前。一日我擊斃傷敵三百餘。鄂北方面，老河口我軍堅守陣地，一日敵復再猛犯，均經擊退。我步砲兵協同作戰，戰績極佳，予敵創傷極大。襄陽附近，激烈戰鬥在繼續進行中。我軍攻抵宜忠縣東北地區部隊，續行向敵攻擊前進，略獲進展。湘南方面，我軍數支隊於廿七日晚分向祁陽以北廿五里之黎家坪，以東八十里之水東江及衡陽以北廿四里之合子口進襲，當予各該據點之敵以甚大創傷，並俘敵兵十名。

【中央社恩施二日電】南漳縣城及近郊各據點，於廿九日晚爲我克復後，敵分向漢泉舖、九仙觀等處潰竄，我軍尾追痛擊，斃敵極大。武安堰之敵負嵎頑抗，我正加緊圍攻中。

偽寧戰時民衆代表大會通電

【同盟社南京卅日電】自二十八日起，在南京舉行戰時民衆代表大會，在三十日閉會之前，特向南方各民族發出支援獨立的通電，通電的要旨如下，我們中華民國國民，不僅爲中國的獨立與自由而努力，並願盡最大的努力，不顧任何犧牲，排除侵略主義。中國國民爲了貫澈這一主張，特召開戰時民衆代表會議，特竭舉全力，援助各個民族的獨立解放運動。謹以至誠希望東亞各民族與中國國民緊密的提攜。東亞各民族都自覺其國家，互愛其鄰族，並共愛東亞，根據這一主旨，向反侵略、反強權的大道邁進，希望迅速實現自由、平等、獨立、解放的主張。

參考消息

（只供參考）

第八三八號

解放日報社 新華 編

今日出半張

卅四年四月四日

星期三

中央社廣播 赫爾利在華府談話

【合衆社華盛頓二日電】美國駐華大使赫爾利今日在記者招待會中稱：中國經過八年抗戰後，透遭艱困，然仍繼續作戰，爭取最後勝利。中國共產黨曾向美國要求供應武器軍火，但以武器供給一武裝之政黨，無疑承認其爲一交戰者，而美國已承認重慶國民政府爲中國之政府。統一中國軍力之努力，進展甚佳，將來可望獲得更好之結果。美國願中國統一團結，使其全部軍力用於擊敗日本。中國一日如有擁有武力之政黨，其力量足以反抗中央政府，則中國即一日不能獲得統一。赫氏旋又自動稱讚蔣主席，歷述下列數點：（一）在中國對日作戰期間，蔣主席已運用其一切可用之力量；（二）蔣主席非具有法西斯思想之人；（三）蔣主席之主要抱負，係將其所有之一切力量交予民有民治民享之政府。須現正採取步驟，以採取此種政府。渠認爲得建立民主政府，乃爲其本身事業之眞正目標云。

【中央社紐約二日專電】紐約午後出版報紙，多刊載美聯社發表之赫爾利將軍在記者招待會中所發表之聲明。赫爾利阻止以武器交與中國共產黨』，即典型之標題之一。赫爾利將軍之聲明發表過遲，上午均未及著論評述。美聯社之華盛頓訊與合衆社美聯社訊稱：赫爾利大使本日表示美國以武器交與中國共產黨，毫無可能。據赫爾利稱，中國共產黨實一武裝之政黨。有人於記者招待會中詢問赫爾利大使稱：大使知否中國共產黨要求美國以奪自日本之武器供其作戰，華北游擊隊通常即以奪自敵軍之武器與敵作戰。赫爾利大使答稱：此間認爲以武器供應任何武裝政黨，即無異美國另一交戰者，然美國所承認之支持者爲中國國民政府。美國對華目的爲統一其武裝力量與日作戰，此已獲若干進步，未來且可望產生更佳效果。

舊金山會議傳將延期 英方建議斯羅邱再次會談

【中央社華盛頓一日專電】華盛頓明星報本日上午發表未經官方證實的消息說：華府高級官員刻正討論將舊金山會議延期舉行是否得策的問題。並將繼續努力以處理自從雅爾塔會議以來極爲復雜之情勢。此一消息乃該報長欄作家布朗所寫者。此間有一肯負責任的專欄作家蔡爾德，告中央社記者稱：須按近官表示個人之意見，主張舊金山會議延期舉行，蓋歐戰即將結束，參加安全會議之各國政府高級官員，均須留在各該國首都也。渠懷疑會議延期一事，是否有實現可能。並說：彼未聞官方人士有此建議。華盛頓明星報本日儘謂，延期一事値在討論中，然未提及參與討論之官員姓名。本日爲復活節，星期日政府機關並未辦公，預料國務院不久可能有所聲明，然延期之說實傳播尚不廣，也不十分置信。

【合衆社倫敦二日電】英國因感三大國關係漸感不安，建議羅邱斯三人再度會商。官方暗示，艾登或將縮短其在舊金山的逗留日期。外交部人員說：艾登與阿特里或不克參加全部舊金山會議，因倫敦方面有緊急事務。該發言人一再說明英國對莫洛托夫不參加舊金山會議，深表遺憾。國會議員巴特勒特認爲此舉係蘇聯對波蘭事件擱繞之『姿態』，英國認爲舊金山會議將不致延期。

【合衆社倫敦卅一日電】外交部發言人今日宣佈：英國已通知蘇聯說，英國不能接受蘇聯關於華沙臨時政府應被邀參加舊金山會議的提議。莫斯科廣播今晨宣佈，蘇聯已照會英、美、中三國，要求華沙波人應被邀請參加。此間還不知道美國與中國是否已經答覆。但英國政府期將堅持有資格參加的唯一波蘭集團將是雅爾塔會議上所同意的擴大的政府，此政府將在會議開幕時獲得通知。談到蘇方聲明說，蘇聯未承認的印度、海地、利比利亞、巴拉圭已被邀請時，發言人說：『這些事件的情形是不同的。這些國家中畢竟沒有兩個政府。我們也未要求我們承認的波蘭流亡政府應被邀請。』

【路透社倫敦卅一日電】澳洲外長伊瓦特博士，今日回答關於英國聯合國在所建議的國際機構大會投票權的『不確實的與令人誤解』的聲明。他說給予美國在會上三票投票權，與給予烏克蘭及白俄羅斯蘇維埃共和國各一票投票權的建議，導向關於聯合王國及英國聯合國一切成員的地位嚴重的誤解。美國方面說英國經各自治領的投票權已獲得重疊的代表。伊瓦特說：『英國及四個自治領將分別是國際機構中清楚平等的與自動的成員』。『英國聯合國絕不是重疊代表。任何了解局勢的人，不會認爲各自治領會員資格會造成聯合王國的重疊代表」。伊瓦特博士刻在倫敦與澳洲副總理福德出席舊金山會議以前的英國聯合國會談，伊瓦特說：各自治領參加戰爭是根據其自己的決定，各自治領偶爾會集一起，絕不與他們分明的國際地位相矛盾。在和平會議上，幾個自治領在一般的國際機構的建築中，除了與其他愛好和平國家相共有的更一般的利益外，尚要保衛其個別的區域的利益。

敵稱琉球戰局不容樂觀
渡嘉敷等島美軍已登陸

【同盟社東京二日電】敵在沖繩本島登陸後，更加增大了這一方面戰局的重要性，其發展頗有不容樂觀之勢。當敵人在琉璜島登陸時，據稱曾使用了八百艘艦船，然而這一次，則出動了一千四百艘，聲言美國最大最強的艦船，均參加作戰，姑不論其是否眞僞，此次作戰投入了前所未有的龐大兵力，竭全力奪取琉球，則屬實事。藉此一舉確立壓倒日本的强大態勢。對此除我英勇的陸海軍部隊，不斷使敵人大量流血外，我國民尤應以必勝的信念，枕戈待旦，向擊潰敵人之路邁進。

【同盟社東京二日電】一日午前八時在沖繩本島登陸之敵，約有兩個師至六個師，至一日午前十一時，本島西岸至空壽一帶，登陸的敵兵力，已有六千，我陸上部隊和空軍部隊，乃猛烈反攻，繼續和敵展開猛烈戰鬥，我陸軍特別攻擊隊，從三十一日夜半至一日拂曉，在本島西方海上，猛烈截擊敵登陸部隊，截至現在已明的戰果，除燒毀敵中型運輸船一艘外，還發現兩柱大火：又我陸上部隊，至一日十九時三十分，在陸上殺傷登陸之敵五百五十名，毀坦克十八輛，舟艇十八艘，擊落飛機兩架，擊毀三架，至黃昏至少殺傷敵人二千一百餘，另外企圖在本島南部東港登陸之敵，經我反攻，已向南遁走，距海岸一萬米遠。

【同盟社東京二日電】敵人美國將機動部隊集中於西南諸島海面，開始了强烈的新作戰。二十五日在渡嘉敷島、座間味島、阿嘉島登陸，三十一日在神山島登陸，四月一日早晨又開始在沖繩本島登陸，沖繩島附近海上一變而爲空前的決戰場所，決定皇國存亡的重大決戰時期已刻刻逼近。

【同盟社東京二日電】我軍在西南諸島的綜合戰果，共沉毀敵艦一百四十六艘，其具體戰果如下：

	擊沉	擊沉或擊毀	擊毀	總計
航空母艦	三	二	二	七
戰艦	二	一	二	五
大型巡洋艦	五	〇	五	十
戰艦或巡洋艦	〇	一	十一	十二
巡洋艦	十六	〇	二	十八
巡洋艦或驅逐艦	一	〇	〇	一
驅逐艦	十五	〇	十二	二十七
運輸艦	二	〇	九	十一
登陸用運輸艦	十六	〇	〇	十六
艦種不明	二十二	〇	十五	三十七
掃雷艇	一	〇	〇	一
運油艦	〇	〇	一	一
總計	八十三	四	五十九	一四六

海通社報導
舊金山會議前途暗淡

【海通社斯托哥爾姆一日電】對金山會議前途的希望已日益暗淡，美國報紙已在公開要求延期召開，據美記者卻爾茲說，很明白的，會議必須延期，他建議秋中或初秋舉行，這些意見的兩個主要理由是投票問題及波蘭問題未獲一致協議。美聯社外交訪員哈伊托埃說，倫敦華盛頓和莫斯科之間的罅隙，已戲劇性地加大了。看到莫斯科怎樣從中破壞盟國的合作，人們只能感到遺憾。紐約世界電訊報，把波蘭問題作爲討論的中心，在長文中譴責蘇聯破壞事情的發展。該報說，莫斯科已破壞雅爾塔會議所已達到的協議，即三强將派外交部長爲代表出席舊金山會議。蘇聯在羅馬尼亞的事件中所採取的方式，既非羅國也非英美所能同意，它拒絕以民主份子加强盧布林政府。斯托哥爾姆新聞說，華盛頓政界人士憂慮，遠東問題可能在舊金山會議上引起熱烈的討論。英國可能支持法國的利益，而美國則希望法屬越南成爲國際共管的地位。主要的問題是蘇聯的態度，莫洛托夫將不出席一點，表示莫斯科不相信討論這些問題的時間已經到了。

參攷消息

（只供參考）

第八三九號

解放日報 新華社 編

今日出半張

卅四年四月五日 星期四

赫爾利返華抵倫敦

【路透社倫敦五日電】美駐華大使赫爾利少將今日於返回重慶途中，行抵倫敦。他在停留於倫敦的數日中，將與英美官員對遠東問題舉行慣常的商談。

【合衆社倫敦五日電】美駐華大使赫爾利少將今日返回重慶途中，自美國乘機抵倫敦。赫爾利將與英國官員（艾登可能亦在內）商談英美對華政策及遠東戰爭計劃。據信，他將探聽英國對蔣介石與共產黨關係的最近態度。

重慶外籍記者招待會上

【中央社渝四日電】外記者招待會四日下午三時舉行。王部長世杰、張參事平羣出席主持。某記者詢問發言人對於歐洲及太平洋戰爭最近發展有何觀感。王部長答謂：歐洲戰事似可迅速結束。歐洲戰場東西兩綫之盟軍作戰，最近均有極大成就。余相信此種成就得力於蘇軍統帥部與英美統帥部聯系之密切者甚大。過去數月內，美軍在太平洋作戰之收獲，充分證明美國海陸空軍聯繫極為圓滿。多數觀察者認為，美國陸海空既能如此配合作戰，美國實力又將不斷增強，則美軍將來無論在日本本土，或在中國大陸登陸，其犧牲當較前此一般人士所憂慮或逆料者為少。歐洲及太平洋方面傳來之戰訊，對於我國整軍等工作，亦給予不少鼓勵。改良士兵待遇及訓練工作，正按照計劃推進，即軍事醫藥衛生等工作，亦正在着手改善。中國軍隊在醫藥衛生方面，需要改進（尤其預防性醫藥）實不亞於飲食裝備等事。在盟邦合作與協助之下，此等改善當亦可早日完成。王部長答覆關於美蘇額外投票問題時稱：余現時無何說明，此事現在中國政府研究中，中蘇或中美間尚未商洽。某記者詢以今年糧食一般情況如何？張參事答謂：根據糧食部報告，糧食問題極可樂觀。今年四川小春頗佳。尤其胡豆、豌豆為最，小麥略差，比去年之十成收穫稍差一二。但北方產麥各省，如豫、陝、

。內鄉西南敵，二日曾一度竄大淅川境，我軍增援反撲，於三日上午十時克復該城，殲敵四百餘。南陽方面，戰況無何變化。（三）鄂北方面，襄陽附近我軍向敵反擊，二日已攻克據點三處，擊斃偽敵約二百。南漳以東，我軍繼續猛擊由自忠縣西北向我反撲之敵，斃敵甚衆。三日，敵復數度向老河口附近我軍陣地進犯，經我擊退，並予敵重創。

同盟社傳 重慶第三種勢力抬頭

【同盟社廣東二日電】重慶統治下的第三種勢力，儘管國民黨的壓迫，仍然作為一種勢力而存在；特別是最近，對抗固執一黨專政的國民黨，逐漸加大勢力。根據最近情況判斷，這一第三勢力，滲透於以重慶、成都、昆明為中心的勤勞階層、文化界、學生界。其組織力量雖然貧弱，但仍抱着彈劾國民黨失政的反政府的情緒。第三勢力標榜着：（一）實現民主、團結民衆；（二）保障人民權利；（三）反對一黨專政、樹立聯合政府以收攬人心。現在地方對抗中央獨裁的反政府情緒與地方民衆負担的加重，是助長第三種勢力的絕好條件。還有最近美國對重慶的輿論及延安援助民衆運動，給予他們以極好的機會。這一勢力的中樞勢力，是宋慶齡、郭沫若。與此共鳴的有青年黨領袖左舜生，並傳將增加延安的林祖涵。

美編輯協會代表團 在渝訪問新華日報

【合衆社重慶三日電】美報編輯協會代表團今日受蔣介石接待。過去四天內，代表團與中國報界人士及中國新聞紙主管人員會晤，訪問中國方面兩個日報——大公報和共產黨機關報新華日報，又訪問復旦大學新聞系及中央政治學校新聞系。

【合衆社重慶三日電】在十位出席舊金山會議的中國代表中，還有五位仍在中國準備於最短期間離華。胡適、魏道明、張君勱在任命前即在美國。顧維鈞新近抵華盛頓，王寵惠現在開羅赴美途中。共產黨代表董必武二三日內將從延安來渝起程赴美。宋子文則最後走。消息靈通人士宣洩中國代表團所偕顧問、專家、隨員、秘書總數共達男女五十餘人。代表每人各帶私人秘書一人。代表團團員每人旅費二千美元，在舊金山開會期間每月費用七百萬元。

【中央社渝二日電】我出席舊金山會議代表團之顧問陳紹寬、王家楨、吳經熊及專門委員徐淑希、張忠紱、杜建時、郭斌佳、李維果、朱新民等，二日晨六時搭機離渝赴美。

廿等區現時麥苗生長情況，較去年尤佳。產稻各省，亦以雨水調勻，可卜豐收。總之今年糧食部控制之糧食，足供需要不虞缺乏。

國民黨戰報
內鄉敵增援猛犯
豫西國民黨軍隊前進

【中央社重慶三日電】軍委會三日發表戰訊，豫西方面，我軍有力部隊向敵後攻擊，已於三月卅一日午攻克伊陽城。該城北距洛陽約一百里，西距嵩縣約六十里，均有公路通達。我軍克復該城後，洛陽敵已直接感受威脅。刻我軍並繼續分向魯山、南召、嵩縣等處攻擊前進中。長水鎮敵向西反撲，被我軍猛擊，經三日之激戰，我於二日晨將敵擊退，並進展十二里。豫南方面，我軍於內鄉西北迄西南地區堅強阻擊敵寇，予敵慘重打擊。敵被殲之衆，僅西峽口附近（內鄉西北七十里）一地，即遺屍達八百餘具。二日，內鄉西北敵復增援猛犯，仍被我擊退。內鄉以西迄西南地區，戰況無任何變化。我有力部隊配合地方團隊，於二日攻抵內鄉與西峽口中間地區之丹水（內鄉西北約四十里），予敵側背威脅。南陽方面，我黃師長樵松所部仍堅守南陽，據黃師長一日晨電稱：決誓死堅守南陽，並嘉勉守城全部官兵殺敵致果。鄧縣以西，戰鬥仍在繼續激烈進行中。鄂北方面，我軍守戍老河口陣地之部隊，於二日復擊退敵之三度攻擊，並予以重創。襄陽附近，戰鬥仍烈。自忠縣東北之敵，由一日晚至二日晨，向我反撲，被我擊斃二百餘，現仍激戰中。湘南方面：（一）安仁郊區我軍，廿九日已將向我反撲之敵擊退，予以重創，並生俘一名。（二）廿九日，我軍於資興以西東江附近，迎擊由東江來犯之敵，經激戰後，我將敵擊退，斃傷敵隊長以下約百人。卅日拂曉，敵增援再犯，刻仍戰鬥中。（三）我軍於廿九日向宜章郊區之敵攻擊，頗獲戰果。

【中央社石花街二日電】敵連日多次猛攻我老河口不逞，且傷亡甚重，現敵主力退至羅漢寺一帶，與我對峙中。

【中央社渝四日電】據軍委會四日發表戰訊：（一）豫西方面，我軍向嵩縣城攻擊部隊，於三月卅一日午夜克復嵩縣城，並獲甚大戰果。我軍分向魯山、南召攻擊前進部隊，亦均續有進展。長水鎮敵二日晚再度向我反撲，但未獲逞。（二）豫南方面，內鄉西北西峽口附近地區，三日整日在激戰中，我敵均無進展。我軍攻抵丹水之部隊，會同地方團隊，正續殲該地附近頑抗之敵。我軍另一部隊已攻抵西峽口東南廿里處之黑原岡，續向敵側背攻擊中

美國提議舊金山會議前舉行五强會議

【路透社華盛頓一日電】美國提議在舊金山會議之前，舉行「五强」會議，俾就委任統治地問，臨獲致協議。美方主張會議在華府舉行，美國並提出國際代管制度，擁有委任統治地之國家，均須准許此等土地發展自治政府，使其趨於獨立。

英傳希臘人民解放陣綫分裂

【路透社雅典三日電】希臘解放陣綫中共和主義者同盟E·L·D（民族解放陣綫中次於共產黨的第二大黨）於今日正式宣佈退出該集團。小的社會黨派也在與E·L·D（共和主義者同盟）一致下退出。

傳蘇聯發表關於舊金山會議投票權的聲明

【海通社柏林四日電】莫斯科訊，蘇聯於星期一正式發表關於舊金山會議投票權的聲明。據塔斯社報導，雅爾塔會議時，英美已分配三票給蘇聯。蘇聯同時同意支持美國在會議上增至三票的提議。

【海通社柏林四日電】倫敦訊，泰晤士報華盛頓訪員稱，由於波蘭問題所引起的困難，三强國間已發生了『微妙的問題』。訪員指出，但這點不僅是由於波蘭引起的。

【海通社柏林四日電】前獨立工黨書記布羅克威星期一於布拉克坡爾演說稱，印度經濟上的控制權，戰後將大部份落在美國手中。繼稱，目前美國在印度商業上的地位是很高的。他要求，這個問題以及釋放印度政治犯問題，應在印督魏菲爾訪問英國之際，於倫敦加以討論。

【海通社柏林三日電】羅馬傳羅斯福私人代表福來曾已使梵蒂岡與莫斯科間達到協議，此節已經梵蒂岡消息靈通方面着重予以否認。

【海通社柏林四日電】德國海軍在一九四五年頭三月中擊沉英美船舶六十五萬二千三百六十噸，兩倍於去年同時期的噸數。

重慶韓國臨時政府要求參加舊金山會議

【中央社華盛頓一日電】韓國臨時政府駐美高級代表李氏告合衆社記者稱：該國政府代表二人將赴美，俾設法出席舊金山會議，或至少留於附近方便地點，以便代表政府舉行會商並發表聲明。渠本人如有可能亦將參加會議。李氏曾設法出席一九三九年之凡爾賽和會，惟威爾遜總統請其不必參加，恐渠之出席將使美國感困難，蓋

彼時之美國與日本有友誼關係。李氏感覺認識韓國長期反抗日本一舉，實屬確當。中韓人民同盟亦將由該同盟代表韓吉洙作另一努力，韓氏已在舊金山旅邸獲得住處，將設法向各出席會議代表提出備忘錄，說明韓國反抗日本之經過及該國擬於未來之和平中與聯合國合作之願望。

【美新聞處華盛頓一日電】華盛頓郵報本日載文稱：重慶之韓國臨時政府，曾請求美國准其派代表參加舊金山會議，然以目前並無任何韓國政府足資爲其人民喉舌之故，此一請求殆無獲准之望。韓國政府係目前流亡政府之中唯一未曾在國內執行政權者，該政府係在上次大戰結束之際，由韓國志士在國外組成者，現任該政府駐華盛頓代表之李某，係其首任主席。韓國之未能列爲聯合國家中之主因即爲此。同時韓國內部意見不和之數派，未能公推一代表，使此更形複雜。韓國各派別如能於代表問題取得協調，則美國務院彼等之態度當可不同也。

同盟社報導歐洲戰況

【同盟社蘇黎世三日電】西部戰綫的反軸心軍，似已放棄當初對一兩個方向集中攻擊的戰綫，一躍而採取全綫同時攻擊的戰術，截至三日夜間止，綜合德軍與英美軍雙方的戰況報導，其情形略如下述：（一）根據德方報導稱，美第九軍的坦克先鋒，似已到達交通中心點雪雅夫那德（譯音），德軍當局並稱，該部與英第二軍相呼應，正進攻哈諾卡（譯音）。（二）德軍前綫報導稱，三日德軍於破壞一切軍事設備後，已放棄卡塞爾，卡塞爾已被美第一軍佔領，美第三軍已進抵埃森那赫，衝入有名的果達市郊外。

中央社傳 美陸、海指揮部將改組

【中央社紐約二日專電】盛傳美陸海軍部刻正進行改組指揮部，以利美軍對日本本土作最後正面攻擊之有力行動，此將包括下列數項步驟（一）任命艾森豪威爾元帥繼馬歇爾元帥任陸軍參謀總長，長駐華府。（二）設置太平洋盟軍最高統帥新職。（三）任命馬歇爾元帥爲指揮對日發動最後強大攻勢之統帥，根據此項計劃，麥克阿瑟將軍即將改受指揮中國區域戰事之任命，據稱最後決定，須由羅斯福總統以陸海空軍總司令之地位決定，或係以美國參謀首長會議之建議爲根據，美國陸海軍部如同意馬歇爾元帥之任命，並由艾森豪威爾完成進攻柏林之任務後，即繼任馬歇爾元帥原任職務，則羅斯福總統當能予以批准。

權的提案。至於白俄羅斯、烏克蘭兩共和國是否成爲國際安全保障機構的第一次加盟國，要在舊金山各反軸心國會議上考慮和決定的問題。政府只不過同意在舊金山會議上提出此種提案時，加以支持。舊金山會議絕不延期舉行，而且我們相信沒有證據證明任何政府要舊金山會議延期開會，關於波蘭代表出席舊金山會議的問題，目前正繼續進行外交談判。就是現在，美國亦即希望立樹立新波蘭政府。

納粹呼籲德人就地作戰

【路透社倫敦二日電】納粹通告說：「國社黨黨員，德國人！在一九一八年崩潰之後，我們曾獻身於爭取我國人民生活權利的戰鬥，現在，嚴重考驗的時刻已經到來。威脅着我國人民的新奴役的危險，要求我們最高無上的努力。今後的命令是，對侵入帝國的敵人，到處展開堅決地與無情的戰鬥，區黨委與縣黨委以及××政治的，或其他組織的領袖，必須就地作戰。任何未經許可擅離所在區域的人（不問該區域遭敵進攻與否），及不戰至最後的人，應受到×××。我們只有一個口號：『不被征服』。德國萬歲！希特勒萬歲！

同盟社評論 美軍加强封鎖日寇本土

【同盟社東京三日電】敵人於上月廿三日開始進攻西南羣島以來，已有一個多星期，敵人在此期間除了在慶良間、阿嘉、渡嘉敷、神山、前岳各島登陸外，又於四月一日使約二個師的兵力在沖繩本島北溪方面登陸，我陸海精銳部隊由海陸空三方面反復猛攻之，獲得赫赫的戰果，即擊沉擊傷敵艦船包括航艦及戰船在內，總共有一百七十七艘，予敵人以嚴重的損失。這樣該方面海面的戰鬥空前熾烈，但是目前的戰鬥只不過是前哨戰。決定皇國興亡的正規的大消耗戰還在今後，今後戰局的演變如何？是一個非常嚴重的問題，敵人雖然損失艦船一百七十七艘，吃了大敗仗，但敵人仍使斯普魯恩斯指揮的第五艦隊，米徹爾指揮的太平洋機動部隊，及英國有力的艦隊總共數百艘的各種艦隊，在該方面的海上行動，陸續使部隊登陸，這表示出敵人有强烈的進攻意圖。敵人奪取琉球羣島，獲得日本大部份地區，朝鮮、台灣以至中國的控制權，切斷本土、大陸與南洋間的交通，使日本本土完全孤立，以便進行本土登陸作戰及中國大陸的登陸作戰。馬里亞納基地的B29式機已盡全力協助進行這個作戰，强行戰略轟炸

敵稱美海軍損失九萬三千人

【同盟社里斯本二日電】華盛頓來電，美國海軍部公報：自戰爭開始到三月卅一日為止，海軍兵員的損失，共達九萬三千四百餘，其中包括海軍陸戰隊與沿岸警備隊。

【同盟社里斯本三日電】據華府來電，三日美財政部公佈：三月份美國共用去戰費八十二億四千六百萬元。平均每日二億六千萬元，這是一九四〇年五月以來的最高紀錄，當時的戰費七十八億七千九百萬元。

敵稱美國輿論為蘇聯的要求沸騰

【同盟社里斯本二日電】據華盛頓來電，蘇聯不管克里米亞會議的決定，突然要求波蘭臨時政府參加舊金山會議，這使美國政界受到極大的沖勁，對於美英屢次向蘇聯屈服感到不滿。這次美國輿論主張美國不應為蘇聯的要求所屈服，而要朝着既定的方針邁進，對蘇強硬的論調逐漸得勢，參院外交委員會主席康納利亦說『國務院拒絕蘇聯要求是對的』。他支持對蘇強硬的政策，民主黨參院議員菲爾亦說，關於波蘭問題就不能變更克里米亞會議的決定，他鼓勵了政府。共和黨參院議員威利說：『不斷發生這樣的事情，將使傾向於積極支持對外合作政策的美國人民失望，而且要引起這樣的結果，即美國人民又傾向於孤立主義，憎惡今後美國參加一切的國際機關』。蘇聯政府不顧克里米亞會談的決定，要求波蘭臨時政府參加舊金山會議是蘇聯外交的機變，這種看法是很多的，華盛頓新聞就是代表這種看法，二日該報報總稱，斯大林委員長採取了舊外交策略之一，即為了得到更多的東西，就堅決提出極端的要求，這就是說蘇聯真正的意圖，並不是想使波蘭臨時政府參加舊金山會議，而是想利用這個要求，使邱羅兩人與蘇聯簽訂更大的秘密協定。

敵稱美國撤回三票的要求

【同盟社里斯本三日電】根據克里米亞會談的密約，美國承認蘇聯在國際安全保障機構中獲得三票的投票權，同時自己亦要求三票的投票權，由於公佈了這個事實，所以反軸心國陣營內不斷發生糾紛，甚至傳說蘇聯要求波蘭臨時政府參加會議，以及舊金山會議延期舉行。據華盛頓來電，三日美國務卿斯退丁紐斯接見新聞記者團時，公佈羅斯福總統決定，撤回三票投票權的要求，並言明舊金山會議並不延期舉行。斯退丁紐斯言的明要旨如下：羅斯福總統已撤回美國在國際安全保障機構中獲得三票投票

混合的轟炸，同時向瀨戶內海及下關門司海峽投下魚雷，發露其封鎖本土的意圖。這樣敵人進攻的意圖都比以往任何一次作戰更加强烈，而其出擊的兵力亦是空前龐大的，戰爭的趨向表示要進行決戰。我第一線將士均堅持特別攻擊隊的精神，不分晝夜進行猛烈的攻擊，以便在此決定皇國存亡的嚴重決戰中獲得勝利。不管我方獲得偉大的戰果，但是戰爭形勢日益嚴重，如果我們合擊滅敵人獲得決戰的勝利，那末敵人主力的出擊必定受到嚴重的損失，而敵人亦困難補充兵力。這對於今後的作戰有重大的影響。萬一敵人奪取琉球羣島，那末對於我國的影響亦不能不說是很嚴重的。

敵撤換大批守將準備本土戰爭

【同盟社東京一日電】陸軍省於一日發表李王垠殿下榮轉軍事參議官，軍事參議官安田武雄中將任空軍司令官。藤井喜一法務中將任法務局長。同時根據目前的軍政改編，改編了過去的師團，並新任命國崎昭中將等十九人為全國各師管區的司令官。這些新師管區的司令官，與三月三十一日發表的聯隊區司令官，大部份是本地出身的經歷戰門的武將，為了防衛本土，陸軍各地的自給自戰體制，大約人的陣容已經整備完善，又在這一新司令官中，包括三月廿七日升任兵器行政本部附的寺倉達三中將等十一名。陸軍省發表（四月一日）陸軍中將李王垠補軍事參議官，陸軍中將安田武雄任空軍司令官，陸軍中將多田予一任多摩陸軍技術研究所長，陸軍少將小池龍二任侍從武官，陸軍法務中將藤井喜一任法務局長。陸軍中將國崎登任旭川師管區司令官，陸軍中將伊藤知壕任廣崎師管區司令官，陸軍中將高木義人任仙台師管區司令官。陸軍中將寺倉正三任東京師管區司令官、陸軍中將龜治任宇都宮師管區司令官、陸軍中將平林盛人任長野師管區司令官，陸軍中將藤田進任金澤師管區司令官，陸軍中將鷲津鐵平任名古屋師管區司令官、陸軍中將濱本喜三郎任京都師管區司令官、陸軍中將河邊正夫任大阪師管區司令官、陸軍中將藤井洋治任廣島師管區司令官、陸軍中將山岡重厚任善通寺師管區司令官、陸軍中將士橋一次任熊本師管區司令官、陸軍中將苑部和一郎任久留米師管區司令官、陸軍中將西脇修吉任平壤師管區司令官、陸軍中將孤田康任京城師管區司令官、陸軍中將村治敏男任台北師管區司令官、陸軍中將下野一霍任光州師管區司令官。

參攷消息

（只供參考）

第八四〇號

解放日報
新華社 編

今日出半張

卅四年四月六日

星期五

敵閣形勢緊張
小磯內閣倒台

【同盟社東京五日電】小磯首相自去年七月廿二日組閣以來，即担負着處理國政內要職，以便對付嚴重的戰局。但戰局已急劇地緊迫起來，內閣遂決心總辭職，以此來成立更加强力的內閣為完成聖戰而邁進。五日上午九時起，特在首相官邸召集緊急臨時閣議，席上由首相表示這一決心，於請求閣僚的諒解後，乃收集辭呈，於十時半參拜宮中，將辭呈呈遞天皇。這樣，小磯內閣自組閣以來，為時共八個半月。現已決心總辭職。同日下午七時，由情報局公佈如下：鑒於時局的嚴重，小磯內閣遂決定總辭職，以便出現更加强力的內閣。小磯內閣總理大臣，整理閣僚的辭呈，已於本日呈交天皇。

【同盟社東京五日電】隨着小磯內閣的總辭職，法制局長官三浦，綜合計劃局長官植場於五日向小磯首相提出辭呈。

【同盟社東京五日電】小磯內閣於去夏七月組閣以來，為了應付激烈的戰局，創設了最高戰爭指導會議，以期政務與統帥的吻合和統一；另一方面適應戰爭形勢的要求，傾注全力實施以飛躍地增强飛機等軍需生產為中心的決戰施策。自去年底至今年初菲島戰局進展後，琉璜島又告失守，而空襲更加激烈，此種戰局愈益深刻化，現實地進入本土決戰的嚴重階段。欲應付此種嚴重的戰局，痛感到更加推進國務與統帥的一體化是最緊急的事情，並且向這個方向努力。但是不能如意，遂實行總辭職，寄託其希望於下屆內閣。

【同盟社東京五日電】小磯內閣於五日實行總辭職，天皇陛下立即召見木戶內大臣，垂詢後繼內閣總理的人選。木戶內大臣鑒於時局的嚴重性，遂在答覆之前，在宮中召集重臣會議，聽取各重臣的意見。於是岡田啟介大將、鈴木樞密院議長、廣田弘毅、東條英機大將、平沼騏一郎男爵、近衛文麿公爵、若槻禮次郎男爵等各重臣於下午三時相繼入宮，六時起開會，慎重協議後繼內閣總理的人選，毫無忌憚地發表意見。下午八時四十分散會。

【同盟社東京五日電】大戰下的第三度戰時內閣，行將誕生了，回憶小磯內閣在過去八個月中，曾創設最高戰爭指導會議，首相出席大本營會議，使軍管區和地方行政協議會區互相吻合、澈底調整了統帥和國務的關係，並積極實施之，但鑒於緊張時局的重大性，極希望出現更加强有力的內閣，而終於決定總辭職。在國民方面，自然不會因為內閣的更迭有所動搖，遂照着陛下的指示，一億國民還熱望即是戰至最後一個人，也要擊滅美英、燃燒着為國家不顧一切犧牲的赤誠。所以即是有這次政變，不僅自由地活潑地反映了國民的赤誠、而且還可以說由此在擊滅敵人的道路上，開拓了一條集中前進的途徑，國民對於下屆內閣的希望，是出現一個較小磯內閣辭職當地尤為有力的內閣，也就是說新內閣第一能夠實現密切統帥和國務關係的調整，從而以此為前提，要給人以此種觀感，即能高度發揮和陸海軍密切一致的協力。第二向一億國民頒佈不退轉的大命令。組織全體國民都為特別攻擊隊，密切協助第一綫士兵，發揮一億國民的總力，為此則深望迅速實施為徹底改變重要企業為國營形式，加强國民勤勞軍，確保戰時國民生活等非常措置。

傳赫爾利來華途中
將路經莫斯科

【路透社華盛頓五日電】此間星期三獲悉：美駐華大使赫爾利少將或將自倫教旅行至莫斯科轉道返渝。

【合衆社重慶五日電】天主教益世報於評論赫爾利關於中共的聲明時稱：在一個國內以武力保持另一個國家，這是中國的舊方式。這種現象是中國廿年前××××，它已為蔣介石打倒了。中國的外交關係必須只由國民政府處理，而不是由任何武裝的政黨來處理。（缺）

掃蕩報評
蘇任命駐華大使

【合衆社重慶五日電】重慶各報幾乎同時重視兩件事實，蘇聯駐華大使的任命與舊金山會議的××，在此會議中蘇兩國代表將與過去情形相反，同時出席會議。中國陸軍機關掃蕩報稱：過去五年中，蘇聯由於受蘇日中立條約的約束，停止對中國的物質援助。「但在我們看來該條約僅是防止日本在德國攻進歐俄時，同時進攻西伯利亞的工具而已。現在德國的崩潰×××，這一策略似乎已不必要了。現在蘇聯又和我們握手了。中蘇關係上新的一頁揭開了，中蘇間的國界是世界上最長的國界。僅僅由於這個原因兩國即應永遠地維持××關係」。

【合衆社重慶五日電】蘇新任駐華大使彼特維夫，一九〇七年生於俄國的維爾那，畢業於國立列寧格勒大學。他在該大學遠東問題部工作多年。一九四一至四二年，服務於外交人民委員部。一九四二年任蘇聯駐重慶大使館一等祕書，繼升爲顧問，返回莫斯科。一九四三年任外交人民委員部情報部部長，直至今日。彼特維夫是中國問題專家之一，預料不久即將抵重慶。

國民黨軍委會戰報

【中央社渝五日電】據軍委會五日發表戰訊。豫南方面：內鄉西北西峽口附近地區，我軍四日擊退敵之兩度猛攻，斃傷敵五百餘，擊毀敵戰車九輛。浙川西北曾田（城西北約卅十里）、廟峪峯、（城西卅里）介××（城北廿二里）等地殘敵，經我軍掃蕩，至三日晚已告肅清。我軍會同地方團隊續向鄧縣附近之敵攻擊，復獲有甚大戰果，並俘敵數名。我軍有力部隊於四月初旬，由平漢鐵路南段以東地區發動攻勢，進展極速，現已攻抵信陽東北之正陽縣，並對該縣城完成包圍態勢，續向踞城頑抗之敵猛攻中。豫西方面，長水鎮以西戰況，四日無何變化。我軍向魯山、南召攻擊部隊，續有進展。鄂北方面：我軍戍守老河口附近陣地之部隊，連日以來，奮勇擊敵，迭予進犯之敵以慘重打擊，敵攻勢頓挫。四日我砲兵復向老河口東南地區圍集之敵，出其不意，集中砲火猛烈轟擊，斃傷敵極衆，予以重創。襄陽附近，我軍繼續向敵攻擊，略獲進展。

衛立煌任中國陸軍副總司令

【中央社昆明三日電】中國陸軍總部副總司令衛立煌，二日晨十時就職。

【中央社昆明二日電】滇省黨部奉令局部調整，委員兼書記長趙澍調中央組織部專門委員，遺委員職以龍純武遞補遺，書記長職以李耀廷充任，龍李氏於今日上午九時宣誓就職。

【中央社渝三日電】行政院於三日開第六九二次會議，任免事項（一）本院政務處處長蔣廷黻呈請辭職，應予照准。（二）特任徐道鄰爲本院政務處處長。（三）財部國庫署長魯佩璋另有任用，應予免職，遺缺任命楊綿仲繼任。（四）任命李崇年爲糧食部田賦署署長。（五）任命徐宗涑署經濟部簡任技正。（六）任命楊鴻斌夏錫麟爲陝西田賦糧食管理處副處長，並將原任該處副處長徐志鈞免職。（七）任命張道純爲陝西地政局局長。（八）貴州省合作事務管理處處長于永滋呈請辭職，應予照准。（九）任命馬保之爲廣西省政府委員。

【本報訊】據中央社電，國民黨國軍中將，軍訓部騎兵監門炳岳逝世。

【中央社南平二日電】財政部頃電飭閩海關嚴密查禁金銀出口。

美論對日攻勢

【中央社紐約二日專電】美軍進攻琉球群島，已增加美國人士對於下列各項問題之興趣，即對於日本之最後攻勢，何時可以發動對日戰爭，倘有多少時間，始可結束？蘇聯將採何種行動，紐約時報太平洋戰事記者海萊稱，在歐洲戰事結束之前，太平洋上之偉大攻勢，或無法發動，蓋所需要之兵員飛機尤其船隻，均無法獲得，此種攻勢可能至歐戰勝利三月至六月之後，始能發動，基督教科學箴言報太平洋戰事記者華克稱：美國之太平洋將領相信，大部美軍由歐洲到太平洋之島嶼根據地至少需時六月。關於對日戰爭之久暫，華克稱：目前任何美國將領均不敢猜測戰爭久暫，然最高美國將領均將同意此種××困難之作戰，可能尚須兩年以上。華爾街日報華府者記稱：德國人士可以預料在德國戰敗之後，太平洋戰爭，尚需兩年以上，美國政府中人也多持此項信念，因此可稱之爲官方之見解，一般所接受之見解，乃對日本之大規模攻擊準備完成需時一年，在中國及日本從事作戰以完成勝利又需一年以上。關於蘇聯態度，紐約時報稱，預料美國在歐戰勝利之後，將以大量租借民用貨品供給蘇聯，而不計蘇聯在德國失敗後，是否立即對日本作戰，有相當美國人民反對以租借物資供國外，從事復興與建設工作之用。此種協助，可能用於蘇美兩國，關於遠東問題，有不成文之諒解，時報稱，雅爾塔會議之記錄，表示羅斯福曾多次設法使蘇聯對於遠東情勢承受約束，然未成功。此外兩國並有取得不成文諒解之跡象，時報此項消息，係得自接近蘇聯將料委員之人士。

德傳法人不滿盟國

【海通社柏林五日電】倫敦訊：英國國家廣播公司評論家D·雷蒙德說：悲苦與憤懣代表了法國人對盟國的情緒，他在這一節目中描述了他最近旅行法國時的印象。他指出：法國人經常向他表示這樣的意見，盟國似乎需要法國，只作爲戰場及作爲對他們戰鬥部隊的供應綫而已。繼稱：法國方面很憤慨盟國似乎把法國仍當作一九四〇年的法國，並說：「一九四〇年的叛變，無疑地引起了法國的崩潰，並留給法國人民一種易怒的心情，使他們本來沒有甚麼侮辱的地方，也會感到是侮辱」。

參攷消息

（只供參考）

第八一四號

解放日報 新華社編

今日出一大張

卅四年四月七日

星期六

敵酋鈴木繼組內閣
全部僚屬尚未決定

【同盟社東京六日電】拜授大命之鈴木貫太郎大將，在小石川區丸山私宅，成立組閣本部，六日早已開始組閣工作。

【同盟社東京六日電】山崎內務次官與坂警視總監，於六日下午四時，已參加組閣本部。

【同盟社東京六日電】鈴木貫太郎大將於六日上午八時在組閣本部接見來訪的岡田啓介大將，親談組閣的根本方針後，於九時卅分赴陸軍省訪問杉山陸相，要求其幫助推薦新任陸相後，又返回組閣本部。十一時五十分陸軍航空總監阿南赴組閣本部訪問鈴木大將，進行懇談後即辭出。下午一時廿分米內海相在組閣本部與鈴木大將進行重要談話。組閣本部在陸海軍密切協助下，選擇陸海軍大臣，然後詮衡其他的閣員，組閣工作順利進行。

【同盟社東京六日電】鈴木貫太郎大將於六日下午三十二分，走出組閣本部，訪問小磯首相、若槻禮太郎男爵、近衛文麿公爵與平沼騏一郎男爵，談拜受組閣大命的經過，懇請他們幫助。旋即抵組閣本部。下午六時邀請勝田主計氏來訪組閣本部，組閣的第一天便告結束。而第一日的組閣工作中，已得確保陸海軍全面的協力，關於陸、海軍大臣的入閣問題，已大體上選擇好最適當的人選。以此爲基調，將於七日上午八時起，迅速地決定陸、海軍大臣以外的閣僚的人選。可能的話，或將於上午提出閣員名單的工作便可結束。下午將根據預定計劃，進行內部工作，以便舉行親任式。

【同盟社東京六日電】當戰局日益嚴重，爲了出現一個強有力的內閣，小磯內閣遂總辭職，繼任內閣的首領鈴木大將，與千葉縣立山市的茶商丸山政吉（八十五歲）是親戚，丸山母親是鈴木母親的姊姊，小的時候對鈴木大將非常了解。據丸山氏說：以前似乎曾數次邀請鈴木大將做內閣總理，但每次

皇陛下，拜受後繼內閣的組閣事宜及組閣大命。鈴木大將謹恐謹惶地請求給予充分時間後即退出。

【同盟社東京六日電】拜受大命的鈴木貫太郎海軍大將，慶應三年生於千葉縣關宿，今年七十九歲，爲靖國神社宮司鈴木孝雄之兄，他們是出生於千葉的海陸兄弟大將這是很有名的。明治廿一年畢業於海軍兵學校，翌年任海軍少尉，昭和四年由軍令部長被親任爲侍從長。他直到出退出現役爲止，在海軍部門供職四十四年，曾任海軍省人事、軍務兩局長，海軍次官，第二、第三艦隊司令長官，吳鎮守府司令長官，聯合艦隊司令長官，軍事參議官等職。於大正十四年任軍令部長的要職。昭和四年一月退出現役，繼珍田捨已伯爵之後，任侍從長兼樞密院顧問官伺候天皇八年，極受信任。昭和十一年二、二六事件時曾負傷，同年十一月辭卸侍從長之職，因多年之功績，授爲男爵。嗣後以樞密院之顧問而參予樞密院。昭和十五年六月，原嘉道副議長升格爲議長時，被任爲副議長。昭和十九年八月由於原議長逝世，乃升任爲樞密院議長直至今日。雖說在樞密院任職已正十六年，但在海軍界裏則爲我國海軍水雷戰術的權威。任海軍次官時代，曾襄助歷代海相參予軍政，使海相不失良機。在海軍省內部人事行政上顯示了非凡的本領，曾常常被推爲海相的候補者，但每次都表示『我不是適任軍政之才，希望像個海軍軍人到海裏去』。堅持軍人的眞面目，終於被任爲海軍最高榮譽的聯合艦隊司令長官，最後並就任軍令部長。在二、二六事件中所負的重傷，幾乎是蹟似地恢復了元氣，直到現在身體內部還殘留着手槍的子彈，今年雖已達七十九歲的高齡，但其健壯有壯年人所不及之處，而其一貫的豪放磊落，可說是具有天賦的武將的人格。

重慶及英國評小磯倒台

【路透社重慶六日電】許多中國人士認爲小磯的辭職，是日本步調已紊亂的自白。某些人相信日本工業家已獲得政治勝利。這一勝利應迅速繼以伸出和平觸角的政府，中國某些方面的意見謂，日本××達到一個結論，獲得和平——甚至是無條件投降——亦較日本工業被轟炸所毀爲好。

【中央社倫敦五日專電】據熟悉日本情形之觀察家稱：小磯內閣倒台之原因，其在軍事方面者顯多於政治，小磯之倒台，表面似屬突然，實則日海陸空軍在太平洋、緬甸、及東京各區既迭遭慘敗，危機當然嚴重，內閣閣員及軍事統帥之一再更迭，均爲小磯企圖平復人民不滿心理之表示，危機早露端倪。

都被他辭退。此次受命組閣，是因處在嚴重時局、各方面均要求他出任組閣。（下缺）

「同盟社東京六日電」在琉璜島失陷，敵又在沖繩島登陸的重大戰局之時，內閣舉行總辭職，這是在大東亞戰爭中繼東條內閣之後的第二次改變。這與東條內閣之時是同樣的，在完成戰爭上毫不動搖，而且無爭說以這一政變爲機會使軍官民眞正的走向一致。在希望出現適應戰局的戰爭內閣一點上，有很大的意義。內閣總辭職的理由已由情報局發表，就是要「出現更強力的戰爭內閣，塞班島失陷之後，小磯內閣起而組閣，對適應戰局作了極大努力，特別是作戰，在×策之上更加以速度與力量，敵前政變的意義就是希望出現一個更強力的戰時內閣。當國家存亡重大關頭，新內閣應具有作爲一個戰鬥內閣的強烈意志與指導力，這是當然之事。一億國民，在新內閣指導下，應振起必勝信念與不屈不撓的決心，踏實冷靜地向勝利之途邁進，只有這樣才是振奮戰意的道路，而且可以粉碎敵人對政變的謀略宣傳的唯一方法。

「同盟社東京六日電」這次拜受組閣大命的鈴木貫太郎大將，是我政界的耆宿，雖然退役了，也是我帝國海軍的重鎭，政界自然對鈴木內閣抱着很大的希望，但言論界看到大將的經驗見解，也很歡迎他組閣，六日東京各報論旨如下：（朝日新聞）小磯內閣在如何使統帥和國務、前綫和後方更加一體化上，似乎發生了爭論，然而很明顯地當前的局勢，要求統帥和國務有顯著的密切，而小磯內閣最後致力的也就是這個問題。（每日新聞）希望他當海軍大臣已不是一次，然而他都以自己不太得意軍政，而希望服務海上謝絕了，這是他一段有名的趣話，他身高六尺，身體魁梧，一副提督的福像，爲人不拘邊幅，純厚樸實，極賦人望，二、二六事件時他還生存，可以說是人間奇蹟，當此嚴重國難期間，拜受組閣大命，大將的責任，實是重而且大，一億國民深望他進行最後的奉公，努力處理擊滅大敵的國政。（報知、讀賣）本年雖然七十九歲了，然而他的精神，並不弱於青年人，他很孚衆望，當此本土決戰之日，歡迎他來處理最重要的國務。

「同盟社東京六日電」小磯內閣總辭職後，組織後繼內閣的大命即降於現任樞密院議長、海軍大將鈴木太郎男爵。即是說：小磯首相於五日提出辭呈後，天皇陛下即召見木戶宮內大臣，垂詢後繼內閣總理的人選，宮內大臣於徵詢重臣會議意見後，決定奏薦鈴木貫太郎大將爲擔當時局最合適的人選，乃於五日夜間拜謁天皇奏禀此事。鈴木大將奉召於五日下午十時入宮拜謁天

「合衆社倫敦五日電」遠東觀察家預料：如果日本另外一個陸軍或海軍人員受命繼任小磯時，則日本將進行最後瘋狂的努力，以準備應付盟國最後的登陸。如果內閣爲非軍人內閣時，這或許是走向和平的第一步。

「合衆社倫敦五日電」日本首相小磯與日內閣全體辭職，此舉即確切承認彼等無力阻止美軍進攻其本土，美軍進攻部隊於幾未遭遇抵抗下，猛攻大琉球島，僅四日後，日本第二次戰時內閣即行解體矣。

敵會伊藤政德
論沖繩之戰

「同盟社東京二日電」不顧犧牲，又向沖繩週邊舉行新攻勢之敵，正在積極增大其兵力，而我陸海軍，亦在猛烈截擊，捕捉敵聯合艦隊，擴大我方戰果。故敵人和我特別攻擊隊的搏鬥，不久就要展開重大場面。朔自彼動留以來，敵人進攻我西南群島之猛烈，出乎我們一般日本人預料之外，而今既已把手伸向這裏來，敵人就要不惜任何犧牲，傾其全力從事作戰。可是在敵人這種盲目的行動裏，也藏有我神州的神機。我著名軍事評論家伊藤政德，談論沖繩作戰的歷史意義稱：關於沖繩羣島在戰略上的重要性，已是用不着多說的了，回憶一九二一年華盛頓會議上與日美之間限制了太平洋群島上的根據地，特別限制某某地點的設防時，也指定美國以關島，英國以香港作爲防衛的基點，自然此外還有若干軍縮地域，然而這兩個地方會引起我國民很大的注意，這時國民都覺外地深覺到要以關島和香港設防爲對象把奄美大島作爲限制設防的基點。到那時爲止，一般人還不知道這個根據地的名字，當然就更無從知道它的價值了。但敵人已調查了奄美大島的戰略重要性以及防備情形，並決定限制它，使它處於不自由的狀態。奄美大島是在琉球列島中，亦是作戰基點，對大部分國民對此是保守秘密的。從專門性的意義上來說，這個島連結九洲和台灣，而且控制着以上海爲中心的中國東海的基點，它佔據着理想的地位，敵人在奄美大島側背的慶良間群島登陸，慶良間群島在軍事上是很重要的，隨着戰爭形勢的發展，說不是定敵人將利用港灣擴大攻勢，以便逼近沖繩本島，對於奄美大島，也是一樣。或與過去一樣，在該島使用空中包圍戰術，避免海軍的損失而前進。即是說，或者集結大量的空軍，獲得制空權——而後孤立一個基點，削弱並牽制其戰力，而後再把戰面向外擴大。金氏稱此戰法爲「跳躍戰法」，這是傳統的美國戰法，南北戰爭時北軍的勝利，即是採取敵方防守的各都市而攻略之的戰法，根據此次的經驗，遂在戰略上將守跳躍前進法（躍進法），把它作爲基礎

式的戰法，德國在第一次大戰後製定的以聯隊進攻的戰法與此相同。即越過難攻的敵陣，向其他地方前進。美國認爲德國的戰法是模倣自己的戰法，其實不然，它的思想是有共通之點，特別是這個跳躍戰法是把敵人的堅陣留在後面，使敵人需要更多的兵力來應付。敵人跳躍至琉球，使我們有絕好的機會攻擊之，它不能進行三段跳法，當他躍至第二段時，就是我們決定勝利的時候。敵人當然有充分的準備，我們不能認爲敵人盲目地進行作戰。我們必須集中攻擊的實力澈底擊滅敵人。我們必須在冲繩的決戰場所出現足以使敵人屈服的戰力。

英海軍增援遠東 準備東西夾擊日寇

【同盟社東京四日電】配合着美國在太平洋上的攻勢，英國也在印度方面展開攻勢，除英印軍向南進攻，企圖奪回緬甸外，最近並以B29式機，轟炸昭南、馬來南部各地，出動艦上飛機攻擊蘇門答臘、安德曼、尼科巴爾地區，其作戰的全部企圖，日益露骨，使印度洋戰局，進入新階段。印度洋反攻作戰的主要目標，不外（一）從陸海兩方面，進攻緬甸伊拉瓦底江三角地帶，同時向緬甸南部海岸處攻打。（二）爲在馬來，蘇門答臘登陸，首先攻安特曼、尼科巴爾羣島。（三）在馬來半島北部克拉海峽、普克特、藍卡利島東南部一帶登陸。（四）在蘇門答臘北部和其他地區登陸，進攻蘇門答臘。由此觀之，美英兩國當已商妥從東西兩面，進行夾擊作戰。另據情報，已有數十艘英國的歐洲艦隊，通過紅海駛向印度洋，爲配合雲南軍在西南的反攻，蒙特巴頓的攻勢，亦將日趨活躍。然而美英是在苦惱着兵站供給綫的過於遼遠，作爲英國全艦隊的旗艦的，不過有伊拉斯特里斯，比克特里亞、弗米達布爾、印布萊加布爾、布魯諾五艘二萬三千噸級的現役航空母艦，和兩艘舊式航空母艦，由此可以看到勢力軟弱的英國，對於印度洋上的反攻作戰，是沒有多大自信的。

同盟社評舊金山會上 蘇美增加三票問題

【同盟社東京二日電】每日新聞載稱：據說蘇聯提出要求，要白俄羅斯、烏克蘭兩共和國代表參加本月下旬在舊金山舉行的會議，預料今後還要報導這類消息。同盟社里斯本電報亦說：蘇聯在克里米亞會議上提出上述要求，但以美國亦要求三票的投票權爲條件。不難了解美國亦希望與蘇聯一樣，獲得三票的投票權，其論據如何則不明，如果承認除了蘇聯代表外，還有白俄羅斯、烏克蘭代表參加，那麼也要承認英帝國有五票的投票權，這樣蘇聯與美國同等，如與英國相比則處於五對三的劣等地位，蘇聯去年修改憲法的結果，今後亦

大票對二十八票之差被否決，國民徵用法原案，在下院只修正枝節即被一致通過，但上院卻將其主要項目完全抽掉。經後由上下兩院協議會擬定的妥協案，以七票之差在下院通過，到了上院卻完全被否決。由於上院強硬的態度，羅斯福的國民徵用法案，和去年相同，今年又遭否決。

【同盟社東京三十一日電】美軍窺覗西南諸島，因此使本土周圍的風雲日告緊迫，當此之時，陸軍公佈了人事上的大調動，即各軍管區與師管區兵務部長、聯隊區司令官與兵事部長等，共達七十一名。即軍管區兵務部長爲北部軍管區的石田中將等五個中將，師管區兵務部長爲旭川的稲川少將以下七個少將，聯隊區司令官爲東京的村井中將以下十四個中將以及旭川的清水少將以下三十二個少將，兵事部長爲羅南的佗美少將以下十三個少將，共計七十一名，範圍非常廣泛。此次移動中特別值得注目的，是曾經任過旅團長與師團長的中將，被任命爲聯隊區司令官，實現了大人物担任聯隊區司令官，同時本地出身的人被任命爲該地區司令官，這事表明了陸軍對防衛國土的堅強決心，以備本土變成決戰場。

英傳印督返英攜有建議案

【路透社新德里二日電】據悉：印度總督此次返英攜有國民大會右派及回教聯盟領袖所同意之建議案，即由印度教、及回教於國民政府中各佔百分之四十，其他百分之廿，留予其他方面，國民政府成立後，現存之總督公署樞密院，即將取消，印度英官方人士現改變其拒絕支持國民大會之立場，印度之經濟統治已生變化，由於目前之外國在印投資旨趣與前不同（？）印度資本家及金融家，於戰後將大部份由美控制，此種情勢，自將於印度引起社會主義，而非僅民族主義之運動。

關於蘇日廢約問題 王世杰發表聲明

【中央社渝六日電】關於蘇聯政府決定廢棄蘇日中立條約一舉，中宣部王部長世杰發表下列談話：「中國聞悉此舉，甚感欣慰。×係不論只就精神方面而言，此舉所給予日本之打擊，至爲嚴重。由此將加速日本之完全崩潰。自今而後，蘇聯與中國及其他聯合國家之合作，其任何形式上之障礙已無存在矣。」

【中央社渝六日電】我出席舊金山會議代表李璜六日晨乘機離渝赴美。董必武六日晨乘機抵渝。

【中央社紐約六日專電】王寵惠、胡世澤已抵此。明日赴華盛頓。顧維鈞大使館代表俱到場歡迎。

將移讓外交權給白俄羅斯、烏克蘭以外的共和國。如果蘇聯擁有十五、六票，那麼美國仍然滿足原來的三票或是要求與蘇聯一樣獲得十五、六票，而蘇聯和英國能否答應？這樣美國爲了使事態好轉，亦修改憲法，移讓外交權給原來的四十八州，而獲得四十八票。但此次邀請參加會議的國家只四十八國，因此會議很消沉，如果將來美國派出四十九個代表，那麼會議就熱鬧了。

朝鮮流亡重慶政府 反對國際共管朝鮮

【合衆社重慶二日電】此間朝鮮臨時政府情報部長達衛德警告：朝鮮對戰後任何國際共管朝鮮的計劃，將採取敵視態度，達衛德說：此間的朝鮮政府，迄今未接到出席舊金山會議的請柬，然而，如果舊金山會議決定任何在戰後國際共管朝鮮的計劃，那種政權將被我們全體視爲代替我們過去與現在的敵人日本人之新敵人」。並說：日本統治與國際共管對於朝鮮毫無區別，『朝鮮一方面曾經在過去卅年內爲反對異族統治流血犧牲，現在爲反對日本仍在繼續流血；另一方面遭受國際共管的威脅』。朝鮮所要的是即刻的無條件的獨立。並說：現在聯合國各領導國家讚成國際共管觀念的任何傾向：第一、會使一切在國外的朝鮮人感到失望。第二、使鮮朝國內及在日本軍隊內的朝鮮人爲日本而戰，因爲對於朝鮮人，日本統治與國際共管都是『帝國主義不合理的統治』。

敵報導越南情況

【同盟社河內實玉報導班員四日電】印度支那居民的協助日本，最近已日益強化，在各方面都可看到有光輝的戰果。其中尤其是清華的越南軍，據說安南兵無論如何，不願意拿起武器來，只逃亡了一部分法國人的將校，幾乎全部部隊都逗留着，等待日軍的進駐。另外駐安巴、老開等各地的保安隊，仍保持其事變前的原有編制，跟日軍一起，担任着各機關、設備的警備以及維持治安。另一方面，在行政方面，廢除一向由法國人充任的理事官府，而由安南王朝任命的各省知事掌握一切事物，安巴省知事德瓦賽，老開省知事霍安道克，中仍照舊留任，拋棄過去壓迫當地居民的政策，他們的力量正在不斷的增長，另外從×××到老開之間的滇越鐵路，從事變後立即由當地居民掌管通車，居民在通行和交易上毫無不自由之感。安定民心工作進行得非常美滿。

敵傳美國人員徵用法案又遭否決

【同盟社里斯本三日電】華盛頓來電，美國參議院會議在上下兩院協議會上提出的國民徵用法修正案，三日以四十

同盟社評 美軍要在華登陸的企圖

【同盟社東京五日電】每日新聞論述美國進行中國海岸登陸作戰的政治背景稱，美國對東亞進行作戰的目的，首先是獨佔支配，而支配的主要對象自然是中國，我們要從兩個觀點來估計美軍是否在中國登陸。第一個觀點是從作戰的立場說要在中國尋找對日作戰的立足點；第二個觀點是從政治的必要說，要以直接抑制中國爲目的。甚至可以說支配中國龐大的資源和人口是大東亞戰爭最終的目的。美國已把蔣介石作爲自己掌中之物，在政治、軍事、經濟上控制重慶中國。美國需要造成這種實蹟，即美軍要進行重慶所不能進行的對日決戰。另一點就是把戰爭作爲事業的美國，爲了保障安全，將把大軍常駐於中國。同時重慶要在戰後一百五十年至二百年中，才能還清依據軍火租借法所負的全部債務。美軍長期駐在中國是不可避免的道路。因此現在美國進行接近中國海岸的作戰可說是必然的。

【同盟社廣州三日專電】紐約合衆社致重慶電，商業週報雜誌刊載以「對日戰略及對華經濟政策」爲題的論文中，就大陸登陸戰的目標及進入中國後的經濟政策論述如下：美國目前的太平洋越島戰已由琉璜島向沖繩前進，與然地在最近的將來，在亞細亞大陸上，將和受過特別訓練的重慶軍展開聯合作戰。即是說，長江北部將被選爲下一主要戰場，那時，日本第一爲防禦滿洲的重工業地帶，第二爲防禦山東及朝鮮，將瘋狂地進行戰鬥。特別是朝鮮半島，它是進攻日本本土的水陸兩棲戰的踏腳石，因此它將成爲日本的重要抵抗線。同時還需要在長江南部展開作戰，其目的在於獲得切斷大陸縱斷路的基地，以及裝備重慶軍隊，而華府當局業已在具體地討論戰後中國經濟政策，對於復興戰後中國的基本問題，準備在美人指導下，組織中國農民合作社，以及開發化學工業等。

蘇美中英會談後 魏道明談話

【合衆社華盛頓四日電】若干外交界人士刻正研討魏道明大使是日與哈里法克斯、斯退丁紐斯及葛羅米科會談時所發表談話之意義，魏大使稱，彼與蘇聯大使並坐一堂，表示已放棄蘇聯外交家所計劃之「分別會議政策」並謂「此事業已結束，吾人現已共聚一堂矣。」若干人士預料此語或預示四月廿五日將有新動向，因蘇日協定係以是日爲決定延長之時。

參考消息

（只供參考）

第八四二號

解放日報 新華社 編

今日出一大張

卅四年四月 八日

星期日

鈴木內閣組成

同盟社自稱新閣得各方信任

【同盟社東京六日電】樞密院議長鈴木貫太郎大將於五日夜拜受組閣大命後，即進行組閣工作，六日首先獲得陸海軍方面的諒解，詮敘陸海兩相，確立組閣的基礎後，自七日上午起，順次要求其他閣員的候補人來訪，特別要求大日本政治會總裁南次郎大將的協助，特別要求重臣方面加以諒解，以「正攻法」進行組閣工作的結合，遂漸整頓閣員。七日下午八時十五分奉呈閣員名冊，並舉行親任式。此次提拔經驗多能之士為新內閣的閣員，另外配置新進的優秀人才為內閣四長官、確立堅實而有魄力的陣營。但是外務（兼任大東亞相）、[illegible]通信兩相的候補者要從遠方歸來，因此暫時由總理大臣兼任。

【中央社渝七日電】據東京七日廣播：將於今午組成之鈴木貫太郎大將新內閣之產生，有以下特點：第一，鈴木大將顯會獲得陸海兩軍與新內閣的合作之諾言，據消息靈通人士稱：陸海兩軍所舉薦之陸海兩省繼職人，足以勝任彼等之重職。鈴木大將不但前任首相岡田啟介大將之熱烈擁護，並顯得前首相近衛文麿、若槻禮次郎、平沼騏一郎諸人允予援助之諾言，鈴木昨日會拜訪平沼。第三鈴木大將之組閣方針，日本民衆絕對信任，並已準備隨從彼等之領導，以應付今日的國家危機。

【同盟社里斯本六日電】華盛頓來電：美副國務卿格魯於六日就日本更換內閣事，向美國人民作如下警告：這次在日本發生政變，應該認識那是日本具有企圖貫徹戰爭到底的徵候，更換內閣的目的在於最大限度地強化日本國民進行戰爭的決心。由於不得已的原因，在戰爭努力上我們一片刻鬆懈的空暇也沒有，如果希望從此再不發生戰爭，那麼就應該鞏固戰鬥到底的決心。

【同盟社新京七日電】小日山滿鐵總裁接到鈴木貫太郎大將的電報後，決定於八日乘飛機返東京。

德寇評論日寇新閣及蘇日廢約事

【海通社柏林六日電】德國官方人士對於日本的變局保持緘默。威廉街發言人關於日本內閣的改組不發表評論，他說：關於廢除日蘇中立條約的通告底官方評論，只能由東京方面來發表。關於廢除日蘇條約一事，柏林政界人士×××高度政治化的克里姆宮底行動與小磯內閣的辭職，是否有任何直接聯系。政界人士指出：小磯內閣的辭職，是在莫洛托夫經由日本大使提出廢約的通知前幾小時，這並不意味着，小磯政府最後一次內閣會議上已不知道關於蘇聯廢除日蘇中立條約的通知了。此間還不知道是否蘇聯駐日大使會通知日本外相關於廢約的事情。現柏林政界人士自然焦急地等待着關於日本新政府對新的形勢將作出來的結論之真實消息。他相信：在過去幾天中，英美又不得不對蘇聯作新的讓步，以便達到他們長期來以一切方法追求的目的：使蘇聯參加對日作戰。發言人舉出四個讓步：一、蘇聯有三張特別票。二、承認蘇聯在中歐佔有的控制地位。三、在後來英美的談話中，事實上已承認了盧布林政府。四、據路透社說：在雅爾塔會議上已同意把日本的一切大陸屬地如外蒙古、滿洲與朝鮮割讓蘇聯。

赫爾利行蹤

【中央社紐約四日專電】合衆社訊：赫爾利大使今日行抵倫敦與澳方商討英美在華之政策及遠東戰略。紐約每日新聞報則稱：赫爾利奉羅斯福總統之命，負有特別任務，訪晤邱吉爾及斯大林。該報稱：赫爾利將携帶羅斯福致邱斯之私函，請彼等對舊金山會議予以充分之了解與完全之協調，蓋恐三國之意見將妨害將來世界之安全。據悉赫爾利受命請邱吉爾及斯大林停止其關於舊金山會議投票權之爭論，並請斯大林撤銷其擬請波蘭臨時政府參加大會之主張。

【海通社柏林六日電】倫敦訊：據每日郵報外交訪員稱：羅邱斯再度舉行會議的問題已在討論中。據信這個會議可能在舊金山會議時或較早舉行，但決不會在會後。預計羅斯福不久即將抵倫敦。他或將從英國到歐陸去。這將是和斯大林會面的好機會。據稱這個會議將為和平舖設道路。凡爾賽、巴特列特在新聞紀事報上寫道，由於大國開會意見分歧不可能由普通的外交方法解決，三巨頭再度晤面就成為必要了。

敵寇宣佈美艦進逼奄美島

【同盟社東京六日電】五日白晝有少數的敵小艦艇接近沖永良部、久米島、奄美島，並砲擊各島，我守備部隊與其作戰後，並將其擊退，同日敵戰艦、巡洋艦及驅逐艦等數艘侵入沖繩本島中部中城灣，實行砲擊，我守備部隊與其作戰後，將其擊退。

敵報對莫洛托夫的通知抱「冷靜態度」

【同盟社東京七日電】蘇聯外長莫洛托夫的通知，因我方過去曾預料到蘇聯政府將採取這種措置，所以絲毫也沒有給各階層人民以驚恐和衝動，而東京各報也採取極冷靜的態度。時間恰恰碰上政變中，在七日晨的社論中，登載日蘇中立條約問題的，只有每日、東京、以及讀賣三家報紙。各報在解釋這次措置中，都一致說是意料中之事，同時並強調不管該條約是否繼續有效，兩國將照舊維持友好關係。每日新聞社論的標題：「我國態度無變化」。該社論說：「日蘇中立條約，由於蘇聯政府的通知，再經一年即告滿期。這次蘇聯政府所舉的、作為通知廢約的理由，不能說是與事實不符，但這種事實並不是現在才發生的，它早在三年以前就已經存在。在這個期間，在錯綜複雜的國際形勢下，我國忠實於日蘇中立條約，並始終站在信義的立場來對待日蘇關係。在這件事情上，我們對蘇聯的敵人，我們的盟邦——德國所保持的友誼，與對蘇聯締約國——美、英的戰爭行為，兩者之間應該說是毫無相抵觸之處。關於蘇聯此舉的內幕，無須去過問，我們只想就此明確地表明一下我們的態度。即是說，在日蘇中立條約仍繼續有效的今後一年，以及過一年以後，我們願望日蘇間仍保持友好和安寧，不發生絲毫的變更，我們想說的就是這麼一句話。」

【同盟社蘇黎世五日專電】關於蘇聯政府的對日通告，綜合中立國方面的見解有如下述：（一）根據蘇聯最近的對日本的態度看來，上述通告是當然可以預料得到的，絲毫不是意外的事。特別是在克里米亞會議的公報中，蘇聯已經明示將來要參加舊金山會議，自此以後，上述通告已經是時機的問題了。可以說舊金山會議的日期——四月二十五日，就是顧到發出上述通告而決定的。（二）當美英與蘇聯正在關於舊金山會議發生不同的意見之時，蘇聯乃公佈了上述通告，對美英是增加了一種壓力，同時將加強對於遠東問題的發言權。（三）但美國並不歡迎蘇聯干涉遠東問題，在歐洲對於蘇聯的強制地伸張勢力，早已感到頭痛。而今日正在極端地警戒着美蘇間在遠東亦發生糾葛。美國甚至寧願英國艦隊參加太平洋作戰，但絕對不希望蘇聯的援助。（四）中立條約曾有數年的有效期間，因此日蘇的中立的友好關係竟而中斷，這樣的事態對於熟悉蘇聯政府的意向與熟悉蘇聯內情的人，是絕對想像不到的。

【同盟社東京六日電】美軍中斷沖繩本島後，繼續南下之敵人在東海岸，中央及西海岸三地，由海上艦砲射擊的掩護之以坦克為先導，繼續南進。在東海岸方面，三日下午到達古場的美軍急速增強部隊，五日下午敵坦克二百輛，步兵約五千人進出於和宇慶（古場西南六公里）方面，五日正午，敵艦艇卅餘艘（以戰艦、巡洋艦約十艘為基幹）侵入中城灣港，並開始掃除水雷，同時開始猛轟我陣地，掩護南下的地上部隊，中央地區的敵軍附坦克數輛於五日晨攻擊我如古正面，我軍展開果敢的迎擊，阻止敵人前進。在西海岸地區，敵人侵入大山東南八十五公尺的高地，我軍已將其擊退，敵人仍拼命增強兵力，下谷正面有登陸用的舟艇三百卅艘繼續使兵員物資登陸。

【同盟社菲島基地六日電】敵軍於一月九日登陸呂宋島以來至三月廿八日止，我軍獲得下列戰果：殺傷兵員七萬（包括美軍、美菲軍、澳洲軍），其中我軍確認的美兵屍體為四萬五千一百具。

羅隆基對黨派團結之建議

建議成立一個戰時政府委員會，作為國家行政上最高權力機關，委員得兼部長。由各黨團會商召開國民大會。最後並發出告，倘若沒有舉國一致的政府，外戰的結束，便成內戰的開始。「一、由[illegible]權的國民黨的領袖，用政府的名義，邀約在野的中國共產黨中國民主同盟，由每個政團自行推選三個至五個代表與國民黨共同會商，協議共同負政府責任，進行政黨團結的方案。二、協議成立後，徹底改組政府，採英國戰時內閣的方式，成立一個中國的戰時政府委員會。這個政府委員會的人選就在野黨推選代表若干人參加，並由各黨協議共推無黨無派負社會資望者若干人參加。三、戰時政府委員會在國民政府主席領導之下，負決定國策的責任。這是國家行政上最高權力的機關。人數不能過多，職責是集中精力，應付戰時。四、政府原有行政院各部應徹底改組，今後受戰時政府委員會的指揮與監督，為國策上執行事務的責任。戰時政府委員會的委員得兼任部長，重要的部長得同時為戰時政府的委員。五、各部部長人選，由戰時委員會決定，必以人才為標準，因事求才，絕對不以黨派關係為去取。六、由上項各黨團會商，草擬國民大會組織法，再由政府召集國民大會，以代表人民監督政府，計議國事，並解決目前各政黨間一切政治及軍事的衝突與不一。倘沒有舉國一致擁護的政府，到一天到不可收拾的一天，有不幸的環境發生，爭到人自為戰地自為戰，甚至黨自為戰，那不止勝利時間上受了重大的影響

，而勝利後國事尚待收拾，真是頭緒萬端，困難萬端了。外戰的結束，變成內戰的開始。」

新華日報：左舜生、沈鈞儒、章伯鈞三先生重要談話（二月十七日）「左舜生：三强領袖聯合聲明，根據民主原則解決了歐洲問題；這種方法亦必適用於遠東。我們不能不斷然要求全面的民主，全國的團結。沈鈞儒：克里米亞會議的聲明中說，唯有根絕納粹主義和軍國主義，德國人民纔能過適當生活。這決定，我們應該歡迎，也應該警惕。章伯鈞：中國要在舊金山會議中獲得應有的成就，獲得應有地位，就必須以民主統一的中國出現於世界人士之前，實現團結問題，民主聯合政府問題就必須迅速解決。」

同盟社評赫爾利在華盛頓
關於國共問題的談話

【同盟社東京六日電】返國中的赫爾利，聲明美國在處理中國問題上以重慶為對象，而不是以其他任何勢力為對象。當此重慶遭受新國民主義的××時，感到棘手的美國發現了延安並不單純地是個中國的政黨。在抗戰中國，美國所要驅使的對象不是中國的鐵托——延安而是重慶。因國共問題而回國的赫爾利，最近發表這種含有拒絕之意的談話，它具有新的意義。美國曾有一時期非難重慶而接近指摘蔣介石獨裁的延安，美國輿論也希望中國能於最近獲得統一，美國曾打算再作一次努力以求國共和解。代替前駐華大使高斯的赫爾利大使的任務，也就是求得這一問題的解決，以便統一兩個中國，進行對日作戰。（原來支持延安、丟棄重慶的美輿論界的目的，是陰謀恫嚇重慶的反共份子。）積極利用延安。而洞察此意的延安，為利用美國，也就將計就計了。其結果是延安在國共談判中堅持强硬的態度，要求平等地供應援助中國的武器與物資，於是美國開始知道，國共關係不能調整的原因，不單單在重慶方面，而且亦在延安方面。而且與美國的共產黨不同，在延安的背後是有蘇聯人的蘇聯在。反軸心國間的相互利用（與利權主義相結緣），在中國亦逐漸地表現出來。國共問題的困難，畢竟將表現於太平洋戰爭的最後階段上，因而必須以美國本身的措置來解決。赫爾利的談話，在本質上說是一種異常露骨的告白，同時也是一種政治手段，用以回答重慶的不滿。（電碼多處模糊，只供參考）。

【同盟社廣州六日電】本月二日，歸國中之美國駐重慶大使赫爾利，曾在華盛頓聲明說：「沒有供給延安以武器的意圖」，這不僅對今後延安與重慶

反攻，敵被殲甚衆，五日晨敵增援。平漢路南段東部地區，我軍自發動攻勢後，各路均獲預期進展，我軍圍攻正陽部隊，已突破敵陣地一處，殲敵百餘。我向汝南攻擊部隊，三日已攻迫城郊，猛行向敵猛攻中。我另一有力部隊，並已攻達汝南、遂川之間地區，經激戰後，斃傷敵甚衆。豫西方面：長水鎮（洛寧西）以南我軍，於五日晨猛行向敵攻擊，經激戰後，我路獲進展。我軍向魯山攻擊部隊，已消滅該城附近據點敵之抵抗，現仍繼續攻擊中。鄂北方面：南漳附近戰鬥極激烈，我軍已將進犯城東南地區之敵擊退，殲敵四百。襄陽附近戰鬥無變化。××周敵集中砲火向老河口東擊，掩護其步兵向我守軍陣地進犯，經激戰後，我將敵擊退，並斃敵數百，老河口刻仍屹立無恙。

【中央社渝六日電】據軍委會六日發表第一次戰訊：我軍於西峽口以西重陽店附近地區，迎擊經由西峽口來犯之敵，由四日晨六時至五日晨二時，經廿小時之激戰，寫至重陽店西側敵之先頭部隊千餘，及戰車九輛，被我完全殲滅。我軍並乘勢發動反攻，分三路攻擊前進，至十一時我中路兵團進展右翼迅速，於同時攻達西峽口右側地區，與我預置敵後各部隊會合，遂將西峽口西側至重陽店東側之間區域各地之敵個別包圍猛攻，至下午二時，僅桃樹營一地，已殲敵約一個大隊，鹵獲無算，現仍繼續攻殲中。

【中央社西京七日電】據前方某地今日十四時卅分電話，西峽口方面之敵，自五日晨我軍轉移攻勢以來，曾五次增援反撲，我軍士氣旺盛，屢挫敵鋒，將反撲之敵壓迫後包圍，其後方交通亦被截斷，迄今午已將包圍於重陽店與丁河店間之敵五千餘殲滅大半，並毀敵戰車十四輛，砲十二門，所獲戰利品正在清查中。又丁河店以西無敵踪。又王河店以東殘敵刻正搜剿中。

【中央社豫中某地七日電】我軍某部向平漢路西側挺進，五日下午於駐馬店汝南之間與敵遭遇，展開激戰。同時我軍一部，襲擊遂平車站，已將該站佔領，並炸毀附近橋樑兩座。

路透社傳波蘭流亡政府
代表被蘇聯扣留

【路透社倫敦七日電】這兒的波蘭（倫敦流亡政府）情報部今日說：波蘭副總理及波蘭境內的波蘭政府代表以及被解散的國內軍最後的總司令，三月二十七日在與第一白俄羅斯前線蘇軍指揮部代表伊凡諾夫舉行會議後，沒有回來。第二天，當時在波蘭

的關係，而且在美國與延安的關係上亦有一大變化，值得加以注意。四日由重慶發出之合衆社電訊，就今後美將延安三者之關係，論述如下：重慶政權當局，接到赫爾利聲明不供給延安武器後，非常滿意，重慶方面的各報紙，大大的登載赫爾利的聲明並加以評論，延安方面的機關報新華日報，一句話亦未表示，預料延安方面將有所表示，亦將會表示一些意見，而圍繞着這一問題，延安方面，將會發生相當的糾紛。

【同盟社里斯本八日電】美國駐重慶大使赫爾利，說延安政權爲一武裝政黨，表示美國不能以武器援助之。對此事祇予延安以極大的衝動。該機關報新華日報於五日社論中論述稱：赫爾利忽視中國民衆的民主主義的要求，使延安的努力以統一中國爲目的，增加了無限的困難。說赫爾利的聲明包藏着使中國分裂與爆發內戰的危機，並非過言。他完全不了解這樣一種事實，即延安所領導的一切勢力，並不以保護單地一個政黨爲目的，而是竭盡全力進行對日作戰。

國民黨軍委會一週戰況

【中央社渝六日電】據軍委會發言人談自三月卅一日至四月六日一週戰況：豫南鄂北戰鬥，仍在繼續激烈進行，但各地進犯之敵，已遭我堅強阻擊，隨時感受我預留敵後部隊反攻之痛苦，敵之攻勢已形頓挫。茲將本週來之戰況分述於左：進犯豫西之長水鎮、豫南內鄉西北及鄂北之南漳、襄陽與老河口附近等地之敵，均被我分別阻止於各地區，未能獲逞。惟內鄉西峽口一帶之戰鬥，極爲激烈，我軍在此一地區所獲戰果亦大，我向敵後發動攻勢各部隊，深入敵後，先後攻克伊陽、嵩縣，並進攻汝南，包圍信陽東北之正陽，確已獲得預期進展。綜觀目前各地敵軍，已陷入被動，其後方連絡補給正感受我嚴重威脅，整個戰事已進入與我有利之態勢。又我空軍不斷出動轟擊敵軍，戰果輝煌，我地面部隊得力於空軍之協助者亦甚大。至於湘贛方面，我軍對敵後交通襲擊日漸活躍，並以衡陽附近各據點，重創敵寇，並俘敵十餘名。其他如進攻攸縣、安仁等地，亦獲有相當戰果。

軍委會戰訊

【中央社渝六日電】據軍委會六日發表第二次戰訊：豫南方面，五日午後，我軍於內鄉西北重陽店以東至西峽口以西之中間地區，繼續攻克可以瞰制該地區附近之數個高地，並加緊攻擊被我個別包圍之敵。四日晚淅川西北大石橋（距城二十四里）之敵，曾一度向磨峪灣（淅川西北三十里）反撲，被我擊退，斃敵三百餘，我軍現已將該敵予以包圍，正猛擊中。同日晚，我軍向鄧縣以西之敵施行

的三位波蘭內閣閣員，波蘭之政黨八位黨員及翻譯也同樣失踪了。波蘭聲明說：波蘭政府官員接到由「蘇聯政治警察」皮蒙諾夫上校署名的請柬，代表伊凡諾夫將軍要求他們去和伊凡諾夫將軍相會，並強調他們會晤的無條件需要特別的重要意義。皮蒙諾夫的請柬末尾說：作爲紅軍軍官，他擔保被邀請諸人的安全。這次會談的政治目的，據說是討論公開迄今對蘇聯未自行宣佈的「波蘭各政黨」，以便將這些政黨容包於獨立波蘭中各民主力量的總統中。波蘭聲明繼說：應伊凡諾夫將軍邀請的十五個人中，沒有一個人的命運與下落獲得進一步的情報。波蘭情報部說：上述擔任各種職務的人名不能予以宣露，但十五個人中的十四個人的名字如下：金斯克，卡查金斯基，簽米克，詹科夫斯基，雅辛科維茨，科貝爾斯基，米爾茲瓦，與席立斯基將軍，巴德雅克，普薩克，斯泰姆勤，斯蒂普科夫斯基，烏爾班斯基，彼恩。

【路透社倫敦七日電】英國與波蘭之間在一九三九年八月二十日所簽訂互助協定，今天已作爲白皮書予以發表。這一發表是由於最近下院要求知道協定所附秘密議定書的確切的條款。雖然一般的已知道在條約原文中所提及的「歐洲強國」是德國，今日這一協定的公佈，顯示德國事實上是所提及的「歐洲強國」。

【海通社柏林七日電】倫敦訊：英政府星期五日發表英國與波蘭一九三九年八月所簽訂的秘密條約的全文。這一條約清楚的說：簽約國任何一方不准與第三國簽訂與簽約國利益相背及有害於其主權的協定。這一規定也適應於蘇聯。倫敦電台在評論中說：這一條約在理論上依然有效。

讀賣新聞論舊金山會議

【同盟社東京五日電】五日的讀賣新聞，在其社論中論及舊金山會議的前途，其要點如下：新的國際聯盟的機構，在保持防止侵略的武力，確定大國的指導權，美蘇兩大國的參加三點來說，與舊國際聯盟相比，是一相當大的新局勢。但美英的希望，並不爲他們開始所想像的順利進行下去，例如行使武力，甚要重大問題，雖由大國間多數表決，但由於蘇聯的表決即可推翻，此即關於行使武力，在雅爾塔會議已經決定，須由美蘇英中法五常任理事國一致同意。如果不能一致同意的話，那麼這一機構提供的就造入行動不便，表現出與舊國際聯盟同樣的缺陷與限度。問題還不僅如此，由於確認大國的指導權，新機構是被少數大國特別是美蘇所把持，因此新機構是由大國的利害所直接左右。從這說來看，標記了在準備下期的戰爭。

參考消息

（只供參考）
第八四三號
新華社 解放日報 編
今日出一大張
卅四年四月九日
星期一

宋子文赴美

【中央社渝八日電】出席舊金山會議代表團團長宋代院長子文，偕秘書長等已於七日晨離渝赴美。董代表必武亦將於日內啓程。

【合衆社重慶八日電】中國出席舊金山會議的代表團團長中國行政院代理院長兼外交部長宋子文，已偕兩週以前應中國政府邀請訪華的美國物價管制專家濮德森赴美。中國代表李璜、青年黨領袖亦起程。中國代表唯一的依然留在中國的是共產黨員董必武。董必武將於最近幾日內起程。董必武自從上週中從延安抵達此間以來，忙於參加許多國民黨領袖、包括宣傳部長王世杰、立法院院長孫科、及其他中國政治、文化領袖所設的歡送宴會。

【中央社華盛頓六日專電】出席法學專家會議之我國代表王寵惠博士，偕同顧大使維鈞及徐大使謨、今日午後八時自紐約乘車抵此，胡世澤則將於今夜乘汽車抵此。

邵力子謂應加强中蘇友誼
宋子文或將訪問莫斯科

【合衆社重慶八日電】國參會秘書長、前駐蘇大使邵力子對大公報宣露：宋子文將於最近訪問莫斯科。『宋子文或能訪問莫斯科，這是許多人很久以來希望其實現的』。邵力子在評論蘇聯廢棄蘇日中立條約時說：『蘇聯可能在一年之內對日宣戰，因爲莫洛托夫已清楚對佐藤指出：日本幫助德國應負違犯中立條約責任。根據我親眼見到的，蘇聯雖已對德國作戰五年，依然强大，足以對日作戰。』邵力子督促加强中蘇友誼，然而指出三個必要條件，一、加强對蘇聯的一般智識；二、加强中國內部團結；三、對某些少數民族問題（邵暗示新疆卡薩克問題）達到互相諒解。

【合衆社重慶八日電】大公報視小磯內閣倒台的近因的情報爲一因報，佐藤應莫洛托夫邀請至蘇聯外交人民委員部時，即以無線電告小磯蘇日中立條

偪入之敵全數殲滅，敵未得逞。

【中央社南丹五日電】四日拂曉及黃昏時，布山敵曾兩度向我某高地進犯，激戰一小時，被我擊退，斃敵七十餘。五日晨，敵一小股向我大山塘附近進犯，亦被我擊退。

敵酋鈴木發表首次談話

【同盟社東京八日電】鈴木新內閣總理大臣於七日深夜的首次閣議結束後，發表下列談話：當此戰局非常危急之時，想不到拜授了組閣大命）誠令人不勝惶恐之至。所幸諸衛閣員已畢，現已舉行親任式。此次帝國爲了自衛而進行的戰爭，現在正處於嚴重的局面下，不容有絲毫的樂觀。特別是前綫將士雖有前仆後繼的寶貴的犧牲，後方民衆雖有果敢的努力，但敵人反攻不息，終於直接佔領了本土的一角，這樣的事情，實在使爲人臣的慚愧莫名。萬一情況老是這樣地推進下去，則可說帝國生存的基礎就危殆了。挽救危局的重大責任，是落在一億同胞的肩上。擊滅强敵，保護祖國的抗戰中，也只是寄托在國民的身上。現在一億國民一切的一切，都要打破過去的拘泥，挺身保衛光榮的國體。我自然有如此的決心，甚至把我的殘骸埋葬在國民諸君的最前列，以此決心來處理國政。希望諸君亦踏過我的屍體，勇往邁進，發揚新的戰力，以便兵安聖心。

【同盟社東京八日電】親任式舉行完畢後，七日下午十一時過後，在首相官邸舉行鈴木內閣的首次閣議，鈴木首相以下全體閣僚出席參會。首由首相介紹各個大臣，表示處理戰局的重大決心，旋於決定內閣三長加官發表。任命大藏省銀行保險局局長迫水久常爲內閣書記官長（一等），村瀨直養爲法制局長官兼綜合計劃局長官（一等），法制局長官從三位勳二等村瀨直養，特別賜以親任官的待遇。

【同盟社東京八日電】鈴木新首相於八日上午十一時四十分起，在首相官邸首次接見內閣記者團，一問一答，歷時約一小時，首相說：『目前熾烈的戰爭，早在大東亞戰爭開始時即已注定了。而我們亦有這樣的決心。觀乎目前戰局的進展，絲毫不足令人吃驚。與美英作戰，是以小抗大的戰爭』。隨即叩詢此次戰爭的眞正本質，首相答稱：『甚至日俄戰爭當時的元老們，都認爲日本不能打勝俄國，但是日俄戰爭是無論如何必需打下去的。而日本是在那次戰爭中勝利了。此次的戰爭，亦是無論如何必需打下去的戰爭。最後的勝利，當亦與日俄戰爭一樣，是歸於我方的。』力戒僅以局部的戰鬥情況

約終爲廢棄了。大公報在社論中督促中國政府派宋子文或孫科或邵力子即刻赴莫斯科，「表示對蘇聯廢棄蘇日中立條約的欽佩，佈置新的戰爭×××，××日本大使佐藤，即刻關閉他在莫斯科的大使館，整裝回國」。

渝傳日寇將有新的進攻

「海通社上海七日電」關於日本在漢口西北攻勢的行將終束（由於日本這個攻勢，老河口美國空軍根據地被消滅了），重慶報導日本在不久將來可能有新的進攻，據重慶稱：這些新的進攻可能是：（一）新的「飯碗」攻勢，這個攻勢以湖南省境，洞庭湖西南岸常德爲主要目標。（二）向寶慶以西和衡陽西北進攻，目的在佔領芷江空軍基地。（三）由桂省南寧出動，進佔百色空軍基地。日本這三個進攻的目的，在破壞和消滅日本縱貫大陸走廊範圍內的美國空軍基地。

「中央社渝八日電」軍委會八日發表戰訊，豫西方面，我軍掃蕩淅川西北殘敵，於七日午後四時將被我圍困在大石橋（淅川西廿四里）附近之敵殲滅大半，殘敵向東潰逃，我乘勢追擊，至晚已進展約十里。我軍向西峽口攻擊前進部隊，於七日晚攻迫該據點，續向頑敵施行猛攻中。我軍向鄧縣以南之敵反擊，連日均獲有戰果。七日晨，敵復增援反撲，現正激烈戰鬥，我軍已擊斃傷敵三百餘。豫西方面，長水鎮以西地區，我軍於七日晨向敵猛烈反攻，經六小時之激戰，我擊斃敵四百餘，殘敵被迫東退，我跟踪追擊前進，迄晚已迫近長水鎮，現仍繼續進擊中。鄂北方面，南漳附近戰鬥至爲激烈，我敵互有進退。襄陽以西戰鬥在繼續激烈進行中。老河口附近敵，七日由午至晚，續以戰車掩護，向我守軍陣地數度衝鋒，但均被我擊退。在七日之整日戰鬥中，我軍共擊毀敵戰車四輛，斃敵五百餘，我陣地無恙。湘南方面，資興西北地區，我軍於四日向三都圩兩側之敵攻擊，予以重創，並鹵獲軍用品一部。我軍一支隊，三日向安仁以西約三十里平田圩之敵突擊，經戰鬥後，我擊斃傷敵甚衆。我軍另一支隊，同日在宜章以北三十六里之廖家灣地區，截擊由南向北移動之敵，將其斃傷百餘。贛西方面，南康以西地區，我軍於三日午在贛土圩、長塘圩地帶迎擊由南康向我反撲之敵，至晚我將敵擊退，並予敵甚大創傷。

「中央社石花街七日電」今晨二時光化及馬頭山之敵，向老河口小東門及光化門（朴北阜）猛攻，我守軍分頭應戰，首將光化門犯敵擊退，當時敵砲曾將小東門城牆轟成一缺口，敵人一股即向該處衝入，我奮勇堵擊，將該股

來論斷戰爭勝負的憂慮，最後問及對於戰局的率直的估計，首相答：「我國在此次戰爭中必然勝利，所謂勝利並非指軍隊的形式上的勝負而言。例如德川家康在三方原一戰，擊潰武田信玄，在濱松市大勝。在這一役戰中德川式的用兵與指揮，在最後是構成了德川式的打勝仗的要素。在琉璜島等島的作戰中亦是一樣，我未曾想到會有失敗的事。何以言之？因在這一戰鬥中，日本國民所表示的信念與氣魄，明示我們在這一戰爭中必然勝利」，強有力地說明官民一致努力必勝無疑的道理，令人銘感之甚。

日寇設立新軍制 準備本土決戰

「同盟社東京八日電」當此戰火燒過沖繩島之時，帝國陸軍爲了使本土決戰必然勝利，此次乃決定組織建軍以來空前未有的皇土防衛軍。陸上部隊設置總軍司令部，作爲統轄防衛本土諸軍的最高司令部，並設航空總軍作爲航空部隊的最高司令部。總軍司令官，由前陸相杉山元、前教育總監畑俊六兩元帥擔任。航空總軍司令官，則由中部軍管區司令官河邊大將擔任，這一任命七日已由陸軍省公佈，兩總軍司令官都直接隸屬於天皇，指揮其統帥下的諸軍，擔任保衛本土。與滿洲的關東軍、中國的派遣軍、南方派遣軍，三個軍一起，現在全軍共組成五個大軍。這樣，在行將到來的決戰之前，帝國陸軍在防衛本國與外間的各軍中，在其實力與威力上，已經完備了空前的完備的陣容。又航空軍總司令官，亦直接隸於天皇，指揮整個陸軍的航空部隊，擔任本土決戰的先鋒。此次設置的航空總軍司令部，於現代戰爭中主戰兵力的航空部隊，是一有劃時期意義的措置。這點是特別值得注目的。在軍政方面，有航空本部，在教育方面有航空總監部，各有獨立的機關，而陸軍航空部隊在作戰方面，亦與地方部隊一起，在另一總軍司令官的統一指揮下作戰。這樣，使它濃厚地帶着有准空軍的色彩。

消息報評廢除蘇日條約

「合衆社莫斯科七日電」消息報評論日蘇條約之廢止時，認蘇日關係爲革命後廿年來「最不滿意之關係」。該報稱：「廢約之原因，乃在對蘇聯作戰之德國爲日本之盟國，而日本則向蘇聯之盟國美英兩國作戰」。並歷舉日本之反蘇行爲，遠起於一九三八年之西伯利亞，「一九三八年復佔領綏長之外蒙古邊界引起戰端，此項記錄，說明日本統治者一再與蘇聯之尖銳衝突，均足使日本認識對蘇建立通常關係及停止軍事挑撥之必要，於是乃成立此有益之條約，是時適德國正實行新帝國主義，圖征服並統治歐洲，德國對蘇之

短暫勝利，致使（日本？）政治家轉改趨向，而以德國爲靠恃，但蘇軍堅守莫斯科大門，及其他地區，遂使日本急進份子漸告醒悟，但日本之軍政統治階級，甚至尤在該時認爲必須利用此大好機會，開始實施其對南洋之秘密帝國主義之企圖，因而導成珍珠港之事變。

中央日報等 論蘇日廢約

【合衆社重慶七日電】國民黨機關報中央日報係蘇聯廢棄蘇日中立條約說：「從法律上講，這一評約將再持續一年，但是從政治上講來，條約的精神已經碎了。」獨立的大公報評同一事件說：蘇日中立條約的廢棄是『屋漏又遭連陰雨』。日本的崩潰可能較預期者更早。

【合衆社華盛頓五日電】中國駐美大使魏道明談：蘇聯之廢止蘇日中立條約，『應爲各聯合國各民族所歡迎，此乃一重要之舉動，將可大爲增強吾人作戰之目標』。

【合衆社倫敦六日電】東京廣播稱：日本準備全力應付因日蘇中立協約廢棄所引起的任何情勢，但兩國在一年內仍將維持和平狀態。同盟社稱：日蘇關係自將劇變，此間軍事觀察家稱：日本在華二百萬兵力中之半數係駐在華北及東北以防備蘇聯。

蘇日廢約後 中央社報導英方態度

【中央社倫敦六日專電】本日此間大字首欄標題登載莫斯科方面廢止蘇日中立條約，及小磯內閣總辭的消息，並大加評論，每日郵報以八欄之標題『蘇聯轉向日本』冠此消息。每日快報則有七欄之大字標題『日本軍閥辭職』。泰晤士報之注意力集中於注視日本之困難，於社論中稱：日本以七十九歲之鈴木代替小磯，對於自明治以來，遭受空前巨大連續之災難之日本，實爲怪誕之舉，少年之日本政府全操諸於皇室、軍人及大實業家三者之手，然此三者實爲一物之三面，如某種東方神祇之三面孔然，此一系統今已傾潰，在此正面改革幕後日本之控制者，仍爲軍人。每日見聞報稱：日本之虛誇及欺詐今已全部付其代價，由於莫斯科方面最近之決定，日本與世界實已斷絕接觸，戰爭已進至其門戶，政府不能解脫其罪惡領袖所招致之危機，因而辭職，日本已完全成爲世界上失去法律保障之國家。約克郵報稱：日本除非急欲成立求和機構，則在此種情形下內閣之改組，實無何益處，日本人民無疑將以自殺熱狂抵抗任何攻入其本土之企圖，然其政府或係深爲焦慮此種全體抵抗之後果，將使其雖歷數代而仍支離破碎。

以前，蘇日衝突或極易發生。四、日本內閣本日辭職顯然與蘇聯通告廢止蘇日中立協定之決定直接關連。五、日本現提防將受兩面夾攻，此如不能在實際上，亦將在心理上縮短戰爭期限。

蘇日廢約後德國態度

【路透社倫敦六日電】據海通社消息：德外部發言人對蘇日中立協約廢止一事之詢問稱，此舉可使日本政府相與更始。

【海通社柏林八日電】德國關於日本國內最近發展的沉默依然繼續着。德國報紙××將許多事變告知讀者，日本小磯內閣辭職及任命鈴木組織新政府，僅在星期六日德國報紙上予以判載，然而德國報紙在星期六晨沒有莫斯科廢棄蘇日條約照會的消息，德國報紙對於這些事變未加評論，里賓特洛甫的發言人星期六日午時，僅僅將他的日本同僚對東京報界所提出的評論加以宣讀，而未發表自己的意見。在判斷蘇聯××，威廉街與東京完全一致。

海通社傳蘇聯要求 修改蘇土互不侵犯條約

【海通社紐約八日電】合衆社安哥拉訪員報導：最近返回安哥拉的土駐蘇大使薩伯爾，曾傳到蘇聯政府的通知，謂蘇聯要求互不侵犯協定中的某些改變。合衆社訪員認爲：沒有什麼疑問的，蘇聯要求對海峽的地位有某些修改，因而土耳其的獨立控制海峽權，就會遭到某些限制。認爲：蘇聯也有可能要求對高加索邊界有某種更正。

英外次訪土京 進行政治及經濟談判

【海通社安哥拉七日電】安哥拉無綫電報導：英外次哈爾到達土京，進行重要政治及經濟談判。他已於星期五晉謁過土總理薩拉茹格魯。土外長薩卡已隨同出席舊金山會議的代表團離土。土駐蘇大使薩普爾可能短期內遄返土京。

同盟社論 東西綫戰局

【同盟社柏林五日電】由於反軸心軍自西方進擊，紅軍自東方猛攻，使德國遇到開戰以來最大的危機，現在可以說正是站在生死關頭。即是說，東西兩綫之最短距離（連結佛蘭克福、漢諾德、柏林與卡塞爾），已不到四百公里，德軍的行動自由，已受到很大的限制。由於德軍最高統帥部指導作戰的拙笨，將會給戰局以決定性的影響，但德軍當局仍將繼續戰鬥。在敵綫後方，由留駐後方的警衛隊與納粹黨機關組成××部隊，進行游擊戰爭，

「海通社斯托哥爾姆六日電」倫敦方面消息，此間預計莫斯科關於廢除蘇日中立條約的通知，其結果將爲破裂外交關係，復繼以蘇聯對日宣戰。但據[illegible]訊社說，倫敦俄國方面人士相信莫斯科只想竭力予日本以壓力，以促進蘇方的利益，特別是向華北深入。每日新聞駐倫敦訪員指出，此事莫斯科事先並未通知盟國，但由於其結果將對盟國的事業有利，所以沒有入抗議。但是將來的外交和政治的衝突的可能性決未消除。

「中央社倫敦六日專電」此間除對莫斯科最近行動咸感歡慰外，消息靈通之觀察家，咸認爲蘇方廢止日蘇中立條約後，遠東戰局可能有數種發展，此項協定雖廢棄，尚須至明年四月始行滿期，但一般相信，此舉本身立將發生兩項反映：第一，日本孤立後，將使遠東戰事縮短時日。第二，將對舊金山會議前途有廣大貢獻，觀察家相信蘇方之次一行動，將爲對日斷絕外交關係，再進一步，則爲宣戰。曼哲斯特報及倫敦每日電訊報，均曾指出次一行動之關鍵，乃在「廢止」一字之正確解釋，雖廢止之原委固已極爲明瞭。曼徹斯特衛報稱：倘蘇方於事實摒棄該約，自將爲突然而緊急之威脅，則日本當不能再爲一年之優容，而必須準備隨時應付蘇方之進攻。每日郵報外交記者認爲無論蘇聯是否實際對日宣戰，蘇聯目前固可自由供給美空軍基地，以進襲日本，該報並繪製地圖標明可能之基地，乃海參威、伯力、廟街、及赤城等地，每日郵報及每日快報之外交記者稱：蘇方廢止中立協定之對日影響，將立即見於盟方佔領德國之後。

「中央社華盛頓五日電」蘇聯廢止蘇日中立條約後，此間盟方人士顯表極度滿意，華府全市震動，其程度殆可與德國之攻蘇時相同，蓋德國進攻蘇聯，蘇聯乃成盟邦，國務院允各記者要求發表長僅一行之書面聲明曰：「美政府自然歡迎此種發展」國會人士及其他官方則表示歡欣意見甚多，咸望其能及早參加太平洋戰事，專家方面當然充分明瞭，今日雖已宣佈廢棄，但蘇聯如守條約之文字，則在技術上，仍將有直至一九四六年四月廿五日爲止，彼等感覺蘇聯鑒於此次條款不論其將採取何種路綫，從其今日之行動，將推得下列結論：一、就全局而論，此舉將大有助於縮短太平洋之戰事；二、此亦即通告日本及世界其他國家，謂蘇聯承認其與軸心遠東夥伴有權益衝突，自後將加入對日作戰；三、實際言之，鑒諸蘇聯如以西伯利亞基地供美使用，日本則可能進攻蘇聯領土，以及邊界糾紛，亦有激動戰爭之可能，明年四月

以便與第一綫的將士並肩作戰，德軍當局曾公開地說：這一部隊不是在納粹政府領導下組織起來的，而是在非佔領地組織起來的。然而不消說，它是與德國政府的指導戰爭是表裏一致的，同時中央司令部爲了阻止德國國民在非佔領地協助敵軍，已發出警告，若有協力者當立即由秘密機關處以死刑。現在已將亞琛市市長暗殺，以此來強有力地領導後方國民的抗戰。爲此，美英軍必需在後方駐紮軍隊。顯然由於戰綫的向前推進，將逐漸暴露兵力不足的現象，這就可以相當地有利於德軍的作戰。另方面，元首的秘書長勃爾曼，於二日向黨支部長以下黨全體指導者發出通告，邀請黨員們爲了完成任務，只有選擇勝利否則便是戰死的道路，說明若有背叛元首的，將要受到處分。明示最高指導部關於國民抗戰的嚴峻的態度。隨着戰綫的向前推進，將由於國民總蹶起的態勢，改變戰局的形勢。

黃金官價提高洩露舞弊案

「中央社渝八日電」據悉黃金官價提高洩露舞弊案，上月底監察院方面即注意調查，監察委員嚴莊提請澈查責任，已由院令派嚴氏及審計部稽察會愿前往查究，嚴委員奉令後已分赴各有關機關澈查，將依法提劾。

「中央社渝七日電」頃據財政部發言人稱：今年三月廿八日，本部奉命宣佈調整黃金價格時，其時各行局營業時間業已終止。嗣據報告該日本市各承辦行局收存之法幣折合黃金存額，較以往數日情形超出一萬餘兩之鉅，又無弊竇可疑，當即指派稽核人員分往各承辦前行局，稽查當日出售黃金現貨及經收法幣折合黃金存款名目，查得該日收存之數確較往日爲多，且多以一本票或一支票化名分存多戶，例如有連號支票三紙化名二十四戶存儲三千三百兩者，又有以本票三紙化名×百十戶存儲四百兩者。又轉賬申請書本係經交換時間已過各錢莊間相互在中央銀行劃抵頭寸之用者，該日各行局也鉅額收受以開存單。查以一本票或一支票化各分存多戶，顯有情弊。其收受轉賬申請書開發存單者，也與定章不符，均應予以糾正，以示大公，經即由部擬具處理辦法三項：（一）該日此項存款收存特多，其原由何在，請政府派員澈查；（二）經辦人員舞弊情形，由本部會同四聯總處派員澈查；（三）三月廿八日各行局收受之法幣折合黃金存款，凡以轉賬申請書購存及以一本票或一支票化名多戶分存者，作爲無効，呈奉核准施行，業經由部於本日公告，並分行各行局遵辦云。

參考消息
（只供參考）
第八四四號
新華社 解放日報社 編
今日出一大張
卅四年四月十日 星期二

合眾社傳 日軍動向預測

【合眾社重慶九日電】重慶謠傳：日本由於軍事與外交挫敗的結果，或將自緬甸、馬來亞、越南、華南，甚至可能自華中撤退其部隊。上海大美晚報編輯顧××（P.T.Yan）列舉四個因素日本或將實行這種撤兵計劃的信念：一、日軍在太平洋上菲律濱，緬甸北部及中部，琉璜島以及沖繩島的失敗，直接威脅日本本土，可能迫使日本調遣更多部隊回國加強本國防禦。二、日本鑒於蘇聯廢棄蘇日中立條約，可能被迫採取慎重的措施，以防歐戰結束蘇日中立條約期滿時，蘇軍進攻滿洲的可能性。三、中國以美國幫助加强與實行裝備其軍隊的努力，予日寇交通綫及華南華中海岸走廊日益增長的威脅。四、美軍在中國海岸登陸的日益增長的可能性，以及中國游擊隊與正規軍迎接登陸的必然性，予日寇交通綫以極大威脅。日本海軍的減少與在華空軍的削弱無力，造成華南日軍有被完全切斷的可能，除非華南日軍撤至更易供應的華北區域。

國民黨戰報

【中央社重慶九日電】軍委會九日發表戰訊，豫南方面，我軍攻迫內鄉西北西峽口部隊，八日擊退由西峽口兩度向我反撲之敵，並予以重創，淅川西北，我軍繼續向東追擊。八日，鄧縣以西李官橋附近戰鬥又趨激烈。平漢路南端東側我軍，三日晚已將汝南、遂平間地區之敵擊潰，斃敵指揮官一人及以下官兵百餘，現正續向遂平猛攻前進。我軍另一部隊，已於五日攻入遂平車站，與敵巷戰四小時，殲敵約百人。該車站附近之鐵橋兩座，均被我軍破壞。我軍另數路部隊，分向平漢路南段各據點攻擊前進，均已漸次迫近目標，續行向敵攻擊中。豫西方面，我軍向長水鎮攻擊前進部隊，八日與據守該鎮頑抗之敵進行激烈戰鬥中。鄂北方面，襄陽以西地區戰鬥仍烈。南漳附近我軍向敵施行反擊，已攻克數個高地，並斃敵數百。老河口附近，敵八日晨續向我守軍陣地猛犯，

宜，並曾與其他戰術部隊之戰鬥數十種。陳誠部長報告並說明加以補充後，說明今年建軍方針計包括：（一）充實反攻主力，整理部隊，現採重點主義，分期完成。（二）改善官兵生活，對整編後之部隊，其補給改發實物，凡官兵之衣食住行四大需要，俱在設法改進；（三）調整機構，過去辦理之情形與依照期限完成後，全國官兵之員額；（四）編餘官員之安置。陳氏稱四個月來所作所爲雖偏重於消極方面工作，然消極方面不作，則對積極工作無從着手，是以本最高當局建國必先建軍，建軍必先整軍之旨，逐步作起，以配合反攻，使每一軍人均爲國家軍人，每一部份軍隊均能成爲國防力量。最後並說明工作上所遭遇之阻礙，希望社會人士予以協助，並多指正，俾達成任務。陳誠報告畢，輔成、炎培、冷遹、公來提出詢問及建議多起，俱經陳部長即席作答。討論事項：（一）王普涵等提請改善陝棉管制辦法案，決議送請政府從辦。陳博生、錢公來、冷遹等十六人提黃金提價消息透漏，原案謂此次黃金提價命令係於二十八日下午五時以後送達各銀行，而二十八日下午售出之數竟達三萬餘兩之鉅，顯有舞弊情事，故提出建議：（一）請政府將宣佈二十八日售出之黃金一律無效；（二）查明大量購買黃金者究爲誰何，並其購買黃金之法幣充公；（三）徹查透漏消息重要人員，予以嚴辦；（四）舞弊之銀行及其主要人員徹查屬實後，嚴厲懲辦，決議送請行政院徹查。

【中央社蘭州七日電】蘭州記者公會七日下午二時舉行會員大會，通過擁護新聞自由案後，改選屠雄、關濟民等任理監事。

【中央社西安八日電】陝物價管制會爲加强物價管制，對不良商人囤積操縱及商貨進出存售動態，認爲有實施檢查之必要，擬短期內從即成立陝經濟檢查隊，執行檢查任務，加强物價管制。

【中央社綏西九日電】臨河水災已漸平息，計倒塌民房一千四百餘間，受災難民有二千二百餘人。

【中央社迪化四日電】省府新派各行政專員現已先後到任。第六區專員高伯玉偕同艾林郡王及哈族頭目四十餘人，於冰天雪地中行走六十三日後，已抵阿山視事。第四區專員喬根亦安抵阿克蘇。第二區（伊犁區）專員左曙萍調省，遺缺由安文惠繼任，刻正在烏蘇辦理接交手續。第三區專員張愛松已過阿安蘇，日內即可到達疏附任所。

【中央社渝六日電】最近物價日益上漲，記者頃往訪張祕書長厲生，據告稱：國家總動員會議機構雖已撤銷，但政府今後仍照原有辦法加以管制，

戰鬥現正激烈進行中。

【中央社渝九日電】軍委會九日發表第二次戰訊，鄂北方面，我戍守老河口陣地部隊，奮勇猛擊來犯之敵，八日由晨至午，斃敵至少在四百以上，現激戰仍烈。九日，老河口南方附近敵圖向襄河西岸强渡，我河防部隊當予痛擊，我空軍亦於適時飛臨猛施轟炸並掃射，敵在我陸空軍協同打擊下，傷亡慘重，卒未得逞。豫西方面，我軍向長水鎮攻擊部隊，於九日上午八時攻克該鎮北側據點長水砦，俘敵廿餘，擊斃敵及鹵獲品尚在清查中。至十時，我軍已突破敵之陣地，攻入長水鎮，敵抵抗仍極頑强，現正進行激烈巷戰。

國民黨欺騙外國 法報說中國團結

【法國新聞處七日電】「世界」報在其每日國外要聞欄中寫道：「中國目前正想達到政治上的團結，這種團結目前正由蔣介石實行××××××。「主要的問題是引導中國達到唯一的目的：解放國土。關於這點，可以想像，中國將在這種目標下團結起來」。「世界報」稱，「事實上，這種統團結的象徵，已由中國出席舊金山會議代表的指定表現出來，首先，十個代表中只有四個屬於國民黨，其他則屬於國民參政會與社會黨，而且還有一個代表是共產黨中央執行委員會的委員，最後一個代表在此時的出現，是件重要的象徵，並為中國報紙堅持××事實的明顯象徵。目前的困難，實際上正走向順利，沒有根據可以說中國是分裂的，而在戰後也將永遠是分裂的。毫無疑問的，南京政府仍然存在，但它能存在多久呢？」

國民參政會駐會參政員舉行十四次會議

【中央社重慶六日電】國民參政會駐會委員會，六日舉行十四次會議，聽取政府報告，並通過議案，請政府徹查黃金提價消息透漏案。會議於下午九時舉行，出席主席團莫德惠、王世杰、江庸，參政員李永新、錢公來、王普涵、黃炎培、褚輔成、冷遹、陳啓天、江一平、左舜生、陳博生、許孝炎、胡健中、王雲五、羅衡、李中襄、啓江。由江庸主席，報告事項：（一）秘書處報告；（二）外部書面報告；（三）陳誠報告軍政設施，尤其改善士兵待遇之實施狀況及最近作戰情形。陳氏報告之前，會由軍令部張秉均所長報告鄂北、豫南戰役，對敵軍兵力與我軍佈置、戰事之進行情況，作詳細敘述。據稱當前此一區域之戰事已進入決戰階段，敵軍因交通線過長，隊伍分散，給養困難，我軍方面孫震、湯恩伯、劉汝明等將軍作戰英勇，加以靈活之活動，予敵軍之損害極

且將特別加强管制。記者詢以亨德鄰最近研究之結果，張氏謂亨氏會分別與各主管長官晤談，繼續研究關於物價之種種材料。

敵報論廢除蘇日中立條約

【同盟社東京八日電】朝日新聞社論：鈴木貫太郎之組閣，在此決定戰爭勝負的關頭，在戰爭政治上可說是一最適當的人物。（缺一段）在貫徹戰爭上，用兵、作戰、武器、糧食都是很重要的。而靈活地運用這些東西，在於國務與統帥的一體化。在日俄戰爭時，大山、東鄉兩元帥毫不動搖，在這一次戰爭中，亦需有這樣强固的陣容，以便決戰。鈴木首相的第一要務，亦在於此。第二個要點，是要超過一般人，沉默的信賴比搬弄口舌最有效果。……不利的條件，或於不久即將到來。在國際政治的側面，尚有很重大的懸案，現在還避免論述。而現在最緊急需要的，是產生一個最强有力的內閣。

【同盟社東京八日電】讀賣新聞頃揭載題為「世界形勢與日蘇關係」社論內稱：由世界正在發生的現象看來，現在的情勢與日蘇締結中立條約時（一九四一年）是不同的，（中缺一大段）日蘇中立條約於明年四月失效，而日蘇關係並不因而發生任何變化，何況日蘇兩國面臨這個現實的問題即日蘇兩國為了全人類的福祉與世界恆久的政策應互相合作，日蘇關係的核心就在這裏。我們希望日蘇兩國政府當局時常留意這一點以期考慮大局不致發生錯誤。

【同盟社東京八日電】每日新聞頃揭載題為「我們的態度沒有變化」的社論稱：由於蘇聯政府通知廢除日蘇中立條約，因此該約再過一年就滿期了；按我們所知道的範圍說，日本政府並沒有企圖在這個時候廢除日蘇中立條約。我們認為日本政府願意與鄰邦蘇聯維持友好關係以及維持東亞的生存，這個希望就是到了今天還沒有任何變化。暫且不談蘇聯政府提出廢除中立條約的理由是否與事實不符，這個事實並不是現在才發生的，而是在三個多年以前就發生了。在此數年中錯綜複雜的國際形勢下，我國忠實執行日蘇中立條約，一貫地基於信義，對處日蘇關係。這跟我國對蘇聯的敵國亦即我國的盟邦——德國間保持的友誼和我國對蘇聯的盟國——美英進行戰爭的行為並無抵觸。但蘇聯政府只根據自己的見解提出照會，宣佈廢除蘇土中立友好條約以及此次宣佈廢除日蘇中立條約的事實，即可說明此點。現在要預先表明我們的態度：日蘇中立條約的效力還要存在一年

，在這一年以後，我們堅保持日蘇友好關係和東亞安寧的願望還是不變。

敵東鄉茂德任外相兼大東亞相

【同盟社東京九日電】鈴木首相於組閣之初，即把前外相東鄉茂德作爲外相兼大東亞相的意中人。因爲東鄉在輕井澤，所以自己暫時兼任外相及大東亞相。東鄉接到鈴木首相的電報後，已於七日舉行親任式後，會見鈴木首相，交涉入閣問題，他對入閣採取保留的態度，他在愼重考慮中。他於九日下午五時再度訪問首相，對於施策獲得完全一致的意見，於是答應入閣。因此鈴木首相於下午八時親見天皇陛下，上奏此事，並於下午八時卅分在宮中舉行親任式，並由情報局公佈之。

【同盟社東京九日電】鈴木首相決定奏薦前任首相平沼騏一郎男爵繼任樞密院議長。九日上午十一時訪問平沼男爵於大久保私宅，得到平沼的諒解，遂於同日下午八時親見天皇陛下奏陳此事，蒙天皇陛下批准後，於八時卅分在宮中舉行親任式，並由情報局公佈之。

【同盟社東京九日電】東鄉外相兼大東亞相是鹿兒島縣人，現年六十四歲，明治四十一年畢業於東京帝國大學後，入外務省任職，外務省歐美局第一課長，並在瑞士、德國、美國工作，昭和八年任歐美局長、歐亞局長，以後締結日德防共協定後不久，於十二年秋任駐德大使，努力進行日德提攜的工作。十四年秋轉任駐蘇大使，碰到諾門坎事件，不斷與莫洛托夫進行交涉，他打開了日蘇邦交危機的功績得到很高的評價。十六年他在東條內閣中担任外相，作爲大東亞戰爭初期的外交攻勢的軸心，而進行活動。十七年九月讓位給谷正之後，被勅選爲貴族院議員，直至今日爲止。

【同盟社東京九日電】內務省次官山崎、警保局長古井及警視總監坂提出辭呈後，安倍內相詮敍繼任人的結果，決定將地方局長灘尾昇爲內務次官，東京都防衛局長池水爲警保局長，起用新潟縣知事町村爲警視總監。九日特週閣議正式決定上述人事，並由內務省發表命令如下：內務省地方局長灘尾弘吉任內務次官（一等）、厚生省健民局長入江誠一郎任內務省地方局長（二等），東京都防衛局長池水柱任內務省警保局長，兼任防空總本部警報局長（二等），新潟縣知事町村金五任警視總監（一等），防空總本部書記官兼內務省監查官友末洋治任東京都防衛局長（二等），內務省調查官富田昌穪任新潟縣知事（一等）。

同盟社評敵新閣

【同盟社東京七日電】當今日皇國戰爭經濟的危機正迫在眼前的時候，遲疑和猶豫不決意味着敗亡。敵人切斷我南方運輸路，欲根本傾覆日滿華綜合的軍需生產。新內閣在此危急之時，要採取何種施策。自大東亞戰爭以來，成爲我國戰爭經濟的障礙物必須於現在予以掃除，[illegible]戰爭的進展和我國戰爭經濟施策的速度是不能夠一致，諸試確立日滿華綜合經濟時，到底其交通路綫能否安全，現在敵人甚至要障礙瀨戶內海的交通，而陸上交通的安全亦不能確保之時，是否確立了應付此種情勢的本土自戰的體制。問題就在這裏。過去曾屢次指出戰局與我國經濟施策的不一致，這就歸結到國務與統帥有一體化的問題。不考慮到供給的作戰是不能存在的，我們國民的努力亦應集中於供應戰這一點上，欲使國務與統帥的一體化，首先要決定我國經濟戰略的重點，本土變爲戰場的可能性很大，今日經濟戰略的重點在於急速確立本土自戰經濟，在這個場合，必須率直提出對作戰部門的要求。當形成經濟戰略的重點後，能否迅速實施的關鍵就在於如何實行軍需生產行政的一元化，我國軍需生產行政向來是分散於陸、海、軍需三省，今日軍需生產行政的區分未必是站在合理的基礎上，當今天資材勞動力缺乏之時，這種行政的分立只有助長混亂，確立强有力的生產行政是不可能的，所以從軍需生產力方面看來，首先希望陸海軍生產行政（要包括軍需省）的一體化。

敵大本營發表琉球海戰戰果

【同盟社東京八日急電】大本營公報（四月八日下午七時）——（一）我航空部隊與水上部隊於四月五日夜起，傾舉全力，攻擊沖繩本島週圍之敵軍艦船與機動部隊。（1）在這一次攻擊中，我方所獲戰果如下：擊沉特設航空母艦二艘、戰艦一艘、艦種不詳六艘、驅逐艦一艘，運輸艦五艘，擊傷戰艦三艘、巡洋艦三艘，艦種不詳六艘，運輸艦七艘。（2）我方損失：沉沒戰艦一艘，巡洋艦一艘、驅逐艦三艘。（二）參加上述攻擊的航空部隊與水上部隊，都編成特別攻擊隊，除了上述戰果外，還有不少的戰果尚未確認。

【同盟社西南羣島基地八日電】沖繩島我軍正在和急於南下之敵軍激戰中，七日敵軍已進至大山宜野灣南方一線，七日我機繼續襲擊敵艦船，敵損失很大。

敵鈴木內閣各大臣談施政方針

「同盟社東京九日電」鈴木內閣已經成立，他表示了莫大的決心，以便突破嚴重的戰局，爲最後勝利而戰鬥到底。當此新內閣成立伊始，各個大臣各談其決心如下：豐田軍需大臣談：「我於上次辭去商工大臣職務後，已經三年四個月了，此次乃再次担任軍需生產行政。其間我深深感到，爲了增强軍需生產，軍、官、民都在協力一致，構成非常完備的體制。軍需生產行政的目的，不消說是爲了戰爭的勝利，至於其具體的方向，即與吉田前軍需大臣的計劃完全一樣」。廣瀨藏相談：「我於大東亞戰爭爆發後，即作爲陸軍顧問奔走南方，故擬將戰場的經驗，完全用之於本土的生產與財政金融上」。安信內相談『給地方長官以權限與責任』——『爲了渡過目前的時局，我自己具有作爲一個特別攻擊隊員的決心，飛至國民中親自動手工作。爲了國家將奮然而起，英勇地從正面向前猛撲。在目前本土戰場化的階段，內務省的工作是集中在治安與防衛兩點。爲此，要減少平時的工作，以集中的重點主義的方法來工作。並讓出中央的權限，給地方長官以責任。這是戰爭政治的要諦』。石黑農商大臣談『確立本土自給』——『農民諸君的勞苦與過度的負担，已是在想像以上的大。但當想到食粮及其他農產物之不足即是敗戰之時，便無論如何也需增產，確保供給，以使確實地實現「農爲國本」的道理。戰爭越是激烈，在生產方面越是很多有難以進行的地方。但是爲了國家，無論如何也必須忍受。我決心忍受一時的急恨的氣魄來工作』。下村情報局總裁談『必須使國民熟知事實』——『情報宣傳的眞正價值，應該最高度地加以發揮。爲此，首先應使全體國民充分地知道事實的眞相。事實終究是事實，故要採取這樣的方針，即大胆與率直地使國民週知事實，並充份地聽取國民的意見。關於政府的情報宣傳，我願傾其全力使國民絕對地信賴政府的情報宣傳，而使一般民心無懷抱疑心之餘地』。

陳逆公博論鈴木新閣

「同盟社南京九日電」代理國民政府主席陳公博於鈴木內閣成立時，發表談話如下：鈴木大將是日本海軍的耆宿，担任樞密院議長的重要職務，他是戰略的權威，亦有非凡的行政手腕。各閣員都是軍政兩略的重鎮。我深信新內閣必能以這個强有力的陣容勝利推進國政，而一億國民亦團結一致，發揚日本精神，向着貫徹戰爭的道上邁進。國民政府亦根據汪主席的遺志，同生共死的決心，貫徹參戰的初志，並決心致力貫徹大東亞戰爭。

偽蒙軍人事調動

「同盟社張家口九日電」蒙古軍日前新設置軍事參議官與侍衛武官處。隨之，關於其人事更動，四日已由人事部公佈。（軍事部公佈）——總參謀長陸軍中將烏古廷，特補軍事參議官，總司令部第一部長陸軍中將方音楚勒格爾格爾，特補總參謀長，總司令部兵務科長陸軍中將突佈格日圖，特補侍衛武官長。

海通社對東線發展的預測

「海通社柏林九日電」近數日來，在東線有三個發展值得一提的：（一）蘇聯軍事領導者已在南路將戰爭帶入德國東南部，進抵維也納之門。（二）科涅夫元帥所部，企圖突破莫拉維亞門戶未獲遂後，據最近前線消息，他將他的大部兵力向北調動，進入崩茲勞區。（三）法蘭克福——屈斯特林地區，未來大攻勢的開端，正表現爲活躍偵察活動。

海通社論蘇土關係
傳芬總理將再度組閣

「海通社柏林九日電」紐約合衆社××安哥拉訊：消息靈通人士估計蘇土危機亦可能影響土耳其內政形勢。土總理伊諾奴的地位或亦將受到影響。關於蘇聯對土耳其的意圖，斯大林顯然已準確地通知了他。在世界政治棋賽中，土耳其現將成爲最重要的人物之一。

「海通社柏林九日電」赫爾辛基訊，芬總理巴錫基維提出辭職，這是國會選擧後慣例如此。預計曼納林將再度委託巴錫基維組織新閣。

路透社否認蘇聯曾與波流亡政府談判

「路透社倫敦八日電」路透社外交訪員說：英權威人士宣稱：倫敦星期日的報紙所刊載的關於蘇聯政府曾通知英政府，說目前在莫斯科的波蘭使團，在與蘇聯政府進行談判一事，是沒有根據的。據稱：關於倫敦波蘭流亡政府於星期六夜堅稱波蘭政黨領袖及波蘭地下軍代表失踪一事，此間並未得到蘇聯政府的通知。

德傳美國阿根廷復交

「海通社華盛頓八日電」美國將於星期一與阿根廷恢復外交關係。其他多數和阿根廷斷絕外交關係的美洲共和國，亦已表示願與美國同時和阿根廷恢復外交關係。

「路透社羅馬八日電」據說：埃及願與梵蒂岡建立外交關係一事，梵蒂岡人士並不知有此事。因此關於開羅方面的消息說，埃及外交部正在考慮派使節到梵蒂岡一事，梵蒂岡不願有所評論。

參考消息

（只供參考）

第八四五號

解放日報 新華社 編

今日出半張

卅四年四月十一日

星期三

合衆社傳 郭沫若將任代表團顧問

【合衆社重慶九日電】據消息靈通人士稱，中國著名左派作家及考古學家郭沫若，將赴舊金山任中國出席舊金山會議代表團顧問。郭氏已進行海外旅行之體格檢查。中共人士稱，共產黨申請中央政府任命郭氏為中國代表團的顧問。中國代表團中之中共代表董必武於五日前抵達重慶，將於明日赴美。董氏為代表團中最後離開中國的團員。郭沫若一直到兩星期前任軍委會政治部文化工作委員會主任。他的委員會被當局下令解散，於是他得到許多知識份子的同情。共產黨機關報新華日報譽郭氏為「文化戰士」。共產黨會語郭氏，如政府不任命郭氏為代表團顧問，共產黨邀請郭氏赴共產黨區域繼續文化工作。

【合衆社重慶九日電】共產黨機關報新華日報登載過去十二月來共產黨軍隊與在華日軍作戰的戰績：作戰二萬次，斃傷敵偽二十二萬，俘敵偽六萬，使偽軍約三萬投誠共產黨。同時新華日報宣稱共產黨今有黨員一百二十萬，正規軍九十萬，民兵二百五十萬，共產黨所控制的區域有人口一萬萬。

赫爾利由英倫返渝

【據美新聞處華盛頓電】美聯社訊，美駐華大使赫爾利，已離倫敦首途赴渝。

【中央社重慶十日電】中國戰區美軍總司令魏特梅耶二級上將，在華府停留多日後，本日已返抵重慶。渠返美期間，曾與羅斯福總統、李海、馬歇爾、金氏、尼米茲諸元帥及政府其他高級官員晤商。在其往返途中，復在菲島與麥克阿瑟元帥會晤。共商談之目的，在於促進中國戰區空軍及地面部隊協同作戰，際茲決戰階段，盟軍追近敵人本土之時，此種會談，頗有意義。魏氏歸來後，發表談話如下：「余今回抵重慶，甚感欣慰。余深信遠東戰事，現正進向更高階段。此時余不能發表余所參加之各次會談之真正情形，然擊潰日本之計劃，業已澈底加以檢討。而與新進程表互相連繫。美國人民對中國及中國之問題，仍極關切而同情。彼等對美軍自防守戰略轉為進攻戰略以援助中國甚為關心，同時美國國內民衆及中國戰區美軍所受之隆情高誼，不勝感激，余回抵重慶之友誼環境中，自為快事也」。

【中央社成都九日電】魏亞特將軍，九日午與英大使薛穆夫人，澳駐華使館參事與菲思，及新任駐蓉領事平戈，由渝同機飛蓉，聞將有短期勾留。

【中央社重慶十日電】軍委會代參謀總長程潛，十日假軍委會禮堂邀請盟國駐渝軍官舉行春季聚餐會，到魏特梅耶將軍等盟軍軍官貴賓，由我軍事長官作陪，濟濟一堂，賓主至為歡洽。

【合衆社馬尼拉九日電】菲律賓五十四個華僑團體頃電蔣主席致敬，並表示擁護。原電如下：我僑胞於日本佔領菲律賓三年後備受忍敵之蹂躪，但是吾人復仇之決心永矢不忘，茲謹電致敬，並衷心擁護實現我抗戰與建國之工作。菲律賓中國×商會等團體謹叩。

豫南鄂北戰況

【中央社渝十日電】據軍委會十日發表戰訊：（一）豫西方面我軍攻入長水鎮部隊，已擊潰敵之抵抗。於十日下午七時，克復該鎮，偽敵四百餘，殘敵向洛寧逃竄，我正跟踪追擊中。（二）豫南方面，內鄉西北西峽口地區戰況，九日無何變化。淅川西北，我軍向東追擊前進，敵據高地掙扎，九日並增援頑抗，我正加緊猛擊中。鄧縣以西李官橋附近戰鬥，九日我敵均無進展，我軍有力部隊，八日向鄧縣附近之敵猛施攻擊，經激戰後，我擊斃敵數百，仍繼續向敵攻擊中。平漢路南段東側我軍，向汝南攻擊部隊，於三日午攻佔該城西北兩關，續向城內攻擊，至傍晚突破敵陣攻入城內，敵逐屋頑抗，現進行激烈巷戰。我另一有力部隊，於同時攻達汝南上蔡間地區，切斷汝南與上蔡間敵之連絡，我軍向周家口攻擊部隊，現亦已追近該地，續行向敵猛攻中。（三）鄂北方面，南漳附近我軍繼續向敵攻擊，已有數處突破敵陣。轉戰××以西地區，我敵互有進退，老河口戰況（缺）當陽城北之敵約三百人，向遠安東南地區竄擾，我軍當將該敵予以包圍，經三小時之肉搏，敵被殲殆盡，生逃無幾。湘西方面，九日傍晚我軍於寶慶西北廿里之石馬江及東北約七十里之孫家橋各附近地區痛擊由寶慶永豐以及西來犯之敵，予以重創，現仍戰鬥中。

敵艦稱英喬治號的損失 是美國的作戰策略

【同盟社東京九日電】英海軍的新銳主力艦「喬治五世」，在先島作戰中已經負傷，這件事完全證實，在此冲繩島作戰開始之時，美國總想把英艦隊釣出，並用「英艦隊無用論」來刺激英國。英國必須用明顯的事實，使美國海軍首腦知道英國艦隊究竟是「有能力」還是「沒有能力」。因此有美英艦隊聯合作戰的表現。值得注意的問題，是看一下在琉球羣島美英的佈置，包括「喬治五世」號在內的英艦隊，是以先島爲中心進行作戰，這是美軍的巧妙意圖，先島距我强烈要塞台灣極近，是我特別攻擊隊的槍口所向之處，在這一最危險作戰最激烈的海面由英國海軍担任，正是美國海軍的計謀。英主力艦「喬治五世」就這樣地受傷了。美國對於包有舊式海軍思想的英國海軍的態度，實際上是很冷酷的，今後英國艦隊是否與美國艦隊共同作戰，實是一有趣的問題。

傳有人謀刺戴高樂

【路透社巴黎十日電】今晨巴黎人民報稱：有謀刺戴高樂將軍的陰謀。該報繼稱：在過去幾天裏，警察局曾接到消息說：「有人正準備謀刺「法國大人物」。該報又稱：「這陰謀的原則之一是他坐汽車××××（缺一句）。××時能×××這個新恐怖團體底領袖們。」路透社訪員曾詢問過×××與×××，但都未證實關於這一陰謀的消息。警察局人士稱：空軍部長狄隆昨晚下令空軍警察，逮捕×××人，並控以「謀刺×××」之罪。（下缺）

敵寇狂自吹噓 想轉換冲繩戰爭形勢

【同盟社東京九日電】我航空與水上各特別攻擊隊，傾舉全力開始猛攻，與此相呼應，陸上部隊則轉入反擊，因之冲繩島的決戰，行將接近頂點。我軍已予敵以劇烈的打擊與消耗，但還未予敵以決定性的打擊，目前戰局的演變，其嚴重性可謂向所未有。敵軍在此次進攻中的戰法，照例是以空中攻擊爲主，它是由有力機動部隊與艦上機羣進行的，並附以執拗的艦砲射擊。敵艦上機羣把其攻擊的主要目標，是放在冲繩列島之戰上，並使其部份機羣，用之於對九州地區的戰術轟炸，另方面馬里亞納基地的B二九式機，琉璜島基地的B二四、P五一等式戰鬥、轟炸機羣，則加以配合，進行戰術性的轟炸，同時並加强對本土各地的戰略轟炸。敵人以航艦上的飛機與基地起飛的飛機進行「三段攻擊」，以此來企圖完全奪取冲繩本島與設置飛機基地。這一企圖得以實現時，則機動部隊即將其任務移交基地航空隊，爾後便暫時退去，以便準備下一次的作戰，這種戰法乃是敵人的老一套的戰法。在過去的多次的作戰中已經明示，即使敵人遭受到如何龐大的損失，但只要獲得陸上基地，則其損失是完全能夠補充的。這是敵人的一種「想定」，在這一「想定」下，敵人乃於此次執拗地反覆攻擊。但敵艦船的損失，自三月二十三日西南諸島作戰開始以來，僅大本營已經公佈的，即總計沉毀二百九十三艘。然而不管遭受到如此大的損失，不消說他們的進攻今後仍將繼續，並將强韌地繼續進行。而且敵人將傾其全力，進行這一決戰。雖然如此，只要我特別攻擊隊的猛攻能夠奏效而予敵以決定性的打擊時，則相信今後的戰局會發生重大的變化。正規的決戰已經開始了！敵艦船的損失與消耗是非常之大的。若繼續下去，即可予敵以決定性的打擊。我們必須使這一決戰成爲轉變戰爭形勢的良好機會。

美軍在華後勤部長談 史迪威公路首先供應美軍

【同盟社廣州九日電】美國與蔣介石之間圍繞着史迪威公路，關於分配運送的軍需物資以及該路的防衛問題，直到現在意見尙未一致。不僅如此，此外，美國還保持獨佔該公路一切支配權態度，因此使重慶很不滿意。據敵方最近的情報稱，駐昆明的美國後方勤務部的遜班中校，認爲增强運輸人員是史迪威公路的先決問題，而在目前的情況下，美軍的兵站部門需要很緊迫，因而由該路運來的軍需物資應首先供給美軍。遜班中校續稱：今日在大陸上的美軍，每人需要三分之一噸的給養，而第十四航空隊近來除燃料外，實際上也需要供給相當的軍需物資。現在大陸上的美軍將士的給養，比其他戰區低得多，有時一個月只能發到二盒烟，而一般嗜好品的供給也處於採用中國製造的困境。

希臘新閣是過渡政府

【海通社柏林八日電】倫敦訊：英國廣播員馬休斯星期日稱，瓦加利斯海軍上將希臘新政府，是一種過渡政府。它的任務是由現時到選舉時間的橋樑。據馬休稱，希臘新總理瓦加利斯海軍上將以前是威尼基洛斯黨的一個黨員。

參考消息
（只供參考）
第八四六號
解放日報 新華社 編
今日出一大張
卅四年四月十二日
星期四

美眾議員孟菲爾德論日蘇軍事形勢

【美國新聞處九日電】美國眾議員孟菲爾德，曾於去年年底來遠東考察，三月九日在關於日本問題之報告時說道：我們每一個人，都知道日本有着一支訓練與裝備良好而人員配置整齊的陸海軍，他們可以列為世界一等的軍隊，特別值得注意的一點，是日本政府陸海兩省異乎尋常的地位，兩省大臣一定要現役軍官，因此使陸海軍的參謀總長在內閣裏有了他們直接的發言人，而陸海兩大臣立於直接向他們負責的地位，再奏上天皇。日本軍隊的大元帥陸海兩大臣，有帷幄上奏之權，日本軍隊權力之大，與運用之自如，為全界其他國家所沒有的現象。

日本人口有八千萬，而積為十四萬八千七百五十六方哩，可耕之地僅百分之廿，因此田地過少，他們不能不輸入一些魚米以維持生活，否則只有餓死。這些事實使我們可以考慮到日本本土使用空軍封鎖成為我們將來進攻計劃的重要因素。日本已知道這一點，所以曾經在中國東北與華北建立了相當重要的工業，也許繼續了已十四年的戰爭，將在該地結束。

日本要求擴張的政策，由來已久，在第三世紀時，日本神功皇后即向高麗美洲及并（缺）一艦隊深入黑龍江。十六世紀時，豐臣秀吉侵入高麗，企圖征服中國，但旋告失敗。當時朝鮮海軍發明了一種衛艦舟，交鋒多次終於將豐臣秀吉的海軍擊敗。

日本侵略政策最受注意的文件是田中奏摺，日本雖然矢口否認這種改革，但以後的行動完全依循着這一個傳說中的奏摺，侵略的思想已有所證實。田中奏摺是一九二七年內日本首相田中義一向天皇提出，一九三一年第一次有英文版發表，奏摺內稱：征服滿洲與中國，乃日本的責任，滿洲與中國征服後，即可征服南洋，一俟南洋征服，日本即可征服整個世界。不論田中奏摺是否確有，但事實表現日本的行動完全依循着這種策略。

至太平洋海岸的蘇維埃（缺）西伯利亞鐵道間已有了聯絡，另外有些消息，說明由堪察加半島至白令海，亦築有公路，這些消息都還沒有證實，但是時常有所傳說。

（缺）事情雖然永密而不宣，我們確已知道西伯利亞的東北與東郊，亦已築有公路與機場，世界上再也沒有別的國家，像蘇聯一般明了它自己的計劃與自己的將來，所以它準備得不遺餘力，盡一切可能在興建鐵路公路與機場。

為什麼蘇聯在遠東出那麼大的力量維持它的海陸空軍呢，可以舉出兩點理由：一、保衛西伯利亞，以防衛日軍侵犯，二、在武裝保護之下，發展西伯利亞的巨大資源。

英波反動派誣蘇聯暗害波農民黨領袖

【路透社倫敦十日電】倫敦波蘭農民黨今日宣稱，曾三度出任波蘭總理的波蘭農民黨領袖魏托斯已在其波蘭威爾捷斯拉維茲家中失蹤。由於魏托斯拒絕與德國人合作，因而一再受到他們死刑的威脅，他曾隱藏了幾個月。直至蘇軍來到後，他才返回威爾捷斯拉維茲家中。據說，三月三十一日，四個人到了魏托斯家中，把他帶走。波蘭農民黨估計，他是與其他十五位波蘭主要政黨的黨員及地下運動領袖一同被帶去與蘇軍當局談判的，據倫敦波人稱，此十五人已告失蹤。

【路透社倫敦十一日電】英國駐蘇大使卡爾對於波蘭十五位地下領袖問題，不能作任何說明，據倫敦波蘭政府稱，此十五位領袖在三月二十七及二十八訪問代表蘇軍第一白俄羅斯前線統帥部的伊凡諾夫將軍總部後，已告失蹤。很顯然的，如果蘇聯正在莫斯科或其他地方與這些波蘭領袖們進行政治商談時，英美××××的代表（缺）

意大利政治動態

【路透社羅馬十日電】意大利全國政治經歷了數月的沉默，這就是羅亞塔逃跑奇異事件所引起的。但現在因意大利北部解放在即，故又進入各黨活動底活躍階段。這個信號是由波諾米政府副總理托格利亞蒂共產黨員所發出的，因他在向共產黨全國委員會作所有的報告中，曾檢討了共產黨對其他黨的態度。他的報告，在今日在各界人士間引起了很大反應。社會黨一般地是接受托格里亞蒂的論理，即意大利全部解放後，由共產黨經由總選，領導國家向完全民主更新方面前進。同時社會黨黨報亦批評托格利亞蒂是現在與君主制妥協的發日本現正遭受四方包圍，它的國家驅逐×××不僅考慮着目前的情勢，而還曠着西曆二千年它的領袖們曾一再呼喊百年戰爭，日本於開戰時就確信情勢對它永遠不會有利，因此它決心要建立一個攻不破的地位。它的盟國德國，對它實在毫無用處，所以不管現在與將來，它們的行動都只是顧着自己。簡單說，這些就是關於要毀滅我們的日本民族的基本常識。他們是殘酷狂暴與頑強，以前他們從未打過敗仗，這次亦決不甘心失敗，他們的城市從未被佔，直到最近以前，日本的工業與城市一向都沒有遭過轟炸，也從未有過任何一個强敵在他們本土立足。他們侵呑的土地較他們夢想中的還大，所有的地方，他們都打算防守到最後一寸土地，我們要擊敗他們，應該運用到一切可用的條件，因此不論需要的大小如何，都應該考慮到蘇聯可能担任的角色。

蘇聯在朝鮮邊境匯屯的軍隊約五十四萬至七十萬，日本爲了對付這支軍隊，亦在那裏駐有六十萬關東軍，這支部隊的裝配與訓練，都相當完善。除了偶爾幾次以外，一次都沒有調整過由於兩國之間根深蒂固的仇視，日本不敢撤移這支部隊，它生恐一旦調開，蘇聯會立刻利用這種時機。駐軍雙方亦曾發生過不少事件，一九三一年以來，邊境發生的摩擦冲突，不下二千七百件，此外還有蘇韓邊境發生的張鼓峯事件，與外蒙邊境的諾門罕事件。兩次戰事，日本都慘遭失敗，不過日本人亦是現實主義者，他們除非看到便宜，決不輕啓戰端。

日本不僅感受征服遠東的威脅，而且亦恐懼駐守於海參威及廟街的紅軍與紅海軍，他們知道蘇聯駐在遠東的潛艇有八十至一百艘，他們也知道海參威有地下機場，非常担心於有一天可怕的毀滅會降臨於東京、名古屋、大阪、神戶、橫濱以及其他所在距海參威七百哩範圍以內的城市。日本知道打擊落於日本工業地帶，也就是打中了它的心臟。

另方面，蘇聯也很明了海參威的防衛非常不够，雖然有一些設防，但距離日本極近，在後者海陸空軍集中攻擊之下，很難久守。日本在朝鮮邊境亦築有許多海空軍基地，蘇聯很明白日本企圖一旦時機到來，就將海參威包圍與毀滅。

蘇聯在遠東的主要海軍根據地很可能是在黑龍江口上的廟街。太平洋戰爭爆發以前，蘇聯已經將貝加爾湖的西伯利亞鐵道敷設雙軌，並×××北海通

起人，各共和黨人士對於共產黨底試驗性提議：意大利北部解放後，意大利太子安托伯底上官代理之職可以取消，贊成攝政委員會，表示讓步。基督教民主黨，是當政黨之一，輕蔑地認爲攝政制這項提議，乃是暗示在進行選舉前，憲法休戰的破裂，由於這個憲法休戰，政府各黨才彼此合作和與盟國合作。同時在野意大利民主黨本日首次坦白宣佈自己是君主主義者，共黨報「意大利努奧瓦」於社論中稱：該黨將接受在一九四三年以前爲法西斯主義中實信仰者而在以後不相信的政治家爲該黨黨員。

傳希共反對希新政府

【海通社柏林十日電】雅典訊，希臘共產黨尖銳抗議瓦加利斯海軍上將組織新閣，宣稱新閣之組成不合憲法方式，因爲希臘各大民主黨及希臘抵抗運動並不贊同新閣。

【海通社柏林十日電】倫敦訊，英國廣播公司星期二午報導，傾向莫斯科的東歐國家聯盟正在準備中。

同盟社稱貝文與邱吉爾不睦

【同盟社斯德哥爾姆十日電】英國工黨領袖、勞工部長貝文，於七日在里茲市及新加斯爾市所發表的演說中，痛斥××保守黨的外交政策，說：「全世界已被投入戰爭之火中」，並稱邱吉爾首相不過是個單純的政黨的領袖而已，因而使英國政界的情勢更趨緊張，以邱吉爾爲首的聯合內閣，已瀕於解體的危機。對於勞工部長的演說，與邱吉爾有特種關係的情報部長布拉肯，於九日在保守黨的午餐會上，表示反對社會主義者的全體主義，事態因而更加惡化。據每日郵報稱，首相和勞工部長的關係，最近已突趨冷淡。在這次演說中，貝文並抨擊說：「這次戰爭，是邱吉爾一個人的戰爭」。露骨地表明了對首相的不滿。

寶慶敵西犯

【中央社湘中某地十日電】寶慶敵於九日晚開始向我正面集結，一路由寶慶西面檀林舖，一路由永豐，向孫家橋進犯。

【中央社安江十一日電】（一）九日晚沿寶慶西渡之敵一股，現仍停集於神灘渡附近，另有一股分別竄至楓林舖、石馬江等地，我軍正向該區敵猛攻中。（二）九日午後一時，竄抵孫家橋西南附近地區之敵，經我軍迎擊後，於十日午後四時復分兩股逃竄，一股向泌水回竄，另一股向西竄，我軍仍向

該敵攻擊中。

【中央社石花街十月電】八日晚，我有力部隊向南漳反攻，先後克復南漳城郊之泰鴻山、玉溪山、土谷各據點，繼向南漳城內衝殺，於九日午後完全克復南漳城。

【中央社渝十一日電】軍委會十一日發表戰訊。豫西方面我軍攻克長水鎮後，十日午後敵由洛寧增援反撲，被我迎頭痛擊，予以重創。我軍攻抵長水鎮以南地區部隊，已將踞該處高地頑抗之敵加以包圍，正攻略中。靈寶以東地區，我軍於九日向陝縣以南之敵施行攻擊，當日攻克數據點，擊斃傷敵二百餘，現仍續攻中。我軍在敵後之有力部隊，協同地方團隊，分向臨汝、葉縣、寶豐等地，發動攻勢，現已分別攻迫各該縣郊區，繼續向敵猛攻中。豫南方面，內鄉西北重陽店至西峽口以西地區戰役，我軍所獲戰果，除殲滅敵五千餘，其中有敵第一一〇師團長下倉達次受重傷，及所屬之第一三九聯隊長以次軍官被殲，業已先後公佈外，至鹵獲武器彈藥等，據初步統計，被我擊毀戰車廿一輛，山砲十二門，鹵獲完整之野砲二門，輕重機槍卅四挺，步槍八五八支，戰馬一二三匹，及其他零星戰利品甚多，正待清查中。十日淅川西北地區，我軍續向據高地頑抗之敵攻擊，經激戰後，我擊斃敵二百餘。同日敵一股由淅川附近向城西南地區竄擾，當被我擊退，敵被殲甚衆。鄧縣以西李官橋附近戰鬥仍烈，十日晨敵一股，曾一度竄踞李官橋附近之多地，我軍增援反攻，於午後旋被我奪回，斃敵三百餘。鄂北方面我軍，攻克南漳城部隊，繼續清掃附近殘敵，十日北西南三面已告肅清，東面尚有殘餘一部，在我繼續掃蕩中。襄陽以西地區，我軍向敵攻擊，十日我攻佔三個據點，斃敵百餘，刻仍向敵續攻中。湘西方面，寶慶東北孫官橋地區，戰鬥在繼續中，敵另一股由寶慶以東黑田鋪（距城六十里）向×臨橋（寶慶東北五十里）竄犯，被我痛擊，予敵以甚大創傷。贛西方面，六日我軍於贛縣城北地區迎擊由贛縣城向我反撲之敵，經戰鬥後，我將敵擊退，並斃傷敵約百人。

【中央社上饒九日電】南昌敵數百，於二日犯我陣地，我守軍予以痛擊，敵不逞敗退，並斃傷敵一部。

敵稱完全侵陷老河口城

【同盟社老河口十一日電】進攻老河口的我精銳部隊，於七日以來，一齊開始攻擊，由北關、東關、南關開始猛攻，八日在西北的一角打開突擊的道路。我軍一部於八日下午二時突入城內，接着部隊亦殺入城內，隨處進行巷戰，追擊潰退的敵人。下午九時完全佔領之。在南關外待機中的某部

所載之嚴重。據該部派員赴大足、潼南、安岳、樂至、蓬溪、三台、射洪、綿陽、南充各縣勘察後電告稱：（一）各地以去多雪雨關係，紅苕開有腐爛，惟在十二月以前入窖者，則甚完好。在十二月中旬以後入窖者，則有××，其損害成數，自一二成至三四成不等，並非全受損失。（二）川北各縣小春一般尚良好，在遂寧南充一綫以下各縣，約當於上年十足收成之七。在該綫以上各縣則稍次，約當於上年之五六成，更非全體小春絕望。（三）樂至安岳蓬溪遂寧等縣，以去年秋收不佳，紅苕略有損害，在本月三日未得透雨以前，人心略見恐慌，得雨後人心已大定。

國民黨擬發動第二次知識青年從軍

【中央社重慶九日電】青年團中央團部，爲策進團務，決設中央評議會，評議員人選，已由蔣兼團長聘定。中央團部將自九日起召開第一屆評議員第一次全體會議，十時舉行預備會議，到評議員王雲五、賀麟、顧頡剛、謝冰心、薩孟武、李蒸、蔡樂生、蔣復現、夏維海、丁文淵、張洪沅、寶冠賢、楊綽宗、許恪士、馮友蘭、斯年、于斌、袁昌英、王芸生、蕭同茲、李書華、吳尚鷹、陳樹人、熊式輝、凌鴻勛等廿五人，主席張治中，推選馮友蘭、王雲五、寶冠賢三人爲主席團，接開第一次會議，主席王雲五，決定會期三日，舉行會議六次，及討會議之中心議題，下午三時舉行二次會議，主席馮友蘭，討論青年幻想創造問題，各評議員均各就所見，分別發揮，情緒至爲熱烈，意見亦甚精闢，當決定由主席團就各發言人意見，詳加彙整，再行製爲決議。

【中央社重慶十日電】三民主義青年團第一屆中央評議會第一次全體會議，於十日八時半繼續舉行第三次會議，主席寶冠賢，討論發動第二期知識青年從軍運動問題，迄十二時散會。十五時舉行第四次會議，主席王雲五，討論團的中心工作問題，決議本團以社會服務及地方自治爲目前主要工作，六時半散會。

【中央社重慶十日電】拉卜楞保安司令黃正清，偕同該參謀部當校，於十日下午四時由蘭乘機抵渝。黃氏此次來渝，除向蔣委員長及中樞各長官報告邊情外，代表中央直屬拉卜楞邊區黨部，出席第六次全國代表大會。

中國代表團將在華府集議

【中央社華盛頓十日專電】據今晚訊：宋代院長及其他出席舊金山會議中國代表團員，將於十日或十一日抵華盛頓，上週先期離渝之若干顧問及專家，已在開羅附搭宋氏之飛機，將同來此間。聞中國各代

隊繼續追擊沿漢水左岸潰退的敵軍。

【同盟社南京十一日電】我軍於三月廿二日，華北、華中派遣軍互相配合，開始攻擊老河口與該地周圍之敵第五戰區的主力，於該月廿七日，佔領在華美空軍前進基地的老河口飛機場，四月八日，完全佔領第五戰區司令部所在地之老河口。現已由中國派遣軍公佈：（一）華北方面我軍於三月廿七日，佔領美軍前進基地之老河口飛機場，現正在到處捕捉與殲滅第五戰區軍，至四月八日完全佔領老河口；（二）華中方面我軍則配合上述行動，在漢水方面作戰中。

川北災荒

【中央社成都十日電】省府張羣主席，昨日召集川北十三縣及其他報災縣份到省出席全省黨員代表大會之縣長書記長議長副議長等，舉行座談會，聽取災荒報告，並有所指示。據省府負責人談稱：本省去年因氣候反常，雨雪過多，紅苕在未掘收以前，即受影響，及至窖藏以後，因水份未乾，致有腐爛情事，加以入多以來，久晴不雨，小春成長，稍受妨礙，川北各縣先後報災請賑者，計達十三縣，省府據報後，除派人馳經各縣察勘外，當即令飭各縣分別速謀救濟，所幸振濟得宜，全川各縣於清明前後，又已普遍得雨，小春成長特佳，人心至爲安定。據報告及考察所得，貧苦小戶自不免有困難，但並無流離失所及結隊求食情事。張羣主席深恐各縣振濟未周，特乘全省黨員代表大會開會之便，召集有關各縣出席之專員縣長書記長議長副議長等，舉行座談會，結果甚爲圓滿。通常所謂川北有大川北小川北之分，即第十一第十二兩行政區，此次報災之十三縣，多屬該兩區。査本省人口共爲四千七百餘萬，該區人口八百餘萬，不但並無因災流亡情事，傳有川北難民二千萬紛向川西各縣，結隊求食，尤非事實。十一區專員陳用泗，十二區專員程原之，曾分別報告各該區災荒情形及振濟辦法，並由出席之縣長書記長議長等分別加以詢問。綜合各方報告，民間窖藏之紅苕確因雨雪關係，部份腐爛，在未得透雨以前，小春成長又不見佳，人心不免疑懼，信爲事實，但並不如外傳之嚴重。現各縣已普遍得雨，豆麥欣欣向榮，有半豐收把握，距小春收割之期，僅只一月，只須稍加××××難謂即可安全渡過。

【中央社渝十日電】十日行政院例會，糧食部徐部長曾報告稱，關於川北災情，過去向糧食部報×災者有安山、樂至、遂寧、潼南、蓬溪、射洪六縣，向省報告災者爲十三縣，川北全部人口在一千萬人以內，絕不似新華日報

表於離此赴舊金山前，將先舉行會議多次。

海通社零訊

【海通社柏林七日電】華盛頓訊，國務院星期六夜宣佈：鐵托政府的外長蘇巴西克將率領南斯拉夫代表團，參加舊金山聯合國會議。

【海通社倫敦八日電】倫敦波蘭流亡政府決定派兩個觀察員出席舊金山會議。據標準晚報軍事訪員說：該觀察員將主要注意關於目前在與盟國共同作戰的三十萬波蘭軍隊的問題。

【海通社倫敦八日電】英國廣播公司息：敎皇庇厄斯十二又將賦予波蘭境內波蘭主教的特權再延長兩年。這一步驟的理由是波蘭境內的波蘭主教不可能與敎廷建立直接連系的事實。

【海通社斯托哥爾姆八日電】預期芬蘭政府定將於星期一辭職，赫爾辛基政界預期，新閣的組織將需一些時間。如已報導者，預期巴錫基維也將組織新政府。

【海通社斯托哥爾姆八日電】道兒自赫爾辛基獲悉：赫爾辛基的不安日益增加。四月四日據悉赫爾辛基警察出動六次，五日四次，六日十次。

【海通社斯托哥爾姆七日電】據紐約「時代」週刊一篇文章中所透露，美國政府關於賠償及主張加諸德國以苛刻條件，愈益有採取頑硬態度的傾向。該週刊稱：羅斯福特派其兩個顧問——因在第一次世界大戰中活動而出名的巴魯奇及蘆賓——至倫敦和莫斯科，分別於該兩地盟國人士討論此問題。「時代」週刊報指出：巴魯奇和蘆賓認爲，應加諸德國以殘酷和平條款，特別是在賠償方面。

【海通社柏林七日電】倫敦訊。英國勞工部長貝文於黎芝城發表演說，一方面猛烈攻擊保守黨，一方面解釋工黨對未來英國國會選舉的態度。他宣稱：保守黨領導着一種幾使大不列顛和整個文明陷入災禍中的外交政策。此外，保守黨未能引起英國人民對事件進程的注意。以後貝文宣稱：工黨將以其自己綱領，作爲一個獨立黨，領導選舉運動。

敎皇病了

【法新聞處梵蒂岡七日電】敎皇於一月前偶得流行性感冒，迄未獲愈，現健康甚衰，其病況現已引起敎廷人士憂慮。醫生希望他休養，敎皇以當前局勢緊張，始終不允減少活動。惟目前每日接見賓客已稍加限制。

參考消息

（只供參考）

第八四七號

解放日報 新華社 編

今日出一大張

卅四年四月十三日

星期四

艾登在下院談希政府改組原因

【合衆社倫敦十一日電】艾登今日在下院說：希臘政府改組的事，是攝政會議的決定的結果，該決定說：完全無黨派色彩的政府，應一直統治國家到可舉行全民投票與各種選舉時爲止。艾登說：普拉斯蒂拉斯政府最近遭受抨擊，其理由爲該政府的行動，已不復爲一無黨派色彩的政府。艾登並指出：大部分批評是民族解放陣綫所發。艾登承認關於希政府改組事沒有諮詢過他，但是說：他認爲友好國家政府改組時，無必要與英國磋商。他說：他希望瓦加利斯政府會公正地執行政務，但有許多技術困難，阻礙即將進行的選舉。

【路透社倫敦十一日電】路透社外交訪員曼吉加報導：外相艾登今日在下院的聲明，是對於我們確切希望希臘新政府在這困難時期中將公正行事，而不受兩極端份子的影響的問題底回答。這是給那些主要對普拉斯蒂拉斯內閣的倒台應負責，及抓住時機建議，如果英國對他們對君政問題在倉卒的全民投票運動不表示積極同情的話，使保持緘默的極端份子一個很合時宜的挫折。艾登又說：他並不認爲：希臘至少要在三、四個月以後才能舉行全民投票或總選。希臘新內長查特索斯教授在他的預測中，甚至也很少談到關於規定選舉的日期。一道讀這兩個聲明時，應使那些極端份子，他們期望迅速選舉與以歡呼選舉來將國家推入未經考慮，而有利於他們的投票中感到寒心。此間認爲：將新希臘政府慌張的推入迅速的全民投票的運動，將仍繼續着。他們確信他們是非黨人士，他們只關懷使國家有必要的政治的呼吸空間，在這空間裏去組織它自己以便在投票處前能眞正而自由地表示它的意志，這尙待他們去證明。

【合衆社雅典十一日電】今日報界報導：希臘攝政達馬斯金諾斯大主教，將於今晚會見美國大使，以便解決希臘情勢。這大概是斯退丁紐斯聲明後所

德承認聯合國贏得勝利

【海通社柏林十二日電】海通社訪員海軍上將薩爾瓦赫特報導，在這決定命運的日子裏——德國的敵人顯然已贏得了勝利，這對於我們是非常痛苦的事——使我想起一九一八年十一月二十二日那天。在這一關，我們被稱爲前綫的代表到柏林去討論關於停止使用潛水艇作戰一事。這是我們最高統帥的命令，其目的在緩和威爾遜總統來談判停戰協定。那時我曾說：『整個討論是無用的，因爲現在德國已經打了敗仗了。』我記得這件事，是爲了强調使大使知道上次和這次（今天）是有着不同的。那時候，我方擊沉敵艦的成績，大大減低，而敵人的防禦（和潛艇戰的最初的階段比較起來），則是加强了。但是，那時候我們能夠立刻增加我們防禦的勝利，也是顯然的事情。正如像前三個月中所表明的我們目前已增加擊沉敵艦數量一樣。那時候，陸上形勢和現在比起來，是更有利些。敵空軍幾乎完全不能夠驅擾我國內。那時德國沒有强有力的領導，軍事政治高級領袖互相傾軋，雖然有較好軍事形勢，帝國最高統帥部最好的武器荒廢着，而希望討好於敵人。因此，牠自已在牠的勝利事業中，就失掉人民對牠的信任，反而加强了敵人對勝利的願望。因此，他們在不知中却上了敵人的當。這些戰爭是不會停止潛艇戰的，兵營上和船艦上也就不會有美國旗和紅旗。一九一八年十一月四日所發生的事情，是再不會重演了。作爲一個潛水艇問題專家的我，在我軍事生涯中所遭遇到的最不愉快的日子，是在停戰談判中，英國驅逐艦司令在他船上所告訴我的第一件事：『你爲什麼不再支持八個星期呢？如果那樣，我們的力量也就完了。』

敵小日山運通大臣談

【同盟社東京十一日電】小日山新運輸通信大臣於十一日下午二時半，與前田前運通大臣移交工作後，首次接見記者團，發表其抱負稱：在決戰階段中，最主要的是要有氣魄。軍、官、民必須團結一致，統一思想與精神，以旺盛的精神力來担當工作。不管運輸與通信，都是作戰的一環，因此，關於今後的運營運輸行政，要與軍略保持表裏一體的關係，採取强力與果敢的措置。特別是爲了確立日、滿、華的自給體制，需要加强內地與大陸的交通，在一貫的計劃下而運用之，以便絕對地確保日、滿、華的交通。又對於空襲的交通防禦，自然是軍隊的工作，但除了軍隊防衛之外，還需加强自已的防衛隊的工作，但除了軍防衛之外，還需加强自己的防衛。關於加强海運，我認爲軍官民眞正團結一致共同運營，此機構問題更要緊。總之，我認

決定的，因該聲明說關於新政府問題，美國未被諮詢。消息靈通人士告訴合衆社記者：瓦加利斯政府擬經過成立諮詢機關的方式，建立「民主」程序。該機關有一切黨派代表參加，其形式與法國諮詢議會相似。這一決定大概在今日內閣會議後即可宣佈。一切部長職位，現都已有人担任，前任外交部長索非安諾波洛斯重任該部部長。

同盟社傳 史迪威論日美戰爭

【同盟社里斯本八日電】紐約來電悉：陸軍地上部隊本部長史迪威上將，七日夜在陸軍紀念日晚餐會上，論及日本的戰力，發表演說稱：我軍壓迫日軍，確已奪取了制海權，但它是意味着日軍的供應綫現已非常縮短，而我軍的供應綫反而益加拉長：美國正自大西洋的四千八百公里的運輸綫，向太平洋的一萬一千二百公里的運輸綫轉移。即是說：原來是由港灣設備充足的東部海岸供應，現在則必須從設備薄弱的西部海岸來供應不可。在菲島，沒有一個良好的港口，而且要到達日本本土，還必須超過九百六十公里的波濤。同時當到達日本本土後，我們將遭遇到與過去完全不可比擬的强敵。因此問題是非常嚴重的。絕對不能這樣想，認爲日本不進行殊死的抗戰，便會停止戰爭。美國國民必須認識到，前途絕不是一帆風順的，它將是陸軍的最艱巨的工作，故必須投入我們的全力。因此，對於將堅決戰鬥到底的頑敵，最重要的是憑藉人力、物力的數量上的優勢，並能把它集中起來。

傳意境德軍有卅一個師團 德境成立新反法西斯團體

【合衆社羅馬十一日電】軍界人士於指出亞歷山大在意大利攻勢的重要性時强調此事實，即現在的德軍司令魏丁霍夫將軍具有廿五個德國師和至少六個法西斯師——可能超過現在面臨艾森豪威爾的德國有組織師團的數量。這一軍隊中有很多精銳部隊，預料這些部隊將進行瘋狂的抵抗。據稱，他們的士氣極佳，未受他們別處軍隊已遭受災難的消息所影響。同時，意大利整個冬季的沉寂，使德國有時間來休養與訓練其部隊。法西斯師團的士氣遠劣於德軍，不斷發生經過盟方防綫逃亡的現象。

【合衆社倫敦十一日電】盧森堡電台廣播稱，據斯托哥爾姆訊，自稱新德意志之反法西斯組織已於今日在德軍手中之德國區域內成立。該組織在漢堡與不倫瑞克及慕尼黑間獲有聯絡，並設有無綫電台。

爲實行此計劃還重要。

敵國報導琉璜戰況

【同盟社里斯本十日電】本月十日以後沖繩島的戰鬥非常激烈。特別是西南地區的美陸軍第廿四師團的前進，被日軍砲火所阻止。美聯社前綫訪員認爲這次砲戰是太平洋戰區最大的砲戰。貫穿至沖繩北部的山岳陣地的日軍，不斷向美軍施放彈雨。路透社訪員十日報導稱：日美兩軍毫不停歇地互相砲擊對方的陣地。如第七師團前綫於五分鐘內落下砲彈二百六十三枚，又如日軍臼砲及野山砲於二小時內集中轟擊某團的正面，然後日軍兩度進行突擊，過去十八小時不斷下雨，道路泥濘，因此使美軍前進的速度緩慢了。

【同盟社東京十一日電】我陸海軍特別攻擊隊，從九日夜至十日未明，向沖繩海面之敵艦船攻擊，由於夜晚詳細戰況不得而知，但由陸上所接悉的情況如下：（一）加提那西方海面，七時廿五分，火柱二處，廿六分火柱一處，卅七分火柱一處，七時四十分九處，十日上午二時四分，前後三次進行攻擊，其戰果未明。（二）慶良間列島東方海面，十日上午四時卅分，火柱二處，五時卅分，八時四十五分兩次進行攻擊，戰果未明。另一方面，我海上特別攻擊隊、向加提那（譯音）西方海面的敵艦船衝擊，擊毀驅逐艦一艘，巨型魚雷艦二艘，火柱二處。另一斬入隊向神山島出擊，乘敵人不備，殺傷敵人甚衆，並擊毀敵砲三門。

同盟社談越南政局

【同盟社金邊城十一日電】德古下合後國，東浦寨王作爲共榮圈的一員，努力建設新東亞。此次內閣增加大臣二人以加强內閣，東浦寨人的官吏代替了法國人的官吏，內閣完全消除了法國人的色彩，由於國王親自執政，國內面目爲之一新，政治經濟文化各方面都進行新的活動。東浦寨人了解大東亞戰爭的意義，積極對日合作，重表明決心貫澈這次戰爭，十三省理事的行政組織亦與過去一樣，理事長官、理事官及其他法國人官吏都被東浦寨人所代替，一向由法國人獨佔配給的鹽、糖、火柴、肥皂、棉布等生活必需物資平等地分配給全國人民。政變後，東浦寨文、安南文及華文的報紙都已復刊，王宮的所在地——金邊城及各地的日語學校都擠滿學生。

西班牙與日絕交

【同盟社里斯本十一日電】馬德里來電悉，西班牙政府於十一日公佈與日本斷絕外交關係。同日向佛朗哥繼統佛朗克黨之最高機關——政治委員會發出指令，上延委員會已承認政府的對日政策，嗣後就舉行閣議，才發表以上的重大決定。

敵寇造謠
說我成立革命抗日戰時會議

【同盟社上海八日電】延安抗日革命戰時會議（可稱爲延安政權的最高指導會議）於去年十月成立。該會議決定以本年度實行的最高方針對重慶相當强硬。似乎保持這樣的態度：假如不接受延安的要求，就不能與重慶妥協。即是說：（一）如果拒絕延安的要求，就不能與重慶政權合作。（二）延安軍爲了應付重慶軍，將其兵力的百分之六十一配置於重要地點，以防萬一。（三）如果重慶接受延安的要求，那末合作的方針沒有變化。此時延安與重慶一樣，要受到美國物資的援助及蘇聯技術的幫助，以圖軍事的合作和平分武器。對日作戰時，則要求重慶公平分担危險。（四）充實八路軍新四軍的裝備，特別是今年度積極招募學生軍，並且加强航空兵和砲兵。（五）本年度新四軍積極地進出於湖南地區，由新四軍保甲工作隊獲得重慶的地盤。因此爲了統一指揮目前向武漢方面前進的新四軍，使其設立統一委員會，以圖再建湘鄂皖邊區。

敵稱完全佔領南陽城●

【同盟社河南前綫十二日電】我各個部隊的精銳完全包圍第五戰區要衝南陽城的態勢，於三月三十日拂曉，已開始總攻擊。與友軍的砲兵相呼應，向南陽以北與以西之敵築堡壘與火力點衝擊。截至同日黃昏，已逼近敵陣。另方面於同日黃昏自西北方進攻外城的先鋒部隊，於三十日上午零時，自西方衝入城內，後續部隊亦於上午四時二十分突破西門；另一友軍部隊亦於月明之下進行夜襲，自北方與西方兩次壓制敵軍的抵抗，並殺入城內。上午九時起，開始掃蕩城內殘敵，至正午完全將該城佔領。敵人自去秋以來，即致力於南陽的防備，在城內是以第六十八軍最精銳的部隊的第一百四十三師担任守備，在城內佈置了很多的野山砲，聲稱要死守南陽。但在我軍的總攻擊前面，由於我軍的轟炸與砲擊，使敵軍遭受相當大的損失。但仍然拒絕我軍的勸降，決心死守南陽。雖然如此，在我精强無比的皇軍面前，自我軍的總攻擊開始以來，敵軍將領的督戰與豪語，都已化爲泡影。

敵鄂北戰報

【同盟社湖北前綫十一日電】三月二十一日，我華中軍部隊，突然由漢水沿岸開始行動，突破武安案的

【中央社安江十一日電】十一日晚，石馬江之敵一部西竄小塘附近，我軍正堵擊中。

【中央社江西前綫某地十一日電】我向贛縣攻擊部隊，十日收復江口，繼續追擊，敵現沿公路退至七里鎮（距贛縣城七華里）。

【中央社鄂北前綫某地十二日電】茲據由老河口逃出之青年稱：渠隨無數平民逃至老河口以南龐家河對岸之王庶洲，當時無舟可渡，咸集於沙灘上，頃刻敵人追踪而至，凡見青年男子留長髮者，認爲智識份子，即以刺刀亂刺，死者不計其數。沙灘鮮血，斑斑可見，襄河屍首，屈指難數。青年婦女被姦後彈去，稍有抗，即施慘刑，號哭之聲，震動天地，人間地獄，莫此爲甚。該有青年因善於游泳，當即涉水而逃，得免於難。

生產局成立半年
大後方工業家失望不置

【本報訊】在美國幫助下於去年十一月十六日成立的戰時生產局，局長翁文灝說其目的是要『提高戰時生產力』的，但結果數月以後却令大後方工業界失望不置。該局成立之初，宣佈將得到四聯處撥款一百萬萬元爲資金，但到三月爲止只貸了三十萬萬元（三月十一日商務日報）。實際上生產局所企圖做的是要增加一些軍火生產，因之據說首先要提高鋼鐵、焦煤等項生產量，因爲這些是軍火工業的最重要原料及燃料。翁文灝曾在中國興業公司（孔祥熙及四川大資本家所辦）上說：『生產局對已有規模之較大廠家必當盡力優先扶助』（去年十二月二日商務日報），即是說『優先』那些官僚資本的或其所操縱的大企業。但縱使這樣，『鋼鐵二月來產量依然稀少，鋼不過五百噸，並未增產……鑄鐵則尚在定貨』（三月九日商務日報）。以致商務日報在三月十一日喊出『救濟鋼鐵業』的呼聲。生產局說要『推進』煤焦生產，但其『推進』方法却是低價統購煤焦，『推進』的『成績』如下：『黃桷樹（嘉陵江區）一帶乙等礦，自政府決定實施統購煤焦辦法後，各礦減工減少百分之五十，因之總產量較去年十二月份（產量千餘噸）短產六百噸。』（三月九日商務日報）。

商務日報記者爲了解民營工業家對生產局成立後的觀感，走訪專家某氏，某氏稱：『戰時不應該只限於維持現狀的十分之一二。目前定貨制度，生產局是被動的墊款人，沒有高瞻遠矚，自動定貨的魄力，是令民營工業失望不置者。……依我們看來，生產局一百萬萬資金發出愈慢，效力愈微，待各業歸

敵第一陣地，排除敵人頑強抵抗，二十五日突入武安寨。另一有力部隊，不休息地追擊敵人，繼續向南漳（武安寨西北十五公里）追擊，將敵人包圍在南漳南方高地，敵遭受大打擊後向西方潰退，二十六日上午完全佔領南漳。二十八日夜半，向漢水沿岸要地的襄陽（與老河口相並列）進攻，二十九日黃昏完全佔領，更緊追殘敵，渡過襄河，三十日佔領樊府鎮。

【同盟社大陸前綫十一日電】老河口在湖北省北部，面臨漢水，是商業水運要地，人口五萬人，為四川、陝西、甘肅、湖南的貨物集散地點，最近為在華美空軍的基地，並修築工事，有相當數量的美空軍駐此，又是第五戰區司令部所在地。

國民黨戰報

【中央社重慶十二日電】軍委會十二日發表戰訊。豫西方面，我軍於十日晚已將長水鎮以南高地被困之敵擊潰，光復該高地，殲敵二百餘，殘敵向北逃竄，我續向洛寧轟擊前進中。我軍攻迫臨汝、郟縣、寶豐城郊部隊，協同地方團隊，續獲進展，正向各該城垣猛攻。豫南方面，內鄉西北西峽口附近我軍，繼續向敵攻擊，於十一日攻克數個高地，斃敵數百，並俘敵五人。淅川西北地區，戰況無何變化。淅川西南地區之敵，已被我驅逐。鄧縣以西李宣橋附近，我軍向敵攻擊，經激戰役，略獲進展。平漢路南段東側，我軍向遂平攻擊部隊，於八日晚攻入該城南關，敵據街屋頑抗，刻正進行激烈巷戰。鄂北方面，襄陽以西我軍續行向敵攻擊，十一日進展約十里，南漳以東敵，十一日曾一度向我反撲，當被我擊退，並予以重創。老河口經激烈巷戰後，於十一日晨陷敵。湘西方面，寶慶東北孫家橋附近地區，我軍於十一日晨向敵反攻，進展順利，敵仍增援頑抗，我正加以猛擊中。贛西方面，我軍於七日在贛縣東北地區迎擊由贛縣向我反撲之敵，激戰至九日晚，我將敵擊退，斃傷敵二百餘。桂北方面，我軍一支隊深入敵後，於三月三十一日晚在金城江以東二十四里之地印伏擊敵汽車隊，當時斃敵百餘，由敵遺屍中復發現有敵聯隊長伊藤毅彥之章、大佐領章、軍刀等。

【中央社安江十二日電】十一日拂曉，我軍攻擊孫家橋西南地區之敵，激戰至下午六時，我遂將羅家嶺等地攻佔，敵被迫後退。至晚，敵一股鑽入三口觀附近，經我軍奮勇堵擊，敵毫無進展。

【中央社沅陵十二日電】犯孫家橋敵增援一部，十一日晚分途竄援下山橋附近，刻仍在我堵擊中。

門之後，則無從救濟矣。」（同上）

三月初在重慶生產局工作的美籍專家布拉漢，在返國前於某會議上的談話，足以說明數月以來生產局為甚麼不能產生成績。布拉漢說：中國戰時生產有四大缺陷：「（一）缺乏合作精神：中國一般國營廠多儲備兩三個月的原則，而民營廠則儲備甚少，甚至毫無儲備，然而官方及國營廠家均未能設法調劑，甚至連借用也不行。（二）多注重戰後，不重目前：一般人都談戰後計劃如何如何，但依英美人士看來，目前任務是如何打勝仗，趕快打勝仗，非在這一任務完成以後，決不容談戰後。（三）缺乏通盤計劃：大家都喜歡到國外去定貨，但國內機器卻擱置不用，一方面是缺乏，一方面是信賴。（四）中國工業未為作戰而動員，中國工業繼續生產者不過百分之三十，百分之七十的生產力均在停頓中」（同上）（按數月以前，即去年十一月份美國「民族」雜誌載納爾遜一文稱：中國生產力只使用了百分之三十到百分之七十，則那時開動的生產力比生產局成立數月後的現在還要多些，由此可見實際上是每次愈下了。）

趕修保密段

【中央社重慶十一日電】史迪威公路保密段正在趕修路面，修築橋樑涵洞中。當局為使此路早日全部完成，以增強運輸效能起見，將於滇緬路運輸公務兩局合併為戰時運輸管理局後，另設保密段新工總處，仍派前負責興修該段之前滇緬路工務局長龔繼成担任處長，繼續主持工程，以專責成。新工總處直隸於戰時運輸管理局，並受雲南分局之指揮。關於敷設輸油管事，另設油管工程處，受戰時運輸管理局之直轄，亦將由龔繼成担任處長。

【中央社重慶十一日電】外國記者招待會今日下午三時舉行，王部長因事未能出席，由吳次長國楨、張參事平羣主持，各記者所提詢問，俱經兩氏分別予以答覆。

【中央社渝十二日電】外交部歐洲司司長梁龍已調任駐瑞士公使，所遺歐洲司司長一職，由禮賓司司長吳南如調任。禮賓司司長一缺，則由所近回國之前駐秘魯公使李鳴鐘繼任。吳李兩氏已於本月十日分別視事。

【中央社重慶十二日電】國民外交協會十一日在該會會所舉行理監事聯席會議，由理事長吳鐵城主席，決定於廿日舉行本屆年會，並推定曾虛白、陳炳章、汪行一、溫廣彝、彭樂善等籌備。對於舊金山會議由秘書處草擬意見書，將提交大會參考。

參考消息
（只供參考）
第八四八號
解放日報社 新華社 編
今日出一大張
卅四年四月十四日
星期六

羅斯福逝世德國反響

【海通社柏林十三日電】星期五中午此間獲悉德國官方對羅斯福逝世的第一次評論。威廉街宣稱，由於總統逝世所引起的反應——在內政及外交方面——對目前不會有太大影響，但對將來則不然。可以提及在大選中，民主黨所提出的爭論問題之一，便是人不能在中途換馬。當時據稱：對這種說法的解釋，是大的戰後問題只能由華頓盛、倫敦、莫斯科友誼合作才得解決，而羅斯福便是徹這件事的人，因為他多年來起草一切計劃，並徹底熟悉一切詳情細節的人。據稱羅斯福繼任人杜魯門很少理解羅斯福，且或為將發現極難解決問題的人。威廉街解釋的意見，美英蘇合作乃是根據羅邱斯「六隻眼睛」（這即只有他們三個知道之謂）為基礎的，這是一個很複雜錯綜的網，結網的線，是在這三個國家每國一個人手中牽着。現在這個網的線將要分裂，因為羅斯福不見了。威廉街又說，這件事對於美國的政治後果目前尚不能預見。

【海通社柏林十三日電】羅斯福逝世的消息於深夜時分在空襲期間抵達柏林，並且像野火一般傳遍了政界外交界及新聞界。在這樣戲劇性的時機，這個消息之來，自然會引起最深刻的印象的，迄今為止，官方對此尚無評論。

同盟社評羅斯福逝世對戰爭的影響

【同盟社東京十三日電】羅斯福的突然逝世，是反軸心國對於推行戰爭充滿焦急情緒的嚴重時期的事件，因此對反軸心國說來，真是晴天霹靂，羅斯福於歐戰爆發以來，積極援助英國推行戰爭，同時曲解日本在東亞的立場並加以妨礙，終於採取敵對行為，使日本的生存岌岌可危，因此帝國不得已為了自存自立拿起干戈，引起世界大戰的戰爭罪犯的元兇——羅斯福妄信侵略的海軍主義，他信仰經濟帝國主義，他是擾亂世界和平的首謀者，他的政治手腕在歷代總統中算是最有

於此次之戰事中殞逝，吾人將失去我大元帥卓越勇敢之領袖，自極悲痛。總統之逝世，乃無可補救之損失，吾人唯有努力證明總統所提倡之民主制度，能獲圓滿實施，吾人受託以軍事重任者，自不能有負重託。吾人完成總統之大使命之決心，實不減於吾人之痛悼情緒，在總統之偉大領導激勵之下，凡應召參加此次為文明而戰之美國將士，為愛好和平民族必繼續作戰，以獲最後勝利。

【中央社重慶十三日電】蔣主席於今晨聞悉美國羅斯福總統噩耗，甚為痛悼，但深信美國人民以及羅總統繼任者，必能完成羅總統未竟之志。蔣主席親往美軍駐華總部致唁美國大元帥羅斯福氏之喪，另派外交部吳次長國楨赴美國大使館致唁。

【中央社渝十三日電】蔣主席聞羅斯福總統逝世，備至哀悼，特飭籌備追悼會，定於十六日上午十一時半在復興中央幹部學校大禮堂舉行。開屆時我高級長官、美在渝外交軍事人員及人民暨在渝外交團與各盟邦軍事代表均將參加。

【中央社渝十三日電】羅斯福總統噩耗，今晨傳遍全國，各方無不震悼。迪化吳主席代表曾少魯及外部特派員劉澤榮，下午三時曾親赴美使館致唁。蓉各機關首長亦先後訪美軍事、外交機關致唁。各地多自動下半旗，並停止娛樂宴會。蘭州朱長官、谷主席、恩施孫長官均曾向美方致唁。

【中央社重慶十三日電】重慶市臨時參議會議長康心如、副議長李奎安及全體參議員，驚聞羅斯福總統溘逝，大為震悼，特代表本市全體市民致電全美人民及羅斯福總統家屬弔唁。

【中央社渝十四日電】蔣委員長頃為羅斯福總統逝世致電美國參謀總長馬歇爾致唁，電云：羅斯福總統逝世，余及我中國全體軍民均不勝痛悼。羅總統以偉大卓越之精神促使反侵略戰爭步步接近勝利，今不及親見大功之告成，而遽爾溘逝，想閣下及貴國英勇之戰士，必同深悲慟。我中國全體軍民為表示對此偉大人物之崇敬，自當格外黽勉努力奮鬥，以促吾人共同敵人之崩潰，而完成羅總統未竟之遺志。

國民黨稱反攻襄陽老河口

【中央社重慶十三日電】軍委會十三日發表第一次戰訊，鄂北方面，我軍於十一日下午開始向敵反攻，我各路部隊，分向襄陽、自忠、老河口、鄧縣、淅川、西峽口等縣西猛攻，我預留敵後各部隊，亦

戰力的。自施行新政以後，在重建內政和運用外交政策方面，都表現了是乎尋常的手腕，特別是這次戰爭中，作爲反軸心國陣營的統率者，獨斷地處理敵陣營一切，因此羅斯福的死，對於美國國內外的打擊很大。

在國內方面來說，由於空前的第四次當選爲總統，表示出獨裁者的實力，他在國內佔着很重要的地位，因此羅斯福死後的美國政界，失去全世界的戰爭指導者，顯然要逐漸陷入混亂狀態。繼任者——杜魯門到底能否遵照羅斯福的遺志，維持國內推行戰爭的巨大力量，還可疑問。行將到來的舊金山會議失去了實際主持會議的人！這給反軸心各國以深刻的心理的影響。最重要的是羅斯福、邱吉爾、斯大林三巨頭的結合，由羅斯福的逝世已經崩潰。當進行這次戰爭時，羅斯福與邱吉爾儼然成爲一身同體，指導反軸心國陣營，羅斯福在三巨頭勢力均衡上所佔的地位是非常重要的，羅斯福死後，邱吉爾的立場發生動搖，這將在反軸心國今後推行戰爭的方針上投射一道陰影。

「同盟社里斯本十二日電」倫敦來電羅斯福逝世消息，予英國朝野以極大衝動，人民都感到意外，甚至懷疑此項消息的眞假。邱吉爾似乎亦極衝動。各國記者都趕來聽邱吉爾的聲明，英國政府宣稱：「邱吉爾首相，對羅總統之死，感到極大衝動，並很灰心地說：『此次輪到我了』，現在沒有什麼話說」。

「海通社馬德里十三日電」據馬德里「雅」報紐約訊：英駐美大使哈里法克斯，因其健康關係，將於舊金山會議之後，即退出政治生活。華盛頓政界人士稱，英駐莫斯科大使克拉克（卡爾？）爲其繼任人。

羅斯福逝世消息在重慶的反應

「同盟社里斯本十三日電」蔣介石接到羅斯福的死訊後，極爲震動。綜合衆社重慶特派員媚索報導稱：正在進早餐的蔣介石，接到羅斯福逝世消息後，猛然停止吃早飯，表示憂慮之色，蔣介石於一九四三年十一月在開羅與羅斯福會見，對羅斯福極爲尊敬，並認爲是重慶的眞正朋友。重慶人士認爲羅斯福的死，將使反軸心國事業受到挫折，羅斯福的經驗與手腕，在戰爭與和平的每次會議上極爲重要，但他沒有看到戰爭的結束便死去了。

「中央社重慶十三日電」據中國戰區美軍司令部十三日訊，中國戰區美軍總司令魏特邁耶上將，就羅斯福總統之逝世，發表聲明如次：美軍之領袖已

同時發動攻勢，前後夾擊，敵抵抗頗爲頑强，砲火亦極猛烈，迄至十二日上午八時止，我各路均有重大進展。

「中央社重慶十三日電」軍委會十三日發表第二次戰訊：我軍向襄陽反攻部隊，於十二日晨擊破襄陽西北地區敵之頑强抵抗，殲敵六百餘，要午後三時攻克廟灘（距城八十里）、茨河市（距城五十里）等重要據點。現廟灘茨河市間地區殘餘之敵，我正加以掃蕩中。我軍南自忠縣反攻部隊，進展甚速，至十二日午已攻追自忠縣附近地區，現正向敵猛攻。我軍向南漳以南地區之敵攻擊部隊，賡續擊破頑强抵抗，現正進行激戰。我軍向鄧縣反攻部隊，於十二日晨已將李官橋之敵加以包圍，正猛攻中。

「中央社重慶十三日電」軍委會發表十三日第三次戰訊，我軍向老河口反攻部隊，於十一日午後六時起至十二日上午三時，經兩晝夜之激烈戰鬥後，突破敵陣，衝入城內，至當晚七時我殲潰敵之抵抗，克復老河口，殲敵及鹵獲甚多。正在清查中。殘敵向鄧縣方面竄去，我正加以猛追，我軍由淅川西北及西南向淅川附近之敵施行猛攻，至十二日午已攻抵淅川附近之丹江河岸，敵抵抗仍極頑强，正激戰中。西峽口附近我軍，迄至十一晚，仍積向對西峽口之敵猛攻中。

自由論壇短評

祝談判重開

（該刊星期增刊第十八期，二月十一日）中國的勝利，決定於國內黨派的團結，願國共談判圓滿結束。「然而今天決定中國勝利的因素，固賴於機構人事的調整，而尤繫於國內黨派之團結是否徹底，苟團結無望，或有名無實，則盟邦的勝利必無補於我，全國人民七八年之犧牲亦將毫無代價，過去不幸的兄弟鬩牆有誰敢保證不因此而重演。我們只以爲問題既已演成今日的局面。歷史的教訓，似不應全部遺忘，黨派的利益的確不可忽視，國家民族的生存似應更爲重要，捐前嫌，去舊怨，在朋友之間已不容易，在政黨之間似乎尤難。然而處此瞬息萬變的世局中，時間最爲無情，稍一遲疑，便有亡國滅種之災！周先生既奔陪都是充份表現了雙方願重開談判的誠意，我們老百姓願這是我國黨爭的一次圓滿結束的談判，則國家幸甚！」

國訊社論：

瞻望前途

（該刊第三八六期，三月一日）認爲克里米亞會議決定的原則，將來亦可適用於東方，希望提前實現民主，加緊國內團結。克里米亞會議，似乎未涉遠東問題，但「其實不然。因爲這次會議議決的原則，施之於西方，亦奉

當然可以應用於東方……吾們當然希望盟軍先在中國登陸，但是登陸需要接應，以目前吾國沿海口岸多數淪陷的情形之下，究竟用什麼方法來接應盟軍，配合作戰？又是一個重要問題。這次克里米亞會議，對於歐洲解放國家問題，以民主原則爲處理準繩，甚至可由人民用投票方式來選擇政府，這種高度民主方式，可使迷信獨裁者咋舌。足見民主政治經這次大戰而愈堅强，任何國家，任何勢力，不能逆此潮流，擺此堡壘。但所謂民主政治必須有一最大最要之條件，亦是原則，就是要有全國一致信仰之憲法與政府。……世界民主潮流正如怒潮澎湃的時代，吾們所旦夕希望之民主政治，將如何提前實現，澈底施行？如何更加緊國內團結，勿使稍有破綻與裂痕？也是一個根本問題而與未來戰局有相聯密切關係的一件大事，吾們亦只有期望政府之有以慰我國民了。」

冷遹在鎮江旅渝同鄉會時事座談會上的談話

「團結」，是中國民主前途基本條件，而談判團結，尤爲國人所關心，我們現在不必去批評那一方面，而只要求雙方把談判公開，如此，則可以讓老百姓與社會有力人士都來參加一部份力量，以促團結的進步，和民主精神的發揚。在這個民主勝利的世界上，我們中國既然參加了民主戰綫對法西斯侵略者作戰，那末本身當然要民主，而且，也唯有民主可以戰勝敵人」。（二月十七日講，載於三八六期國訊）

冲繩敵寇炮火激烈 傳美軍進展趨遲緩

【同盟社里斯本十日電】美國方面九日的前綫報導，一致强調冲繩島南部的日軍已大規模地使用重砲。紐約每日先驅論壇報特派員報導稱：「冲繩南部的戰鬥已陷入遲緩的膠着戰，日軍使用在太平洋戰區尚屬初次的大規模砲火，整個前綫籠罩着可怕的彈雨。今天攻擊師司令部，落下火箭彈將近六百發——其中包括十多發臼砲彈，附近防綫的地心都爲之震撼。我軍發射的砲彈較日軍多十倍，即日軍發一砲我軍要發到十發，劇烈的砲戰是由於我第二十四兵團的部隊接觸日軍主力陣地所引起的，今天戰事已達到頂點，四個砲兵營，掩護向正面四百米達前綫推進的一個步兵師。」紐約時報特派員也發出如下的報導：「第二十四兵團的將士，在太平洋上尚未見過的日軍的劇烈砲火下，不得不常常停止前進。九日早晨，沿西海岸進攻時，滿以爲已將一部分日軍的主要防禦陣地擊毀，但卻突然地遇到日軍的砲火，一步也不能前進。我軍以相當的火力，集中射擊日軍砲兵陣

案使的辦法爲衆人所共見，希望其實行增强生產的方策。左近司中將作爲國務大臣亦是適當的。大日本政治會的岡田忠彥入閣任厚相以及緬甸軍政顧問櫻井兵五郎任國務大臣，表示新內閣與政治會的關係。貴族院的太田就任文相及下村就任國務大臣，此外三長官的人選都是妥當的。現在一億同胞與十五億大東亞民衆的期待就是新內閣邁着巨步走向戰場，內閣應抱着很大的決心，毫不猶豫地實行內外的政策，敵人已迫到前門。

【同盟社東京十日電】鈴木首相就職後談話，各報發表評論如下：（朝日新聞）鈴木首相的廣播，予人以極大感奮。首相如同布衣之士一樣，極爲樸素謹慎，國民應相信這位老提督冷靜地所說的話。首相披瀝他的年老之軀，如果他死去的話，國民應踏着他的血跡前進。石黑農商大臣引用元朝張養浩的忍怨的話語，由於地點的不同，即使成爲一個被人憎恨的人亦好。決戰下的政治不允許甜密，而人情的××是應當知道的，不負責的隨便使國民走向錯誤是不允許的。政府有時候一定要强硬實施方策，凡有良心的人決不應因此而仇恨。不論如何最禁忌的東西是失掉民心。（每日新聞）鈴木首相曾說：以老軀埋在國民諸君的最前列，担負處理國政。這句話令人感到是比「悲壯」還利害，而是「悲痛」。正如日俄戰爭中日本獲得勝利一樣，獲勝的原因是當時國民有了悲壯的決心所致。琉球所獲得的大戰果就是此次內閣成立後所獲得的。現內閣並不自滿於這一戰果，並將不斷求得。

朝日新聞否認 小磯垮台與蘇聯廢約有關

【同盟社東京九日電】朝日新聞載稱：此次政變後的隣邦蘇聯即提出廢除日蘇中立條約的照會。敵人宣傳這是小磯內閣瓦解的原因。小磯內閣內心決定下台的是本月四日。本月五日實行總辭職。莫洛托夫外長是在五日下午三時通知佐藤大使，而大使的電報於六日早晨到達外務省。政變的意義就是鑒於時局的嚴重，希望出現一個强有力的內閣，這絕對不會看錯的。敵人雖然進行虛僞的宣傳，但是新內閣正如小磯內閣所希望的，是一個强有力的內閣。要求大日本政治會總裁南次郎入閣任國務大臣就是要求政界合作，但是南次郎沒有入閣。大日本政治會要作爲在野的政治結社，採取何種方式協助內閣。

【同盟社東京十日電】鈴木首相鑒於目前的國際形勢，於組閣之初即希望前外相東鄉茂德就任外相兼大東亞相，即拍發電報給逗留在輕井澤的東鄉，因爲時間的關係，未在七日舉行親任式，於是自己兼任外相組成內閣。同日

地，但日軍仍猛轟我步兵陣地，現在，仍在進行劇烈的砲擊戰。在這樣瘋狂的砲兵攻擊戰中，日軍恐已使用了將及五百公斤的重砲彈。

【同盟社里斯本十二日電】據關島來電稱：尼米茲司令部在十二日的公報中稱：自沖繩島作戰開始以來，到九日下午十二時止，美軍共傷亡二千六百八十五名。

敵發表沖繩海戰果

【同盟社東京十日電】三月廿三日至四月七日沖繩半島周圍的綜合戰果如下：

艦種	擊沈	擊傷	合計
航空母艦	九	三	一二
戰艦	六	五	一一
戰艦巡洋艦等大型軍艦	八	二九	卅七
巡洋艦	三〇	一一	四一
驅逐巡洋艦乃至驅逐艦	三四	一九	五三
運輸艦	三二	二三	五五
艦種不詳的軍艦	四五	三二	七七
掃雷艇及其他	四	三	七
合計	一六八	一二五	二九三

註：擊沉或擊破者則列入擊沉項內，圖上的戰果不包括在內。

敵報續評新閣

【同盟東京十日電】朝日新聞頭揭載題謂「成立必勝內閣」的社論內稱：滿了七十八歲而身體內還有子彈未取出的老提督，肩負衆人的願望，在敵前接受宰相的印綬，他這種決心與第一次世界大戰末期的克里孟梭（當時是七十六歲）出馬挽救法國的決心相匹敵。今日我國的情勢和老提督鈴木的立場不能說與當時的法國完全一樣，至少有許多地方可以參考克里孟梭當時的情況。毫不忌憚的說，人民與其說期待新首相的卓越經綸和實行力，勿寧說是對於他實現國內團結的「調和力」有所期待。米內海相的留任及阿南大將就任陸相對於新內閣是舉足輕重的事情。陸相曾經作爲侍從武官，伺侯天皇，這一點是特別值得重視的。廣瀨新藏相是積極財政的協力者，我們不禁同情前藏相津島的短命，希望新藏相更加奮發。起用安倍源基爲內相，在適應戰爭政治的進行，在軍事、地方行政、國土防衛與安定民心的相互關係上說來是很適當的。松坂法相的留任，石黑農相的再登場都是意料中的事情。軍需大臣豐田大將作爲查

夜半約東鄉來訪，請其入閣就任外相兼大東亞相，東鄉考慮自已所抱的外交方針是否與內閣的政策一致，所以保留迅速答應，要求給予一二日的考慮時間，但是東鄉由各個角度研討問題的結果，決定答應入閣，九日下午五時訪問鈴木首相於其官邸答應入閣。這樣，東鄉就任外相兼大東亞相。東鄉在此期間深思熟慮應付微妙的國際關係的方針，胸有成竹，因此對於新外相的活動有很大的期待。新外相曾任駐蘇大使，通曉日蘇外交，在大東亞戰爭爆發時，他担任外相，開拓帝國戰時外交的道路。他爲人踏實，莫洛托夫外長已開誠佈公地跟他談話。總之，衆人都認爲新外相負責對蘇外交是最適當的。當國家危機時，希望新外相這種剛強的不屈不撓的性格，能夠反映在外交方面。

艾登說已向蘇聯建議取消保境英管制委員行動限制

【路透社倫敦十一日電】艾登今日在下院說：英政府正建議蘇政府，以便達到取消對保加利亞盟國管制委會員英方委員自由行動的限制，艾登是答覆保守黨議員法克斯的問題的。艾氏說：若干時以前，當保加利亞是紅軍的後方時，蘇軍統帥部曾規定一些限制條件。

【同盟社斯托哥爾姆九日電】美英政府拒絕蘇聯政府所提，關於華沙政府參加舊金山會議的要求。九日眞理報又提出上述要求。眞理報寫道：波蘭臨時政府不可爭辯地具有代表波蘭的權利，把該政府排除舊金山是會議很不公平的。

【路透社羅馬十一日電】路透社駐羅馬特派訪員報導：意大利報紙關於貝爾格萊德反抗意大利對的里雅斯德的要求之遊行示威的評論，說明了意大利共產黨（一方）與自由黨人，基督教民主黨人，行動黨人與共和黨人（另一方）之間的嚴重分歧。後面一切集團都對斯拉夫越過亞德里亞海的野心，表現了強烈的敏感性。

（下缺）

【海通社斯托哥爾姆十一日電】瑞典外交部公告：瑞典並未請求派遣觀察員參加舊金山會議，該公告是答覆斯退丁紐斯國務卿所作的聲明，聲明說：「若干中立國家正試圖獲准派遣觀察員出席舊金山會議，均未成功」。

始獲得保護德國的鬥爭●

參考消息

（只供參考）

總八四九號

解放日報、新華社編

今日出一大張

卅四年四月十五日 星期日

同盟社稱沖繩日軍反攻 擊潰美軍一個旅及一個坦克師

【同盟社東京十三日電】十一日以來，天氣轉佳後，我陸海軍在密切的聯系下，反復攻擊沖繩半島周圍的敵艦船及機動部隊，愈益擴大戰果，我陸軍部隊亦在砲兵掩護下，在各據紛碎敵前進的企圖，我軍以突擊戰，使在我主要陣地前增强的敵軍受到嚴重的損失，目前南部地區的戰鬥中心在於××西南的高地及大山南方，北部地區的戰鬥中心在名護村方面，該處繼續進行激戰，中城灣降陸島的我軍，仍在英勇作戰中，一日敵在本島登陸以來，給予敵人的損失如下：殺傷人員約六千三百人，燃燒及使其不能行駛的敵坦克和裝甲車總八十五輛，破壞敵汽車四十八輛，擊落和擊傷敵機七十九架，已消滅敵登陸的兵力一個旅，約擊潰敵坦克部隊一個師團，截至現在爲止，敵人在半島及慶良間諸島登陸的兵力，約有四個師團，敵人遭到我陸海空三方面的聯合攻擊，其出血迅速的增大，敵人愈加焦慮，而我陸上部隊的士氣極高。

【同盟社東京十四日電】我航空部隊，於十二日早晨，以戰鬥機及轟炸機的聯合編隊，突襲沖繩島北部及中部飛機場，全部炸彈都命中機場，將機場炸毀。另外，在[illegible]河[illegible]附近、大島東方，捕捉敵艦艇，實施猛攻，擊傷驅逐艦一艘。在沖繩島[illegible]海面，急襲敵艦艇隊，擊傷驅逐艦一艘。

【同盟社東京十四日電】大本營四月十四日十六時發表：（一）沖繩島陸上戰況如下：南部北區的我陸軍部隊，在步砲兵的密切配合下，於四月十二日黃昏，在防線前向東面之敵發動反攻，紛碎敵軍的攻勢企圖：現仍在繼續擴大戰果中。占據濟北方本部半島地區之我軍部隊，迎擊敵軍約一個師的進攻，現仍在激戰中。我航空部隊，於四月十二日拂曉，冒着敵軍猛烈的防空砲火攻擊北部及中部飛機場，擊毀停於地面的敵機及堆積着的軍需品，特別在北部飛機場，曾發生大爆炸，爆炸面積直徑達一千米突，塵土上升及三千米突。（二）我空軍特別攻擊隊，仍繼續猛攻沖繩島周圍的敵艦船，至十三日

合衆社傳德軍已獲悉盟軍最後戰役計劃

【合衆社倫敦九日電】交通電蘇黎世訊：柏林軍界人士稱，德軍高級統帥部已獲悉盟軍最後戰役中的作戰計劃，即於西線盟軍抵達易北河時，由蘇軍一百八十萬人於斯德丁及[illegible]間的廣二百英里前線發動攻勢。西線盟軍於蘇軍渡過奧得河進擊時，將渡易北河，英王可能於東西兩線盟軍於兩河間會師時，宣佈戰爭結束。德軍高級統帥部深信，德軍至多只能延宕一月時間，阻止英美軍及蘇軍會師，德軍整個崩潰已無可避免。

國民黨戰報 收復老河口猛攻襄陽 寶慶以西敵續竄犯

【中央社渝十三日電】據軍委會十三日發表第五次戰訊，我軍攻克老河口部隊，掃蕩城內各街巷殘敵，迄至十三日下午二時，已大致肅清。現僅天主教一處，尚有少數之敵，憑據堅固建築物拼死頑抗。我正加以猛烈圍殲。我軍由老河口向北追擊前進部隊，已將城東北附近馬頭山、雲台山、雷公殿、陳家營等據點之敵，分別包圍攻擊，敵抵抗乃極頑強，我正加緊猛擊中。我軍有力部隊已於十二日午攻克光化縣城，殲敵甚衆。十三日，我空軍大隊攻擊南陽附近白河各渡口，渡口兩岸堆積之軍需品，被炸中起火。

【中央社渝十四日電】軍委會十四日發表第二次戰訊，鄂北方面，我軍於十三日晨攻克襄陽西南約四十里之吳家集，擊斃傷敵三百餘。南漳以南，我軍續行向南猛攻。豫南方面，我軍於十二日驅逐李官橋（鄧縣西）、西丹江西岸之敵，攻當賊口。內鄉西北西峽口地區戰鬥，仍極激烈。平漢路南段東側我軍攻擊正陽部隊，在該城附近俘敵九人。信陽以南至武勝關間之鐵道，我軍已將其分段破壞。湘西方面，我軍於寶慶東北探官橋附近地區迎擊來犯之敵。十三日，敵復增援分股鑽隙西犯，圖渡寶慶以北之資水，我軍當將其中一股擊退，其餘二股被我痛擊。寶慶以西戰鬥，十三日續在縣城約六十里地區進行。新寧以東地區，戰況無何變化。

【中央社恩施十三日急電】我軍於十二日午克復光化，於十二日晨攻入老河口，並乘勝續向襄陽猛攻中。

【中央社石花街十四日電】十三日晨，我克茨河市後，續攻雲官殿（茨河西北），殘敵潰向襄河××搶渡，被我擊斃及淹死甚衆。同日我向襄陽挺進部隊，已攻至馬鞍山，另部攻達泥咀鎮。

總伏爲止，新年時的戰果如下：擊沉巡洋艦一艘、運輸船一艘，艦種不明者五艘；擊傷巡洋艦一艘、驅逐艦二艘、運輸船一艘，艦種不明者一艘。

【同盟社東京十四日電】沖繩島南部地區我軍，於十二日，以強有力部隊同時發動反攻，在砲兵密切配合下，逐漸將敵軍逼至北方。十三日正午，一舉進至一〇五二號高地。及悅野灣之鐵活動，現仍在痛擊敵軍中，配合上述反攻的另一有力部隊，以粉碎敵軍的攻擊準備爲目的，深入敵軍內部，使敵軍防線陷於混亂，使其攻勢的手足受到挫折。另一方面名護方面的敵逐漸試圖誘動，但其戰鬥意志非常低落。

【同盟社[illegible]十一日電】華盛頓來電，美陸軍部長史汀生，於十二日，就開戰以來美陸海軍兵員的損失情形，發表公報如下：共損失人員八十九萬九千三百九十名，其中陸軍爲八十萬零二千六百八十五名，海軍爲九萬六千七百零五名。

德會希姆萊命令死守全部都市

【同盟社柏林十二日電】德國國內軍總司令兼禁衛隊長希姆萊，當此國土防衛戰，處於重大危機時，於十二日發表佈告，闡明德國的全部都市絕不聲明爲不設防都市，將死守它們到底，佈告的要旨如下：敵人試圖使所德國各都市投降，即是說，敵軍的裝用偵查車隊，走在敵軍部隊的先頭，接近它的目標的德國都市，威嚇居民，如果不交出都市投降，將以坦克及自動推進砲的轟擊，以粉碎都市。然而敵人這種卑劣的企圖，終究將只是它自己的畫餅充飢而已，德國的全部都市與村莊，將盡一切辦法予以死守；每個德國人民都有責任防衛各自的市、鎮、村。履行這個明確的國民義務時，表示猶豫的人，將喪失名譽和生命。

【同盟社柏林十三日電】一日納粹黨以黨軍參謀長鮑爾曼的名義，發出關於在被佔領區組織游擊隊繼續抵抗的佈告，該游擊隊定爲名老浪人。該佈告要求停留在被佔領區的德國人，不擇手段，阻礙敵人的行動，並且暗殺和處置在軍事、行政上與敵人合作的「德奸」，納粹黨採取新的游擊戰爭的方法，表示即使德國全部國土被敵人佔領，亦要依靠地下活動，繼續抗戰的決心。該游擊隊的名稱——老浪人是根據下列事實而來的，即卅年戰爭當時，德國人民在各堡地方組織武裝游擊隊，擾亂侵入的敵軍，這個英勇的歷史故事。一日[illegible]號召：留在德國被佔領區域的解放德國的戰士，號

【中央社安江十三日電】（一）寶慶小塘之敵一小股，於十二日午西竄，經我軍正猛烈堵擊中。（二）山口關敵一部三百餘，十二日晨北竄峽山橋，經我軍猛烈攻擊，敵傷亡甚重，不支回竄。（三）東安西北大廟之敵一股，十二日晨北竄大坤，現正與我警戒部隊對戰中。

【中央社贛西前線某地十三日電】南康敵因遭我伏擊，分數路並化裝向贛縣方面增援，現贛縣仍在我包圍中。贛縣敵三日向沙頭舖反撲，亦經我擊退。三日晨敵再由贛縣以砲火掩護渡河向七里鎮增援，並犯我陣地，經我擊潰，斃傷敵百餘，遺屍卅餘具。我並俘獲戰利品甚多。該敵現退集三里鎮工事內。

【中央社粵北前線某地十三日電】犯韶關南寶敵，十二日已有先頭部隊竄抵惠陽，與我戰鬥中。

【中央社重慶十四日電】軍委會十四日發表自四月七日至十三日一週戰況。豫南鄂北戰事，自上週來已進入決戰階段，我先後將正面之敵阻止於西峽口、李官橋迄老河口及襄陽之綫，並適時配合我預留敵後部隊，分由平漢路南段東西側地區敵之側背發動攻勢，至週來我各面反攻部隊均能按照預定計劃，猛烈向敵攻擊，先後克復長水鎮、茨河口及南漳等地，並在西峽口以西地區對冒險竄進之大部敵軍，予以殲滅性之打擊，戰果頗鉅。現我各路大軍正向洛寧、內鄉、鄧縣及襄陽等地猛烈攻擊，全綫敵軍已呈動搖之勢。至於湘省寶慶、安仁、×縣、資興、宜章，贛西之南康、贛縣等地戰鬥，仍繼續進行。我向以上各地進擊之部隊，均獲得相當戰果。

海通社報導
羅斯福之死與莫蘇關係

【海通社柏林十四日電】倫敦訊，路透社駐莫斯科記者達雅，羅斯福之死，在莫斯科方面認爲係自開戰以來，同盟國事業所遭最大打擊之一，該消息指出，蘇方領導人士，表示羅斯福對蘇聯較之任何其他人物的意義更大，因爲他經常贊同蘇聯對其他各國修好。訪員然後指出，羅斯福對蘇聯的價值也在於無數的租借輸送，這無疑的加速了蘇軍在東綫的勝利。

來栖等談羅斯福之死不影響戰局

【同盟社東京十四日電】居住於輕井澤（長野縣）的前駐美大使來栖三郎

，聽到羅斯福之死，談述如下：眞是感慨無量，羅斯福是一個煽動家，曾做了許多壞事情，但我們日本武士道精神，決不能再鞭打他的屍體，他一個人死去，對今後的戰局及敵方的戰意，並沒有大的影響，我們進行戰爭的決心，亦是不能動搖的。當日美談判時，我曾與羅斯福會晤兩次，最初是十一月十七日，地點是在白宮，當時他曾說：我（指羅斯福）作爲日華的介紹人，但是不幸得很，事實是引起今日的大東亞戰爭。第二次是他把備忘錄交給我，這是十一月廿六日，這是我永遠不能忘記的一天，當時我與野村大使會促他反省，但是沒有成功，終於造成了『開戰』的轉換期。有一句有名的話可以表示他的性格，這是在美國經濟恐慌後，他就任總統時對朋友說的話。他說：『我作爲一個牧童管理美國人民，牧童在平時當家畜發脾氣時，就順着他走的方向前進，而避免走相反的方向，當家畜疲倦時才使用鞭子，我也是這樣誘導人民。』這也反映在他的政策上使全世界捲入戰爭的漩渦中。這也不能說是他一個人的罪惡，而是美國自己錯誤了。現在羅斯福雖然死了，但是副總統杜魯門升任總統，他的指導力不如羅斯福，因此不能像過去那樣順利，廿五日舊金山會議即將到來時，美國將要感到相當的困難。當今日敵人在沖繩登陸時。我們要使敵人的出血比我多數十倍，反觀歐洲的戰事是很困難的，他們說是解放歐洲，但是事實與此完全相反，歐洲變成了活地獄。可恨的他們，依其物質數量破壞文明史蹟，並誇言什麼無條件投降，他們所謂無條件投降，就是擾亂和平，只有上帝能審判他們，如果羅斯福的死，能够成爲糾正美國人民錯誤想法的契機，那是很幸運的事情，但是今天我們應具有特別攻擊隊的精神，將一切變爲戰力，毫不放鬆地戰鬥到底，直至擊碎美英爲止。

【同盟社東京十四日電】本多熊太郎就羅斯福逝世一事，發表談話如下：邱吉爾及斯大林失去一個良友，故其靜×是可以想像得到的，特別像邱吉爾這樣，故意去美國盡一切努力，要繼續進行這次戰爭，因此羅斯福的死，使他感到極大的衝動，當舊金山會議迫在眉睫時，羅斯福的突然逝世，將被尊崇爲神仙之一，而克里米亞會談不久將變成笑話，因此他們處在戰戰兢兢的狀態，羅斯福在過去十二年中，依靠其實力，建築起今日這樣的地位，抑壓着美國，縱使羅斯福死了，但是他樹立的制霸世界的政策是不變的。羅斯福的死，立即傳遍全世界，但是他的死，只是美國國內的問題，而對於美國對日作戰毫無影響。現在美國國內已沒有干涉外國的那種孤立主義的思想。美

【中央社筑九日電】黔桂路局新任局長袁夢鴻，副局長顧啓文，九日晨正式視事。

【中央社百色九日電】桂省府秘書長陳壽民、委員陽明炤、省黨委梁昌溪，九日晨宣誓就職，黃主席監誓。

【中央社昆明十二日電】青年遠征軍編練總監羅卓英，八日由渝來昆視察青年軍二〇七師事畢，今午離昆飛渝。

【中央社重慶十二日電】滬復員協進會定十六日成立，並由陸京士於十六日晚向上海民衆廣播慰問。

【中央社成都十二日電】英首相邱吉爾私人代表魏亞特將軍及英駐華大使薛穆爵士夫人，在蓉事畢，十二日返渝。

【中央社成都十二日電】英駐蓉領事高來含調任駐迪化領事，遺缺由由克祿繼任。

【中央社渝十二日電】爲應盟軍需要，當局決定徵調各機關職員千人充任翻譯官。

重慶各報哀悼羅斯福

【中央社重慶十四日電】美總統羅斯福逝世噩耗到渝，陪都各報立即刊佈號外，十四日晨，各機關、商號、住戶，均下半旗誌哀。市民於震悼之餘，自動停止娛樂。十四日各報刊載羅氏逝世消息，幾佔全篇幅十分之九，多以完成羅氏未竟之志相勉。中央日報題爲『全世界全人類之損失』稱羅氏爲一身系天下之安危，對杜魯門總統接任，信其必能完成作戰與和平的偉大使命。最後謂，顯重申我們中國軍民與美國軍民攜手戰鬥到底的決心。大公報題爲『敬悼羅斯福總統』，認羅氏逝世同晴天霹靂，謂此次大戰開始於中國抗日戰爭，羅氏一貫同情援助中國抗戰，今勝利之局已成，而聯合國領袖羅斯福總統竟於此時與我們分別，眞是悲情難抑，惟羅氏倡導的四大自由，必將爲新世界新自由主義的精神內容，而爲人類所共同崇奉。該報主張爲吊唁美國國喪，爲使舊金山會議獲得偉大成功，邱吉爾首相，斯大林委員長，蔣主席，戴高樂將軍均應赴美一行。此一提議如獲實現，不特足以慰羅氏在天之靈，必能使今後人類的和平幸福大有進步。掃蕩報謂：羅氏生前對我們的同情是存乎衷心，發之肺腑，給我們的援助是本乎正義，出乎公道，因此他遽歸道山，我們所感發的哀悼，是本乎自然，出乎眞誠。社魯門總統繼膺重任，決不會改變羅氏既定政策（不消）美國千萬將士爲羅氏之死，必更發厲無前。此外各報均於社論中著論痛悼羅氏之喪。

國作戰到最後打倒日本和德國，戰鬥到完全解除德日兩國武裝的方針是不變的，因此現在認為羅斯福死後，反軸心國內部發生齟齬的想法，是値得警惕的。我們要盡最大的力量進行這個沒有媾和的戰爭。

宋子文等抵華府
蔣電賀杜魯門

【中央社華盛頓十三日專電】宋代院長及我出席舊金山會議之代表十七人，已抵達此間。

【合衆社華盛頓十三日電】宋代院長已抵此，住於其舊居，準備與中國參加舊金山會議之代表團中之專家及顧問卅五人以上舉行若干次會議。預料代表團人數當屢增加，總數將達五十人。聞他將與美國（下缺八字）

【中央社渝十四日電】美國新任大總統杜魯門就職，蔣主席特電致賀，原電云：杜魯門總統閣下，閣下繼任總統，本人謹代表中國政府及人民向閣下表示誠摯熱烈之敬意。偉大之羅斯福總統遽爾薨逝，吾人誠不勝悲戚之至。今閣下以偉大之政治家繼承其崇高之職位，吾人深信美國人民及英勇戰士在閣下領導之下，必能與其他愛好自由之民族通力合作，為求其崇高理想之實現而繼續奮鬥。此種理想，固貴國人民歷年以來英勇作戰而予以維護者也。貴國人民不懈之努力，必能因全面勝利之來臨與持久和平之建立而獲致其應得之報酬。閣下××中國軍民之同情，會予吾人以莫大之激勵，吾人並確信中美兩國在對吾人共同敵人作戰期間及戰後之繼續合作，必能使貴我兩國間之傳統友誼益為加強也。蔣中正。

【中央社渝十四日電】中國戰區美軍總司令魏特梅耶上將，令其司令部所有人員在本日下午四時至四時零五分敬默五分鐘，為羅斯福總統致哀。魏氏宣佈明日下午將在中央黨部大禮堂舉行特別追悼會，所有美軍人員能暫離工作者均須參加。

【中央社重慶十二日電】中國文化事業協進會，十二日下午二時舉行成立會，選舉林森、胡秋原等十九人為理事。華林、吳公虎等五人為監事。

【中央社渝十二日電】為改善士兵待遇，渝市獻糧獻金工作正逐步推動中。預計房主、工商、銀行、保險各款可共收十二億元，市民類可收三億元，娛樂類可收二億元。關於自由獻金方面，推行處除盡量鼓勵市政踴躍捐獻外，並已訂計劃，擬組織一委員會，主持獎券之發行及榮譽獎章頒發等事宜。獎券將於七月七日發行，雙十節開獎。獻糧部份，最近即可收到二百市石。現本市各大戶之動產及不動產均經查明，分別請其踴躍捐獻。

合衆社傳
德境成立新反法西斯團體

【合衆社倫敦十一日電】盧森堡無綫電報導（其語句與斯托哥爾姆消息相同）：已有一自稱為「新德國」的反法西斯團體在仍為納粹掌握的地區中成立。（該團體的勢力由漢堡遍及不倫瑞克與慕尼黑）由漢堡到不倫瑞克及慕尼黑已都有該團體的組織。該團體且有無綫電台。

波流亡政府譴責蘇聯
逮捕波蘭前總理

【路透社倫敦十一日電】倫敦波蘭流亡政府今日正式聲稱：前波蘭總理，農民黨著名領袖之一魏托斯於其家被四個蘇聯人員帶走。政府聲明說：三個身着老百姓衣服，一個身着制服的蘇聯人員於三月卅一日到克拉科省威爾斯捷斯拉維茲其家中，經短時間談話之後，魏托斯即和他們一同出去，目的地不明。此後，關於其去向即毫無消息。

魏托斯曾三度出任波蘭總理，整個戰爭期間都在波蘭。他現年七十歲。上星期五倫敦波蘭政府發出公報，提出奉命赴蘇之波蘭地下政府委員，今已解散之國內軍司令及波蘭各黨派領袖均告失踪。

德稱五千意大利工人赴蘇

【海通社柏林十三日電】羅馬訊，據悉載運五千名意大利工人的運輸艦已離此赴蘇，根據對蘇休戰協定條例從事建設工作。這是該協定中所規定交盟方處理的第一批工人。據一般推斷，此項措施蘇聯方面得益最大，因為英職工會也對這種與意大利農業工人勞動力競爭之舉提出抗議，又美國工人方面據說也反對他們在美國受雇。

中英商談平準基金償付問題

【中央社渝十三日電】關於一九三九年之中英平準基金，英財政部對於英國之參加銀行負有保證其投資責任，茲經中英雙方商洽同意，已由英政府如數將各該銀行之投資，提前付還。至我國銀行應付該國銀行之利息亦經如數付清，所有未了事宜，僅為雙方對於該基金剩餘資產之清理及分配而已。按一九三九年，中英兩國參加銀行所簽訂之平準基金合約，係雙方合作而非借款性質，該項基金當中國平準基金會於一九四一年成立時，即行停止運用，現英財政部已邀獲議會之核准，得在該項基金清理以前，提前退還英國參加銀行所投資款項，並經中英兩國財政部之同意，我國參加銀行對於英方投資款項之利息，嗣後自無庸再付矣。

参攷消息

（只供參考）

第八五〇號

解放日報 新華社 編

今日出一大張

卅四年四月十六日

星期一

敵稱美在冲繩本島南部增强兵力

【同盟社東京十五日電】冲繩本島南部地區我軍，於十三日夜，繼續大規模的反擊，特別是在西海岸地區，予敵以重創，敵人拚命在增强兵力。對於周里與識名方面的砲擊，依然激烈非常。另方面，東部半島的美軍，於十四日正午，侵犯四重岳附近，但該方面我軍，展開果敢的追擊戰，該地區在三天中的戰果如下：殺傷敵兵一百三十名，鹵獲追擊砲三門，自動砲一門、輕機槍與步槍若干支、彈藥及其他甚多。

【同盟社東京十五日電】十二日以來，天氣轉好後，我守軍乃再度開始猛攻冲繩本島週圍之敵，同時固守該島南部地區陣地的我軍，與此相配合，於十二日夕刻，突然向東面之敵，舉行陣前反攻，致使冲繩島的陸海空戰況迅速轉入活潑狀態，蓋自敵登陸以來，我陸上部隊，即在周里北方整理陣綫，對於連日猛攻之敵，再三隱忍，準備在陣前展開殲擊戰，另方面在我特別攻擊隊猛烈攻擊下，敵海上部隊，發生了相當的混亂。至十二日夕刻，我方飛機在猛烈砲擊之後，在各地舉行猛烈反攻，痛烈打擊各戰綫敵方的進攻企圖，收到了很大的戰果，另外在××地區登陸之敵，約有一個師團，該方面的我守備部隊，在×部半島地區，迎擊敵人，現正在奮戰中，我陸上部隊，配合此奮戰，除出動空軍，猛攻敵機場外，並以特別攻擊隊，猛襲冲繩島週圍敵艦船羣，擊毀或擊沉敵艦船三百十四艘。

同盟社：一週戰況

【同盟社東京十五日電】（冲繩島）冲繩島敵軍，自登陸以來，向南進展頗速，至七日接觸我主要陣地後，其前進乃突被阻止，敵人的攻擊重點，在東海岸地區爲濘霸西南六百五十五號高地，在西海岸地區，爲大山東南八十五號高地，連日和我軍展開激戰，敵方損失很大，至十一日已殺傷敵六千三百人，又我

【中央社華盛頓十三日電】據同盟社廣播：羅斯福總統之逝世，決不容吾人認爲美人之作戰決心行將衰退。

同盟社論歐戰

【同盟社柏林十三日電】江尻同盟社特派員報導：美、英、蘇三軍不顧德軍的拚命抵抗，德軍終不能對付美、英、蘇三軍的猛烈的進擊，德軍當局在接見外國記者團時，亦說到情勢不容樂觀。在西部戰綫，美軍之進擊勃倫登堡方面，已爲德軍有組織的反擊所阻止，以中部、北部戰綫，就中以哈×瓦、不來梅爲中心的北戰綫，在地形上雖是很平坦的平原，似亦在展開機動作戰。反軸心軍的前進，是非常之迅速。在東部戰綫，除了維因附近的南部地區，大體上保持平靜，紅軍正在柏林正東的法蘭克福到里克尼茲的中間戰區後方，不斷集結兵力與資材。據判斷最近紅軍即將發動大攻勢。若美、英、蘇三軍互相配合發動大攻勢時，則西戰綫將在萊比錫、柏林一綫會師，德國有被南北切爲兩段的危險。但在這種場合，殘留於荷蘭沿岸地方、魯爾地方、德國本部等各地之部隊是相當堅强，因之將堅決抵抗下去。又德軍主力亦據守於德國南部的山岳地帶，重新組織留於該方面的兵力與軍需工場，並將領導留於佔領地帶的德軍與德國國民組織的游擊戰爭，堅決進行抵抗。德國政府決心絕不妥協，不屈服，迅速整備國民總武裝的體制。以上的趨勢是當然可以想像得到的，若在這種場合美英軍與紅軍將以實力自正面相會。兩方面的政治鬥爭，增加了轉向武力鬥爭的危險，這裏便給了德方以可趁的空隙。因此德方縱使戰爭趨到如何的困難，亦堅決相信反軸心軍內部將招致分裂，同時具有悲壯的決心，堅決抗戰到底。

顧維鈞談五强會議

【中央社華盛頓十日專電】中國出席舊金山會議代表顧維鈞，本日接見中央社記者謂，渠信頓巴敦橡樹林會議所擬之世界安全機構建議案，除一小部份不影響及於大綱基本原則之修正外，將於舊金山聯合國會議中通過採用。他相信舊金山會議可能在預期時間以前結束，可能於一個月內結束。渠稱：歐、亞兩洲重要戰局發展，或可加速舊金山會議與會代表之工作，由是聯合國戰後合作和平秩序各項計劃之重要階段，亦將告一段落。中央社記者獲悉：四强預定於此間商討領土及委任統治事宜之會議，可望於本週週末開始。顧維鈞將代表我國參與，法國已要求參加，並將派一代表參加與法國殖民地有重大關係之討論。但迄今爲止，關於領土及委託統治事宜，猶未

軍復於十二日夜半，各地一齊舉行大規模的反擊，向北方壓迫敵人，在西海岸地區，我軍前進至大山一綫，又敵人急於使用北和中兩機場，七日已停有若干小型飛機，該兩機場由於全在我大砲射程內，故已非常難以使用，又敵人於七日，以步兵五千，戰車一百五十輛，砲六門的兵力，在沖繩中部西岸名護登陸，至九日夜，已前進至安和，乙羽岳一綫，我軍正在阻擊中。又敵有力艦隊，於九日駛入中護×灣內，開始掃海工作，同時於十日午前七時三十分，以兩個大隊的兵力，在津堅島登陸，此外我空軍和海上部隊，連日猛襲沖繩島週圍敵艦船羣，自敵軍登陸以來，至十四日爲止，我方已轟沉一百七十八艘，擊沉或擊毀九艘，擊毀一百三十九艘。（中國大陸）我華北軍於三月廿二日開始行動後，於三月廿七日佔領美軍前進基地老河口飛機場，於四月八日，完全佔領老河口。（非島方面）呂宋戰事中心，依然在北部的沙拉克薩克島附近，和中部的馬尼拉東方，戰事無顯著變化。美軍復於九日在婆羅洲島和民答那峨中間的賀島登陸，我守軍正在抵抗中。（緬甸方面）前進至密京蒂拉地區之敵，除積極鞏固後方交通外，並以一部機械化部隊，推進至沚蠻汀附近，我當地守軍反復攻擊結果，擊毀敵軍大批車輛。

德日法西斯
評羅斯福逝世

【海通社柏林十四日電】此間於星期四深夜特別廣播羅斯福死訊，此間官方評論員表示美總統杜魯門將感到很難於解決羅斯福所未解決的問題。德國報紙宣稱：羅斯福的名字將受到今後數代人的詛咒，因爲他是對這次人類歷史上最大最可怖戰爭負主要責任的人。「柏林××」報星期五評羅斯福逝世稱：「堅決的命運宣判了「罪狀」，他死後將被描述爲歷史上最大的戰爭「罪犯」」。德國其他報紙評論的語調均相似。

【合衆社舊金山十三日電】東京廣播對羅斯福總統之逝世有所評論謂：「任何人從未如羅斯福總統爲現代美國之卓越象徵，彼具有現代典型之美國帝國主義之象徵，美國需要羅斯福在其帝國主義目的上作最偉大之表現，吾人對羅斯福總統之立場與成就，究屬優劣姑置不論，至少彼爲世界歷史中少見之典型人物，則殆無疑義。」

【合衆社舊金山十四日電】東京電台頃廣播前日本駐南京僞府及駐德大使，本多熊太郎在日本新聞所撰之社論稱：羅斯福「乃世界偉大領袖之一今聞其逝世之消息，我心亦有戚戚焉。」本多又稱：羅氏稱霸世界之計劃，將無變更，其繼任者「對於戰爭之指導影響」。美國必將與日本作戰到底云。

討論。惟悉美代表團正研究此類問題，並將於本週與其他四國就此進行商討。據悉，此一初步會議將討論下列問題：第一機構、第二組織、第三以雅爾塔協議爲依據之委任統治制原則。按雅爾塔協議將領土分爲下列三類：（一）舊國聯之委任統治地，（二）奪自敵人之土地，（三）聯合國可能置於新世界組織下之領土。五強僉盼獲致一般之諒解，提交舊金山會議，供最後討論。消息靈通方面人士告中央社記者稱：關於領土及委任統治事宜之討論，已因猶在進行中之世界大戰，而趨複雜。蓋討論中將涉及處於各種不同情形之島嶼領土委任統治地，及其他區域也。美國出席舊金山會議之代表團，仍繼續研究頓巴敦橡樹會議建議案，以求獲致一致之意見。美國務卿斯退丁紐斯本日告記者稱：美代表團將以一單位方式投票，並依據本團大多數表決意見作其決定，美國務院亦宣佈稱：四十二個非政府團體，包括勞資工農業及其他協會在內，將派代表赴舊金山會議以備諮詢。

中央社評日寇新閣

【中央社十二日社論：『對日寇內閣的法』

小磯內閣自去年五月廿二日組閣到現在，僅僅八個半月，宣告辭職了。小磯內閣何以必須總辭？我們不承認其中含有內政的矛盾，但必不是單純基於內政的問題。我們以爲小磯內閣的辭職是外力的壓迫，使法西斯小磯內閣低頭。所謂外力，第一是蘇聯本月五日宣告廢除一九四一年四月十三日所簽訂的日蘇中立條約。二是美軍攻陷琉璜島和登陸琉球羣島的沖繩島之成功。我們曉得日寇最怕在抵抗日益迫近其本土的盟軍之時，突然會增強一個最接近其本土的「敵」人。可是蘇聯卻毅然把四一年前應付環境的條約廢棄，雖然這並不是意味着蘇聯立刻對日宣戰而至少可給日寇精神上以一次晴天霹靂。小磯的所以去職，蘇聯宣佈廢約可說是重要的因素。其次，琉璜島的陷落，等於向日寇心臟插進一把剃刀，可是琉璜島究竟是一個小處所，還沒有可以容納大海軍和停留大型空軍的場所，而最近美軍突然進攻距九州三百餘里的沖繩島，盟軍一方面向西可伸手中國海岸，另一方面可北向登陸九州，甚至朝鮮半島，把日寇本土和大陸切斷，這是小磯不得不辭職的另一原因。

小磯內閣辭職原因既如上述，那麼鈴木貫太郎的受命繼任組閣，有什麼意義和作用？我們的看法，第一是鈴木是一個七十八歲的退伍海軍大將，是遠距離攻擊戰術專家，現在戰爭日益迫近其本土，日寇必然須在海軍尚未被殲以前，趁全部海軍力量與聯軍作最後一戰對賭本，可是要海軍出戰，必須海軍看鑒於此種情勢，同時更猜是一位頗為友國不會反對的中國人物，於是鈴木這老頭子便被看中了。

第二，鈴木於退役之後，經過日皇的侍從長七年之久，和皇室有密切的關係，已到重臣之位，他以接近皇室的聲望和重臣的姿態出現，×××因此他的受命組閣，既可以調和海陸軍中的矛盾，又可以對盟國表示有×××死拚的決心，更可一面表示願意在有利條件下停戰。此外更可以對蘇聯暗示，素來仇蘇的關東系軍閥業已退職，希望蘇聯在廢約之後，仍不致捲入對日作戰漩渦。日寇為了達到上述這些目的，就把這有兩棲性的老頭子拉出來。

因此我們以為對於此次日寇的易閣，如認為是求和的姿態，未免為時過早，因為狂妄頑强如日閥，一定不會就此放下屠刀，他們當然×道得很清楚，如果沒有强×的力量和死拚的決心，必然不會得到比較有利的和平，所以他們必須一面準備作戰，一面找尋有條件的和平，這是日寇所以易閣的原因，亦是鈴木貫太郎出面組閣的任務。所以我們認為日寇新閣的就範，只有同盟國從速給予以更大的打擊，否則日寇×會利用鈴木這老頭子玩花樣的。

敵國民戰鬥隊配置體制完成

【同盟社東京十五日電】國民義勇隊組織，在小磯內閣時，為了適應決戰階段，決定以首相為總司令，以集結一億國民的全力，於防衛國土與增强生產為目的，此次政變後，遂移交給新內閣，新內閣更增加新的構想，乃有此次的成案，國民義勇隊的組織，前屆內閣所採取的方針是以生產與防衛為目的以期一億國民在各個地域有組織化，本屆內閣與此並無區別，只是與過去的方針不同的地方，是不特別設置中央機關，而是專門以地方組織，即以鄉土為核心的組織發揮起力量，從而始終以國民的決心為原動力，而不以統轄各地域的總司令為原動力，一旦部份本土戰場化——即情勢緊迫的時候，則國民義勇隊組織，立即轉移為國民戰鬥隊組織，出於此次的措置，當情勢已經緊迫時，則該地域的國民義勇隊，將根據軍管區司令官、鎮守府司令長官、警備府司令長官的命令，立即變成戰鬥隊，編入軍的指揮下，作為帝國的軍人擔任鄉土的防衛戰鬥，為此將採取必要的法律措置，即適合於兵役法規定外的國民，其合格者亦將作為軍人戰鬥員，俾能擔任鄉土防衛。又戰鬥隊組織與義勇隊組織，乃是表裏一體的組織，因之地方長官得根據軍管區司令官、鎮守府司令長官、警備府司令長官的指示，整備國民義勇隊轉為戰鬥隊的態勢，至其軍事訓練，俱由軍人來担任，但義勇隊的戰鬥隊員（缺），不是都編入戰鬥隊，而是編入一定的合格者，自然合格

中加新約全文

【中央社渝十五日電】中加新約於本月三日在重慶正式互換。該約自互換之日起，發生效力。茲將該新約照錄如左：第一條，本約中「公司」一詞，應解釋為分別依照中華民國或加拿大國法律所組成之有限公司及其他公司合夥營社團。第二條中國與加拿大國間之現行條約或協定中授權英國或加拿大國官員在中國實行管轄加拿大國人民或加拿大國公司之一切條款，茲特撤消作廢。加拿大國人民及公司，在中國應依照國際公法之原則及國際慣例，受中華民國政府之管轄。第三條加拿大國政府願在涉及任何加拿大國利益之範圍內，協助中華民國政府交涉並設法使各國政府放棄其在北平上海廈門天津及廣州所享特權，並對任何廢除此項特權之措置，不予反對。第四條：（一）本約第二條不得影響加拿大國人民或公司在中國之現有不動產權利，上述現有之權利，不得取消作廢。但依照法律手續，提出證據，證明此項權利，但以詐欺或類似詐欺或不正當之手段所取得者，不在此限，同時相互了解，此項權利取得時所根據之官廳手續，如日後有任何變更之處，諸項權利不得因之作廢。雙方並同意此項權利之行使，應受中華民國關於征收捐稅征用土地及有關國防各項法令之約束，非經中華民國政府之明白許可，不得將此項權利移轉於任何第三國政府或人民（包括公司）。雙方同意，本條內所指對於現有不動產權利轉讓權之限制，中國官廳當秉公辦理。如中華民國政府對於提出之轉讓拒絕同意，而被拒絕轉讓之請求收購時，中華民國政府本公平之精神，及為避免使此等利益關係人民或公司損失起見，當以適當之代價收購該項權利。（二）中華民國政府對於加拿大國人民或公司，現在持有關於不動產之證件，如欲另行換發適當之新契據時，此項新契據應充分保障該加拿大國人民或公司及其他合法之繼承人承受人或受讓人之原來權益。（三）中國官廳不得向加拿大國人民或公司，要求繳納涉及本約發生效力以前有關土地轉移之任何費用。第五條加拿大國政府對於中華民國人民，在加拿大國領土內早已予以旅行居住及經商之權利，中華民國政府同意對於加拿大國人民，在中華民國領土內予以相同之權利。締約一方之政府，在其領土內盡力給予締約彼方之人民或公司，關於各項法律手續司法事件之處理，及租稅之徵收與其有關事項不低於所給予本國人民或公司之待遇。第六條，締約各方之領事官，經締約彼方給予執行職務書後，得在雙方所同意之締約彼方口岸地方與城市駐紮。締約雙方之領事館，在其領事轄區內，應有與其本國人民或公司會晤通訊以及指示之權，倘其本國人民在其領事區內被拘留逮捕

者不僅僅是男子，凡日本臣民，男子固不必說，甚至女子亦將作爲軍人，俾一朝有事之時，立即担任防衛皇土的任務。

豫南鄂北戰況

【中央社渝十五日電】軍委會十五日發表戰訊，鄂北方面，我攻克老河口、光化各部隊，十四日晨繼續對東北地區頑敵猛攻，戰鬥仍極激烈，敵一再增援反撲，均經我擊退，我軍並突破敵陣地數處，與敵發生白刃戰。被我包圍於某埠內天主堂之敵，我繼續攻殲中，我軍另一有力部隊於十四日拂曉前由穀城以南乙襄河西岸，强渡成功，續向老河口以南沿公路之敵猛擊，與頑敵激戰竟日，我斃殲敵兩百餘，並獲進展十二里。我軍向襄陽攻擊部隊，於沿途擊潰敵之抵抗，十四日已攻迫襄陽西郊，敵抵抗仍極頑强，現正激戰中。我另一部隊鑽隙挺進，十四日突然出現於襄陽自忠之間地區，已使襄陽自忠敵之後方補給聯絡，完全被切斷。我軍由南漳向東南攻擊部隊，現已攻迫武安堰附近地區，續向武安堰猛攻前進中。南漳以東約十二里一帶高地，尚有殘敵一部，我正繼續捕殲。豫南方面，淅川西北地區我軍，續向某地附近之敵攻擊，激戰後我擊斃敵三百餘，擊毀敵山砲二門，我軍有力部隊並已攻迫淅川城東南西門前，正續向淅川城敵猛施攻擊。西峽口之敵，於十四日晚戰車掩護下，向我反撲，被我痛擊，予以重創。我軍並將西峽口西北附近之敵一股加以包圍，正攻殲中。我軍另一部隊協同地方團隊，於十三日向上集（西峽口南卅六里）攻擊，於當晚擊破敵之抵抗，克復該據點，擊斃敵及鹵獲均大，正在清查中。我軍圍攻李官橋（鄧縣西）部隊，經三晝夜之激戰，已於十四日晚突破敵陣，攻入市內，敵仍頑抗，現正激烈巷戰中。我軍在敵後之有力部隊，予鄧縣附近之敵攻擊，十四日在鄧縣東南約廿里之腰×店地帶，與敵激戰竟日，獲有良好戰果，現仍激戰中。湘西方面，益陽東北地區，我敵對戰，予敵重大創傷。寶慶以北資水東岸敵圖渡資水，我軍乘其半渡，猛予攻擊，在小溪（寶慶北七十里）一處擊傷敵三百餘，敵增援未逞。寶慶以西戰鬥，仍在城西六十里附近繼續中。我敵均無進展。我軍於十四日晚因敵側攻擊在夫×橋（寶慶東北）以西地區，予敵人甚大創傷。新寧以東地區，戰鬥無何變化。

【中央社安江十四日電】（一）塔石坪附近竄敵，刻在我堵擊中。（二）十三日晨，我軍分向時榮橋，石口鋪、羅暢等處敵據點猛攻，激戰至十四日晨，攻克三溪鋪、峽山橋、柰關嶺等處，敵傷亡頗衆。

監禁或聽候審判時，應立通知該領事。該領事館於通知主管官所後，得探視此等人民。總之締約此方之領事官在締約彼方之領土內，應享有現代國際慣例應給予之權利特權。雙方並同意，締約兩方之人民或公司，在締約彼方之領土內隨時有與其本國領事館通訊之權。締約此方之人民，在締約彼方領土內被拘留逮捕監禁或聽候審判者，其與本國領事館之通訊，地方官廳應予轉遞。第七條：（一）締約雙方經一方之請求，或於現在抵抗共同敵國之戰爭停止後，至遲六個月內，進行談判，簽訂現代廣泛之友好通商航海設領條約。此項條約，以近代國際程序與締約雙方近年來與他國政府所締結之近代條約中所表現之國際公法原則與國際慣例爲根據。（二）前項廣泛條約未經訂立以前，倘日後遇有涉及中華民國領土內加拿大國政府或加拿大國人民或公權利之任何問題發生，而不在本約及所附換文範圍內或不在締約雙方間現行而未經本約及所附換文廢止或與本約及所附換文不相抵觸之條約專約及協定之範圍內者，應由締約雙方代表會商，依照普通承認之國際公法原則，及近代國際慣例解決之。第八條，締約雙方同意，凡本約及所附換文未涉及之問題，如有影響中華民國主權時，應由締約雙方代表會商，依照普通承認之國際公法原則及近代國際慣例解決之。第九條，本約應予批准，批准書應於重慶從速互換，本約自互換批准書之日起發生效力。

大後方零訊

【中央社成都十四日電】中央軍校第十九期學生一二兩總隊，十四日上午舉行畢業典禮。軍訓部白部長崇禧，代表蔣校長主持。張羣、鄧錫侯、萬耀煌及十三日夕抵蓉之劉文輝等來賓，及該校員生參加者三千餘人。閱兵後，頒發成績優秀畢業學生刀劍獎品，該校原準備之各項歡祝遊藝節目，以美羅斯福總統之喪而停止。白部長在蓉尚有數日勾留，將繼續檢閱軍校各隊。

【中央社寧都十四日電】中央幹部學校，爲便利東南青年入學起見，將於本年內，設立東南分校，校址覓定中。

【中央社重慶十四日電】國府二月二十日令：（一）陸軍少將王耀武、蕭毅肅、杜聿明晉任爲陸軍中將此令。（二）胡宗鐸任爲陸軍中將此令。（三）陸軍少將鄭洞國晉任爲陸軍中將此令。

參攷消息

（只供參考）

第八一五號

解放日報 新華社 編

今日出一大張

卅四年四月十七日 星期二

同盟社稱赫爾利尋求打開國共僵局的方策

【同盟社上海十四日電】據說美國駐重慶大使赫爾利與在華美軍司令官魏特梅耶於十日以後相繼返抵重慶，今後美國將更以重慶爲中心，推進對華政策。關於此點，此間各方面的人士俱予以莫大的關心。據此間一般人士推測：赫爾利與魏特梅耶的突然歸國的理由，是在於尋求轉換局面（操縱重慶與延安的僵局）的方策，重慶自三月一日憲政實施促進會以來，一變過去的被動地位，開始猛烈地反攻延安，其後並不斷地攻擊延安不遜的態度。由於重慶方面的這種態度，可以知道：美國將要發展成什麼樣的新事態。又本月二日赫爾利在華盛頓接見記者團時，曾聲明以「僅承認重慶爲交戰國」爲理由，拒絕以武器援助延安。這一事實，足可證明上述的推測，因而是值得注目的，重慶所以在過去與延安進行談判時，必須站在被動地位的原因，是由於美國聲援延安之故，這乃是素所週知的事實。結果，感到棘手的赫爾利與魏特梅耶，終於得到這樣的結論，即國共兩黨兩不相容的抗爭，除了以重慶爲主體，以便使延安與其合流外，就沒有迅速統一中國抗日戰綫的道路。關於此事，赫爾利得到本國政府的諒解，還表現爲重慶對延安的攻擊。重慶當局希望美國當局修改上述對華政策，以恫嚇的態度對付延安，也是說明在行將到來的大陸登陸作戰開始前，急於迅速統一大陸抗日戰綫。然而即使以重慶爲主體，把美國的壓力加諸延安，使延安讓步與合流，亦是難於達到這一目的的。徵諸過去的經驗，這是很顯然的。赫爾利與魏特梅耶究將以如何具體的方法推進新政策，這是非常值得注目的。

日軍退出老河口

【海通社上海十六日電】日軍攻佔漢口以西二百哩的老河口美國空軍基地，爲過

後，我已獲有進展。益陽附近地區戰鬥，在繼續中。新寧以東地區戰鬥，我軍計斃傷敵百餘。十五日敵一股向□□以□□，被我痛擊予以重創。

【中央社渝十六日電】軍委會十六日發表第二次戰訊，鄂北方面，我軍再度向襄陽城垣猛攻，於十五日午夜突破敵陣，復由西門攻入城內，敵仍頑強抵抗，巷戰激烈。至十六日上午十一時卅分，我將敵之抵抗悉予擊潰，完全克服襄陽城，殲敵達五百餘，鹵獲軍用品甚多，殘敵竄出南門潰竄，我正加以掃蕩中。我由老河口以南沿公路攻擊前進部隊，十六日擊退敵之兩度反擊，現已攻迫樊城（襄陽對岸）繼對該城猛施攻擊中。十六日我空軍第十一大隊出擊內鄉淅川西峽口一帶，沿公路及其附近村落，轟炸掃射敵騾馬車輛高射砲陣地等，予以重大損害。內鄉倘端河上浮橋一座，亦被我炸中，我第一大隊轟炸開封車站，炸毀車頭及車廂廿餘輛，倉庫數處。十五、十六兩日，我第五大隊攻擊湘境潭寶公路沿綫橋樑車輛營房倉庫，成果極佳。

【中央社渝十六日電】軍委會十六日發表第三次戰訊，鄂北方面我軍，於十五日晚擊破自忠縣城郊頑敵，乘勢衝入城區，克復該城，城內敵之有組織抵抗，已被消滅。現僅有零星殘餘之敵，尚待肅清。

重慶舉行羅斯福追悼會

【路透社重慶十六日電】故總統羅斯福之追悼會於今晨舉行，參加者有蔣介石委員長、美國外交與軍事代表，內有英大使薛穆爵士與駐華美軍司令魏特梅耶將軍。蔣介石委員長獻花圈之後，大家在燭光照耀的羅斯福總統遺像前行三鞠躬禮，遺像上交懸中美兩國國旗。在擁擠靜穆的禮堂的牆壁上懸着中國的輓聯，其中最重要的爲蔣介石委員長題獻金字的「英名永垂」一聯。

【中央社重慶十六日電】中樞紀念週於十六日晨八時在國民政府禮堂舉行，爲美故總統羅斯福先生致哀。紀念週由蔣主席領導行禮後，即席致詞，頌揚並××羅斯福總統。謂羅斯福總統爲中華民國良好之朋友，亦即是世界××之偉人。在中國近百年史上，國際人士對於中國友誼之深厚，×××羅斯福總統。民國三十二年元旦聯合國宣言在華盛頓簽字，羅斯福總統首邀中國列名於四强之一。第二年倡導取消對華不平等條約，又主張廢止限制華人入境法，諸此偉大之友誼，使吾全國軍民世世感念不忘。蔣主席語至此，即轉請在場全體人員爲中國偉大友人美國故總統羅斯福先生默哀三分鐘致敬。旋即禮成。蔣主席今日×××纏黑紗，進出禮堂步伐徐緩沉重。致詞時聲調[illegible]

去一週的重要事件。日軍在摧毀一切軍事設備以後，按照計劃撤至原來陣地，這樣結束了日軍最近的攻勢。在日軍撤退之後，重慶軍事公報宣稱：老河口在向河南——湖北前綫繼續攻中被攻克。所謂這些城市的奪回，在重慶消息中常常提及，這些城市亦是日軍在摧毀一切軍事設備之後而撤退的。在老河口附近的戰鬥過程中，中國軍隊第一次使用美國火箭砲、坦克、防禦砲及近代機關槍。

國民黨說收復南召襄陽自忠縣城

【中央社渝十六日電】軍委會十六日發表第一次戰訊，豫西方面，隴海鐵路西段我軍，自展開攻勢以來，至十五日晨，已擊潰頑敵，攻佔陝縣以南二十里一帶高地上下樓村等據點，現正繼續向陝縣猛攻前進。我軍在敵後有力部隊，協同地方團隊，續由南召附近，向南召城垣猛攻，於十四日上午七時突破敵之抵抗，衝入城內，復經十小時之激烈巷戰，將敵大部殲滅，殘餘潰逃。我於當日午後五時完全克復南召城。該城位於南陽之北，我軍克復該城後，已使進犯豫南之敵腹背感受重大威脅。豫南方面，十五日拂曉，我軍擊退由西峽口一再增援反撲之敵，即乘勢向敵猛施攻擊，經激烈戰鬥後，我已於當日午後三時突破敵陣地數處，現正與敵搏戰中。我軍向淅川攻擊部隊，十五日晨已將城西約十里老人倉敵之抵抗肅清，現與我攻迫淅川城東南兩門部隊，正協力圍攻淅川城。我由攻入李官橋部隊，繼續向敵猛擊巷戰，至十五日晨，敵大部已被殲，我仍繼續掃蕩殘敵中。鄂北方面，我軍突入雲台北（老河口北十里）敵陣地部隊，經過慘烈白刃戰後，敵被我殲殆盡。我於十五日下午四時攻佔該據點，老河口東北附近馬頭山關公殿陳家營等據點頑敵，仍作困獸鬥，我加緊攻殲中。被圍於老河口城內天主堂之敵，我軍連日圍攻，敵大半已被消滅。老河口南面我軍，續向沿公路之敵攻擊，敵抵抗頑強，十五日我仍略獲進展，我軍攻迫襄陽郊區部隊，向襄陽城猛攻前進，至十五日八時，曾一度衝入襄陽城，敵集中砲火轟擊，我被迫旋於午後撤出，現我後續部隊增至，續向城垣猛攻中。我軍由南漳向東南攻擊前進部隊，十五日已獲有重大進展。我軍向自忠縣攻擊部隊，十五日已攻迫城郊附近，正與頑敵激戰中。湘西方面，我軍於寶慶以西六十里地帶，痛擊頑敵，至十五日，擊斃敵三百餘，鹵獲重機槍二挺，輕機槍五挺，步槍一三七支，及其他軍用品甚多。寶慶以北及西南地區，戰況無何變化，我軍續向梁宮橋（寶慶東北）一帶之敵攻擊，經戰鬥

較平日爲低，似不勝悲痛者。儀式前，禮堂內特別嚴肅沉靜，但聞遠處鳥啼如泣。

宋子文抵美

【美新聞處華盛頓十三日電】中國外長宋子文及莫德森，今日自重慶抵達此間。納爾遜至機場歡迎宋子文及莫德森兩人。宋子文將率中國代表團出席舊金山會議，莫德森將赴中國作經濟考察。

桂南上林民衆 擊退敵寇奪回渡口圩

【中央社桂南前綫某地十五日電】我上林民衆，連日對敵襲擊，予敵重創，迭獲戰果，民氣益盛。綜計兩縣武裝團隊，不下萬餘，本月初即對渡口圩及縣城敵圍擊，迄十二日，敵不堪重壓向忻城方面突圍逃竄，中途遭我伏擊，殘敵幾全數就殲。渡口圩當告克復。現忻城上林間敵之聯絡，已被我切斷，該處團隊，正配合正規軍圍攻上林城。

【中央社粵北前綫某地十五日電】粵北各縣我敵後團隊，連日截擊敵軍輜重，迭有斬獲。五日襲樂昌城附近，敵營房倉庫遭我團隊襲擊，奪獲機槍多挺，步槍二六〇支。十日清遠縣我[illegible]隊在北江飛水局附近設伏，截擊由曲江南駛之敵運輸船六十艘，獲黃炸藥六六箱，地雷一二〇個，迫擊砲彈六十九個，護航敵兵被我擊斃多名。

海南島游擊隊活躍

【同盟社海口十五日電】海南島的我海軍部隊，予盤踞之敵猛烈打擊，三月份中的交戰回數達一百五十次。敵機B廿九、B廿五、P卅八等式機，經常以少數機來襲，三月底十天內，擊落敵機六架。我軍在地上殺傷二百五十名，繳獲輕機槍一百零六挺。

海通社報導 中路紅軍大攻勢

【海通社柏林十六日電】布留塞爾報導：德國東綫最重要的事件，是蘇軍在庫斯特林與尼斯河口之間的主要攻勢。東綫其他一切戰鬥事件，已因這一攻勢而暗然無光。維也納區域，蘇軍更加深入德軍防線。敵克特·波堤爾頓已陷落。維也納本市敵人得以消滅多瑙河以南的德軍橋頭堡壘。城市北部的德軍防線，已後退至已選定的陣地。自四月七日以來，維也納守軍大爲消弱，在艱苦的交手戰與巷戰中，對蘇軍攻勢舉行頑強堅韌的抵抗。在多瑙河——弓形角，僅有蘇軍小的進攻。戈伊

丁——就據特派蘇軍作戰以極大力量突破德軍防綫，挺向波蘭西南，繼續又以步兵及坦克師團進行擊破。在這一陣地上，擊毀蘇軍坦克四十六輛。這一地帶前綫蘇軍繼續以兩個師的絕大多數兵力舉行進攻。在苦戰過程中，他們得以前進，在這兒被擊毀坦克十八輛。

一海通社柏林十五日電一「德意志世界日報」在其星期日社論中寫道：敵人自然估計在我們的工業區已經喪失或遭受威脅之時，德國是會崩潰的。但是，這種想頭，被過去戲劇性的事件打成粉碎了。相反的，我們看見——而敵人也是看見的，而且使敵人狼狽不堪——戰鬥仍是在那個很難從正統的軍事觀點加以解釋的機子和地點下繼續進行着，慣常認爲是控制主要戰綫即和平內地底當然結果的那些東西，對敵人已不再存在了。

沖繩周圍戰況

一同盟社東京十六日電一大本營四月十六日十六時發表，（一）沖繩島南部之敵，由於我軍的反擊，會蒙受極大打擊，但敵軍似仍在銳意地準備攻勢，我駐軍乘此良機，繼續以砲擊、挺身斬入粉碎敵軍的攻擊準備。自四月十二日起至十五日止，該處敵軍的損失，已查明者爲一千七百人，本部半島方面的戰鬥，又逐漸趨向激烈化。（二）我航空部隊嗣後仍連續地猛攻沖繩島周圍的敵艦船，及機動部隊，在四月十二日以後的攻擊中，我軍所獲的戰果，至今已查明者如下：擊沉航空母艦一艘。巡洋艦二艘、巡洋艦或運輸船一艘、驅逐艦一艘，運輸船一艘、艦種不明者一艘，擊傷戰艦二艘、艦種不明者十三艘。

一同盟社西南某基地十六日電一我特別攻擊隊於十二日晝夜兩次，猛攻集結於沖繩島周圍的敵艦船隊，據嗣後查明結果，白晝攻擊戰果中尙炸沉沒航空母艦一艘，炸沉艦種不明者三艘，另擊傷五艦，夜間攻擊戰果中，在那霸西北五浬海面，炸沉巡洋艦或運輸船一艘，在那霸西南二十浬海面，以魚雷擊中運輸船一艘，大概已遭擊沉。

一同盟社里斯本十六日電一據華府合衆社電，敵國對於日本的神風特別攻擊隊，在過去會一向保持沉默，但十三日美海軍當局接見記者團時，發表下列談話稱：日軍最初使用神風特別攻擊隊，是在六個月以前的菲島作戰，嗣後在仁牙因灣、琉璜島。沖繩島等地登陸時，亦見到神風隊的攻擊，其攻擊目標，在最初爲巨型艦艇，但此後亦有比較小的艦艇。此外合衆社記者斯賓諾並描述神風特別攻擊隊的攻擊情況，用以證實海軍當局的上述公佈。

敵積極對大陸轟炸 已進入大規模戰略轟炸

一同盟社大陸基地十四日電一最近由菲島起飛的敵空軍，對大陸方面的襲擊日益激烈，已逐漸進入大規模的戰略轟炸，由整理補充菲島基地，到開始進攻大陸，是二月中旬的事情，至三月中旬以前，敵人攻擊目標是指向沿海航行的船舶，專門企圖擾亂海上供應。其後敵人即以少數飛機，利用夜間或拂曉，反復轟炸我華南要地，進入本月上旬。隨着天候的恢復。敵人開始了頑强的白晝轟炸，其目標是全國破壞我倉庫地帶、軍事設備，港灣、船舶、以擾亂我後方供應。另一方面，以中國爲基地的美空軍，以戰鬥機及少數轟炸機反復來襲我空軍基地桂林、柳州、丹竹、南寧等地，以限制我軍使用該基地，但未獲得效果，因而敵人極力在接近我佔領地區的地點設置基地，我航空部隊加强了鐵壁陣地，靜待擊滅敵人的神機。

莫洛托夫出席舊金山會議

一同盟社里斯本十四日電一華盛頓來電，蘇聯政府在此以前，曾任命駐美大使葛羅米柯爲出席舊金山會議的首席代表，現斯大林委員長突然改變計劃已於十四日通知美國總統杜魯門，命蘇聯外交人民委員長莫洛托夫參加上述會議。

野村對羅斯福逝世發表談話

一同盟社東京十四日電一羅斯福總統死後，當時担任日美談判的野村三郎大將，在燕山溫泉發表談話如下，羅斯福在任十二年，他的其勢力浸透至立法、行政、司法、軍部各部門，並確保其勢力。因此，他的死，使美國政府受到相當的冲動，表面上看來，他好像是獨裁的人物，但是在實際上並不如此，他相當注意輿論，進行使多數國民滿意的政治，而沒有根本的變化，現在他死了，杜魯門繼任總統後，美蘇關係是否發生變化，這是全世界關心的事情，因此不能輕易的談論此事。美國今後還是援助重慶。羅斯福死後，尼米茲、麥克阿瑟的攻勢不會緩和，這可說是由陸海軍參謀本部决定的事情，羅斯福在國內的反對派相當多，但對於戰爭還是採取同一步調，美國發動戰爭的總統，除了華盛頓外，林肯和麥金勒被刺殺、威爾遜和羅斯福病死。據說某副官於四五日前做夢他在白宮進入羅斯福的房間時，打破了鏡，他見到羅斯福火葬的灰裝在罐裏，這種惡夢現在變成了事實。

「同盟社西南××基地十六日電」我特別攻擊隊十五日夜，奇襲沖繩本島北、中兩飛機場，冒犯激烈之砲火，全彈命中敵飛機場及附屬設備，數處發生大火災，在加提那灣擊傷艦型不明的船隻一艘。

「同盟社××基地十六日電」沖繩島周圍的敵艦船，有一羣（以特別航空母艦二艘爲其基幹）在慶良間列島南方，其外在本島周圍有戰艦五艘、巡洋艦七艘、驅逐艦十數艘、運輸船七十五艘，向陸上陣地緩慢發砲射擊，我方對此繼續進行大規模攻擊，又十五日向南西各地來襲之敵機約三百五六十架。

敵稱美軍圖確保其陸上的地位

「同盟社東京十六日電」敵人於沖繩本島南部西岸登陸後，由於地面作戰的進展，企圖一舉衝入南部的我軍陣地。敵我之間正在反覆進行猛烈的戰鬥，嗣後敵軍的進攻，曾暫告停頓，企圖在沖繩港口駛入運輸艦隊，拚命地供應後方，並加强前綫，同時爲了打開局面，乃在中城灣行駛艦艇羣（附以運輸艦數十艘）。企圖趁我之虛，自我軍背後登陸，却又被我軍的堅强陣地所阻，僅在津堅島登陸。嗣後乃逐漸地增强兵力，急於構築陣地，敵人復在名護灣登陸，並企圖在神山島構築重砲陣地以便與戰艦、巡洋艦羣與機動部隊的策動相呼應，打擊我軍的主要陣地，對此，我神風特別攻擊隊以下海陸航空部隊與水上部隊，於五日以後，一齊開始攻擊，與地上戰鬥相呼應，不分晝夜，猛攻盤踞於沖繩列島以東的敵機動部隊或本島週圍的航艦與戰艦羣，自此次作戰開始以來，已沉毀敵艦船三百二十六艘，而敵艦載機的來襲該島——七日爲三百架弱，八日爲五百數十架，九日爲四百數十架，十日爲二百數十架，十一日爲三百架，本島週圍艦船羣，亦比前漸見減少，到十二、三日戰艦等僅剩下數艘而已。它不是要迴避沖繩島作戰，而是急於打開局面，這事已漸趨明顯，即是說，敵人企圖在航艦、戰艦、巡洋艦羣消滅之前，在陸上確保與使用砲台與飛機場等的地位，但在敵人欲實現其這一企圖之前，我軍或能殲滅敵之航艦、戰艦與巡洋艦羣，整個戰局完全繫於這一點，不消說，決定這一問題的，是在於敵我航空兵力的大小。

印度政界的動向

「同盟社斯托哥爾姆十五日電」倫敦來電，印度政界中間派——以自由聯盟總裁薩波督爲委員長的調停委員會，爲了打開前次甘地金納的會見沒有得到結果的印度政治僵局，於本月五日向目前逗留在倫敦的印度總督魏菲爾提出下列提案：（一）立即全部釋放拘禁中的政黨領袖。（二）英王應當宣佈：印度是與英聯邦的其他自治領同樣的獨立國。（三）放棄國民政府或喪失的英領印度各州應復歸於人民政體，這些州的總理應使少數黨派的領袖參加內閣。（四）根據下列各條改革印度中央政府：甲、不待印度××國的參加，宣佈設立我以充分信賴聯立內閣政府爲中心的印度聯邦。乙、現在的中央政府應包括印度的有力黨派。

據印度來電，印度回教聯盟總裁金納，猛烈抨擊該提案稱：「薩波督委員會不過是印度國民大會的奴僕而已，他的提案是迂迴攻擊回教聯盟的巴基斯坦計劃，英國政府應拒絕這一提案。」

海通社傳芬蘭成立聯合政府
羅國財政部長辭職

「海通社赫爾辛基十五日電」包括兩個左翼政黨和農民黨的芬蘭聯合政府的成立，赫爾辛基方面認爲正是適合於這國內政治的要求。這三個政黨控制着四分之三以上的國會議席，一般人認爲聯合政府的存在，對於芬蘭最近將來的政治事業，有極大的影響。農民黨的徹底改組，在芬蘭內政中產生一批新的人物。農民黨通過了左翼份子某些要求，如撤換官吏，改組警察與法庭機關等。新的精神也同樣灌注到學校與民族文化生活中。

「海通社布加勒斯特十五日電」羅馬尼亞財政部長阿利曼尼斯蒂阿奴提出辭職。副部長杜爾瑪被任命繼任部長之職。杜爾瑪和前部長同屬自由黨員，並屬於接近外長塔塔列斯哥的一羣。兼任內閣部長的羅馬尼亞停戰代表團主席也提出辭呈。遺職由共產黨員米海爾·吉麥爾擬暫繼任。

參考消息

（只供參考）

第八五八號

解放日報 新華社 編

今日出一大張

卅四年四月十二日

星期三

國民黨强迫大學校長教授多人
發表爲國民政府捧場宣言

【中央社渝十五日電】最近各大學校長、教授、及教育文化界人士發表「爲爭取勝利敬告國人」，聯合發表意見，簽名者有梅貽琦、竺可楨、李蒸、柯璜、潘序倫、戴同、汪辟疆、楊仲子、朱恆璧、伍蠡甫、鄒樹文、廖世承、吳伯超、呂斯百、錢歌川、孫俍工、林風眠、王星拱、余上沅、蔡××、張×英、林虞年、許文頂、達瀛洲、楊慕時、鄭鶴聲、任美諤、馬客談、貢心哲、汪靜之、謝雅卿、戴粹倫、余大綱、汪日章、盧錫榮、李熙謀、盧前、錢用和等五百五十餘人。其文如下：爲爭取勝利敬告國人。現在東西戰場的盟軍，正在打輝煌的大仗，德日狂寇，正面臨潰滅的邊緣。中國戰場也到了總反攻的前夕。全國同胞在興奮之餘，爲確保抗戰勝利，建國完成起見，對於當前國事，應集中意志，集中力量，以備作更大的貢獻。同人等從事教育文化工作已有年所，謹願各本良知，提供意見，以求國人的××。

我們第一個看法，當前最崇高的目標，斷然是勝利第一。一切以爭取勝利爲目的，合於這個目的，我們用全心全力來擁護支持，違反這個目的，我們用全心全力來排除糾正。這天經地義的道理，凡中國國民，應該是人同此心。我們知道『道高一尺，魔一高丈。』在這個勝利在握的時候，也正是我們艱難困苦達於極點的時候。如果我們的精神意志稍一渙散，抗戰力量稍一紛歧，則勝利雖然到來，而我國家民族未必能收勝利之果，八年來的堅苦作戰，幾百萬英勇將士的鮮血，幾千萬父老兄弟的流離顛沛，幾萬萬愛國人民的長期苦難，豈不將完全付諸東流。所以在今天一切言論行動，應絕對以是否能有益於爭取勝利爲判斷的準則。其次我們要求全國人民，尤其是我們文化界全體工作者，對於這次抗戰的大業，予以正確的評價。今天抗戰局面已經是苦盡

法，還政於民選的政府。這才是實行民主政治的大道和常徑，才不負國民會議授權訓政的付託之重。同時更希望一切政黨以民族國家的利益爲前提，務使政令軍權眞正統一於國民政府，任何政黨不擁有自己的軍隊，任何地方不違背中央的政令，惟有這樣，抗戰前途才能絕對光明，友邦人士也不致再來譏嘲我們『國內有國』。勝利的果實才能確爲我國家民族所收穫。國民政府要日新又新，中國國民黨要自責自勉，其他各黨各派和無黨無派的人士，也應該竭力竭智，一致鞏固這個領導抗戰建國的中心。同人等逼於國民天職的驅使，用特對當前國事提出文化界最迫切的呼籲，同時相信這必然是我中華民族四萬萬五千萬同胞最純潔的呼喚。」

【合衆社重慶十六日電】五十位大學校長，教授，教育界領袖與文化工作者，發表聯合聲明，要求全國團結一致以完成復興民族的任務。並稱：「我們希望國民政府承認國內一切政黨的合法地位，各民族底×××力量，並進行一切準備工作於十一月十二日召開國民大會。」

重慶成立
上海復員協進會

【中央社重慶十七日電】上海市復員協進會，十六日成立，選出名譽理事吳鐵城、張岳軍、蔣伯誠、錢大軍、俞鴻鈞、許世英、王正廷、錢新之、楊嘯天、杜月笙、虞洽卿、王曉籟、余佐廷、潘公展、吳開先，理事臨京士、監事吳紹宇等。

【中央社成都十七日電】兵役部鹿部長，十七日下午四時由渝專車抵省，將作一週勾留，視察並指導川西役政。

【中央社成都十六日電】省會警察局發表，截至四月十日止，蓉市居民共計六十六萬零九百二十七人。

【中央社恩施十六日電】戰時運輸管理局美籍執行官白蒂佛，工務處處長卡堯夫二氏，十四日抵施考察運輸業務。十六日乘車赴巴東，考察巴咸公路。

豫南鄂北戰況

【中央社渝十七日電】軍委會十七日發表戰訊：鄂北方面，我軍攻殲據守老河口東北附近馬頭山，雷公殿，陳家營頑抗之敵，於十六日一日中擊斃敵三百餘，殘敵仍極倔强，我繼續猛擊中。老河口城內天主堂困敵，抵抗已漸微弱，不難全部消滅。我軍攻克自忠縣部隊，掃蕩城內殘餘零星之敵，西南東三面已肅清，現僅北面一地，尚在繼續掃蕩中。我軍由南漳攻迫武安堰部隊，於十五日晚攻

甘來，可是光明雖已透露，而艱辛並未全忘。大家總還記得，七七事變前國民政府堅決拒簽「防共協定」，到了最後關頭，發動全面抗戰，雖其間危機震撼，風雨飄搖，而政府始終堅定不屈不撓，一直打破敵寇誘降陰謀，使敵寇政治攻勢完全幻滅。在滇緬路被切斷後，抗戰力量幾至窒息，那時盟邦領袖也很為我們憂慮，但政府領導我們忍着苦，咬着牙，克服這個難關，去年湘桂之役，敵人乘我虛弱，深入黔南，圖窺首都，那時人心鼎沸，儘有若干平素激昂慷慨的人們，也倉皇失措，不可終日，而蔣主席堅決鎮定，一面督率大軍，打通中印公路，調集後援，驅逐黔境暴寇，一面發動十萬知識青年從軍，以培養我們反攻的新生力量，這些堅苦卓絕爭取勝利的事實，八年之間，有目共睹。我們自問良心，應有公道的評價。固然政府的設施，容有多多少少應待改革之處，施政的官吏，容有若干貪污腐敗之徒，混跡其間，但設施是可以改革的，貪污是可以懲處的，只要人民有善意的建議，正當的主張，只要政府有容納善言的雅量，有知過必改的精神，有除惡務盡的裁制辦法，政治清明，斷然有望，而近數月來，國民政府顯然已有此種氣象。我們要民主憲政，一定要人民和政府都先學得民主政治的素養，只作公平的討論，不專偏激的謾罵。我們不忍見八年來幾百萬將士赤血白骨所爭得的國格，淪為政爭的犧牲。我們尤不願見全國同胞八年來可歌可泣的抗戰業績作了擾亂政標的資本，我們無須回溯舊事，重述一番滌蕩專制舊污，剷除封建軍閥的革命事業，來推崇國民政府，即以國民政府八年來的堅強抗戰，歷屆國民參政會的始終擁護抗戰建國綱領的信守不渝，已足說明他是代表全國人民的精神意志，只有這全國人民意志結晶的中心力量，日新又新，才能保證抗戰必勝，建國必成，而不致為山九仞功虧一簣。因此我們讀蔣主席三月一日在憲政實施協進會的演詞，深為政府委曲求、全國結抗戰之誠意所感動，鄭重的向全國人民和各黨各派竭誠呼籲，我們大家必須一致團結，在三民主義旗幟之下，鞏固國民政府的基礎，共同奮鬥，百折不撓。同時更應與美英蘇及一切盟邦，衷誠攜手齊一步調，爭取民主抗戰的勝利，這是我們自助天助的不二法門。假使有人不計國家存亡，只圖黨派私利，自貶國家地位，甘為仇者所快，那麼我們全國人民應當認清是非，一致唾棄。最後，我們希望國民政府及時承認各個政黨的合法地位，擴大國民參政會的職權，善納正當言論的建議批評，並從速準備於本年十一月十二日如期召開國民大會，制頒憲

克該據點，繼續向南攻擊前進，已進展廿里。豫南方面，我軍突入西峽口附近敵陣部隊，與敵搏鬥後，於十六日晨攻克二高地，午後西峽口敵以戰車掩護，復向我反撲，但未得逞。我軍攻迫淅川城東南兩門部隊，續行向城垣猛攻，敵抵抗頑強，現正激戰中。淅川西北地區我軍，於十六日擊退敵之四度反撲後，向東進展三里，李官橋殘敵，在我繼續掃蕩中。平漢路南段西側，我留置敵後各部隊，於展開攻勢後，已先後攻入春水（遂平西九十里），象河關（舞陽西南八十里）等據點，擊斃敵四百餘，現繼續擴大行動，向敵後各據點及交通線廣泛突擊中。豫西方面，我軍向陝縣攻擊前進部隊，十六日續獲進展，已迫近陝縣郊區，續行向敵猛施攻擊中。湘西方面，寶慶以北戰鬥，十六日續在資水沿岸進行，寶慶以西地區戰鬥，我敵互有進退，益陽附近地區，戰況無任何變化。新寧東南兩面，我軍痛擊犯敵，斃傷敵頗衆。十六日晨，敵一股鑽隙向城西北地區竄擾，被我殲滅百餘。

【中央社安江十六日電】寶慶以西敵，十四日西竄賽市以南地區，經我軍猛烈夾擊，至十五日，殲滅大半，殘敵向西南逃竄。

【中央社安江十五日電】（一）新寧東南李竹山之敵，十四日犯大坪橋，另一股三百餘，竄犯上窰，均被我痛擊，予以重創。（二）十四日下午，由龍口（寶慶北）西渡資水敵，經我軍堵擊，未得逞。

【中央社安江十六日電】沅江敵一部，十三日竄犯盟陽，現我予以堵擊中。

渝昆追悼羅斯福情形

【中央社重慶十六日電】（十三號中樞紀念週電一則撤銷改發如下）中樞紀念週於十六日晨九時在國民政府禮堂舉行，並為美故總統羅斯福先生致哀，出席者居正、于右任、戴傳賢、孫科、李文範、鄒魯、葉楚傖、鄧家彥、陳濟棠、陳果夫、潘公展、張厲生、吳鐵城、陳立夫、丁惟汾、朱家驊、馬超俊、張治中、何健、陳樹人、劉維熾、趙允義、陳儀、張道藩、周啓剛、鄒亦因、甘乃光、麥斯武德、王泉笙、魯蕩平、閻亦有、楊虎、林雲陔、程潛、蕭吉珊，王子杜、吳開先、劉紀文、邵力子、薛篤弼、吳一峯，何成濬、王世杰、苗培成、羅家倫、彭學沛、雷震、陳慶雲、熊式輝、李嗣璁、徐堪、梁寒操、陳訪先、趙棣華、葉秀峯、洪蘭友、蕭恩、洪陸東、沈鴻烈、張默君、谷正綱、李大鈞。賴璉、羅翼羣、余俊賢、徐永昌、段錫朋、陳布雷

、于學忠、邵華、程天放等一百餘人，紀念週由蔣主席領導行禮，默讀國父遺囑後，蔣主席對參加典禮人員致詞，頌揚羅斯福爲中華民族最好之朋友，亦爲領導世界和平之偉人。

【中央社重慶十六日電】美國故大總統羅斯福先生追悼大會，於十六日上午十一時在復興關中央幹部學校大禮堂隆重舉行。禮堂正中懸有蔣主席所輓之「名垂宇宙」匾額，此外中央各部會及各長官所獻之輓聯，則分列禮堂四壁，中國國民黨中央執行及監察委員會之輓聯，懸於禮堂兩旁，文曰「身負世界安危，衣冠萬國推盟主；手奠和平基礎，勛業千秋仰古人。」十一時許禮堂中座無隙席，除政府五院院長及各部會長官等全部出席外，尚到有各國駐華使節及軍事代表團各界代表等約二千人。十一時半典禮正式開始，由蔣主席親自主祭，主席面呈悲切之情，全體參加人員均肅立起敬，旋奏哀樂，然後主席獻花上香既畢，退至原位。美國大使館代辦瑞格宣讀聖經詩篇第廿三篇，讀畢由中央宣傳部長王世杰宣讀羅故總統之文告，歷時廿分鐘始畢，然後宣讀祭文，全體人員向羅氏遺像行三鞠躬禮後，典禮結束。

【中央社重慶十五日電】美軍總部十五日下午一時，假中央黨部大禮堂，舉行羅斯福特別追悼會，由魏特梅耶司令主持，蔣委員長派錢主任大鈞代表與祭，儀式莊嚴肅穆。

【中央社昆明十五日電】在昆美國軍首長，今日下午三時，在後勤司令部舉行追悼羅斯福總統大會，由麥克魯、陳納德、齊福士主持，到二百餘人，何總司令應欽、行營主任龍雲，均親往參加。

希特勒給東綫士兵的佈告

【同盟社柏林十六日電】希特勒總統於十六日向東部戰綫全體將士，發出下列佈告：猶太的布爾塞維克，這一强大的敵人，總於發動了最後的進攻，敵人企圖粉碎德國，消滅德國人民，東部戰綫的德軍全體將士，當從其體驗中熟知全德國婦孺面前有何種命運在等待着。老人小孩將被殺害，（缺一句），其餘之人將被放逐至西伯利亞。德國從本年一月以來，爲了構築强固的陣綫，曾盡了各種辦法。被很多精銳兵力補充起來的德國砲兵與步兵正迎擊敵人，突擊隊、預備隊及國民突擊隊，逐漸加强了戰綫。此次布爾塞維克將遭受到如其在亞細亞時常遭遇到的同樣的命運。我們必須在德國首府的正面使敵人出血，而且一定要使其出血。我警告你們：爲了

間轟炸，也會引起多處火災。但我制空，防空各部隊的迎擊戰術，也正針着敵機的戰術，而日趨巧妙。特別是由於我夜間戰鬥機的高度性能，以及新式高射砲準確的命中率，每次敵機來襲時，都獲得了非凡的戰果。三月十日那次來襲的一百三十架敵機中，被我擊落二十二架，另擊傷其約六十架；而十三日那次來襲的敵機計一百七十架，其中被我擊落四十一架，另擊傷其約八十架，所獲戰果，較上次爲大。十五日那次，據大本營的公報，來襲的敵機爲二百架，其中被我擊落七十架，擊傷五十架以上，獲得了極大的戰果。這樣高度的損失率，如果經久繼續下去，李梅得意的「波浪式轟炸」的戰術，或許需要修正一下。

【同盟社東京十七日電】我航空部隊與水上特別攻擊隊，繼續猛攻沖繩本島週圍的敵艦船，十四、十五、十六三天中間，共擊沉十八艘，擊毀十三艘，總計沉毀三十一艘，自沖繩島作戰開始以來，沉毀敵艦船計共達三百七十八艘。

【同盟社東京十七日電】我航空部隊，把特別攻擊隊擺在先頭，反覆地猛攻沖繩海面的敵艦船與敵機動部隊，戰況益趨白熱化，特別是自十四日起，我軍的攻擊更加激烈，截至十六日止，即沉毀敵艦船二十八艘，加上十五日夜我水上部隊沉毀的敵艦船三艘，在這天三中間，實際上共沉毀敵船三十一艘，而且在上述戰果之後，十四日並在奄美大島東方海面，發見火頭七處，在沖繩諸島週圍，發見火頭三十二處，不消說，實際的戰果，是遠遠超過上述的數目字，與此同時，我航空部隊曾急襲沖繩本島北、中兩個飛機場，炸毀並燃燒三十二處，使敵人陷入巨大的混亂中，如上所述，我特別攻擊隊，配合地面部隊的奮戰，繼續反覆地痛擊集結於本島週圍的敵艦船羣，以便切斷其供應綫，同時對於敵航空母艦羣，亦進行强烈的波狀攻擊，另方面敵人的進攻企圖，亦是非常的强烈，敵人縱使喪失了如何龐大的艦船，亦能忍受這一巨大的消耗，强韌地進行攻勢，以便牽攻沖繩，繼續傾注全力，以便供應與增援兵力，特別是十六日那天，敵約一百架艦載機來襲南九州，以便削弱我空軍勢力，如此等等，表示了强韌的戰鬥意志。總之，沖繩決戰的歸趨，無論敵方與我方，都是決定於能否忍受得了這一巨大的消耗與巨大的供應，我們一億國民，將堅決進行這一巨大的消耗供應戰。

【同盟社東京十七日電】在十三日深夜至十四日深夜空襲中，敵機雖損失

拯救自己可憐的性命，應當盡親身穿德國軍服但被蘇聯收買了而與德國人作戰的賣國賊，凡發出退却命令的人，立即逮捕之。必要的時候，應不顧職位就地槍決。如果在數日內或數週內，全體將士能遵從義務的話，那末從亞洲進行的最後攻擊，可以打開這種局勢，而其結果，敵人在西方的進行的突破，即被粉碎。如此柏林將作爲德國人的所有物而存在，維也納亦將成爲德國人的所有物。歐洲決不能爲蘇聯所有，我們不單是保衛所謂「祖國」的空洞名辭，而是要保衛你們的妻子、女兒、小孩子——我們全體的未來。團結在一起吧！現在德國的全體民衆把親切的眼光投在你們身上了。德國國民期望你們用不屈不撓的精神與優良的武器，把蘇聯布爾塞維克溺死在血海中，特請諸位在收拾歷史上所未有的可怕的戰爭犯罪者的一刹那間，此次戰爭的勝利就會到來。

同盟社冲繩島戰報

【同盟社太平洋基地井上報導班員十六日電】敵軍在冲繩島開始登陸以來，爲時已及半個月，現在已登陸的敵軍約達四個師，冲繩島的決戰，已漸呈正規的樣相。在北谷正面登陸的敵軍部隊，切斷由北谷到久場的北峽區後，沿東西兩海岸，集中約二個師的兵力，突入我南部各陣地，進窺大山、津霸之綫，我軍猛然地轉入反攻，到處擊退敵戰鬥部隊，至十六日，敵第一綫已後退至北谷南方約四公里的大山、神山、北上原、與間之綫，另一方面，在名護灣登陸的敵軍約一個師，企圖包圍據守谷嶽陣地的我軍，其主力在名護北方約十二公里的伊豆味、吾羽嶽一綫，與我駐軍的主力部隊對時，在我得意的迫擊戰之下，其進展已被阻止。跟過去好幾次戰鬥中的表現相同，在這次冲繩島戰綫上，也眞實地暴露了敵人（美國）不人道的狡猾性；在北谷方面的第一綫上，照例只使用黑人。另外，敵極度害怕我軍的斬入戰，現已廣泛地開始使用軍犬。

【同盟社東京十七日電】敵機於三月十日轟炸帝都時，敵將李梅採取的新戰術，即以少數飛機，作長時間的波狀空襲法與歐洲戰場採取的穿梭轟炸法，似乎都是他相當得意的戰術，B二九式機來襲我本土時，主要地也採用了這種戰術，並且也收到了一些效果，三月十日第一次轟炸時，因爲多少有些恐怖的情緒，帝都會蒙受相當大的損失；而十三、十四及十五、十六日的夜

重大，但復於十五日空襲我京濱地區，我機隊配合陸上防空部隊，迎戰結果，擊落敵機七十架，擊毀五十架以上，敵機多從房總半島和××侵入，和十三日同樣以一架或少數飛機，進行波狀式的轟炸，十三日夜蒙受重大損失的敵機，雖企圖分次侵入，藉以牽制我截擊，並進而拆散我防衛網，然而我截擊機，對於單機或少數敵機，展開了一機對一機的空襲戰，最近敵機除加強載重量外，並加強了B29式的防衛力，十三日夜空戰時，猛烈射擊我截擊機

【同盟社東京十七日電】繼本月十二日之後，敵機於十六日復來襲京都，敵人的計謀究在何處。前內閣顧問、慶應大學校長小泉信三曾說：羅斯福的死，昨天冲繩島敵人的苦戰情形，與夜襲帝都三者之間，有着某種的關聯，當公佈羅斯福死的消息後，相信今晚是不會空襲了，但在那天晚上又有空襲，好像使樂天家的羅斯福未曾死似的，馬里亞納基地的B二九式機自轟炸我國本土來，已經半年，每次來襲，都遭受相當大的損失，但仍在執拗地來襲，看一看敵人的實力，則這一兩天的空襲東京，自是當然的事。今後或將更加激化，然而此次的空襲目的，主要是爲了因打破羅斯福死訊因而美軍將士的士氣消沉，羅斯福死的原因，證明對於琉璜島到西南諸島作戰的戰局，是如何的焦慮。

美機燬明治神宮是有計劃的

【同盟社東京十七日電】敵機曾於日前轟炸伊勢神宮、嗣後復於十四日晨轟炸我明治神宮。現有很多實事，可以證明敵機此舉，完全是有計劃的行動，當日空襲時，代代木、原宿區附近，沒有投下一顆炸彈或燃燒彈，然而僅在神宮，即投一千三百個燃燒彈，在二十二萬坪的神宮的廣闊面積內，落彈最多的，是包括正殿和配殿的二百坪，從正殿和配殿的廢墟內，現在已經掘出七百五十個燃燒彈皮，守護人員雖然盡了很大的努力，然而很不幸的，由於防火設備的地方，最初就被炸掉了。以致束手無策，加以檜木建築的易燃，致正殿和配殿全被燒光，可見敵機此舉，完全是有計劃的，善後工作大體於十六日完了，神體暫安置在寶物殿內，一二日內即允許一般參拜。

參攷消息

（只供參考）
第八五三號
解放日報 新華社 編
今日出一大張
卅四年四月十九日
星期四

敵同盟社論美國對華政策

「同盟社東京十八日電」駐重慶的美國大使赫爾利與華美軍司令官魏特梅耶，最近均相繼返國，本月二日與記者會見時，赫爾利曾說：「在中國僅承認重慶政府，因此軍事上經濟上政治上的援助亦只能限於重慶，而不能以武器援助延安。」這就是說，對於遵守蘇聯方針的延安是不作援助的。該兩人的歸國，表示了美國當局對華政策的轉變。從前年至今年年初，美國認爲延安是民主的，它的軍隊是善戰的軍隊，認爲重慶是腐敗的，是不作戰的軍隊，亦就是採取支持延安，通過延安將自己要求達到重慶的政策，使重慶的力量與延安合作的方針。美國的政策現在已經變更了，變更的第一個原因，根據中國的國內情形，美國希望援助延安敲重慶的屁股，以便進行對日作戰，同時爲了避免外界的「干涉內政」的批評，遂把自己的要求通過延安傳達到重慶，這樣延安的力量就伸張擴大起來，甚至表示威脅重慶的態度，而且包含了延安一旦强有力就可能有襲擊重慶的內亂危險，美國得到了自己謀略的「反面效果」因而改變了他的政策。第二個原因美國把蘇聯作爲自己的盟國，想利用蘇聯的力量在歐洲牽制，但結果使蘇聯在巴爾幹的勢力非常强大。美英所維持利用的傀儡亦被蘇聯巧妙地引誘去了。此種經驗使美國要對蘇聯及他的支流——延安加以警戒。如果延安的力量變爲很强大、並與蘇聯匯合成爲東西的一支很大力量的話，那麼美國制霸東亞的野心就要崩潰，對華政策轉變的原因就在這裏。美國爲了要繼續作戰，要利用蘇聯與延安的力量，但這一利用發生了與自己意圖相背道而馳的危險，對華政策的轉變就是×××的一個表現。

宋子文見美國務卿

「中央社華盛頓十八日電」宋代院長今日上午與美國務卿斯退丁紐斯晤談數分鐘，其後宋代院長語記者，彼爲國務卿之老友，此次會面，僅係

宗提劾黔桂路局長侯家源違法失職。（十二）監員朱宗良提劾成都市長余中英，省會警察局長方超失職。（十三）苗培成提劾湖北來鳳縣田糧管理處長姜育之違法逮捕拘禁。（十四）監委鄧春膏提軍政部第一軍需局長汪維恩財政部陝西緝私處長金閱生違法瀆職。以上各案均經審查成立，移送懲戒機關審議辦理。（乙）糾舉部份：（一）甘寧青察使高一涵糾舉甘肅廣播台籌備處主任葛豫夫，事務課長周光食汚舞弊。（二）監委白瑞飛，糾舉桂林城防空隊假借强迫解散名義，刼掠市民財物，繼以放火。（三）山陝監察使童冠賢，糾舉晉稅務管理局咸陽分局長常綱失職。（四）監委朱宗良糾舉四川南充縣長違法征收耕牛捐。（五）苗培成糾舉湖北來鳳縣城區鎮長胡家琦失察失職，鎮隊附郭愼忠違法拘押犯刑。（六）苗培成糾舉來鳳縣城區鎮鎮長胡家琦違法拘押危害自由。（七）苗培成糾舉湖北宣恩縣萬寨鄉長楊蔚宇及該鄉第五保保長强征逾齡人民服兵役。（八）甘寧青監察使高一涵糾舉甘肅縣田糧管理處兼處長陳論明副處長李炳辰違法犯刑。（九）童冠賢糾舉陝西澂城縣銀行經理倪方域，利用職務貪汚舞弊。（十）胡伯山等糾舉國家總動員會議第七經濟檢查大隊隊長吳景中扣鹽不放，影響稅食。（十一）監委白瑞糾舉農林部消費合作社前經理錢碧紡、擅購平價布，舞弊中飽。（十二）高一涵糾舉甘肅化平縣長金定揚等違法失職。以上各案均經核准，分別函送主管機關核辦。（丙）建設部份：（一）監委胡瀚等建議國防最高委員會擬定中央各公營事業機關切實遵行就地審計制度。（二）監委鄧春膏向監委會建議，請通令各部隊，對於廟宇祠堂，不得任意破壞。（三）監委田炯錦向行政院建議，請速飭負責機關，撥款救濟留筑難民。（四）監委范爭波向行政院建議，皖省審計處因核定食米代金價格過低，生活艱苦，迅飭皖田管處切實救濟。（五）余審等向行政院建議，救濟獨山縣刼後餘生。（六）監委朱宗良向全國知識青年志願從軍指導委員會建議，改善志願兵知識年齡體格之檢查，統一優待及改進士兵學科自修。（七）童冠賢向國防最高委員會建議，爲全國公教人員食米之發給，取消軍命分級制，劃一待遇。（八）監委鄧春膏向教部建議，請遴派辯員，前往第一分中進修班澈底整理，對學生困苦迅予救濟。以上各案均經核准，分別函呈核辦施行。

豫南鄂北戰況

「中央社渝十八日電」軍委會四月十八日發表戰訊：豫南方面我軍，向西峽口反擊部隊，十六日晚强渡灌淅兩河成功，隨向西峽口南北兩寨猛施攻擊，至十七日午後二時

赴舊金山以前之拜訪性質。

【中央社重慶十七日電】于斌主教，已於日前乘機離渝轉印赴美，總營許君遂隨行。于氏此行，係從事國民外交活動。又聞于氏並將由美轉赴英法等地一行。

【中央社重慶十七日電】政院十七日開第六九四次會議，任免事項決議案：（一）福建省政府委員張開璉，呈請辭職，應予免職，遺職任命張與鍾繼任。（二）陝西省政府委員兼財政廳廳長李崇年，另有任用，應免本兼各職。委員兼建設廳廳長陳慶瑜，應免兼職，任命陳慶瑜兼該省政府財政廳廳長此令。（三）任命凌純聲為教育部蒙藏教育司司長。

【中央社昆明十六日電】青年遠征軍二〇七師師長方先覺，已辭去師長職務，由羅又倫繼任。方氏將赴黔就任某新職。

【中央社蘭州十四日電】六全大會甘代表十四日復選揭曉，張維×、駱力學、李世軍、馬繼周、韓達、李貫三、胡維藩當選。又遠永吉當選青年團甘支團出席六全代表。

【中央社渝十七日電】中國童子軍全國幹部會議，十七日上午舉行第×次大會，由陳立夫主席，聽取工作報告，依次為張治中理事長之理事會工作報告，朱家驊監事長代表之監事會工作報告，及甘肅、重慶、貴州、四川、湖北、湖南、西康等省市支會代表工作報告。下午分組審查會案，全國現有童子軍九四〇、五八八人（內男七八六、〇九五人，女一三〇、〇七一人，幼童二四、四二二人）

國民黨政府內一批貪污瀆職案

【中央社重慶八日電】監察院公佈最近彈劾糾舉建議各案如次：（甲）彈劾部份：（一）監委白瑞提劾四川廣漢縣長周遂初貪污違法。（二）監委鄧春膏提劾昆明地方法院長范承樞違法貪污。（三）閩浙監察使高曾提劾福建閩侯縣長段志鰲違法失職。（四）皖贛監察使楊亮功提劾安徽舒城縣長黃×違法失職。（五）戰區第一巡察團委員葉元龍等提劾貴州鳳岡縣長胡玉琨違法失職，藉壽斂財。（六）兩湖監察使苗培成提劾湖南沅江田賦糧食管理處長盧超蓀違法犯刑。（七）苗培成提劾第九戰區獨立兵站分監部會同縣倉庫長葉訓違法違制。（八）監委李宗良等提劾交通大學訓導長柳志峨重領薪津。（九）監委鄧春膏提劾國史[illegible]科長馬思良違法。（十）閩浙監察使高曾提劾福建長樂縣長楊鴻蔚濫權違法。（十一）監委何

，擊破敵之抵抗，克復西峽口，殲敵至少三四百以上。但西峽口西北側之敵一股，力圖掙扎，我軍當加以包圍攻殲，至當日午後八時，敵大部就殲，殘餘向南潰竄，我正追擊中。浙川東南兩面城外戰鬥，仍極激烈。浙川西北地區我軍，復向駐守陳地頑敵攻擊，戰鬥正酣。李官橋掃蕩戰，仍在繼續進行，我在敵後部隊，協同地方團隊，向鎮平攻擊，十六日晚曾一度衝入城內，斃傷敵二百餘，敵旋增援反撲，並以戰車衝鋒，我於十七日拂曉撤出，刻仍續向城垣攻擊中。我另一部隊，向鎮平東北地區之敵進擊，獲得甚大戰果，南陽至鎮平公路為敵之重要補給綫，我在敵後部隊已將該段公路分段破壞，現內鄉方面敵之補給已發生嚴重威脅。鄂北方面我軍，繼續攻殲老河口東北附近各據點之敵，十七日擊斃敵二百餘，樊城敵據守城垣抵抗，仍極頑強，我加緊攻擊中。 我攻克白忠縣部隊，十七日南向荊門方向攻擊前進，已進展廿里，現迫近孔家灣。湘西方面，寶慶以北資水西岸戰鬥，十七日無何變化，由寶慶西犯敵，被我軍痛擊受挫後，十七日復增援，乘隙竄犯白馬山，為我堵擊未能獲逞。益陽方面戰鬥，現正在城西附近地區進行。新寧方面，我軍與敵衍在城東北白沙及西北馬頭橋各附近戰鬥中。

蘇聯再度要求波蘭參加舊金山會議

【同盟社里斯本十七日電】據莫斯科來電，蘇聯政府經過塔斯通訊社，要求華沙政權參加舊金山會議，正式發表下列聲明，蘇聯政府再度要求波蘭臨時政府代表，應作為出席舊金山會議的一員，鑒於現在担任建立波蘭新聯合政府工作的英美蘇三國委員會，直至現在並未有任何成果的事實，上述措置是當然應該的，以上蘇聯政府的再度聲明，表示對波蘭問題毫不讓步，值得加以注意。

同盟社報導柏林情況

【同盟社柏林十五日電】朝日新聞特派員森山報導：在柏林工作的新聞記者，很難追求正確的戰況，像波浪似的向前湧去的戰綫沒有止境，美軍企圖向德國首都進行最後的躍進，現在已有一部份的敵軍渡過河流，向柏林內撲，但德軍仍然進行抵抗。十三日維也納的鐵橋雖炸成兩段，今日還在炸該鐵橋，河的彼岸還有多數德軍進行作戰，威脅柏林雖然到了這個地步，現在要採取最後的手段。十二日至三日柏林市街的姿態，已發生了大變化，西部戰綫迫近距離柏林六十公里的地點，同樣在柏林背後，八十公里的東部戰綫的壓迫，亦逐漸加重。柏林城內的交通，亦受嚴格的取締，沒有戰時服務證的

甚至就不能[illegible]，[illegible]，本地域[illegible]，一[illegible]都到處奉命停車，嚴格檢查身份證明書，這是防止敵人從何處使用降落傘降落地面，今日政府當局會見記者時，記者沒有提出詢問許多人都抱着很大的希望上街，想知道今天的情形，但是北部、中部南部以及任何戰綫來的消息，都是壞消息，人民雖有許多疑問，例如被孤立的魯爾地區的德軍怎樣了？易北河的防備對策如何？德軍的反攻到底怎樣了？但是沒有人提出詢問，因為知道德國處境的困難，發言人的語調與其說是悲壯，勿寧說是莊重，事態是緊迫的，特別是記者團想着各種各樣的事情。朝日新聞柏林支局的山脊，清水兩氏於十三日赴德國南部進行新的任務，我和他們長久的住在一起，雖想為他們餞別，但是也不能喝一杯酒，柏林不久將變成為戰場。德國方面正進行準備，最近新聞和無綫電廣播都發表嚴厲的佈告，柏林的天氣逐漸暖了，在防空地下室有嬰孩哭和叫喚，他們的母親是從巴爾幹方面來此工作。她不顧忌周圍的人，哄她的小孩說：『戰爭不久即可結束，不要哭了。』現在柏林在暴風雨之前站立着，記者知道五年前柏林市擠着無數拿着花和旗子迎接由法國凱旋歸來的希特勒總統，而今日他們的眼眶內流出眼淚。

德寇戰報

【海通社柏林十七日電】塞托紐斯報導：過去廿四小時，西綫盟軍攻勢無新發展。加拿大軍隊經由格羅尼根向北海突破，至今未能改變形勢。蒙哥馬利刻將增長其機動羣，並將由東北對威悉河施行大壓力，因為週末其對不萊梅的直接進攻，並無進展，其對漢堡進攻之跳板亦太小——儘管英軍已擴大其橋頭堡壘。英軍沒有得到美第九軍很大的援助，美第九軍均擁集於盧尼堡與威頓堡以南之伊曼利西。辛普遜將軍顯然已決定將其軍隊更往東調動，使威頓波格與馬格德堡接連起來以進攻柏林。重心無疑將是右翼，雖然它已被馬格德堡德軍的頑抗擋住，該城仍在德軍手中。美軍在馬格德堡正南，易北河東岸建立橋頭堡壘以後，已被德軍殲滅，敵人刻正派遣其可用軍隊到薩爾河附近其第二橋頭堡壘。往南，美第一軍又繞道哈雷與萊比錫對易北河實行楔入，但這些部隊已被德軍之抵抗截阻於此二城市，尤其是萊比錫。美第三左翼沿由凱姆尼斯至德累斯頓之汽車道突破，星期六將被截止於開姆尼斯。然而，形勢仍然嚴重艾森豪威爾在德國中部地區的主要進攻，顯然是要渡過易北河，到達勞西茲與蘇軍會師。

【海通社柏林十六日電】德國官方軍事發言人星期一中午公佈：蘇軍攻勢

中央社稱杜魯門將修改羅斯福新政

【中央社華盛頓十五日電】羅斯福總統逝世後，茲可綜述各方領袖的評論如次：（一）美國各方領袖對立刻自動保證支持杜魯門總統進行戰爭並爭取和平，此乃表示全國人士一致信任及擁戴新總統。當此重要關頭進行其重大而繁雜的責任。（二）杜魯門在外交方面遭遇若干困難。（三）有無受議院發生較好關係之希望。（四）就新政略加修改。杜魯門總統當在美國不甚為一般人士所知，且與世界其他領袖實際上均不熟悉。紐約時報則謂：杜氏過去之成功實可使美國人民及其盟軍安心放胆。該報謂杜氏具有四大優點，可以構成其為領袖的條件：（一）當初當選的副總統時即調和兩派之人物，足證其可為各派所歡迎。在民主黨各派中可有團結作用，而無分化作用。（二）杜氏兼任戰爭調查委員會主席，對於整個軍事機構極為熟悉，對渠自多補益。（三）杜氏將來執政時自將博得國會與人民之好感。（四）主要政策均為羅斯福總統擬定，且有幹練之軍事及民政黨領袖繼續進行工作。全美人士雖皆竭力支持杜總統，但在戰爭及和平兩方面渠仍有種種複雜之問題，例如舊金山會議與佔領德國兩問題。關於舊金山會議，據傳杜氏因政務甚忙不擬參加，但將贊成美國代表之繼續遵循羅斯福總統之外交政策。關於歐洲解放區以及蘇聯可能參加太平洋戰爭等問題，據傳三強在數月內或有再度會議之必要。屆時杜魯門將代替羅斯福總統之地位以與邱斯會商一切，惟杜氏因缺乏羅斯福之經驗，聞將依賴保留羅氏之心腹賀浦金斯。蓋以賀氏深知羅總統已往邱斯兩巨頭一切來往之經過。在國內方面，預料政府與國會之關係將較佳，因杜氏出身參眾兩院，對於國會重要人物均有往還，將來兩院之批准條約及國會之批准撥款，以供美國履行其國際合作義務之需，將來較便利。同時羅斯福總統之新政在杜魯門任內或將有所更，惟聞杜氏在內政政策方面將採中庸之道，其任命前經戰時動員局局長貝爾納斯為『平民顧問』一節，則此說益信。貝氏亦恪守中庸之道，過將盡以羅總統之內政權策，勸告杜總統。且貝氏在國會供職甚久，他又將協助杜總統以處理其對國會之一切之國務。

合眾社稱：歐洲勝利在望，盟國反感不安。

【合眾社倫敦十四日電】歐洲勝利已不在遠，惟偉大同盟國間對勝利時，反而憂鬱與不安。勝利可能在下週終了之前宣佈，但蘇聯及英美間對令人不快的任務，仍將有政治上的最後折衝，即企圖使本身一能與缺乏羅斯的中心點，星期一晨從康斯特林往北到達賚爾斯登堡，及從福爾斯特到繆夏。在奧得河下游的斯奇威特附近，蘇軍得以建立橋頭堡壘，實際上是經過一番激戰的。軍事發言人繼稱：現不可能作更詳細的報導，因爲蘇軍的攻勢至今才進行了幾小時。

歐洲戰況

【同盟社東京十八日電】（一）東綫紅軍在奧得河及湼斯河上之戰鬥，在由奧得河河口斯德丁起，南至革利茲的三百公里戰綫上，一刻比一刻地趨向激烈。一部分紅軍終於到達柏林西方廿八公里柴羅烏，現正與守衛該市的德軍展開激戰中，另一方面，在奧地利戰綫上，紅軍於十七日佔領維也納東北方石油中心兆茲斯德爾斯道爾夫，另以一部向莫拉維亞首都布里揚前進，在西里西亞的拉齊坡爾西南方繼續進行攻擊，協同科涅夫軍，正在增大對莫拉維亞的壓力；（二）西綫美第一軍主力，於十六日完全包圍萊比錫，由東方開始攻擊。在它的北方，目前正展開攻略德騷之戰。另外，德軍已投入三個最精銳師團，向拚命進攻柏林的美軍第九軍的易北橋頭堡壘，開始大反攻。

米柯拉茲柯發表聲明後 波流亡政府予以譴責

【路透社倫敦十六日電】倫敦波蘭政府本晚發表聲明稱：前曾據說『消聲匿跡』的若干波蘭地底下領袖，於接受會晤蘇聯代表的邀請後，應被准許訪問倫敦。他們曾經要求蘇方，在他們於三月廿八日與蘇聯代表晤談以前，准允他們至倫敦一行。蘇聯已答應了這種要求。該聲明一方面沒有接直提到最初的話，另一方面却說那些『失踪』波蘭政治家，『處在沒有任何自由決定保障的環境中。』該聲明稱：這些波蘭地底下領袖至倫敦一行的目的，是在『對波蘇間糾紛問題及波蘭國內事務正常化，確定明確行動方針。』同時該聲明亦聲稱：波蘭農民黨領袖米柯拉茲柯『毫無保留地接受雅爾他決議』——它說米柯拉茲柯這種態度，加强了蘇聯談判者的力量，並使『失踪』波蘭政治家對波蘭眞正利益的辯護更加感到困難。據前此未證實消息稱，『失踪』政治家現在莫斯科。蘇聯不理睬倫敦波蘭人的話。

【海通社斯托哥爾姆十六日電】芬蘭商務部長加爾特茲抵達斯托哥爾姆。他在瑞典京城逗留的幾天內，將與瑞典經濟界舉行會談。宣佈五月一日麵包與糧實行配給一事，標誌着芬蘭糧食情勢的困難。

頗經驗豐富之領導的美國政府適應。邱吉爾下週將經由議會而向世人作演說——即星期二向故友羅斯福致哀念之詞，星期四檢討戰局。如戰爭結束，則邱吉爾將作第三次演說。這些頻仍的演說將着重指出羅斯福之死所加予邱吉爾的已形增大之責任。關於波蘭問題，將代表美國說話，因英美兩國對此問題意見相同。歐洲人士將密切注視美國對於英下院關於波蘭問題辯論的反應。邱吉爾將於艾登與杜魯門會商，向他提出報告後，始發表演說。

朝日新聞批評大東亞政策

【同盟社東京十八日電】朝日新聞社論稱：新內閣在十九日的定例閣議上，協議排除羅列政策的現象，而果敢地實行緊急的政策，這表示其政治性格的一方面，新內閣默不做聲地克服這種危局的態度（這一句不清楚）××鈴木內閣在組閣後的瞬間所表示的這種政治的性格將使皇民的信賴倍加，行動的原則就是在政治、作戰的停止和待期就是後退，只有活動才是前進，開闢走向勝利的道路，大東亞宣言即是一個例子，當宣言時，有高唱入雲之勢，但是嗣後的一年半中，被束諸高閣，而今日却招致敵人藉口譏謗掛羊頭賣狗肉的結果，該宣言的裏面，是非常的崇高，向世界宣佈全亞細亞人共同的心情，印度人未能拿起武器站起來，而重慶却相反地，甘心成爲美英反攻東亞的尖兵。這是宣言只停留在口頭的原則，而不能成爲行動原因的緣故。宣言的原則，較抽象是不得已的。但是爲了實現宣言中所表明的各種原則，大東亞會議當然要講求具體的措置，欲決定具體的實現該宣言的方策，需要採取與重新產生共同宣言同樣的政治措置，但今日戰局急迫時，很困難召集這種會議的話，那末要迅速在東京設立常駐機關，熱情地考慮和研究宣言具體化的方策，共同宣言的具體化，是粉碎敵人反攻、貫徹大東亞各民族共同鬥爭所必需急速實行的課題。東鄉外相就職時，約定大胆實行細心的戰時外交的熱情是特別可以期待的。

更正

昨日『參考消息』登載『希特勒給東綫士兵的佈告』有：『如果在數日內或數週內，全體將士能遵從我的話，那麼從亞洲進行的前後攻擊，可以打開這種局勢，而其結果，敵人在西方進行的突擊，即被粉碎。』等語，此段應爲：『如果在未來數日或數週內，每一士兵克盡厥職，則從亞洲（意指蘇聯——編者）而來的最後進攻，最後將會像我國敵人在西方的突破一樣土崩瓦解。』

參攷消息

（只供參考）

第八五四號

解放日報 新華社 編

今日出一大張

卅四年四月廿日

星期五

莫德河百公里前綫 蘇聯九個軍攻勢猛烈

【海通社柏林十八日電】在柏林東面所進行的戰爭情況，並無重大變化。索科洛夫斯基將軍將其至今尚留於後面的坦克軍，投入戰鬥，因此確實有九個蘇聯軍在一百公里廣闊的前綫上作戰。總之，德軍師團正和在人力和物力均大大超過他們的蘇軍反攻作鬥爭。陸軍大砲和高射砲在防禦中起了重要作用。法蘭克福南面，魯仁兩側及西洛夫南面，蘇軍所突破的地方，已被反攻所封閉。在此戰役中，毀壞了一百零六輛坦克。戰鬥在××××移動，蘇軍企圖向西方突破未逞。蘇軍已停止在西洛夫地區，[illegible]沃爾東南及西南，蘇軍二十二輛坦克被擊壞後，強大的進攻因此停止了。在布累斯勞堡壘西方的前綫，戰爭的劇烈性已提高，德國守軍的意志亦不堅強。

【海通社柏林十七日電】德軍軍事發言人星期二午宣稱：奧得河岸的大戰極爲猛烈，但德軍的防禦力量已證明是優越的。發言人列舉若干數字說明蘇軍大批使用器械。戰鬥開始時，蘇軍發放了四十五萬多發大砲，歷時二小時。其後蘇軍出動坦克四百五十輛，德軍毀滅者二百輛。蘇軍許多戰鬥機與轟炸機亦襲擊前綫地區。他繼稱：儘管蘇軍這樣大量使用器械，但進展甚少。其最深滲入達六至八公里，這些滲入，經德軍反攻即被截止與封住。軍事評論員解釋奧得河灣戰鬥有三個中心：一、法蘭克福以南地區。二、庫斯特林以西，西洛夫高地。三、進攻威里茲德。奧得河西岸，蘇軍已於西洛夫高地獲得三處立足點。有兩地方已被擊退。第三個滲入到達西洛夫東綫，該進攻部隊又曾被擊退。內茨河前綫，福爾斯特與革利茲以北地區，戰鬥不像奧得河灣那樣激烈。蘇軍只有二個局部性的滲入。沿奧得河其他戰綫，激戰正進行於日頓與斯德丁以南，蘇軍試圖於該河西岸形成橋頭堡壘。但也被阻止，並毀滅攻擊艇與渡船四十一艘。

，由賓克蕃拉方面，沿着緬甸公路大道，開始強硬地南進，於十日侵入亞蠻汀（也美生）地區。嗣後，在航空部隊的掩護下，憑藉優勢的機械化力量，繼續向前突進，自十二日以來，已在亞蠻汀南方地區活動。現正與我駐軍激戰中，但一部分我軍仍死守亞蠻汀一隅，繼續奮戰中。該方面之敵，擁有坦克百餘輛，卡車數百輛，但我軍依據利用地形的巧妙防禦陣地，發射着鐵鋼的彈雨，實施果敢的反攻，使敵蒙受重大損失。另一方面，在它的後方密克蒂拉・塔金・烏特威爾（在塔金北方三十公里處）方面之敵，企圖由克羅方面，逐漸向公路及東方山地活動。遇我駐軍的反攻，其活動已漸趨緩和。另外伊洛瓦底江方面的敵軍攻勢，配合亞蠻汀地區的攻勢，已漸次趨向活躍。緞庫比東方山地方面，擁有坦克三十輛、砲二十門之敵，自十一日開始，攻擊我正面陣地，我駐軍主力連續地向敵猛烈反攻，以阻止敵軍的活動。另外，由西南海岸特蘭德，向××方面活動的[illegible]第八十一師主力，遭受我駐軍攻擊，已受重創。

【同盟社緬甸前綫十八日電】企圖南下之敵，於十四日拂曉，終[illegible]到[illegible]蠻汀南方四十公里處的新德河。當日黃昏，敵以相當數量的兵力，擁坦克、裝甲車卅輛，開始渡涉新德河。我當地駐軍，猛攻該敵，將其擊退，嗣後，敵獲得援軍，十六日敵開始在加尼姆渡河，來攻我第一綫陣地，現正展開激戰中。另一部敵軍約二百名，擁輕坦克數輛，攻擊塔・金烏特威爾附近的我軍部隊，我軍向該敵猛烈反攻，在該處北方四公里附近，將該敵連一個兵也不剩的全部殲滅。另外阿拉干山脈西部地區特滿德公路上的敵軍，自八日夜間以來，已開始撤退，我軍乃實施猛烈追擊，十四日晨，在加古門（在特滿德東北七公里處）附近，捕捉擁帶坦克六、七輛的敵軍約一千名，現正繼續攻擊中。

敵稱美軍在飲納島登陸

【同盟社東京十八日電】我航空部隊對沖繩島周圍敵艦船的攻擊，日益激烈。陸上戰鬥我皇軍亦發揮反擊的新高潮，敵我激戰日益激烈，在南部地區，敵人正準備進攻我首里正面的陣地，我部隊連夜進行果敢斬入，並尋找好機會加強反擊。至十六日晨，敵人鑑於前綫兵力受到極大損失，一部戰綫上敵人不得不撤退，從十二日到十五日予敵人之損失，正如十六日大本營所發表的，達到一千七百名，其後更殺傷敵人二百四十名，在本部半島，十四日晨來，敵人在猛烈轟炸掩護之下，向我陣地攻擊，交戰六小

【海通社柏林十七日電】星期[illegible]在[illegible]斯基德斯和波米蘭尼亞灣之間所開始的大戰，已越過其他前綫地區。同[illegible]蘇聯軍隊在勞斯特茲爾，尼斯，維森堡及穆斯考和諾爾斯特地區開發動巨大進攻。德軍坦克部隊在反攻中殲滅蘇聯前鋒部隊，並封鎖了突破的地方。與得河上的法蘭克福和奧得布魯克地區之間，蘇聯部隊以大量人力與物力的進攻，已被阻止，未能使其突破德軍防禦系統。在猛攻中所現出的前綫裂隙，已被有力的反攻所封閉，並有部份又被包圍。據稱蘇軍在此次戰役中，喪失了二百一十一輛坦克，一百三十二架飛機。

納粹軍事發言人說 德軍在西綫抵抗加強

【海通社柏林十七日電】軍事發言人星期二宣稱：整個西綫德軍抵抗已增長與加劇。北翼與南翼，即荷國北部與荷蘭地區以及上萊茵河地區情形尤然。詳情如下：經激戰之後，英軍得進入馬格德堡，而易北河東岸盟軍橋頭堡壘已被壓縮到塞北斯特附近。在德軍反攻當中，重克古特魯克火車站。在薩克森尼，對萊比錫的進攻×××。萊比錫東南，戰鬥正進行於城外二十至三十公里之處。在哈茲山從南面來的壓力已形加劇。然而，敵人只前進約五公里。（下缺）

危在旦夕的柏林

【合衆社蘇黎世十九日電】新蘇黎世日報載息：旅客談：柏林防禦已在過去數週大大加强了，到處構築了反坦克壕，環城溝渠，大砲陣地，及戰壕，各條道路及城內街道都由街車、鐵欄杆及裝滿石頭的街車所築成的很高的障礙所阻塞。關於這些東西的軍事價值雖然可見紛紜，但心理效果却甚大，並且也使人民忙碌不堪，關於放逐人民及大規模强姦行爲的東綫消息，使人民心意狂亂。柏林並無有計劃的疏散，但在較富的階級中間，許多星期以來已在相率逃亡，貧者便不能離開工作，幾乎一切男子都參加衛鋒軍，女人則去挖戰壕，人民一般地顯示對舉行起義的冷淡的宿命論，甚至情况不能忍受時也無可能。人民衛鋒軍隊員皆無制服，大多是赤手空拳。柏林的戲院、電影院、音樂廳依然開門，學校都關門了，但大學工作依然在臨時室內進行中，幾乎一切教堂都已被毀。交通暢行無阻令人驚異，特別是在十一月空襲之後，今已修竣的地下道爲最好，但電車及公共汽車已被限制。

日寇報導緬甸戰况

【同盟社緬甸前綫基地報導班員十八日電】敵軍强有力的部隊，自四月上旬以來

時後將敵擊退，另一方面敵人於十五日上午十一時，以一部兵力在飲納島登陸。又敵人於十七日在伊江島登陸，該島守備部隊正激戰中。

【同盟社東京十八日電】進攻沖繩美軍水上部隊，在我軍連日猛攻下，其勢力已大減，又陸上部隊，經我守軍苦戰，亦無何進展，北和中兩機場，由我軍的屢次攻擊，使用已受到限制，敵軍乃改變戰法，另在沖繩以外地方索求基地，在伊江島，和南面的孤島飲納島登陸。

【同盟社某海軍基地十八日電】我航空部隊十六日早晨以來，向沖繩島周圍的敵艦隊及出現於阿間味大島東方海上的敵機動部隊進行第三次總攻擊。首先是陸軍轟炸機，轟炸北、中兩飛機場（有飛機一百架左右）其次制空部隊，神風特別攻擊隊由各基地出發，其中一隊突入慶良間列島的敵艦隊，轟沉巨型艦一艘，擊沉擊傷其他船隻甚多。另一方面××隊的特攻隊，在阿間味東南方洋上，猛攻敵艦隊（由航空母艦二艘，戰艦三艘，其他船隻十數艘組成）及機動部隊一部，命中航空母艦一艘，其他艦艇數艘，被我擊破。敵人爲了牽制我特工隊第二次第三次的繼續出動，上午十時下午一時兩次，以數十架艦載機（約爲沖繩島附近所出動者），少數的中型轟炸機，「北美」B二五式機來襲南九州各基地，我各特攻隊均紛紛起飛，中村大尉，丸野中尉所率領之機隊，殺至阿間味大島東南方的敵機動部隊，撞擊敵航空母艦二艘，巨型艦三艘之中，予敵人以極大損失，儘管我特別攻擊隊的連日連夜猛襲，敵機動部隊仍然航行於沖繩島近海，敵人已在沖繩本島使用B二五式機，此點須加警戒。

【同盟社西南××基地十八日電】我軍對沖繩島周圍的敵機動部隊的攻擊日益激烈，本月十八日，我特別攻擊隊數十架，猛攻敵艦船，十六日以來至十八日之戰果，僅航空母艦即擊沉航空母艦五艘，其結果殘存在沖繩島周圍的航空母艦力量，僅剩正式航空母艦三艘，特設航空母艦一艘，共計四艘，擊沉之航空母艦五艘，三艘爲正式航空母艦，其餘二艘爲特設航空母艦。敵人航空母艦的大半力量已經喪失，結果敵艦載機的來襲，亦激烈減少，十七日僅有一百七十架。

蘇聯要求允許波臨時政府參加舊金山會議

【合衆社倫敦十七日電】今日蘇方東新坦率要求，允許盧布林波蘭政府參加舊金山會議，使蘇聯與英美對波蘭問題爭執達於頂峯。關爲莫洛托夫艾登與斯退丁紐斯

在舊金山會議前所剩餘若干日中，所必需作解決之問題。因外部評論家拒絕對此加以評論，英方反對盧布林政府政策，現尚無改變跡象，蘇方之動議似將判定莫洛托夫、哈立曼、卡爾三人所組之波蘭委員會之命運，該委員會企圖按照雅爾塔協議組織新波蘭政府迄已閱二月，現有種種跡象證明該委員會已告失敗。

德寇論舊金山會議

【海通社柏林十七日電】威廉街發言人宣稱：國際事件的一般形勢，其特徵爲：某些強國要在舊金山會議上拿出他們的牌子。如像：蘇聯在地中海的地位，及其對土耳其，或英國在阿拉伯與近東的利益，非洲基地，與美國在遠東利益，這些火急的問題目前均已被擱。發言人結語稱：在會議以前是守等待政策，而在會議上將有大的劇烈競爭。

敵成立全國國民特攻隊

【同盟社東京十八日電】爲了迎擊敵人進攻本土（敵人喊叫要毀滅我國土與抹殺我民族），我一億國民充滿了保衛國土的堅強決心，這一國民特別攻擊大和魂，已將結成果實，這就是此次全日本國民特攻隊，本月廿五日在東京都野區舉行成立典禮，發起人有翼壯縣翼團幹部、市長村長、農業會長、『商報』會長、『農報』會長、工廠學校有關人士二百數十名，這一成立的方針，正如過去所發表的，是要配合政府的國民義勇隊，堅決驅除形式的組織，以自發的國民特攻精神爲核心，將來成爲義勇隊的中核體，達到軍官一體的使命。

【同盟社東京十八日電】上月十四日，敵機B29式的來襲，侵犯我伊世、豐受大神宮，在極爲驚恐之餘，決定迅速修復，十七日內閣會議上，決定支出第二預備金四十七萬二千元，作爲修復神宮的緊急之用，重新建設神樂殿齋館，及其他受災地方，由於敵機的盲目轟炸，在官幣大社有明治神宮，熱田神宮、生國玉神宮遭受損失，在官幣中社有座摩神社遭受損失，在別格神社，有湊川神社，阿部野神社遭受損害，此外受損失者並有府縣神社，亦進行臨時工事，以不妨礙齋祭與參拜。

德報論杜魯門及美各部長

【[illegible]通社柏林十九日電】倫敦訊：『每日先鋒』報訪員[illegible]海米·擬德自紐約得來電稱，據政界人士意見，美國新總統杜魯門的眞正權力，只將存在一百天，只是由[illegible]力[illegible]政界與商業界集團於羅斯福死

日已突破敵陣地數處，但敵仍堅據各高地抵抗，現已進入爭奪戰。洛寧以西長水鎮地區我軍，十八日續行向敵攻擊，一經激戰後，我略獲進展。（三）豫南方面，我軍攻入西峽口後，內鄉以西敵增援西峽口以南之淅河兩岸，十八日向西峽口及以西地區反撲，被我痛擊，予以重創，現仍激戰中。淅川東南城外及西北地區，戰況無何變化。（四）湘西方面，寶慶以北資水西岸我軍，十八日晨向敵攻擊，在黃泥灣攸家台一帶擊斃傷敵二百餘。寶慶以西我軍於桃花坪以東地區，阻擊沿公路向西進犯敵，遭我痛擊，予以重創。另敵一股鑽隙竄至白馬山附近，我軍立將該敵包圍，攻擊至十八日午，殲敵二百餘，並生俘數名，殘敵在我積殲中。竄至益陽附近敵，十八日復鑽隙西犯桃花江，被我痛擊，敵未得逞。我軍於同日向益陽城南之敵反擊，已攻克敵據點，迫近城垣，續向敵攻擊中。十八日，我軍於寧鄉以西地區，迎擊由寧鄉城來犯之敵，予以甚大創傷。新寧西北地區我軍，十八日在距城約廿里地帶痛擊犯敵，經戰鬥後，斃敵中隊長以下百餘名。

【中央社石花街十八日電】我十六日再度克復襄陽。

【中央社沅陵十七日電】××我軍十八日向敵反擊，分克楊泗廟、謝林港（在益陽南），並乘勢向城垣攻擊中。

【中央社湘南前線某地十九日電】由益陽犯桃花江之敵，十八日被我擊斃甚衆。另敵一股迂迴竄擾，被我擊斃數百人。

【中央社渝十九日電】據軍委會十九日發表第二次戰訊，十九日我空軍第十一大隊轟炸茅津渡沙灘上之敵渡河材料，命中目標。

【同盟社老河口十九日電】我軍進攻十二日後，即陷入我手的老河口，十四日夜被渡過漢水的敵人二千人所包圍，兩日間展開了激烈的戰鬥。我精銳部隊奮勇作戰擊退敵人，使敵人奪回老河口的企圖完全潰滅。老河口失陷後，蔣介石即令第五戰區司令長官劉峙指揮的部隊奪回老河口，並令劉汝明配合五十六、六十八軍進行老河口的戰鬥，企圖××公路切斷，因而發動此次反擊。

外記者招待會

【中央社渝十八日電】外記者招待會十八日下午三時舉行，王部長世杰、吳次長國楨、張參事平群出席主持。王部長對於羅斯福總統之逝世，發表談話謂：『於答覆諸位詢問之前，我願對羅斯福總統之雄略抒所懷。不能得民心者，

後將遵守虔敬的沉默。美國『互商[illegible]止再度爭奪總統職位。訪員說，杜魯門被認為是羅斯福妥協的產兒，因為如果羅斯福不是被迫讓步，則華萊士將再度被委以副總統之職，因而將為今日美國之總統。所以沒有[illegible]敢說，總統的易人不會影響美國的政策。美國資本家們的目光，已轉向和平，或者說轉向他們能更好掌握的另一種戰爭。

【海通社柏林十八日電】倫敦訊：據每日快報紐約訊，預期美政府將於一定期間至少有六個部要更動。據信斯退丁紐斯國務卿在舊金山會議後或將派赴倫敦任駐英大使。預計財政部長摩根索將辭職，但或者將先試圖把他國際貨幣組織的計劃付諸實現，該計劃即為使金本位回返其統治地位。預期內政部長伊克斯、勞工部長柏金斯、司法部長拉克遜、陸軍部長史汀生也將離職。

蘇聯新武器

【海通社維斯杜拉前綫十九日電】根據蘇軍俘虜所作的一致的聲明，蘇聯為將來的戰鬥發明了兩件新武器。第一種是巨大的突破坦克，除裝有十八生地口徑的大砲外，並有同等口徑的擲彈（流彈筒）筒。第二種是所謂：『斯大林斯基——巴契風』，這新的自動武器[illegible]分鐘發射三百二十五發。蘇軍第四九步師被俘人員說：這些新武器很難假[illegible]其將依然用於對德國的大規模戰鬥，但是這些武器適才加以試驗，作為蘇聯與美國之間可能的較量。

國民黨戰報

克襄陽樊城
奪回老河口不果

【中央社渝十九日電】據軍委會十九日發表戰訊：（一）鄂北方面，我軍於十八日上午九時廿分克復×××。由老河口以南沿公路攻擊部隊，於十七日午攻克樊城汽車站，即向北城攻擊，但敵據[illegible]抗仍極頑強。我軍另一有力部隊，十七日晚由襄陽強渡襄河成功，猛攻西城，至十八日上午二時擊破敵抵抗，由西北兩門衝入××，繼之掃蕩戰，敵大部被殲，[illegible]殘餘突出東門，向東北潰竄。樊城位於襄河北岸（襄陽對岸），該城為我克復後，敵正由×××侵據之襄河沿岸城市，我已悉予光復。老河口東北[illegible]敵，在我繼續攻殲中。我軍由自忠縣向南攻擊部隊，現已攻抵孔家灣，[illegible]攻中。我軍由北向南攻擊部隊，至十八日午後進展八十里，攻入荊門西北境內。我軍掃蕩襄陽、南漳、自忠之間地區殘存之敵，十八日晚已全部肅清。（二）豫西方面，我軍猛攻××郊區，十八

不能成為真正偉大政治家。羅斯福總統不但取得了美國全體人民的信任與感激，並已取得其他國家無數人民的信任與感激。這是他的偉大。中國全國人民對於羅斯福總統之死，實在感到重大的損失與哀戚。他們於聆悉杜魯門總統決意完成前任遺業，並悉美國全國人民與國會一致支持杜魯門總統消息以後，此種哀戚始為稍紓。杜魯門總統宣佈舊金山會議決不延期，將於下週內照原定計劃開會，吾人聞之，至引為欣慰。聯合各國對羅斯福總統表示崇敬，最好莫過於使舊金山會議完全成功。舊金山會議的完全成功便可看作聯合國家對羅斯福總統所獻的最輝煌的紀念碑。於此，我願附帶報告[illegible]國政府聞悉蘇聯人民外交委員會莫洛托夫委員長將為蘇聯出席此一會議的首席代表，至為欣喜。』記者有詢及中國方面對美機轟炸倭皇皇宮作何感想者，王部長答稱：『美空軍對日本皇宮並無必須寬免之任何理由，如有人以為轟炸皇宮將加強日本人民的抵抗，（缺四）實在毫無根據，而與吾人的實際經驗相反。吾人須知日本人民只認識力量不認[illegible]其他，茲姑以吾人從日俘營××[illegible]報告向諸位一說。戰爭初期內，吾[illegible]所俘之日本俘虜，至今猶大半堅信日本武力決不會失敗。此等俘虜從未在日本本土或其附近有遭受失敗或遭遇空軍轟炸的經驗。但近來所獲日俘，情形却有不同，彼等對於日本在國外失敗及日本本國慘遭轟炸之事，均自有若干經驗。彼等在我國俘虜營中××××，此心理大都發生急遽改變。彼等對日本不敗一說，多不復置信，即對其本國[illegible]及帝制，亦確懷厭惡。吾人相信美空軍轟炸倭宮，不獨不會增強日本人的抵抗，且將摧毀日人之若干迷信，而削弱其鬥志。此外諸位還應記着日本天皇是日本海陸軍的大元帥，皇宮就是大元帥的大本營。』某記者詢以黃金存款近傳有舞弊事，究竟如何？政府由何××？張參高答：『黃金售價在最近未調整以前，較之一般物價實屬過低，人民心理所趨，早已猜想政府必將加價，且衆料加價時期概在月初，故月底即有爭購爭存之現象。如本年二月二十七日重慶四行兩局經收黃金存款，僅有九千零六十兩，而翌日（廿八日）突增為三萬八千九百九十一兩，一日之間超出約三萬兩。三月廿七日四行兩局經收上項存款數為一萬零八（六？）百十五兩，廿八日又增為二萬一千[illegible]百四十七兩，比較約多出一萬兩。因有洩漏消息及舞弊之傳說，政府對此極為注意，並由行政監察兩院徹查，並已決定照法令究辦。果有不法情事，自當依法處理，絕不姑息。』

參攷消息

（只供參考）

第八五五號

解放日報 新華社 編

今日出一大張

卅四年四月廿一日

星期六

宋子文訪杜魯門

【中央社華盛頓十九日電】宋代院長本日午前不久抵白宮訪杜魯門總統。宋代院長於與美總統晤商後告記者稱：總統對中國極表同情，並保證予中國以一切可能之協助。宋代院長以中國情勢面告杜魯門總統，對於經濟情形，尤加說明。宋代院長告記者謂：通貨問題並非無可補救者。中國戰時生產局工作推行順利，尤以鋼、銅、酒精，及軍需物品之生產爲然，藉此節省駝峯之空運噸位。宋代院長拒絕記者所詢渠是否將於舊金山會議前與莫洛托夫會晤一節，加以說明。渠稱，渠定下週乘機赴舊金山出席聯合國會議。

【美聯社華盛頓廿日電】中國出席舊金山會議的代表顧維鈞預示世界會議雖然面臨許多問題，必能建立維持和平的國際機構。顧維鈞保證全面的在「最後攻勢中與盟軍合作」以援助擊敗日本。顧維鈞係在太平洋關係協會所講的。其他講演者有荷蘭大使亞歷山大．勞頓，加拿大駐智利大使慕消曼。勞頓說：荷蘭堅持在任何國際機構中，爲一切國家所保證安全。繼說：荷蘭雖軍備狀況較弱，也準備幫助荷屬東印度獲得「解放」。

陝縣有戰鬥

【中央社渝廿日電】軍委會廿日發表戰訊，豫西方面，陝縣南郊區爭奪戰在繼續激烈進行，我軍已獲得良好戰果。陝縣東南卅六里處敵據點張村鎮，已被我於十八日晚攻克。同日晚，我軍有力部隊並已攻入陝縣西南廿里之大營市，經激烈巷戰，全市四分之三已入我軍掌握，殘敵退據西北角一隅頑抗，我加以猛擊中。豫南方面，我軍痛擊向西峽口反撲敵。其由淅河西岸向西峽口以西進擊敵，已被我三面包圍，正猛烈攻擊中。我軍十八日向李官橋東南十九里靈官殿之敵攻擊。我軍在敵後各部猶堅向敵攻擊，十九日分在鎮平以西十里處之劉村，南陽以南四十六里處之瓦店附近及白水東岸等處擊斃傷敵五百餘，並將南陽至舞陽間敵交通分段破壞。鄂北方面，我軍由樊城向東北追擊敗敵，十九日攻×

協助登陸的任何友軍以武器及軍火。紐約版指出：這種行動與供給中央政府的租借供應品無關，因爲，正如魏特梅耶將軍最近所云，中央政府是美國政府所承認的唯一中國政府。在另一方面，該報又指出：在進攻之際達到中國海岸的供應品，將歸進攻司令官指揮，不受制於租借法案，也不歸華盛頓指定。該報稱：「那些以軍火供給任何願意協同抵抗日軍的友軍的司令官們，在華盛頓方面不致引起懷疑。」觀察家稱：「這種行動，在任何方面將不影響美國政府與中央政府的關係，只是一種軍事緊急的措施，此種予同盟者方面的軍事供給，與政治無任何關聯。」

國民黨在湘南再修機場
美空軍加強轟炸華南沿海

【同盟社廣州十八日電】前次在我湘桂作戰中，望風大敗而逃的第九戰區司令薛岳，關後似在桂陽（衡陽南方一百二十公里）、桂東（衡陽東南方一百五十公里）兩地區忙於挽回大勢。據到達廣州的情報稱，重慶曾鼓噪天地宣傳說，爲配合西南的反攻，於獲得龐大經費與物資的供應後，在兩地區的中間地區建築某飛機場，以作爲將來湖南省南部的有力基地，動員了幾千名軍需，日夜從工大事建修。其中之一部分已竣工，可供小型機使用。

【同盟社廣州十九日電】在華美空軍對華南政戰兩略的轟炸，逐日加強。另外並與此相配合，每夜出動B二九式或B二五式機，向沿海一帶投擲魚雷，擾亂我海上交通。今後殊需要嚴格注意敵空軍的動向。

三青團
召開中央幹事會

【中央社渝十八日電】青年團部定廿日起，召開第三次中央幹事會暨第三次幹事、監察聯席會議，預定會期四日。全會秘書處已組設成立，正積極從事籌備。現各地中央幹部、監察已陸續來渝報到。開此次會議將以（一）對中國國民黨第六次全國代表大會之提案；（二）團務之充實與開展問題；（三）現階段青年從軍問題以及知識青年從軍運動問題爲主要議題。

【中央社貴陽十七日電】黔桂鐵路工程局現正積極進行複雜事宜，都勻、獨山及麻尾三總段均已派定，以便加緊趕工，預料短期內即可正式通車。

【中央社貴陽十八日電】渝築間班機今首次復航。

【中央社渝十九日電】美國大使館代辦艾其森，日前奉調回國，遺缺已由前美國駐多明尼加共和國大使，現任美國駐華大使館公使銜參事步瑞格充任。艾其森代辦業於十九日晨六時乘機離渝。

》十里之呂堰鎮。老河口東北附近敵，十八日晚曾一度向我反撲，被我擊退，並予以重創。我軍攻入荆門西北境內部隊，現已攻達李宮環（荆門西北約一百里）續行向該地頑敵攻擊中。湘西方面，寶慶以北資水西岸我軍，繼續向敵攻擊，已獲有重大進展，至十八日晚，擊破數處敵抵抗，攻克顏公廟大橋邊（均寶慶西北六十里）等據點，仍猛攻前進中。寶慶以西敵，十九日數度向隆迴司、賽市（均距城約八十里）進撲，均被我擊退，並予以重創。桃花坪地區戰鬥在繼續中。被我包圍於白馬附近之敵，經攻殲後，敵大部已就殲。益陽以西桃花江附近，戰鬥正殷。寧鄉以西地區，戰況無何變化。新寧西北地區，我軍繼續痛擊犯敵，復有斬獲。粵北方面，我軍一部於十二日，在曲江以東之大橋附近襲擊敵運輸船隻，當擊沉數艘。

【中央社重慶廿日電】軍委會發表四月十四日至廿日一週戰況稱：在豫南鄂北我軍於上週末發動總反攻以來，迄今已將侵據西峽口至老河口一帶敵之重要據點，予以各個擊破，尤以鄂北方面我軍進展更爲神速，在本週內，先後攻克襄陽、樊城、自忠等縣城，並次第掃蕩漢河沿岸各地殘敵，刻漸攻迫荆（門）當（陽）之綫。至於豫南我克南召後，給予南陽、內鄉方面敵之連絡補給綫以重大威脅。現各地戰鬥仍在繼續激烈進行中。湘省方面，由益陽、寶慶、東安分路竄犯之敵，現仍被我阻止於益陽之桃花江附近與寶慶之桃花坪以東及新寧西北等地區鏖戰中。連日戰鬥甚爲激烈，敵我互有傷亡。

【同盟社北京十九日電】在西安發行的重慶機關報——西安報，於社論中評論我軍此次進攻河南湖南的作戰，略謂：此次河南、湖南的作戰乃是日軍春季攻勢的前奏曲。我們爲了準備進行最後的反攻，要竭盡全力死守這一綫，以確保前進的空軍基地羣及反擊的地盤，因此要調回印緬遠征軍，防備日軍新的威脅。

紐約大美晚報稱
美軍願以軍火供給
協助其在中國登陸之人

【本報訊】據三月廿五日大美晚報重慶版（英文）載：「任何時候與任何地點在中國海岸登陸之際，美國司令官們願意給予他們遇到的任何友軍以軍事援助。」這是大美晚報紐約版在分析從華盛頓可靠方面獲得情報以後所得的結論。在海岸作戰的時候，美國軍事司令官們不願意過問他們所遇到的中國人是國民黨員或共產黨員。他們願意供給那些殺死日本人以

【中央社遠縣十八日電】粵桂邊區總指揮鄧洪，在陽山被逮。

【中央社貴陽十九日電】黔省臨參會，要求將×××山等四縣長撤職，懇予懲辦。各參議員態度至爲激昂。省府方面今下午決定將四縣長先行撤職，送請懲戒委員會議處。

【中央社貴陽十九日電】黔省臨參會對×山等四縣詆毀該會案，省府所提將四縣長先行停職交付懲戒委員會處理辦法，該會已表示滿意，決於廿日繼續開會。

【中央社渝十九日電】拉卜楞保安司令黃正清偕其參謀抵渝，已謁蔣主席及中樞各當局報告一切。據悉，拉卜楞區民衆曾參加修築長達二百餘公里之公路，業於去秋完成。最近所設之喇嘛學校，則於四月一日開學，授以漢藏語文。

敵稱英艦隊逃避作戰

【同盟社東京十八日電】曾一時被議論是否能和美軍共同作戰的英國艦隊，此次在沖繩作戰竟傾其全力，强示和美軍協同作戰的姿態，但從今日的行動看來，英國艦隊的行動，完全獨立，並未盡了輔助的作用，在沖繩的主要戰場（沖繩本島週圍）完全沒有看見他們的影子，僅在崎島列島方面，或台灣東方海面作戰，且躲避我方的猛攻，露骨地表明了他們保存實力的意圖，現在在西南諸島的英國機動部隊，於喬治五世號被我追至後方基地後，僅有三艘至四艘的航空艦，一艘戰艦，其實還要包藏着他們消極作戰的理由，但無論如何，福萊塞提督所誇口的英國太平洋艦隊的威力——在沖繩島作戰是看不出來的，其在美國艦隊內的地位，不過像個盲腸而已。

鈴木對羅斯福之喪表示同情
美國務院拒絕評論

【合衆社華盛頓十五日電】美國務院拒絕正式評論關於日首相鈴木對於美國人民喪失羅斯福總統發表同情一事。若干外交界高級人員私人意見，認爲日方企圖準備在本土與國外於最近之將來僞議和奠定基礎。同盟社記者除聞此出乎意外之聲明，亦感驚異，但迅即認爲此語出自才智過人如新任首相之口，殊無足異。鈴木之聲明與日方其他官方人士對B二九式機最近對東京所引起損失而發之聲明，全然不同。某一廣播電台評論鈴木聲明稱，此在日本方面除傷害外並增加其恥辱。鈴木對美人表示同情，若干觀察家則認其意與鈴木以美方損失羅斯福總統領導之結果，將開始此一戰爭，此若干人士咸認鈴木之

聲明，為對羅斯福總統去世後美國陷於沉痛命運之『假哭』。

西班牙與日本絕交

【同盟社馬德里十二日電】（遲到）西班牙政府正式通知與日本絕交，但是馬德里日本公使館及日僑已結束一切事務，冷靜接受這個通知。西班牙人亦很冷靜。公使館附近沒有發生任何變故，須磨公使以下公使館人員，亦許於最近被拘禁於何處，記者這次發電也許是最後的一次。日僑對於自己的將來前途，並不感到害怕，他們注視沖繩戰場的戰事，期待能夠獲得戰果。

戈培爾的夢囈

【同盟社柏林十九日電】德國宣傳部長戈培爾於希特勒總統五十六歲壽辰之前夜，十九日下午八時十五分，通過無綫電傳播總統熱烈的精神，披瀝德國人民渡過艱難局面的堅定信心，其廣播演說的要旨如下：目前的戰爭形勢非常嚴重，德國的命運面臨深淵，我們的生命遭遇到可怕的威脅，欲使德意志帝國安如泰山，就要進行最後的超人的努力，戰爭刻接近終結，現在已無擺脫戰爭的道路，敵人瘋狂的把超過限度的暴力加諸人類，全世界都受到侮辱和××。看吧！現在金權主義與布爾塞維主義可恥的結合，即將崩潰。陰謀家們不是依其自己的宿命倒下了，這個同樣的宿命，使希特勒總統在一九四四年七月事件而引起的大批傷亡者中屹立不動，照着神的道理，允其遂行使命，希特勒總統是對世界的敵人進行抗戰的核心，神的化身，歷史將不會有這樣的記載，即德國人民拋棄總統或是總統離開人民的事情。

東京敵工廠被炸情形

【同盟社東京廿日電】十五、十六兩天的夜襲中，敵以生產都市——川崎市工業地帶為目標投下大量燃燒彈，若干中小工廠會發生火災。由於員工們拚死的消防作業，將損失減低到最小限度。但其中也有工廠被全部焚毀，現在重要部門的工廠已疏散。員工們以後也立即轉入被疏散的總廠及分廠，努力進行恢復生產。另外，部分地被燒掉的工廠，現正竭盡一切努力修理剩下的機械，整理半製品，未受任何災害的某某工廠，和平常一樣，仍舊照常保持作業。聽說某一工廠就在空襲後第二天，員工的上班人數也一點沒減少，調查結果，據說百分之八十是遭難者，員工們說：『工廠找到了新地方，從現在起只要我們努力幹下去，沖繩決戰的神機是不會錯過的。』川崎市的員工們，素負長期傳統的盛名，現在，他們正埋頭於生產追擊戰。

敵報導奄美、大島情形

【同盟社奄美、大島德富特派員十八日電】當此沖繩

緊神機，集中全力以供應飛機。運用在第一線上，活像神話似的特別攻擊隊的將士的武勳，以及運用神機之道，就是增強航空戰力。沖繩島的決戰，實際上是決定皇國興亡的關鍵。最近本土決戰之說流傳很廣，當然，敵人的鐵蹄一旦踏上本土時，我們必需具有殲滅它的氣魄和決心，但真正的決戰場，仍舊在太平洋上。想毀壞一輛陸上的坦克是非常困難的，但船上的坦克卻完全無能為力：在船上即使有幾千輛幾萬輛坦克，它不能起任何作用；因而就必需在太平洋上擊滅敵人。從這種意義出發，沖繩決戰的意義非常重大；為此，就必需供應飛機。為殲滅敵人而貢獻生命的特別攻擊隊，因缺乏飛機而使攻擊受挫，將使國家遭受戰爭災難。抓緊神機、殲滅敵人的責任，除前綫將士外，就落在後方生產戰綫的兩肩上。

敵陸相阿南公佈本土決戰訓

【同盟社東京二十日電】我陸海軍特別攻擊隊的勇士，在本土一端沖繩迎戰強敵，正在努力擊退強敵。最近製定戰訓，作為對皇軍將士面臨皇土決戰時的教育，阿南陸相乃將此昭示全軍，使皇軍將士的努力方向，更加明確。決戰訓：面臨擊滅強敵的神機，特別需要告示皇軍將士者為：（一）皇軍將士奉戴神勅，應不斷地向遵守聖諭邁進，遵守聖諭，貫徹成為皇國軍人生命的神州不滅的信念，日夜奉讀聖諭，並且竭盡努力實行之，必勝的根基，就在這裏。（二）皇軍將士應死守皇土，皇土為天皇起居的及神靈安眠之地，要擊退外夷侵犯神州，應以必死的精神死守之。（三）皇軍士兵應有所準備，有準備者必勝，因而需要進行必死的訓練，修築牢不可拔的城壘，以強烈的鬥志，迎接勝利。（四）皇軍將士均應有肉彈戰的精神，捨身取義乃皇國武人的傳統，以肉彈戰的精神，去勇戰奮鬥，完全殺滅侵犯皇土者，使其無一生還。（五）皇軍將士應為一億戰友的先驅，一億同胞，都是保護皇國的戰友，在森嚴的軍紀下，皇軍應率先担負起護國的大任，凡我皇軍士兵，均應嚴守上述五事，迅速擊滅敵人，藉以安慰聖慮。

南次郎發出激勵寇軍電報

【同盟社東京廿日電】南大日本政治會總裁，向在沖繩奮戰中的陸海軍將士，以及決死奮鬥的沖繩縣民，於十九日發出感謝與激勵的電報如下：致豐田聯合艦隊司令長官：『由於貴艦隊的英勇奮戰，敵終於動搖，必勝的神機，即將到來，後方國民為捷報而感激，竭盡全力在進行追擊生產，我們與貴艦隊將士同心一路，誓向決勝政治邁進，在此，感

島決戰處於指顧之間時，奄美、大島也處於西南諸島戰區的戰列之中，它距正在繼續決鬥中的沖繩島僅二百餘公里（在沖繩島東北方）。島民澈視格拉曼式的飛機，一面發揮其保護本土的戰鬥精神，記者訪問這個島，與島民一樣參加某村軍官民一體的防空戰鬥，體驗到本島繁務的堅固，三月二十五日該島的空襲警報，一刻鐘也沒有解除，敵機每天空襲該島，全島人民團結一致，穿着戰鬥的衣服，望着該島海面的敵艦，加緊防備。前日在該島海岸被炸毀的敵救生船，該船裝運由被炸沉的敵艦逃難的人。該救生船前面寫有「USA」三字，島民看到美國的救生船，就更加決定擊滅美英。

「同盟社東京十九日電」我航空部隊，爲了剿滅敵機動部隊及沖繩周圍的敵艦船，已發動三次總攻擊，第一次是六日進行的，第二次是十二日，第三次是十六日，此次總攻擊期間我軍仍繼續猛攻，在此三次總攻擊時，我方出擊的特別攻擊隊及雷擊機、轟炸機的勢力極大，其最大的特徵，是特別攻擊隊的大量出擊。如綜合過去的戰果，則我機炸沉炸傷敵艦四百艘。給予敵人的打擊，可說是大東亞戰爭以來最大的一次。但是敵人仍依靠其龐大的物質數量，努力維持海上勢力，確保沖繩海面的制海權和制空權，以圖達成攻略沖繩本島的目的。現在敵人的勢力，除了石垣島方面的敵機動部隊一群外，只有沖繩東方海面包括航艦五艘左右的敵機動部隊。這跟其襲時的勢力相比，就激減了，因此艦載機來襲琉球島的總數只有一百數十架，本島周圍的艦船仍有戰艦六艘，巡洋艦、驅逐艦三十艘，運輸艦八十餘艘。該群艦船有顯著的減少。敵機動部隊的消耗，是敵推行作戰所感到的最大威脅，二十七日以來，B29式機又來襲九州，進行戰術的轟炸，以配合沖繩島的作戰。這個事實暴露了敵人狼狽的情形。

敵稱要在太平洋上決戰

「同盟社東京十八日電」遠藤軍需省航空兵器總局長官，慰問現正在沖繩周圍，爲殲滅美海軍而戰鬥着的航空部隊，親切地體驗到熱烈的特別攻擊隊精神，於最近歸來後懷着充滿無限感激的心情，於十八日發表談話：「無論如何不要斷絕飛機供應」，稱：我於最近訪問正在擊滅敵艦船的航空部隊，歡送特別攻擊隊的出擊，也會會見過奮起擊敵的舊部下，勇敢奮戰的神鷹的姿態，增強了我的意志。在京畿地方，我也曾視察過神戶，大阪遭敵機受災的遺跡，深深地體察到在激烈空襲下，英勇奮鬥的生產戰線的勞苦。但我們不能放任敵機的轟炸，殲滅敵機的神機已日益接近，必需斷然地擁

謝貴艦隊的奮鬥，並祈禱殲滅強敵。」致沖繩方面陸軍最高指揮官：「由於貴軍將士的英勇奮戰，使敵軍的反攻受挫，必勝的神機即將到來，後方國民爲捷報而感激，正傾全力以進行追擊生産。我們與貴軍將士同心一路，誓向決勝政治邁進，遙遙地感謝你們的奮鬥，祈禱你們殲滅強敵。」致島田沖繩縣長：「自敵進攻以來，沖繩縣民果敢地英勇作戰。我全國國民對此不勝感激之至，現在由於皇軍將士的奮鬥，敵陣已動搖，必勝的神機，即將到來，希望你爲保衛皇國，堅忍持久作進一步的奮鬥，並懇切地祈禱各位的武運。」

中央社「敵情通報」

一、倭海軍大將鈴木貫太郎奉命組閣，閣員多近衛平沼岡田等重臣之舊部，其自兼外務東亞兩省職務，不無試探投降之傾向。此×××新閣所以許爲「此乃決戰最終之內閣，鈴木大將之心必比所有國民之心，定可在決戰道路上發現其新的偉大感覺。」軍閥方面，乃惹起反響，設置總軍統帥部，陸軍航空部隊統帥部，直隸「天皇」，與關東軍、遣華軍、南方派遣軍並稱爲「五軍」。鈴木睹此，惟有隨風轉舵，懇請陸相阿南惟幾，推荐陸軍大將安井藤治任國務相。於是閣員中陸海軍勢力，不甚懸殊，而在二二六事變時發見相合者，今已成爲一大結合。與其稱此爲內閣陣容增強，毋寧認作壁壘森嚴。吾人應執此以觀其變。關於敵方任何妥協之企望，當然完全爲幻想，因盟國早已一致決定非日寇無條件投降，戰事決不能束也。

二、蘇倭中立條約之廢棄，會致小磯於死亡。鈴木上台之頃，軍部即作人事異動，又何嘗不頭痛，乃招致素以「蘇聯通」「德國通」著稱之東鄉茂德任外相兼東亞相。對內表示有「急速整備本土防衛之强力決戰施策」之[illegible]，以粉飾其投降傾向，並幻想對蘇表示親溫甜好，以緩和其[illegible]而利從容佈置。觀其選總延致熟悉僞滿情形如滿鐵總裁小山直登者任遞通相，椎名悅三郎任軍需省次官兼代總動員局長，此不外有兩種陰謀：（一）將因襲「偷襲珍珠港」故技施之蘇聯；（二）將佈置一種由東[illegible]經過蘇聯轉向聯合國求和之印象，以期迷惑國際視聽。但時至今日，此種伎倆已不值識者一笑，我言論界已洞燭敵倭之奸，不作任何於敵寇挑撥有利之言論。

參攷消息

（只供參考）
第八五六號
解放日報新華社編
今日出一大張
卅四年四月廿二日
星明日

僞[illegible]等地召開「救國運動」大會

【同盟社南京廿一日電】中國和平地區的民衆，在祖國危急之下一致掀起，以集中統一救國的熱情，二十一二兩日，全國一齊在各地召開民衆大會。首都南京於廿一日上午八時，在國民大會禮堂，召開民衆統一救國運動大會。有各界代表六百餘名參加。發出全面支持過去戰時民衆代表大會決議案的通電。爲了配合這一運動，各省市的民衆大會亦分別發出同樣的通電，中國和平地區民衆的統一救國運動已在全國開展。

【同盟社廣東廿一日電】[illegible]美空軍的殘暴行爲，使華南民衆極爲憤激，二十一日在廣東召開救國運動民衆大會。打倒美英的民衆運動在全國迅速地展開。是日在中山紀念堂有民衆代表四萬人參加。廣東市商會理事長植子鄉講演，全體到會代表向中山之靈宣誓擊滅美英，其後並遊行示威。又過去的大會是由省政府主持，而此次則由民衆的熱情所掀起。

國參會駐委會開會 提出對兵役建議五項

【中央社重慶廿日電】國民參政會駐會委員會廿日上午九時舉行第十五次會議，聽取政府司法行政施政報告，並通過對於辦理兵役之建議案。出席主席團張伯苓、莫德惠、王世杰、江庸，參政員錢公來、許德珩、黃炎培、李永新、江一平、冷遹、陳啓天、左舜生、李中襄、許孝炎、陳博生、羅衡、王雲五、秘書長邵力子、副秘書長雷震。由張伯苓主席，報告事項：一、秘書處報告來文十件：二、邵秘書長宣讀外交部書面報告：三、司法行政部長謝冠生報告。討論事項共計兩件，江參政員一平、莫主席德惠、王參政員雲五等十一人提關於當前兵役之建議，其辦法共分五項，請役兵部一、就各報登載事實，派員澈查，依法嚴辦。二、對於非法強拉之壯丁，即日查明其下落，送回交其家庭。三

愛國從軍的女青年同志們：自從我號召知識青年從軍以來，全國青年熱烈響應，踴躍報名，在很短時間內，即超過十萬人的數額。青年們愛國的忠忱，普遍見於實際行動，這實在足以表現我國正氣所在，是深足令人欣慰的。現代戰爭是全民戰，總體戰，凡屬國民，不分前後方不分男和女，都應該一致努力，同赴戰爭，才能捍衛國家，爭取勝利。今天在我看到十萬青年男子踴躍入營受訓，已成爲有組織的精良軍隊以後，又看到愛國的女青年們集中到這裏來，舉行入營典禮，心裏格外感到欣慰，並對戰爭有了提早勝利的信心。在從軍知識青年第一期入伍時，我曾經提出幾點基本的認識，給予他們精神上、行動上的標準。女青年的任務，雖不一定手執武器直接參加戰鬥，但是對於從軍的意義仍一樣的，所以今天我再將這幾點認識提出來，作爲你們今後的準則。

第一要立志革新，改造心理。從軍不是外表的軍服和裝備，而是一切心理習慣思想行動都先要武裝起來。首先要改革除舊有的散漫浮泛、好逸惡勞等惡習，而養成謹嚴確實、刻苦耐勞、文武合一的美德。簡言之，即是每個人要訓練成功「戰鬥性格」的革命軍人。

其次要嚴守紀律，服從命令。軍隊是最嚴密之組織，而紀律爲軍隊之命脈，你們今日入營，便是加入這種嚴密的組織，在這種組織中，唯有嚴格遵守紀律，絕對服從命令，才能達到大家所負的任務，才能爭取戰爭的勝利。

再次是虛心求知，隨地學習。我常說「軍隊即學校，戰鬥即生活」。你們來自各地，來自各部門，今日共同入營，共同接受訓練，新的生活將給予你們新的知識，新的經驗。將來緊張服務，將更加充實你們的生活。希望你們在受訓和服務的期間，虛心求知，隨地學習。一方盡了你們報國的責任，一方充實了你們青春的生命。

歐美各盟國的婦女爲戰爭服務的極多，在前方後方盡了她們最大的責任，爭取了輝煌的成績，對勝利有極大的幫助。我國的婦女在抗戰中，也有了不少的貢獻，但以這次的女青年志願從軍，表現得氣勢最旺盛，行列最整齊。今天在此入營宣誓，即是表示你們堅强的決心，保證你們英勇的行動。我當以最誠摯的心情和態度來領導你們，向着光榮的勝利之途邁進。

女青年軍入營

益世報出西北版

【中央社重慶廿日電】青年團中央幹事會第三次全國會議，廿日上午九時舉行開幕式，出席幹事監察、候補幹事監察共九

、非法强拉之壯丁，因被虐待而受傷亡者，應予相當之撫卹。四、飭其屬負責辦理兵役人員，徵調壯丁一切務須依據法令，不得稍有出入。倘有故違，從嚴法辦。並在各鄉村及離市鎮較遠地區張貼佈告，釋明徵調壯丁規程及懲辦非法拉丁辦法，以免人民因不諳法令而受有不法之侵害。五、現在緊急徵兵業已足額，倘短期內，無須繼續徵調，徵丁所亦應在各鄉鎮張貼佈告，俾亦週知。決議送兵役部辦理。黃參政員炎培等提議關於禁烟委員會案一件，決議送內政部。至十一時許即散會。

陝建廳搜查農棉 民情恐慌秩序紊亂

【中央社渝廿日電】監察院頃發表監察委員×××糾舉陝西建設廳強事搜查農棉，違反中央意旨一案。糾舉書全文如下：

為糾舉事，頃接陝西來函稱棉價大漲，每百斤售價三萬餘元，官價只規定一萬八千四百元。日來沿戶搜查，沒收治罪，民情恐慌，秩序紊亂，挾嫌持勢，流弊至多。又報載陝西建設廳於三月十六日起，普遍清查，在經查獲之棉花，即以屯積居奇論罪。查陝西農民種棉，平時皆以餘棉售出，易其所需，故凡今日農家存棉，或以自給，或以用於手工業之生產（即土布），豈得以農民一年辛苦之收穫，加以屯積居奇之罪名。且官價如能持平，則棉也將不待搜而自出，所謂珠玉無足而至者是也，若不揣其本，而但以強力取之，則其影響，必為堪虞。今者陝省參議會對此事深為憤慨，並向該廳建議。蓋棉為軍事民用必需品，後方產區僅餘陝西，中央知其然也，今年且決定貸款一六億元，藉圖增產。乃地方官吏不知體國卹民，巧訂辦法，借名搜索，是值等於一手貸款，一手刼奪，上違中央意旨，下苦貧窮孑遺。茲特依法提請一面嚴予制止，一面撤職查辦，俾蔑視政策，罔卹民生之官吏，知所炯戒。謹呈院長鑒核轉咨行政院辦理。監察院監察委員錢宸修，毛紹遂提劾。中國茶業公司董事長鄒琳、總經理李泰初、協理朱義農等廢弛職務，違法犯刑一案，經監察委員巴文岐、梅公任、朱宗良審查成立，移付中央公務員懲戒委員會核辦。茲聞該會審議結果，認被付懲戒人李泰初、朱義農均有刑事嫌疑，依公務員懲戒法第廿二條之規定，應即移送該管法院依法辦理。鄒琳有無犯罪嫌疑，應一併移送該管法院附帶偵查。本案全卷函送重慶實驗地方法院依法辦理，俟刑事總結，再行核辦。

女青年入軍營時 蔣介石訓詞

【中央社渝廿日電】蔣委員長於廿日女從軍青年入營宣誓典禮及女青年服務總隊職員就職時特頒發訓令，全文如下：

十四人，蔣兼團長親臨主持，對團務、組織及幹部選拔有極確切重要之指示。十時禮成。接開預備會議，報告畢，當選出張治忠等為主席團。下午三時舉行首次大會，通過各審查委員會及召集人名單。審委會計分五個：（一）審查各項專案及團長交議事項；（二）審查有關組織、訓練、視導、體育指導及女青年等工作之提案；（三）審查有關宣傳、服務、青年工作、紀審國防科學、技術運動等工作提案；（四）審查管理一般工作及其他之提案；（五）審查各項工作報告。旋舉行知識青年志願從軍運動之檢查與會後繼續發動問題。晚八時各審查委會分別舉行會議。

【中央社重慶廿日電】全國知識青年志願從軍編練總監部女青年服務總隊職員就職，女青年入營宣誓典禮，於廿日上午十時假軍委會幹部訓練團禮堂舉行。到長官四十一人，入伍女青年三百九十一名。

【中央社重慶廿日電】中國國民外交協會第七屆年會，二十日下午三時半舉行，出席陳立夫、郭泰祺、潘公展、莫德惠及該會會員一五〇餘人。通過主要議案如下：（一）延攬專家編輯國際問題叢書；（二）派遣中國訪蘇團。（下略）

【中央社貴陽十八日電】黔參會此次會議期間，曾接獲鑪山、丹寨等八縣公民及縣參議會檢舉縣長貪污，當經該會召開吏治座談會，並送請省府依法辦理。十七日晨，在筑之鑪山、丹寨、施秉、餘慶四縣縣長招待新聞界，申述目前辦理縣政困難，對於檢舉各點，分別提出答辯，而省府參議會之在既定議程外，特為此召開臨時會議之舉，頗有煩言。省參議會認為此種行為，無異破壞民主制度，今日下午大會臨時動議，推派代表面謁楊主席，請先行將各該縣長撤職嚴辦，並決議在此事件未得圓滿（下缺）

【中央社西安十九日電】益世報西北版刻已籌備就緒，准於四月二十五日舊金山會議開幕日發刊。

【中央社西安十九日電】豫戰區學生、難民及公務人員輾轉西來，情極可憫，陝省臨參會特電呈蔣主席、宋代院長，懇請迅撥鉅款，藉資救濟。

同盟社報導 美國對華政策

【同盟社北平十九日電】美國駐重慶大使赫爾利，於上月二日歸國後，最初接見記者會上發表聲明稱：「美國只承認重慶政府，因而軍事、經濟、政治的援助僅能限於重慶政權，美國不能以武器供給單純是一個武裝政黨的延安」。明確指出美國的對華援助的方針。這一聲明給予延安的衝動非常之大，如延安機關報新華日報曾這樣的指出：「赫爾利聲明的結果，將使中國發生分裂與內亂」。大體上美「國內的對華輿論，感激延安是民主主義的，攻擊重慶為獨裁的，不能夠實現和平統一。中國通拉鐵摩爾稱延安為最進步的政黨，並讚揚延安的抗日作戰勢力。這樣美國對重慶與延安的談判非常關心。令赫爾利出面調解兩政權的糾紛，企圖建立以民主主義為基調的新統一政權。但談判結果，因雙方主張在根本問題上不相符合，遂告失敗。美國對華援助目的是在加強對日作戰，還是很顯然的。以武器援助延安，就是意味有承認延安為中國的正當政權，其後果是浪費戰力，使兩大勢力分裂。因此美國得出這樣的結論，即堅決承認支持弱點很多的重慶，為中國唯一的正當政府。於此美國的對華政策，是確定蔣介石的指導力為中國攻勢的象徵，決定依靠援蔣加強對日作戰。此次赫爾利的聲明中指出美國政府今後將不援助延安。但在延安背後尚有蘇聯，覺悟到美國不可靠的延安政權，今後將策動導入蘇聯勢力至中國大陸，今後以中國大陸為舞台的美蘇中三國關係，是極為複雜微妙的。

赫爾利離蘇來華
彼得羅夫來華

「中央社莫斯科十九日電」美國駐華大使赫爾利將軍，本日清晨離此赴華。赫氏在此會作四日勾留，啓程時似極愉快，其最近之旅行，必有助於在中國之工作。

「中央社莫斯科十九日專電」蘇聯新任駐華大使彼得羅夫，本日上午九時乘專機離此經阿拉木圖轉赴中國。隨行者有其夫人及女公子二人。我國駐蘇大使及使館參事，秘書以及蘇聯外委會遠東司職員，均往機場歡送。

英美拒絕波臨時政府
參加舊金山會議

「美聯社華盛頓二十日電」這兒的外交家感覺世界安全機構的整個問題，須於本週末的三強外長會談，雖然舊金山會議開會日期僅一週了。這是由國務院所決定的，國務院今日第二次拒絕了莫斯科所提華沙波蘭政府出席聯合國會議的要求，除非波蘭聯合政府能夠及時建立起來。倫敦當局似乎將採取華盛頓同樣的立場。莫斯科反映如何，現毫無徵兆。官方分析情勢說：一、蘇聯絕對堅持莫斯科所認為的「安全地帶」，蘇聯邊界上中歐大陸境內各友好國家的安全，甚至意味着廢棄世界機構的計劃亦在所不惜。二、美國希望說服蘇聯，建立一世界機構，保證美國參加，並在其外交政策中遵行民主的原則，是更為安全。三、莫斯科絕對拒絕在此問題認為××的原則的基礎上解決其安全問題。聯合國在「和平機

面有一處起火，昨日下午九時卅五分那霸西南海面有二處起火，下午十時四十五分至五十分望見卡特那西方海面有九處起火。十時五十分牧港西方海面敵大型軍艦二艘中彈起火後已沉沒。

「同盟社里斯本十八日電」美軍已開始使用琉璜島作為戰鬥機的基地，敵承認戰鬥機由該島出擊，在距離上有困難。巴的摩太陽報特派員赫拉報導：以琉璜島為基地的第七戰鬥機隊的P五一式機及野馬式戰鬥機於十六日侵入九州南部飛機場上空，實行低空轟炸。駕駛員們坐在狹小的座位上，自離地到六七小時後着陸之間身體很不自由。在目標上空進行激戰的數秒鐘，感到時間很久。駕駛員們沒有準備充分的燃料，二千四百公里的航程都在海上。

「同盟社陸軍某航空基地廿日電」佐藤報導班員報導：企圖以沖繩決戰作我戰事轉捩點的特別攻擊隊，雖繼續使敵艦船大量出血，然而在沖繩週圍海面，仍有包括主力艦二百艘以上的艦船努力維持壓倒的優勢，從四月一日沖繩島登陸以來，至廿日為止，在此期間登陸的兵力，有海軍第一第六師團，及第二十四軍的第七、第廿七、第七十七、第九十六各師團，共計六個師團，總數約有十萬左右，島上的北中兩機場，已為敵軍佔領，不久即當開始使用，對此我守備隊連日反攻，使敵人流了不少的血，據大本營發表，敵人已有一萬人內外的損失。在水上殺戮敵艦船亦達四百艘之多。（下略）

柏林情況

「海通社柏林廿一日電」今天柏林裏一世紀以來第一次聽到大砲的吼鳴，雖然還是不時的轟鳴和散發的。另一方面東郊已聽到多時，並偶而聲音之猛烈至於窗格子也格格作響。在這種環境下，許多柏林人在問柏林是否會宣佈為不設防城市？並且還有三百萬人口的居民（其中有無數的婦孺），從而可以免去最激烈巷戰的考驗，是很自然的。如果柏林宣佈為不設防城市，那便是德國在這次戰爭中第一個不設防城市了，因為從匝環起每一個城市都是防衛過的。星期五下午柏林仍呈現一般的常態。早晨六點鐘（這主要的是指定給郊外的人民的）後，居民又進行着他們日常的事務。鋪子又開門了，家庭主婦開始準備用煤生火煮飯。但是到了星期六早晨，情景已顯然改變了。煤等必需品之極端缺乏，公共運輸交通工具減到了最最低限度。只有有通行證（柏林重要企業部門只能領到少數幾十張），才能利用地下鐵道及其他公共運輸工具。其餘的人只能騎腳踏車——如果還有腳踏車的話——或步行。商業、工廠、報館必需儘可能以少數若幹人員進行工作。斷絕電力供給——今日發佈命令禁止利用電力及煤氣

構」中可能無所貢獻。（下缺）

敵朝日新聞論太平洋戰局

【同盟社東京廿日電】朝日新聞社論稱：冲繩的戰局，已處於慘烈的混戰狀態，戰事已進入最高潮的階段。由於我特別攻擊隊集團的連續的攻擊（這可說是從來無有的作戰計劃），敵人已受到重大的損失，敵人的攻勢，已經表示弱化的傾向，這由此可以知道敵人所受的打擊，是多麼嚴重。現在進行的戰鬥正如豐田司令長官所說的，眞是決定皇國命運興亡的，我們要抓住這一刻千金的良機，奪回主動權，不給敵人充分的時間，而抓住這種勝利的機會，予敵人重大打擊的武器就是飛機，如果在這種嚴重時機，不能如意地供應飛機，那末勝利的時機將永遠離開我們，現在正是超過個人的，國家的一切障礙，拿出一切，爭取勝利的時候。敵機動部隊雖受到重大損失，但是還不能離開戰場。現在戰局由下列情形來決定，即敵機動部隊受到重大打擊之前，就完成其推進基地的企圖，或是我特別攻擊隊在敵人完成其企圖以前，進行總攻擊，殲滅敵人的主力，因此現在的戰局，已處於最後的關頭。我們應該冷靜、沉着地正視事態，完成我們勝利的責任，使我們對付目前局勢的辦法不致發生錯誤。

冲繩美軍攻勢後 雙方砲戰更趨激烈

【同盟社西南某基地廿一日電】由於敵軍於十九日以來轉爲正規的攻勢，冲繩島的戰鬥愈趨激烈，敵人陸上海上的一切火力，都集中攻擊我主要陣地。我砲兵亦予以還擊，因此在狹小的冲繩南端地位，展開極其激烈的砲戰。天氣仍然不佳，因此沒有很大的空戰。十九日冲繩本島上空出現的飛機總數不過一百五十架，廿日我機繼續攻擊中、北飛機場，至少有三處被炸起火。另一機隊轟炸冲繩周圍的敵艦船隊，擊沉敵大型驅逐艦一艘。敵機動部隊似乎還在列島東方海面集結殘存勢力，昨日約有敵機二百架襲擊以喜界島爲中心的各地。

【同盟社東京廿一日電】十九晨敵軍在冲繩本島南部地區開始進行攻勢，我第一綫將士反復進行攻擊，阻止敵人前進。廿日敵人更在猛烈的砲火掩護下，着重攻擊西海岸方面。廿日黃昏敵人進抵南上原一四一呎的高地、西原、嘉數一綫，彼我之間正展開激戰。另一方面我空軍特別攻擊隊冒着惡劣的天氣出擊，可由陸上陣地望見的戰果如下：十九日下午七時卅分伊戶岬南方海面有大火四處，中城灣內有四處大火。廿日上午五時廿分本特那西方海

作家庭煮飯或點燈之用，即使可用很短時間——的進步，結果是沒有了空襲的情報。因爲無綫電機不能開了，居民就無法知道敵機入境，而且在晚上當蘇聯作戰飛機及英蚊式機輪番飛到京城上空時，居民便不得不老呆在防空洞裏，因爲他們不知道到底怎樣了。結果柏林人通曉沒有睡覺。（漳兩句不消）柏林已是前綫城市了。居民們自然焦慮他們本身的生存，可是仍舊表現出——這也許是更自然的——極大關心附近戰場的發展情形。×××的消息像野火一般傳開了，而且今天早上整個柏林都已知道俄國的坦克已經沿着柏林城的主要路綫用勁向東駛到東戰場去。

【海通社柏林廿一日電】今天（星期六）柏林人們討論的主題之一，便是所發佈的只有有紅色通行證者才能利用公共交通工具的法令。因爲現在所發的通行證的數目極爲有限，因此無數的人必須呆在家裏，商業機關、公司等必須再次修改他們的職員名單。新的紅色通行證將不再發了，這件事使情勢更加複雜，居民受到今天法令的打擊，該法令說：在不戒嚴時期利用電車及星期六下午和星期日可不需通行證而利用地下火車，現在也都禁止利用了。因此已再不能訪問親友或進城買東西等，除非目的地相距很短。

同盟社評論 紅軍壓倒性的大攻勢

【同盟社柏林友枝特派員十九日電】紅軍在柏林正面的總攻擊，終於在十六日開了火。紅軍這次攻勢，經過兩個月的準備期間，因此紅軍武器彈藥的儲藏量，是非常龐大的。其數量之大可由下列事實見證：即紅軍僅在二小時之內，即向德軍陣地內發射了四、五千發砲彈。在狹隘的地區，紅軍用以襲擊德軍防綫的攻勢方法，與美英兩國戰術性的轟炸不同：於猛烈的砲擊後，即出動大坦克隊，企圖狠命地突破戰綫。這次，在圍繞奧得河的平原及丘陵地帶，也展開着非常激烈而大規模的坦克戰，德蘇兩軍的損失都非常重大。紅軍的攻勢，現在有三個重點，第一個重點在佛蘭克福南方，第二個在庫斯特林西方，第三個在該里茲德地區。但由於德軍防衛的强固，紅軍在攻勢的第一天，在上述三個地區中，最大限度前進六公里就停止下來。在庫斯特林西方，現正展開苦戰中，例如西洛夫曾一度爲紅軍攻佔，但又被德軍奪回。德國指揮部有堅强的決心，要防守柏林到底，其堅決防衛的氣勢，是很悲壯。希特勒總統於十六日，向在東綫作戰的全體將士，發出激勵文，下令須出死力以防衛國土。總而言之，面對着物質上佔優勢的紅軍的柏林攻擊戰，德軍及德國國民熱烈的國土防衛精神，將如何來阻止它，只好等待還四、五天的戰況。

参攷消息

（只供參考）

第八五七號

解放日報 新華社 編

今日出半張

卅四年四月廿三日 星期一

海通社報導柏林戰況

【海通社柏林廿二日電】軍事發言人稱：對柏林的進攻現已××××××。在奧得河前綫與涅斯河前綫，蘇軍能深入德軍防綫深處。雖至今他們尚未獲得運動的充分自由。但他們已到達柏林城掩護砲火的防區了。坦克火網，坦克×××與强大的新後備軍現在將決定德國防綫的性質。發言人表示在×××的大量抵抗，將會有效，三個戰鬥的中心現在固定在奧得河前綫上。蘇軍前進至溫哥爾森林——努連堡以北的第二地區，往東至斯特拉堡，在第三地區利金進攻者得以深入斯特魯貝克森林。從利金往北，他們只有很小進展。涅斯河前綫的戰鬥與爭奪柏林之戰有密切聯系。蘇軍的壓力將暫時向西南，德國軍事發言人認爲還有兩種可能性，或者蘇軍目的在於與美軍會師，或者往北×××以便從南面進攻柏林，德軍正在該地區進行很多反攻。下缺……

【路透社巴黎廿一日電】總部××參謀史密斯×將今日稱，現在仍有××懷疑，認爲巴本本人的被俘是他希望盟國將利用他向希特勒提出和平建議。盟國電臺還樣做的意思。巴本攜有德方和平建議的懷疑在他爲英、美、蘇三國×××盤詰後，證明是不對的。史密斯堅持稱，和德國沒有立即的××，並警告稱，可能傷亡重大的戰鬥仍在前面。但艾森豪威爾已決心盡可能節省盟國的生命。史密斯透露，關於肅清德國各部份問題，尚未與蘇聯決定××計劃。

【海通社柏林廿日電】過去廿四小時中，蘇軍更加强壓力於柏林前綫。雖然敵人不顧損失，投入愈多的兵力於戰鬥，但戰爭尚未到達最高潮。在受威脅的緊急關頭，形勢立刻被德國後備力恢復過來。雖然蘇軍在某些地帶得到某些進展，我方直到現在仍保存着完整的戰綫，敵人仍不可能朝着柏林作戰略的突破。蘇軍在庫斯特林——柏林公路兩旁都得到某些進展，德軍會在布口正東及靜珍穆真北四公里的庫斯特林——柏林公路上，與敵軍激戰。蘇軍距德京尚有五十到六十公里。敵人的深入往北又有進展，此地蘇軍裝甲部隊已沿利森——斯特拉斯堡公路越過利森數公里。雖然如此，蘇軍裝甲部隊爲獲得這些進展，曾付出極高代價。過去三日中，奧得與涅斯河前綫之戰，被德軍及德空軍所毀之蘇聯坦克，不下於一千零七十四輛。蘇軍可能不致將所有裝甲部隊均投入戰爭，但他們却很難彌補這大的坦克損失。在涅斯河前綫，蘇軍在哥特巴斯，斯普勒伯格之間，於革利茲、哥森之間，得到深入進展。蘇裝甲先鋒隊距哥森十五公里。看來蘇軍盡力企圖與美軍在德累斯敦或什麼地方會合。布魯恩南敵人的壓力也加强了。在巴敦與波爾敦之間，蘇軍發動大規模進攻。因此，實際上蘇軍除斯德丁戰綫處，已向整個戰綫進攻。雖然如此，這一地帶的再度大規模進攻，可能於數日內發生。德軍仍將予以苦戰，並以最崇高的決心，保衛他們的陣地到最後。敵人的進攻會被阻止是沒有問題的。

【同盟社東京廿一日電】歐洲戰況：（一）東部戰綫：據德軍前綫消息，奧地利戰綫托爾布金指揮的第三烏克蘭前綫紅軍，於廿日在巴登山區與波爾登間開始攻擊，現在紅軍在北自斯德丁，南至巴登的七百公里戰綫上開始總攻擊。另一方面，羅科索夫斯基指揮的第一白俄羅斯前綫，紅軍在柏林東北的平原上與德國機械化部隊展開激戰後，廿日在廿七公里的戰綫上突破德軍陣地，抵達都市東北十一公里的地點，由涅斯河橋頭堡開始攻擊的科涅夫指揮的第一烏克蘭前綫紅軍，已於廿日到達加羅地區，現在與烏爾森地區美第一軍的距離只有九十五公里。科涅夫左翼坦克部隊向德累斯登北上，據另一傳說，紅軍偵察隊已與德累斯登地區的美第一軍先頭部隊會合。（二）西部戰綫，據前綫消息，廿日英第二軍已進迫距漢堡南郊一公里半的地點。英國第十一機械化師團似已控制由漢堡至易北河西岸卅二公里的戰綫。

【同盟社斯托哥爾姆二十日電】據德軍前綫報導：羅科索夫斯基（編者按：此處恐係朱可夫之誤）指揮下的第一白俄羅斯前綫軍，在大柏林地區東北方平原，與德國機械化兵團展開激戰，二十日在寬約二十七哩的戰綫口突破德軍陣地，由維尼奇，經布萊奇愛爾，進抵大柏林地區東北方十一公里的布法黑爾。柏林市內於該日下午以來，已進入紅軍長距離砲射程內，紅軍的巨彈落在市街地區，德中央軍的預備兵力在本日早晨以來，已逐漸乘卡車奔赴前綫，但紅軍的壓力極爲頑强，予　型陣綫以極大壓力，戰鬥是從所未有的悽慘與激烈。

戈培爾最後呼號

【同盟社柏林廿一日電】德國宣傳部長戈培爾於二十一日夜，以柏林納粹黨支部長的資格，向市民發出悲壯的佈告，呼籲市民堅決死守柏林。佈告內容如下：柏林市民用血淚獲得的東西，應該採取一切手段盡力保衛之。諸君以血汗得到的東西，應堅決死守之。在過去數年爲了國家社會主義而進行的猛烈鬥爭中，知道如何愛護柏林。我們決不能把我們的城市交給敵人，諸君在長期困難的鬥爭中表示了對敵人一步也不退讓的氣概，諸君的精神，諸君的不屈不撓的抗戰威力，和諸君的生活將決定行將到來的柏林之戰的勝敗，幹！幹！一直幹到最後一人！

【同盟社蘇黎世廿一日電】最近兩個月，柏林的面貌已經變化了，以前曾經構築防禦陣地，但是嗣後有組織的構築防禦，強固的障礙物已經完成。電車和貨車都橫在路上，像房屋一樣堵住道路。這對於市民的心理，有很大的影響，給予市民以一種安全感，另一方面無論什麼地方都沒有發生暴動的情事，最初市民對於紅軍抱着不安的情緒，但是現在就決心留在城內，蘇聯雖然宣傳紅軍對德國人民的態度，但是納粹黨揭露紅軍殘暴的情形，使市民不受其欺騙，現在市民都不想逃難，因爲各地都發生人口過剩，由於食糧的困難，黑市盛行，價格非常高，例如麵包一公斤要一百馬克，市民在街上演習，市民中亦有人不穿制服，不拿武器。青年們都決心戰鬥，警官担任警備軍事設備。影院還放映電影，亦有舉行音樂會，學校一般的都關了門，只有大學還上課，柏林雖然遭受空襲，但是交通機關還繼續活動。

同盟社一週戰況

【同盟社東京廿二日電】（一）沖繩島方面——沖繩島敵軍在過去十三日未前進一步，完全陷於膠着狀態，敵軍爲打開僵局，除力保北、中兩機場，藉以向沖繩本島北部推進外，並進攻神山島，津堅島的前衛島，如十六日在伊江島登陸，十五日在水納島登陸，企圖形成對我南部主要陣地的包圍形勢，又敵人爲保障登陸軍的供給，本週末敵艦砲對我南部陣地的轟炸，逐漸激烈，並出動艦上機襲擊我各地。十七日以後，且改用陸上水機。我神風特別攻擊隊以下航空部隊，則連日連夜出擊該敵，打擊敵之機動部隊，沖繩島週圍的艦船，和登陸部隊，擊沉擊落敵艦船足有四百艘之多，而敵人亦努力彌補機動部隊的陣容，企圖在我機攻擊下，依然保持登陸軍和其供給線，敵機雖然企圖對我九州實戰術轟炸，但其規模之小，足以證明敵猶豫部隊受到我方的打擊。但爲真六，爲非敵軍不惜轉用馬里亞納的B二九，進而出動琉璜島的P五一，繼續其戰術的轟炸。自敵軍登陸以來，已有二旬，敵我猛烈航空消耗戰的結果，敵人所玩弄的一套手段，即在登陸作戰時，保持艦船航空的絕對優勢，已令被我軍打破，現在敵我在琉璜島的空軍力量，已不相上下，今後靈島上空的空中消耗戰，將左右戰局的發展。（二）本土方面——馬里亞納的B廿九，P五一，配合着沖繩作戰，連日襲擊我本土，廿一日並大舉襲擊我九州航空基地，敵機B廿九式每次來襲雖均有相當損失，但一面撤消印度的航空基地，一面加強本國的補充，其實力竟逐漸增強，現在馬里亞納似有四百五十架，琉璜島似有一百五十架以上。（三）菲島方面——菲島內海之敵艦船，最近頗爲活躍，積極鞏固菲島各佔領區，關於陸上戰況，我軍雖在呂宋各地，不斷消耗敵人，但戰鬥最烈的是在巴基奧地區的山岳地帶，在碧格那哥週圍，敵我展開了肉搏戰，在呂宋島東南蘭加斯比方面，在陸海軍協力下，給敵軍的打擊很大。在民答那峨、三寶顏方面登陸之敵，不斷增強兵力，總攻軍攻擊，從三月九日至現在，殺傷敵人員四千七百以上，擊毀飛機五十五架，坦克四十九輛。（四）西南太平洋方面——這方面的戰況，比諸沖繩島方面，是稍爲沉寂的，敵少數飛機對婆羅洲東岸的巴里八板、塔拉干的襲擊，頗爲頻繁，敵巨型機已不斷來襲。（五）中國方面——我軍在佔領老河口後，仍在順利前進中。（六）緬甸方面——北緬甸我軍在開西曼山整理陣地後，正在和南下之敵交戰中。在緬甸方面，敵攜帶坦克百輛，於十七日向梅可台拉南方約八十公里之沙尼揚附近推進。又梅可拉台××六十公里之敵，亦於是日夜發動攻勢，該地該守軍乃整備體制，和兩方面之敵，進行激戰中。（七）印度洋方面——十四十五兩日，有擁有航空母艦的英國機動部隊，襲擊蘇門答臘西方的尼亞斯島。我守軍乃立即還擊，此不過是敵軍配合沖繩作戰的一種蠢動而已。

偽寧準備設立『民意機關』

【同盟社南京十九日電】爲回答戰鬥的中國民衆的熱誠，三月下旬在南京舉行的戰時國民代表大會，會通過了統一全國行政機構，設置民意機關等十三項決議案，並立即向政府進言，與政府表裏一體，協助政府展開和平統一運動。各地方爲響應這一行動，各地亦均舉行地方代表會議，除支持代表大會決議案外，並決定成立人民的自衛組織、設立民意機關等具體方案。

參攷消息

（只供參考）

第八五八號

解放日報 新華社 編

今日出半張

卅四年四月廿四日 星期二

國民黨公佈 第四屆參政員名單

【中央社渝廿二日電】國府廿三日令：國民參政會第四屆參政員，業經依照國民參政會組織條例分別選定，茲將其名單公佈之。此令。國民參政會第四屆參政員名單：（一）依照國民參政會組織條例第三條甲項遴選者：四川省劉明揚、廖學章、傅常、陳銘德、但懋辛、余際唐、黃肅方、甘績鏞、朱之洪、王國源。湖南省胡庶華、余楠秋、左舜生、劉興、許孝炎、邱昌渭、張炯、鄧飛黃、譚光、唐國楨。浙江省褚輔成、錢鐵大、胡健中、吳望×、葉溯中、趙舒、陳其業、朱惠清、駱美奐、劉□因。廣東省黃範一、陸宗騏、陳紹賢、韓漢藩、何春帆、鄒志奮、劉蔭英、官祥×、王若周、張良修。安徽省馬景常、陳鐵、光昇、常恆芳、奚倫、翟純、劉啓瑞、金維繫（？）、吳滄洲、劉眞如。山東省范予遂、傅斯年、劉次簫、孔令燦、丁基實、龐鏡塘、王立哉、杜雪案、王仲裕、趙公魯。河南省王隱三、張金鑑、燕化棠、李漢珍、劉景健、田培林、張雨生、翟倉陸、王芸青、姚廷芳。湖北省李薦廷、李四儀、孔庚、楊一如、石信嘉、張難先、喻育之、饒鳳璜、黃建中、劉叔模。江西省張國燾、李中襄、王冠英、王又庸、甘家馨、熊在渭、王德興、王枕心、吳健陶、王不平。江蘇省冷遹、江恒源、陳源、薛明劍、顧頡剛、張維楨、蕭一山、汪寶瑄。河北省耿毅、××、張之江、王啓江、魏元儼、馬洗繁、何基鴻、王化民。陝西省張鳳翽、高文源、李芝亭、張丹屏、趙和亭、張守約、王維之、楊大乾。福建省石磊、康紹周、李絟、×學淵、葉道×、××龍先、江庸、鄭揆一。廣西省黃鍾岳、林虎、雷沛鴻、陽叔葆、蘇希洵、蔣培英、程思遠、廖競夫。雲南省李培炎、范承樞、嚴鐸、李鑑之、趙澍、陳賡雅、張邦珍、伍純×。貴州省王亞明、黃宇人、張定華、周素園、商文立、尹述賢。甘肅省寇永吉、柯與參、段焯、張作謀、陸錫光、馬元鳳。山西省梁上棟、李鴻文、武肇煦、潘連

主義運動的偉大動力，設國民黨仍固執其一黨專政，中國的和平統一是不可能的。

【同盟社北京十七日電】重慶、延安關於樹立聯合政府及聯合統帥部的談判仍然陷於僵局。據到達此間的情報稱，最近重慶政權利用美國對延安態度冷淡的時候，向延安提出下列兩個提案作為在軍政兩方面調整渝延關係的方策。即在政治方面，由重慶政權代表一人，延安黨部代表一人及美國代表一人組織調整委員會。在軍事方面則改編延安軍，並受魏特梅耶指揮。延安認為這仍是重慶的鬼計而拒絕之。重慶廣播甚至懷疑延安有無共同抗戰的意思。重慶國民黨機關報，益世報在本月九日的報上發出這樣的警告：「他們（指延安——譯者註）不管抗日戰爭發展障礙，也要專心致意於傾覆重慶政府，獲得政權的工作。」

彼得羅夫抵迪化

【中央社迪化廿三日電】新任蘇聯駐華大使彼得羅夫來華上任，於廿三日上午十一時自阿拉木圖乘中蘇航機飛抵迪化。大使夫人及兩女公子同來。前往機場歡迎者，有吳主席忠信，外交特派員劉澤榮夫婦，民廳長鄧翔海，省黨部代書記長金紹先，美蘇英領事及蘇領館職員等卅餘人。大使下機後，即由蘇代總領事葉謡進、劉特派員介紹與歡迎者相見，握手寒喧後，即乘車入城，赴蘇領館休息。下午五時，大使由劉特派員，葉代總領事陪同拜會吳主席。五時半拜會朱長官。晚七時朱、吳在主席官邸設宴歡迎大使，並邀各國領事及各機關首長作陪。

國民黨戰報

【中央社重慶廿三日電】軍委會廿三日發表戰訊：鄂北方面，我軍向荆門攻擊部隊，業已攻達荆門以北胡家集（距城九十里）、石橋驛（距城五十里）地帶，仍續行攻擊前進，迄至廿二日午，襄河西岸已完全恢復三月廿一日前原態勢。豫南方面，西峽口以西地區戰鬥仍烈。廿二日，我軍由西向東攻擊部隊略獲進展。同日敵曾由南向北兩度反撲，但均被我擊退，並予以重創。淅川南面，我軍於廿二日痛擊由淅川城向我反撲之敵，斃傷敵二百餘，我繼向淅川城猛烈攻擊中。南陽附近，戰鬥在繼續激烈進行中，我敵均無進展。平漢路南段東側，我軍向上蔡攻擊，廿一日曾一度攻入城內。豫西方面，我軍廿二由長水鎮南側進至該鎮東南地區後，遭遇敵人頑強抵抗，現正進行激戰。我軍另一路部隊鑽隙突至敵後，已攻克距洛寧廿里之馬店，截斷長水鎮以東敵之退路，現

茹。遼寧省高惜冰、張振鷺、錢公來、齊世英。吉林省李錫恩、王寒生、張潛華、陳紀瀅。新疆省哈的爾、卜文龍、桂芬、烏馬爾。重慶市潘昌猷、鄧華民、胡仲實、陳今生。察哈爾省張志廣、喬廷琦、李毓田。綏遠省焦守顯、蘇珽、李樹茂。上海市奚玉書、陳霆銳、陶百川。青海省李洽、馬驥雲、李德淵。西康省張緝、黃汝鑑、格桑澤仁。寧夏省馬兆琦、卞光和、周生楨。黑龍江省馬毅、王宇章。熱河省譚文彬、王紐摛。南京市陳裕光、饒淳桐。北平市陶孟和、陳石泉。天津市張伯苓。青島市張樂古。西京市韓兆鶚。（二）依照國民參政會組織條例第三條乙項遴選者蒙古進魯瓦、李永新、金志超、喬木棍旺扎勒拉卜旦，榮照、西藏羅桑扎喜、阿旺堅贊、拉敏益喜楚臣。（三）依照國民參政會組織條例第三條丙項遴選者、鄺滌雷、何葆仁、司徒美堂、連瀛洲、林慶年、李文珍、陳榮芳、馮煥科。（四）依照國民參政會第三條丁項遴選者，邵恩益、于斌、王雲五、張瀾、黃炎培、王曉籟、章士釗、李璜、陳豹隱、曾琦、周道剛、晏陽初、冷遹、范銳、毛澤東、林祖涵、周覽、楊端六、成舍我、張寰樞、秦邦憲、張君勱、錢端升、吳貽芳、錢永銘、陶玄、周炳琳、張其昀、伍智梅、劉蘅靜、陳逸雲、譚平山、陳紹禹、呂雲章、鄧穎超、馬乘風、徐炳昶、董必武、余家菊、陳啓天、胡秋原、許德珩、程希孟、張奚若、薩孟武、謝冰心、羅衡、達浦生、胡霖、許文頂、胡適、莫德惠、梁實秋、常乃悳、陳博生、彭革陳、楊振聲、江一平、胡木蘭、王世穎、王普涵、席振鐸、郭任生、喜饒嘉錯、何魯之、鄒振文、周謙沖、周恩來、吳玉章、盧廣聲、梁漱溟、章伯鈞、冷曝東、端木愷、吳藻初。

同盟社播
董老赴美前聲明

【同盟社北平廿二日電】抗戰中國出席舊金山會議的代表團，在險惡的空氣籠罩下，均紛紛首途美國。據十九日塔斯社重慶電，延安代表董必武在赴美前發表聲明書，於痛烈批評國民黨專政獨裁後，發表延安代表出席會議之目的，在於促進中國民主主義政治的實現。其聲明內容如下：我以抗戰中國同胞代表者的資格，出席舊金山會議，其任務是向全世界陳述延安黨部的意見，即是說確認民主主義在全世界高漲的這一事實，因而希望迅速在中國得以實施。設民主不得實施，不僅和平不能到來，國民也還擺脫不了惡政的痛惱，同時也不會給他們以自由和幸福。董必武的上述聲明，反映了中國代表團的內部分裂，因而殊堪注目。另外重慶第三勢力領導者中國青年黨領袖左舜生，亦與此相呼應，聲稱：現在延安黨是民主

正由前後兩面向敵夾攻中。我軍掃蕩陝縣以南地區，我軍在敵後部隊續向臨汝、寶豐攻擊，廿一日已將兩縣間之大牛攻克。湘西方面，我軍向益陽追擊前進部隊，廿二日晨已攻達益陽西南郊區，現正續向城垣猛攻。我軍向寧鄉進擊前進部隊，擊退敵之反撲，現已攻迫西郊地區，敵據守既設陣地頑強抵抗，刻正激戰。我軍向寶慶西北地區攻擊部隊，廿二日擊退敵之兩度反撲，略獲進展。寶慶以西桃花坪，賽市、隆迴寺各附近地區，戰鬥仍極激烈。白馬山附近敵仍有增加，死力頑抗，我正加以猛擊中。新寧西北我軍繼續向敵攻擊，稍獲進展。廿二日敵由新寧城增援反撲，但未得逞。同日敵另一股由新寧向城後方向竄擾，被我擊斃傷百餘。

榆林召開陝北行政會議
三青團討論青年領導與團務發展

【中央社榆林十九日電】（遲到）榆林行政專員傅雲召集陝北各縣縣長在榆林舉行行政會議，會期三日，十七日圓滿閉幕。鄧總司令寶珊，陝北警備司令左世允均出席訓話。勉各縣長簡化政治，並下鄉與民衆接近。傅雲倡導以「誠」與「拙」轉移風氣。大會決定：一、籌設三邊畜牧學校；二、恢復府谷初級中學；三、提前成立各級民意機關；四、請放農貸改進民生。其他議案尚多，大都注重於減輕人民負擔。陝北召開行政會議，近年來尚爲首次。

【中央社渝廿一日電】青年團第一屆中央幹事會第三次全體會議，於廿一日上午八時舉行第二次大會，主席賀衷寒、劉健群。討論青年領導及團務發展問題。與會人員先後發言檢討，最後主席宣佈將所有關於該問題檢討意見之紀錄，彙交第三審查委員會歸納整理，製成青年領導及團務發展問題決議文，再提大會討論。下午三時舉行第三次大會，主席朱家驊、康澤。討論團的組織與活動問題，最後主席宣佈將各發言人意見並交第二組審查委員會歸併整理，再提大會審議。晚七時各審查委員會分別舉行審查會，全會共收到提案四十八件，預定廿一日晚間審查完畢，廿二日上下午繼續舉行第四五次大會，進行討論提案。又全會對知識青年志願從軍運動極爲重視，特推定劉健群、鄧文儀等七人組織小組委員會審查「知識青年志願從軍運動」工作報告。

【中央社渝廿一日電】財政部近爲簡化貨運手續，便利物資流通起見，業已會同經濟部，呈准行政院，將前頒戰時管理封鎖區由後方購銷民生日用品

辦法，予以廢止，嗣後對於戰時管理進口出口物品條例附表以列各項應管理之出口物品，除其中若干項品業經政府頒有單行管理法令規定，運往封鎖區域銷售，應受相當之限制者，仍應依照原規定辦理外，所有其他物品，在未輸出國界或封鎖綫之前，一律免證運銷，以利貨運。至對企圖越出封鎖綫之應受管理物資，則責由查緝機關，嚴加增緝，以防資敵。

【中央社南鄭廿一日電】青年軍編練總監部政治視導王××等，今偕某師參謀長王果夫，赴天水慰問青年軍六一七團。

【中央社重慶廿二日電】租借法案項下赴美實習人員，近經主管方面商定分期啓程，第一期三百名由交通、經濟、農林三部按照錄取人數比例分配名額，出國手續均已辦妥，自本月一日起至五月×前陸續乘機出發。廿一日晨八時，在渝搭中航機飛印者計有交通部公路×新組毛履康等九人，經濟部電××陳俊雷等十五人。此爲該項出國人員中之第一批，而第二期三百名之出國手續，亦在趕辦中。

【中央社西安廿二日電】國立河南大學已擇定寶鷄外龍寺、姬家寺一帶爲校址，滯陝師生定二十二日出發，準備復課。又該校張廣輿校長現在西安主持遷校事宜。

【中央社永安廿一日電】崇安縣長黃煥采，包庇僚屬貪汚，近且違法扣押省田粮處專員黃開瑞，省處派員前往澈查，據悉該縣田粮處情形至爲複雜，尤以第一科長徐允康媚上欺下，抗令瀆職，賄買赤石？五夫，興田等倉庫管理員，每名或以國幣萬元或以乾穀千斤，每月仍得報效乾穀一二百斤，或以金錢鷄鴨代酬。經盤查總倉結果，庫存公粮舉收撥對照表，竟短少六萬餘斤，後操核對帳目，發現原由黃開瑞封存之帳目，已被該處第四科長吳瑣擅自拆封，總倉封條亦於盤查前被盜拆，玩法妄行，莫此爲甚。現已得各項證據及該縣處科股長、經征員、倉庫管理員等十餘名檢舉簽呈一件，一並帶處呈請懲辦。又該縣處假借彌補水××耗畜之不足名義，一、四兩科長與總倉主任於二月初旬私行請求救濟，結果由彙處長撥准以二萬九千斤糙米照限價每斤二元三角賣予各水×商，該項限價米已於二月中旬撥售竣事，明記帳冊，至三月二旬，該×商均未購得該項限價米。當時崇安市價每斤廿元，共計五十八萬元，遂爲該科長徐允康、呂碩及總倉主任朱×××串通彙處長夥同吞沒，現水×商汪昌福亦聯名呈訴省處，請求發給該項限價米。

定計劃進行，但必需覺悟要有相當的傷亡。」

【同盟社中太平洋基地廿二日電】我航空部隊於廿日夜，攻擊沖繩本島周圍的敵機動部隊，又攻擊伊江島南方的敵艦船群。廿一日夜，我航空部隊轟炸沖繩本部北部、中部飛機場，全部炸彈命中跑道及堆積所，並引起大火。同日夜又強襲列島東南敵有力的機動部隊數群。廿一日敵艦載機及陸軍飛機來襲列島各地者共達五百數十架。

【同盟社東京廿二日電】從琉璜島起飛的四十架P五一式敵機，保護着若干B二九式機，於廿二日午前十一時，襲擊我東海地區，達一小時，用機槍掃射我工場，我方損失輕微，關於戰果，目前正在調查中。

【同盟社里斯本廿一日電】據華府來電，美海軍部公佈，自開戰以來，美國共損失海軍人員九萬八千三百三十人。

敵東亞傀儡會議發表聯合聲明

【同盟社東京二十三日電】自去年十一月大東亞會議舉行以來，迄今已經一年半了，其間美英制霸大東亞的野心更加露骨，已經威脅到大東亞各國所獲得的獨立，向大東亞各地侵犯，在這樣的情勢下，政府乃決定在大東亞各國政府的諒解下，召開大東亞大使會議，以期貫澈大東亞宣言的宗旨，與適應世界情勢的變化，以期確立大東亞的指導理念，現已在東京舉行上述會議，參加者共六名：計有東鄉外相兼大東亞相，王滿洲國大使、蔡中華民國大使、泰門緬甸國大使、維齊特泰國大使與瓦爾加斯菲律濱共和國大使等人，會上就建設世界秩序的理念，毫無隔閡地交換意見，在二十三日的最終會議上，又採納了大東亞共同宣言，進一步擴充與發展大東亞宣言，並將其宣示中外。

【同盟社東京廿三日電】廿三日大東亞大使會議上採納的聯合聲明如下：

（聯合聲明）大東亞各國對於美英的侵略已共同提攜，克服一切困難，向着貫澈共同戰爭邁進，以至於今日，俾能從美英的桎梏中解放大東亞。美英以強力壓迫中立國家使之成爲戰爭的工具，並藉口解放他國，實際上它任意擴大其勢力範圍及干涉他國內政，對於敵對國家則企圖抹殺其國家、民族生存的基礎以及固有的文化。他們的戰後計劃不管其用一切政治的粉飾，都是專門以強力強制使人擁護自己所喜歡的秩序。美英是要以國際政治置於自己的專制之下，任意担任全世界的警察，壟斷世界經濟使其帝國主義的支配世界能夠長久維持下去。因此不保證其他國家民族爲求生存與繁榮所需要的公正

同盟社報導

紅軍突入柏林市中心

【同盟社蘇黎世廿三日急電】瑞士報紙駐柏林特派員在喀涅茲那市拍出電訊稱，紅軍由柏林東北郊外前進十一公里，終於突入柏林市中心，紅軍坦克部隊及哥薩克策兵隊，強硬地突破每一境界設置的德軍防禦陣地，廿二日夜進抵雲塔登、林登的大路，目下正在雲塔登、林登道路上展開激戰。

【同盟社蘇黎世廿二日電】據柏林廣播稱：元首行營在廿二日的戰況公報中稱：「目下正在距安吞登林登六公里餘的柏林市街地區，展開激戰中。」承認紅軍已衝入柏林市內的事實，根據上述公報稱，可知紅軍的先鋒部隊已到達距柏林市中心地區六公里餘的里希登堡與八公里處的艾達豪森。

【同盟社東京廿三日電】（一）柏林攻防戰：一百五十萬的紅軍向柏林市蜂擁而來，至廿二日終於衝入柏林市內，一部紅軍正越過市中心部的環城鐵路，向安吞登的心臟部進攻，自南方進攻的部隊，似已殺至柏林交通中心的西勒茲，由於紅軍投入的無數的大小火砲，使柏林市內處於彈雨之下，但德軍仍不放棄堅決戰至最後一人的決心，而繼續悲壯的防戰。（二）其他戰線：隨着柏林包圍戰的開始，德國各主要城市的攻防戰，亦將到達最後階段，在德累斯登，亦在紅軍的弧形包圍下繼續最後的戰鬥。在西北方面，至二十三日，終於佔領不萊梅與漢堡公路交叉點的要衝亞契姆，包圍兩市的部隊，業已取得連絡，然而德軍的堅決抵抗的決心絲毫也不動搖。

敵稱冲繩南部美軍開始總攻擊戰

【同盟社里斯本廿日電】進迫冲繩南部要塞陣地的美軍，被編制了十三天後，於十九日早晨以第廿四兵團的第七師團、第廿七師團、第九十六師團的兵力開始進行總攻擊。尼米茲關於這次的總攻擊，發表公報如下：「（一）第廿四兵團於十九日以龐大的兵力開始向冲繩南部的日軍防禦陣地進行攻勢。同日早晨陸軍及海軍陸戰隊的砲兵和太平洋艦隊的戰艦，巡洋艦及其他輕型艦艇集中砲轟敵方陣地，以掩護水陸兩用部隊的作戰。海軍第七、第廿七、第九十六步兵師團在這些砲火及艦載機掩護下，於上午六時至八時之間開始攻擊，到正午，左右兩翼都前進四百米至七百米，並突入敵陣。（二）日軍以野砲、臼砲及小武器進行頑強的抵抗。」看了上述公報，亦可知道這次攻勢是敵人竭盡全力進行的總攻擊。敵人亦知道戰鬥的困難，他們說日軍在後方非常巧妙的構築堅固的防禦陣地。冲繩前綫發出的美聯社記者說：第十軍司令合克納陸軍中將警告：「新攻勢雖能按預

、均等的地位。特別是對於大東亞各民族，仍然露出偏見、差別感，而毫無變更，敵我戰爭目的的根本不同，在於美英堅決要維持此種不正的國際秩序。大東亞各國則與此相反，要廢除此種專制、獨佔、差別，堅決建設以正義為基礎的新秩序。大東亞各國過去曾發表過大東亞宣言，闡明大東亞戰爭的意義與目的。現在不忍目睹美英的謀略，使國際正義與人民的福祉遭受蹂躪，因此大東亞各國再度根據共同戰爭的目的，將建設真正世界秩序的指導原則宣告中外。另一方面，對於企圖阻止破壞這一戰爭理念的美英野心，重新表示堅決集中戰爭力量貫澈戰爭的牢固決心。（一）確立國際秩序的根本基礎，是要在政治平等、經濟互惠及尊重文化的原則下，廢除人種的差別，確立以親和協力為宗旨的共存共榮理念。（二）不論國家的大小，在政治上都保證平等的地位；而在其向上發展方向，給予均等的機會。其政治形態根據各國的自願，而各國不能干涉之。（三）解放處在殖民地地位的各民族，使其各得其所，開闢一條道路使其共同對人類文明有所貢獻。（四）排除壟斷資源、通商、國際交通，以謀經濟的相互合作。以糾正世界經濟不均衡的現象，使各國人民按其共同意志，勤勞，使經濟的繁榮，不發生變化。（五）相互尊重各國文化的傳統，同時依靠文化的交流，促進國際的親和與人類的發展。（六）在不威脅、不侵略的原則下，排除足以威脅他國的軍備，並且除去通商的障礙，與其依靠武力不如依靠經濟的手段，防止他國的壓迫與挑撥。（七）關於安全修好的機構，避免大國壟斷和全世界一律的方法，以適應實際情況的地方安全保障機構的體制為主體，並且同時運用世界的安全機構，適應着確立秩序，而且不斷使其進展的世界各方面的情勢，和平的改變國際秩序。

【同盟社東京廿三日電】大東亞大使會議已經閉幕，該會議秘書處於二十三日正式發表如下：日本外務大臣兼大東亞大臣，及在東京之滿洲國、中華民國，緬甸國、泰國、菲律賓共和國大使，根據本國政府的預備會議，和建設世界秩序的理念，（這一理念是以完成大東亞戰爭的方法與共同戰爭目的為基礎）充分交換意見的結果，本月廿三日之商議中全體一致採納了聯合聲明。其次會議並製定了下列各決議案：關於援助東印度達到獨立的決議，關於援助印度支那各國完成獨立的決議，關於設立大東亞會議的常設聯絡機關的決議，以及通知印度臨時政府關於此次會議的討論內容與決議。又印度臨時政府代表亦以旁聽資格列席此次會議。

參考消息

（只供參考）
第八五九號
解放日報 新華社 編
今日出半張
卅四年四月廿五日
星期三

傳德進行投降談判 柏林糧食水源恐慌

【路透社斯托哥爾姆廿二日電】據未經證實訊，德蘇雙方刻正談判德國投降事宜，據德國控制下的斯堪的納維亞電訊社柏林消息稱：『據傳戈培爾在昨日講演時，雖聲稱將留居柏林，但今日彼已前往梅格稜堡，投降談判已在進行中。柏林大陸觀察報館址昨夜被毀，惟非毀於炸彈砲彈者。』

【路透社西線隨軍記者廿二日電】希特勒於其最近致西線每一德軍之手令中稱，『惟有襲敵側翼及後方始能保證勝利』。手令中承認形勢『不利』，希特勒建議以小隊兵員滲入盟方陣線，以襲『敵』方惟恐遭襲之弱點。『吾人必須採行蘇方於一九四二年至一九四四年所採行之方法』，英方軍官本日稱，該手令顯示有組織作戰之結束，及游擊戰術之開始。

【同盟社柏林二十日一電】柏林市民所最關切的心是糧食，首都暴露在猛烈砲擊之下是當然預料到的。市民認為砲彈落在柏林市內，就是說明了戰禍已逼近柏林，當首都門戶已被封鎖的情況下，市民感到最迫切的問題是糧食。柏林政府當局聲明：『柏林市糧食的儲藏量極為充分，可以耐得住相當時間的包圍。』現在柏林的各個廣場上，已設有野外食堂，準備大量的供給飲食。柏林市民的第二個問題是水，如果電力停止，水的供應一定要斷絕。在流貫柏林市內的修普萊河畔，循着這樣令人注意的佈告：『如果不煮沸，切莫飲用河水。』廿一日柏林市內的交通受到嚴重的限制，如果沒有紅色紙的許可證，不能利用市內的交通機關。由於交通受到限制，去到職業場所已經不可能了。男人女人接受柏林防衛委員部的命令，必須立即去緊急的地方工作，這些人們是在構築防止坦克的戰壕。

納粹走狗的吠聲

【路透社倫敦廿二日電】貝比拉赫，臭名昭著青年領袖席拉赫之父，在彼對證布欽瓦德集

了以上各決議案，可以向世界誇耀大東亞同志的團結與如同家人似的結合。四時二分由東条外務省大臣兼大東亞省大臣致閉幕辭，遂告散會。

東亞各傀儡的吠聲

【同盟社東京廿四日電】大東亞各國代表在大東亞大使會議上發表意見，茲將各代表的意見，摘錄如後：中國大使蔡培說：自美英帝國主義侵略的魔手伸入東亞以來，中國最早遭受禍害，如果不從其侵略的桎梏中解放出來，那末中國將永遠處於殖民地的地位，今日美英帝國主義者不但毫不覺醒，而且更加強其支配的地位，這次大東亞戰爭是我們大東亞民族解放的關鍵。因此，我們必須傾注全東亞的力量貫徹這個聖戰。故汪主席已明示與各盟邦同艱共苦，我們為了貫徹大東亞戰爭和解放大東亞各民族，要繼承故汪主席的遺志，始終不變。日本在大東亞戰爭中解放大東亞各國，使其成為一個獨立國家，大東亞各國為了自已的生存和東亞民族的繁榮，正在團結着，這跟美英分割大東亞的陰謀的計劃根本不同。汪滿洲國大使說：東亞的天地是我大東亞民族祖先的地方，自有史以來的六千餘年中即保持自給自足的生活，和善隣友好，有無相通的關係，但是美英乘着我方沒有防禦的時候，吸飲我們的膏血，蹂躪我十億人民其殘虐達於極點。因此日本帝國為了大東亞民族起來對抗美英，它是大東亞民族國家的先驅，現在大東亞各國有天祐神助，現在的戰局真是面臨嚴重的關頭，但是最後勝利必屬於我，這是沒有疑問的，現在進行的大東亞戰爭是復興東亞的戰爭，亦是保存我們子孫的正義的戰爭，避免成為奴隸的戰爭，我相信勝利必屬於我們，日本帝國的戰爭目的在於大東亞民族的解放，因此大東亞各國應誠心誠意地互相提攜，向貫徹戰爭的途上邁進。維基持泰國大使：東亞各國民應走的道路只有一條，就是遵循着日本走過的道路，東亞各國在其誕生之時，也是獨立的，沒有任何人有權永久君臨別人的頭上，個人希望本會議在結束時，再度確認平等互惠，及相互尊重的原則，個人希望全亞洲各國不管其人種宗教信仰如何，彼此間均應保護其對外的獨立，鐵門緬甸大使：緬甸須保有固有的傳統，以愛和同情看待國民，對外則敦睦鄰邦，英國雖然統治緬甸一個時候，但現在沒有一個緬甸人愛英國人，在一萬個英政府職員中，只有一個人隨英國人逃往印度，希望我們東亞人，都爲共同的理想而奮鬥。

摩拉提印度獨立聯盟日本支部長：印度民族在×色國旗的旗幟下，與各國完全採取共同行動，此次所採納的共同聲明的理想，無非是我們在對英鬥

中營裏的恐怖後稱：「希特勒本人是不會知道這樣的一些野蠻事情的。在一九三五年，他曾訪問過我，他是這樣地禮貌，仁慈和有修養，並對戲劇、藝術有這樣大的興趣，因此，我深信他是一個具有偉大人格的人。」其女兒在參觀集中營後堅稱：「他——希特勒——是一個大好人。」但她繼稱，「這種野蠻使德國復返回黑暗時代。」席拉赫是戲劇出演者，他說：「他——元首現在被背小包圍了，我聽見說：希姆萊是在布欽瓦德，我相信他對目前情形，是知道的多些，對像我這樣的一個藝術人，我在布欽瓦德所見的情景是令人難忍的，在布欽瓦德的集中營我們是知道的，但在裏面所犯的暴行，我們是不知道的。」在被問到對於德國青年他將採取何種方針時，他答道：「我的答覆與我的兒子的不同，母親的工作是給其子女以精神上的訓練，教師的工作是給其學生以身體上和理論上的準備，一定不要有使我們陷入這種可怕狀況的任何軍國主義。」

● 東亞傀儡會議報導

【同盟社東京廿三日電】大東亞大使會議，於預備會議及各種準備事宜完畢後，由廿三日上午九時起，在帝國議會議事堂召開，日本方面出席者爲東鄉外相兼大東亞相，列席者爲上村外務省政務局長，安東大東亞省總務局長、吉積陸軍省軍務局長、多田海軍省軍務局長、井口情報局第三部長，各國代表有滿洲國大使汪胤卿、中國大使蔡培、泰國大使維差特、緬甸大使鐵門、菲律濱共和國大使瓦爾加斯及其他隨員等。印度臨時政府方面由印度獨立聯盟日本支部長莫拉提列席。首由東鄉外相及各國大使作總括的發言，正午暫時休會，下午一時半再開，繼續進行非公開會議。二時半會議公開，新聞記者及有資格人士均參加，首先東鄉外長說明聯合宣言的提案理由，並朗讀該聲明，請求各國大使發表意見。對此中國大使蔡培發表贊成演說，全體一致通過。東鄉外相進行發表手續後決定。其後東鄉外相提議，就大東亞各國共同的利害問題進行自由討論，維差特泰國大使提議援助印度支那各國完成獨立，瓦爾加斯菲律濱大使提議援助東印度達到獨立，汪滿洲大使提議設立大東亞會議的駐會聯絡機關。上述提案均經全體一致通過。最後緬甸大使鐵門提議此次會議的討論內容及各決議案通知自由印度臨時政府，全體一致通過。至此大東亞大使會議，不但製定了聯合宣言，進一步擴大了大東亞宣言的道義理念，粉碎了美英的獨佔、專制，支配殖民地的世界體制，而且由於決定爭中的理想，敵人是壓制與征服他人的願望，大東亞各國則高舉自由與平等的旗幟，在這一理想的旗幟下，我們將與大東亞各民族運命與共，望着光輝的自由日子前進。

三菱財閥支持戰爭到底

【同盟社東京十九日電】決定皇國盛衰的沖繩決戰局，已處於最緊急的關頭，敵人的損失的確非常重大，掌握勝利的機會就在這個時候。能否巧妙地抓住這個戰機推行戰爭，其關鍵就在於飛機的生產。三菱重工業會社常務理事原耕三，有力地聲稱已承受生產飛機，原氏稱：沖繩島周圍決戰中，追擊的武器完全是特別攻擊的兵器，特別是飛機。我作爲一個飛機生產者，自信定能保證適時地送出這個追擊戰以及下一個追擊戰所必需的飛機。我自信能絕對保證有足夠的飛機，不致錯過這個追擊的神機。歷史證明追擊戰的時代是非常貴重的戰機。現在沖繩的決戰形勢（缺一句），我們決心克服一切困難，保證提供能立即飛往前線的飛機。其次需要說一下，關於我國飛機生產的持久性問題，如果有人表示担心，那末應該明確地說那真是無謂的担心。我國的木製飛機，由於地理條件，木材資源非常豐富，可以這些木材來製造飛機。同時，只要焚燒樹木，就能產生瓦斯，從那些瓦斯裏，可以獲到優良的飛機燃料。提出瓦斯後，剩下來的木炭當即可作爲汽車的燃料，確保了運輸部門的需要。從這種觀點出發，我國的飛機生產是很樂觀的。打五十年沒有問題，百年戰爭也經受得起，問題只在於我們要確信神州是不可被消滅的，而且要努力幹下去。

敵評杜魯門的對華政策

【同盟社東京二十四日電】杜魯門已聲明全面地踏襲羅斯福政策，他如何具體的推進國共談判，將給美國所宣傳的大陸登陸作戰以嚴重的影響，因此一般人士都非常關心，即是說美國不顧延安甚至允許提供共產地區內的祕密飛機場，這種對美的態度改變今後的對華方針爲重慶中心主義，這可徵諸下列事實，是勿庸置疑的，即過去以史迪威公路分給重慶的對華運輸物資，其比例只不過爲百分之三十，但最近則完全相反，不僅分配給重慶以百分之七十，而且供運輸用的貨車，幾乎全部供應給重慶，重慶本身亦在縮小與再編成軍隊急於充實裝備，延安對此深表不滿，魏特梅耶與赫爾利返任後，將更加積極地推行這一新的施策，更加壓迫延安，使其與重慶妥協，但隨着歐洲戰局的演變，蘇聯的對外方針將漸見強硬，而以蘇聯的對外方針爲强有力的背景之延安的態度，將更加强硬，事態將必然更加惡化，而羅斯福所以決定此新政策的根本原因，是基於他對日本本土作戰的充分自信，認爲與其在中國大陸進行登陸作戰，還不如迅速展開日本本土登陸作戰，與其把重心放在大陸上的對日反攻，還不如放在掌握戰後的重慶政權，此後由於冲繩島方面，損失了龐大艦船，爲了模糊此事亦有在大陸登陸作戰，和在大陸上設置大量空軍基地的必要，在最近則更加看到大陸登陸作戰的重要性。然而美國設若不顧國共關係，仍其像現在這樣而僅依賴重慶軍，進行大陸登陸作戰，則在背後的重慶延安兩支軍隊，必然要發生衝突，而使登陸作戰的前進，面對着重大危機，所以在杜魯門手中的美國對華政策、其前途不能不說是危機四伏，又杜魯門是否盲從羅斯福的方針，可以說是新總統對外政策的一塊試金石，故其發展，殊堪注目。

波流亡政府聲明願與蘇締約

【路透社倫敦廿三日電】倫敦波蘭政府今夜發表一聲明，宣佈它願意與蘇聯締結條約之意。聲明稱，『波蘭政府重申它願與蘇聯締結條約，以保證兩國的安全，並願與蘇聯政府一起考慮一切現存的爭端，並在國際總安全機構之下，親密地合作。波蘭內部的形勢需要迅速的改善。民主的自由之基礎的恢復，是自由與獨立的波蘭國家生存的基本條件。必要的條件必須予以保證，以進行自由的選舉，尤其是必須恢復言論自由與政治行動的自由，如此則不僅波蘭境內的一切波籍公民可參加選舉，而且那些在戰爭中流亡在外的波人，尤其是士兵、航空員、水手、戰俘及被放逐作强迫勞動的波人，也能參加選舉』。聲明於强調政府有代表波蘭出席舊金山會議的『不可爭辯的權利』後稱，如果目前各種困難不在星期三以前予以去除的話，『設若參加大會的各聯合國認爲可能時』，政府將『繼續考慮下列一事具有最大的重要性』，即波蘭作爲國際安全機構建造國之一，不應放棄被選入將來國際安全機構理事會的權利，或錯過此機會。

四屆參政員增加五十名
中央社吹噓民選成份增多

【中央社渝廿三日電】國民參政會第四屆參政員全部名單，業分別選定，並經政府公布。此次公布日期，因西南戰事關係，各省市參政員選舉有數省未能如期辦理，致較原定期稍遲。國民參政會組織條例，業於去年九月修正，職權擴大，參政員名額亦有增加。三屆名額爲二百四十名，四屆增加五十名，共爲二百九十名。計新增加者除丁項十五名外，餘均分配於已成立參議會之省

中國民主同盟發言人談
最近國內民主與團結問題

【本報訊】三月二十二日新中國日報刊載『中國民主同盟發言人談：『最近國內民主與團結問題』。原件發表於三月十日，是對蔣介石三月一日在憲協會的演說而發表的，提出『還軍於國』、在四月二十五日前『召集各黨派及無黨無派領袖會議』、『各本互讓情緒』達到團結，並不同意舊選國民大會代表有效等。

該件稱：『武力統一在過去二十餘年間，國人已深受痛楚之教訓，……不求得國內之團結統一，不惟抗戰仍將繼續延長，建設更將無從開始。故內戰爲國人心理所不容，更爲國際情勢所不許。……吾人自來主張軍隊國家化，……非任何個人所得而私有，亦非任何黨派所得而私有，在今日國共兩黨之軍隊，仍各有黨的組織與黨的宣傳，甚至變本加厲，一隸軍籍，即須同時入黨，此不但大違軍隊國家化之本旨，實亦阻礙國家統一之禍根。目前中國之迫切需要，不僅須切實做到「還政於民」，更須切實做到「還軍於國」』。關於國共談判，該件說：『徒以互信未孚，我見未破，卒少成議』，今後『國共兩黨在國人眼中之估價，亦即視其對國家合作效忠之程度以爲差』。繼謂『果能在本年四月廿五日在舊金山所召集之聯合國會議以前，本於最近協商之結果，由國民政府召集各黨派及無黨派之領袖會議，各本互讓之情緒，……就軍事與政治求得一理論與事實兩俱可通之切實辦法，則不但國人厭亂之心理可得到確實之慰安，友邦對中國之觀感可因而不變，即政府所欲於最近期間結束黨治實施憲政之偉大工作，亦可因以奠定良好之基石也。』關於本年十一月之『國民大會』，該件說：『吾人在原則上甚表贊成，惟如何召集之方法不無疑慮』。『在廿四五年所已選出之一大部份國大代表，如僅除死亡與附逆者外一律有效，吾人實不能苟同』。有五點應『重新考慮』：（一）八九年前的代表，經過八九年巨大變化，決不可能代表民意；而且五五憲草規定國大代表任期，今已過期，如仍有效，將『首開違反憲政精神之惡例』。（二）根據『國民大會選舉法』，在八九年間成長而有了選舉權或被選權的『少壯分子』，『當不少於三千萬』，且係『對抗戰貢獻最多』者，剝奪其權利，爲事理人情所不許可。（三）『今日敵後各區域之土地，總是中華民國之土地……情勢已較戰前大有出入……萬一當大會開會之際，各該區域之人民起而嘖有煩言，謂此類舊日之代表，已不足以代表各該區域之民意，則已出席大會而與各該區域應有法定關係之各代表，豈不陷於啼笑皆

市，俾使民選成份儘量增多。按照四屆參政員由參議會選舉產生者，有一百五十名，佔總額二分之一強。由法定機關遴選者，爲六十五名。其餘丁項由中央選任者，爲七十五名。至全部名單中第三屆留任者，有一百七十六名，新選者爲一百一十四名（內有九人，曾任第一二屆參政員）。其中各黨各派及女參政員人數均有增加。在社會上素孚衆望之人士，亦多加入。惟聞中央選任丁項參政員時，各方推薦賢達甚多，總以名額所限，未能盡量羅致。總之此次新選之參政員，多爲地方及在教育界、實業界工作而聲望素著之人物。聞第四屆第一次大會，將於本年六月底或七月初召集，參政會祕書處已開始籌備。此次集，會當依照新修正組織條例行使職權。

三青團中央幹事會閉幕

【中央社重慶廿三日電】青年團一屆中央幹事會三次全體會議，廿三日上午十時舉行第六次大會，到治中、寒操等廿九人，主席賀衷寒，討論並通過下列各案：（一）團的組織與活動方式案；（二）知識青年從軍運動工作報告審查意見案；（三）青年領導問題案；（四）請用全會名義致電慰問參加青年遠征軍之本團同志及全體從軍青年案，及其他議案四十五件。十二時散會。下午一時舉行一屆中央幹事監察第三次聯席會議，到治中、鐵城、力子、立夫、家驊等一三三人，主席王世杰，討論議案六件，並選舉中央團部出席六全大會代表。五時十五分散會。五時廿五分舉行閉幕式。戴指導員傳賢主席並致詞，六時十分會議乃告完滿閉幕。晚七時蔣兼團長在中央幹部學校勵志社召集與會人員餐敍，並舉行同樂晚會。

【中央社重慶廿三日電】英國科學研究會主席中英科學合作館主持人李約瑟博士（原譯尼德汗），於廿二日下午一時由昆乘專機抵渝。李氏於去年十一月十五日離渝返英，此次再度來華。途中曾訪美澳等國。聞關於科學合作方面將有新發展。

【中央社緬北×軍前方司令部廿日專電】賈幼慧少將本月自渝乘機抵此，就任新第一軍副軍長職。賈氏陝西籍，年四十一歲。民國十四年卒業清華學校，按孫立人將軍亦係清華學生，較賈氏早兩年離校。賈幼慧少將卒業清華後，即赴美入加州史丹福大學後備軍官訓練團受訓，渠與孫立人將軍同學，並曾佐孫將軍任緝私旅團長。賈氏來此前任軍委會外事局第一處處長。

非？其所及於國家之不良影響，又寧可數計？』（四）廿四五年選舉時『因猶是黨權盛極之時』，『非早已取得黨籍者亦絕少有被選爲國大代表之可能』，舊代表仍有效，『則所謂民主云云，團結云云，豈不將徒託空談？』（五）舊選舉法規定國民黨中央執監委及候補皆爲當然代表，『則將來大會內所表現之一黨空氣，寧不稍嫌濃厚？萬一國民不諒，而疑及「還政於民」不過僅有其名，而「黨權合法化」乃爲國民黨所要求之實際，則黨內諸賢達，其將何辭以自解？』

國民黨策動女嘍囉發表宣言
反對民主和聯合政府

【本報訊】三月八日重慶掃蕩、益世等報，登載了一篇由國民黨婦女嘍囉呂云章、伍智梅、陳逸雲、唐國楨等二百七十七人署名的『紀念「三八」節我們對時局的主張』一文。該文首先稱述國民黨政府在近半年來『刷新政治』、『整頓軍事』中，如何『堅強』、『毅勇』。在此勝利將臨之時，應『加強團結，加強統一』、『不容有分化割裂，動搖全國人心，削弱抗戰實力，貽誤國家危害民族的事實發生。』繼對二月十三日中新華日報所刊載的『陪都婦女界發表對時局主張』一文，表示『萬分痛心』，誣稱那是『少數人不顧民族存亡，不計七八年來千萬軍民流血犧牲的成果，想用偷天換日的方法，對政府加以危害』。他們自稱是『從事陪都婦女運動有着悠長的歷史』，『對陪都婦女界的意見和要求，有着很深的認識』的人，因此發表以下對時局主張：『一、我們要求民主：我們要求的是三民主義的全民政治的眞正民主，絕對反對違反建國大綱的程序，各黨各派分割政權的假民主。二、我們要求統一：我們要求的是政令統一，軍令統一，絕對反對黨派割據，分裂國家。三、我們要求團結：我們是要每一個國民把黨派鬥爭放棄，集中力量，貢獻一切於抗戰建國的精誠團結，絕對反對假借團結爲口號分裂政權的各黨派的聯合政府。四、我們一致擁護蔣主席在憲政實施協進會的講辭，政府不能違反建國大綱，將政權移交於各黨各派，造成一種不負責任的理論與事實兩不容許的局面。五、我們一致擁護國民政府與蔣主席領導抗戰建國，爭取最後勝利，實行三民主義，與世界愛好和平的國家共同努力，促進世界大同』。

參攷消息

（只供參考）
第八六〇號
解放日報 新華社 編
今日出半張
卅四年四月廿六日
星期四

德寇妄圖死守柏林

「合衆社倫敦廿三日電」德國無線電台今晚說：「柏林防衛者的時機已經到來了，柏林是一個堡壘，除非我們可以對優勢的敵人把它長時間堅守下來。」並說：蘇軍派『叛徒』在坦克前面勸告人們投降。「每個柏林防衛者都認識到：如果他們能阻止敵人突入市中心，這個有殘破房屋和被麻痺的交通體系的城市，才能殘存。要是敵人得以突入城市，那麼，柏林就會變成荒野而零落的世界京城，可悲的饑餓和傷寒病就會在該處肆虐。」於是無線電台說：帝國還擁有一些地方，其中有德國中部、大柏林和德國北部廣大的地區斯列斯威好斯敦、丹麥、挪威——可用以進行防衛，沒有繼續的戰爭就會意味着歐洲的死亡，而且會把那些今天自誇爲自由保衛者的人拖入深淵中，到最後一個要贏得戰爭勝利的德國人倒下的時候，將經歷一個極長的時間，而且『我們是狼』將繼續作戰，甚至我們必須在北極作戰亦將繼續作戰。」

「路透社倫敦廿三日電」德國廣播主要政治評論員克里格今夜於重覆希特勒在柏林的消息時稱，「德國全體人民讚佩地注視着他們的元首。他現在極爲接近主要戰綫的地區，此主要戰綫直接經過德京的市中心，他正在落於市中心的蘇軍砲火之下。成百萬德國人的眼睛都看着柏林，並由於戰士及政治家阿道夫·希特勒的榜樣，共得到新的鼓舞。元首自已決定此時留在德國京城。」

「路透社倫敦廿三日電」據德方廣播：戈培爾稱，有兩大據點吾人不能放棄給布爾塞維克者，即柏林與布拉涅。布爾塞維克現正竭力追攻中，如被攻下布拉涅，則歐洲當不再存在，在今日吾人應證實吾人能作歐洲領袖，即使前綫目前危急，吾人亦必不放棄命運所加予吾人之工作，此即元首之所以留在不僅在軍事方面，即在政治方面，亦爲前綫的首都之原因。

自廿一日晨，紅軍開始砲轟柏林市街以來，設備完善的防空壕，更是擠得超過人數，人們都是不吃不喝的在裏頭竚立三十小時，然而市民依然很頑強地拿着機槍，守衛柏林。在柏林中央部，築有堅强的要塞，相互間有長的地下聯絡壕，這裏頭並貯有大量的食糧和武器，反軸心軍的俘虜，和大批外國工人，都毫無看守地放置在車站以及道路上，這些將是準備爲黨衛隊進行籠城戰的柏林市中的發生混亂的可怕的因素。

各國代表雲集舊金山

「中央社舊金山廿二日專電」此太平洋海軍大城，已爲第二次世界大戰以來最重要之國際會議妥作籌備，出席聯合國會議之四十六國代表團之首批人員，業已雲集來此。此間處處充滿緊張空氣，對廿五日在此舉行之聯合國會議，均寄以極大之期待，及深切之興趣。此首次聯合國會議之各項最後準備，業已完成。聯合國會議將於歌劇院及先烈廳二紀念大廈舉行，藍取象徵之意，後者乃捐獻上次世界大戰中爲世界民主而殉職之舊金山人民者，聯合國會議全體會議在歌劇院舉行，其他會議則暫時以先烈廳爲集會場所。歌劇院及先烈廳位於市中心區，與會之各國代表顧問辦事人員，記者及大會人員共約三千人，分居於距市中心一英里至二英里之七個旅店。中國代表團與英聯合王國代表團同居於一旅店，法國代表團則與蘇聯代表團戀一處，來此探訪大會新聞之美國及外國記者，計達千人，預計各記者每月發往其國內之電報字數將及廿萬字，發經國外之字數亦及十萬，世界馳名之多數記者、無綫電評論員、報紙攝影記者，電影攝製員，均已來此，來此之記者人數，較前此採訪任何國際會議之記者人數爲多。各記者將致力採訪大會各方新聞，除中央通訊社外，重慶各大報亦有代表來此。聯合國會議雖於廿五日在此舉行，但正式會議須至下週始將開始，最初數日，將專供演講及進行組織事宜。意料聯合國會議將面臨複雜難題，現且已有種種傳說，波蘭問題尤爲大會投射暗影，最先來此之代表紛紛致力爭取地位，發佈試探性之聲明，標立場揭，並預作宣傳，中國代表之猶未到達，會議工作雖然困難多多，然可獲協議之範圍，似較歧異範圍廣闊，以最簡單之基本言辭言之，美國所需要者爲新國際聯盟，英國所需要者爲聯合國進行討論之圓桌會議，蘇聯所需要者爲安全，法國所需者乃自動性，認爲新國際機構應本此組織，×××此可自動出而阻止未來侵略，根據現實派人士之最後分析，凡此最後終可納之於大中小

同盟社報導柏林戰況

【同盟社蘇黎世廿三日電】據莫斯科之情報，紅軍攻入柏林市後，戰鬥除市中心及西部外已及於全市。紅軍的攻城砲、臼砲的聲音震動人耳，朱可夫元帥已將前線司令部移至柏林郊外，陸續不斷的部隊湧入柏林，不允許德軍有休息的機會。據合衆社電訊，柏林東部北部的工廠地區已入紅軍控制之下，被紅軍佔領的區域已有二十個，一部份化爲廢墟的街市已插上紅旗。目下紅軍與從頓愛爾思夫飛機場北上的部隊相配合，與在×××集結的有力部隊一舉南下，企圖渡過從安塔鄧林登大街的北方下流的修普萊河，在修普萊河北岸現正展開白刃戰。另一方面德軍爲了保衞柏林出動了一千架飛機，向紅軍的飛機、砲兵攻擊，同時地上戰鬥由希特勒總統直接指揮。據柏林二十三日廣播稱，在政府軍事機關服務的軍人眷屬：亦逐漸手執武器參加巷戰。

【同盟社蘇黎世廿二日電】據路透社前線特派員報導，希特勒總統向西線德軍將士發出佈告，其要旨如下：戰局對德國不利，攻擊敵之背後，才能保證我們贏得勝利。爲此，必需以小部隊實施斬入戰術。我們必須採取一九四二年紅軍實行過的戰鬥方法。

謠傳希特勒重傷

【合衆社斯托哥爾姆廿五日電】未證實的報界消息稱：希特勒在柏林於「嚴重的意外事件」中受重傷。

【同盟社斯托哥爾姆廿四日電】渡邊報導：自柏林到達此間的情報稱，就紅軍突入柏林時的市內情形稱：柏林市民在二十二日受到食糧品的非常特別配給，肉〇・五公斤、砂糖一公斤、大米〇・二十五公斤、並配給若干麵包與咖啡，但實際上所得到的配給食糧，有時比配給量還少，在柏林被破壞的教堂內，是日充滿了企禱的善男善女，教堂的大鐘已經不響了，躲避戰火向柏林西方避難的人們，絡繹不絕，但是交通規則雖然在此緊張的情勢下，亦是非常嚴格的，大家都拚命保護其家族，負傷的士兵不斷從柏林市的東部運向西方，重傷者則乘着電車、汽車或火車，經過柏林運向西方，十三歲到十五歲的希特勒青年團團員、都在英勇地悍鬥着，在二十二日電車與鐵路從業員仍如平時一樣工作，各個車站都掛着大柏林的地圖，在紅軍佔領的停車場上，塗着紅的路標，市民按照着路標，在紅軍未到達之前即已避難。柏林中央部的某防空壕，每當警報發放後，都擁滿了市民，滿的竟無立椎之餘地，

各種國家均能接受之方案。

舊金山概況

【中央社舊金山廿二日專電】當前太平洋戰事方酣之際，德國已在實際上被擊敗，在舊金山舉行之聯合國會議，因而更有意義。舊金山現爲通達遠東之大門，亦即爲美國大陸之後門，爲太平洋上美國軍隊及物資起卸之最重要港口，商討國際機構之聯合國會議在此舉行，使太平洋上未來艱苦，獲得重視。美國於集結力量通過舊金山運赴太平洋上六千英里外之戰線，因舊金山爲一戰略區域，航運中心，及太平洋海岸重要物資之生產及分配中心，因地理上之錯綜複雜，並爲東西交接之處，在世界政治生活中活動之代表，皆橫越整個美國大陸來此，故能見及美陸×××，中國人與舊金山有密切之關係，中國於一八四九年，即來此開金礦，今有華僑二萬人，其著名之唐人街，爲中國人在國外最大之居留地，矗立於唐人街上國父之銅像，象徵東西民族之聯系，舊金山共有人口七十五萬，多爲來自四十五個不同國家之後裔，同時美國陸海軍中心部署，保衞聯合國會議，以防止日本飛機及潛艇之可能偷襲。

英官方對蘇波條約尚無反響

【路透社倫敦廿三日電】路透社外交訪員報導：英國官方對於蘇波在莫斯科簽訂的友好互助及戰後合作條約，沒有什麼反響，而且在目前華盛頓艾登、斯退丁紐斯、莫洛托夫間的談話從得結果以前，也不會有任何反響。當此間仍然希望建立代議性的三強均認爲滿意的波蘭政府或仍可成功之際，一被感覺，如果辯論或推測新約對各大國在舊金山會議上關係的影響，尚嫌過早。除了條約所引起的爭論問題外，現可明顯看出，蘇聯認爲區域條約是築成世界安全大廈的礎塊，雖然條約第三條含對國際機構理想，作了美麗的讚揚。

海爾賽著文稱不允許日本媾和

【同盟社里斯本十八日電】美國太平洋第三艦隊司令長官海爾賽，以完全抹殺日本論者的急先鋒、及發放不負責任的言論而聞名於世，據十九日紐約來電稱，他署名寄稿給最近出版的柯里爾雜誌，以拒絕與日本人媾和爲題著論稱：美國不允許日本訂正式媾和條約，美國應置日本於長時期的休戰狀態之下。對於犯了戰爭罪犯的一切日本人，應該採取嚴厲懲罰主義。對於戰爭犯罪者的日本人，不論管其地位如何。採取懲罰時，不必要作任何考慮。在處理日軍於太平洋上殺戮美軍士卒問題時，應將日軍將校宜判死刑（下缺）。

冲繩島美軍總攻以來
損失兵員六千坦克八十輛

【同盟社東京廿四日電】冲繩本島南部地區敵軍的攻擊，於廿三日晨起，特別是在連貫津霸西方一公里半的上原與吾古南方二公里處的棚原一線，戰況已逐漸激化。敵以約一千兵力附坦克十數輛，迫近我軍陣地，我方仍然確保第一線陣地。目下敵人在喜數方面的行動，已稍稍缺乏積極性，專門把兵員與資材向前方推進，準備次期攻勢。自十九日敵軍發動全面攻擊以來，截至廿三日正午止，共殺傷敵兵約六千人，破壞敵坦克八十輛，破壞大砲十一門，破壞軍需品堆積所四處，並破壞貨車、兵器、子彈甚多。鹵獲迫擊砲二門、輕重機槍三十六挺、機關砲一門、反坦克砲二門，另方面我特別攻擊隊在海上的攻擊，仍然非常激烈，在廿二日的機體攻擊中，共擊沉或破壞大型艦船十二艘。並破壞艦種未詳船隻若干艘。

彼得羅夫抵蘭

【中央社蘭州廿五日電】新任蘇駐華大使彼得羅夫夫婦，攜公子兩人，廿五日下午四時十分由迪化乘專機飛抵蘭州。谷主席正倫、外交特派員黃朝琴、蔡市長孟堅及蘇聯駐蘭代表李海濤等均赴機場歡迎。大使於下午十五時赴省府拜會谷主席，六時谷主席在省府設宴歡迎，七時由中蘇文協蘭分會假西北大廈演劇招待。與大使同來者有蘇聯駐蘭商務代表安叔果夫等。大使將在蘭勾留一日，稍事休息，即飛渝履新。

【中央社迪化廿四日電】吳忠信在歡宴蘇大使席上致歡迎詞如下：今天能够代表新疆省政府及人民歡迎新任蘇聯大使彼得羅夫先生，本席不勝榮幸之至。中蘇兩國在地理方面，有世界最長的共同邊界；在歷史方面，三百年以來有許多事實可以證明中蘇兩民族，是彼此最親善而且最和平的民族。最近數年以來，中蘇兩國同遭侵略，在此時兩國間親善之加强，尤其顯明。此次世界大戰，中國為第一個被侵略的國家，中國第一個開始抗戰；同時在我們抗戰之初，蘇聯亦是第一個對中國加以援助的國家。對這種熱誠而無私的援助，中國人民極為感謝，並且永遠不能忘記。迨後蘇聯亦被德國侵略，苦戰四年獲勝。我想今天趁這個機會，對蘇聯政府及軍民英勇的奮鬥，表示最誠懇的欽佩。現在中蘇兩國同為領導世界的四强之一，我們兩國已各成為歷史上空前的聯合國之一員。這個聯合國的全旨，是為全人類造成永久和平與幸福。中蘇兩國為亞細亞大陸上最大的兩個鄰邦，想起亞細亞文化之偉大歷史

。同日營縣以西之敵，向李官橋以南地區反撲，被我痛擊。南陽附近激戰正酣，廿四日我敵均無進展。（二）豫西方面，我軍現已將長水鎮以東殷馬店間之敵予以包圍，我正加以掃蕩中。我軍於陝縣以南繼續掃蕩殘敵，廿三日與由陝縣向南馳援之敵遭遇於張×西側地區。另敵一股由陝縣向西南增援大燕，向我反擊。（三）鄂北方面，我軍續向老河口東北附近地區之敵攻擊。（四）湘西方面，我軍向益陽攻擊部隊，正與於城垣頑抗之敵激戰中。資水西南，我軍於廿三日擊退由寶慶西北向桃林（寶慶西北八十里）反撲之敵。寶慶以西，白馬山附近放洞東北之敵，於增援後，廿三日曾一度向西猛犯，被我痛擊，敵未獲逞，我軍繼續由三面向該敵圍攻。我軍於寶慶以西公路上及兩側之高沙市等地帶，堅強阻止由桃花坪附近來犯之敵，戰鬥激烈，尤以山門以東地區為最，敵數度反撲均被我擊退。迄至廿四日晚，各該地周圍我軍堅守中。我軍於廿三日在武岡以南地區，痛擊由新寧西北續隙竄犯之敵，當將其擊退。城步以北地區之敵，於廿三日晚鑽隙向××西北地區竄擾。

國民黨六全大會
成立秘書處

【中央社渝廿四日電】第六次全國代表大會秘書處，二十四日在中央黨部成立，並舉行第一次各組及秘書聯席會議，交換工作意見。該處由吳鐵城、狄膺兼正副處長，下分議事、文書、招待、新聞、會計、總務、警衛七組，即日開始辦公。

【中央社粵東廿四日電】粵出席六全大會代表已紛赴梅縣轉長汀，候機飛渝。已啓程者有高信、曾三省、鄭豐、李大超、洗家銓、吳榮楨、金會澄等。

【中央社渝廿四日電】兵役部以各管區團隊交接新兵，最近仍發生迫令病兵隨軍行動，以致疾病加重，死亡迭見。該部以如此不善保育，影響兵源及役政甚鉅，頃令各師管區集訓營及空運指揮部，嗣後如途中新兵發生疫病，應即送就近管區醫院、陸軍醫院、縣衛生院留醫。其距醫院較遠地區，應由鄉鎮保甲取據轉送縣衛生院，妥為療養。至入縣衛生院病兵所需之伙食，由各縣政府作正式開支報銷。

【中央社渝廿四日電】國家總動員會議前呈准檢查各地糧食價××須津×川等地公倉。已查得違法舞弊（缺）朱民鄰等，逮捕移送法院及某公司經糧專員邵希康以存倉待還之公糧，過戶押款，營私分肥，已電×管部查究法辦外，茲悉樂山公倉也經檢查竣事，審核結果，計違法糧戶廿戶，穀六千八

與目前現狀，可以明白兩國共同任荷的艱巨。我們有數千年文化歷史的亞細亞，目前數××需要的就是新時代的科學建設。新疆是中華民國一個邊遠的省份，同時接近蘇聯境內比較發展的地區。中蘇間親善而密切的經濟合作，必能幫助我們建設新疆。因此今天能夠代表新疆歡迎偉大鄰邦大使，本席尤甚高興。我舉杯祝貴大使夫婦健康，貴大使使命之成功，並祝中蘇友誼萬歲，聯合國萬歲。蘇大使彼得羅夫答詞謂：本人很欣幸能夠代表蘇聯出使中國，更欣幸能夠經過親善的中國的新疆而受到很熱烈的招待，非常感激。敬祝朱長官，吳主席健康，並祝聯合國勝利。

同盟社播『戰爭與工人階級』批評重慶

【同盟社莫斯科廿三日電】『戰爭與工人階級』雜誌，於四月十五日揭載精通遠東事情的阿瓦林的論文，題為『重慶往何處去』，攻擊重慶的腐敗。該文略謂：重慶政權將來的前途，不能不使我們憂慮。如果重慶政權不會毫不猶豫地走上民主化的第一步，實現政治的統一，就絕對不可能在各民主國家中佔有地位。第一、國民黨的許多將領投降日軍。去年留在日軍背後的五十萬的重慶軍，到現在不留一兵一卒。第二、根據自重慶收到的情報，被日軍切斷的地區內的軍閥，開始積極地與日軍合作。第三、如何應欽的軍隊包括許多只有增加救國人民負担的部隊，而且重慶軍的將領為了侵吞薪水、食糧、裝備和津貼，把已經戰死的兵員報告為活人。這樣的軍隊不能繼續抗戰，自不待言。

湘西戰事轉緊

【中央社湘西前綫某地廿二日電】寶慶以西西犯之敵，廿一日被我遏止於石下江，桃花坪各附近，創敵至鉅。其該二地仍在我堅守中。桃花坪於十九日一度連絡中斷，續得連絡，桃花坪仍然無恙，留在我英勇官兵堅守中。

【中央社沅陵廿三日電】前方電話，沿湘黔公路兩側竄犯之敵，已被我軍先佔最有利地形，施行左右夾擊，殲滅過半，鹵獲甚廣。

【中央社渝廿五日電】軍委會發表戰訊。（一）豫南方面，西峽口以西地區，敵獲得增援，廿三日午後由南向北反撲，企圖突破公路北側我軍陣地，猛衝十餘次，但均被擊退。廿四日，再度向我猛犯，並施放煙幕進撲，仍被我阻止。廿三日，我軍於西峽口以西約三四里之上集附近地區襲擊由馬蹬鎮（浙川東北里）北犯之敵。浙川西南地區，我軍廿四日迎擊由浙川城向我反撲之敵。我軍攻達鄧縣東南附近地區部隊，續行攻擊前進，廿四日復有進展

百六十六市石八斗，米一千三百八十七市石，其中撥款較頁存戶有益昌公司穀二千二百石，曾已售穀六百九十八石，益生榮穀六百四十三石，楊天保穀六百石，毛建堂四百九十五石，海康×號穀四百一十七石，萬寶強、易於川穀四百石等。上述各戶均非糧商，存穀大部份超過三月，尚未出倉應市銷售。此外尚有一新米廠，以包工之軍糧，向銀行押款牟利。又該會蘇前檢查萬縣糧食公倉，查獲有小麥七百三十八市石，糯米卅市石，徐天豐麵粉公司，民豐麵粉公司、益豐麵廠等購存。該商等均非××糧食本業商人，押儲甚久，且有輾轉×購，不待到期即行轉押高價及以加工□□大量屯存情事，也未應市銷售。現各該××將依法究辦。

【中央社渝廿四日電】行政院二十四日開六九五次會議，各部會署長官均出席，外交、軍事報告外，決議各案撮載如下：（一）（略）（二）（略）（三）（略）（四）察哈爾蒙旗特派員公署組織條例各案。任免事項決議案：（一）陝省府委員兼民廳長彭昭賢呈請辭職，應免本兼各職。任命蔣堅忍為陝省府委員兼民廳長。（二）派福建省民廳長高登艇兼任該省縣參議員選舉監督。（三）派甘肅省民廳長趙龍文兼該省縣參議員選舉監督。（四）命令馬博庵為內政部參事。（五）教育部高等教育司司長吳俊升呈請辭職，應予免職，遺缺任命趙太侔繼任。（六）（略）（七）（略）（八）河南省臨時參議會祕書長燕化棠呈請辭職，應予免職，遺缺派李宏毅繼任。（九）（略）

甘地談國際和平 印度必需自由

【同盟社里斯本十七日電】孟買來電：甘地於十七日舊金山會議前夕，發表下列聲明：我們要拋棄戰爭是××的信念，如果不決心創造以各國家及民族的平等自由為基礎的和平，那末，對反軸心國及世界說來，是不會有和平的。只有印度從外國勢力的支配下解放出來，得到完全的自由，才是獲得和平的前提條件。印度獲得了自由，就表示了一切被壓迫民族在最近的將來得到自由，以及今後再不會受到剝削。和平決不是懲罰，亦不能侮辱日本及德國。強國決不能實行懲罰，在將來要平等的分配××，而且有必需把日本與德國看成友人，反軸心國如用這以外的方法去實現民主主義那是不可能的。由上述的觀點說來，不允許有進行強制解除武裝和武裝的和平。國際武裝警察力的保持是對人類弱點的一個讓步，而不是意味着和平的象徵。印度對於舊金山會議或者選派印度自己所選出的代表，或者是完全不選派代表，二者中必須選擇一個。印度的獨立要求，決不是利已主義，印度的國家主義就是意味着國際主義。

參考消息

（只供參考）

第八一六號

解放日報社 新華社 編

今日出半張

卅四年四月廿七日

星期五

重慶舉行盟國將領會議

「同盟社里斯本廿五日電」重慶來電，中國戰區反軸心軍首腦部；於廿五日，在重慶召開對日作戰的重要會議。會議的內容，一點也不清楚，但在華美軍司令官魏特梅耶中將，緬甸戰區美軍司令官蘇爾頓中將等會參加了會議。另外，蘇爾頓於本月中旬，曾會見蒙特巴頓進行協議。

「中央社重慶廿六日電」據美新聞處某軍訓練團廿五日電，中國戰區美軍司令魏特梅耶將軍，最近視察華軍訓練團，曾告該團中國學員稱，中美軍共同作戰，可能在若×××。魏將軍向該團所屬參謀學校與步兵訓練學校學員講演稱，就對付敵人而論，中國之情況在目前並不美滿，但諸君如與余以及中美人民能從事[illegible]普之努力，則所得結果如何，至爲明顯。諸君與余皆爲一隊之隊員，吾人以同一之努力，將極殘暴之日寇，逐出中國國境，吾美故總統羅斯福再三敍述之志願，欲將日軍由中國沿岸驅走，在華之每一美國陸軍，皆向該目標努力。余在各地視察時，余會發現渠等皆在工作上與中國人民懇切合作，吾人與中國人民之關係爲友好與互相諒解，美國之目的即×××日軍於中國被驅走，並保證日軍被驅走後，諸君能建立一强大幸福與統一之中國。諸君勿以爲來華協助對敵作戰之美軍，皆能×××事，吾人如其他人所犯之××錯誤，但吾人之目的，實至優崇吾人並欲謀吾人能力最大之限度，×××諸君×人希望諸君出校後，調任本戰區中美軍之健全人材。余可奉告者，即美方將各項計劃向該委員長提出時，幸獲得充分合作，余謹向被選入此美滿學校之諸君，表示慶賀，余深盼諸君快樂，並希望諸君在戰場上與美軍密切合作，以擊敗敵人。

「外交」達到目的，敵寇强調其對重慶的與軍事行動爲表裏的思想攻勢，使國民黨政府俯首帖耳地「對我們（敵自稱）方面來」。並且這誘降工作決定，由偽南京國民黨政府「率先擔當」。敵在後「給與强有力的支援」。這是很明顯的，偽南京政府進行這種「交涉」與「思想攻勢」，近親比鄰似乎要更方便的多。經瀏覽一月來偽報章雜誌對國民黨政府誘降極爲活躍。偽寧公開把「努力實現對重慶的全面和平」，作爲今年施政方針之一。

閻錫山特務與日特合作共組特務隊

「新華社晉西北廿五日電」自去年十二月以來，閻錫山與敵來往頻繁，僅據現有材料，十二月閻派卅三軍某團長到離石與敵人開會訂立反共密約。以後，兩方特務互有來往，二月四日卅三軍軍長於鎭河又到離石日軍司令部開會，五日閻特王維權至離石會見敵特頭子鈴木。三個月以來，兩方特務同流合污。日特王有生與閻特組織『暗殺團』共廿人，五支手槍，短便衣化裝商人小販利用社會關係，到各村居住進行祕密偵察，暗殺抗日工作人員與羣衆。閻特王維權（王有生胞兄）與日特組織『進步社』，以紅幫面目出現，認爲可靠之社員，發給階級證明書。閻特丁秉權與敵特在大武鎭組織『民先團』等，這些特務組織都是以謀害抗日人民共產黨員、八路軍戰士爲目的，身上帶有日閻三聯圖記證明書。同時期內在日寇的掩護下，閻錫山部隊四次搶劫我邊沿區，計馬茂庄，王家溝，梁家會，張家山各一次，僅就張家山七個自然村，就被搶去白洋二千九百元，壯丁四十六名，牲畜十二頭，並打傷一名老百姓。

湘西敵竄城步東北地區

「中央社芷江廿五日電」城步東北之敵，廿四日連續向以七里山、梓木山、寬良猛撲十餘次，均被我擊退，刻仍在該地區激戰中。

「中央社辰谿廿五日電」（一）山門，高沙以東地區激戰仍殷。（二）放洞附近之敵，全被我包圍攻殲中。（三）城步東北寬良一帶，敵我仍在激戰中。（四）本岡南敵，廿三日數度向安心關、五里牌反撲，均被我擊退。

「中央社渝廿六日電」軍委會廿六日發表戰訊，湘西方面，寶慶以西我軍，圍剿放洞、白馬山間地區之敵，我各路部隊，在敵猛烈砲火與頑强抵抗下，奮勇猛攻，節節進展，迄至廿五日，殲敵已達千餘。在敵之遺屍內，發

重慶發表
美空運物資額

「同盟社廣東廿五日電」重慶政權此次正式發表對美空中運輸物資的額數。根據這一發表，民國三十三年美空運物資額總額爲七百一十三萬二千磅，與前年度相較，增加了十六萬六千磅。其中廿五萬二千磅由私人公司承包。又經喜馬拉雅山運至印度的物資達二千三百六十六萬六千磅，這些物資在加爾各答分配給英美。

偽寧召開「戰時民衆代表大會」
向國民黨政府誘降

「新華社華中廿二日急電」三月底敵偽糾集寧、蘇、浙、皖、粵、贛、鄂、冀、魯、豫及平津等淪陷區工商士紳總特等共計四十餘人，在南京連續的舉行了三天的所謂「戰時民衆代表大會」，敵偽曾動員所有無綫電台報章雜誌，大吹大擂，但實際上這個「大會」，一個「民衆」也沒有，連奉命出席的所謂「上海代表」周逆越然，都提議「我們不能提案不能討論，我們的希望已化爲烏有。」（與偽中國報記者談話）這個大會首由陳逆公博宣達了開會的主旨，要偽「代表」們「上下一致努力促成全面和平」，立即通過『展開統一救國運動』的提案，及致重慶的祕密宣言。「以民衆口吻企待早日完成全國統一」。同時陳逆公博等不斷發表「以反共爲最高原則」的演說，偽宣傳部長趙逆尊嶽，亦連續發表對重慶「要求和平統一」的廣播，「偽中央日報」更提出「展開統一救國運動」「反對列強在中國大陸作戰」「實現全面和平」等口號，由此可知所謂『宣達民意』的『戰時民衆代表大會』，乃是敵偽「面臨非常複雜危險萬分之國難之時，動員上下一體」，向國民黨政府伸出和平觸角的工具（此語見偽中華日報大會祝詞）。全國同胞不僅由此可以認識敵偽正加緊引誘國民黨投降「統一反共」，更須警惕南京的「民衆代表大會」與重慶的「國民大會」之間互通聲氣，進行陰謀活動。

「新華社晉西北廿四日電」在國民黨一黨專政所造成的嚴重局面下，敵寇除軍事上在正面戰場大肆猖獗外，更同時加強其對國民黨政府的「思想攻勢」。本年元旦敵「朝日新聞」劈頭一篇社論，即以對重慶進行「思想攻勢」爲主題，內稱：「由於先機作戰之對敵錯擊，把中國大陸分截爲東西，重慶在軍事，政治，經濟上陷於前未曾有的嚴重局面。今天正是進行思想攻勢的良機」。敵人是洞悉國民黨政府對抗戰消極與動搖的本質的。從一月廿四日敵「西部朝日新聞」列出的敵國議會中谷武世與敵酋小磯在衆院預算總會中的問答中，透露出敵寇對國民黨政府有所謂「外交交涉」。但偽濟使這可疑的

現敵大隊長一人，及中隊長一人，及中隊長數人，我被鹵獲輕機槍十五挺，步槍三百八十七支，及其他軍用品甚夥，現正加緊聯絡包圍，攻殲殘敵中，我軍於寶慶以西公路上及兩側之高沙市、竹篙塘、山門地帶，痛擊敵寇，彼使敵屢撲屢創，敵以近兩未逞，廿五日以一股續援犯竹篙塘以西地區，被我夾擊，敵大部就殲。資水西岸我軍，於廿五日晨復擊退由寶慶西北向桃林反撲之敵，並予以重創。武岡以南地區，戰鬥仍極激烈，敵我均有傷亡，我軍已將竄擾城步西北之敵，大半殲滅，敵爲我悉數驅逐。城步以北地區戰況無何變化。豫南方面我軍於廿五日晨繼續由三面圍攻西峽口以西地區之敵，經激戰後，我略獲進展。淅川西南地區，激戰在繼續進行中。我敵均無進展。我軍於廿四日晚已將由鄧縣以西向李官橋以南地區反撲之敵擊退。豫省地方團隊，繼續廣泛向敵後襲擊，並襲擊敵之補給綫，連日於舞陽以南、方城、南陽、鄧縣附近及鎮平內鄉淅川之間地區，收穫甚大，迫使敵寇窮於應付。豫西方面。我軍掃蕩被困於長水鎮爲店間之敵，廿四日攻克長水鎮東南大小高村等村落數處，我軍攻入陝縣西南大營市隊部，連日殲敵三百餘，刻敵續由陝縣馳援反撲，我軍轉鋒迎擊於市郊，予敵以重大創傷。廣西方面，我軍於廿三日在河池以南武鳴以北之紅水河東岸及南岸，迎擊分由金城江西南及武鳴上林來犯之敵，在那馬以西，隆山以北及金城江西南之下坳附近地區，予敵重創，我軍協同地方團隊，於同日向敵側背發動攻勢，一路向武鳴攻擊，經激戰後，於廿三日晨攻克武鳴城。我另一路部隊，於同日攻克上林城，並鹵獲軍用品甚夥。

江西國民黨要員
商談治安問題

「中央社寧都廿四日電」皖贛監察使兼省黨部主委陳肇英，由瑞金來此，視察吏治及地方黨務，並與上官副長官雲相，及省府主席曹浩森，會談地方治安，黨政聯繫等問題。陳氏以赴渝在即，特於廿四日晨偕黨務督導專員鐵經明等赴贛江前綫慰問軍民，定廿七日返瑞金轉渝。

「中央社渝廿五日電」油管工程，正積極敷設中，短期內即可抵達某地。據悉，戰時運輸管理局之油管工程處，即將成立，以負責趕修工程，期早日完成。

「中央社西安廿四日電」本省六全大會代表王宗宿、張守約、馬毅、葛武棨、張大同等一行十八人，廿四日下午三時，乘專機飛渝。

「美聯社訊重慶廿五日電」行政院發言人張平群，在招待記者席上稱：中國在「原則上」贊成美國報紙編輯協會力圖在舊金山會議上通過的自由交換新聞的決議案。

路透評波蘭問題僵局

「路透社倫敦廿六日電」路透社外交訪員報導：蘇聯（一方）與英美（另一方）關於波蘭問題的觀點底僵局仍存在，倫敦官方人士並不認為這是舊金山會議主要任務的「技節問題」。

衆信三外長會議已證實了真正的困難是蘇聯與西歐盟國對於雅爾塔協定關於建立未來的波蘭政府第一部份，有十分不同的解釋。

據說，艾登與斯退丁紐斯，曾在會中向莫洛托夫說清楚，他們自己對雅爾塔協定關於波蘭問題部份的解釋，並指出：英、美的觀點完全相同。

英、美方面的觀點（這大概是簡單的重述雅爾塔會議以後共同發表的公報而已）。此間衆信，無疑地是該公報的邏輯的結論，可概括如下：第一，英美不準備承認不能真正收羅波蘭人民代表們的任何政府。第二，他們將雅爾塔協定解釋為是三大强國為了建立擴大的舉國一致的波蘭政府，而組織波蘭領袖（包括國外的波蘭人在內）代表之間的會談。第三，他們對於延遲了開始這些會談，感到很惋惜。第四，他們不承認華沙臨時政府有權投票決定波蘭國外領袖們的名字，而根據雅爾塔協定的條文，這些國外領袖完全有資格參加這些討論。第五，他們不準備邀請目前形式的華沙政府代表波蘭人民參加舊金山會議。

倫敦方面認為：這幾點的大意一定很清楚的向莫洛托夫提出來了，並向他解釋過英美感到不能修改他們對所涉及的原則問題底態度。

衆信，莫說波蘭問題的僵局，立即會影響舊金山會議的氣氛，而且西歐盟國將仍堅持按照雅爾塔公報原來的規定，與波蘭代表之間在莫斯科舉行會談。人們可以這樣假定，斯大林元帥不是不完全知道英美方面對雅爾塔協定的解釋底那個意義的。無論如何，艾登——斯退丁紐斯——莫洛托夫的會議將會使形勢十分清楚。莫斯科方面將採取下一個行動，此間相信，對這行動的回答也不會拖得很久的。

「路透社倫敦廿六日電」莫斯科半官方聲明暗示，波蘭僵局最後看三强關於雅爾塔協定論及波蘭問題部份解釋是否能獲得一致意見而自行解決。蘇聯通訊社抨擊「××外國報界」，因其暗示在雅爾塔會議上所決定的僅是改組的波蘭臨時政府代表，而不是現存的波蘭臨時政府代表應被邀出席舊金山會議。

將認為戰爭已告結束。克里格說：「有兩處陣地我們絕不能讓給布爾什維克主義，不然的話歐洲和我們將一齊死亡，這兩處就是：柏林與布拉格。」談及柏林守軍時，克里格提及「東綫老戰士——希特勒青年團和希特勒自由軍團，其中包括有婦女在內」。

「路透社倫敦廿四日電」漢堡無綫電台今夜宣稱：「元首正指揮柏林戰鬥，左右是政治與軍事顧問多人。他每一小時均獲得關於形勢的報告。其軍隊應使用於何處，把援軍調往何處，均由他親自作必要的決定。」

「據美聯社倫敦廿四日電」星期泰晤士報稱，美第一、第九軍，正在肅清哈茲山。該地可能藏有戈培爾、卡塞林元帥的夫人，柏林及其他參謀部要員。該報記者並說，甚至希特勒、希姆萊及戈林亦可能藏匿於該地。因希特勒會以食物×招貼××有來納粹黨徒會武裝該地，忙碌不堪，則美軍於肅清哈茲山之時，當可捕獲大批納粹要犯也。

敵稱沖繩島激戰一月 殺傷美軍一萬四千人

「同盟社東京廿五日電」敵人美軍從三月廿五日以一部兵力在慶良間列島登陸，並在沖繩本島開始作戰以來，已經一月。四月一日下午十時，敵主力在沖繩本島西南部北谷附近幾波岬十二公里寬的正面數處開始進行登陸作戰。準備就緒的我部隊，立即在海灘附近展開果敢的反擊，予敵人以極大損害。敵人逐漸在登陸地點增强兵力，至是日黃昏後，敵人的兵力已達兩個師團。二日正午在卡特那附近活動，三日已由北谷南方經島之腹部向東海岸活動，至本月八日敵人已到達連結津婆、大山南方的嘉數之綫。在此期間我部隊連夜反復楔入敵陣、敵人登陸以來至本月七日，殺傷敵人三千六百名，擊壞坦克一百零三輛，其他各種砲甚多。七日敵人更以坦克一百三十輛，兵力五千向那格灣登陸，戰鬥已逐漸激烈。我軍於十日夜向敵人實行斬入，予敵人以極大打擊，敵人登陸以來至本月十一日所判明之戰果，約殺傷敵人六千三百名，擊傷和燃燒坦克與裝甲車一百八十五輛，破壞卡車四十八輛。十二日夜在步兵砲兵密切聯系之下再度向敵人反擊，粉碎敵人的進攻地點，至十七日又殺傷敵人一千七百名。其間敵人又增强兵力，在沖繩本島南部地區約有四個師團，本部半島方面一個師團，慶良間伊江島及其他島嶼一個師團，共計六個師團，並把大砲與軍需品運至前綫。另一方面敵人極力企圖擴充整備北、中兩飛機場，十九日以坦克數一晉雅爾塔公報，則知蘇聯通訊社的反駁是故意無視所已公佈關於波蘭結論的主要意思，這一結論是很清楚的。現在莫斯科簽訂蘇波條約的華沙臨時政府的代表已闡明毫沒有擴大現在的臨時政府任何顯然的意圖（一句不清）倫敦阿諾塞夫斯基政府已發表聲明，要求出席舊金山會議。××雖然在形式上似乎是唯一的妥協辦法，而在實際上對於解決波蘭僵局毫無建設性的貢獻。所以，莫斯科在以一切方法宣佈接受其對雅爾塔協定自己的解釋這一論點之前，似乎毫不等待三個外長會議的結果。問題的要點，三強之間關於解決波蘭問題應採行的方法難道不清楚嗎？果如此，在雅爾塔會議之後三個月，關於雅爾塔協定的文字與××顯然應有不同意見，這是很迫急的。自從，×××，世界安全的將來首先須於各大強國達到一致協定的能力與願望，波蘭爭端僅繼續被視為將來世界和平的試金石。目前，來自莫斯科與華盛頓的預兆並不好，一切賴於舊金山三國外長的會談。

【合衆社倫敦廿五日電】英國務大臣勞氏，於下院聲稱，外相艾登在竭力自莫洛托夫探悉倫敦波蘭流亡政府代表十四人之消息，此波方代表十四人，於赴華沙進行會商後，即消息杳然。勞氏答覆詢問時稱，英政府仍待蘇聯政府之答覆，英政府此時對此問題極其注意。

蘇聯闢謠
美第一軍否認與蘇軍會師

【路透社莫斯科廿五日電】塔斯社本日否認外間謠傳，美斥堠部隊曾於四月十三日攻達柏林後，經斯大林元帥抗議始行撤退。又傳斯大林曾稱，盟方事先曾作協定，蘇軍必須先攻入柏林之說，該通訊社聲明此項報導完全與事實不符。且謂係揑造。

【美聯社隨第一軍記者廿四日報導】第一軍參謀官於下午九時率直宣稱，該第一軍前綫上並未與蘇軍會師。

傳希魔仍在德京

【合衆社倫敦廿三日電】德國廣播今日稱，希特勒仍在柏林，指揮德軍最後的精銳部隊以抵抗突入城內的蘇軍。此消息是由德國廣播評論員克里格博士自漢堡播出的，該者是德國現仍在工作的最後電台之一。他說，柏林防衛者戈培爾（首都防衛司令）[illegible]這個消息，現在尚無辦法了解希特勒仍在柏林並曾負爲蘇軍[illegible]發之說，是否是真，抑僅是一種傳說，以圖鼓勵德軍抵抗至死。廣播同時說，德軍正爲着柏林及普拉格進行大戰，並暗示在此二城失陷後，納粹

十輛，步兵一萬人在本島南部地區展開全面的進攻。我部隊於廿日夜舉行夜襲，將敵人大部擊退，現確保我第一線陣地。十九日至廿三日上午之間，計殺敵人六千名、擊毀坦克八十輛、毀敵大砲十一門，因此該方面的敵人如與開始攻擊相較，兵力大減，只有五千六百人，坦克只有九十輛。廿四日以來，敵人即集中兵力資材，準備下期作戰，我軍迎擊六個師團的登陸敵軍已一個月，共殺傷敵人一萬四千人、毀坦克一百一十三輛、大砲四十四門、其他軍用品甚多。

梵蒂岡可能出席舊金山會議

【合衆社羅馬廿四日電】合衆社記者本日自梵蒂岡消息靈通方面獲悉，梵蒂岡雖無代表正式出席舊金山會議，但極可能派非正式代表出席該會，或致力領導會議實現梵蒂岡所持之公平正義和平機構之理想，果爾舊金山大主教朱蒂或紐約大主教史培爾曼，可能出席會議或兩者均往參加。

美國積極[illegible]下
阿根廷願與盟國合作

【美新聞處舊金山廿三日電】美國務院南美司司長瓦爾倫本日由阿根廷返國。據他說，阿根廷已向盟在海陸軍和經濟方面與盟國密切合作。瓦爾倫係於本日由布宜諾斯艾利斯抵達此間。他在布宜諾斯艾利斯時，曾與新近被承認的法勒爾將軍政府，進行一連串討論。瓦爾倫係在上週負着特別使命即與法勒爾政府恢復正常外交關係的使命，離開華盛頓的，其到阿根廷的目的，是在使阿根廷與作戰努力更充分地結合起來。與他同行的有巴拿馬運河區美軍司令布萊特中將，南太平洋艦隊司令孟羅也海軍中將，也由其司令部趕到布宜諾斯艾利斯。瓦爾倫稱：在他未向政府呈送正式報告以前，他不能發表正式聲明，但他可告知記者的是他與阿根廷海陸軍兩部已商定了結束與軸國、令人滿意的最後辦法。瓦爾倫稱：他的這個使命，已從阿根廷方面得到下列保證，即：阿根廷將遵守墨西哥城最近會議的決議，特別是關於拘留德人和撤換親德份子。他說：阿根廷外次阿梅賽諾已完全保證：阿根廷在泛美聯盟和聯合國救濟善後總署中，應與他國合作。

參考消息

（只供參考）

第八六二號

新華社 解放日報社編

今日出半張

卅四年四月廿八日 星期六

蘇聯正式向聯合國會議提出三票投票權問題

【同盟社里斯本廿六日電】據舊金山來電：蘇聯要求三票的投票權（包括烏克蘭、白俄羅斯兩共和國）問題，及波蘭臨時政府參加會議問題，乃是舊金山會議碰到的兩大困難問題。莫洛托夫外交人民委員長公佈蘇聯已將其要求三票問題正式提交廿六日的議事委員會。另一方面舊金山會議於廿六日上午十時半舉行議事委員會，辦理會議構成的手續，下午舉行全體會議，莫洛托夫、艾登、宋子文等三國代表均發表演說。

【同盟社里斯本廿六日電】據舊金山來電：舊金山會議決定推舉美國首席代表斯退丁紐斯為主席，莫洛托夫外交人民委員長在廿六日的指導委員會席上反對該案（即斯退丁紐斯為主席），而主張四國代表輪流担任主席，並言明如果不接受此項提案，則蘇聯政府要退出舊金山會議。

【同盟社里斯本廿六日電】據舊金山來電：廿六日莫洛托夫外交人民委員長，關連到舊金山會議，正式言明如下：（波蘭問題）舊金山會議主席絲毫沒有提到華沙政權，但是我希望使華沙政權參加舊金山會議。波蘭問題是很不容易解決的問題，而問題的核心不在於波蘭人相互間的糾紛，而是英美蘇三國委員會與波蘭的意見發生齟齬。（三票問題）：蘇維埃聯邦十六個共和國中，烏克蘭、白俄羅斯兩共和國在此次戰爭中起了很大的作用，因此它們在舊金山會議上當然有發言權，羅斯福總統及邱吉爾首相在克里米亞會議上已諒解這一點。我相信今日美英兩國政府的態度亦無變化。

關於波蘭問題 敵傳美蘇僵持不下

【同盟社里斯本廿五日電】美英蘇三國代表已把波蘭問題提交舊金山會議。英國外長艾登於廿五日離開飛機場前，回答一記者關於波蘭問題的質問稱：「波蘭問題斯退丁紐斯已有所說明，此外沒有再加說明的必要。」波蘭問題是決定舊金山會議能否成功的重。但是對方正因為是蘇聯，所以美國急欲於舊金山會議上形成對蘇包圍圈。而蘇聯能否堅決地繼續推行世界人民戰線的政策？整備和平機構的形式是很容易的，但是不可能解決日益複雜多難的國際政治的現實問題。無論在世界上任何地方都不能找到那些期待依靠美蘇合作，能夠解決戰亂後的歐洲全盤的政治混亂與包括中國、印度在內的東亞的安定以及世界殖民地問題的人。我們可以斷言世界和平機構的歸趨是關係以美蘇對立為軸心的將來世界政局的道路。

紅軍已經突入柏林中心 敵稱希魔總統仍在城內

【同盟社蘇黎世廿六日電】據來自莫斯科的電訊稱：由東方郊外突入柏林市街的紅軍，終於在數處侵入中心地區，現正在德軍最堅固的防禦綫之前進行激戰。另據廿六日的漢堡廣播稱，希特勒總統似決心留在柏林市內，直至柏林攻防戰中德軍獲得勝利為止。宣傳部長戈培爾，於二十六日再次向柏林防衛軍發出號召，並稱總統親自指揮作戰，將和諸位一起留在柏林，要求防衛軍作最後努力。經由莫斯科的前綫服導，也指出總統仍留在柏林市內的事實。紅軍砲兵隊正集中火力，轟擊似乎是總統府所在地的地區。

【同盟社斯托哥爾姆十六日電】據莫斯科情報稱，柏林與戰前的面貌迴然不同，下菩提樹街、亞歷山大廣場及其他市街中心部街道已大半變成廢墟，令人深深感到過去的柏林，現已不復存在。另一前綫電訊報導柏林市內德軍頑強抵抗的情形稱：德軍在地下鐵路的車站上與各種隧道內，繼續激烈的抵抗。德軍的特別部隊，每個人手中都拿着小型機關槍，乘着地下鐵路的特別快車拚命地切斷紅軍的連絡綫。德軍並在市內各處，構築很多的隱蔽火力點，紅軍將士在街道的拐彎處一經露出面孔，即受到德軍從鋼骨水泥與鋼鐵造的火力點發出的砲火的洗禮，德軍將士經常隱蔽身體，待紅軍士兵過去後即再度出現，向着坦克射擊。

傳希魔居住於德京曼德勒街地下要塞中

【路透社倫敦廿五日電】紐約時報特訊：斯托哥爾姆納粹無綫電台堅稱，希特勒現在柏林指揮防禦；經奧斯陸由德京斯堪的納維亞電報局發出來的柏林無綫電稱：希特勒居住於曼德勒街轉為強固地下要塞之德軍高級統帥部。

據此間由私人方面所獲另一消息稱：希特勒係於上星期一乘機到達柏林，同來者有：衛隊頭子狄特里赫及若干副官。一行人於柏林以西斯巴根軍用

各國共聚一堂。杜魯門總統、莫洛托夫、斯退丁紐斯及艾登在華盛頓會商結果如何，雖不得而知，但英美會反覆申述其企望，在更民主之基礎上改組波蘭政府之立場，藉以緻致現在波蘭國內外之各方人士，據此間波蘭方面消息稱：莫洛托夫正候莫斯科方面最後指示，三國是否在此間繼續會商，抑或波蘭政府及時改組，以便參加大會，均視莫斯科方面之指示爲轉移。

【合衆社舊金山廿七日電】合衆社權威方面獲悉：智利外長曾告莫洛托夫謂：拉丁美洲希望阿根廷獲准參加大會，而莫洛托夫則要求准許白俄羅斯及烏克蘭參加，藉對其在德軍手中所忍受的疾苦表示敬意。

敵讀賣新聞評舊金山會議

【同盟社東京廿七日電】讀賣新聞頃揭載社論，題爲『圍繞於舊金山會議的美蘇關係』，內稱：德軍有組織的抵抗將近結束，而反軸心國將把舊金山會議謳歌爲和平的到來。但是慶祝和平紀念日是走向沒有武器的政治戰爭的第一步，舊金山會議有各種各樣的對立和糾紛，美蘇的合作和對立，可以支配一切和決定新機構的命運。美方主張參加決定原案的大國亦不能（一句電碼不清），而蘇聯方面要求大國對這一點應負責任。這表示蘇聯的不安，它不知美英等要求怎樣的修正，以掌握對新機構不滿的小國等。決定問題不僅是在蘇聯方面多投一票的問題，而其實質是要求美英承認蘇聯對東南歐的政策，這種政策具體表現於波蘭政權上。另一方面，美英拒絕這種要求只是要使反蘇份子參加波蘭臨時政府，種下結成反蘇十字軍的種籽。舊金山會議成爲蘇美在波蘭問題及其他問題上進行鬥爭的場所，由於面子關係，這些對立是不容易解決的。舊金山會議並不是人們喜歡在太平洋岸舉行的，而是因爲世界戰爭的重心由歐洲移至太平洋，因此美蘇的合作與對立亦要在太平洋大大的展開。圍繞着波蘭的糾紛也許要用太平洋的水淸算之，也許用新的糾紛加深這個紛爭。

【同盟社里斯本廿七日電】舊金山來電：舊金山會議的指導委員會，於二十七日上午十一時召開秘密會議，蘇聯代表莫洛托夫提出華沙政府參加會議問題，斯退丁紐斯當即提出反對意見說：『根據三國在克里米亞會議所達到的諒解，華沙政府在未改組前，沒有予以考慮的餘地，指導委員會同意承認克里米亞協定，因此必需嚴格遵守克里米亞宣言的規定。』對此，莫洛托夫始終堅稱：『波蘭不能參加，是不恰當的措置』。其他代表都一致支持

，三國的戰爭目的就各不相同。美國是爲了確立世界的霸權而戰，英國是爲了維持英帝國而戰，而蘇聯則是爲了增大自己戰略的安全性而戰。特別是帝國主義的侵略國和社會主義國家的矛盾是有決定性的。他們共同的敵人被打倒以後，這種矛盾尖銳地表面化，是難免的。處在這種關係的英美蘇各自把舊金山會議看做爲了達到自己的戰爭目的的鬥爭舞台是理所當然的。英美必定威嚇一群小國，作爲自己的與國，企圖藉會上多數的意欲，淸算蘇聯，而蘇聯亦儘量確保多數的投票權和與國，以抵抗英美老一套的手法，美英蘇三國在投票數量的問題上的爭論及美英蘇三國對波蘭臨時政權的態度都表示其中的情形。這樣舊金山會議很有可能變成爲確立戰爭機構的會議，以便向着獲取在第三次大戰佔有戰略的優越地位而進行鬥爭。美英人士中抱有這樣看法的人亦復不少。這就是說，在這個會議上完全沒有希望樹立正公的恆久的和國際和平。美英蘇三國所要的和平是以其他各國的隸屬爲條件的被強制的和平。歐洲解放區的現狀證明這件事情。美英在舊金山會議上所欲追求的東西不過是能夠保障盎格魯薩克遜民族繁榮的和平。因此他們採取這樣的方針，即爲了自己國家的威信和自由，不邀請那些反對自己的人參加會議。

關於波蘭問題
傳三外長考慮斯大林的覆文

【路透社舊金山廿六日電】英外相艾登、蘇外委長莫洛托夫，及美國務卿斯退丁紐斯今日開會考慮斯大林對莫洛托夫關於波蘭問題報告的覆文，預料莫洛托夫將作詳細的報告，此報告現尚未遞交給艾登或斯退丁紐斯。此間觀察家對於英美改變態度的任何報導，均不甚相信。

【合衆社舊金山廿六日電】據非官方消息：自蘇外長莫洛托夫定於今日下午對各國代表發表演說後，今日已進入波蘭爭端將達最嚴重時期的階段，美代表仍反對允許蘇聯支持下的波蘭盧布林政府出席會議，據傳杜魯門總統堅決拒絕蘇代表波蘭盧布林政府所提的要求，但現在英國爲消滅波蘭爭執起見，或願與蘇聯妥協，會議在保障世界和平之精神與決心之下，於昨日揭幕，但一致承認必須克服種種困難，始能獲得世界合作的圓滿基礎，此間認爲杜魯門總統係一『甚爲堅定的人物』。今日全體會議中，蘇外長莫洛托夫爲三發言人之一，其他發言人爲英外相艾登，及中國外長宋子文。明日繼續舉行全體會議，會議工作將先召開指導執行及其他委員會會議，然後再成立分配

大會事務的四大組會，今日大會對於指派中國外長宋子文、蘇外相艾登、及蘇外長莫洛托夫爲大會副主席，俾於斯退丁紐斯缺席時，主持全體會議的計劃，曾重行考慮，否則即定斯退丁紐斯爲大會執行委員會之主席，如此，則全體會議的主席職務，將由四邀集國首席代表輪流担任。

英國艦隊列車開向太平洋

【同盟社斯托哥爾姆廿六日電】四月十三日的每日電訊報，列載英國太平洋艦隊從軍記者的電報，說明海軍在太平洋的供應作戰如下：英國海軍已令所謂艦隊列車、大浮游的海軍基地向太平洋出動，海軍列車（艦軍之意——譯者）包括艦船一百艘以上，大部份將從事作戰，修理船能修理不論什麼樣的損失和破壞，並能建造一艘驅逐艦，小型修理船攜有細緻的機械，飛機修理船能修理被破壞得亂七八糟的飛機。航空母艦隊將破損的飛機移交給修理船，而領取補充飛機。爲了養活一個艦隊數千名兵員，不斷有貨船由澳洲駛往艦隊，並能供給彈藥、大砲、以及發動機的預備品。艦隊列車的大任務，在海上供應燃料。運油船在與艦隊取得連絡的中途，開始供應燃料時，即使有受潛艇襲擊的危險，也不能隨便中斷工作。

阿特里解釋印度問題

【同盟社里斯本二十六日電】舊金山來電：英國在戰後予印度以何種地位，成爲世界所注意的一個問題，二十四日美國記者團會見出席舊金山會議的英國副首相阿特里，發出辛辣的質問『是否有意把印度置於國際信託統治制度之下？』阿特里答稱：『這要由印度自身來決定』。其後阿特里洩露了在倫敦召開的自治領會議的欺騙性，他說：『前次召開的自治領會議，完全是一種試驗性質，其目的並不是要自治領各國作爲英帝國的一環做出一些結論或決定。自治領各國在上述會議上，均發表了自己的見解，大體上得到了一致的結論，向舊金山會議提出信託統治制度，並不是作爲保障戰略安全的問題，而應當從提高隸屬地位的居民生活水準的觀點來考慮。英國仍保持這樣的見解，即其殖民地應根據信託統治制度來處理。

敵國伊藤正德論殲滅戰

【同盟社東京廿六日電】我軍事評論家伊藤正德頃在東京新聞發表題爲『海上殲滅戰』的論文，內稱：敵人進行登陸作戰以來的攻擊，是空前的激烈，這可以說是孤注一擲的作戰，東鄉長官認爲爲了完全擊滅敵艦隊，我國艦隊要使其損失一半以上，現在東鄉長官的決心，將在琉球海面實現，

上特別吸收流散者的資金，現正在研究中。

國民黨軍委會一週戰況

【中央社渝廿八日電】軍委會發表廿一日至廿七日一週戰況稱，本週來除鄂北敵遭受重創，被迫回竄，該地區已完全恢復原狀態外，茲將仍繼續激戰進行中之豫湘兩地戰況，綜合分述如左：豫西我向陝縣洛寧[illegible]部隊，連日於大營長水鎮等地進行爭奪戰，互有得失。豫南之西峽口、淅川、鄧縣各地區戰鬥，極爲激烈，敵一再增援，似在企圖據守各據點，掩護平漢路南段交通之安全，但在我敵前敵後各部隊勇猛夾擊下，敵寇已深感進退維谷，窮於應付之苦。湘西方面，向益陽反攻之我軍，廿一日克桃花江後，續攻迫益陽城郊區。寶慶以西我軍，阻擊分路竄犯之敵，連日在新化以南桃花坪以西與武岡西南各地激戰甚烈，僅放洞達馬山一帶，殲敵已達千餘。在此崎嶇山地，企圖竄擾之敵，絕難得逞。若再繼續深入，必遭受更嚴重之打擊，我各路軍把握主動，決不放鬆殲敵之良機。

【中央社安江廿五日電】山門方面：（甲）廿四日在山門方面，敵我展開主力戰，敵一部向我猛撲，經我守備部隊拚死據守，廿四日午後二時，我增援部隊向敵圍殲，同時我大隊盟機前來助戰，血戰至黃昏，我續將山門附近高地完全攻克，當場斃敵聯隊第三大隊長宇梶及官兵八十餘，傷敵百五十餘，並鹵獲重要文件及勝利品甚夥。我軍趁勢反擊。（二）放洞附近之敵，廿四日晨向我突襲不逞，午後敵一股復向我進犯，血戰竟日，敵負創敗退。

【中央社重慶廿八日電】據軍委會廿八日發表第一次戰訊：（一）湘西方面，我軍圍擊寶慶以西放洞、白馬山間地區之敵，漸次縮小包圍圈，但敵仍極力掙扎，並於廿六日晚企圖突圍逃竄，均被我截擊，迄至廿七日晚，該被圍困敵，已大部就殲，現仍繼續攻殲殘敵中。寶慶以西沿公路我軍，於山門、竹篙塘、高沙市地帶迭挫來犯之敵後，廿七日晨敵一股，繞經高沙市以南向西北竄隙竄犯，我於放洞地區擊斃傷敵三百餘。武岡以南戰鬥，至爲激烈，敵另一股於廿七日晨向武岡以西地區竄犯，遭我痛擊，敵傷亡頗大，現仍激戰中。城步以北戰鬥仍烈，另敵一部，於廿六日晚於城步以北向西竄犯，爲我擊斃傷百餘。（二）豫南方面，淅川西南地區我軍，於廿六日擊退敵之進撲，並斃敵百餘，西峽口以西地區戰鬥，在繼續進行中。（三）廣西方面，廿六日我軍，於紅水河南岸擊退犯那馬以西地區之敵後，續向那馬攻擊前進，廿六日已迫近城郊，紅水東岸我軍，並將竄至都安以西都陽司之敵逐退。

如果琉球陷入敵手，那末敵人將由東南兩面連續轟炸我國，我們的鬥志雖然不會減低，但是生產設備所受的打擊是不可掩飾的，敵人的攻勢將超越過供應的末端，但敵人要侵犯到什麼地方才停止，就決定於我軍反擊的戰力，供應的條件，及我方作戰的意圖。敵人的供應綫日益延長，而我們就與此相反，逐漸接近本土，我們可以用特別攻擊隊的主力，進行大反擊，何況敵人還有隙可乘。但是殲滅戰是各種作戰中最難實現的作戰，現在不必說殲滅戰的七大條件，但是我們應該牢記其中的一個條件即『冒險』二字。敵人亦依靠冒險獲取勝利，我們應該以優勢的力量殲滅敵人較小的兵力，如果我們錯了一步，就要受到重大的打擊。在長久的海戰中，兵力要遞減，沒有優越的力量足以擊滅敵人，這種例子不少。所以殲滅戰在戰史上還是很少的。我們特別要預想到戰爭的長期性，於第二次海戰以後，就需要進行數次的大海戰，我們看消可能進行殲滅戰的機會，或認為在戰略上有此必要時，就要堅決的進行殲滅戰，而全國人民亦以特別攻擊隊的精神進行增產，以待這個大海戰的發展。

敵通貨膨脹日烈

【同盟社東京廿五日電】隨着敵機空襲的激化，以及本土作戰的即將來臨，政府的各種支出逐漸增大，日本銀行鈔票的發行額已達二百一十億元之多，吸收這些資金並使其流動起來，已屬非常必要與緊迫。關於吸收資金政策，政府目前正在進行根本的再檢討。政府假定本土被分割，或發生其他緊急事件的情況完全從新的觀點出發，正在着手製定新的施策。作為吸收資金政策的租稅的作用，處在今天這樣的形勢下，不可能過於重視，結局似乎只好依靠儲蓄政策，使其走向具有機動性的途徑。今後，在運用儲蓄政策上將碰到的最大障礙，首先是人口移動的頻繁，以及政府未想到的資金放出意外地多等問題。在目前的形勢下，樹立年份的目標，將它區分為府、縣類別，然後再將它詳細地分成細胞那樣的分担方策，那就會失却機動性；結局似乎只得採取這樣機動性的方法，即不確定目標及年份目標，而樹立四季的分期目標，在詳細分配問題上，賦與地方廳以相當的權限，以使其能根據地方的實際情況，依照情勢的發展，適當處理的機動性方法。但在目前，把第一季的資金放出看成是最多的，不特別規定四季分期的目標，而採取使其火速地向定期完成已決定的年份目標邁進的方法，府、縣分別目標的再調整，可通過五月一日全國一齊舉行的人口調查，來規定標準；現在政府就採取着上述的方針。另外，六月間將和往年相同，為強調吸收儲蓄期間，那時除發賣彩票外，在地方

【中央社辰谿廿六日電】放洞附近之敵，廿五日曾一度向西反撲未逞。同時我某部猛攻放洞敵側背，敵狼狽突圍逃竄。我攻克青山界南碉堡及銀角崖、楊洲江、油溪各要點。

【中央社桂南前綫某地廿七日電】我自貢川逃越紅水河向那馬縣城挺進部隊，廿六日午克復縣城，殘敵向城東潰竄，我跟踪追擊中。

【中央社渝廿八日電】據軍委會廿八日發表第二次戰訊：（一）鄂北方面，我軍續向老河口東北地區之敵猛烈攻擊，已於廿八日晨突破敵陣地二處，殲敵三百餘，但殘敵仍拚死掙扎。下午並增援迎抗，我正加緊攻擊中。我軍另一有力部隊，於同日攻克光化東北約廿里之敵據點校程壩，斃傷敵二百餘。（二）豫南方面，淅川西南地區我軍，於廿八日晨向敵施行反擊，經激戰，我已攻克三高地及數重要村落，仍續行攻擊前進中。我軍向李官橋（鄧縣西）附近之敵攻擊，在敵猛烈砲火及頑強抵抗下，我仍略獲進展，我軍於新野以西白河兩岸痛擊分由南陽以南及鄧縣以東來犯之敵，予敵甚大創傷，現仍激戰中。

中央社傳 華中敵軍調到華北

【合衆社重慶廿七日電】中央社安徽訊：集中於南京與杭州地區的大部份敵軍，已調至華北。其他象徵指出敵寇不安，如上海法國公園已被變為軍營，而另一方面上海城內外的工事正被急急加強中。

赫爾利在渝故作宣傳 說我黨要他幫忙出席舊金山會議

【路透社重慶廿八日電】新自華盛頓歸來的美國駐華大使赫爾利將軍今日稱，中國共產黨會請他幫助獲得出席舊金山世界安全會議的代表席。他當時答稱，舊金山會議是各個國家的會議而不是政黨會議，共產黨應向被承認的中國國民政府請求。同時，他曾提議，如果共產黨能有代表參加中國代表團，那將是一件很好的事情，後來共產黨一人就被容納在代表團中。自其歸來後首次在招待記者會上發言的赫爾利將軍稱，美國政府贊成中國一切抗日力量的統一。他繼稱，他曾和邱吉爾、羅斯福及斯大林討論過中國形勢，他們在對華政策上的意見是一致的。駐華美軍司令魏特梅耶中將於同一招待記者會上稱，他的未來反攻計劃，想集中美國的努力於加強對日本的打擊上。魏氏繼稱，羅斯福總統及美國參謀總長已批准了這計劃，此計劃已呈交蔣介石委員長，他正忠誠地合作中。

參考消息

（只供參考）
第八六四號
解放日報 新華社 編
今日出半張
卅四年四月卅日
星期一

歐洲政局醞釀巨變
德國投降謠傳甚熾

〔美聯社舊金山二十八日電〕據悉本夜德國正與美英蘇交換有關德國無條件投降的電訊，某些官員說：在德國境內進行的戰爭，實際上隨時都可發生變化，戰事或尚需數日方能結束，或在本週末結束。第三個好消息是希姆萊提出把德國所餘的東西，或他所能拿出的東西，交給英美。據悉，希姆萊曾告訴倫敦和華盛頓說：希特勒現要斷氣了，他正以僅次於希特勒的地位，代理他統治着德國。美英接到希姆萊的建議後，迅即就將該項建議通知蘇聯，美英明確地拒絕了希姆萊的建議，告訴他：德國的投降若不包括向蘇聯投降，則這個投降不加以考慮。於是此間就有把握地說：希姆萊除只與三大盟國一起談到德國無條件投降外，別無所獲——因為想分裂盟國的團結的這個動機是失敗了。此間某些官員表示相信，希姆萊是能將現仍在戰場上和防綫內的剩下德軍交出來的。據說德軍在若干月以前他們就想停止作戰。

〔路透社舊金山廿八日電〕路透訪員閻金報導，希姆萊已致電英國及美國說：希特勒已瀕於死亡，在無條件投降宣佈後，將不能支持四十八小時，這是今日出席舊金山會議官員們告訴我的，他們證實希姆萊的和平建議並稱，建議是經過斯托哥爾姆方面提出的。官員們稱，莫洛托夫、斯退丁紐斯及艾登立即被通知。盟國對希姆萊建議的回答，此間解釋為如果蘇聯包括在內時，盟國願意考慮它的象徵，條件則是無條件投降。此間解釋稱，希姆萊在說希特勒要死的意見是指希特勒現在病得很沉重，無條件投降的宣佈將足以使他震驚而死。一般認為，目前希特勒逝世的宣佈將引導至大批投降與歐洲戰事的停止。出席舊金山會議的代表們對於路透所發表的希姆萊的提議，均大為吃驚。一廣泛流傳的消息稱，希姆萊已被限定在星期二至星期日以前答覆英美蘇。

間散佈未證實的消息及半官方的聲明。最令人激動的是剛到達之最高外交家的聲明，他說，希特勒、戈培爾三天前已遭槍斃，並說：希姆萊昨天從保護國與他的得力助手墨連堡一同乘機疾飛柏林。另一個從德國逃此的高級人員認為：戈林與希特勒、戈培爾同時被消滅。而且極可靠消息說：賴伐爾昨晚兩度重新提出逃入瑞士的要求。旅行家們說：賴伐爾已把他那著名的鬍子剃掉了。

〔合衆社紐約廿九日電〕杜魯門總統與李海及艾森豪威爾元帥接觸後宣稱：歐洲所傳和平之說全無根據。

同盟社稱柏林德軍有五十萬
傳戈培爾被槍斃

〔同盟社斯托哥爾姆二十六日電〕據莫斯科美聯社消，現在在柏林市內與紅軍作戰的德軍約五十萬人，特別是希特勒青年團——十二歲至十六歲的青年戰士，或用手榴彈、或用輕機槍向紅軍部隊投擲，並已不斷到達亞斯篤爾特外路上。希特勒元首目下在蒂亞愛爾店的地下室指揮作戰，古德林元帥及戈培爾宣傳部長亦在輔助希特勒元首。又據前線報導，紅軍在廣泛的戰線上向易北河繼續進擊，二十七日已佔領柏林西南部的波茨坦、西北部的史盤刀、西部的哈維爾拉丁。

〔合衆社瑞士聖馬格劉發廿八日電〕南抵瑞士邊境之某高級外交人員稱，德宣傳部長戈培爾已於三日前被槍決。

〔路透社倫敦廿六日電〕漢堡廣播，希特勒將留在柏林，直至戰爭勝利結束而後止，仍然殊死為其首都作戰，希望達到勝利結束的柏林人，今日又聽到戈培爾強大增援部隊的諾言，後者並鎖定他們說：「希特勒仍以堅決的手段與冷靜的頭腦」和他們在一起，親自指導戰爭。前綫現直接通過市中心，漢堡電台稱，非軍事警察亦參加軍隊保衛柏林，某處被重重包圍的陣地現由德國一最年輕的將軍巴爾塞格少將扼守，他係由希特勒當場由中校擢升為少將的。其他消息稱，城市工業生活尚未停頓。各主要運輸機關仍在工作，工人們正於四面猛烈砲火下，為守軍生產武器及供應品。

舊金山大會素描

〔中央社舊金山廿五日專電〕今日下午，聯合國會議正式開幕。集會進行時間至為簡短。在開幕半小時前，各國代表陸續走入豪華的歌劇院中，各通路上，代表互相招呼，一時四十六國的語言交組成為此間從所未聞的最奇特的混合

「路透社倫敦廿八日電」舊金山會議官方人士刻證實希姆萊僅向西方盟國請求投降，此舉與最近數週德國統治者的行動是一致的——這包括用希特勒名字公佈的那些東西。

四月廿六日，希特勒發署一道命令給德軍，首先要德軍在東綫作決然戰鬥，而不再提及西綫。一週後，戈培爾又將此功績歸諸希特勒本人，即：將軍隊由西綫調走投入保衛柏林為『歷史意義的決定』。

此外亦追憶：盟軍橫渡萊茵河開始攻勢以前一週，E．赫塞博士即以希特勒與希姆萊兩人的名義向斯托哥爾姆提出同樣的要求。又一附帶條件為：此二人應留下繼續當權。現在沒有提到希特勒的名字，可能由於了解到：盟國決不會以希特勒為談判對手，或由於為了不把他的名字和可恥的投降聯系在一起。

無論如何，此請求證明了：納粹已認識到『孤城』持久抵抗的不可能，現在只能在盟國之間，施行兩面的離間詭計，試圖挽救其政治前途，而讓希特勒作為『英雄』死去。

「路透社紐約廿八日電」紐約時報今日華盛頓訊：據權威方面本曉悉，納粹德國已表示願對英、美兩國無條件投降，但對蘇聯則否，而西綫盟軍已告談判者稱，我們僅在代表全體盟國的條件下始能接受。此項消息使此間相信德國不久即可提出正式和平談判，此一消息尚未經官方發表，但係出自可靠來源者。

「路透社巴黎廿八日電」據悉，德國並未向最高統帥部提出投降建議，但這點並不否定這種建議提交盟國政府的可能性。

「路透社倫敦廿八日電」英國政府於今日聲明中謂，他們對無條件投降的消息無情報可發表，而強調三強之間極其和諧一致。該聲明着重指出：『只有無條件投降三強，共投降才會接受』。唐寧街十號發出之聲明說：『路透社會報導希姆萊僅向英美呈請無條件投降。英美答稱：「除非代表一切盟國（包括蘇聯），他們將不接受無條件投降。像這樣的時候，德帝國各處傳出的建議德國投降的消息如此盛行，這是無疑的，因為這些消息和敵人無可如何的情勢是一致的。值此時刻，英政府對其中任何消息均無情報可發表，但必須着重指出：只有無條件投降三強，共投降才會被接受，而三強是極和諧一致的。」』

「合衆社羅馬格列佛廿八日電」今日，大批難民、旅行家及政府人員在此

聲調。與會人士並沒有着晚禮服或禮服的，各代表都穿着本國服裝。會場中有若干灰髮與光頂的外交人員，他們中若干人都曾參加以往企圖建立世界和平基礎的同樣會議。有數國武裝整齊之軍官若干人，散坐場中，靜聽主張裁減軍備與防止未來戰爭之演說。台後樂隊選奏雅樂，使場中空氣至為歡愉。當樂隊準備斯退丁紐斯及其他演說者步上講台前首次開始奏樂時，聽衆全體起立，包括若干首相與外長之外交家，於發現其錯誤時，立刻窘迫不安，退坐原位，此時無一發言者，但在某個人認為其本身可笑時，立即哄堂大笑，無人靜聽音樂或對之欣賞。但樂隊仍繼續吹奏，然此非聽衆之第一次錯誤，蓋斯退丁紐斯宣佈全體靜默一分鐘而語尚未畢時，若干代表即行起立，但當斯退丁紐斯甫語完請求聽衆坐下一語時，空缺之席次立即又行坐滿矣。此乃一種極友好之空氣。於拘禮式之外，殆具有一種緊張情緒，其間並無四大強國或五大強國之壟斷現象，也無膚色或信仰之類似差別待遇，若干來自有色種族之代表，在與會人士中也占重要地位。各國代表依字母次序排定席次，以澳洲代表坐首排，而以南斯拉夫代表殿後，即英美蘇代表也遂坐於若干小國代表之後。斯退丁紐斯以簡短十字之語句『余宣佈聯合國討論世界機構之會議業已開幕矣』。奠定歷史上最重大之和平工作。卅二分鐘後，太陽已漸投入太平洋海中時，會議即告結束。四十六聯合國國旗垂落，似在祝福此一歷史性的集會圓滿成功。與會人士均由歌劇場中走出，而開始草擬整個文明世界所希望並祈求成功之一安全憲章之各種計劃矣。

「中央社舊金山廿六日電」莫洛托夫在此次與會之各代表中，為最受人注意之人物。美國各報會以甚多之篇幅，描述莫洛托夫為一神秘之人物。莫洛托夫無論行至何處，均有六個或八個之蘇方便衣警察跟隨。今日開第一次大會時，顯見美國祕密警察二人立於講台兩旁，但當莫洛托夫演說完畢時，渠等立即退去。莫洛托夫以俄語演說後，立即譯為英語及法語，但宋子文、斯退丁紐斯、艾登等均僅用英語發言。在此次之國際會議中，英語之應用雖已代替法語，但法國代表仍堅持法語在原則上仍應為大會所用之正式語言。在四強代表之中，艾登為服裝最講究及最善演說之人。會場區域周圍有數百婦女綴立街頭，咸欲一瞻艾登之豐采。舊金山各帽店據傳對於艾登式之帽子銷路轉佳。阿拉伯之油田近年曾為國際競爭之對象，此次阿拉伯代表特乘出美孚汽油公司所備之高件汽車，用其特備之汽車夫，駛行過市，在各代表中，阿拉伯之代表可算惟一能忠於其祖國之代表。土耳其代表據傳將要求

住於旅館之樓下層，因渠等曾知舊金山於一九〇六年發生地震。中國代表佔用舊金山頭等旅館第十四樓及第十五樓。舊金山之人民正計劃使此城市成為全世界之首都。關於建築由市中心通至擬議中之世界首都區之一切建築及近代化馬路之計劃，已於今日宣佈。然洛杉磯市在此間之宣傳人員已邀請各代表前往各城觀光。又據傳巴力士坦已有人提議應成為世界安全機構總部之永久所在地。此次與會之記者，較各國出席之代表人數猶多，各國出席代表僅有八五〇人，而新聞記者、攝影記者及電台評論家等竟達一千八百人。守衛會場區域者，有經特別選守之憲兵七百人。各國代表及新聞記者之飯食，均由美國海軍部廚司所製。自由印度及自由朝鮮之代表，甚為活躍，經常與新聞界接觸，均引起對於彼等特殊問題之注意。

「中央社舊金山廿五日專電」聯合國國際組織會議之瑣聞如次：我代表國團員共七十五人，人數僅次於美國一五六人之代表團。英聯合王國之代表團共六十五名，人數居第三位。蘇聯僅十五名。我代表團所經之旅程最長，計由美運輸機經印度飛往大西洋及美國，全程約一萬八千英里。代表團團員報紙廣播新聞片與攝影記者人數較原定數目激增。會議開幕時，徽章不敷應用，並迅向華盛頓方面定製。各國代表所穿之衣服，雖不拘形式，但男性代表皆有戴用某種形式帽子的趨勢。此式帽子因英聯合王國代表團首席代表艾登外相戴用而時行。開幕禮講演×之譯員曾倚向蘇外長莫洛托夫之耳旁翻譯。午，全美各地即有故總統羅斯福姓名之五分郵票八十萬五千枚，於今日發行今日上其第一張之五十枚，將為羅故總統大規模收集美國郵票之一部。美國以地主了誼，負責會議費用，約需一百四十萬美元，此項開支，等於此次作戰美方每十五分鐘之費用。另有十八國因未履行頓巴敦橡樹會議之規程（即必須為聯合國會員反對軸心宣戰），皆未被邀參加此次之會議，亦無代表出席會議。波蘭為聯合國中唯一未出席國家。此外，敵國如德日，中立國如瑞典、瑞士、愛爾蘭、西班牙、葡萄牙及阿富汗，皆未被邀請。敵方附庸國如羅馬尼亞、保加利亞、匈牙利與芬蘭亦然。阿根廷屬模糊外交狀態之國家，該國雖對軸心宣戰，但技術上仍對盟國作戰，丹麥無流亡政府，冰島尚未對軸心宣戰。

同盟社評歐洲盟軍
調赴太平洋問題碰到難關

「同盟社斯托哥爾姆北村特派員廿十五日電」美英方面的一般人士，多抱着歐戰

「降低國民生活程度，已威脅到生活的安定」。歐戰結束後，隨着而來的美國國民戰勝的情緒，將是相當旺盛的，但這種情緒，是否仍將願意犧牲民需而擴充軍需生產，這樣，可以預料到運送兵員與供應武器，將成為一個困難。美□專門家人士會說：在太平洋方面需要一百萬以上的兵力。而且從可以預料到的日本本土作戰與侵入大陸作戰的必需性來看，美國將會有很多的困難，因之要把兵力運往遠東，要加以充分的估計。

蘇駐華大使滯蘭
候機飛渝

「中央社蘭州廿八日電」滯留此間之蘇聯新任駐華大使彼得羅夫，刻正等待天候放晴，繼續飛渝。新大使留此三日，受蘭垣人士最熱烈之迎迓，已予渠遠離家園後以莫大之安慰。大使為蘇聯研究我國三閭大夫屈原之權威學者，此次使華，對於中蘇文化前途，當有至使之助力。連日中蘇文協蘭州分會代會長蔣孝×氏，與渠曾作數度之深談，對於中蘇文化前途，似已獲得融洽一致之意見。蔣氏並以國畫一幅致贈，從中取意「一帆風順」，彼得羅夫對此詩情畫意，備加稱揚，而對此西北重鎮在抗建中之進展，亦表示欽敬。按大使於三年前自渝返蘇，曾道經蘭垣。

赫爾利及魏特梅耶
在渝招待中外記者

「中央社重慶廿九日電」赫爾利大使，廿八日十時招待中外記者，魏特梅耶將軍亦出席說明返華府之目的。赫爾利大使以堅定態度表示三點，並謂此係美國政府對中國之政策，英蘇政府對此政策完全表示贊同。大使謂：第一，希望中國能使新聞多多報導到外國去，如果所報導之中國新聞，均極正確，相信必有莫大裨益。第二：為余所敬重之中國武裝政黨的共產黨，曾電余請求派代表參加舊金山會議，其動機固佳，但余電覆時，曾表示舊金山會議乃係聯合國之會議，並非為政黨會議，余並且建議（？）向其中央政府請求，中央政府係聯合國一份子，且為世界各國公認之政府。同時余亦認為如共產黨能有代表出席，亦為至善之舉，結果中央政府給予共產黨一派遣代表機會，並為共產黨所接受，中央政府此種措施，實為一良好現象，吾等極感愉快。第三，外國之使節。對於中國之軍隊統一問題，不能任意表示意見，因為此係中國本身之問題，不過吾等贊同抵抗敵人之軍隊，應能團結，故吾人主張中國之內政問題，應由其領袖自行決定政策並對其所決定之政策負責。吾人對於中國政府與人民所要建設一團結而自由之民主國家之願望，深願贊助。記者詢以在莫斯科晤見莫洛托夫者

結束在即的樂觀論調，隨之，在美、英，特別是在美國，作為一個最現實與緊急的問題，提出了把在歐洲的兵力調往太平洋的問題。最近據云尼米茲曾在沖繩島，舉行斯普洛恩斯以下首腦會談，討論把歐洲的兵力大批地調赴太平洋及其他問題，根據美軍當局最近公佈的計劃，企圖在一年之中，從歐洲調用約二百萬的兵員到太平洋方面去，但當實行這樣大規模的計劃時，可以預料到將有政治的、軍事的與技術的各種困難。因此美國當局究竟將如何克服這些困難，這一計劃的成功與否，將大大地影響今後世界政局與戰局的動向。因之這一問題為各方面所注目。（美、英、蘇之間發出齟齬）——首先應該指出的，是美、英與蘇聯之間對於在歐洲的戰勝問題，其想法有顯著的不同，美英人士的見解是：攻克柏林即宣佈戰勝德國，而這就是歐戰結束之日。但蘇聯則××柏林，反對美英軍過早地調往太平洋。這一些都成為在意料中的德國游擊戰的日趨激烈，和美英蘇對立的更加尖銳的好材料。第二是美英兩國國內的情況，在英國首先是船舶的不足，和裝備不充分兩個決定性的困難。加之，英國當局急於宣佈歐戰勝利，以此來對付國內的厭戰情緒，是一種對內的必要，也是一種障礙，關於這一問題，勞工部長貝文已承認這樣的事情，即基於一種戰勝情緒，解除徵募的謠言，在國內處於壓倒的地位，並率直地承認把兵力調赴太平洋的傳說，已使被徵士兵的妻子與兩親狼狽不堪與幻滅絕望。總之，在英國來說，認眞地把兵力調赴遠東，從其疲勞不堪及其政策看來，可以說幾乎是不可能實現的。其次再看一看美國，據最近的合衆社華盛頓電稱，自德國空軍停止活動後，強有力的美國空軍已移向遠東，但除此以外，大規模地與迅速地調動美軍，在技術上是不可能的。又××雜誌稱：美軍於佔領德國後，因為軍事上與政治上的必要，需在德國逗留六個月，四百萬或更多的遣歐軍，又需在歐洲駐紮一很長的時間，至於說到戰爭資材，則據華盛頓情報悉，在歐洲戰場已屬不必要的戰爭資材，已經開始運給麥克阿瑟。但實際上容易運送，除了飛機之外幾乎是見不到的。這是一個最困難的問題。美國當初曾計劃從歐洲運輸飛機與裝備到太平洋上，但最近已改變這一計劃，太平洋方面軍已不待自歐洲運輸裝備，決定以國內新生產的資材來裝備。因之，歐戰勝利後，國民所期待的縮小軍需生產，向民需轉換，未必是能夠實現的。不，反而在歐戰結束後，因為更趨激化的太平洋戰爭，需要維持高度的生產水準。該情報並指出：歐戰結束後民心的動向，是擴充生產困難的一個主要原因，據美國戰時勞動當局認為：

，大使答謂：余在美會謁羅斯福總統，斯退丁紐斯國務卿，在英晤見邱吉爾首相，艾登外相，在蘇聯會與斯大林元帥暨莫洛托夫外長晤談。渠等對於余適所表示之三點，均表贊同，並且對於中國之觀感，極為友善。記者詢以蘇聯政府對中國共產黨之態度如何？大使答謂，余願留待新任蘇聯大使答。記者詢以中國新聞檢查問題，大使答謂，余於離華前，曾與宋代院長子文、王部長世杰晤談，希望能愈寬愈好，繼魏特梅耶將軍表示謂，在余回國期間，外間謠傳美國在華作戰計劃，將有變更，實乃無稽之談，余向美國軍事當局所呈之計劃，甚為簡要，毫無變更，且完全得到支持云。

【美聯社重慶廿八日電】魏特梅耶宣稱，他在赴華盛頓之行中，曾提出一計劃，想『集中美國及中國的努力，俾能予敵人以有効的打擊』。此計劃已被熱烈的接受，並獲得盡一切力量以實行此計劃的保證。他已將此計劃呈交蔣介石及軍政部長陳誠，『而據我所知，他們均予以百分之百的合作』。他否認他華盛頓之行會引起對日軍事計劃的改變。他說：『並非如此』。

桂省未淪陷的廿六縣 徵粮卅六萬四千担

【中央社百色廿八日電】（一）桂省淪陷區及游擊區除六十六縣田管處結束業務，由縣粮政科辦理。（二）桂省廿六縣征實，二月底止已徵三六四、四三六市担。（三）桂省今晨舉行成人教育會議。

【中央社成都廿七日電】英議員及工業合作專家胡特、偕顧問羅拉格特，廿七日由渝抵蓉。

陳納德說 敵大陸交通綫已成夢想

【合衆社昆明廿七日電】陳納德將軍於接見記者時稱：衆所週知的由東京橫貫全中國至新加坡的大陸走廊，現已成為『夢想』。誠然日軍以經年努力，突破橫貫中國的垂直鐵道綫，然因十四航空隊不斷轟炸，日軍在平漢路上的火車停駛月餘。且敵人從未能使粵漢路通車。尼米茲的航艦飛機負担進擊中國沿海各城市。十四航空隊則已在集中襲擊日寇所佔中國內地——中國內地的日本交通綫，一切鐵道系統、一切河流及公路橋樑，火車頭、輪船、隧道、卡車、及人力運輸車。全中國日軍運實際已停頓。過去兩月，十四航空隊在攻勢襲擊時，僅在上海遭遇空中抵抗。十四航空隊已控制整個中國天空。陳納德說：據悉：日寇在本國僅有二萬五千架飛機，應付海上進攻，且現正極其忙碌，脆弱，敵不克抵抗十四航空隊。

參考消息

（只供參考）

第八六五號

解放日報社 新華社 編

今日出半張

卅四年五月一日

星期二

同盟社評論 柏林戰事即將結束

「同盟社蘇黎世廿九日電」據德國廣播，德軍總統行營廿九日發表公報如下：柏林市內展開寸土必爭的激戰、勇敢的守備隊、向優勢紅軍展開苦鬥、紅軍終於不能侵入都市中心。在波茨頓廣場，正進行熾烈的市街戰，紅軍向波諾茲頷、史普里河壓迫。柏林南方之紅軍、更投入兵力、現仍在激戰中。

「同盟社東京卅日電」朱可夫、科涅夫兩軍於廿九日在柏林心臟部下菩提樹街取得聯系，戰禍已波及政治中心——威廉街及菲力得街，紅軍進行猛攻，欲於五月一日完全佔領德國首都。而德國守軍的最後抵抗即將結束。

「同盟社斯托哥爾姆廿八日電」柏林市中央部分成很多的防衛地帶，每個地帶又分成若干的區域，每個區域是這樣構築的、即使鄰區被佔領亦毫不受影響。最強力的防衛地帶第一是柏林市的中心區、第二是（缺）高卅米的托齊卡陣地，第三是××××，第四是非列得力車站，據阿富頓日報稱：柏林市內各處的要塞是極爲強固的，甚至科涅夫、朱可夫兩軍的砲火與火焰噴射亦難破壞。在防禦砲兵隊與坦克隊接近的廢墟下面，建築了堅固的地下要塞，一切地下要塞上面均覆有二十米突厚的泥土，大的地下要塞即使反軸心軍不斷的投擲炸彈，亦仍然非常堅固。這就是曼德勒街的中心要塞，詳細情形當然是很秘密的，一般推驗希特勒總統亦居駐在要塞內，這些地下要塞在一年以前開始夜動工完全構築成功，在內部儲存大量的食糧與裝備。形成地下要塞都市。中樞要塞利用地下隧道與枝葉地下要塞聯絡。而且用特殊的小鐵道，與總統官邸要塞、日本、意大利大使館要塞相聯絡，還設有簡單的衛生設備，這些都是德國戰時科學的精華。

英不承認奧臨時政府 波流亡政府否認蘇波條約

「合衆社倫敦卅日電」外交部評論員稱：英國不承認蘇聯宣佈的奧地利新政府爲「臨時政府」或任何其他政府」。

「同盟社蘇黎世廿九日電」莫斯科公佈奧地利成立臨時政府的消息後，似在英美兩國政界，引起極大衝動。據倫敦來電，路透社記者詹其姆報導：美英兩國政府對於奧地利政府的組織問題，是否交換過意見，以及是否同意莫斯科發表的新政府，當局尚未有任何聲明。對於蘇聯這種大膽的幹法，頗表不滿、早在四月八日，蘇聯政府便向奧地利國民宣佈：蘇聯對於奧地利無領土野心，並尊重奧地利主權，給以獨立，表示了[illegible]立蘇聯的傀儡政權的意圖，同時向美英兩國表示，爲了促進奧地利的獨立，[illegible]出三國委員會負担，但三國委員會關於此問題，現在尚未予以肯定。從已經成立臨時政府這一點加以估計，無疑蘇聯對美英兩國的先制射擊，此次已經獲得完全的勝利。

「合衆社倫敦廿八日電」倫敦波蘭政府之官方宣傳機關波蘭電訊社，今日鄭重聲明：凡由盧布林當局所締結的一切條約，均屬無效。該項聲明特別涉及盧布林政府與蘇聯所締結的友好互助協定稱：波蘭政府[illegible]波蘇關係應建於善鄰精神之上，但盧布林政權與蘇聯所簽訂之條約則屬無效。

「合衆社倫敦廿九日訊」保守派「星期泰晤士」雜誌東歐訪員[illegible]捷克情況說：貝奈斯總統及其政府[illegible]交通（包括新聞採訪在內）還設有障禁，出版自由也沒有恢復。訪員說，這些消息是從某些曾在國內允准離國的很少數捷克人方面得來的。這些[illegible]說，禁止交通係紅軍所加，他們在其交通綫通過的一切地方即禁止交通。[illegible]被[illegible]，居民則聽取公共放大器廣播莫斯科和哈爾科夫節目。訪員報導說，[illegible]記者所獲的情報，曾有大批沒收糧食、飼料牲畜、衣服、技術倉庫等情[illegible]，[illegible]的貝奈斯政府不得不向莫斯科作強烈表示，要保證[illegible]方面當局[illegible]捷克人的財產，並且對被征服的[illegible]人領土不要採取[illegible]手段。[illegible]政治[illegible]由於指定斯洛伐克民族委員會爲斯洛伐克自治政府[illegible]而複雜化了。貝奈斯在斯洛伐克境內[illegible]沒有任何權力。[illegible]到任何[illegible]斯拉夫民主立憲政權的東西似乎現在立即還沒有可能性。[illegible]要蘇聯軍隊仍在捷克領土上一天，似乎就無法[illegible]

立法關機的國民大會的召集。

同盟社傳 莫洛托夫卽歸國

【同盟社里斯本二十九日電】舊金山來電，據舊金山官方人士消息，蘇聯首席代表莫洛托夫，鑑於歐洲局勢的激急變化，將於最近數日內迅速返回莫斯科，莫洛托夫返國後，首席代表將由蘇駐美大使葛羅米柯担任。

【同盟社里斯本廿八日電】廿七日舊金山會議在斯退丁紐斯主持下，舉行全體大會，澳洲、比利時、玻利維亞、巴西、加拿大各國代表均發表演說，他們都反對大國的獨裁，而主張中小國家的權利，因此預料會議的前途將發生許多波瀾。

敵寇明日舉行 大東亞民族大會

【同盟社東京卅日電】興亞壯年團本部爲了使大東亞大使會議通過的大東亞共同聲明更加徹底，決定於五月一日下午二時在九段軍人會館舉行大東亞民族會議，向中外闡明其實踐大東亞共同聲明的決心。是日我國、滿洲國、中華民國、菲島、泰國、緬甸、印度、蒙古、東印度、安南、東●寨各民族代表均參加會議。

【同盟社東京卅日電】任命陸軍施政官山岡儀助、寺垣俐雄、吉田龍雄爲施政長官。

傳希姆萊殺死希特勒 企圖挽救自已的狗命

【合衆社蘇黎世廿九日電】據大西洋電台訊，納粹黨宣傳部總幹事波曼博士業已準備好對於希特勒之死的佈告原文。據稱，此佈告已爲帝國的黨衛隊首腦所批准。據所準備的佈告，希特勒在保衛柏林時身死，未悉何時發表此項佈告。

【合衆社舊金山二十九日電】外交界暗示，希姆萊撲殺希特勒是作爲一無恥的證據，以獲得盟軍「相信」德國的投降？英國方面宣露，這兒認爲希姆萊所作的絕望的企圖，是企圖挽救自已狗命的顯明例證。這些方面宣露希姆萊曾經斯托哥爾姆通知盟方，希特勒「可能活不了二十四小時了」，許多人根據這一通知的時間，相信希特勒已死在一度是他可靠助手的希姆萊手中。希姆萊無視蘇聯而單對英美乞和的企圖是否能獲成功，盟方尙××。據悉：蘇聯每小時將到關於即將到來的××發展的通知。衆信希姆萊業已接獲提示性的回答，警告其只有對三大強國提出完全的投降始能被接受。紐約藍色廣播網審世報息，莫斯科電台宣告：「英國首相官邸」致克里姆林宮電稱，證實希姆萊對英美的和平要求。藍色廣播網評論員駐舊金山達衛樣、維里斯說：英國代表團高級人士告他希姆萊和平提議中，曾包括交出「希特勒屍體」作爲信徵。斯托哥爾姆瑞典外部發言人說：希姆萊的乞和書係經伏克．巴拉多特伯爵轉交英美軍。巴拉多特最近關於撤退德國境內的挪威，丹麥俘虜及其他慈善工作經常與希姆萊會晤。據息，乞和書中包括投降與希特勒預期死亡的消息。如希特勒未死，希姆萊何敢不請示元首以德國名義講話。

【路透社斯托哥爾姆廿九日電】瑞典外交部證實：貝爾那多特公爵是德國向英、美提出無條件投降提議的中間人。

官方聲明稱：貝爾那多特公爵得到希姆萊的口信，然後他經過瑞典外交部及英、美駐斯托哥爾姆的公使將這口信轉達適當的收信人。

【路透社倫敦二十九日電】瑞士無線電後來稱：斯塔拉斯已在米蘭被執刑。

克拉克將軍在今日給游擊隊的廣播指示中稱：「你們必須用一切方法去阻止德軍破壞工業工廠與機器。意大利的將來以這任務的完成與否爲轉移」。

【美新聞處美第一軍總部廿八日電】戈培爾之弟漢斯戈培爾，今日自其在魯爾區米爾馬斯之住宅爲美軍逮捕。

【合衆社巴黎廿九日電】刻有種種象徵，表示希特勒已於本日中午死於柏林動物園之總部中。前綫消息並稱，美第七軍全部戰綫上，刻已準備戰事之突然停止。合衆社記者自第七軍前綫來電稱：該軍三師進入慕尼黑時，未遇預期之抵抗，僅見白旗飛揚，瑞士與倫敦之廣播中，均報告希特勒死亡之消息，然未加證實。

英報觀察家 論國共關係

【合衆社倫敦廿九日電】有影響的保守派星期刊「觀察家」報，在論文中檢討中國目前軍事和政治形勢說：國民黨——共產黨的爭端仍相持不下。現在已很難不以爲共產黨不講理地拒絕委員長的一切提議，特別是其三月一日演辭中詳述的很大讓步。共產黨在華北行政工作的優異成績已受到自由地承認。但他們在國外所得到的讚美，多過於也許對他們有所幫助的程度，這是美國報界的印象。他們對共產黨的固執已在表示着一種不耐煩了，這可能有些好處。

參攷消息
（只供參考）
第八六六號
解放日報 新華社 編
今日出半張
卅四年五月二日
星期三

格魯宣佈不承認奧新政府

〔路透社華盛頓卅日電〕美副國務卿格魯今日於聲明中宣稱，美政府不承認莫斯科所扶植的奧地利臨時政府。格魯繼稱：整個問題爲蘇聯政府所包辦，他的軍隊現在佔領着維也納。路透社按，包括一切民主政黨代表及少數無黨人士的奧地利臨時政府週末成立於維也納，一般都認爲它得到蘇聯政府的支持，後者宣佈其成立。

〔路透社倫敦卅日電〕路透社軍事訪員報導，據消息靈通外交界人士報導，地中海盟軍統帥亞力山大元帥將赴維也納與蘇方當局商討由於奧地利臨時政府成立所引起的問題。英、美政府感到必須在最高程度上協議促進頗爲複雜的佔領奧地利計劃。一方面英國當局受到蘇聯政府建議成立奧新政府的通知，另一方面直到莫斯科公開宣佈之前不久，倫敦才接到這個情報，因此關於這個問題幾乎不可能進行商討。可是一般認爲維也納仍爲前方戰區，而且蘇方有必要想迅速求得解決。據信亞力山大元帥的使命，目的在於澄清盟國與地利監察委員會聯合行動的道路。該委員會英美方面委員已等了兩星期以上想到維也納去，但顯然有些困難，蘇方阻止他們前去。但是奧地利政府的實際成分問題似乎沒有什麼衝突，一般承認該政府係廣泛代表奧國民主勢力的。奧地利其餘部份肅清德寇似乎不會多大改變力量對比關係。但早先同盟國佔領奧地利問題的協議應該作某些變更。據經常可靠方面人士說，已經達到一個協議，即法軍將參加其他三國共同佔領奧國。據悉，法軍從而將佔領沿瑞士邊界的底羅爾和沃拉爾堡；英軍將佔領斯梯利亞和卡林西亞，蘇軍佔領奧地利南部，美軍佔領林爾及薩爾斯堡等區。目前關於維也納應由一切成員國佔領之複雜問題仍舊存在着。據消息靈通人士說，關於給南斯拉夫佔領及可能部分地佔領卡林西亞問題還沒有決定。鐵托元帥在最近演講中曾要求此事，但這也像所有其他邊界問題一樣將留待以後全體同盟國家去討論。

柏林納粹瘋狂抵抗 德寇以降落傘部隊增援

〔同盟社斯托哥爾姆卅日電〕據莫斯科獲得的路透社電：曾受到特別訓練的德國女子挺進隊，堅決抵抗向前來的紅軍坦克步兵部隊，繼續進行殊死的防禦戰。蘇方前綫報導亦指出，柏林市內德軍的抵抗，仍然相當有力。又據路透社駐莫斯科訪員稱，德軍突然在柏林市內，降落空艇預備軍，以便急援柏林防衛軍。

〔同盟社東京一日電〕歐洲戰局：（一）柏林攻防戰：不管外間謠傳德國要求無條件投降，但是卅日德國防衛隊員仍然在紅軍的壓迫下繼續進行英勇的作戰。在柏林中心區，希特勒青年團、人民突擊隊隊員及戈培爾女子部隊與德國國防軍並肩作戰。他們以傾塌的建築物及戰友的屍體作掩護，進行浴血的作戰，是日有若干部隊利用降落傘增援柏林中心區，但是附有重砲及火焰放射器的紅軍優勢兵力佔領城市的大半，並且不斷佔領地下鐵道的車站。（二）廿九日在漢堡以東渡過易北河的英軍繼續東進，企圖與進抵斯德丁西方六十哩的紅軍取得聯系，加拿大部隊進逼距德國西北端要塞尼姆登格僅七哩之處，由於美軍佔領慕尼黑，貝爾倫要塞的核心已經崩潰，法軍已佔領瑞士邊境君士坦士湖畔的菲利德力斯哈勞。（三）意大利北部的德軍廿五個師由於各地意大利人民的叛變，已毫無辦法。卅日美英軍已陸續進入日前被叛徒佔領的米蘭和威尼斯等重要地點，現在意大利北部戰綫已經崩潰了。

〔路透社倫敦廿八日電〕路透社無綫電台聽得一自稱「巴伐利亞自由運動」廣播的無綫電台宣稱：巴伐利亞自由運動已掌握慕尼黑的政權，並肅清納粹份子。該電台給巴伐利亞境內法國工人發出公告，要求法國工人離開工作。此公告發出後，接着是輕鬆的音樂節目，中間還有插給德國人的呼籲，包括呼籲國防軍放下他們的武器。不久，德國南部無綫電以中等波長由慕尼黑與上巴伐利亞區黨委廣播文告，攻擊某些「不肖之徒」所作的叛逆廣播。

同盟社口中 舊金山會議一束

〔同盟社里斯本卅日電〕據舊金山來電，卅日舊金山會議的指導委員會及執行委員會開會，提出美洲各國要求邀請阿根廷參加舊金山會議的問題，立即通過之。但是蘇聯代表莫洛托夫堅決地表示反對，是日他特別接見新聞記者團，言明：如果邀請阿根廷參加會議，當然也要邀請波蘭參加，我在今日下午的全體大會上斷然反對邀請阿根廷參加會議。據說美英蘇重慶四國代表為了在事前對於波蘭、阿根廷兩問題求得一致的意見，曾於廿九日夜舉行會議，莫洛托夫在會上要求允許波蘭參加會議作為邀請阿根廷參加會議的交換條件，而斯退丁紐斯和艾登主張波蘭問題和阿根廷問題完全是不同的問題。邀請阿根廷參加會議應與波蘭問題分開來，而由參加會議的國家以多數的票數決定之。因此這個會議又沒有得到一致的意見而散會。

「同盟社里斯本廿九日電」舊金山來電悉；舊金山會議於廿八日繼續舉行全體會議，是日，整個上午與下午，座位全爲小國代表佔滿，令人有「小國日」之感。四日有十一個國家的代表發表演議，即埃及、烏拉圭、捷克斯拉夫、希臘、薩爾瓦多、洪都拉斯、黎巴嫩、荷蘭、印度、菲律濱與伊朗。他們一致指出敦巴頓橡樹林會議與規定安全保障理事會的雅爾塔方式，只有犧牲小國，對於大國的專橫，發洩鬱憤。

莫洛托夫提議 擱延阿根廷案被拒絕

「合衆社舊金山卅日電」舊金山會議於本日舉行之全體大會中，以廿八票對七票否決莫洛托夫所提將阿根廷問題延擱數日之請求，並以卅一票對四票，決議立即邀請阿根廷參加會議。莫洛托夫以頗動人語調，向全體大會請求續加研究，並暗示如能稍假時日，則按照雅爾塔協議之規定可能改組波蘭華沙政府，如此則波蘭與阿根廷可同時參加會議。莫氏特別提及菲律濱雖非獨立國家亦參加會議一事說：世界各國均願菲律濱獨立，蘇聯政府與出席會議之某某數國，並無外交關係，但爲融洽各方關係起見，並未反對彼等之被邀參加。斯退丁紐斯於結束辯論時，籲請共同努力迅速解決爭端，而使大會能處理建立安全機構之各項實際問題。

「中央社舊金山廿九日專電」據美國代表團已就頓巴敦橡樹會議建議案提出十或十二項修正案，其中有五六項爲較大之修正，據舊金山紀事報訊，美國修正案中最重要在將涉及全體會議之功能，並建議全體會議應受權檢討聯合國間之條約及戰時措施。第二項主要修正案將建議擬議中之世界憲章務有更多彈性，俟全體會議四分之三會員及世界安全理事會中之委員提議時，擬議中之聯合國憲章即可予以修正。傳此二重要建議案係分別由共和黨參議員范登堡及民主黨參議員康納利提示者，僉料其他代表團亦將於五月四日滿期前向聯合國會議提出其他建議。

「中央社舊金山廿九日專電」出席舊金山會議各國代表，以本日爲星期日皆休息或觀光各地，故甚少會外活動，然亦有數國代表團（包括中國代表團）本日午後自行舉行會議。自明日起大會即步入最重要之一週，大會之組織工作已開始，而若干代表團也在四日之前將頓巴敦憲章之修改條款草成，俾以提出大會。包括各國代表團長四十六人的指導委員會，訂卅日開會，俾決會議之最後細節，如處理大會工作的四主要委員會之人選及議程之分派，即在其內。全體大會亦將於卅日午後舉行，以聽取指導委員會之報告。會議中之各委員會可在一日開始舉行，指導委員會在卅日可能論及白俄羅斯、烏克蘭及阿根廷之准許參加會議問題。據稱，莫洛托夫堅持前二者得出席會議，而南美各國則要求阿根廷得出席會議。據某方面稱：有關各國間已獲有諒解之基礎，三者之加入會議均將獲准。據稱：白俄羅斯及烏克蘭代表已到達此間，聽候參加會議。中等強國如加拿大等欲求中等國家在安全理事會中獲得更多之代表，而所謂小國亦求在大會中有更多之力量，因是若干修改案將向大會提出。此間人士最近多以爲各國間可獲妥協途徑，會議此後尚無若何重大困難，又以德國之迅速全部瓦解，是爲使會議之工作更迅速完畢之另一因素。關於會中之殖民地問題，據傳英國方面抱以下態度：（一）現存之殖民地應仍爲現在保有者之殖民地；（二）上次大戰後取自敵人之殖民地之委任統治地，應仍爲委任統治地，委託之國家應對新世界組織負責，不對以前之國聯負責；（三）此次戰爭中取自日本之太平洋各島，不問由美國或係由國際管理，如美國管理，而同時使其他聯合國家，亦得用以抵抗侵略國家。英國對此將予接受，以上各消息均係時報登載者，澳洲及紐西蘭二者可能反對英國對殖民地問題之態度，彼等主張具有戰略基地價值之殖民地應處於國際管理之下，然紐約時報則認爲澳紐二國之提議將遭受法荷和英各殖民國家之反對。

參考消息

（只供參考）

第八六七號

解放日報社 新華社 編

今日出一大張

卅四年五月三日 星期四

傳希姆萊圖以挪丹德軍爲資本進行投降談判

「路透社倫敦卅日電」路透社外交訪員馬吉與特報導：現尚無有效證明，即希姆萊已××××××在挪威與丹麥的持久抵抗，以作爲其投降談判的資本。但由於難於看到他剩下其他××的牌，這至少是可能的事變在迅速的進行，而牢記在心肅清挪威德寇的實際困難，免除挪威南部的蹂躪（這是德寇加給挪威北部各省的）之任何建議是顯然不能置之不理。據挪威官方的估計：在挪威的德軍仍約有廿五萬人，並確信這些德軍的指揮官對於向盟國無條件投降的選擇頗感興趣。還將見之於這樣的可能性中，即越過一千里長的瑞典邊界並向瑞典當局放下武器。倫敦消息靈通軍界人士相信：瑞典將能夠處理此種大規模的解除武裝，且很可能選擇這一解決以代替瑞典對挪威德軍的軍事干涉（這是挪威政府現在公開要求的）。這或許是有意義的：即在挪威的若干德國文官（其中許多人會一定當作戰犯的）最近業已穿上了軍裝——推側目的在於分享當戰事一停止時給予軍人的好處。希姆萊甚至不是對在瑞典的暫時避難都會感激的唯一納粹高級官員，作爲黨衛軍的首腦，他顯然身列戰犯名單的前列。但作爲德國國防的最高軍事首腦，他倘可能希望以其簽名作爲資本以獲幸免。挪威官方意見是：接受挪威德軍向盟國無條件投降的條件已經具備了。

「路透社倫敦卅日電」標準晚報訪員今日自斯托哥爾姆來電稱：「希姆萊提出的願使目前的混亂狀態進入有秩序，似乎多少希望因此而獲得盟國保證他生命的安全。希姆萊告訴德國進行投降談判的中間人貝爾納多特說：戈林

凱機關指揮保衛柏林部隊。

「同盟社蘇黎世二日電」就任德國新總統的卡爾·鄧尼茲總督，是德國海軍總司令官兼潛水艦隊司令官，此次大戰中在大西洋擊沉反軸心軍艦船甚多，使美英兩國認爲是『大西洋的悲劇』而胆戰心寒。一八九二年生於波羅的海米克蘭村造船業者的家庭中，今年五十三歲，幼時即對海軍發生很大興趣，後入德國海軍界，一九一三年任少尉職，服務於輕巡洋艦『布萊斯波』號，第一次大戰後，到戰鬥巡洋艦『戈兵』號服務，因侵入萊諾古斯坦·齊脳布爾港事件，極爲有名。戰後主要是致力於潛水艇工作，對政治問題亦感到興趣，參加納粹運動，希特勒總統掌握政權後，在潛水艇作戰上發揮了卓越的才能，被任命爲潛水艦隊司令。第二次大戰後，被委以封鎖英國的重任，把大西洋變爲美國的墓地，成爲反軸心軍船員的最怕之物。前年卡爾·雷達元帥辭職後，即升任海軍總司令，在陸海空軍中最得希特勒之信任。

關於希魔之死 各方估計不一

「美聯社倫敦一日電」漢堡無綫電台宣佈：第三帝國元首希特勒本日下午在柏林帝國總理府指揮作戰中死去。此項公佈說：昨日希特勒私人任命德國海軍總司令卡爾·鄧尼茲海軍上將爲希特勒的繼承人。並宣佈德國將繼續作戰。他說：『我的第一個事業是將德國從正逼近我們的布爾塞維克主義拯救出來』。『請信任我。鎮靜而服從』。第一個徵候：希特勒死的消息，在下午七點四十三分（標準時間）時，漢堡無綫電台即警告：等待『對德國人民的重要公告』。這警告重覆了三次。從八點鐘到宣讀這公告的時間，無綫電放送頌讚的音樂。公告之前有敲鼓的聲音。鄧尼茲作戲劇性的公告：『德國男女，德國陸軍兵士們，我們的元首已經死去了。德國人民深深悲哀並虔誠的致禮。他很早便認識到了布爾塞維克主義的可怕的危險性，他犧牲他自己的生存爲反對布爾塞維主義而作戰。在這鬥爭的最後，在他的直坦而無誤的道路上，他作爲一個英雄死去了，他死在德帝國的京城。元首任命我爲繼承人。我完全知道我的責任，在這關係重大的時間來担任領導德國人民。我的第一個事業是將德國人民從正逼近的布爾塞維克敵人拯救出來。爲了這個目的，必須繼續軍事鬥爭。直到現在，我們還未能達到這個目的，它被

話都聽不清楚了，正在玩火車玩具，而希特勒也正在發譫語，並快要死了。希姆萊的情形是，他是知道德國一切事情的唯一的神志清醒的人。

丹麥德軍指揮官柏斯特通知盟軍，他們正準備投降，將其軍隊從茲闊，也許遴特爾撤退。

【路透社斯托哥爾姆卅日電】此間蘇聯公使館今夜稱，他正等待希姆萊的投降建議。他的辦公處已搬到挨特堡東部達卡附近（××西北八哩）的營房裏去了。

【路透社斯托哥爾姆一日電】蘇駐瑞典公使館表示，現正等待希姆萊投降之建議。

德國新總理鄧尼茲宣佈繼續對蘇作戰

【同盟社斯托哥爾姆一日電】希特勒總統的消息傳出後，新總統鄧尼茲提督通過廣播，發出佈告稱：「總統率領全軍，並於佈爾塞維克主義的破壞下拯救德國國民。我只爲此一任務而繼續鬥爭。希特勒總統認識到布爾塞維克主義的危險，爲了與之鬥爭，已貢獻了他的生命。希特勒畢生始終一貫地爲此而奮鬥，現在已作爲德國首都的英雄而逝世。他畢生爲德國國民服務。他對抗布爾塞維克主義災禍的鬥爭，不僅對歐洲，而且對全世界都有裨益。總統命我爲他的後繼者。我在此嚴重的關頭，深知責任的重大，乃接受了對德國國民的指導權。從布爾塞維克主義的破壞下拯救德國國民，是我的任務。爲了完成這一任務，只有繼續鬥爭。爲了達成這一目的，若英美加以妨礙的話，我們對英美亦將同樣地作戰，以便防衛我們本身。當此行將到來的德國國民苦難的時期，我將竭盡全力，希望德國勇敢的男子女子，能夠在生活中忍受。爲了完成這一目的，我需要諸君的協助。請信賴我，在城市與各個地方，維持秩序與紀律。每個人都要執行其各自的義務，如此，我們方能減輕行將到來的苦難，並可以避免崩潰。

【同盟社蘇黎世二日電】當希特勒總統臨終的時候，鄧尼茲被任命爲總統及德軍最高指揮官，鄧尼茲的所在地址，一向未判明。據一消息稱：鄧尼茲總統在西北海岸的某地設置大本營，集合希特勒時代的幕僚，構成一強有力的最高指揮所，一方面與各地作戰部隊保持聯絡，並通過[illegible]

英美所阻止了，我們將繼續保衛我們自己，和他們作戰。英美繼續戰爭並不是爲了他們自己的人民，而只是在歐洲散佈布爾塞維主義。德國人民在作戰中所完成的，德國人民在國內戰綫上所受到的損失均是史無前例的。」倫敦某些人士懷疑希特勒是否確實在戰爭中死去。觀察家們看出納粹宣傳中的明顯的暗示，他們的詭計是想將希特勒的殉節造成一個神話，利用元首的名義在戰後重招集那些企圖建立納粹權力的贊助者。蘇聯人也重覆的說：他們相信希特勒不久以前逃到了一個安全的地方，或許讓別人做替身代他戰死。鄧尼茲被選爲希特勒的承繼人是令人驚異的事，因爲這位五十三歲的老海軍上將以前從來也沒有被提到來担當這任務。但是，都知道他會被希特勒推崇爲潛艇戰專家。

【路透社倫敦一日電】前英國政府首席外交顧問與主張給德國以「殘酷的和平」的領袖范西塔特勳爵，今夜對路透社訪員表示這樣的深信：即用暗示希特勒陣亡的語句宣佈希特勒死的德方公告，乃是製造關於希特勒的傳奇之企圖的開始。他指出：「不久之前希姆萊還告訴我們：希特勒病勢危篤，可能活不過四十八小時。那末希特勒是從病床上爬起來（據稱他患腦充血症）而於今日死掉了的麼？」

同盟社評論 舊金山會議困難重重

【同盟社里斯本一日電】舊金山會議自開會以來，在一切問題上，蘇聯與美英的意見，正面地互相對立的情形已很明顯，它使會議前途暗然無光。在卅日第五次全體會議上，環繞着邀請阿根廷問題，於激烈的理論鬥爭之後，蘇聯的反對論被埋葬，對立便漸表面化。關於這個問題，重慶大公報記者蕭乾，由舊金山報導如下：在第五次全體會議上，蘇聯的反對不被理睬，成了四大國間團結的陰暗凶兆，事態已呈現極其緊張的氣氛。以上的結果可明瞭下列事情：

（一）美英兩國改變一向妥協的態度，強硬地堅持下去。

（二）表示美洲集團的團結一致及誇示墨西哥會談的成功。

（三）當重慶關於波蘭及阿根廷問題暫不表明態度時，法國首先爲美國投了一票，使蘇聯更加孤立。

[illegible]

二八七

務××××的戰爭，急援主，靈國軍等各國代表聲言總一接受邀。莫洛托夫在這裏首次指出印度等的隸屬性地位，獲得了惘嚇件的効果；對此，南美各國代表以激烈而露骨地一句一句指出其不履行克里米亞決議；這是值得注意的。總而言之，美國獲得了勝利，蘇聯完全吃了敗仗。但提出國際委任統治問題時×××（下缺）

【同盟社里斯本一日電】舊金山電：莫洛托夫蘇聯代表，强硬地反對邀請阿根廷參加舊金山會議，他在三十日下午舉行的全體大會上，發表演說稱：會議對於邀請阿根廷的決定，應延期數日，盡人皆知，阿根廷在此次戰爭中對於反軸心軍是起了有害的作用。另方面波蘭在此次大戰中，却是最積極地協助反軸心軍的國家。若會議不邀請波蘭臨時政府，却邀請援助敵國的阿根廷參加時，則舊金山會議的威信將一落千丈。而且非獨立國的印度，亦參加這一會議，這無非是英國政府要求：印度現在雖不是獨立國，但需要邀請其參加會議。這樣說，從一切方面來說，拒絕波蘭臨時政府參加舊金山會議的理由，是一個也沒有。

鈴木調和陸海軍矛盾

【同盟社東京廿八日電】戰局日益趨向激烈，在第一綫上，海陸軍融合一體，以全軍的特別攻擊猛攻仇敵。特別是從沖繩決戰以來，這種態勢已更進一步地强化時，廿七日黃昏，在首相官邸，以鈴木首相爲中心，會同陸海軍主腦梅津參謀總長、及川軍政部長、阿南陸相、米內海相、河邊參謀次長、小澤軍令部次長、柴山陸軍次官、井上海軍次官、吉積陸軍軍務局長、多田海軍軍務局長，討論使海陸軍在前綫「不離一體」的真姿，浸透於戰爭必勝的全盤方策上，特別爲謀更進一步發揮陸海軍的綜合戰力，會進行各種懇談。皇軍親密一體的聯系，始終不變，特別在前綫上，他們正發揮着令人感激流淚的合作。社會上謠傳陸海軍在完全（電碼不清）接觸的部門，似存在着一種互相競爭的現象，但在這次會談上，掃除了上述謠言，策應着緊迫的戰局，更進一步地在具體問題上實質的强化陸海軍的「不離一體」性，並在極其真摯而融洽的氣氛中毫無拘束地就强力地發揮必勝綜合戰力的方策互相交換了意見，於約定今後針對着戰局的發展，採取必要的具體的措置後散會。在現階段的戰爭形勢下，陸海首腦團聚一堂，就綜合發揮陸海軍戰力問題進行懇談，這在更加推進陸海軍一體的關係上有極重大的意義，這是值

獲知者，乃中國對於國際託治制度，國際法院，否決權，以及其他有關問題之態度。關於中國政局以及處置日本，亦有數項問題提出。關於國際託治之一切問題，均由代表中國參加國際託治制度委員會之顧代表維鈞答覆，顧氏稱，關於領土託治問題中國有具體見解向舊金山會議提出，希望其結果能較舊日國聯之委任統治制度有改進之處。顧氏稱，大體而論，擬議之託治制度與舊日之委任統治制度，極相類似。舊金山會議，刻方開始討論統治制度，蓋迄今五大強國僅有一次會議討論領土與委任統治地問題，迄今僅有一國之代表國向會議提出託治制度也。記者問美國是否將保持太平洋上之委任統治各島，顧氏答稱，中國如答覆此一問題，將違反不干涉內政之原則。記者問，敵國領土是否將置於委任統治制度之下，顧氏稱，一般似認爲應置於聯合國領土託治制度之下。關於國際法院之問題，由王代表寵惠作答。記者問中國是否贊成國際法院之强制管轄權，如係贊成，有無保留條件。王氏稱，中國贊成國際法院之强制管轄權，如此舉有可能，中國無保留條件。記者問，國際法院將設在何處，王氏答，此一問題尚未解決。關於片面否決權之問題，由顧代表維鈞答覆，據稱，片面否決權，乃雅爾塔會議中議定之方案，中國未參加雅爾塔會議，僅係在事後獲得通知，中國本着團結與合作之精神，已接受雅爾塔方案，記者問，如其他邀請國放棄片面否決權，中國是否亦願放棄，宋團長鄭重答曰然。關於處置日本之問題，由宋團長答覆，記者詢及日本對於中國之和平建議，宋氏答，每次日本提出和議時，中國均告日本曰「請與聯合國言之，吾人乃聯合國之一份子，不能與汝等單獨談判」。宋氏此語，博得掌聲不少。記者問戰後日本是否將獲准加入國際機構，宋氏稱，吾人希望日本能改過，不再從事全國性之××。記者問，戰後中國對於日皇將如何處置，宋氏稱，吾人希望在俘獲日皇之前，此一問題已先解決。記者問，中國對於懲處戰爭罪犯及構成罪犯之條件，有何見解。宋氏稱此並非和平會議，戰爭罪犯並非本會議討論範圍。記者問擊敗日本，需時幾何？宋氏曰，余亦希望獲知此一問題之答覆。記者問日本是否有領袖可以領導戰後日本走入聯合國家之途徑，宋氏曰，余×不幸經驗，並未使余獲得任何指示，並曰，彼希望此種領袖，能有出現。向董代表必武提出之問題有三點，美國記者，先要求董氏起立，並曰余等欲觀渠是否有危險色彩。董氏乃微笑起立，自羣衆之掌聲推斷，渠必係「無危險色彩」。記者繼乃詢董氏是否認爲舊金山會議之成功，可有助於造成中國政治上更大之團結與和諧，董氏

得注意的。

中國代表團在舊金山招待記者

【中央社舊金山一日專電】我國出席聯合國安全機構會議代表團，在宋團長領導下，本日下午舉行第一次招待記者會，參加之記者數百人，濟濟一堂，極一時之盛。各記者紛紛提出問題，宋團長及各代表均予以滿意之答覆，招待會歷時半點鐘，各記者提出之問題凡四十一件，其中有若干超出舊金山會議之範圍，令代表團無從作答。以某種方式言，今日我國代表團之招待記者會，乃美國及舊金山會議中獨一無二者，若干詢問者並非眞正之職業新聞記者，彼等均特別代表某一民族之利益，代表印度、菲律濱、朝鮮、美國黑人等民族者，均希望插入如巴力斯坦問題等不相干之問題，每一詢問者均希望中國對於印度、朝鮮、菲律濱、巴力斯坦以及種族自由等問題，表示確定之態度。此等詢問者，均不集中其問題於舊金山會議方面，此種係爲其本民族及種族目標之明顯企圖，頗令職業記者爲之憤慨。各職業記者，對於宋團長及各代表答覆問題之態度，均獲有極深刻之印象。宋氏雖一再解釋中國代表團亦如其他代表，其來此之唯一目的，乃協助擬定世界憲章，然亦有若干詢問者，希望獲知中國對於大西洋憲章及少數民族問題持何種立場。朝鮮記者，詢問中國何以不提出韓國出席舊金山會議之問題，一旦朝鮮解放之後，中國是否將主張韓國獨立。印度記者問中國是否將建議設立聯合仲裁委員會，以打破印度之僵局。蓋該項僵勢足以威脅世界安全也。猶太記者問，中國對於巴力斯坦問題持何種態度。黑人記者問，中國是否願提出特別平等條款，附入世界安全機構憲章之內。宋團長數度聲明，此一會議實際上不能討論危害世界和平之一切特殊問題，並曰朝鮮問題已在開羅會議中解決。至於邀請何國參加舊金山會議一事，已在中國未參加之雅爾塔會議決定。大西洋憲章並無種族或信仰之區別，然印度記者堅欲詢問，大西洋憲章是否適用於印度及其他亞洲民族，宋氏答稱，此一問題最好詢諸擬訂大西洋憲章之國家。菲律濱記者問，中國對於菲律濱獨立國持何態度，宋氏答稱，中國深以得與菲律濱爲兄弟之邦爲榮。另一方面，各職業記者所欲藉其通譯答曰然，但非有直接之影響。董氏曰然時，聽衆均鼓掌。記者問宋團長，董氏究係代表延安，抑係代表團之代表，宋氏曰渠乃中國政府所指派者，而不問其黨籍爲何，前此宋氏鄭重聲言，各代表係代表各方面之意見，與國內政治問題無關。記者問中國是否期望蘇聯參加對日作戰，宋氏曰，余如答覆此一問題，將冒犯余之好友莫洛托夫君。若干記者對於昨日中國在阿根廷問題中未投票一事，表示詫異。宋氏答稱，當時中國代表團尚未接到重慶之訓令，記者問訓令是否到達，宋氏曰爲吾人之目的計，訓令仍未到達。記者問渠是否在會議期間均留此地，宋氏曰余將設法盡量久留，然余亦如他人在國內負有責任。記者要求渠評論報紙所傳中國對於一切問題之投票，將與美國一致之消息。宋氏曰，余不信任代表團願盲從他人，如中國每事與美國一致，甚至美國亦將認爲此係一種非常之舉。記者請渠評論希特勒之死，宋氏曰，獨裁政治有其容易死亡之道。墨索里尼甫於日前死去，希特勒會聲言彼領導德國一千年之命運，其語誠屬不虛，然渠不知其意何指耳。關於菲律濱提出太平洋國家集團一事，宋氏稱，吾人自希望太平洋各國有一集團，然須立於國際機構之下。宋氏在開始致詞之前，先介紹各代表，渠鄭重聲言，中國代表代表各方面之意見，其中屬於反對黨者三人，屬於無黨派者三人，並曰中國各代表均團結一致，以共同努力使舊金山會議能獲得成功。中國人民，不論其政治信仰爲何，均衷心贊助國際機構。渠感謝全球報界，爲中國之三項修正建議案，廣事宣揚，並感謝全球報界，在中國抵抗日本侵略之十四年中，予中國之協助。

【合衆社舊金山一日電】中國代表團本日之第一次招待記者會中，其記者要求解釋中國對於所有國家爲國際機構之成功起見，必須放棄若干主權一事之觀點。宋團長答稱，現代國家中每一個人，爲維持法律與秩序起見，均犧牲若干自由，如有人對渠施以攻擊，渠放棄還擊之自由，而接受警局及法院之保護。國家亦當採取同樣行動。

參考消息

（只供參考）
第八六八號
新華社 解放日報 編
今日出一大張
卅四年五月四日
星期五

舊金山會議上終以多數通過阿國與會

【中央社舊金山卅日專電】舊金山會議第五日，通過使阿根廷、白俄羅斯及烏克蘭參加會議後，總有四十九國正式與會矣。

【中央社舊金山卅日專電】美國務卿斯退丁紐斯在會場以一簡短有力之聲明，作動人籲呼，請求各國贊助立即邀請阿根廷參加聯合國世界安全機構會議。情勢極為緊張。英艾登外相當即提議表決，各國首席代表起立表示彼等態度，當有莫洛托夫等七首席代表起立主張延期解決阿根廷出席問題，另有二十八國首席代表贊成立即加以討論，共有三十一國贊成阿根廷立即出席會議，反對者有四國，艾登乃宣佈阿根廷立即加入聯合國會議。

【中央社舊金山卅日專電】關於阿根廷問題，據非官方所悉，各國的投票態度如下：贊成阿根廷問題延期討論的有蘇聯、紐西蘭、挪威、希臘、比利時、南斯拉夫、捷克，未投票者有中國與法國。反對立即允許阿根廷參加會議者有蘇聯、捷克、南斯拉夫、希臘，放棄投票者中國與比利時，表決時由各國首席代表起立，由會議秘書處之官方紀錄員計數。

【中央社舊金山卅日專電】在會議初期，蘇聯的態度顯極富於妥協性，然本日下午突轉強硬。莫洛托夫在第五次全體大會開幕前，舉行四十五分鐘記者招待會，正式宣佈蘇聯反對阿根廷參加會議。莫氏於各國記者數百人之前，宣佈關於准許阿根廷參與會議一項問題，蘇聯將在全體大會中建議延期解決。莫氏發表聲明不及一小時之前，斯退丁紐斯宣佈指導委員會與執行委員會本日上午之會議中，已通過阿根廷參加會議。這一問題將經本日下午之全體大會核准，莫洛托夫表情雖較三日前舉行第一次記者招待會時輕鬆，然發言時語調則極堅決。他論及所謂阿根廷法西斯式政府已為民主形式之政府取而代之的說法時，表示蘇聯並未充分獲悉此一問題。莫斯科當局希望對於此項

，並未說出他們的下落。他對於上述人們的安全不能確實告訴下院，亦表示遺憾。艾登現尚在作最大努力，希自莫洛托夫方面獲得關於此事的情報。（倫敦波蘭流亡政府最近斷言：以上所提諸波人在被蘇聯邀請會晤蘇方代表以後，即下落不明。蘇聯並未提到這個問題，不過莫洛托夫在舊金山會議上曾提過一次，他表示他對於該事不知道。）後來蘇聯政策批評家保守黨議員鮑威爾海軍中校問勞氏是否知道：四月十四日波蘭塞德森地方，曾召開了一個羣衆會議，在那個會議上盧布林政府代表宣佈將根據一種新基礎進行未來選舉，有二十四個波蘭人因反對演說人，在市場上被盧布林特別警察公開處以死刑，當時有若干高級蘇聯警官在場；四月十五日有另外五個波蘭人被槍決，中有兩人是波蘭血統美國公民；四月十六日。又有六個波蘭農民並未經審訊而被絞殺了。並問他是否將根據雅爾塔協定提議，保證這一類事件在將來再不會發生。「勞氏答稱：英國現已接到一報告，該報告中似載有鮑威爾所描寫的許多事件中的兩件，但並不與他所說的詳細情形完全相符。但他們並不能證實這個報告是否正確，或得到關於那些事件的情報。因此官方不能遣代表至波蘭；蘇聯當局對於至紅軍交通綫上各地域的英國觀察家，並不給以種種便利。但也有問到蘇聯政府關於消息×××。

【合衆社倫敦二日電】今天，國務大臣勞氏在下院說：英美正向蘇聯提出關於未經美英法三國同意在奧國組織臨時政府的強硬建議。他說：蘇聯人於四月廿六日通知英國駐蘇代辦說：維納爾已向蘇聯建議：他組織臨時政府。英國人答覆說：他們將考慮這個問題。三天以後，蘇聯人廣播宣佈維納爾政府已經成立。勞氏說：可是，美、法、英、蘇軍隊已對在奧佔領區域獲得一致意見。

「歐洲勝利後的問題」

——三月廿九日紐約前鋒論壇報——

德國戰敗以後×××歷史上解決其他×時從來沒有的一種情形，拿破崙倒台時，×××會加維也納會議以解決歐洲問題，德皇失敗時，立刻有一個德國共和政府起來掌握政權，但是希特勒不能馬上有一個承繼的德國人，不能有一個德國政府，因為不會不×德國政府存在，所以無論勝利的各盟國願不願意，他們必須管治德國。

將來在都殘餘的柏林所建立的盟國軍政府上面，英蘇法美四國軍事指揮官所組織的委員會，這四個人各有一個副手，在他們下面有十個執行部門，相

情勢較多了解之美國，能以此事告知蘇聯。渠將要求本日下午之第五次全體代表大會，將阿根廷與會問題延緩數日，待此一問題獲得較密切之研究時，再行討論。記者詢以如在經過研究之後，蘇聯對於允許阿根廷與會之問題仍不滿意，則莫斯科當局大致將採取何項行動。莫洛托夫答稱，此事將按照所提出之文件下結論。記者詢以關於雅爾塔協議中處理波蘭問題一事，蘇聯之解釋是否與英美之解釋有別，莫氏稱：此乃應加解決之問題。前此一般雖希望會議之初步階段，將於今日或明日終結，然蘇聯態度之强硬必將使會議之工作爲之拖延，在會議出席資格問題獲得最後解決之前，會議即不能進行爲世界安全機構起草憲章之實際工作云。

關於波蘭問題 邱吉爾答下院

【路透社倫敦一日電】邱吉爾今日在下院說：他不能設想有遭受報復危險的那些波蘭人，會被不樂意地遣送回國。他說：「他相信，由於偉大盟國對此問題不得不再作進一步討論，關於在波蘭創立的形勢，會是這樣的——那些不能重返鄉里的波蘭人，會是極少數。」在答覆保守黨議員波惠爾海軍中校關於遲遲不能成立波蘭民主政府，以致成千被解放的波蘭俘虜，不能不由於害怕報復而不敢回國一事，邱吉爾說：這是盟國間討論問題之一，大量被前進盟軍解放的波蘭人，在最高統帥命令下，已給他們房屋與供給，只要情形對他們的返回仍舊不利的話，他們會繼續得關照。

英外次談波奧問題

【路透社倫敦二日電】外次勞氏星期三在下院被嚴正問到關於蘇聯事件。關於奧國臨時政府問題，勞氏告工黨議員斯特勞斯說：英國政府於四月廿六日自蘇聯政府聽到，奧國前任副總理卡爾·羅納爾會以一建議書送交蘇軍指揮官，意謂成立奧國臨時政府。當時英國政府即訓令英國代辦通知蘇聯政府說：英國政府關於該事，需要若干時間予以考慮，因爲該事對於參加管制和管理奧國的所有四國，具有同等利害關係。但在四月廿九日莫斯科即宣佈：奧國臨時政府已在維納爾下組成。關於全部問題，英美兩國政府已與蘇聯政府開始進行研究，而英美兩國關於該問題的意見是完成一致的。勞氏繼稱：奧國將由英美蘇法四國軍隊加以佔領。勞氏稱：英國是否儘速派遣英國報界代表至維也納的問題，這實是一個問題，他希望這個問題在目前正在進行着的討論中，予以解決。勞氏對於奧國最後一任總理督斯尼格博士的下落，則不知道。數個保守黨議員問勞氏是否知道波蘭副總理，三個閣員及其他十一個代表的下落？勞氏答稱：蘇聯對屢次詢問——「英國所感遺憾事件」——的答覆

當於中央政府的各部。除了管理政治事務的一部由盟國民政官員領導外，各部都有四個盟國軍官來領導。盟方這些管制部門下面的各工作單位，希望盡由×納粹色彩的外國人主持。

盟國軍政府的各種政策，盟國已決定政治方面由歐洲顧問委員會決定，經濟方面賠償委員會決定，關於全局的問題無疑的將由倫敦莫斯科巴黎和華盛頓繼續以外交商議決定之。並由各國外交部長舉行定期會議，及各國元首隨時會議，以資補充類的辦法，是不可避免的。德國必須管理，因爲希特勒使德國人無法接管，而戰勝國家必須接管，所以他們只有兩個辦法，第一是將德國分成四個區域，讓每一個佔領國揀它所合式的區域管理，另一辦法，是試驗一個聯合的盟國政府，這政府至少在國事方面將在德國全國實施同樣的政策，爲着各種原因，主要的是爲着永保盟國的團結，已經決定採取聯合政府那些文（缺七）。

任何人想在任何可以想像的制度之下，以有效的方法來治理經過了十二年納粹主義的統治，和戰敗的殘破的德國，是很困難的一件事。德國的情形是那麼變態的，我們不能以常態的標準來制斷德國，尤其不能讓德國人來判斷它。盟國政府的目的，並非將德國人所喜歡的一個好政府給予他們，而是來解除他們的武裝，廢除他們的軍備，懲罰他們犯罪的領袖，賠償他們所造成的若干損失，迫令他們改組，使×從×歐洲有經濟上優勢的地位，並以在他們所經××的地位上去學習怎樣管理自己，不至爲害各鄰邦。

爲着在若干年內，堅決地執行這事，旨×那些最有直接關係的盟國，總不會充分的組織起來，最顯明的一個例子，便是沒有一致承認的波蘭政府，非等到有一致承認的波蘭政府，波蘭不能有決定的疆界而且波蘭雖然是德國東面最大的近鄰，不能參預它所須參須執行的一切對德國的決定。

但是盟國在西方的情形，雖然不同，卻也有很大的特點。英國法國都不能單獨從西面來執行對德國的管理，××然比利時和荷蘭都不能單獨的這樣幹，這正是各該國政府協議其政治政策和認識其共同的區域責任的時候，討論它們在世界其他部分有些什麼意見，例如遠東方面起它們必須合作對德意作最後的解決。

更進一步，它們如果分別行動，他們不能希望自謀×××××的辦法，解決德國的經濟問題，廢除德國的軍備，意即德國的若干大工廠必須自德國移去，而遷往歐洲的（掉字一百個）

敵寇扮演的東亞民族會閉幕

【同盟社東京一日電】大政翼贊會興亞本部主持的大東亞民族大會，於一日午後三時在九段軍人會館正式閉幕，出席人數有大東亞十一個國家的代表，共約二百人。推舉興亞本部長松井石根大將為主席後，即進入討論。印度、東浦寨、泰國、滿洲、菲律濱、安南、東印度、緬甸、以及蒙疆十一個國家的代表，均相繼發言，祈禱大東亞的隆盛。繼之，於通過宣言決議案、感謝前綫士兵決議案後，松井主席三呼皇帝萬歲，意義重大的大東亞民族會議，至此閉幕。午後五時，松井主席並設晚餐會，招待各國代表。

【同盟社東京一日電】大東亞民族大會通過的決議如下：（一）我們立誓集中動員大東亞民族的全部力量，貫澈大東亞戰爭。（二）我們約定實踐大東亞共同宣言，和此次的共同聲明，勇往邁進。（三）我們要促使陷入英美圈套，至今尚不了解聖戰眞義的東亞人士，迅速覺醒。（感謝前綫士兵決議）我們僅向在此激烈的戰局下，為解放大東亞、興盛亞洲的聖戰，手執槍砲，日夜在大東亞各地奮戰中的前綫將士，致衷心的感意，同時祝其向最後的勝利邁進。

重慶外國記者招待會

【中央社渝三日電】外國記者招待會，二日下午三時舉行，翁部長文灝，吳次長國楨，張參事平羣出席主持。戰時生產局顧問卡內，亦被邀列席。翁氏報告戰時生產近況後，各記者提出詢問，某記者詢對於墨索里尼與希特勒斃命之感想。吳次長答，每一中國人民咸認墨索里尼之死，為一最不名譽之死，至於所傳希特勒之死訊，苟為確實，則不僅可以結束歐洲之戰爭，抑且亦可提前解放德國被壓迫之人民。某記者問，月前亨德遜來華，對中國物價管制有何貢獻，張參事答，亨德遜先生到華不久，旋即離去，在華時間，僅從事研究及搜集資料工作，並未擬具體管制物價方案。聞現正在美與宋代院長繼續研究此一問題之解決方案。某記者問六全大會最重要之意義為何，張參事答，下週王部長世杰於此或有較詳之說明，余今可奉告者，只有三點：（一）大會必如期舉行；（二）討論召開國民大會，訂定憲法及實施憲政等問題；（三）改選中央執行及監察委員。某記者問六全大會，外國記者可否前往旁聽，張參事答，中央黨部未會決定。

副局長葛潤、與樹成、錢立、卡本生同時就職。嗣後關於美國援華物資軍用物資暨行政院考核民用物品運輸，均由該局辦理。

湘西戰況

【中央社渝二日電】據軍委會二日發表戰訊，湘西方面我軍，已於一日攻克武陽鎮（城步北七十二里）、及闊峽（城步北四十里）、眞良（城步東北二十里）等據點，敵之左翼側背連絡，業被我軍截斷。三十日晨，敵由城步以北竄陷武陽鎮後，繼續北向瓦屋塘（城步北一百二十里）進犯，並於武陽鎮及闊峽、眞良等地，集結相當兵力，掩護其側翼之安全。我軍於三十日晚，對敵之左翼發動攻勢，在敵砲火及頑強抵抗下，各路猛攻前進，激戰至一日午，我軍擊破武陽鎮敵之抵抗，克復該鎮，殲敵至少在五百以上。殘敵向北敗竄，我軍追擊；至晚已進展約十里。我由城步向北攻擊部隊，於同日晚攻克闊峽、眞良等據點，至此敵之左翼側背連絡綫已全為我軍所截斷。一日晨，我軍於瓦屋塘地區，擊退由武陽北犯敵之四度猛撲，並斃敵二百餘，我軍另一有力部隊，向瓦屋塘以南地區之敵攻擊，正與頑敵激戰中，武岡東南西三方面地區，戰鬥仍極激烈。寶慶以西我軍，於公路上之洞口西側，痛擊分由北面及西南面來犯之敵，使其屢撲屢創。我軍圍擊放洞地區被困之敵，一日復殲敵五百餘，但殘敵仍據守該地區之二高地，作自殺性之掙扎，不難將其悉數消滅。資水西岸我軍，於一日晨將向洋溪橋竄犯之敵擊退，我向南追擊前，並獲進展十二里。豫南方面，浙川西南我軍，繼續向敵攻擊，至一日已攻抵丹江南岸，復將殘存之敵全部驅逐。現丹江南岸已無敵蹤。西峽口以西地區戰鬥，一日整日均在激戰中。惟戰地無何變化。

【中央社沅陵二日電】武岡方面，一日晨瓦屋塘以南我軍出擊，與敵激戰竟日，殲敵八九百人。同日下午，我軍更出擊萬福橋、闊峽、眞良一帶，予敵重創，並將各該據點克復，殘敵向東退竄。

【中央社沅陵一日電】洞口、放洞方面：（一）卅日敵分三路進犯平江、水版山、現江（均洞口西北），我軍憑險分別截擊，將敵各個擊破。（二）洞口正面猛犯之敵數千，每犯每挫，刻我敵仍激戰中。（三）放洞附近之敵，被我逐日剿殲，現僅餘殘敵一部，尤作困獸之鬥，屢圖突圍逃竄，均不得逞，刻我逐漸縮小包圍，不難全部就殲。

【中央社石花街一日電】新野附近敵一股廿八日闖竄呂堰鎮，同晚新野以

翁文灝說 原料品產量增加

【中央社渝廿八日電】戰時生產局翁局長，昨對記者說明，目前我國主要原料品產量，較去年十一月開增加百分之二十一，該局於去年十一月開成立，該月所產主要原料品，總值為國幣三、四七二、七一三、〇〇〇元，今年三月，其總值為國幣四、一九七、五七三、〇〇〇元，三月份數字係以去年十一月國幣購買力所折算者，故可能直接比較。吾等對主要原料品之增產努力，已獲初步具體結果，開始時其進度雖較遲緩，甚望其能繼續發展，惟吾人切不可過分樂觀，蓋今後某時期中，某項物品之產量不見增加，或（缺）吾人對於此項物資應加倍努力，大量增產，以供作戰所需。

【中央社渝廿六日電】戰時生產局，即將成立進口日用品購配審議委員會，職掌關於向國外購運進口日用品，購銷進口日用品，款項撥支及在國內運銷進口日用品等之籌劃及審議事項。至進口日用品之內運及配銷款項之收支，由該局委託中央銀行開列專戶處理。日用品進口後，在國內之接收儲存及由倉棧交付承銷商人，由該局託中國、交通及其他銀行倉棧代辦。該會設主任委員一人，由該局副局長兼任。委員八人，除財部、經濟部、中央銀行代表各一人，餘由該局指定。

國民黨在四川緊急征兵

【中央社渝廿七日電】川省今年緊急征兵，截至三月底止，已徵集百分之九十以上。兵役部於四月十日電四川軍管區轉飭停征，所有於三月底前徵足軍額八成二之各縣，餘役准予停免。至尚未如期徵清各縣欠額，展至下半年再照年額十成徵補。

【中央社成都廿四日電】川省務會議廿三日決議，調整卅三縣縣長，計調缺者十三人，新委者廿人，內甄審合格者九人，高考分發者五人，曾任縣長者二人，特選者四人。

【中央社國內電訊】摘要一：（一）渝廿七日電，糧食部為配合軍事統籌調度各戰區軍糧，已奉令配合後勤司令管區，設還各該區軍糧調度管理處，將在西南區儘先設置，已派負責人赴昆籌辦。（二）渝廿七日電，財部日昨勒令渝市福鈺銀行停業，限期三個月依法清理完竣，並督飭所屬各分支行，一體照辦，仍由渝市銀錢業兩公會理事長監督辦理。按該行於卅二年三月由錢莊改組成立。（三）立煌廿八日電，立煌稅務分局局長吳新濂，因貪污挪用公款二千餘萬元，被省府捕押，移送法院審訊。（四）渝廿七日電，大小涼山夷民十一宗支代表觀光團一行十六人，已於廿五日晚抵陪都。

【中央社昆明一日電】軍委會戰時運輸局陝分局，五月一日正式成立。正

東之敵寇犯新店舖，我正堵擊中。

李宗仁任工作競賽委員會主委

【中央社渝二日電】工作競賽委員會主任委員谷正綱辭職，經國防最高委員會，派李宗仁繼任，李於一日到會視事。

【中央社渝一日電】國府四月卅日令：（一）監察院新疆監察區監察使羅家倫，監院新疆監察區監察副使王籍田，任期屆滿，均著連任此令。（二）任命李永吉為財政部陝西稅務管理局局長此令。（三）陝西省政府委員兼財政廳廳長李崇年，另有任用，李崇年應免本兼各職此令。（四）兼陝西省政府建設廳廳長陳慶瑜，另有任用，陳慶瑜應免本兼各職此令。（五）任命屈武為陝西省政府委員此令。（六）任命陳慶瑜兼陝西省政府財政廳廳長，屈武兼陝西省建設廳廳長此令。（七）福建省政府委員張開璉，呈請辭職，張開璉准免本職此令。（八）任命張德采為福建省政府委員此令。

【中央社渝一日電】政院第六九六次會議決任免事項決議案：（一）財政部稅務署署長張靜愚，另有任命，應予免職，遺缺任命關吉玉繼任，（二）財政部地方財政司司長趙綿仲，另有任命，應予免職，遺缺任命陳遠帆繼任。（三）簡派李卓敏為善後救濟總署副署長，高文伯為調查處處長，胡可時為總務處處長。（四）貴州省政府委員，兼保安處處長韓文煥，另有任用，應免本兼各職，任命張廷休為貴州省政府委員，派馬守援為該省保安司令部副司令。

虞洽卿病死

【中央社渝廿七日電】虞洽卿，於二十三日起患肪巴腺炎，二十六日下午三時五十分逝世，虞年七十九，浙鎮海人，在滬經營六十餘年，於三十年春由滬抵渝。

【中央社渝廿六日電】參政員馬洗繁，二十五日晚因病逝世，二十六日大殮，定二十八日安葬。

國民黨六大代表紛紛抵渝

【中央社國內電訊】摘要二：（一）百色廿九日電，桂主席黃旭初，今日偕雷沛鴻、黃嵋山、韋贄、唐陽明等，乘機赴昆明轉渝。（二）瑞金廿八日電，省黨部主委皖贛監察使陳肇英即飛渝。（三）百色廿八日電，中委胡文燦，軍委會顧問彭澤湖，廿八乘機赴昆轉渝。據彭氏談，軍參院李院長濟琛，俟家事摒擋就緒，即遄返陪都就職。

【中央社西安二日電】晉陝監察使童冠賢，二日下午一時十分，乘機飛渝述職。

參考消息
（只供參考）
第八六九號
解放日報社 新華社 編
今日出一大張
卅四年五月五日
星期六

國民黨六全大會今日開幕

【中央社重慶四日電】中國國民黨第六次全國代表大會，定五日[illegible]府成立紀念日上午九時，在復興關青年幹部學校舉行開幕典禮。將由蔣總裁親臨主持並致詞，禮成後召開預備會議，討論議事規則日程，組織提案審查委員會，選舉主席團。第一次大會將於七日上午舉行，開此次大會以中國國民黨七十餘年來努力奮鬥革命建國之事業，經八年艱苦抗戰，[illegible]成[illegible]近則決定提前召開國民大會，實施憲政，各項有關事宜如：（一）[illegible]召開國民大會；（二）憲[illegible]草案；（三）政治綱領；（四）總章修訂等，乃待作詳盡縝密之決議，先此中央常務委員會，於決定五月五日召開代表大會後，會將各項重要議題，交付中央委員談話會討論，談話會先後舉行十一次，擬成研究報告後交本大會有關事項審議會審議。各出席代表自四月廿七日開始報到後，迄五月四日止，復分×組每日舉行談話會，仍就上項議題，充分交換意見，至大會出席中央執監委員，各黨部代表及列席候補中央執監委員，報到人數，迄今晚六時止，已達六四八人。

【中央社迪化三日電】吳忠信三日晨飛渝，出席六全大會，省政由曾少魯代行。

豫南湘西戰況

【中央社渝四日電】據軍委會四日發表戰訊，湘西方面，我陸空軍協同痛擊向雨峯山竄犯之敵，於二日午後至三日晨，獲得殲敵將近一個聯隊之戰果。被困於雨峯山南麓瓦屋塘以南地區之敵，於二日午後獲得由武岡以西地區敵之增援後，即以一聯隊之衆，向瓦屋塘以西之水口進犯，並以一股南向武陽以北之萬福橋反撲，遇我軍堵擊，敵攻勢頓挫，我隨即乘勢向敵人反攻，並獲得空軍適時飛臨助戰轟炸與低飛掃射，至傍晚我斃敵已達千餘，馬二百四，但敵抵抗仍極頑強。經我繼續痛擊，至三日晨犯水口附近敵之一聯軍，為我消滅達三分之

消息，出席舊金山會議的重慶代表團長宋子文，由於要出席最近舉行的國民黨大會，將於數日內返國。

【美新聞處舊金山一日電】中國代表團招待記者會席上，有一記者開玩笑式請求共產黨領袖國民參政會參政員董必武氏起立給他們看看，是否像他們所聽說的那樣危險模樣。於是宋子文博士介紹董氏給大家說：「他是我的朋友，我和他一起密切工作二十多年」。董氏即含笑起立，全場乃以好意的笑聲歡迎之。

（編者按：關於中國代表團招待記者消息，中央社曾有專電，請參看本月三日參考消息）

【中央社舊金山三日專電】宋外長本日歡宴蘇聯外交人民委員長莫洛托夫，數日前，莫洛托夫曾宴宋外長。

中國代表團員出席各委員會名單

【中央社舊金山卅日專電】我國代表團出席聯合國會議各大組委員會及委員會之代表人選如下：宋代院長或顧維鈞出席指導委員會、執委員會、提名委員會及程序委員會，顧維鈞出席起草委員會，徐謨、王寵惠出席關於一般規定之第一大組委員會，由王寵惠、浦薛鳳、（？）梁鋆立出席序言及原則第一委員會，李璜、胡世澤、李維果出席會籍及一般事項第二委員會・顧維鈞、胡世澤出席關於全體大會議第二大組委員會，董必武、郭斌佳、[illegible]宇出席組織及程序第三委員會，張君勱、王化成、郭斌佳出席政治及安全功能第四委員會，吳貽芳、[illegible]員祖貽、胡世澤、朱新民、李幹出席經濟及社會合作第五委員會，顧維鈞、劉琦・邵毓麟出席委任統治制第六委員會，顧維鈞、胡適出席關於安全理事會之第三大組委員會，胡適、張忠紱、郭斌佳出席組織及程序第七委員會、劉琦、王家琦、梁鋆立出席和平解決第八委員會，顧維鈞、陳紹寬、胡世澤、毛邦初出席強制規定第八委員會，顧維鈞、周鯁生、徐淑希、楊雲竹出席區域規則第十委員會，王寵惠、魏道明出席司法組織第四大組委員會，魏道明、徐謨出席國際司法庭第十一委員會，王寵惠、吳經熊、梁鋆立出席法律問題第十二委員會。

莫洛托夫將力求解決波蘭問題

【中央社舊金山一日專電】大會昨以多數票數通過立時允許阿根廷與會之決議，一般對莫氏接受會議決議之舉動，均予以廣泛之敬意。阿根廷白俄羅斯及烏克蘭各問題咸認業已解決，但波蘭問題

二以上，敵馬匹幾全部爲我空軍炸斃，殘餘少數之敵，分向瓦屋塘以南逃竄。我即跟踪追擊，迄午已由水口附近，向東南進展十六里。我軍向新寧攻擊前進部隊，已於三日午後二時攻克××以西之重要高地花溪山及數個村鎮，武岡我軍猛擊東南四十里郊區附近之敵，整日激戰中，擊斃敵三百餘。我由城步東北攻達武岡西南地區部隊，三日攻克據點三處，仍猛烈前進中。寶慶以西公路上洞口西南地區，三日戰鬥仍激烈，洞口西側以北地區之敵，向南康犯不退，於二日晚折向西犯，我軍奮勇迎擊，於三日晨卒將該敵擊退，擊斃敵四百餘，並鹵獲敵輕機槍步槍及其他軍用品甚多。被困於放洞地區二高地殘敵，三日曾一度企圖突圍，當被擊退。資水西岸我軍，繼續向寶慶西北之敵猛施攻擊中。我軍預遣敵後各部隊，現已展開廣泛攻勢，分向洞桂衡寶衡潭各路敵據點突擊，並破壞敵後交通，均獲預期戰果，衡南方面，西峽口以西公路南側我軍三日已將寶至鷹爪山之敵擊退，公路北側戰鬥，仍在繼續進行中。我軍在敵後部隊，協同地方團隊，繼續廣泛向敵突擊，連日來分於鎮平東南及東北南台西南方、東北等地區擊斃偽敵總計四百餘。

【中央社渝四日電】中國戰區作戰司令部五月四日發表第二號公報稱，敵軍三週來分四路進犯重要之芷江美國空軍基地，今已陷於停頓狀態。中國地面部隊，現正繼續反攻中，日軍在相距頗遠之洋溪洞口與武岡等地區，遭受挫敗，中國守軍雖被圍於武岡某地，勢甚危急，然仍繼續抵抗日軍所施之壓力，使其不能使用此交通及有關之供應中心。洞口方面，中國軍隊兩路分自東南及東北西方迅速集於一處，阻遏日軍約千名，此一發展，對於日軍實至嚴重。東北洋溪之日軍，被華軍四面攻擊，×尚未被完全包圍。武岡附近之華軍除鞏固克復之地區外，復克復村莊二處。洞口以東寶慶芷江主要公路上之中日軍隊，現方激戰中，惟陣地則無何變化。

大公報建議
成立中英美蘇聯合參謀部

【路透社重慶四日電】中國西南已在實行廣泛的軍事計劃。特別挑選的美軍正在訓練、裝備與供應數十萬中國人，使其在中國「第二戰場」開闢時，能協助來自太平洋的登陸。

中國報紙大公報建議：由中美英蘇及其他與抗日戰爭有關的國家，在重慶成立聯合參謀總部。

宋子文確將返國
路透社報道我國代表團招待記者

【同盟社里斯本二日電】舊金山來電，據確實

則仍待決定，咸信莫洛托夫將竭力求此問題的解決，直至波蘭能依照雅爾塔之協議得以派遣代表與會爲止。莫洛托夫昨日雖於阿根廷議案通過後即時離開會場，然並未一怒而離歌劇院，或表示憤怒之意。據美方消息，多數蘇聯代表，昨夜均甚愉快，制度業已構成。

【中央社舊金山卅日專電】聯合國會議執行委員會及指導委員會主席斯退丁紐斯正式宣佈：由於蘇聯要求烏克蘭及白俄羅斯將獲允參加聯合國會議，及阿根廷亦將可參加聯合國會議，並即時獲得其席次。斯退丁紐斯係執行及指導兩委員會休會時發表聲明。按三委員會自九時開會迄二時始散。渠稱：兩委員會均一致同意烏克蘭及白俄羅斯即時參加聯合國會議。兩委員會並大多數同意阿根廷參加聯合國會議。兩案均將提交今日午後舉行之第五次全體會議以通過之。斯退丁紐斯暗示：白俄羅斯、烏克蘭及阿根廷於聯合國會議獲得議席之複雜問題，現告解決。今後大會將「一帆風順」，進而處理大會所面臨之沉重工作。國務 會議前途表示樂觀，渠告報界謂：「各代表團均具安全決心，以於最早可能期內完成世界憲章，不容中途有任何阻礙。各代表團均具空前之決心，以草擬愛好和平人民均能接受之世界憲章」。現尚有二十國家之代表須於大會中各別致詞，而四大主要委員會及以次各委員會之主席人選，猶未派定。預料明日可以派定，故大會須俟一日或數日後，始能眞正開始工作。是以明晨及午後（缺六字）全體會議兩次。南非聯邦總理斯末次將軍於明晨之全體會議中首先致詞，按斯末次將軍，乃此次大會各代表團首席代表中，唯一參加上次和會者。

【合衆社舊金山一日電】據威方面人士稱：莫洛托夫可能將離會返國，該方面人士認爲莫洛托夫之離會，乃因大會通過允許阿根廷與會之決議，故謂莫洛托夫留此此期間已較預期時期爲久。

舊金山會議
第七第八次會議情況

【中央社舊金山二日專電】聯合國會議今午第八次全體會議由蘇聯外長莫洛托夫主持，至是各參加國家均已致詞完畢。今日致詞者有墨西哥、尼加拉瓜、挪威、巴拿馬、祕魯、敍利亞及南斯拉夫各國代表。本日會議枯燥之味，若干代表係以西班牙語致詞，故須譯爲英文，代表座僅坐滿半。墨西哥外長兼出席聯合國會議首席代表稱：聯合國會議必須建立一如物資力量有效之精神力量，並建立大小各國之信心。國際生活必須爲信心之結合，而非傲横之結合。渠並強調小國之地位，墨西哥代表代表最大拉丁美洲國家，渠稱：小國責任乃對中英美蘇維繫主要團結，作其貢獻。聯合國會議應爲一基於正義、爲那些最需要正義及追求自

相與人類尊嚴之機大人民而設立機構。聯合國中唯×××代表諾威首席代表發詞不同尋常之演辭：并來此協助大會成功，非提供反對之批評。渠於讚譽英蘇戰線後稱：吾人亦不忘我中國盟友於其對日本戰爭所表現之勇敢與堅毅。其後另一中美國家巴拿馬首席代表外長吉姆其茲復發表講演，要求小國之權益獲得保障，並主張設立一有強制性之有力世界法庭，總會首席代表外長格拉西講演時，分涉及中國，渠稱：中國以偉大之犧牲保衛國土，祕魯代表團團長拉丁美洲之一般立場，並稱地域協定無可非議之處，地域協定對有效合作與執行之事務與國際組織無礙時，則對促進和平有所貢獻。格氏繼稱：有地域組織存在，可使許多問題不須涉及國際法庭，即得解決。敍利亞首席代表內閣總理克雷利之演說，甚可反映阿拉伯民族之一致團結，同時亦使人認識敍利亞與阿拉伯集團其他國家取同樣之立場。致開幕詞之最後一人爲南斯拉夫首席代表外長蘇伯西區，渠稱鐵托元帥爲將使南斯拉夫復興之領袖。本日宋子文及艾登二人均未到會，斯退丁紐斯到會亦晚。

【中央社舊金山一日專電】今日第七次全體大會上紐西蘭首席代表福萊塞總理演說時間最長，彼對各國代表所提議之修正案，使頓巴敦橡樹林之建議得有改進，但仍有兩大缺點，第一缺乏世界機構各會員彼此保證反抗外來侵略之確切保證，第二各小國所佔之地位不合比例，關於委託制度，福萊塞謂吾人以爲憲章中應規定對附屬國人民之政府適用委託制度，此種委託之目的，保使此等人民獲得幸福世界機構，在此目的上所應有之權利必須加以討論或談判。福萊塞對中國及其他被侵略國表示讚揚謂：余不必贅述法國、盧森堡、比利時、荷蘭、挪威、南斯拉夫、捷克、希臘或中國等所受之犧牲，××國均已採取××之途徑與被消滅之危險而未背棄人類之渴望。今日發言之其他一聯合國代表，爲×××××歐洲小國之願望。委內瑞拉強調拉丁美洲之地位，委內瑞拉稱讚中國與其他人民共同抵抗侵略。

中央社報導美國報紙評盟軍會師

【中央社紐約廿八日專電】據報章及廣播解釋，此次歷史性的美蘇兩軍會師，乃德國軍事崩潰之象徵。但稱，吾人仍須努力不懈，因前途尚有激戰。而舊金山會議正面臨種種複雜之政治難題。紐約時報稱，蓋日盟方之不團結，致希特勒獲得初步之勝利。該報又稱，美蘇兩軍須建立一互相之友誼之新基礎，以克兩軍會師前之互相猜疑。該報於其結論中稱：以較重大之軍事問題衡之，則關於舊金山會議主席及投票權等問題，決無不可克服之障礙。同時紐約前鋒論壇報，回憶戰事不利之

爲可能的最同盟國各空中補給體系，而目前是世界史上從未完成過的。這件事情使我們預料得到，蘇門答臘和新加坡附近將發生什麼事情。

【同盟社緬甸前線基地一日電】緬甸方面的航空部隊於廿八日轟炸仰古南飛機場與仰古市中心，並轟炸敵汽車，毀其八輛，擊傷其六十輛以上。廿九日夜繼續攻擊敵軍部隊。（編者按：仰古目前爲盟軍佔領。）

【同盟社菲島前線基地二日電】在塔拉甘登陸的敵人，目下在擴大其橋頭堡壘，敵機約十架左右在上空担任警戒，我方堅持重要陣地，與登陸敵人展開激戰中。

中央社宣傳資料

（一）小磯內閣倡議組織國民義勇隊，其目標在強化生產與防衛，並用以緩和暗潮，卒因對該隊之最高統帥權，軍人主張應屬陸海兩相，政府主張應屬總理大臣或內務大臣，未獲統一意見，鈴木內閣初步閣議決定由首相兼總司令後，因採用阿南陸相之主張改爲「國民戰鬥組織」，不設有統一性之中央機構，專以鄉土爲中核之組織，發揮其力量，此足見其實權全落軍閥之手。鈴木內閣無力任憑其以對小磯之應付方式，施諸其身，刻又加以少壯派發起組織「全日本國民特攻隊」作國民義勇隊之中核，主戰派井田×哉倡組之×護國同志會也將正式成爲政治結社，其勢均必爲軍閥張目，由此足見日本國內政治矛盾已因軍事危機而日益加深，鈴木內閣前途實至暗淡。敵海運空運均被盟軍控制，所以呼籲須從事防衛航行區域，並認爲航路之變更及航船之編制，均需要高度之機動性，實則海運方面僅有經朝鮮南部至倭本土一段極短航線，當前所能做到者，不外強化日本海諸港之港灣設備而已。至陸運方面，處處受威脅，急急於建設滿鐵大動脈之防空施設，並建築迂迴綫，惟倭寇現已公認在盟機不斷襲擊下，糧食物資多堆積於運輸場所，交通業已發生混亂趨勢，不久盟國將歐洲空軍東調，對日空襲將大爲增強，斯時日寇交通運輸系統更無法建立矣，而此綱將成爲日寇防衛本土計劃之致命傷。

中央社敵情通報

一、鈴木內閣與陸軍鬥爭之暗潮（一）目前倭地方實權落入軍閥掌握，鈴木內閣致形同浮立沙灘之上，反對衆地方任行政協議會長（按相當我國之行政督察專員）之大阪、愛知、宮城、福岡、廣島、香山等府縣縣官級提升爲「親任官」待遇，廿一日發表其各該府縣新任知事，即與近衛及財閥有密切關係之人物，此無異爲一種鎮壓軍閥之佈置。（二）再觀國民義勇隊之組織方針，十三日閣議本經決定不設有統一性之中央機構，又以二十人組織「國民義勇

同盟方，在力謀經濟緊密及政治合作時，會有種種複雜微妙之工作。今日美蘇兩軍竟能深入德國之腹地，而卒告會師，殊屬令人難於置信。盟國之合作，經歷各種障礙與困難仍堅忍不拔，美蘇兩軍在托爾高會師一事觀之，則任何人皆不能謂在國際和平機構中之共同努力，爲不可能。基督教科學箴言報稱，就軍事而言，美蘇軍會師顯係希特勒末日之開始，但就政治而言，會師實爲蘇聯伸入歐洲之先聲。美蘇將如何彼此相處，實象徵戰後大問題之一。關於此點，該報希望美蘇在平時之共同利害，將能使其克服其新接觸時所引起之一切問題。但會師新聞實爲目前討論防止將來戰爭之舊金山會議之一帖良藥。一般相信，盟軍之會師現已爲舊金山會議之會商與工作作一示範，俾在政治方面使各國意志與目的亦能聯合一致，以組成永久和平之安全機構。對於美蘇兩軍會師之消息，紐約方面咸表冷靜，而不以爲奇，因此項消息在數日以前即已料及，且美最高當局曾屢次警告美人，在歐戰獲得全部勝利以前，現尚有結束階段之戰鬥云。

敵稱盟軍圖奪取婆羅洲石油
英國誇稱將在緬甸表現力量

【同盟社東京二日電】沖繩島的決戰，實已進入白熱化階段。其勝敗將完全取決於飛機的數量，和制空權的能否掌握，在此期間，敵人由於吃到我特別攻擊隊活躍的苦頭，此後敵機乃反復轟炸我航空基地，及生產飛機的工場，破壞我空軍根源。但由於效果不佳，非常焦急，最近不僅直接窺伺我空軍根源。更露骨地進窺我空軍的動力源泉——航空、燃料。此外且進而想積極地奪取[illegible]，以便能在沖繩島決戰上，可以使用最多的可動的飛機，以及節省從本國運[illegible]油船，或把這些油船充當別的用處。二十二日、二十三日、二十四日及二十八日均有B29B24及P38式機來襲巴里八板。另方面二十三日上午，P38式機、B52式機共十餘架，來襲塔拉甘，到了下午，B29式機亦參加空襲，二十四日，B24式機十餘架來襲馬辰，證明敵機對婆羅洲石油資源地帶的不遜的企圖，如上所述，敵以塔拉甘爲中心的轟炸，是非常的激烈，不僅有飛機，而且有海上兵力參加，這一兩天內，該方面戰爭的氛圍氣，是非常之緊張，敵人的企圖，是斷然不容輕視的。

【路透社紐約二日電】爲了安全而保守英軍向仰光迅速前進的消息，暗示緬甸戰爭逼近結束，當世人目光注視歐戰時，緬甸剛剛開始進行，最後的進攻是英軍力量的表演，而且是最動人心魄的表演。使英軍前進的顯著迅速成

隊協會』於二十七日閣議中決定其組織方針，並以內務大臣任該協議會會長，對地方實力作間接之統制，顯見其內閣與軍閥無日不在摩擦之中。（三）倭海軍關於鈴木內閣方面，支持鈴木之措置，以致陸海軍不睦，每有『爭執』，故二十七日鈴木召集陸海軍首腦『懇談』哀求其掃除彼此間之隔閡，凡此皆倭國目前內政上之活火山，亦以爲其投降前必然發生之矛盾現象。

倭外相東鄉茂德，於廿三日在東京導演『大東亞大戰會議』妄稱要『確立策應世界情勢變化之大東亞指導體念』以求達其制霸東亞之野心，實際係在陰謀以此會議與舊金山會議反抗迷×世人視力分散國際力量製造種族分歧實翼政會總理松井大將，近複預定五月一日在倭京軍人館召開所謂『東亞民衆代表大會』顯然以倭京作東亞中心觀『大東亞之聯盟有如家族團結之實』一語即爲『東亞協盟體』謬說之再版。

同盟社報導
紅軍完全佔領柏林

【同盟社斯托哥爾姆二日電】莫斯科來電，斯大林元帥二日向紅軍及紅色海軍發出命令，宣佈完全佔領柏林。朱可夫元帥指揮下的第一白俄羅斯前綫軍，與科涅夫元帥指揮的第一烏克蘭前綫軍配合，在激烈巷戰之後，已將柏林守備隊掃蕩完畢。佔領了德國首都德國軍國主義的中心柏林。魏柏林大將所指揮的柏林守備隊，二日下午三時停止抵抗，放下武器投降。

【同盟社蘇黎世二日電】據漢堡發出的廣播，總統大本營二日發表稱：「勇敢的柏林守備隊的殘存部隊，已被切爲數個集團，但仍在官廳街作戰。」

【同盟社東京三日電】德意志第三帝國的首都柏林的戰鬥，終於五月二日完結。從四月二十二日紅軍突入柏林以來，經十一天後已變成廢墟，柏林市內飄揚紅軍的旗幟，德國軍民全體力量的防衛死門已經空虛了。紅軍的刀鋒現在已轉向北方，與由東方向波羅的海岸西進中的羅科索夫斯基軍共同進攻要港羅斯托克，另一方面渡過易北河進擊的英軍，到達波羅的海岸，佔領漢堡東北三十五公里的盧卑棘港，控制漢堡死命。在捷克，斯洛伐克，馬林諾夫指揮下的紅軍部隊，正向首都希拉哈推擊中，突入與地利的英第三軍，已逼近普斯布魯登、戈爾登。意大利北部戰綫、意大利人民叛亂之後，英第八軍二日已渡過意大利東北緣的伊孫佐河，在特利艾斯提北方，與南斯拉夫的鐵托軍取得聯絡，至此意大利北部的德軍完全瓦解，二日已請求無條件投降，此事已由地中海聯合軍司令部發表，邱吉爾已向國會報告。

參政消息

（只供參考）

第八七〇號

解放日報 新華社 編

今日出一大張

卅四年五月六日

星期日

雷震說四屆參政會首次大會七月舉行

【中央社渝四日電】參政會副秘書長雷震，四日在第十六次參政會駐會委員會議席上報告稱，第四屆參政員發表後，其首次大會將於七月初舉行，本會已發出通知，請各地參政員於六月底來渝，準備出席。秘書處已開始籌備。

【中央社重慶四日電】國民參政會駐會委員會，四日上午九時舉行第十六次會議，聽取內政部張厲生部長之施政報告。出席主席團張伯苓、莫德惠、江庸、參政員王普涵、王雲五、錢公來、許孝炎、陳博生、許德珩、左舜生、褚輔成、李永新、黃炎培、江一平、李中襄、副秘書長雷震等。由莫德惠主席，張氏首就內政部提出之：一，民政；二，戶政；三，警政；四，營建；五，禮政；六，禁烟六項主要工作列舉，截至三十一年底為止之數字，分別加以報告，其中各省實施新縣制者，一一〇二縣，設立正式縣參議會者，四十二縣，臨時縣市參議會者一〇四二縣，完成鄉鎮民代表大會者，八三四縣，完成保民大會者一一〇二縣，各級民意機關以縣參議及臨時參議會實已發揮相當效果。鄉鎮保民大會或以組織法令關係成效不甚彰明。報告後，參政員褚輔成、黃炎培、錢公來、許德珩、左舜生，莫主席德惠等分別發言，就國民大會代表問題、社會秩序問題及禁烟警政等問題，提出詢問，認為警政建設為建國工作之中心問題，各參政員尤具興趣，提供許多意見，供經張部長即席有所陳說，或表示接受。嗣討論提案，為李參政員永新等提案，請政府將南漳、老河口戰役詳情及各將士姓名公諸報端，並廣大發動慰勞，用彰勵來案，決議送政府辦理。

國民黨六全大會開幕

【中央社重慶五日電】六全大會五日晨九時在復興關青年幹部學校禮堂隆重揭幕，到蔣總裁及中委居正、于右任、戴傳賢、孫科、吳敬恆、張繼等一三六人

西[illegible]以東地區。唐家坊，於二日晚為我克復，斃敵甚多，武東北，敵被我包圍猛攻中。

【中央社渝四日電】據軍委會發表，王耀武將軍及其所部此次在湘西痛擊進犯之敵，官兵用命，英勇戰鬥，迭挫敵鋒，戰績輝煌，我最高統帥特明令嘉獎。

同盟社稱 美國不能順利的供給重慶金條

【同盟社里斯本四日電】據紐約來電稱，美國政府已供給相當數量的金條給重慶政府，以抑壓通貨膨脹。到了最近似乎不能很順利的供給金條。四日此間發行的「新聞周刊」揭載下列消息稱，宋子文最近要求美國財政部由重慶存在美國的資金中，抽出相當數量的金條運往重慶，以抑壓重慶可怕的通貨膨脹。但是財政部對於此項請求，沒有給予滿意的答覆。這是因為去年美國運送相當數量的金條給重慶，而其大部份都流入黑市，被利用做匯兌投機的生意，而對於防止重慶的通貨膨脹毫無作用。

傳斯大林贊成米柯拉茲科加入波政府

【合衆社倫敦三日電】據舊金山來的消息表示，斯大林之贊成容納曾經一度為倫敦波蘭流亡政府總理的米柯拉茲科，及其三個主要助手到波蘭新政府內的建議，本日被此間認為是英美外交上的一勝利。米柯拉茲科及其徒從雖退出倫敦波蘭政府若干時日，但他的這集團在倫敦波人中仍具有極大勢力，這一集團顯然是有英國為其撐腰，英國政府過去和現在為謀倫敦波蘭政府和蘇聯卵翼下的華沙波蘭政府間的妥協而努力。米柯拉茲科曾公開宣稱，他贊成為阿基塞夫斯基所痛恨的雅爾他協定，他在很久以前並表示過他願——但未被邀請至波蘭一行。前波蘭國民會議主席格拉巴基教授告合衆社記者米科拉茲柯集團願意加入波蘭新政府，並說道：「我們只堅持要求一點，就在波蘭臨時政府中，不要有一政黨佔多數。」他接着說道：若波蘭臨時政府是由所有五個波蘭政黨代表組成的話，那這個政府就能在戰爭結束後六到八個月內，恢復秩序和舉行關於組織永久政府的選舉。

關於交換俘虜 蘇聯指責美英違約

【同盟社斯德哥爾摩三日電】據莫斯科廣播，蘇聯俘虜交換委員會會長，通過塔斯通訊社發表聲明，指責美、英兩國違反在克里米亞會議上決定的，關於交換俘虜的協定，其要旨如下：美、英兩國

，及各黨部代表五三七人。九時開會，蔣總裁領導行禮，並致訓詞三點：（一）回憶本黨奮鬥歷史，愛護本黨革命歷史。（二）大會應注意研討三點：一、加强戰鬥力量，爭取抗戰最後勝利。二、確定實施憲政，完成革命建國大業。三、增進人民生活，貫徹革命總極大業。（三）發揚本黨一貫革命精神。歷卅五分鐘，全場熱烈鼓掌致敬，休息卅分鐘後，舉行預備會議。

【中央社重慶五日電】六全代會出席代表，截至五日下午七時止，報到者已達五百七十四人，佔總額百分之九十六强。計爲各省市代表二六七人，海外代表八七人，青年團代表五八人，軍隊代表九八人，邊疆代表一九人，特別黨部代表二五人，工礦黨部代表七人，學校代表一三人。

【中央社重慶五日電】浙出席六全代會代表阮毅成，徐浩，方青儒，羅霞天，許孝棠，李楚狂，吳望溪，章鳴濤八人，五日安全抵陪都，出席全會。

國民黨說收復內鄉

【中央社渝五日電】據軍委會五日發表戰訊，豫南方面我軍反攻，獲有重大進展。於三日攻克內鄉城，我軍強大部隊，於二日拂曉向內鄉發動攻勢，首將北面外圍敵之抵抗擊潰，十×時續行突破城內敵陣地，衝入城市，但敵仍頑抗，經過十四小時之激烈巷戰後，至三日上午二時完全克復內鄉城，殲敵至少在六百以上。殘敵突出東門逃竄，我軍亦頗有傷亡。內鄉位於南陽南南之間，有公路貫通，另一支路可通至淅川，該城爲我克復後，西峽口以西及淅川敵之向東退路，已被我軍完全切斷。西峽口以西公路上及兩側我軍，於四日擊退向我進犯之敵，斃敵三百。另敵一股，爲我包圍於鬼門關西南地區，正加以圍殲中。湘西方面，我軍向新寧攻擊前進部隊，至四日晨繼續進展廿四里，已攻抵距新寧卅四里地帶，我軍攻達武岡西南地區，四日×有進展，即可與我守備武岡部隊取得聯絡，夾擊犯武岡之敵。我軍續向瓦屋塘以南之敵攻擊，於四日斃敵四百餘，其向武岡以北萬福橋反撲敵，已被我三面包圍，正加以猛擊，寶慶以西公路上洞口以北地區之敵，西向江口東南進犯受創極衆，攻勢頓挫。資水西岸我軍，向寶慶西北之敵攻擊，於三日，攻克三高地。

【中央社渝四日電】新化以南我軍，二日拂曉攻克南山寨，其他各部與空軍協同作戰，戰果極佳。我並攻克高地兩處，擊傷敵三四百，我亦稍有傷亡。[illegible]我軍，向東北攻擊，二日午後攻克水東、由梅口，向敵攻擊我軍，進

政府不肯行雅爾塔決定的關於美、英、蘇三國俘虜待遇及交換協定，並違反了這一協定。譬如現在有八百名紅軍將校，被當作俘虜，由德國境內帶至美國，被拘留在美國國內。但美國政府沒將這些俘虜的所在地通知蘇聯當局，另外，在英國國內也同樣地收容着被帶走的紅軍俘虜，強制的收容所多至三個。

敵酋鈴木稱日寇戰爭不受歐局影響

【路透社倫敦四日電】日本通訊社息：日本首相鈴木貫太郎發表講演說：「德國的趨勢極爲不利。我們對迄今已激戰五年以上並付出重大犧牲的德國人民表示深刻的同情。日本的戰爭目的純爲自存與自衛。僅在我們民族生存的生死存亡關頭，我們始最後訴諸武力。日本在東亞的地位由於現今德國的發展愈加困難而其責任亦愈繁重了。我們的戰爭目的與歐洲戰爭的目的基本不同，我們的戰爭絕不能受歐洲發展的影響。日本政府勝利地持續戰爭的決心，僅將更加加强。我們堅決相信良好的時機必然到來。不管我國面臨何種困難情勢，只要我們是一個燃燒着一個忠誠思想的人民，我們便會克服一切困難。雖然歐洲情勢的變化係在我們意料中，但我願乘此機會即刻向國內與國外宣佈我們必然勝利的信心。」

同盟社報導歐洲戰況

【同盟社東京四日電】任命新總統的鄧尼茲元帥，三日與克督次克外長抵基爾軍港，有在該地進行最後抵抗的模樣。戰況日益惡劣，穿過波羅的海岸盧卑格及其東方路易、馬爾開港的英軍，更向東挺進。另一方面紅軍佔領羅斯托克後，向東南前進，逼近什末林，英蘇兩軍終於取得聯絡。又被完全控制的漢堡，市民不斷投降，現在能夠進行繼續作戰的地方，只有基爾、維爾貝爾莫斯社夫爾軍港及通丹麥的朱萊斯瓦，法爾斯坦地方。在南方，德國南部軍司令官西爾納元帥，已在新總統鄧尼茲指揮之下，發表堅決戰至最後的聲明。美第三軍先頭坦克隊，已到達林爾七英里處，第七軍深入奧大利境內，到達距意大利國境二十五英里之處。在意大利據三日地中海聯合軍司令官亞歷山大發表最後公報稱：「德軍已無條件投降，在伊孫倉河的戰鬥已經停止」。

【同盟社蘇黎世三日電】德國南部軍司令官西爾納元帥，可說是現在抵抗紅軍的全體德軍的指揮者。三日他由德國南部廣播電台，向全軍發出指令稱

：部屬全體將士，應集合在鄧尼茲元帥的旗幟之下，繼續戰鬥。

【同盟社斯托哥爾摩三日電】由於德國本土戰綫已處於全面性的混亂狀態，從而歐戰行將日益接近結束之際，但挪威的德軍的行動，特別值得注意。軍事消息靈通人士估計，其兵力約有十萬人，但最近數月內曾獲得武器供應由空中運輸物資，其戰力似已相當增强。

德寇軍火生產部長令
德人恢復交通供應糧食

【路透社倫敦三日電】丹麥今夜廣播德寇軍火生產部長斯皮爾對德國人民的演說。斯皮爾稱：『我們生活的指導，已不在我們手裏了。』斯皮爾繼稱：『德國已被打敗了。』『從來沒有任何國家的領土像德國一樣，這樣地被戰爭的烽火所毀壞。你們全體現在是失望與激怒。絕望已代替信心鑽進了你們的心田。你們已變得疲困而懷疑一切。這是絕對不能的。這次戰爭的殘酷××，歷史上只有一次可以和它相比。但爲飢餓及瘟疫所奪去的人民的生命，絕不能讓他達到那時所達到的程度。正是這個理由，而且只有這個理由，才是爲什麼鄧尼茲上將（新元首）決心不放下武器的原因，這便是繼續鬥爭的唯一意義——防止逃亡德人的死亡，這是我們最後的責任，德國人民必須把它肩負起來。至於我們的敵人，是否願意給德國人民以擺在他們面前的希望，只有讓敵人去決定了，這個國家已被擊敗，但已在戰鬥中表現其英勇精神並永垂其聲譽於歷史上，作爲寬宏而值得尊敬的敵人。你們必須克服你們的無感覺和你們的麻痺的失望，因此，我對你們發表下列立即要做的命令：第一，最緊急的工作是恢復德國鐵路系統所受的損失。只要敵人允許或命令這樣做時，那麼恢復工作，即應以一切方法加速進行，以使糧食能運至×××××。你們記着，你們國家團聚的唯一可能便是恢復德國鐵路。第二，無論是工人工業工廠或手工工廠，均有義務，儘速執行有關修理鐵路的任何命令。第三，在六年戰爭中充分服從他們指示的德國農民，在認識他們對德國全國的責任後，現須貢獻他們的農產品至於頂點。第四，糧食與其他一切貨物相較，必須具首先運輸的優先權。糧食，電流以及煤氣與生產木材的企業必須在其他任何企業之先，首先予以供給。如果我們能以過去幾年那樣頑强性來工作，那麼德國將能夠生活下去，不會發生更多的損失，我們的敵人是否允許這點，我們尙不敢預言。但是，我的責任是盡爭一切的力量，來使德國生存下去，我們命運的支配權現已不在我們手裏了，只有上帝才能改變我們的將來，但是如果我們決心地並努力地工作，自尊和自信地對待我們的敵人，並堅信我們民族的日子，當希特勒離開柏林，『到暫不宣佈的目的地』（決裂前轉）時，曾任命帝國大元帥戈林爲他的承繼人。如果戈林不在，赫斯承繼元首的地位。赫斯現在英國的精神療養院裏。戈林的命運尙未可知，而最近曾宣佈他辭去了空軍總指揮的職務，很明顯的，他也不能爲承繼人。

德國海軍總司令鄧尼茲海軍上將曾對盟軍大西洋生命綫發動了潛水艇戰術。

同盟社傳希魔被紅軍
一顆子彈打死

【同盟社蘇黎世二日電】『洛桑新聞』於二日報上，揭載漢堡廣播局的廣播，對總統最後死去的一剎那間，有如下的記載：『希特勒總統手拿着武器正從總統官邸由台階向下走的時候，紅軍放出了一粒子彈，奪去了總統的性命』。

【同盟社東京四日電】德大使史塔瑪，三日就希特勒總統之死發表聲明，表示德國國民悲痛總統的英雄之死，並繼承故總統之遺志，在新繼統鄧尼茲領導之下，將爲執行神聖的義務前進。像民族指導者希特勒總統那樣，能夠集中國民的愛戴，信賴與絕對服從於一身的人，實在是少有的。希特勒總統堅決執行自己的信念、諾言與自己的事業，並且在保衛柏林戰鬥中，絕不妥協進行戰鬥已至最後倒下。總統所播種的種子不久將會結果的。希特勒總統的人物，鬥爭與事蹟，不但對德國而且對全世界都有很大的意義，將來全世界就會承認的。總統任命鄧尼茲爲他的後繼人，表示了他最後的無可比擬的責任感，與毫不遲疑的果斷。鄧尼茲提督的經歷行動，在德國人民中間存在着一個好印象，認爲他是一個卓越的指導者。故總統的鬥爭一定會繼續下去，故總統的事蹟將活在德國青年、男人、女人的心中，故總統的英雄的死並不意味着德國人民投降，而是意味着德國人民跟着故總統的道路，進行自己神聖的義務。

日駐意大使失蹤
伯納杜特簡略

【中央社渝三日電】據東京二日廣播，情報局發言人井口本日會見記者時宣稱，駐意大使日高信六郎日前前往米蘭那西北，加達湖沿岸之加達城避難，即無信息，同時駐漢堡總理事黑田之消息亦已斷絕，柏林漢堡之日本僑民共五千零卅人，相信大部已撤至德國南部。

【中央社倫敦卅日專電】希姆萊使者之伯納杜特伯爵，爲瑞典紅十字會會長，瑞典國王古斯塔夫五世之姪。他現年五十歲，一九二八年與美國石綿大王之女結婚，生有二子，一九二四年傳說拉脫維亞、愛沙尼亞及立陶宛將合未來（這將永遠是我們所最關心的）的話，我們將能幫助達到這點，願上帝保佑德國」。

關於希魔之死

【中央社遼三日電】據美新聞處華盛頓二日電，杜魯門總統本日招待記者會稱：據自權威方面獲息，此時希特勒確已逝世。總統未說明該權威究何所指，但說此納粹領袖已死×此乃預料。前者可獲得此項（缺十）白宮方面對納粹領袖已逝世之第一次官方言論。記者詢問繼統希特勒究如何去逝，總統答稱現尚未悉，但稱希特勒已死彼甚欣慰。

【同盟社東京三日電】傳聞希特勒總統已逝世，並據報鄧尼茲提督於總統臨終前，由總統親自任命其爲第二任總統。但我外務當局，迄今尚未接獲駐節機關的任何官方電報，現在德國國內的戰局已呈混戰狀態，日德間的通訊連絡困難，經由中立國方面發官方電報，在目前的情勢下，也是無可奈何的現象，但通過中立國關係的方法仍舊存在，因此，預料經若干時間後，官方電報當可到達。

【路透社盟國遠征軍總部二日電】艾森豪威爾元帥今日發表聲明稱：希特勒的死之消息「適與希姆萊及西倫堡所稱各節完全矛盾」。伯納杜特伯爵曾於四月廿四日一時在盧卓格與希姆萊及西倫堡將軍會面，在此會面中，希姆萊稱德國休矣。並告伯納杜特伯爵稱，希特勒已病重甚或已死，無論如何已難拖延兩日，希倫堡則謂希特勒正患腦出血症。又公報稱，鄧尼茲擬向西方盟國及蘇聯間分化之企圖必完全無效。

【路透社倫敦二日電】今日德國公報中有希特勒最近的消息，該公報說：「在柏林中心英勇的守軍圍繞着元首，聚集在非常狹小的地方，英勇的進行保衛戰。伯納杜特伯爵（衆信他是與希姆萊進行投降談判的中間人）今夜在斯托哥爾姆接見記者說：『我相信希特勒仍在柏林，但不知他是活着，還是死了」。

據說希姆萊（衆信他自去年七月企圖謀害希特勒的性命之後，完全掌握德國的大權）對伯納杜特說，希特勒因腦沖血死去。德國最高統帥部發言人第特瑪中將於星期三在馬格登堡投降時對俘虜他的人說希特勒拒絕離開柏林，他或許會死在柏林。

【路透社倫敦二日電】關於希特勒的死，在一九三九年九月一日這個歷史

併爲一波羅的海王國時，伯納杜特伯爵等最受歡迎之王國位候選人。伯爵預計將於明晨自德返瑞典，他於回國前雖有電訊報告，但迄今×官方發表希姆萊之答覆尚未到達倫敦。

【路透社卡塞大皇宮二日電】德軍的投降將使盟軍能不受阻礙地前進至距貝茲加登十里之處。投降條件在數日秘密談判後，於盟國軍官若干人（包括蘇方軍官在內）及盟國報界與廣播代表六人的面前簽字。

敵政治會代議大會

【同盟社東京三日電】大日本政治會於三日下午在本部舉行代議大會，南次郎總裁以下所屬的代議士三百餘名出席會議。於總裁致詞後，繼續協議黨的實踐活動方針、組織地方支部問題等後，即告散會。南次郎總裁致詞稱：當敵人進迫內線的要衝——沖繩島時，歐洲的盟邦德國遭到危機，或且要將其命運使敵人支配這樣嚴重的階段。今後我們必須以美英兩國的全部力量爲對象，進行孤軍奮鬥，德國今日的事態實是非常遺憾，但是我國戰力幾乎不受影響。在今天這樣的場合，不論我們遭到什麼事情，都要斷然戰鬥到底，大日本政治會議是爲了勝利的政黨，戰勝的唯一途徑就是一億人民的總力直接與戰場結合以及將國家的總力化爲戰力，這就是本會的唯一使命。本會成立後僅一星期就發生政變，四月五日鈴木海軍大將拜受大命，本會派了岡田、櫻井兩君，援助組成內閣。這件事情並不是說大日本政治會就是政府所謂的與黨、只是幫助推行勝利的政治。爲了勝利，只要有必要時，不論任何場合都督勵政府。四月十三日與鈴木首相、安信內相會談時，政府明白說了下列三點：（一）關於政治結社，則尊重大日本政治會的立場，與其親密提攜。（二）允許政治會設置其支部。（三）很好的予以指導，使國民義勇隊能與政治會密切聯系。這樣本會能夠確定其基礎。其次說到本會當前的重要事情：（一）努力使全國人民都迅速的成爲同志，因之要擴大本會並迅速成立支部的組織。（二）樹立必勝的政策：要事前樹立可以實行的具體政策。（三）指導要在民衆中間與民衆一起行動。多數的代議士應親身多做實踐的行動。（四）政府於最近組織國民義勇隊，與本會保持密切聯系，我們要更進一步參加義勇隊，親身參加『國民突擊』的戰鬥。

參攷消息

（只供參考）

第八一七一號

解放日報 新華社 編

今日出一大張

卅四年五月七日 星期一

國民黨六全代會

蔣介石開會詞全文

【中央社渝五日電】蔣總裁於五日晨在六全代會致開會詞，原文如下：

第六次全國代表大會開會詞。各位代表同志！今天我們舉行本黨第六次全國代表大會，各地同志在此軍事緊張交通困難的時候，齊集戰時首都，研討黨國大計，應該針對當前抗戰的需要，確定今後建國的方針，為本黨負荷新的責任，為國家開闢新的機運。我們這一次代表大會，距離第五次全國代表大會已有十年，距離在武昌舉行的臨時全國代表大會，也已經七年。這七年中間，我們中國由單獨對日抗戰，進而與愛好和平各盟邦對軸心德日共同作戰，奠定了第二期國民革命勝利的基礎。第二期國民革命最大的任務，就是要實現總理遺囑所付託於各同志的取消不平等條約的遺志，這一個遺志已於兩年之前實現了。同時全國同胞對於國家的責任，必亦隨着抗戰進展而普遍的增強。三民主義已成為舉國擁護的國策，因之實施憲政有提前的必要。我們這一次開會，正在抗戰勝利在望與建國大業開始之交，也正在我們已與各友邦成立了平等新約而共同致力於建立正義和平與國際安全機構之時。我們本黨革命之責任無論為國家為世界，到今天又是進入了一個新的階段。我們這一次代表大會，真是中華民族五千年歷史上劃時代的大會。我們要創造新中國，以奠富強康樂的宏基。要建立新世界，以謀全體人類的福祉。這一次大會的使命是特別重大，而責任也特別艱鉅。各位代表同志要認識新的革命環境，為國家為民族為世界人類要負起空前無比的新責任。

我首先要提示大會諸同志的，就是我們必須回憶本黨奮鬥的歷史，愛護本黨革命的歷史，惟有能愛護過去奮鬥的歷史，才能夠視黨如家庭，愛黨若生……惡戰苦鬥。同時我們的抗戰不僅在排除建國的障礙，更要於抗戰之中努力建國，使抗戰勝利與建國完成畢其全功於一役。我們必須將心理建設、倫理建設以及政治建設，在戰時確立其基礎與規模，而務我們在戰爭結束之後，對內纔可以加速完成我們國家整個的建設，減少飽受戰爭犧牲的人民之痛苦。對外纔能夠與並肩作戰的反侵略盟邦，共同負起維護正義和與國際安全的責任。我們的使命是無比的艱鉅，我們的任務是空前的沉重，這個使命和任務，要全國四萬萬五千萬同胞同心同德來担當，更要我們身為總理信徒負責革命建國的本黨，能夠鞠躬盡瘁，率先奮鬥，不惜犧牲，以貫澈我們革命的天職。因此我認為這次大會，除了檢討過去工作以外，所應該集中注意的無過於下面的三點：

（一）加強戰鬥力量，爭取抗戰最後勝利。我們這次抗戰，歷時八年，前綫將士的犧牲，根據最近統計，已在三百一十萬人以上，各地民衆為敵人所殘害，本黨同志因抗敵而死亡者，更不勝數。經過如此慘重的犧牲，奠定了我們最後勝利的基礎。現在對日決戰機運已熟，在納粹禍首已經消滅，歐洲戰爭將結束的今日，反侵略的主要戰場，即將移至東亞，日寇窮途末路，惟有在中國大陸上拚死掙扎，妄想延緩其崩潰，今後我們的抗戰，就是要突破最後勝利以前最大的危險和最後的艱難，完成我們九仞一簣的工作。自從臨時代表大會以來，我們即提出「軍事第一、勝利第一」的口號，我們到了今日，更要知道「萬事皆以適乎作戰要求為第一」，尤其是決戰的今日，最後勝利繫於最後五分鐘，如果懈此須臾，不但前功盡棄，八年苦鬥等於虛擲，已死軍民不能瞑目，我們中國的前途，固然不堪設想，而世世子孫，也將陷於奴隸牛馬而萬劫不復了。所以我們代表大會，必須確認今天真是革命成敗，國族存亡，革命斷續的唯一關鍵，如何加強戰鬥力量，如何改革以往缺點，使前方後方部隊人民的力量聯結得更緊密，使戰鬥和生產配合得更有效，使政治與軍事呼應得更靈活，都是我們這次大會同志所應該根據以往經驗，積極研討策劃的主題。我們代表同志更須知道革命黨冒死犯難，為民先鋒的精神，在此爭取最後勝利的時機，更須堅強勇敢的發揮出來，才能無愧於總理和先烈，無虧於革命的天職。我們必須策厲我們的黨員，以視死如歸的決心，效命陣前，馳驅敵後，向最危險方面勇猛邁進，踏破一切艱難，掃除最後障礙，以完成我們最重大的使命。

（二）確定實施憲政，完成革命建國大業。我在去年國民參政會開會時，命，才能够使本黨充實發揚，負起新的革命使命。本黨五十年來的歷史，是革命先烈用熱血寫成的光榮史，也是歷盡險阻艱難而百折不磨的奮鬥史。本黨在民國成立以前，經十次失敗而始有辛亥革命的成功。

及至民國成立，迄今卅四年，內憂外患，迄無寧息，革命事業屢遭頓挫，只有革命的破壞，不見革命的建設，我們只要看總理在孫文學說自序中所言之痛切，就可以明瞭當時革命事業所受的頓挫與革命領導者身受的痛苦，這都是因爲民國成立之始，一般國民的識見，追隨不上總理遠大的目光，甚至本黨黨員也不能全體一致，眞誠服從總理的命令。至於總理逝世以後，這二十年中間的艱險阻困，厄難挫折，內憂外患，更是在座同志所親歷而深知的，不待詳說。但是本黨革命歷史有一個特點，就是每經一次挫折，必進一度進展；每遭一次破壞，必有一次進步與成功。這就是總理所說『世間萬事惟堅忍乃能成巧』，也就是總理所說『最艱危困苦的時代即爲吾人當努力進取的時代。只須有少數人毅力不屈奮勇向前，不久必有光明的到來。』我們本黨五十年來的革命史，實在是一部含詬飲痛，遭誣受謗的傷心史。而我們革命的進展，却就是從這種層層艱難險阻之中，衝破黑暗，力排萬難以獲得步步的成功。其間志士仁人的殫精竭慮，革命先烈的舍生取義，碧血丹心，前仆後繼，都是我們後起同志所應該羨慕效法的典型，也是我們求達成功之路所當借鏡最寶貴的垂範。我們現在的革命環境，當然遠勝於總理在世之時，然而今後建國事業責任的艱鉅，必將遠過於五十年來革命的任何時期。何況當此敵寇未殲，河山未復，民困未蘇的時候，更不能不戒愼警惕，奮發黽勉。我們同志要達成任務，貫澈始終，必須深切愛護本黨悠久光輝的歷史，篤信主義，洞識事勢，砥礪志節，突破艱難，以盡我們繼往開來的責任，完成總理與先烈未竟的事功。

我們總理組黨革命的目的，是要救國救民並且救世界。總理創制三民主義，倡導國民革命，復興中華，建立民國，其目的在求中國的自由平等，使中國成爲獨立强盛的國家，與世界各國並駕齊驅，共謀人羣進化與世界大同。在總理的遺教中，屢次提及中國如不能進步，則世界就沒有安寧的道理。我們總理更認爲『舉國之內，一物不得其所，就是我們革命的責任未盡』；『民國一天沒有建設成功，我們就要奮鬥一天』。現在我們對日抗戰已滿八年，最後勝利基礎雖已確立，但是要達成殲除敵寇的目的，收得最後勝利的成果，還需要發揚比以往八年更旺盛更熾烈的犧牲精神，經過最危險最艱難的以及今年元旦對全國的廣播，兩次說明我們結束訓政，實施憲政的決心。三月一日，我對憲政實施協進會致詞，更具體表示要在本年十一月十二日總理八十誕辰召集國民大會，以實現憲政，一俟代表大會通過，即可正式決定。我今天特向大會陳述，希望代表諸君對我這一主張正式予以接受。各位同志要知道，臨時全國代表大會付予我們以抗戰建國的兩重責任，我們如不能頒佈憲法，實行憲政，則建國就無基礎。如果不能召集國民大會，則本黨在民國廿年受國民會議委託行使之政權，即無從正式歸還於全國的國民。所以召集國民大會的日期，必須及早確定，且必須使之如期集會，不可展緩，即使遇到任何困難或阻力，本黨亦應毅然決然執行我們革命建國的使命，力排艱難，促其實現。我們國民革命，一貫以實行五權憲法的民主憲政爲目標，憲政一天沒有實施，便是總理的遺志一天沒有完成，也就是本黨一天沒有貫澈革命的主張。我們這十餘年來，受了日寇侵略的阻撓，以致地方自治與民權訓練的工作，沒有依照建國大綱的程序而完成。抗戰八年以來，我們同胞在流離顚沛之中，更是不遑寧處，這都是不必否認的事實，然而本黨還政於民的初衷，從不因戰事激烈而片刻忘懷。

從民國廿年國民會議以後，一切措施以及迭次決議迭次宣示，無不是迫切所求早日實施憲政，歸政於民，愈速愈好，紀錄具在，可以覆按，此心此志，可矢天日，徒以障礙重重，而國事不容兒戲，大願未償，目的未達，一般不察，竟至感於××以貫澈革命的本黨爲不革命，以切求民主的本黨爲不民主，而實際妨礙總理建國程序者，反得以民主先驅自居，眞僞倒置，黑白不分。我們爲國負責，自始不避勞怨，國內有識之士，自能洞察事實。我們深信今日大多數人士之要求憲政，多出於謀國純潔的至誠，且符合本黨革命的初衷，更足徵國人關心國事的迫切。爲了鼓舞全國國民共同對國事負責的熱誠，爲了確立國家的百年大計，我們覺得在總理倡導國民革命已滿五十年的今年，有提早實施憲政的必要。我們明知一般人民對於民權主義憲政所需的條件，還沒有完備，也惟有從實施憲政的實際工作進行中，鍛鍊人民行使四權的能力，提高其對於政治的認識，養成其履行國民義務的習慣，只要社會賢達各界領袖都能爲國爲民負起指導扶持的責任，我們相信中國憲政的進行與人民政治能力的提高，必能事半而功倍。本黨遵奉總理遺教，在訓政時期對於保育民國的一片耿耿精誠，在還政於民之後決不是棄置而不顧。本黨已往所以忍辱負重爲國民盡忠，爲國家負責者，原所以防止野心家假借民主名義，俾務民權，俾利私圖，陷國家於紊亂無主的狀態，所以我們同志一方面應該自覺本黨既創造民國於先，必須盡保障民國的天職，而策國家久遠的安全。同時更必須喚起一般同胞，且不可輕忽放棄其對國家的責任和義務，以毀滅我們總理與革命先烈辛苦締造民國的基礎。總之，我們實施憲政，還政於民，乃是執行我們一貫的政策，令本黨負責建國的苦心大白於天下，決不是輕易諉卸我們應負的責任。換言之，在實施憲政以後，本黨的責任不但不因之減輕，而無寧更爲加重，所不同者，只是從今以後本黨不居於訓政地位，而要盡扶翼的義務。這是我們大會同志所必須認識的。

（三）增進人民生活，貫徹革命終極目標。總理創制的三民主義，本是一體而不可分，從目的與對象來說，則是民族主義，爲求得國際的平等；民權主義爲求得政治的平等；民生主義爲求得經濟的平等。這個偉大精誠的三民主義，是我們中國革命抗戰力量的源泉，也符合這一次大戰中反侵略盟邦作戰的理想和目標。所以我們黨員以及國民最大的責任，無過於實行三民主義。我們從總理，遺教中來研究三民主義的本末先後，可以發現兩點：其一是民族主義爲革命建國的基本起點，如果民族生存失其保障，則民權與民生就無所寄託，所以總理三民主義的演講，以民族主義爲先。其二是民生主義爲革命建國的終極目標。這就是說民族主義和民權主義都所以保障和促進民生主義的實施，所以總理的建國大綱明白揭示『建設之首要在民生，其次爲民權，其次爲民族』。我們抗戰八年，民族地位已經提高，但是民權主義和民生主義如不能完全實現，便是我們民族主義的目的沒有貫徹。我們今後必須使民權主義與民生主義同時並進，才可以完成建國的大業，尤其是我們要明瞭我們國家革命的目的，在謀全體人民的益利，所以我們在決定實施憲政之同時，必須澈底實行民生主義，增進全體人民的生活。我們要防制資本壟斷的發生，要消除階級鬥爭的原因，要確立社會普遍的安全，要提高國民的生活水準和文化水準，要全體同胞都能滿足其生活。一方面必須厲行平均地權，節制資本的政策，消滅一切兼併剝削的現象；同時又必須遵照總理實業計劃，進行我們的物質建設與經濟建設，務使此種建設在戰時能確立其基礎，在戰後乃可加速推進。而此種經濟建設所得的結果，應使其爲全體人民所享有，以符合民生主義的本旨。這一點意義十分重要。我們要知道人民所眞正需要的是實際上能滿足其生活的要求，而不是任何空洞的理論與口號。我們要知道戰爭進行之時，尤其是戰後復興之際，一切破壞均待重建，正是我命的發展，任何誹謗不能影響我們工作的進行。抗戰勝利與建國成功，必能因我們的努力奮鬥而完成。

大會同志們，在我們代表大會舉行的期間，全世界愛好和平反抗侵略的國家，正在太平洋彼岸舉行締造國際安全機構的會議，人類歷史從此將開闢一新紀元，正如我們中國革命歷史將開闢一光明燦爛的新頁。舊金山會議是改造世界、創造人類福祉的會議，而我們代表大會是要完成五十年革命功業，創造我們中華民國無限光明的會議。總理有言『所謂革命成功，非一人一黨的成功，乃中華民國由阽危而鞏固而發揚光大之謂』。我們必須記取這一段寶貴的垂訓，我們一定要以嚴正坦白的自省，來改進本黨，健全本黨，貫澈我們革命救國的方針。更必須以博大的胸襟，誠摯的精神，光明磊落的態度，感應我全國熱誠愛國的同胞，集中我們求進步求向上的一切力量，共同奮鬥，以竟我們抗戰建國的全功，必如此，然後我們才對得起我們總理和革命先烈，與抗戰中殉國軍民、死難同志的英靈，纔能無忝於本黨一貫相承的歷史，纔不能負國內外對於本黨殷切的期望。謹祝大會的成功。

【中央社渝五日電】中國國民黨第六次全國代表大會開幕典禮暨革命政府成立紀念會，於五日上午九時在復興關青年幹部學校隆重舉行。蔣總裁主席，領導行禮後，即席致詞，指示大會使命及應注意研討之點，全詞歷三十五分鐘始畢，全場熱烈鼓掌達六分鐘。禮成休息三十分鐘後，舉行預備會議，仍由蔣總裁主席，到中央委員暨代表吳敬恆、居正、于右任、戴傳賢、孫科、張繼、鄒魯等六七三人。通過一、大會議事規則；二、中央執行委員會提請追任派吳鐵城同志爲大會祕書長，狄膺同志爲副祕書長；三、中央候補執監委員改爲出席大會。按依照大會組織法規定，中央候補執監委員得列席，惟本屆中央候補執監委員膺選已閱十年，對黨均多貢獻，當經全體決議一律改爲出席；四、推選居正、于右任、戴傳賢、孫宋慶齡、孫科、馮玉祥、鄒魯、陳果夫、張繼、邵力子、王世杰、李宗仁、陳誠、張厲生、潘公展、張治中、黃季陸、麥斯武德、迪魯瓦、土丹參烈、梅友卓、林慶年、周炳琳、向傳義、王宗山、馮友蘭、齊世英、李錫恩、范予遂、劉瑤章、劉冠儒、馬元放、吳紹澍、張邦翰、陳劍如、張炯等三六同志組織主席團；五、組織提案審查委員會，分黨務、政治、經濟、教育、軍事、外交等六組。另設綱章審議委員會，其委員名額及人選均由主席團提請大會決定；六、決定大會會期十天；七、提案截止日期定爲七日下午十二時。十一時卅分散會，主席團們徹底實行民生主義最良好的機會。我們要安慰抗戰犧牲的先烈和痛苦的同胞，爲完成總理建國的大業。這次大會更不可不着重於此點。

我們代表大會，所要檢討而研究的，當然有很多的事項，但上面所舉的三點，實在是本黨今日最主要的任務，大會各同志必須覺悟。但過去五十年來，我們中國的安危興替，與本黨的不可分離的關係，今後我們要完成國民革命的偉業，要感召全國的志士仁人，共策國家的長治久安，本黨所負的使命更十百倍於往時。我們首先必須建全本黨，充實本黨，檢討本黨的得失，改正本黨的弱點，使本黨有繼起新生的力量，有整齊嚴肅的紀律，有艱苦卓絕的節操，有奮厲無前的勇氣，才能够繼承總理和先烈的遺志，完成我們抗戰建國的責任。爲達此目的，我以爲最根本的一點，還在於發揚我們一貫的革命精神。

我們革命黨的精神，就是大公和無畏。所謂大公，就是革命者心目中只有國家安危，民生疾苦，以一片至誠惻怛之心担當救國救民的重任。我們同志更須明白，我們是立志犧牲救國的革命黨，我們以國家民族利益爲前提，並無一黨一派的利益，只要有利於國家，一定有利於本黨；所以全黨同志應該以本黨的熱情毅力，進而團結全國愛國志士與社會賢俊，在一個目標之下，爲國家芟除荆棘，開拓光明。所謂無畏，就是不怕危險，不避困難，不避勞怨，不因一時的挫折而灰心，不以意外的毀謗而易志，我們的主義正確，目標遠大，只要全黨同志都有堅强自信，我們的任務必可以圓滿達成。我們同志必須自信本黨一定能復興中國，自信一定能對國家對革命盡最大的責任。必須知道三民主義是最偉大的力量，也是我們革命最尖銳的武器，我們秉此武器，向前奮鬥，必信必忠，力行不懈，則任何敵人沒有不可克服的道理。因此我們更要堅定『三民主義戰勝一切』的信心。這八年以來，日寇竭盡全力要消滅我們中國，尤其是要消滅我們本黨，然而我們今天仍然是挺立不撼，並且已經奠立了最後勝利的基礎，這就三民主義靡堅勿摧的明證。今天各位同志所必須警惕的，就是我們勝利愈接近，今後的險阻必愈紛至叠來，我們必須要有極大的信心與耐心，發揮我們總理垂訓的大無畏精神，在任何危疑震撼的環境之中，堅忍奮鬥，不撼不搖，遵循我們主義與政綱所指示的坦途而邁進。我們更須知道革命事業是史無前例的事業，我所憑藉者就在我們眞誠純潔犧牲奮鬥的精神，只要我們發揚這個一貫的精神，以個人數十年必死的生命，爲國家創造億萬年不朽的基業，則任何力量不能够阻礙我們革

旋即開會，決定議事日程等事宜。

——中央社渝六日電——六全代會主席團，於六日上午九時在中央黨部舉行第二次會議，居正主席，討論主席團分組事宜，提案審查委員會、綱章審議委員會、宣言起草委員會名單及七日大會議事日程。聞主席團將分四組於將總裁不出席大會時，輪流主持大會。又各委員會名單亦經決定，將提七日第一次全體大會通過。大會七日上午九時舉行紀念週，十時召開第一次大會，全體將首向抗戰陣亡將士、殉國同志、死難人民及盟邦陣亡將士、死難人民默念，隨後聽取代表資格審查委員會報告，通過各委員會名單，並聽取黨務（吳祕書長鐵城）、政治（吳文官長鼎昌）、軍事（程代總長潛）報告，下午舉行第二次大會，繼續第一次大會未竟議程。大會祕書處已收提案共七十六件，將由主席團按照性質分交各組審查委員會。

合衆社報導六代情形

——合衆社重慶四日電——在國民黨（該黨統治並領導中國中央政府）六次代表大會明天開幕的前夜，業已形成了强有力的集團，以反對以陳氏兄弟——陳立夫、陳果夫爲首的統治的反對勢力，這顯示着一個激烈的鬥爭，以實行委員長所允諾的、走向自由主義的綱領。佈置對CC集團鬥爭的，爲中國若干較年輕較民主的國民黨員：陸長陳誠，國民黨中央執委會祕書長吳鐵城，委員長之子蔣經國，黃埔系，朱家驊及其他小集團。他們在中央執行會八百選票當中約控制三百五十票。陳氏兄弟控制幾乎同樣的票數。剩餘的、未決定屬於何方的一百票，將左右全局。該大會料將討論下列重大問題：（一）通過履行委員長關於十一月十二日召開國民大會之諾言的決議。（二）爲建立更大統一，可能經由建立若干國家機構以更多地承認中國五個種族（漢滿蒙回藏）的利益。（三）依照孫中山的原則，改善中國民衆的生活。（四）改善中國的外交關係，尤其是和蘇聯的關係。（五）關於中央政府與共產黨的關係，其目的在於尋找合作的基礎，或建立確定的政策。（六）訓令民衆於允許的國民大會以後運用民主程序，建立憲政政府。（七）將刻由黨控制的如像青年訓練團，宣傳部諸組織歸屬政府。這次會議是十年來國民黨的第一次代表大會，委員長正指示其採取步驟，以消除國內外批評國民黨統治下的中國爲『官僚主義』的源泉。參政會已定七月七日開會，這次會議將是此組織之最後一次會議。憲政政府建立後此組織即將取消（此二字電文不明）。

參考消息

（只供參考）

第八二七號

解放日報 新華社 編

今日出一大張

卅四年五月八日 星期二

【同盟社上海八日電】據到達此間的情報：延安舉行第七次全國代表大會。大會主席為毛澤東、朱德、劉少奇、周恩來、彭德懷等。出席大會的代表五百四十四名，候補代表二百零八名。毛澤東做政治報告，朱德做軍事報告，並改選中央委員會。毛澤東在會上發表的演說中關於國內問題，則強調設立聯合政府及聯合統帥部，申斥重慶國民黨為獨裁者。關於國際問題，做出結論說解決東亞問題，如無蘇聯參加就不能成功，這是值得注目的。

六全大會七日情形

【中央社渝七日電】六全大會七日上午九時舉行總理紀念週，總裁主席，行禮後，總裁致詞，大意謂，此次到會各代表，在莊嚴的總理紀念週中恭讀總理遺囑，應該痛切檢討反省，無論在工作上、行動上、言論上，特別應該痛切改正，務以總理之心為心，總理之志為志，尤應時時想念前方將士浴血抗戰，同胞顛沛流離之痛苦。最後指示各同志親愛精誠，加強黨的組織，培養人才，加強黨的力量。詞畢，領導宣讀黨員守則，禮成，休息十五分鐘，隨即舉行第一次會議，仍由總裁主席，首先為抗戰陣亡將士殉職殉難同志及死難人民暨盟邦陣亡將士及死難人民默念，第二報告事項：（一）宣讀預備會議紀錄；（二）祕書處報告文件；（三）代表資格審查委員會報告；（四）主席團提出各委員會委員名單，請公決：一、提案審查委員會黨務組、政治組、經濟組、教育組、軍事組、外交組委員名單；二、宣言起草委員會委員名單；（五）黨務報告祕書長鐵城報告；（六）政治報告吳文官長鼎昌報告；（七）軍事報告程代參謀總長潛報告。

【中央社渝七日電】六全代會七日下午三時舉行第二次大會，到會中央委

繼續。假如沒有國民黨，尚不知四海之內，幾人稱帝，幾人稱王，我們更無所用其假定者，沒有國民革命，必沒有全面抗戰，即令有了抗戰，也不知何時夭折，也不知何時變質。不是中國最高統帥蔣委員長及其所領導的中國國民黨堅決拒絕日德意共同防共協定，堅決站在世界反侵略壁壘內的最尖端，則納粹法西斯與日本軍閥互相勾結，以激起的浩蕩的禍水，必已淹沒東亞大陸而整個世界亦成為不可收拾的局面。

五十年革命的歷史，八年抗戰的記錄證明（缺五字）的事實，自從有了中國國民黨，國民革命的力量，才為之集中。自從有了中國國民黨，國民革命的方針才得以貫徹，自從有了中國國民黨，對日抗戰乃成為歷史的定命。五十年中國革命勢力與五十年日本侵略勢力，必然作血肉相搏××××××××自從有了中國國民黨，抗戰國策才能在世界黑暗陰霾激動震盪的驚濤駭浪之中，貫徹到底，打出了東亞大陸一道充滿了光明的大路，五十年革命歷史××抗戰紀錄，都×××××中國國民黨與（缺八字）的建設，比革命的破壞更是艱難。抗戰的結束比抗戰的進×更是危險。六全代會恰在這黑暗與光明相映，×××與希望交織的緊急關頭開會。在憲政完成的一點上，擺在大會面前的辛亥革命，民國初年的閱歷，革命的建設沒有成就，則革命的破壞即失敗於垂成。在「勝利的一點上，我們亦應深具戒慎警惕之念，三復「如臨深淵、如履薄冰」之教訓，我們要爭取勝利，我們要收穫勝利的果實，我們要使國家民族要獲得勝利的×樂，我們要使全體民眾享受勝利的利益。假如抗戰勝利而戰果萎縮，假如抗戰勝利而邦國殄瘁，假如抗戰勝利而人民生活不能安定繁榮，甚至於民生安全繁榮所必需的條件之和平秩序亦且無由建立和確保，則八年抗戰的犧牲無代價，而五十年革命的努力為徒勞，××這一時代的這一輩黨中同志如能×念如此，必能格外謹慎，十分警惕，而黨中同志所訂命而聽命之全代會議，必能以謹慎警惕×××接革命的歷史，檢討內外的形勢，指出國家的前途，把握民族的生機，團結全黨同志於總裁的周圍，集合全國志士仁人為中國存亡、世界安危而效命。凡此一切，都取決於全代會議的精神氣魄及其所凝結×××的宣言綱領和決議案，所取決於全代會議之後，新中×革命作風。我們相信六全代會出席代表諸同志，無不自覺五千年民族命脈和五十年革命歷史以及八年抗戰大業的萬鈞負荷壓在諸肩，亦惟有抱如此莊嚴的責任，心懷如此深切的義務感，才能担當大會艱

員及代表五一四人，仍由蔣總裁主席，聽取吳文官長鼎昌政治報告及程仲參謀總長潛軍事報告，六時半散會。晚七時半舉行同樂會，又明日上午舉行第三次大會，繼續聽取軍事報告及黨務質問。

【同盟社上海五日電】據重慶來電，國民黨第六次全國代表大會，於五日在重慶開會，這次大會的主要議題爲：（一）檢討憲法草案。（二）修訂國民憲章。（三）改善中蘇外交關係。（四）渝、延關係的再檢討。（五）立憲政府樹立後民主政治的運營，以及隨之而來的民衆啓蒙。蔣介石在開會辭中正式提議，這次大會，將採納他準備召集國民大會的提案，以在今年十一月十二日實施憲政爲目的。

中央社專論 六全大會開幕獻詞

中國國民黨第六次全國代表大會今日開會於戰時首都。今日的時代，是世界歷史與中國歷史上空前偉大的時代，一方面由於歐洲東西兩三綫盟軍着着勝利，納粹德國已告崩潰；同時日寇的基本防綫，寸寸被×，陸海兩面處處受攻，而世界反侵略的主要戰力，正在轉向東方，對此孤立無援的困獸，痛予最後決定的一擊。舊金山聯合國大會正在開會，世界安全憲章重要的問題，即將一一解決，國際和平機構當可在西太平洋東亞大陸最後決勝之一戰以前宣告成立。今日的世界，正在從勝利的前夕達到勝利的早晨。今年元旦蔣主席已宣布軍事形勢一經穩定，不待戰爭結束即召集國民大會，貫徹本黨還政於民的方針。三月一日蔣主席復提出今年十一月十二日，召開國民大會的主張。根本辦法將取決於今日開始的全代會議。今日的中國，正努力使抗戰勝利與憲政完成畢其全功於一役。中國國民黨第六次全國代表大會在世界與中國的形勢兩皆急轉直下的今日開始會議，意義眞是萬分莊嚴，使命眞是萬分重大。

國父組織革命至今已滿五十年。這五十年是我們中國有史以來危機最深而希望也最大的時期。論中國的危機，外則先有列强瓜分運動，後有日寇征服的狂圖；內則先有滿清的統治，繼有洪憲的××，而後有復辟的陰謀，軍閥的混戰，相率以民族爲兒戲，以國家爲××，××實分裂惟恐不及。舉凡中國史上宋末明末之悲劇，世界上亡國滅種之×行，無不或以××或以變相而扮演於中國之舞台。此五十年間，國家時時可亡？民族時時可滅？其所以不至於此者，則出於一縷光明的希望寄託於國父艱難締造，全國仁人志士血汗鑄成之興中會、同盟會、中華革命黨一脈貫通之中國國民黨負起了『危以求安、亡以圖存』的奮發。假如沒有國民黨，也許滿清尚未推翻，北洋軍閥尚在

鉅無比的××，本報同人即以此一信念謹祝大會成功。

中央社各次全代會資料

中國國民黨第六次全國代表大會定明日（五日）開幕，茲將歷屆全會開會決定誌次：一全代會於十三年一月在廣州舉行，係爲黨的改組而召集。二全代會爲總理逝世後北伐前的大會，十五年一月在廣州舉行。三全代會於十八年三月在南京召集，爲首都南京後亦即清黨後的首次全會，訓政綱領即在本屆會議通過。四全代會於廿一年十一月在京召集，適值九一八事變後，大會決議準備以實力收復東三省。五全代會於廿四年十一月在京舉行，通過召集國民大會與宣佈憲法草案。廿七年四月在武漢召集臨時全國代表大會，修改黨章，確定總裁制，選舉蔣委員長爲總裁，通過建國綱領，組織國民參政會等重要議決案。六全代會於五全代會相隔十年，即與臨全代會亦相隔七年之久。

歷屆中委統計：一屆執委廿四，候補十七，監委五，候補五，共卅一人。二屆執委卅六，候補廿四，監委十二，候補八，共八十人。三屆與二屆同，亦八十人。四屆執委七十二，候補六十，監委廿四，候補廿二，共一七八人。五屆執委一二〇，候補六〇，監委五〇，候補三〇，共二六〇人。本屆全代會所擬討論的問題。預定爲黨章、黨政改進國民大會等重要問題。

東鄉不滿德寇投降

【同盟社東京六日電】東鄉外長於六日上午十一時，在外相官邸與新聞記者會見，一記者問：希姆萊德國國內軍司令官向英美和平，鄧尼茲元帥之表示對蘇繼續作戰等，是否影響我帝國的對德外交政策？對此東鄉外長就歐洲新形勢發表下列見解：所謂德國僅對蘇作戰，而與美英進行和平，以及帝國與蘇聯處於中立關係，而與美英作戰，因而戰爭目的是根本不同的。而且對於日德意三國間的不單獨媾和協定，是一非常遺憾的事情，當事態已經很清楚的時候，帝國對於三國協定，及日德兩國間的各種政治條約，將站在新的觀點，保留行動的自由。

路透社稱日寇抗議德國投降 是企圖向蘇聯伸出和平觸角

【路透社倫敦六日電】路透社記者金姆區報導：日外相東鄉今日對德國政府對日、德、意三國公約的『公然違背』發表强硬抗議一節，此間認爲可能是企圖走蘇聯之路的第一次的謹愼和平觸角。不然的話，這一種有意義的行動是沒有理由的，而東鄉所謂『出賣』的暗示，此間也估計是以事先

經過好的藉口來與離日本的媾論，那時本已爲共盟邦所拋棄。東鄉的話與其說是對德國講的，還不如說是對盟國講的，尤其是對莫斯科，目的顯然是想依照希姆來向英美乞降的同樣辦法來分裂盟國。據指出，他強調說日本的目的在於與蘇聯保持和平，而只對英美作戰。在東鄉曾是三國公約簽字時的日本駐蘇大使，當時他曾盡一切力量向蘇聯保證，這個公約不是針對蘇聯的。但倫敦外交界人士認爲，由於英美現在已能將其充分注意力放在遠東戰爭上面，所以即使蘇聯繼續保持中立，也對東鄉沒有什麽好處，東鄉關於其他對德「政治協定」的陰謀的提示，此間認爲可能是指讓納粹領袖避難於日本或日本控制下之領土的協定。倫敦預料，這僅是日本的第一個行動。其他行動即將隨之而來，同時遠東戰爭將迅速緊張起來。

「路透社倫敦七日電」日本通訊社今日（星期一）稱：日本外相東鄉昨日對德國的投降提議提出抗議，因其破壞了三國公約，並說：「這絕不能解釋爲日本方面在進行和平問題的任何說明，像敵人善良願望的宣傳家們可能解釋的那樣。」繼稱：東鄉現在能在外交陣綫上享有行動的極端自由。通訊社稱：今日東京各報熱烈擁護東鄉的立場，『他們一致痛責德國領袖們對歐戰所持的立場』。

舊金山會議中
英美蘇分歧種種

「合衆社舊金山四日電」英美兩國代表國在聯合國國際組織會議中，關於擬議中修正五大國投票權及擬議中經濟社會理事會的意見分歧，仍在擴大中。但這些意見分歧已導至實際僵局階段以外。負責當局着重指出：關於這些意見分歧，尚在討論中，因爲關於未來修正條約美蘇間意見也是有分歧的。與這些發展同時發生但與這些發展無關係的是法國的回返到國際舞台，因四大國邀請它眞正成爲聯合國會議的召集國。雖然莫斯科也對波蘭流亡政府提出建議，但各主要國家對於波蘭問題，仍是意見分歧。惟關於委託制度問題，則已成立了試驗性協議。五大國對在安全理事會中的投票權不同要求，因英國的建議而緩和了。英美間第二個分歧意見，是關於英國的提議，即國際勞工組織在經濟社會理事會中，應居有特殊地位。美蘇兩國都不同意英國的這種動議。在新的國際組織大會以前及它成立以後，美國的建議是允許修正和平條約，俾使「世界上情況和平地改變，如是，世界就不致於××」，莫洛托夫對美國這個提議表示反對。據說，英國對於力圖求取妥協之道，但或有點偏向美國方面。

「中央社舊金山二日專電」美方對委託制問題的堅決態度，可以從美國出

利時代表羅林向關於一般規定之大組委員會之管轄範圍應予擴大，以處理國家之權利與義務，並爲人類之權利等問題，討論各國代表團所提出之若干是類建議。羅林又報告曰：彼發現頓巴敦橡樹計劃中關於會籍之問題如：（一）凡愛好和平之國家均得爲會員，（二）新會員入會手續，（三）關於暫停會籍及開除會籍之額外建議等，均×於大會之大組委員會××。因如××××關於大會之大組委員會主席爲非總理斯末次交換意見。羅林又稱：關於一般規定之大組委員會××舊金山會議之主席四人即中美英蘇四國代表團團長在烏克蘭代表團到達之前，其序言、宗旨及原則委員會主席一職指定他國暫代。斯末次代表關於大會之大組委員會提出報告稱：該大組委員會之會議已確定所屬四委員會之工作範圍，大組委員會開會時空氣至爲愉快。

「中央社舊金山三日電」司法組織大組委員會本日下午舉行首次會議。據該會主席委內瑞拉外長裴勒茲稱：未來安全理事會與國際法院之關係，×在解決國際糾紛時安全理事會是否應先於法院抑應與法院應於並行地位一事，刻已成司法組織大組委員會當前最大之問題。該大組委員會所屬之兩委員會將於明日舉行會議。裴氏又稱：該大組委員會所遭另一問題，乃國際法院是否應有強制管轄權，抑選舉管轄權。然裴氏對於此事頗表樂觀。在舊金山會議之前，聯合國法學家已在舊金山奠定基礎，且有海牙法庭之經驗可以利用。裴氏又稱：該大組委員會祕書一缺尚未指定人選。此一問題將由舊金山會議指導委員會決定。前此渠認爲阿根廷可獲當祕書之選，然據悉蘇聯反對甚力。大組委員會將在舊金山會議期間×定國際法院章程，並解決國際法上之各項問題。關於安全理事會之大組委員會本日亦舉行首次會議，討論組織上之問題，所屬四委員會將於明日開第一次會。

波蘭問題僵局
舊金山會議停頓

「美聯社舊金山五日電」參加過許多國際大會的新聞記者們，對於英美領袖宣佈其關切時所選擇的異乎尋常的態度，均甚爲驚訝。某些人認爲這完全是對蘇聯處理征服的歐洲領土的方法的一種完全的決然表示。斯退丁紐斯說：波蘭前總理魏托斯據稱亦在失踪者之列。當波蘭記者質問被捕波人是否是眞正民主領袖時，斯退丁紐斯答稱，他仍在等待完全的報告，但他知道，其中是有「民主」的領袖的。斯退丁紐斯同時稱，整個安全會議已陷於停頓，現在不僅在等待關於波蘭的覆電，而且在等待克里姆林宮對於審查國際條約及地區條約在憲章下的確切地位的態度。

席舊金山會議代表、國際委託委員會主席史塔生的論調見到一斑。史氏說：美國於擊敗日本後，必須繼續保有太平洋主要的戰略島嶼。他說：美國要求繼續統治那些以美人生命自日方換取而來的若干島嶼，自屬合理。史氏這一談話使棘手的國際委託制問題更見顯明。五强（法國在內）對此曾作初步商討，現在種種跡象，表示美國決心保有太平洋上各島。不論其原爲委任統治地或爲敵方領土。國際委託問題的初步研討，都沒有離開美方計劃的範疇。該計劃分國際委託地爲二類：一、置於擬議安全理事會下的具有戰略重要性的軍事基地；二、置於擬議中的聯合國大會下的非戰略基地。美方計劃可應用於三類領土，據傳這三類領土是在雅爾塔會議上劃分的：一、舊國聯委任統治地；二、自敵方取得的地區；三、根據協議置於國際委託之下的地區。英美對這一問題的觀點，目前有相當分歧，但官方發言人强調說：目前將不討論特權的地區，但又承認至少在考慮對各國有特殊權利地位之前可資推行之方案殊難草成。

【中央社舊金山四日專電】英聯合王國代表克蘭波恩爵士，本日標揭並解釋英國官方對於國際委託制之政策。渠指陳稱：英國政府反對對現有英國殖民地及委任統治地之任何片面國際委託制度。克蘭波恩爵士於本日記者招待會中稱：英美關於國際託治制度之觀點相同，但英國在處理此一問題之實際行動方面，則與美國有異。本日正式發表之英方計劃稱：除非獲有所屬國之同意，任何領土均不能置於國際委託制之下。

【路透社舊金山四日電】澳外長伊瓦特星期四在招待記者席上說：美國控制幾個北太平洋日本委任島嶼對太平洋各國的安全極關重要。伊瓦特以爲，目前統治的太平洋島嶼的將來爲和平會議所要討論的一個問題。他贊同由澳大利亞、新西蘭，荷蘭與美國集體管理赤道以南太平洋島嶼，使彼此能互用基地。

中央社報導
四大組委員會開始工作

【中央社舊金山三日專電】舊金山會議本日已進入其工作之眞正階段。四大組委員會各自開始舉行會議，討論工作程序，其後即逐步通過或修改頓巴敦橡樹計劃中一般規定大會安全理事會與司法組織之各章節，直至世界機構之最後草案可以提交全體大會討論爲止。關於一般規定及關於安全理事會之兩大組委員會職員及所屬各委員會主席，已於本日上午分別舉行會議。各由比利時代表及南非代表任主席。比

【美聯社舊金山五日電】爲蘇方逮捕現正靜待審判的波蘭「抵抗運動」「領袖」是五個不同政黨的黨員，其中有阿庫里基將軍。此間唯一證實的資料夫斯基，是倫敦波蘭流亡政府的代表，曾被提及可能容納於雅爾塔所討論的波蘭擴大政府中。另外一個經證明的是加辛斯基，被稱爲是担任政府職位的「基本」候選人。

【中央社舊金山五日專電】斯退丁紐斯今晨招待記者時稱：外傳蘇外長莫洛托夫已於昨夜離此說不確。蘇外長尚有數日留於此間。莫洛托夫曾被要求將被捕之波蘭政治領袖全部名單交出，並請其解釋蘇方逮捕之原因。莫洛托夫曾通知斯退丁紐斯與艾登謂：波蘭「民主領袖」三月間與蘇當局會商後之失蹤，乃爲被捕。因渠等對於紅軍犯有牽制活動之罪。此所謂「牽制活動」究何所指，斯退丁紐斯拒予解釋。

【路透社舊金山五日電】據權威方面消息：被捕的波蘭人物中包括有很多可能在依照雅爾塔協定改組波蘭政府中起其作用的人。據悉，這一羣波蘭人中有基督教勞工農民黨和國家民主黨的代表。其中尚有三個國內部長委員會的委員，他們曾在德國整個佔領期中於波蘭國內進行「抵抗」運動。這一羣人於三月底應代表朱可夫元帥的伊凡諾夫准上將之請，前往普魯斯科夫與蘇方代表談話。開始只有波蘭領袖三人前往普魯斯科夫，但在他不能回來後，其餘的人也跟着到普魯斯科夫。同時，倫敦收到消息稱：前波蘭總理魏托斯已被自其家中帶走（據悉，莫洛托夫宣稱，魏托斯現已反其故里）。

【合衆社倫敦五日電】波蘭流亡政府總理米科拉茲柯告此間美聯社記者稱：渠未接獲前往莫斯科商討組織波蘭新政府方式之邀請。舊金山方面近雖報告波蘭問題已有希望，但英國官方悲觀日甚。此乃鑒於蘇聯方面於舊金山正進行會商波蘭問題時不但控制波蘭臨時政府，並積極增强其地位。米科拉茲柯昨告其部屬稱，渠迄今尚未獲悉隻字足以符合吾人之希望，即遵照雅爾塔協議用眞正自由選舉之方式將盧布林政府擴大。英外部評論家本日稱，蘇方僅表示 斯大林 元帥願與米科拉茲柯及波蘭國家會議主席格拉西斯基晤談，並力言蘇聯並未以波蘭政府中之席位畀予彼等。蘇聯增强華沙政府中之另一行動，爲與意大利訂立協定。此舉或可促成意國承認華沙政府，據莫斯科廣播稱：兩國政府對於雙方互派代表之事已獲有諒解。

參攷消息
（只供參考）
第八七三號
解放日報 新華社 編
今日出一大張
卅四年五月九日
星期三

重慶慶祝德寇投降

【中央社渝八日電】國民政府以德國投降，歐洲戰爭結束，盟軍完全勝利，國通令全國各地自九日起至十一日止，升旗三日以誌慶祝。

【中央社渝八日電】蔣主席以德國已無條件投降，特定於十二日下午五至七時在軍委會舉行茶會，慶祝盟軍在歐之完全勝利。所有駐渝外交使節、盟國軍事人員及我政府高級長官，均將出席參加。

【中央社渝八日電】德國無條件投降，國民外交協會理事長吳鐵城，特代表該會同蔣主席及英美蘇三國領袖致賀。

【中央社渝八日電】美駐華大使赫爾利將軍因德國失敗，特假國際廣播電台發表廣播稱：擊敗德國之工作現已完成。吾人現以一致之力量進攻所剩和平與正義之敵人日本。日本貪婪殘暴與殘酷之作戰機構，必須予以毀滅。所有遭受日本蹂躪之人民與國家，必須獲得自由。中國現正從事作戰及忍受戰爭痛苦與破壞。中國現在聯合國中已立於合理之地位，一日和平降臨時，中國將於戰爭之荒廢中成爲一自由團結一致與民主之國家。德國第二次企圖征服世界之失敗，對目擊德國於第一次世界大戰在戰場投降之吾人，意義特別重大。吾人係因憂懼所抱理想之故，始認爲必須從事第二次戰爭，以挽救世界之民主及支持各地人民選舉政府形式之權利。而在此種政府之下，人民能避免侵略國家殘暴性之貪婪，而獲得自由。世界各地生命以及幸福之喪失，即因吾人忽略安全擊潰與永久防止侵略國家作戰能力之再度建立。一九一九年後，吾人所造成之××，在此次戰爭結束後，不得重×演。聯合國在×時已一致爲民主努力。各國在平時必須×××安全一致努力，××國之組織，必須有權力制止侵略與實施和平。

代表六七二人，戴傳賢主席，秘書處宣讀第一、第二次大會記錄及報告收到文件後，全體一致通過臨時動議，欣聞德國投降，歐洲戰爭結束，大會通電盟邦致賀案。次由程代參謀總長潛續作軍事報告。最後黨務質詢，各代表會就組織、訓練、紀律、幹部選拔、戰地黨務、基層黨務等有關事項提出詢問案十四件。十二時半散會，明日上下午大會繼續黨務、政治、軍事質詢。又提案審查委員會各組及總章審議委員會，今日下午三時分別開會，主席團則於下午四時在中央黨部開會。

【中央社渝八日電】吳秘書長鐵城七日上午在六全代會第一次大會中作黨務報告，要點如下：第一，就軍事方面而言，臨全大會決定抗戰建國兩種工作同時進行的國策，通過了抗戰建國綱領，本黨七年來的一切設施，一切行動，都以此爲根據。第二，就政治方面而言，臨全大會既決定抗戰與建國同時並進，故在建國方面，即重視集中全國才智，公謀國是。在國民大會未召開之前，決議設置國民參政會。黨務方面的配合努力，除軍事以外，要以『制定憲法還政於民』爲第一大事。第三，就是外交方面而言，本黨外交政策，在本獨立自主之精神，聯合同情於我之國家民族，爲世界之正義與和平共同奮鬥。歷屆全會在外交方面之種種決議，都根據此一國策。第四，就財政經濟政策而言，本黨歷次決定的財政經濟金融政策，都極正確，但有些方面效率尚低。第五，就教育方面而言，戰時教育政策，一貫依據抗戰建國綱領，盡力推行戰時教育，並以建國人才的培養爲其本務。第六，就黨務本身方面而言，從臨全大會至今七年來，黨務的重要設施，大體都是遵照上次臨全大會決定的方針。國府文官長吳鼎昌七日在六全代會第二次大會作政治總報告。自廿七年臨全大會以後迄本年三月止，將國府五院及所屬各部會署之工作，擇要綜合敘述，首向大會報告者，爲外交（甲）聯國盟合作戰，相互援助；（乙）取消不平等條約，訂立新約；（丙）卅二年十一月主席出席開羅會議，決定對日聯合行動，並確保我收復甲午以後之失地；（丁）參加聯合國共同行動，促進和平機構組織。次論糧政，（一）征集糧食，掌握實物；（二）改善生活，軍公糧供應實物。再論財政，抗戰以來稅捐徵收制度與收入數字以及內債之募集與外債籌借，俱提出數字，作詳細之報告。並就戰時歷年財政收支增加之比例及政府穩定通貨之各種措施，分別報告。關於經濟方面，先論戰事發生後，政府如何協助工廠內遷及歷年對於工礦業之貢獻，嗣敘述近年生產事業之進步，以及戰時生產局成立後之八大生產目標。至交

彼特羅夫呈遞國書

【中央社渝八日電】新任蘇聯駐華大使彼特羅夫，八日上午十一時在國府向蔣主席呈遞國書。隨同蘇聯大使覲見者，有蘇大使館參事×拉夫斯基，代理武官尼可里司基，代理商務代表史列扯夫，一等秘書安南耶夫．費德林，二等秘書列道夫斯基．伊沙彥可，陸軍副武官沃洛寧．安得列夫，三等秘書多洛非夫略皮茶，隨員喀拉布洛布，別俩耶夫，沃爾洛夫，駱維可夫，克祿棉可甫夫，拉吉金．吳斯謝寧，茹可夫，沃洛比××，史米果立，式爾克山得諾夫，別特拉可夫等。我外交部吳次長國楨，國府吳文官長鼎昌，呂參軍長超，田典禮局長士捷，外交部禮賓司李司長迪俊，國府典禮局劉科長迺藩，外交部禮賓司交際科王科長季徵等，均參加典禮。外部亞西司朱士熊担任翻譯。茲誌蘇使頌詞及蔣主席答辭如次。蘇使頌詞。主席閣下：本使奉蘇維埃社會主義共和國聯邦最高蘇維埃主席團特派為駐紮中華民國全權大使，謹將到任國書及前任大使辭任國書恭呈貴主席之前，不勝榮幸。本人使得代表本國政府駐紮友邦中國，並得為發展與鞏固中蘇間善鄰關係盡其棉薄，深感愉快。敬希貴主席及中華民國政府於本大使執行本國政府交予之任務時，給予經常之協助與維持。主席答詞。大使閣下：閣下奉蘇維埃社會主義共和國聯邦最高蘇維埃主席團之命，榮任駐中華民國特命全權大使，茲承親遞到任國書，無任愉快。中國與蘇聯接壤最廣，在我抗戰期間，貴國會予我以極大之援助，本國政府歷來重視貴我兩國之友好關係，諒為閣下所深悉。閣下昔年曾居中國，此次復榮任使命，致力增進中蘇之友誼，本主席特代表本國政府表示熱烈之歡迎，並當盡量給予貴大使所需要之便利，協助貴大使完成所負之重要使命。

國民黨六全大會消息

【中央社渝八日電】六全代會八日晨九時舉行第三次大會，由戴傳賢主席，行禮後，祕書處報告文件。主席團及一部份代表臨時動議，德國投降，世界戰事已完一半，正在本大會開會期間，應作歡欣表示，擬由大會電各盟邦致賀，全體通過，電文由祕書處擬就，送請總裁核定，發佈。程代總長繼作軍事報告，報告畢大會作黨務之檢討與質詢。

【中央社渝八日電】六全代會八日九時舉行第三次大會，到會中央委員暨

通之設施，則包括鐵路、空運、航運四方面。

同盟社論美蔣關係

【同盟社東京六日電】每日新聞重慶專電：羅斯福在美化重慶軍，增強空軍，加强供應，擴充××並投入美陸上部隊等美蔣合作的美名下，不斷地確立在軍事上支配重慶的體制。現在在裝備上已經美式化的重慶軍共有數十個師。此外最近參加重慶的十萬知識青年從軍運動的十萬青年，正在受着美式化的訓練。同時對重慶軍將校施以美式教育與訓練，把美軍將校配備到重慶軍各個部隊去，採取美軍對重慶軍的督戰方式。因此，去年在昆明設置的中國軍總司令部，中國戰場美軍戰鬥部隊司令部與對華供應本部的相互關係之中是值得注目的。麥克魯與×××在担任統一指揮重慶軍各個戰區的中國軍總司令部內，佔一很重要的位置。美國並在政治上與經濟上，拚命地使重慶殖民地化。自去年起即斡旋調停重慶、延安關係的美大使赫爾利，見到渝、延妥協的不可能，歸國後美國遂決定不供給延安以武器。即是說美國從本年起，巧妙地利用重慶與延安，以便驅使其共同致力於對日作戰，而此次却採取只是支持重慶的態度，這無非是出於拉重慶致力於對日作戰的野心而已。在經濟方面則去年秋納爾遜曾赴重慶，在成立戰時生產局，致力於共同生產軍用的飛機燃料，同時甚至有投資六百萬乃至七百萬萬美元之大規模地開發大陸的計劃，這說明開發產業的野心。但其實際的生產情形，恰如延安解放日報於今年二月底揭載的重慶地區的一月概況中所說，石炭的不足更加深刻化，鋼鐵、機械動力、電氣、×鐵金屬等事業，完全處於減產或生產停頓的情況下。魏特梅耶，於四月十日前赴重慶時，曾揚言稱：遂行對日決戰的一切計劃，業已決定。但他的作戰計劃，可說是欲使重慶軍實施總反擊計劃（配合沖繩決戰），重慶軍首腦部曾大肆宣傳說：對日反擊的準備工作正在進行中，以便策應美軍的登陸作戰，然而與事實却有很大的距離，蓋宣傳的目的是爲了加强戰力。美軍在琉璜島登陸後，重慶各報曾揭載論文，對美軍直接攻擊日本本土的可能性加以讚美，並說為了切斷日軍的南方，將佔領海南島。並傳出了一種消息，說蔣介石對於大陸登陸作戰已嚴加拒絕，這事在日美決戰上引起人們的關心。這反映了重慶的假面具的心情（此句電碼模糊不清——譯者），蔣介石的此種態度，可說是極端反對美國化的黃浦系軍人、CC團、藍衣社等重慶政權的中堅份子以及以國民黨為中心的青年們（他們熱望中國

的自主與獨立）所使然。今後美國的野心將如何由社會上實現，必需看今後事態的演變。重慶的國家××，？映在對美態度的××上，這事是不難揣測的。羅斯福死後，蘇聯必然將逐漸擴大其對於延安的比重，不管重慶的愛好不愛好，圍繞着重慶的國際間的互相傾軋，將逐漸深刻化起來，而重慶內部的斷層是更不必說。（缺一句），美軍在沖繩島的損失愈大，將避免直接攻擊日本本土，而採取大陸登陸作戰，這裏是存在着重慶的最大苦惱。

路透社評日本對德抗議

【路透社倫敦六日電】日外相東鄉本日對德國政府「極端破壞」三國盟約提出强烈抗議後，此間認爲此可能係通過蘇聯提出之第一和平試探，此外應別無意義，東鄉之謂德國「背盟」亦顯欲先在日本民意方面預作準備，俾他日有「被其盟友拖拉下水」之藉口，故此聲明似向盟國而發，而非係對德而發，且尤係對蘇聯而發，其意顯在離間盟方，亦如希姆萊僅向英美求和，然東鄉强調日本之目的乃與蘇聯保持和平，而僅與英美兩國作戰一語，至可注意，德日意三國盟約簽訂之時，東鄉還任駐蘇大使，渠曾竭力向蘇方保證，三國同盟非針對蘇聯者，英倫人士現認日蘇中立條約即能繼續維持之，東鄉乃無何（缺五）全部精力集中應付遠東之戰也，此×全認爲東鄉所×與德所簽訂之「其他政治協定」，可能係指×國×××德國納粹黨人。

【合衆社華盛頓八日電】日本新極權黨（即大日本政治會）總裁南宮次郎本日廣播稱：德國投降表示「吾人除如何獲致戰事勝利外並無一事可資思考，日本從未企圖依靠德國力量以進行此神聖之戰爭」此一次演說國會該黨內各領袖堅決要求日內閣召開特別會議，以應付目前局勢之緊急如何對付，因德國投降而引起之問題後所發表者，東京外交觀察家咸謂此乃近來日本外交政策最爲重要之發展之一，日本保×重新檢討其對德所有關係之自由。

【路透社倫敦七日電】日方通訊社本日稱：外相東鄉昨日向德國提出抗議，決非如敵方宣傳家所云，日本有求和之意之表示，東鄉外相在外交方面則已享有行動之絕對自由，東京各報本日均熱烈擁護外相是項立場，並一致讚賞德國在希特勒死後所持之立場。

波流亡政府聲明：被捕波蘭領袖沒有破壞蘇軍活動（？）

【路透社倫敦五日電】倫敦波蘭政府今日說：關於被蘇代表有與波蘭民主派及波蘭國內外之政治領袖會談，吾等業已同其濟托夫要求一如波捕波蘭政治領袖之全部名單，並要求對此行動予以全部解釋，吾人須待蘇方之答覆，方能繼續作任何討論。

同盟社稱：歐戰結束日本將遭遇更强有力的敵手

【同盟社蘇黎世六日電】歐洲中立國人士觀察，不論美英蘇三國是否接受德國全面投降的請求，歐洲戰爭的結束非常接近了。因此歐戰結束時，東亞是第二次世界大戰剩下的唯一的戰場。世界的視綫集中於日本，現在外國非常困難正確的觀察日本現在的情勢及其動向。各方面一致的觀察認爲今後由於反軸心軍調來遠東，日本在軍事上將遭遇更强有力的敵人。美英特別是美國乘此機會已經宣傳駐在歐洲的兵力大批調來遠東，開始對日謀略工作。如參謀總長馬歇爾最近亦言明：「美國正在計劃關於急速由歐洲運輸大兵力和物資至太平洋戰區的方案。」合衆社電補充說：「美國已開始將兵員、軍需品運至東亞，德軍的抵抗比預料者更快崩潰，而其結果，比較預料者更快的開始運輸兵員和軍需品至東亞。特別是擴大東亞基地所必要的施設部隊已由歐洲撤退，但是美軍主力於歐戰完全結束之前還將逗留歐洲。而空軍有力部隊，則已開始轉移，並預定美軍在歐洲軍需物資的百分之七十，轉用於太平洋方面。美方情報的報導，多如上述，但尤值注意者，如借用美國國民的標語，即在美軍進攻東京之前，應盡可能的，以最快的速度，實施轉送計劃，使戰爭早日結束。

同盟社稱冲繩島美軍共達八個師

【同盟社東京七日電】冲繩本島的地上戰鬥，從敵人四月一日登陸以來，已經三十七天了，敵人在本島北部地區五個師，本部半島方面一個師，慶良間列島，伊江島、神山島、先島等地兩個師，共計八個師，約有十三萬人登陸，企圖一舉決戰，其主要戰場在南部地區，敵第一綫是由西海岸地區前田、中間之綫至東海岸，逼近連接幸地、小波津附近的首里東北方約三公里之地點，但被我軍堅固的防禦陣地所阻止，敵人的突破企圖已受挫折，現在敵人正急於準備第三次進攻，即敵人從二日開始，在幸地、中間、前田各地，以火焰噴射在先頭開始攻擊，企圖突入我軍陣地，我守備部隊予敵人以極大打擊，敵人的活動在各地均受到阻止，本島登陸以來敵人的死傷已達二萬二千餘（？）名之多。由於我軍地上部隊的奮戰，以及與此相配合的特別攻擊隊航空部隊的攻擊，在冲繩作戰開始時敵人所

方逮捕的波蘭領袖曾對蘇軍進行破壞行動的指控，『全係揑造』。昨夜在舊金山正式宣佈的逮捕，已引導至英美與蘇聯關於改組盧布林政府（蘇聯以後承認了它）爭論談判的破裂。倫敦波蘭政府聲明稱，蘇方皮米諾夫上校在邀請被捕波人時告訴他們說，他來請他們與蘇軍伊凡諾夫准上將會談，他作爲軍人一言爲定地保證他們個人的安全。『不僅如此，皮米諾夫根據條科夫斯基的要求，在與其上級討論後，曾向這些波蘭領袖鄭重保證說，他將派一架飛機供他們使用，載運他們前往倫敦與波蘭政府及波蘭政界人士會商』。聲明繼稱：『在德國佔領期間，這些波蘭領袖領導波蘭地下運動，負責整個地下行政工作和波蘭人民反對德國人民的武裝鬥爭。他們享有波蘭全體人民的充分信任，波蘭人均嚴格地遵守他們與倫敦波蘭政府密切商討後所發表的指示』。最後，聲明稱：『蘇方雖一再否認，但波蘭政治領袖及社會名流仍繼續被捕，有時甚至被槍決。最近被捕之一便是多年來即爲農民黨領袖之一及曾任波蘭政府閣員職位的沃拉第斯拉夫．克爾尼克。

『美國新聞處舊金山六日電』英美政府關於本日××發表官方聲明稱，蘇聯曾通知英美前××三月間同國之波蘭民主派，點名領袖多人已被逮捕，故蘇英美對波蘭問題之討論在接獲蘇政府發出逮捕之詳情之前，將暫停進行，英美兩政府之聲明，係由斯退丁紐斯及英外相艾登分別發表者。而逮捕之訊，則由蘇外交人民委員長莫洛托夫代表蘇聯通知英美。渠稱，波蘭之民主派領袖係久被控對蘇軍作破壞行動，故遭逮捕。斯退丁紐斯及艾登當立即向莫洛托夫表示，彼等對此訊異常關切，艾登向倫敦政府報告時稱，此被捕案件爲一最嚴重之發展，彼等之聲明中指稱：波蘭民主派諸領袖被捕之訊，係經長久之延擱，及英美政府之不斷探詢後始發表者。英美政府已向莫洛托夫要求一被蘇聯拘捕波蘭人之全部名單，以及被捕理由之詳細解釋。蘇方拘捕之波蘭領袖係四國依克里米亞協定從事議論者。斯退丁紐斯之聲明稱：吾人於過去一月來，迭次要求蘇聯政府供給關於知名之波蘭民主派之領袖多人，於三月下旬在波蘭與蘇聯當局從事討論之消息，莫洛托夫君現已通知艾登君及余本人，上述波蘭領袖因犯有對蘇聯作牽制行動之罪，而遭逮捕。吾等當告莫洛托夫君，吾人於××延擱之後，始得由此與解決波蘭問題有直接影響之驚人發展，實異常關切，彼克里米亞關於波蘭之協議，曾同意使華沙臨時政府之

宣傳的一千四百艘的大艦船羣，已有五百艘遭受損失。陷入重大消耗泥沼中的敵人，現在雖在沖繩羣島一帶表示了頑強的戰鬥意志，敵人的戰鬥力却有了顯著的低下，對陸上的砲擊逐漸緩慢。敵人極力擴充整備陸上基地，建設基地空軍，以便沖繩作戰更加有利。在北、中飛機場，敵人有一百架乃至一百五十架的小型機活動，敵人從萊特島、琉璜及新幾內亞的後方基地，圖謀供應飛機，並增強本島上的兵力，敵人從遼遠的三四千公里的後方，極力以運輸船加强運輸，今後敵人將以一切力量拚命作戰，要消滅『物量第一』的敵人，就要掌握制空權，這是毫無疑問的。

『同盟社里斯本六日電』關島來電，尼米茲司令部於六日發表公報稱，在沖繩島作戰中，截至五月三日爲止，美軍共死傷兵員一萬四千二百八十三名：在整個琉球作戰中，美軍損失人員已達一萬九千八百三十四名。

同盟社論

沖繩島戰況的特徵

『同盟社東京五日電』陸軍基地寄木特派員電稱：目前在沖繩島的作戰一戰中，可以說有兩個顯著的現象，其一是由『泊地』出發的強有力的敵後續船隊，自萊特島、仁牙因灣滿載大批兵員，於四月二十日以後到達戰場附近海面，其後有十天光景，未有進行登陸作戰，而在海洋之上待機中，然後改用五百噸級的大批登陸用小型舟艇裝載這些龐大的兵員，不消說，這一事實是說明敵人有一種新的企圖，爲了避免由於我特別攻擊隊攻擊而受到的損失，因此企圖分散地配置其登陸兵力，可以看到敵人的戰意仍然旺盛，以及用周密的準備來期作戰的企圖，因此，是值得注意的，第二個顯著的事情，是沖繩島北、中兩個飛機場之戰鬥機，大爲減少。轉用以SB○爲主力的俯衝轟炸機代替它，遭受我特別攻擊隊的攻擊而喪失了航空母艦的艦載機，已經移向陸上基地——艦載機將逐日增加其數量，這一事實亦是基於敵軍新的作戰的要求，作有計劃的改變，以便增强陸上飛機的轟炸力量，敵軍在沖繩島基地的航空隊，已放棄過去『防禦性的空軍』的性質，而向『攻擊性空軍』轉移，這一動向是不容輕視的，沖繩戰場上的這兩種動向，都是暗示次期作戰的一種樣相，敵人的企圖是在於想以更大的兵力在沖繩本島登陸，加以艦砲的掩護射擊，更動員一切航空隊，以便一下子決定沖繩島的命運，因此這事是值得注目的。

參考消息

（只供參考）
第八七四號
新華社 解放日報 編
今日出一大張
卅四年五月十日
星期四

王世杰答外記者 「六全大會注意中共問題」

【中央社重慶九日電】外記者招待會九日下午三時舉行，王部長世杰、吳次長國禎、張參事平群出席主持。某記者詢對於歐戰勝利之感想，王部長發表談話稱：昨天是歐戰勝利日，中國人民從德國的迅速潰敗與完全潰敗，加深了兩個信念：一、無條件投降的收策，無論從政治上看或軍略上看，都是正確的。二、同盟國的團結與其政策的堅定，是歐戰勝利的基本原因。有了這種經驗，現在我們面前的就是最後的目標，日本人，也不應該再作盟國會分裂或盟國將變更其對日政策的夢想了。某記者詢六全會是否將討論共產黨問題？王部長答謂：本人對於此問題，目前僅可下列觀察，可以奉告。六全大會對於中共問題，自必予以注意。事實上到會代表，對於此事已提出若干詢問。來自淪陷區域之代表，已將各個人與中共接觸之經驗向大會有所述說。本人此刻尚不能預告大會對此問題將有何決定，但相信大會對於此問題必將予以周詳而冷靜的考慮。記者問：日昨蘇聯大使遞國書時，蔣主席曾言及蘇聯對華之援助，其意何指？吳次長答覆如下：在中國抗戰初期，現為我國盟友之諸邦尚保中立態度，惟蘇聯則在軍械及技術方面予我以重大之援助。民國廿七年、廿八年蘇聯政府曾貸我以大量信用借款，蘇聯因此獲得我國政府與民眾之友感。蔣主席所言必係指此無疑。

敵稱蔣介石標榜實施憲政 反面卻在更進一步要獨裁

【同盟社上海八日電】蔣介石標榜通過實施憲政以還政於民，但它反面卻是在於更進一步掌握獨裁權，在這次六全大會上，自然企圖不提出作為主要議題的，關於改選國民大會問題，據說因此已立即引起延安以及第三種勢力的不滿

討與質詢，發言者亦有五十餘同志，各就政策與施政方針、行政三聯制、黨政工作考核、監察彈劾權、司法檢查權、節制資本、平均地權、財政、稅收、糧食、田賦管理、勞工運動、澄清吏治、整飭官紀、嚴懲貪污、裁併駢枝機構、提高行政效率、改善士兵公教人員生活、推行地方自治、外匯管理與改進、僑匯改良、農貸放款、黃金政策、花紗布管制局業務失職案、黃金漲價消息洩露案、台灣行政機構問題等提出質詢。六時散會。今日上下午會場空氣緊張熱烈，各同志檢討得失，甚為坦率，全部意志貫注如何改進黨務，刷新政治，並多建設性之陳述，掌聲此起彼落，充分表現革命同志親愛精誠×真理求進步精神。記者整日參與旁聽，深感大會多數代表對於實現總理遺教，尤其民主主義與整飭吏治的嚴懲貪污，咸具最大決心。又海外代表發表促請大會注意「華僑乃革命之母」，應時刻紀念華僑解除困難，而台灣代表則說明彼之出席大會為本黨有史以來之創例，此乃本黨領導八年抗戰之一大成就，感人最深。明日上午舉行第六次大會，作關於軍事檢討。又宣言起草委員會於今日下午三時在中央黨部開會，大會秘書處已收提案四百五十餘件。

【中央社渝九日電】程代總長潛，七日下午，八日上午在六全大會作軍事報告，就作戰、軍政、海軍、空軍、軍訓、政訓各部份分別報告，最後歸納要點四項如下：（一）抗戰八年，全憑公理勝強權，精神勝物質的信心，以地廣人眾的先天力量，與敵寇絕海空軍優越的後天力量戰鬥至八年之久，終能把握最後的勝利，實由我全國軍民在最高領袖之下努力奮鬥及政略戰略勝過敵人之故。（二）今後關於軍事的改進與戰力的提高，自當不遺餘力，以求達成任務，爭取最後勝利的從速到來。（三）整軍為反攻的切要條件，且為建軍的基礎，正在積極進行中。（四）由於文化政治教育經濟的優越與否，可影響於軍事的勝負，及過去在軍事上的張弛興革，而演成有勝有敗的局面，而且為敗多勝少的局面，今後對於轉移軍隊風氣，增強戰鬥力量，當從上述諸項下手，以謀國防建設與政治經濟文化教育平衡發展，共同進步，以建設真正富強康樂的現代國家。

【中央社渝八日電】六全代會軍隊中黨員代表中有七下級幹部及士兵代表。

國民黨戰報說 西峽口西敵死傷三千

【中央社渝八日電】軍委會八日發表戰訊，豫南方面，我陸空軍協同作戰，續於西峽口以西地區，完

。即是說，國民大會的代表，全係在民國二十六年選出的，蔣的色彩非常濃厚。因此，反蔣份子，尤其是宋慶齡、郭沫若、章乃器等第三種勢力，掀起猛烈的反對蔣介石以十年前選出的代表來擔任充當國民大會代表這種野心的氣氛，主張在國民大會休會期間設立代替它的會議。另外，四月底在延安召開的中共七次代表大會上，毛澤東也以召開國民大會為契機，對於蔣介石僞裝民主政治的企圖，更進一步地強化國民黨勢力的毒辣陰謀，發出警告，詰難蔣介石，對於第三種勢力以及延安這種策略，蔣介石則堅持以舊代表充當，以襄擴其獨裁統治的基礎。蔣介石這次在六全大會上如何決定國民大會代表問題，其推移極堪注目。

路透社報導蔣介石廣播 日本失敗已不可避免

【路透社重慶八日電】蔣介石元帥今日在廣播中說日本的失敗已不可避免。他宣稱：『我們中國人對這個消息（日本投降）與盟國文明世界衷心地同具匪可言喻的滿意。使我們悲痛的是羅斯福總統沒有和我們一起親眼看到勝利。但是他的理想和領導精神一定將鼓舞盟國軍隊繼續作戰直到聯合國家未完成的任務和責任完成為止。人類將們鉅大的兩歷現在要落到日本身上了。我代表中國承諾它將盡一切力量不愧為一個盟國而執行它一份子之責』。英大使薛穆爵士告路透社記者說：英僑民聽到這個消息時興高采烈，並感到這個消息把堅持對日戰事的精神力量保證起來了。

六全代會消息

【中央社重慶九日電】六全代會第四次大會九時舉行，到會中委及代表六百七十四人，由孫科主席，繼講國報告文件後，通過大會復謝舊金山會議各國代表賀電，旋即繼續預議質詢。

【中央社重慶九日電】六全代會九日上下午大會，××誠摯檢討黨政設施。上午九時舉行第四次大會，孫科主席，首先討論張繼同志××動議兩件：（一）請政府迅予救濟現由戰地逃×團集於龍駒寨、西安各地之難民學生案。（二）請政府明令嘉獎協助國軍作戰之地方團隊並充分予以救濟，以勵民氣而利抗戰案。決議通過，送交政府辦理。旋即繼續作黨務檢討。質詢，先後要言者達五十二同志，各就政綱、政策、組織、訓練、宣傳、海外黨務、敵後黨務、民衆運動、婦女運動、基層組織、人事制度、監察工作等項提出檢討質詢。十二時半散會。下午三時舉行第五次大會，居正主席，作政治檢

成一大殲滅戰，消滅敵人至少在三千以上。

為我圍困於鬼門關、母豬峽、豆腐店、黑龍廟溝地區（公路南側）之敵約四千，自四日以來，經我陸空軍連日痛擊，並轟炸掃射，敵死傷慘重，但敵仍死力掙扎，六七兩日曾數度企圖突圍，並由鬼門關及以南謝家坳數度增援，均先後被我擊退。七日午後六時我向敵圍攻各部隊復一齊協力猛攻，由各面突入敵陣，經過十小時之搏戰後，至八日拂曉，將敵殲滅殆盡，僅殘餘約二三百之敵，不擇手段，施放瓦斯掩護下，奪路回謝家坳逃竄。我在此一地區之殲滅戰，遂告完成，殲滅敵至少達三千餘，馬六百餘匹。另生俘敵二名，據供被殲之敵為一一〇師團第一六三聯隊，其聯隊長生死不明，當敵施放瓦斯時，我軍曾有一部中毒。

西峽口以西公路北側我軍，於七日午將由上下韓莊向西竄擾之敵包圍於上下韓莊西側之高地及杜石溝之隘路內，我地面部隊，在我空軍協力下，向敵猛施攻擊，至八日晨，殲敵四百餘。杜石溝隘路內之敵，已被完全消滅，現僅上下韓莊西側高地尚有殘敵一部，在我繼續攻殲中。

湘西方面，我於擊潰敵之左翼後，各路向東猛追前進，勢如破竹，現武岡之圍已解，我守備武岡城部隊，孤立堅忍奮戰，保此重要據點，使敵足未能假道北進，以與正面之敵會合，該部隊達成此一光榮任務，其功殊偉，我軍刻並迅速掃蕩潰散各處之殘敵，迄至七日晚，新寧地區已告肅清。

我軍向敵右翼攻擊部隊，十日由洋溪橋以南續獲重大進展，寶慶西北四十里處之巨口舖，已被我軍於五日攻克，仍續行攻擊前進，敵已攻達石馬江附近（距寶慶廿里）。

我軍攻達寶慶以西正面敵之右側背部隊，續向賽市向南攻擊，已進展八里，我軍另一有力部隊已攻達正面敵之左側背：洞口附近。已與我堅守洞口西側部隊取得聯絡，江口東南地區，戰況仍極激烈，放洞地區殘敵，仍在我圍攻中，現我軍兩翼均已攻達敵之左右側背，已對正面敵形成三面包圍態勢，正由各面向敵猛攻中。

中央社兩週參考事項

各分主任、各戰地特派員鑒：兩週參考事項如下：（一）全世界人類所仇視之墨索里尼、希特勒兩大惡魔，先後死亡，人心大快。墨索里尼終不能逃其國人之明正典刑，可謂為當然應得之結果。希特勒之死，雖未獲知其詳情，但其必為盟軍砲火所轟死，則似無疑問。吾人從懲治罪魁禍首而論，墨希之死，已

勝負告一結束，惟爲解除戰爭及使德意人民之思想上促其解放，則前途尚有艱鉅之工作，需要吾人若干年不斷之努力，方有成就之可言。墨希死後，日益自極恐慌，鈴木正向其國民作獨立抵抗英美之宣傳，誠爲悲慘之呼聲，歷史上野心家之末路，大部如此，所謂天網恢恢，疏而不漏，即是此意。（二）鄧尼茲繼承希特勒以元首自任，曾由希姆萊向美英提議投降，其用意在離間美英蘇之合作，立爲杜魯門總統，邱吉爾首相所拒絕，德人於此時尚欲弄其挑撥離間之伎倆，誠屬愚蠢之極。盟國間對德日二寇之作戰停戰及媾和之方法，皆有極嚴密之約束，決非舊式權術之外交所能動其毫末，希特勒既不能撐危局，則他人更不足論。鄧尼茲受任不過兩日，而各地德軍紛紛舉起白旗，繼續投降，動以百萬計，幾令人不能置信，足見勢力之崩潰，有如決堤，指顧間即成不可收拾之局面。歐洲戰事月內當可全部肅清，今後舉世視綫將集中於遠東戰場矣。（三）舊金山會議，因阿根廷與會問題，曾引起美蘇兩相反之表示。指導委員會通過邀請阿根廷與會後，莫洛托夫立即招待新聞記者，聲明希望大會在數日內暫緩討論，並以始終反抗侵略之波蘭未被邀請，而始終爲袒護軸心集團之阿根廷竟被邀請，爲極端不合理不公平之事，勸×國須慎重考慮。不料大會即行討論，並立予通過，莫洛托夫自感難堪，於大會表決後，立即退出會場。當時多數人士憂慮莫氏或將聲明退出舊金山會議，幸蘇聯顧全大局，並未出此。按阿根廷不獨爲傾向軸心集團之國家，即其國內政局亦含有極濃厚之法西斯色彩。戰前戰時與德意日三寇狼狽爲奸，阿國成爲軸心間諜保護所，對華甚不友好，曾承認僞滿。近因美國加以重大壓力，而軸心集團局勢又日非，始稍改舊態，但其眞意是否悔禍，尚屬疑問。如此國家，竟允立即其參加聯合國會議，殊非賢明之舉。蘇聯反對，確有極堅強之理由。尤可注意者，此次反對阿根廷與會者共七國，南斯拉夫、捷克當然唯蘇聯馬首是瞻，而紐西蘭、希臘、挪威亦猛烈反對，殊屬意外。我因環境關係，只得棄權。（四）阿根廷與會一幕雖極緊張，惟會議仍繼續進行，且事後美蘇代表並不因此而稍有芥蒂，外交家風度，應當如是。現美英蘇正商談波蘭問題。如能解決，則因阿根廷與會所引起蘇聯之不愉快情緒，當可消除。關於大會及安全理事會表決之票數，美蘇意見亦有相反，須費一番辯論。（五）六全代會已於五日晨開幕，七日開首次大會，此次討論集中於如何從速實施憲政及實施憲政後本黨必須之改革，故關於黨章黨綱之修改極關重要。（總編輯室）

本領時，誰人也不顧僧其力量，而必須以我們本身的力量來完成我們的目的，我對於鈴木首相在其聲明中曾說，不管德國的情勢如何，日本將始終貫徹其自己的信念。

【同盟社東京八日電】對於東鄉外相關於對德關係的聲明（意味着帝國外交的轉換），東京各報都支持東鄉聲明，揭載社論斥責希特勒總統死後，德國首腦部所採取的醜惡態度，茲摘其主要者如下：（讀賣新聞）——我們對於德國國民五年多不屈不撓的奮鬥精神，不勝讚賞之至，同時對於其終於被敵人的物量壓倒，滿身瘡痍的悲運，亦不禁令人寄以同情之忱。鄧尼茲與希姆萊已在進行的，或正在進行的投降美英——此事果屬事實，則可以說這是對多年來友誼的一種背信行爲，我們決然與他們分裂，毫不躊躇地展開獨立自主的自由的戰時外交。

德國外長對國民廣播

【同盟社東京八日電】德外長克羅西克七日正午由法林斯堡廣播電台就鄧尼茲總統宣佈全德軍無條件投降命令，向德國國民廣播如下：德軍最高司令部，根據鄧尼茲元帥的命令，宣佈全德國戰鬥部隊，於本日一律無條件投降，德國雖然在六年中繼續進行了激烈的英勇的戰鬥，然而終被敵人的優越力量壓倒，如再繼續戰鬥下去，便不過是無意義的流血和崩潰。而政府由於肉體的精神的完全崩潰，亦陷於不得不要求停止戰鬥的境地，德國國民應該正視敵人提出來的投降條件的眞實性，毅然敢於面對着我們的命運，自然，今後德國每個國民將毫無例外地，在生活的方面，付諸犧牲這是毫無疑問的，而德國國民要忍受這種負担和忠實地履行義務，但德國國民決不絕望，要勇敢地走上將來黑暗的前程，要由過去的崩潰中維持團結，國民團結一致的理念是戰爭期間的友愛和精神的最高表現，同時遵重各條約也是德國作爲歐洲諸國的一員的神聖義務，我們爲了恢復在戰爭中受到的重大創傷，在精神物資方面，今天如能除去全世界對於德國的憎惡，代之以和協，則德國是能恢復的。

敵每日新聞論美國政治的不安

【同盟社東京八日電】每日新聞頃揭載題爲「美國政治的不安」的社論稱，杜魯門就任總統以來，各方面均蔑視他而欲傾覆之，但是在美國有這樣的習慣，即在非常時期就任大總統時，各方面在最初

滇當局禁止學生遊行

【合衆社昆明八日電】朝報稱：雲南省政府與昆明市政府在民政廳與教育廳申請之下，禁止學生示威遊行。其根據爲：今年不滿或與當地政府不和的地方領袖與團體，利用學生實行抗議，散發傳單或非難，這些都是「妨害社會秩序」的。

德國無條件投降 日寇政府發表聲明

【同盟社東京八日電】政府於九日午後四時，舉行臨時閣議，鈴木首相以下各閣員均出席參加，對德國無條件投降反軸心國家，進行討論結果，決定發表宣言，闡明帝國將根據爲自存自衛，一路同建設大東亞共榮圈邁進的這一根本理念，堅決擊潰敵人的決心，聲明全文擬安後，閣議於六時三十分始散，鈴木首相並於七時進謁天皇，奏此事（帝國政府聲明）全文如下：帝國對於盟邦德國的投降，表示衷心的遺憾，帝國的戰爭目的，原在於自存自衛，帝國將持此不動的信念，使歐洲戰局的變化，對帝國的戰爭目的，不發生絲毫變化，帝國將與東亞盟邦，共同堅決擊潰此在自己的意慾和暴力支配下，企圖蹂躪東亞的美英，藉以確保東亞的安定。

每日新聞論 德寇的命運與日寇的前途

【同盟社東京八日電】德富猪一郎於八日的每日新聞上，揭載題名「德國的悲運與皇國的前程」的論文，在這一論文中，指出希勒特總統雖死，但希勒特總統的精神，却永遠地保存於德國國民的心中，該論文稱：希特勒的末路與西鄉隆盛的末路是差不多的，西鄉隆盛的私學黨，是日本化的納粹黨的組織，納粹黨的組織，是把西鄉的私學黨德國化了的組織，當明治十年二月十七日，西鄉隆盛由鹿兒島出發時，他本想至遲可於三月上旬以前攫勝，而後返抵大阪，但反被包圍，然而仍能衝出重圍，返回鹿兒島，同年九月二十四日，終於在城山自殺，希特勒總統，無論在西部戰綫，或在東部戰綫，都在親自指揮作戰，最後返歸柏林，下命令堅守柏林，變成保衛柏林的第一個犧牲者，因此希特勒總統與西鄉隆盛的命運是相同的，我們相信希特勒總統雖死，但其精神是沒有死的，希特勒總統的精神，將永遠活在德國民族的心中，我們祈求德國的復興，我們之所以與德國攜手共進，如其說是由於利害的相同，倒不如說是基於共同理念，都是爲了建設世界新秩序，我們與希特勒總統聯合作戰，但並不是依賴他進行作戰，我們一開始就有本領，當發揮我們的

數個月中，避免任何批評與非難，給予機會就任國家元首的地位，他們將此時期稱爲總統的「百日」或「三月」制，甚至孤立派的紐約每日新聞亦言明今後三個月，乃至六個月中避免對新總統提出任何批評，但是××××（電碼不明）已傳出美國人民對於小都市的政治家——杜魯門的政治手腕感到不安，以及孤立派和議會反政府勢力的增大，美蘇重慶及其他反軸心國際營害怕美國孤立派勢力的抬頭，（缺一句）他們對於杜魯門劣弱的政治力和手腕感到很大的不安。另一方面，利用美國這種心理的間隙進行各種術策，而英蘇圍繞的歐洲問題的動向，即可說明此點，杜魯門已證明與羅斯福對國內外的各種政策，但是獨裁政治家羅斯福與典型的小都市政治家杜魯門之間有很大的差異，當新總統就職百日後，操縱議會的困難的增大、陸海軍、資本家與中小資本家在戰時經濟轉爲戰後經濟這個問題上的鬥爭、戰時通貨膨脹與勞動不安的對策，這些問題將要逐漸地考驗他，共和黨在議會上也猛烈反對羅斯福所提關於減低關稅問題，杜魯門與議會進行初次的鬥爭，這些問題，絕不意味着直接對於美國推行對日戰爭的政策有何變化和影響，國際政治已數度考驗了杜魯門。第一就是舊金山會議上已明瞭羅斯福在雅爾塔會議上與斯大林委員長及邱吉爾首相訂有實約，而杜魯門，國務卿及其他閣員對此表現了手足無所措，在羅斯福總統都感到困難應付的斯大林委員長，蔣介石及邱吉爾看來，杜魯門以他們爲對手，似乎是一個職員，據外國電報說，邱吉爾要再研討從來依存於美國的政策，從自己處於羅斯福副官資格的地位一躍而把杜魯門看做自己的副官或更低於副官的人物，而拉着美國向前進，隨着時間的消逝，徹底採取現實主義外交的蘇聯對於杜魯門的登場，採取何種態度，也會更明瞭的。

印度工人紀念「五一」

【路透社倫敦六日電】印度海員與紅人，曾在印度工人中心區，參加「五一」紀念典禮，房內飾以紅旗及斯大林、尼赫魯肖像，印度工人中心書記主列斯里說：「我們欣喜紅軍，解放軍隊的勝利，我們希望將有一天，這支英勇的軍隊粉碎帝國主義，一如其在大陸上粉碎法西斯主義一樣。」前劍橋大學印度學生會第里普·孫遜說道，他對莫洛托夫在舊金山會議上提及印度的束縛印象極深，他說在最近將來在一切戰爭會議上將聽到自由印度的呼聲，對潘第特克人在美國揭露英國在印度的虐政表示祝賀。

參考消息

（只供參考）

第八七五號

解放日報 新華社 編

今日出一大張

卅四年五月十一日 星期五

敵政府發表聲明 決心對英美作一死戰

【同盟社東京十日電】政府於九日下午四時在首相官邸召開臨時閣議，鈴木首相以下各閣僚均出席會議，就德國向反軸心國無條件投降問題，進行各種協議結果：決定根據帝國爲自存與自衛，以建設大東亞圈爲目的而一路向前邁進的基本理念，發表帝國政府的聲明，闡明徹底粉碎美、英的決心，於整備案文後，六時三十分散會。鈴木首相於七時入宮拜謁並奏禀天皇，聲明內容於七時半由情報局公佈如下：帝國政府聲明：（五月九日下午七時半）帝國的同盟者之一、德國的屈服，帝國衷心地表示遺憾。帝國的戰爭目的，自來即在於自存與自衛，這是帝國不動搖的信念，歐洲戰局的休戰，決不使帝國的戰爭目的發生絲毫的變化。帝國與東亞盟邦一起，對企圖蹂躪東亞，將東亞置於自己恣意及暴力下的美、英的非分希望，將徹底粉碎它，以期確保東亞的安定。

敵寇德富蘇峯 論德國的敗亡與對蘇作戰

【同盟社東京八日電】德富蘇峯在每日新聞上發表題爲『德國的悲運與皇國的大道』一文內稱：東鄉外相說希特勒總統死後的德國單獨要跟美英媾和而把戰爭目的限於對付蘇聯一點上的理由，與日本宣佈不能担負三國同盟條約所規定的義務的事理是一樣的，我們對此沒有異議，但是德國是我們的盟國，特別是希特勒總統不僅是同盟國的總統，而且是了解日本精神的人物，亦是完全實行此種精神的人物。日本決不能輕視這一點。德國的命運維繫於希特勒總統。我們不但把他當做同盟國的首腦而痛惜其逝世，（一段電碼錯誤太多不能譯）我們有理由致哀悼之詞。我作爲一個老記者，不敢代表國家的輿論，但是可以代表許多抱有同感的人們致以哀悼之詞。希特勒在歐洲是一個英雄，他沒有財產、赤手空拳地復興了敗殘的德國，並且創造了德國的命運。在日本可以與親，我們只要努力幹，那末我們就能掌握天時地理人和，這樣我們就能燃起護國的機運，死守冲繩。

鄧尼茲投降命令全文

【路透社倫敦七日電】據德國法林斯堡今日廣播報告，鄧尼茲元帥已命令所有德國作戰部隊無條件投降，原文如下：

本台現廣播德國外交部長克洛西克對德國人民之演說，德國男女人士：我武裝部隊的高級將領，今日已遵照鄧尼茲元帥命令，宣佈所有德國作戰部隊均無條件投降。余係海軍元帥所任命之德國政府首席部長，余茲乘德國歷史上此一危機時期，謹向德國人民有所申述。德國於將及二年來，在不可比擬之艱苦情勢下，英勇作戰後，已對其敵人之壓倒勢力屈服矣。如再繼續作戰、則僅係無意義之舉，政府深感對其國家之前途負有責任。由於所有肉體與物質力量之崩潰，而被迫採取此項行動，並要求敵人停止一切敵對行爲，在戰爭之最後階段中，要求挽救最大多數人民之生命，此乃鄧尼茲元帥及其政府之重要工作。此一原因，即可解釋東西兩戰場之戰爭，何以立即同時停止。吾人已使德國及其帝國之此一嚴重時際結束矣。在此德國及其帝國之嚴重時際中，吾人現對此次戰爭之死者表示深切之崇敬，彼等之犧牲，乃吾人所應至表感謝者。吾人並對受傷之人民，喪子之父母及所有遭受此次戰爭之打擊者表示同情。吾人決不能對吾人之敵人所給予德國人民之苛刻條件，心存幻象，吾人現在必須斷然無疑而對吾人之命運，無人可懷疑將來之命運爲吾等每一人民所難接受，且將索取吾人生命各方面之犧牲，吾人必須接受此一重負，並遵守吾人所已有之義務。但吾人切勿頹喪並萎退，吾人必須再度邁步走過此黑暗之前途。吾人應由過去之崩潰中挽救團結之一事。作戰期間之全國團結意志，曾在前線友愛精神及各地人民，在遭受一切災難時，彼此扶助與鎮定狀態中，獲得最高表現。在吾國內正義將爲最高之指導原則，吾人亦須認識法律爲吾國一切關係之基礎，吾人必須認識法律及內心之信仰，而尊重法律。至於吾人所訂立一切條件亦應如作爲歐洲各國之一點，動員一切人類道德及物資力量，藉醫療戰爭所致之一切創傷之目的，視爲同樣神聖。此後，吾人或希望今日使德國對全世界投降之仇恨氣氛將爲各國間和好之精神所代替。吾人將使吾國之將來熟思此給予世界永久成就與價值之人類精神之內在最佳力量，吾人願使吾人對西之基督教文明世界所作的達成與吾國最佳傳統相稱之和平貢獻的忠誠工作的決心，與吾人在吾國英勇奮鬥中所有之驕傲他相比的只有豐臣秀吉，在法國有拿破崙，在英國就沒有與他相比的人物。譬如拿克倫威爾來說，他決不是沒有依靠他人的力量。（中間一段不能譯）希特勒總統有事於英國時，突然與蘇聯締結互不侵犯條約。但是又於昭和十六年六月廿二日與蘇聯開戰。自這時起，德國就開始寫下沒落的歷史。如果不跟蘇聯開戰，而將其力量放在西部戰綫，那末德國就成功了一半以上。希特勒總統與西鄉元帥在爲了國家而忘記自己的家庭這一點是一致的。西鄉的私立學校是日本的納粹黨的組織，而納粹黨是西鄉的私立學校德國化的東西。希特勒死在柏林，而西鄉死於白山亦是一樣的。我們深信他們沒有死，西鄉的精神在七十年後的今日還活着。德國人民將永久保持希特勒總統的精神。我們與德國攜手，與其說是因爲利益相關，勿寧說是理念的共通。我們最初跟德國一道進行工作，但是依靠它進行工作。納粹德國的解放確實要使世界戰爭形勢發生一大變化。美英蘇三國是同床異夢各走一方的，舊金山會議就暴露其馬脚。但是我們不要依靠這一點，而是要一億國民覺悟起來，與敵人作戰。因此我們不僅要根據憲法第卅一條發動非常時機的大權以適應非常時期，而且要在事實上確立日本非常時體制，即把日本變成一個大兵營，一億民衆都變成兵士，這裏所說的兵士就是拿鋤頭的人也是兵士。現在沒有一個人在服務國家實行怠工，但是却看到有很多的人閑着沒有事情，現在並不是因爲事情多而人力不足，而是人多，事情不多。今日的民心並不是不如日俄，中日兩戰役時的民心，而是陶醉於初期勝利的情緒還沒有轉變過來。我們首先要發動非常時期的大權，將一切改變爲戰時體制，使人民知道是處在非常時期。世上有這樣的人，即把小事看作大事，要把大事作爲小事。但是小事要做得像小事，大事要做得像大事，除了今天以外就沒有所謂大事。（中略）第二是軍事政治的一致。第三是軍官民的一致，但是要完全這樣做，那末法律就成爲障礙物，廢除一切法律並不是沒有法律。法律是跟着需要而產生的。死板地實踐神道並不是好的。只要回想岩倉、西鄉、木戶、大久保諸元勳協助明治天皇的情形，只可了解這一點。我們亦希望現內閣這樣做。現在問題只有死守沖繩島，禍害我們國家的並不是沒有方策而是方策太多了。還是說剛進行第一階段的工作就想第二、第三、第四階段的事情。國策應該單一化，敵人侵犯沖繩時，我們應抓住這個良好機會，予敵人以重要的打擊，沖繩戰爭是日本賭其國運孤注一擲的戰爭。我向一億同胞呼籲守衛沖繩地帶敵人的精銳部隊，這樣就能開拓我們前進的道路。我們不要失望亦不要樂

相連繫。願上帝在吾人努力中不離開吾人。願上帝祝福吾人之艱鉅工作。演說完畢後，法林斯堡電台即靜默三分鐘。

朝日新聞希望納粹
再從廢墟中飛出來

【同盟社東京九日電】朝日新聞社揭載題爲「歐洲勝利日與東亞勝利日」的社論稱：德國終於放下了武器，自歐洲戰爭發生以來英勇奮鬥了五年八個月，但是命運終於引導德國走到這樣悲慘的境地。鄧尼茲總統就職後即宣佈德國即使向美英媾和，但今後仍要繼續與布爾塞維主義進行鬥爭。在此之先，希姆萊的提議，亦是只以美英爲對象，但是由於美英強硬的反對，德國所謂與布爾塞維主義進行的鬥爭不得不停止。直至最後還要使美英蘇間的對立，鬥爭復燃的政策終歸完全失敗。艾森豪威爾使用傲慢的勝利者的語氣，對德國代表說：『是否知道對德國的投降條件是極其苛刻的？』使其知道敵人加諸德國的條件非上次大戰時的條件所可比擬。美英蘇法四國立即分割和佔領德國，在柏林設置以美英蘇軍司令官爲首的德國管理委員會，立即開始實行嚴厲的軍政統制，同時實行使德國不能再抬頭的處理德國的方案。現在勇敢的德國人民完全被解除武裝，他們不得不作爲佔領地的居民，赤手空拳地在敵人的虐政下，捲土重來。今天我們可以指出德國失敗的幾個原因，但是在此命運悲慘之時，避免加以論述。不論敵人怎樣企圖抹煞德國，我們希望德國人民無論在任何情況下，爲了生存而進行不屈不撓的鬥爭，以便有一天恢復其作爲歐洲中原霸者的地位。德國在美英資本主義與蘇聯共產（？）主義聯合下，暫時好像打斷了翅膀的飛鳥，我們希望它從敗戰後的廢墟中飛起來。反軸心國已公佈「歐洲勝利日」，並慶祝這個節日，當敵人沉迷於慶祝勝利日之時，我們不因盟邦的挫折而感到怯心，我們應該更加努力進行作戰，以便我們將來可以在大東亞高聲歡呼：「東亞勝利日」。

米柯拉茲科聲明

【路透社倫敦十日電】前波蘭政府總理米科拉茲柯今日關於波蘭十六位領袖爲蘇軍逮捕事發表聲明稱，他們是政治代表團，並且一貫是忠誠主張與蘇聯合作的人，他繼稱，「在前去進行這些談判時，他們深信，會談是與實行克里米亞決定有關的」。聲明稱，全國團結委員會的委員們，在蘇軍進入後即立即想暴露他們自己，但處在[illegible]所實行的××××妨礙了這點，因此，他們經過倫敦請求，應把他們的名字通知蘇、英、美三國政府，如果他們略爲知道有被控爲妨害蘇軍的安全時，他們也就不會暴露他們自己了。其他被控的兵

主政治領袖中有克羅尼克博士——前總理戴希奇部長和同僚。

同盟社稱三頭會議 是解決波蘭問題的途徑

【同盟社里斯本七日電】環繞着波蘭問題的美、英、蘇三國的關係，以舊金山會議為契機，完全陷入決裂的狀態。據舊金山來電傳稱：莫洛托夫外交人民委員長，在七日招待記者團時，曾說明希望以圓滿地解決南斯拉夫問題為榜樣，使波蘭問題也不致停頓而獲得解決，問題的關鍵必須依照波蘭民衆的願望來解決。莫洛托夫提出波蘭的民意，這表示他堅持以華沙政權為中心的解決方式，蘇聯無讓步之意已至為明顯。美、英兩國政界面對着這種事態，為打開波蘭的僵局，重又要求召開三頭會議。合衆社舊金山來電稱，波蘭問題只有留待杜魯門、邱吉爾、斯大林三人的協議，此外的途徑已全被堵塞。

【合衆社倫敦九日電】英國國務大臣勞氏今日在上院報告：自波蘭民主黨領袖被捕之消息傳出以後，舊金山方面關於波蘭問題的討論，曾一度停頓。迄目前止，英國政府向未獲悉失蹤波蘭民主領袖之消息，英駐蘇代辦正在莫斯科繼續探詢尤其關於波蘭前總理魏托斯是否仍獲自由一點，特別關心。塔斯社所傳波蘭代表，係由奧古利基將軍所領導，英政府未能證實。

同盟社評論 舊金山會議和印度代表

【同盟社東京十日電】據舊金山會議廣播：蘇聯代表莫洛托夫氏，在四月三十日接見記者團時，言及印度的地位並加以說明，他說：「印度代表出席了這次會議。印度不是獨立國，但大家一致認為聽取獨立印度發言的時候，一定將會到來。蘇聯同意了英國所認為印度的地位雖屬不完備，但印度代表應被邀請參加這次會議的見解。」繼稱：「非洛斯、格奴烏等數名印度代表，參加了舊金山會議，他們都是英印政府任命的。英印政府是英帝國主義統治印度的機關，自來就不是印度國民的政府，從而它所任命的所謂印度代表，雖說是英印政府的代表，但不是印度國民的代表。現在獲得印度最大多數國民支持的國民會議派，他們也不是真的印度代表，不過是英國所僱的傭人而已，只是單純地為英國投一票而派出來的。」另外，國民會議派（按即國民大會黨——譯者）的指導者尼赫魯的妹妹，現在舊金山的潘迪特夫人，聯系到莫洛托夫的聲明，特發表備忘錄，該備忘錄稱：「現在印度只是英國的屬地，沒有國民政府，也沒有國旗；除主人翁英國僱傭或任命的以外，在國際團體裏，沒有交換國民代表，也沒有交換外交使節；這種事態不僅在道義上、政治上對印度很不恰當，而且將使舊金山會議是主權國代表所組成的主張，變成一椿笑

對奧地利建立臨時國政府未依照雅爾塔協定條款與法國商討一層表示遺憾。

同盟社稱 波羅的海三國要求脫離蘇聯

【同盟社里斯本六日電】舊金山來電：立陶宛籍美人，六日向出席舊金山會議的各國代表團提出一備忘錄，要旨如下：「我們要求蘇軍撤退，送還目前被強制勞動的一百萬以上的立陶宛人，在×國的管理下，給立陶宛以機會，以便成立自己的政府」。又拉脫維亞與愛沙尼亞籍美人，亦與立陶宛籍美人相呼應，提出聯合備忘錄，拉脫維亞與愛沙尼亞反對作為蘇維埃共和國，與蘇聯合併。

國民黨六全代會消息

【中央社重慶十日電】六全代會今係第五日，上午九時舉行第六次大會，出席六百一十三人，鄒魯主席，報告事項完畢，即進行關於軍事之檢討與質詢，各代表先後提出詢問廿七件，多着重歐戰結束後我軍與盟軍配合反攻計劃，與整軍、建軍、改善軍隊待遇及役政、增強青年軍裝備，發動準備參加盟軍作戰、優待征屬及殘廢軍人、救護傷病官兵、動員婦女等問題，質問完畢，總裁蒞會致訓，勗勉各代表多提供根本問題而有建設性意見，並指示今後工作方針。詞畢，主席團提出第六屆中央委員選舉辦法，全體無異議通過。至十二時半散會。第六屆中委總額定為三百六十名，計執行委員一百六十名，候補執委八十名；監委八十名，候補監委四十名。下午三時提案審查委員會繼續分別開會，十一日上午舉行第七次大會，將由翁部長文灝作經濟報告。

【中央社重慶十日電】六全大會代表中有百戰沙場浴血抗戰之將士，亦有不辭萬里海外來歸之僑胞，在淪陷區冒險犯難艱苦工作之同志，×××產業工人，邊疆代表。彼輩或係初次參加大會，或自抗戰以來從未×臨我方，蔣總裁除分別召見慰問外，並派侍從室錢主任大鈞、陳主任果夫、陳主任布雷代為招待。

傳羅馬法西斯殘餘暴動 阿梅利之子已被捕

【路透社羅馬一日電】今日公佈：「五百俘虜（包括納粹警衛隊與法西斯份子在內），昨天在羅馬進行暴動，現仍在進行中。」

【合衆社米蘭一日電】墨索里尼與其妻已被秘密埋葬在馬斯吉奧的公墓，墓塚無標記，前意大利法西斯黨書記長斯泰阿斯也葬在附近墓地，不標記的原因，是防止羣衆得悉墓地所在以後，可能將屍體掘出。

話。」上述聲明，是對英國帝國主義的嚴重抗議，同時在世界全人類面前，明目地描述了以民主主義爲招牌的英 美兩國的矛盾和不正當。英國不承認波蘭臨時政府是代表波蘭國民的政府，並以此爲前提頑强地拒絕邀請該國臨時政府參加舊金山會議的要求，但却派遣不是代表印度國民的英印政府的代表出席舊金山會議，是一心一意決心「要維持英帝國」。我們不應忘記聽取「獨立印度的發言的時候將會到來」這句話不僅僅是印度人的願望。

敵稱美艦隊的再編成至爲困難

「同盟社廣東九日電」敵人自開始進攻沖繩島作戰以來，經我特別攻擊隊、航空隊、水上部隊的猛攻以來，已確實擊沉敵航空母艦十四艘、戰艦十三艘、巡洋艦四十四艘以上、擊傷航空母艦十二艘，戰艦十四艘，巡洋艦二十二艘以上。美國海軍主力受到此大打擊後，不得不把作戰開始前，認爲是老朽遲鈍的英國艦隊置於第一綫，而且動員澳洲、荷蘭艦隊參加，由於不斷的被擊沉擊傷，補充已感到極大困難，據到達此間的情報，美海軍並沒有再編成太平洋艦隊的航空母艦、戰艦、巡洋艦的預備艦隊，專門修補破損的艦船，並且把尚未偽裝完好的新造的船艦送到沖繩島周圍。

「同盟社西南諸島基地九日電」沖繩島周圍的戰鬥，由七日下午起惡化，因落「關係，視界不良，活潑的航空作戰已看不到，八日來襲之敵機僅戰鬥機四架，在喜界島僅有二架，這當然是因天候不良，從三日以來，經我特攻隊航空隊的連續攻擊，敵航空母艦會受極大損害，有退出我攻擊圈外的模樣。本島周圍敵艦的勢力，計有戰艦三艘，巡洋艦三艘，驅逐艦十八艘。運輸船廿艘，敵艦隊的行動已見遲鈍。

梵蒂岡及法國不承認奧政府

「合衆社羅馬四日電」現已獲悉，梵蒂岡將不承認奧地利的雷納爾新臨時政府，梵蒂岡人士說：這理由是梵蒂岡戰時未承認任何政府但有一例外即該認爲是法國政府的合法繼承者之戴高樂」據悉：因爲奧地利人口中天主教徒人數佔優勢，故梵蒂岡以極密切興趣注視奧地利問題，非官方梵蒂岡人士相信：奧地利雷納爾政府是蘇聯已在波、捷、匈、羅、保諸國開始的勢力的繼續擴大。

「合衆社巴黎四日電」茲由權威方面獲悉：法國政府聯合英美抗議蘇聯，

「路透社米蘭一日電」親軸心廣播員，英國印度事務大臣的兒子阿麥里・梅米阿（他已被捕），當我在羅維托鎮訪問他時告我：他對意大利國內政治至感興趣，自從三月二十三日自德國抵意以來，已幾無活動。阿梅利及其妻四月二十三日當自米蘭驅車至瑞士邊界的科莫時被捕獲。阿梅利微小瘦弱，鬚髭已數週未剃，襯衣污髒，他說：他曾企圖逃往瑞士，但是他寧願投降盟軍也不願投降游擊隊。他未願談論他在德國的經驗，他同意在去秋曾作無線電宣傳。阿梅利說一口漂亮的意大利話，並與他的意大利朋友以前的政治犯交情甚好。

德國教堂追悼希魔

「路透社里斯本六日電」此間德國天主教與路德教教堂，今日舉行希特勒追悼會，其主題爲德國力量之最後與必然復興，天主教堂不够容納與會的德國人，因而只能裝置擴音機，以便利那些站在庭院裏的人，講師在講敍其殉難的元首在對「布爾塞維主義進軍中所作戰伙的戰鬥」中死亡時，人們爲之落淚。

「路透社倫敦七日電」日本通訊社今日在從德國南部某處來的消息中稱，希特勒有一個時候曾計劃在最後勝利從柏林乘飛機逃走，到某處去重新建立領導權。

「有一種特別飛機可在橫貫柏林的寬廣的大街上起飛，這條街打掃得很乾淨，把一切電燈桿都去掉了，成爲五百五十碼長的跑道。」

「但後來他決定留下來，面對着英勇的死亡。」

反軸心國陣營的一日

「同盟社里斯本七日電」此間收集之各種有力電報，反映了反軸心國國民是如何的等待戰鬥行爲的終了，首先在紐約，當從蘭斯發出的美聯社電訊到達此間後，從摩天樓上拋出的紙片像雨似的淹沒了街道，流在街頭上的人們，比新年時還要多很多，這一帶貿易的華爾街很快的騷動起來，交易所當聽到杜魯門總統正式宣佈時，有十家停止交易，行市立刻發生變動，交易總量亦是一年中最高的，特別是國際電話與美國道格拉斯飛機，成爲營業的中心。在英國亦是同樣的，倫敦是反軸心軍的根據點，街頭爲各國人擁擠不堪，在威靈頓兵營，歡迎最近由德國俘虜收容所被釋放的軍官們倫敦紫華街的廣場緊集了數千的美國兵，對倫的飯館懸掛各國國旗，羣衆擠在街上，因此交通幾乎處在停止的狀態，據路透社消息，英國太平洋艦隊得到德國投降的消息後，太平洋方面的英軍，認爲過去歐洲戰爭在兵員資材上佔優先權，現有歐戰結束後，希望傾注全力於太平洋戰區，飛躍地加緊攻擊日本。

參攷消息

（只供參考）

第八七六號

解放日報 新華社 編

今日出一大張

卅四年五月十二日 星期六

邱吉爾稱波蘭問題無進展
『經濟學家』要求修改英對蘇政策

【合衆社倫敦十一日電】邱吉爾首相本日於下院強力指陳：三強爲波蘭問題所作之努力，無任何進展。議員詢以渠擬於何時發表關於國際問題之聲明，渠答稱：作此聲明之困難，於歐戰結束以前即已存在。即於今日亦未好轉。按邱吉爾首相數週前波蘭糾紛發生時，爲恐下院討論有礙於協商進行，曾取消其原定發表之聲明。渠現甚於同一理由不預定發表聲明之確定時期，邱吉爾首相稱：渠預料外相艾登將於下週自舊金山返此，是時『余將可自外相獲悉此一問題之詳情，外相對美國意見自完全獲悉，且與莫洛托夫會有會商之機會也』。

【路透社倫敦十日電】英外相艾登在他今日記者招待會上說：『所傳已失蹤的十五名波蘭人，幾乎包括一切波蘭地下運動的領導人物。這些人在整個戰爭時期，曾在抵抗德寇的運動中創立了優異的功績。根據我們的意見，他們大多數應參與新國民政府，如果這種政府按照克里米亞決定將確實代表波蘭民主政治生活時。這些人的被捕不可避免地使這兒的關於波蘭問題的工作停止了。現在英美蘇三國政府將考慮情勢，決定今後應採何種步驟。』

【路透社倫敦九日電】蘇聯宣佈十五個波蘭政治領袖（包括前副總理約翰科夫斯基在內），以『搗亂紅軍』而被捕，又引起下院一度辯論，保守黨議員質問勞氏是否知道波蘭人被邀請去談判，是否曾答應過絕對保障他們的人身安全，勞氏回說：『我可以向你——薩沃尼保證：只要是已知道的事實，英政府懂得牠們的充分意義。』保守黨埃摩克問：部長是否將證實或否認塔斯社星期六的聲明，塔斯社會說這些波蘭人即是與古里甚將軍所領導的那一集團的人，關於與古里甚的說法，又是這般××。勞氏回說：就英政府所得

歐東西標本上錯誤了，此種政策在四年不斷的努力後反而產生了波蘭僵局、與地利困難和由於東方波蘭人和西方波蘭人的談判而引起的摩擦』。聲稱英國政策『主要是讓步與妥協的政策』的經濟學家稱：『我們作了這些犧牲是爲了希望能引出蘇聯的友好合作，但是，如果關於這種合作已經得到了什麼的話，它也是遙而不可看見的。當政策面臨着這樣毫無成績的空白時，普通的謹慎要求修改這種政策』。

同盟社論德國失敗原因

【同盟社斯托哥爾姆北村特派員九日電】德國爲什麼遭受失敗？必須指出其重大的原因之一，是由於希特勒背對於黨軍的統制與掌握力以及戰綫的決定性的體制，都已經逐漸鬆緩起來。即是說，在進行戰爭途中，敵人從兩個正面攻打，政戰兩略中的四個主要暗流，有最高指揮部內部流動着，內紛與危機漸趨激化，終於發生了像此次那樣的暗淡的結局，第一個暗流是希姆萊、戈培爾掌握最高統帥部的實權，而蒙語澈底抗戰的暗流。第二個暗流是戈林、里賓特洛甫與英美妥協的暗流。第三個暗流是國防軍元老不管納粹黨是否可能存在，而欲保存德軍的暗流。第四個暗流是保守的資本家欲與第二第三兩個暗流相結合的傾向。但是超越這些暗流的就是鄧尼茲元帥，就是德國海軍。我們將在下面分析這些暗流。第一個暗流——希姆萊，戈培爾：自七月廿日事變以來，希姆萊的勢力突然高漲，他的勢力除了希特勒總統以外，都凌駕於其他領袖之上，他担任內相，警察長官，黨衛軍總司令，國內軍總司令，去年十一月亦賦予××邊境戰鬥部隊的指揮，可以說是幾乎完全掌握德國一切的實權。另一方面，自去夏以來，宣傳部長戈培爾對於外交政策的支配權急速擴大，而里賓特洛甫外長的勢力顯著地低下。里賓特洛甫外交因爲在德國軍事成功的期間沒有抓緊轉變外交的進路的理由，遂於七月二十日事變之前，就成爲黨內兩個集團非難的對象。於是希姆萊、戈培爾擁護希特勒總統，並且掌握狂熱的納粹黨員，死守柏林直至最後爲止。包括在這個暗流內的勞動戰綫的指導者——萊氏南下以便担任阿爾卑斯要塞指揮的職責，據傳黨的外交部長羅森堡失蹤，但是這個消息不確實。第二個暗流是戈林、里賓特洛甫的暗流。由於一九四二年凱特爾的幕僚部非難飛機生產的低下和×弟特將軍企圖自殺的所謂空軍部貪污事件以來，戈林元帥失去了發言權，而且與希特勒總統及宣傳部長戈培爾的關係也冷淡了，近來過着隱居的生活，拚命收買加拿大、紐芬蘭的股票，甚至傳說他

前線，不能證實該消息所說的情事。保守黨甘摩斯上尉問：見於這樣一件事實：即失踪的紳士們中幾乎全部是波蘭職工運動會員，或社會主義運動會員，部長會否收到左翼黨派方面的抗議，勞氏回答：甘摩斯所說的前提我不敢肯定。但當這些事被此間討論時，我確不會收到任何特別的抗議，保守黨羅培得少校問：是否有有力的原因足以相信，這些紳士中任何人仍然活着，

勞氏回說非常抱歉，除下院已經知道的外，不會得到更多的情報。黨議員申威爾問：如果政府擬干涉這類事情，那嗎，佛朗哥將軍上星期槍斃法國抵抗運動某上校一事政府會不會關心呢？勞氏不作答覆，勞氏回答薩沃尼另一問題，說：蘇聯政府曾被要求證實前波蘭總理魏托斯目前是否自由（按：薩沃尼說魏托斯是三月三十一日從克拉科附近他家中抓走的）。勞氏又說：蘇聯政府也被要求證實英國所得消息傳另一波蘭農民黨份子最近也被逮捕之說。有議員要求勞氏說明英政府埋怨蘇聯對英戰俘的處理的原因，勞氏說那是因爲缺乏交通工具可供英軍官赴集中站，醫院及其他等地。因此遲遲地將他們載上運船。勞氏說：還有許多特殊的事件，英國俘虜會忍受很大的困難，包括他們私有物都遭受搶刼，我希望現在蘇軍與西綫盟軍間能有眞正的觸接，這樣才會得到較易而滿意的處理。

「路透社倫敦九日電」英蘇關係由於舊金山會議中波蘭問題討論突然中斷而趨嚴重後，本日已於倫敦莫斯科兩地漸趨明朗。倫敦英議會集會時，各議員紛提關於波蘭領袖失踪之詢問。按波方領袖之失踪，亦即造成舊金山談判破裂之直接原因，但國務大臣勞氏代表艾登外相發言，對「此一嚴重問題」則約略暗示，渠稱：吾人刻正取集其他情報，勞氏說明英國方面之不滿意稱：英國官員除短期訪問外，不能獲允進入波蘭或捷克及奧地利之蘇軍佔領區，同時英人對蘇方之待遇英國戰俘，亦表不滿。反之蘇聯派至英美盟軍戰區之代表，則有行動之全部自由，當英議會熟思此類問題時，莫斯科人民則於英美慶祝勝利日後廿四小時，慶祝彼等之勝利日。邱吉爾首相夫人刻在蘇聯，渠告記者稱：「蘇聯與英語人民於作戰期間建立之友誼如要繼續，則實無愉快可言」。

「路透社倫敦十日電」首要的財政及經濟週刊經濟學家措詞激烈的一文中，要求修改英國對蘇聯的政策，包括「像蘇聯人自己那樣的一樣地斷斷論價」。主張是論及盟國在波蘭問題上的危機的該文稱：「我們政策上一定有什

已與其妻子攜帶二千萬美元的巨款乘飛機逃往國外。另一方面，果賓特洛甫也很早就失去了能動性，只是提議通過斯托哥爾姆、安哥拉、馬德里、里斯本等地向美英呼籲，要使德國變爲美英反蘇的堡壘。戈林與里賓特洛甫的結合都在思想上與赫斯有些關係，而巴本自己在魯爾地區投降美軍，並被俘往某地，他投降的眞實何在還不得而知。我們不必否定他跟那些阻止共產主義的威脅而企圖獲得美英同情的保守派的關係。第三個暗流是德國國防軍的元老派：德軍司令官中最有功績的就是倫斯特德將軍。他是德國國防軍傳統的最典型的武將。他最初是在一九四一年十二月與希特勒總統發生衝突。當時是失敗了。倫斯特德拒絕指揮羅斯托夫的攻勢，就是這個原因。但是以後又和解了，一九四二年秋担任指揮德軍，嗣後就任西部戰綫德軍總司令的要職。美英軍登陸諾曼第後的瞬間，即把總司令的職務交給克魯格元帥。但是克魯格元帥在七月廿日事變中，與雷普那少將共謀，企圖與美英求和，而且把責任轉嫁於倫斯特德，嗣後審問的結果，知道倫斯特德是潔白的，所以克魯格元帥自己被判處死刑。由法國比利時撤退後，倫斯特德再度指揮西部戰綫。在一九四四年倫斯特德辭去西部戰綫司令官，就使黨軍關係劃一轉捩期，在此以前，對軍國政策寄以好意的有力將軍們，亦從這時候表示了對納粹黨政治的離叛。終於爆發了七．二〇事件（七月二十日）。以這一事件爲機會，納粹黨在軍隊中的地位加強了，國防軍陷入不利的地位。曾反對希特勒總統的西部戰綫重點主義，强調東部戰綫危機的將軍們都被黨內的戰略家撤職了。例如倫斯特德、林德曼等人均是如此，特別是像東部戰綫的專門家倫斯特德元帥，在政治上有對西方妥協的準備，一九四三年一九四四年均經過瑞士、葡萄牙的使者與美英軍當局取得聯絡，這是很明顯的事實。第四個暗流是保守派，當習慣於冬季作戰的紅軍，逼近德國國境的時候，希特勒總統才一變過去的戰略，加强東部戰綫，這就是變爲即使在西部戰綫撤退，亦要執行在東部戰綫徹底抗戰的方針，因此倫斯特德在東部戰綫的軍事危險，使希特勒總統感到非常緊要。美英軍渡過萊茵河後，傳說倫斯特德與希姆萊發生意見衝突，隱居於柏林近郊，二日在慕尼黑西南方爲美軍逮捕。此外索貝萊爾、布西克萊斯特、威克斯等將軍亦相繼被捕，但這些人均不是爲紅軍所捕，而是被美軍逮捕，這說明了這些國軍元老派的思想傾向，他們是以儘可能保全德帝國軍爲主要點。又同情國防軍派的保守的資本家，也同樣地急於想保全德國重工業，例如德國化學工業的有力幹部德伊徭、蘇尼

盤，會和佔領地內美英兩國[illegible]工業家聯絡，[illegible]工業家在波尼，積極進行聯絡。

同盟社稱盟國虐待德俘
戈林最近提交軍法會議

【同盟社斯托哥爾姆十日電】倫敦電，戰爭罪犯調查委員會，非正式發表下列聲明：戈林元帥最近即提交由英美蘇三國代表組織的最高軍法會議，戈林雖與故希特勒總統發生過意見對立的事實，但這一切將不予以考慮。

【同盟社斯托哥爾姆九日電】聯合軍當局竟爲苛刻地對待投降的德軍士兵，九日據到達此間的情報稱：當局已命令在荷蘭投降的德軍士兵十二萬人，徒步歸還德國。從荷蘭投降地區到德國本國，有三百公里的路程，德國士兵們雖拿着一個月的食糧，他們沒有搬運食糧的手段，而且嚴禁在途中購買食糧，當他們疲勞與飢餓的時候，他們的運命是不難想像的。德軍俘虜的總數，據路透社估計將不下一千萬，這些俘虜的待遇，將繼續七年之久，在七年期間，爲了聯合國的復興工作而進行強制勞動的服務。

歐洲戰場上
美英軍傷亡統計

【同盟社里斯本九日電】據華盛頓來電，八日美陸海當局公佈稱：關於美軍在歐洲的傷亡，據陸軍截至四月一日，海軍截至廿六日的報告，美軍共傷亡七十四萬七千一百六十四人，就中戰死者十四萬八千三百八十五人，其內容如下：（一）歐洲大陸（包括北非，地中海各地合計七十三萬二千二百七十人。戰死者十三萬九千五百九十八人，負傷者四十六萬七千四百八十人，失踪者七萬二千三百七十四人，俘虜五萬二千九百九十人。（二）海軍合計一萬四千三百四十七人，戰死者八千三百四十五人，負傷者五千三百人，失踪者六百七十二人，俘虜二十九人。（三）海軍陸戰隊（大西洋、地中海、及歐洲方面），合計三十九人，戰死者三十四人，負傷者一人，失踪者一人，俘虜三人。（四）沿岸警備隊（全歐洲海區）合計五百八十人，戰死者及其他不詳。

【同盟社斯托哥爾姆八日電】倫敦來電，英國政府於八日發表自開戰以來至二月廿八日爲止，英聯合王國的兵員損失數爲一百一十二萬六千八百零二人，非戰鬥員的損失數達五萬六千七百九十三人。

在華敵僑新動向

【同盟社東京八日電】政府根據閣議決定的確立中國政治經濟對策，以及次官會議據此決定的關於刷新在華僑胞經濟活動的方案，根本地變更了在華僑民商

日本國民，擔任建大東亞共榮圈的要業，一定會得到東亞十億國民的支援，大東亞民衆要盡全力擊碎強敵。

【同盟××十一日電】條門答臘的居民，已實行兵役制，決心完成戰爭向以日本爲中心的大東亞共同建設而努力。西海岸州參議會會長夏布夷，發表其信念如下：德國投降後，敵人美英對東亞必定加強緊迫，這是可以預料到的。不管事態如何，我們與日本共同完成戰爭的決心則毫無二致。解放東亞民族，樹立世界正義，不論什麼時候都是我們的責任，現在擁護世界正義只有我們東亞民族。今天不論有任何困難，我們必須爲了勝利而盡一切力量，擊滅美英求得東亞民族的獨立與解放。

【同盟社查卡爾塔十一日電】在爪哇，十日與發表德國投降消息同時，並發表了帝國政府的聲明與現地軍當局的談話：一般印度納西亞系毫未受影響。爪哇中央參議會委員長斯卡爾諾，發表印度納西亞民族的決心如下：我們對希特勒元帥之死及德國人民奮鬥五年有餘的精神，寄以極大的敬意，現在是我們完成獨立的唯一時機，現在只有抱定完成大東亞戰爭的決心向前猛進。根據神意，我們在此次戰爭中，一定會勝利，因此德國的投降對我們的決戰意志，毫無影響。

國民黨六大續訊

【中央社重慶十一日電】六全代會十一日上午九時舉行第七次大會，到會中委及代表六四四人，張繼主席，祕書處報告收到各方賀電及文件後，翁部長文灝經濟報告，說明抗戰八年來政府對於經濟建設之措施，關於後方工業中心建設，爲協助前方工廠之內遷，增加後方動力，注重礦冶開發，與液體燃料之增產等。繼論國營事業之政策謂，國營事業之建設，係奉行總理民生主義節制資本，並發達國家資本之遺教，七年來各種國營事業，已有進步，卅三年國營工礦事業產品，達一百七十二億元，所得利益均歸諸國庫。其次報告對民營工礦事業方針謂，民營事業之痛苦爲運輸困難與資金缺乏與器材補充不易等項，政府協助主要部份與由國家銀行給予貸款，自廿七年迄今，政府給予之貸款，超出民間所出之資本。最後論戰時生產工作及解釋戰時生產局之工作，係以戰時需要爲目標之生產工作，凡直接與軍事生產有關之生產事業，均由戰時生產局負責統籌，故當前工作爲兵工器材之製造，至於促進生產之方法與定製產品及充實工廠設備與生產之獎勵等項。旋討論提案，通過撫卹抗戰陣亡將士遺族，增強淪陷區反攻力量等有關軍事議案四件。最後聽取上海北平南

人的指導方針，廢除日本式的統制經濟方式，代之以適應當地的指導企業原理。大藏省於擬定具體細目後，在八日特召集在華商人首腦卅餘名，他們詳細說明具體施策。這次決定的各種施策的根本的指導原理，根據日華間今後聯絡的情況，和當地的經濟情況，着重下列三項事情：（一）當地責任者任意處理當地企業的經營；（二）對於經營當地事業，務要適合當地的經濟情況，變更過去的低物價主義的經營基準，當地企業生產品的價格及費用在原則上與現地物價相等。同時對於當地實業需要的資金，原則上由當地籌集；（三）在中國的日人企業中工作的日華職員薪俸要拋棄過去的辦法，採取與當地物價相適應的『給與』，以便造成一種環境，使其生活安定並能提高工作情緒。從而亦改善政府對於在華企業的監督和統制。

被轟炸下的日本救災法

【同盟社東京三日電】關於救濟受難者問題，天皇陛下前曾賜予優渥的勅語，更賜給御用的錢財。政府與期迅速爲萬全地救濟受難者，在八日的閣議上，付議並決定『關於強化、擴充救濟受難者案』，並於同日下午由厚生省發表該案的內容。這次措置，是想迅速並強力地推進那促進重建受難者生活並使其重返戰列的綜合施策。作爲它的一個環節，採取最大限度地運用受難救濟會的方針。關於強化、擴充救濟受難者案：（一）根據戰時災害保護法而支付救濟金等的手續，應極度簡素化，以期能迅速地支付。（二）爲受難者設立必要的共同宿舍。（三）收容並保護受難的孤兒，和殘廢者等，同時力求萬全地進行孤兒的教育。（四）對於從事特別業務者的遺子，則加以教育，使其成爲英才。（五）對於不能適用戰時受難保護法，而事實上需要救濟的人，也可支付救濟金以作爲療養費用。（六）貫徹對受難者的生活關心和職業介紹。（七）使受災區迅速戰力化，同時爲確保重要都市的災民及殘留者的生活，採取必要的施策。

日寇妄稱有勝利信心

【同盟社河內十一日電】此次被越南帝國政府任爲欽差大臣的塔凡．凱．唐亞，八日接見日本記者團代表就德國敗戰發表談話如下：歐戰的結束，對建設大東亞新秩序毫無影響，並絕對相信日本的最後勝利。我的信念是非常堅決的，我從今年三月九日的日軍行動中，在地球尚未公轉一週之間，已將印度支那地區的敵性勢力一掃而光，日本將士的此種勇氣，使人極爲傾服，此種勇敢的軍隊在世界上是無先例的。爲這一搏鬥精神而感謝的一億

京天津漢口等市黨部代表工作報告，十二時正散會，下午主席團及各組審查委員會繼續分別開會，明日上午第八次大會。

國民黨湘西戰況

【中央社渝九日電】軍委會九日晚八時發表第二次戰訊，湘西方面我大軍，於八日拂曉開始總反攻，迄到黃昏，我已突破正面敵陣多處，我右翼兵團並已攻達洞口、高沙市沿公路南側，我左翼兵團已攻達大橋邊（寶慶西八十里）及山門西南地區，現仍繼續協力向敵猛攻中。我空軍整日飛臨前綫助戰，效果至佳。今我空軍各部隊出擊湘西前綫並長江流域，及津浦隴海沿綫各地，收獲戰果。

【中央社渝十一日電】軍委會十一日發表戰訊，湘西方面我軍繼續猛攻前進，我各路軍復以有力部隊實行超越追擊，均獲進展，戰果至佳。進至寶慶城西八十至六十里地帶我軍，截擊一部潰敵，正加以痛殲。又山門橋、板橋、石馬江、龍潭舖等據點，均被我各部隊於十日先後克復。龍潭舖石馬江均位於寶慶以西一百至一百二十里之公路上，該兩據點爲我克復後，竹篙塘地區之敵向東退路，已被我截斷。

同盟社稱歐戰交戰兵力二千七百萬

【同盟社里斯本八日電】歐洲第二次大戰經過了五年八個月終於結束了，據華盛頓來電，美國陸軍部八日發表：投入歐洲戰場的敵我總兵力二千七百萬，其中反軸心軍的兵力爲一千六百萬，德國方面爲一千一百萬，詳細區分如下：（一）反軸心軍方面，美軍四百萬，紅軍一千萬，英軍一百萬（包括歐洲大陸的航空部隊）法軍五十萬，法國地下軍六十萬（其中五十萬在法國國內）。（二）德軍方面，德軍八百萬（一九四四年夏天）羅馬尼亞軍二十萬，保加利加軍四十萬，芬蘭軍二十萬，捷克軍四萬，雜軍一百萬（主要由波蘭人及蘇聯人組成）意大利軍一百三十萬（至一九四四年底）。

【同盟社里斯本八日電】華盛頓來電，美國陸軍部於八日發表公報如下，美國陸軍爲使德國屈服，所蒙受兵員的損失，截至四月一日爲止，戰死十三萬九千四百九十八名，負傷四十六萬七千四百零八名，另外，迄今爲止，失踪者計七萬二千三百七十四名。

【同盟社蘇黎世八日電】據巴黎美聯社電：關於盟軍佔領德國，報導稱：美英蘇三國軍事當局，在德國民政機關未成立之前，將爲戰敗的德國的最高的政府。（以下缺）

參考消息

（只供參考）

第八七七號

解放日報社 新華社 編

今日出一大張

卅四年五月十三日

星期日

傳日寇會向英美提出和平建議

【路透社倫敦十三日電】泰晤士報駐華盛頓特派訪員克勞福德報導：『據現在獲悉，日本會經過莫斯科，在羅斯福逝世之前向美國，可能亦向英國，提出和平建議，但此建議不是無條件的，日本希望保留滿洲國及台灣，以及國內三島，僅交出其陸軍、海軍及空軍。此建議如此不能令人滿意，以致它甚至未被答覆。』

柏林廢墟中尋出四具屍體類似希魔

【合衆社柏林九日電】可能是希特勒的屍體至少有四具已為蘇軍發現於柏林，此四具屍體無一具能確切證實是希特勒的屍首。但戈培爾的屍首和波爾曼家屬及其他許多納粹高級人士的屍首，已被相當確定地證實。一週以來，蘇軍即搜索希特勒及其瘋狂集團堅守至柏林完全被毀後的地下堡壘的廢墟。與希特勒相似的屍首四具已從廢墟堆中掘出，並由專家攝影。但蘇人已開始相信，能被證明是希特勒的之屍首是不會被發現的了。希特勒的最後司令部是在總統府地下的巨大掩蔽部中，有地道可通至軍部、最高統帥部及動物園等處的地下室。只有在柏林地面已被佔領、地下堡壘逐漸焚毀之後，納粹主義的最後一個據點才被攻陷。希特勒可能死於此曲折的地下通道中，他的屍體已被焚焦，不可辯認。蘇方人士稱：希特勒可能事先為其夥伴殺死，但最後經過通道而延燒的火燄，可能已永遠地焚毀了希特勒如何死去的確切象徵。

同盟稱柏林部份德寇暴動 日駐德大使被美軍扣留

【同盟社斯托哥爾姆十一日電】據自柏林發出的塔斯電稱，部份德軍不肯無條件投降，突於十日夜，在柏林市內發生暴動，刻正與紅軍展開激烈的市街戰中。組織暴動的德軍主要是由便衣的警衛隊隊員構成的，到處把砲火與地下鋼軌投

戰勝利的日子未作準備，不要認為日本因她的盟邦德國的敗北而感到恐懼。』只有蘇聯，現在還沒宣佈歐戰已結束，在舊金山舉行歐戰勝利紀念典禮時，莫洛托夫氏謝絕出席會議，莫氏稱：『和蘇聯接壤部分仍處於交戰狀態，血仍在流着，以是宵不參加。』莫洛托夫採取獨自的態度，這是值得注意的。

路透社報導卡塞林談 德國失敗的原因是由於盟機的轟炸

【路透社隨軍特派記者奧克沙特自盧爾斯堡西七十哩的麥爾斯德登來電】××××入的卡塞林元帥今夜告我稱，他認為德國被戰敗之理由有三：第一、盟機的戰略轟炸。第二、盟國低飛戰鬥機的襲擊。第三、對德國平民的恐怖空襲。他說，『我們很抱憾的說出這點，因為我過去曾任過空軍司令』。卡塞林是一個中等身材的胖子，頭已部份童禿，有一雙愉快而褐色的眼睛，身穿咔嘰布制服，並佩帶各種勳章。當詢以他是否相信希特勒已死時，他答稱：『我完全相信』。他嘲笑希特勒業已自殺之說，並說：元首決定在柏林進行最後抵抗，××××為紅軍生擒。卡塞林對斯大林的軍事天才予以崇高的讚揚，但認為德國兵優於任何一個俄國兵。他說，他不知道為什麼德國不在英國登陸。作為空軍司令，他希望這樣，並會認為應當這麼做。他有力的說：『德國從未想使用毒氣。』他繼稱，希特勒或許徵測與英美構和的任何機會。卡塞林宣稱，他對V武器（即飛彈等秘密武器）從來沒有信心。在答覆政治對於與德國軍事行動的影響時——他說，他在意大利的權力是絕對的。他說，希姆萊從未干涉過軍事行動除在其黨衛軍師團內，他無權這樣做。詢以他什麼時候認識戰爭已告失敗時，卡塞林說：『只要一個司令能向其部下發佈命令時，戰爭並未失敗』。

波蘭疆界西移

【合衆社倫敦十二日電】今日盧布林廣播稱，在蘇聯支持下的盧布林波蘭政府，已開始儘量向西移至奧得河德國之境界。首批波人一千餘人，在未來若干日將由羅茲前往法蘭克福，担任該地政府機關工商業手工業以及交通部門之職。奧得河上法蘭克福損失甚微，該商業城市現正等候波蘭之拓荒者。今日另一廣播特別提及斯德丁，波人認為該波羅的海港口，對戰後強大波蘭至關需要，故提出該港之所有權要求。此外並要求將斯德丁大工廠之出產貨物，供波蘭之用。倫敦外交界人士稱，波人派行政人員至法蘭克福，係為蘇政府執掌工作，在和

入水中，或手持武器頑强地抵抗紅軍。截止十一日正午爲止，柏林的秩序似仍不能恢復。

【同盟社蘇黎世十一日電】據德國南部美第七軍的美聯社隨軍記者發出的電報稱，大島駐德大使等一百三十名日本外交官，已被美第七軍扣留。

【同盟社里斯本十一日電】華盛頓來電，英美救災復興會議事務總長李門，十一日稱：將來即使德國發生任何情形，我們絕不供給德國以粮食，我們絕不予德國以供給粮食的權限。

同盟社稱柏林盟國佔領區行政關係未定

【同盟社東京十一日電】歐洲戰爭經五年八個多月而告結束了，盟邦德國已不存在於這個地上，剩下的只是德國的形骸。投降後的第二天，鄧尼茲元帥向國民說明這種狀態：『納粹黨已消失，國家和黨之間的一致已不存在，德國依此建設起來的基礎已四分五裂。德國被佔領的結果，一切權力已歸諸佔領軍之手。我和我所任命的德國政府，是否能照舊行動，惟有等待佔領軍的決定。』如此，現在鄧尼茲政府已成了沒有自己的政策的政府。反軸心軍司令部如果認爲鄧尼茲政權有利用的價值，這個政府大概還可能存在。如果反軸心軍決心清洗，明天就可以新的傀儡行政機關取而代替它。另一方面，紅軍已任命德國人爲柏林市長，大批的蘇聯施政官，已到達了湯伯霍夫飛機場，柏林市民的登記和粮食配給等也已在逐步進行中。根據目前的情況，這些蘇聯佔領地帶，跟英、美軍佔領地帶，行政上的關係究竟如何，完全沒法預測。英首相邱吉爾和美總統杜魯門，兩人都發表聲明，告知國民歐洲戰爭已經結束。邱吉爾指定八、九兩日爲歐戰勝利日，因戰爭告一段落而顯示頗爲安心的氣色。而杜魯門却號召國民今後需努力和勤勞說：『橫在我們前途的任務，和我們已完成的事業相比，具有同樣的重要，緊急而困難。』他僅規定十三日的星期天爲紀念日，慎重地慶祝歐戰的結束。美國迴避和英國作同樣的慶祝，這種對照可說是頗堪注意的現象。美國方面的言論，不僅是杜魯門的聲明，一般都同樣地未陶醉於歐戰的結束，而警告對日戰爭的長期與困難，這是一個特徵。太平洋方面海軍最高司令官尼米茲聲稱：『我們並未期待對日戰爭會很快結束，現在我們已能傾注全力於對日作戰。任務不容輕率樂觀，還有極困難的戰鬥和極困難的事業要求我們去做。』副國務卿格魯提出警告說：『日本雖然已處於孤獨，但她是强大的，她仍舊巧妙而頑强地戰鬥着。不要認爲日本對歐

平解决波蘭西部疆界前，自不能談及英方承認波人此項要求之問題。

愛爾蘭隱藏納粹

【路透社柏林十日電】所傳希特勒、希姆萊和威廉•佐依斯（曾在德國廣播過）乘德機一架於週末着陸愛爾蘭的謠言沒有根據，所謂飛機上的三個人，只是三個重要德國空軍人員。

【路透社斯托哥爾姆十日電】瑞典外交部正式聲明：謠傳希姆萊在瑞典一節，毫無根據。

英人評對日作戰

【路透社倫敦十一日電】權威方面關於『反日戰爭在德國無條件投降後仍將進行一年半至兩年』的意見，現在恐將被重新考慮。盟國的全部注意力現在只需要對付一個戰爭，日本已遭受去年秋天尚認爲是不可能的失敗。他們的國內戰綫已發生震動。自德國投降後得顯著的事實以來，日本的整個宣傳，即轉向於安定蘇聯。日本的目的是與蘇聯維持友好，另一方面則對英美作戰。日本顯然將其政策建築在那個估計上。第一，蘇聯當它在與其盟國爭執東歐問題時，將響應日本的友好建議。在此條件下，日本顯然以爲蘇聯將導願保持中立，而不願在歐洲形勢未得解决之時，又被捲入戰爭。第二個估計是：一旦在歐戰結束時，英美總的戰爭努力即將鬆弛。重建工作與戰後貿易的需要，將分散一些可能用於對日的努力。如果日本能在此種情形下堅持下去，盟國將使遠東戰爭並達到公平的解决，這些顯然是日本今天的政策。他們將在一定時間，可能達幾個月。（缺）軍隊及裝備之自歐洲運至遠東將需要（缺）如果這點不能達到，他們將再圖接近。他們仍須說服駐在中國的陸軍頑固派，使他相信這個政策。因此，盟國能够集中兵力的迅速決戰，將能縮短遠東的戰爭。

敵陸海軍報導部合併爲大本營報導部

【同盟社東京十二日電】上月廿七日，陸海軍首腦部會以鈴木首相爲中心，在首相官邸舉行集會，就戰爭必勝的施策，特別是發揮陸海軍戰力的問題交換意見，講求適應戰局的具體施策。此次改組情報局機構，合併大本營陸軍報導部與大本營海軍報導部，新設大本營報導部；部長由松村陸軍報導部長担任，次長由栗原海軍報導部長担任。過去關於陸海軍作戰的報導，分別由大本營陸海軍報導部管掌，在兩報導部的密切協調之下實施，爲了使陸海軍作戰的報導工作更加一元化，採取了此次的措置。昭和十二年十一月十八日，設置大本營以來，已

[illegible]令，兩報導部對於軍事報導負有重要的功績，此次兩報導部又在新機構中再新出發，同時在作戰上無直接關係的軍事報導將經過情報局報導，過去陸海軍報導的職員任情報局職員。

朝日新聞信箱欄表示日人的情緒

【同盟社東京十二日電】今年四月投寄朝日新聞信箱欄的稿件總共三百五十餘，比上月減少三百件，最近投稿數量有激減的傾向，其中關於加強防空和本土變成要塞的稿件佔百分之二十三即佔第一位，特別是青年呼籲加強本土各種的戰爭設備，關於疏散的稿件亦佔一百餘件，此外還指責不道德的商人的橫行霸道和手續的繁雜、運輸問題的嚴重，稿件中還說如果當局的措置是不可信賴的話，那些只謀自己一個人的安全這樣，任何困難，只有更增加困難，現在站在指導地位的官吏，其反省要比人民深刻十倍、廿倍。有的稿件說：『所要求於鈴木內閣者不是口頭上的指導，所希望於內閣者，就是恢復人民對內閣的誠信。』這些都是青年男女憂國心情的表現，前數個月佔投稿主流的關於政治家的生活、黑市、囤積居奇、香烟、疏散學生等問題，現在是減少了，但是這並不是因為問題解決了，而是因為有的問題說厭了也沒有解決，所以不提，他們現在都超越生活問題而為國家的命運和民族的前途着想。

同盟社傳澳大利禁止慶祝歐戰勝利

【同盟社里斯本十日電】悉尼來電，在全世界上，渡過最陰暗的勝利日的，要算是澳洲了。官憲的壓迫，沉重地緊壓着國民的胸懷。在悉尼，旅館、劇院、跳舞場以及其他一切娛樂場所，都緊閉了門，只有動物園之類，才開着門，飲食店營業的只有二、三家，鐵路正處於罷工的高潮中。想慶祝戰爭勝利，但卻無從慶祝。陸、海、空軍的將士，挽着女朋友的手臂，餓着肚子，在街上徘徊着，原因是沒有飯館。警官一發現有舉行慶祝的，眼睛裏就冒發厭惱的怒氣，瘋狂地亂趕，想驅散在路上跳舞的人羣。在普里斯本，市民集合起來想進行合唱，但十多個警官尾隨其後張望着，如果市民騷鬧起來，就準備加以逮捕。任何地方，所看到的都是兵營式的統制和抑壓。悉尼電訊報在社論中評稱：在整個聯合國中，只有澳洲才穿着粗糙的衣服，渡過頭上像被傾潑了灰塵那樣的日子。值得憂慮的是澳洲國民雖然顯露了憂鬱的臉孔，但卻默然地遵守政府的禁令，對於官僚主義的極端行為，看來似乎連反抗或些微抗議的意志和毅力都已

韓梅岑、彭學[illegible]

【中央社重慶十二日電】六全代會今晨九時舉行第八次大會，李宗仁主席，繼續作戰地黨務工作報告。

湘西戰況

【中央社黔中十一日電】圍趨於高沙之敵，以為敵之後續部隊，經我南北兩路大軍合力圍攻，當於十一日晨克復小門。

【中央社黔中十日電】連日敵受我方包圍攻擊，處境日益艱危，已分由武岡，武陽經高沙市向東北潰退，現僅有敵一部，仍逗留於高沙市附近，不難就殲。江口附近之敵，遭我不斷打擊，已分向洞口出門潰退，現我追擊部隊，正分途包圍聚殲中。放洞之敵亦被擊退，現我追擊部隊，已越過望鄉時，我各路追擊部隊，於九日到達龍潭舖、黃橋舖，另一部到達鳳橋寶。

戰時生產局工作狀況

【中央社新聞資料】為加強戰時生產的工作，政府於卅三年冬有戰時生產局之設立，卅四年一月，行政院液體燃料管理委員會及經濟部工礦調整處，均劃歸該局管轄。二月復裁撤工礦調整處原有事務，悉併該局辦理。

戰時生產局之主要任務有三：一，促進國內軍用及民用必需物資之生產；二、審定對國外器材之購辦及核定美國和租借法案物資；三，籌劃生產資金。（促進生產）促進國內軍用及民用必需物資之生產，其方法：一、預定各廠礦出品，先付定金，至卅四年三月止，總計定金達二十三億餘元；二、儲購作戰有關物資，截至卅四年三月止，已付定金及價款共一億六千四百餘萬元；三、租賃工業設備，由各廠礦租用，規定具體用途，生產目標及其他必要條件，以增強其生產力；四、籌墊資金，截至本年三月止，對各廠礦之短期墊款，共達八億零一百餘萬元；五、協助技術，規定製造規模。協助各小工廠聯合工作，鼓勵各大工廠專業化，並聘美國專家分赴各廠指導技術之改進；六、代籌需要，原料器材不能自製者，提倡利用代用品或由外國輸入或獎勵研究試製。

在該局指導監督之下，鋼鐵本年可生產三萬四千餘噸，較去年增二倍，銅本年可出產四百噸，鉛二百噸，鋅六百噸，煤焦本年二月，嘉陵江區生產六萬四千噸，較去年十二月增六千噸，電力卅三年平均每月發電一千三百六十四萬三千〇六十九度，卅四年二月已增至一千五百六十八萬〇八百六十九度，

要失了。

敵國民義勇隊協議會開會

【同盟社東京十二日電】政府爲協議關於運營國民義勇隊的基本事項，在內閣設置以阿倍內相爲主席的國民義勇隊協議會，於十日委任狹水內閣書記長官（狹水前會誤譯爲迫水——譯者）等卅四人爲協議會員，十二日下午二時在首相官邸召開第一次會議；席間，鈴木首相曾致辭闡明國民義勇隊的性質，任務，以及對它的運營，同時爲求它能迅速組織與健全的發展，熱望各種國民團體能積極地予以協助。接着，主席阿倍內相就協議會今後的運營要領，說明下列三點：（一）在協議會於必要時，將隨時召開會議。（二）在協議會上交換有關國民義勇隊的各種情報，協議關於運營國民義勇隊的重要事項。（三）有關協議會的庶務歸內務省掌管。接着，由灘尾內務次官說明組織義勇隊事宜，並展開討論，於四時零七分散會。

官吏薪俸每次支付三個月

【同盟社東京十二日電】政府爲求迅速地處理戰時施策與防備非常事態，於最近改正會計規則等的戰時特令，於十二日將之公佈，即日付諸實施。這次改正中，最引起注意的，是關於了爲緩和官廳出納管理的人手不足而採取官吏薪俸每次預支三個月的辦法。政府將於五月份開始實施這種預支薪俸的制度。政府根據這一新的規定，從今年五月開始，以後官吏的薪俸每年分發四次。但在目前，五月份發薪俸那天則發給五、六兩個月份的薪俸，到七月間則發給七、八、九三個月份的薪俸，而到十月間則發給十、十一、十二三個月份的薪俸，即是說每隔三個月發一次，每次預支三個月薪俸。

國民黨六大聽取魯、晉、冀、浙報告後成立特種審查委員會

【中央社渝十二日電】六全代會，十二日上午舉行第八次大會，到中委暨代表六四一人，李宗仁主席，繼續聽取山東、山西、河北、浙江等省四黨部黨務工作報告，旋通過組織特種審查委員會，潘公展、王世杰、張治中爲召集人，至十二時散會。下午各組審查委員會開會，六全大會一部份當選代表，因交通困難，未能及時趕到，依法由候補遞補代表。資格審查委員會通過遞補代表有蕭志誠、劉修如、周天賢、王汝章、梁敦厚、馬步青、高桂滋、錢公來、格桑澤仁、蔣夢齡、屏恩忱、張彝鼎、周偉龍、錢卓倫、鄒作，華

液體燃料卅四年一、二、三三個月共產酒精約五百萬加侖，較去年同期增百分之六十，兵工器材一面充實軍工廠設備，一面扶助民營工廠製造軍用品，截至卅四年度三月，已付定金及貸款十六億二千六百餘萬元。

（國外物資）國外器材之購辦，戰時生產局審定之金額，由該局逕向印度辦理購運手續，所有各機關以現款及英美信用貸款請購國外器材等件，均由該局審核及協助認購。截至卅四年三月底止，該局代各機關認購各案，共計三萬三千零七十四噸，審查各機關申請器材各案共計四千三百八十六噸。

美國租借法案物資之申請，除製成軍械，由軍事機關核定外，其餘經戰時生產局核定彙向美方申請，軍委會國際物資組織權由該局接辦，空運抵昆物資，由該局集中接收，截至本年一月止，美方租借物資已啓運者，共卅五萬一千零三十五點三五噸，共值美金四億四千二百七十七萬八千一百零八元五角一分，其在途中者，二萬零六百五十三點二四噸，已抵印度者卅一萬四千八百零七點七七噸，損失者一萬五千五百七十四點三四噸，以器材分屬於航空類，二萬五千六百八十點六五噸，兵工類一十九萬七千三百七十七點七七噸，工礦類一千四百六十七點三六噸，醫藥類五千四百一十三點零五噸，交通類一十一萬三千六百四十點五一噸，其他類七千四百五十五點八零噸。

（生產資金）促進戰時生產，應有財務上之適當籌劃，戰時生產局成立之始，即與交通，中國，郵匯，中信四行局商妥，透支一百億元，專爲定貨墊款儲購器材及轉墊各廠擴充設備之用，至生產事業經常所需之週轉金，則仍由各行另行貸借。××由該局派定代表參加四聯放款小組會，以資聯繫，該局墊助資金，分短期墊款及長期貼金兩項，截至卅四年三月底止，該局貼助戰時生產之款項，計有代付購料定金及貸款十七億六千四百七十七萬一千九百七十四元二，儲備器材定金及價款一億六千四百零四萬元，×××款八億零一百六十三萬二千元，總計廿七億六千零四十四萬三千九百七十四元。

偽滿實行強迫勞動加強勤勞俸公制度

【同盟社新京十一日電】滿洲國政府，爲了完成重要建設和緊急生產，以適應戰局，於十二日公佈國民勤勞俸公法的修正案及國民勤勞俸公隊司令部令，即日實施之。這是當做決戰勞務的對策。這樣，國民勞務俸公制，把義務的服務日期延長爲三年，其他重要工場設置生產隊。另一方面，厚生部國民勤勞部及其外局——國民勤勞俸公隊總司令部，於十二日成立，而民生部與國民勤勞俸公局即加以廢止。

參攷消息

（只供參考）

第八七八號

解放日報 新華社 編

今日出一大張

卅四年五月十四日

星期一

艾登談波蘭問題

【中央社舊金山十日專電】英國外相艾登今日舉行首次同時亦爲其臨別之記者招待會，發表英方對舊金山會議最近發展之了解。並論述難於解決之波蘭問題，渠稱關於波蘭問題，四強均係在舊金山會議之外討論之，渠欲消除外間印象，以爲四強欲以其本身之觀念，強置於舊金山會議。但承認迄今四強所談論者，皆係本身之提案，四強對於會議中大多數之基本問題，以及多數關於頓巴敦建議之修正案，均已獲得協議，英代表團認爲最富意義之修正案，爲授權安全理事會，得對世界機構所將採取之任何行動，加以討論，並提出建議是否安全理事會可贊同，除採取戰爭行動以外之每一活動，四強不得阻止之關於最重要之區域規劃問題尚未獲解決。渠深信如區域辭定之目的係在加強，而非替代未來世界機構之功能，則必可獲得解決辦法。關於在會外商談之波蘭問題，因波人十六人被捕，致使無法繼續商談。蘇聯所捕者幾皆爲波蘭地下活動之領袖，其中若干人，英美認爲可以容納於依照雅爾達會議組成之波政府者。（下缺）

【合衆社舊金山十日電】英外相艾登於評論朝鮮獨立問題稱：不幸此時討論朝鮮之問題，吾等對其將來實無把握，繼稱英國在巴力士坦，已充分盡其國際委任統治之任務，記者詢以希臘現政府是否能代表民意，外相答曰：英國之政策，係主儘速舉行自由選舉，如有人願來希臘親自一見，吾人在希臘之所作所爲，吾人自表歡迎，且甚願彼等在其他國家，能享有同樣之便利，後者係指蘇聯討厭英美觀察界人士前往巴爾幹而言。

【路透社倫敦十三日電】英國星期日報紙『觀察家』特派訪員今日稱，尤許盟國公正的、政治上無偏見的律師，來爲被控對紅軍牽制活動的十六位波

全體會議加以控制。本日復悉法國已提供其對國際託治制問題所持之態度，法國主張取消雅爾塔會議關於國際託治制所規定之第三類區域，即志願置於國際託治制下之領域是也。至於英美計劃法國則在此兩者之間，據悉全體代表，均以最大合作態度進行關於國際委託制問題之商討，預料將建立原則，並呈交聯合國會議作進一步之討論。據稱此類會商目的僅在建立原則及機構，特殊區域並未商及另悉中國對頓巴敦橡樹林會議建議案所提之一切修正案，均本一種目標，即使聯合國世界安全組織更趨有效是也。

【合衆社舊金山十二日電】會議現已到了沉入委員會工作日常細節討論的階段，每一個國家在十二個委員會每個委員會上都要對所建議的憲章之一切辭句表示它的意見，大國家漸漸的不耐煩了，他們想要草就最後的文件然後回國，某些小國憤慨於『加速會議工作』的努力，（缺半句）。大國與小國間的衝突已醞釀若干日了，美洲二三十個國家向第一大組委員會（關於原則問題的）提議各修正案草案應符合在全體大會中代表小國的聯合意願的原則，小國想要大會應具有主動提出建議的權利，即令安全理事會正在處理爭端時也是如此，又在理事會停止行使對爭端行動時，大會也應具有正式通告，或進行某些其他程序之權，這樣大會即能使大會權力增至力促理事會去調查爭端。

英傳蘇要求佔領滿洲 保護朝鮮控制台灣

【路透社舊金山十二日電】路透社訪員報導：此間外交問題專家密切審察，蘇聯方面突然對美國委託制建議提出修正案一事，今日全世界領袖面前出現了蘇聯歷史上第一次成爲大的殖民地強國的可能性，據未證實消息，莫洛托夫在華盛頓曾與杜魯門總統討論分配太平洋上某些領土給蘇聯的問題，又據倫敦方面傳來未證實消息，蘇聯擬找求下列的改變：第一，蘇聯佔領滿洲——當作過去敵國的領土；第二，高麗受蘇聯保護；第三，歸還日俄戰爭後割讓給日本的領土和財產；第四，以某種形式，把台灣歸給蘇聯控制，已有非官方的聲明，提及蘇聯與英美方面會談處理現在仍爲日本殖民地的一部分的領土的問題。據指出，只要蘇聯仍與日本和平相交，蘇方關於這個問題的這種官方聲明就不能××。蘇聯關於委託制的建議之重要性，在於這是第一次官方文件，其中蘇聯沒有稱日本爲××××日本失敗後從日本手中取得領土之處理和控制問題則××根強有力的意見。（下缺）

人辯護，「將是公平審訊的最低保證」。「審訊的準備工作，正在積極進行中，各種象徵顯示，蘇方根據軍事秘密之故，希望審訊是祕密的」。

同盟社稱 斯大林拒絕討論波蘭

【同盟社斯托哥爾姆十一日電】據新聞紀事報報導：杜魯門、邱吉爾二人，關於蘇聯逮捕十六名波蘭人問題，曾致備忘錄給斯大林，要求對這事加以說明，但斯大林率直地予以拒絕，謂在目前的基礎上，不可能討論波蘭問題，由此蘇方的強硬態度，更加明顯。

【中央社舊金山七日專電】四強對頓巴敦計劃修正案又進一步獲得意見一致，據悉：彼等之間所餘之四項問題已有兩項獲得解決，即（一）世界安全機構憲章應准許安全機構大會提議消除可能引起戰爭之情勢，（二）使安全機構對非以聯合國現行敵國為對象之同盟有管轄權。尚待解決之兩項問題則為波蘭問題與託治制度問題。波蘭問題自極重要，且一般均以肯定之態度稱：即令高度要求蘇聯遵守雅爾達協定解決波蘭問題者，亦一致認為波蘭問題應勿妨礙擬訂世界憲章工作之迅速進行。又悉：五強關於將殖民區域及戰略根據地置於新國際機構管轄之下一項問題，幾已擬定，可以接受之方案。五強關於託治制度問題之又一會議，預定本日舉行。預料其後託治制度問題即將交與託治委員會擬訂細節。目前會議之中心問題，及各小國是否能於未來數週內使四強同意減少常任理事國之否決權。

中國代表團對統治制意見

【中央社舊金山七日專電】中央社記者本日自權威方面獲悉：中國對國際託治制問題之態度，及中國代表向過去數日內在此舉行之五強協商所提之各項建議，並調協英美衝突觀點，極其有助，英法美蘇四國代表一致讚譽中國代表所作之各種建設性建議，──凡此對國際託治制討論之進展，極多貢獻，據稱中國並無特殊私圖，並對國際託治制之政治問題，採取中立態度，並保持其本身之獨立政策，此已使協議獲有空前之進展，某權威方面人士，本日告中央社記者謂：英美關於國際託治制所持態度之基本理想，乃屬一致，美國強調涉及戰略區域之地理問題，主張以此交付聯合國安全理事會管制，安全區域以×讓國主張施行範圍廣汎之監督，並予國際託治制下領土居民以更多之保證；英國計劃着重功效問題，主張少受聯合國機構之控制，國際託治制，如經建立，英國則主張由聯合國機構下之

敵書記官等抵莫斯科

【同盟社莫斯科九日電】（遲到）日駐德大使館的小室商務書記官三井商事會社之三宅柏林支店長等，及其家屬共三十五名，與同盟社的柏林特派員一道，於九日晨自德國抵達莫斯科，同日下午並自莫斯科出發回國。

中央社報導 蘇對日態度

【中央社舊金山九日專電】歐洲勝利日今已度過。此間聯合國會議人士最關切之軍事問題乃蘇聯對太平洋一般戰事及對日本所持之態度，莫洛託夫此次出席聯合國會議，僉信渠與中英美三國代表團首長晤商時，可能將太平洋作戰問題亦予論及。無人懷疑美英及其他盟國終可擊潰日本，但人人均盼蘇聯將向日本宣戰，從而加速全球性大戰結束之期。曾受德軍蹂躪之其他歐洲各小盟國，雖不能於太平洋之戰中作任何重大貢獻，但莫洛託夫對此間英美官員對於及早結束對日之戰之認真態度，則必獲深刻印象。莫洛託夫離此後，此間觀察家感覺宋子文及莫洛託夫兩氏×××開幕後在四強會議中歷次會商之重要會談，此乃中蘇外長首次同晤一堂。彼等於數十次正式接觸及私人酬酢中，對促進中蘇了解及友誼，自必有甚大進展。舉世不譏以極大興趣注視蘇聯對太平洋戰爭所持政策，且亦同樣注意和平恢復後蘇聯對於歐亞兩洲之態度。莫洛託夫留此期間，僅有一次提及蘇日關係。此即本月七日莫氏於其在此舉行之末次記者招待會中答覆詢問稱：蘇聯對日政策仍與莫斯科於四月間所發表者無異。渠所指者顯為蘇方關於通告廢棄日蘇中立條約一事所發表之聲明。

五月中的大阪通訊

【同盟社大阪十二日電】九日來襲大阪的B二九式機兩架之中，有一架被我擊中落下，以降落傘企圖逃走的十名駕駛員，均變為粉末，落在布施市方面，敵人在我高射砲威力之下，一定會深深記住對日空襲的可怕。

在大阪府的村莊裏，努力於松根油（航空燃料）的增產，四日份一般的成績是非常之好，在豐能村、東鄉村、歌垣村，較分担量超過了二倍。大阪府知事會發給這些生產者感謝狀，送給他們手織的絲布。

松根油之下，松脂亦可作航空燃料，一莖一莖的採集者，在許多山地將松樹的表皮剝開，用竹筒接住，生松脂即可深滿，這一作業女人小孩都可以担任，在高槻市、枚方、津田、黑田的每一個山上，一羣婦人就做這一工作。

堺市、大濱市町會、町會會長又是『大濱塾』的校長，於一日上午八時在國民學校封閉後，向低年級生及尚未疏散的學生，實行××村塾式的國民教育，町會長是堺市會長三浦忠氏，他表示爲了將培養這些學生供獻出他的一生。

波蘭『地下軍』司令波爾抵英

【路透社倫敦十三日電】前波蘭地下國內軍司令波爾・科摩羅夫斯基將軍，今日乘機抵英。波爾將軍因組織華沙起義而著名。在六十三天的戰鬥中，他被委爲倫敦政府指揮下的一切波軍的總司令。同時，莫斯科波蘭委員會斥責他爲『罪犯』，因爲他下令過早起義。蘇聯報紙後來指斥他與德國合作。波爾爲德軍所俘，德國人爲了加强波蘭爭端，曾稱他爲『勇敢而堅決的軍人』。他是被美第七軍解放的。

【美新聞處華盛頓十日電】美戰時(缺十餘字)戴維斯本日宣布：在軍事佔領期間，聯合國之報章雜誌，不得在德國流通，其限期不定，對於各外國商業，亦將施行同樣禁令，德國某數份報紙，仍將出版，但須受盟方軍事當局監督，戴氏稱此一政策，對於在德國境內可能發生混亂(？)之情況下，維持秩序自屬必要，此政策爲盟國歐洲遠征軍總部之心理作戰，組×××者，美國佔領軍自應訂閱其本國之報章雜誌，關於無定期禁止在德國外籍商人之貿易，乃各有關政府同意者，但戴氏未加補充之說明。

【中央社日內瓦十一日專電】瑞士外交政策雖屬中立，但在德國無條件投降後，立即與盟國一致，以熱烈情緒，慶祝盟軍在歐洲之最後勝利，每一公司房舍上，均懸掛英美蘇法及瑞士國旗。

蒙特婁條約問題

【路透社倫敦十二日電】路透社外交訪員星期五報導：土耳其出席舊金山會議的代表團，正式否認土外長已採取通知列强　關於土耳其願意修改蒙特婁條約——管理國際使用韃靼尼爾海峽的權利——的步驟，關於此事，此間權威人士並不認爲需要取消及早期檢討蒙特婁條約。

鑒於因戰爭而產生的形勢，協定將需要有某些改變，以處理韃靼尼爾海峽底國際地位，這是很明顯的事情。條約本身並未包括可自動廢除該條約的條款。

而該條約原來的締結者，爲日本，保加利亞，意大利，羅馬尼亞，都是這

全體同盟國家對此神聖任務之完成，均曾作偉大之貢獻。在歐洲方面，法蘭西、比利時、荷蘭、挪威、捷克、波蘭、希臘、南斯拉夫及丹麥各國之英勇人民，六年以來，無不呻吟於納粹鐵蹄之下，然其對於敵寇堅强抵抗，折而不屈，實大有助於共同勝利之獲得。吾人實不能不表無限同情與欽仰之忱。對於民主國家陣營中之西方三大國家，舉世之人尤須向其表示最高之讚佩。一九四〇年夏間，當納粹德國軍力最盛，雄視歐陸之際，大不列顛帝國幾爲民治主義在西方之唯一鬥士。英國人民因具無上之勇氣與至大之决心，不惟在其歷史中最艱險之時期安然渡過危難震撼之關頭，並給其他愛好自由之民族以無限之激勵。有如古代神話中所傳述之鳳鳥，大英帝國已轉危爲安，獲慶再生，且國力倍增，光輝燦爛，更甚於前矣。

同樣可欽佩者，即蘇聯人民所表現之英勇意志，及堅忍不拔之抵抗，使納粹武力挫頓於莫斯科之門前。而其軍隊銳不可當之反攻，則由三千英里之血路將德人步步驅回，直至納粹主義之中心堡壘——柏林——爲蘇軍攻克。尤以列寧格勒及斯大林格勒兩戰役，更爲輝煌無比。而紅軍之英勇戰績，實在與世界解放戰爭歷史上造成永垂不朽最光榮燦爛之一頁。

對於民主主義兵工廠之美國，全世界人類誠懇永誌銘感。美國對盟軍戰勝希特勒野蠻部隊之貢獻，實不可以估計。除由租借法案供給其盟邦以巨量戰爭所必須之器材外，美國並派遣數百萬精華英勇之軍隊在歐亞戰場作戰，毅然負荷其主力戰之重任。其對我聯合各國毫無吝惜之協助及其積極之參戰，尤使我聯合各國在歐戰勝利之今日，不能不對美國全國軍民表示崇高之敬意。

吾人此時誠應向民主主義之偉大鬥爭領導者——已故之羅斯福總統——致敬。羅總統高瞻遠矚，英勇豪邁，不但爲美國人民亦爲全世界人民所不可缺少之明燈。此卓越超羣之人類領袖及正義之保衛者，爲歐洲解放盡力如此之多，而竟不能得至今日親見其所預料即將來臨之勝利，實爲我聯合國家共同悲痛之一事。當此聯合國正在共同努力奠定永久和平之堅固基礎，而實現羅總統所堅決擁護之理想時，吾人亦如其偉大之承繼者——杜魯門總統——對於羅總統之逝世，實同深悼念。

然而諸君尚未至盡情慶祝之時，吾人在此慶祝歐洲勝利，但吾深信聯合各

次戰爭中的敵國。蘇聯最近廢除蘇土條約，此事可明顯看出：它並沒感到目前關於管理使用這海峽的協定，是符合目前實際的。人們認為：蘇聯可能首先提出修改蒙特婁條約的問題。

在蘇聯廢除蘇土條約以後，土耳其人讓人們知道，他們將在適當時機，向蘇聯提出關於兩國將來的關係的提議。

合衆社傳意大利寧願英國佔領的里雅斯特

【合衆社羅馬十二日電】亞歷山大元帥及盟國專員史敦東，今日與波諾米商談佔領的里雅斯德、伊斯的里雅及澴尼的亞·猶尼亞問題。政府聲明未說明詳情，但據估計，波諾米要求亞歷山大說：意大利寧願盟國而不願南斯拉夫佔領此意大利以前的領土。

慶祝歐戰勝利蔣介石演說全文

【中央社渝十二日電】歐戰勝利結束，薄海歡欣，蔣主席特於十二日下午五時在軍委會大禮堂舉行茶會，招待盟國使節及各國駐華武官，並邀各院部會首長作陪，佳賓共到七百餘人。禮堂中遍插聯合國國旗，壁間飾以大V字，室內燈光輝煌，璨爛奪目。蔣主席神采奕奕，笑容滿面，席間致詞由吳次長國楨翻譯，講畢舉杯為聯合國之勝利慶祝，各佳賓均一致舉杯。席間並有軍樂助興，一場盛會直至七時始散。茲誌蔣主席講詞全文於次：

自人類有史以來，足以令人興奮之時日，誠鮮有如今日者。吾人今日相聚一堂，共祝歐洲之勝利，此勝利在未來世紀中，必被認為最偉大戰績之一。此勝利之取得，實已付出無限碧血與財富之驚人代價。而使此勝利成為可能之各國大無畏之戰士或存或死，所作之英勇努力及重大犧牲，必將為後世之人所感激懷念，而永不能忘者也。

自九一八遼寧被日寇侵佔以來，以至珍珠港被攻之時，世界文明之刼運，蓋已達其極端。遠東方面日本侵略者之兇焰猖獗未戢之際，希特勒統治下的德國幾已征服全歐，即正在兩年以前納粹黨徒雖已在東歐及非洲戰場遭受慘重之挫敗，然彼等及其萬惡之夥徒，固未嘗放棄最後勝利之迷夢。但時至今日，納粹政權已不復存在。十二年來希特勒及其殘暴之同黨，施行恐怖政策，不惜蔑視人道，摧毀正義，今則手創之第三帝國德意志已被徹底擊敗，而同戰勝之同盟國家無條件投降。歐洲飽受痛苦之民族，遂得重獲其自由與獨立。彼等欲自納粹壓迫與暴政之下獲得解放，朝夕祈盼為日已久矣。

國仍未能一刻忘懷對我共同敵人——日本——作戰尚在進行之中。我聯合各國更不能忘卻，此次戰爭戎首，即在十四年以前之九一八，陷害我人類於空前浩刼之罪魁——日本，今日仍掙扎於東方大陸及其本國之三島。全世界愛好和平之人類，亦必不忘我中國人民在最艱難困苦之情形下，與此窮兇敵寇——日本——奮鬥已歷八年之久而猶未解放。是以當吾人與所有自由國家慶祝歐洲解放之此日，吾人誓必貫徹我聯合國之盟約，與當初作戰之目的，吾人既具百折不回之意志，又有盟約各國集中全力共同奮鬥，深信在不久之將來，日本定必遭逢與希特勒德國相同之命運，而不能逃避其所應得之膺懲也。

敬祝歐戰勝利！聯合國共同勝利！

六全代會消息

【中央社渝十三日電】六全代會定十四日上午舉行大會，將分別討論國民大會召集日期與憲法草案兩大提議，以達到本黨實施憲政、還政於民之目的。大會定上午九時舉行總理紀念週，總裁將親臨主持，繼即舉行第九次大會，討論關於國民大會之召集日期，以總裁於本年三月一日在憲政實施協進會之宣示及中央對於召集國民大會實施憲政之決議案為依據。下午三時舉行第十項大會，檢討憲法草案，參考憲政實施協進會對五五憲草意見整理及研討結果。討論時立法院孫院長並將出席報告云。

【中央社渝十三日電】六全代會各組審查委員會十三日上下午分別開會審查提案，明日大會將開始討論議案。

大後方零訊

【中央社渝九日電】許世英馮玉祥邵力子等，為協助戰後救濟總會展開救濟工作，九日成立韓國救濟協濟委會，以許世英馮玉祥等五人為常委，即開始工作。

【中央社渝十日電】國府命令：（十一日）陶任鳳山為交通部郵電司司長此令。（二）任命黃朝琴為外交部駐甘肅特派員此令。（三）任命劉澤榮為外交部駐新疆特派員此令。

【合衆社重慶十一日電】價值三千萬元法幣的二十噸紙幣，已為中央銀行鈔票工廠銷毀。這些鈔票係五元，一元及一角者，此等紙幣已停止流通。

【中央社渝十日電】賀孟斧因患血中毒病十日病，逝渝市民醫院，享年卅五歲。

參考消息

（只供參考）
第八七九號
新華社 解放日報社 編
今日出一大張
卅四年五月十五日
星期二

國民黨六全代會 決議國民大會事宜

【中央社渝十四日電】六全代會十四日上午九時舉行總理紀念週，蔣總裁主席，領導行禮後，即席作施政總報告。歷時一時廿分，總裁報告後，深感國家經此八年堅苦抗戰，內政外交均多進步，革命建國處境艱難，同胞同志，今後更應自重自愛，自立自強，激勵奮發，以建成國家，以達大同，人人充滿欣慰與奮之情。十時卅分，舉行第九次大會。馮玉祥主席，討論議案，關於國民大會召集日期及其他有關問題案。經決議：（一）國民大會之召集日期，應依照總裁宣示，定於本年十一月十二日。（二）關於國民大會之職權問題，其他與國民大會召集有關各問題，交中央執行委員會審慎研討後決定之。按此項決議係將（一）關於國民大會召集日期案，（二）請修正國民大會選舉法以應需要案，（三）定期召集國民大會以宏民治而奠國基案，（四）規定國民大會代表婦女名額案，（五）正式定期召集國民大會並恢復本屆國民大會原定職權，俾早日實施憲政，完成建國工作案，（六）請明定第一屆國民大會行使制憲，行憲之雙重職權，並迅謀補充國民大會代表以適應時代案，（七）積極籌開國民大會以利憲政實施案（八）將國民大會之職權問題留交國民參政會討論案，（九）召集國民大會制法案，（十）第一屆國民大會應賦予制憲行憲兩項職權，以利憲政而奠國本案，（十一）請修正國民大會組織法案，（十二）加強民主設施，促成國家統一案，（十三）確定重新推選國民大會代表，以便實施憲政案等各提案合併討論後之綜合決議。大會以召開國民大會實施憲政為本黨一貫努力之方針，本年元旦總裁所衛時局，認為抗戰迄今國家意識與義務觀念已深入人心，三民主義已普遍為國人所崇奉，為鼓舞國民共同建國，並早日確定國家憲政

會將討論政綱、政策，及修改總章等問題。

傳宋子文將訪莫斯科

【美國新聞處華盛頓十三日電】美聯社訊，據消息中外人士談宋子文於出席金山會議後返國途中將訪問莫斯科，試圖加強中蘇關係，如果可能的話，探悉蘇聯對遠東之意向。

國民黨軍隊攻入[illegible]州

【中央社渝十三日電】軍委會發表五月五日至十一日一週戰況稱：進犯湘西之敵，自上週以來先後在放洞與瓦屋塘以南及江口東南一帶遭我軍阻擊，損傷甚重，至八日復在我總反攻下，全綫崩潰，向東逃竄。我各路軍捕捉敗敵，猛力追殲，現除將各地殘敵分別包圍掃蕩外，並以有力部隊施行超越追擊，向寶慶方向挺進。戰果日在擴大中。

敵寇此次由粵漢沿綫抽調兵力進犯湘西，其番號已經文件證明者，計有第六四（在邵陽、寧鄉方面）、第一一六、第六八等師團全部與第四七、第三四、第一三等師團各一部（在寶慶及東安、新寧以北地區），以及其他特種部隊估計約達七八萬人，欲以縱隊滲入之故，技術發揮。但在我軍堅強阻擊下，將其進擊芷江之企圖完全擊破。

查此一地區激戰，迄今歷時二月，據初步統計，我殲傷敵至少達二萬人以上，敵之損失約達三分之一，其中尤以敵一一六、六八、三四等師團傷亡更大。

至於豫南我軍，於本週間在西峽口以西地區完成二次之殲滅戰，與湘西我軍競相殲敵，戰果頗鉅。

【中央社渝十二日電】軍委會十二日發表戰訊：湘西方面，我軍兩翼兵團超越敵後，十一日晚已於龍潭舖以南之黃橋舖地區會合，對於山門及高沙市間殘敵業已完成包圍。我並繼續東進，已將桃花坪攻克。所有潰集山門以南竹籃塘迄高沙市地帶敵之退路，均被我切斷。我軍追擊部隊，於十日晚已將寶橋公路上之洞口克復。同時高沙市地區敵分兵四股向東郎吊、風神碧、茅鈴渡、施家渡猛衝，企圖突圍，但均被擊退。我即乘勢猛攻，至十一日午後三時擊破高沙市敵之抵抗，完全克復該據點。我軍攻克山門部隊，續行向南向竹篙塘攻擊前進。敵利用竹篙塘以北十里地帶之大黃垢等高地拚死頑抗，另一股殘敵，則被我圍殲於山門西北地區，敵大部已被殲滅，我軍現已將山

基礎計，故提示一俟軍事形勢穩定，反攻基礎確立，最後勝利更有把握時，即及時召集國民大會，頒佈憲法。三月一日總裁復在憲政實施協進會宣示，預定於本年十一月十二日國父八十誕辰召集國民大會，以實現憲政。中央執行委員會乘此指示，特列爲大會重要問題之一，通告全體黨員，詳盡研討。大會依據各黨籍各代表提案與所發表意見，及政治組審查報告，乃決議正式接受總裁在本大會開幕日之指示，確定本年十一月十二日爲國民大會召集日期，並以其他有關問題，交中央執行委員會或中常會愼重研討決定。本案通過後，繼續討論關於憲法草案。首請立法院院長孫科報告五五憲草起草經過，及各方對五五憲草修正意見。按憲法草案於起草過程中，歷經中央參酌實際政治經驗，並博採國民意見，愼重考慮，稿經數易，自廿五年五月五日公佈以來，全國各界續有意見提供。卅三年元旦，憲政實施協進會復發動全國人民從事研討，先後收到各方意見七百餘件，經綜合整理及研討結果，作成意見書，今日孫院長即就此提會報告，謂第一章總綱第一條「中華民國爲三民主義共和國」條文，不僅爲國內各黨各派人士所擁護，且爲全世界一致公認，足見三民主義已普植於全國人心，宏揚於世界云。全場聆悉熱烈鼓掌。復次孫院長報告各方對其他條文之修正意見。十二時卅分散會。下午三時舉行第十次大會，陳果夫主席。首先聽取中國戰區陸軍總司令何應欽報告中國陸軍總司令部成立以來所轄部隊之整編，及此次湘西會戰概況。何總司令並從前線督戰來渝，初次參加大會，帶來湘西會戰捷報，全場聽取報告，先後鼓掌達七次之多。報告畢，繼續討論關於憲法草案案。大會收到有關提案廿餘件，其中如省長應由全省代表大會選舉案，確定台灣法律地位案，保持民族主義增列國防專章案，邊疆各民族之國民代表名額之規定案，增列社會安全章案，及明定邊疆各民族自治地位案等，均各有見地。政治審查組並將以上各提案連同憲政實施協進會等團體對憲草之修正意見，詳加審議，今日向大會提出審查報告。大會於討論本案後，復有十餘代表發表修改意見，全體聚精會神詳盡研討，近三小時，僉以大會會期短促，憲草範圍甚廣，且關係重要，勢難作詳盡周密之討論，而作硬性之規定。故決議（一）將所有各種意見及憲政實施協進會等團體對憲草之修正意見，併交下屆中央執行委員會組織憲法草案研討委員會，詳愼研討整理，此項整理案於國民大會討論五五憲草時，以適當方式提供國民大會採擇。（二）國民大會開會時仍應以國民政府公佈之五五憲法草案爲討論基礎。六時卅分散會。明日大

門以南迄高沙市以北地帶之敵，層層包圍，正緊縮包圍圈加緊圍殲中。洋溪橋（新化南）東南地區之敵，我軍繼續猛攻，已於十日將敵擊破，攻克紅嶺、月光山等據點。殘敵向東南潰竄，我猛擊中。瀏南方面，我陸空軍協同擊敵，續於西峽口以西之公路北側完成又一次之殲滅戰。由西峽口至陝境豪山峽嶺，除一起伏曲折之公路可通外，盡爲崎嶇之鳥道，並河道交錯，溝渠複雜，此一戰場實爲我打擊敵寇之良好地帶，我軍在王仲廉將軍指揮下，與空軍協力對西犯之敵進行激戰，首於重陽店至丁河店之間奏捷，殲敵五千餘人，次於公路南側豆腐店、母豬峽區域殲滅敵人在三千以上。我陸空軍由兩次殲滅戰之經驗，十一日又完成公路北側之一次殲滅戰。公路北側敵自犯上下聯莊西側高地及柱石溝受創後攻勢頓挫，我軍在空軍協力下，於十日拂曉開始向敵圍攻，一路由西向東，一路由南向北，另一路則向西山廟迂迴。我空軍整日向敵轟炸，掩護地面部隊前進，當時攻克大松凹、地地嶺、資×河、老灣、西山廟等要點，將小溝、大天橋溝迄上店地帶之敵完全包圍，繼續徹夜攻擊，殘敵均退據於各隘路內。十一日我空軍復臨空助戰，我砲兵則集中向×隘路內轟擊，我兵步更乘勢猛擊，迄至黃昏，將敵殲滅殆盡。我軍於是役所獲戰果，計已發現敵遺屍一千三百一十三具，內有敵大隊長椎田一人，中隊長三人。敵關東軍聯隊一部，附馬二百餘匹，向西峽口方向逃竄，被我空軍發現，當予以轟炸掃射，將其大部消滅。公路上及南側我軍向寨門關、魏家砦、霸王砦攻擊，敵據爲地頑抗，戰鬥正激烈進行中。

【中央社重慶十三日電】據軍委會十三日夜戰訊：（一）閩垣方面，我軍於十日拂曉向福州發動攻勢，各路猛攻前進，至十一日晨，突破該城西北郊區敵陣地，並擊潰敵之抵抗，當晚攻入城內，正與據街市頑抗之敵進行激烈巷戰。福州城南之飛機場，已爲我軍另路部隊攻克。（二）湘西方面，我軍對山門以南高沙市以北地帶之敵包圍圈已漸緊縮，惟敵仍圖作最後掙扎。十二日並向西數度反撲，但均被擊退，又被我殲圍於山門西北地區殲敵，十二日會圖向東南突圍，但未得逞，我軍繼續猛殲，我楊蔭將軍所屬部隊堅守桃花坪西北十里處之多地芙蓉山（南距寶檜公路僅四里）始終屹立於敵後，堅忍苦鬥，保此要點，並以火力封鎖寶檜公路，截斷敵後交通，使敵不能假此公路，必須繞道輸送增援，厥功殊偉。當敵全面崩潰之時，該部隊即向東南發動攻勢，於十二日晨首先攻入桃花坪，並與我追擊部隊於該城會合，我軍掃蕩該城以東殘存零星之敵，迄至十二日晚，該城六十里範圍內已告肅清。

（三）豫南方面：西峽口以西公路南側我軍繼續向敵攻擊，已將敵一部包圍於魁門關南側，正殲滅中。公路北側我軍續行攻擊前進；於十二日晨攻入鷄鵝嶺據點。（四）浙東方面，我軍在浙省保安團及新昌自衛隊協力下，於九日晚向新昌攻擊，敵之抵抗微弱。至十日晨三時，完全克復新昌城，殘敵向東北竄去。

路透社報導 國民黨戰事

「路透社重慶十三日電」所稱中國軍隊已攻入福建省海港的消息，代以下消息：重慶訊，中國軍隊已攻入前通商口岸福州。戰事規模甚大。

「路透社重慶十三日電」中國軍隊的進入福州（台灣對岸的前通商港口），將對太平洋戰事有重大的影響。該港之佔領，對於盟國在中國大陸的任何登陸，將有很大的價值。在從南至北約三五〇哩的戰綫上，美機沿河南、湖北、湖南的『脊骨』省份，對日方各重要據點，實行選擇性的轟炸。轟炸機在湖南共出動廿次，粉碎被包圍的袋形——這些袋形便是日軍進攻美空軍要空軍基地芷江所殘留下的。中國地面部隊已切斷日軍的進攻，迫使其殘部向芷江東一百哩的寶慶後退。日軍先頭供應基地的寶慶城，本身已受到華軍進攻的威脅，而今日此間發表的公報說，中國軍隊正加緊對寶慶以西兩處袋形的包圍。另有美空軍一部襲擊長沙與衡陽區的供應綫。在同一陣綫，老河口（重慶東二百哩）區的目標，曾被轟炸機襲擊十六次。此間中國及外國人士對於中國在日本之最後戰爭中所起的作用，大費推測。英國及美國又在調動人員、物質及船舶前來遠東，而且這一運動將加速進行。中國對於這種發展甚為興奮，但每個人口中都在談論這個大問題，即美國（可能英國也在內）是否將在中國作大規模的登陸戰，或者盟國是否將直奔日本，讓中國人自己担任掃蕩大陸的任務。這些問題只有統帥部才知道。若干年來，中國人即會宣稱，如果給他們以現代裝備時，他們能趕走日本。今後數月內，他們將獲得試驗的機會。在湖南西部崗巒起伏的山地中，裝備與訓練俱優的中國軍隊正在證明他們自己比日本更能打仗。此間某些觀察家相信，日本奪取芷江的企圖標誌着日本在中國的最後大攻勢，不久將來，中國復興的軍隊即將奪得主動權。（此電據前電取消——編者）

時事新報要求蘇聯 對日開闢「北方戰場」

「合衆社重慶十三日電」時事新報於社論中要求蘇聯對日本開闢『北方戰場』。號召進攻該報稱為是日本最弱地點的時事新報稱，這點令人想見蘇聯在諾曼第登陸前的最[illegible]擔綫及[illegible]，並從事[illegible]公路據點明，所有車輛均已平安到達。該項隊伍將協助華軍，現[illegible]協助華軍，軍火與供應之運輸工作。

「合衆社舊金山十一日電」哥倫比亞新聞學院院長亞克曼談及其最近遊世界所得印象時說，吾人在太平洋上實力，因中國新軍而更加强，中國軍人已與吾國軍官合作訓練，新軍各方面俱臻現代化。余相信中國必能協助吾人夾攻日本，以擊潰敵人。以下數點為擊敗日本之關鍵：第一麥克阿瑟部隊在對日作戰上，獲有經驗，彼等深知日本之力量，日本之詭計，以及日本之虛詐，由於吾人之具有富有經驗，領導人才與力量，故吾人均將其擊敗。第二日本現從事兩種戰爭，即防守與××，吾人當於日本實行民族間道前擊敗之。第三美海空軍力量至為龐大，如此逐日集中攻擊其軍事目標，則日本稱雄世界之力量，必將逐漸消滅。

「中央社渝十二日電」據美新聞處舊金山十一日電，哥倫比亞新聞學院院長亞克曼本日在舊金山發稱：中國在美國軍官協助下訓練一支新軍，美國在最後擊毀日本期間，必可倚賴中國供給，有極重要之協助。目前中國淪陷區域大城市之中國人民，正大批內移，赴重慶協助蔣主席領導上之作戰。自從本年初以來，中國之軍事情勢大有進步，蔣主席必將領導中國軍隊，對日軍發動新作戰。

邱吉爾暗示不讓蘇聯統治巴爾幹

「合衆社倫敦十四日電」邱吉爾今晚警告世界說：歐洲仍然面臨着極權統治的危險，並指出：他希望仍任首相以為民主而戰。邱吉爾於其勝利廣播中直率提出：他担心舊金山國際安全組織會僅僅成為『強者的盾牌，弱者的愚弄』。觀察家讀他的聲明似乎是暗含警告蘇聯說：英國不讓它經過東歐與巴爾幹施行暴力政治。邱吉爾重申他的舊保證說，英國決意不弛減地担負它在對日戰爭中的負担，「我不能告訴你們，迫使他們補償其可厭的背信棄義與兇狠需要多少時間或怎樣的努力，我們已經親身從他們那裏受到了可怖的創傷，我們已如對華國的榮譽與兄弟之忠誠的聯系結合在一起，我們決不弛減地和他們一起在世界的另一端進行這偉大的戰爭。邱吉爾對凡勒拉施以尖刻的私人攻擊，譴責愛爾蘭政府，正當英國因潛艇與轟炸機的襲擊而臨被勒死的時候，它却在和德日嬉戲。邱吉爾沒有給與預期的暗示：英國總選舉何時到來，但他指出：現在他不打算退休，因為『還有許多事情要做』。

堅持口號，而自蘇聯根據自己的經驗，應當同情於開闢北方戰場的要求：「我們知道，蘇聯在勝利以後，需要一個休息的時期。這時再要求他們作另一次的人力犧牲，似嫌過高。但是，反對東亞日本的戰爭不是中國的戰爭，不是美國或英國的戰爭，也不是澳洲的戰爭。它是世界反侵略戰爭的一部份。如果讓惡勢滋長於亞洲，歐洲勝利亦將失去其意義。」該報指出，蘇聯很久以來即說，「和平是不可分的」。為了世界和平，蘇聯有在亞洲大陸北部開闢另一戰場的道義責任與為了消滅亞洲侵略勢力和維持戰後的長期和平，我們希望蘇聯能以美國勇敢參加歐戰的態度，在亞洲堅決建立另一戰場。該報稱，「如果如此，將不僅使亞洲民族了解蘇聯為正義而戰，而且同時它將完成它作為亞洲國家的責任。」

左舜生主張戰後苛刻處理日本

【合衆社重慶十三日電】中國作家左舜生於「民主政治」雜誌上撰一文稱，擬議在日本接受無條件投降後，苛刻處理日本。他主張日本戰後的領土應只限於北海道、本州、四國、九州。他主張日本應被要求完全償還它自瀋陽事變來由於侵略戰爭所引起的損失。作者稱，天皇制度應予廢除，代以民主形式的政府，天皇及其家屬應予囚禁起來，地點可能在檀香山。「盟國應當軍事佔領日本，時間之長短及佔領軍的大小將由直接參加反日戰爭的國家來決定」。他說，日本一切重工業應要求它××生產，其機器及技術人員作為需要的部分而予以使用——「這一原則尤應適用於軍火、造船、汽車及飛機工業」。他提議直接參加反日戰爭的國家共同組織一教育與文化委員會，它的任務將是根本改造日本的思想方法，以使他們適合於未來民主及和平的需要。「應當組織一賠償委員會，負責日本的賠款事宜，同時應建立一財政委員會以監督日本的財政及其工業家們的活動」，他最後說，負戰爭之責的戰爭罪犯應予嚴懲。他說，如果上述辦法似乎嚴厲的話，我們必能取嚴厲是必要的，以便使日本在廿年之內不能再起而給世界和日本人民帶來不幸。「總之，我們希望七千萬人的日本是能夠改造的，因此他們也可以享受世界和平的果實」。

美勤務部隊一部到昆明

【路透社華盛頓十一日電】美陸軍部宣稱，勤務部隊一批，已自波斯灣區移往中國。龐大之數量汽車隊，自美國抵達中國供應中心昆明。此項

美聯社稱波蘭將為特許會員國

【美新聞處舊金山十二日電】美聯社稱：此間無波蘭代表團，但有一機會可使波蘭加入聯合國組織為特許會員國。此間會議的會籍委員會聲明：凡簽訂或加入憲章的各聯合國，均將為該會章的發起人，波蘭是唯一不在此間的聯合國家，在此規定下，丹麥也可能被包括在內，丹麥因國土被德軍佔領故未被列入聯合國家關於中立國家之參加世界組織以後，將予討論。據決定凡愛好和平之國家願意接受對會章的義務的，將任他加入此一世界組織，對於聯合國家以外之各國家，何時准其參加，尚未決定，但據會章所載其時當在將來。

【路透社華盛頓十三日電】自美停止向蘇實行租借法案後，蘇聯本日可能業已開始接洽要求貸款，作善後事宜之用。聞蘇聯希望獲得不指明用途之貸款數十萬萬美元，以從事復興工作。美對外經濟處處長克羅萊十一日稱，根據租借法案而輸出之物資，除運往對日作戰國家及美軍調移所經國家者外，已停止再運往歐洲，因租借法案純為求作戰勝利之工具。

【據美新聞處華盛頓十二日電】美對外經濟處處長克羅萊，今日就租借法案發表聲明，原文如此次，租借法案乃從致勝利之一種工具，一如余前曾向參院各小組委員會所報告者。歐洲戰爭已經結束，自有改訂租借計劃之必要，以期美國資源對吾人正進行中之主要戰爭，作最大貢獻。目前正在重新檢討中此項計劃完成後，對歐運輸即將停止，但現正對日作戰之國家，及歐洲我軍調動時所必經之各國則皆除外。

佛朗哥企圖以賴伐爾交換西革命領袖

【路透社巴黎十三日電】路透特派記者金氏報導：西班牙政府顯非常急於送走前維希總理賴伐爾，但西班牙及盟國外交家正在企圖解決國際法上的難題，即賴伐爾如何能被合法地交給法國，而不致由於此事的牽連，給西班牙以要求從法國引渡共和派領袖的權利，據消息靈通人士透悉，現有三件事情已確定地獲得一致的意見，西班牙已約定將賴伐爾交給盟國，佛朗哥已答應不讓賴伐爾逃跑，盟國已同意於法國，即賴伐爾不是戰爭罪犯，這個問題純粹是法國問題，他必須交給法國當局。

參攷消息
（只供參考）
第八八〇號
解放日報 新華社 編
今日出一大張
卅四年五月十六日
星期三

同盟社論我黨七大

【同盟社××十五日電】（綽頭）從一九二八年七月在莫斯科召開第六次大會以來，此次是十七年來黨的最高會議。經過此次全會，延安政權的態度與對重慶攻勢的變化，在抗戰中國的重要性，頗被人重視。這是對重慶政治攻勢的巧妙的政治手段，並乘今日的國際局勢，企圖以一箭雙鵰的辦法，掌握抗戰中國的指導權。該大會在延安所發耀的一百二十萬黨員之中，有正式代表五百四十四名，候補代表二百零八名出席參加。大會的中心議題是毛澤東的政治報告——「論聯合政府」。指出抗戰中國的道路除成立聯合政府外，別無他途，並舉過去重慶政權在政治、軍事、經濟各方面的實例，痛烈批評重慶政權所固執的國民黨獨裁的道路是死路一條。闡明在抗戰中國現階段中，新民主主義的指導價值與成立聯合政府時延安黨部的民主綱領。爲了成立聯合政府，將在延安召開中國解放區人民代表會議，堅决與重慶政權進行鬥爭。更值得注意的是過去對美獻媚的延安，一變過去的態度，在毛澤東的報告中指出，重慶將在美軍登陸中國大陸，或日軍從大陸被打敗的時候，一定在美國的援助下將刀鋒向着我們，利用美軍將領殺戮中國同胞，將中國拐到統治獄金，當時的國內戰爭大海中去。這樣率直大胆拒絕了中國美式化的態度，頗含有重要的意義。並以淡延談判决裂爲藉口，以對抗美駐重慶大使赫爾利及中國戰區美軍司令官魏特梅耶對延安的攻擊。美國和蘇聯的對立，使重慶與延安把歐洲政治的鋭爭原樣地再現於中國。

六全代會上 何應欽報告

【中央社渝十五日電】六全大會於十五日上午舉行第十一次、十二次大會，由于右任、邵力子分任主席，除繼續聽取汪蘇省黨部等單位戰地

集中力量，以共同完成此抗戰大業。尤望中央各部會負責同志，盡最大之力量，多方賜予支持指導。各省區黨政軍負責同志，也望加緊聯系，盡最大之力量，予以協作，俾反攻能以順利推動，遠遠勝利可以早日獲得，不勝企盼之至。

國民黨軍隊在閩浙沿海活動 路透社報導又佔領鄞縣

【路透社重慶十五日電】路透社駐重慶特派訪員巴羅報導：當湖南華軍集中打擊被圍日軍部隊之際，華東港口福州城內的激戰在繼續進行中。在此港口中日雙方傷亡均重（最高統帥部宣佈華軍於十一日突入該港）。同時在沿海省份浙江冒着「輕微抵抗」作戰的中國正規軍與民團重新佔領重要公路城市——鄞縣（杭州東南六十哩）。過去兩日中在湖南擊斃日軍團長數名。華軍擊敗被圍於高沙（日軍基地寶慶以西五十哩）近郊的日軍突破華軍包圍的企圖。戰事之猛烈可見之於繳獲的文件中，該文件表明，在一個月的作戰中，日軍某團只剩下三百四十人——而這些人被圍很少有逃脫之機會。

【中央社舊金山十四日專電】我軍攻入福州消息，今晨美報鬪著披露，並謂此舉意義重大。紐約時報印製我國對日作戰地圖，並以反攻福州消息列於大隊超級空中堡壘轟炸名古屋及琉球戰訊之前。美報之重新注意我國戰況，部份原因係歐戰結束後已能集中注意力於太平洋戰事。過去數月內，關於湖南戰役各報即曾以較多之篇幅刊載，迨至福州之役，其對我戰況之興趣幾達頂點，且所有評論家均望我國之努力能繼續增長。美報主張自歐洲調遣大軍至中國，並揣測以後數月內美軍登陸中國海岸有極大之可能。若干樂觀報紙謂福州之役，乃美軍登陸之序幕。但大多數報紙對湖南及福州一帶中國軍隊之突作反攻未作揣度。

何應欽、索爾登等赴湘西視察

【中央社湘西前綫某地十二日電】參謀總長兼中國陸軍總司令何應欽上將，於九日晨由昆明飛抵安江附近前方某地，同來者有美軍索爾登、麥克魯、齊夫士等將領及總部××中將等十一人，當日赴湘西前綫某地，午後二時到達，曾見王耀武將軍以次各負責將領，垂詢頗詳。對苦戰月餘之將士，慰勉備至。十日晨六時許，何總司令、×司令、王司令官及中美將領十餘人，赴最前綫作戰最激烈之江口東南青岩觀察，步行上出十五里至最高峯，召詢守備該地之團長杜鼎鎮、雄飛、營長李中亮，連長

黨務報告外，並日討論本黨總章，修正案，決議就各委員暨代表今日所提修正意見，並交總章審查委員會，重加整理研究後，再提大會討論通過。又明日上下午大會繼續討論提案，並聽取黨政軍主管對於質詢之答覆。

【中央社渝十五日電】何參謀總長兼總司令應欽，十四日晨在六全代會報告中國陸軍總部成立以來所轄各戰區整編與湘西會戰經過。何氏首謂敵人自四月九日開始向湘西進犯以來，賴委員長的領導和前線將士的忠勇用命，在初期的作戰中，已給予敵以極大的創傷。至本月九日，我軍前線猛烈反攻後，敵人損失慘重，即開始潰退，我軍正猛烈追擊，現被我包圍於戰場者，尚有兩個聯隊以上，短期間內可全部消滅。因為此役的勝利已經確定，一切部署均已妥當。何氏次述陸軍總司令部係為與盟軍合作適應反攻的需要而設，陸軍總司令部之上冠以「中國」二字，可以看得出來是含有國際性的。數月以來，中美雙方推誠相與，連繫合作，極為密切，成效甚為顯著。而美方自麥克魯將軍以下各級人員，熱心努力服務的精神，尤足感佩。何司令旋即詳細報告各部隊整編概況及役動工作。何氏繼謂：此次整編最足提出報告者，厥為各將領國家觀念及服從命令之精神有極高之表現，雖裁去兩個戰區長官部，九個集團軍總部，九個軍部及十八個師，而被裁之各將領，不僅皆毫無怨言，且積極協助整編，故能於短時間內即整編完成，此足證各將領認識之清晰及公忠之精神，亦可謂為我國軍事史上之一奇蹟，並為今後國家建軍樹一良好基礎。整編部隊之後，大單位雖減少如此之多，但質量則增進極大。現在一個軍之力量，已當超過以往數個軍也。何氏最後作結論謂：『我國對敵作戰已達八年之久，以我劣勢之裝備對抗優勢裝備之敵人作戰，其間經過之險阻艱難，實非言語所能形容。蓋作戰所需之要素，一曰經濟，二曰物資，三曰運輸，四曰人力，戰爭之勝利，恒視此條件之充分具備與否而定。但我國作戰所需之四要素，事實上均感不足。近年以來，因被敵軍封鎖，物資缺乏，日甚一日，士兵生活太苦，現雖增加副食，或以物價飛漲，或以無法採購及運輸工具缺乏等關係，士兵之營養仍未達到理想之要求。在此種艱苦情況之下我全軍將士們能奮勇向前，爭取勝利者，實因忠於主義，並富有國家民族觀念與領袖德威之感召所致。茲者歐洲戰爭業已結束，盟邦正轉運兵力準備擊潰倭寇，我軍並將開始全面反攻，應欽奉命担任指揮反攻之責，負任實際重大，自當竭盡心力，以期達成任務，報効黨國，報効領袖。惟此次戰爭為全面戰爭，今後反攻之艱巨，責任亦非陸軍總部所能單獨肩負得起的，還要全國同胞一致努力，務實以軍事為第一，勝利為第一，集中意志，

周北宸等戰鬥經過，各將校就實地狀況詳實報告，內多可歌可泣之事實。下山時，大雨驟至，衣履皆濕，且山洪暴發，小溪木橋皆被沖壞，何氏一行徒步涉過，河水及腰際，深夜返抵某地，雖跋涉終日，何氏精神健旺，仍無倦色。十一日晨赴洪江檢閱某部，當地民衆聞訊，夾道歡呼。午後再召集會議，對今後作戰指示頗詳。十二日返芷江，即飛渝，將晉謁最高統帥報告經過。

國民黨上海地下運動

【合衆社重慶十二日電】據上海最近來人談稱，活躍的地下運動振奮了上海成百萬人民的抵抗精神，他們自盟國解放馬尼拉以來即日益相信勝利的可能性。地下運動成為聯結中國大後方與上海間的環節——散佈盟國消息，分散小冊子、傳單及其他宣傳品。特別有蔣委員長所著「中國之命運」五千本的散佈。該書是夜間在上海工作的秘密印刷所印行的。該書書皮上偽裝為「中國內幕」，佯為偽組織的出版物。地下工作者經常在日本秘密警察的鼻子下開會。有一次在敵人會議室中開會，有時在公園中、學校中及工廠中開會。今年二月十日在中國新年時，還有自由中國政府官方鑑印的傳單散佈於日本憲兵司令部及警察所中。有幾個地下工作者被捕，他們一般的命運都是受到嚴刑拷打和處死。但工作仍以增長的熱情及勝利繼續進行。

英美蘇三國對歐政策的分歧

【合衆社倫敦十三日電】自勝利當月中出現的歐洲今夜開始顯爽直地問道：三強在處理戰後歐洲問題時，將如何親密地合作？許多外交家與評論家相信，三強已無與擊敗德國的共同目的連系，現在面臨着其歷史中最嚴重的危機。他們要求實行密切的聯合政策，否則歐洲將分裂為兩個勢力範圍。影響甚大的『經濟學家』週刊，描述該兩問題是分開三大強國最嚴重的政治分歧。英國領袖已明白地表示，無意等候下週艾登的報告。關於蘇聯，英國聽到許多不滿的談話。領袖與人民同樣願與蘇聯合作，但他們為一再的拒斥所困擾，而不能了解蘇聯的冷淡態度。『經濟學家』建議贏得蘇聯尊敬與友誼的可行的方法，是像他們自己所作的一樣實行斷斷論價』。三強面前的第二個問題，是德國佔領區的問題，特別是盟國觀察家准許進入蘇軍佔領區的問題。第三個問題是領土的要求，如像的里雅斯特。第四個問題是奧地利問題，對奧地利曾同意聯合佔領，但僅有蘇聯進入奧國首都。

【美聯社盟國遠征軍前進總部十二日電】英、美在德國的戰俘，共中[illegible]千半數業信都[illegible]軍佔領的地區內。盟國遠征軍總部會議決要求與蘇方會

翁，或簽訂關於遣送[illegible]回國來的協定。但直到今天，這[illegible]要到莫斯科去的問答。兩次要求有一次是經過第廿一集團軍轉致科涅夫的，另一次是經過英國莫斯科的。但是盟國遠征軍總部遣送戰爭俘虜回國部的斯特拉布說：有一切理由希望在最近一兩天內，可能舉行會談，這次會談可能答應直接遣送俘虜回來。

【路透社華盛頓十二日電】權威方面獲悉：邱吉爾首相與杜魯門總統關於要求充分說明十六位波蘭領袖被捕案件，尚未接獲斯大林任何聲明。據悉最近意見的交換，僅限於重組波蘭政府問題，而被捕波蘭人的問題尚未涉及。代理國務卿格魯今日在記者招待會上說：他無以證明倫敦報紙消息所說：斯大林會通知邱吉爾與杜魯門他相信甚於現在基礎上討論波蘭問題對於盟國是徒勞無益的。

美國在德國佔領區設立軍政府

【同盟社里斯本十二日電】華盛頓來電：美國陸軍部於十一日發表公報如下：（一）設立以發現納粹的地下運動，並無情地彈壓該地運動爲目的的諜報部，作爲在美國佔領下的德國領土內之美國軍政機關的一部分。（二）美國的統治機關分成大體上相當於德國中央政府各部那樣的十二個重要的局，艾森豪威爾爲雅爾塔會議上一致同意的四國管理會議的美國代表，古萊中將爲艾森豪威爾的代理人並兼軍事指揮官長的代理人。（三）美國的陸海軍及航空隊，担任對德國的苛刻的軍政事宜，俾長時期協同英蘇法三國，完成在雅爾塔會議上一致同意的，爲推行各種政策的共同計劃。（四）十二個局都將分担完全清洗納粹的工業礦業機關的責任。古萊將軍直接指揮的諜報部，全盤地監督粉碎納粹的計劃。同時，諜報部並担任對德國一切機關的監視工作，此外並無情地鎮壓由納粹發動的地下運動——「我們是狼隊」，以及與此相類似的運動。（五）歸古萊將軍直接指揮者，另外尚設有二個部，即情報部和公報部，前者担任統制新聞、無綫電、雜誌及其他出版物，包括電影等一切報導形式。（六）公報部担任登記記者，檢查報紙等事宜。在美軍佔領地區內，完全以保護軍機而進行檢查。（七）德國武裝部隊的復員和解除武裝，由陸、海、空三個軍事局負責執行。

德軍俘虜運往蘇聯勞動
日寇稱德潛艇威脅未解除

【同盟社斯托哥爾摩十三日電】據十二日夜紅軍戰報，自德軍投降以來，被俘德

但只要能保持其[illegible]組織和工業。她就可以像以前一樣，從外國輸入原料再度建立強大的財富。而在五十年或一百年中（在日本的永恆事業上這算得什麼呢？）她可以再度開始她的「神聖使命」。日本的「大財閥」已不止一次證明其有力量——例如一九二〇年自西北利亞撤退，一九二八年自山東撤退。目前時局較之上述更壞，但還可給大財閥們的論據提供一種力量，如像此爾所想像的。因爲士兵們再也不能付出財閥們所寄託在他們身上的紅利了。

同盟社山崎特派員
論歐戰之後的各問題

【同盟社里斯本十一日電】山崎特派記者報導：歐洲戰事，終以德國的崩潰宣告結束了，現在歐洲將步入新的歷史階段，而今後到來的將是些什麼呢？舊金山會議雖然是一個高喊着確立世界機構的大會議，可是給予此間的一般印象，是大家都在以極度複雜的感情，迎接這和平的降臨。誠然美英政府的首腦們，已快樂地宣佈勝利了，報紙和廣播也都在忙着報導和平，然而還有另外一種不容忽視的空氣，即人民都在以某種程度的眺望的旁觀的態度，去對待這未來的建設。任何人都明白這次大戰，破壞了歐洲的精神和物質，用舊的方式就不可能進行再建的工作，在這一點上和上次大戰有很大的不同，在當時至少商界對於和平建設的前途，是抱着希望的態度的，然而他們在這次大戰，則表現得很模糊，而且在今後還有很多困難。特別是人心上有顯著的不安，可說有很多人希望和平。此次在舊金山會議中討論的民主主義的國際聯合問題，是欲確立美國式的和平。這對於美國來說，是非常重要的。但對於歐洲各國來說，並不是絕對的需要。欲再建全被破壞了的歐洲，不管採取若何的組織與政策，皆不能很簡單地獲得解決。這事，每個人從戰爭的過程中，都已清楚地認識到了。

（飢饉時代或將到來）每個人都關心較近的問題。這些問題是今後如何生活？今後在經濟上如何保證最低水準？從而在個人居住的環境中或社會上能否建立在政治上使這種保障成爲可能的制度（缺一段）？聯軍曾言明：把駐屯軍的三分之二的食糧供應給解放國的國民，並把比解放國國民需要的糧食的三分之一還多的食糧供應給德國國民。但耕耘的田地，因已成爲戰場而荒廢了，如德國要解放反軸心國俘虜，那末勞動力將突然減少。若如此則只

軍已有數十萬以上。另據莫斯科訊，蘇聯被破壞了的都市和農村，已把大多數的德軍俘虜，運回本國。如眞理報則更爲政府辯護稱：德軍俘虜的前途……（缺）……政府應給以澈底地强制勞動。

「同盟社蘇黎世十三日電」據巴黎來電，戴高樂政府宣佈：法國政府已決定使三萬黨衛軍隊員，從事礦工工作。

「同盟社里斯本十一日電」（上缺）德國海軍三百艘艦船中，截至目前爲止，投降的不過十二艘至十五艘之間，鑑於這種實際情況，在相當時間內，海洋運輸還需要繼續採取護航制度。

「同盟社斯托哥爾姆十三日電」蘇聯機關報眞理報，十三日要求立即給戈林處死刑稱，像戈林這樣罪惡昭著的兇犯，如不立即處以死刑，尙愼重其事地加以審訊的話，那眞是天大的怪事。故蘇聯國民實不知美國的眞意何在？另據倫敦來電，英國各報紙亦××美當局此舉。

「美新聞處莫斯科十二日電」美聯社訊：大批德俘本日自前綫各地移往蘇聯境內各收容所，根據各俘虜以前之職業予以分類，自九日至十一日，移往蘇聯之俘虜已達六十萬人，其中包括將領四十五人。

「同盟社東京十四日電」西班牙與日絕交後，我方曾同瑞典政府交涉，請其代爲保護我國在南美巴西、玻利維亞、哥斯達黎加、祕魯、烏拉圭、尼加拉瓜的利益與保管黎巴嫩國貝魯特德日本領事館的文件，現已得到瑞典政府的允許，故於十四日由外務省公佈。

美國陸海軍雜誌說
杜魯門向日本和平要求開門

「路透社華盛頓十二日電」非官方的但卻是權威的「陸軍與海軍雜誌」說：杜魯門總統在他勝利日講演中說，無條件投降不能是意味着日本人民的毀滅。這一個聲明是對日本和平要求開門。報紙說：『他作這一保證，似乎不會不事先通知英國，據悉，並已通知莫斯科』。『美國的寬容在英蘇兩國似受歡迎，部份因爲兩國人民需要世界和平，部份因爲他們各別的利益要求日本延續存在，日本如被剝奪其進行侵略進攻的力量，將同時成爲遠東的制衡力量，及外國商品的消費者。

「路透社倫敦十二日電」儘管有關於日本求取和平的謠言，遠東問題專家格林，在星期日觀察報上推測道，日本公司，例如控制着個工商金融的三井、三菱公司及小倉，是否在向士兵們建議：日本現在就投降，比堅持無望的戰爭來得更好些。格林繼謂：他們可能說，日本將會失去她現有的殖民地，

有待諸其他地方來供給。然而反軸心國的生產及重修家屋與道路所需資材的輸入都是緊急的事情，因此從外部供應食糧，不能希望其能定期地或永久地辦到。另方面如比利時、荷蘭等國，已將其運輸力轉用於最近成戰場的地方，又由於交通被破壞，各地在供應物資的分配上，亦將發生顯著的差異。這樣，大概糧食問題，將是歐洲的一個可怕的巨瘡，需要加以解決。（缺一段）這樣歐洲之向社會主義方向發展，已不是一種單純的風聲與傾向，而是民衆的衷心要求，因之必須加速的前進。而與社會主義的進軍相關聯，蘇聯的勝利，在這里有着很大的重要性。蘇聯的牢固不破的政治力與軍事力，已在歐洲大陸建立起來了，這一事實今後將從歐洲與東亞以如何的影響，就不必說了。

（美英的焦慮，日益深刻）英國由於在調整美英間的經濟關係，歐洲經濟確保殖民地等問題，遇到一連串的困難，所以和蘇聯間的關係，也日益複雜起來。對於這些問題，英國將會有什麼對策，但歐洲的新方向，將不允許英國起着決定的作用。這次大戰的重大破壞和傷亡的結果，不外迫使英國把指導權讓給蘇聯，並促進英國的沒落。然而這些新事態，對於太平洋戰爭，將發生些什麼影響呢？重建歐洲既是出乎意料之外的困難，那麼美國如不積極地解決戰後的歐洲問題，社會主義就要大踏步的赤化歐洲，而大大地妨礙到美國將來的世界政策。像一貫樂觀的美評論家李普曼，也說美國蘇聯間的衝突，是不可避免的。此外如不太關心歐洲問題的有力的一派，作爲一個現實的問題，也認爲不容許不積極參加歐洲的建設，美國迅速結束對日作戰的原因亦在於此。

（兵力轉用於對日戰爭）派遣至歐洲的空軍及海軍已開始調至太平洋，美軍中精銳的坦克隊及第九軍將離開歐洲，運往歐洲的兵器亦將轉用於太平洋，目前暫時還不會影響生產量，這時必定急着進行決戰。如果對日作戰拖延下去，那末美蘇的對立是否會表面化起來？總的說美蘇關係是非常微妙的，但在此時應該避免有這樣的見解，即認爲美蘇的對立到了有決定性的階段。我們應該堅決的貫澈美國急欲進行的決戰，在政治上要冷靜的嚴格的判斷今後的情勢。然後考慮今後發生的事情，使今後的前進方向不發生錯誤，這樣就能得到一條生路。今日的形勢未必是不利的，問題在於怎樣利用現在的時機。

參考消息

（只供參考）

第八一八號

解放日報社 新華社編

今日出一大張

卅四年五月十七日

星期四

外記者招待會上王世杰否認日本和謠 對國民大會召開事不願外界評論

【中央社重慶十六日電】外記者招待會十六日下午二時半舉行，王部長世杰、吳次長國楨、張參事平羣出席主持。於湘西戰事及敵人求和之謠傳，王部長發表談話謂：陳部長辭修在數週前記者招待會席上，曾經說敵人企佔湘西空軍根據地芷江之企圖將爲我粉碎，現在此項預說業經證實。據何總長向六全代會報告，此次湘西戰事的成功，係得力於中美軍事合作及陸空部隊之密切聯系。中國抗戰以來，我陸上部隊在我國本土作戰，不但獲得空軍保護，而且享有優勢的空軍，似尚以最近湘西之戰爲第一次。至於外間謠傳日本求和一節，吾人深信如日本尚有任何力量在其本土或亞洲大陸上繼續作戰，任何日本政府不會有無條件投降之舉。德國在完全崩潰之前，尚無投降政府出現。吾人不應希望日本能於較早期間有一個鄧尼茲政府出現。某記者詢以六全代會對於國民大會召開之日期及其他有關問題有何決定？王部長答稱：六全代會曾組織審查會，詳細審查此一問題，現已決定以孫中山先生八十誕辰即今年十一月十二日爲召集國民大會日。至國民大會職權以及其他與召集國民大會有關各問題，則留交中央全會或中央常會決定。就我所知，大會所以如此決定，在令黨內黨外一般意見得於七月初間國民參政會集會時充分提出討論，以供作最後決定時之考慮。國民大會問題，爲六全代會中最重要而又最困難的問題，現在黨內黨外人士均認爲訓政之結束及憲政之建立不容再緩。在另一方面，對日戰事短期內不一定能結束，結束之後，中國亦非如英美能立即舉行普選，因此之故，新的普選在短期內極難舉行。本屆到會大會代表對於此事曾經有許多提案，大會深知對於此事無論如何決議，均×好能完全避免外界評論，其所以毅然決然

自廣元以渠水經運至重慶。過去三年中原油產量的限度，十分出人意料之外，結果使貯藏及煉油能力均趕不上它。這種情形由於缺乏卡車所引起的交通困難及軍隊有運輸優先權之故而更形嚴重。油管的鋪設是大規模發展及充分利用西北豐富油藏的先決條件。因爲其他運輸辦法將提高價格，阻礙四川及其他各省的消費（除掉戰時物資缺乏地區外）。據信，計劃中的油管將在器材允許的範圍內，儘速建成之。

【中央社重慶十五日電】據法新聞處訊，若干法人眷屬已陸續由中越邊境若干地點湧入昆明避難。昆明法領事已奉命撥款接濟，並予以招待。法越軍隊亦有若干退入中國境內，此等軍隊俱於劇烈作戰後退入中國者，軍備服裝雖破爛不堪，但士氣甚旺。逃入中國境內之法越軍隊及僑民，受當地中國居民招待，法僑深爲感動。法政府已委派軍官前往雲南與各同盟軍取得密切聯絡。

【中央社渝十五日電】蔣主席近曾手令渝市政府加強本市物價管制。據悉市府已遵令擬定調整本市管制物價辦法八項，規定依照評價出售。一部份由公會議價，切實糾正任意高抬，由警局執行管理，已呈報蔣主席鑒核。

【中央社渝十五日電】軍事委員會前鑒於我國各地收容所、集中營收容之俘虜內之韓籍青年，多係被迫爲敵服務。現韓國復國運動已在各處展開，爲使收容之韓籍青年均有參加復國運動之機會，並迅速獲得工作起見，曾令各地收容機關切實予以優待，以期恢復健康後予以解放。近更通令各地將現收容之韓籍青年全部解放，撥交韓國光復軍爲正式隊員，以增強韓國獨立運動力量。本市南泉集中營現收容有韓籍青年數十人，已定十六日下午二時全部解放。又資鄉收容所亦有數十名，將於同時全部解放。又軍事委員會對自敵軍中來歸韓人，亦訂有招集安置辦法，此後來歸韓人及被俘或投誠之韓籍青年，於到達我國境內後，均可獲得自由及參加韓國獨立運動之機會。預料於十六日下午南泉自由村當有一番盛況云。

【合衆社重慶十五日電】大公報駐北緬記者報導，仰光解放以來，戰前僑居緬甸戰時疏散至印度東部或中國的五萬個華僑，刻正等待歸返緬甸。據官方統計，一九四一年緬甸總人口爲一千七百萬，華僑佔十九萬三千人，其中半數於日寇侵入的初期即行疏散。該記者認爲，他們最早歸期爲十一月初或英軍事政府××以後六個月。據稱：華人之呼籲重慶早日在仰光及其他城市預設領事館，照顧他們的利益，並幫助解決許多戰後問題。記者說：華僑極

定十一月十二日爲召集日期者，則以此事既爲國民黨還政（下缺十幾字），國民黨寧受定期過早之批評，不願受定期過遲的批評。吳次長國楨繼表示謂：吾人獲悉納爾遜先生辭去杜魯門總統國外私人代表職，殊以爲憾。納爾遜先生以美國戰時生產訪華團團長之地位，對於中國戰時生產局之成立多所擘劃，彼與其幹練之助手及用中國政府名義聘請來華各專家之共同努力，已使中國戰時生產較前大增。中國政府對於納爾遜先生之協助深爲感謝，已決定繼續聘其爲高等經濟顧問，俾得用其豐富之經驗與卓越之才能，以實行中國經濟發展之計劃。杜魯門總統現已任命洛克先生爲納爾遜先生之繼任者，吾人甚爲欣慰。自納爾遜先生領導之訪華團來華之始，洛克先生爲團員之一，對於該團工作已有極大之貢獻，今茲奉命繼任團長，吾人實不勝愉快。

）【路透社重慶十六日電】宣傳部長王世杰否認和平觸角之謠言稱：日本非至不復能在其島嶼或中國大陸作戰爲止，不會有日本政府或個別的投降。他說：假使德國直到完全被粉碎之後才投降，那麼除非日本也這樣，它也不會投降。繼稱：自從他去年九月任職以來，日本負責方面並沒有伸出和平觸角。

六全代會 討論國民黨政綱

【中央社渝十六日電】六全代會十六日討論政綱、政策、修改總章及有關地方自治與任務問題諸案。大會因議案繁重，決延期三天至十九日閉幕。十三次大會上午九時舉行，黃季陸主席，討論總裁交議國民黨政綱案，各委員暨代表提出修正案者達四十餘，什九注重民主主義節制資本與平均地權之精神及民權主義懲貪污、澄清吏治之法制，辯論至熱烈，爲前所未見。一般印象認爲國民黨主義之發揚與時代同時前進。討論至十二時卅分，決議另組政綱審查委員會，將總裁交議案及當時各委員，各代表意見並付審查整理外，再提大會通過。下午三時舉行第十四次會議，居正主席，首聽取對菲律賓總支部書記長林俊智工作報告，旋通過總章修正案，復次討論有關地方自治提案及有關僑務提案。六時卅分散會。十七日上下午大會將選舉總裁及聽取黨政軍主管對於質詢之答覆。

重慶自玉門至廣元 籌劃舖設油管

【路透社重慶十三日電】據此間可靠方面消息，國家資源委員會正籌劃自甘肅省產油中心玉門舖設油管至廣元——重慶西北約四百六十五哩的重要交通中心。由於最近河道的改進，石油整年中均可

關懷其親戚朋友的情況。目前環境並不如一般想像的那麼惡劣。然而，有些人已於緬甸被佔領時被炸死或×××，許多××均須緊急救濟。

格魯聲明 對蘇供應將加以調整

【美新聞處華盛頓十四日電】代理國務卿格魯在今日闡明關於租借法案美國對蘇態度的聲明中說：運蘇租借物資，如其正常，將加以檢討與繼續。格魯聲明要領如下：租借法案規定：總統當他認爲保衛了我國國防的利益時可以授權政府各部局首長，予外國政府以租借物資。他在一九四六年六月以前，或在參衆兩院在一九四六年六月以前決議宣佈這些權力對於增進美國國防已不需要之前，可以作出這種決定。租借法案清楚說明：總統必須決定供給何種對於美國國防極關重要的供應品與服務。我們所進行的戰爭是世界不可分的一次戰爭。（此句不明）歐洲有組織抵抗的完結不是戰爭的結束。在歐洲尚需要佔領與軍事統制敵人區域，而且在秩序紊亂的大陸上是不能有效地實行的。美軍出現於戰爭糜爛的歐洲，他們關於繼續軍事行動的供應與其配爲幾乎確定地需要租借物資。如果×××租借供應必須繼續運抵歐洲，因爲需要繼續進行，他在法案之下有權這樣作。現行租借計劃下供應品的運交要酌量歐洲有組織抵抗的完結即刻加以調整。將來的供應計劃亦將適應其將發生的新的軍事情勢加以企劃。對聯合王國、印度、澳洲、紐西蘭及英國其他殖民地的租借法供應計劃在德國失敗之後，已同意根據英美兩國代表之間的討論。據建議這一計劃將根據臨時所需要的供應考慮這種調整辦法實行之。自一九四一年以來美國同意蘇聯具體規定於草約中的供應計劃。由於軍事情勢的變化，這一時期的供應計劃現已不需要。因而，建議運蘇租借物資應根據關於軍事供應需要確實情報，並參照關於其他租借國家的實際需要，如認爲正當時，加以檢討與繼續執行。據稱：根據這一基礎，現行對蘇供應計劃的實際縮減將予××。（一段掉了）自然，當對外國供給租借援助時期內，美國將從該國獲得返租借法供應品與服務。

【同盟社里斯本十四日電】據華盛頓來電悉，代理國務卿格魯於十四日言明：「美國對蘇聯的軍火租借將大加減少，但基於蘇聯軍事供應上的要求，故將繼續輸送」。外國經濟院當局亦稱：「今後將大大地減少軍火租借，其中包括大大地減少對蘇聯租借物資的數量以及減少對英戰時援助的約百分之五十」。

格魯公開要求控制的里雅斯特

【合衆社華盛頓十三日電】代理國務卿格魯今晚宣告的里雅斯特仍受盟軍控制，直到確定的和平解決時爲止。的里雅斯特問題所引起的爭端與其採取片面行動不如經過國際解決爭端的手續處理』。格魯認爲鐵托說：『和平解決將使雙方獲得充分的公平的發言權，或使雙方就這個問題進入談判，可是我相信，緊接着軍隊之後，即行發佈通告則任何領土問題都是解決不了的』。格魯聲明重申美國的政策謂，領土的調整只有『在各相關國家政府之間徹底研究和討論之後』才行。格魯引錄無綫電消息謂，南斯拉夫在的里雅斯特建立『斯洛文尼亞民族聯邦政府』。說盟軍對的里雅斯特作這種控制是必要的，『爲的是不要因採取突然的片面行動而損害依照問題的原則作最後解決。』格魯稱此爲兩方間爭端而不是『僅僅邊界糾紛』，說歐洲昨日的領土問題要求審愼的研究，斷言盟國決定最好能『避免急速的通告領土解決』，而盟國軍政府最好能控制爭端區域直到依照正規程序解決爲止。格魯宣告的里雅斯特總守軍××××，該區在軍事觀點上仍有其『重要性』，因爲需要港口交通設備，他說盟軍已決定建立盟國的軍事控制，又說盟國知道南斯拉夫在該區的利益，盟軍統制該區的建議『已提交並已被鐵托元帥××××所接受××××。』

【美新聞處羅馬十二日電】意大利外交部今晚發表正式聲明，對南斯拉夫之佔領意大利東北部之威勒齊亞諸利亞區（該區包括的里雅斯特）提出抗議。意方聲明該區應由與意大利締結停戰協定的各國軍隊（即英美兩國）佔領。又美代理國務卿格魯表示，本年二月間南斯拉夫領袖鐵托曾接受在該區建立英美軍政府之建議，格魯又謂該區乃一英美區域，且因盟軍對於中歐需要良好之交通綫與供應綫，故該區在軍事上極爲重要。

意波諾米否認南軍佔領的里雅斯特
傳鐵托同意英軍進入該城

【路透社羅馬十五日電】意內閣總統波諾米本日宣稱，渠曾要求盟軍佔領刻在鐵托元帥手中之的里雅斯特及其四週區域，渠堅決否認渠所稱爲『任何方面佔領該區之一切權利』，並表示意大利及自由南斯拉夫將來定能和衷共濟，但在未至此境時，關於此區之任何片面通告，均決不予承認。該區之問題，尙須待公正中立之解決。×人之觀點認爲，該區當地之解放運動，爲鐵托元帥强烈手段所抑制，蓋渠蓄意使佔據該城之

【路透社倫敦十三日電】倫敦今天接到自戰爭開始以來，從愛爾蘭方面來的第一批未經檢查的消息。這些消息稱：當愛爾蘭各晚報公佈德國投降的消息時，在都伯林便發生了暴動，並進行很多巷戰。

愛爾蘭共和軍——革命組織底擁護者，×××『凡勃拉政府』，×××英聯合王國代表約翰·馬費伊與英國領事的窗子或辦公室，警察不斷以警棍驅策人民。結果幾十人被捕，幾十人負傷被抬進醫院，在特尼尼特學院外面發生特別激烈的騷動，學生們在學院上空升起英國國旗來。

凡勃拉的祕書在本週後幾天曾拜訪英國代表約翰·馬費伊與美國領事，因爲破壞了他們的窗子，向他們道歉。

此外，並揭開了金屬的緊衣底種種條件（都伯林的人們在這戰爭年代中都是在過着這種生活），取消了新聞檢查制度，而帶來了關於沒有國家的德國與外交家們的消息，既然德國公使館已被封閉了，現在德國公使哈姆從爾便他的八位參謀人員住在他們的私宅裏，沒有一個人知道誰給他們錢用。在都伯林現有一百五十個德國人，他們都揹負了某種工作，被關在卡拉古軍事營裏的三百位戰爭俘虜底命運，現正由自由邦政府與盟國討論中。

英國自命不凡

【路透社倫敦十三日電】（專爲星期一晨報用）：皇家帝國協會政治研究組在明日（星期一）出版的小冊子裏主張：『大英國聯合國將成爲指導世界解決國際組織問題的嚮導者部隊』。『大英國聯合國的活動是有價值的，是在區域制度與世界系統之間不可缺少的環節。大英國的聯邦憲法是否是在實際政治領域內尙稱可疑，因爲沒有顯然證明他將爲各自治領所接受，由於英國在其政治與社會觀念上似乎是站在蘇聯共產主義與美國個人主義之中途，英國可以大英聯合國在增進這兩大强國的關係上起積極的作用。

同盟社稱沖繩之戰
美軍投入全部兵力

【同盟社南方前綫基地十四日電】敵人於九日在沖繩本島南部地區開始攻勢後，已經過了五日，現在還繼續進行激烈的攻勢。敵人此次攻勢中集中全部地上部隊是値得注意的。即是說，敵人派遣第廿四軍團的第七十七師團（在慶良間方面），及卡特那方面的陸戰隊第一師團到前綫，代替前日被我消滅的第廿四軍團的第九十六師團及第廿七師團，並使用原來的第七師團的兵力。目前在各方面登陸的陸戰隊，第六師團亦參加戰鬥。敵人在東西還不及十公里的戰綫上，傾注四個師的兵力，即表示

舉，造成既成事件，復因盟方不願以武力干涉而益形得意。

【合衆社羅馬十五日電】本日據可靠方面獲悉，鐵托元帥同意英美之提議，英第八軍軍政府即將遷入的里雅斯特設立同盟國行政機構，現已準備一切。

同盟社報導 軍事佔領德國問題

【同盟社里斯本十一日電】關於美、英、蘇分割佔領德國的界限，雖然還未有正式的公佈，但據××來電悉，××在十日的報端講到這問題稱：美軍在德國境內的佔領地域——包括巴伐利亞、瓦登堡、紹林吉亞、而美軍管理下的布萊梅走廊，亦將包括在這裏面。法國將佔領萊茵省的大部份與由美軍分給的部份佔領地帶。論文只講到法軍，關於英軍與紅軍，則一言也未涉及，但據華盛頓報發出的合衆電稱，德國北部已劃分給英軍，易北河流域與木爾××東方地區，將被紅軍佔領。

傳奧地利宣佈獨立

【同盟社斯托哥爾姆十四日電】據莫斯科廣播，蘇聯支持的奧地利維納爾政權，於十四日由無綫電台發表獨立宣言稱：『奧地利臨時政府宣佈奧地利的獨立，重建民主主義共和國。奧地利三個政黨的代表，在獨立宣言上簽字，爲保證臨時政府的公正無私，三個政黨各選代表一人，出任臨時政府的閣員。』維納爾政權的獨立宣言，使一九三八年三月德奧合併趨於解體，它意味着將恢復一九二〇年的共和國憲法，在背後控制的蘇聯政府的態度，跟波蘭紛爭當時的做法完全相同，預料前途將發生糾紛。據華盛頓來電稱，美國國務院當局於十四日，重複地聲明美國政府未承認奧地利維納爾政權的事實，迅速地表明了強硬的態度。

傳喀爾巴阡烏克蘭成立自治政府願歸蘇聯

【路透社倫敦十五日電】根據到達捷克通訊社的消息說：捷克總理費林格今日稱：捷克之喀爾巴阡烏克蘭已組成自治政府，該自治政府雖然在現在依然承認捷克政府之權力，但願與蘇聯聯盟云。

都伯林發生暴動

【路透社倫敦十三日電】據愛爾蘭方面消息：都伯林各晚報宣佈德國投降消息時，該地曾發生暴動，愛爾蘭和平軍（凡勒拉政府所禁止之革命組織）之支持者，搗毀英代表公署，及美總領館，有數十人被捕，另有數十人受傷入醫院

使用沖繩方面的全部兵力，進行總攻勢，以決定戰爭的形勢。我守備部隊在迎擊敵人中，雖有一些地域被其佔領，但是我軍利用倚執的巧妙的戰術進行猛攻，隨處粉碎敵人的進攻。最近數日的攻防戰，將決定本島的大勢。十二日敵人又進行全綫的攻勢，我右翼部隊進行全綫的攻勢確保主要陣地，敵人在這方面的進攻最爲激烈，在澤地北方高地上，於十二日以來反復進行激戰。敵有力部隊附坦克五十輛進出於那霸北方，十二日黃昏彼我雙方在澤岷——麥卡比一綫進行激戰，我方獲得相當大的戰果。

美報論委託制問題

【中央社舊金山十二日專電】今日美國各主要報紙，都刊載關於殖民地人民的獨立問題。紐約郵報於首頁刊載我國建議案專訊，並謂我國代表團已相當放棄被動立場，對國際託治制問題參加五強之爭辯。我國之建議案仍限於五強所知，迄今尚未公佈。紐約郵報將我國建議與較爲極端之蘇聯建議案相提並論，蘇方主張應向民族自決方面作進一步之發展，使受國際委託領土內的人民積極參加，以加速完成民族獨立爲原則。今日紐約時報提及聯合國會議稱：蘇聯建議案要求美方所建議設於大會下之國際委託理事會中獲得一永久席次，該報認此舉顯示蘇方企圖在新世界組織下之殖民地與戰略基地之分配與監督方面，積極參加。同時蘇方之建議，將使安全理事會所負之任務較美英自來所建議者爲大。一般相信我國與蘇聯之建議，將使熱烈爭辯之國際委託制成爲一簡單問題，因二國根本皆擁護美方之基本計劃，戰略與非戰略兩種觀點，將加諸實施。但國際委託制最後計劃或將爲大加修改後之美國建議。英方建議僅獲得法國支持，而法國之提案又模稜含糊，關於殖民地人民的獨立問題，蘇方之極端觀點似難被接受。五強可能同意我國觀點——較緩和與用語較平穩之方案。印度記者對中蘇之建議案，咸大感興奮，儘量向印度各報發電報導。

蘇聯反對美洲自治

【同盟社斯托哥爾姆十二日電】蘇聯政府之機關報——消息報，突然主張把「查普爾塔匹克」憲章算在新國際安全保障憲章內，堅決反對中南美各國代表的提案。可說是蘇聯對於國際信託統治制的一個炸彈性的攻擊，使舊金山會議又捲起了新的波瀾。即是說，消息報於十三日揭載埃格尼•朱可夫的論文稱：中南美各國的提案（把西半球的問題不置於國際安全保障機構的管轄下），是全面地脫離了敦巴頓橡樹林會談中所規定的原則。此種行動不僅是違反了和平不可分割的原則，而且對侵略國（下缺）

更正：

昨日參考消息「國民黨佔領鄭縣」，鄭縣係[illegible]縣之誤。

參攷消息
（只供參考）
第八二八號
解放日報新華社編
今日出一大張
卅四年五月十八日
星期五

國民黨六大通過對外交及中共問題決議案

【中央社重慶十七日電】中國國民黨第六次全國代表大會，開會於德國全面崩潰歐洲戰事結束之時，同人於此盟國之偉大勝利，不勝歡欣祝賀，僅以吾國之友羅斯福總統不及親見此日為遺憾。惟西方之敵人，雖經克服，而東方之敵人日本，尚未受其應受之膺懲，我許多省份尚在鐵騎蹂躪之下，無數同胞尚呻吟於日寇之壓迫，若干鄰邦亦尚未解放，我盟邦尚有艱巨之任務需要共同之努力，吾國人更應加強鬥志，不惜犧牲，早日驅除敵寇，予侵略者以澈底之打擊。

大會聽取七年來之外交報告，深幸本黨於總裁直接指示之下，能安定國策，始終信賴聯合國家，並相信正義能戰勝一切，堅貞不移，遂以轉弱為強，轉敗為勝，且於艱苦血戰之中，竟能實現總理之遺囑，與各友邦改締平等互惠新約，並於開羅會議獲得收復失地之保證，差堪告慰我革命與抗戰中勇敢犧牲之先烈。蓋吾國對外無領土野心，吾國之所希求者，惟本國領土主權與行政之完整，與國外華僑之得受平等待遇，此種合理願望，茲已為友邦之所認知。

我中美英蘇四大盟邦，經此長期並肩之抗戰，情感融洽，如足如手，今後自當永久保持此種患難之友誼，共同負担戰後建設之使命，我國與蘇聯疆土相連，境界之長，世無倫比，交接自更頻繁，今後自當彼此以最大的誠摯，締結永久之友好關係，中美英蘇法及其他盟邦之精誠團結，實為世界和平之基石，吾人於期望盟邦合作之中，尤盼我全黨同志，全國同胞，今後深切了解自身之責任，無論在朝在野，無論一言一行，均須時刻不忘，以加強盟國團結為一貫之目標，世界和平之組織，已於舊金山會議見其端倪，吾國將不獻一切之努力，以助成集體安全永久和平之確立。

教育、經濟、文化各界，各選優秀份子入黨，定為今後工作重心，而在中央執行委員會專設專門管理各種民衆運動機構，以發展民衆運動。在黨務機構方面，上級黨務機構，力求簡單，下級黨務機構，力求充實，以健全其基層下級組織。而基本要務，在重新辦理黨員總登記，澈底管理黨籍，嚴格考核，同時規定黨員活動，以知識經驗能力參加各級行政機關及社會各界各團體工作，每人至少參加一種社會工作。又倡導義務勞動，樹立社會風氣，深入農村工廠各階層。在關於民衆運動案內，確定民運方針：（一）抗戰勝利即在目前，國民革命已發展至另一階段，建設大業自此開始，三民主義新中國之完成，實為具有時代性的歷史任務，應使民衆致力於革命建設。（二）各級黨部，應以適合於當前國家民族需要之理論，以具有示範作用行動，培植民衆自覺意識，及其自動能力，使其樂於贊成本黨主張，參加革命，輔助其組織農會、工會、商會、學生自治會，婦女會等團體，訓練其行使四權，使所有民衆，全納入組織之中，能自謀其福利，改善其生活，故在組織方面，將修改有關民衆團體現行法令，予以明文規定，除有特殊情形者外，准有全國性民衆團體之組織，而工作要點為擴大黨義之宣傳，使農工青年，婦女等，對主義咸有正確之認識與信念，提倡黨員「到民衆中去」的口號，黨員人人參加社會活動，倡辦或輔助農工青年婦女等合法團體，教育文化醫藥衛生合作農場工礦學校，國內外之交換，實習等福利工作，以謀改善其生活，增進其知識與技能，保障佃農，扶助自耕農，嚴格執行工廠檢查制，社會保險，工廠會議制，尤應妥善輔助失業失學青年等，以謀社會秩序之安定，善用餘暇，提倡體育及正當娛樂，使新生活運動，能普遍實踐。又關於宣傳問題者，決定原則以普及三民主義宣傳，並切實改進宣傳工作，為今後各級黨部宣傳中心任務。而其主要對象，為農工青年婦女及海外僑胞，力求理論與實際之互相配合。確立本黨文化政策，為求三民主義之澈底實現，準此原則，在方法上本黨主義政綱政策應盡量以有組織之方法，公開宣傳，減少文告之方式，深入羣衆，並針對「人」「事」「時」「地」，利用各種宣傳工具，並須重視各項藝術宣傳，擴展文化運動，加強出版輔導工作，改善書刊審查制度，發行農工讀物，攝製有關農工情況之電影，創辦本黨文化事業，實行黨報企業化。此外大會復通過：（一）遵照本黨對外政策，適應新情勢，確定今後外交方針，以協助世界和平，展開建國順境案。（二）外抑我國內部之團結與民主憲政之實施，不獨爲本黨數十年奮鬥之目標，亦爲吾盟邦之所關懷，國民政府爲表示實行憲政之決心起見，早由主席宣佈於本年十一月十二日召開國民大會，實施憲法，本大會又以正式加以通過，國民大會將包含本黨及其他各黨派以及無黨派之代表人物，俾能反映全國人民之意志。

總之，同人之所確信，即中國必須忠實遵循三民主義，建成統一自由之國家，方足以與聯合國家共荷艱鉅，鞏固國際之和平，造成繁榮之世界。

【中央社渝十七日電】六全代會，於十二日舉行第六次大會時，曾聽取主席團潘公展關於中共問題之報告，旋經組織特種審查委員會審議報告及有關提案，經於十七日午後向第十六次大會提出對中共問題之審查報告，經大會決議，通過原文如左：對中共問題之決議文，大會聽取中央關於中共問題之總報告，深以中央以往所採政治解決之方針爲適當。本黨領導全國軍民艱苦抗戰無時不盡力於團結禦侮以求中國之自由平等，中共在民國廿六年九月，亦曾有四項諾言之宣告，雖數年以來，中共仍堅持其武裝割據之局，不奉中央之軍令政令，而本黨始終寬大容忍，委屈求全，其苦心已爲中外人士所共見。現值國民大會召開在邇，本黨實施憲政還政於民之初願，不久當可實現，爲鞏固國家之統一，確保勝利之果實，中央自應秉此一貫方針，繼續努力尋求政治解決之道，所願中共黨員亦能懍於民國締造原非易事，抗戰勝利猶待爭取，共體時艱，實踐諾言。在不妨礙抗戰危害國家之範圍內，一切問題可以商談解決，斯則國家民族之大幸，本黨同志應共喻此旨，以促成之。

國民黨六大討論議案
大量吸收黨員加強民運領導

【中央社重慶十七日電】六全代會十七日午後三時舉行第六次大會，張治中主席，討論案首就黨務類一百六十六件提案，依據審查報告，分成：（一）關於黨務措施；（二）關於人事；（三）關於健全黨務及黨的組織活動；（四）關於民衆運動；（五）關於宣傳等五大類，併案討論，製成五大決議案，其中關係重要者如人事問題之決議，對於黨的幹部政策，決定提高各級黨部工作人員素質，特別注重其經歷，人格，學識與革命性。黨部主管部門，應切實注意各級幹部人才及培植與分配，尤其着重於農工，婦女，青年等優秀人才之選擇，短時期內舉行全國幹部總考核，登記其成績及服務成績，以後則徹底實行各級選舉制度。又本案對於考核、獎懲、紀律、救濟各項，亦有具體決定。又如關於健全黨務案，大量吸收農工、婦女、青年、僑胞與社會

交行政改革新案。（三）提高駐外使領人員待遇案。（四）增進中蘇邦交案。（五）請政府遣派慰問團考查團，即赴歐非洲各交戰國家，代表我國對其人民作懇切之慰問，並考查其戰後實施復員之情形，以備日寇崩潰後之參考案。（六）請中央照會美國政府，查照我國在美各銀行凍結存款數目，及存戶姓名，由美國或我國政府，予以公佈，並由我國政府將該款分別沒收或征用征借，以利抗建案等有關外交、僑務、海員移民等議案十餘件。最後通過對於外交報告及中共問題之決定文，六時卅分散會，明日上下午續開大會。

【中央社渝十七日電】六全代會，十六日下午第十四次大會，除通過黨章修正案外，並討論：（甲）有關地方自治提案九案，決議歸納各案精神及要點，製定辦法六項，並交國府辦理，計：（一）制定縣（市）自治法；（二）頒佈四權行使法；（三）撫荷自由財源；（四）劃分中央與地方事務；（五）釐定地方自治監督法；（六）確定扶植農工爲縣（市）施政重心。（乙）有關僑務提案討論，決議釐定僑務方針，充實僑務機構，統一僑務事宜，加強僑務行政，允爲當前要圖，歸納各案所提辦法如左，俾交政府切實辦理：（一）釐定方針：一、××××原則與各國訂立新約，保護僑胞；二、推進僑民移殖保育；政府對海外僑民文化教育事××××積極發展；三、舉辦僑民福利及救濟事業，對國內僑眷生活，尤應切實保護救濟；（二）充實健全機構；一、健全各級僑務行政組織，並提高其地位，充實其工作，增加其經費，以提高僑務行政效率；（三）統一事權：（一）有關僑務事項，概由僑務行政機構主管，其他有關機關，協助辦理。（二）凡與僑民權益有關事項，各主管部會，均應徵詢僑務行政機構意見。（三）海外僑民團體及教育文化機構，均應以僑務行政機構爲主管官署。（四）海外僑胞經濟事業之輔導，由僑務行政機構主管。（五）國內僑民團體教育文化機構，及經濟事業，分別由主管部會主管僑務行政機構協同辦理。（四）培養（電文不清）

國民黨六全會政治決議全文

【中央社重慶十七日電】六全代會，通過對於政治報告之決議案，全文如次：

本大會聽取政治報告以後，特就七年來政府之措施，作縝密忠實之檢討，詳考其得失，深究其利弊，列舉過去施政之缺點；以珍貴吾人的歷史使命，並促使吾人更認識所負任務之艱鉅，同時更探求其缺陷之所在，期於糾正之認識中，力謀今後徹底之改進，爲根據本黨主義與政綱政策之綱領，分別縷述於左：

就民族主義言之，本黨領導全國對日抗戰，八年以來，我國由單獨作戰，進而與同盟國家並肩作戰，循堅定不移之國策，內而喋血奮戰，求澈底之勝利，外而昭宣正義，謀世界之和平，迄於今茲，意德兩國，已相繼投降，侵略之陣綫已摧，日寇之敗覆不遠，更因此悠久之奮鬥，獲友邦尊重我自由平等之具體表示，於卅二年一月有中美、中英平等新約之訂立，其他各友邦，亦先後與我簽訂友好條約，一以平等為原則，百年來，我國所受不平等條約之束縛，至此乃告解除，總理遺囑所期於我全黨同志者，蓋已有一部份之實現，此實革命進程中最輝煌之成績，亦本黨民族主義最偉大之成功，惟於國內邊疆各族之融合聯系工作，尚鮮致力，對其政治經濟文化之發展與自治能力之增長，更未能盡扶植之功，致民族主義中「中國民族自求解放」與「中國境內各民族一律平等」之兩重意義，尚未能同時貫澈，有待於今後之繼續努力，以求澈底實現自由統一之中華民國。

就民權主義言之，政府對於新縣制之實施及建立各級民意機構，年來督策進行，雖多致力，但課其實效，則地方自治仍未能完成，人民四權訓練尤未能依據遺教，切實推行，此固受戰時環境之影響，而數年來自治工作之未遵循總理手訂之地方自治開始實行法，認真辦理，久為癥結之所在，在此積極準備憲政之時，地方自治之基本未能確實建立，人民猶未能具備民權主義憲政之條件，實為訓政時期中無可諱言之缺陷，抑尤有進者，縣為自治之單位，在推行自治工作中，當以實現民權民生兩主義為目的，使之不僅為一政治組織，亦並為一經濟組織，此於地方自治開始實行法中，條舉闡述，至為詳明，現行自治法令未能注意，使縣兼為基層經濟單位，誠應及時加以充實。要之本黨歷史的任務，凡為建立三民主義之共和國，政治所以促進地方自治，增設民意機關，力求憲政基礎之奠定者，皆當力行不懈，以澈底實現總理所主張之民權政治。

就民生主義言之，自臨全大會通過非常時期經濟方案，政府雖尚能依據實施，但言績效則與民生主義之經濟政策相懸尚遠，溯自北伐完成，本黨執政已十七年於茲，而民生主義所詔示之節制資本與平均地權兩基本原則，迄未完全實現，並以抗戰以來，政府關於財政經濟金融貿易之政章，既不能相互配合，更未能貫澈發展國家資本及限制私人資本之主張，將使社會財富日趨於畸形之集中，亟應嚴切注意，力挽頹風，以掃除民生主義之障礙。其次，在抗戰期中，農民出錢出力，貢獻最大，而生活最苦，適自廿三年公佈土地

國民黨軍隊退出福州
浙東攻克武義縣城

「中央社渝十七日電」軍委會十七日發表戰訊：湘西方面我軍，向被困於山門西北迄高沙市東南各地區之敵，經連日繼續攻擊，至十六日晚，敵之有組織抵抗，已被摧毀，刻續行掃蕩殘敵中。山門西北殘敵已被殲殆盡，十六日續俘捕匿藏於山岩中之敵十二人，並獲砲門，重機槍一挺，步槍四十支，戰馬卅匹。我軍掃蕩高沙市東南地區，十六日晨在榮譜子、風神岩等地殲敵約百人。另敵一股，於十五日逃入三塘舖（高沙市東南十四里）附近高地頑強抵抗，阻我軍之追擊，我卒將該頑敵擊潰，獲得莫大戰果。山門以南高沙市以北間地區困敵，於十六日晨至午後三時曾四度向東猛撲，企圖突圍，我軍由各高地以猛烈砲火向其痛擊，先後斃傷敵達千餘，殘敵潰竄竹篙塘西北山地，我正加以追擊中。豫南方面，西峽口以西公路兩側戰鬥，十六日仍極激烈，惟戰地無何變化。浙東方面我軍，於十六日拂曉向武義（金華南）進攻，至午突破郊區敵陣地，當晚攻入城內，至十七日晨二時，完全克復武義縣城，斃傷敵三百餘，殘敵北向金華退却，我正追擊中。福建方面，福州城內，連日巷戰，我軍先後擊斃傷敵三百餘，內有敵大隊長一人，中隊長一人，分隊長二人，十三日晚敵由連江馬尾等地馳援部隊大量增至，猛烈反撲，我被迫撤至城郊，仍與敵激戰中。

「中央社湘西前綫某地十六日電」湘西之捷，舉國同歡，本日中外記者十餘人，到達湘西前綫，向王司令官耀武致敬，並表示新聞界慰問之忱。外籍記者有合衆社王公達，自由雜誌記者白克、雅克雜誌記者哈德氏，英國新聞處攝影記者哈德曼，美軍宣傳員艾斯烏(?)，我方有中央社、昆明掃蕩報，貴陽及湘西中央日報，貴陽外交報，辰谿中國辰報，沅江西南日報等各單位記者，日內將赴最前綫觀察。

波諾米要求盟軍
佔領的里雅斯特

「合衆社倫敦十六日電」貝爾格萊德電台說：「如果的里雅斯特成為南斯拉夫憲法內的自治地區，更為公正。」這會保障的里雅斯特境內一切意大利人的民族權利與自由的文化發展，同時使的里雅斯特可能成為南斯拉夫的海港與中歐各國的自由港口。這種解決辦法較之的里雅斯特為意大利海港具有更大的可能性。

「合衆社倫敦十六日電」的里雅斯特問題，今日似已大致達到暫時的妥協

法及廿五年公佈施行法迄今，已及十年多未見諸實施，此次總報告亦猶未述及，此國家制定有關民生之大法，誠應迅予切實執行，不容兩事延緩。

此外，更就一般之行政言之，則關於施政效率之提高，尚無顯著之進步，當此戰時政治設施事項繁複超過平時，必須有極高之行政效率，然後一切政令，始能爲普遍有效之執行，收迅速確實之效果，而按諸實際之行政現狀，則事多雍滯，令多稽留，人有曠廢，時有虛耗，推其原因，則機關法令程序之未臻簡化，人事制度之未能確立，貪官汚吏之未能肅清，在均足以阻止事功，影響整個政治之進展。今後惟有嚴整綱紀，認考成績，務使人有獎懲，事有考核，以增進行政之績效；同時更須有計劃的培養政治人才，以充實各級行政幹部，一面力求人與事之配合，一面發揮新陳代謝之作用，此皆爲革新政治之要務，同所望於今後倍加致力者也。

蔣介石仍任『總裁』

【中央社渝十七日電】六全代會十五次大會，全體選舉蔣中正同志爲總裁後，主席團即推請于右任同志赴總裁寓所面遞推選書，並告總裁大會選任經過，及表決後會場歡呼擁戴熱情，總裁聞訊，甚爲感動。

【中央社渝十七日電】六全代會，十七日上午九時舉行第十五次大會，于右任主席，到委員及代表六百五十一人，依據本黨總章第廿六條選舉總裁，首由吳委員敬恆報告，廿七年臨時全國代表大會選舉總裁情形，繼由于主席致詞謂，自從總理領導革命，首創三民主義，五權憲法，以求新中國之實現，畢生奮鬥，雖推翻了數千年之專制局面，然革命尚未成功，嗣與世長辭。蔣中正同志，繼承總理，誓師北伐，統一全國，進訓政時期，又遭日寇侵略自武昌臨時全國代表大會以後，總裁領導全國抗戰，爲世界保衛正義，爲民族爭自由，八年以來，不但國際地位日益增高，此威武不屈之精神，爲世界上爭取自由之民族展開無窮希望，本屆大會，總裁復謙讓爲懷，請各同志重新選舉，此則惟我國古代謙讓之大道，亦爲對同志之重大啓示，亦時代之趨向，民主精神並求爲吾黨五十年來同志血肉奮鬥所追求者也，我於此爲中國之民主，民主之中國預祝成功，盼望同志本此啓示，格外努力，必使吾黨主義宏揚於世界，詞畢並謂，凡贊成選舉蔣中正同志爲本黨總裁者，請起立，全體一致起立贊成，于主席至此乃領導呼口號，三民主義萬歲！中華民國萬歲！世界和平萬歲。呼畢全場歡呼鼓掌，休息片刻後，討論提案。

，但鐵托對於奧地利一部分領土之要求，使形勢複雜起來。這兒的外交界相信，英美強硬的照會已提交貝爾格萊德。據悉是要求鐵托將其軍隊調至戈里基亞，的里雅斯特與波拉一綫以西。相信意大利維尼西亞、蓋利亞的幾部份留在鐵托軍隊手中，直至和平會議確定了各項問題爲止，但盟軍要佔領主要的部份。羅馬電訊說：盟國海軍部隊忙於肅清的里雅斯特，但據說盟軍指揮部要宣佈盟國海軍將之派赴那兒不是爲了威脅鐵托。

（奧地利克魯根福特抵達倫敦各報的電訊說：當英軍在那兒建立軍事政府時，鐵托的某些部隊亦在城中，並散發傳單說明南斯拉夫要求卡林基亞的一部。這些電訊的口氣表示，在南斯拉夫與英軍之間的問題並無摩擦。

【路透社羅馬十四日電】意大利總理波諾米，今日宣稱，他已要求盟國負責佔領目前在鐵托元帥手裏的的里雅斯特及附近地區。波諾米在談話中堅決反對承認『任何方面對於此區的任何征服權利』，（他這樣稱呼它）並表示深信自由意大利及自由南斯拉夫將能達到一致的意見。但非至那時，將不會承認對於該區的片面宣告，該地區須等待公正而中立的解決。意大利觀點是，南斯拉夫的佔領××共產黨×××。當地的解放運動已爲鐵托所猛烈攻擊，後者決心使該城的併吞成爲既成的事實，並正利用盟國的不願意武力干涉。意大利更多的負責報紙均避免指出恐怖的傳說，例如有一個故事說，斯拉夫人正大規模地屠戮意大利人。但高利西亞大主教卡羅·馬爾戈蒂，因盟國干涉而獲救（他已爲南斯拉夫法庭判處死刑）的事實，已造成了強烈的印象。他現已由意大利愛國者送往羅馬。大主教稱：南斯拉夫人搜捕十六歲至六十歲的意大利人担任強迫勞動。根據意大利人的看法，意大利在的里雅斯特抵抗運動的行爲與游擊隊在意大利北部其餘地方的行爲相似。德國人在爲游擊隊孤立之後，被允許爾待亞歷山大元帥部隊的俘獲，交換條件是他們不破壞港口及工廠。意大利在的里雅斯特的這種做法，和他們在米蘭及都靈的一樣，並不能說是一種和德國人的違法默契。

【美聯社克拉根福爾德十五日電】鐵托元帥游擊隊………他的以前工作或處在受懲處的威脅下的南斯拉夫當局………出現兩個區軍政機關。雖然每個交叉路口幾都是由英國軍事警察把守，該地區軍隊大多數是屬於英軍，但南斯拉夫軍事當局好像是沒有看見英第八軍似的，自行活動着，在許多牆上，南斯拉夫共佈告與英國軍政府告示，當地居民處於英國軍政機關管轄下的佈告並列着。

參考消息

（只供參考）

第八八三號

解放日報 新華社 編

今日出一大張

卅四年五月十九日

星期六

國民黨政綱與政策全文

【中央社重慶十八日電】六全代會通過本黨政綱政策案云，本黨致力國民革命，歷五十年，自推翻滿清，掃蕩軍閥，以至發動抗戰，皆遵奉三民主義之最高原則，為救國建國而奮鬥。本黨之任務具見於第一次全國代表大會所決定之對內對外政策，及臨時全國代表大會，通過之抗戰建國綱領，其過去之成就，亦既昭昭為國人所共見，今後對於尚未完成之部份，自當加倍努力，見諸施行，務使抗戰勝利，憲政完成，與提高人民生活三者，於最短時間，求其實現。體察當前之需要，瞻望未來之發展，用特列舉現階段之迫切要求，訂為政綱，期全黨同志循此努力，以期我全國國民齊一步趨，共信而力行之。（甲）關於民族主義者，民族主義有兩方面之意義，一則中國民族自求解放，二則中國境內各民族一律平等，而現階段之中心要求，在於加速勝利，鞏固國防，扶助邊疆民族，以造成獨立自由之統一國家，加強國際合作，而分担維護世界和平之責任，因此本黨主張：（一）發揮一切國力，加緊對日作戰，爭取勝利，必使敵人無條件投降，並澈底解除敵人軍事經濟之武裝，消滅其侵略思想。（二）實現開羅會議宣言，力謀國家領土主權與行政之完整，並扶助朝鮮之獨立。（三）聯合盟邦，建立國際完全機構，以維護世界永久之和平。（四）與各盟邦訂定互助協定，建立永久友好關係，尤致力予經濟、文化之合作，以共策世界之安全與繁榮。（五）本平等互惠之原則，與有關各國訂通商條約並促進僑胞地位之平等。（六）實現蒙藏各民族之高度自治，並扶助邊疆各族經濟、文化之平衡發展，以奠定自由統一的中華民國之基礎。（七）維護並鞏固國家之統一，絕對禁止違背政府法令及在外交、軍事、財政、交通、幣制上有任何破壞統一之設施與行動。

以促進我國之國際貿易。（三）改革稅制，簡化稽征程序，厲行直接稅，擴所得累進徵收，並限制遺產數額。（四）都市土地一律收歸公有，農地除公營者外，應以最迅速有効之方法，實行耕者有其田。凡非耕種之土地，概由國家發行土地債券，逐步征購並分配之。（五）發展農民組織，保障農民權益，改善農民生活、推行集體農場，並促進農業之工業化。（六）發展勞工組織，改善勞動條件，促進勞資合作，增進勞動効能，尤須保護童工與女工。（七）普遍推行社會保險及社會福利事業，特別注意失業保險與兒童之保育。（八）切實優待出征軍人家屬，籌劃退役官兵之復業與授業，撫卹陣亡將士之遺族，保障殘廢官兵之生活，並扶助其就業。（九）對戰區及收復地區之人民及僑胞，因戰事而蒙受損失者，迅予以必要之救濟。（十）登記並限制各級官吏及公營事業從業人員之資產，並澈底執行各級官吏，不得經營商業之規定。

蔣介石作政治報告

【中央社重慶十八日電】六全代會十八日上午九時舉行十七次大會，孫科主席，由總裁作政治報告，報告畢繼續討論政綱政策。

【中央社渝十八日電】六全大會，十八日下午三時舉行十八次大會，王世杰主席，除通過總裁交議「促進憲政實現之各種必要措施案」外，聽取政治軍事質問之答覆，六時十分散會，明日上下午大會，將選舉第六屆執監委員。總裁交議「促進憲政實現之各種必要措施案」如下：憲政之實現，需要適當之準備，本黨現經決定，召開國民大會，實施憲政，若干準備工作，必須即予完成，各種措施，凡可為未來憲政樹立規模，而可提前實行者，宜於本屆代表大會閉會後，分別予以實施，以示本黨實施憲政之真誠與決心，並以保證未來憲政之順利推進，基於以上考慮，中正特提議如左：（一）本黨在軍隊中原設之黨部，一律於三個月內取消。（二）各級學校以內，不設黨部，三民主義青年團，改隸於政府，担任訓練青年之任務。（三）在六個月內，後方各縣市臨時參議會，應依法選舉，俾成為各縣市正式民意機關。後方各省臨時參議會，於所屬各縣市參議會有過半數已經成立時，立即依法選舉，俾成為各省正式民意機關。（四）制定政治結社法，俾其他各政治團體，得依法取得合法地位。（五）本黨黨部在訓政時期所辦理有國家行政性質之工作，於本屆代表大會休會後，陸續移歸政府辦理，上列五項交下屆中

（八）積極充實國軍裝備，刷新軍事教育，改進兵役行政，提高官兵生活，健全人事經理制度，以建設現代化之國軍。（九）普遍提倡國民體育，擴大衛生保健事業，以增進民族健康。（十）配合國家建設需要，獎勵科學研究，改進留學政策，並積極充實國內學術研究設備，以樹立學術獨立，發揚民族文化。（乙）關於民權主義者，民權主義於間接民權之外，復行直接民權，而現階段之中心要求，在於提早實施憲政，完成地方自治，普及國民教育，保障婦女地位，使全體人民咸能行使民權，並建立文官制度，以提高政治效能，保障司法獨立，以維護人民權益，因此本黨主張：（一）召開國民大會，制定五權憲法，實施憲政。（二）保障人民言論、出版、集會結社、宗教信仰及學術研究之自由。（三）依照國父『地方自治開始實行法』推行各項自治事業，迅速普遍成立正式地方民意機構，並限期完成實行縣市長民選，以地方自治。（四）實行義務勞動，爲鄉村造產，以供辦理地方自治及公益事業之權。（五）勵行法治，嚴懲貪污，提高行政效能，實施廉能政治，並改善公教人員待遇，確定健康保險退休養老等辦法，以資保障。（六）力求行政機構之合理化，建立健全之文官制度，規定各級政務官任期，並提高基層自治人員之選用標準。（七）在經濟上、社會上、政治上、教育上力謀男女之實際平等。（八）限期普及國民教育，並推廣成人補習教育，澈底掃除文盲。（九）教育機會均等，對中等以上學校清寒學生及退役之從軍青年，實施公費制度。（十）保障司法權之統一與獨立，簡化訴訟程序，改良監獄，實施感化，並保護出獄者之生計。（丙）關於民生主義者，民生主義最重要之原則有二，一曰平均地權，二曰節制資本，對於人民食、衣、住、行四大需要，政府當與人民協力共謀農業之發展，以足民食，共謀織造之發展，以補民衣，建築大計劃之新舍，以樂民居，修治道路河川，以利民行，而現階段之中心要求，在於增加戰時生產，制定戰後經濟之建設計劃，扶助民營企業，歡迎國際資本與技術之合作，並保護農工之利益，均衡市鄉之發展，籌謀戰後官兵及殘廢軍人之就業外，保障社會安全，而提高人民生活水準，因此本黨主張：（一）遵照國父實業計劃，制定戰後經濟建設總計劃，歡迎國際資本與技術之合作，此項總計劃之制定與實施，應首先注重交通與動力之開發，並以工業農業平衡發展爲目的，凡在獨佔性之企業及爲私人之力所不能辦者，均當歸國營或公營，其他工業極獎助私人經營之。（二）以國際合作，穩定匯率及幣值，革新金融政策，並依我國工業化及世界繁榮之需要，

央執行委員會負責辦理。

【中央社渝十八日電】六全代會十七日下午第十六次大會，通過何委員應欽等四十六人提議，擬請中央照會美國政府，查告我國在美各銀行凍結存款詳細數目，及存戶姓名，由美國或我國政府予以公佈，並由我國政府將該款分別沒收或徵用徵借，以助抗戰案，當經決議送國民政府迅速查明，切實辦理。

對教育報告決議案

【中央社重慶十八日電】六全代會關於教育報告之決議案：教育工作，數年來尚能遵照臨全大會暨歷次中央全會之決議，努力實施，維持教育事業於不墜，就中如戰區學校及文化機關之遷建，貧生之招致救濟，國民教育之推進，各級學校數量之增加等，均爲難能之事。現抗戰已到最後階段，教育設施除應配合反攻爭取勝利外，並應對於戰後國家建設實施憲政諸端，負莫大之使命，茲檢討過去，策劃將來，提示要點如次：（一）三民主義爲我國立國最高原則，教育之實施，以此爲依據，自第一次全國代表大會決定教育方針以來，均能本此宗旨，一貫施行，各種措施，粗具規模，此後實施憲政完成三民主義之建國理想，並應本已定之教育方針，努力推進。（二）國民教育爲奠定憲政基礎，戰時後方各省市國民教育，數量大有增加，殊堪嘉慰，然內容許多尚待充實，失學民×××××忽略，課程教材與××工生活之需要，亦未能適合，對此各點，以後均應力謀改善，注重質量，改進其教學內容，務須適應學生生活環境之需要，力求達到改進生活及行使四權之目的。（三）數年來，中等教育之分區設置計劃×，比例設立原則，尚屬適當，惟各省未能充分實施，以後因建設需要，設中等學校大量擴充，除造就升學人材外，應重視社會中堅份子之培養，並採用各種方法，加強中級技術人員之造就，農工需要應兼籌並顧，課程教材應使精粹，並特別注重學生品格之陶冶與體格之鍛鍊。（四）戰時專科以上學校之維持，頗具苦心，惟設備簡陋，研究所空虛，均應時加改進，而復員計劃尤應速予統籌，注意合理之處置，大學內容應求整飭，並積極發展學術機構，大量增加其經費，使自然科學與人文科學並重，理論科學兼顧，加強創作發明之獎勵，增強國際文化之合作。爲配合戰後建設需要，普設各類專科學校，造就技術人材。師範教育制度現已確立，惟數量與實際需要相差太遠，師範生公費待遇亦嫌不足，計劃亦未貫徹，此等處均應特加注意，師範學校課程應加檢討，務使緊張，師範生之訓練，並應注意服務精神及教育者風度之培養，並提高各級教師待遇，以安定其

生活，藉以導歸正道，而增加師範生之來源。（六）社會教育宜有相當設施，但成效未宏，今後應加緊推進，並應注重社會風氣之改善，民族道德之發揚，一般文化水準之提高，迅謀興復各地圖書館及設置科學館、博物館、藝術館，予人民以自動進修之機會，並加强補習教育。（七）邊疆教育，近年來雖已注意，惟實施尚嫌不能積極，以後設施應力謀適應邊疆各族與地區之需要，尤需特重學校設備之切實，辦學人員之精選，其淪陷較久收復地區之教育，亟應着手規劃，切實準備。（八）僑民教育。受戰事影響，近來未能切實推進，以後應按五屆七中全會通過「推進僑民教育方案」，積極實施。（九）戰時對於戰區教育之督導，青年之招致，員生之救濟，與青年從軍之倡導等設施，尚有成效。在抗戰結束前，仍應繼續實施，並須配合反攻計劃，從速建立淪陷區教育據點，以爲收復失地後恢復民族精神及擴充各級學校之基礎。（十）戰時教育經費，政府已努力維持，此後建設開始，教育爲重要建設事業之一，各級學校均應擴充，教育經費，尤須大量增加，中央及省市教育文化費，必須佔歲出預算相當比例，而技術人才之培養，國民教育之推進，與復原時所需經費，均應特撥鉅款，地方原有教育款產及熱心人士對教育之捐輸，應專項存儲，不得移作別用，公費數額應酌予擴充，以實現本黨教育機會均等政策，此乃願爲全國同胞鄭重言之共策進行者也。以上各點，均爲亟要，而關於固有文化之發揚，科學之重視，農工教育之發展，並須貫通各級各類教育，並特予注意，此外爲謀基層教育之有效施行，應即恢復縣市教育局制度，並提高教育人員之專業精神，教職員校長須不兼地方行政職務，而學風之轉移，實爲當今要務，各級學校之教學，必須注重學生精神之陶冶，使富有國家民族觀念，養成篤實踐履之風氣，務使學校教育之人，皆成材，材均得用，以完成建國之重大使命。

一批決議案

【中央社渝十七日電】六全大會於十七日上午九時舉行第十五次大會，到中央委員及代表吳敬恆、張繼、居正、于右任、戴傳賢、孫科、馮玉祥、鄒魯、丁惟汾、邵力子、陳果夫、陳濟棠、何應欽、葉楚傖、鄧家彥、李宗仁等六百五十一人，于右任主席領導行禮後，依照修正總章第六章第廿六條「本黨設總裁，由全國代表大會選舉之，行使第五章所規定總理之權」，選舉總裁，嗣繼續開會後討論議案，通過要案有：（一）請確定民族保育政策綱領案；（二）請確定勞工政策綱領案；（三）請確定農民政策案；（四）請決定戰後社會安全初步設

的蔣介石，依保實施憲政樹立民主的形態，承認延安爲一個政黨，同時延安軍由將來的民選政權統轄，以消除現在國共的對立，實現中國的統一。這與美國統一重慶延安以統治中國抗日勢力的意見相一致，但是從對延安的關係看來，實施憲政與蔣介石和美國的期待相反，並不能成爲抗戰中國走向統一的基礎。延安在重慶六全代會之前，即於四月下旬舉行中共七大，是對國民黨六全代會（帶有決定召集國民大會的任務）進行的攻勢，毛澤東在七大的政治報告的大部份，都是誹謗延安勢力及攻擊重慶企圖實行憲政，堅決地主張樹立民主聯合政府，並痛斥重慶企圖通過實施憲政，以達下述的目的：即（一）抑制樹立聯合政府的要求；（二）維持獨裁政治；（三）準備內戰的口實，事實上，國民大會的全部代表一千四百四十名之中，有二百四十名是國民黨指定的代表，此外，國民黨中央執監委員及候補執監委員，皆爲當然代表出席會議，它的人數，在六全大會上已增至三百六十名。在大會的代表名額中最小限度將確保有六百名完全蔣國民黨的代表，而其他的代表，也大部分是屬於國民黨系的。憲法草案，正如很早就遭受非難與攻擊那樣，也是爲謀維持蔣介石獨裁的一手包辦的草案。從而，由此所產生的民主政府，不言而喻，不可能比現在更進一步地滿足延安、以及其他反政府的各黨派的要求。照這樣看來，實施憲政後的國共關係，將與蔣介石以及美國的意圖相反，必是兩者相尅依然激化。

讀賣新聞社論

論重慶延安兩政權的大會

【同盟社東京十七日電】讀賣新聞頃揭載題爲「重慶延安兩政權的大會」的社論稱：國力立國的基礎、歷史、政治形態，國土的廣狹，資源的多寡、國家的獨立性等各不相同的許多國家，有的被煽動，有的被拉着一道走，有的在中途被强制，他們爲了推行戰爭的一時的便利，表面上似乎是結合在一起，這就是敵國的本質。但是戰爭將結束時，他們的戰後計劃，爲了分贓，自然要發生對立。舊金山會議以及歐洲現實的政治動向，都以上述問題爲中心，發生了英美蘇間尖銳的對立。最近這個對立圍繞在殖民地問題，分割德國問題，地域問題美洲自治問題上尤爲顯著。其餘的小國採取×××的態度，像重慶政權即是好的例子，它在波蘭問題，信託統治問題上，對於美蘇雙方，都是採取曖昧態度。但是在長期中想利用蘇聯而採取讓購與曖昧的態度的重慶，不久即將放棄這種曖昧的態度，美、蘇在世界政治上的對立，在半殖民地的中國則表

施綱領案；（五）根據三民主義政綱，請明確承認各民族之民族地位，予以應得之權利案；（六）請大量增加教育經費公糧被帳衣服藥品等項，救濟戰區失學失業青年，並改善招訓辦法，以配合軍事反攻，而利抗建案；辦法：（一）統一招訓機構，各招致站應儘量移近前方，並多組活動招致站，隨軍進入戰地或敵後，辦理招致事宜；（二）凡戰區內移失業失學青年，招致之後，除注重軍事及政治訓練，其志願就業者，務予以短期專業訓練，以便分發事宜，應由各招訓機關與中央及地方主管人事機關協同辦理，妥予安插；（三）國立學校應擴充班次，儘量收容戰區內移學生，各校不得藉故拒收，收容之後，應予愛護；（四）寬籌教育經費，按照實際需發公糧被帳衣服藥品等項，由教育部呈行政院實撥，如預算不敷時，並應專案，特別追加（下缺）；（七）戰後教育設施，以維護人類和平，宜揚我國文化案；（八）發展邊疆教育案；（九）加強師範教育之設施，俾積極普及初中等教育案；（十）請督促政府注意勞工教育之普遍實施案；（十一）增加學生公糧，每日定量為廿五市兩，以資保健案；（十二）對於政治報告之決議；（十三）對於教育報告之決議等案約四十件，十二時散會。

杜、宋商談中國問題

【中央社舊金山十七日專電】宋子文部長定於十八日晨自華盛頓返舊金山，渠在華盛頓已逗留兩週，曾與杜魯門總統商討若干有關中國之問題。

【路透社哥本哈根十八日電】丹麥駐東京公使接獲政府指令通知日方當局，丹麥破裂對日外交關係。丹麥也通知南京方面請丹麥承認重慶為中國唯一的合法政府。

同盟社報導國民黨決定正式召集國民大會的鬼把戲

【同盟社上海十七日電】重慶國民黨，於本月五日舉行六全大會，決定於今秋十一月十二日召集國民大會，製定憲法，實施憲政，重慶把這件事當作為孫文擬定的軍政、訓政、憲政的建國程序，已達到最後階段，由重慶完成孫文的國民革命。但是實施憲政是昭和七年第四屆三中全會以來[illegible]案，不斷地牽延實施憲政，蔣介石在今年元旦「告國民書」中才約定要在本年內實施憲政的意圖，多半包含有這種情況：即對內照應延安的關係，對外照應中美的關係企圖。在國民黨支配下統一延安勢力的工作失敗後現為國共的對立。隨着美、蘇關係的日趨尖銳化，使國共的關係亦顯著地尖銳起來。重慶政權自五月五日起，在召開六全大會。在此以前，延安政權已又[illegible]全國代表大會，重慶因調整國共關係碰到暗礁後，為了緩和國共關係，會使延安代表參加舊金山會議，向六全大會提出實施憲政案，以期團結國共關係與實施民主，但延安毛澤東在代表大會上，則粉碎重慶的意圖，指出於年前指定選出的代表而起草帶有國民黨獨裁性質的五五憲法，在該大會上毛澤東會強硬地主張建立聯合政權，而若不然的話，將召集解放區人民代表會議（作為獨立政府的基礎），更其值得注意的，是毛澤東在大會上指出：戰後[illegible]將在美國的援助下，以武力討伐延安。當滿洲事變發生後，當時的國務卿史汀生會說過：在遠東的危機中，中國將不是一個不能組織起來的國家，而將是一個走向統一的國家，以此為理由來反對日本的主張，但在美國的庇護下壯大起來的中國，今日將變成國共兩黨武力對立的天地，這是如何的一個諷刺啊！

反攻日寇與中國戰場

【合衆社重慶十二日電】歐戰結束，盟軍調遷太平洋戰場，將影響中國戰場。消息靈通人士指出：空軍將是第一批調遷太平洋的裝備，但牠不可能大批地在中國找到基地，這一部份是由於中國供應線仍感困難，儘管有油管，有航線能通過喜馬拉雅山高峯，並有史迪威爾公路，但汽油、子彈、大砲、糧食仍舊缺乏。另一部份乃是由於損失許多重要的東方飛機基地，這裏大量的空軍是可能作有效行動的。目前，美國計劃在中國集合訓練裝備一中國軍隊的強硬核心，牠將有能力在中國大陸上執行反攻日本，無疑地，在中國擔任指導、聯絡、顧問的在歐洲戰場上經過鍛鍊的美國老戰士們的逐漸增加，並不能顯示是美國主要兵力已在中國西部，截至目前的態度，認為擁有廣大後備人力的中國，可以在中國之戰上供給步兵。供應問題再度抗拒着美軍在中國大批登陸的可能。一個美國兵每天所食等於四個中國人，調至中國的器材的首要任務，主要在裝備中國軍隊，使之作戰，此外即訓練裝備其他地區。見於這些原因，一般人都認為從歐洲戰場調來的大批兵力，目前最低限度要息足在菲律濱、印度及各太平洋海島基地。這些地方可以住足，並易於給養及供應進攻日本本島所需之物。中美兩國大部份人均逐漸相信，對日本的首次大打擊，將是對準日本本土。

參攷消息

（只供參考）

第八四八號

解放日報 新華社 編

今日出一大張

卅四年五月二十日 星期日

英美嚴密注視日寇和平觸角

「路透社倫敦十八日電」此間對最近日本和平觸角的反應是沉默，並多少表示懷疑之意，但這懷疑，並不是對和平觸角本身的存在，而是對和平觸角背後的動機及其達到任何成功的機會。日本恐正期待兩個因素，來免掉它向盟國無條件投降，這兩個因素，一是盟國在舊金山會議上所顯露出來的不一致的徵象，鼓勵日本人相信：他們可慫使這一個大國反對那一個大國，以便從中漁利；二是……英美兩個，一般人民間的情緒，勝利地完成了這次戰爭的一半，歡迎另一半迅速的了結。如日本政府對避免與盟軍作戰至勝負分明，加以認眞的考慮，則它或將認爲：此後數月，這是在盟國作戰機構的全部力量能調到東方以前所不可避免的躭擱——將供給它以最方便的機會，來進行其和平觸角運動。官方的反應（英美兩國只重新聲明無條件投降條款並未提到其他）雖然是表示前途無望，但日本却正期望着以接二連三的這種和平謠言，來使輿論趨向於迅速和平的想法，或散佈這種幻想，即日本很弱（但實際上並不是那麼弱）俾在未來艱苦而犧牲重大的作戰中，使盟國人民驚惶失措而感覺失望。此間有資格觀察家認爲，目前日本政治領導集團，是這樣的一種政治情形，它一定是要充分利用和平觸角的技術，來作爲它的政治戰鬥的武器的，並希望求得救面子之道。但認爲迄今倫敦所收到這種謠傳的救面子方案中沒有一件，似會絲毫受到認眞的考慮的。

「路透社華盛頓十八日電」日本最近的和平舉動，並未分散盟國在太平洋的有力進行作戰。此間官方堅決認爲：日本的這種和平舉動，雖被認爲是日本國內陣綫一部份薄弱的象徵，但現尙無日本激烈派軍人力量衰減的象徵。除非這些建議，是由日本軍閥直接提出的，否則官方將「置之不理」。他們欲避免給日本人以下面印象：盟國似將放寬其無條件投降要求。若干被俘日

之實權，嚴施糾察，以整法紀。（八）前方所需糧及副食品特多，供求懸殊，應即變更就地配給之原則，由兵站統盤籌劃，妥運撥注。（九）前方省區各工作部門，所需浩繁，支用特多，故必須以其實際所需，隨時調整其預算，以免法外征派。（十）總反攻在即，前方省區所需各種交通等器材，應由中央儘量配給，其他爲配合盟軍反攻所需之各項經費，應由中央依實際所需，充分撥給。（十一）前方各部門工作，應遴選公忠體國自知必須愛民之士担任，庶得掌握民心，維護國本，其有貪汚瀆職，虐民營私者，應當機從嚴懲處。（十二）前方省區之人民生活，已萬分困難，應由中央迅撥鉅款，普施賑濟資助。（十三）前方軍事上政治上爲總反攻所需之各項工程費用，應由中央按實際需要核發，嚴禁就地任意征派。（十四）以有效辦法，嚴禁軍事政治上法外勒派勞役，充任私務，決議通過，送國民政府辦理。

四、請政府指派專款，積極安置榮譽軍人及救濟其家屬案，辦法：1、榮譽軍人及其家屬，救助安置原則：甲、一等殘廢榮軍之安置：（一）由政府設立收容所機構，終身教養，並輔導辦理，輕便生產事業以輔助其生活。（二）其老幼其缺之生產能力之家屬，由政府協助解决其生活。乙、二、三等殘廢及機障（輕殘）榮軍之安置，（一）安置之目的輔導辦理農物墾區工廠或工業合作社等，參加各種生產事業，或介紹各機關團體服務，使之自力更生，以謀自給自足，將來完全脫離政府之供養。（二）安置方式——從事生產者，由政府輔助或貸以資金，供給生活之物資及技術上之指導與經營上之各種優待，其自願從事職業服務者，應由政府嚴令各機關團體，按照規定員工比例，優先任用榮軍人員，並予以職業上之保障。（三）有職業及生產技能之榮軍家屬，應隨同榮軍，予以安置。丙、普遍辦理榮軍職業及生產技術訓練，1、榮軍及其家屬自願回籍者，由政府資送，一等殘廢，仍終身予以贍卹。2、由政府根據上列原則，制定榮譽軍人救濟法案，以保障抗戰負傷官兵及其家屬之生活。3、榮譽軍人直接受此次戰爭之影響最大，其殘障不能重赴前綫者，應請善後救濟總署，提前優先予以救濟。4、救助榮軍及其家屬之生產資金，應請一次撥給，統籌支配，使有生產能力之全體榮軍，均能同時安置，限期自給，請改進傷殘軍人安置辦法案。（一）請政府將現有榮軍教養院，一律改爲職業訓練機構，除重殘廢，另行安置外，其餘榮軍全部施以職業訓練。（二）請政府制定法令，凡各機關工廠，按規定比例僱用榮軍。（三）對於就業榮軍，應規定保障辦法，或由政府辦

本軍官已證實了這種印象即：日本這種和平舉動的性質，在此後數個月內或將發生變化，因爲盟國之全力進行空中攻勢，將還需要數個月的時間。

【中央社舊金山十八日專電】據傳日方所提之非正式和平試探，係經蘇聯之外交界轉達美國，又傳英國亦同時接到和平試探，據傳和平之試探並非起於日本軍部，而實由日本工商界提出，謂日皇甚願談判和平，日軍閥亦有願發之可能，但就目前所知，日本此項提議，絕未引人注意。而盟邦則希望日本作完全而無條件之投降外，對於其他問題似尚無發生興趣之跡象，因此等和平之試探，僅代表現居中立國家日本私人方面之意見，彼等既無政府職務，亦無權位，故盟邦均未予以正式注意。

滿僞省長更動

【同盟社新京十二日電】滿洲國政府於十二日發佈命令，調動熱河、三江兩省的省長。該命令稱：任命三江省省長孫柏芳爲熱河省省長。任命長專賣總局局長路之淦爲三江省省長。任命總務廳統計署署長郭恩森爲專賣總局局長。

改訂前方省區施政方針 以掌握民心爭取勝利果實

【中央社渝十八日電】六全代會，十八日上午九時舉行十七次大會，到蔣總裁等六九七人，孫科主席，提請蔣總裁繼續作施政總報告，至十時五十分休息，繼續開會後，討論議案：一、總裁交議案，本黨政綱政章案，修正通過。二、主席團提議，爲紀念美故總統羅斯福，籌設羅斯福圖書館案，決議等通過，交政府辦理。三、迅定適切前方省區施政方針，以竟抗戰全功案，辦法：（一）前後方情形懸殊，故其任務應分別規定，前方之民衆在衛國，後方之民衆在養國，依此政策，則前方省區之政府，應以掌握民心或爭取民心爲首要，亦依此定其考成之標準，後方省區之政府，應以增產物資，富裕民財，轉輸國用爲要務。（二）前方省區之征實征借獻金獻糧義務勞動公益儲蓄以及公債等各項征派，其數額，應與後方省區有等差之比例，俾合實情。（三）兵役之配額，前後方省區應有等差之比例，因前方省區各種軍事政治之勞役特多，加之壯丁紛紛自投國軍及保安自衛等團隊，實在之壯丁數目已有限。（四）凡前方省區所不能辦理及非必需之各項政治設施應儘量減免。（五）凡前方省區應行辦理之事項，其辦法上應作因地制宜之規定，程序手續力求簡單。（六）提高前方省區最高黨政負責人之資權，付予因地制宜及緊急處置之全權，並嚴格考成，以期實效。（七）加强前方省區軍政監察機關理榮軍失業保險，由國家代爲保險。（四）對於榮軍眷屬，亦應附帶施以職業訓練或規定救濟辦法，以上兩案，併案討論，決議原則通過，交軍事委員會對於榮譽軍人及其家屬寬籌經費預定辦法，切實救濟及安置。六、復員後退伍士兵之處置案，辦法：（一）制定還鄉軍人優先就業辦法，分期容納。（二）凡有家可歸者，應遣送回家，並資助其繼續原來職業。（三）凡無家可歸者，應由國家指定地區，給予耕地耕牛農具居室，並資其結婚成家，實行總裁所主張之兵屯政策。（四）戰後發展工業計劃，總裁於「中國之命運」一書指示綦詳，此時應將全國士兵予以測驗登記，以作將來訓練，成爲良好技術工人之準備，藉期實行總理兵工政策之主張。（五）對於殘廢軍人，應特設工作場所，其完全不能操作者，由國家終身撫養之。（六）對於復員歸鄉之軍人，應規定各種榮譽之待遇，以示國家德意，而養成國民踴躍服兵役之風氣，決議通過交軍委員會行政院確商辦理。七、請確定戰後復員，士兵生活輔導，以賞有功，而安社會案，決議通過，併上案辦理。八、請配合反攻計劃，迅謀充實改善醫藥挽救設施，減輕傷病損失，使將士安於抗戰，以加深國軍戰鬥力案。辦法：（一）凡非正式醫學院或軍醫學校出身之軍醫處長或軍醫院長，一律罷免，應以專門人員充任，並征用後方醫藥護士人員，充實野戰醫院之人事。（二）迅依租借法案，增加醫療機械及藥品之輸入，以充實軍用藥品，及醫療機械，並嚴查察防止其走私及轉售以保軍用醫療器械及藥品之均得實用。（三）由軍醫署協同各級司令部，寬籌經費，提高待遇，兼加强軍事醫藥機構之管理及運用，增進治療機能，並嚴密監督肅清流弊，俾傷病官兵均得實惠。（四）敦請萬國紅十字會，增派醫藥人員，調任中國戰場，協助各戰場之傷病救護工作，決議通過交軍委會辦理。九、請建設海軍案，決議通過，交國防最高委員會統籌辦理。此外復通過有關政治軍事類議案十餘件，十二時散會。

六全會二十一日閉幕

【中央社渝十九日電】六全代會，於十九日第十九次大會決議，通過第六屆中央執監委員名額，增加至四百六十八人，最後選舉第六屆中央執監委員，先請吳委員敬恆張委員繼檢查票匭加鎖，然後各委員暨代表、各將選舉票投入，封匭將於今晚十時起，由大會推定之監票員、開票員當衆啓匭開票，預計明晨始可揭曉。大會定二十一日上午十時舉行總理紀念週及第二十次大會，午後閉幕。蔣總裁於今晚八時假大會廣場歡宴全體委員及代表，至今日通過要案有：一、對於黨務報告之決議文（略）。二、根據工業建設綱領決定實施原則案。三、農業政策綱領案。四、土地政策綱領案。五、土地徵收化案。六、戰士歸田案。七、華僑善後救濟事業案。八、發揚革命精神，實行民生主義，以解除將國家經濟建設之困難，而固國本案。辦法（一）與對黨的重要幹部及政府主席官吏之財產登記，並進而加以限制，使地主資本家無法操縱政權，確保政府超然獨立，不受於任何階層之革命性，以獲得三民主義之信徒及一切前進份子之信賴與擁護。（二）澈底執行官吏不經商之決議，凡甘願經商之官吏，勒令辭職，否則嚴懲，一則使國營事業不因私人之企業，而受化公爲私之摧殘，一則使民間正當之工商業，能有合理之保障，不因特殊勢力之競爭，而無法存在。（三）超過一定財產之富裕黨員及政府官吏，應徵收累進所得稅，以充黨費及社會救濟之費用。（四）在海外凍結之存金，以供國家經濟建設之用。（五）獻金獻糧，限於大戶，由黨的中央幹部及政府要員擁有資財者，應先奉行，以資倡導。（六）嚴懲貪官汚吏，規定沒收財產之處分辦法。九、清還中華革命黨時代所發軍用債券，以維本黨信用案。十、戰後整治黄河及救濟黄汎區歸耕難民案。十一、戰後歸國華僑，宜予以絕對優待，華僑協助建設之投資，宜予以絕對之保障案。十二、積極提倡民用航空事業，以迅速完成空中交通案。十三、請明令調査國難期間過份利得收支充公案。十四、加強有關財政金融物價各部門之管制政策，以鞏固戰時後方經濟，確定戰後計劃經濟基礎案。十五、請發款賑濟山西、山東、湖南等各地災民案。十六、爲強化監察制度，彈劾案，得由監察院公佈，並訂定法案，以資遵守案。十七、請中央從速確定台灣法律地位案。十八、改進監獄案。十九、改進司法機構，提高司法效能，擴大檢查職權，而獎立法治基礎案等，有關黨務、政治、經濟類議案二百餘件。

偽寧偽滿兩傀儡
宣佈「防共協定」無效

【同盟社新京十七日電】滿洲國政府，鑑於歐洲的新形勢，承認康德六年二月廿四日所參加的防共協定應當失效。十七日外交部當局發表下列談話：（外交部當局談）由於國際形勢的變化，滿洲帝國政府承認防共協定失去效力。

【同盟社南京十七日電】由於德國的無條件投降，日本政府已於十五日聲明，日本與德國及歐洲各國締結的各種條約失去效力，國民政府亦決定與日本採用同樣的措置。十六日由外交部發表關於廢除國際防共協定的聲明，其

路透社記者報導
英、美、蘇的委任統治觀

【路透社舊金山十七日電】路透社特派記者稱特報導：在古時，爲了爭取殖民地而進入戰爭的國家以及僅爲自衛而作戰的國家，均能在和平會議上獲得一些東西。然而今天，新的原則將起作用了。大西洋憲章禁止「領土的擴張」。大西洋憲章××××××或××勝利的國家佔有其軍隊征服的地方的企圖，將不會對新世界引起懷疑的開端。因此，這個最重要的問題——委託制問題正在舊金山被考慮中。所涉及的領土是非常廣泛的。這些領土中包括有意大利及日本的一切殖民地及以前國聯下的一切委任統治地。的確，許多其他問題將取決於這個問題的解決。聯合國與成百萬被稱爲「落後」人民間的未來關係將繫於這些決定。白種人與黑種人間、歐洲和非洲間的關係以及亞洲大部份的命運，均繫於此。

政治家們，他們的智慧在如何設法指導這些洶猛的潮流呢？推翻了希特勒（種族仇恨的特等製造者）的各個國家，如何來消除這些膚色和種族的激烈情感呢？

故事是從雅爾塔開始的，三巨頭決定在舊金山未計劃之前，一起來討論。邱吉爾先生滿意殖民部擬成的計劃跑到雅爾塔去，這個計劃的確顯示是富有想像力的接近問題的解決。它總於表明了解到此種事實，即殖民地、舊的委任統治地、敵人領土都是一個問題的一部份。這些地方應劃分爲各個區域，每個區域將×××世界委託委員會所任命的糧食、教育、社會及其他專家的詢問並作答覆。他很懷疑（這恐是錯誤的）它可能涉及到英國殖民地的籌濟。無論這個計劃或其他任何共同計劃均未在雅爾塔通過。時間的緊迫使不能在舊金山會議前得出任何協議來。每個大國均攜帶其單獨的計劃來了。英國的建議較邱吉爾拒絕的×××更爲溫和。它建議以前的委任統治地以及從敵人手中奪來的新地區，均應置於新委託委員會之下，受託的國家應向此委員會作報告。它沒有提及現存的殖民地領土，僅隱約地暗示，這種領土將以自願的行動在某種程度上置於委託委員會之下。

抱着懷疑態度的美國人毫不遲疑地指出，英國的目的在於防止英國的殖民地被置於安全探照燈之下。同時，美國海軍則正進行工作，它們希望保持奪自日本的太平洋戰略基地。爲此目的，美國建議在軍事安全認爲國際共管不便之處，委托制的原則應予拋棄。抱着懷疑態度的英國人指出：美國因此表明它自己較諸帝國主義的英國更爲帝國主義些。

此後，在幾天前，蘇聯插進來了。它的主要建議是要求將表示附屬國人民

聲明全文如下：「關於防共的協定是由一九三六年十一月廿五日的國際防共協定及該協定附屬議定書、一九三七年十一月六日的議定書及一九四一年的關於延長條約的議定書組成的。中華民國於民國卅年（一九四二年）十一月廿五日聲明參加防共協定，該協定的原有締約國——德意兩國已投降反軸心軍，意大利政權已經消滅，日本政府已聲明該協定失去效力，而且共產國際已經解散，因此外交部代表中華民國國民政府發表聲明，以前加入的上述國際防共協定即日失效，俾與日本政府採取同樣的措置。

【同盟社滿洲里十六日電】由於德國的投降，各方很注意德國日僑的命運，據最近的情報，居留德國的日僑加上由荷蘭，法國，比利時，意大利撤退的日僑一百五十名總共約有軍、官、民五百餘人，其中普通僑民佔二百餘人，他們組成五個隣組以防萬一，在戰亂中亦保持日本人的名譽與團結。即五個隣組公佈在柏林、梅格稜堡、漢堡、布倫茲倫（譯音）、略尼斯丁各地，柏林組有一百卅名，布倫茲倫有三菱公司有關人員及其他人員四十名，梅格稜堡有由法國、比利時，荷蘭撤退的人員十八人。略尼斯丁有由意大利撤退者卅五人，漢堡有該地僑民及黑田領事及其他八名因為工作關係未能參加隣組者只有十人。犬島大使一行十五名及滿洲國公使館人員以及日本記者三人於一月底由於德國外交部的斡旋已往德國南部。最後留在柏林的只有大使館的河村參事官及其他大使館人員八人以及馬瀨總領事、今井領事、久米正金銀行支店長、湯本財務官、森山朝日新聞支局長、加藤每日新聞支局長等約一百卅名，他們都住在大使館。

國民黨說收復福州長樂

【中央社渝十九日電】據軍委會發表第一次戰訊，我軍於十八日晨五時，完全克復福州城，我軍於福州城郊五鳳山大嶺山迭過溪之綫，遏止敵之反撲後，我後續強大部隊，於十六日晚馳至，即於十七日拂曉，向敵全面反攻，至晚擊潰敵之抵抗，攻入城內，於十八日晨五時，完全克復福州城。殘敵突出東門，向馬尾方向潰竄，我正追擊中。

【中央社渝十九日電】據軍委會十九日發表第三次戰訊，福建方面閩江南淮我軍，為策應閩江北岸我軍作戰，亦於十七日拂曉，向敵發動攻勢各路猛攻前進，至十九日晨八時，擊破敵之抵抗，攻克長樂城，斃傷敵約二百人，殘敵向城東北逃竄。

目標的。名無實的「自治」二字，代以更勇敢的「獨立」二字。各國的懷疑論者因此斥責蘇聯在進行宣傳，而其中更勇敢的人甚至推測：蘇聯在此公式下，可能它的眼睛是瞅着獨立的高麗或獨立的滿洲的。

因此，當目光炯炯的代表們在繼續其勞動時，懷疑論者的爭論已在迅速進行。這裏面還涉及其他許多複雜問題：例如受託國家決定附屬地移民之權及關稅權問題（英國堅持此權，美國反對），附屬地人民反對××國家之權（英國反對，美國堅持）等等。在多次討論後，妥協已經達到了。英、美的觀點將趨於一致，如果蘇聯不太頑強的話，提出來的種種建議是可能解決的。如果能獲得解決（因為妥協是勝利的會議絕對需要的），是否嘲笑會降到成為無效的謊言、或最後沉寂呢？嘲笑是沒有什麼關係的。文明人類底良心所感到的是有關數百萬人的權利的事情，其中大多數都是有色人種，他們就是委託制與殖民國家有特權統治的人民。

列強之間進行磋商，或者是到更好的磋商（承認關於委託制度某些國際箴規），而不使這問題任憑單獨行動或競爭的強國來處理，這對他們說來會好些。如果在舊金山會議下企圖將同樣高的委託制箴規施用於一切附屬民族，而不管安全的要求或傳統，殖民地都有向委託委員會報告與申訴的同等權利，這會更好些。這一企圖可能使委員會獲得威信，並提供了舊金山會議中籌劃的極大的國際組織的地位。

這是等待着英國的一個機會。這種特性的宣佈將予美國的反英情緒以致命的打擊。它將重視自治領的擁護，至少是澳洲，新西蘭，或者加拿大的擁護。它將使不列顛聯邦（它的大多數公民都不是白種人）在各民族中獲得精神上的領導權。

這個機會還未到來，我們必須等到英國能表現它自己在和平中一如在戰爭中同樣偉大的時候。

日報担心蘇聯將來對太平洋之態度

【路透社倫敦，七日電】東京訊十今日讀賣新聞論文中對蘇聯將來在太平洋中的地位表示焦慮。該文由日本通訊社廣播：『我們還不知道蘇聯將來的方針為何，因為歐戰結束後蘇聯已解除了交戰國的負担，但是歐洲戰後問題不能不使它遭到新的負担。歐洲戰後問題可能使蘇美英之前意見上或地位上的衝突表面化。在整個這一時期中，日本和蘇聯完全支持他們中立條約，而且儘管在這次戰爭中他們各自的地位之微妙的複雜性，他們將嚴格地不作任何××互相××和信任的××。這是蘇聯將來可以記得的××。

參考消息

（只供參考）

第八五八號

解放日報 新華社 編

今日出一大張

卅四年五月廿一日 星期一

華盛頓明星晚報稱 中國將獲得大批供應

【合衆社華盛頓十五日電】華盛頓明星晚報本日社論稱：中國獲得充分供應之時日，業已過去。中緬印戰區之供應綫極長，惟自波斯灣往蘇之供應綫亦然。數百萬噸之供應品經該區往蘇聯，有此一例在先，同量供應中國亦非不可想像之事。美軍在中國海岸登陸之可能性極大，巨量供應品將運抵中國海岸，若運往北非及法國然。運輸之裝備已在途中，中國可望今日起以絕大之力量作戰，而達空前之勝利。

【合衆社紐約十四日電】美衆議員魯斯夫人稱：一、蘇聯於其最有利時機將參加對日作戰，此點實毫不足懷疑。渠相信太平洋戰事之結束，可能較一般所預料者速，或可能於一年內結束。渠稱：余目擊美國在德之所爲者，亦將發生於日本，中國境內尚有大戰，如吾人以作戰工具給予中國人民，則渠等實爲強大戰鬥者。

英美報紙評日和謠

【中央社倫敦十九日電】由日本工商界提出之和平試探，倫敦官方雖未證實，但七日已在英國各報有着廣泛評論，其中主要問題爲：（一）如何有效解除日本黷武主義之武裝使其不再侵略；（二）如日本正式提出投降時，昭和是否仍應視爲適當之執行投降之人。英國記者僉認昭和將來之地位，可能以日本軍閥之推翻者資格出現。據今日消息：英政府對昭和究取如何態度，將於下議院中提出詢問。據國會議員藍浦森少校今日稱：對日之談判，絕不應經過日本天皇之手，渠之半神聖之性質，實應對將來新皇帝之權力，應有限制，並應由日本自由之人民及自由之議會所授予。據遠東問題專家葛琳于曼徹斯特新聞晚報所發表之論文稱：昭和亦如以前歷屆之皇帝，僅爲日本軍閥之傀儡。葛琳繼稱：有會主張天皇制度應予廢除，昭和本人應被放逐

：「蘇聯外交的全部努力，是集中於建立一自東、中部波羅的海至亞德里亞海的防禦緩衝地帶。斯穆丁作爲北方波西的堡壘，而南至雅斯特作爲南方的堡壘。凡能加強與擴大防禦緩衝地帶的每一領土的要求，均獲得支持與援助，不問其從人種及政治的標準看起來是正當與否，在所不計。許多小國的民族主義已被激勵與極度熱烈地鼓起來。南斯拉夫已從鼓勵堅持將的里雅斯特與卡林西亞併入其版圖內。奧地利民族主義亦必須有其酬報，因此已提出從意大利手中收復整個蒂羅爾的要求。波蘭在東面已被推到布格河那一邊，他將要推進到奧得河與涅斯河，而背尼斯堡將無然成爲蘇聯的領土。「經濟學家」問及這些堡壘將用以反對誰時說道：似乎統治蘇聯一切政策的恐懼，是反蘇聯合的恐懼，這一反蘇聯合，德國可能成爲先鋒。該報繼說：蘇聯政策形態不僅是以恐懼爲其特點，而且標誌着一些「勝利衝昏頭腦」，斯大林元帥有時警告最親密的朋友與追隨者勿勝利衝昏頭腦。這兩種心情——恐懼與勝利衝昏頭腦——對蘇聯外交政策的製訂者似非最好的顧問。報紙在最後論及盟國間的外交正展開新的一頁，這新的一頁，將充滿不可避免地伴隨着形成世界範圍均勢的政治鬥爭，壓力與反壓力時，繼說：思想的清晰，目的與方法的謹慎選擇，現在，在外交領域內，亦如在當計劃與準備擊敗德國時的軍事戰略方面一樣的緊急。

英國主張恢復德國工業百分之六十

【同盟社里斯本十六日電】據倫敦消息稱，路透社政治記者白頓就德國處理案報導稱：英國當局人士主張在戰後二年之內，給德國以一種可能，俾能恢復一九四一年時的工業力的百分之六十。但如地下工場、軍需工場、飛機工場等，在將來有作爲德國從事戰爭手段的危險的工場，將全被取消。又爲了剷除秘密的軍事行動的可能性，將由盟國在數省官廳內設置的行政機關，予以嚴格的監視。

紅軍佔領下的柏林糧食店紛紛開張

【同盟社蘇黎世十八日電】據莫斯科廣播稱，柏林的蘇軍已開始出版「特克利・倫特先」晚報，每日發行八萬份。根據祖任佔領伯林之蘇軍的命令，糧食店已紛紛開門。在瓦森澤已經有二百二十家，新堡有三百五十五家恢復營業，柏林市民已經在新的配給機關下，享受各種糧食的配給，藝術家與教育家，與重勞動者享受同樣的配給量，蘇聯現已着手再建齊齊亞公園地區，該地共有七萬六千所房屋其中一萬一千所住宅遭受破壞，因之市民們紛紛從

者。

【路透社倫敦十九日電】日本電台本日否認日本伸出和平觸角的消息。該電台稱：全日本人都認知眞正戰爭只才開始。東京被焚毀。（缺若干句）在這些城市中被毀地方，正變爲各種新鮮菜蔬所遮蓋的戰時農場了。這乃表示日本欲戰鬥到底的決心。日本新聞主筆稱：所謂日本伸出和平觸角的謠傳，純屬無稽。他說：帝國統治協助會的解散，並非如盟國宣傳家們所暗示的，是表示日本願意進行談判，而只是××組織人民勇敢隊，他宣稱：這種舉措乃最簡單明瞭地表示了日本欲戰鬥到底的巨大決心。日本新聞在本日也引用『每日新聞』的話如下：『中國似將不可避免變成爲日軍與美軍間的戰場，大量美軍刻正由印度和緬甸源源開入中國境內。此外，衆人週知的，美軍將從海上侵入中國。』

日寇廣播對蘇友好 對美英全力作戰

【路透社紐約十八日電】此間今日收聽日方廣播，東京評論員認爲和平談判的消息係一種『宣傳』。評論員說：由於取消了與歐洲的一切條約，日本現已建立一個簡明的機構，依據此點與蘇聯繼續完全友好的條款，並與英美繼續全力戰爭。

【路透社舊金山十八日電】現有根據可說日本已向英美方面提出和平建議，但被認爲與盟國無條件投降不合。據悉該和平建議顯係從日本大商人方面發出來的。舊金山方面認爲和平建議係經由蘇聯外交方面。據報建議表示日皇願意進行停戰的談判，且日本願意放棄其征略地。可是該建議是日本目前危殆形勢所引起的，×××備忘錄中講到日本完全的逆勢。備忘錄申明日本空軍力量仍舊很強，並謂日本有能進行長期戰爭。（按：此消息原文零亂，僅按大意譯出——編者）

【合衆社倫敦十二日電】新加坡訊，電台廣播日寇南洋區駐軍司令長島今招待記者時稱，如盟國認爲日本亦將投降，步德國後塵或將感失望。德軍雖有智慧與勇敢，但缺之作戰到底之精神，而此種精神却爲日人所特有。日人從來不知『投降』一辭爲何。

英經濟學家週刊論蘇聯外交 要建立波羅的海至亞德河防衛地帶

【路透社倫敦十八日電】有影響的每週評論『經濟學家』週刊，在分析蘇聯與西方強國目前的外交糾紛背後的動向時寫道

郊外與附近地區歸來。現在齊發區公園地區之區長，由最近自獄中釋放的反法西斯份子哈巴曼担任，納粹黨員的區長，已代替哈巴曼被投入監獄。又柏林市民，已重新開張了十九個電影院。

【同盟社里斯本十七日電】路透社特派員報導，第廿一集團軍統制德人食糧的情形如下：第廿一集團軍當局，向德國人民配給些微的食糧，還可以與歐洲被征服人民所受的苦難相比擬，只許嬰兒與難產婦用牛乳、牛酪、雞蛋、肉及其他食糧要自己尋找，配給食糧的數量，各地方都不一樣，但是每天只有一千四百卡羅里，英國在戰時最困難的時候，每天還維持二千卡路里。英軍政當局的方針是先滿足英軍及外國工人的需要，在德人農場及大地主的食糧吃完以前，不會改變現在配給食糧的方針。

【同盟社東京十八日電】由於德國失敗與歐洲形勢的變化，居留敵國同胞對策委員會，檢討居留敵國同胞的救助方針，經討論後決定以相當額的救助金送交紅十字國際委員會，該委員會可用此項金額救濟同胞，將送最急的救濟品，以示慰問。

聯合國戰罪委員會主席 辯釋該委員會職權

【路透社倫敦十八日電】聯合國戰爭罪行委員會主席萊特勳爵對於英報所載外國對於該委員會工作的報導事，發表聲明稱，『戰爭罪行委員會的職責似仍未爲某些人士所完全了解。構成該委員會的各國政府，授予它以某些一定的職權。主要的職權是處理各國政府及其他當局所提出的戰爭罪行的罪狀，並決定被告的主要罪狀是否存在。如果在得到滿意的答覆時，委員會即將被告的名字列於名單之上，此名單立即毫不延遲的交給軍事當局以便逮捕。委員會的職權至此爲止，此外還有諮詢的職權，這種職權是不會引起這種評論的』。

【同盟社里斯本十七日電】華盛頓來電，白宮當局於十六日，就處罰戰爭罪犯問題，發表聲明書如下：美國政府認爲在國際法庭上處決第一等戰爭罪犯，應該由檢事負責，已任命美國大審院推事傑克遜爲檢事。希望英、蘇、法三國，也能快速地任命各自的檢事。關於上述聲明中所說的國際法庭，跟現在倫敦的戰爭罪犯委員會的區別，總統的新聞秘書曾作如下的說明：現在的戰爭罪犯委員會，爲一種控訴嫌疑份子的陪審制度，而目前組織起來的國際法庭，將專門審判重要的罪犯。

敵讀賣新聞社論 美英蘇鬥爭的基礎

【同盟社東京十八日電】以舊金山會議爲舞台而展開的美英對蘇的鬥爭，並不是所謂的『戰後爭奪境界的鬥爭

爭」，而是決於美英蘇三國立國的根本指導觀點不同。所謂人民戰線思想，我想有人對這一問題是發生了混亂的認識。人民戰線思想從一千九百二十三年以來，是對所謂機械的法西斯主義的一種反抗、此種機械的法西斯主義、是一種粗製品，人民戰綫思想亦與此同樣是把醫與獎混在一起的東西、兩個東西都是應該否定的。根據機械的法西斯主義論、德國、意大利指導精神——光輝的法西斯主義，是美英的指導理論——民主主義的現代的形態。在外表上就是這樣、其在政治本質上、歷史的意義上來說、兩者完全是相同的，但從客觀上來看事物，把法西斯主義一概看做與民主主義並立，而成爲美英的金權主義的總的政治還是過早的，法西斯主義運動的中堅份子，對於美英的金權主義抱着極大的憎惡和反感。法西斯主義的客觀存在是美英金權支配的頑強的障礙物，不管英國外交的策動，但是存在着德英開戰的客觀根據。反觀蘇聯的指導精神爲美英的金權主義根本不相容，這是勿容懷疑的。美國人把美國第五縱隊即內敵分爲法西斯運動與共產主義運動兩種，決不是偶然的。世界上任何人都知道這兩種運動的最後目標是絕對否定美英的舊秩序，澈底破壞美英的金權主義，美英與蘇聯在舊金山會議上的相對並不是單純的現象，也是個人手腕所不能解決的問題。當然我們在現階段過大評價這種相對的政治意義，是錯誤的，但是今後觀察問題亦不能忽視此點。

國民黨六大一批決議案

【中央社重慶十八月電】六全大會十七日上午通過：（甲）民族保育政策綱領，（乙）勞工政策綱領，（丙）農民政策，（丁）戰時社會安全初步設施綱領諸案，原文如次：（甲）民族保育政策綱領（壹）總則：（一）提倡適當生育增進國民健康，提高生活標準，減少災病死亡，以期人口數量之合理增進。（二）鼓勵身心健全，男女之蕃殖，抑制遺傳缺陷分子之生育，革新社會環境，改進生育教育，以期人口品質之普遍提高。（三）調劑人地比率，力求兩性平衡，改善職業分配，促進機會均等，以期人口分配之適當調整。（貳）提倡及時婚姻：（四）提高法定結婚年齡，明定男未滿二十歲，女未滿十八歲者，不得結婚，以矯正早婚之弊害。（五）注意正當性教育，提倡兩性間正當社交，實施婚姻介紹，指導婚姻選擇，以確保婚姻之美滿。（六）改善婚姻之締結，實施婚後職業介紹，增加婚後生活之公共設備，以鼓勵男女之及時結婚。（叁）健全家庭組織：（七）厲行一夫一妻制，限止遺棄與草率離婚，以保障家庭組織之健全。（八）注意家庭教育及親

疾病及傷害保險，逐漸推行其他各種社會保險。（八）興築勞工住宅，改善勞工營養，提倡勞工正當娛樂，普及勞工消息，合作及其他公益互助設施。（九）舉辦童工、女工保護設施，及勞工托兒所。（十）推進勞工補習教育及其他文化設施，童工及學徒應有受國民教育之機會。（十一）實施勞工技術訓練，規定標準生產率，舉辦工作競賽，並獎勵勞工發明。（十二）工會有協約權，並規定標準團體協約，以調解及仲裁方式處理勞資爭議。（十三）獎勵勞工入股，並倡導勞工分紅制。（十四）處理勞工調查登記及統計，並實施勞工就業指導，職業介紹，及協助勞工遷移。（十五）提高勞工政治認識，並扶助勞工參政。（十六）參加國際勞工組織，促進國際勞工合作，以維護國際社會之安全（決議），通過作爲本黨政綱之具體勞工政策，並交黨政主管部迅速完成，或修訂各種勞工法規，並切實執行。（丙）農民政策綱領：（一）農民政策在發展農民組織，刷新農村政治，改革農村土地，改善農村經濟，推進農民福利，以保障農民權益，提高農民生活，實現三民主義之新農村社會。（二）本綱領所稱之農民，爲直接從事農業生產之人民。（三）確認農會爲農民之中心組織，並扶助其發展。（四）肅清妨礙農民利益之惡勢力，懲治貪污土劣，並訓練農民行使四權，以推進農村自治之實現。（五）普及農村國民教育與補習教育，實行掃除文盲，以增進農民智能。（六）以農民領導農民選拔並培養優秀農民，使成爲農村自治幹部，充實農村領導力量。（七）依「平均地權」及「耕者有其田」之原則，調節農地分配，規定標準地租，限制耕地之使用，招租分割承繼及公租土地所有權之轉移。（八）保障佃農，扶植自耕農，推行累進制地價稅，土地增值稅，徵收地主超額土地，並清理荒地，配與無耕地或耕地不足之農民。（九）實行合理負担，嚴禁高利貸款，澈底取消對農民之一切剝削。（十）提倡機械生產，改進農業生產技術，以促進農業工業化。（十一）倡辦公營農場與合作農場，並建立農村合作網，以實現農村經濟社會化。（十二）發展農村合作社金融，改善農貸辦法，使資金融通之實惠，普及於切需之農民。（十三）穩定農產價格發展農產貿易，保持農工業產品價格之適當平衡。（十四）推行義務勞動，提倡農村公共建設，並講求水土保持，防止災害。（十五）切實普及農村醫藥及衛生設備。（十六）改進並推廣農村救災恤貧安老育幼等設施，切實普及農村醫藥及衛生設備。（十七）創辦社會保險，促進農村固有互助制度，舉辦農村職業指導，改良僱傭農民之待遇及生活。（十八）善用農時與

職教育，培養美滿家庭之觀念，實施家庭問題之諮詢，以期家庭生活之和諧。（肆）促進適當生育：（九）鼓勵健全夫妻之生育，指導適當之節孕，×孕婦產××安全，以期優良子女之增加。（十）實施婚前體格檢查，防治性病，實行遺傳缺陷份子之隔離或絕育，以杜不良×種子之蕃殖。（十一）普及兒童保育知識，增進兒童福利，以求生養教育之改善。（伍）增進國民健康：（十二）改進國民營養，提高生活標準，普及國民體育，推廣醫藥衛生，以期國民體格之增進。（陸）調劑兩性比例。（十三）矯正重男輕女之積習，力求兩性間之待遇平等，以維持兩性比例之均衡。（十四）調整鄉市間農工業之分配，鼓勵移民帶眷，以減少區域間兩性比例之差。（柒）調整職業分配：（十五）促進工業化，以吸收農業上之過剩人口，擴充適於女性之職業，以增加全國人口之總生產力。（十五）實施計劃教育，培養技術人員，推行職業指導與介紹，管制勞力分配，以調劑人力之供求。（捌）輔導人口遷徙。（十七）平衡改進市鄉間之生活狀況，實施區域間有計劃之遷徙，以求人口之分佈。（十八）保護外國僑民，實施外僑入境之合理管制，以促成國際間人口流動之互惠平等。（玖）扶植邊區人口。（十九）普及邊區教育，改善邊區習俗，發展邊民生產事業，推廣邊民醫藥衛生，以提高邊區文化水準改善邊民生活。（廿）獎勵雜居通婚，以加強國族團結。（拾）防止人口殘害：（二十一）嚴禁墮胎殺嬰，納妾蓄婢，及人口之拐帶與租賃，並取締娼妓，以防止人口之殘害。（決議）通過交政府有關主管機關，妥擬初步實施辦法。（乙）勞工政策綱領：（一）勞工政策之目標，在依國家民族至上之原則，與國際合作之精神，發展勞工組織，提高其地位，改善其生活，並促進勞資合作，調節勞力供求，增進勞動效能，加強國際勞工聯繫，以確保社會安全，適應國防民生的需要。（二）從事勞動之工人，除軍火工業之勞工外，均應依員工混合組織制，分別組織或加入工會，但負監督指揮責任之職員不得加入。（三）工會得有全國性之聯合組織。（四）取締包工剝削制度，工資以同工同酬為原則，各×並應分別規定最低工資率，工時以每日八小時，每週四十八小時為原則，每週應有連續二十四小時之休息，每年應有定期休假，假期內照給工資。（五）女工及童工不得從事深夜及笨重危險工作，女工在生產前後，應給予適當之假期，與醫藥補助。（六）厲行工礦檢查制度，工廠礦場及其他重要工作場所之安全和衛生設備之最低標準。（七）厲行傷害賠償，及死亡撫卹，並擬先創辦

農暇，提倡農民體育及正當娛樂，提高農民生活水準，並改進其營養。（決議）通過作為實施本黨政綱之具體農民政策，交黨政主管機關切實施行。（丁）戰後社會安全初步設施綱領：（一）總則：（一）戰後社會安全設施之目的，在本國父民生主義之精神，維護並改善國民之生計，以保障並提高人民之生活，而達成社會之安全與進步。（二）戰後社會安全設施之主要工作。（1）輔導就業。（2）舉辦社會保險。（3）加強社會經濟。（三）戰後社會安全設施之對象，為生活急切需要，救助及保障之人民，其對抗戰有勞績者，得有優先接受，救助保障之權利。（1）退役士兵及中下級官佐，（2）小自耕農與佃農，（3）軍需交通及生產員工，（4）公教人員等。（乙）輔導就業：（四）戰後社會安全設施，政府應興辦各類公共工程或事業，直接為人民創造就業機會，間接刺激社會經濟活動。（五）政府應舉辦職業訓練，提高人民就業水準，以優惠其收益，便利其轉業，並以配合戰後興辦之公共工程或事業，對於身心傷殘失去部份工作之人，尤應以特殊訓練，助其自力更生。（六）政府應普遍倡辦職業介紹及職業指導，以達成人事配合，供求適應。（丙）舉辦社會保險：（七）戰後社會安全設施，政府應舉辦社會保險，暫分（1）傷害，（2）老廢死亡，（3）疾病生育，（4）失業四種，得分別或合併實施。（八）社會保險之保險費，除傷害保險，應由雇主負担外，均由被保險人與僱主分担，政府得酌量津貼。（九）社會保險給付，應按被保險人據以納費之梯級標準報酬為計算標準。（丁）社會救濟：（十）戰後社會安全設施，政府為輔助職業介紹社會保險之不及，應加強社會救濟法之實施，尤應運用社會力量，督導其配合政府政策：（十一）社會救濟之對象，除老弱無身心傷殘者，應予救濟外，對於延受非常災變及因其他障礙，臨時失去生計者，尤應為緊急之救濟措施。（十二）社會救濟之方法：以（一）醫藥衛生或其他服務，（二）以工代賑，（三）減免租負，（四）貸放實物或現款，（五）收容教養等，視對象之需要及實際情形，採一項及多項之救濟。（決議）（一）本案於戰後社會建設甚關重要，照案通過；（二）交主管機關妥速籌劃，以備戰事結束時，隨時實施，（三）舉辦社會安全設施之經費，應列入國家總預算，對於遺產稅所得稅應採重累稅稅制，以其增收部份撥充之，以符社會協作之原則。一面與國際善後救濟，切實配合利用，戰後賠款。

參考消息
（只供參考）
第八八六號
解放日報 新華社 編
今日出一大張
卅四年五月廿二日
星期二

國民黨六全代會閉幕

【中央社重慶廿一日電】中國國民黨第六次全國代表大會，於廿一日上午十時舉行總理紀念週，蔣總裁主席，領導行禮後，即席致詞，闡述孫文學說知難行易的道理，勗勉力行。禮成後，舉行第廿次大會，蔣總裁主席，宣佈第六屆中央執監委員選舉結果後，討論議案，通過對於黨務報告之決議文及大會宣言草案（均見另條），十二時散會。隨即舉行閉幕典禮，蔣總裁領導行禮後，宣讀第六次全國代表大會宣言，全場起立鼓掌禮成。（六代各種決議因篇幅關係，以後陸續發表——編者）

六全代會宣言

中國國民黨第六次全國代表大會宣言全文如次：本黨第六次全國代表大會，舉行於我國抗戰八年最後勝利在望，憲政實施在邇之時，且適當世界全局撥亂反正顯露曙光之日。在歐洲則納粹德寇無條件投降，盟軍已獲澈底勝利，在東方則四面楚歌之日寇，挫敗於琉球，挫敗於緬甸，又挫敗於中國之戰場。我國對敵寇最後決戰勝利，正須我全國軍民之最大奮鬥以完成。舊金山會議正在締造國際安全機構，為世界建永久之和平。回顧第四次及第五次全國代表大會時之險阻艱難，臨時全國代表大會時之孤軍奮鬥，全國軍民恃精神為甲胄，恃血肉為堡壘，地無分南北，人無分老幼，前仆後繼，百折不回，拚全民族之生命，爭取國家之生存，歷八年重大之犧牲，以有今日共同作戰勝利在望之局勢，撫今追昔，彌覺我國父遺教之深切偉大，全國軍民堅毅抗戰正義力量之不撓，益深念於吾人繼往開來之負荷，實為無比之艱鉅。五十年革命之史蹟，

障吾國主權與獨立暨領土與行政之完整，與維護世界正義和平，遏止侵略志首之意義，昭告於世界。八年以來，世界各盟國友邦尤其美國、英國、蘇聯對我主持正義，裁抑強暴之努力，寄與極大之同情，並與我以武器、物資、經濟之援助，凡此安危共仗、患難相扶之高誼，皆我中國軍民所永誌深感而不忘。我全國此時惟傾其所有一切人力、物力，以貢獻於反侵略之戰鬥，而澈我聯合國一員應有作戰之任務，履行聯合國共同宣言與四國宣言，以爭取抗戰勝利，確立國際安全之機構。中國立國之精神，本在講信修睦，求與世界各國和平互助，中國所求厥為世界永久鞏固之和平，國父制定實業計劃時，有言『中華民國之創造者其目的本在和平』，又曰『為萬國互助者當能實現；為個人或一民族之私利者自當消滅於無形』，此一慈祥偉大之遺訓，實永留於吾人之心中。我中國今日已獲得其應有之地位，其惟一為中國革命建國與世界和平之最後障礙者只餘日寇，中國於掃除此最後障礙之時，必本親仁善隣之夙旨，與我鄰國益敦睦其永久之邦交，更將歡迎各國資本技術經驗之合作，以實行我國父實業計劃，期以互利互助，促進中國之建設，造成世界之繁榮。此為我全國同胞告者二也。

我全黨同志與全國同胞為國家民族效忠之途徑，厥為完全實行三民主義。民族主義之目的，一曰中國民族自求解放，一曰國內民族一律平等。我中國民族自求解放以造成國際平等之努力，在抗戰未起前已立其初基，除日寇以外，世界各國或先或後無不願以平等待我。及抗戰既起，由於軍民同胞之英勇奮鬥，而國父取消不平等條約，重訂平等新約之遺志具體實現，亦已兩年。一俟掃除日寇，我中國民族之解放即可底於完成。為貫澈民族主義之目的，本大會特重申第一次代表大會時『與革命獲得勝利以後，當組織自由統一的中華民國』之宣示，必以全力解除邊疆各族所受日寇挾持之痛苦，亦必以全力扶助邊疆各族經濟、文化之發展，尊重其固有之語言、宗教與習慣，並賦與外蒙、西藏以高度自治之權，民族主義澈底實現之日，即我國家長治久安永保團結之時。此為我全國同胞告者三也。

我國父遺教之民權主義，其目的在於實行澈底進步之民主政治。本黨自組黨革命以來，為民主憲政而奮鬥，五十年如一日，本黨之與清廷奮鬥者以此

十五年來艱苦之經過，故無待之敷陳，而對於革命救國之要道與今後努力奮鬥之方針，謹願綜合大會檢討之結果，披瀝誠悃，以告我全黨同志與全國同胞。

我中國當前急要之任務無過於充實軍隊之配備，努力最後決戰，消滅敵寇，竟抗戰之全功。由五十年來之經過言之，共侵略我中國獨立，妨害我中國生存，破壞我中國革命，阻撓我中國復興建設之大敵，厥惟日本之帝國主義。自甲午戰迄辛亥，日寇無時不構煽列強，以遂其瓜分中國之毒計。自民初以迄民國十五年軍閥之混戰及其一切摧殘革命之舉動無一而非爲日寇陰謀所策動。北伐之役，日寇竟出兵濟南，悍然破壞我革命之進展及統一完成。之後日寇更深嫉我國之復興，陵侮愈深，暴橫愈著，後竟發動九一八之侵略，奪據我東北，製造偽組織，由是得寸進尺，野心日熾，遂之七七乃進犯我平津，襲擊我淞滬，迫至最後關頭，不能不起而作全面之抗戰。由是可知有中國革命建國之運動，即遲早不免與志在滅亡中國之日本決生死存亡之一戰，欲求中國之獨立生存，即不容有日本帝國主義之存在，此理昭然，久爲全國所共喻。我八年苦戰，莊嚴之領土爲敵寇獸跡所蹂躪，數百萬英勇作戰之將士壯烈殉職，無數男女老幼同胞爲敵寇所凌辱而戕害，此種慘重之犧牲，惟有恢復一切失土，澈底消滅日本之帝國主義，乃爲獲得真正之報償。務必使我淪陷最久之東北同胞，重見天日，受日寇刼掠最早之台灣重歸祖國，數千年自主之朝鮮，尤須恢復其獨立，以永絕日寇侵略主義之根株，始爲我抗戰澈底之勝利。今日寇已喪失其同惡相濟之夥伴，世界反侵略盟邦即移師東指，共殲暴敵，日寇窮途末路，[illegible]最後負嵎之戰場，作頑強死抗之掙扎。我全國[illegible]八年來所未有最激烈[illegible]，澈底動員，人[illegible]方興[illegible]效命，[illegible]之全功。

我[illegible]

，惟保皇黨及復辟派奮鬥者以此，與叛國獨裁之帝制及軍閥政府奮鬥者以此，乃至與帝國主義之日寇誓死戰鬥者亦以此。正惟本黨有爲民主積年奮鬥之真誠，故不避一切謗忌詆毀，蒸然負創建保育民國之責任，亦惟本黨積無數先烈之犧牲，始獲創造民國之成果。故自民國十七年摧毀軍閥政府之後，即無日不迫切期望歸政於全民，今當抗戰勝利在望之日，應爲促成建國大業之時，本黨總裁提議，大會全體一致通過以本年十一月十二日召開國民大會，制頒憲法，以實施憲政。現距國民大會之開會不及半年，吾人應與全國真誠愛國之各方賢達，開誠佈公，共同努力，排除萬難，促成憲政之實現。本黨同志應體認國父制定建國程序具有極大之苦心，而吾人今日遵奉遺教還政於民，實具最大之決心，今後卑（？）年末制定憲法，實施憲政之前夕，亦即爲決戰最激烈之時期，舉凡戰時民意之發揚，合法自由之尊重，自治基礎之培植，均爲我政府與全國國民對國家義不容辭之職責。吾人深信中國國民在血戰中既獲得此獨立自由之時機，斷無任何力量能將中國歷史逆轉卅年，以破壞先烈締造民國之基礎，重陷國家於亂。在軍政、訓政時期，本黨以革命建國爲職志，爲全國人民之公僕。在憲政開始以後，本黨則與全國國民一德一心，共負保障民權、實行三民主義之責任。吾人之態度坦直而光明，吾人之精神公忠而忠摯，樹憲政健全之基礎，定國家萬年之大計，吾人必鞠躬盡瘁，全力以赴。此爲我全國同胞告者四也。

「建國之首要在民生」爲國父寶貴之垂訓。國民革命之終極目的，在於人民生活之均足，社會秩序之安全。本大會檢討往事，深感過去對民生主義之經濟建設與平均地權、節制資本兩大政策，因種種障礙，未克實施，實爲革[illegible]之最大缺憾。抗戰既起，各種反常現象隨長期苦戰而發生，致使前線[illegible]給爲生之國民，多不能維持其合理之生活，[illegible]會開會之日，作劃切明確之規其已着手實施者，當力求其貫徹，其尚未致力者，必竭誠以推行。吾人更須知民生主義之基本工作，即為實現國父之實業計劃，蓋必生產力提高，而後生活有普遍改善之可能，國父有言『中國今後存亡問題，在實業發達之一事』，吾國今後必以迎頭趕上之速率，遵奉建國大綱發展人民食衣住行四大需要之指示，接收國外資本技術之協作，以謀工業農業之平衡發展，故一面宜在國家經濟建設總計劃之下，鼓勵人民從事企業之經營；一面更宜發達國家資本，以經營大規模之經濟建設。而尤以開發交通與動力為先務，此種經濟建設與企業發展之成果，必使為全體國民所享有，俾一般同胞均得有豐衣足食之生活，而敬老育幼養生送死以至文化娛樂之享受，均能滿足其實際之需求。此為我中國實行三民主義之基本，亦惟如此始能安慰我革命先烈與抗戰犧牲之軍民，始能奠國家民族安寧發展之基礎。此為我全國同胞告者五也。

本大會檢討經過，省察職責，瞻念國事之前途，確定努力之方針，犖犖大端，具如上述，其他事項另見決議。在本大會集會期間，國外良友祝賀之電絡繹而至，期望最勉，備極殷拳，此為本黨歷屆大會所未有，實為舉國軍民同胞協力抗戰所獲致之榮譽。本大會更覺抗戰愈近勝利，則艱難愈增，革命將收全功，則責任益重。本黨以救國為職志，為人民之公僕，規過攻錯，願受嘉言，橫逆毀謗，則非所計。中國今日正處安危存亡之交，淪陷區同胞正受水深火熱之痛，本黨惟有本日新又新之銘言，勵百折不回之素志，自反自惕，振作革命精神，健全革命力量，繼先烈之志事，竟革命之全功，為國家立永遠之宏基，為國民謀普遍之福利，並使我中國善盡其對於世界對於時代之職任。所望我全國賢達，念國事之艱虞，人民之痛苦，同德同心，以親愛無間之精誠，作銳勵無前之奮鬥，驅暴敵於國土之外，奠中國於磐石之安，敬掬肫誠，共圖匡濟，願舉國一致勗勉以赴之。

波蘭叛將波爾在倫敦發表反動聲明

【路透社倫敦十八日電】路透社外交訪員報導：波爾·科摩羅夫斯基將軍（他直至去年九月華沙起義結束為止，仍任倫敦波蘭政府直接統率下的波蘭國內軍的總司令），今日於

只是使蘇聯的態度更明朗化而已。這種態度是一貫贊成對貝魯特（盧布林）政府的某種形式的承認，與努力排駁一切被認為是對蘇聯不友好的份子，（缺幾句）。這個問題將在克里米亞會議上成立的××莫斯科委員會上討論。（由英大使卡爾，美大使哈立曼與蘇聯外交人民委員長莫洛托夫組成的這一委員會。）

【中央社舊金山十八日專電】美國霍華德系報紙國際新聞編輯辛姆斯，今日發表英國與波蘭以前曾訂有英波祕密協定，此種協定將使波蘭問題之解決更趨複什，並將妨礙所有歐洲問題之早日解決。英波祕密協定係於一九三九年八月廿五日歐戰爆發前數日內已削弱。辛姆斯指出：英國業已不顧以前締結之祕密協定，蓋英曾與蘇聯協商後建立一以波蘭為犧牲之寇松綫，然波蘭某數領袖現已承認寇松綫為既定事實，僅希望能自德國手中取得領土以資補償。

【中央社舊金山十七日專電】美國務卿斯退丁紐斯，今否認紐約前鋒論壇報所稱，羅斯福總統生前曾解釋美國對波蘭問題之立場，與英蘇不同。及波蘭問題之僵局，實際由英國負責之說。渠稱：美英對克里米亞會議所作關於波蘭之決議，並無意見不同之處。

亞歷山大說鐵托將以武力貫徹的里雅斯特領土要求

【路透社意境盟軍前方總部十九日電】亞歷山大元帥本日對地中海戰區盟軍頒發特別文告稱，鐵托元帥企圖以武力貫徹要求：『吾人從事此次戰爭即為防止是項行動』，『吾人之政策乃領土變更僅能在各有關政府經過徹底研究與充分磋商討論後行之，鐵托元帥之行動未免太令人憶及希特勒、墨索里尼與日本，吾人刻正等待鐵托元帥究竟是否願意合作，接受領土要求之和平解決，抑企圖以武力貫徹要求云。』

【路透社倫敦十八日電】南斯拉夫對歐廣播今夜以意語稱，的里雅斯特的政權昨日已交給該市意大利——斯洛伐尼亞行政委員會。英美蘇軍事代表團的代表均參加典禮。

傳南軍由的里雅斯特撤退

【同盟社蘇黎世十六日電】據倫敦來電，南斯拉夫軍統帥鐵托，終於十六日夜接受美英兩國的要求，命令南斯拉夫軍由的里雅斯

此發表關於發展成為目前蘇波危機事變的聲明，這是自波蘭內地來的波蘭領袖的第一次重大聲明。波蘭將軍在被由德門監視下解放出來後，最近到達倫敦。他今日告記者稱，他給他部下一切部隊（正規軍與非正規軍）的命令，均明白而不含糊：「打擊德國人，和俄羅斯人合作」。波爾將軍說：「我不想指斥或反駁對我們的指責，但我必須強調，我們已盡了一切人事，以使在我們國內參加盟國的戰爭努力。我們同時希望，我國××將如何反對共同敵人的聯合鬥爭，來使蘇波諒解成為可能呢。但這點迄今均未達到，而在慶祝戰勝德國當中，波蘭既未恢復其獨立亦未恢復其自由，這對我國實是可怕的悲劇。波爾強調說，他仍想和蘇聯建立良好的關係，但他認為蘇聯方面也必須有合作的表示。波爾將軍證實了波蘭以前的消息，即雖然波蘭國內軍願意與紅軍合作，並建立正式的聯絡，但曾一再發生這類的事情，即波蘭地方司令為其俄羅斯反對者請去會見，表面上是建立這種聯系，實際上以後即為紅軍所捕，部隊亦被解散。這類例子曾發生於羅夫、維爾諾及盧布林，波蘭東部一般都發生這類事情。波爾說，蘇聯堅持地拒絕與國內軍建立聯絡。他着重否認莫斯科廣播的指責，即他在起義期間不在華沙。有無數的證據可證明他從未離開華沙城，以後和他囚在一起的數百名英國軍官可以證明，他並未得到德國人優越的待遇，如果有什麼的話，那是使待遇更壞些。他讚揚援助被圍華沙軍以武器的盟國飛行員，並謂國內軍收到英國××所送的供應品的三分之一。波蘭德國佔領軍曾多次經過第三者，企圖向我提議共同合作以反對蘇聯。幾乎每個波蘭地下運動領袖在為蓋斯塔波抓去時，面前都擺着這樣的釣餌，但德國人的一切提議均被乾脆的拒絕」。關於最近為蘇軍逮捕的十五位波蘭人，波爾說，在起義時這些人都和他一起在華沙，他個人敢担保這些人都是真正的人和很好的愛國者。

胡伯報導謂斯大林將親自參加處理波蘭問題

「路透社莫斯科十九日電」胡伯星期六報導：斯大林元帥在他給太晤士報訪員巴克的信中，表示他本人擬參加處理波蘭問題，這將被認為是對這問題底急迫與嚴重底明顯證明。這封信是蘇聯領袖兩年來回答外國記者詢問的第一封信。在信中說明的對於解決波蘭問題的三點，似乎是表示蘇聯態度沒有改變，

特及哥利薩撤退。

「同盟社里斯本十六日電」鐵托與波諾米兩政權以及與亞歷山大三者之間，圍繞着佔有的里雅斯特的紛爭已日趨激化，英國乃決心進行武力干涉，據傳英國已迅速地向的里雅斯特港派遣艦隊。據羅馬來電，地中海方面美、英海軍司令部，於十六日，承認美、英艦隊已被派遣至的里雅斯特海面的事實。

中南美國家堅持區域安全計劃

「同盟社里斯本十一日電」舊金山會議一開頭，便在波蘭問題、阿根廷參加大會問題、投票問題上發生了爭論，同時暗示還要有些問題發生，給大會前途投了很大的一個暗影。據舊金山來電，全體中南美各國代表共推墨西哥代表，向美英蘇中四國外長提出備忘錄，聲言設若舊金山會議不能按照着查普爾塔匹克憲章特定的形式，去組織新國際安全機構，則中南美代表立即退出國會。所謂查普爾塔匹克憲章，是本年三月在墨西哥舉行的保障美洲安全會議對於西半球地區的決定。問題的中心，是如何把查普爾塔匹克憲章，容納於新國際安全保障憲法內。換言之，成為問題的是保證國際安全機構，和地區規定間的關係，對於保障國際安全機構的權限和一致性，有種種看法，英國外長艾登十日接見記者團時，便尖銳地指出此點，聲言地區規定雖可以加強國際機構，但國際機構本身，則不能有所變化，而中南美各國的主張，則完全與艾登的意見相反，認為西半球各國應有權處理發生於西半球的侵略行為，美國方面似亦支持此種見解，故糾紛將益加擴大。

「同盟社里斯本十一日電」舊金山來電，舊金山會議英國代表艾登，曾在八百多記者面前，申辯英國對印度的政策。印度國民大會黨指導者尼赫魯的妹妹潘第特夫人，於十一日反斥艾登的聲明稱：艾登說克利浦斯建議案仍舊有效，我們實在聽得討厭了。對艾登的聲明，我只說以下兩點就夠了，即第一：克利浦斯的建議案，未為國民大會黨及包括回教徒聯盟的印度所有政治性黨派所接受，這個提案無疑問地一定有些什麼錯誤。第二：英印政府於一夜之間，不加審判而逮捕將近一萬人的政界領袖以及這些領袖的擁護者，這分明是英國政府企圖使印度各派之間不可能取得一致意見之舉。另外，潘第特夫人於五月五日，曾向舊金山會議事務局提出非難英國帝國主義的備忘錄，事務局拒絕了潘第特夫人將該備忘錄轉交各國代表的要求。

參攷消息
（只供參考）
第八八七號
新華社 解放日報社 編
今日出一大張
卅四年五月廿三日
星期三

國民黨六屆中執監委名單

【中央社渝廿一日電】中央執監委員名單。中央執行委員二二二名。于右任、何應欽、葉楚傖、居正、孫科、陳誠、戴傳賢、吳鐵城、鄒魯、宋子文、丁惟汾、白崇禧、陳果夫、張治中、梁寒操、陳立夫、陳布雷、朱家驊、胡宗南、馮玉祥、朱紹良、賀衷寒、顧祝同、錢大鈞、何成濬、馬超俊、宋慶齡、程潛、閻錫山、張厲生、谷正倫、傅作義、谷正綱、麥斯武德、劉健羣、楊杰、蔣鼎文、段錫朋、鹿鍾麟、余井塘、潘公展、甘乃光、陳繼承、焦易堂、李文範、吳忠信、于學忠、狄膺、方覺慧、劉維熾、王正廷、劉峙、曾擴情、周伯敏、余漢謀、黃旭初、黃季陸、方治、張羣、衛立煌、薛篤弼、谷正鼎、張道藩、蕭同茲、陳策、俞飛鵬、陳慶雲、陳樹人、徐源泉、柏文蔚、丁超五、熊式輝、傅秉常、洪蘭友、林翼中、沈鴻烈、曾養甫、周啓剛、李品仙、蔣伯誠、陳紹寬、羅家倫、馬鴻逵、鄧家彥、劉紀文、賴璉、何鍵、彭學沛、陳儀、劉建緒、李宗黃、朱霽青、李揚敬、洪陸東、顧孟餘、繆培南、李任仁、戴愧生、陳濟棠、張强、羅桑堅贊、唐生智、英保豐、陳肇英、王泉笙、苗培成、茅祖權、夏斗寅、吳挹峯、葉秀峯、楊愛源、蕭吉珊、趙允義、時子周、余俊賢、黃實、吳開先、蕭袂、孔祥熙、徐堪、田崑山、傅汝霖、梅公任、林嚐、王東原，羅卓英、路美奐、蔣宋美齡、桂永清、宋希濂、關麟徵、康澤、黃宇人、顧維鈞、翁文灝、吳紹澍、周至柔、張鎮、范漢傑、王靖國、李明揚、馬鴻武、張邦翰、唐式遵、周文蔚、吳南軒、李夢庚、李培炎、李樹森、吳鼎昌、林彬、袁雍、李肇甫、李濟琛、張維楨、霍揆彰、劉伯羣、劉尚清、王憲章、宋述樵、陳方、崔震華、沈宗濂、羅良鑑、郭泰祺、黃麟書、陸幼剛。候補中央監察委員四十四名。胡文燦、孫鏡亞、李綺庵、崔廣秀、楊熙績、穆罕默德伊敏、孫震、熊斌、李鐵軍、格桑澤仁、劉江明、鍾天心、劉蘆靜、喜饒嘉錯、黃建中、卓衡之、王德溥、何聯奎、王子惠、毛炳文、趙蘭坪、陳焯、迪魯瓦、劉和鼎、黃太爵、陳固亭、王仲廉、張伯謹、章谷、陳大慶、錢用和、張軫、葉溯中、周熙成、祝秀俠、趙仲容、曾以鼎、劉廉克、陳紹賓、韓德勤、余成件、張篤倫、丁德隆、劉成燦。

敵稱六全代會以低調告終

【同盟社上海二十一日電】重慶國民黨的六全大會，從五月五日開幕以來，十九日已經閉幕，此次大會的主要目的，是召集國民大會及確立與此相適應的國民黨的各種方策。大會是在極端低調的空氣中結束。對內反映了它對延安的攻勢的苦惱，對外反映了重慶的消極態度。它把將來的一切均依靠美國的對日作戰，絲毫沒有戰時大會的活潑色彩。此即（一）大會的主要目的——召集國民大會，已按照蔣介石三月一日所聲明的，決定於十一月十二日召開。關於代表選舉問題及憲法草案問題，均由此次六全大會選出的中央執行委員會參照七月七日召開的國民參政會的意見後決定之。把一切問題都移到今後解決。（二）十七日大會所決定的對延安決議案，保證以政治解決重慶、延安的關係，這與延安七次大會毛澤東在演說中積極對重慶攻勢的程度相比較，是極為温和的態度。這是由於一方面美國的態度，由支持延安轉到支持重慶，由此對於延安的政策有自信心，並打出召集國民大會的王牌。這說明今天重慶並沒有對抗延安攻勢的方策。

【路透社重慶廿日電】國民黨六全代會通過蔣介石委員長所提議的若干新的政策。按蔣氏被選為黨的總裁。目前國民黨正竭盡一切努力，以期早日擊敗日本，建立立憲政府，改進民生。大會決議，包括第一、動員全國力量對日作戰，直至日本無條件投降，並從軍事上和經濟上解除她的武裝。第二、與盟國合作以建立國際安全組織，締結互助協定，並發展與盟國間的經濟文黃仲翔、王耀武、鄧文儀、鄭介民、王啓江、陳石泉、孫蔚如、馬元放、顧希平、朱懷冰、俞鴻鈞、李惟果、劉峙章、李默庵、湯恩伯、鄭彥卓、鄧寶珊、馮欽哉、胡健中、盧漢、王讚緒、李翼中、范予遂、樓桐蓀、龍鏡塘、陳守儀、李中襄、張之江、梅貽琦、萬福麟、白雲梯、甘家馨、鄧飛黃、陳劍如、向傳義、鄧錫侯、夏威、陳希豪、柳克述、張維、項定榮、燕化棠、吳尚鷹、沙克都爾扎布、韓振聲、潘公弼、彭昭賢、劉季洪、程思遠、齊士英、李書華、達理扎雅、許紹棣、楊端六、董顯光、王宗山、方儒青、郭懺、王陵基、李大超、陳雪屏、張廷林、魏道明、李漢魂、徐箴、陳聯芬、林學淵、羅霞天、陳福廷、周異斌、劉文輝、呂雲章、沈慧蓮、梅友卓、李培基、龔自知、歐陽駒、陸崇仁、鄭振、張嘉璈、張國燾、陳國礎、陳訪先、王懋功。

候補中央執行委員九十名張紡、張貞、羅翼羣、石敬亭、趙棣華、陳耀垣、謝作民、鄭亦同、程天固、吳經熊、陳泮嶺、趙丕廉、黃宇浦、盧菊似、高桂滋、馬占山、李士珍、毛邦初、宋宜山、鄭洞國、黃鎮球、張九如、李玉堂、周兆棠、馬紹武、杜聿明、鄒志奮、馬星野、王星舟、胡秋原、王冠生、胡次威、伍智梅、吳鑄人、陳逸雲、李文齋、何輯五、張平羣、何浩若、劉峨、鄧龍光、白海風、羅時實、韋永成、傅啓學、劉斐、張清源、譚伯羽、吳國楨、黃正清、王俊、郭寄嶠、程中行、李覺、錢昌照、于望德、傅巖、馬繼周、滿楚克扎布、唐縱、羅貢華、任卓宣、胡瑛、孫越琦、鄒作華、李樸生、徐景唐、梁敦厚、劉故芸、葛覃、任夫、倪文淳、張寶樹、劉參荃、許倪東、楊繼增、徐象樞、王雋英、呂曉道、李先良、邢森洲、高宗禹、薩本棟、杜鎮遠、潘文華、王若僖、葉風、彭善、潘秀仁、張靜愚。

中央監察委員一〇四名。吳敬恆、張繼、王寵惠、李宗仁、邵力子、張發奎、王世杰、張人傑、商震、孫連仲、賀耀組、秦德純、王子壯、雷震、程天放、楊虎、李烈鈞、黃紹雄、徐永昌、門亦有、何思源、薛岳、熊克武、張知本、覃振、林雲陔、李敬齋、章嘉、劉文島、李福林、張任民、張默君、香翰屏、王秉鈞、李煜瀛、姚大海、譚道源、鄧青陽、彭國鈞、邵華、龍雲、魯蕩平、李嗣璁、許崇智、李次溫、胡庶華、鈕永建、黃少谷、李延年、吳詩偉、祝紹周、張伯苓、上官雲相、劉茂恩、堯樂博士、許孝炎、蔣夢麟、張厲生、楊森、林蔚、李永新、曾萬鍾、何柱國、蔣光鼐、王星拱、馬洪賓、曹浩森、馬步芳、萬耀煌、雷殷、周嵒、周震麟、朱經農，謝冠生

化關係，以保障安全和繁榮。

六全代會通過土地政策綱領

【中央社重慶廿日電】六全代會通過土地政策綱領，全文如下：（一）一切山林川澤礦產水力等天然富源，應立即宣佈完全歸公。其規模較大者歸中央政府經營，其規模較次者歸地方自治團體經營。（二）經戰爭破壞之都市，政府應予收復後立即頒佈復興計劃，其中心市街或碼頭車站公園等附近地帶，應歸政府全部徵收，分別整理，其可租與人民者依地價徵收累進地租。（三）凡新建之都市，應於興建計劃未頒佈之前先行規定地價，所收歸公共經營爲原則。（四）中央應迅速決定在華北及邊界地區設置國營農場之處所及範圍，並準備移殖戰後退役士兵及內地過剩農民從事經營。（五）各鄉鎮應普設地方公營農場一所，由地方政府利用可墾荒地或徵收適當耕地充之，實行利用科學方法之大農經營，以農民之示範。其收益作爲地方公益之需。（六）凡出佃之耕地，得逐步由政府發行土地債券，備價徵收，並於整理重劃後，儘先歸原耕農及抗戰將士承領耕作。（七）自耕農場應領導其合作經營。（八）凡土地租賃契約必須經主管地政機關登記，並依法限制其租率。（九）凡私有土地應即速規定地價，按價征收累進稅，並實行漲價歸公。各縣並須儘速完成地籍整理。（十）私有土地得施行照價收買並限制其分割。（十一）設立專業土地銀行，其主要業務如左：一，特許發行土地債券，實行扶植自耕農；二，特許依照放款數額發行抵押債券，並得向國家銀行照票面抵押，以資助土地改良。

【中央社重慶十九日電】六全代會通過戰士授田案及土地資金化案，原文如次：甲、戰士授田案（一）抗戰軍人授田辦法，應迅速制定頒佈，藉以保障抗戰軍人戰後生活。（二）戰後授田準備工作，應即着手辦理，以便於戰事結束後立即實施。（三）授田區集中，以便集體經營。（四）抗戰軍人授田後，仍應予以軍事學科與術科之訓練，以期寓兵於農，建立兵農合一之體制。乙、土地資金化案（一）實行耕者有其田，以改善農民生活，運用土地資金，以促進工業化爲目前必要措施，應由政府詳訂實施計劃，切實推行。（二）耕者有其田之推行，應先舉辦佃農調查及佃耕土地登記。（三）應用土地資金，促進工業化，應設立專業銀行，以利推行。（四）聯合徵租與聯合徵租及田賦負担之調整，應分交各主管機關分別設計進行。（五）本案實施計劃與進行步驟，交政府參照原案妥切規定之。

六全代會軍事報告決議文

【中央社渝廿一日電】六全代會對軍事報告之決議文如下：本大會聽取總長軍事報告後，備悉八年以來之抗戰經過及一切軍事措施，在最高統帥領導之下，一本旣定國策及五全大會、臨全大會與歷屆中央全會之指示，不斷努力，艱苦奮鬥，不惟已獲得勝利之確實保障，更已促國際地位爲之提高，不平等條約完全廢除，不勝欣慰。又聆何總司令報告中國陸軍總司令部成立經過，及此次湘西會戰概況，備悉中美合作極爲密切，而湘西之捷，亦適與盟軍在各戰場之勝利相輝映，尤覺興奮。查日寇自發動侵略戰爭以來，初欲速戰速決，企圖於短時間內迫我屈服，我國以尚未充實之國力，挺奮而起，獨力應戰，賴我最高統帥持久抗戰之決策及賢明英斷之領導，與全體將士之忠勇効命，遂能以空間換取時間，奠定勝利基礎，使我獨立支撐之戰爭，一變而爲與盟軍並肩之作戰，此不僅打破敵人速戰速決之迷夢，且使其不能以全力用之於太平洋各戰場，或北進以侵蘇。蓋歷次戰役，我軍皆予敵人以重大打擊，綜計敵寇在我國戰場之消耗達二百數十萬人，且其陸軍二百萬人迄今猶被牽制於我國境內。凡此種種，皆爲我最高統帥暨全體將士對黨國之功績，亦且爲我中國對於反侵略陣營及對維護世界正義和平之貢獻，而不可抹煞者。今者軸心德意皆已敗亡，歐洲戰事業已結束，日寇之海軍空軍受盟軍之不斷攻擊，損失殆盡，其覆滅已在指顧之間；惟敵人陸軍殘存於我國戰場者，尚有二百萬人，今後驅逐敵寇，完成勝利，猶待吾人加倍之努力，故於今後反攻之準備，尤須積極進行，舉凡反攻計劃之策定，高級指揮官及幕僚人才之拔擢，精兵主義之實行，動員實施之普及，補給衛生之改善，軍隊人事之健全，與保障軍事教育之改進，軍需品之增產，軍隊政訓之充實，空軍之加强等等，皆爲充實反攻戰力不可或忽視者，且盼政府以全力推動領導，同時全國民衆必須以軍事爲第一，勝利爲第一，盡其所有力量，以貢獻國家；尤須促使知識份子，以平日愛國之熱忱，實際參加軍隊各部門之工作。本黨同志尤須身先倡導，以提高軍隊素質，務期軍隊益增精强，俾與盟軍配合及時反攻，早獲勝利。至於今後國防之建設，如國防計劃之確定，陸海空軍之整建，國防工業之建設，復員之全盤計劃與準備，以及榮譽軍人之救濟，退伍官兵之安置，遺族撫卹之實施等等，皆關國家百年大計，更望各主管機關詳加檢討，積極進行，以完成抗戰建國，安定東亞，保障世界永久和平之偉大使命，有厚望焉。

路透社公佈英南會談經過

【路透社羅馬十九日電】以下爲今日公佈的亞歷山大元帥與鐵托元帥關於軍事佔領的里雅斯特、維尼西亞·朱里亞問題的談判經過。一九四四年七月，在亞歷山大的邀請下，兩位領袖會談於波爾斯納湖，他們於此同意：在他們的部隊會師時，鐵托的部隊應控制阜姆及分界線以東的領土，亞歷山大元帥的部隊則控制維尼西亞·朱里亞。今年二月在貝爾格萊德，鐵托又同意盟國軍事政府管理的里雅斯特。亞歷山大解釋他控制經過的里雅斯特的交通線的必要，因爲他的部隊其時將佔領奧地利。亞歷山大並向他說，這將包括佔領一九三九年意南邊界以西的一切領土。鐵托同意這點，只要已經建立於該區的政權仍然保持的話。二個月後，當會師完成後，亞歷山大派其參謀長摩爾甘將軍攜帶文件前往貝爾格萊德，該文件規定維尼西亞·朱里亞的一切武裝部隊應由盟國軍事政府管理，雖然已經建立起來的並正滿意地工作的南斯拉夫民政將予以利用。鐵托應當撤退南斯拉夫正規軍，非正規軍應把武器交給盟國軍事政府。鐵托在看了文件後說，諒解現在不能達到了，因爲問題現在已屬於政治的而不是軍事的。他認爲南斯拉夫作爲盟國之一員，有權佔領他所征服的領土；而他不願撤他的軍隊，並堅持他的政權機關應繼續控制。他提議的里雅斯特的港口設備及通達奧地利的交通線給亞歷山大使用，但堅持該區仍須由南斯拉夫控制。摩爾甘繼即向亞歷山大報告說，進一步的軍事談判已告無用。

【同盟社蘇黎世二十日電】鐵托和英、意軍環繞着佔領的里雅斯特問題的談判，嗣後×××（掉一段），地中海方面美、英軍司令官亞歷山大，×××鐵托政權的態度×××，於十七日發表致鐵托的公開信，攻擊鐵托稱：「鐵托似將以武力爲其主張而進行鬥爭。想跟鐵托將軍達到有效協議的努力，終於沒有成功，因此美、英兩國政府乃更直接與鐵托將軍進行談判。美，英軍還須要使用的里亞斯特港，並且還須要維持在意大利北部以及奧地利的兵力，因此不希望惹起引爲遺憾的事態，期待鐵托軍考慮切實措置。」南政府對於亞歷山大上述的公開信，於二十日夜間反駁稱：「南斯拉夫軍有權利留駐在它自己軍隊所解放的地區。美、英軍不是也留駐在他們的佔領區裏嗎？藉口南斯拉夫軍留駐在的里雅斯特一帶，將妨礙全體性和平會議的決定，這種理由是不存在的。」另外，鐵托在接見記者團時，忿懣地聲稱：「將南斯拉夫軍的行動比之爲軸心軍的行動，這完全是詭辯。我不禁爲亞歷山大元帥的聲明，感到嫌惡和驚訝。當然南斯拉夫軍不會破裂和美、英以及蘇聯的合

國民黨吹噓新六軍裝備優良

【中央社渝十八日電】廖耀湘將軍麾下裝備優良而善戰之新第六軍，已自緬甸開回國內，該軍配有新式美國武器，包括火焰投擲器、巴佐卡及車輛等等。其力量與機動性，縱或不較日軍爲高，亦確可與之相比。新六軍包括精銳之部隊三師，第廿二，第十四，第五十一，均爲緬甸戰役中饒有經驗之部隊。請將上面消息取消中央社十八日。

【中央社渝十八日電】軍委會十八日發表戰訊，我軍於西峽口以西地區，英勇奮戰，擊潰敵一一〇師團，戰績輝煌，我最高統帥特頒令嘉獎，電文云：胡代長官並轉王總司令仲廉及豫南參戰各將士，此次敵犯豫南，我將士同心協力，英勇奮戰，擊潰敵一一〇師團，斬獲甚衆，殊堪嘉尚，除另×獎勵外，着先傳令嘉獎。豫南方面西峽口以西公路兩側戰鬥，仍在繼續中。十七日我軍略獲進展。湘西方面我軍由洋溪橋（新化南）東南續行向敵攻擊，至十七日斃傷敵三百餘，殘敵分向上下茅坪（寶慶西北八十里）一帶及十字路北六十里地區敗竄，復被我分別包圍，正加以痛擊中。我軍掃殲山門以南竹篙塘以北之間地區之敵，十七日攻克菱角田。

重慶軍武裝逐步美國化

【同盟社上海十八日專電】歐戰結束後，歐洲戰線上美國空軍力量之轉用於東亞戰區，由於美國第八航空隊司令杜立特中將已調至東亞戰區，正在逐步地實現中。與此同時，重慶軍武裝的美國化，也正在逐漸強化中。以中國大陸爲舞台的敵人的作戰意圖，一點也不可輕視。即是說，最近湖南方面重慶第一綫軍隊所使用的武器，已換掉過去的舊式步槍，代之以大量的自動步槍。另外，還出現了其他各種美國式的兵器，而且據說有大批運輸機正在担任後方的運輸工作。這些武器都是美國式的武器，全都由美國經過史迪威公路（陸運和空運）運來的。敵人在緬甸北部的活動，不但要把雷多公路從密芝那到雲南一段打通，而且有雷多公路建築運油管。據最近之消息，該運油管要從密芝那至雲南省的保山，已完成了二百數十公里，一個月運輸××噸的汽油，同時有很多的卡車在該公路上使用着。又空中運輸亦逐漸加强，現在一個月可運××萬噸，因此重慶的武裝已逐漸美國化。但在目前的狀況下，這些武器讓重慶軍在前綫使用，當第一綫軍與預備軍交替之時，就要把這些武裝交給預備軍。

作，但同時，南斯拉夫卻不能容忍使自己國家蒙受屈辱，或被剝奪應有的權利。」

敵同盟社評舊金山會議

【同盟社斯托哥爾姆十五日電】據蘇聯外長莫洛托夫的回國，英國外相艾登亦首途返國，在此，舊金山會議似已在實際上告一段落，美國評論家李普曼曾就此事論稱：舊金山會議在國務卿斯退丁紐斯的主持下，以把敦巴頓橡樹林計劃案變成憲章爲目的，但是事實上這是被羅斯福的政治手腕所操縱。因此由於他的死，將使會議完全陷於混亂。特別是蘇聯不放過機會，使莫洛托夫親自出馬，使會議碰到了暗礁。原來莫洛托夫、艾登、斯退丁紐斯的關係，和斯大林、邱吉爾、羅斯福之間的關係，其性質是不同。羅斯福在德黑蘭會議與雅爾塔會議中，是起了調停英蘇間利害拉攏雙方的作用，然而斯退丁紐斯不但不稱職，而且對蘇聯採取對立的態度，放棄其作爲英蘇間安定勢力的差使，從而美英蘇勢力的均衡，發生了破碇。舊金山會議雖然在技術性地進行，但實際上卻有如艦船遭魚雷攻擊而被擊退的悲運。艾登爲了拯救這一悲運，乃提議召開三巨頭會議，但斯大林委員長向未表示贊成與否，因而前途還見不到什麼曙光，中立國之時事解釋者認爲：美英蘇的關係由於德國的突然崩潰卻使相互間反而向分離的方向邁進。（一）波蘭問題——例如即使舉行三巨頭會議，也絕對不能獲得平等的解決。斯大林委員長在給邱吉爾、杜魯門的覆信中，曾拒絕美英插嘴過問，明示蘇聯獨自的解決方向。大概蘇聯欲改革波蘭的農業）置其基礎於波蘭國內的肅清工作與剝奪地主的土地上），急速地進行波蘭的蘇聯化。同時華沙政權並拒絕英美之提案，該提案主張「劃定邊境將在媾和會議上決定」，另方面並主張統治奧得河以東的德國領土。（二）奧地利問題：蘇聯未通知美英，已經成立了維納政權，紅軍並佔領指定爲美英佔領地域的格拉次，並已委任市長，實行獨自的施策，又表示不容美英干涉的態度。（三）地中海港灣問題——蘇聯在南斯拉夫鐵托的名義下，要求領有意大利的里雅斯特及其他兩港口，企圖以軍事力量爲背景，威脅英國在地中海上的勢力。（四）國際委任統治問題：蘇聯在舊金山會議中的重要問題——殖民地處理案上，贊成暫時把殖民地置於國際和平機構的管理下，而逐漸使其獨立，制定所謂社會經濟圈，因而猛烈反對美國的方案——製定戰略圈，認爲這一戰略圈包含有美國的帝國主義的野心，另外關於處理太平洋領地問題，蘇聯也持強硬態度不願意讓英自由處理之。所以蘇聯的保障和平政策，和美英的制霸世界政策間的白熱對立，是很明顯的。

參攷消息

（只供參考）

第八八八號

解放日報 新華社 編

今日出一大張

卅四年五月廿四日 星期四

六全代會通過農業政策綱領案

【中央社重慶廿日電】六全代會於十九日第十九次會通過之農業政策綱領案，原文以次：農業政策綱領案。（一）農業建設應如三民主義之原則以建立現代化農業，提高農民地位，發展農村經濟，配合工商需要，增進國民生活為目的。（二）擴大農場面積，改善農場經營，以便利農制之推行。農場面積應有最×××分割之法定單位，並獎勵合作或集團經營。（三）普遍發展農田水利，××行水土保持，以期穩定生產，保護資源。擴大試驗研究，樹立推廣制農業，用機械動力與科學技術，以增進農業生產。（五）開發荒地，充實邊區，以增進土地利用，調整人口密度。（六）依照自然環境，合理利用土地，使農林畜牧各得其宜。（六）選擇適宜區域，集中發展工藝作物，大量增產以適應工藝之需要，並促進生產者與製造者之合作聯系，以謀農工雙方之利益。（八）增加外銷農產原料之生產及品質之改良，並求以加工製成品輸出。（九）糧食生產應質量並重，並擴充種類，以期改善食物營養，增進國民健康。（十）森林事業，應注意保林造林，凡天然林及保安林應歸國有與國營，其他森林、荒山、荒地應督導民營，並注重薪炭林之經營及獎勵。（十一）畜牧事業，應注意防治獸疫，改善牲畜繁殖，增加牧畜種類，提高畜產增加。凡農業區域內應增植飼料作物，利用荒地擴充牲畜飼養。凡天然游牧區域，應以發展游牧為本，並加強畜區管理，增養草原，增植改良飼料，以期穩定並增進畜牧生產，改善游民生活。（十二）發展雞鴨及母猪、漁業與水產，增進農家養魚，並提倡水產加工事業。（十三）發展鄉村電氣事業，利用水力及農村副業改善農產加工。（十四）發展鄉村交通，改良運輸工具，獎勵合作運銷，改善農產運銷制度。（

【中央社新德里廿日專電】孫立人將軍偕韋德邁將軍顧問衣爾德自此飛往歐洲，在此會稍作勾留。傳孫氏係應艾森豪威爾之邀往歐洲戰場考察，短期內即可返緬東。

國民黨戰報

【中央社重慶廿三日電】據軍委會廿三日發表戰訊：豫西方面，我軍在空軍掩護下，於廿二日拂曉向陝縣南犯敵施行反擊，經整日激戰後，已將竄至官道口以東約十里處陳家嶺附近之敵擊退，現正向官道口東北地區之敵猛烈攻擊中。大營以西地區戰鬥，廿二日仍在原戰地繼續進行。我軍於長水鎮以西地區痛擊由長水鎮附近向我反撲之敵。豫南方面，西峽口以西我軍向敵攻擊，廿二日公路北側我攻克四個高地，公路南側亦獲有進展，現對魁門關、獅王營地帶之敵包圍圈已漸予縮小，現正續向西峽口攻擊。福建方面，我軍攻迫連江郊區部隊，廿二日續向郊區之敵攻擊。我軍克復亭頭部隊，續沿閩江北岸向東北攻擊前進，至廿二日已攻達連江以南十八里之琯頭附近。廣西方面，我軍由金城江續沿黔桂路向東攻擊前進，廿二日晨已攻達東沈（懷遠西六十里）附近。湘西方面，我軍沿寶榆公路以北我軍向寶慶攻擊前進，廿二日已達老鋪仔、馬家灣（寶慶西六十里）以西附近地帶。

【中央社渝廿三日電】軍委會廿三日發表第二次戰訊，福建方面，我軍於廿二日午擊潰連江郊區敵之抵抗，乘勢攻入城內，至午後四時完全克復連江城。我軍攻達閩江北岸琯頭（連江南）附近部隊，已於廿二日午攻克琯頭，午後三時續克長門，並於當晚推進至連江以東地區。廿一日由連江北向羅源突竄之敵，廿二日竄抵羅源以北地區。同日敵艦船數艘載敵向霞浦東北地區登陸，企圖南下援救由連江向北逃竄之敵。

【中央社桂南前線×地××日電】廿日晨我軍配合圍隊，一舉克復賓縣縣城，敵向賓陽潰退。

【中央社上饒××日電】浙東我軍克武義後，向金華進擊，連克武義以北之安仁、石門、海×等重要據點，敵軍向金華敗退。

【中央社重慶廿二日電】據軍委會廿二日發表戰訊：（一）廣西方面，我軍克復河池（廿日下午克復）後，續由河池以東沿黔桂路攻擊前進，追擊十五）建立農業倉庫網，加强農情報告制度，實施檢驗分紅，改進農產供銷，以期穩定農產價格，保障農民利潤。（十六）改善農業金融制度，輔導合作組織，並特別增加長期及中期貸款與農業企業資金之供應，以適應農業建設之需要。（十七）發展及改善高等及中等農業教育，以培養農業建設幹部，並加强農民短期訓練，提倡農業展覽及示範工作，以增進農民之智識及技能。（十八）安定農村秩序，促進農村衛生，發展農民福利事業，以謀農民之安居樂業。（十九）充實農會組織，提高農民政治認識，訓練行使四權，以奠定農村自治之基礎，促進農業政策之設施。（二十）農業各項建設，歡迎國際間經濟與技術之合作，並儘量供給本國特產於國際市場，以資互惠。

【中央社重慶十九日電】六全代會關於華僑救濟事宜甚爲注意，收到有關提案十餘件，經提付討論製成決議，彙誌各案辦法要點如次：(甲)關於救濟辦法者。一、由海外部僑務委員會、外交部及中國善後救濟總署會同組織華僑救濟機構，負責籌劃華僑救濟善後之一切事宜。二、調查南洋華僑久受戰禍之損害，並擬定具體之救濟善後計劃，切實執行。三、派遣熟悉僑情宣慰大員宣慰僑胞。(乙)關於復興華僑產業者。一、由政府撥募美金二億元至五億元，交中國銀行貸放。二、貸放對象以淪陷地區之華僑農工鑛商業遭受損失者爲限。三、貸放方式除抵押放款外，並得作信用放款。四、貸款限期一年至三年。四、利率應較當地利率爲低。(丙)關於設立華僑銀行者。一、由政府設立華僑銀行。二、專辦低利放款，輔助華僑經濟事業之發展。(丁)關於提高僑匯者。一、於現行定價及補助工作，另給救濟費，並即通知政府迅速辦理。二、國家銀行在閩、粵淪陷區附近成立辦事處溝通僑匯。

同盟社稱 蔣介石企圖

【同盟社上海廿二日電】據重慶廣播，重慶政權於十九日六全會第十九次會上，通過增加中央執監委員定額爲四百六十名的決議案。按出席本年秋季舉行的國民代表大會的人數，會決定爲一千四百四十名，就中二百四十名代表由國民黨指定，如加上中央執監委員四百六十名，則共爲七百名，所以在大會代表中，只少有七百不是屬於國民黨的。由此看來，可以明瞭地看出蔣介石的獨裁企圖，他想用中央執監委員的增多，佔據國民大會的多數

國民黨六屆一中全會定期開會

【中央社渝廿三日電】第六屆中央執行委員會第一次全體會議，定廿八日晨在中央幹部學校大禮堂舉行開幕典禮。

退敵之兩度反撲，於廿一日攻克金城江。我軍由河池向東南追擊敗敵部隊，於同時攻達丁×圩（金城江南卅二里）附近地區，現正向宜山以西懷遠鎭攻擊前進中。我軍另一有力部隊向思恩攻擊，業已攻迫郊區，正與頑敵進行激戰。（二）湘西方面，竄據公路以北我軍，廿一日已擊潰和尙橋以南地區敵之抵抗。殘敵向東逃竄，我追擊前進，於當晚渡和尙橋以南地區之小河成功，並與我芙蓉山（桃花坪西北）向北攻擊部隊及我左翼兵團經和尙橋向南攻擊部隊和該小河東岸會合，繼續協同東向寶慶猛攻前進。被困於上下茅坪、侯田、高山（均大橋邊北）地帶及××十字路（均大橋邊東）地區之敵，仍力圖掙扎，廿一日我軍經整日激戰後攻克兩據點。（三）福建方面：我軍由長樂向東北追擊前進部隊，業已攻達閩江沿岸，殘敵大部向北岸逃去，境內零星殘餘之敵，經我加以掃蕩，至廿一日已告肅淸。福州以東我軍於廿一日晨續克亭頭（？）（距福州四十里）。我軍攻達連江城西附近部隊，廿一日已攻迫郊區。敗集連江之敵，東向海面退路因船艦遭我空中之威脅，至感恐慌，現以一部北向羅源突進，企圖尋覓退路。（四）豫南方面，西峽口以西我軍現已對公路上魁門關迄南側霸王砦地帶之敵完成包圍態勢，正加以猛擊中，並以有力部隊分路向西峽口猛攻前進，至廿一日晨攻抵梅花溝（西峽口北十四里）、馬頭山（西峽口西六里）各地區，已使魁門關與西峽口間敵所僅有之公路綫之聯絡感受重大威脅。（五）豫西方面，我軍於陝縣以南官道口（距城九十里）東北地區及大營以西馮佐、新店地帶痛擊於十六日分由陝縣以南及大營來犯之敵。十七、十八等日，先後來犯均被我擊退。十九日敵增援續犯，迄至廿一日，仍在各該地帶附近激戰中。長水鎭附近敵增加一部，於廿一日晚向西反撲。

【中央社南平廿一日電】此間官方今日公佈戰訊稱：（一）我江右部隊，廿日晨八時攻克營前，並將長樂屬金峯、梅花等地之敵掃蕩，現閩江右岸已無敵踪。（二）北江左岸我軍，十八日中午攻克魁岙，十九日晨十時攻克馬尾，廿一日晨復克馬尾以北之閩安鎭、亭賓，敵向連江潰退，我正跟蹤追擊中。（三）我軍現向連江之敵開始攻擊，敵一小股鑽隙竄至羅源附近，刻正殲擊中。

魏特梅耶謂 芷江日軍已遏止

【美國新聞處昆明廿二日電】魏特梅耶將軍今日在此間記者招待會中論及芷江戰事謂：最困難之階段已過，日軍確已爲我所遏止。談及第十四航空隊基地在湖南戰事中之重要，則謂此爲魏氏第一次

爲空部隊之實際合作，日寇指揮官並無大誤，然勝利殆完全歸功於中國人之地面部隊。花水形勢對盟軍至爲有利，對中國戰區之前途亦有良好影響。或詢及關於中印及與法國或越南革命軍隊合作問題，魏氏謂法屬越南乃蔣委員長及中美戰區之一部份，吾人或正利用任何及一切盟邦資源以擊敗日本。

美稱日未提正式和議

【合衆社華盛頓×日電】關於日本試探和平之說，此間消息靈通人士均不甚相信，據權威方面消息：日本並未正式提出和平建議，僅在中立國家詢及基本原則，渠等詢『何種和平建議，美國方予考慮』，然日本爲軍人控制一日，苟以此爲日人希望和平之據，則實不值一文。某某方面認爲日本軍人一時尚不致失勢，美海軍陸戰隊司令萬特格里夫將軍在芝加哥講演稱：與日本交涉和平僅能使吾人獲得爲時至暫而代價甚高之休戰，以百萬計之日本軍隊，尚（未）被擊潰，日軍之軍事領袖正密切注視美人×留之×××及作戰努力之移轉，將採何種態度。如果美人有戰鬥精神與意志降低之象，或對工作漸漸冷淡，則渠等即有一綫希望矣。

【路透社倫敦二十日電】日本通訊社昨日廣播否認日本和平試探的消息，說：『一切日本人民深信真實的戰鬥僅在開始。東京已被焚燬，名古屋亦復如是，這些城市的人將很快地湧往國內前線的戰線。』

美對區域問題的意見及舊城會議中的區域制之爭

【中央社舊金山十三日專電】據本日此間所傳××區域集體安全，將獲美國代表團支持，且可能稍予修正，即納入世界安全組織之下，此項體制保護『美洲國家於此半球集體自衛，××有權利×而不損及擬議中世界組織和經濟一處採取行動，維護國際和平安全之權力，此一區域體制之主要各點如次：第一自衛權利乃每一國家之固有權利，第二有傳統互助關係（如泛美協定中所申述之原則及目標者）之集團國，××如有任何一份子侵及他國，上述集團國家即可採取共同行動予以干涉，然此一權利，將不否認安全理事會認爲國際和平安全所需要採取任何行動之權利，若干對區域規劃素表反對之知名美國作家，咸認世界各處如有此區域規定，則將減弱擬議中世界組織之權力，某作家謂：蘇聯及其他歐洲國家之雙方條約，無異乎區域集團，凡此規劃，並非以造成健全發展之歐洲合衆國爲目標，而僅係建立新勢力範圍，企圖以之對付其他勢力範圍者。

經情志而爲的：『德國爲什麼被戰敗了呢？』──在一般常識上說，是由於遭受美英蘇三國，不得不進行兩面作戰，而爲其壓倒的物資力量所壓倒。即是說可以歸納爲：在東部戰線蘇軍的大砲面前，在西部戰線美英空軍面前屈服了，但在政治上使德國陷入今日這樣狀態的巨大原因，是由於黨與軍的對立，佔領地行政工作的失敗，自戰局走向下坡路以後，希特勒總統與作戰軍隊首腦的對立，非常深刻，這種對立的爆發就是去年七月二十日暗殺元首未遂的事件。該事件所給予德國國民的心理上的影響，是非常之大的。該事件雖被順利地處理，而元首的心腹──希姆萊掌握了軍的最高指揮權，但黨與軍的鬥爭依然未息，可以看出德軍首腦們顯得有放棄戰爭的傾向，然而德國國民是打得很好，如希特勒青年團與警衛軍的英勇奮鬥，那是值得稱讚不置的，拿布累斯勞、哥尼斯堡等地的例子來說，凡是納粹黨員所指揮的地方，莫不英勇地作戰到底，然而軍人指揮的地方，則全部舉手投降。

『佔領地行政的失敗』──關於佔領地的行政，黨與軍的意見是對立的，在一切地方，黨企圖澈底地建立德意志第四帝國，因而使民心離叛，只有法國是例外，但軍隊從維持治安的觀點出發，反對此種類型的獨佔行政，原來會規定行政工作由黨來担當，因之會極力反駁道：軍隊絕不能干涉行政，因而使對立走向深刻化。關於法國的行政，恰恰與此相反，（缺一句）

『處理戰後問題』──大體上將接着雅爾塔會議決定的方向，將要舉行可稱爲柏林會談這樣的會議，暫時還繼續着分割和佔領的狀態，只要蘇聯和美英的想法，有根本的不同，那麼這種吳越同舟的困難，是不會避免的，在目前蘇聯必需用全力復興國內，自然也就需要依賴美國的物質的生產力，美國當可找出蘇聯是美國生產品很大的銷售地。因此只要有『大西洋』這個距離，就跟英國不同，它很少有直接的理由挑剔蘇聯。像英國的發言，並不是主流，因此需要謹慎不要對三國的鬥爭作誇大的評價，爲用新的觀點來觀察歐洲問題，在歐洲美、英、蘇三國隨機應變的伺隙而動以及暗中活動都很厲害；譬如在佔領地的政策問題上，有這樣的區別，即蘇聯的施政重點在於把握一般大衆，尤其是勤勞階級的民心；而敵人美、英則針對着知識份子既成的指導階層。美、英、蘇三國之間的微妙關係，將成爲今後歐洲的中心問題。

『英勇作戰的德國國民』：處於戰局不利階段的德國國民，的確進行了令人滿意的戰鬥。直到柏林陷落前爲止，連七十歲高齡的老人，也編入突擊隊，拚着老骨頭，踏上戰場。婦女也參加戰鬥，除四十歲以下有小孩子的婦女留在家庭之外，其餘都在某種形式下，參加直接與戰爭有關的工作，如防空

【中央社舊金山十四日專電】目前事實雖未指陳如澳洲外長伊瓦特已作的警告那樣，即世界組織可能於其初生之時即遭毀滅，然聯合國會議中關於區域協定的糾紛，現已趨於嚴重。多數糾紛是從關於區域劃分的條件所作解釋之紛歧意見出發。美國及拉丁美洲認爲，拉丁美洲體制應繼續存在，西半球每一國家均隸屬這一體系之下，每國可投一票，並各保證制止西半球以內或外來的任何侵略者。西半球國家堅認爲泛美體制與世界安全組織原則相符合。西半球國家可能願意安全理事會可對任何爭端加以干涉，但彼等堅認西半球各國於安全理事會決定不採行動時，可採集體行動。據聞英國於未××同意支持美國在此方面所採之立場，但討論迄未竣事。歐洲國家似乎認爲任何不侵犯及互助諸方協定就是區域規劃，並堅持訂立上述協定之國家可在安全理事會批准以前並無需其批准即採取行動。實際言之，現有兩種確定之區域規劃，泛美體制乃一具體而公開之組織，由泛美協定之簽訂而集各單位努力於一體。蘇聯則有其所認友好盟國之含糊聯合制度，其規劃之詳情猶無從得悉。聯合國會議如決定區域計劃可於世界組織以外獨立採取行動，則其他區域規劃即可相繼出現。澳洲現鼓動成立西南太平洋各國及各區之區域集團，菲島更具抱負主張建立太平洋各小國家之聯合組織，由其擔任領導。埃及、沙特阿拉伯及伊朗可能尙包括土耳其在內，久已致力建立泛阿拉伯集團。歐洲方面，戴高樂久已想望成立西歐聯盟，由法國作領導地位。瑞典、挪威及丹麥三斯堪的那維亞半島，大有公然形成區域劃分之可能。在聯合國會議決定何者實爲區域劃分條件及決定區域規劃國家是否可在世界組織以外獨立行動前，此問題不能解決。美國決定支持拉丁美洲所提保留泛美劃定下西半球區域規劃之要求，美國贊成各國聯盟於安全理事會對各個區域規劃以內的國家之爭端未能拒絕採取行動時，得採取行動。此一政策如獲聯合國會議最後通過，則世界上每一國家可能在世界安全組織以外另行加入區域集團。若干批評家指陳：此乃退入舊時協約組織及違背世界組織目標之危險傾向。

同盟社論德國爲什麼垮了台？

【同盟社滿洲里五月十六日電】戰敗德國的情況，根據最近此期所收到的情報，已經逐漸地明白了。下面是綜合各

等部門都是婦女，高射砲射手也是婦女，曾被親暱地稱呼爲「電光姑娘」。德國國內的秩序很好，和×××不同，直到快將失陷時，也沒發生混亂，只要有糧票，就能領到配給糧。德國國民之所以能够那樣英勇地戰鬥，可以說全靠糧食政策的成功，如果沒有糧食，德國或許在二、三年之前就垮了。但今年冬天可大成問題，糧食將成爲嚴重的問題，現在德國國內的德國人，佩着作爲德國人標誌的袖章，在敵人美、英，以及蘇聯軍隊的指揮下勞作着，大部分德國人一向在納粹黨統治下，受過很多的訓練和敎育，處在三國的指導下，雖然可以砍掉腦袋，但卻不能否定希特勒總統死後的德國歷史，將永久地銘記與活現在國民頭腦裏的事實。正像已自殺的宣傳部長戈培爾，在帝國週刊上曾表明過那樣，即「我們絕對不哭，因爲我們絕對不投降」。總統以下的人員，雖然戰局不利，但仍戰鬥到最後。肩負着時代使命的小國民，需要在腦子裏銘記着德國直到最後還不可能被消滅的鬥爭精神。

在戰略上引導德國瓦解的原因之一，是鐵路運輸的大動脈被美英空軍底破壞，交通網亦一塊一塊地被切斷，全國的鐵路交通，陷於半身不遂的狀態中。德國的鐵路是德國戰力源泉的心臟，但自今年二月上旬起，夜間遭受美國空軍、晝間則遭受英國空軍的轟炸，因此急劇地降低了鐵路運輸的効能。最近其效能雖已完全喪失。

而阻止敵機轟炸的德國空軍，則由於生產飛彈的供應力繼着減退，亦是失敗的原因之一。戰局已經漸趨惡化，已經不滿足於過去的兵器，而期待一種新兵器的出現，這一呼聲：在德國甚爲有力。但以目前程度的科學力量來抵抗敵人的物資力量，從而僅僅期待於新兵器的出現，這種想法是非常危險的，V一號是不足以制美英軍的死命的。由於空軍、砲兵的缺乏，德軍全被紅軍的蒸氣輪壓倒，雖會企圖舉行最後的反擊，終因空軍力量的不足，第一線完全陷於貧血狀態。忽而處在非常困難境地的德國國民，特別是柏林市民，依然維持着秩序，戰至最後，即至四月下旬，德國國民的戰意，並未喪失，還是應該牢記不忘的，總之，德國的滅亡，是由於被鋼鐵的力量壓倒，從而喪失了戰力。

參考消息

（只供參考）

第八八九號

解放日報 新華社 編

今日出一大張

卅四年五月廿五日 星期五

杜魯門考慮 邀蔣參加下次聯合國領袖會議

【中央社華盛頓廿三日專電】眾議員孟斯菲爾特稱，渠於訪問白宮時，曾向總統建議，蔣主席亦應被邀參加下次聯合國領袖會議。杜魯門總統允對此建議加以考慮，余信杜魯門總統刻在考慮邀請中國參加聯合國領袖會議一事，總統似欲獲得關於中國之一切可能報告，余曾強調吾人能自中國獲得更多合作，則吾人對日作戰，亦更易有效。

【路透社華盛頓廿二日電】蘇聯將參加對日作戰，結果中國實際上將分裂為二個國家。這是前羅斯福總統印緬戰場私人觀察家×××，今天對眾院所作聲明。蘇聯參戰前，三強將舉行會議，以闡明盟國對待日本的政策……。他說：不然由於蘇聯參戰的結果，『中國共產黨將成為蘇聯的同盟者，而重慶政府將成為反蘇×××。

國民黨稱 敵有再犯湘西模樣

【昆明中國戰區作戰司令部廿一日訊】十九、廿兩日湖南前線傳來之消息，顯示日軍正圖在前線南端恢復一切限度之主動地位，大批日軍自東南經新寧區域向西北調動已繞過新寧城到達其北及西北十公里之地。雙方雖有前哨衝突，然主力迄無激戰之消息。戰線中央部份即寶慶西北五十公里之巨口舖附近，另一支日軍稍向西北前進，未遇抵抗，此等行動或可解釋為敵軍希望發生牽制作用，以減輕寶慶以西約七十五公里山門區域被圍敵軍所受之威脅。該處日軍，原約有二千人，數日來竭力企圖突圍，均未獲逞，昨日之激戰中，敵向東竄，稍有進展，然其處境亦極危殆。

【路透社重慶廿三日電】魏特梅耶今日說：鄂西情勢對『盟國事業極為有

【路透社重慶二十四日電】中國最高法院奉具有監察與偵緝權力的重要職務調令，調查黃金交易。政府採購局中央信託部兩位官員已被捕，相信另外許多人已經株連。據說兩位官員已獲悉政府在三月二十八日提高黃金價格的意圖，據說他們曾在政府發表宣告之前，大量收買黃金，並以政府在購買後六個月內，可以贖回的證據，得益斯一夜賺錢法幣一萬五千元。據悉：自三月二十八日以來，所進行的一切黃金交易，將採取許多措施予以取消。

美英評國民黨六全會

【合眾社重慶廿二日電】國民黨中央執行委員會及中央監察委員會之新的名單表示出，大部分元老黨員再度當選了，而在實際意義上說，控制中國戰時政府的集團的人物沒有更動。國民黨六次代表大會昨日閉幕會中由於選舉的結果，重新產生了新的執監委員會。宋子文、孫逸仙夫人，蔣介石夫人，駐美大使魏道明，駐英大使顧維鈞均當選。

【中央社倫敦廿一日專電】倫敦泰晤士報本日社論，讚譽中國國民黨第六次全國代表大會之決議，於十一月召開國民大會稱，蔣委員長在認識中國人民希望恢復受阻之國民革命之進展之際，已再度表現政治才能，六全大會之再次選舉蔣委員長為國民黨總裁，實為擁護蔣委員長於本年×所×方之憲政，促進政策，此政策之主要目的，為遵照孫總理之主義，以憲政代替目前之一黨政府制度。

【中央社新德里廿二日專電】最有勢力之印度人所辦日報『印度時報』，對蔣主席領導中國之才能與國民黨六全代會之成就，表示讚揚。該報宣稱，在才能與遠大眼光方面，蔣主席已樹立良好之楷模，同時國民黨六全代會亦已採取前所未有之決議。事實上國民黨遠在希特勒攻克波蘭以前，即在中國爆發了第二次世界大戰中首先抵抗侵略，制定准許集會結社之法令（使國民黨以外之得有合法地位），實為一種革命行動，事實上此種克己行為，乃歷史所僅見者。此外全代會已為全國團結開闢道路，尤以撤消軍隊黨部一舉，使中國軍隊得有純潔之國家性。同時該報對六全代會對目前政治社會等方面之改進所採取之若干政策，亦大為稱讚。關於×決作戰問題，該報謂，中國對於盟邦必須表示坦白態度，以保障其完整。該報謂英美蘇均對中國同樣發生興×，蘇聯切請中蘇今後應保持良好關係，並×示宋子文氏訪問莫斯科，對此一目的必有所裨益。

利」。該區中國軍隊沿閩江、寶慶公路前進已到達距寶慶十八哩的地點。

「中央社黔中廿四日電」（一）我收復金城江某部，繼續追擊向東潰退之敵，於廿四日午續克東江，迄廿四日午後止已越過德勝，迫近懷遠，該處守敵慌惶異常，預料不久可爲我全部聚殲也。（二）思恩縣城現已入我軍重重包圍中。頃據前方可靠消息，敵之後路補給線，全爲我截斷，聚殲之期當不在遠。

「中央社南平廿三日電」（一）我閩江左岸部隊，廿二日晨十時克復琯頭後，即分途掃蕩殘敵，現閩江兩側地區已無敵踪。（二）連江之敵，連日困據城郊頑強抵抗，意圖死守，我有力部隊×日突破敵外圍據點，乘勝攻入城內，當於下午四時完全佔領。連江城殘敵恐懼全殲，不敢下海逃遁，乃北向寧德、羅源竄去，我正追殲截擊中。（三）敵爲救援潰竄羅源寧德海岸之敵，廿一日晨以一部由沙埕××，企圖接應，亦在我軍截擊中。

王寵惠談話
對日本不會再進攻充滿樂觀

「合衆社倫敦廿二日電」「午星報」駐舊金山記者訪問中國國防委員會祕書長王寵惠博士，王說，現在，中國感到比過去八年任何時候都快樂。「中國反攻的日子臨近了！！！」日本僅在福建沿岸據守了幾個孤立的地點，而中國的進攻福州則是掃除日本陣地，開闢海港以與從海上來的盟軍取得聯絡的開始。」又說，中國並不預料進一步向中國內部各省的大規模集中進攻，其理由爲：第一，日本必須保存軍事力量以對付盟軍在中國沿岸登陸。第二，刻在內線作戰的盟軍有良好的陣地進行空陸運動，制止任何可能的進攻。第三，日軍任何進一步滲入內地，將使其地位更爲困難，因爲盟機能不斷地襲擊其供應線，「日本知道它將被擊敗，但無疑將儘其所能堅持到底，以獲得較寬大的條件」。

「合衆社紐約廿一日電」中美工商協會主席白立斯德爾，估計中國戰後出口總額，增至戰前每年二億美元之數倍。使其獲得工業化所需之足量外匯，中國已預算戰後所需之款達廿億元，大部由出國貿易獲得餘，由政府籌撥與國際資金撥補中。深知戰後工業化需外資之協助，故已採取各項步驟，以減少外國投資之限制。而中國之高級官員，曾保證中國企業可同獲便利，以促進雙方貿易。中國政府發言人，曾向中美工商協會保證，中國政府限制外商投資之法律，將予放寬，該宣佈其基本目標爲一俟美國復員及中國對外恢復貿易時，立即刺激並鼓勵美商，直接向中國投資。

上海偽警被繳械

「中央社屯溪廿四日電」滬訊，敵於本月十一日特全滬偽警槍械全部收繳，並恐偽警局內一部份高級偽員，已被敵扣留轉禁，此次敵寇突施此舉，主要原因爲恐盟軍登陸時，上海偽警在內策應，並認偽警局內偽員大部犯有「思想罪」。

「中央社寧都廿二日電」省府各廳處，於贛西戰局緊張時，由泰和移寧，現爲集中辦公起見，廿日各廳處，一律遷雩都屬青塘辦公。

「中央社昆明廿二日電」兵役部長鹿鍾麟，昨日抵此，據語記者，此來除視察滇省役政外，並與陸軍總部，就今後兵役問題，有所商談。今年內除各地征兵除一二省份外，均已征補足額，四川省且有超額者，故已分別明令×征，俾民衆能安心從事各項生產工作。至我準備反攻部隊，非但無容額，且有後備部隊可隨時補充。目前兵役最感困難者非爲兵員之撥補，而爲新兵裝配給養問題。兵役部與軍政部對此已商妥辦法即可逐步改善。

廉逆隅任偽寧駐日大使

「同盟社南京廿四日電」中國駐日大使蔡培，因威信關係，曾要求辭職，國民政府這次決定起用前駐滿洲國大使廉隅爲蔡氏之後繼者，廿三日國府發表命令如下：特命前駐滿洲國大使廉隅爲駐日大使。廉隅爲江蘇省無錫縣人，現年六十二歲，曾留學於日本，畢業於京都帝大法科後，曾歷任維新政府外交部長、實業部長、及國民政府駐滿洲國大使等職。

紐約時報論蘇聯經濟情況

「路透社倫敦廿三日電」紐約時報專電：決定蘇聯與英美之間關係中主要的但不是時常提及的因素之一，是戰後信用貸款問題。據獲悉：蘇聯曾一度願意在戰後從美國獲得六百萬信用貸款以購買各種技術與消費品。據推想，蘇聯亦願從英國獲得這種信用貸款。兩個基本的集團——自由主義者與商業界將支持這一觀念。自由主義者特別關心與蘇聯的良好關係，並且深知蘇聯人民在歐洲時期內所遭受的苦難情形。商業界無問題地急於儘可能迅速地重建已被毀壞的國際貿易，並且企望發展良好市場以擴展這一初步信用貸款在蘇聯——及新的購買力源泉的機會。許多政治家也感覺到可以從莫斯科政府以建立商業與信用貸款關係誘導在國際事務中更多的合作。無疑的，戰爭努力已急劇地影響了在一九四〇年達到頂點的蘇聯生活水準，並且蘇聯需要大量的消費品與房屋。蘇聯固定資本百分之廿五以上已被摧毀，而有效的勞動源泉亦急劇減縮了。農業方面的國家收入已嚴重跌落，雖然從蘇聯複雜的預算中很難得知確切的推斷。但是，國民經濟機構依然未發生動搖，並且爲在政府控制之下，容許克里姆林關於收入的分配作出絕對的決定。克里姆林亦能夠決定如果需要一些外援時，容需多少。現行的收入在二百萬萬美元以上。政府最終地判斷如何支撥使用。最近最高蘇維埃會議批准之蘇聯歷史上最大的軍事撥款的事實××××如果需要已經顯出時。這些證明了一些有經驗的蘇聯觀察家的信念，克里姆林永不會以某些生活消費品的需要而犧牲國防這樣基本的需要。自然，這便減縮化費在消費上與經復興及新發展增加固定資本的數量。無疑，把由德國以勞動、賠款與裝備的形式的賠償所起的無疑的重大作用計算在內是不可能的。然而某些觀察家感到蘇聯政府以國家收入的主要份額能夠在幾年之內恢復一九四〇年的生活水準——以蘇聯標準而論，而對世界並不高——，去同一時期內，這一財富資源之匯合，如轉向建立固定基本的目的時，能夠補償受損失的固定資本。同樣很顯然的現在的軍事力量能夠全部維持並加改進××而建造更大艦隊的工作亦予開始。然而國家收入的分配不致於在三個主要需要之間維持均衡。然而業已很清楚國防要求佔預算的大宗。據敏銳的推測，復興工作與固定資本財富的增加，將較其由其餘應得份額中所得者更多，甚至阻礙外來的信用貸款，在驚人的短的時間可能達到戰前的水準。所以生活水準與消費物品的問題會消失——如果這一推斷是健全的話——以直接聯系到外國信用貸款的問題，這似乎是很清楚的！蘇聯不能因消費品之缺乏而犧牲如像國防或重大復興等基本需要，並可能願從盟國獲得長期的信用貸款以解決問題。

紐約時報反蘇謬論
謂蘇聯有計劃的赤化巴爾幹

【路透社紐約二十三日電】紐約時報專訊：巴爾幹的政治發展，指明那裏存在有慎密地預先想好的計劃，這計劃被有系統地應用以便在這一半島的每一國家內建立共產主義或類似共產主義的政權，原則似乎是：一個政治組織，不管其最初黨員數量如何少，如果他具有有決心的、紀律良好的而且是『幹練的份子』的話，即能夠很容易地獲得政治優勢，最後將其意志強加諸國家。第一步是掌握諸如司法部長，及統治憲警的內政部長等重要位置，第二步便是消滅政敵，並分化可成爲敵人的如類似政黨。當這一過程完成時，奪取政權的政黨實力便爲由恐懼與機會主義所激勵的人民的參加而增加。這樣，它就有選民數量百分之二十五至卅的追隨者，這數目被認爲足以掌握政治統治。這一種技術現正在巴爾幹被運用。當巴爾幹德軍崩潰開始時，在保加

民的團結，抑比開戰以前加強了，這種強烈的敵愾心與能夠忍受苦難的國民性相結合着。這頑強民性與愛國心是今日蘇聯勝利的精神的支柱；但是只把蘇聯的毅力與勝利歸結到頑強的國民性一點上也是不正確的。斯大林英明地自一九二一年以來執行三次五年計劃，以重工業爲中心，建設高度的國防國家。在蘇聯愛國主義的表現下，修正國內選制，實現國民的團結，全國充滿於民族主義的風潮。即以斯大林爲中心而準備和建設起來的國家總力在偉大的愛國主義戰爭中表現出來了。與戰爭同時創立了最高國防委員會委員長，最高統帥等職，這些權力都集中於斯大林一人身上，於是他利用此種權力挺身出來指導戰爭。不管國家的性格不同，但是握有被人民所信賴的強大的政治指導力是戰爭絕對需要的，這個道理在古今中外都是不變的。

美戰時動員局長
提出打敗日本的動員計劃

【同盟社斯托哥爾姆十七日電】美國戰時動員局長，於十七日向杜魯門總統提出下列關於德國戰敗後美國應有的戰時體制的報告：關於打敗日本的時間上，將是很難估計的，不過可以確切看到的，這一困難必逐漸增加，所以我們愈早把攻擊力量提高到最大限度，則戰爭就愈早結束，而且犧牲的生命亦愈少。日本有勇敢的士兵，和有利的地形，我們尚未接觸到日本的主力，日本艦隊尚有在陸上基地制空圈內，給美國海軍以重大打擊的力量，此外日本在本國及朝鮮、滿洲各地，貯有龐大的軍需原料，其軍火的貯藏量，至少可以維持一年的像現在規模的戰鬥，又從大陸上封鎖日本，也很難用飢餓使日本屈服，爲了打敗日本，在今後一年內，要投入七百萬以上的軍隊，和全美國的艦隊，……（缺）……今後運輸裝備至解放的各國就更加困難，其次是復員問題，在此種情勢下，美國海軍於打倒日本之前，不能減少兵員，陸軍於歐洲戰爭結束後的一年內，要減少一百卅萬人，陸海軍都要繼續徵兵，以便補充損失的兵員，以往太平洋的戰爭只是預備戰、還不過是正規戰爭的前哨戰，因此目下使用五百卅萬工人的工廠，爲了製造今後預定的軍需品，在最初半年，仍需照現在這樣進行生產。

米科拉茲柯的演說、
佛朗哥談長槍會實力

【路透社倫敦廿二日電】波蘭前任總理米科拉茲柯在波蘭農民黨（他是該黨代理主席）大會上說：我們並不願看見波蘭成爲反蘇的『警戒綫』，但是我們也不願波蘭的西部『警戒綫』實際上是封鎖英、美、法的。

利亞由共產黨、農民黨、社會民主黨，茲維諾黨組成愛國戰綫，而現在的喬吉也夫政府即開始執掌政權。共產黨担任了司法部長與內政部長。他們以他們統治下的民警代替了憲警。不管其正式的外貌如何，保加利亞今日的社會生活是完全處在共產黨的勢力之下。這種共產黨優勢的第一個後果，是經人民法庭的審判或其他方法消滅政敵。一千五百到兩千名的政治家，行政人員、教授、及新聞記者已被判死刑與執刑了。無疑的，其中許多人是應該受懲罰，但其中許多人的罪惡是×××，以致這種大批的屠殺使共產黨中較溫和份子起了反感，審判遂被停止了。除了這些正式執刑的人以外，約有一千五百或二千人被暗殺，這一數字是基於以下的了解，即是保加利亞八千個鄉村內，每村至少有兩個人——地方警察和徵稅員被處死。羅馬尼亞境內所使用的方法幾乎同此，所不同的是羅馬尼亞共產黨員的數目很少，步伐亦較保加利亞緩慢。拉德斯哥總理的辭職，格羅查的上台××共產黨司法部長與內政部長並控制警察，——正式的綱領是懲罰與樞軸合作者，並消除鐵衞團。全國農民黨及其領袖馬尼烏亦為猛攻的目標，目的在分裂該黨，迫使其大部黨員參加共產黨。保羅兩國盟國管制委員會內英美使團的活動迄今純然是形式的。當戰爭在持續中時，實權係在蘇軍總司令手裏。

東京新聞社論
學習蘇聯的勝利經驗

【同盟社東京廿二日電】東京新聞頃揭載題為「學習蘇聯勝利的教訓」的社論稱：今日我國遭遇空前未有的困難，達到了興亡的關頭，這是困難的事業；但是蘇聯就是完成這個困難事業的實例。蘇聯與日本在國土的廣大、人的資源及政治的性格上也許有所不同。第一：如果把困難的程度，犧牲與打擊的重大相比的來看，蘇聯平時比日本大數倍，把蘇聯的困難以日本的事例來說，就是日本的台灣、沖繩、九州、四國、中國、近畿、東海的主要部份被敵人佔領去，而首都東京被敵地上部隊半月形包圍着。最精强的部隊犧牲到只剩六、七師，因此只能困守於東北的山中，我們雖然處在這樣絕望的狀態，但是人民都起來攻擊敵人漫長供應綫的弱點，抓住勝利的機會。蘇聯人口一億八千萬中，俄羅斯人佔絕對過半數，即九千萬以上。（缺一段）他們具有東亞的性格，他們的頭腦和勞動產生了創造力，臨機應變的靈活性，他們對於敵人有强烈的敵愾心，他們動員宣傳機關挑起人民的敵愾心和昂揚士氣是很有辦法的，而且是很有效果的。蘇聯的國力非常龐大，這與我們預料的相反，以斯大林為中心的人

我們期望在波蘭有真正民主政府底以及波蘭人民的自由底×××，我們×××完全是共產黨的一黨專政的政府。

米科拉茲柯在要求現在的阿基塞夫斯基政府辭職時說：「我們贊成在國外的一切公民回到自由的波蘭來，並有權參加恢復國家的工作。」

【路透社瑞德里廿日電】佛朗哥本日重申其長槍會的實力，他說：長槍會會在西班牙內戰及恐怖時代發揮神聖作用，此即政治團結是也，團結一經初解，國家即極易覆亡。於外人侵略之下，吾人必須重視吾人所享之政治團結，賴此團結一切企圖陷我於崩潰之境之陰謀均告失效。

敵稱美國委託制的目的
是要把勢力推進印度洋

【同盟社東京廿二日電】法學博士田村耕作，在十八日的日本產業新聞上發表題為「揭穿美國的野心」的文章，論文內容如下：歐美帝國主義國家於十九世紀後半期以來，擴張領土的形式除了單純的合併以外，還帶着「保護國」「租借地」的假面具，或且偽裝勢力範圍的形勢。上次世界大戰後，威爾遜的非合併主義被尊重，於是採用了委託統治的制度作為合併與非合併主義的一種妥協的方策。除了形式的委任統治之外，其實質與合併領土毫無不同。法制上雖使用「委任」二字，但美國不喜歡這二字。因而此次改為『委託』二字。聯盟規約本身使用「委託」二字，這是羅馬法的委任這個用語。這實質上與美英法律的「委託」制度毫無不同之處。即是說合併、保護國、租借地、勢力範圍，與委託制度一樣，無論怎樣變更名義，但在犧牲他國，擴張領土這兩點上毫無差異。美國參加上次世界大戰時，威爾遜聲明美國沒有利己的目的，也不想征服和獲取別人的領土，這雖然是片面的聲明，但是威爾遜確是很好地實踐這個聲明。在此次大戰時，羅斯福於參戰以前，在大西洋憲章中表示不許領土的或其他的擴張，此時羅斯福告訴邱吉爾美國要參戰的決心。美英之間成立了美國參戰的盟約，此項聲明解釋為預約美國要參戰，回顧這種事實時，珍珠港事件比羅斯福希望的參戰先走了一步（缺）。一九四二年一月二十六國簽訂的所謂華盛頓宣言，確認此事，一九四三年十二月一日的開羅宣言，亦確認此事。日本不能忘記此種使命，因此目的是在戰略上必要的地點，在形式上不管是委任統治或是委託，如果實行擴張領土，就要跟美國政府屢次的聲明發生正面衝突。（缺一段）因此美國為了在太平洋實現其野心，將採取同樣的方法。美國豪語如果在這次戰爭中能夠獲得勝利，那末就要全面解除日本的武裝使其不能再站起來。如果這樣，那末美國不但把太平洋變為自己的大湖，而且也要推行於印度洋，這是不可否認的事情。

參考消息

（只供參考）

第八九〇號

解放日報 新華社 編

今日出一大張

卅四年五月廿六日 星期六

國民公報新民報等評六大決議 希望少說空話多作好事

【合衆社重慶廿四日電】此間獨立的和自由派的中國報紙刊載社論表示對國民黨六代大會，關於許諸民主改革創立憲政政府的決議案和諾言的態度。一般的論題是提醒過去漂亮的決議案和諾言太多，兌現的太少了。

國民公報說，『好的宣言，好的決議案。好的政策，好的綱領，這些年來實在太多了，而且大部分是從國民黨方面發出來的。但是言行一致的人太少了。過去二十年來國民黨威信日降，可以歸之於這樣的事實，即它沒有按照它的話去做。我們也許恭賀國民黨六代大會的決議案，但是我們寧願等待，一直等到這些決議案實現』。

有影響的獨立的大公報在概括敘述國民黨的諾言後，說：有一點希望引起國民黨人注意的。宣言和決議案無論怎麼樣，除非他們立即見諸行動，他們就會經常停留在一紙諾言上的。不僅如此，全國的統一和團結，是全國最後也是國民黨當前的主要問題。這一點如果能够辦到，則一切就將自動解決；如果不可能辦到，那末，整個八年武裝抵抗所作的犧牲就等於什麼都沒有。宣言沒有充分規定這點。

新民報提醒國民黨以中國古代作家的一句話『爲政之道，不在多言，而在力行』。該報又說，『我們的注意點在於怎樣把許多決議案和高尚的宣言表現到行動中。講後立即行動乃是我國政治的光明將來之唯一的基礎』。

國民黨六大 工業建設綱領

【中央社重慶廿日電】六全大會十九日通過之工業建設綱領實施原則，全文如下：根據工業建設綱領。（一）工業建設根據實業用農林產品爲製造原料，並以提高農林產品國際之效率，農林產品之供給，應有健全之組織與標準之品質。第十二、各部門工業及整個工業，應各有健全之組織，使能發揮組織集體力量，提高工業本身效率，促進工業本身之成長，俾能與現代國際企業組織之互相抗衡。第十三、人力資源與工業建設要素之一，政府應有詳密計劃，使各經濟部門之努力，能適需要而轉移，同時對於勞工應有計劃的提高其知識，增進其技能，使能負工業建設中應負之任務，確定其應得之地位。第十四、爲工具工業建設計劃，必需之資源調查，土壤調查，原料研究，水與氣候之測候等。準備工作，必須設法擴展，限期完成，以供計劃之用。綱領（二）政府計劃在一定期內所需要之各部門工業產量，妥爲配合。分年分地實施其建設，以求國民富力之增進。（實施原則）（1）政府在全部計劃中，就各項重點，擬具實施計劃，規定進度，預計結果，以資執行。（2）各部門工業計劃，應有配合，並先求各項重點工業之配合。（3）工業建設初期實施之時，所擬計劃，尤應求其十分詳確，應就有可靠基本數字者及製造程序已有成就者，先付實施，徐圖補訂，決不能以細目之不決，而影響計劃之推進。（4）凡工廠之設立及礦區之開採，無論其國營或民營者，以及中外合營者，均應事先經由工業主管機關核准，方可創設。審核時，以該廠創設條件，（例如地點、材料、產量、組織等）是否合乎計劃爲標準。（5）政府增行計劃時，應分期分區考核，其進度及成果不能達到目標時，應採有效方法補足之。（三）工業建設區域，應由中央根據國家經濟條件交通概況及資源分配情形，作全國整個之規劃（實施原則）（1）政府根據全國資源分佈經濟條件交通概況規劃若干工業建設區域，各區域之建立，應與交通農林水利等配合進行，完成全國之配合計劃。（2）基本工業之建設區域，應以符合國防條件爲標準。（三）政府應在各工業建設區域，設置機構，執行預定計劃，推行政府政策綱領。（四）工業產品，應力求標準化，（實施原則）：（一）政府應迅速制定標準法頒佈之。（二）政府應設立標準局，制定全國標準及實行標準之實施。（三）凡向國外公私廠商訂購機器，非標準者不准輸入。（四）現行度量衡之市用制，原爲過渡辦法，應定期取消，專用公制綱領。（五）工業建設，政府應取消國營民營同時並進之政策，在整個工業計劃應分工協作，以達切實達到各部門預定之產量（實施原則）：（一）在政府整個工業建設計劃下，既已規定完成之期間與分期之進度，並規定各部門工業預定之差量及各部門工計劃即爲有計劃的設施，由政府統籌之（實施原則）第一、工業建設乃在發達工業經濟，建立自力更生的基礎，徹底實行民生主義之政策，達成國防與民生之合一。第二、民生主義之經濟建設，乃本民生之原理，故必須達到資本國家化，享受大衆化。第三、工業建設之基本工作，必須於規定期間內完成，故應遵照國父之實業計劃以計劃經濟之有效方法。今世最新之科學，加速推進，俾能迎頭趕上，完成建設。第四、全部工業計劃應遵照國父實業計劃及總裁中國之命運提示之綱要，詳爲擬具。同時應根據國民所得及外資可能利用之數目，擬定初期計劃，逐步實施。第五、爲發展國家資本，必須規定國營事業之制度，以樹民生主義之脊椎。同時輔導鼓勵人民資本在國家整個計劃下參加工業建設工作，達成規定目標。於經濟事業中一切兼併剝削操縱壟斷之行爲及趨勢，政府皆應節制調整。第六、政府所定計劃應有重點，特別注重鋼鐵煤石及銅鋅、機器、電氣、電力、基本化學品、水泥等根本工業及關鍵工業發展。同時各項民生工業，如紡織、麵粉、皮革、木材、陶瓷、酒脂、製糖、印刷等亦關重要，應予兼顧。民生工業中如生絲、地氈、桐油、菜油、茶葉等大量出口物品，應儘先發展，以增對外支付能力。其他大量供國外市場之鑛產物資，亦應開發，以利出口。第七、動力工業爲工業建設之先決條件，戰後應依照計劃，儘先籌撥，從早完成，並應儘量利用後方各地之水力，建成電力網，以裕供應。同時裨益於農田水利。第八、交通建設計劃，必須與工業建設計劃密切配合，並應儘先實施，尤以各鐵路之運輸能力，應儘量依照各工業計劃中之工鑛生產數量，要爲設計，務使貨運暢通，以利工業計劃之實行。第九、國內缺乏之重要物資，應妥謀切實之補救辦法，如銅硫及橡膠等，因限於天然條件，自產不易，戰後應有計劃的獎勵進口，以作儲存。南洋鐵苗及他國廢鐵，應與有關歐美各國分別協商購運辦法。又鋁，除爲飛機製造之重要原料外，並可代替鐵之一部份用途，中國各地之水礬土鑛及明礬石鑛，均可提鋁，亦應分期大量發展。第十、國內一部份資貴之鑛產資源，儲藏爲數有限，且各地經敵大肆掠奪，業已損失不少，戰後務須注意保留，勿應浪費，如可煉冶金焦之煤礦及揮發性高之煤礦，仍須審察可數，皆應留爲工業上之正當用途，不宜輕易消耗。又國內重要油礦，自應認眞採煉，但亦應相當保留，以應國防需要，戰後不妨輸入一部份原油，以資提煉，或採取酒精代替一部份汽油之政策，以補國產汽油之不足。第十一、政府須[illegible]農產原料，及增進農民利益，應鼓勵工業，充份利

業之配合，更應根據現代工業技術之進步，規定事業之經濟規模，廠內設計與設備之一般標準及事業經營之合理規模，然後根據事業之性質，由國營民營分工協作，合力並進，以期確實達到各部門預定之產量，完成各部門事業之配合。（2）總計劃各項建設內，屬於國營之事業，政府應按照計劃，如期如數撥款，主管機關應嚴格執行工作之進度，以期達到規定之目標。（3）總計劃內，可由民營之事業，應儘量鼓勵國內企業家按照計劃，如期推進。政府應切實給予各種協助及鼓勵，使民營各業，達預定之進度與配合。（四）無論國營或民營事業，如不能達到預定之產量與進度時，政府應採有效方法以資補足。（子）設法移轉總計劃以外之財力物力人力，集中於指定之事業。（丑）產量不足之器材，藉輸入以資補足。（寅）原屬民營之事業產量，未足定額時，由政府籌措經費，以期補足。此類補充及修改之設施，仍須顧全總計劃所規定之必要配合。（5）國營與民營事業，應依其業別，各謀聯系，以同時組合或其他產銷合作方式，在政府指導之下，謀技術管理之改進，品質標準之統一，產運成本之減低，推銷分配之統籌，及生產過剩之防免。（六）凡工業之可以委諸個人或其較國家經營爲適宜者，應歸民營，由國家獎勵，而以法律保護之。其他不能委諸個人及有獨佔之性質者，應歸國營，國營之種類，應予以列舉之規定『實施原則』：（1）工礦交通事業經營方式，可有下列各種：（一）國營（政府經營）。（二）民營（人民經營）。（三）政府與人民合營。（四）中外合營（政府或人民與外人合營）。（五）特許外資獨營。（2）工礦交通事業中不能委託民營者，應歸國營如下列：（一）直接涉及國際祕密者，其種類爲海陸空軍器彈藥等製造事業。（二）有獨佔性質者，其種類爲鐵路，郵電，公用事業及動力工業。（三）其原料爲有限之國際資源，不能任人開採，致妨國際安全者。其種類爲冶金、焦煤、石油、鐵、鋁、銅、鋅、鉛、錳、鎳及硫。（四）在國際市場有卡造關係者，其種類如染料工業等。（五）特種礦產有關國際貿易者，其種類爲銻鎢錫。（六）國營工礦交通事業之經營方式，可分下列兩種：（一）全由國庫撥資建設經營者。（二）組織國營公司，兼招民股或外股經營者。（四）國營工礦交通事業，應力求效率之提高，成本之減低，一切管理經營標準，可以作爲全國之表率，所得盈利，應再投予生產事業，以期培厚國家資本。（五）除（二）條所指定者外，均可民營經創。（3）國營與民營工業，均應力求增進工業效率，採用最新技術，以減輕出品成本，與提高品質

標準，以求鞏固事業之基礎，以達到迎頭趕上之目的「實施原則」：（1）凡在總計劃中之工業，無論國營或民營，應採用近年來最新之工業技術，與管理方法，以固事業之基礎，以求迎頭趕上之目的。（2）各種工業，應採用機械化與電氣化之方法，使能達大量與精確之製造。（3）現代化學合成之技術，應儘量採用，以期充分利用國產原料，逐漸達自給之境地。（4）應改變工作環境，有關工作效率，應儘量採用現代設備，以期增進生產效率。（5）工業所需之大量技工，政府應採現代最有效之訓練方法，予以培養，並應使能隨工業技術之進步，提高其工作效率。（6）工業產品之品質，應規定有效之檢驗辦法，使其符合標準，並促使其標準逐漸提高。（7）重要工礦產品，初辦時成本不免較高，政府得特給補助，或規定統銷辦法，以資維持，（8）無論國營或民營事業，所需原料及機器設備，應儘先採用國產。政府應以此為審核給購外匯之標則。（6）工廠交通建設所需之中外器材，政府在稅制運輸方面，皆應特別便利。（八）公營工業建設計劃之規定者，政府應特別獎勵資助之，並予以技術上及運輸上之便利，使之依照計劃，如期發展「實施原則」：（1）凡在總計劃中之各部門，屬於民營者，政府予以資助、匯兌運用之便利，水陸運輸之協助，機器材料之分配，勞工福利之協助，俾可順利進行，完成任務。（2）凡在在總計劃中之各部門工業，屬於民營者，其初創時期不免困難，政府應予以適當而公允之保息或保本，以鞏固其投資之安全（3）同類事業不論國營民營，應一律平等納稅，使成本不致差次，而影響效率之提高。（4）政府規定水陸運費，對於國營及民營事業之同類貨物應同等待遇。（5）政府對於民營工業，應以有效方法，作技術上之指導，使在整個計劃下能同步邁進。（九）政府對於手工業及工業合作組織，應予以協助推進與改良，並使人民充分利用餘暇，從事手工業生產，（實施原則）：（1）手工業及家庭工業，其產品有國際市場者，應由政府予以技術指導，提高其品質，協助其輸出。（2）固有之手工業及小工業，其產品可以為工廠工業之半製品者，應設法予以組織，使與工廠適當之配合。（3）新式工廠工業之產品，如精製之原料藥品與機械設備零件等，均可以協助固有手工業之積極改進，並可利用農村原有小手工業之組織，以得推廣之。數者皆應提倡，使其互相配合，（4）原有農間之手工業，應由政府協助其資金及設備，並完成適當組織。（5）固有之手工業及小手工業，應充分鼓勵，組成工業合作社，俾易於指導。（十）輸出品工業應

步。日本政府包括這樣的份子：這些人既可以和蘇聯又可以和英美和保價還價。只要任何希望還存在的話，他們無疑是會試圖來這一手的——而戰爭會拖長下去」。「經濟學家」結語稱：「盟國之不團結事實上對太平洋上迅速和平一如對歐洲鞏固的和平是一種不幸的障礙，在政策與利益上不能要有衝突。但兩者澄清以前，衝突依然存在——除日本外，無人可以從此種形勢中得到安慰」。

路透社報導的里雅斯特問題

「路透社倫敦二十四日電」的里雅斯特問題似已趨向解決，路透社隨第八軍特派訪員電，西方盟軍向列採佐河之×××調動，已為南斯拉夫軍隊所接受，這可能是暗示在政府水準上解決問題的趨向，解決已獲得進展，據悉鐵托元帥對於暫時解決所提出的確切建議的行動被視為×××。××××是英美軍隊與南軍調動的主要因素，南斯拉夫軍隊的行為×××，據悉他們視盟國軍隊不××貝爾格萊德的命令，的里雅斯特內部南斯拉夫軍隊依然適用軍事統治，但是攜有居民證的人被准許勿須有特別的護照即可至南斯拉夫海岸城市的里雅斯特及斯洛文尼，的里雅斯特一切經濟管理機關與文化機關已開始工作，並已設立了「人民法庭」，這種人民法庭，具有判處法西斯及與德寇合作者死刑及徒刑的權力。奧地利境鐵托元帥在奧佔領區內建立臨時政府，以實行××司法及××等權力，一似第八軍佔領區內的情形。這是在建立一切奧地利××委員會以前所採取的步驟，英美蘇法四國政府宣言（缺）盟國在奧地利的工作作為戰勝者，以××德國反對聯合國的作用。但是盟國意圖是推翻納粹主義為獨立的奧地利鋪平道路。

波蘭叛徒波爾發表談話

「合衆社倫敦十九日電」華沙保衛者與波蘭民族英雄波爾·科摩維夫斯基將軍今日譴責波蘭期望蘇聯與盟國作戰這一報導是「極度有害的」。波蘭在招待記者席上迭次……將華沙未成功的起義歸咎於蘇聯，他說：「我對這種謠言毫不相信。」波爾說：儘管蘇聯沒有答應波蘭的提議，他仍然是贊同此二國家的合作。波爾維持他為數三十萬的國內軍，對蘇持合作政策，雖然其官兵經常遭受紅軍的屠殺，但否認蘇方所傳，波蘭人暗殺紅軍。波爾說：有十五個波蘭領袖，被控對紅軍進行破壞活動，現已被蘇方逮捕。華沙起義期間，這些人都在華沙，他們都是愛國者，善良的民主份子，忠實於英美盟國的××。

提倡扶植，以增進國際貿易，獎勵人民經營（實施原則）：（1）為增進公償能力除以外之大量輸入起見，應力求出口貿易之發達，國家由農業國轉入工業國，對於輸出品，應特別注意下例各項工業品：（子）農村原料之加工完成，為適合國際×場之精製品。（丑）能大量利用我國較廉人工之製造品。（寅）各種家庭及農村手工業品。（二）在整個貿易計劃下，政府應盡力督導輸出品（電碼缺十三）。（1）外資之利用，可分下例四種：（甲）償券或借款。（2）設以「合資經營事業。」（丙）信用「以機器或技術方法歸中國使用，約定分期付款辦法。（丁）特許經營。（2）向外發行公業債券，應由政府機關指定之實業銀行或國營主管機關辦理，×××亦得向外發行債券或借用外款。（3）「向外發行」債券，×得資金，應由工業主管機關就具有××性之國營及民××××事業，確切需要為善支配，以收促進建設之效。（4）除製造軍×外××××可容納××××。（5）中外合營事業，應以需要資本數量較多者，為主體，國營事業對於外資宜遵照國父遺教，特為歡迎合作。（6）民營工廠事業之加入外股者，其合作辦法及條件，應先得政府之核准，私自訂立未經核准者，概為無效。（7）外資在中國合營事業，充分中國政府之保護，但除少數事業經中國政府因中國政府實需要而特別允許者外，所有外資，不得有華資所無之特權。（8）以外國機器或技術方法，歸中國國營及民營××業使用，約定分期償還者，或訂契約，皆需經主管機關之核准。（9）外人在中國投資之獨營事業，應先經中國政府之許可，依照中國法令辦理。（01）外人在中國獨營之事業，應儘量利用中國生產×材。

英經濟學家論日本

「路透社倫敦十一日電」經濟與政治週刊「經濟學家」於明日一期中的文章中稱：日本的政治還景在許多方面都可以說是暗濟的。「經濟學家」稱，德國之垮台，乃是對任何想戰到底的國家之有力警告」。並問道：「蘇聯的下一步驟是宜而戰，抑是不宜而戰呢」，「經濟學家」繼稱：「如果是這樣，日本會不會被敵人包圍而寧願提出無條件投降、希望以縮短戰爭而獲得較佳之條件呢。在這裏的困難是：蘇聯的遠東政策仍然不可預測，而日本政府有某種理由希望：盟國間深刻的分歧可能使其作戰效力較差，並造成[illegible]一種外交形勢：在這種形勢中，日本可以運用手腕而達到討價還價之談

「路透社倫敦十九日電」紐約時報特派訪員稱：波軍總司令蘇維夫斯基，波蘭將軍（他去年秋天曾領導華沙的暴動反對德軍），今日告記者會議說：他本人與被蓋斯塔波逮捕的幾乎每一個波蘭地下軍領袖，都拒絕了納粹所提出的關於在蘇波糾紛中德方合作反對蘇聯的建議。有人要求他評論從舊金山傳來的關於西歐列強與蘇聯之間的戰爭係不可避免的消息時，他有力地回答說：他認為這種消息是非常不負責任的，我極力駁斥這種消息並不相信這種消息。他又談到關於華沙暴動的很多情形，以及倫敦的波蘭政府再三非難紅軍在波蘭國內軍接受了他們在對德軍的別個行動中的合作以後，監禁了波蘭國內軍人員。

他說：波蘭人民在本土上已作了他們能力所及的一切事情，以便參加盟國的軍事努力。他們希望以對共同敵人的「一致鬥爭」來達到諒解，而結果並沒達到這種諒解，且自從贏得對德國的勝利以來，波蘭並沒有恢復其獨立民主，這是一個「可怕的悲劇」。他着重指出他本人——國內軍的領袖——一直到他在其他戰鬥中以及在華沙暴動中與紅軍取得聯絡的種種努力，但是我的提議經常是沒有很好被受的，他又說：國內軍甚至在幾位區指揮官被逮捕以後，仍企圖與蘇軍合作，因為期望繼續合作下去終於會達到彼此諒解的。

記者問道蘇聯方面曾非難波蘭人弄死了紅軍士兵，波爾回答說：「我發表的若干命令都是××明白的——『與德軍作戰，與蘇軍合作』。我相信我所指揮的士兵們是服從這種命令的。

歐洲大陸美軍五十萬運至英國

「同盟社斯托哥爾姆十七日電」據倫敦來電，美軍駐英衛生隊本部於十七日公佈：自歐戰結束之日起，至現在為止，美國軍隊由歐洲大陸運至英國者已達五十萬人，此數字相當於卅個師以上的兵力。

「法國新聞處巴黎十九日電」法國駐敘利亞的代表貝涅特將軍，會晤共和國總統與敘利亞外長，並開始目的在於解決法、敘處境的問題底談判，貝涅特將軍說明法國對問題的態度。（英？）××埃及的代表們也訪問敘利亞外長。

參攷消息

（只供參考）
第八一九號
解放日報 新華社 編
今日出一大張
卅四年五月廿七日
星期日

關於日本和議

【路透社倫敦廿五日電】日本無綫電評論員今日評論日本將經蘇聯之助，向盟國提議和平的論言說：「大家知道：日蘇關係是中立的，假使日本願意和平，可能它會經過蘇聯請和，我們將不否認此事實，但英美宣傳家同時散佈這樣的消息：蘇聯行將對日作戰，假使蘇聯是英美與日本之間的中間人，它怎麼同時也對日作戰呢，然而，這矛盾的宣傳是敵人發出的。」

中央社報導蘇日關係

【中央社舊金山廿四日專電】據本日此間接獲之美方來電報導：莫斯科外國人士訊，日方所稱其與蘇關係乃「與蘇友好無間」一節，似足反映東京方面毫無根據之樂觀心理，莫斯科迄今對日本廣播評論員之聲明，無官方評論，但蘇京外國人士則認日本之聲明，乃刺激性質，並非對時局之合時解釋，據稱自歐戰結束以來，蘇日關係無正式改變，但外交界人士指陳下列各點：第一日本願望建立一自蘇聯通告廢棄蘇日中立條約以來，討論蘇日關係之新基礎。第二斯大林提及日本為「侵略」國家及蘇聯通告廢棄蘇日中立條約時稱：日本乃德國盟邦兩點，今仍為蘇聯人士所念念不忘者，莫斯科方面人士稱：現無理由相信蘇聯對此態勢之態度已因東京繼德國潰敗後之與德斷絕關係而有變化。

同盟社評論 英政治鬥爭內幕

【同盟社斯托哥爾姆二十日電】英國工黨自二十一日起，在布拉克普爾召開黨的大會，總首領阿特里及其他數千名代表，已相繼前往開會地點，聞政治鬥爭的情緒相當旺盛。在工黨舉行大會之前，邱吉爾以書信送交副首相阿特里，信內表明（一）希望工黨的閣員繼續留在戰時內閣內，直到環繞着南斯拉夫紛爭和波蘭問題的歐洲重大危機性情勢獲得解決，以及太平洋戰

向的變換快，彈倉中的可能性很小。（四）日軍是很想知道該氣球到達一定地點，所需要的時間和方面，如將此種情報使日本知道，則日本將可以藉此改良攻擊方法，因此希望絕對不要把特種情報使日軍知道了。（五）搭載少數小型炸彈的此種氣球，係用白色、灰色或綠色的紙做成的，直徑約三十三呎，其目的在引起火災，上無駕駛員，也不受相當操縱，炸彈非常危險，沒有此種知識的人，千萬不要用手觸它。

美國的對菲島政策

【同盟社東京廿五日電】美英將兵力侵入非島作為侵略東亞的第一步，雖然他們曾說予非島以政治上的自由，一但他們到了東亞，就表示出他們的侵略野心，實是一個很有趣的問題，美國大總統聲明說：「將在一九四六年予非島獨立，但非島已從日本方面得到獨立，變為自由政體，美國將再度給予獨立，是在給予獨立條件之內，除去軍事基地一項」美海長福爾斯特爾最近會說：「美國對非島將來的安全保證負有責任，為了完成這一責任，必須保持基地及掩護這一基地的戰略區域」。由此美國將來即使予非島以獨立，美國將佔有非島的軍事設備與戰略地區，為了完成它對東亞的侵略，再度使非島成為前進基地。

赫爾利返重慶後第一次對記者談話

編者按：美駐華大使返回重慶後，曾在四月二十八日在渝發表第一次招待記者的談話。中央社除中文稿外，還發了一個英文稿，重慶新華日報特予譯出，於四月三十日一並列登，該報編者並附以必要的按語。茲特轉載如下：

【本報訊】我們最近收到四月十九日重慶大美晚報，載赫爾利返回中國第一次談話，其內容與談話精神，與中央社中英文電稿，均稍有出入，特逐譯如下，以供參考。以下有引號者均為赫氏原來話句，無引號者為大美晚報述語：

赫爾利大使昨日早晨告訴記者：所有聯合國家對中國是很友好的。他說，他在莫斯科同斯大林元帥及莫洛托夫部長會經談論過中國情況。在倫敦同邱吉爾首相及艾登先生，在華府同故總統羅斯福及斯退丁紐斯先生都談論過。關於這些談話的結果，赫爾利先生說，他能夠說「所有聯合國家，在目前，關於中國政策是協和的，並且都切盼中國在自己的道路上完成它自己的命運。」

爭結束時爲止；（二）如工黨不採納上述建議，則立即解散國會，於七月中旬之前舉行總選舉。工黨執行委員會於二十日夜間召開會議，審議邱吉爾提案，結果，在大多數贊成票下似已決定拒絕首相的提案，執行委員會將向二十一日開始的大會報告上述決定，並付諸表決。大會無疑的將壓倒的支持委員會的決定，自邱吉爾就任以來，五年間一直處於政治休戰情況下的英國政界，於此已急轉直下，重又進入保守主義與社會主義的抗爭。

合衆社稱蘇記者評安全機構

【合衆社莫斯科廿三日電】消息報駐舊金山記者今向國內報告美國人士對於世界安全機構之意見稱：舊金山會議雖獲得有進步，但美國評論家對於將來安全機構之能力及功效愈有普遍之懷疑，其中最懷疑之觀察家爲紐約時報軍事編輯鮑爾溫，渠竟斷定戰爭爲人類固有之天性，且謂任何國家不能完全依賴國際機構，此種觀點實最危險，鮑爾溫認爲每一愛好和平之國家，在有使用任何合法手段以維護其本國安全之權利，此點吾等固甚同意，但此絕非問題之根本，世界安全機構雖不能保證永久和平，但使成爲功能防止或限制侵略之強國密切合作，此項任務應能實現。

美軍損失近一百萬

【同盟社里斯本廿四日電】據華府電，美陸海軍聯合公佈稱：自大戰開始以來，至五月十四日，美陸海軍的死傷及失踪者，計陸軍八十八萬六千五百廿五人，海軍十萬九千五百六十四，合計九十九萬六千八十九，這個數目，較上週發表的增加九千八百七十五名，當此歐洲終了的現在，太平洋方面的損失，竟如此激增，實堪注目。

美國發表敵氣球攻擊戰

【同盟社里斯本廿二日電】日前美戰時情報局曾公佈在猶大拿州的山中，落下了日本軍的紙製氣球，據華盛頓來電，美陸海軍兩部，忽於廿三日發表聯合公佈：（一）日本的長距離漂流氣球，曾在過去數月內，攻擊北美西部各地，有若干氣球落在村莊上，落下之後即行爆發，但並未損失任何財產。（二）所以公佈上述事實，是爲了防止因此種氣球而發生的損害，同時使國民諸君知道上述氣球的攻擊，是亂發的，並無特定目的，更不會對軍事有所威脅。（三）氣球並不可怕，由於我國面積的廣闊，風

大使還簡略的談到中國共產黨問題及中國所有武力的軍事統一。他洩露他曾拒絕中國共產黨要求出席舊金山會議的請求，並且暗示他們向中央政府請求參加中國代表團。他說：「這件事已經做了。中國政府已指定一個代表爲中國共產黨。這種指定已被接受，現在舊金山的國民政府代表團中已有一個共產黨代表。我想這是一個良好的徵象；由於中國國民政府所採取的行動以及共產黨對此行動的接受，我們都覺得愉快。」

他說，軍事統一的事情是中國政府及人民應該去完成的一件事情。他宣稱：「在這些內政事件上，我們主張，中國人必須有他們自己的領袖，自己的決定，並且對他們自己的政策負責。」

在指出美國贊助中國所有抗日武力統一時，他說：「我們贊助軍事力量統一的一切努力，並且贊助中國人民爲他們自己建立一個統一、自由、民主中國的一切希望。」大使強烈的贊成關於中國更多的新聞廣播到外邊去，並說行政院副院長宋子文宣傳部長王世杰曾表示使檢查制度自由化的願望。但是他指出，消息的檢查不能鬆弛到足以影響軍事的努力的程度。

（新華日報報特譯中央社英文稿）美國駐華大使伯屈利克·赫爾利，今天在他自華盛頓回來後第一次記者招待會上說，一切聯合國家，都贊成中國所希望的建立成爲一個「團結的，自由的和民主的國家，並切盼中國用自己的辦法來決定自己的命運。」

大使的意見，認爲檢查制度應該盡可能的放鬆，以便新聞從中國傳出去。他說，如果中國的新聞更充分地公諸大衆，對中國是有益處的。回答一個關於檢查制度自由化的問題時，赫爾利將軍說，發表一個關於這問題的聲明，是中國政府的事。雖然，他認爲行政院副院長宋子文博士和宣傳部王世杰博士都同意使檢查制度自由化。他說，在若干消息不漏給敵人這條件之下，准予發表的新聞應該愈多愈好。

關於共產黨人請求派代表到舊金山會議的事情，大使說，當他在華盛頓的時候，他接到中國共產黨人一個電報，請他爲他們安排此事。他回答說，舊金山會議是國家而不是政黨的會議。他告訴中國共產黨人，他們宜把派代表參加中國代表團的事情，請託被人承認爲中國的政府的中華民國國民政府。同時，他提議，如果給共產黨派代表參加中國代表團出席舊金山會議，那會是一樁好事情。他說，中國政府作了此種任命而共產黨人接受了，使他很高興。大使說，他贊成在中國的一切抗日軍事力量的統一，但相信採取有效的

辦法以達到此目的，是中國人民自己的事。中國人民應該選擇他們自己的領袖，作他們自己的決定，並且對他們自己的國是負責。

有人問他在莫斯科見過莫洛托夫先生沒有，赫爾利將軍答道，他不僅見過莫洛托夫先生，而且見過斯大林元帥。他又說，他也在倫敦見過邱吉爾首相和安東尼・艾登先生，在華盛頓見過故總統羅斯福和斯退丁紐斯先生，並且和這些先生們討論過一個對中國的政策。這些國家的領袖們一致同意一個政策，他們都是切盼中國用它自己的辦法來解決它自己的命運的。

在招待會結束時，也在最近從華盛頓回來的中國戰場美軍總司令A・G・魏特梅耶將軍，發表了一個有關一個在重慶流傳的謠言的聲明，那謠言說是在他回到中國以後，中國戰場的軍事計劃已經有了一個轉變。魏特梅耶將軍說，他的軍事計劃曾經美國總統、參謀總長和各機關一切首長的批准。蔣介石主席和軍政部長陳誠都同意這些計劃。他說，他們保證實行他的這些計劃。

（編者按：以下是廿九日各報所載中央社中文稿，與該社英文稿有出入。）（中央社訊中文稿）赫爾利大使二十八日上午十時半招待中外記者，魏特梅耶將軍亦出席，說明返華之目的。赫爾利大使以堅定態度表示三點，並謂此係美國政府對中國之政策，英蘇政府對此政策，完全表示贊同。大使謂：第一、希望中國能使新聞多多報導到外國去，如果報導之中國新聞均極正確，相信必有莫大裨益。第二、爲余所敬重之中國武裝政黨的共產黨，曾電余請求派代表參加舊金山會議，共勵機固佳，但余電覆時曾表示，舊金山會議乃係聯合國之會議，並非爲政黨會議，余並且建議應向其中央政府請求，中央政府係聯合國一份子，且爲世界各國公認之政府，同時余亦認爲如共產黨能有代表出席，亦爲至善之舉，結果，中央政府給予共產黨一派遣代表機會，並爲共產黨所接受，中央政府此種措施，實爲一良好現象，吾等極感愉快。第三、一外國之使節，對於中國之軍隊統一問題，不能任意表示意見，因爲此係中國本身之問題，不過吾等贊同抵抗敵人之軍隊，應能團結，故吾人主張中國之內政問題，應由其領袖自行決定政策，並對其所決定之政策負責，吾人對於中國政府與人民所要建議一團結而自由之民主國家之願望，深願贊助。記者詢以在莫斯科晤見莫洛托夫否？大使答謂：余在美會謁羅斯福總統，斯退丁紐斯國務卿，在英晤見邱吉爾首相，艾登外相，在蘇聯會與斯大林元帥暨莫洛托夫外長晤談。渠等對於余適所表示之三點，均表贊同，

不能認爲『中央政府此種措施』，是『極感愉快』的『良好現象』了。

國民黨軍委會一週戰況

【中央社渝廿六日電】軍委會發言人談自五月十九至二十五日一週戰況。茲將本週來繼續進行中之湘、豫、閩、桂各地戰況，分別述之。湘西方面，我軍已將桃花坪以西公路南北各地區及資水西岸殘敵，次第肅清，並將敵寇增援挽救被圍敵軍之企圖，完全粉碎，現我各路軍已先後攻達寶慶西北約六十里之處迄花坪一帶地區，戰鬥仍激烈進行中。豫西之陝縣西南大營敵與洛寧以西長水鎮敵企圖西犯，已被我軍遏阻。豫南西峽口以西公路北側敵，爲我軍向南壓迫，並將魁門關霸王砦地區之敵包圍猛擊，連日均獲進展。福建方面，我軍配合地方團隊，於十日晨發動攻勢，十一日晚攻入福州城內，巷戰一晝夜，旋以敵增援反撲，衆寡懸殊，十三日我軍轉移城郊，續戰至十七日，我生力軍到達，復合力猛攻，十八日將該城完全克復，乘勝追擊，於二十日攻抵閩江南岸，我軍相繼總攻勢，十九日克長樂，迄二十一日已將閩江南岸境內殘敵肅清。我軍於廿二日克連江後，繼續對向羅源敗退之敵猛追，現長樂、連江、福州三角地帶之殘敵，均已完全肅清。我軍正向沿海岸各據點擴展中。桂省我軍於十九日向河池進擊，廿日克河池，廿一日克金城江，廿四日復克懷遠鎮與思恩縣城，現正對敗敵跟蹤追擊中。綜上所述，各地戰事，我軍日見活躍，敵勢反岌岌可危，據東京廿四日廣播稱，中國軍隊在廣西省之××始行動，此實爲總反攻之前哨戰，大陸戰場實已漸趨緊迫，其內心之不安，已露於言，若以東亞整個戰局言，現確已突入空戰階段。

【中央社重慶廿六日電】軍委會廿六日發表戰訊。豫西方面我軍在空軍協力下，攻擊陝縣以南之敵，於突破敵第一綫後，乘勢猛攻前進，獲得甚大進展，戰果豐碩。敵寇自由豫南經內鄉循豫陝公路向西北進犯以來，先後於重陽店及西峽口以西地區遭受我嚴重打擊，後乃調集第六十九師團及獨立混成第三旅團與其他特種部隊，由陝縣地區於本月十六日開始蠢動，分四路進犯，一路由大營循隴海鐵路綫西犯，威脅靈寶，其餘三路由陝縣以南沿靈（寶）盧（氏）公路東側南下，企圖一舉突破官道口我軍陣地策應西峽口方面敵之作戰。但因我軍把握主動，猛烈反擊，敵之企圖遂被粉碎。我前綫部隊於官道口（陝縣南九十里）以北及大營（陝縣西南四十里）以西地區，迎擊來犯之敵，在大營以西渴佐、北朝之綫，於十七十八兩日曾兩度擊退犯敵，官道

並且對於中國觀感極為友善。記者詢以蘇聯政府對於中國共產黨之態度如何？大使答謂：余頗留待新任蘇聯大使答覆。記者詢以中國新聞檢查問題，大使答謂：余於離華前，曾與宋代院長子文，王部長世杰晤談希望能愈寬愈好。總魏特梅耶將軍表示，謂在余回國期間，外間謠傳美國在華作戰計劃將有變更，實乃無稽之談，余向美國軍事當局所呈之計劃甚為簡要，毫無變更，且完全得到支持。

新華日報編者按：赫爾利大使的全部談話，我們不打算在此批評，但對於他說話中的第二點，因為與事實不符，可能給世人一種錯誤的印象，損害到我黨應有的尊嚴，有略加說明的必要。按照赫爾利大使談話的口氣，彷彿我們找他談中共要求派人參加出席舊金山會議代表團問題，是找錯人了，彷彿我們不知道舊金山會議是聯合國會議，而是政黨會議；彷彿國民黨政府在七十五人的中國出席舊金山會議的代表團中，允許中共的一個代表兩個隨員參加，便可以是『極感愉快』的『良好現象』。這未免與事實相離太遠了。赫爾利大使總還記得：我們黨與赫爾利大使最初的發生關係是赫爾利大使先來找我們，不是我們去找赫爾利大使。赫爾利大使奉已故偉大羅斯福總統之命來華促進中國國內一切抗戰力量的民主團結，來解決國共兩黨的關係，並會同意經過民主的聯合政府，以達到中國的真正統一，這是我們應衷心感謝的。中國出席舊金山會議代表，希望有中共方面代表參加，也是赫爾利大使先對周恩來同志說起，而周恩來同志以後由延安致電赫爾利大使，提出此問題，正是因為尊重赫爾利大使是中間的調解者應有的商量，而不是誤認赫爾利大使是中國的主持者前來請求。赫爾利大使要我們注意舊金山會議是聯合國會議，不是政黨會議，但如果這一國家內部還沒有實現民主統一，便不可能由一黨的政府代表包辦出席。羅斯福總統對於民主統一的美國，尚且主張美國代表團中共和民主兩黨各占半數，他在國會的報告中會剴切說明：『世界和平的機構不能為一人或一黨或一國的工作』。可見各黨派要求參加舊金山會議代表團，實在是應有之事。中國現狀既如此不統一，則我們的要求，赫爾利大使亦不能不承認如能做到，是『至善之舉』。今天中共所領導的解放區，有一萬萬人口，九十萬正規軍，二百三十萬民兵，他在中國抗戰中起着這樣重大的作用，但在代表團全部七十五人中，國民黨政府只允許中共三人參加，這是完全不符合中共及解放區在今天中國政治上的比重的。然而我們仍委屈求全的接受了。赫爾利大使如果以民主及公平的眼光來看問題，便

口以北我防守姚店嶺、高家胡同、毛家岔道口一二七六八高地廟口等地部隊，阻滯數倍於我之敵，浴血搏戰，犧牲殆盡，但終能爭取時間，以待援軍之到達，實為我易守為攻之轉捩點。其所建立之功勳，已達不可磨滅之光榮。廿二日我軍一部開始反攻，首將官道口以東陳家嶺地區及大營以西馮佐，北朝之綫之敵擊退，廿三日突破敵右側背高家胡同，姚店嶺敵陣，廿四日拂曉我軍在空軍協力下，向敵全綫反攻，於突破敵第一綫陣地後，乘勢猛攻進前，至廿五日晨，攻克寺河街、牛心廟、岔道口等據點，將敵切成數段，分別包圍於火山關、興隆砦、邵家山、孟家河、四慶山、羊心廟一二七六八高地各附近地區，復以猛烈砲火不斷攻擊，將各被圍之敵壓迫各隘路內，復由空軍猛施轟炸，我地面部隊更乘勢緊縮包圍圈，至午各地敵均被殲殆盡，迄晚我追擊前進部隊，已進展四十里，攻達陝縣以南五十里神底、雷家河及寺河街以北地區之綫。但敵仍拚死抵抗，現繼續激戰中。我軍於廿四、廿五兩日所獲之戰果，據前方報告，計斃敵三千四百五十餘。內有大隊長一人，另中隊長為我擊斃於大營以西地區。長水鎮西側戰鬥，仍在繼續進行中，廿五日，我敵均無進展。豫南方面廿五日我軍由西峽口與向我反撲之敵激戰後，我予敵重創，並於西峽口以南石當山附近，斃敵指揮官以下百餘人，被困於魁門關、霸王砦地帶之敵，在我繼續攻殲中。湘西方面，我軍於廿五日晨擊退向桃花坪反撲之敵，迄晚我向東進展十里，桃花坪西北芙蓉山北麓附近殘敵已被我悉數消滅。我軍攻抵灘頭兩側部隊，續行向敵攻擊，於廿五日之整日戰鬥中，斃傷敵二百餘，我軍已將寶慶西北大橋邊以東迄渠坪北卅里地區殘存之敵加以掃蕩，至廿五日該地區已無敵踪。

「中央社重慶廿五日電」據軍委會廿五日發表戰訊，廣西方面，我軍猛攻思恩，於廿四日晚擊破敵之抵抗，攻入城內，至廿三日上午六時，完全克復思恩城，斃傷敵二百餘，殘敵突出東門，向天河逃竄，我正追擊中。我軍攻達東江附近部隊，續沿黔桂路向東猛攻前進，先後擊潰東江、德勝等處敵之抵抗後，於廿四日下午五時攻克懷遠鎮（宜山西四十里），殘敵退踞龍江東岸頑抗，刻我敵正隔江對戰中。

參攷消息

（只供參考）

第八九二號

解放日報 新華社 編

今日出一大張

卅四年五月廿八日 星期一

日寇和平陰謀 從湖南、浙江等五省撤退

【合衆社重慶二十七日電】共產黨機關報新華日報認為日軍本兩週之前自廣西、福建、湖南、浙江、河南五省撤退是「日本表示存誠意與英美媾和的努力」。該報說日本曾向英美提出有條件的和平試探或建議，在建議中日本試示僅願維持滿洲、朝鮮與華北，放棄華南、南洋及太平洋一切島嶼，並說：因此這種撤退目的在於表示日本實踐其一步諾言的「誠意」。

【合衆社重慶二十七日電】中央社息，日本之自中國東部特別是自浙江與福建兩省撤退，使當地居人遭受饑餓，因為敵人撤退時將一切糧食與其他物資帶走。日軍最近撤退時浙東地區民衆必須吃鹽——浙江東部各省極富的發區。饑餓父母賣其閨女，定價十八歲的女兒換鹽絲十八斤。

【合衆社重慶二十七日電】大公報華北訊：日軍在過去兩週忙着將非戰鬥的市民婦女兒童從華南遷赴華北，並運走糧食，廢銅廢鐵及各種金屬以供滿洲兵工廠之用。現在華北許多大城市諸如北平、天津由於糧食、冰、煤及電汽的短缺，情況極為緊急。據說自五月初以來，日軍在北平、天津又開始大規模逮捕愛國青年，懼怕他們迎重慶的陰謀。

國民黨戰報 又說收復南寧

【中央社柳州廿七日電】軍委會廿七日發表戰訊，廣西方面，我軍於廿七日上午八時攻克南寧。我軍另兩路部隊於同時分向賓陽、邕江攻擊前進。福建方面，閩江北（缺四十字）由寧德繼續北竄××以（缺廿字）附近，我軍跟蹤猛追，廿六日已攻還寧德附近地區。由××以東北區發起之敵於廿四日侵陷城市。浙西方面：（缺廿字）於敵寇犯之際，

用飲鴆止渴辦法，改變發薪工式，一次連發三個月，以期安定民心。同時又改組情報局，統治軍事外交政治之新聞，以謀蒙蔽觀聽之舉動。

美「時代先鋒」披露 亞洲戰爭的新計劃

四月十五日的大美晚報重慶版載稱：華盛頓時代先鋒報於上星期登載一個詳細的包括對亞洲戰爭的戰略有了修改的新計劃。據該報說，英國和荷蘭將負責南太平洋上的戰爭，而美國軍隊則在中國沿岸和日本本土作戰。大致說來，即英國將集中其海軍以奪回新加坡、馬來亞和其他以前英國的屬地，荷蘭的目的則在解放蘇門答臘、爪哇，和他們太平洋殖民帝國的其他部份。華盛頓時代先鋒報的主人是Mrs. Eleanor Patterson，被認知為具有反英情緒並濃厚傾向於孤立主義者。

四月一日的大美晚報重慶版，署名T.T.闊的一篇文章說，業餘的戰略家們認為美軍在中國沿海登陸最可靠的地點是廣東沿岸，香港東北四十哩的大鵬灣。就是一九三八年日寇在此登陸後向北推進而攻佔廣州的地方。在大鵬灣登陸後，美軍可向北到淡水、惠陽，以與河源來的中國軍隊會合。據說日寇在這個地區沒有強固的防禦工事，因為他們經常被中國游擊隊所騷擾。據說在這地區日寇沒有重裝備可與美國的砲兵和坦克相匹敵，而這裏的地理亦便於運動作戰。登陸後的美軍可自大鵬灣進抵廣九鐵路上的深圳，到達深圳後分二支兵，一支可能沿鐵路向南奪取九龍和香港，正如日寇在一九四一年所作的；另一支自深圳沿鐵路公路向北到石龍和新塘，自新塘沿鐵路攻取廣州。在這個區域作戰的登陸部隊，可以獲得在日寇壓迫下已經差不多七年了的有組織的游擊隊與本地人的強有力的合作。香港和廣州克復後可在此建立進一步作戰的根據地，並開闢了優良的港口以裝運武器彈藥來裝備中國軍隊。

據四月八日大美晚報重慶版載，美國經濟學家據說已呈給中國政府一個鉅大的經濟計劃，以支持中國戰後國內產業及財政機構。非官方的報告說，這個計劃需要在中國戰事停止後立即支付美金八萬萬五千萬元，以便供給中國迫切需要的物資及奠定大量發展中國產業能力的基礎。據說這個計劃的重點之一。這計劃的主要點是儘迅速地供給中國政府與中國人民以緊需要的物資。在此意義下，據說百分之七十五的款項將用來購買產業上裝備與消費品等，其餘百分之二十五則用來建立工廠。鑒於中國製造能力在實際上的衰弱狀態，這個計劃的創製者，相信使中國迅速站起來的唯一道路，是開始建

……發動攻勢，已獲有進展。

蔣運巨款至福建修路

【合眾社重慶廿七日電】美國運輸機與戰鬥機上週自重慶飛越日佔領的「走廊」運輸一千五百萬法幣至東南前綫。此款用以修理最近收復的福建區域的道路。據說蔣介石親自命令撥款。此款係美第十四航空隊陳納德少將所要求者。駐華美軍總司令魏特梅耶說：迅速修復道路對繼續攻勢是很重要，以飛機運輸大宗款子至該地是唯一可行的辦法，答覆前綫需款的要求僅費時四日，此款已交與戰地軍官。美國運輸部部長及中國運輸處副處長護運此款者。

【合眾社重慶廿六日電】蔣介石昨夜赴在華美軍總司令魏特梅耶的宴會——這是蔣介石放棄國家元首以來所接受的外人邀請。軍政部部長陳誠及美大使赫爾利均在座。客人觀看了戰鬥影片，包括上海與香港上空的空戰。

中央社敵情通報

（一）倭當局為海運最大困難為港灣起作業與陸路聯絡發生脫節現象，近擬設海運總監部，仍未收海陸運輸一元化之實效，運通省因又改組。今後觀我中國方面陸戰司令官稱田談稱在中國海面不論倭籍公私船隻在被遮斷在特定海外一律禁止通行，為盟國對倭封鎖戰術之成功，以予日寇以××之威脅。（二）繆斌登台，日寇勢孤位危，乃以鞏固作勢宣傳謀樂三國間一切條約與協定，玩弄又一套外交新花樣。對於倭國民衆則指出稱公然國故事，激起國民××之緊，舉行公民宣誓，在××××務大臣兼任國民義勇隊協議會主席爭回若干作擧國民武力實擴後，復召集地方長官會議，要求其冒萬難向完遂戰爭之途邁進。十五日又召集地方協議會長會議，勗勉今後「應採取獨斷擅行之行政措置」，此×為地方分權之開端也，即預作戰敗後遇之佈置。十六日再舉行「政務次官會議」，與其指此為反映民意之「基盤」，毋寧視為擴擴官僚之措置。盟軍尚未攻入本土，而鈴木因已為對付目前危局而焦頭爛額矣。（三）倒國航空部隊再度出沒九洲與南海面，使倭窮更深感「一機層一艦」的自殺戰術，非有相當數量新銳機之機續補充，不能×收何種効果。因此倭軍需省工作現已集中全力於飛機增產與大飛機工廠之疏散，但日本抵抗力之薄弱，顯示其增產之失敗。名古屋，××區業已化為焦土，其他主要城市也受轟炸，文化團體×有下鄉者工作對象。當時倭承清者類數，倭政府乃採

購買需要的物品，以便渡過難關，直到中國潛在的工業能力刺激起來，使中國多少能夠自己維持。長期戰爭對中國經濟與產業的破壞，使中國幾乎缺少每一件東西，相信補救此種形勢的唯一辦法是迅速輸入物品，而建立工業以製造這些物品則在較晚的時期。這個計劃據說正在中國政府的考慮中，並顯示出將有好的行動。至於所需八萬萬五千萬元美金的來源，還沒有可資利用的情報發表。

英觀察家報論
三國在歐洲的分歧

【路透社倫敦廿六日電】觀察家報外交訪員寫道，杜魯門總統現在認識到三強會議在七、八月以前都不會舉行時，便派了兩位富有經驗的負責人去「阻止現在東方與西方在歐洲正形成着的，誤解底增長。」

臨時分尼戴維斯（他星期五已到達倫敦），與賀浦金斯（他現已在莫斯科了）進行這一工作，這是值得注意的事。

與蘇聯的很多分歧——有些是現已表面化的，有些還是潛伏着的——要求立即予以處理。也許最重要（？）的是對德國的政策底協調一致。四位軍事領袖（他們將管理這國家）艾森豪威爾，蒙哥馬利，朱可夫與柯尼的名字現在都宣佈了，據悉歐洲諮詢委員會，忙於研究休戰協定的詳細情形。但關於管制委員會的政策與計劃的公佈仍××××，如果是這樣的話，這仍是因為有關四國之間某些意見分歧還懸而未決，有希望從××世界注入新的血液，將使這些分歧達到發表聯合而詳盡的公告的程度。

在奧地利也像在德國一樣，有很多困難，那裏的四強委員會，至今仍未舉行成立典禮。

目前的情形是，在奧國一部份領土上，雷納爾政府是在蘇聯主持者的控制下，而另一方面，盟軍總司令亞歷山大元帥又不承認這一政府。（編者按：亞歷山大已在奧成立軍政府。）

觀察家又引摘剛從奧地利歸來的喬治·阿爾維爾對聯合管制帝國這一問題的聲明，他說：××聯合佔領德國與奧地利不可能，還說的過早了，「很顯然的，有力的勢力正在反對它。」

這還是一個××，但如果不面對事實與毫不延遲地作出必要的推斷來，便可能是它最壞的結果。

聯合佔領的問題可能甚爲重要的×××××：××給德國人儘可能多的權有•一個由一切強大盟國×××的政府。第二，盟國之間的管制團體正××會議。第三，關於德國將來的政治，軍事與經濟發展，獲得明確的意見一致。第四，不規定『佔領地帶』——即在佔領國家各地可自由移動，佔領國家的軍隊可儘量互相移住。現在，沒有這些集體×××，大多數的反對意見都是從蘇聯方面來的，這樣說法可能是公平的。

觀察家政治訪員認爲：波蘭與的里雅斯特的問題是×××懸而未決的。他說：『解決波蘭問題的責任將主要落在賀浦金斯的身上了』，『因爲他必須通知莫斯科，蘇聯人對於逮捕××××，還未加以說明×××××，戴維斯與賀浦金斯均將進行他們的重大任務。』

【同盟社里斯本廿四日電】隨着德國無條件投降，美英蘇三國關係更加微妙，在蘇聯的自主外交政策之下，引起了美英兩國國內的懷疑與不安，美國杜魯門總統，鑒於此種情勢，廿三日遂派特使至莫斯科，以謀調整國交，並將派遣外交家至倫敦，但徵諸派遣前駐蘇大使戴維斯至英國的事實，即可知道與英國政府進行交涉，完全是一種僞裝而已。

三國在德的宣傳政策有分歧

【路透社倫敦廿七日電】特派訪員今天在觀察家報上發表的文章中寫道：盟國對在佔領德國的新聞與廣播自由的問題的政策，現仍很分歧。

他說：不僅蘇軍佔領的地區（柏林的無綫電台現正以其戈培爾時的一部份舊有人員進行工作）如此，而且英，美軍佔領的地域也是如此。

只發出很少的無綫電廣播，蘇軍控制了柏林的無綫電台，而英、美軍即控制了漢堡與慕尼黑的無綫電台，他們之間的分歧是很顯著的。

可以說，在柏林的蘇聯人是以愉快而有趣的『小父親』的聲音說話的，而漢堡與慕尼黑發的聲音都是嚴厲的執行猶豫監覗官的聲音，至於報紙，目前的情形是這樣的，在美軍佔領的地區，在盟國遠征軍總部眞正的統治停止以後，德國報紙便可自由出版，並可自由獲得外國報紙。

但在英國佔領的地區，計劃是很遠大的，而英國報紙與情報局却不能完全控制報紙與無綫電，訪員繼稱，『我知道，不會允許有德國××××的』。

英國對敘利亞問題發表聲明

【同盟社斯托哥爾姆廿七日電】廿七日

力自由，問在當之時期無需結可言。自由主義之紐約郵報認爲：史塔生所提依照適合於各個地域不同環境之方式，使其分別走向自治政府之建議，純爲『對於殖民地人民之欲取先予之政策。』。郵報繼提出警告謂：全世界之殖民地人民已有十萬萬之四分之三時稱：舊國聯爲扶植獨立而施行之保護制度，純爲貪慾之表現。史塔生所提議之自治政府之適當方式，亦正爲步前者之後塵。史塔生之提議絕非爲此等殖民地人民主張自由，蓋以除非開始即具有使殖民地人民獲得自由之目的，則殖民地人民亦必終於不能獲得自由。郵報繼又提出警告稱：若對於附屬之殖民地人民不能給以自由，則彼等轉而採取反帝國主義及反白色人種之民族主義。

【合衆社舊金山廿二日電】舊金山會議之託治委員會已以壓倒多數否決一項修正案，此案如獲通過，則一切舊有委任統治地包括日本太平洋各島在內，即將自然移交未來之託治制度，英美贊成加入『獨立』一辭爲託治區域人民之目標，然仍反對其他屬地人民以獨立爲目的。美英之決定係向蘇聯支持之中國建議安協。美代表團計劃使非管理國家在託治理事會亦有平等之發與權，前此之計劃係主張英美法有常任席位，中蘇則在大會每一次之選舉有當選之機會，蘇聯主張五強均爲常任理事。

黃炎培「致國民黨諸友的公開信」

【本報訊】「民主政治」雜誌主編以『今後國民黨』爲題向各方徵文，作爲對於國民黨第六次全國代表大會的參考。黃炎培氏以『致國民黨諸友的公開信』作爲答覆。信中闡述黃氏對國際國內形勢及對國民黨的看法。原信寫於三十四年二月二十八日，發表於三月二十五日出版的第十四、五號合刊的『憲政月刊』上。他對於世界前途的看法是：『自最近自克里米亞會議英美蘇三國宣言發表，顯出今後世界共同的要求爲和平，爲民主。和平是目的，民主是方法。不容許任何國家不和平，即不容許任何國家不民主。

關於國民黨，他盛讚其歷史上的『功績』，但希望它不要把國家變爲私產。他說：『中國民族革命成功之宏遠，共和建國安危第一基石之深穩，乃至十五年來抗敵救國工作之艱苦與偉大，當然是全國國民共同致力，而前後皆由國民黨（此名辭應釋爲包括國民黨前身後前身）主持之。』『片片之國旗，寸寸之山河，分析其成分，盡是人類忠勇義俠之血液，此血來源，當然屬於各方面。而國民黨人從事此類輸血工作，其時間爲獨早，其數量爲獨多，英國政府就敍利亞問題發表聲明如下：敍利亞、黎巴嫩兩國，由於法國增加駐屯軍，兩國內的空氣，驟然緊張，英國政府在未與美國政府商討出解決辦法以前，暫時保持冷靜，英國這種只顧美國不顧法國的態度，在法國國內引起極大的反響。

委託制目標問題
蘇聯同意中國意見

「合衆社舊金山廿日電」最可靠方面訊：五强於託治委員會秘密會議中，對中國代表顧維鈞所提於安全憲章中規定被保護人民及領土可獲獨立之提案，已發生新意見。蘇聯支持中國之提案，即以「視每一領土環境之所宜使之向自治及獨立之途發展」，代替僅供發展自治之諾言。蘇聯代表羅思竭力予以支持。伊拉克代表亦宣佈願予支持。英國代表克蘭波思稱：原有之頓巴敦橡樹會議建議案，並未阻塞協助發展獨立，是以被保護人民之最後自由乃有途可循。然顧維鈞堅持安全理事會須特別規定受託國家有協助獲得獨立之義務，蓋此題爲託治之一般目的，美國代表史塔生上校堅持適較需要者乃四强應於此時完成一均能同意之完善方案，細微處可留後討論。而不必如今爲不重要各點進行辯論，徒然延宕或影響獲致全體協議。

「中央社舊金山廿一日專電」我國代表團就託治制度所提之建議，向能爲折衷各種不同意見之最後根據。最近關於託治問題之討論主要有兩派意見。託治制度對於阿拉伯在人民之最後的爲美英法贊成「自治政府」，蘇聯則主張爲「完全獨立」。我國所提之折衷建議爲託治制度之最後目的應適應各個區域及其人民之特殊環境或使其走向獨立或使其成立自治政府。美國代表史塔生上週所提關於託治制度之所爲「實施方案」，雖被稱爲包含託治委員會所有會員之意見，但仍未包括中蘇代表所提殖民地及附屬人民最後應有完全獨立之原來提案在內。對於整個實施方案，若詳加研究，即可看出此方案純係各派意見之混合。史塔生雖稱：此方案曾提交託治委員會爲討論之根據，然上週以來，討論迄無進展，而託治委員會亦仍須等待參加託治委員會各國之最後答覆。所謂英美之計劃並未獲得美國民衆之普遍贊同，而進步之報紙對於上週史塔生所持之觀點批評亦極嚴厲。芝加哥太陽報稱美國之觀點實爲美國殖民地主義之卑鄙表現，不僅落伍於中蘇代表，且亦有負於全體人類之希望。本報相信美國雖與英國同夥，但亦無須削弱自由之觀念，以屈服於殖民地國家，而不顧及五强之團結。蓋整個世界若有一部份陷於束縛，一部份享

此非一個人一部分人之私言，天下後世，自有公論。」同時他又說：「不顧輕率爲此言，誠恐國民黨中稚氣淺識者，以此自誇大，自驕傲，乃至倡言中國者，國民黨之中國，或遂誤爲中國爲國民黨得來之私產；或更誤以爲國民黨乃中國惟一之主人翁，而排斥其他一切。」

關於今後中國前進，他認爲以國民黨爲主，各黨派與之合作。他說：「負此艱苦之任務者，第一機會仍將屬於國民黨。」但甲乙丙丁合舉一鼎，必須有某甲者首先著力，某甲爲誰。國民黨是也。

至於國民黨是否「樂意於民主政治」，他認爲不應有「懷疑的餘地」。他的根據是除了國民黨「黨義黨綱」，煌煌具在及「對憲法起草步步進行」之事實外，還有卅三年二月八日孫科口述蔣介石的一段話謂：「一個國家如僅有一個政黨，則此黨必將腐化而不能存在。不特不利於其黨，亦且不利於其國。所以國家必須要有兩個以上政黨，然後相勸相規，共同前進。他說：今後可能有的問題，不在形式上之不民主化，而在其精神之是否民主。」「即選舉『不以民意爲依歸，而唯力是競。四權之行使，無論對人，對法，對事不以國家之利害爲標準，而惟計一黨之利害。』他認爲這是國民黨首先應注意的。

他希望國民黨做到內部份子健全，除去一般人爲欲求官而入國民黨的現象。除去之法，是「將國家登用人才，與國民黨招致黨員，絕對劃清。」各項官員之履歷，以及考試，任用，升遷等等，絕不令填答有何黨籍，曾否入黨或黨證號數等字樣，先在格式紙上，除置此欄。」這樣，就可使人知道，「入黨是一事，服官是一事」。至於黨員數目，他主張「優良份子，多一個，好一個。無聊份子，少一個，好一個。」

他稱讚蔣介石「十餘年來青年訓練工作之有恆而有力，其貢獻於國家民族至大。」使每一青年，設想到：訓練我者，全國領袖也，亦國民黨領袖也。而其所勉勵我，厚期我，乃至全人類中爲一優良份子，全中國中爲一健全國民，而未嘗强我，乃至迫使我，爲國民黨黨員，此眞是國民黨之偉大，此眞是國民黨領袖之偉大。」但又模糊提到：「我以爲國民思想自由，不妨害其政紀之嚴明，黨員思想自由，不妨害其黨紀之整肅。」及「以黨的民主，樹立國家的民主。」

最後，他表示自己的「個性」，「對政治有認識而寡興趣，憚予奉承，而鄙彼鬥爭」。他認爲抗戰勝利，建國成功，必須完成三大合作：即「各黨各派與國民黨合作，各地方與中央合作，全國民衆與政府合作」。「三大合作成功，惟賴民主政制」。

參考消息
（只供參考）
第八九三號
解放日報
新華社 編
今日出一大張
卅四年五月
廿九日
星期二

國民黨六屆一中全會昨日開幕

【中央社渝二十八日電】中國國民黨第六屆中央執行委員會第一次全體會議開幕典禮、第六屆中央執監委員、候補執監委員宣誓典禮暨總理紀念週，廿八日上午九時假復興關中央幹部學校禮堂合併隆重舉行，蔣總裁領導行禮後，首先宣誓，由吳委員敬恒監誓，誓詞曰：「余誓以至誠遵奉總理遺囑，服從總裁命令，信仰本黨主義，遵守本黨紀律，嚴守黨的祕密，絕對不組織或加入其他政治團體，絕對不自私自利，絕對不以個人感情或意氣用事，如有違背誓言，願受本黨最嚴厲的處分。謹誓。」誓畢蔣總裁訓詞，指示全會重要任務在完成反攻計劃，獲致抗戰勝利，實現主義，建立民國，全體同志必須繼承總理遺教，遵照建國方略，踐履取實，身體力行，則革命建國期日可成云。至此蔣總裁乃恭讀建國方略、孫文學說第六章「能知必能行」，並逐加講解，詞畢禮成。十時半舉行預備會議，出席中央執行委員一七三人，候補執行委員五六人，列席監察委員六七人，候補監察委員卅二人，仍由蔣總裁主席，決議：（一）推選于右任、居正、戴傳賢、孫科、馮玉祥、丁惟汾、鄒魯、葉楚傖、陳果夫、李文範、朱家驊等十一同志組織主席團。（二）組織提案審查委員會，並推張羣、邵力子、張厲生為召集人。（三）組織中央執行委員會組織方案審議委員會，並推王世杰、陳立夫、甘乃光為召集人。（四）組織決議案整理委員會，並推狄膺為召集人。（五）全體會議會期定為三天至五天。（六）提案於廿八日午夜截止，旋即散會。下午分組審查會，廿九日上午舉行第一次大會。

中國戰區美軍後勤司令 由奧蘭德中將繼任

【中央社重慶廿七日電】重慶中國戰區美軍司令部廿七日發表：中國戰區美軍後勤總部司令齊福士中將已完成改組中國方面後勤工作之任務即啓程返美。齊福士將軍乃應中國戰區美軍總司令魏特梅耶將軍之私人邀請而來中國者。遺缺將由前負責供應歐洲戰區諾曼第登陸戰役中盟軍裝備及給養之奧蘭德中將繼任。魏特梅耶將軍對齊福士將軍在中國戰區之供應工作備加頌揚，魏將軍稱：無論中美人士對齊福士將軍之努力及成就，莫不樂於稱道。齊將軍於去年十一月來中國之前，曾將盟方重要供應港加爾答各加以擴展，指揮中東方面之美軍後勤總部。至中國後，彼即以過去之經驗，將此世界最長供應綫迅速開展改組工作，凡軍事專家莫不承認中國戰區之供應問題最感辣手，但至今日則供應品之源源增加，越喜馬拉雅山有名之「駝峯」經蜿蜒曲折之史迪威公路及由最近完成之油管中輸入中國。魏將軍稱，中國戰區能得奧蘭德將軍來此服務，不勝榮幸。蓋其在歐洲之經驗，必將使中國戰區加倍獲益也。彼之新職必能獲得此戰區中全體官兵之誠意合作。奧蘭德中將已開始繼齊福士將軍就職，渠現年五十歲，賓夕法尼亞洲人，一九一五年畢業美國西點軍校。

【中央社渝廿八日電】中國戰區美軍司令部廿七日訊，新任中國戰區美軍後勤總司令奧蘭德中將，曾任諾曼第基地司令，卓著勛績，此次將於中國戰區供應問題多所貢獻。（缺）大戰期間（缺）成為陸軍中之著名行軍學權威。渠於一九二三年在兵工學校畢業，一九二八年在參謀學校畢業，一九三一年畢業××，一九四〇年畢業軍事工業大學。一九四〇至一九四二年間美

（續）關於敵人投降之風說，日來漸趨沉寂，里斯本方面亦有敵駐葡使館人員向×試探和議之意，×外務省否認[illegible]內容如何，即使確有此事，而使與低級人員接觸以探求和議，尚無負責價值可言，不言而喻，鈴木解散大政翼贊會使其[illegible]以作[illegible]為唯一目的之國民義勇隊，如可認為投降之××，則認識遺憾[illegible]。美籍此類[illegible]可減低敵作戰潛力，但不能以此而迫其投降，敵以為只要能拖長戰爭時間，不患無隙可乘，故有唱廿年戰爭之論者。彼正集中其外交攻勢以圖離間盟國，並[illegible]否認外交其×蘇聯向英美求和之說，且力言眞正戰爭現方開始，由此觀之，敵雖心怯，唯其戰力尚未損失，必不肯降。（編輯室。五月廿七日）

中央社本週通報

【中央社重慶廿七日電】各分社主任、各戰地特派員均鑒（夾辰密）本週內參考事項如下：（一）六全代會於廿一日閉會，宣言指出五點，不特爲本黨今後努力之目標，亦爲全國國民共同奮鬥之正規。此次大會，對於民生問題特別重視，不僅喚起全黨注意，而且列舉具體事項，期其必能貫澈。此次大會宣言之重要性，不亞第一次大會宣言，現正待一中全會上以具體化，使一切決議皆得實現，則前途之光明可以消除八年來苦戰之沉悶矣。（二）舊金山會議在兩週內當可結束，最大難關之託制問題，因我國斡旋終得合理解決，我國際地位因此增強，尤其外[illegible]對我多懷好感。區域組織爲彌補安全理事會之不能解決之糾紛，可交區域組織設法解決，不失爲補救之一法，此不獨可以保全汎美之結合，同時在遠東方面或亦可發生相類似之組織，以求增強同一區域之國家之互助。（三）英工黨於德投降後，立即要求邱吉爾取消聯合內閣，舉行十年來迄未改選之國會選舉。工黨在邱閣中雖佔重要地位，但對於邱氏之內政政策始終不滿，自由黨及國民自由黨亦抱同一主張。惟工黨主張國會改選而同時又主張改選時期須在秋冬之間，邱氏一再挽留其維持聯合內閣至擊敗日本爲止，但工黨拒絕（缺十五）員全部退出，並定六月五日解散國會，七月五日舉行改選。邱氏以戰勝之偉大成就，爭取未來之政權，關於改選時期毅然決然不接受工黨之請求，就當前局勢而論，邱氏挽救祖國於一髮千鈞之際，功業再造，英人必不能忘之，今後尚有種種難題亟待處理，必須手腕魄力威望如邱氏者方能解決。英人對於現實政治認識力極強（下密碼十一字），在邱氏領導下勝利之可能性甚大。（四）邱閣改組後，已成純粹之保守黨內閣，在總選舉揭曉前，內外聲望當不因而減低，不過國際一切商談，不得不因此而稍形停頓。邱氏本人忙於選舉運動，是否能以大部份精力討論國際問題，不無疑問。喧傳中之三頭會議，恐難於六月內開會，國際間之最（？）不活動，當在七月上旬以後。（五）僑居英美之韓人盛傳蘇聯在亞爾塔會議曾要求將韓國及我東四省劃於彼勢力範圍內，此事業經美國務院遠東司長代表國務卿正式否認，蘇聯亦作半官式之駁斥，韓人內部亦認爲係李勝民個人之錯誤。據吾人所知此事，確係毫無根據之謠傳，韓國及我東四省之地早，位於開羅會議時決定，事後且會得蘇聯之同意，故絕對無發生問題之可能。（六）歐洲英美軍力已開始東調（下密碼四十字），廿日市各大工程甫遭美機轟炸，其投彈之數量較炸德時尤多，今後必更加強，三島變成焦土，亦非不可能，現名古屋已毀五分之三，東京已毀五分之一，其他各地均不甚重。

國制定對此次大戰供應計劃時，與蘭德將軍適在華盛頓參謀部供應科任職，關於對華之租借供應路綫，馬格魯德率領軍事代表團來華之遺派，飛越「駝峯」空運之發展等計劃，渠均參與其事。渠復一度任芝加哥第六空勤部司令，與蘭德將軍將首次來華，渠與齊福士將軍爲老友，渠等曾同在華府任職。

【中央社渝廿八日電】國府廿八日令：任命曾少魯爲新疆省政府秘書長此令。

【中央社南鄭廿八日電】某集團軍副總司令兼青年軍二〇六師師長方先覺將軍，於廿四日自省抵此，廿五日赴城固撫視衡陽作戰舊部，並會應西北大學之邀演講衡陽作戰經過。今返抵此，日內即赴師部履新。

【中央社立煌廿五日電】皖省府以於皖北各縣春荒嚴重，特將上年存縣未運之委購糧食借撥一五〇〇〇大包配發救濟。

全國工業界組織對敵要求賠償委員會

【中央社重慶廿六日電】全國工業界對敵要求賠償委員會，經工業界人士組成，以吳蘊初、李燭塵、胡厥景三人爲常委，經第一次會議決議，提出三項辦法，任敵人選擇其一行之。其辦法爲：（一）敵人在我國破壞之工廠重新給予建造。（二）以淪陷區及敵本土之工廠，作爲賠償。（三）賠款。

【合衆社紐約廿四日電】美商務部長華萊士，在社會教育研究院，對時事研究所發表演說稱，若英國尤其美國能協助中國人民，並使中國工業化，則未來世界之爭端，必將減少。美國不應如聖誕老人對中國或任何國家專事布施，而應協助其發展貿易，而從中國獲利。並應使其工業化，及加強其對美國之友誼，吾人將與之建立經濟與文化關係，俾吾人對於和平亦有強大而有益之地位。但世人應明瞭吾人協助中國，並不企圖在亞洲獲得政治勢力，美國之旨趣，在和平貿易，而不在爭霸主義。

傳英美以武力進入南國佔領區

【同盟社里斯本廿四日電】美英軍於廿二日發動武力進駐包括的里雅斯特在內的維尼西亞、蓋地亞地方以來，美英兩國代表與鐵托在極爲緊迫的空氣中開始談判，據的里雅斯特合衆社電：鐵托終於廿四日向美英的武力恫嚇屈服，不得不放棄的里雅斯特。鐵托曾提出下列幾保留條件：（一）因爲南軍解放了的里雅斯特市，所以應允許南軍駐在該市內；（二）美英軍政府應該允許南軍在的里雅斯特成立的解放會的活動，（三）美英軍政府必須允許南軍代表參加。還主要的不外是提醒美英和

三九一

南國共同指導該市，但美英代表仍堅持美英兩國的軍政，所以談判又遇到暗礁。

敵寇在摩羅泰島舉行「反登陸」

【同盟社南方前線基地二十三日電】摩羅泰島是向菲島各地的供應必經之路，並是向達佛、塔拉甘及西南太平洋的進攻基地，極被敵人所重視。我大內部隊長及各勇士，冒犯各種惡劣條件予敵人以極大壓力，為了更加強進攻，我突入部隊於五月×日殺至該島，巧妙地實行「反登陸」並獲得成功。在該島周圍敵人的魚雷艇，不分晝夜的敷設警戒網，要想突破是非常困難的，但我滿載勇士之舟艇隊，利用暗夜前進、完全衝破敵人的警戒網，與優勢之敵魚雷艇隊交戰，先後會達數次之多。經激戰後將敵人擊退，登陸遂告成功。

【同盟社東京二十四日電】大本營五月廿四日十五時三十分發表：（一）五月廿四日一時三十分左右，敵機約二百五十架，肆意地侵襲帝都，以燃燒彈實施盲目轟炸。（二）敵機轟炸結果，宮城內御園及赤坂離宮附屬內建築物一體被焚毀。（三）東京都內各處發生的火災，至七時許即全部撲滅。（四）我制空部隊所獲的戰果中，已查明者計擊落敵機二十七架，擊傷約三十架。

沖繩島總攻擊

【同盟社前線基地二十八日電】十二五、六日特別總攻擊的，達到最高潮，沖繩附近的氣候最近又激烈變化，二十五日晨沖繩島的雲高五百尺，視程十公里遠，德野島以南降落小雨，因而天雲垂到海面，雲厚達八千四五百米達，且以猛烈空艇隊與特別攻擊隊為基幹的我航空部隊的作戰，冒犯惡劣天候，且雲層極厚判斷戰果極為困難。同日黃昏根據地上得到之報告、二十五日本島上空無敵機活動，強行登陸的義烈空艇隊的衝鋒作戰，說明了控制敵基地的目的已經達到。現在義烈空艇與敵軍之間仍繼續着砲戰，當我空艇部隊強襲之際，北飛機場有八處發生火災，使敵人已不能使用，當時該機場有P5、1P47式、格拉曼式巨型機共達三百架，又在中飛機場敵機仍然活動、但不久機場跑道即被我炸毀，其機能的停止時間較北飛機場為遲。另一方面神風特別攻擊隊的出擊，在上述作戰數小時後即行開始，德野島以南天氣雖有激烈變化，一部份攻擊受到限制、但大部份穿過雲層與密雨，到達目標上空、該日上午所判明之戰果，即向敵航空母艦二艘，戰艦二艘，巡洋艦一艘，驅逐艦一艘，艦種未詳四艘撞擊、因天候惡劣，海上探測比較困難，因而戰

何著名的重要位置，相信，這人的名字：[illegible]・阿姆斯特[illegible]姆。[illegible]曾在波蘭做地下政治工作及以各種假名在國際共產黨的國際中工作過，[illegible]現時的波蘭問題既熟習，又能相對的不偏不倚的人是並不多的。在這少數人中的某些人的心目中，阿姆斯特達姆是該處現時臨時機構中極重要的人物，他所佔的職位雖不著名，但他的影響據說比貝魯特大得多——特別是在莫斯科。榮圖，阿姆斯特達姆為波籍猶太人，生於加里西亞西部的諾維薩玆（按加里西亞曾供給共產黨世界以如此之多的領袖，內有拉狄克）。據說他是一個結過婚的中年人，面孔發紅，中等身材。他於一九一九年參加波蘭共產黨，並成為執委之一，在該處他與拉狄克的友誼有助於他的威信。阿姆斯特達姆從未參加過公開的蘆布林委員會，但他的後台工作被認為是更加重要的，他對於蘆布林官員與「保安隊」的訓練有很大關係。

美軍佔領奧斯陸

【同盟社斯托哥爾姆廿四日電】據奧斯陸來電，歐洲佔領軍最高司令部（缺）民政部長廿三日言明如下：美軍暫時佔領了挪威首都奧斯陸。

同盟社稱：美國強制使用德國勞動力

【同盟社里斯本廿四日電】據華盛頓來電，歐洲戰區美陸軍運輸司令官羅斯少將，廿四日於招待陸軍省記者團席上言明，德國國內的運輸情況如下：欲向德國一般人民配給充分的生活必需品，其先決條件就是解決德國的運輸問題，而這個問題要在今後六個月乃至九個月才能得到解決。但欲復興德國的重工業，今後就需要廿年的時間。現在德國各種運輸設備完全處於麻痺狀態。要復興德國，就要樹立新計劃（這句電碼不明）在今秋以前沒有希望除去萊茵河上被破壞的橋樑，開通萊茵河的航運。欲恢復德國各種交通設備，就要活用德國人民的勞動力和資材，這是強制的使用。美國士兵不代替德人服勞役。

對德作戰中烏克蘭喪失人口七百萬

【同盟社東京廿八日電】莫斯科廿六日訊，紅軍機關報紅星報，報導烏克蘭在對德作戰中所受的損失稱：烏克蘭在戰前的總人口為四千萬，在對德作戰中損失了七百萬人，其中死亡二百五十萬，失蹤一百五十萬，另有三百萬人被捕送德國。

重慶「國民黨同志在民主座談會」發表「對時局獻言」

【本報訊】重慶「中國國民黨同志在民主座談

果未明。最後必須等待精確偵察的結果，將遠征軍長期地置於敵地，是兵家最忌諱之事，敵人兵力低下的徵象已在各個戰線上表現出來，與此相反，日軍兵力又逐漸增强，不但供應線短小，而且背後有國內基地，從此次我軍的特別總攻擊即可看出來。冲繩的戰局現已接近梅雨期，對於越過七百公里的海洋而進行攻擊的我軍雖未必有利，但我軍仍繼續冒犯天候攻擊，二十六日我神風特攻隊仍繼續出擊，穿過雲層南下，除盡人力外，並受天候之恩惠。

敵特別攻擊隊 三百三十二名斃命

【同盟社東京廿八日電】豐田司令長官向全軍發出神雷特別攻擊隊偉大功勳的文告，文告全文如下，文告一：海軍少校野中五郎等一百六十名神雷特別攻擊隊員，於三月下旬踴躍出擊，在遙遠的海面，捕捉由本土南方海面逃遁中、以正規航空母艦六艘爲基幹的敵機動部隊，勇敢向敵實施必死必中的撞擊戰，爲悠久的大義而殉身，其忠烈將流芳萬世，爲此將其戰績列爲特殊功勳，並將之昭告全軍，昭和二十年五月廿五日，聯合艦隊司令長官豐田副武。文告二：神雷特別攻擊隊員海軍中尉今井貞二等六十一人，於昭和二十年四月上旬，向盤踞於冲繩周圍的敵航空母艦及戰艦隊，勇敢地實施必死必中的撞擊戰，大體上獲得炸沉戰艦二艘，另擊沉戰艦一艘的戰果，勇敢地完成使命，殉身於悠久的大義，其壯烈的戰績將流芳萬世，爲此將其業績列爲特殊功勳，並將之昭告全軍。昭和二十年五月廿五日，聯合艦隊司令長官豐田副武，文告三：神雷特別攻擊隊員海軍中尉矢野近之等五十一人，於昭和二十年四月上旬，果敢地向來攻西南諸島東方海面的敵機動部隊實施必死必中的撞擊戰，勇敢地完成其使命，殉身於悠久的大義，其壯烈的戰績將流芳萬世，爲此將其業績列爲特殊功績，並將之昭告全軍，昭和二十年五月廿五日，聯合艦隊司令長官豐田副武，文告四：神雷特別攻擊隊員海軍上尉澤柳彥士等九十名，於昭和二十年四月中旬，果勇地先後向冲繩島東方海面的機動部隊實施必死必中的撞擊戰，勇敢地完成其使命，殉身於悠久的大義，其壯烈的戰績將流芳萬世，爲此將其業績列爲特殊功勳，並將之昭告全軍，昭和二十年五月十五日，聯合艦隊司令長官豐田副武。

紐約時報介紹 波共重要領袖

【路透社倫敦廿七日電】紐約時報專電，有某種理由相信：最重要的波蘭共產黨人尙未爲公衆所注意，且未在現時的臨時政府的組織中佔據任

會」於二月五日（遲到）發表「對時局獻言」，要求召開黨派會議，結束訓政。該件謂國民黨「因政治不民主，致之黠徒，乃得蒙蔽操縱，恃勢凌人，甚至作奸犯科，廢法亂紀，莫敢誰何，良善人民因處於壓迫箝制困苦呻吟之中，無法自由發揮其力量，貢獻國家，流弊所及，馴致發生今日之民氣消沉，抗力日減，離心離德之現象……。故當前政治之革新，應即實行民主，……以實現名副其實之民國。」該「獻言」說：「我等均屬國民黨員，爲黨愛國，不忍緘默，愈以挽救當前危機加强抗戰力量，應立即採取以下措置：一、實行結束訓政，取消妨害人民自由之一切設施，儘速籌開眞能代表民意之普選的國民大會，還政於民；並應立即召開黨派會議，共同商決過渡期間之施政方針，與召開國民大會應採之步驟，並使全國人民均能參加政治，以示政治民主。二、實行國內各民族一律平等，以示民族民主。三、承認各黨派合法地位與公開活動，以示黨派民主。四、全國所有抗戰部隊之編訓、裝備、給養、補充以及任免賞罰等，一律平等，以示軍隊民主。五、取消一切有關工、商、農、礦等之不合理統制，以示經濟民主。六、切實增進蘇、美、英、法邦交，及其他同盟國之聯繫，並使國民外交有充分發揮之機會，以示外交民主。七、取締黨（指國民黨）內小組織包辦黨務，廢除指定圈定制度，徹底實行民主集中制，以示黨內民主。」云云。

國民黨六全會前的形形色色

【本報訊】國民黨六全代會前夜，有所謂「組黨結社」，及所謂加强農運工運等活動：（一）組黨結社：據新華日報四月三十日載：「民主風氣近來甚爲時髦，結社組黨大有人在，問其原理爲：『從天下定於一，變爲多樣性』。」（二）中央黨部組織農民運動委員會：據大公晚報五月一日載稱：「中央黨部爲注意今後農民問題起見，特組織中央農民運動委員會，直隸中央，注意於各方面的聯繫及組訓，聞已開會多次，研討組織及人選。我國農民佔人口百分之八十以上，國民大會之競選，當可佔最大之數字（？）。」（三）組織「中國勞工福利協會」：同報五月一日載稱：「勞工界（？）組織中國勞工福利協會，積極活動，舉行座談會多次，紀錄有之：『勞工福利是企業的資產，而非企業的負担。』」此外，同報於四月廿九日所載六大的中心議題：包括「黨綱」、「政策」、「組織」、「憲草」、及面對「召開國民大會」、「建立黨的經濟基礎」等問題、和廢除軍隊黨部、調整黨內負責人等。該報五月三日又稱：要人連日「小敍」，商宅討大開武軍展覽會。

参攷消息

（只供參考）

第八九四號

解放日報 新華社 編

今日出一大張

卅四年五月 三十日

星期三

國民黨六屆一中全會到會中委名單

【中央社渝廿八日電】一中全會到會中央執監委員名單。蔣總裁、中央執行委員于右仁、葉楚傖、居正、孫科、陳誠、戴傳賢、吳鐵城、鄒魯、丁惟汾、白崇禧、陳果夫、張治中、梁寒操、陳立夫、陳布雷、朱家驊、馮玉祥、賀衷寒、錢大鈞、何成濬、馬超俊、程潛、張厲生、谷正倫、傅作義、谷正綱、麥斯武德、劉健羣、蔣鼎文、段錫明、余井塘、潘公展、甘乃光、陳繼承、焦易堂、李文範、吳忠信、于學忠、狄膺、方覺慧、劉維熾、王正廷、曾擴情、周伯敏、黃旭初、黃季陸、方治、張羣、薛篤弼、谷正鼎、張道藩、肖同玆、俞飛鵬、陳慶雲、陳樹人、徐源泉、丁超五、熊式輝、洪芝友、林翼中、沈鴻烈、周啓剛、羅家倫、鄧家彥、劉紀文、賴璉、何鍵、彭學沛、陳儀、李宗黃、朱霽青、洪陸東、李任仁、陳濟棠、張强、羅桑堅贊、吳保豐、陳肇英、王泉笙、苗培成、茅祖權、夏斗寅、吳挹峯、葉秀峯、肖吉珊、×××、時子周、余俊賢、吳開先、肖錚、徐堪、田崑山、傅汝霖、梅公任、王東原、羅卓英、駱美奐、桂永清、宋希濂、康澤、黃宇人、翁文灝、吳紹澍、周至柔、張鎭、黃仲翔、鄧文儀、鄭介民、王啓江、陳石泉、孫蔚如、馬元放、顧希平、朱懷冰、俞鴻鈞、劉瑤章、鄭彥棻、鄧寶珊、馮欽哉、胡健中、盧漢、王纘緒、李翼中、范予遂、樓桐蓀、龐鏡塘、袁守謙、李中襄、張之江、萬福麟、白雲梯、甘家馨、鄧飛黃、陳劍如、向傳義、夏威、馮希蓁、柳克述、張維、項定榮、燕化棠、吳尙鷹、沙克都爾扎布、韓振聲、潘公弼、彭昭賢、劉季洪、程思遠、達里扎雅、許紹棠、楊端六、董顯光、王崇山、方青儒、郭懺、王隆庶、李大超、陳雪屏、張庭休、徐箴、陳聯芬、林學淵、羅霞

頭戴鋼盔、掛皮帶、身掛水壺，並武裝以各種美國武器：如手槍、馬槍、[illegible]姆孫式機槍、迫擊砲、巴竹卡等，此外，並附以砲兵及美國輕便外科醫院。後一種軍隊一般身材高大，身強力壯。前一種軍隊曾叫後一種軍隊是「美國軍隊」，其實後一種軍隊只不過是在印度蘭加爾特地方由史迪威加以訓練和武裝的普通中國農民而已。後一種軍隊以在此間的中國第六軍爲代表。我曾隨同這個新的第六軍部隊由中國西部乘飛機至此戰場，以與進攻美國空軍基地芷江的日軍作戰。第六軍於攻佔密芝那後，乘運輸機至貴州，以應付日軍對重慶的威脅。這種軍隊之運到貴州，再轉運到湖南，是由空運指揮部負責的。每架C四七式飛機載運攜帶全部作戰武器的兵士約卅名。空運部把新六軍主要部份運到湘西戰場，共花了十日工夫。其餘部份是乘坐通用汽車公司的新式摩托卡車經由史迪威公路至湘西的。新第六軍兩個師的番號是第十四師和第廿二師。新第六軍軍長是著名將軍廖耀湘。廖耀湘是湘南寶慶人，按寶慶，爲進攻芷江日軍的根據地。他告記者稱：「我所率領軍隊的任務，是採取攻勢，我們不能以採取單純守勢就認爲滿意。我們有充分信心，只要統帥部下令進攻，我們就能把日軍打敗。對我部下來說，我們正在爲我們的國家收復失地，對我個人來說，我正在收復我的家鄉——寶慶。」此戰場美軍對新第六軍有很大的評價，喬治關於新第六軍說道：「他們實在是機[illegible]的樣子。」在四五兩月湘西戰役中，新第六軍未發一彈，因當時並無此必要。我曾見新第六軍部隊布置了戰略性陣綫，以準備進攻，把日軍打退。同時新第六軍之在中國本土出現，將作爲訓練和裝備其他中國軍隊的典型。中國戰場上中美人的目標，是在最後使所有中國軍隊訓練、裝備、大體和新第六軍一樣。

【美新聞處中日戰區作戰司令部廿八日電】負責湘西作戰之王耀武將軍稱：我軍此次在湘西芷江以東之前綫擊敗日軍，乃運用新攻擊部隊戰略之成功，此即所謂『以攻爲守戰略』。在我國此爲第一次利用大量作戰堅強、行動敏捷之機動部隊。於此種部隊作戰之時，我近擊隊襲擊敵後陣綫，破壞敵交通綫及給養綫。我軍預料日軍必來攻美十四航空隊基地芷江，隨後我即準備一面抵抗一面反攻。王耀武將軍繼謂：除上述各勝利之因素外，如無美軍協助，則勝利爲不可能之事。王氏列舉美方共他重要貢獻如下：（一）將傷兵運回後方；（二）美第十四航空隊對地上我

三九四

天、陸福廷、周異斌、劉文郁、呂雲章、沈慧蓮、梅友卓、李培基、趙曰知、張國燾、陳國礎、陳訪先。候補中央執行委員張貞、羅貢華、石敬亭、趙棣華、陳耀垣、鄭亦同、陳泮領、詹菊似、高桂滋、李士珍、宋宜山、鄒洞國、黃鎮球、張九如、周兆棠、馬紹武、鄒志奮、馬星野、王星舟、胡秋原、王亢生、胡次威、伍智梅、吳鑄人、陳逸雲、何輯五、張平群、何浩若、劉撥、鄧龍光、白海風、羅時實、韋永成、傅啓學、劉斐、張濤源、譚伯羽、吳國楨、黃正清、陳中行、李覺、于望德、傅巖、馬繼周、唐縱、羅貢華、任卓宣、胡瑛、孫越琦、鄒作華、李樸生、劉攻芸、葛覃、郝任夫、倪文亞、劉多荃、楊繼曾、王雋英、呂曉道、邢森洲、高崇禮、杜鎮遠、葉汛、彭昭賢、潘秀仁、張靜愚。中央監察委員吳敬恆、張繼、王寵惠、李宗仁、邵力子、王世杰、賀耀組、秦德純、王子壯、曾震、程天放、楊虎、李烈鈞、徐永昌、閻亦有、熊克武、張知本、覃振、林雲陔、李敬齋、章×、劉文島、張任民、張默君、香翰屏、王秉鈞、姚大海、邵華、潘森平、李嗣聰、李次溫、胡庶華、鈕永建、黃少谷、李延年、吳奇偉、張伯苓、羅榮博士，許孝炎、張礪生、楊森、林蔚、李永新、曾萬鍾、何柱國、王星拱、馬鴻賓、雷殷、周震麟、朱佐農、謝冠生、李明揚、賈景德、×有軒、××、李培炎、李樹森、吳鼎昌、林彬、袁雍、李肇甫、張維楨、霍揆章、宋述樵、陳方、崔震華、沈宗濂、羅良鑑、郭泰祺、黃麟書、盧幼剛。候補中央監察委員胡文燦、孫鏡亞、余倚忠、崔廣秀、德罕默德、伊明、孫震、熊斌、格桑澤仁、劉汝明、鍾天心、劉×靜、黃建中、卓衡之、王德溥、何聯奎、王子弦、毛敦文、趙芝坪、劉和鼎、黃×爵、王仲廉、張伯謹、章益、陳大慶、錢用和、葉溯中、周穎成、祝秀俠、趙仲容、曾鼎、劉廉克、陳紹賢、韓德勤、余成勛、張篤倫、丁德隆、劉成燦。

【中央社渝廿九日電】一中全會於廿九日上午九時舉行第一次大會，居正主席，全體首為抗戰陣亡將士殉職殉難同志死難人民及盟邦陣亡將士死難人民默哀，次討論中央執行委員會組織方案，決意將今日發言意見併交方案審議會審議再提大會通過。十二時散會。下午各組審查會在中央黨部開會，明日上午為第二次大會。

新六軍在湘西作戰

【合衆社重慶廿七日電】合衆社隨湘西美軍司令部記者王某報導：在目前自由中國，現有兩種完全不同的軍隊，一種軍隊是營養不良、武裝不全、面帶病色、衣服襤褸，穿草鞋的年齡不大的農民。另一種身穿美國卡吉布做的軍服，

軍之支持；（三）美軍官兵之密切合作。王氏繼稱：我軍現雖已獲有充足之武器，但尚須更多供應品及運輸方面之利用。末謂：我士兵於獲得良好醫藥保護之時，其士氣更形增強，傷愈之士兵若重返戰場，其效率必較新補之士兵為強，蓋因前此獲有實際戰鬥經驗也。

【中央社渝廿九日電】美新聞處中國作戰司令部廿八日電，美國流動醫院現在中國湘西前綫開始工作。美國部隊現均駕駛美國卡車，將中國傷兵由戰場上移至後方，少數流動外科醫院則在目前戰役去敵軍陣綫附近救護傷兵，此等醫院已分為兩部份，並在數處工作。美軍司機將軍火及供應品送往前綫後，即於回程中將傷兵以六輛大卡車運輸軍火之拖車及吉普車載回。所使用之若干卡車，乃最近由史迪威公路上運送醫藥品來華者——因此修路者之希望亦部份實現。自日軍企圖進攻芷江日起，至最近四十日內為止，中國傷兵約有五千人，曾以此等車輛運至戰地病院，先由各站之外科醫院予以救護，旋即將傷兵移至後方，於施行外科手術後，更使新遠者從事調養。美軍部隊協助担架隊將不能坐起之傷兵安置車上或稍助中國傷兵上車。在戰況最激烈之十日內，美軍部隊每日將七十五至一百名傷兵移入醫院中。截至數日以前，上述傷兵中僅有二人死亡。由於施行手術之迅速，僅有十餘名須將肢體切斷。中國第四方面軍司令官王耀武將軍昨日稱：吾人對美軍此種自動之醫藥救護，至爲感謝。此舉至能提高中國軍隊之士氣。在每一流動外科醫院隊中之美國軍官與士兵，如可能時均有中國女護士協助之，否則即徵收男護吉某一部隊指揮官莫里斯曾因功受獎。中國士兵共一腿已經切斷，且得破傷風，外科主任乃將價值一百元美金之防止破傷風血清注入病者血管中，藏官內病人即已痊癒。上述實例即說明於必要時美國醫生亦不惜以珍貴醫藥救護此兵。漢堡上校對中國士兵之驚人強毅性，至為重視，蓋彼等能忍受重傷之打擊。某一傷兵會於獲救前在一山頂上忍受十日之飢渴，彼當骨瘦如柴，僅免死亡，但由於專門醫生之看護，今已復元。無論中國官兵與人民對美軍此種醫藥救護，莫不為讚美。

美將以奄美羣島為第二戰場

【同盟社東京二十五日電】某報紙新聞社東京廿五日報端，指出美軍牽制於沖繩作戰，為了打開戰局，企圖在奄美羣島開闢第二戰場，論稱：（一）無論在新幾內亞抑菲律賓，都是採取蛙跳戰術

[illegible]多羅之戰於柴特島，不過是一例而已。而到了沖繩[illegible]方所牽制，已經過了兩個月，敵人還不能開闢第二戰場，[illegible]主要是基於[illegible]我兵力的比重（由於供應綫的漫長），為此，敵人所受到的損失，打破了開戰以來的紀錄，以陸海軍特別攻擊隊為中心的我軍的總攻擊已經開始，四月上旬時，敵陣營的動搖是很明顯的，我軍還抓住這一機會發動攻勢，而能把兵力完全集中於沖繩。（二）但敵人加强本土的防禦力，使用B二九式機及其他飛機與機動部隊，想在本島及後方阻止我軍的連續攻擊，並不顧五萬艘艦船，五萬餘兵力的損失，將一切力量集中於地上戰鬥。當沖繩島的陸上戰綫，已經達到那霸，首里外圍的時候，在本月十三日曾經作戰二月後而從此要戰場撤退的敵機動部隊，再度出現於九州海面，敵人對奄美大島的轟炸日益激烈，經我地上部隊絕妙的作戰與神風特別攻擊隊的攻擊，亦可以說是引起敵機動部隊的新行動，敵人將在什麼地方開闢第二戰場，到那時候敵人只有遭到我軍的攻擊，當然切斷我空軍襲擊的後方是敵人所最希望的。（三）在奄美、沖繩方面，出現了第二個不連續的作戰的作戰後，敵人有[illegible]包括航空母艦的敵機動部隊來援，乘着我們的空隙……如在德之島（[illegible]），在很厚的雲層之下進行低空轟炸，敵人的新企圖開始活動時，[illegible]

同盟社稱美英虐待德國人

（同盟社新聞遲到）在戰[illegible]人民是非常悲哀的，毫無寬容的餘地。據此間收集的情報，傳報[illegible]投降的德國的現實如下：[illegible]美英拼命宣傳的充滿欺騙性的解放歐洲的情形已被[illegible]柏林的城市已變成廢墟，數千帶着帽子的垂頭喪氣的[illegible]在街上，這是今日德國正規兵和突擊隊走過作日美英伴隨的勞動隊成的街道的姿態。不管柏林怎樣被破壞，但是將要繼續勝利的希望已經消滅了。現在只剩下必須了美英勞動的現實。木匠建造倫敦的建築物，小木匠製造像具，裁縫所為[illegible]英人製造洋服，他們必須忍受飢餓與窮困的生活，忍受五年，十年的[illegible]敵人的宣傳使人民相信美軍進入柏林城時，急需糧食而不是子彈，但是現在很清楚美國不運糧食至佔領地，於是反復說：『你們食用你們自己的糧食』。敵國前的物資能給機構亂七八糟，今日本來可以帶來麵包和肉的美軍却是極

[illegible]他們還有[illegible]建立世界安全聯盟，某蘇聯人[illegible]把你的門關起來一樣，你雖然付了警察稅，但不完全把你的[illegible]上面。從內部來說，某些蘇聯大的政策已很清楚，某些仍舊不準備立有五件事已很清楚的，即保持強大軍隊，可能還要建設強大海軍，而這是與外交政策的基本因素——安全相關聯的。這就必須動用蓄收的相當大部份，於是人們就推測剩餘的部份基本上用於彌補所損失的固定資本，或為了人民的更加安樂和更加提高生活水平，用來供給他們以消費品。立即[illegible]有長遠的見解，[illegible]還有比恢復重工業更有永久性的事情。當然可以預見到了要減輕人民的負擔（人民忍受的困苦太多了）。顯然他們作嚴重的努力，以便從英美得到大量貸款，而用這筆款購買消費品。由是蘇聯就改善了蘇聯人民的生活條件，而龐大的預算途用來保持蘇聯的安全，軍力與重建重工業。那麼，是不是破壞和困苦在這些內在的問題上扮演了主要角色呢？蘇聯人需要軍隊來保衛——但這即使在社會主義下，也需要相當多的錢。他們需要重工業，一部份就是用來維持這些軍隊的。但他們也要減輕那些曾為了打勝仗而艱苦工作的蘇聯公民們的負担。

中國出席舊金山會議代表團發言人闡述對五強否決權等的態度

【中央社舊金山廿六日專電】中國代表團發言人為我國記者說明聯合國會議背景所召集之記者招待會，使人獲得一更深之印象，即我國在會議中對將來和平安全，已獲得甚大成功。今日所談之問題範圍甚廣，包括我國在五強否決權、領土託治、以及經濟與社會理事會中所處之地位。據發言人稱：對五強否決權有所批評，自屬正當，但就中國立場而言，因曾遭受舊國聯不能於東北事件發生後制止日本侵略之苦，故希望能運用擬議中之安全理事會所具有之新方法，發言人稱：從中國觀點上言之，關於安全理事會之程序，至少有兩點至為重要，第一：舊國聯中對重大事項需要全體通過一節，乃致使國聯缺乏効力。頃巴敦橡樹會議建議案將此全體通過限於安全理事會之五常任理事，乃表示前進一步，因此舉可使可能行動迅速實施。第二在舊國聯時期內，美國非國聯會員，蘇聯加入甚晚，由於此兩大強國不在其內，故舊國聯對侵略者之實施制裁，甚為躊躇。今五強加入安全理事會，應

端地徵發食糧。因此德國人民的前途是飢餓和貧困的生活。現在佩帶白色臂章的德國人，被英美分成二、三人一組，高舉白旗走過道路的各個角落，這跟以前一樣，肩負着下一代任務的青年們沒有麵包，點心，而徘徊於街頭，今天的情形亦是如此。最近的法國是怎樣呢？新聞和廣播宣傳法國是自由了。但是事實是英美代替了德國，但是跟受到巴黎女人尊敬的德國軍人的紀律嚴正相比，參雜着黑人的美英雜牌軍隊是非常殘暴的。不是得到自由，而是被利用，有相當身份的人踏着自行車，或且作臨時的搬運工人向美英的兵卒低頭，不然就不得一飽，這就是法國的現狀。

盟國擬分佔奧地利

倫敦評論

【英國新聞處倫敦廿六日電】據泰晤士報外交記者對奧地利管制問題的評論，足以澄清目下的局勢。該評論大意說：關於盟國設立管制委員會以管制奧地利一事，業已獲得進展，惟該委員會何時開始工作，則不能確定。許多事件尚待整頓，盟國代表對該地情況必須作初步的研討，盟國的計劃擬將奧地利區劃分為英、美、蘇、法四佔領區，盟國管制委員會則設於維也納。因共管奧境一事尚未獲得協議，故盟國行動不免受阻。同時亞歷山大將軍已在第八軍佔領區內，建立一軍政府，亞歷山大將軍在致奧國人民書中，明白表示，在他部下佔領區內，奧國臨時政府不能有何作為。因奧國臨時政府的成立，事前並未向英美政府諮問，英美代表可能前往維也納，實地調查該政府的權力以及其所具的代表性，究為若何。只有根據他們的報告始可決定是否承認此臨時政府。

美報訪員論蘇內政外交政策

【路透社倫敦廿七日電】紐約時報專電稱：可怕的困苦和史無前例的破壞，不但在蘇聯人民及其國土上留下痕跡，而且在未來的決定政策及心理狀態上也留下痕跡，在最近的將來已經清楚，即她的外交政策的着重點，必然將不惜任何代價放在安全上。儘管蘇聯人對紅軍具有信心，但他們會眼見到他們的領土是如何快地遭受蹂躪，因而他們決定用一切方法來防止事情的重複，這意思就是說應在邊境一帶獲得××一類的盟國；直到現在還只是包括東歐，那裏的國家，逐一的簽訂了防衛公約，擴強的着重點，應該放在永久地削弱德國之作為一軍事強國上，這進一步的意思是在將來要沿蘇聯遠東及中亞細亞邊境建立新的國家。這些是當前具體而實際的政策，它在保證保衛蘇聯人民，在將來不再遭受侵襲，在蘇聯人的心理上，

置糾紛之決議，必較為迅速，而且較為有效。發言人稱：中國明瞭五強表決程序似至完備，但認為如維持目前及過渡期間之和平與安全，五強全體通過方式實屬必要。但中國希望五年或十年後，當世界更穩定時，再對此五強表決程序問題加以考慮，而作必要之修改。關於託治制度，中國認為獨立與自治應為託治制度之最後目的，發言人表示中國對於託治制度曾提出九點意見，但在五強對託治制度首兩次所提出之方案中，僅將其中四點採入，惟在五強所提出準備作為託治委會討論依據之第三次方案中，或將包括中國意見九點。此外中國為五強之一，將為大會之建議中之託治理事會非託治理事。關於經濟與社會理事會，中國現為一農業國，認為理事會於強調改進勞工福利及發展生產而外，亦應同時強調發展世界農業，農業一項既包括於理事會方案之中，中國因係理事之一，則其在理事會中之地位亦同時提高。據悉我國贊同頓巴敦橡樹憲章中界說侵略一事，但其他三國表示反對，我國乃將意見收回。對於聯合國會議要求四強一致一節，我國未提出新問題，但關題提交委員會表決時，我國投贊同在憲章中界說侵略一詞者之票。但[illegible]仍歸失敗。同時時代週刊對我國出席聯合國會議代表稱讚謂『中國代表與所屬同處一堂，並使其國土所負荷之不幸外更增抱負』。

英國印度社聯電敍黎譴責法國

【路透社倫敦廿二日電】英國的印度會社聯合會，於今日致電敍利亞和黎巴嫩兩共和國總統，該電稱，「聯合會代表在英國的印度社團，譴責法帝國主義在敍利亞與黎巴嫩的挑撥與侵略行動。聯合會向敍利亞與黎巴嫩人民保證，印度對它們關於一切外國軍隊由敍黎境內撤退的要求是共同一致的」。

英傳蘇對南意問題採取溫和態度

【路透社倫敦廿六日電】蘇聯關於的里雅斯特爭端的反應，今日已由[illegible]教授在紅星報長篇歷史檢討中予以表明，從文章的口氣看來，蘇聯政策似乎具有溫和的效力，可能支持鐵托元帥所提出南斯拉夫軍參加佔領的里雅斯特及其週圍區域的要求，但約定在距離此大的元帥最高統帥部下，並且對乎此次戰爭[illegible]最後的決定[illegible]國和平會議上決定。

参攷消息

（只供參考）

第八九五號

解放日報
新華社 編

今日出一大張

卅四年五月三十一日

星期四

美英評國民黨軍隊進入南寧

【路透社紐約廿八日電】美軍事觀察家認爲，中國南部桂省南寧之克復，對盟軍之進展有重大意義。並爲對日軍以重大打擊，日寇正企圖挽回頹勢。中國軍隊克復南寧，已切斷緬泰及越南境內孤立日軍陸上之退路，南寧踞聯絡越南及湘桂鐵路起點。在柳州之公路兩側，華軍沿黔桂鐵路向桂州以西四十三英里之基地宜山前進，對上述走廊之另一威脅在發展中。沿海方面之華軍，向北推進，至距福州四十餘英里之某地點。若干觀察家說明，日軍自浙省港口溫州向南移動，內部自見城撤退之初步行動，此等××××華軍將獲兩大港口。華軍在所有中國戰綫之成就，尤其在湘西戰場（該處起之日軍曾仍威脅空軍基地芷江）之成就，所應歸功於魏德邁耶之領導有方，及在華美空軍之作戰得力。魏德邁耶整編之中國軍隊，在殊力打擊敵軍。

【合衆社紐約廿九日電】時代週報社論，於討論克復南寧之意義時，認此次攻擊，似非由於由美國所訓練之中國第六軍，而係由張發奎將軍指揮之設備不全之中國部隊所爲，如繼續前進，並克復柳州、桂林時，吾人可預料美國空軍即可控制整個華南，因有種種跡象證明其可以如此，此可謂美軍在中國沿海擇適當地點之登陸，開一途徑。南寧戰役之迅速成功，似說明如非日軍在華實力分散，不能抵抗配備不良之中國軍隊之進攻，即係彼等擬將一年前由華北與東北調來訓練配備較佳之部隊，依舊撤回。

【中央社倫敦廿九日專電】今日此間各大報，均以顯著地位列載，我軍桂閩前綫大捷之消息，並附以其軍事記者讚揚之評論。每日導報之軍事評論員謝巴德稱：克復南寧較克復福州尤爲重要，因日軍喪失南寧，則其在越南很

目前電訊最大之困難，[illegible]，並擁有工具之陳舊者，不克應時更換，影響工作效能。目前中國亟待外國電訊器材之輸入，國內雖能製造電機、電話機、無綫電機及銅綫等，但產量有限。供不應求，例如自動電話，因機件陳舊，時多阻礙，正×請美國公司派專家來華協助，詢答覆外記者提出之問題：（一）新車輛到達後，西北各省最近之交通情形如何，可得開乎？答：新車如全部到達，對於西北交通，自可改善，惟西北地區遼闊，待運之軍公物資過多，此次有車輛之補充，固有裨益，但欲西北區運輸暢通，非有大批車輛補給不可。（二）筑渝間運輸情形如何？關於輸送糧食至筑振救難民之情形，有無改善？答：西南公路，由渝運筑糧食等，原規定每月五百噸，自三月份開始，三月份共運出四六四噸，四月份一二七噸，五月份至現在爲八四噸，其未能按預計數量運出之數，厥爲貴陽可用之車，大部調赴前方，參加緊急軍運，現該方面戰事已獲勝利，至於緊急軍運，當可告一段，×對於由渝至筑之糧運，至亦可望增。（三）史迪威路，是否供商運之用？答：史迪威公路原爲軍事國際運輸路綫，故現在只許運輸與戰事直接有關之物資，嗣後對於民生日用品，如經政府核准後，當可酌予配運，以濟民生。（四）戰後形勢在交通運輸方面，對於物資之需要如何？答：按照目前臨時估計，中國於戰後五年爲建設運輸及其他系統×設之所需之資本，約爲美金十億元及國幣（指民國廿六年之幣值）卅三億元，此項國幣數目照戰前匯率折算，約合美金十億元。（五）外國私人對華投資，是否在鼓勵之列，抑或交通運輸事業，悉歸國有？答：外國私人資本及技術合作，在交通各部門之製造工業方面，如船塢、飛機、火車、汽車、製造廠等，特別歡迎。又國內重要鐵路，空運幹綫，及郵局電報及無綫電事業，將來擬仍歸國營，對於利用外資，擬出以政府借款方式，並作爲購買材料及設備之用，至近海及遠洋航業，都市電話業務，在彼此互相同意之辦法或遵照中國政府之規定下，可以接受外國私人直接投資至某種限度。（六）戰後中國擬修築公路鐵路，以供運輸否？答：中國於戰後，須大量修築公路及鐵路，本部初步計劃，擬於戰後五年內，新築鐵路一萬四千八百餘公里，新築公路二萬一千公里。（七）貴部管理無綫電台之計劃如何？答：交通部曾公佈，專用電台管制辦法一種，規定各專用電台在建設之前，應先向本部請領許可證，俟設妥經交通部檢查合格後，再行發給執照。電台皆爲若干機關之專用電台，本部正

三九八

中國北部間建立陸上交通綫之計劃，即被粉碎也。但應記取，日軍可能自廣州或越南增援，華軍之此次勝利，或僅爲暫時也。

【中央社貴陽廿九日電】第四方面軍此次在湘西前綫奪獲戰利品甚多，計大砲數尊、步槍百餘支，僞鈔一千萬元，及軍旗敵酋重要文件各種器材等共約八噸，現在運送途中，以俟運到，即將公開展覽。

俞飛鵬報告交通狀況

【中央社渝廿四日電】外記者招待會，廿三日下午三時舉行，俞部長飛鵬，吳次長國楨，張參事平群出席主持。俞部長首作關於交通方面之報告：（一）鐵路一、修復黔桂路，現着手興修，不久卽初步完成，惟此路被破壞太大，機車車輛破壞甚大，沿途出產煤質又復不佳，運輸能力須陸續將工程及設備改善，方能逐漸提高。二、加強川滇路運輸力，爲加強川滇路運輸能力，擬調用滇越路一部份車輛，現運輸量已逐日增加，可望增至每月一萬餘噸。三、趕築寶天路，路重要工程，已大部完竣，現正進行敷軌及趕辦餘工，此路工程艱鉅，但已完成通車六十公里，尚餘九十公里，秋間可完成，全路即可通車。四、鐵路設備情形，戰前全國鐵路有一萬餘公里，現在連新建者亦爲數有限，機車車輛之損失更大，此少數之路軌與車輛，按之實際需要，相差甚遠。（二）公路一、趕修及自中日戰爭開始以來新築公路一萬餘公里，改善工程者八萬八千九百餘公里，今後將一方面加緊趕修必須之路綫，一方面設法提高工程標準，期於配合軍事及便利軍運原則之下，仍能兼顧社會一般之需要。二、車輛與器材，戰前登記全國公共車輛共二萬二千餘輛，除歷年之損減及尚待改善者外，現行駛於各路綫者爲數不多，汽車所需配件及其他器材亦奇缺，燃料雖能自產，但還不及需要之數，而運輸附帶消耗亦大，須待大量新車，能運入配件，能補充運輸量，方能增加。三、史迪威路，此路本年一月十九日打通，惟路面路基及橋樑，均尚在改善中，六月可完工。此路華境一段，由中國政府管理，其運輸優先支配，則由軍委會核定。四、水運：一、現在船隻，戰前中國有海輪及江輪共五百餘艘，經戰爭中之損減，現存在數甚微。二、加強水運：甲、川江中現有大型江輪及沉毀輪船多艘，正進行修理及打撈中。乙、計劃在各地建造淺水拖輪、木駁及各級木船，以充實後方之運輸力量。三、空運：中國空運在中國海岸被封鎖，陸路被切斷期間，對吾人之協助至大，中航公司之貢獻，具有獲中外當局之讚許，經由此綫內運之物資，數量頗多。五、電訊：我國分別予以合併：以期減少台數。（八）貴部對於長途電話有何計劃？答：本部目前對於長途電話，計劃於接×，係以便利軍訊，及戰時工作所需之通訊爲首，本年度原計劃架設長途電話新綫三千公里，惟材料來源艱難，致未能儘量擴展，本部對於戰後長途電話建設計劃擬在縝密擬訂，事實上長途電話爲國內電信網之骨幹，將來復員復興工作，相當艱鉅，長途電話路綫，擬以架空銅綫爲主，逐漸在業務繁忙各路，裝設地下電纜，無綫電話當盡量利用，藉以節省銅綫，按照長途電話銜接計劃，在五年內擬成立幾個大中心，另有若干區中心組中心，以便管理。某記者詢以託治制度問題？吳次長答謂：託治制度現正由舊金山會議討論中，此問題與託治制度有關，在舊金山會議正在進行討論此案之際，余答覆此問題，尚非其時。吳次長並答復某記者之詢問謂，依照開羅宣言，台灣應歸還中國，完全隸屬其主權之下，迄至現在，吾人並未獲悉，有任何利用各聯合國本土之基地，以維持國際和平與安全之具體計劃，是以此時余不便對此問題作何說明。外記者爾又提出問題數則，由張參事答覆後始乃散會。

菲不贊成美國對委託制態度

【合衆社舊金山廿六日電】菲代表團長羅慕洛不贊成，美方代表團不堅持以獨立爲國際託治制下殖民地國家之目標，而以自治爲目標之態度。羅氏提出警告稱：美方在獨立方面之讓步，即美方在自身責任上有所讓步。美國如堅持以獨立爲目標，則美方在十餘億人之遺責必爲維護與保全道德之權威者，此十餘億人皆希望在若干時，日美方能使渠等自由如美方之使菲律賓自由者，然渠稱獨立與自治雖屬同意語論，但其在字典上之意義，應用於印度尼西亞及馬來亞，將爲如若少則成爲一疑問獨立之思想，已見於一七一六年美國之自由宣言。

中央社報導舊金山會議

【中央社舊金山廿六日電】舊金山會議第三十六日進行情況如次：會議各技術委員會之工作係於本日屆滿限期，然十二技術委員會僅將頓巴敦草案訂定二分之一左右，此乃表示各技術委員會下星期仍須繼續工作。各大組委員會亦同時舉行會議，以通過各技術委員會所採用之草案。關於託治制度之行動，並不包括在內，蓋此一問題並不在頓巴敦橡園草案之內，十二技術委員會所提之建議已經概括爲對於頓巴敦橡園草案之一切建議提出解決。會議所遭遇之重大問題。本日仍無進展。列強之技術專家仍在研究竟少數[illegible]所提之[illegible]一項問題。關於否決方案之解釋最早須在廿八日始能提出。據最近跡象所示，四強對於導致糾紛和平解決之「非正式」調查，可能不予否決，然將堅持保留對於「正式」調查之否決權。總個否決權問題則已與三強之政治問題混合爲一。據悉：美英對於和平解決可能願放棄否決權，然他們已不能自由採此行動，因此甚不願修改雅爾塔方案，此正爲美英目前所欲避免者。此英美在過去三月來對於雅爾塔公報中，關於波蘭及解放後歐洲區域等規定之解釋，已與蘇聯發生人所共知的爭辯。他們堅欲蘇聯遵守雅爾塔協定之文字與精神。以故，美英實不便向斯大林建議修改雅爾塔公報之字句。蘇聯堅欲保持雅爾塔表決方案。英國各自治領與拉丁美洲各國態度亦同樣強硬。若干觀察家懷疑他們不知是否將以壓力使蘇聯稍作讓步。委託問題本日亦未解決，因莫斯科方面之答覆似未收到。此一問題之難題爲美蘇對於戰略區域意見不一。蘇聯認爲戰略區域應由安全理事會指定，美國認爲應由有關國家指定，而由安全理事會核准。另一未決問題乃未來世界組織之勞工部門應爲國際勞工局抑爲世界職工聯合會，此項問題或將正廿六日晚之五強會中提出討論。會議中其他大事尚有：（一）我國關於安全實施辦法之建議案，已經委員會通過；（二）會籍委員會建議會員權利應有暫停之規定，而不規定開除會籍。前此委員會已決定關於會員退出應無正式條款規定。會議於廿七日休息一日。斯退丁紐斯將領導各國與會代表往遊海軍根據地。

胡伯報導蘇與盟國關係

【路透社莫斯科廿七日電】胡伯報導：蘇聯報紙對波蘭、約里雅斯特、蘇聯與西方盟國未來關係的坦白評論，恰巧與昨夜斯大林、杜魯門總統特使霍甫金斯及美駐蘇大使哈立曼在克里姆林宮的一小時半談話同時發生。各報一體強調稱：當英美有很大部份人民決心增強英蘇美合作之際，另有一部份（用眞理報的話來說）「反動的親法西斯份子，即企圖擾亂歐洲和平的加強」。顯然的，倫敦波蘭政府即被認爲這種危險中心之一。（以下錯亂）

敵「神雷」兵器 配合特別攻擊隊作戰

【[illegible]】×軍的「神雷」攻擊，以及我特別攻擊隊的忠誠精神上，均獲[illegible]，其裝置力可向××[illegible]，此種「神雷」兵器的攻勢，第一次是在本年三月九州南方××海面的據點，當時×[illegible]逃走的敵機動部隊的頭上炸烈，其次是在沖繩島周圍，與我特別攻擊隊相配合不斷出擊，其威力使敵人極爲震駭。神雷攻擊隊於今年×月組成，分隊長是刈谷勉大尉（在訓練中已經陣亡），分隊隊員是廿三四歲的青年、候補隊員的年齡平均廿二歲，對命中超速度的目標像以訓練，而且新兵器在掌握技術上雖有困難，但他們均能以旺盛精神克服，除刈谷大尉在實驗飛行和×輕外，別無其他事故發生，神雷機的威力與××的絕對性，已從各方面證實。

敵記者報導沖繩形勢

【同盟社東京二十四日電】讀賣特派員宮本，在沖繩前線基地，分析敵美人軍今後作戰意圖，在該報上強調：「勿失此良機」，其論點如下：沖繩島的決戰現在已經兩月，如與琉璜島一個月相比較，已經費去了兩倍時間，戰爭形勢的前途實不能預測，現仍是擁有重大力量的均衡狀態，敵人美軍想打破這一均衡是很顯然的，決定決戰的轉機，只有依靠新的力量的供應。過去兩個月間敵人的機動部隊，會獲得新的力量，逼近到由九洲南端乘飛機二十分鐘航程的地點，它的勢力計正式航空母艦四艘，巡海防空母艦二艘，戰艦六艘，巡洋艦十艘，驅逐艦二十二艘，敵人想利用這一強大力量打破沖繩的決戰均衡狀態，並想保持絕對優勢的制空權，以加強在沖繩的地位。現在如分析敵人的企圖，約有兩個可能。（一）爲了分散我軍集中在沖繩周圍的我軍進攻矛頭於其他地方，可能實行新登陸；（二）以加強沖繩兵力爲第一義，直接切斷我軍向沖繩的特攻基地與後方。

現在沖繩水域的敵兵力，除運輸船外約有一百廿艘艦船（中包括航空母艦十一艘，戰艦十三艘的機動部隊）從敵人的兵力配置，攻擊方法及最近沖繩方面的敵情加以判斷，敵人將按照第二條道路前進，這是非常顯著的，當然敵人亦可以接近沖繩島上登陸，但在沖繩陸上，敵人有十三萬兵力被牽制着

傳艾登等會表示 雅爾塔會議對韓國無密約

【合衆社華盛頓廿六日電】朝鮮問題研究會會長金揚康稱：美國務卿斯退丁紐斯興英外相艾登，皆曾向渠保證雅爾塔會議，並未建立與開羅會議中保證朝鮮獨立有衝突之約束。

【中央社渝廿七日電】韓國臨時政府發言人今日就近傳雅爾塔會議對韓國戰後地位曾有秘密協定一節發表談話如次：余認爲實無對此毫無根據之謠言多加討論之必要，此事已屬過去。雅爾塔會議以後，重慶即有此種謠言，最初不知其來源，旋即知其發自歐洲、歐美報紙均曾刊載。吾人因對盟國深具信心，故相信此僅爲一不快之事，目前吾人深覺實有澄清之必要。所幸美國務院遠東司長巴蘭亭最近亦謂是項謠言實屬無稽，蘇聯消息報五月廿四日曾載一文謂此事應由英國新聞社負之。余頗以爲快慰。因此破壞盟國團結之雲霧，已豁然開明矣。最後，余認爲以前製造謠言之仟踐之於韓國駐美代表李承晚實爲不公。

美國的美洲主義（每日新聞社論）

【同盟社東京二十九日電】美國很久以來就抱着一種慾望，想把西半球作爲他自己的私有物，這被稱爲門羅主義，泛美主義之類，正如本質上沒發生變化的門羅主義的歷史所顯示那樣，有關這個問題的美國的意志表示，本來只是單方面的聲明，舊國際聯盟的規約承認門羅主義後，該主義乃最終地獲得公認（聯盟規約第廿一條），在這次舊金山會議上，美國堂堂地倡議承認門羅主義，她操縱着拉丁美洲小國家集團，使她們强硬地主張將美洲主義列入新的國際憲章。正如澳洲代表埃伯坦所指出那樣，美國這種做法，其陰謀非常毒辣，它弄得會議的空氣非常險惡，而×××（掉一句）艾登說區域制的協議，將强化國際組織，但區域制的協議不能代替國際組織。接着，消息報攻擊說：將美洲問題置於國際和平機構支配之外，就是完全離開了頓巴敦橡樹林會議的規定，並威脅說，如果這種主張（指蘇聯的主張）不被通過就立刻退出會議。拉丁美洲各國怎麼辦呢？英蘇將向美國叩頭呢？還是成立妥協呢？從這一句話看來，舊金山會議不可能產生[illegible]的文章。

，受到極大損失，現在如以一百二十艘艦船在其他方面策動，則新登陸作戰將要遇到極大困難，新部隊的活動現在尚沒有看到，而且從敵人來攻是從列島的南北同時進行，其攻擊目標集中我飛行基地與戰鬥機，更有敵機動部隊在沖繩附近集中戰艦五艘乃至六艘，巡洋艦八艘至十艘，驅逐艦四十艘。因此如果認爲敵人是在其他方面進行新作戰，不若說敵人是集中這一强大兵力，首先全力加强沖繩本島。這就是說敵人急於保持地上戰鬥航空基地，首先要在沖繩本島打下堅固的根底，而不會結束沖繩島的戰鬥。但在未立穩腳跟之前，兩個月所獲得的戰果就要完全毀滅。

【同盟社東京廿五日電】我肉彈特別攻擊隊的巨彈，已斷然向着戰鬥激烈的沖繩本島發射了，奧山道郎陸軍大尉率領的特別攻擊隊——義烈空艇部隊於廿四日月明亮的夜，悲壯地彈落在敵人的沖繩島北、中兩機場，自敵人登陸以來，沖繩島上的戰鬥，已進行有旬有半了，我守備軍在首里北面，據大主要的防衛陣綫，勇敢地抵抗敵人的進攻，特別自廿四日以來，敵人的第四次攻勢，雖投着新銳部隊，在優勢的火力下，舉行了異常激烈的攻擊，但我守備部隊，仍寸土必爭，以果敢地陣前逆襲，使敵人流了大量的血，凝視着這一激烈的戰鬥，早正準備週到奧山道郎大尉以下的義烈空艇隊的神兵們，終於廿四日夜，坐着××大尉指揮的飛機，在午後十時敵人的北、中兩機場，強行着陸，立即炸毀敵人陸上的飛機，軍需品堆集棧，飛機場設備等，敵飛機場守備隊大亂，獲得了使敵人機場不能再使用的大戰果，現仍在擴大戰果中。又在義烈空艇隊奇襲攻擊之前，我航空部隊大舉出動，攻擊北、中兩飛機場及伊江飛機場，在義烈隊着陸成功後，我機仍停留上空，使敵機無法着陸，此外我特別攻擊隊，亦與此配合，猛烈攻擊沖繩週圍的敵艦船，使敵艦蒙受重大損失。

參考消息

（只供參考）
第八九六號
解放日報 新華社編
今日出一大張
卅四年六月一日
星期五

六屆一中全會通過 宋子文為行政院長翁文灝副之

【中央社重慶卅一日電】六屆一中全會今日上午舉行第三次大會，通過（一）行政院長蔣中正、副院長孔祥熙辭職照准。（二）選任翁文灝為國民政府委員。（三）選任宋子文為行政院院長，翁文灝為副院長。

【中央社重慶卅日電】一中全會於卅日上午九時舉行第二次大會，葉楚傖主席，討論黨務、政治等各類議案廿餘件，通過要案有（一）修正中央執行委員會組織大綱，將中央常務委員名額增為廿五人，並規定中執委會設秘書處、組織部、海外部、宣傳委員會、訓練委員會、財務委員會、農工運動委員會、婦女運動委員會、文運委員會等各部處會。宣傳部改為宣傳委員會後，其原有關於國際宣傳之事項，將由政府另設機構辦理。（二）六全大會各項決議，應責成中央常會指定同志妥為計劃，切實督導實施。（三）設置抗戰官兵復員安置委員會，規擬六全大會有關復員後退伍官兵處置及辦法之各項決議擬具實施辦法，核定施行。（四）確定工業建設綱領實施步驟為：一、按照六全大會議決之工業建設綱領實施細則，由政府各部門儘可能在本年內分別訂定或修改重要法規（例公司法、礦業法、工業法等）公佈施行。二、在本年內政府應擬定工業建設總計劃，尤須明定各機關業務之範圍，並注意建設步驟。三、實施期內主管機關應分年將建設計劃呈報核定，並將辦理成績具報告。四、各主管機關長官應以是否實行本案為考績標準。五、水利建設綱領案：一、水利建設以去除水患，增進農產，發展航運，促進工業為目標。二、為祛除水患，應注重全國各水道根本之治導，並先努力於堤岸之鞏固及湖泊之調蓄。三、為增進農產應注重灌溉排水及土壤之改良與保護。四、為發展航運，應注重河道之整理，運河及港灣之開闢，謀水陸運輸之聯系

行說明，余不擬先行說明。徐庭後宣言，謂一中全會之法理力，係繼中央執何實行國民黨六全大會之各種重要決議案。出席之人一致主張必須設法研究政綱政策凡實際上可以即付實施者，應當不猶豫立即決定具體辦法付諸實施。某記者問六中全會大會新近選出之中央委員，是否為國民大會當然代表？王部長答稱：六全大會僅對國民大會召集日期有所決定，對於國民大會代表及職權等問題未作最後決定，此類問題經國民參政會討論後，將由中央全會或由中央常會決定。記者所問亦即此類問題之一，故目前余尚不能預說。某記者詢以中國是否設有計劃在戰後採用一種新貨幣，如該項計劃尚未確定，則對於目下幣值之穩定是否已有具體辦法？俞參事答稱：法幣為我國唯一通用之貨幣，戰後自仍繼續流通使用。年來因戰事關係，國家支出激增，致使法幣價值下跌，現財政部已擬有穩定幣值之具體計劃，擬定計劃時，並已顧及世界金融會議所通過之決議案。

重慶的「吉普女郎」事件

【合眾社重慶卅日電】渝市市長賀耀組宣稱：重慶市內關於「吉普女郎」的議論紛紛和紊亂情形，乃是敵人和漢奸所主使的。他們在中美人士間製造惡感，企圖傷害、美親密融洽合作。軍事委員會外事局局長何浩若將軍，同意重慶市長的見解，認為重慶所發生的「吉普女郎」的瑣碎複雜事件，乃是最近敵人活動的成功，企圖破壞中美關係。外事局與重慶市政府對此「吉普女郎」事件，予以充分注意。昨日重慶市長賀耀組與何浩若將軍，舉行招待當地記者會議。會上宣稱：在華美軍一般說來，比歐洲及其他各地的軍隊更有禮貌。此間還不曾得到美軍方面關於不合法行為的消息。他們邀請新聞界領導社會，糾正對於美軍官員及中國婦女間的純潔正常友誼關係的錯誤印象。市長今日並於中國著名大公報上寫道：美軍與中國婦女的交友，係從兄弟觀點出發。沒有問題，他們是純潔無瑕。另方面，中國法律給予法定年齡以上的婦女以充分自由。即或他們戀愛結婚也與別人無關。別人亦無權干涉，這離間在我國戰場上作戰的美國軍隊（共唯一個目的，即打敗共同敵人），我們不能僅僅根據美軍與中國婦女交朋友一點，而容忍敵人和漢奸的分離我們的團結企圖。

合眾社報導 我軍春季攻勢戰果

【合眾社重慶卅一日電】共產黨機關報新華日報稱：今年頭四個月，共產黨軍隊光復了廿四個縣城，

。五、為促進工業，應注重水力之發展。六、全國水利事業應按照水道之天然形勢分區辦理。七、黃河沿岸本應以防洪灌溉為主，其計劃應積極準備，限期完成並集中力量促其實現。八、揚子江治本計劃應以航運水利為主，為適合國家整個經濟建設之需要，儘先實施。九、其他主要水道之治本計劃，應分別緩急，制定實施。十、原有灌溉事業應設法整理改善，且視民生之需要，繼續擴充新灌溉工程。十一、原有航道及運河應加整理改進，並配合交通之需要，開闢新航道及新運河。十二、全國各主要水道幹支流之治本，運河及港灣之開闢，大規模灌溉，水力發電及其他有關兩省市以上之水利建設，由中央政府主辦；次要航道之開闢及灌溉排水等工程，由地方政府主辦；小規模農田水利及水力發電由政府輔導人民辦理。十三、大規模之水利建設得利用外資，並歡迎技術合作。十四、全國河流應從速普遍勘測，並應利用航空測量。十五、全國各河流域之水文氣象測驗，應制定整個計劃，積極推進。十六、水利學術之研究及水利模型之試驗，應積極提倡推進。十七、水利工程所需機械、儀器工具等，應大量製造。十八、各級水利技術及管理人才，應積極培養儲備。至十二時三十分散會。全會定明日選舉中央常務委員並舉行閉幕典禮。

【中央社渝卅日電】第六屆中央監察委員會第一次全體會議，卅日在中央黨部大禮堂舉行，到中監委吳敬恆、張繼、邵力子、程天放等九五人，當推張繼為大會主席，決議要案：（一）遵照六全代會議之總意，如何修正中監會組織法，以加強中監工作案經決定原則三項交常會擬具實施辦法。（二）推舉張繼、吳敬恆、邵力子、程天放、王寵惠、王秉鈞、林雲陔等七人為六屆中監會常委。（三）推定王委員子壯為六屆中監會秘書長。

外記者招待會 王世杰談一中全會

【中央社渝卅日電】外記者招待會卅日下午三時舉行，王部長世杰張參事平群出席主持。某記者詢及中國對蘇聯參戰？王部長答稱：對於盟方或蘇聯之任何一動作，渠不能有何多說，但對於蘇聯之參戰，確已使敵人自朝鮮通新加坡之大陸交通線切斷。此一事實將使留在中國西南之敵人很快地受到嚴重之影響，使越南與泰國之敵軍亦已感到孤立無援。日本人在中國及其他地區內並無放棄苦戰之跡象。某記者詢及一中全會舉行之任務？王部長答稱：一中全會工作為執行六全會公佈之全會決議案

在敵後共產黨控制下的縣城一共有五十五個。同一期間，破壞或毀滅十六條公路，日軍被迫撤退許多居民村。共產黨軍隊已建立許多「戰略基地地區」，包括最新的「河南戰略基地」，以及許多新的「戰區」，其中有最新的「江浙戰區」。他們正在那裏準備迎接盟軍在中國沿岸登陸。

敵稱江南新四軍 與國民黨忠救軍衝突

【同盟社上海廿八日電】江南地區的新四軍時常與國民黨忠救軍發生武力衝突。此間收到五月一日的新四軍機關報「蘇南報」稱：新四軍已於四月廿九日在某處設立司令部，以便對抗忠救軍。即（一）迅速學會新兵器的使用方法，而且有組織的武裝農民的擴大民衆自衛軍，應付忠救軍的挑戰。（二）援助民衆運動，反對國民黨一黨專政，迅速改組國民黨政府及統帥部，促進成立民主的聯合政府。（三）粉碎反共的陰謀，揭發特務活動，拘束國民黨員的行動。

中央社廣播新聞資料

（後方工業中心之建設）吾國方針必要爭取抗戰然後可獲得勝利，亦必充實後方生產力量，然後方能長期抗戰。惟念吾國後方各地工業原極缺乏，在抗戰未起以前，後方勁力不過二萬瓩（？），紡紗機不過二萬餘錠，一切機械製造之能力尤形低弱。故自實行抗戰時起，政府即督促協助工廠設備迅速內遷，並積極設法從新建設，造成嶄新的生產基礎。舉例言之，後方現有電力容量七萬×，較戰前增三倍有餘。紡織機已有變成與工者廿餘萬錠，較戰前增十倍。戰前後方新法鋼鐵毫無出產，上年產銷一萬三千餘噸，本年將增至三萬餘噸。戰前後方液體燃料毫無出產，上年自產汽油四百餘萬加命，酒精一千二百萬加命，本年當更為增多。此外為工具機能，年出一千七百餘部；發電機能年出五千伏安；煤×年出六百萬噸，（下掉二百字），對於此事鄭重努力，經辦廠礦一百處左右，上年產品價格共值一百七十餘萬元，本年數量當可增多。此類事業純粹國營，經辦機關對於其服務之事業以及其有關之民營事業，絕對不得有任何方式之私人股份，所有盈餘除依照正式規定之開支以外，所得淨利全數繳交國庫。各種設施均以能達到總裁所指示資本國家化，享受大衆化為目的。

（對於民營工礦事業之補助）民營工礦事業為國家所必須，亦為政府所協誠補助。實際上從戰事開展以來敵人封鎖愈嚴，以致原料困難，器材缺乏，物價×，月增加達×，銷路稀少，種種困難，殊為前未所有。在此艱苦狀況下，

政府及同業界同心努力，勉求前進，以增强吾國之實力。××方法×資金貸給，亦爲必要。自民國廿七年起至本年□月底爲止，政府銀行貸助工礦事業共達二百七十二億餘元。其中民營工業所得款數均超過於國營工業，在同一期內，經濟部對民營投資及貸款六億八千萬元。

（戰時生產之方法）在此節中，翁部長簡要說明戰時生產關係之重大，故交戰後各國（電文不清）主持實行方法爲甲、定期訂貨，尤特重有關抗戰軍需之各項物品。現已訂貨之價值共爲卅八億七千餘萬元。乙、租貸工礦設備，將政府自國內外所得之工礦設備租貸於生產單位，業已貸出者約值二億數千萬元。丙、增資獎勵，一卅×資金，以上兩項約共折合十一億餘萬元。此外政府行知各機關採辦國外器材須經審核，集中訂購，並洽定內運方法。

滇省府令禁各縣學生遊行

「本報訊」雲南大學學生於四月十八日發表國是主張後，四月二十日爲該校卅三年校慶。龍雲出席演說有云：「吾人處此劇變時期，應對國內外事體，多予注意關心，然須保持純潔之態度，絕不沾染任何色彩，須知青年無價之身，變作代價而沽之古董，殆爲不值也」。又四月二十九日昆明報載：民政廳據報年來各縣地方劣紳，對地方機關團體遇有不遂意事件，動輒有利用學生遊行示威散佈傳單標語，或越級控訴情事，影響社會秩序至鉅；乃會同教廳請省府通令各縣，全省無論任何地方，不許再有此種情事發生，否則「即予從嚴查懲，以肅法紀。」編者按：（滇當局禁止學生遊行，已前見合衆社電）

美新聞處論 登陸中國海岸對日作戰

「美國新聞處紐約廿九日電」就在最近六個月以前，情形似乎還不能××足夠的軍隊與供應品到中國去，以便有效地進攻分佈在那裏的日軍巨大部隊，及切斷其南向的路上生命綫，當時中國僅能經喜馬拉雅高峯之上的航路，獲得我們的供應品。日寇的攻勢把第十四航空隊由許多前進機場中逐出，而敵人沿粵漢鐵路的路上標標，已經建好，這在當時最期望來多少緩和敵人在南亞的部隊，由於盟軍日益縮緊的潛艇，及空中封鎖所陷入的困境，有一種過於令人吃驚的迅速，如果你恰好××民主世界大部份軍事戰役的話，你不會很快忘記德軍在一九四〇年突破荷、法、比的防綫，一九四一年春天突破巴爾幹的防綫，與一九四一年夏天突破蘇聯防綫時運動的速度，你更不會忘記戰爭趨勢走向另一方面的速度，中國的戰爭形勢，現在正經歷着這樣的變化，或者看來

發揮猛威，連日予敵以痛擊，但我特別攻擊隊在攻擊敵軍供應沖繩島的供應綫上，還沒能把它切斷，敵地上部隊仍舊維持着强有力供應的支持，今後這種情況如將持續很久，則無可避免地，敵將逐漸加重對我守備隊的壓力，現在，逐漸增强我特別攻擊隊對沖繩島週圍敵海上實力的作戰，摧毀敵艦船隊，切斷其供應綫，同時並計劃投入我新戰力於沖繩島，是使沖繩攻防戰的局勢好轉與粉碎敵人野心的最低限度的要求。

敵稱 美國忙於修理艦船

「同盟社里斯本卅日電」由於我空軍在沖繩周圍的猛烈攻擊，使美國艦船的損失日益增大，專門進行欺騙發表的美軍當局，亦掩飾不了其累積的失敗，美國海長福萊斯特卅日接見記者時，曾要求太平洋沿岸的造船廠工人：「不要離開工作崗位」。關於上述，華盛頓路透社電訊卅日作如下報導：「美海軍當局，對太平洋沿岸造船廠勞力的不足，極爲憂慮，如以現在造船廠的勞動力，尚不能擔任由太平洋不斷受傷駛進的修理工作，而且造船廠的熟練工人，不斷的離開工廠。海長福萊斯特於卅日接見記者時，切望：「現在造船廠的熟練工人，仍從事修理船隻的工作。」

合衆社傳蘇日關係

「合衆社紐約卅日電」東京無綫電台謂：日本官員由歐洲歸返國內道經蘇聯，（缺數字）這是蘇日之間存在着友誼的象徵，蘇聯官員讓步的態度是出乎意料的，這種態度引起了很大驚異，因東京鑒於去年十一月斯大林曾稱：日本爲侵略國家，而英美則試圖「無中生有」地談說日蘇關係緊張，據稱：蘇聯友誼的態度，「在兩國親密的××關係中才有可能。」

同盟社評 敘黎事件內情

「同盟社里斯本二十八日電」據大馬士革來電：敘利亞代理總理雅米爾·馬爾達姆，廿七日發表聲明稱：「法軍於二十七日在大馬士革、阿勒頗中間之哈馬登陸、敘利亞的情勢異常緊張，有與法軍發生全面衝突的危機」，强調事態之嚴重。大馬士革全市均在戒嚴鶴唳狀態，敘利亞、法軍間有小衝突發生。同盟社評黎巴嫩問題，戴高樂政權二十七日發表攻擊英國的聲明：在敘利亞，最近的事件是以法國向兩國派遣極少數軍隊而發生的。上述部隊並不是爲了加强駐屯於兩國的軍隊，而是與長期間駐屯在該兩國的部隊實行換防。英軍亦以同樣的理由，進行比法軍規模尚大的移動，但是這

無寧是至少爲在這樣一個階段正在開始的邊沿上。在過去六個月中，北緬甸已肅淸了敵人，由印度經緬甸至昆明的公路已被打開，經過喜馬拉雅高峯的運輸，已增加了數倍，而參加史迪威公路的肅淸與北緬甸戰事的中國有訓練師團，已被解放出來，使用現代武器對日本侵略者作戰了。華軍已經光復了福州，並且可能肅淸在黃海與南中國海上另外三個小港口：廈門、汕頭與溫州的敵人。由於可憐的內陸交通，這些港口的肅淸，作爲對中國供應的入口，並無巨大重要性。福州的克復（這顯然是日本的初步退却），顯示日軍正分佈於××，我軍將可能遇到較小抵抗在中國海岸登陸，以便爲未來大規模行動（與盟軍齊全並有空軍協助）建立空軍基地及供應路綫。在日寇走廊以東，福州、浙江、江西（？）等省作戰的大游擊部隊，可以成爲對華中、華南整個日寇軍事地位的眞正威脅，由沿海各機場可以建立至重慶的空中供應綫，這很容易超過經由印度昆明航綫的噸數。中國及整個太平洋地區戰爭形勢的變化，在過去六個月中在許多方面並不巨大，它們可能在表面上是這樣，但速度正在加快中。

同盟社稱
美軍與敵對峙戰漸趨錯綜複雜

【同盟社東京卅一日電】沖繩島的敵我兩軍，仍在遙見東海岸中城灣的「與那原」附近爲起點，經首里的北方，以迄於那霸郊外之綫，對持着，目前戰綫呈膠着狀態，然而戰鬥並不是停止的，在這日益炎熱的東西長達十餘公里的戰綫上，是在繼續着激烈的肉搏戰，敵人若進展一尺，我們便奪回一尺，敵人若前進一寸，我們便奪回一寸，展開着一進一退的激戰，但綜觀沖繩的地上戰鬥，不容忽視的，數日來，敵人在第三次攻勢力，曾把兩個師重點，直接對着我那霸首里正面的西海岸，但經我猛烈的反攻作戰，徐徐日即擊滅了敵人兩個師，挫敗敵人之攻勢，因而敵人的第四次攻勢，便避開我正面陣地，把攻擊目標放在東海面方面，於能進至「與那原」之後，更以那霸首里爲中心，威脅我陣地之側背，企圖孤立我陣地，數日來敵人的作戰，更趨複雜化，除依然從東海岸方面進行主攻外，更在那霸、首里中間地帶，突破我軍防綫，徐徐向首里推進，過去敵人把八個師團的兵力，常分爲兩批，交換着配在第一綫，但最近數日來，幾乎把全部殘留的兵力，用於第一綫，反復進行强襲，敵我雙方的戰綫，這一傾向是很濃厚的，即由過去的單純，欲形成犬牙交錯的複雜，義烈空挺部隊曾於二十四日，在北、中兩個飛機場强行着陸，阻止了該基地空軍的活動，配合着這一作戰，我特別[illegible]的攻勢，於二十八日[illegible]的好轉，[illegible]

一移動並未得到法國當局的同意，上述聲明表示了敍利亞與法國的糾紛，是因英國在背後挑撥所致，並暴露了英國企圖降低法國處於均等地位的野心。

英美對奧政策
傳又發生齟齬

【同盟社里斯本廿九日電】蘇聯樹立雷納爾政權，宣佈奧大利獨立後，但英美聯軍司令部又在奧大利各地强制佈置施軍政，因而美英和蘇聯間的對立，顯然表面化。據巴黎合衆社電，紅軍駐奧大利司令官托爾布金元帥和地中海盟軍司令亞歷山大經數度談判，蘇方已同意由美英蘇法四國共管奧大利，按軍事管理奧大利問題，美英兩軍談判的結果，曾是實施美軍一元化的管理。但亞歷山大爲討好蘇聯，竟支持。美英蘇法四國分管奧大利的提案，目前美軍司令克拉克雖在和亞歷山大談判中，但對亞歷山大的變節，似極不滿意云。

【美國新聞處倫敦卅日電】英外相艾登今日在下院宣稱：英國不承認蘇軍佔領維也納後，由雷爾納所成立之奧地利臨時政府。

【合衆社倫敦二十九日電】約克郡郵報今日與蘇聯評論家交換社論，督促蘇聯表示積極的行動，該國對解放區的惟一要求是消除「親法西斯與反蘇份子」。兩位蘇聯作家對社論甚爲憤怒，推想其似乎是促進與蘇聯破裂及援助親法西斯份子的觀念，約克郡郵報說：沒有任何事情能比這離間事實更糟了，繼說：它的目的在於顯示並無基本的分歧，但是由於蘇聯「謎樣的形勢」而缺乏「某種相互諒解」。郵報指出：蘇聯評論家薩斯拉夫斯基否認蘇聯要「自己孤立」，對此郵報回答道：「我們沒有企圖暗示蘇聯事實上在今天是追求這種政策，我們的暗示，是今日的蘇聯與西方觀念的接觸，較其歷史的某些時期不密切，這正是因爲蘇聯在波蘭與奧地利的政策，在與英美達到完全諒解之前，即獨斷專行了，激徵雜（？）蘇聯的片面主義。這現在顯然是被否認了。

印度不甘於自治領地位

【同盟社里斯本二十九日電】英國工黨領袖阿特里當選舉戰快來之時，曾言明即時予印度以自治領的地位，據舊金山來電稱，尼赫魯的妹妹潘第特女士二十八日會稱：印度不要求自治領，而始終要求給以獨立的地位，潘女士稱：在英國的選舉中，若工黨終能够獲勝，只能給印度以自治領的地位，除此以外，無任何重大意義，在歐洲法西斯體制雖已崩潰，但法西斯主義的醫生于十，英國的帝國主義，爲什麼仍然尤其是在亞洲存在？爲什麼不予印度以獨立，[illegible]印度的獨立是經[illegible]

參考消息
（只供參考）
第八九七號
解放日報社新華社編
今日一大張
卅四年六月廿二日
第六期

國民黨六屆一中全會
蔣介石閉幕詞

【中央社重慶卅一日電】第六屆一中全會，卅一日舉行閉幕典禮，蔣總裁致閉會詞，全文如次：

我們在第六次代表大會之後，接開六屆中央第一次全體會議，對於代表大會的一切決議，進一步的分別檢討，來確定今後實施的步驟。今天本會閉幕，從此以後，我們中央執行委員會就負起了實行全國代表大會決議的責任，尤其要適應當前抗戰和反攻的需要，適應實施憲政以前的需要，完成我們革命的使命，我深深覺得本屆中央的使命是特別重大而艱鉅。臨此閉會之際要特別爲我們同志說明下面的幾點：

第一、我們革命建國要首先着重力行，我在代表大會及這次全會中間，曾經特別提示總理知難行易學說的重要，我曾爲各位同志朗讀孫文學說的自序和第六章的全文，我更希望各位同志要特別體認總理這一篇遺教的偉大，尤其要將第五章知行總論，第六章能知必能行，第七章不知亦能行的三章反覆研究，融會貫通，以一洗我們過去苟且因循的恥辱。從今以後，一切問題要澈底努力於實行。過去我們的缺點爲一般所批評的，就是我們各種決議不能澈底的實行。這一次代表大會的決議案特別多，而且都是十分重要，如果我們依然是議而不行，或是行之而不貫徹，不但有虧我們的職責，而且時機不能等待，國家民族的前途也不容延誤。因之，我要促起大家特別注意於總理孫文學說第五章和第七章所垂教的苦心，而共相勗勉於力行。總理告訴我們說：「我們中國遠祖所得的知識，都從冒險猛進而來」，而我們中國近代所以羸弱不振者，都是誤於行之維艱的學說，以致「不知固不欲行，知之亦不敢行」。總理指出我們的缺點是「去古已遠，新氣太深，顧慮之念，畏難之心，較之新近各國爲尤甚」的緣故。總理「畏難本無害者」，但是要由此

事、政治、經濟各方面各級的負責人員努力，並更要喚起全國同胞來共同奮力。但是我們本黨的同志，比之一般國民所負的責任特別重大，我們必須切記抗戰初起時所訂的「非常時期黨員誓約」，到今天這個爭取抗戰最後勝利的階段，我們同志更必須繼續我們爲抗戰犧牲同志先烈的成績，更進一步的發揮我們大無畏的犧牲精神，冒險犯難，爲民先鋒，一切最前線最艱難困苦的工作，要我們各位同志率先來担當，要我們各位同志同到各地，號召全國同志，加倍的努力。惟有這樣，才能保持我們固有的光榮，完成我們對國家民族的天職。

第三、我們要認識實現民生主義之真諦。我們這一次代表大會通過的政綱政策，以民生主義部份最關重要，我們並且通過了農民政策綱領、勞工政策綱領等要案，我們要實施這種種政策綱領，首先要確立幾點基本的認識：（一）中國國民革命在於爲全民謀利益總理常說三民主義的國民革命是求階級利益的調和，不在階級利益增的衝突，我們中國只有大貧、小貧之分，而實在沒有真正的資本家，至於最近在後方和各都市所以有土地兼併和資本不合理集中的現象，乃是由於社會組織的未臻健全，戰時政令的未能貫徹，這種畸形現象的存在，最顯著的就是所謂發國難財的暴發戶，實在還是極少的少數，而且他們根底並不深固，只要我們有貫徹政策的決心，不難於剷除的。（二）大家知道，我們中國人民最大多數是農民，農民不獨是國家時的支柱，在此次抗戰中貢獻人力物力也最多，至於手工業者和產業工人職業工人以及企業界的員工同樣爲戰時生產而勞瘁，我們對於農民工人的痛苦，必須予以解除，對於他們的利益，必須予以保障，而對於勞資的關係，則必須予以調整。我們中國誠然如總理所言，只有大貧、小貧之分，還沒有貧富絕對懸殊的狀態，如果我們能貫徹政令來取締極少數非法的暴富，以發展經濟來提高多數大貧者的生活，就決不會有階級對立現象的發生，這是我們中國社會問題的特徵，是我們研究本黨社會問題與經濟問題時所不能否認也不應該忽略的。（三）我們八年抗戰中間一般小康之家的中產階級，爲抗戰而出錢出力他們的貢獻很大，民族意識也最強，至於一般拮据經營的企業者，他們從千辛萬苦中的成就，正是我們將來工業建設的萌芽，所以我們一方面固然要裁抑兼併和節制資本，而對於農村中產階級和正當守法的企業者，則必須予以適當的保障與扶持。（四）我們更要知道，淪陷區的農民工人以及中產階級，受敵人壓迫最深，破壞最大，他們盼望解放的心理也最切，而隨着失土的收復，一切社會秩

艱難之念『導人於節勞省事以取效呈功』，不可以因僞提難而根本就不去力行。所以總理接着就力言：『科學爲統系之學，爲總理之學』。總理又再三說明理想和計劃的重要，由這些遺敎看來，我們不但要能力行，還要能定先後，本末的次序，規定實施的步驟，確立計劃，而按照着來實行。總理爲我們確定指出：『中國可以一躍而進於富強康盛之地』，舉出我們中國地大物博人衆，而且文明高尚，我們中國國民的知識能力本來並不低落，問題就在於不能力行，不敢力行也不信力行的效果，所以自己有了寶藏，也不知道開闢，自己有了豐厚的基礎，也不知道發揚光大，更因爲多少年來閉關時代所造成的孤立之性，根深蒂固，不知道國際互助的必要與可能，不知道利用外國經濟的規模和人才資本，使實業發達，民生暢遂。總理在孫文學說第五第六第七這三章中，反覆說明的道理，就是要指出我們之所以不能迎頭趕上者，不在於不知，而在於不去力行，更不在於行不行，而在於欲不欲，這就是總理所說『吾心信其可行，雖塡海移山之難，亦猶於反掌折枝之易』的意思。我們認爲抗戰建國經緯萬端，一切的問題都必須從確立『力行』和『貫澈』的決心做起。我們當然要認淸起點，認淸目標，規定計劃，確立步驟，但是對於已經的決議案與一定的計劃和步驟就必須遵照總理的遺敎排除萬難的去施行，否則傍徨徘徊，遲疑觀望，就有虧於我們的天職，要知道中國的存亡安危，革命的最後成敗，全看我們能不能力行。因此我在今天要首先提出這一點，來勉勵我們全體同志。

第二、我們要加緊爭取抗戰勝利，全會同志必須知道，這是我們當前最大而最急要的任務，我們一切設施，一切的努力，都要爲了爭取抗戰的勝利，『軍事第一，勝利第一』的目標，在敵人一天沒有驅逐，失土一天沒有恢復以前，我們時時刻刻要念茲在茲，而作爲一切工作的重心的。抗戰勝利繫不能只是依靠前綫的將士，而是要我們在政治經濟社會各方面的努力，都能配合得上。我們要厲行整軍計劃，加緊全國動員，充實反攻力量，是爲了爭取抗戰勝利；我們要提高行政效率，安定後方秩序，解除人民痛苦，是爲了爭取抗戰勝利；我們要發動社會力量，號召青年從軍，增加戰時生產，加强戰時經濟，是爲了爭取抗戰勝利；我們要深入戰區工作，策動淪陷區同胞，及時反攻敵人，破壞敵人，是爲了爭取抗戰勝利；更進一層說，我們要及早召集國民大會，提出實施憲政，團結全國同胞，集中全國意志，這固然爲了完成建國大業，也同時爲了爭取我們抗戰的勝利。上面這種種設施，要事

序有待恢復的時候，我們實行民生主義政策也就最容易。基於上述四點的認識，我們可以具體指出我們實施民生主義政策的重點，就是：（甲）在後方要貫澈戰時政令，整頓稅制，管制金融，一方面積極改良保甲兵役和糧政，切實推行地方自治，推廣農貸，改善租佃關係，實行減租，以保障農民利益和農村秩序；一方面實行累進捐稅，加重大地主和富商的負担，以減少中小地主和一般農民的苦痛。（乙）在收復區則乘收復的時機，澈底實施土地政策，整理地籍，平均地權，裁抑兼併，保護中小地主及自耕農，並積極扶助佃農，普遍改善農民的生活。（丙）對工人問題要認定工業資本與勞動階級在產業發展過程中有其共同的利益，以此爲本黨勞工政策的基礎。所以一方面要獎生產，使無業者有業，失業者就業，而同時對於已就業的工人，則在發展工業的條件下，求得勞工條件的改善和工人生活的提高。總之我們要遵守總理的遺敎，認淸現實的需要，一切關於民生主義政策的實施，都要以平均地權節制資本爲依歸。我們的着眼點在於整個社會的安全，全民福利的增進，勞苦農工的保護和生產事業的發展，這是我們實行民生主義的眞諦，也是我們鞏固民族根本的要圖。第四我們要厲行經濟建設以促進我國的工業化。總理所定的實業計劃，不僅有宏偉的規劃，有遠大的眼光，也有切實可行的根據，在這個世界上，注重政治自由，同時提倡經濟自由的時候，我們相信中國的經濟建設，亦即中國的工業化，不僅有必要，而且是可能。這因爲：（一）如果世界皆貧則工業先進國不能獨富；（二）我們中國地廣人衆，又有相當豐富的資源，中國自有先天的致富的潛力與可能；（三）中國必須能富而後可以消納工業的產品，成爲世界主要的市場，成爲世界經濟繁榮的一個因素；（四）中國必須能富，而後可以提高一般人民的生活水準和文化水準，而後中國乃有普遍的社會安全，而後中國乃可有確實貢獻於世界成爲世界和平的支柱；（五）但是要使中國能富，必須中國能够工業化，中國工業化以後，民生主義的工業建設乃可以實現，土地問題乃可以根本解決。中國工業化以後，教育文化乃可以迅速普及，科學技術也自然提高，這些都不僅爲中國所自信，也爲世界工業先進的友邦所共信。我們這一次關於實行民生主義之決議，都要以總理自民國初年以來所決定的以平等互惠歡迎外資的主張爲基礎，都要與我們已經頒行的第一期經濟建設原則相符合。我們的主義，一貫不變，我們的精神也一貫不變，我們要本此精神，督促我們常會來制定具體實施的辦法，以促中國經濟建設的成功。現在世界對我們中國的認識

[illegible]說的時代，已大不相同，而我們中國對於歡迎外國資本技術人才的合作，也比之從前更爲迫切，所以我們只要確立信心，務遵總理的遺教，根據大會的決議，完成我們的準備，制定我們的計劃，則總理實業計劃的實現，與我國工業化的成功，實在是有十分的把握的。總之，我們今後建國的工作，要以達成總理的實業計劃爲惟一主要的目標。全體同志不可不知，中央負責同志更不可不知。（上面所舉的四點前一點是我們努力的基本，後三點是我們努力的要項，這次代表大會的所有決議，都已爲我們確定了實行的要領，只要我們中央同志不畏難，不憚煩，綜覈名實，任勞任怨，有周詳的設計，有嚴格的督促，有大公無私的考核和獎懲，不徒尚形式，不只求表面，率導全黨同志，感召全國同胞，篤實踐履，一致力行，使我們的主義和政策能夠確實貫澈，既定的計劃能夠依限實施，我們可以保證我們抗戰勝利之日，就是建國基業大定之時，這就全賴我們有再接再厲的奮鬥和百折不回的決心。至於其他重要決議，不待我一一列舉解說，總之我們要知道『坐而言不如起而行』，現在眞是我們急起直追，加緊努力的時機了我以一片至誠希勉大家，願共同一致，達成我們全會的使命。

國民黨中常委廿五人

【中央社渝卅一日電】一中全會於卅一日於上午九時舉行第三次大會，鄒魯主席，由秘書處報告收到文件及第六次全國代表大會決議案整理委員會工作報告後，首先討論議案：（一）關於六全大會通過本黨政綱政策案之整理辦法案，決議處理辦法爲：甲、中央應將大會議決之政綱政策案，送交國民政府，區別性質，分交各院會部署限於三個月內切實訂定實施方案，負責施行。其有須經立法程序者，應由主管院提出法案。乙、各主管院會部署對於政綱政策之實施，是否切實執行，除由中央政府考核機關隨時考核外，並由中央監察委員會依照職權負責稽核，以爲其獎懲之標準。丙、中央應命令各黨部對於政綱政策案，作廣大繼續之宣傳，務使黨員與國民皆能瞭解擁護，以期推行便利。（二）關於六全大會通過國民大會召集案之處理辦法案，決議除國民大會之召集日期，業經六全大會規定外，其他有關未決問題，應由中央常會設置審議委員會，斟酌各方面意見，擬決方案，提由中央常會決定之。（三）關於六全大會通過制定政治結社法案之處理辦法案，決議交由政府徵詢參政會之意見後，再由國防最高委員會從速擬具政治結社法

已有減弱的徵象。』

【同盟社廣東三十一日電】在敵人美國督戰下，積極準備在西南進行總反攻，已經在貴陽、芷江周圍發現美國式的重慶軍，並致力構築橋頭堡。最近廣東省發行的大光報登載：隸於遠征軍管區的新編第六軍，已從緬甸向湖南省西部移動完畢。該軍是在[illegible]的第三、第廿二、第十四、第五十各師組成，是擁有火焰噴射器、裝甲車等美式裝備的新銳部隊，這些美式重慶軍所以推進到我大陸包圍鐵圈的前面，表示了敵人的反攻已經表面化，需要加以警戒。

【中央社渝一日電】據中國戰區美軍總部中國戰區作戰司令部卅一日宣布，廣西重要城市南寧經日軍佔領數月後，於五月廿七日爲中國軍隊克服。據此間今日接獲與廣西中國軍隊同在戰場上所目睹之紀錄稱，既已成爲一荒涼而已破壞之城市，由於日軍撤退以前之殘酷破壞，而非進攻城市時不可避免之破壞。南寧於廣西中國軍隊攻入時，已完全破壞，該城平日人口爲六萬人，目前大多數非逃到附近鄉間，即於日軍向東北及西南撤退時，被迫充當苦力。總之日軍於撤退時，非將城內貴重物品予以破壞，即加以寇掠，使市民無法生活。其間×軍所破壞者，尚有一切食糧儲藏，一切車輛與船隻及市內自來水電力系統。所不同者即曾一度與第十四航空隊沿華南及法屬越南沿岸掃蕩海上之敵軍飛機場，未遭撤退日軍之嚴重破壞。如短時間內有需要時，尚能修復。目前中國部隊繼續追擊由收復之蘇墟向西南撤退之日軍，而到達距南寧東南五五公里之綏淥郊外。另一方面其他中國部隊，到達賓陽（距南寧東北一百航空公里）。據非官方報導，賓陽以北約一五〇公里之處，中國軍隊又獲一勝利，即中國軍隊由河池方面向東南推進時，已克復宜山。但此訊尚未經官方證實。宜山與賓陽之攻下，將造成對柳州西北及西南之威脅。

【中央社中國戰區美軍後勤總部廿八日電】新任中國戰區美軍後勤總部司令的莫蘭德中將，本日表示，彼決繼續執行魏德邁將軍爲加強中國能力以助其完成本身使命所擬定之供應計劃。據稱，吾人將協助中國建立一供應機構，並彌補中國如機動車輛生產量不足之缺陷。

路透社傳我東北邊境 蘇日關係緊張

【路透社倫敦卅一日電】路透社軍事記者稱，日蘇在中國東北邊境之情勢，已日見緊張，日軍目前在東北之

之立法院□、依照立法程序制定公佈。四、國防最高委員會仍應設置案，決議甲、國防最高委員會與中央執行委員會之關係及國防最高委員會之職權案，暫不變更。乙、中央執行委員會常務委員及中央監察委員會監察委員，均出席於國防最高委員會之常會。丙、國防最高委員會之地位與職權，如因情勢必須有所變更時，以及其變更時關於代行中央政治委員會職權一節如何措置，由中央常會決定之。嗣即票選中央常務委員，結果于右任、居正、孫科、戴傳賢、陳果夫、陳誠、何應欽、葉楚傖、鄒魯、吳鐵城、宋子文、丁惟汾、覃振辭、陳布雷、李文範、潘公展、張厲生、朱家驊、張治中、程潛、陳立夫、白崇禧、段錫朋、張道藩、陳濟棠等廿五委員當選。又行政院兼院長蔣中正，副院長孔祥熙辭職，照准，經大會選任（一）翁文灝為國民政府委員，（二）宋子文為行政院院長，翁文灝為副院長。十一時散會，十一時卅分舉行閉幕典禮，蔣總裁主席領導行禮後，即席致詞（原文另播），十二時禮成，午間蔣總裁邀約全體委員聚餐。

傳宋子文不久將去莫斯科

【美聯社舊金山卅一日電】中國官方人士稱，作為中國新總理（按：指行政院長職）而掌握日益增長權力的宋子文，已計劃在聯合國會議後前往莫斯科。可能與斯大林討論共產黨與重慶政府間的磨擦糾紛。

【路透社倫敦卅一日電】此間認為蔣委員長辭去行政院兼院長職務，對中國政府並無任何改變。蔣委員長所辭去之兼職，在過去五個月中，實際已由宋代院長執行。現值宋氏在舊金山從事談判時，而有此決定，足見宋氏之談判或已成功。據消息靈通者稱，宋氏所從事之會談，非僅與會議有關，且亦有關於美對華之經濟援助。

【合衆社紐約卅一日電】紐約各報均以首頁刊登蔣委員長辭行政院長兼職訊，紐約太陽報昨日下午首先發表之社論稱，蔣委員長對中國之艱苦對抗侵略敵人作戰，極盡勞瘁，此次辭行政院兼職，以多多致力於軍事，吾人應認為此舉對促進中國之利益，此實為中國各盟友所樂聞者。

魏特梅耶稱 中國大陸轉到反攻

【路透社重慶卅一日電】駐華美軍司令魏特梅耶將軍，星期四在招待記者會上表示，對軍事形勢的樂觀。××上已經從防禦轉變到攻勢了。他說：「我希望你們不久即有動人的大規模戰事可資報導了。中美努力協調增長的配合××××，同時日趨提高的士氣

軍力已見增加，其原駐該區者為數約二十六個師團。據蘇方宣佈，西伯利亞蘇軍即將在託木河沿岸作夏季訓練，或即為對付日軍之調動，夏季為該區適於大規模演習之時，過去該區之衝突，在六月至八月間，日軍之調動，顯然在德國崩潰後以蘇聯為其政治戰之台柱，極力阻止蘇軍參與對日作戰之集團。據消息靈通之外交界人士息，日本將不惜割讓領土以阻蘇聯之參戰。附日方擬以庫頁島南部及千島讓與蘇聯，日軍將盡力拖××本島之戰事。

艾登談英蘇關係

【路透社倫敦卅一日電】外相艾登今日在下院回答保守黨議員蕭爾關於蘇聯佔領丹麥波荷爾姆島是否是盟國政策已同意的措施的問題時說：艾森豪威爾將軍五月初會通知蘇軍高級統帥部，他意圖將部隊開到波荷爾姆去接收那裏投降的德軍，並問是否這會與蘇軍的計劃相衝突。蘇聯當局回答說：事實上，波荷爾姆的德軍都是從蘇軍作戰範圍內的地區來的。現該島正被蘇軍佔領。艾登稱：蘇軍是五月九日在該島登陸的。蘇爾德問道：蘇聯當局難道不知道這事實是盟軍最高統帥不同意的嗎？艾登說：問題是誰能走去，實際上誰能最先到達該島。工黨議員湯姆斯問艾登是否十六位波蘭人被控告以在紅軍後方進行破壞活動的罪狀是唯一的罪狀，艾登回答說：「我想那不是唯一的罪狀，只是罪狀之一而已。」艾登說：「當我在舊金山時，我曾要求莫洛托夫讓我們獲得充分情報，我希望我們將得到這些情報」。艾登告訴自由黨議員曼德爾說：他對於奧地利臨時政府的問題，除了英國政府沒承認這政府而外，其他沒有甚麼可說的。

意游擊隊與南軍 傳在阜姆發生戰鬥

【路透社的里雅斯特卅日電】據此間收到尚未證實的報導說，意大利游擊隊與鐵托元帥所部在阜姆爆發劇烈戰鬥。

【路透社倫敦卅日電】路透社政治訪員寫道：「不久以前英首相邱吉爾致南斯拉夫領袖鐵托元帥的賀電並無最大的意義。可以指出這封電報雖然剛剛才發表，而事實上只是收到鐵托元帥電報後的回電，祝賀南斯拉夫人民在以秩序、使命和協議、幫助建立歐洲正義和持久和平中所起的作用，邱吉爾對於這種電報當不應有所誤會。

參攷消息

（只供參考）
第八九八號
解放日報 新華社 編
今日出一大張
卅四年六月三日
星期日

英共與大選

【路透社倫敦一日電】路透社政治訪員報導：英國共產黨對某些工黨領袖認為二黨將在未來選舉中，贏得勝利，使保守黨內閣完全下台的樂觀論調，未具同感。（掉一句）。共產黨預見將有第二個聯合內閣，而以勞工方面佔統治勢力。事實上在克里米亞會議後不久，共產黨執行委員會即會發表聲明，支持將來再組一個以勞工佔統治勢力的國民內閣的思想，這中間所含的舉國一致的大方針顯然認為與共產黨的××一致。×××與美國及蘇聯××××，××不屈內閣的責任××××。共產黨領袖哈利．波立特大概以重申黨的這種新的思想路綫的正確性的概念，發表一本小冊子，叫做『關於僅速醫治戰爭的創傷和破壞的問題』，並且他看到了工人階級與資本家中進步階層在解決過渡時期的問題中的聯系。共產黨除了有他們自己的候選人競選的地方外，都是支持工黨的，波立特（原文掉，此名不確定）對於『革命的』浪漫主義、失敗主義和『左派知識份子』感到頗不耐煩，巴××以人民的觀點要求第二次大變革（原文不清楚）波立特的重點係保守黨右層內部的分化和給勞工以領導新的聯合內閣的機會。共產黨將以輿論如何是可以滿意的競選基金進行選舉。據記者推悉，他們廿二位候選人總數中，將有二萬五千鎊光景。必要時是否還要依照章程增加，似乎還不一定，顯然每一位共產黨候選人分配到一千鎊競選費用。（此電原文大部不清楚及有遺漏）。

新政治家日報稱 邱吉爾大選後將脫離政治生活

【合衆社倫敦一日電】新政治家日報稱：日落邱吉爾首相在普選後脫離政治生涯，該報消息素稱可靠。

【同盟社[illegible]一日電】據敵方來電，駐[illegible]的[illegible]，發表一日就大馬士革的情勢說明如下：『在大馬士革，自卅日深夜以來，法軍進行血腥的激戰，法軍出動飛機、大砲、坦克、裝甲車，實施殘酷的轟擊，敘利亞方面已死一百人，負傷者也已將及一百名左右。』

敵稱軍需工廠生產能率提高

【同盟社東京三十一日電】政府為了維持空襲下的飛機生產，根據三月二日內閣決定的『對特定飛機工廠的緊急措置綱要』，與四月一日將一部工廠移交國營，受軍需省管理變為軍需工廠，其後生產能力即有顯著的上昇。四月份較三月份上昇了百分之××，五月份較四月份更表示了上昇的優異成績。其原因（一）幹部以下至[illegible]工人學徒，均有國營觀念（其標本的一個例子就是上工比率增加了）。（二）關於[illegible]督軍需工廠的各種對外交涉，已經非常圓滑。軍需工廠的設立，是因在防空疏散下工廠的保護、疏散、設置地下工廠、確保運輸等方面，如果仍按過去僅由民間負責，則有難以適應戰局之缺憾。為了在官民一體的新機構下確保飛機的生產，所以要這樣做，因此生產體制的變化極為各方面所關心。上述生產能率的提高，極應重視。

敵運輸困難嚴重

【同盟社東京卅一日電】最近在有計劃地運輸重點物資上遇走了困難，表示石炭（職路的基本物資）的陸、海運繼續極度惡化，因此希望迅速地建立與實施確保運輸力的對策。即是說九州的運輸自下關門司鐵道通車後，其所經由的路綫業已改變，加之決定了陸上運輸的加強方策，以適應船舶的不足，以期確保送往本土的石炭。但隨着朝鮮、滿、華相互間計劃運輸困難時，遂不得不把石炭的部份陸上運輸，再改為機帆船、日良船運輸，即加強海上運輸。敵年度運輸量最多，嗣後表示逐漸減少的趨勢。去年度在確保海上運輸力上採取了重點施策，對於高速度船舶的轉用於重要用途與石炭運輸的配船之配給來源，限制了運輸次數，因之在海上運輸方面增加了困難。由於陸運的增強（適應海上運輸力的減退）而要求確保石炭運輸，但以細密的運輸計劃與利用鐵道增強運輸石炭是非常困難的，它甚至在以中國以東的關西地區為中心的超重點產業部門，招致了石炭需給關係的惡化，在推行這個增產上發生了障礙，而且新年度將有更大的障礙。最近九州炭的運輸，由於重油對機帆船的

同盟社論

圍繞着支配近東大國間的角逐

【同盟社東京卅一日電】戴高樂政府以武力爲背景向敍利亞、黎巴嫩提出特權的要求，在初時，它是以大國對小國，局部性地區紛爭的形式出現的。但當英國伸出干涉之手以後，終於轉爲圍繞着各大國之間的爭霸，逐漸採取本來的形式，而這個問題也就發展爲佔據歐戰結束後，最重大國際問題之一的地位，戴高樂政府於廿八日發表聲明，公開非難英國，指出英國派遣軍隊到敍利亞、黎巴嫩時，兩國並沒有把英國的帝國主義作爲一個問題來看，但當法國派遣很少一部分駐屯軍，而且是爲了換防而派去時，却成了問題，其所以如此，是由於英國在它的背後玩弄挑撥手腕，對此，英國外長於廿九日在下院聲稱：「派遣一個旅團　英軍到敍利亞，是爲了實施短時期的現地訓練，它與紛爭毫無關係。」敍利亞、黎巴嫩紛爭的直接原因，是由於法國人的增派駐軍，一切責任就都歸諸法國，一九四〇年法國崩潰時，英國曾稱爲保障東地中海及蘇彝士運河的安全，進兵敍利亞，從此就致力於逐步扶植英國勢力，戴高樂政府不滿意英國侵佔近東政策，便派遣軍隊到敍利亞及黎巴嫩兩國，採取武力威嚇的態勢，同時並向兩國提出要求，要使用陸、海空軍的基地，強要經濟的特權，以及停止使用英語而重新使用法語，但遭敍利亞、黎巴嫩兩國嚴辭拒絕，這就是所謂近東紛爭的直接原因。

美致法國照會 要求保障敍、黎獨立

【同盟社里斯本卅一日電】華盛頓來電，關於黎巴嫩地方的情勢，美國政府於五月廿八日以通牒一份送交法國政府，美代理國務卿格魯，於卅一日接見記者團時，曾說明美政府通牒的內容爲（一）美國非常關懷敍利亞、黎巴嫩兩國的最近情勢；（二）希望法國慎重地重新考慮對兩國的政策，要求法國明確地說明法國將對兩國作爲主權完全獨立的國家看待。

【同盟社斯托克荷姆卅一日電】倫敦來電，英國政府於卅日召開閣議，前後歷時達二小時，就敍利亞問題進行協議；於接獲卅一日下午法軍砲轟大馬士革市的情報後，又召開了緊急閣議。外長艾登於緊急閣議後，在下院聲明：「鑒於敍利亞地方事態的重大化，英國政府已得出再不能旁觀的結論，將照會送交法國政府首腦戴高樂，該照會內稱：「英國政府認爲實在此情態，已訓令中東方面軍最高司令，宜介入敍利亞地方的紛爭，阻止新[illegible]。閣下立刻訓令法軍撤回兵營，[illegible]的衝突。」」

配給之減少與船舶絕對量運輸石炭之不足，在實行運輸計劃上發生了根本的困難。而隨着戰局的進展，敵機之頻襲南海、北九州海面，使海上航行增加了很多的障礙，結果使西日本石炭運輸所屬機帆船、船舶的航行的效率非常低。爲此，運往關西方面的石炭，比前年同期的成績低下百分之四十。在擴充拖船運輸上，在增加拖航，船舶上亦有困難，在目前建造拖船不能按預定計劃進展的情況下，要想飛躍地增強是困難的，因此像預定計劃那樣增強海上船舶，是非常困難的。對於確保對於大消費地域的供給來源，需要排除萬難，再將其與鐵道直接連結起來。國鐵當局若不採取英明果斷的措置，即改善關西、中國地方的石炭需給關係，是不能期待的。

英美蘇考慮伊朗撤兵要求

【路透社倫敦二日電】英、美、蘇三國正在磋商[illegible]一致的政策，以便答覆伊朗政府自伊朗撤回英、美、蘇軍隊的要求。

英國不答應由伊朗撤兵

【同盟社里斯本卅一日電】伊朗要求美、英蘇三國撤退駐屯軍隊，反映了排斥大國支配西非及近東的情緒，頗值得注意。英國以保障在伊朗的權益爲藉口，不答應撤兵。據倫敦來電，英國政府當局，卅一日發表下列聲明：「英國對伊朗政府的要求，已與美蘇兩國進行商談，但在一九四三年一月，美英蘇三國曾決定在伊朗的軍隊可在戰爭結束後六個月內駐紮」，關於上述，美國政府曾洩露稱：「美國從伊朗撤兵，須在三巨頭會議共同決定後始可實行。但伊朗的情形主要須要考慮的是英蘇兩國，因此撤退軍隊須待英蘇兩國的意旨。」

【合衆社巴黎卅日電】法外交部官員透露，法國在莫斯科之代表，對蘇聯阻止法國參加賠償委員會之態度，已向蘇聯政府提出抗議。蘇方迄今堅持除非盟方同意以波蘭及南斯拉夫亦爲該會委員，則拒絕法方參加。聞英美早已同意法國有權參加也。

【路透社倫敦廿六日電】倫敦人士相信：捷克政府不久將以捷國領土一千平方英里之土×魯塞西亞[illegible]農民聚居之地，讓與蘇聯。（下缺）

西利西亞部份捷人 願加入捷克

【合衆社倫敦卅一日電】據布拉格無線電台今晨播稱，居住西利西亞之台斯琛之捷克人民，願加入捷克，此又爲歐洲領土問題中之新生事件。捷克人民已請捷克總理，主張該地應與捷克共和國其他部份[illegible]

業於六月三日對經該軍由德國手中解放的台斯探提出要求，台斯探的經濟與國防甚富，自第一次世界大戰後，即為波蘭及捷克所垂涎，最後由法軍入城，維持治安，同時由社會聯合委員會處理一切事件，過去曾計劃全民投票，但並未舉行，該委員會最後將台斯探讓給捷克，並將比里茲的鄰近區讓與波蘭，希特勒後將此地由波蘭劃出併入德國。

斯退丁紐斯賀宋子文

【中央社舊金山卅一日電】（一）宋子文氏榮任行政院長消息，昨夜傳來此間，斯退丁紐斯為美國高級官員中首向宋氏道賀之一人。

【中央社華盛頓卅一日電】與代理國務卿格魯，本日批評蔣主席辭去行政院長兼職一事謂，此舉可使蔣主席可以全部心力，策劃擊敗日本之軍事，而由宋院長處理政務。華府各報均以前頁之大標題，登載此項消息，並附有照片，美聯社認為宋院長真除，為團結中國之一項步驟。宋氏代理院長已有數月，因亦真除，實無足異。且中國及外國均認宋氏為中國最優秀之政治家，蔣主席具有卓越軍事才能，當此全部聯合國正集中注意力於擊敗日本之際，自以專心致力軍事為宜。注視宋氏在舊金山會議中成就，觀察家認為渠正在加強中國在五強關係中之力量，其處理中國外交政策，自屬勝任愉快。

【合眾社華盛頓卅一日電】美方高級官員稱，中國政府之人事更動，足以證明其各種問題正逐步趨向解決。並認為蔣主席辭去行政院長兼職，係因為致力於中國之軍事問題，而以政權付託宋院長，此舉應有助於中國解決政治經濟及社會問題，同時並加強彼等之作戰力量。

【中央社倫敦一日電】每日導報外交評論記者蔣委員長解去行政院長兼職稱，蔣委員長願能以其注意力指揮作戰，而不受行政事務之紛擾，宋氏之就任行政院長，為中國政府增強之明確徵候。

美時代週刊說
蔣、魏特梅耶關係密切

【中央社紐約卅一日電】美時代週刊以三頁之篇幅，刊載關於中國軍隊整編之文章。並以魏特梅耶將軍之照片為封面，該文敘述魏氏生平，並謂增加中國軍隊之活力，便利作戰，及促進中美參謀與軍事密切合作之工作，需要一極熟諳軍事並有從事聯合作戰才能之人物。於是魏氏至為相當，魏氏識察之態度，高明之戰略，遂獲得蔣委員長衷誠之合作。魏氏於外交方面，極為成功，例如蔣委員長上週付與魏氏之遊說案，而蔣委員長自任中國之主席以來，是向為首

行猛攻，至一日午突破敵陣，當日午後三時攻克百口鋪、山溪、灘頭寺據點，二日上午九時，續克岩口鋪，敵殘屍甚眾，我軍獲械極大，殘敵向寶慶逃竄，我正猛追中。

閩東、桂南敵繼續後撤

【中央社重慶一日電】據軍委會發表戰訊：（一）閩東方面，我軍於卅日上午七時分三路攻入寶陽，巷戰至下午六時，完全克復該城。殘敵於二十九日向還江退去，我跟蹤追擊。我刻向思樂攻擊前進。福建方面，我軍由寧德推進至交溪南岸後，現正與××敵進行戰鬥。由永嘉南犯敵，於二十七日竄至平陽以南地區。

【中央社渝卅日電】軍委會卅日發表戰訊，（一）廣西方面，我軍由懷遠河東岸繼續沿湘桂路向東推進，已迫近宜山。現天河、羅城、融縣及長安鎮據點之敵感受我威脅，紛向百壽撤退。（二）福建方面，我軍於二十七日午後一時克復寧德，殘敵向霞浦竄去。（三）湘西方面，寶慶以西戰鬥仍烈。（四）豫西方面，陝縣以南我軍向北攻擊前進，至二十九日已恢復本月十六日前原陣地。

大公報說
秩父宮是法西斯頭子

【合眾社重慶卅一日電】中國主要報紙大公報於社論中嘲笑某些日本人士提出秩父宮親王為「自由主義的領袖」，因此企圖變成日本新政府的首腦以便與盟國談判和平的說法。大公報說，秩父宮是日本的主要法西斯頭子，而不是自由主義領袖。它說，秩父宮是日本最早的法西斯團體「櫻花社」的頭子，他是日本「青年軍人派」的後台，親在幕後指導「血的星期四」屠殺。它說，如果盟國接受秩父宮為和平談判的人，那麼鮮血將是白流的，第三次世界大戰得必然到來。大公報說，雖然官方稱秩父宮是昭和天皇的兄弟，但彰明昭著的事實則是：昭和天皇不是大政的兒子，是明治皇帝的兒子，而秩父宮則是大政皇后與田中伯爵的非法兒子。它說，這便是為什麼昭和天皇和秩父宮是政敵的原因。它說，秩父宮及其黨圖目前正企圖利用日本的暗淡前途，推翻昭和而自任天皇。但是，如果秩父宮締結和平並成為皇帝的話，法西斯主義將較昭和統治下更為強大數倍。

國民黨與阿根廷建立外交關係

【中央社渝卅一日電】我國與阿根廷建立外

次接受外人之邀請也。在中國最近之軍事勝利中，包含有若干複雜之軍事與政治問題，對於英美將領而言，中國之勝利意即中國之將在軍事力量之前鋒部隊正慢慢而逐步沿攻向東京之路開始前進。於政治方面，中國之勝利預示中國將躍爲遠東之強國，而其政治命運或大可聯明亞洲與世界民主之政治命運。國民黨六全大會之決議，須令一般人士滿意，並表明中國之政治更轉向自由與民主，過去一週之軍事勝利，不僅使中國開始走上往東京之艱苦途程，亦使之走入實現世界各國之和平正義與自由之更艱苦途程也。

國民黨軍委會一週戰況

【中央社重慶一日電】軍委會發言人談，五月廿六日至六月一日一週戰況，本週來在湘西方面我軍繼續攻擊寶慶西北及以西地區負隅頑抗之敵，連日均獲進展，並將一再增援反撲之敵軍擊毀，刻正攻達巨口鋪醪迄岩口鋪之線，距寶慶縣城僅十六至二十餘公里。在此一地區戰事敵寇遭受我軍極嚴重之打擊，受創至劇。由四月九日起至五月廿六日止，據初步統計，共約斃傷敵聯隊長以下官兵達二萬八千餘名，馬九百餘匹，俘敵軍官十五員，士兵二百三十名，馬三百四十七匹，鹵獲步槍一千四百九十六支，輕重機槍一百挺，大小口徑砲二十四門及其他軍用品甚多，現戰鬥仍繼續進行，敵寇殘一萬敵，現已近尾聲。桂南我軍，於廿七日攻克南寧，復於卅日克復賓陽，現與我桂北進迫宜山之部隊正繼續向前推進中。敵寇宣傳已久企圖所謂由我國桂境貫通越南之大陸交通綫，已爲我完全切斷。豫西集結於陝縣地區敵，於十六日分路向西南竄犯，經我軍分頭迎擊，激戰達十四日，該敵在我猛烈反攻下，遭受重創回竄，迄廿九日，已恢復原態勢。至於西峽口以西公路南北兩側我軍，日來向西峽口之敵猛攻，戰鬥甚爲激烈。在閩省我軍攻克福州、長樂、連江後，續向北推進，復克羅源、寧德，現已進出於介溪繼續追擊敗敵中。

【中央社渝二日電】據軍委會二日發表戰訊：（一）廣西方面我軍，由綏淥沿公路向西推進，現已迫近思樂，我軍攻擊據邕江城頑抗之敵刻正進行激戰。（二）湘西方面寶慶以西戰況，我軍已獲甚大進展，廿七日我軍於湘以西阻擊由湘鄉來犯之敵，迄至卅日，仍在激水（距城六十里）以北之新橋地區戰鬥中。（三）浙東方面，平陽以南我軍與敵現對戰於鰲江南北兩岸。

【中央社渝二日電】據軍委會二日發表第二次戰訊，湘西方面我軍，已擊破據守寶慶西北巨口鋪（距城四十里）及以西山溪（距城四十四里）灘頭（距城五十里）[illegible]（距城卅二里）[illegible]

交關係。外交部於卅一日發表公告如下：中國政府與阿根廷，業經同意，建立外交關係，即將互派大使，並於最近期內訂立基本條約，以締永久友誼及相互了解底基礎，俾兩國人民得享受其條約上應有之權利。

【中央社倫敦卅日電】中國新第一軍軍長孫立人將軍赴歐洲戰場觀察，已於上週抵巴黎，昨日於接見美國軍報星條報記者時稱，如美軍能於日本本土及中國沿海日軍佔領區同時登陸，則日軍可望於六個月以內被擊敗。彼星條報譽爲中國最優秀軍事領袖之一，據渠解釋美軍如僅於日本本土登陸，仍不能擊敗日本。因在中國佔領區內三分之二之日軍及在滿洲訓練優秀之關東軍均具有自給自足之兵工廠可以供給其內部需要。盟軍在太平洋獲得重大之勝利，雖使日軍在海空方面蒙受嚴重損失，但其陸軍尚有百分之九十五仍完整。至於處理戰後問題，日本被擊敗後需有五十萬軍隊以看管日本，如英美軍隊因需返國而要中國担任全部看管之責時，中國政府自能且亦樂於担任。

【合衆社紐約廿九日電】中國鐵道工程專家十四人抵美，即將遍訪美國各工廠，並準備訂購爲戰後復興中國所必須之鐵道設備，及其他重工業用品等。

【中央社成都廿八日電】省府頃發表川省本年八十七縣之小春作物產量，統計以小麥產量最高，爲三二四九萬市石，次大麥爲一三七九萬市石，豌豆一一九二萬石，蠶豆一一二九六萬石，菜子八四二萬石，若與上年相較，計小麥約增百分之廿三，大麥增百分之十六，胡豆增百分之十三，豌豆增百分之八，菜子增百分之卅四，以致各地糧價，連日下降。

【中央社重慶廿八日電】今年棉花增產貸款，已有顯著之增加，陝省貸款總額爲六十億元，爲去年之四倍，川省二億元亦爲去年之五倍，此案係最近各有關方面會商通算者。

重慶「韓國臨時政府」代表團三人赴美

【合衆社舊金山一日電】據此間兩韓國團體談稱，重慶之韓國臨時政府代表團三人，已獲准來美討論韓國之前途，一人爲韓國臨時政府副主席金奎植，外交部長趙素昂，及該部次長。該團或不來舊金山而赴華府。

【中央社昆明二日電】戰時運輸局，爲改善公路工程，增強戰時運輸力量，特調集各路工程人員，組織公路工程總隊，由前滇緬公路工務局總工程師李溫平任隊長。該隊除負責史迪威路、滇緬公路、西南公路路面搶修洞穴之整理保養外，並將配合軍事進展，搶修軍用公路。該隊工具將全部採用新式機[illegible]

參攷消息

（只供參考）
第八九九號
解放日報 新華社 編
今日出一大張
卅四年六月
四日
星期一

國民黨六全代會形形色色

【本報訊】關於國民黨六全代會開會情形，茲據已收到的從五月五日的貴陽大剛報所載重慶通訊及專電，整理如次：

（一）蔣介石的幾種提案：在開會前，蔣即『手令指示』『軍隊國家化（！）』及『青年團不應該有黨性（！）』的『原則』。（該報五月六日重慶通訊。）五月九日蔣又向大會提出『廣泛而具體的建議』：『（一）黨應有最高指導委員會，負責決定政策，藉使黨的各部門取得聯系。指導委員會可列席黨的最高會議。（二）中央宣傳部擬併入政府機構內，黨另設立宣傳委員會，負責研究宣傳方針及宣傳綱要。（三）今後黨的重要設施，應建立經濟基礎，澈底實行以黨養黨，養成黨員自存自立精神，黨員應嚴格自我批評，黨應用各種方式使黨員樂於發言，勇於批評。（四）黨的活動方向，要完成地方自治，領導民權運動，注意國民教育。（五）黨內要選拔新幹部人材，新幹部選擇標準：要有「革命」精神，鬥爭能力，對民衆能起領導作用，對抗戰有貢獻。（六）黨應建立農村黨部，黨員應與農民打成一片，黨應設立農民委員會。（該報五月十一日所載重慶專電）在大會前，蔣還玩了這麼一套把戲：『他（蔣）並且爲了需要這次代表能夠普遍，要他的已當選爲代表的祕書等，把代表的位置讓給教育界。』（該報五月六日渝訊）。

（二）一片攻擊之聲：五月八日大會仍爲『軍政報告』，『代表們請之曰：「疲勞轟炸」，報告完畢，皆謂「警報解除了」。』報告後，接着舉行質詢，許多代表都抖擻精神，準備放砲』（該報九月九日載專電），『大會放砲最多而有力者，稱之爲「空中堡壘」，無「放砲」資格，而提供資料給「砲[illegible]」[illegible]一時[illegible]裁[illegible]，[illegible]以[illegible]（[illegible]）[illegible]一[illegible]之際，爲何麼沒有成績意[illegible]的工作[illegible]，而[illegible]的，深表遺憾（[illegible]）』（同上）關於蔣介石在大會上的專橫，又如：當九月九，開會[illegible]時，『全[illegible]肅立恭聽』。（該報五月六日載專電）。

（三）『選』中央委員時的派別活動、拉攏賄賂，與國定指派：早在大會前，這種賄選活動就劇烈進行了，例如四月廿九日一個『年部』國民黨員在投書中央日報時稱：『我很歡意地想談一點政治作風的事。……比如從此間的酬酢，……要是說爲了活動選票，未必人人會賣這一份的交情，反使貽笑柄。當我看到了近日少數代表們之忙於請客，忙於赴宴，乃深爲之愕然了』。『作風如果陳腐，即開會也將議而不決，決而不行，敷衍粉飾了事。』這種說話是反映了國民黨下層黨員的意見的。但是大會開會後，這種活動，更加積極了。五月七日大剛報載專電稱：『六百餘代表中，因各有關係不同，已形成各個集團，競選與投票者，必得取其支配權。但謀增加同鄉地位者亦結成團體，內標不外粵、浙、蘇代表爲最多。』『一百多列席代表爲了要『競選』中委，亦力爭做正式出席代表，五月五日他們曾簽呈蔣介石請求，五月九日大會上又提出力爭，『全場熱烈密商』（該報六日及十日載專電）。

五月六日爲休會日期，但『活動中委之代表，極能把握時間，一遇空隙，到處求人幫忙。』（同上）爲着減少『過分活動』，『大會每晚有游藝節目』。但就是在戲場上，活動也還繼續着。（該報九日載專電。）代表對這種現象也有不滿意的，五月九日的會上有一個代表說：『很多代表都想競選中央委員，爲了測驗一下他們真想對黨作更大貢獻，我主張中央委員應該到淪陷區去，到鄉下去，實際領導。』關於中委『選舉法』初定三人推一候選人且有地區限制（按這種辦法是反映了佔代表人數最多的CC派的利益的），但『三人推一代表的辦法，反對的人頗多，尤以嚴格之區域規定，反對更烈。』（按：反對者當係指復興等派別）（五月七日該報載重慶專電。）後來蔣介石把『選舉法』修改成爲報名的與由他自己指派的辦法，據五月十一日大剛報載重慶專電：五月十日通過中委選舉辦法：『候選人之産生辦法：甲、五屆中委爲當然候選人，乙、出席代表願爲中委候選人者向大會秘書處報告，丙、總裁就未能到會代表及非代表同志，提出候選人若干名，大會出席手」者，謂之「潛水艇」，列席代表爲之「魚雷」」（該報五月十一日載專電）。「（五月八日）劉博崐代表第一砲打開沉悶局面。劉健群（按：復興派）中委批評官僚黨員，他指出徐堪部長說糧食部沒有好人的話失當時，代表們掌聲雷動，互相讚謂：這一砲厲害。有位代表放砲時，下面有一位代表寫便條條給另一位代表，上面寫着：硬起頭皮放砲，不怕打自己。列席代表黃強質詢時，列席座上掌聲大起……」。（該報五月九日載專電）五月九日大會中，「這次大會乃由孫科主席，他處理事件極爲民主，總說希望這個會能讓代表們說說話。」「當列席代表一個接一個發言時，有位代表質詢主席，列席人是否有發言權，激起列席代表公憤，頓時嘩然大叫：「打倒神經病者」。「參加這場表演的代表們都變成了小學生一樣，天眞鬧吵，使主席及元老們頷首而笑。……列席女代表朱綸說……「黨不能給我們一點安慰，黨不能給我們一點溫暖」……」「重慶代表胡茂生坦白向大會質詢，他說：「盟邦友人及黨外人士均懷疑，說我們黨內有小組織，究竟有沒有，希望負責組織者確確實實的給我們一個答覆」。博得全場最熱烈的掌聲。下午大會爲軍政質詢，代表們都坦白率直的提出各種病態，質詢檢討……質詢金黃加價總弊案達五人之多，質詢國人在美凍結存款爲何不動用者一人。」（該報五月十日載專電（[illegible]）」該報同日又載：「六全代會海外代表對僑匯報所提出之政府應立刻徵用國人在美凍結之三萬萬元美金案，極表同情。並向大會提案，請政府立即將此款收歸國有。」關於國民黨要人貪污無恥的醜態，連胡秋原也在五月一日的中央日報第五版上寫道：國積投機的銀行錢莊，「自然，他們有「背景」，那就是黃金舞弊案中一派人物。他們做黃金投機，美鈔投機，同時也是某某銀行董事長、董事、監事、股東、以及後台老闆。……「重慶商人」比「威尼斯商人」還要兇，威尼斯商人不過割一個人的肉，而重慶商人則要民族的命。威尼斯商人有錢無勢，而重慶商人不僅是商人，而且是官。」五月十日六全代會大會，「仍爲軍政質詢。總裁亦蒞臨會場，但質詢者仍極坦白踴躍……有位代表對官吏兼營商業，激昂陳詞，謂：「現在多數士兵吃不飽，青年吃不飽，公務人員吃不飽，竟有少數特殊官吏，一人兼幾個乃至數十個董事，由官而商，由商而官，左右逢源，豪奢驕侈，對這種人，代表大會應起來做個惡人！」引起熱烈掌聲。中委王崐崙對衡陽守軍名將方先覺將軍，不幸被俘，文幸而脫險希作詳細說明，總裁予以親自答覆。……有位女代表質詢兵役部解釋部隊裏當兵的爲什麼沒有西裝革履的闊人物。……」（大剛報五月十一日報專電。）質問越來越兇，蔣介石出馬了

人在候選人總名單中選舉中央執監委員……選舉採記名投票法。」

（四）關於「國民大會」代表問題，據五月九日大剛報所載重慶專電稱：「記者以國民大會代表已經選出者應否承認問題，詢請六全代會代表諸君，據多數意見謂：此項意見亦經研究，認爲除死亡及附逆者外，應予承認，其不足額，請應由各省參議會中選舉。婦女代表此次亦向大會提案，請國大代表中婦女代表名額應爲總數百分之二十。」

中央社報導 英各政黨政綱

英國戰時聯合內閣因工黨之撤退不得不辭職，邱吉爾於上週末組織過渡內閣，七月五日大選後由勝之政黨出組新閣。英國四大政黨之政綱，當我國人士所樂聞，茲擇要列述：

保守黨（一）國營事業與商營事業均有它們應有的地位與權利，動機固有危險，但×的危險更大。（二）空談和平無用，英國必繼續徵兵維持強大海陸空軍以制止侵略。（三）關於社會保險辦法，保守黨主張加高老年休養津貼，而減低兒童津貼。（四）政府管制應當縮減，稅率應當減低。（五）各政黨應合作××各問題。

工黨（一）工黨主張集體安全及國際合作爲永久和平之基礎，英國應扶助各殖民地完成自治。（二）工黨反對阻制生產以獲利之「缺乏經濟政策」，而擁護「富有經濟政策」，工業與金融之系統應徹底改策。（三）×××業應歸國營。（四）保障人民不受貧苦、營養不足、失業、教育及住宅問題之壓迫。

自由黨（一）自由主義一向反對機械主義、反對統制與特殊權利（國營或工人包辦），擁護言論自由，職業選擇自由，私人收入使用自由，罷工自由。（二）自由黨主張政府由各黨以比例式參加，而非一黨掌政。（三）自由黨主張繼續限價，分配必須品，進口貨中必須品中應有優先權。

共產黨（一）共產黨主張煤、燃料、電力、鐵鋼、交通（鐵路在內）土地、銀行應歸國有，力爲×××造船及紡紗工業應歸國有。（二）阻制物價，管制投資，人民有良好住宅，租金低廉。（三）工作時間減少，五年內建築四百萬新住宅。（四）學齡提高到十六歲，醫藥免費。（五）印度與其他殖民地應予獨立。

合衆社報導國民黨 華南游擊隊活躍

「合衆社重慶廿九日電」正如蔣介石所預料的，日軍於去年年底打通橫貫大陸的走廊時，大量中央政府游擊隊在出現華

南地帶——日本的「生命綫」，證明是引起敵人保衛大陸走廊日益增加困難的主要因素之一。各戰區在走廊兩側所組織的游擊隊以及重慶最高統帥部所派遣的游擊隊，能於黃昏至黎明的任何時間內，直接夜襲日本的生命綫，主要是打擊日本的卡車隊。而在日間，第十四航空隊則不斷轟炸、掃射，使走廊地帶的活動完全陷於停頓。美國的湯姆遜衝鋒槍、巴珠卡、爆炸彈、手榴彈及其他爆炸武器與燃燒武器，成為這些游擊隊的主要裝備。襲擊常是，當襲擊發生於日落黃昏前或日出早晨後。光綫充足之時，整個過程均為十六名攝影師拍照下來。從前著名的廣東省中山大學中，有大量學生參加廣東南與湖南邊境的游擊隊。湖南廣東邊境「五嶺」區的最近著名的游擊隊領袖是中山大學醫學院的一位女學生。當日軍於今年的佔領廣東北面粵漢路上的平舍（中山大學所在地）時，她的數十位同學均被姦淫。七個同學在為日軍姦淫後集體自殺。此女生集合同學數百名，組織游擊隊報仇，並與走廊附近的中央政府正規軍取得聯系，接獲金錢、武器及其他裝備。她的真名現尚不悉，但她目前在走廊區人人均稱之為「戰鬥皇后」。她收復她醫學院的一部份裝備，並救了大量農民的生命，這些農民送她以「戰鬥皇后」的徽號，並為游擊隊所接受。在走廊城市如南寧、柳州、寶慶等地的最近攻勢中，游擊隊截擊供應卡車隊並經常伏擊。

美對外經濟處發表戰後中國工業化方案

【中央社紐約八日電】據美新聞處華盛頓六日電，美國對外經濟處工程科頃擬成「戰後中國工業化方案」，總括發展約六百個基本工業。組織及改進擴充中國運輸網之計劃方案摘要，於本日發表，據其估計，實施此一方案需資十八億七千萬美元。方案共分十卷，原本逾三千四百頁。美對外經濟處中國資源委員會及中國交通部工程師之代表均曾參加工作。美對外經濟處前副處長居里，及該處中國科科長魏爾任顧問，供草擬方案專家諮詢。方案之目的乃在奠定基礎，藉置中國於進步國家之前列。對外經濟處工程科科長薛爾於方案序言中解釋稱：吾人擬定方案之目的，在予中國人士以技術之協助，藉以發展其工業程序，此既非一正式計劃，亦非一種企圖，擬欲指陳工業化之程度，以適應中國之一切需要者。吾人準備草擬此一方案時，僉信中國之工業進展對中美兩國均為有利，並信美國之技術及經濟協助對於協助此一進展可有貢獻。中國四萬萬五千萬人民（下缺）乃以其技術能力及知識協助中國，以計劃並建立其工業發展一完全與平衡製造計劃之企圖，此計劃僅使各部通過組織各部門以及在所需要物資方面能彀此供應。（動力）中國曾擬有動力發展之五年計劃，方案中所擬動力設備，僅供工業之需要。該方案建議建立新式之中央電氣站共發四十一萬五千瓩工電力。此外尚擬完成一萬瓩之水電廠三處，及完成一千英里長之電力傳送綫十一條。據估計共需九十萬瓩電力發動各工業工廠。除電氣站之電力外，所餘四十萬五千瓩電力，將作二百九十六家私人工廠之消耗。（鐵路）過去中國最大困難之一，即無充分之鐵路運輸網，廿六省之中，有八省仍無鐵路運輸設備。現擬興築鐵路綫十一條，以橫貫人口最稠密之十二省。此項勘定之路綫，專供計劃中散佈各地之工業運輸之用，並使食物及其他農產品之配運費用較省而效率較大。除計劃將現有之五千英里鐵路加以改善並建造必需之車場、車站引擎廠及修理所之外，建築新鐵路綫六千英里之計劃亦在擬議中。此一程序包括增添火車頭一千五百具，貨車廂二萬二千八百節及客車廂八六〇節。全部計劃中之鐵路建築費用除工費一項外，估計需五億零八七五萬美元。（公路）建築公路之材料費估計需一億六五五〇萬美元，此數將使現有之二萬英里公路綫於二年內完成第一流汽車公路。中國現有之公路大部為汚泥及碎石舖成者，晴天尚可散行，但不適於汽車行駛。（水路）該方案提出改造戰時船隻以適應中國戰後需要之建議及資料，但該摘要指陳，田納西河管理總局合水流管制，水力發電及工業發展為一之方式，此對中國未來進步極具重要，需要詳盡之區域研究之多年之設計及建築。方案主張改進習時之灌溉方法，並指陳以現代技術施之於土壤及木料建築，已爭此年老之建築物料以新生之機。（汽車）預計購置七萬五千輛卡車，一萬付卡車各部裝件。車身可於中國製造裝配。建築一千四百處調節站及六十個基本修理廠，並購置另件供應。以上各項共需資金二萬萬二千三百萬元。此外尚擬有關於汽車行駛及維持之計劃。（食物處置）方案建議建立若干食物工廠，用作擴充此方面工業之基礎。此項研究中包括科學耕種方法、商業肥料殺蟲劑及滅×劑，現代簡化農業設備，冰凍及食物處置之資料，建立農業學校學院，示範農田及研究站。發展改進之家畜、種子及穀物及水產食物及分配亦經論及。（工業訓練）管理工程監督及訓練各方面之人員，甄選一部在美訓練。訓練時間自六月至十八個月不等。訓練計劃雖已使甚於美國前訓練之研究但亦經修正（電文不清）以適應中國人員之需要。（工業衛生）該方案指陳若進行工業化而未能設立維持工人健康及生命之安全保障，則設備。美對外經濟處所擬方案，主要乃爲工程研究，並不涉及供應實施計劃經費之問題，而完全致力標揭一初步方案，以建立工業組織之主要因素。專家等認爲發展中國工業之廣泛計劃，應以下列五項程序爲中心：（一）於中國本部各地建立工業中心；（二）於戰事損害以善後救濟；（三）改造東北之軍需工業爲平時工業；（四）依據田納西河管理總局之方式，致力河流及水力發展；（五）擴充對外貿易。然方案之範圍僅限於上述五項程序之第一程序，其理由爲（一）需要建立工業化所需之模範基本工業；（二）此時無力（缺卅字）源，並能促進生產主要工具零件及物資，以供工業生長之需之工業，致力發展中國人民物資幸福所需之工業。決定工廠範圍以適合中國之需要及經營之能力。平衡工業在種類及範圍方面之發展，應使各種工業得彼此供應協助。勘定物質資源燃料動力運輸及勞工各方面之工業。改進並擴充運輸設備河流之管制及利用需求工業衛生作爲工業計劃之一部，以及訓練技術工人、技術人員經濟人員。茲綜述方案內容如下：（採礦與冶金術）中國之礦源足供基本冶金工業之發展，並能使中國以工業國家地位有合理之自給。中國亦爲世界產銻錫鎢及錫主要國家之一。若干人曾建議以改良及擴大採礦設備，集中物力，改良冶鍊與磨機之計劃，發展此若干泉源作爲工業與出口之用。設備方面應增加煤之產量一千五百萬噸及鐵苗三百萬噸，另需設新煉鋼廠三處，每年產額爲九十萬噸。該廠將爲焦煤爐含鐵合金爐鎔化灶及磨廠。此外煉鐵廠亦爲銅鐵生產計劃之一部。（化學品與基本提煉工作）目前中國僅有小規模健全與發展迅速之化學藥劑與生物工業，但完全不能供應任何主要工業擴大計劃之需。對外經濟處之方案建議設立化學製造廠一百零五處。發展化學工業之第一步即製造基本化學品，如硫酸、炭酸、鈉、苛性鈉、蘇打、及阿莫尼亞。此若干原素不僅爲生產品所需要，且於煤副產品配合時，亦爲染料與造藥基本要素。中國爲一農業國富有桐油、菜油、蔗糖及纖維素，此若干物品均能製成爲必要工業品及消耗生產品。（製造業）初步工業化之計劃，應建立代替六十二種工業之製造廠一九二處。在建立根本工廠方面，應強調下列工業之需要，運輸、機械、電力、器材與裝備工業機械與裝備無線電與××設備，紡織工具以及標準化與建設之材料，若干消費者物品[illegible]、腳踏車、縫衣機，[illegible]品，故亦列[illegible]。該方案並[illegible]

共爲個體人民創造較良之生活標準之宗旨目的必遭失敗。故工業衛生問題，特由美公共衛生局擬就報告，納入方案所討論之各項工業衛生中，計有工廠及團體之醫院設備，職業疾病及意外之防預與療治方法，以及衛生安全統制暨營養健康教育等。（專門圖書館）該方案復主張設立專門圖書館，俾中國之設計家、技術人才及工業研究工作者能獲得工作方面之最新知識。該方案中有美國各工業之研究機關及工程協會圖書館所擬之目錄多篇，以指示專門圖書館所需書籍之種類。

【美新聞處紐約廿五日電】紐約大美晚報訊，美國對中國水利化學公司貸款一四〇〇萬美元，以供戰後中國各企業、各化學廠及各項設備重建之用。談判之完成尚需相當時日。

【美國新聞處紐約廿八日電】紐約大美晚報訊，募集四百五十萬美元以供給戰後中國各教會大學善後基金之方案，業經中國教會大學聯合會（下缺）

關於撤兵伊朗
英美蘇磋商中

【路透社倫敦一日電】英美蘇關於對伊朗政府要求英美蘇軍退出伊朗的答覆的統一政策正在磋商中。在伊朗駐紮軍隊是在一九四二年一月伊朗和三強間所締結的條約中定准的，同時特別規定三國駐軍應在對德及其稱兒的戰爭結束後，不過「於六個月」內退出伊朗。伊朗方面還存一種意見說，在締約當初他們尚未對日作戰，同盟國要求伊朗只在於便利輸送租借供應品至蘇聯的目的。關於盟國對伊朗要求作何回答，官方還沒有任何表示，但消息靈通方面相信，英美政府對撤退軍隊的請求將有同情的反應。關於蘇聯方面答覆的性質還沒有什麼端倪，同時指出蘇聯佔領軍的行爲可稱爲模範。可是關於幕後鬥爭的石油租借問題還無從獲悉，因爲伊朗政府表示非俟外國軍隊退出伊朗後，不能討論這個問題。另一個複雜的因素是伊朗國內人民生活的緊急情形。目前生活費水平較戰前上漲百分之八百——較世界上任何其他國家爲高，盟國軍隊和權益的祛除即意味着廣大伊朗人數百萬人和就業的祛除。現在有五萬工人直接受僱於盟軍部隊，在這點上當中東廣泛不安的時候當可能在伊朗產生完全的紛亂。這就會與盟國也與伊朗利益相反。因此下一個步驟似乎將爲三強向伊朗政府建議和他們討論有關盟軍佔領期[illegible]不必要的經濟上和政治上的[illegible]問題●

參考消息

（只供參考）
第九〇〇號
新華社 解放日報社 編
今日出一大張
卅四年七月五日
星期二

合眾社報導國民黨在廣西槍斃共產黨游擊隊領導者

【合眾社鬱林三日電】廣西報紙鬱林日報載稱，共產黨游擊隊的領導者四名，包括一九三二年在上海進行抗戰的十九路軍的領袖之一署名的張炎將軍在內，已為廣西當局以叛變罪名槍決。該報稱，最高當局得到通知張炎已被捕，張炎是奉該最高當局的命令而被特別判處死刑的。該報稱，據悉中央政府軍隊在平樂縣『剿匪』時，繳獲一『重要文件』，據稱其中有共產黨游擊隊的擴大地區作戰計劃。據稱此文件中有一部份主張『破壞對三民主義青年團的信仰—指導反對國民黨政府及其領袖的宣傳，利用官員們腐化的漏洞，動搖人民對最高軍事及行政領導的信心』。

英國大選與三政黨

【路透社倫敦卅日電】英國重要的國家事務，在現在與七月五日大選期間，將由三大主要政黨之間『高度水準』的協定予以保衛，給予十年國會在不及三週時間內解散以前被澄清的立法以和平決議。昨日用以歷視邱吉爾臨時政府的政黨烽火可能是許多這種插曲的第一個，但是他們不會影響在五年戰鬥中，聯合工作所發展的政黨責任的一般水準。戰爭現在幾乎變成第二性質了，政治觀察家解釋昨日政治舉師，邱吉爾前勞工部長貝文與前內長摩利遜之間的似戰爭的場面是自然的與不可避免的爆發，但大多數人認為這一幕戲劇，當選舉進行時，仇恨與刻薄將無疑發展，這是與大選的傳統背道而馳的，如果是一方面或另一方面，許多重大的選舉『聽與青魚』不實現混亂各爭論問題，產生某些真實的悲苦（？），同時，保守黨與其工黨及自由黨政敵之間的唯一的選舉爭論是選舉日期的問題，工黨繼續××對大選之新的不利，昨日所提出的及為邱吉爾所承認的困難之一，是北部英國與蘇格蘭民衆中心

蘇美英法將開第一次管制德國委員會

【路透社倫敦四日電】艾森豪威爾將軍、朱可夫元帥、蒙哥馬利元帥及柯尼希的第一次會議，預料將於明日在柏林舉行。但據強調，此次會議僅係第一次檢討，對德國的中央管制委員會即將由此生效。但這次會議可能變成更為重要，××。據信，蘇方代表將求得若干問題的明朗化，此等問題對於蘇聯在舊金山的不屈服態度，有很大的關係。據信，朱可夫元帥將要求早日調整以前同意了的對德國的劃界區，此點將需要美軍在德國中部廣大前線上退出八十至一百廿哩，其中包括萊比錫、開姆尼茲、哈雷、馬德堡。目前重新調整問題之一，便是防止德國平民的另一次××運動，這些平民可能企圖與蘇軍一同撤退。艾森豪威爾將軍如何答覆這種要求，尚未見任何象徵。在奧地利，形勢便××，英美可能要求蘇軍退出格拉茲週圍地區及維也納的一部份。這個問題由於英美佔領區內德國人與蘇聯佔領區內德國人的比例極不相稱，而××緊迫可靠的估計是：目前在英美法控制下的德國人是五千五百萬，在蘇聯控制下的是一千五百萬，此種比例的不相稱，由於迄今以前供給德國糧食的一切地區實際上都在蘇聯控制下，而不在英美控制下，而更為危急。由於糧食收成的有限（估計僅為平時的三分之一），一般感覺，如果要避免今冬嚴寒的話，對整個中歐的通盤籌劃將是必要的，除非管制委員會中的領袖們能達到迅速的解決，這個問題將是未來三巨頭會議上的最首要議題。

美國袒護保加利亞反動份子

【路透社紐約三日電】紐約廣播今夜引美國副國務卿格魯的話說：保加利亞政府領袖（？）喬治．季米特洛夫博士於五月廿四日把他自己交給美國駐索菲亞代表巴恩斯，並說他的生命已在直接危險中，格魯說：『美國代表巴恩斯將此事提交保加利亞總理與外長，要求他們給予滿意的保證，即季米特洛夫的生命，應予有效的保證，以防止威脅他生命的非法政府迫害』。『自五月廿四日開始的談判，迄今均不能令人滿意，該政府已通知英國及蘇聯政府』。季米特洛夫不久以前，是保加利亞農民黨的總書記。格魯稱：季米特洛夫的夫人及孩子已被捕，季米特洛夫的秘書在被捕數日後即告死去。（按：喬治．季米特洛夫與德國會縱火案中的共產黨喬治．季米特洛夫毫無關係，前者係於一九四一年在索菲亞大間諜案開審前逃出保加利亞，他在此案中與其他一些人被控陰謀反對國家，並被缺席判處死刑。

每年的習慣，在大選時候的整個一星期休假，在國開夏稱為『危克斯』在蘇格蘭稱為『法米爾斯』。許多選舉者將離家不能投票，內閣今日在會議上考慮這一問題，及其他許多問題，可能的解決辦法是使這些城市的選舉者，在那假幾天投票，在選舉與揭曉之間有三星期的間隙，在處理這一問題時不會有不可克服的困難。

聯合國反對阿國最烈時 中國與阿根廷建立外交關係

【中央社舊金山二日專電】我國宣佈與阿根廷建立外交關係的消息，正在聯合國輿論反對阿國最烈時候，傳達此間，自從數日前，允許阿根廷參加舊金山會議的問題提出，以前驚於阿根廷政府的不民主，即有嚴厲批評，甚至西半球各國在美國領導之下投票通過，允許阿根廷與會之後，此種批評仍繼續增長。美記者不斷在報上發表專文，揭露阿根廷的內情，說他們尋來較法西斯時代的意大利還壞，紐約時報昨日發表長篇報告，詳述阿國政府大規模逮捕自由主義者，及批評政府的其他人士，並採取種種壓迫措施。社林門繼續答覆危地馬拉記者關於美國對阿根廷觀點的詢問說，他對於此種情勢，不甚滿意，美國希望阿根廷能在加入舊金山會議時，改變他內政現狀，但已失望，事實上美國代表團，對於此一美國主張邀請與會的國家內情之揭露，必感相當窘迫。然斯退丁紐斯上週末報告會議進展的演說，已說明美國代表團贊成阿根廷與會，並非一定表示美國贊成阿國的政變，美國和其他任何拉丁美洲國家，均難再進一步使阿國改變作風，因睦鄰政策，禁止干與他國的內政與拉丁美洲人士說：如會議根據民主或非民主之結構，將與會之四十九國政府一一加以分析，則其結果可能更不堪設想云。

美國兩特使的使命與三國關係

【同盟社斯托哥爾姆卅日電】關於美總統兩特使的使命，各方揣測是在籌備三頭會談，此點各方意見已趨一致。賀浦金斯的使命與戴維斯的使命是有本質上的不同。據路透社倫敦電訊，關於此點三十日作如下報導：邱吉爾。艾登及其他英國要員長時間談後，即與美國駐英大使魏南，昨日訪問蘇聯大使館，與古塞夫蘇聯大使會談，英國政界認為賀浦金斯。戴維斯兩氏的使命，是在進行三頭會談的準備會議，但兩氏具體的目的是不同的，戴維斯是在加強美英兩國間的協力關係，而賀浦金斯則正相反，他是在探求解決美蘇之間諸問題的關鍵所在，三十日晨戴維斯之與蘇聯大使古塞夫會見，意在與賀浦金斯的使命取得聯絡。

以後三年他留在中東，在德軍被趕出保加利亞後，他即回家開始重新組織農民黨，但因此很快與保加利亞工人（共產黨）起了摩擦，後者斥責他企圖在工人與農民間製造不團結，他於今年初被逐出農民黨）莫斯科廣播昨日引蘇方通訊社索菲亞訊稱：『權威方面稱：保加利亞堅持季米特洛夫沒有什麼東西威脅他，應作為保加利亞公民交給保加利亞當局。』

敵稱蘇聯技術家抵延安

【同盟社上海二日電】據到達此間的情報稱，蘇聯技術專家一行廿名，於五月廿五日到達延安，一行被派往延安的目的是指導延安區的技術，以使陝西省農工業更有組織化，他們作為延安政權的技術顧問，將在中國西北的軍事、經濟工作中，將要積極地活動。

中央社報導 蘇聯對太平洋戰爭仍保持緘默

【中央社莫斯科三日專電】蘇聯對太平洋戰爭雖仍保持中立，且蘇聯報紙亦鮮有此一戰場消息報導，但使人民熟悉該方面情形之參考資料，已見於若干雜誌如『宣傳者』雜誌，近刊載一文，論現代之中國同時為共產黨莫斯科省執委會之中央委員會所編輯，專供從事宣傳工作者閱讀之。『戰爭者之×友』雜誌亦載一關於日本之參考長文，該文中作者曾對日本之歷史、地理、政治、財政、工業、及農業等情況，予以說明，談及最近情形時作者稱德國投降之後，盟國已能以其強大兵力與龐大之戰爭物資至太平洋，該項兵力及物資將使太平洋之情勢大為轉變，而於日本不利，關於蘇日關係，作者曾明白指出，日本對蘇聯一貫採取反對態度，彼並引證因日本挑釁性的軍事演習，而發生之種種事件，中立條約之締結與廢止文中，亦曾提及，作者引莫洛托夫致日本大使之照會，以說明通知廢約之理由，但未說明該約締結之原因。

大公報對於改進中蘇邦交的具體擬議

【本報訊】重慶大公報在五月一日社論『歡迎彼得羅夫大使並論中蘇邦交前途』中，對於改進中蘇邦交，提出了如下的具體擬議：（一）為了便於聯合作戰，『現在就應該開始考慮組織一個中蘇英美（或時還包括其與對日作戰有關的國家）聯合參謀團，設在重慶，以便隨時商討聯合作戰的共同計劃。』（二）一九三七年八月的中蘇不侵犯條約是不夠的，『我們以為中蘇之間很可如蘇捷或蘇法之例，締訂一個中蘇互助條約。在這個互助條約中，規定戰時蘇軍[illegible]、戰後內斷然，而中蘇約定[illegible]國界接壤規定了[illegible]，『在[illegible]上，我們[illegible]政府應[illegible]大國的實施孫中山先生的『國內各民族一律平等』的民族政策，給外蒙古及新疆小民族以法定的高度自治權，或竟與外蒙古建立聯邦的關係，同時中蘇兩國本着睦鄰友好的精神，仿美國與加拿大的Rush-Bagot Agreement訂設一個中蘇邊界互不設防協定。』（四）『在戰後的遠東大局上，中蘇應準備與英美共同保障朝鮮獨立，在管理日本上，我們應該合作。這問題……我們中蘇兩國應該先有所籌議。』該報說：對於歡迎蘇聯新大使彼特羅夫，報上天天有文章，『重慶人的這樣熱情，這種招待，較之歡迎威爾基或華萊士時，實在是有過之無不及。』

又訊：四月八日大公報訊，邵力子於七日招待記者，曾主張着手改善中蘇邦交：『（一）加强對蘇聯之認識，（二）加强國內之團結，（三）對某些民族問題有共同之了解。』

美國對遠東的野心

編者按：此文作者爲一美國駐中國十年的外交訪員D．貝斯，其所論列，暴露美國野心無餘。雖爲個人觀點，但亦是以窺見美國一部份人對遠東問題的意見之一種，故特移譯，以供參考。此文譯自去年七月美國讀者文摘。

太平洋地區的前途大概比戰後波蘭、南斯拉夫、法國或希臘所發生的事件對美國具有更加直接的關係。我們在太平洋已擔負起斷人的永久義務。我們已肯荷擔在日本不成爲軍事強國後，在亞洲建立戰後制度的責任。

開羅會議企圖使我們消釋關於這一問題的疑慮，會規定剝奪日人一切帝國屬地，並使之退處人煙稠密的三島上。該會並規定：朝鮮實際上將獲得獨立，而且假定：中國領土不僅將仍完好無缺，而且將予以擴大。

但是，誰將使日本人停留於三島？當穩弱而無訓練的朝鮮人準備自治時，誰將保證朝鮮的獨立？誰將使中國領土完整獲得保持一事，萬無一失呢？開羅會議將其整個遠東計劃建基礎於中國乃四強之一的前提上。但是，我旅華十年，固知中國人民是偉大的人民。但我亦知中國縱有強國素質，究亦不多。中國無現代陸、海、空軍，且無重工業，而輕工業爲數亦極少。建立現代工業國所需之煤鐵油等自然資源，中國亦殊不足，而其他潛在資源最則一貫爲世人誇大。

要我們保證[illegible]亞洲繁榮，並與英美[illegible]某些[illegible]人所認爲的那[illegible]近時東亞、[illegible]不是從門戶開放[illegible]而是從本世紀初便開始的，那時，我們國家[illegible]中國門戶開放政策，並[illegible]宣示[illegible]這一政策，並堅持我們的見解[illegible]重中國領土主權的完整。

但是我們那時就已知道：這類協定只能以軍事力量來使之實現，而美國人民卻不準備使用軍事力量。一九〇〇年拳變時，有好幾個國家佔領中國各省部分：事後沙俄將其撤兵滿洲之保證拋諸腦後，甚至威迫腐敗無能的中國政府，要求更多的讓步。當沙俄設詞搪塞老羅斯福的有力抗議時，我們的國務卿約翰．海氏會感然地說：『我認爲俄國當然知道我們將不在滿洲作戰，簡單的理由就是我們不能』。

可是，有一個國家卻願意在滿洲對俄國作戰，那個國家就是日本，時間是一九〇四年。不過，日本的勝利僅僅是日本的侵略取俄國的而代之。廿七年以後，日人實際上併吞了滿洲。美國政府對此則僅止於抗議及不承認滿洲傀儡國，因美國人民在一九三一年不願對日作戰更甚於一九〇二年不願因同一事件而與俄國作戰。我們已保證保持中國領土主權的完整，然而我們卻不準備動用軍事力量，而沒有這，我們的保證是毫無意義的。

要是中國在一九三一年真已統一，那麼，中國人就會棄置其他一切以抵抗日本的侵略。誠然，他們把力量都消耗在蔣介石和共產黨人間的內戰中。現在時迫勢緊，而且事情如果與未來沒有直接關係，那麼，提它也就沒有什麼意義。偉大的中國人民正慢慢被迫成爲一個準備戰爭的民族。但是，任怎樣同情中國人也不能使我們對中國不是一個強國和至少在『一二代』不能變成強國一事，熟視無睹。在這一二代中，美國有義務（不論其認識到與否）保持中國領土主權的完整，以免爲一切侵略者侵犯。

這樣一來，我們就成爲遠東權力均衡政策的主要因素，即是一個巨大的工作保存中國，只有我們與歐洲帝國主義者，強大的蘇聯和中國人民保持微妙的關係，我們才能和平地履行我們的義務。

蘇聯在與他接壤的一切亞洲地區——朝鮮、滿洲、蒙古和新疆只有天然的勢力範圍。現在中國政府猶未堅固地控制這些地區中的任何一區，最近幾年，它們不是被蘇聯就是被日本統治。日本失敗就意味着這一廣大而且可能是富饒的地區大部分將成爲政治上的真空。蘇聯人必將施行其認爲必要的影響中國人口中能讀寫者不及百分之十。中國農業是原始的，中國殆無森林或已形發展之水力發電。中國對水災控制力極不充分，致每數年即有洪水爲災產生大規模飢饉。其公路與鐵路爲數亦鮮。

不幸的是，中國人民除在對日抗戰中外，久不團結。蔣介石雖已對中國共產黨實行不易有的休戰，然一旦日本壓力消除，難保不爆發內戰。

林德萊（與白宮接近的華府訪員）最近著文稱：『羅斯福先生始終認爲：（一）將中國作爲頭等國家看待，對防止太平洋戰爭發展成白色與有色人種的鬥爭一點，關係至鉅；（二）中國將在一二代中成爲頭等國家。這是高瞻遠矚的政治家風度。』

我敢大膽地說：這種政治家風度未免太高瞻遠矚了。在中國能變成頭等國家以前的『一二代』的時期中，將發生何項事件。掩飾目前中國實情乃一嚴重錯誤，因其將予美人以下述印象：我們現在在遠東所作的就是擊敗日本；日本失敗後，我們就可滾蛋，而將一切交與我們的友人——中國人。這是一種錯誤，因其並未予我們以我們在亞洲正在履行的義務之實質的概念。從而不克使我們準備負起該項義務。

我們在太平洋地區所已承担的義務是强權政治的一種形式，因爲開羅會議之所概括規定的戰後制度是以强權政治爲基礎的。美國和英國提出保證，說要担保與之防衛力的各亞洲國家的前途，在目前這是一個唯有以英美軍事權力爲根據才能實現的保證。蘇聯非延至對日戰結束後，不會表明它在亞洲底立場的。

我們切盼蘇英在會議中國領土完整，使日人被束縛於三島上不能蠢動並指導朝鮮經過一引導到實際獨立的訓政時期中與我們竭誠合作。但是，我們應該記得：一九二二年，我們也會盼望遠東的前途在華府會議上得到解決；那時我們誘使日本參加九國公約，不侵犯中國領土。我們當時所犯錯誤在於相信：這一協定的履行將不需使用美國軍事力量，而且我們甚至把我們在太平洋已經不充分的軍事設備加以削減。

如果我們重蹈覆轍，那就是咎由自取，因爲我們無論怎樣徹底地擊敗了日人並解除其武裝，日人終究是一個好戰的民族，在戰爭藝術上比中國人要更加深巧。由於中國在這次戰爭後更將實際上無防衛力，我們所計劃的亞洲戰後制度唯由經由美蘇英三國的堅固協定始能加以保持。歸根到底，唯有美國人民願意在太平洋無定期地駐紮一支强大的陸海軍，這個制度才能得到保證和以保證其利益。

英國在亞洲也有利害關係，而且比我們的更爲顯明。戰後它將和從前一樣控制印度、緬甸和馬來亞有實利的資源。它將得到在遠東有屬地的其他歐洲帝國——在東印度有屬地的荷蘭、在越南的法國以及在澳門的葡萄牙——的支持。

美國人民將不願意支付實行我們的義務所需的代價呢？如果我們對代價爲何一點仍茫無所知，那麽我們就一定不願意。如果我們允許我們的太平洋政策成爲我國政略的鬥爭焦點以及被感情用事的派別（他們對於我們的主要目標及我們的自身的力量沒有明確認識）所左右……那我們也一定不願意。

例如，就是我們以損害歐洲帝國對東亞屬地的控制爲務，則我們不能期望他們與我們搞得好。我們不能冒險使印度離英、東印度離荷獨立，而且不能期望英人及荷人在保持亞洲均勢中與我們合作。同樣的，我們不能期望蘇聯會保證那中共產黨人開戰的中國之統治，蔣介石在過去曾經與共產黨人我行戰爭，而且將來或將再行之。

日本失敗後的太平洋和平將是極不安定的和平，而且唯有在這種和平有關的一切國家極端謹慎與忍耐可以保持這種和平。美國在這種和平中所分担到責任將需要高度的政治家風度及在該地區爲定期地保持美國的陸軍與海軍。

（丁一明譯）

克羅萊論日寇實力

【美國新聞處紐約卅日電】美國對外經濟處長克羅萊報告日本經濟與工業資源的狀況，說明盟國軍官對敵人實力及實現無條件投降所須克服的困難，並不加以低估、東京、名古屋和日本其他城市，雖已遭大火，但日本戰爭工業大部份仍完好無恙。克氏說：敵人工業疏散計劃，已在加速進行中，若干大工廠已在偏僻地區建立，其他各地則在修建中，相當部份的日本軍需工業，都在未受嚴重轟炸的區域內，例如在朝鮮、東北、及中國華北佔領區，其中可生產三分之一日本生鐵，百分之六十以上的日本鋼塊，及半數以上的焦炭，與大量化學物品，人造油的工廠甚多，目前這些煤油廠還足夠日本殘餘的海軍與商船活動之用，此外東北及中國的鋼鐵生產區域——亦已用方法代替菲島和馬來亞鐵的損失。敵人在他本土上，會在單獨著戰中，因該大量汽油、橡膠、鎳、和其他必需品，將被損失緬甸與荷屬以後，可使日本食物與鋼鐵缺乏。但專家相信：日本目前生產能力足供戰爭之需。

參考消息

（只供參考）

第一〇九一號

解放日報 新華社 編

今日出一大張

卅四年七月六日

星期三

宋子文將返國

【合衆社重慶四日電】大公報訊，行政院新院長兼外長宋子文因此間事務緊急，將於舊金山會議結束之前歸返重慶。

【中央社舊金山四日專電】宋院長今晚在中美工商協會舊金山分會發表演說，謂盼中國在戰後復興與經濟建設方面將歡迎外國之資本與技術，尤其歡迎美國之資本與技術。謂現在中國之最實政策僅爲戰時措置，渠望戰後能大部份取銷。中國政府之最後目標，主要在提高平民之生活水準，相信在自由企業制度下，最能迅速到達此項目標。惟若干重要企業，在戰後最初數年中非私人資本所能指辦者，如鐵路、電報、軍火廠、較大水電廠之類，將由國營。論和平與秩序爲經濟發展之最要條件。至於舊金山會議，宋院長謂：無×、後將感覺完全滿意，而此間之各代表亦不存幻想以爲憲章將盡善盡美，憲章做不完善，但正如人類其他一切制度將在試驗與錯誤之中發展成長。宋院長復在演講中引用蘇聯前外交委員會委員長李維諾夫當德國侵略向奧地利捷克時在國聯中所發表之一語謂『和平乃不可分者』，預料對日作戰結束後，中國人民將因抵抗侵略之成功而充滿信心。宋院長最後於結語中盛讚美國之善後政策。

【中央社重慶四日電】據美新聞處華盛頓一日電，滇緬路工兵隊司令薛德洛克敍述華工二萬名在美方指導下，於五十日內如何修成滇緬路一百廿英里末段之經過。薛氏稱：由密芝那至騰衝之公路，崎嶇曲折，若干山嶺高達八千五百英尺，美空運總隊曾將拆卸之重裝備二百件運往該區，裝配之裝備爲十七噸重新式開路機。由工程方面而言，華軍已完成該公路實一奇蹟。渠稱用手在此種環境工作實一奇事。該二萬工人皆爲有經驗之農夫，渠等共進行約十日挖土之工作，而大部則認此爲不可能者。渠等以自覺全體之時間工作

【美國新聞處重慶三日電】位於湖南東南，距現被圍攻的寶慶七十五英里的衡陽，美國第十四航空隊根據地衡陽被認爲是目前中國作戰的焦點。料想日寇將堅守衡陽，因衡陽是日寇縱貫中國走廊東翼的鎖鑰。衡陽位於粵漢、湘桂兩鐵路的交點上，是一戰略要地，衡陽一旦失守，粵漢鐵路就將被切斷，而日寇由華南、越南、泰國和馬來亞撤退的最後主要道路亦將被切斷。「走廊」東翼內直接通路，由於南寧的失守，而被切斷。由於中國軍隊沿新近佔領的通往泰國邊界的一一〇英里鐵路的前進，日軍現已完全不能使用這條直接通路了。只要日軍能堅守住廣州，那它就能經由處於盟機經常巡邏和襲擊下的危險海道，撤退它所能運到那兒的所有軍隊。廣州有通往北面和東面的道路網。但衡陽及走廊東翼失守，就要使問題大麻煩了。中國游擊隊現亦沿其餘許多道路積極活動着。如寶慶落入中國軍隊之手，則衡陽將受到嚴重的威脅。由於中國軍隊的佔領岩口鎮，現距該日本根據地——寶慶僅十英里。日軍雖進行撤退，但據報，它仍擁有頗大數量的軍隊，可能有二十萬人××××內有偽軍，駐紮於漢口、長沙等後方根據地。如果日軍願意的話（而且這也有很大可能），那它對前美國第十四航空隊根據地——衡陽城能進行長時的猛烈防衛。

日寇報導 我軍在湘贛發展情形

【同盟社大阪某基地五日電】延安政權緊接着對重慶的政治攻勢，延安軍的軍事活動，最近以諸的速度擴大着。帶着延安色彩的全中國的各種武裝團體，已全面地向重慶軍開始軍事攻勢。即是說根據確實之情報，當去年五月我軍在河南作戰，重慶第一戰區遭受潰滅性的打擊之時，賀龍第一二〇師第三五九旅（旅長王震）率領戰鬥部隊四千人，政治幹部二千人，逐漸由附近綏遠皇軍與重慶軍的間隙巧妙地南下，今年一月下旬，終於在平漢路西側之大梧山附近與游擊隊會合，以打通華中華北的連繫。而在此之前，延安政權在去年十月的抗日革命戰時會議上，發出民國卅四年的工作實施最高方針，其中一項計有（一）令新四軍向湖南地區積極活動，用×四軍保甲工作班獲得重慶的地盤。（二）因此，爲了要統一指導武漢地區的延安軍，決定成立邊區黨員委員會，並再擴湘鄂皖邊區，擴大過去的豫鄂邊區，新設豫鄂皖湘贛邊區。因此突出工作部隊途動員該班的全體政治人員，與土著的第五師一齊拚命地進行外圍工作。

，鋪築期工作七日竟無怨聲。該路於今年一月間已完成。

【中央社綏西某地四日電】省府為發展伊盟教育，特在東勝縣設立河西師範學校，已開始招生。

【中央社成都四日電】中央軍校特別黨部為奉行六全代會決議，已通飭所屬限六月底前結束。

中央社一週參考事項

各分社主任、各特派員均鑒：本週參考事項如下：（一）一中全會業已閉幕，總裁閉幕詞所指示各點極為重要，各地務須遵照指示，不斷宣傳，方能使民眾切實了解此次六全代會及一中全會之成就。行政院改組，為一中全會最重要之人事決定，宋院長不日即可由美回國主持政務。至政府各部會之人事，當不致有大變動。中央黨部各部人事因組織變更，當有若干調動，大約下次中常會當可決定。（二）舊金山會議，因蘇聯對於安全理事會秘書長之選任及國際法庭無強制權問題提出新建議，故會議又有停頓之勢。我國所堅持託治之最終目標在獨立之主張，經過會議之奮鬥，終得通過，雖有若干修改，但於大旨無關，可謂為我國之一大勝利。會議本定六日閉幕，現延至十一日恐難結束。（三）歐洲戰事方告結束，而法對敘、黎二國突用武力迫其取消獨立，英美有保證責任，當然不能坐視，故兩國協商後，由英聲明決以實力支持二國獨立，並要求法軍退回兵營，以待磋商（密碼卅一字）。此事[illegible]張，但不久必可解決。因英美態度甚為強硬（密碼七字）。（四）德國投降後，盟軍管理委員會尚未正式成立，英美蘇各派該戰場之最高統帥為代表組織該會，但今後難題過多，軍人是否能解決曲折複雜之問題，頗成疑問。（五）日寇求和消息業已沉寂，乃必然結果，因其一二私人之談話，自無從引世人注意之理由。盟機屢炸東京、大阪各工業城市，敵人損害與日俱增。三個月後規模必更大，頗有僅用空軍即可毀滅敵人之勢。因敵國城市稠密，[illegible]不特，燃燒容易，救護甚難，現美軍正以包圍式之轟炸方法向其進逼。敵利用自殺性之飛機及×人魚雷××××，美所受損害雖不小，但敵人也承認一損失一艦立即補充兩艦，損失一機立即補充廿機，其時間已充分暴露敵無法抵抗之情緒××。編輯室二日

黔桂鐵路開始修復

美軍稱該路為目前作戰的據點

【路透社重慶五日電】美軍供應部總部稱：黔桂鐵路已開始修復中

由過去在武漢周圍地區建立的二十三個縣政權，至本年三月已擴大到四十個縣，已經完成了周圍廣大的外圍路線。另一方面，其戰鬥部隊於本年年初渡過長江，由粵漢線西側南下，進入湖南省，四月初旬突破湖南、江西省境，到達了煤礦地帶的萍鄉，目下正企圖向該地南方之要地蓮花及湖南省東部茶陵前進。連日以來與該地週圍的重慶軍發生衝突。另外由湖南省衡陽方面前進的一隊，則向西南前進，現已進抵茶陵周圍，在該處亦與重慶軍連日發生小規模的武裝衝突。這樣，延安軍對西南及東南中國的滲透工作，是以驚人的速度展開着。延安軍要返回其舊地——湖南省（？）瑞金的企圖已經明顯。（下掉一段），蔣介石已向第九戰區副司令長官兼第三十集團軍司令王×貴發出指令謂：『對日軍的抵抗可暫時停止，應以全力阻止延安軍的南下』。

范予遂著文論

國民大會與聯合政府

【本報訊】范予遂在貴州日報上自五月五日起發表『六全大會面臨着四大問題』一文，只登出第一版『怎樣還政於民，實施憲政？』其餘部分『因故暫緩刊登』（五月七日貴州日報啟事文中主張國民大會應有一百二十名共產黨的代表，並在國防委員會內增加各黨派代表數人及於行政院內一二部邀請他黨擔任，並於國民大會召開後成立英國保守黨式的『聯合政府』。范氏說：六全大會應解決國內政治問題，避免分裂。於論及以為九年前之國民大會係國民黨一黨包辦時，他說：『我們不能否認九年前選出之代表實不能完全代表現在的民意，不過我們還不能否認已選出代表之合法地位而隨便予以抹殺。』依舊選舉法，各種『選舉』代表一千二百名，指定二百四十名，再加國民黨中監執委為當然代表三百四十名，共為一六八〇名，范氏主張增至二千名，其中已選出九百五十名，除假定附逆死亡五十名外，九百名仍有效，並主張廢除指定及當然代表（中委可列席），則共有一千一百名，可『表示政府尊重民意』，這一千一百名代表則作如下分配：『（一）未選出之二百五十名，依舊法續選；不能選時則用指派以外之任何方法產生之；（二）各省參議會選舉三百名；（三）各黨參政員三百名；（四）中國共產黨選舉一百一十名；（五）國社黨、青年黨及其政團一百名。』至於國民大會組織法，主張除頒佈憲法外，即同時『選舉總統，成立民主政府。』至於國民黨『還政於民後是一黨執政呢，還是組織舉國一致的政府呢？還完全決定於國民大會。』又說：『如果國民大會『同時也願

其他黨參加聯合政府之外，國民黨亦應繫急。英國的聯合政府……一九三一年以來的所謂國民政府，是保守黨的乘，弄得工黨，自由黨進退維谷，使它的旗幟在民衆之前不鮮明，在大選中保守黨總是佔勝利。……國民黨在還政於民以前，終於訓政之遺教，這種爭欲學而不得，如還政於民後，國民黨仍爲執政黨，就是他黨不要求聯合政府，國民黨亦應竭誠邀請他黨參加政府，這於執政黨就有利。」關於共產黨要求召開黨派會議與組織聯合政府，范氏說：「各黨各派不必在此短期內作堅逼國民黨之舉」。他引用蔣的話請可改立『聯合內閣』。」范氏要求六全大會務求這一爲謀全國『統一必團結』的方案之實現。「即共產黨或因軍隊問題不解決，不願參加，亦務使其他黨派能够參加。我的意見，爲不設新機構，就最高國防委員會內增加數人，同時行政院內，以一部或二部事務邀請他黨領袖担任，或比政務委員會在他黨中較實際，而考慮接受。這是羅斯福邀請共和黨參加政府的辦法，不是邱吉爾邀請工黨、自由黨組織聯合政府的辦法。這樣各黨各派獲其實，國民政府並沒違反了建國大綱。到十一月國民大會召開，國民黨還政於民，一切問題都可由國民大會解決。」

敵稱美軍損失重大

「同盟社蘇黎世五日電」沖繩水域的美國海軍，因我特攻隊的相繼攻擊，遭受極大損失，美軍當局盡量宣傳其損失之輕微，但美軍在該區域的損失，實際上是累積增加，這一事實最近已由中立國家所承認，××軍事專門家，對上月三日美海長福萊斯托關於太平洋岸的造船工人一萬五千名，要求努力修理艦一事，極爲重視，日軍航空部隊在沖繩島附近攻擊艦船，獲得了極大戰果，而美國艦隊的損失，從美國海軍當局承認一點看來，不難推測是一個很重大的問題。

霍浦金斯延期返美

「同盟社里斯本四日電」美國大總統杜魯門的特使霍浦金斯，於五月廿五日抵達莫斯科，曾會見蘇大林委員長，煞費苦心地從事調整美、英、蘇的三國關係，霍氏預定於六月一日歸國，現已延長至四日，處於不能起程的狀態，杜魯門之所以特別派遣霍浦金斯至蘇聯，可能是爲了圍繞着波蘭的紛爭，佔領德國問題及其他問題，××蘇維埃政府的×××，逐漸引起美、英兩國間的猜疑和不安，乃以取消租借協定滿期爲契機，調整與蘇聯的關係，並接洽舉行三巨頭會議的工作。

領袖們。

傳英政府接受戴資方式 建立代表民衆的印政府

「中央社新德里三日電」據密傳而未經證實之消息，明日返來之魏菲爾，已說服英國政府使其認爲按本年一月印度中央立法會議及對派領袖戴資提出之方式，在印度中央方面建立一更能代表全體民衆之政府，除一二例外，該政府將諸印度各政黨領袖之手，以代替目前公認爲不能代表民衆而由總督直接管轄之行政會議，但不改其名稱，戴資之建議，係使在中央政府及各省政府中國民大會派及回教同盟各有百分之四十之代表，其餘百分之廿則歸諸其他較小之黨派，總督歸來後是否立將宣佈英王對印度問題之一般政策，尚難斷言，若干負責人認爲×在發表的×××之行政會議及印度諸政治領袖會議。

「路透社倫敦二日電」英國銷路最廣、消息靈通的雜誌——新聞評論，反映『印度工業家抵達英國的特徵是對印度事務日益增加的關心』。最近一期新聞評論以整版刊載工業家的到來。新聞評論刊載一文題爲『斯開爾、馬．塔塔來至本城』以巨大篇幅論述塔塔的父親詹什塔塔提高印度工作××條件所作的工作。同一雜誌通訊欄並刊載關於孟加拉省饑饉的通信。布拉克翰英一個作家荼勒說：『就我在印度二十五年所知悉的，唯一藐視配給的人民是富足的××印度人，他們在假日經過神秘的方法能够招待一百到五百家人，而法律不容許招待五十家人以上。』

敵稱整個歐洲處於饑饉與無秩序狀態中

「同盟社東京二日電」德國失敗以來，行將一個月了，但整個歐洲還是苦悶於無秩序與民衆不安心的旋渦中。茲綜合到達此間的各種情報，來看一看美英殘忍無比的歐洲佔領地與血腥的歐洲佔領地的現狀，（將於德國的控制政策）如何處理德國，在雅爾塔會議中已經決定了，根據協議的結果處理德國是由在柏林設置的美英蘇三國共同組成的中央管理委員會來執行，現在三國的佔領邊界，大體上是沿着北部德國的威馬爾、威頓波格、特爾瓦（譯音）、德吳斯頓、布拉格一綫劃分的，但三國尚未決定在佔領地採取如何具體的共同政策，美英的佔領地軍政方針，因根本尚未決定，因之不得而知，大體上英國對德佔領地的政策，是採取這樣的方針，即以約二千名的英國軍政官統治普魯士、萊茵區

同盟社報導黎巴嫩糾紛的經過

【同盟社東京六日電】黎巴嫩糾紛，在英國干涉之下，法國駐軍雖於五月三十一日停止了戰鬥，表面上好像告一段落，然而這一事件，到求得根本解決為止，還將是非常曲折的，在這事件的背後，實際就是阿拉伯民族追求完成獨立的熱望，和相互矛盾着的英法兩帝國主義的利害衝突，加之雖還沒有出動兵力，卻表示着非常關心的蘇聯，致使這一事件的發展，複雜而且微妙，其經過情況如下：在兩週以前，戴高樂以加強遠東戰場的空軍基地敍利亞防衛為藉口，增強駐軍後，黎巴嫩的形勢，便驟然緊張起來，大馬士革市，大馬士革各地，不斷發生當地居民和法國駐軍的衝突，及至法軍砲擊大馬士革市，英國政府發表聲明稱：英國對於法軍的行動，非常遺憾，英國除要保證其獨立外，就自身而論，亦有害於在對日作戰中，重要空軍基地敍利亞，黎巴嫩的治安。這一聲明不啻聲言英國是要全面支持陷於僵局的阿拉伯聯盟的反法態度，因而曾一度聲言準備和反對法國的阿拉伯統一戰線進行協商的戴高樂非常憤慨，廿六日聲言對敍利亞、黎巴嫩在第三國影響下發生糾紛，表示遺憾，然而法軍終於在英國堅迫之下，於卅一日停止了戰鬥，隨後敍利亞總統於六月四日接見記者時，強硬表示法國駐黎巴嫩首席代表，和法駐軍司令，是衝突的罪人，應付諸審判，而戴高樂亦於四日會見英美蘇三國駐法大使，商討解決辦法云。

【同盟社里斯本四日電】開羅來電，阿拉伯聯盟會議為決定阿拉伯各國對敍利亞、黎巴嫩紛爭的態度，乃於四日夜間在開羅召開會議，各代表都猛烈地攻擊法國，要求採取斷然行動，明確地表示了反法態度；據必要時，將以聯盟的名義，採取與法國絕交的強硬措置。

美孤立派份子魯斯汚衊蘇聯對印政策

【路透社莫斯科三日電】拿出布爾塞維克魔影來破壞盟國團結的企圖，——這便是蘇聯報紙如何描寫克萊爾·伯斯·魯斯上週在華盛頓的宣言。後者說：除非英美採取共同的步驟來在一定的期限內給予印度獨立，則印度將在十年內併入於蘇聯。蘇方報紙對魯斯所特別提及的蘇聯在印度所鼓勵的活動，並沒有正式否認，人們可以說：蘇聯雖然的確表示關心印度（及其他國家一起），作為與大民主化之時機業已成熟的國家，但此間最密切的非官方觀察家們，絕看不出蘇聯干涉印度內政的任何象徵。同時也無任何象徵表示蘇聯在喀桑或其他處訓練紐下士作的

、漢諾威，不約蘇徭格、荷爾斯泰恩、各佔領地區的二千萬德國人，自五月三日起，在倫敦召開關於戰爭罪犯的國際會議，懲罰戰爭指導者，而關於德國的工業××，則在每一平方哩內進行嚴格的調查，凡將來有爆發戰爭危險的中心地帶，都一一毀滅之，對於德國國民則限制食糧，施以指定教育，不准自由地選擇讀物、影片，對於外出亦加以限制，對於破壞法令的人則槍殺之，進行非常嚴峻的彈壓。美國的佔領地政策，亦不是他們所經常標倡的人道主義，對德國人採取殘忍無比的饑餓政策，它供給歐洲佔領地域以糧食，但卻否定撥糧食給德國人，連一兩食糧也不分給德國人，從蘇聯佔領州帶逃往美軍佔領地帶的人，加上俘虜，據云共有×百萬名，再加上居民，因而擁有龐大數量的人口，但截至現在為止，在整個美英佔領地域，在糧食方面尚缺少一千二百萬噸，戰爭使農村荒廢，處於青黃不接的情況下，因此食糧的不足日趨激化，每天都有數十人餓死，這種情況甚至亦波及法國與荷蘭，歐洲的糧食不足非常嚴重，幾乎是處於絕望的情況下。

（歐洲的危機日益增大）——從此種黑暗與絕望的狀態中可以看出，它是對於美英霸道政策的一種咀咒，並希望一種新秩序的出現，以如此的惶恐不安為背景，在美英集團與蘇聯集團的對立上投入了可怕的暗影，蘇聯在從歐洲東部與中部、從葡萄牙到亞得利亞海建立漫長的防綫範圍下，已着手將東戰略要塞綫，如（一）南斯拉夫要求佔領的里雅斯特、（二）蘇聯要求佔領波荷爾姆；（三）華沙政權佔領法蘭克福、阿姆、奧德；（四）奧地利成立雷納爾政權；（五）佔領哥尼斯堡，蘇聯的聲勢，將使整個歐洲捲起新的暴風雨。以這些問題為焦點，美英方面也更加強合作以對付蘇聯的攻勢，拚命地在西歐建立美英集團，以備將來，但還不能認為美英蘇三國此種微妙的政治動向，將立即表面化，圍繞着美英與蘇聯的國家群，將不管其喜歡不喜歡……美英蘇三國的矛盾將隨着時日的延長而趨於表面化、趨於激化。

美軍政府總部的爆炸事件

【同盟社里斯本四日電】不來梅來電：在不來梅的美國軍政府總部（原文如此，恐係同盟社發錯，美軍政府應在福蘭克福——譯者），於四日，為兩次大爆炸炸毀，炸死美人及德人共十五名，另有八十人負傷（包括美人及德人），發生爆炸的建築物，曾為德國警察署的宿舍。

參考消息
（只供參考）
第九〇二號
解放日報社編
今日出版一大張
卅四年六月廿七日
星期四

外籍記者招待會上 陳誠暗示將發動內戰

「中央社重慶六日電」外記者招待會六日下午三時舉行，陳部長誠主席，吳次長國楨，張參事平群出席主持。陳部長發表談話謂：本人自到軍政部，恰恰半年，在此半年中，自認所可告慰大家者（一）軍政部及各戰場幾個與魏特梅耶將軍及其所屬部能密切合作；（二）從開始整軍以至現在各部隊之充實與生活之改善等，均能按照預定計劃逐步推行；（三）整編後之各部隊已於此次湘西戰區表現其作戰能力；（四）美國對中國租借武器近來已增加，本人可以向盟邦切實保證的，凡租借法案所得到的武器，無論一槍一彈，均用以裝備打擊敵人的部隊，但如中央部隊遭受不友好之部隊襲擊時，若望中央部隊不用其所有武器自衛，亦爲不近人情之事；（五）諸位關及現在敵人在中國戰區縮小區域的程序，本人以爲還是要看盟軍各戰場所加於敵人之壓力大小來決定的，我可告訴各位，從現在起，中國軍隊所加於敵人的壓力，必將一天天的加大。外記者問在抗戰大後方各地，有無中國公私自辦之慈善機關，重慶有無需費可免費治療之醫院，若有是否民衆知其所在？張參事答，尊老憐貧，爲中國人之美德，各市縣之慈善團體，如善堂，義倉，育嬰所，救濟院等，總數可以千百計，其事業則參差不齊。

讀柏德認爲 美軍應進攻濟州島

「合衆社重慶廿日電」日本問題專家讀柏德在世界日報上發表一篇文章說：太平洋美軍下次進攻目標將爲濟州島。該島在朝鮮南尖端以西四十五哩。距日本本土九州一百五十哩。讀氏說：濟州島乃是日本帝國的咽喉，如若濟州島握於美軍之手，則日本共榮圈整個中心地帶，從日本本土到朝鮮東部，滿洲，內蒙古北部，中國西北部及東部均在[illegible]

華北敵佔區學生 被敵驅使參加生產

「同盟社北京三日電」作爲強化自給自戰體制的第一步工作，北京大使館決定自六月一日起，全年地動員學生，期間爲一年，以便使學生向增產戰線上出動。在北京，中等學校以上的日本人男女學生二千五百名，已陸續參加到工場學園中去。已於三日上午九時起，舉行[illegible]會北京支部主持的送行會。

「同盟社廣州二日電」爲了對付目前的決戰階段，以及活躍與加強適應當地情況的報導宣傳，與陸軍部下的工作，此次統一並加強在廣州的陸海軍與大東亞省聯絡該地的報導機關，成立華南報導部。該報導部已於一日起成立。該報導部由田代帝總公使任總裁，担當報導統率的責任。關於各個職員及其他人員，則由過去的報導機關人員担任之。

「國通社間島四日電」政府爲謀強化東滿地方行政，特行改編東滿地方行政機構，因此×東滿總省，而將牡丹江省區域與東安省區域合併建設一東滿省。舊東滿總省業於卅一日舉行撤廢式。間島區域則×恢復從×之間島省，遂於一日舉行開廳式，於茲我間島省乃顯現強力姿態而踏上新途徑。（按國通社係國家通訊社之簡稱，爲偽滿之官方通訊機關——編者）

國民黨六全代會形形色色（二）

「本報訊」各報所載關於六全代會開會情況記載如下：各派頭之宣傳的與組織的活動：大會一開幕，『政治性的傳單到處飛』（五月六日大公晚報），散發了許多報紙雜誌和小冊子，除掃蕩日報等報外，還有孫哲生的『我們唯一的路綫』，鄧飛黃、徐佛觀、蕭作霖三人合著的『黨的改造芻議』，以及華愛×（不清）的『備忘錄』，『健強本黨農工政策之我見』，『復興中國國民黨建議』等（五月十二日昆明掃蕩報，同日雲南大剛報）。至於組織上的活動，大公晚報五月五日載道：『會前之會，夙夜匪懈，一心一意，爲人前鋒——會外之競選宣傳，熱烈而多樣』。五月八日大剛報重慶專電：『有把參加全體大會的人分爲三種者：一乃「坐轎者」，即競選中選者；一爲「抬轎者」，不競選之代表是也；大會的職員則被呼之爲「提燈籠的」……許多提燈籠的入會場聽一次，名之曰「作一次紛色紅樓夢」』。『代表有做人的困難，競選的人都要向他追求、戀愛、訂婚、發生關係，有些代表拿自己競選來搞鬧。』（五月十一日昆明『正義報』寅嚴訊）五月八日，『競選進入白熱化，隨處聽到『分轟炸機航程內。如果美軍拿下濟州島，則日本與亞細亞大陸的海上交通，將完全被截斷；日本與中國之航綫將被切斷；日本本土經過對馬海峽與朝鮮的交通，亦將被切斷，而致日本於完全孤立。濟州島在美軍手中，則日本不單要[illegible]病，而且血液會完全停止循環。從這濟州島，美國可以致日本於死命。難道美國的戰略家還不知道這個嗎？他們最好趕快打擊這命運點，而不要去作[illegible]之戰。

宋子文在舊金山宴各國代表

『中央社舊金山五日專電』宋院長本日於皇宮飯店舉行午宴及晚宴，招待若干外國代表團中首席代表南非聯邦總理，阿比西尼亞總理，敍利亞總理澳洲副總理，及利比里亞副總統等。哥斯達黎加、捷克、厄瓜多爾、玻利維亞、海地、巴拿馬及聯合國各國外長亦應邀參加。

『中央社沅陵五日電』濱湖及湘西各縣，月來亢旱，農田龜裂，米價陡漲，災象推廣，各方呼籲迅速救濟。

『中央社六日電』陝全省各縣今春新麥豐收，粒粒飽滿，為數年來所未見。目前各地市價每一百斤僅三千元左右。最近十日來，全省普降甘霖，禾苗盛長，一片蒼綠，農村充滿豐年氣象。

『合衆社紐約五日電』今日此間中央鐵路公司開始訓練中國工程師十二人，以便[illegible]戰後回國從事鐵路之管理與裝備。各工程師皆由中美各大學畢業，並獲得土木工程、電器工程或機械工程學位。

國民黨修成寶雞——天水鐵路

『合衆社重慶四日電』中央日報報導，一百七十二哩新的鐵路綫業已完成，該綫從中國西北部陝西省寶雞至甘肅省天水。雖說該綫雖然很短，但由於路上多山須通過一百廿個隧道。新的寶水綫乃是現有的橫貫北中國的隴海路的延長，據說延長的目的為第一，開發西北邊疆，第二，開闢通至『國際通路』。可以記得，自從隴海路大段被日本佔領以來，西段即從黃河河灣上潼關向西至寶雞仍在中國手中。並在八年抗戰之後，自由中國所控制的鐵路總長已微不足道，其餘全為日本佔去。為了打通通蘇國際通路，延長隴海路到甘肅省省會蘭州然後又到新疆，久已成為中國的野心，但是戰爭阻礙了建築工作。從西北到新疆及蘇聯的中亞細亞，全靠公路可通。為了建築寶雞到天水短短一段的鐵路，已有十萬工人在那裏工作六年了。』

評論』，代表見面常常互相詢問：「昨天某某、[illegible]開會，你到了沒有？」』（該日大公晚報）『代表競選中委者正緊鑼密鼓，會場外展開游擊活動』。（五月八日貴陽中央日報載重慶專電）關於這些競選者的派別，就代表而論，CC顯然佔很大優勢，在五七三名代表中：各地黨部（CC控制）選出者佔二七七人，軍隊黨部（復興控制）一一〇人，海外黨部（主要CC）八九人，青年團六〇人，特別黨部二五人，學校黨部一三人。但『中委問題，傳說不一！惟將增加婦女、專家、學者及軍人』（貴陽中央日報五月七日載重慶專電）。到了十日，『中委請求熱已漸減低，原因是大局已定，彼此心裏明白』了。（該日大公晚報）至十二日，則『代表中競選之不公開名單，逐漸發現』。（該日新民報晚刊）這時已是活動做專員之類了，如十一日翁文灝報告經濟時，『大部份代表均在會場外大肆活動，見朋友即曰，「老兄請幫忙，我活動專員。」』（五月十二日大剛報）除CC、復興等[illegible]外，還有所謂留日同學會者似乎也進行活動，據五月八日大公晚報載：[illegible]是大會上最忙的一個。留日同學會前於三月廿一日改選理監事，五[illegible]監聯席會，戴院長爲理事，常務理事，理事長』。關於『競選[illegible]五月九日的大公晚報『小雜感』寫道：『這幾天，為名位而[illegible]各種手段，想盡各種門路，鑽鑽營營，連帶『跑腿』『拍馬』[illegible]行，不遑寧處，猗歟盛哉！』

[illegible]論內戰：這無疑是國民黨六全大會的最重要的項目，就是在重[illegible]會上也還透露了一些材料。在大會前，即有所謂『收復華北』[illegible]動』的集會。據四月十六日『遼東報』載：『冀魯豫（旅渝）[illegible]在望之際，認爲應加强『團結』『謀桑梓福利』，特舉行盛大[illegible]會，到孫份魯、李仙洲、李延年、朱文和、武岐峯、侯鏡如、[illegible]，當推張樹聲致詞，說：冀、魯、豫共爲華北一塊土，旅渝人[illegible]團結』，互助策勉，發揚中原正氣，幽燕豪俠，協助政府收復[illegible]老兄弟姊妹於水深火熱之中。現華北人士，正力圖救濟運動之推[illegible]大會閉幕的一天，『保衛通衢遍貼「三民主義信徒團結起來！」[illegible]標語，觸目驚心』。（五月五日大公晚報）按：這個『標語』，乃[illegible]分裂第一次國共合作時，戴季陶在共『中國國民黨與國民革命』小[illegible]的動員口號。而在這次大會中，戴季陶是『最忙的』。大剛報五月[illegible]：『戴院長夾皮包到會，大家說：都市淨土的「擴收大計」

。」戴氏又爲大會宣言起草人，「傳戴氏爲宣言構思，有時通宵失眠。」（五月十三日新民報晚刊）有的報紙透露了一些反動派發動反共仇恨的活動，如五月九日，「山西代表特別注意到陝西邊境之防奸防諜問題」（該日大公晚報）。五月十日，某代表發言：「淪陷區有三桿槍的就稱王，五桿槍的就稱霸，甚至有專打國軍的還標榜抗日」（貴陽中央日報五月十一日）。五月十二日大會上，各「淪陷區」代表報告，「魯省」代表特別裝洋蒜：「魯區代表報告陷區工作情形，痛哭流涕，泣不成聲」。（五月十三日貴陽中央日報）但該報在前面加上一個虛僞的帽子，說是：「綜合各（陷區）代表的報告，認爲國內團結的前途，尚待努力，本黨對此，仍本容忍初衷，一切均處以寬大」。可是下面又說：「晉省代表報告工作概況時，要求本黨警覺，多多吸收軍警革命同志。」（同上）在這一次國民黨中委的分配上，特別反映出了這種陰謀：五月九日，「有人提議：華北籍中委應增加，以示中樞重視之意。」（該日大公晚報）五月十二日該報又載稱：「據可靠視察，下屆中委中，有戰功之軍人，在淪陷區工作成績優異之黨員及邊疆人士所佔比數，比較上次爲多。」

提案與質詢種種：可是，代表大會上，一般代表的情緒，無寧是對國民黨政治腐敗的不滿。新民報晚刊（五月十日）說：「全場一般情緒：每逢有人談到貪官汚吏，投機份子，發國難財等詞句時，必有一次大鼓掌。」五月七日，「下午吳鐵城報告黨務後，各地代表質詢，多理直氣壯，總裁連連說質詢時態度要和氣」（五月八日大剛報載專電）。八日「質詢一幕有聲有色，劉不同氏從黨員月捐，資金案子一直質詢到糧食部的風紀問題。劉健羣建議三點：（一）黨應建築在農民中；（二）黨員的質量應重於數量；（三）黨的賞罰應該特別嚴明。」（五月九日大公晚報）在九日的熱烈質詢中，「何浩若痛斥官僚資本，還說：「本人作代表這是第一次，也許是最末一次。」「某代表說：「政治報告完全是一本流水賬」。整個的政治質詢偏重貪汚檢舉，資金無弊，花紗布黑幕重重，淋漓盡致」（五月十日貴陽中央日報）。五月十日，「某代表對軍事報告說：「聽了兩小時，一句也不懂」。」（同報五月十一日）。經過蔣介石訓了一頓之後，質詢少一點了。五月十二日，「經濟報告後，無詢問者。」（該日大公晚報）。但討論提案時，爭論又熱烈起來。據說何應欽在五月十一日（就是說在海外華僑代表提過之後），領

邱吉爾演說原文

「路透社倫敦四日電」邱吉爾於今晚廣播演說（它標誌着英國選舉運動的揭幕）中，激烈攻擊社會主義政策，他稱此種政策「與英國的自由思想極不相容，而且不可分地交織着極權主義。」此項演說是英國廣播公司將在今後數日內發表的各黨派領袖一系列演說的第一個。邱吉爾於宣稱鼓舞過去偉大自由領袖的自由主義情緒幾乎沒有一點未被我們繼承與保衛後，問道：爲什麼自由黨不能繼續和政府一起，至少等到擊敗日本以後呢？他說，「我很抱歉地告訴你們，他們已屈服於一種策略上的誘惑，不顧一切代價，以爭取下院更多之議席。他說他原盼聯合政府直至維持至擊敗日本之時，工黨多數人士亦可繼續共同合作，但整個社會主義黨派，若干時來即亟欲致力政爭（俟多數我士見及此點後，彼等乃不便否認其意圖何在矣。）因此，我便成立了正如人所說的我兩年前所將成立的另一種國民政府，這個政府不是依靠於三個官方政黨的協議，而是依靠於保守黨和那些決心爲國服務的任何其他黨派中或無黨無派的善意之人。我要求全國所有在思想中忠誠地把國家放在第一位之人的支持。這是國民政府。我將作爲保守黨員及全國的候選人堅持下去。有些人可能亦稱他們自己是全國的或自由的全國候選人，那些支持我們的人在投票那天，應當寧可選舉全國的，而不要選舉黨的。邱吉爾說：他對自由黨的行動特別抱憾，因爲他的政府和自由黨人士之間，沒有和社會主義者之間那樣的鴻溝。任何自由黨過去什麼時候能提出包含在我們四年計劃中的那樣宏大、那樣熱烈、那樣大胆的社會改革政治綱領呢？邱吉爾於斥責自由黨已陷於不惜任何手段以便在下院獲得更多席位的誘惑中後，呼籲自由黨人士考慮考慮：是否熱愛自由並譽爲正義、寬厚和諧媒介的政府，不比社會主義黨政權（它的原則是絕對否認傳統的自由主義）更忠實於祖先嗎？我必須告訴你們，社會主義者政策是和英國自由理想不相容的。雖然現在它主要是由人民（還些人對本世紀××過去的社會主義及過激主義具有良好的××）提出的，但毫無疑問的，社會主義是不可分離地攙雜着極權主義，並反對崇拜國家。（缺）看看吧，甚至今天他們是如何渴求每種事件的控制權吧，好像這些東西是可口的食物，而不是戰時的懲罰。任何人在其一切生活行動中均必須服從於一個國家。這個國家將是大僱主，大設計家，大統治者和大政黨會議的首腦。社會主義國家不能××（缺一段）。社會主義在本質上不但進

衛提了一個動用三萬萬元美金案，事後何應欽還以此誇示於人。同日『吳奇偉提請政府沒收國難期間之過份利得。』（五月十二日大剛報）。後來據五月十七日益世報載：『辯論最熱烈的是關於黨員財產登記問題，有人認為這不易實行。陳逸雲大談良心，說有良心的黨員一定會登記』，終於通過。其他較重要的財政經濟提案如：『趙蘭坪提出整頓幣值案，討論最熱烈，但關係重大，留待日後深長研討。另一熱烈討論的問題為銀行問題，有關銀行的改革與加強，送請政府參考』，均以不了了之。（五月十日益世報）

學生代表的希望：這次大會，國民黨故意『選』了三個士兵、一個排長、一個連長作為代表，並大加宣染；此外，還『選』了九個學生做代表，蔣介石還在曾家岩中四街路官邸對這些學生，特別予以召見，要他們回校後，『起示範作用』（五月十日益世報）。中委邵華作了這樣的提議：學校增加班次，多收學生，多愛護，少開除；增加教育經費，來『爭取青年』。但教育部長朱家驊却提出『及齡學生應勉勵從軍，但不及齡者決不可強迫』（同上），也就是說，及齡的學生是要強迫從軍的。很有趣的就是這些國民黨學生也提出了他們的意見，『學生代表陳光宗提出，希望大會對救濟青年有確實圓滿的辦法，目前青年確太苦悶，他們的希望太大，大會決不可使他們失望。』（同上益世報）關於學生代表的希望，五月十七日的益世報又作了報導：『綜合各學生代表之意見如次：（一）希望誠懇還政於民；（二）注意選舉能執行新政綱之人選；（三）對於學校黨務上的困難，希望當局注意解決；（四）希望此次大會之收穫，為黨之徹底改革，將黨內之腐化敗類以及小組（織）小派（別）一概消除，大家都把性命獻給主義，精誠團結；（五）徹底刷新政治，剷除貪官污吏，提高行政效率；（六）真正實行民生主義，消除官僚資本；（七）選出之中央執監委員，要為黨（員）及一般國民崇敬景仰者，以便一新國民耳目；（八）希望大會一切決議案都能適合時代需要，符合人民願望的。』

又傳日本和議

『法國新聞處巴黎五日電』據巴黎方面所獲情報並與不久以前流傳的謠言相反，日本故首相近衛公並無於不久將來赴莫斯科之意，但蘇京仍盛傳謠言，又說蘇聯將受日本委託，轉達和平建議給同盟強國的使命。雖然關於這種謠言尚未獲得證實，但其根據係出於蘇駐東京大使現在莫斯科，致使這種謠言傳頌動不息。

攻美國的企業而且進攻普通的男人和女人的權利。（缺）我衷心地告訴你們，任何社會主義制度，如果沒有政治警察的話，是站立不起的。許多贊成社會主義或選舉社會主義者的人們將為這種思想嚇倒。這是因為他們是近視眼，是因為他們未認識他們的理論將把他們引導到那裏去。（缺）這些社會主義者將退而依照於某種形式的蓋斯塔波。（缺）

邱吉爾以警告聽衆社會主義政府不顧事實與表象開始忠弃英國信譽的結果之後說道：『新國民政府決心主張維持英鎊的購買力，我們與其陷於通貨膨脹的迷亂中，勿寧使一切階級貧富一樣擔負他們所能承擔的最重的賦稅重担。我警告你們，如果你們投票選舉我及和我一同工作的人們，我們不能保證繁榮舒服的日子。另一方面，你們不要期望金錢變成毫無意義的象徵，相反的，我們的決心將是由血汗勞動與技藝所獲得的或由自我犧牲所儲積的一切將支配任何和平產品的力量，這與在血汗勞動與技藝中×××具有同等價值。我們並將反對獨斷的經手佣錢，以控制獨斷保護平民，獨斷的作用僅限於壓抑較小生產者與分配者的貿易。邱吉爾提及依然應完成的任務——復員問題，組織結束對日戰爭的軍隊，糧食，衣服及各種物品的生產，及四年計劃的發展，並宣稱：『我所認為應跨過這一整個與社會主義野心的激昂爭論達到重行解決與重新組織的××事務，讓那些社會主義的作夢者停止其夢魘，讓我們滿足於去作負在我們身上的繁重工作。並且讓我確知戰士將返回的茅舍家庭係所有的適度的但却是可靠的繁榮。將××與防止不幸』英國人依然有計劃他們自己及他們所愛的人的生活的自由。（編者按：中央社譯文中有以下一段，本社電文未曾譯出：邱吉爾說，余所支持者，乃個人在法律限度內之主權自由，法律係經自由之方式通過，且自由選舉議會。余所支持者，乃普通人民能不畏強大勢力，自由發表其對政府之意見，余極擁護此項權力，吾人反對獨佔，並將保護人民不受獨佔之害。）

法政府通知西國 繼續支持佛朗哥

『路透社倫敦一日電』法國政府已正式通知西班牙政府說：法國政府對於法國國民議會外委會所通過的決議：請求各盟國聯合要求佛朗哥辭職，讓位給將組織自由選舉的政府一事，並未考慮。

參攷消息

（只供參考）

第九〇三號

解放日報
新華社 編

今日出一大張

卅四年六月八日

星期五

同盟社評國共關係

【同盟社東京七日電】東京各報，對於以國際情勢的演變爲背景而繼續抗爭的重慶與延安間的關係，深予注意，紛紛予以報導與評論。七日每日新聞報，揭載金子特派員來自北平專電，其要旨如下：最近，延安的顯著變化之一，是將一向的抗日宣傳置於第二位，而傾注全力從事離間重慶國民黨與民衆關係的工作。毛澤東在七全大會上的演說，抨擊蔣介石的獨裁爲：「抄襲袁世凱老路，追求專制的統一」，並以嚴厲的口吻，辱罵重慶說：「召集行將到來的國民大會，是爲了討論內戰的陰謀」。爲什麼延安開始移刀鋒集中全力以攻擊重慶呢？這是由於美國投入「物量」後，重慶的軍事力量一方面將用於抗日戰爭，另一方面將迫不及待地用來鎮壓延安的緣故。在上述毛澤東的演說中之所以引用最近希臘人民解放軍內戰的例子乃是說明延安內部，對於日益迫近的危機，抱着深刻的不安，殊堪注目。他說：「國民黨已在準備全國性的國內戰爭的陰謀，一俟對日作戰進展至某種程度的時候，即立刻發動國內戰爭，他們並且希望某些盟國將領們，執行英軍司令在希臘所執行的職務。他們對於英軍司令及希臘政府實行的屠殺事業，表示歡呼。企圖把中國拋回國內戰爭的大海裏去。」不消說這些話露骨地指出了美軍將協助重慶武力進攻延安，延安實已看透美國居心，在美國堅決從中國撤退史迪威之後，赫爾利曾出面調解過國共問題，但結果赫爾利聲言重慶是中國的正當政府，使重慶頗爲滿意。美國今後在經營中國上最感頭痛的，將是蘇聯勢力的南下。關於作爲蘇聯前衞的延安，將在中國起赤化作用，這是美國一刻也不能不關心的。延安之所以要求成立聯合政府，向重慶進攻，究竟是何用意？這不外以在歐洲獲得大勝的蘇聯，爲其背後勢力，把現在的抗日勢力，迅速變爲延安式的革命勢力，以便在中國獲得最後的對於民衆的領導權，以美蘇兩國爲

民黨與共產黨兩黨武力對峙局面下，小政黨不但不能發生效用，或者沒有繼續存在的機會。一切小政黨即令勉强獨存，其結果不止不能緩衝政黨武力的衝突，甚至使政黨問題更爲複雜、小政黨既不能獨立圖存，必有所依附，其結果小政黨必成爲各大政黨的衛星。大政黨對小政黨便有了操縱指使的機會。……小政黨自相聯合，以造成兩大政黨間緩衝的力量。今日的確有人具有這樣見解。希望在這個途徑上做試驗。我個人又以爲這種試驗成功的希望甚小。從實際政治上來說，小政黨的聯合陣綫，絕對不是堅强的陣線，到了小政黨利害衝突關頭，陣線將自形分散。其次，這種小政黨的聯合陣綫，最大弱點不能吸收無黨派的廣大羣衆，就不能成一個代表多數民意的政團。各小政黨林立，只給大政黨縱橫稗闔，拆散利用的機會。恐不能發生緩衝兩大政黨武力衝突的效用。打開窗戶說亮話。在當前中國的局勢下，小政黨單獨號召力極有限度，小政黨聯合陣綫的號召力依然有限度。……假使有一個第三大政黨，他眞能代表民意，他在兩大政黨間有了倚輕倚重的平衡力量，於是誰是內戰的發難者，誰就成了民意的公敵，自然內戰不至輕易發生，這是第三個大政黨的緩衝作用。」第三大政黨如何產生，據作者的意見，只有兩個途徑可循：「第一，即已有的小政黨，澈底覺悟小政黨已無前途，用『毀黨造黨』的方法，由小政黨聯合單一化，同時吸收廣大羣衆，以成大黨；第二，有識之士，具有毅力與決心，提出新的綱領重建新黨用『造黨毀黨』的方法，一方面使一切小政黨自覺不能獨存，併合加入，以成一大政黨。」

民主政治第四期「六全大會的任務」（作者黃旭初）一文中，認爲我們黨政治路綫已經改變，要進行社會主義革命。關於國共兩黨談判，只要我們黨交出軍隊，政府之形式倒可以商量，採擇各方的意見。他說：「實際上，也許是中共的政治路綫已經改變，所以即使國民黨同意共產黨所提辦法，中共必更提新辦法。因爲中共現在的做法，是要將民主革命階段推進到社會主義革命，他是不願意有間斷的。」一直到一九四二年的七七抗戰五週年紀念，中共一再宣言擁護蔣委員長爲抗戰的領袖，並且爲抗戰後建國的領袖。中共擁護國民黨領袖，當然是表示不反對國民黨了。一九四三年蘇聯反攻勝利，中共的言論即開始攻擊國民黨及蔣委員長。迨歐洲解放區發生左右派爭執，歐洲各國共產黨份子參加政府，中共乃提出國事會議與聯合政府主張。克里米亞會議對於波蘭的決議，更使中共有趨向另組盧布林政府的企圖。中共顯然認爲世界革命的高潮已經到來，他所要求的不是和平統一，而是由民主革

中心的國際關係的重心，以歐戰結束爲轉機，將逐漸地從歐洲轉到中國，而各以重慶和延安，爲其潛在勢力的樊籬，不久就要在中國大陸上，逐漸地刻畫出它們之間的鬥爭輪廓。」

掃蕩報說

舊國大代表仍應有效

【本報訊】掃蕩報五月五日社論「對於六全大會」一文中提出以第四屆國民參政員作爲國民大會代表：該文稱「我們以爲，抗戰以前依法選出的代表，除死亡及附逆與犯罪因而被褫奪公權者外，應該有效。其未選出及必須補選者，自當以最適當最迅速之方法，趕辦選舉。抗戰期間各方中堅份子，各黨各派及無黨無派的努力而公正的人士，自應有代表參加。很簡單而又很正當的辦法之一，是將第四屆國民參政員，一齊作爲國民大會代表。參政員中，又有若干各黨各派人士，藉此亦可收團結意志之效。國民參政會是大家公認的民意機關，而又多半由地方所選出，全國各地，分布均勻，其能代表民意實與原有的國民大會代表同，公平合理，意美事簡。這似乎是特值考慮的方法之一。」

大公報（五月五日）社評：「祝國民黨六全代大」擁護召開國民大會，主張軍隊國家化，門口不門手。文中稱：「問題是各黨派（尤其國共兩黨）必須忠誠於民主憲政，大家解除武裝，把軍隊奉獻給國家，使軍隊國家化。門口不門手的政黨，正是實行民主政治的本錢。……此次大會必根據蔣主席的提示，決定於今年十一月十二日召開國民大會，實施憲政，還政於民。如此，這一階段實是國民黨遵奉遺教完成革命的寶貴時機。我們徵望國民黨勇敢的忠誠的完成這一任務，爲建國完成這一大貢獻。」

民主周刊第一卷第十六期「中國需要第三個大政黨」（作者羅隆基）一文中，以緩衝國共兩黨的武力對峙與衝突。認爲小政黨常爲大政黨所操縱，即各小政黨聯合亦無力量，爲組織第三個大政黨，便可舉足輕重了。他說：「目前中國唯一的出路是打破兩黨擁有武力對峙的局面。……所以在今後的中國，應該用一切的代價，以防止內戰。中國要防止內戰，在我個人看來，唯一辦法，只有第三個有力的政黨產生，以緩衝國共兩黨的武力對峙與衝突。……中國目前除國共兩政黨以外，尚有幾個小黨派，例如中國青年黨，中國國家社會主義黨，中國第三黨，中國救國會等等。就事論事，這一切小政黨沒有一個政黨具有實力能夠單獨緩衝國共兩黨武力的衝突。……在國

命推進到共產革命，以適應所謂世界新民主潮流。」

「中共視軍隊爲法寶之一，過去曾宣言交給南京中央政府，而事實上並未實現，今天它會實行將武器繳給聯合政府麼？如果中共軍隊（改編絕不可能）能繳出武器，那末，未來的任何政府都能做到和平統一，是以今天要達到國家的和平統一，問題在於軍隊國家化，不在於政府的形式。中央軍並不是黨軍，而中共的軍隊卻是黨軍，這是不容爭論的事實。因此，軍隊國家化只是中共軍隊問題。……六全大會爲要達到國家的和平統一，首在謀軍隊的國家化，而政府之形式儘可採擇各方的意見。」

路透社報導廣西戰況

【路透社重慶六日電】華軍的新勝利——南寧以東鬱江岸畔安山的佔領，以及南寧柳州路上來賓（譯音）區日軍殘部的肅清，現又被繼以未證實的消息，即柳州城——日軍在廣西省的大基地，亦已爲華軍收回。此間駐華美軍司令部今日發出的報紙通知尚未證實此消息。在論及週末的發展時，該通知謂華軍已抵柳州（該城由於爲前十四航空隊基地而更爲重要）西南卅一哩處。該通知證實，日軍繼續沿南寧柳州公路向東北撤退，但謂在宜山地區（柳州西北四十哩）日軍仍據守其陣地。

【中央社渝七日電】據軍委會七日發表戰訊，閩浙方面由霞浦沿濱海公路向北流竄敵，於四日竄至福鼎，六日該敵一部繼續北竄，我軍配合地方團隊正予截擊。我由霞浦向北追擊部隊，六日已進至福鼎城南地區，正向福鼎攻擊中。豫南方面西峽口以西地區，戰鬥在繼續進行中，六日我敵均無進展。

【中央社綏西六日電】綏境各地僞蒙軍，近向我投誠者絡繹不絕。包頭僞團長某已於日前率部二百餘，攜帶步槍一百四十支、機槍兩挺，亦向我投誠，已開至某地點編。

路透社評陳誠挑起內戰聲明

【路透社倫敦六日電】路透社軍事訪員金姆區報導：中國陸軍部長陳誠將軍聲明稱，租借法裝備完全被用於抗日戰爭未被用於最近與共產黨軍隊的衝突中。此點可解釋爲呼籲美國不要允許最近延安共產黨軍對租借物資的要求。消息靈通的人士認爲，重慶的聲明將使中國行政院長宋子文即將到來的莫斯科之行，更爲緊急與更爲困難。宋據信現正在舊金山談判新租借協定。中國陸軍部長強調，在最近衝突中，共產黨是進犯者。此點可能是重慶對此問題爲什麼打破嚴格沉默的原因，而此問題

若干時來即爲報導的主題。

國民黨新設戰區

【同盟社廣東七日電】重慶軍配合他們所宣傳的大陸攻勢，極力整頓並成立其抗戰基地的戰區，據重慶廣播，重慶軍在各地成立戰略基地區，如華南戰略區等。此外並爲了美軍在中國進行登陸作戰，更成立了江蘇浙江戰區。

路透社記者評英國大選

【路透社倫敦二日電】路透社政治訪員威頓報導：邱吉爾首相可能是回至英國新國會的第一個人——而且在總選舉行之前。現在似乎已經確定，邱吉爾在其自己的選區伍德福德將不受到反對，如果這點證明是真的話，首相實際上將於六月廿五日（推舉候選人的日子）即成爲新國會的議員——離總選舉尚有兩週。首相在英國總選中一般是被反對的，強有力的原因是：鬥爭傾向於保持這個人於其自己的選區，而且在很大程度上奪去首相爲的黨提出他在別處演說的機會。邱吉爾雖推至推薦日不知道他在何處遇到反對，但工黨、自由黨、公安黨及共產黨顯然不想爭奪他的席位。可能是最後一分鐘的獨立候選人。邱吉爾之未遇反對，有人提出若干理由作爲解釋，其中之一便是：各重要政黨正在裝做他們是反對保守黨，而不是反對作爲戰爭時領袖的邱吉爾。另一個原因是：由於對候選人的強烈反對，它將浪費時間，而且極可能損失一百五十鎊的選舉基金。再一個原因是：由於邱吉爾可能在競選期間出席三巨頭會議，其他各黨感覺，只是運動家的風度才避免利用他的不在。邱吉爾已經表示，他在選舉中不欲週遊全國。廣播的存在，不需進行舖張的「競技場似的遊行」，如同上次大戰後的勞合喬治首相及十年前的麥克唐納首相那樣。邱吉爾將在英國各地幾次大會上演說，但次數將受嚴格限制。

英新教育部長代艾登在下院解答各外交問題

【路透社倫敦六日電】新教育部長里查德·勞氏爵士，今日在下院代表艾登外相答復外交問題時聲明英、蘇、伊朗三國條約規定一切盟軍在對日戰爭結束後六個月以後從伊朗撤退。勞氏說：英國鑑於伊朗的要求及英國發表適應他們的願望的意願，曾就這一問題與美蘇兩國政府磋商，但是，他尙未接悉美蘇的意見。勞氏向保守黨議員弗賽羅、麥克倫少將保證，英國政府企圖在一切情況下，保衛伊朗南部及伊朗灣的帝國利益，因麥克倫曾提出這一問題。工黨議員斯托克斯問：這一回答意味着在一切軍隊撤退以前，任何軍

次憲章，乃綜合衆多國家之見解而成者，乃無（互？）有妥協之結果，會議中一項重要事實，乃各國均已獲知如何取之於吾人之世界憲章，雖或不甚得準，然亦乃人類之一切制度，必須逐漸改善，或假加發戒，確爲人類自由之代價，故吾人對於國際和平安全亦必須××永無之代價。

太平洋戰局的將來

【同盟社里斯本四日電】紐約來電：美國週刊雜誌「時報」，以「橫在前途的戰鬥」爲題，論述如下：我們的目標是放在東京上空，我們要以艦船、飛機、裝甲車、重火器、火箭、炸彈投入對日戰爭中。這件事將在美國及聯合國來說，是一不容易的事業。在以全部戰鬥力向日本集中以前，必須由歐洲向太平洋戰區移軍隊與資材，因此還有一段困難的路子，這就是要獲得集結這些軍隊與資材的適當基地，菲島是最便利最適當的基地，距日本二千一百六十公里，作爲一個戰區來說，其水域是很廣泛的，由北面的千島伸展至南面爪哇，由加羅林羣島可伸展至中國中部海岸，更加上泰國、越南、馬來、荷印形成了一個世界。在這裏我們亦必須進行戰鬥。太平洋戰鬥的重担，是要由美國來負担，當然英國輸送大部艦隊至太平洋，今後更將運輸軍隊，傳加拿大組成義勇軍，但澳洲軍是在所羅門羣島、新幾內亞、婆羅洲進行精疲力竭的戰鬥，荷蘭在此次戰鬥中不能作大的貢獻，荷蘭的海軍實際上在三年以前，已被日軍擊潰，法國僅能夠派送很小的機動部隊，表示對越南的關心，重慶政權從一九三七年即繼續作戰，直至今天陸軍及軍需產業非常貧弱，僅能保持它所統治下的地方。因此美國在太平洋戰區，必須單獨作戰，我們必須動員最大的海軍力量，與七百萬兵員進行作戰。

瑞典外交部宣佈凍結德國財產的辦法與目的

【路透社斯托哥爾姆三日電】據紐約時報導：瑞典外交部宣佈，自今年四月來，德國在瑞典的一切流動資產均被凍結。此點是瑞典當局去年十月開始的措施的結果，以便控制德國在瑞典的資產及各種所有權。去年十二月底，瑞典當局得到了德國在瑞財產的清單，得到的辦法是關於一般存金和外國匯票，根據此辦法，住在瑞典的人均須說明其對任何外國人所負的任何這類債務，以及與保有外國存金及資產有關的負債情形。政府關於德國從佔領國家搶掠的財產的法案以及關於控制外國在瑞典資產的另一法案，將於下

除也不撤退嗎？勞氏說：我想回答就是所說的一切。我曾說三國條約規定一切軍隊在對日戰爭（勝利）六個月之後從伊朗撤退。然而伊朗政府已行要求，我們正加以考慮與我盟國政府進行磋商。

勞氏又宣稱：雖然從西班牙引渡前法國總理賴伐爾主要是法國與西班牙兩國政府之間的事情，英國支持法國的建議，賴伐爾應即刻交與法國當局。勞氏在回答問題時解釋賴伐爾從技術方面講來不是戰爭罪犯，因爲法國政府並未如此稱他。勞氏在回答關於奧地利臨時政府問題時說：盟國軍事使團六月三日抵維也納進行初步討論，但是在盟國奧地利委員會建立起來以前尚須許多時間，一旦這一委員會建立起來，他希望英國各報訪員能夠赴也維納。

以後論及的問題是蘇波關係問題。保守黨議員諾克斯爵士問勞氏，他是否會抗議蘇聯大使館出版『蘇聯新聞』稱『華沙保衛者』波爾將軍爲屑小挑撥者與卑污冒險家一文，在英國銷行，勞氏說：他對關於盟國之一刊載在另一盟國官方刊物的那類聲明，與諾克斯同抱遺憾。諾克斯問倫敦大使館新聞司似乎應發表這類聲明嗎？勞氏答：我認爲英國政府的態度已爲衆所週知，如果以前尚未被人獲悉，從我所作的回答中應該知道。共產黨議員加拉契爾說：所謂波蘭流亡政府在倫敦刊行的官方刊物。關於美國像大盟國蘇聯的領袖會發出最惡毒的誹謗，他未聽到外交部關於此事有任何抗議。勞氏答道：『我確曾聽到過下院對這一問題的抗議。』

財長安德遜回答斯大林、杜魯門、邱吉爾下次會議將在倫敦舉行一問題時說：首相很抱歉關於此事沒有任何機會。』工黨議員卡克斯問道：如果斯大林來還見會晤社會主義的首相，斯大林來倫敦的可能性是否會增加？引起全場大笑。安德遜發表另一事實，即政府計劃在對日戰爭期間保留規模減小的情報部是很必要的。工黨領袖阿特里抵達下院時，爲他的支持者熱烈歡呼。向坐在對面的保守黨議員講話的工黨議員格里菲蒂斯問道：『昨夜在無綫電台上他不是已損了你一下嗎？很少提及邱吉爾對社會主義的攻擊。當歡呼聲沉寂時，工黨議員在笑聲模做着『無線電喜劇家』西方兄弟的聲調。

對舊金山會議宋子文的空談

【中央社重慶五日電】據美新聞處舊金山四日電：宋子文院長本日在中美工商協會發表演說，論及舊金山會議稱：彼於起草世界憲章之規程編程，頗爲滿意，然憲章決不能以控制方法證明其爲最完善，蓋甚

過提交瑞典國會批准。此二法案已爲政府的『法律委員會』審查過。掠奪物法案的背景是衆所週知的事實，即在戰爭過程中，德國人常常強佔財產，或以其他方法，由於佔領當局所享有的武力與壓力，變更了財產的主人。這種掠奪物運至瑞典已達何種程度，現在還不知道，但瑞典政府感覺，應採取辦法使搶來的財產恢復給其正當的原主，因此，特設立調查與恢復這種財產的委員會。此委員會將有權命令物還原主，即使瑞典原來財產的保有者能證明他的眞實也罷——而根據瑞典法律，在此種情形下，政府將依照×賠償損失。

第二個法案的目的在於使瑞典政府能擴大對瑞典境內外國財產的控制，而且實際上是政府要求授權凍結關於外國政府機關及平民的財產。凍結命令在有關財產有被變賣之危險時，得補充以沒收的辦法。瑞典政府爲了完成所建議的辦法的目的，有權要求供給必要的情報。

瑞典糧食配給已大爲減少，此蓋由於糧食的運往荷蘭及挪威。瑞典麵包配給可能現在是歐洲最低的國家（除了德國）——每天每人一百六十七格蘭姆，即是說，較去年減少百分之七。油是卅六格蘭姆，表示今年減少百分之廿。猪五十四格蘭姆，減少百分之五點五。肉卅八格蘭姆，減少百分之四十。雞蛋每週每人兩個。乾製果子實際上沒有，大米與黃豆的配給已必須停止。

敵空艇隊着陸的一剎那

【同盟社蘇黎世三十一日電】據××來電：先鋒論壇報沖繩特派員，報導二十五日夜我空挺隊，在敵飛機場着陸之壯烈情形如下：二十五日夜日軍空挺部隊，突然在沖繩島的美軍飛機場強行着陸，當時在機場跑道上放着數百架飛機，這一羣飛機都是雙發××機，日本空挺隊即在此時登陸。據某地××的斯蒂斯中尉之推測，日本兵是每架飛機坐十二人至十五人，在飛機場着陸的日本兵，均帶着手榴彈、彈藥及其他武器，並有數天的食糧，向美軍的運輸機，戰鬥機襲擊，當飛機一着陸時一十五名日本兵即從飛機艙內迅速跳出，很快的××，該地美×立即向日本兵士射擊，××（掉）。日本航空部隊，與空艇隊的攻擊相配合，該夜亦轟炸美軍飛機場。

參考消息

（只供參考）
第九〇四號
新華社 解放日報社 編
今日出一大張
卅四年六月九日
星期六

美國反動派猖狂 逮捕索菲斯等六人

【中央社華盛頓七日專電】美副國務卿格魯本日就逮捕索菲斯等六人事發表聲明稱：『昨夜逮捕六人之事，爲一將機密之安全計劃之成果，吾人將繼續無情執行此計劃，以完全制止將機密消息非法背洩露給未經認可之人物』。國務院最機密文件之洩露，係美亞雜誌刊載包括戰略參謀處呈交國務院某秘密報告之原文後，方被發現者。（缺六字）出此事，故依間諜法採取行動，其後在某數方面獲悉，對此事有重大意義之事實，即加恩及索菲斯，均係生於中國並於某數方面與中國事務有所關涉，美亞雜誌編輯查菲，數年前曾訪問延安，回抵美國後，即連續在新羣衆雜誌刊載稱讚中國共產黨之文章。美亞雜誌亦爲反對中國中央政府者。國務院將嚴格禁止以情報材料供應無資格取得之人，助理國務卿荷姆斯稱：『此舉並非國務院將改變僅限供給新聞界消息之謂』，預防之手段，絕非檢查制度，僅爲安全之措置而已。

【中央社舊金山六日專電】美司法部本日宣佈，美聯邦調查局逮捕前美駐華大使館三等秘書索菲斯及其他五人，彼等之罪狀爲竊探秘密文件，並竊盜陸軍部海軍部戰略參謀處及戰時情報局內之機要文件。其他五人爲中日戰爭爆發前，任職上海同盟社之加恩（又名金斯保），國務院中國司專員拉森，美亞雜誌編輯二人，及前在美海軍情報處服務之海軍軍官羅斯上尉，此乃聯邦調查局首次逮捕大批所謂『中國通』者流。逮捕前據訊，共費二個半月時間之調查，結果發現美國政府各部門中失竊最秘密之文件，據信此類文件，被用爲美亞雜誌×刊所列消息之根據，美亞雜誌本年三四兩個月中，連續出版兩期，討論中國政治現狀，並對國民黨加以嚴厲批評，主張美國應支持共產黨，同時不留餘地批評國務院對我國之政策及舉動。索菲斯名教士，生於我國，能說流利之中國語，前曾任職駐滬美領事館，一九四〇年任美駐華

荷蘭於五月廿九日簽訂新約後，我國與各國間之不平等條約，均已全部廢除。吳氏將我國與荷蘭兩年來洽商簽訂新約之經過後稱，我國曾與丹麥及西班牙新交，故舊約早不存在，而葡萄牙與瑞士兩國，早有約定，倘其他國家不平等條約廢除，該兩國即隨之廢除，因此我國即將照會葡瑞兩國，聲明過去不平等條約已不復存在，自此取消不平等條約工作可謂已告一結束。最後吳氏報告國際情勢時，對於近來敍利亞、黎巴嫩事件經過，亦有所申述，吳氏報告後，黃參政員炎培詢問中蘇關係時，吳次長謂：在舊金山會議時，宋蘇兩國合作之程序極好，蘇聯莫洛托夫外長，對中國代表團之合作，尤感滿意。渠於返國時，並表示謝意。冷參政員遹詢問宋院長返國日期，吳次長對此不能肯定答覆，但謂當宋院長赴美時，會準備因公須離開舊金山時，由顧維鈞代渠主持一切。錢參政員公來詢，對於交涉動用凍結之外匯問題，吳次長謂已開始辦理。陳參政員啓天詢問，對促進中蘇邦交之工作如何進行，李參政員中襄亦詢問加強中蘇邦交問題，吳次長謂，對此不斷努力，以求加深了解與加強合作。並稱自蘇駐華大使彼得羅夫抵任後，懸案解決甚多，十時半散會。

同盟社稱 國民黨準備反攻

【同盟社東京八日電】重慶政權於去年十二月廿五在雲南省的昆明設立中國陸軍總司令部，任命重慶軍總參謀長何應欽爲總司令，它所屬部隊計有衛立煌的緬甸遠征軍，湯恩伯的黔桂湘邊區軍，盧漢的滇越邊區軍及張發奎的第四戰區軍，上述部隊均擁有現代裝備的重慶軍的優秀部隊。重慶軍的措置，是要在美國海軍在中國登陸時，重慶軍即行配合，以進行海陸進攻日軍的作戰。對日反攻本部所以要設在昆明，是因擔任空中運輸掩護的美十四航空隊及擔任訓練與作戰指導的馬利尤亞少將的美國駐華戰鬥部隊的司令部，均是設在昆明之故，這樣可以保持密切聯系。單獨不能行動的重慶軍，必須依靠在華美軍的援助，因此他所宣傳的對日反攻並沒有什麼可怕之處，我們所不應輕視的是美軍一方面加強中印空運的運輸力，並使由印度到緬甸北部密芝那的雷多公路與舊緬甸公路相連接，從一援蔣路綫的打通工作約已成功，這些裝備內地的重慶軍工作正逐漸進行，目下美海軍在大陸的登陸作戰尚未具體準備，故其××尚不能揣測，但美軍在菲島及沖繩島的苦戰，愈是嚴重，則愈益要求重慶軍積極活動，不管美海軍的登陸作戰如何，重慶早晚是要開始反攻的。

大使館三等秘書，一九四三年派往蘭州任領事，後又調任駐延安領事。赫爾利任駐華大使後，調回美國。金斯保爲一俄籍猶太人，後爲歸化之美人，中日戰爭後，離開盟軍入上海大陸報。珍珠港事變前，返美改名加恩，用該名在雜誌上發表文章，頗多炫耀『中國通』；芝加哥太陽報曾聘其爲駐莫斯科特派記者，但蘇方拒絕其入境。美亞雜誌之助理編輯査非及密契爾二人，在紐約與加恩同遭逮捕。二人連索菲爾在內，則在華盛頓被捕査非於中日戰爭之初，曾遊延安，彼實爲美亞雜誌之經濟支助人。密契爾女士，爲美亞雜誌之實際編輯，曾著書論印度問題，指摘英國之帝國主義並對××發表極端嚴厲之意見。上列六犯如經審訊確屬有罪，則將判處二年以下之徒刑，及一萬元美金之罰鍰。

【中央社舊金山七日專電】昨發表美聯邦調査局以刺探秘密罪，而逮捕之六人，其中美國務院中國司專員拉森，係在中國及丹麥受教育，於一九一六至一九二七年服務於北平中國××管理局，後爲內蒙德王之顧問一年，在我國英美煙草公司服務六年，並傳其曾於一九三四年十月至一九三五年二月中間，從事北平方面之中國特務工作，調査滿洲境內違法之軍火運輸。後即返美任職海軍情報處，專門分析中國越南及泰國問題，以迄一九四三年三月爲止。去年八月，任國務院中國司專員。六被捕者之一海軍上尉羅斯，一九四一年爲美亞雜誌助理研究員，後在里佛大學學習日文，一九四二年任職海軍情報處。美亞雜誌之編輯査非，生於蘇聯之烏克蘭，一九四三年曾爲美國籍公民。

國民參政會『七七』舉行

【中央社重慶八日電】國民參政會四屆一次大會，定『七七』舉行。該會秘書處已着手籌備，駐會委會本月廿二日最後一次例會時，將商討有關大會一切事宜。

【中央重慶八日電】國民參政會駐會委員會，八日上午九時舉行第十八次會議，出席主席團張伯苓、王世杰、江庸，參政員錢公來、許德衍、陳啓天、賈炎增、孔庚、陳博生、許孝炎、冷遹、王雲五、李中襄、胡健中、秘書長邵力子、副秘書長雷震等。江庸主席，秘書處報告國防最高委員會秘書廳公函，對國民參政會建議案執行情形十件後，外部吳次長國楨，報告最近國際情勢及舊金山會議概況，吳氏首將舊金山會議組織與開會以來各種爭執，及我國對會議之貢獻，供作詳細之敘述。嗣論外交部之工作，宣稱，自我國與

【中央社貴陽八日電】何總司令應欽，偕美籍副總司令麥克魯，暨該方面軍湯總司令恩伯，赴桂北前綫視察陣地，曾至宜山附近對反攻軍事有所指示。何氏與麥克魯七日由獨山乘機返筑，湯八日亦返抵筑。

【中央社重慶八日電】軍委會八日發表戰訊，廣西方面我軍，續向黔桂路南口宜山外圍之敵攻擊。敵據守陣地頑強抵抗，迄至七日，戰鬥進行仍烈。我黔桂路以南我軍，於一日午後二時克復距柳州西南九十里之據點大塘圩。我軍攻抵柳州以北百壽郊區部隊，現仍與該城郊區敵戰鬥中。福建方面我軍，六日午後向福鼎攻擊，正於南郊與敵激戰中。

同盟社報導
陳誠談國共衝突的目的

【同盟社里斯本六日電】據倫敦來電：路透社記者金姆西就重慶軍政部長陳誠公佈，重慶軍和共產軍的新衝突事件報導說：目前出席舊金山會議中的重慶行政院長宋子文，曾預定在歸途中訪問莫斯科；宋氏所負之使命，將由於此次國共兩軍的衝突事件，更加重大和越法困難。根據陳誠的聲明，顯然重慶是把這一衝突事件，擱置很久才發表的，此種延遲公佈，或係考慮到美國的緣故，在宋子文目前在舊金山，正和美國當局交涉租借新武器協定中，陳誠在公佈中特別強調進犯的是共產軍，以及重慶未使用以軍火和租借法得來的武器和彈藥，對付共產黨、其用意當是間接地提示美國，今後不要給延安政權以任何租借軍火。

【同盟社里斯本六日電】重慶來電悉，重慶政權軍政部長陳誠，於六日發表談話稱，在過去數日中，重慶軍與共產軍之間，曾發生小規模的衝突，在這一衝突中，曾向重慶軍發出非常嚴格的指令，即在共產軍不攻擊重慶軍的場合下，重慶軍不要主動地攻擊，另方面由於美國的軍火租借而供給重慶的武器彈藥，全部從事於對日作戰，並且只是分配給重慶軍。

舊城會議中國代表團
舉行本國記者招待會

【中央社舊金山六日專電】我國代表團，本日午後舉行首次招待本國記者會談，由宋首席代表主持，除張君勱代表外各代表均到會。記者所提之詢問共有十八項，關於政策者由宋首席代表答覆，關於各專門委員會之專門問題，則由出席各委員會之代表答覆。據顧維鈞代表稱：中國主張對雅爾塔表決方式作更自由之解釋。宋首席代表謂：關於雅爾塔表決方式之解釋，中國與美、英、法之態度一致。我代表證實中央社記者前所發回國之報導，即其他國家亦贊同對雅爾塔表決方式作較不嚴格之

解釋。本日之記者招待會，並證實中央社以前之報導——即大會現正等候莫斯科方面對否決權爭端提出答覆，須待五強對雅爾塔方案之解釋取得同意後，大會始有進展可能。至所餘之託治制及區域規劃二大問題，記者自我代表團獲悉：託治委員會猶須解決三個爭點；區域委員會則於結束議事前，正討論巴黎方面對於法國建議擬議解決方案之答覆。按法國希望法蘇同盟得獨立於安全理事會之外，聞五強對於此點在原則上業予同意。記者刺知所餘之託治問題，涉及下列三點：第一蘇聯所提以目前委任統治地置於新世界組織之下，而不置於舊委任統治區之下之建議；第二菲島代表羅慕洛所提之建議即以獨立爲一切屬地人民之最後目標，以代替所受託治人民之目標；第三澳洲所提以反對奴役之條款，載入世界憲章中託治一章之建議。

日本記者報導柏林戰況及德國失敗的原因

【同盟社東京六日電】友枝特派員撰文稱：戰爭史上空前未有的轟炸，紅軍遠射程大砲的砲彈，於四月二十一日深入柏林市內中心區。記者穿過砲彈，巡迴市內從事拍發最後的消息。但到二十五日下午，紅軍完全包圍了柏林周圍，慢慢地向市中心區衝來。戰×的危險刻刻在增加着，此時記者只有兩條路，或者是藏在帝國大使館的堅固地下室內，或者是在私宅內敢於體驗巷戰之考驗。經考慮結果，決心留在我的私宅不動，其後三日內，在我的住宅附近，紅軍的砲彈極爲猛烈，附近的道路像火山似的呈現凸凹不平狀態。紅軍的重砲彈可以說在戰史上是未曾有過的。從早晨到晚上一分鐘也不間斷，繼續地發射。同時飛機不僅完全摧毀市內的德軍陣地，而且麻痺了四百萬市民的神經。（油的不足是奪去了德國的生命）在柏林攻略戰中，另外一個值得特別提出的問題，就是蘇聯空軍完全控制了柏林上空的制空權，此外就是汽油的不足，使德國的坦克不能活動。在柏林防衛戰中，由於汽油的不足，德國的坦克幾全部不能活動，任紅軍的坦克蹂躪，這說明了德國已經喪失了勝利的希望。戰到最後一滴汽油的德國，說它是××××，也無不可。（蘇聯所採取的糧食措置）：記者住所所在的區域，四月廿七日已被紅軍佔領，在最初兩三天是有困難的，其後秩序即告恢復。由於軍紀嚴整，市民生活很快就恢復正常，紅軍在布加林上將指揮下開始軍政工作，首先使市民進行掃掃道路的強制勞動，並實行食糧配給的地域制，蘇聯政府對佔領區域的食糧配給，予以極大注意，保證最低限度的德國國民生活。並默許柏林近郊的農民，可以拿上東西在市內自由販賣。食糧配給品比德國政府的配給量尚多，酥油類與

勞隊是屬於軍事指揮、構築堅固工事，現在全島已成爲戰鬥要塞，而且勤勞隊在各個工廠裏活動，這一勤勞隊，將來並準備成爲一戰鬥隊，關於食糧情形，一切荒地均由耕作隊種植、即使戰爭變爲長期，糧食亦無不安情況，敵機來襲台灣非常激烈，不但在都市，甚至荒地附近的小村落亦有被炸情形；以炸彈與機槍不斷掃射，例如P38式機，一發現人影即用機槍掃射，實是一種野獸行爲，儘管敵機反復炸轟，但台灣人民極爲安靜。絲毫見不到不安心與動搖的象徵，島民在轟炸之後，立即挺身而起，在被毀的房屋下過着與平常一樣的生活，在某公共建築物的樓上，配置以高射機關槍。本島人的國民義勇隊員，始終握着機柄，不分晝夜地戰鬥，其氣慨實在是悲壯之至，蒙受轟炸後各都市的機能，立即恢復起來在像野戰郵政局一樣的房子里辦理與平常一樣的業務，在台灣，轟炸已經成爲家常便飯。

傳霍浦金斯與斯大林商談否決權問題

【中央社舊金山六日專電】本日午後之五強會議對否決問題，亦作討論，另據美方可靠消息，莫斯科似不至提出直接答覆，蓋杜魯門總統私人代表賀浦金斯現在莫斯科與斯大林磋商否決權問題，則蘇方之最後正式答覆，將交由華盛頓提出，聯合國會議討論否決權問題已逾一週，但官方極願蘇聯之妥協於本週末傳來，五強一致同意法國所提關於區域制之修正，且對其他之三雖在意見上獲有進展，但其實性質如何，仍未獲悉，據消息靈通方面稱，修正憲章問題，會（？）加討論，並悉五強託治制度之一章，已有數段重新起草。

英對蘇堅持否決權不滿

【路透社舊金山二日電】蘇聯對否決權問題之不顯妥多的讓步，甚使大多數聯合國代表感覺失望。聯合國代表所進行的討論，時常受到這個淩駕其他爭論的中心爭論的發展妨礙，在這個中心爭論中，以澳大利亞外長伊瓦特博士爲首的各小國，擺出挑戰的姿態．許多代表正尖銳地指出：如世界組織和××現在執行職務，在敘利亞就不可能有採取行動，因爲法國將自動否決全部事件。

關於否決權問題
傳英將派代表赴蘇

【路透社倫敦七日電】據消息靈通人士昨日所證實消息說：英國政府正派遣代表直接到斯大林元帥那兒，以圖打開目前在舊金山會議上所發生的關於否決權問題的僵局。認爲目前會議的中心問題的否決權問題，將須留待三強討論，是爲時過早。雖然據確息

砂糖的配給量稍有減少，但××麵粉、馬鈴薯等均較過去增加了一倍。糧食配給似乎比美英軍佔領區要好些。（具有自信心的人物——希特勒）有這樣一種結論性的意見，認為：設若希特勒在一年以前，德軍尚在國境以外進行戰鬥時，予以斷然處置，其結局雖與無條件投降相同，但德國國土還不至變為焦土，很多婦女還不至遭受侮辱。這意見是反對希特勒的路綫的……（缺一句）其實這是希特勒的有堅強信心的態度，發自他的應該領導國民的責任感，從政治觀上來看，至少也應該說這是政治家的始終一貫的態度。從希特勒之後自殺的戈培爾，也應該稱得起一位為主義而犧牲的人物，而那批彼德國國民則望齊的結果做了俘虜的戈林等納粹首領們，則應辱之為無骨頭的傢伙。（歐戰已經結束）記者在六年中生活在動亂之中，體驗到戰爭的慘禍，因此在記者看來，所謂歐戰已經結束，豈不會輕然聽信的，……（缺一句）對於德國選擇×××的和平，然而在開戰初期，會佔壓倒優勢，操勝利左券的德國，為何終於這樣悲慘地戰敗了呢？記者認為有下列幾個原因。首先對政治上與戰略上的估計，有莫大的誤算之處。所謂政治上的誤算是過於小看了美、英——過低估計其抗戰意識。所謂戰略上的誤算，第一、是對法戰爭結束後過於小心，而沒有進行英國本土登陸作戰，第二、是過低地估計了蘇聯的戰力，而進行了對蘇作戰。記者當回國時曾路經蘇聯，當時會獲得兩印象。第一個印象當然是德國錯誤的估計了蘇聯的國力。第二個印象是若德國能進一步研究蘇聯的實情，即若希特勒總統那怕一次也好，能夠有機會到蘇聯旅行的話，則對蘇戰爭絕不會掀起的。第三、是龐大的物量能夠粉碎了抗戰意識。德國國民的戰鬥精神絕不是脆弱的，但這一種神力終於頹廢解體。終於在物量的面前屈服了。即是說精神力為鋼鐵所損毀。德國在坦克與飛機的方面，在數量上也是相當的多，但沒有駕駛它的燃料。盟軍的坦克與飛機的質量未必是優於德國，只是數量上是非常之多，在物量上既有如此的差別，德國遂陷於劣勢地位。這一劣勢地位在此次的戰爭中露骨地表現出來。

台灣的姿態

【同盟社東京八日電】隨着沖繩島戰局的嚴重、鐵壁要塞台灣的重要性，更見明顯，敵人在沖繩島作戰是要切斷本土立台灣，現在台灣已完全變成要塞，台灣銀行經理上山英三於最近返京記述台灣之情形如下：長谷川總督所進行的皇民化運動，收到很大效果，台灣人民沒有例外地，以作為一個皇國臣民而光榮，並養着死守皇土的戰鬥意志，就按護國勤勞隊來說，就是一個例子，這一勤

，斯大林元帥已答應在不久將來，參加這種會議，但日期尚未規定。據指出舊金山會議，不能老是無限期的開下去。但是舊金山會議情形是這樣的：目前兩種見地（英國正試圖調合這兩種見地）的支持者正表現完全不可調和。即一方面蘇聯代表團自六月二日，接到其政府關於否決權問題的訓令以後，即明白表示：蘇聯對於安全理事會甚至在討論爭論問題時，不應有否決權，完全表示不贊成。蘇聯業已成立一般協議××，否決權應用到處理爭論的以後三個特定階段即調查、建議和行動上，而英美兩國贊成否決權應只用在『行動』階段上，蘇聯的這種見地，是出自其對雅爾塔協定的解釋，該決定：只有在有關程序問題上，才不應用否決權。『程序』的定義，已成為會議的困難問題之一，根本上反對五國之一選用否決權於任何階段的各小國，對於蘇聯的意見，完全表示反對，它們是有美、英法中四國的支持的。美英法中四國正努力求得在討論爭論問題時，不應用否決權，倘試圖使兩極端意見對遂妥協。目前危險的是：蘇聯堅持其意見，似乎不可能××大會的支持——倘蘇聯的見地，堅持彼反對，則蘇聯或將拒絕為世界組織的一員。直至斯大林元帥從最近的各方建議的見地研討此問題，則此問題極有可能不會有進一步地的進展，同時全世界輿論（公道地說）一般地未能跟着舊金山會議談判的複雜性……否決權問題，雖然立泛特事件的教訓……，法國能××否決不僅『行動』而且『討論』。敘利亞和黎巴嫩發生的事件，必是循着一條很不同的道路發展着的。

蘇聯公佈佔領區界後 英國各報表示驚懼

【合衆社倫敦七日電】英國本日各報言論反映對蘇聯所宣佈佔領區之範圍及其要求美軍撤退一節表示相當關切，保守性之泰晤士報及工黨之每日前鋒報之背景不同，但對蘇方態度同表驚異及含蓄之憎意。左翼之新聞紀事報之大標題為：莫斯科要求美軍撤退一五〇英里，蘇方稱其佔領區乃德國全境之半，每日前鋒報之標題：謂『明方之爭執阻礙對德實施共同管制』；每日電訊報之標題：謂『蘇聯佔領德國一事』；泰晤士報外交記者稱：莫斯科關於分界綫之聲明，使英方感及驚異，蘇方作此聲明之目的雖尚未知，但可能係欲加速英美軍及早撤至以前同意之界綫。

【路透社威瑪六日電】蘇聯之公佈蘇佔領區域，顯然有關於蘇聯之要求，即調整區域應立即開始，且英美軍隊應自由蘇聯控制之區域內撤退。然後蘇聯將於管理委員會開始執行任務以前，堅持此一步驟。

參考消息

（只供參考）

第九〇五號

解放日報 新華社 編

今日出一大張

卅四年六月十日 星期日

傳日軍自黃河河曲撤退

【合衆社重慶六日電】中國方面消息稱，日軍已自黃河河曲陣地撤退，該地敵人自一九三八年初以來，即固守於此。此次撤退是去年三月間至四月初開始的，日軍對美國空軍基地三處（河南西部、湖北西部、廣西北部）嚴重威脅的最後一處撤退。河南日軍在佔領老河口後，對重要空軍基地西安發動兩路進攻，而偵察照片亦證明日軍正大事增援其黃河以東的軍隊。它們沿老河口公路的進攻，幾乎已攻抵老河口與西安（相距二百哩）間的中途，以後中國獲得增援的陸上部隊在十四航空隊的支持下，擊退日軍，並制止了西峽口（老河口北直綫距離七十五哩）以西的失敗。第二路進攻是沿黃河南的洛陽，盧氏公路，在鐵路重鎮潼關以東被阻止，日軍被迫退至陝縣。至於在湖南，日軍顯然發現此次進攻較原來預料者犧牲更大。黃河東北集中的日軍未進行預料中的渡河。此次進犯的崩潰與對鐵路交通綫及公路交通綫的嚴重打擊有關。自海岸起五百餘哩的供應綫可能亦推動此次撤退。第十四航空隊自華北基地起飛，自去年以來即不斷打擊日軍供應綫，擊毀百個火車頭、摧毀橋樑設備，並使日軍在日間不能使用公路。黃河航綫亦被十四航空隊有系統的襲擊。中國軍事方面稱，黃河不能供給企圖留守此區的日軍。最近數日中，日軍在河南西部發動若干次局部進攻。中國軍事發言人認爲這些牽制行動是保護退却的。據稱，根據一般規律，日軍在撤退前要來一次進攻。

傳日軍退出柳州

【合衆社××八日電】位於廣西省中部的前美國空軍根據地柳州城，據報已被中國軍隊收復，但尚未能證實。據本日前綫訊表示：中國軍隊於攻克位於廣西柳州—安南公路上的大塘圩（在柳州南四十五公里）後，正不斷向柳州推進中。衆人

該據點，擊斃敵二百餘，殘敵向湘西方向潰竄。豫南方面，西峽口以西地區，戰況無何變化。

【中央社渝九日電】中國戰區作戰司令部訊，湘境寶慶與桂境柳州以西七十公里之宜山，係敵路上爲敵所佔之兩重要據點，昨日中國軍隊，已分別自側面向兩地緩緩推進，距目標甚近，因而兩地之敵人已受嚴重威脅。寶慶區中國軍兩縱隊，由正西及西南兩面向前壓迫，現已進至距城之及十公里之處，敵人四月中開始對芷江之攻勢，即係由此地發動者。據報，在此次湘西戰役中，十四航空隊之轟炸機，雖實際上已將該城變爲平地，但其仍係一公路交通中心，因有一飛機場，故仍有重要性，對中國未來之大規模反攻，可能爲一前進根據地。再者，如果日本之交通綫必須保護，則敵人決在寶慶與桂林長沙走廊間東南六十公里之某地作決定性之固守；在宜山綫上，敵人雖佔據該城，但在宜山河池公路綫之中國軍隊，及在該城西南之其他中國軍隊，業已進抵距城西十至廿公里之某地。中國軍隊之另一支軍隊，由南寧東北向柳州挺進，已進至該地東南約有六十公里之大塘圩附近，同時另有中國軍隊，由南寧之西南向思樂縣推進，該城距南寧約七十五公里，距越南僅六十五航空里。

敵寇又一批密使抵渝

【中央社湘西某地八日急電】困守衡陽之師長葛先才，師長容有略，副師長彭向津，潘質一行十二人，於一日由衡脫險。八日午抵湘西某地，晉謁王司令官後赴重慶。

【中央社渝八日電】去年保衛衡陽之第十軍一九〇師師長容有略，副師長潘質，預十師師長葛先才，第三師副師長彭向津，五月一日由衡逃出，六月七日安抵辰谿即將赴渝。

【中央社云和七日電】閩、浙監察使楊亮功，前赴浙東各地巡視，經麗水、黃巖、溫嶺、天台、東陽、永康等十餘縣，刻已返抵此間。據談，此次視察沿海一帶爲時月餘，深以減少額外攤派，轉移政治風氣，肅清匪患，保護民力爲當前急務。

【中央社西安六日電】西安區中國工程師年會，六日上午九時開幕。由吳士恩主持，並作報告，次由祝主席胡長官代表王捷三等致頌詞，末通過分電蔣主席致敬暨慰勞前方抗戰將士，下午二時黃河水利委員會公宴。

通知大家守爲捍衞柳州南部的最後防綫，因此人們認爲柳州日寇防綫正接近莫末日。同時中國軍隊亦於新近攻克的雒城和融縣（皆位於柳州北）急驅南下，向柳州方向推進。這個由南北兩面進攻柳州的中國軍隊矛頭，如像一個向前美第十四空軍根據地運動的巨鉗一樣。日軍堅守宜山（柳州西五十英里）固可自西面掩護柳州，但由於南北兩面受襲，故宜山這個突出部無甚軍事價值。據中國最可靠軍事意見，日軍將儘早放棄柳州因爲走廊完全被割斷以後，柳州和桂州已失掉其軍事價值，再加以此兩城每日都處於盟國空軍轟炸之下。中國方面認爲日軍將放棄柳州，適具有下面的根據：由柳州以北地區直到桂林一帶日軍正進行撤退。湖南戰局已回復到今年四月九日以前的原來情形，在當時日軍會向美第十四航空隊空軍根據地芷江城進攻。受挫而退回到寶慶原有陣綫的日軍，正拚命死守寶慶，目的在保護粵漢鐵路走廊，以便保持漢口與廣州兩地區日寇防禦地帶間的聯繫。長江以北河南西南，日軍現正堅守前美第十四航空隊根據地老河口城。浙川……西峽口（皆在河南西南），目的在保護平漢鐵路和漢口地區日寇防禦地帶。福建方面：從福州撤出的日軍，不向海方面撤退，而沿海濱向東北撤退，現已竄抵淪陷的福鼎城（在福州東北一百二十英里），中國軍事觀察家對日軍這種撤退的意義和重要性並不能了解，這或是由於劫奪物資，或企圖更其向北退，以與浙江南部海岸溫州地區日軍會合。

【中央社渝九日電】據軍委會九日發表戰訊，越南境內敵，曾於三月廿日及五月廿九日，先後由高平經重慶府（高平東北六十里）向我桂省西部國境內之龍邦、岳圩（均靖西以南）進犯，企圖威脅靖西，均被我先後擊退，我軍爲解除威脅計，於本月六日晨×××重慶府之×攻擊，經整日戰鬥後，於當晚予以佔領，殘敵向高平方向退去。廣西方面，我軍配合地方團隊，於五日拂曉由左江北岸，向龍州追擊，至午已迫近該城河北岸市區，正與敵戰鬥中。我軍攻擊邕龍路上據守思樂城垣及工事之敵，三四兩日擊退敵之三度反撲，五日我繼續猛攻，予以甚大創傷，殘敵一部向明江退卻，一部未及脫逃，將據工事內掙扎，我正加以掃蕩。迄晚我有力部隊業已超越思樂，續向明江攻擊前進。宜山外圍之敵，於七日午後四度向西反撲，均被我擊退，斃傷敵百餘，我亦傷亡官兵五十四員名，我軍刻仍繼續向敵攻擊。中贛粵邊境方面我軍，於五日在虔南西南六十里之南鋪地區，阻擊由翁源以東來犯之敵，並正進行戰鬥。贛南方面，南康敵於八日晨南向××進犯，我軍正予截擊中。湘西方面我軍，五日向侵踞湘鄉以西六十里×水之敵攻擊，至六日午克復

【中央社西安七日電】中央宣導獻糧獻金運動陝豫區特派員王晉涵、王臨三，頃由渝飛寶鷄抵西安。

【中央社渝九日電】國府九日令，新聞記者法，定於民國卅四年七月一日施行，此令。

【中央社寧都九日電】宜豐第二批從軍青年領隊涂達彬，率領入伍青年前往贛東某地，途中利用公款販布，拐誘女子，並任意開除從軍青年，經××師及法院查明屬實，六日在黎川執行槍決。

大公報著論歡迎美軍來華

【合衆社重慶六日電】中國主要的獨立報紙「大公報」撰社論，歡迎美國陸上部隊在中國出現，並鼓勵「吉普女子」在中國存在。該報關於乘飛機開赴中國的美國第四七五步兵團和第一二四騎兵團寫道：「他們是我們的盟友，他們之來到中國，特別是爲着打敗我們的共同敵人和幫助我們中國的。他們將與我國的軍隊並肩作戰，我們對他們的感情應和對我們自己國人一樣。」關於吉普女子，該報於同一社論中寫道：「無論從身體上和心理上的必要來說，不但美國兵而且任何一國的青年人，都需要有這種男女間的往來，而社交應自由……不管國籍。」

合衆社傳
左舜生等電促我黨派員赴渝談判

【合衆社重慶六日電】據可靠訊，存七個國民參議會參政員已電促延安共產黨領袖毛澤東，派遣代表到重慶，與中央政府恢復談判，以便達到全國團結。國瀕今年初談判破裂，結果共產黨軍與中央軍間不斷發生武裝衝突。在這七個參議員中有中國民主同盟會員左舜生，及無黨派的領袖商務印書館（中國的主要出版社）編輯王雲五等。

同盟社報導
國民黨軍進攻我浙東縱隊被擊退

【同盟社上海九日電】最近渝延兩軍的對立、抗爭似乎愈益激化。據到達此間的情報稱：五月卅日，重慶第卅二集團軍所屬的暫編第三三師團謄瀛指揮的部隊，與盤踞在××縣城的延安軍浙東游擊隊約二千人在浙江省東陽境（諸暨南方四公里）南方進行交戰，延安軍獲得在陽縣民衆的幫助，擊潰重慶軍，戰鬥仍在繼續進行中，據說重慶軍的損失甚大。

同盟社傳播
成都學生運動消息

【同盟社上海九日電】延安六日電「據新華社電訊」，五月四日之「五四紀念日」，成都之多數學生展開反對蔣介石獨裁政治的示威運動。該事件之情形報導如下，[illegible]

的某一代表同到延安（原文如此）而證實。五月四日，成都大中學學生二千人集會，宣誓為獲得民主自由而鬥爭到底，並在街頭遊行，散發「拒絕法西斯獨裁，促進實現民主政治」的傳單。一百零五個女學生亦參加這一運動，現在在街頭發表演說，她們鼓勵民衆說：「過去救國就是要打倒帝國主義，現在我們就要反抗蔣介石的獨裁政治」。當與國民黨員發生衝突，警察隊亦行出動，數日後始鎮壓下去。

邵毓麟堅主
日本應無條件投降

【合衆社舊金山八日電】中國出席舊金山會議代表團技術顧問邵毓麟，於廣播中提出警告稱，日本現正以每一宣傳計，企圖分化盟國，以取得談判和平。無論日政府由軍閥或由文人領導，無條件投降均為對日談判和平之唯一基礎。其意即日本需全部××裝不×罷日本獲得（缺五）和平之機會，中國於戰勝×贊同朝鮮之絕對獨立，朝鮮臨時政府在朝鮮自己旗幟下，已恢復其軍隊，並與中國軍隊在同一戰綫作戰。

國民黨政府宣佈
黃金折價每兩法幣伍萬元

【中央社重慶八日電】財政部發言人稱：自六月八日起，法幣折合黃金存款價格，改為每兩伍萬元。各地區承辦行局一律依照新價收受收款。各地行局如有因通知未接到，於六月八日起以舊價收存之法幣折價黃金存款，應依新價計算補足，以照公允而杜流弊。

路透社記者報導
美國逮捕六名「間諜」案

【路透社華盛頓七日電】路透社訪員雅維費爾編於聯邦調查局逮捕六名間諜案事件報導：此間報界聯合會今日報導，包括國務院官吏二名、海軍上尉一名在內的六個人，今日以圖謀破壞間諜法，關於負責保有或轉發國防數字條例一案被捕。聯邦調查局公告，國務院、陸軍部及海軍部、戰略參謀處、戰時情報局及聯邦交通局各方面曾被取去從「有限制」的到「極秘密」的文件。在華盛頓出美調查機關提訊，並以每名一萬美元保釋。至六月十四日審理者為：安德魯·羅斯上尉（前哥倫比亞受獎金學生，曾在海軍情報局工作），愛麥虞娛·西古爾德·拉森（國務院遠東事務局中國司專家），及約翰·斯底瓦特·索菲斯（國務院外務官，奉命赴在華軍事部隊工作不久以前返國者）。在紐約提訊並以同樣情形保釋至六月廿日審理者為：馬克·朱里恩·加恩，本名馬

，將永垂青史，我在此特致以崇高的敬意。但是今天沖繩島的戰况實堪憂慮，而且不能不預期到敵人或將侵犯本土的其他地帶，現在正是這樣的時候，即一億國民都要正視這一情勢，而以莫大決心來應付。一如與戰大詔中所宣示的，當時美英兩國所採取的暴戾態度及其野心，危害了帝國的生存。帝國為了自存自衛，為了維持多年來致力於安定東亞的成果，遂不得已而進行大東亞戰爭。我曾長年地奉侍過陛下，使我感激良深。我相信世界上沒有像天皇那樣企求世界和平與人類福祉的人，使萬邦各得其所，沒有侵略，沒有榨取，四海皆同胞，以宣揚人類道義，推進人類文化，這實是我皇室建國以來的本心。但美英兩國的殘暴無理，終於使我國不能遂行此「放之四海而皆準」的國是。帝國的戰爭實是基於人類正義的大道而發動的，因此只有堅決作戰到底。觀乎此次世界大戰的樣相，各交戰國都在巧妙地強調其戰爭理由，這無非是出於真正劣等感情的嫉妬，畢竟是人類的一個弱點。敵人已揚言叫我們無條件投降，這樣是企圖破壞我國國體，誘引我國民族走向滅亡，對此，我們所採取的道路只有一條，這就是堅決作戰到底，完成帝國的自存自衛。至於滿洲國、中華民國與大東亞各國與帝國的締盟，已更臻鞏固，對我國的聖戰以莫大的幫助，帝國對此，實不勝感謝之至。這次戰爭，實質上是對抗敵人美、英想使東亞奴隸化的東亞解放戰。如果這次戰爭失敗了，不僅大東亞各民族將永遠失掉自由，而且世界的正義也將全被蹂躪，帝國看破了這一點，將貫澈始終，與締盟各國化為一體，以期進行共同作戰。帝國對於大東亞以至於世界秩序所持的基本方針，在政治上平等，經濟上互惠，尊重固有文化等一般原則下，協同各國各民族，確保各國的榮譽，共存共榮，確立以互不侵犯為宗旨的保障安全的方策。根據這個方針，帝國援助中華民國的統一、救國的×××，並希望進一步地促進與中立國的友好關係。如果本土變為戰場，我們在地利與人和上完全勝過敵人。即是說，集中優勢的大軍至需要的地點，以及供應這些大軍的需要，都非常容易辦到，在熾烈的戰局的現階段中，我國國內的情勢在食糧方面，今後未必能夠充足，在交通運輸方面恐將缺乏，而在軍需生產上或將更加困難，但現在全體國民只要振作精神，在各自的崗位上致以最大的努力，則確信必能克服這些困難，達成遂行戰爭的目的。看到敵國國內情勢的動向與觀察到國際情勢的希望，痛感現在只有堅決作戰到底，我即是基於這一信念，授命組閣的。實在是處於困難

克・朱里恩・金斯保，卅七歲，佛羅倫薩作家及講師，曾以新聞記者名義到過俄羅斯、印度、中國，（原籍在滿洲，來美後兩年即一九四三年入美國籍），雅科布・查非，原爲俄羅斯人，美亞雜誌編輯，及卡特。魯索斯・希契爾女士，美亞雜誌助編。該案如判決最高限度將爲兩年徒刑及一萬元罰款。

的里雅斯特問題已成立協議

【路透社的里雅斯特八日電】盛傳高級當局已對的里雅斯特問題獲致協定。協定之內容未正式公佈，僅知英美以前曾始終堅持亞歷山大元帥主持下之英美軍政府必須在的里雅斯特及自該城北入奧境之交通綫區域內成立，定明日簽訂之協定，即說明此點。

【路透社倫敦八日電】據倫敦消息靈通方面稱：關於的里雅斯特、伊尼日亞、吉烏利亞等未解決之問題的協定之簽訂業已迫近。簽署可能於一日間公佈。由上述方面獲悉：協定『滿意地××』。此間官方人士至今尚未接獲關此消息的證實，雖然希望，南斯拉夫政府與亞歷山大總部之間談判的結束不會延緩很久。

日寇否認鄧尼茲政權

【同盟社東京九日電】政府於八日在首相官邸召開定期閣議，鈴木首相以下各閣僚出席。席間東鄉外長說明政府否認鄧尼茲政府並封閉在我國的德國大使館與領事館，下午三時半散會。

【同盟社東京九日電】八日東鄉外相在閣議上宣稱，否認德國鄧尼茲政權，並已停止帝國在德國大使館領事館的事務。自鄧尼茲元帥於五月十二日被美英軍俘虜後，事實上鄧尼茲政權已不存在，……缺一句……所以自有必要封閉德國在大東亞各地的使館……（下缺）……

敵酋鈴木
關於施政方針的演說

【同盟社東京九日電】鈴木首相在九日的貴族院與眾議院全體大會上的施政方針演說內容如下：今天在這裏舉行帝國議會開院式，一億國民莫不感激非常。我自拜受組閣大命後，即與諸君一道奉行聖旨。前此由於敵機的空襲，焚毀了宮城與大宮御所，這事令人不勝惶恐之至。幸而三位陛下與『賢所』平安無事。天皇陛下仍安居於宮城內的『御座所』，殊堪慶幸。現在帝國實是遭遇到建國以來所未有過的嚴重的危局，雖然有舉國一致的努力，但戰局是逐漸地緊迫起來，敵人終是侵犯了本土之一角的沖繩島，然而在沖繩島由於陸海軍將士的英勇奮戰的情況下，因此希望得到全國國民諸君的協助，在這一信念之下以盡奉公之誠。此次奏請召集臨時會議，提出各種法案，這是有待於諸君審議的。

同盟社談
圍繞着否決權的英美蘇的鬥爭

【同盟社東京九日電】四月廿五日開始的舊金山會議，雖希望在六月初旬閉幕，但現在又已延期。這一期間在波蘭問題、主席問題、三票問題，邀請阿根廷出席大會問題上，蘇聯與英美均發生了意見衝突。會議進入後半期後，又圍繞着信託委任問題，××問題，及區域問題發生對立。現在最大的糾紛是否決權問題，蘇聯終於召回出席會議之蘇方代表莫洛托夫，至此會議遂碰到最大的難關。所謂否決權就是將來新國際機構中的安全保證常務理事（蘇聯、美國、英國、法國、重慶）五國中的一國，如糾紛到達常任理事會，糾紛當事國的一個大國，可以對理事會所決定的調停手段有否決權。蘇聯堅決主張有否決權，美英則反對此種意見，從舊金山會議整個過程來看，一切問題的糾紛，立即發展爲蘇聯對美英（他們率領着許多小國的對抗）的對抗。（缺一段）蘇聯召還熟悉美英外交的莫洛托夫返莫斯科，使我們應注意今後克里姆林宮的態度。

敵皇檢閱出發赴決戰場的機隊

【同盟社東京八日電】大元帥陛下於八月上午八時卅分，特在宮城內檢閱這次去前綫擊滅敵人美英的陸軍士官學校及陸軍整理學校學生，當天早晨，光榮的兩個學校的學生，在校長、學校幹部的率領下，進入宮內後，列隊恭候，陛下於八時三十分，在石渡宮內大臣、藤田侍從長、蓮沼武官長的隨護下駕臨，阿男陸相及土肥原教育總監也隨同參加檢閱，親切地檢閱了皇軍中堅的陸上鳳雛。

英克羅夫特談對日作戰

【路透社倫敦六日電】對日作戰，在英國歷史上第三個最大的作戰，在距離方面說來，實是空前未有的鬥爭——這是英國陸軍部駐國會副秘書克羅夫特勳爵本晚於描寫對日作戰情形時所說的話。他說：老練戰士……九百萬，在中國、滿洲、越南、荷屬東印度等地，共有工人或奴隸一萬萬，這是對付於一萬四千英里以外，對極殘酷而帶着瘋狂性勇敢的敵人的生死戰，克羅夫特說：他繼續支持邱吉爾，因邱吉爾及其『同僚和京越參謀部已完成了實綫的奮鬪。』

參攷消息
（只供參考）
第九〇六號
解放日報 新華社 編
今日出一大張
卅四年六月十一日
星期一

敵軍退出宜山龍州 又竄犯粵東和贛南

【中央社重慶十日電】據軍委會十日下午十二時發表戰訊，廣西方面我軍，於十日下午六時克復宜山，我軍有力部隊，鑽隊向柳州挺進，十日突然出現於該城外圍地區，正向敵攻擊中。

【中央社渝十日電】據軍委會十日發表戰訊，廣西方面，桂省南部我軍，於八日上午八時克復左江上流之龍州，我軍配合地方武裝，於六日晨由左江北岸攻入龍州城，在河北岸市區激戰，至午予以攻佔，敵退據該城河南岸市區頑抗，我於七日拂曉前，復渡過左江，攻入南岸市區，續經一日夜之激烈巷戰，至八日上午八時，完全克復龍州，殘敵向憑江退却，我軍所獲戰果正在加以清查。邕龍路上我軍，於八日上午三時克復思樂，並將附近地區殘敵全部肅清，我向明江攻擊前進部隊，業已攻抵該城郊區，正與敵戰鬥中。桂省北部我軍，於九日下午十時攻克桂林以西八十哩之百壽縣城，湘桂路西段北側我軍，向義寧攻擊前進，已獲有進展。我軍攻擊黔桂路南段宜山外圍之敵，於七日晚我西面部隊擊斃敵百餘，我軍傷亡近百。至八日晨，我向東進展四里，我北面部隊亦同時向南進展三里，黔桂路南段以北地區我軍，現已將融縣以南和睦圩（距城四十里），十克坡（距城六十里）地帶之敵悉予驅逐，續向柳城推進中。廣東方面我軍，於七日在河源以北地區阻擊由河源來犯之敵，現正於城北卅二里之南湖地區進行戰鬥。從化以北地區，敵沿翁（源）從（化）公路北犯，於七日午後竄至新豐，現我敵續在該城附近戰鬥中。粵贛邊境方面，虔南西南鋪地區之敵，於七日向虔南以南之陂頭圩進犯，我軍正予堵擊中。贛南方面我軍，於信豐地區阻擊由南康來犯之敵，予以重創，迄至八日晚，仍在該城郊區激戰中。福建方面我軍，於六日打擊潰福鼎郊區之敵，至七日下午二時攻克福鼎，殘敵北向浙境突竄，我仍尾追中。

【中央社粵東前綫某地八日電】粵省中部之戰事漸趨激烈，始興縣方面我

是，一個前提，我們絕對不容有內戰！我們若不幸[illegible]，打了內戰，那就一切完事，抗戰的血白流，勝利的果全毀，建設的夢真是個夢！從此時起，我們人人都應該樹立起强烈的反內戰的觀念。誰要打內戰，我們要反對誰！誰敢作內戰挑釁，他就是國賊，人人得而誅之！」；五、「現代的自由人們」，「就是具有現代觀念自由意識的人們」，「應該起來了」。他說：「這種人是社會的中堅，是進步的力量，而這種人偏偏愛惜羽毛，清高避世，怕惹閒氣，甚至聽天由命，這太遭糕了！」他說，由於這些人的消極，使落後的腐化的人們自然就積極倡獗而盤踞社會各方面的要津了。因此他提出：「現代的自由人們應該聯合起來，開路，打基礎，做事！」

新中國日報社論 「寄語國民黨六全代會」

【本報訊】新中國日報在五月五日題爲「寄語國民黨六全代會」的社論裏說：「現在政權操於國民黨，形成所謂黨國；國民黨的安危亦即全國安危與全民禍福之所寄，所以不能不寄與多大的期望。」該報繼提出三點意見謂：「第一外交上，『有的地方，我們可以放鬆，有的地方，我們必須握住。例如（一）西南各省向南洋進出的海口，（二）南洋華僑的經濟地位，（三）泰國與安南之施行民主，（四）東北之整個收復，都是我們必須爭取的。至於香港、澳門、東北的濱海地帶，則是可在國防安全的條件下，加以伸縮性的考慮的。』第二在內政上，在內戰及抗戰的痛苦之後，『今後的政治設施，依循依勢，皆當着眼於人民的幸福。』第三民主政治的步驟必須邁進，不問你喜不喜歡民主，現在『已是非民主不可』，『無論還政於民也好，還政於黨也好，全體關心政治的人，必須與以過問政治的機會』，『執掌國政，應當摒除感情成見，……希特勒必受千秋唾罵，那在於他執着主觀，抹殺時勢。』」

傳胡愈之夫婦逝世

【本報訊】四月廿九日華西晚報載重慶息：中國著名國際問題專家胡愈之，於南洋淪陷時曾偕華僑領袖陳嘉庚氏避居某小島，一同避居者，尚有他的夫人沈茲九、國際問題專家邱宗溪、文學家王任叔、日本問題專家王紀元等。據悉胡氏已逝世。沈茲九亦有逝世消息。其他留居者生死不詳。

【又訊】胡愈之氏胞弟胡仲持，桂林淪陷時偕歐陽予倩、千家駒等寓居八步，主辦一日報。胡仲持氏的近況，亦頗爲友好所關懷。

湘西旱災嚴重

【中央社辰谿十日電】湘西旱象已成，糧價漲，當局正亟謀救濟辦法，已開始督導人民利用

軍，連日在利鹿六里、三嶺、三合、南龍站、龍仙等地，節節截擊東竄敵寇，至七日戰地已移至南浦圩，敵圖犯贛省虔南，我正阻擊中。

【中央社湘中前綫某地七日電】資慶西南之敵，六日午後仍西渡、溫溪（鳳公山以南）河被我堵擊未逞，刻與我隔河對戰中。

【中央社南寧九日電】何總司令應欽，今午偕麥克魯中將，俞部長飛鵬，張司令官發奎，飛此視察。何氏對克復南寧經過，加以垂詢，皆指示今後機宜。發後即巡視劫後南寧市區，下午二時即乘原機飛離南寧。

路透社評廣西戰況

【路透社重慶十日電】中國軍隊自廣西南寧向西南方的巨大進攻，已關開通越南邊界的走廊，其矛頭由於中國軍隊佔領了龍州西攻明江，而已行展寬。緬境雲南山脈另翼盟軍陣地以東六五〇哩，這一重要的勝利發展孤立了越南、暹羅與馬來亞日軍的威脅。今日中國公報說：中國軍隊距越南邊界在十哩以內。公報續說：「我軍配合當地民團於六月八日晨收復龍州」。「在收復早已越過的思樂之後，中國軍隊已抵達明江，並進攻城內敵人。」（龍州、明江、思樂形成廣西省西南角的三角形）。公報說：廣西中部中國軍隊繼續進攻黔桂鐵路上柳州以西四十三哩的宜山敵人據點。中國軍隊已抵達鐵路以南的宜山。他們現正攻擊柳州」。中國在廣西最近的陣地表示現在已實際上控制了日軍自衡陽至越南邊界四二五哩走廊之半。對柳州的威脅已增加，特別是來自西方的威脅尤甚。美方認為城市以北二十哩的中國軍隊可能是接近城市最近的地點，因為前傳一部中國軍隊實際上推攻城市北郊的消息尚未證實。

王雲五著文反對內戰
號召「自由人」聯合起來

【本報訊】三月二十日出版的自由論壇三卷五期上，發表有王雲五的「對國是前途的幾點概念」一文。提出不容有內戰，號召自由人聯合起來。他的「概念」是：一、中國抗戰最後必然勝利；二、中國必勝、但「很可能勝利得很不好看。這所謂好看不好看，就是國家地位的問題」。他認為誇大、徼倖是危險的，「應該從勝利的基礎上認識國家的真實」，即根據自已的歷史傳統，文化內容，人民教育與經濟狀況國家應得甚麼地位，就得甚麼地位。三、要在戰後世界十年二十年的和平時間，努力工業化，但「工業化必須置基於民主政治上」；四、應「充分利用」「彌足珍愛」戰後的和平期間，但

水地，改植雜糧，鼓勵商人向產糧區採運糧食，並成立民食調濟委員會，集資購糧平糶。

【中央社成都八日電】糧政當局公佈，四年度川省辦理糧食儲運，有大批人員乘機舞弊，茲探誌如次。江津縣倉庫分配股股長鄧希伯，共同盜賣公米一百卅五石，處無期徒刑，褫奪公權終身。×川縣倉庫發交員張登濃，共同盜賣米二百卅五石，無期徒刑，褫奪公權終身。江油縣倉庫助理會計處作霖，藉糧船××，盜佔積米六百五十六石，處無期徒刑，褫奪公權終身。宜賓縣倉庫主任王劍泉連續侵佔公有財物，計積米六千八百四十八石二斗七升二合，處無期徒刑，褫奪公權終身。銅梁縣倉庫押運員張竹修，收受賄賂，處有期徒刑十五年。南川倉庫業務員劉國輔，共同盜賣積米四十五石，處有期徒刑七年，褫奪公權七年。

大漢奸連袂抵渝後
國民黨槍斃一些小漢奸作掩飾

【中央社福州七日電】福州淪陷期間助敵為虐之奸逆蔣金闌、林炳東、郭何來、唐方榮、倫祥、林振、吳兆俊、陳官雄、鄭植官、林庚官、陳依原、江天賜等十二名，警備司令部先後緝獲，判處死刑，奉准於五日晨執行槍決，此為肅清漢奸聲中首次大快人心之舉。又充敵密探之陳木森、陳傑、王天漢三逆亦經逮獲即可定讞。

【中央社渝九日電】川高一分院駐渝辦事處，判處陳德修漢奸死刑一案，業經最高法院覆判核准，九日晨依法執行死刑，自特種刑事案件劃歸法院管轄後，執行死刑者，以本案為第一次。

宋子文訪杜魯門

【中央社華盛頓九日專電】宋院長於本日乘機抵華盛頓，即往訪杜魯門總統，茲討論之主題尚未獲知。宋氏拒絕評論此次會晤。

【中央社華盛頓六日合衆電】美對外經濟處宣佈，中國學生約六百名將抵美，依數月前所公佈之訓練計劃，學習公路、鐵路工程。

吳國楨在國參會常駐會上稱
中蘇間懸案已獲解決

【合衆社重慶九日電】外交部次長吳國楨昨日在國民參政會常駐委員會上宣稱：存在於中蘇間的若干懸而未決的問題，自新任蘇聯駐華大使彼得羅夫到來後，已獲解決。

上述聲明，是當吳國楨對有關於消除中蘇誤解及加强合作之計劃如何商作答的。吳國楨表示：「中國政府在這問題上，仍不斷努力。」他表示中蘇在舊金山會議上的關係，極令人滿意。關於宋子文自舊金山返重慶事，吳國楨說：具體日期尚未規定，但當宋子文離去時，劉鍇將暫代理中國代表團長。吳氏說：自五月二十日，中國與荷蘭締結條約後，此有數百年來中國因之忍受含垢的不平等條約，乃宣告廢除。他說：中國與西班牙、丹麥斷絕關係，因而與該兩國所締結的不平等條件，自動無效。他說：在中國與瑞士、葡萄牙所締結的舊條約上，曾規定：「當其他國家取消治外法權時，則瑞、葡兩國的治外法權是可以廢除的，因此，中國政府曾照會瑞、葡兩國關於中國完全廢除不平等條約事，而舊的中葡，中瑞條約遂自動無效。吳國楨還說：政府已着手與美國財政當局磋商關於以中國公民在美國銀行的存款，貸給中國政府以三萬萬美元事。

中央社論

英國大選

「中央社倫敦八日專電」此後數週中，世界人士將瀨集中其注意力於英國。蓋七月五日英國近三千一百萬具有選舉資格的男女，將決定第二次大戰中數巨頭之一之邱吉爾氏是否繼續為首相或由工黨政府取得今日臨時政府之地位也。未來之普選為十年來之首次，今日雖有四政黨推出候選人，然本質上則為保守黨及工黨之政治鬥爭。年在廿一歲以上有資格選舉之男女共達三千一百萬人，然實際當不能全體參加投票。一九三五年十一月十四日上次普選之時，僅有三千三百萬人行使其投票權，此數約為選民總數百分之八十。英國之選舉與美國之總統選舉，在程序上頗有差異，實際上英國選民不能直接選舉邱吉爾，阿特里或其他政黨之領袖為首相，選民之投票係為新下院議員候選人投票，而事實上獲得大多數席位之政黨，即將組織新政府。世界人士均以英國此次普選不僅為英國史上最緊張之競爭，且其結果對於全歐亦均有關係，以其係尚保歐戰獲勝以來各國中之首次普選也。歐洲各被解放國家之選舉，尚懸而未決，故歐洲之政治家自密切注視英國政治之動向，目前欲確切揣測勝利誰屬，尚為時過早，甚至最例行之政治觀察家，對於此次普選可能之結果如何，亦持審慎觀點。彼等認為此次普選之難於預料，實屬空前，此次選舉結果之無可捉摸，有數種原因：一、英國自上次普選舉行以來，已有九年半，估計本年選舉之中，至少有七百萬人未曾參加選舉，如以上次普選中投票人之總數為二千三百萬人而論，可知此首次參加選舉之七百萬選民

所依據以解決一切必須的細節的基礎。蘇巴西奇表示，他相信軍事談判會很快舉行，而相互諒解會達到——諒解為進一步加深在亞得里亞海及中歐[illegible]的盟國間的友誼關係所必需，這種諒解對於保障該部份歐洲的和平，有極大價值。

「路透社倫敦九日電」今日南斯拉夫政府對佔領及暫時管理「伊斯特利亞」「的里雅斯特」「斯洛文尼亞」與「里多拉爾」一事，已在貝爾格萊德簽訂軍事協定。南斯拉夫通訊社報導，南外長蘇巴西奇稱，該協定規定南軍參謀部與盟國軍事代表將解決所有必需之詳細協定。外長相信，軍事談判即將舉行，並已獲得諒解。此項諒解為×加深中歐主要盟國間關係所必須者。且對保證歐洲該部份的和平，亦具極大價值。此間官方人士對該項協定之簽訂表示歡迎。該人士認為此項協定，為一美滿原則，該原則即英美政府始終所堅持者，亦即爭執地區之領土解決不應使用武力，而應等待世界和平解決之判定。據傳界綫已劃定，即由的里雅斯特以南向北經哥里錫阿至奧邊境之維拉奇，此綫以西「芬尼西亞」、「里阿」全部將歸地中海盟軍統帥亞歷山大直接管理。此綫以東南斯拉夫之行政權，似將保持，此綫以西，仍駐南軍約二千名，亦作聯合盟軍之一部份，並歸該區盟軍統帥指揮。南國觀察員亦將駐在盟軍總部哥里錫阿界綫以北之劃界綫，將依伊×××之界綫，然在哥里錫阿以南，將向東作一彎曲。的里雅斯特區某城將全部在亞歷山大總部管制地區之內，該協定有効期間係在的里雅斯特爭執最後判決前盟軍管理之時期適用。關於目前所劃界綫以東或以西地區，其最後處置將毫無偏見，南國與盟方之要求在將來和平解決時，均將根據其功績而判決。此間訊，該協定規定南軍由意大利居民之主要中心區撤退，而由盟方管理界綫以西之行政權，現已成為盟國軍政府之責任。據傳盟軍總部對於所管制地區如對現在南國民政管理表示滿意時，將使其繼續存在。

「路透社倫敦十日電」路透社駐的里雅斯德特派員報導：此間形勢仍然極為模糊。鐵托元帥軍隊仍堅守該城周圍防綫，並無表現任何總撤退的象徵。南斯拉夫旗幟還在城內山丘上飄揚。關於情勢，英軍事當局無消息供給訪員。

「美新聞處華盛頓九日電」美國務院本日宣佈，英美與南斯拉夫政府對佔領的里雅斯特及盟方管理斯洛文尼亞一事，已成協議。先是南外長蘇巴西奇曾在貝爾格萊德宣佈，國務院稱，所協議即為南軍與盟國兩方代表藉以解決

，無疑將成爲無法估計之重大因素。二、如大路研究各政黨之政綱，其內容大致均同，所不同者，僅爲到達目標之方法。三大政黨之外交政策，大體協合，甚至內政事項每黨亦保證人民將有適當之居所，均有職業以及社會安全等等，因是凡於過去未曾歸依任何政黨之人士，甚難決定選舉此黨或彼黨，少數選民自將投所屬之黨投票，但甚至有經驗之政治預言家，亦不敢預料大多數之選民，尤爲平生第一次投票之選民，將如何投票，因此雙重原因，各黨之組織者亦不欲估計分析其本黨之成功希望，最近英國各方甚至保守黨之報紙舉行之投票測驗，均顯示英國之政治思想確有左傾之趨向，五月末舉行之一民意投票，詢以民衆在普選中如何投票，所得之結果，爲選舉工黨者佔百分之四十，保守黨者佔百分之廿四，自由黨者百分之十二，餘者爲選舉其他各名流。惟老練無黨派之議員人士，則認爲一般人士尤其服務軍中之青年，雖可見其逐漸左傾之趨向，然保守黨尚不至不能獲勝，雖則其與他黨之票數相差或極有限。各黨雖均參加競選，然選舉之競爭，實爲所謂進步之左派與保守之右派之決鬥。目前之臨時政府，係由保守黨、自由黨、國民黨及無黨派之工業界人士協議組成者，因是目前任職政府之三黨候選人，將聯合對抗工黨、最左之公安黨、合作黨，及共產黨。至於目前下院中各黨之實力，計保守黨有三百八十二席，而工黨有一百六十二席，自由黨十九席，公安黨四席，共產黨一席，共一百八十六席。兩方所差既如是之巨，因此估計反對黨如欲擊敗政府黨，至少需再獲一百廿席，黨似必能爭得四十至六十席，甚至保守黨員亦不認爲工黨將失去舊有席位，然彼等又深信工黨及左翼各黨不能增獲足以擊敗保守黨、自由黨、國民黨聯合陣綫之席次。上次工黨之獲勝，係在一九二九年五月，共得二百八十八席，據一九二四年一九二九年一九三一年及一九三五年四次普選之結果，顯示保守黨在一九三五年之選舉，較一九三一年損失八十三席，而工黨則增獲一百〇二席，同時此四次選舉之結果，更顯示在若干選舉區中選民中有連續爲保守黨投票四次者。

傳南國與英美成立佔領及暫時管理的里雅斯特等地區的協定

【路透社倫敦九日電】南斯拉夫政府與英美政府間，關於佔領及暫時管理伊斯特利亞，的里雅斯特及斯洛文尼的協定，已在貝爾格萊德簽字。據南斯拉夫通訊社報導：南外長巴西甄查稱：「該協定是爲南軍及盟軍代表人員一切必需之詳細措置之根據。關於佔領期間一切軍事細節，則由鐵托元帥及亞歷山大元帥規劃。蘇氏在貝爾格萊德稱，他希望並相信所有軍事談判將獲得加強，並得里亞海及中歐盟國間主要關係必須之諒解。該諒解對確保歐洲該部份之和平，將有極大價值。」

敵重要工廠、交通、通訊立即轉爲戰鬥隊

【同盟社東京十日電】那須陸軍省兵務局長，在九日衆院義勇兵役法案委員會上，對關於國民義勇隊轉移爲戰鬥隊的時期，以及戰鬥隊運營方策的質疑，解答如下：義勇隊住的地方，儘可能由義勇隊擔任，當戰況、地域的狀態緊迫時，或者在職務上轉爲戰鬥隊，能獲得實際成績時，譬如工廠變爲敵的襲擊目標，那時就轉爲戰鬥隊。特別是交通、通訊，它是全國性的通盤組織，有此種必要之處很多，故將儘早，轉爲戰鬥隊，歸軍隊指揮。戰鬥隊的任務，以運輸、設營等後方勤務爲主，但也擔任建設飛機場、道路、橋樑、以及連絡、情報等任務，此外在特殊情況下，也直接參加對敵作戰，譬如發現敵方斥堠時，它就以進行游擊性、自衛性的戰鬥爲主要任務。擔任增產糧食的農民隊，採取這樣方針，即希望其作爲義勇隊而獻身於增產。另外，戰鬥隊和義勇隊比較起來，它需要與海相當的體力和精神力，因此在年齡上規定男子由二十至六十五歲，降低爲六十歲，女子四十五歲降低爲四十歲。超過年齡限制的人，如果具備體力和精神力，也可依其志願加入戰鬥隊。

日寇海相戰況報告

【同盟社東京十日電】米內海相在臨時議會上的戰況報告如下：沖繩島的戰況率直的來說對我們是不利的，我們希望在陸海軍共同作戰之下，以投入此次作戰的全部力量擊滅敵人，但現在還沒有擊毀敵人的艦船羣與機動部隊，制空權亦未獲得。地上戰鬥逐漸受到壓迫，實非常遺憾之事，但在此期間，對敵人海上兵力的攻擊戰果，僅擊沉與擊破已經證明者，計航空母艦，巡洋艦估沖繩海區美國保有量的百分之五十，特設航空母艦及戰艦約估保有量百分之三十，驅逐艦估保有量的百分之二十五，此外還有艦種不詳的船隻一百數十艘。根據我們的估計，敵人是在進行困苦的作戰，勝敗決定於最後五分鐘。帝國海軍不論今後有任何的困難，將不屈不撓繼續作戰，以期完成聚殲目的。

更正

十日參考消息後頁「路透社」記者報導美逮捕六名「間諜」案應爲「美聯社」之誤，下「路透社記者維爾賓遜」亦應爲「美聯社記者」之誤。

参攷消息

（只供參考）
第九〇七號
解放日報社
新華社 編
今日出半張
卅四年六月十二日 星期二

威斯巴登德共市委談德共遭納粹迫害情形

【合衆社威斯巴登十日電】××國共產黨領導人今日說：希特萊的秘密警察得以完全粉碎一度強大的德國共產黨組織，而且共產黨對納粹的秘密抵抗戰爭開始時實際上即不存在。他說：德國一切最高級共產黨員不是被殺，便是被囚於集中營中，在這些人中有台爾曼，他於一九四〇年八月在崩赤瓦爾德集中營被殺？事後納粹却說他在英國皇家空軍襲擊時被炸身死。共產黨人僅能進行小規模的分散的破壞活動以及一些秘密宣傳。前威斯巴登共產黨市委領袖保爾克魯格今天告訴我納粹如何破壞一度爲德國第二最大政黨——共產黨的情形。他說：像世界共他兄弟黨一樣，德國共產黨致命的錯誤是在開始時沒有成功地、嚴重地認識事件，『而在我們認識到納粹消滅德國一切左翼反對黨的決心時，却已遲了。我們的領袖全都被囚於集中營中，或已死亡——我們黨的組織途被破壞。他追敍第一次大規模逮捕，此次逮捕發生於一九三三年三月正在選舉之際，希特勒即因此次選舉認可而獲得政權。一切最高級共產黨員都在那時被逮。那以後，共產黨人開頭大批地積極戰鬥，後來化整爲零，三個人一組，組員不爲共他組知道，但是，納粹派黨員打進我們的小組，另一方面共產黨又不能派人到納粹黨去。他說：一九三八年底，共產黨人預料××政治禁令將被解除，而共產黨則進行改革，加入反納粹陣綫（此句原文不明）。

三強可能於週內打開波蘭僵局

【合衆社華盛頓十日電】外交界人士暗示，三強對波蘭僵局可能於本週內打開，並信杜魯門總統之特別代表霍浦金斯，自莫斯科返華盛頓時，將攜有佳訊。蘇聯允許英美代表駐紮蘇巴爾幹半島之可能性問題亦屬其一。

【路透社倫敦九日電】倫敦官方對本日波蘭公報中所稱，盟軍當局進行對使流亡波蘭人直接回國事已成立協定說，毫無所聞。據本晚權威方面聲明，對各國流亡失所人士之立場，仍未改變，除蘇聯人民外，並無強迫其他人士自英美佔領區遣歸東歐之事。

胡霖主張懲罰軍部不是抹殺日本人民存在

【合衆社舊金山十日電】中國代表胡霖稱，渠不信爲確保亞洲和平，必須毀滅日本，蓋多數日本人民均極恭訓，自軍閥統治下解放後，必可與其他國家合作。據稱日本軍人實爲擁有新式武器之野蠻人，唯有繼續作戰，直至日本無條件投降，始可縮短戰事。而吾人在遠東之勝利，並非希望將日本自地上抹去，但吾人之第一步驟，應改造日本之教育制度，更應澄清日人之神權思想，亦不能再允軍人假天皇之名以掩飾其拓土野心，胡氏留日多年，深認超級空中堡壘之轟炸，已摧毀日本民氣，而不願作戰到底，且已失去其對軍閥及天皇之信仰。胡氏謂目前中國之反攻，絕非局部性質，而將獲得動力不久，且將收復衡陽，因之可能緊迫日軍自華南撤退。渠避免對戰爭尚需幾久作預言。

【中央社渝十一日電】據美新聞處華盛頓九日電，今日美國務院宣佈，將爲現在美國之朝鮮學生設立獎學金，其辦法亦如中國學生所設之獎金學相同。

國民黨積極修理史迪威公路

【同盟社廣州九日電】據八日之昆明廣播稱，重慶的抗日輸血路之史迪威公路，最近因雨季之到來，致森林地帶與山岳地帶之公路已被破壞，目下正在外國技師的指揮下派出很多大批工作隊。另方面重慶當局使戰時運輸局支出十一萬萬元的緊急修理費，拚命地供應運輸隊與橋樑。

敵稱國民黨六全大會否認外蒙共和國

【同盟社廣州九日電】自從毛澤東在延安七全大會上發表炸彈宣言以來，重慶與延安兩者之間的關係，又面臨由政治抗爭轉爲武力衝突的危機。最近敵方在廣東省刊行的大衆報報導稱，重慶政府在六全大會上，已正式否認外蒙共和國，引起了極大的反響。根據該報的報導，重慶會賦予外蒙以最大的自治權，外蒙既根據一九二四年簽訂的中蘇條約，曾被正式保證爲中國領土，那末，重慶不能承認一九二一年成立的外蒙共和國。另外，該報並說，最近在新疆省，重慶軍已和哥薩克發生武裝衝突。正當圍繞着重慶的美、蘇勢力，值得注意的時候。這次重慶正式否認外蒙共和國，是很值得注意的。

路透社評鈴木談話
認為他企圖分裂盟國團結

【路透社倫敦九日電】鈴木今日在日本議會中所作的戰局檢討中對日本外交政策的暗示，倫敦消息靈通人士認為是日本變軍外交路綫的典型，而且日本追求此種路綫已有好些時候了。其所採形式則為：（缺）同時具有下述保證：盟國經濟政治困難甚為堪虞，因此，如果日本繼續作戰，則有獲得正在出現的勝利之眞實機會。第二，宣佈日本對中立國家之友好與合作意向。這是日本已向蘇聯表示鄭重意向，消除蘇聯干涉的一切藉口及在各盟國間打進一個楔形，在第二方面，此間特別着重指出：日本在××方面是沒有搞錯的，因為這種策略可能防止莫斯科走到施以直接反擊的地方，而日本對於直接反擊，日本是不惜任何犧牲加以避免的。現在已有一種象徵：日本官方宣傳機關已經決定：該項機關大約竟已彈起盟國不合的調子，（缺半句）日本社會預料蘇聯與西方盟國不會立刻衝突。同時，鈴木的聲明顯示企圖促進勝利國間分裂的機會尚未喪失。

敵寇召集臨時會議
內閣提出戰時緊急措置法案

【同盟社東京九日電】政府針對着戰局的嚴重化，為斷然實行本土決戰的緊急的非常措置，乃召開臨時會議。至此，乃於八日召集具有空前重大內容的第八十七屆臨時議會，當日即宣告成立，將於九、十兩天繼續舉行會議。政府提交大會的法律案，計有戰時緊急措置法案，「國民義勇兵役法案」、及其他重要的法案。其中戰時緊急措置法案的內容，為政府得根據非常措置，掌握隨時斷然實行當前增强軍需生產、增產糧食、戰爭災難對策、强化運輸及通訊等緊急施策的權限，它也可以說是議會予政府以全權委任的法案。對於政府來說，這個法案是與最近各方冀求援引憲法第卅一條的非常大權所具有的同樣效果的立法措置，它是適合時宜，為大家贊成的法案。

【同盟社東京九日電】政府在八日定期閣議上，決定向臨時議會提出六條法律案，並立即提交議會。六條法案為：（一）戰時緊急措置法案，（二）關於衆議院議員選舉法第十條特令的法律案，（三）義務兵役法案，（四）關於對國民義務戰鬥隊員適用陸軍刑法、海軍刑法、陸軍軍法會議法、海軍法會議法的法律案。（五）裁判所構成法戰時特例中的修正法律案，（六）戰時臨時特別法中的修正法案。

【同盟社東京十日電】政府此次向議會提出的戰時緊急措置法案，是為了突破難關，斷然實行異常的緊急措置。這是為了要確立法律根據的立法，而不為過去適應非常事態的既存法律所拘束，而是講求臨時應急措置所需議會的全權委任法，亦正與發動憲法第三十一條同樣是有實行性的立法措置。該法案全文由七條組成。計有：（一）維持加强軍需生產。（二）確保生活及其他必須物資。（三）加强運輸通信。（四）加强防衛本土與維持秩序。（五）稅（？）政的合理化。（六）戰災的善後措置。（七）其他對集中發揮戰力的必要事項，以勅令所指定者。

又關於實行該法中，在維持加强軍需生產方面，為了防止因戰災致使工人走散，必須强制收容於一定的居駐地方，為此就要發出各種命令，或在軍需會社法規定以外的事項中，隨時隨地發勵適宜的措置以增强生產。關於加强防衛，現行防空法主要是規定空襲場合，而對從海上的進攻則未設想。隨着戰局的激烈，應當講求對抗從海上進攻的各種防衛，以應付從海上進攻所引起的不可設想的事態，那時可以用勅令確立必要的措置，用此種緊急措置進行戰鬥。

【同盟社東京十日電】在九日的議院戰時緊急措置法案委員會上，[illegible]高太郎、他崎忠孝等會進行質問，鈴木首相予以答覆辯稱：「政府之所以不根據憲法第三十一條的方法而敢於提出本法案的原因，是由於憲法第三十一條與議會完全沒有關係。因為政府的用心是與代表國民意志的議會一道，使政府與國民打成一片，以便對付這一非常時局。當執行本法案時，根據第四條而構成的『戰時緊急措置委員會』，將專門由議會有關聯的人士組織之，聽取其意見。該委員會對於政府報告的事項，可調查與審議，並提出意見。該委員會並明確地規定：關於如何施行本法，可予建議。

更正：昨天參考消息「玉璽五著文反對內戰」，「玉璽五」乃「玉甚生」之誤。

參考消息
（只供參考）
第九〇八號
解放日報社 新華社 編
今日出半張
卅四年六月十三日
星期三

宋子文將訪問莫斯科

【美國新聞處華盛頓十一日電】宋子文院長，本日談稱：渠在舊金山會議閉幕後，回國之時，將訪問莫斯科。宋氏以為盟軍如不登陸日本本土，對日之戰將無結束之可能。宋氏本日中午往訪副國務卿格魯，是為舊金山會議開幕以來渠訪問華府之第二次。

【中央社華盛頓十一日專電】宋子文本日中午訪美代理國務卿格魯，晤談廿分鐘。宋氏稱此僅係『普通訪問』，故拒多加談論。某記者詢以渠是否相信不必進攻日本本土，對日戰爭亦能結束，渠答稱此必與事實不符，蓋因不能自空中將日本佔領也。宋氏對渠擬於華盛頓研究勾留若干時日一點未加斷定。

國民黨軍委會戰報

【中央社重慶十一日電】據軍委會十一日發表戰訊，廣西方面：桂省北部我軍由百壽向東攻擊前進，十日已迫進桂林以西四十里之兩江圩。湘桂路西段北側我軍，於十日攻抵桂林西北卅二里之岩山圩附近，正與該處敵進行戰鬥。我向義寧（桂林西北四十里）攻擊前進部隊，十日續進展。黔桂路南段以北地區我軍，掃蕩×城郊區及附近殘敵，至九日已告肅清。我軍攻克宜履後，續沿黔桂路及兩側向柳州攻擊前進。桂省南部我軍，於九日二時克復邕龍路上之明江、寧明，兩路殘敵向憑祥退卻，現我軍續由寧明向西龍州向南分途向憑祥推進中。西江流域南側我軍，配合地方部隊，於本月三日攻克藤縣（距柳州西八十里）。桂越邊境方面我軍攻佔越邊重慶府德陽，敵復由高平增援向我反撲，戰鬥激烈。廣東方面新豐附近戰鬥無大變化。河源以北南湖地區敵，向燈塔圩（距河源城六十里）進犯，我軍迎擊，正於該地以南附近戰鬥中。贛南方面：犯信豐敵，八日晚曾一度突入城內，當被我軍逐退，現我敵仍在城郊激戰中。豫西方面：西峽口（內鄉西北）以西戰鬥在繼續進行中。

元帥及麥克阿瑟元帥。另以×等寶鼎勳章，及雲麾勳章授予[illegible]納將軍及魏德邁將軍。繼由將軍代表陸軍領袖，領受授勳。孔氏於授勳時代表我國政府對美國軍隊共同作戰，打擊共同敵人之貢獻深表感佩。深信彼等措施之努力，將對吾人在太平洋方面及早獲勝，並對導引一新的繁榮世紀之產生，大有貢獻。

同盟社轉播
新華社關於貴州等地荒災報導

【同盟社上海十二日電】據新華社十日延安電訊：重慶政權統治下的貴州、四川、湖北各省，遭受旱災，民衆受到很多痛苦，重慶政權不但不講求任何救災方策，而且強迫獻糧獻金，民衆對此非常怨恨。該電訊報導如下：四個月的旱災，正威脅着陝甘寧及解放區以及重慶政權統治下的貴州、四川、湖北各省。在陝甘寧邊區及解放區，黨政軍民全體總動員，以全力進行救災工作，另一方面由各地供給糧食以減輕難民的苦惱。但重慶當局對四川、湖北省北部、貴州省東南部的受災難民，不但不作救災工作，而且虐待難民。此即四月下旬貴州省的臨時參議會中，提案件數共有六十五件，其中關於救濟流民，防止旱災，免除災害地區捐稅的提案達三十二件之多，據該省參議員稱：在貴州省南部獨山地區，難民吃草根渡過飢荒，現在草根亦已吃完了。又該省東部一帶居民，在救濟難民的美名之下，重慶當局把他們的糧食物亦搶去了，他們彷徨於飢餓線上。在貴州省北部，一斤菜蔬一千五百元，比當時肉類的價格還高。重慶當局目視此種慘狀，不但不實施救濟，反而強迫獻糧獻款。貴州省政府主席楊森雖請求停止獻糧獻金運動，現在仍未改善。

南京汪記國民黨
將召集全國代表大會

【同盟社南京十二日電】中國國民黨，於本月七日召開中央執行常務委員會，決定在本年十月十日雙十節，在南京召開全國臨時代表大會。中國國民黨全國代表大會，從二十八年八月在上海召開第六次全國代表大會以來，已經六年。

鹿鍾麟談兵役問題

【中央社重慶十一日電】兵役部部長鹿鍾麟氏於九日下午四時自昆明飛返渝。鹿氏對記者發表談話稱：『本人飛昆明接洽要公，並曾親赴昆明、貴陽、芷江、安江、洪仁、辰谿、沅陵、鎮遠等地視察兵役實況。在昆明時，與各方面軍憲長官舉行座談會兩次，對補充兵有關問題之責任劃分，及新兵運，我敵均無進展。

「中央社重慶十一日電」中國戰區美軍總部第六一一號公報稱，湘江走廊之日軍，現向北移動。柳州方面之敵軍，於十日為十四航空隊戰鬥機襲擊，該機於出擊中，擊毀或重創敵小船六十艘，並轟炸敵軍營房。P一五一式機襲擊西江敵之內河交通，並於柳州附近之戰役中，炸毀敵軍若干。我軍於十日之上述各役均未遇敵機抵抗，並安全飛返。

「中央社昆明十一日電」美十四航空隊司令陳納德，今下午在某基地招待記者例會中稱：敵建立大東亞生命綫企圖，已因我軍克服萬難而大受打擊，過去一年中，該隊雖失去某些基地，日軍則失去空中勢力，總計毀敵機一、一一五架，沿海敵船四五、一五〇噸，內河敵船五七、〇〇〇噸，斃敵三〇、五五九名。敵並因補給困難醫藥缺乏，病亡頗多，去冬及今春敵極力搶修大陸交通綫，然以我游擊隊及空軍之不斷出擊，致無法利用。據空軍偵察報告，湘桂敵受我軍威脅有繼續撤退可能，孤立於泰越之敵，或將苦守該地，只於湘桂上空，只偶見極少敵機闖游，已無有組織之抵抗。該隊四五兩月最大工作，係掩護陸軍作戰，攻擊敵運輸，中美空軍合作成績極佳。

國民黨嘉獎滇緬作戰有功部隊

「中央社重慶十一日電」此次滇西戰役，克復龍陵為卅六師、六十七師、八十八師、預備第一師；收復騰衝松山之役為五十四軍一九八師、一〇三師。又緬北戰役駐印軍之新一軍、新六軍，均能揚威異域，完成任務。新廿二師迭克孟關、加邁、史維古、西遲等地；新卅八師迭克于邦、孟拱、八莫、臘戍等地，以上十一單位戰功特著，軍委會擬請給各榮譽旗一面，以彰勳績，業由政院呈請國府核准頒給。

「路透社重慶十日電」參謀長及前總長何應欽將軍，於視察最近為華軍解放的南中國走廊城南寧後，已返回昆明。

「中央社重慶十一日電」桂主席黃旭初，近以桂省反攻軍事進展順利，省政推行急待配合，十一日晨十時乘機返百色。

「中央社重慶十一日電」交長俞飛鵬，前赴桂境前綫視察交通業務，十一日經昆明返陪都。

蔣介石以寶鼎勳章授與金氏、麥克阿瑟等

「中央社華盛頓十一日專電」蔣主席代表孔祥熙氏本日正式代表我國以寶鼎大××××勳章授予金氏

輸等事，有所決定。副食費並決定自六月起凡隨軍總部所轄地區之補充團隊，一律照軍政部之新給予發給。病兵之醫療等問題，亦均一一詳加檢討，針對當前事實，擬定改進辦法。滇省徵兵成績尚佳，皆能照計劃按期如數徵足。黔省成績較差，一般新兵體格亦弱，曾親見一部份老弱及不合格新兵，被徵入營，經飭給資遣散回籍。並嚴飭各該管區司令，嗣後如再有同樣情事，定予嚴懲。湘西因受戰事影響，徵兵成績不良，其未能依法辦理徵兵之縣長共八員，擬電請湘省府予以相當懲處。芷綏師管區團長王天榮，忽視新兵保育，已予以撤職。沅水管區團長曾鼎浮報名額，虛糜餉秣，業已撤職依法嚴辦。就一般情形而言，（一）新兵副食太差，營養不足，現既奉准實行新給予，已再嚴飭各級幹部，一文錢都要用到士兵身上。如再發現新兵有吃不飽，營養不良情事，惟各單位主官是問。（二）黔省有一部新兵體格不良，其原因一由國民體質素質之一般低下，一由於各師團各縣徵集時僅注意數量的征足，未能注意素質之嚴密檢查，經嚴令各司令以後，如再征有不合格新兵，一切征兵費用，應由各該主官負責賠償。（三）新兵之醫護多未切實注意，已飭行軍途中注意士兵健康，走三天休息一天，行軍隨帶軍醫，隨帶充分藥品，途中新兵有病，須切實治療，或送院診治不得遺棄或強迫隨行。各醫院過去設備不完善，已飭改善。並分飭地方官員對病兵之救護各事，務妥加協助。至各級兵役人員，一般精神大部已見振作，風氣漸趨轉移，是可稍慰者。」

加爾各答——昆明電話綫完成

「路透社緬境盟軍前方司令部十一日電」加爾各答與昆明間之電話綫，現已完成。中印今乃得首次通話。新綫長約一千七百五十英里，途中經過世界上最崎嶇及最原始之地區。按綫係用美國器材由美工程師及中印勞工建成，與舖設中印新路及油管係同時並進者。工程一九四三年四月開始，保持沿綫乃一最大問題，狂風及倒樹常使話綫中斷，且時常有當地居民將電綫竊去。

敵八十七屆臨時議會 陸相戰況報告

「同盟社東京十日電」阿南陸相在臨時議會上之戰況報告要旨如下：關於沖繩本島的戰況，從敵登陸以來已經七旬，我地上部隊以寡勝衆，予敵以極大損失，終於在五月下旬不得不由首里撤退，以鞏固其後方戰綫。緬甸及菲島方面之我軍，與優勢之敵現正激戰中，

我軍士氣旺盛，予敵人以極大損害。中國方面，美國裝備的重慶軍正向昆明、芷江方面轉移。同時亦可預料，敵人將從太平洋在中國大陸登陸作戰，目前我軍正準備對抗敵人的這一企圖。各個戰綫上我軍將士均進行勇敢作戰，但應當率直承認各個戰綫均處於苦戰狀態中。今天懷疑皇國的勝利，就是埋葬我們的勝利，我們現在正處在空前未有的國難中，這一時候正是向中外宣揚光輝的皇國精神最好的時候。我陸軍與海軍一致，確信能在一個作戰理想之下殲滅敵人！我們對我同胞給予陸軍的幫助與希望，只有用光輝勝利的果實回答。

【本報訊】敵八十六屆臨時會議，九日開會時，有議員太田政高（日政會）起立，就對戰局的國民指導方針，指導戰局的責任，加強軍、官之間的施策等進行質問，並希望迅速果敢實行戰災對策、物價對策等。鈴木首相答辯：（一）關於戰時指導國民的方針，為策應舉國一致的皇土決戰，將置重心於發揚國民士氣，確保糧食和兵器，組織國民義勇隊等方面。（二）關於指導戰爭的責任，由政府和統帥部密切協力担當之。在此期間，尤需注意密切的聯系。（三）關於官民之間，調整和加強施策問題，將逐漸實施之。（四）關於迅速果敢地實施政府實施，我亦有此同感，將以簡素中央官廳的機構，設立地方總監府，逐漸具體實現之。此外米內海相，岡田士商相，對此亦有所答辯，嗣之，進入議題，提出戰時緊急措置法等四件，議決委託委員會審查，森田重次郎議員對此會有所詢問，隨相答辯後，四時三十五分散會。

敵同盟社被炸後變動機構

【同盟社東京十一日電】同盟通訊社的別館於二十六日未明的空襲中，完全被焚。今後無論有任何惡劣的事態發生，將根據幹部會議的緊急協議全面改革社員的編成，以便確保其作為我國唯一國策通訊社的機能。廿九日召集本社全體社員由古野社長宣佈立即實施之。據說本社把全體社員分為推進隊與建設隊，前者担任本社原來的社務，後者清理被焚的別館，建設總社，鞏固國等。同時亦完成其作為前者預備軍的作用。這樣，推進隊在事實上是推進社務的極限人員，建設隊完成其作為確保極限人員的貯水池的作用。同時進行各種建設活動以應付非常時期，這將與代替以往的各部制，成為推行全面社務的實際機構。這樣本社機構確立了戰時編制，進行戰時的運營，戰時制度以古野社長為中心，即時實行之。戰時編制後，幹部的名單如

（二）關於歐洲問題：「時代」的一個訪員在四月初從倫敦向共總社拍發一電寫道：「我完全確定，英美關係比蘇聯關係現在是在較好狀態中」，時代紀者在引述上述公文後即寫道：「這已是過去的新聞了。三月以前，由於美國態度的不定，英國較之依靠華盛頓是更願意依靠莫斯科的。但自彼時以後，蘇聯在新歐洲的權力則愈來愈大，甚至為蘇英聯盟長久努力的艾登也被迫聲明：『每個國家都企圖防止其他國家聯合起來威脅它自己的安全，這也就是我們為什麼經常努力防止歐洲被置於一個強國之下的道理。……我們一定希望，納粹與日本的顛覆以及他們帶給他們自己人民的悲慘將能防止任何這種企圖的重生。但若是這種威脅重又存在，我斷定此種同樣結局將即隨之俱來，全世界自由人士將再度聯合起來，如他們現在所做的一樣，去保護他們的自由。』這種不平之鳴不是意味着三強關係已瀕絕裂，而是意味着有不少政治家對維持這種關係的強烈與困難已有注意。」

「艾登會是三強中第一個政治家屢次主張，贏得戰爭的強國應該贏得和平。但是，正如他最近所表示，蘇聯在歐洲的出現預示將造成一個不穩安的強權政治的局面。因之強國之間的協議，對英國十分必需。作為第二道防綫，與美國的最大可能的瞭解，對英國也十分必需。」（編者按：時代雜誌此文正發表蘇日中立條約廢除後十一日）

蘇聯新時代雜誌刊載『從上海到東北』旅行記

【中央社莫斯科十日專電】「新時代」雜誌刊有『從上海到東北』之旅行記一文，作者為尼米楚凡諾夫。文內係描述其自上海經我國東北諸省返國途中之所見。作者於清晨即離滬，全市暗無燈光，滬市每晚十時電燈即熄。作者乘三輪車赴碼頭登輪，足證滬市車輪之缺乏。整個滬市之經濟，目前操縱於日人之手，日人報紙已不止一次揭露日本軍隊具有一「經濟部」，其任務為經營有利之事業，以支持戰爭之進行，日本之海陸軍不僅必須戰爭，且亦必須生活，故於佔領區內經營工商各業。日軍所用之自來水及瓦斯，係由自來水瓦斯等公司供給，彼等經由投機商人之手，於街頭以高價售賣，每磅竟售至一千二百元，至一千四百元。日軍之經濟部由兩排巨大之竹籬圍繞，上海各種貨物凡行經竹籬之門者，均嚴格課稅，即一魚之微，亦須徵稅。日軍自侵略中國以來，即進行奪取中國之財政之陰謀，偽中央儲備銀行會發行紙幣，以僞幣

下：建設隊隊長古野伊之助，隊付栗林能×，第一部隊長塚本去隆、副部隊長川島行太郎，第二部隊長大平安國，副部隊長永吉訓義，第三部隊長加藤益男，副部隊長小松一，第四部隊長澤田嘉×，副部隊長伍長五郎，第五部隊長高橋壽，副部隊長森本次郎；推進隊隊長古野伊之助，隊付淺野×，第一部隊長山口岸，副部隊長文木重光，第二部隊長田中正太郎，副部隊長大森吉五郎，第三部隊長細川綱伊，副部隊長井上勇，第四部隊長板垣武夫，副部隊長三村良知　第五部隊長福井照藏，副部隊長竹市信行。

日寇停止德意駐偽滿外交官的職務

【同盟社新京十一日電】滿洲國於十一日上午十一時，邀請駐滿德意大使館代表來訪外交部，通知他們停止德國外交官與領事在滿洲國執行職務並待遇，必要時並將管理官財。又對於意大利駐滿公使館，亦已採取同樣的措置。

美國時代雜誌論三國關係

【本報訊】我們最近收到一期時代雜誌（四月十六日），其中評述到美、蘇、英關於歐洲及遠東問題，特摘譯如下，以供參考。

（一）關於遠東問題：「斯大林在雅爾塔第一次與羅斯福與邱吉爾談論到太平洋與亞洲的事情。在克里米亞的舒適陽光中，三強或者不會被這個變化所困惑，但卻有很多地方是會為之困惑的。這種令人困惑的事實就是：美英政府希望不用蘇聯的援助而迅速解決日本。他們（按指美英）的理由是，亞洲的和平，若是蘇聯不參加和平會議，則比較容易處理與維持。其實，蘇聯無論如何對亞洲和平是會說話的。不管它與日本宣戰與否，在亞洲和平的形成上，蘇聯將有直接與有力的作用。美英及其亞洲的同盟——中國，必須面對這種已成實在的可能性。」

「一九四三年十一月，在他們未去德黑蘭與斯大林會晤以前，羅、邱在開羅會答應將滿洲退還中國，並使朝鮮成為一自由與獨立國家。這兩個諾言都是違反俄國自十七世紀以來在亞洲的利益與歷史的。中國對滿洲的歷史的權利是沒有問題的。蘇聯對滿洲與朝鮮的歷史的要求是不可免的。至少，蘇聯將一定要求在滿洲的經濟優先權（同時也意味着政治的）；更進一步則直接佔有它。無論那一種情形，蘇聯那時將是亞洲與太平洋的強國，其地位足以支配中國。歐洲的利益與方法，使三強關係自其開始就未完善，在將來，這種極深的鬥爭，這種關係的決定性的考驗，以及建立在他們身上的戰後安全[illegible]組織的考驗，將[illegible]發生於歐洲亦將發生於亞洲。」

一元兌換法幣二元，以收買大量法幣，俾在該地購貨。中國人民於被迫接受新偽幣後，立即用於購買日貨，結果日本銀行內敵偽鈔票充斥，而貨物盡入於中國人民之手。當地製造品售價之高，令人難於置信，米每担售價七萬元，無煙煤每噸售至七十萬元，其他物價亦均高昂。中國人民均以黃包車拉運偽幣，而日人亦只有被迫大量發行。作者繼又描述一趣事，即為死人焚化之冥幣，其價值則在敵偽儲備銀行紙幣之上。有一聰明之投機商人，某次曾將巨量偽「大鈔」換為小票後，以廢紙出售，×××××萬。其偽行紙幣與日本軍用票日元取得聯系，交換比率為×××××××儲備銀行之偽鈔，因跌價太甚，影響日元，日人遂將寄為在佔領區禁用而發行之日鈔，自市面收回。此外偽儲備銀行之紙幣，今已成為反日宣傳之工具，在偽幣××中山陵墓之圖內，藏印有『偉大之中國即自此產生』之字樣。作者遂繼描述自上海在哈爾濱之旅程稱，每位旅客，均攜有熱水瓶電筒等，並用繩索將自已縛於輪船之木片上，以防輪船之下沉。此外並攜有警察所用之口笛，以備輪船下沉時，可吹以求救，於登輪之前，首先檢驗日人之文件，然後再驗其他，旅客於餐廳用餐時，亦由日人佔先，輪船先靠青島，以次××旅順、大連，此等港口均十分黑暗、死沉。作者對旅順博物館描述，有未×血跡，及被砲火貫穿之俄軍軍服，以及生銹之軍器等，抵大連時，有三日人詢問作者『請告余日本目前究應如何』，作者告以此等問題，已由日本記者於上海提出若干次矣。大連埠沉寂空洞，此埠市民僅具骨架，而無中國人民為其血肉矣。此因大部份中國居民已離此他去，商店之內存貨寥寥，任何物品均難購得。作者繼又描寫其經過瀋陽及長春之情形，於中東路上，作者見有許多之日本官吏婦女兒童，以及浪人等，均在經營違禁之毒品，及其他商貨。自離哈爾濱以及抵齊齊哈爾等車站以後，車上之窗簾均被放下，一若窗外祕密恐為旅客看見者，但一切祕密仍為人所知，因鐵路兩旁之人民無非盡為貧困所蹂躪。作者於結論時稱，於行經日人統治地帶以後，令人感覺日本島國之基礎極不穩固，因日本於建築房屋時，必須考慮常有之地下火山，及地震之危險也。

更正。

八日參考消息所引『民主政治』雜誌『六全大會的任務』一文的作者黃旭初，在該雜誌第二、三合期即有反對聯台政府，[illegible]製定政治結社法方案的通信及論文，於黃旭初三字下尚註有『（浙江）』二字，此人不是廣西省府主席黃旭初。

參考消息

（只供參考）

第九一一號

解放日報社 新華社 編

今日出半張

卅四年六月十六日 星期六

林語堂、猶德與史沫特萊、福爾曼在美國
辯論國共問題和「中國如何才能統一」的情形

【本報訊】關於三月下旬林語堂、與衆議員猶德（甲方）與美國名記者史沫特萊、福爾曼（乙方）之間舉行的國共問題和「中國如何才能統一」的辯論的詳細內容，近期「參考資料」將有譯文。關於辯論時的情形及簡略論點重慶國民公報記者也有報導，茲據「總匯日報」五月十三、十四日轉載稿摘要介紹如下。（該通訊稿是國民公報記者三月廿八日發自紐約的。）

最近紐約社交會堂舉行了一個公開辯論會，題目是「中國如何才能統一」？辯論時同時將辯論情形廣播於全世界。就是說全世界約有五百萬到一千萬人聽得到這個公開的辯論。是日雖下大雨，但到會者坐在席上的就有一千五百人，後面還站着很多人，另有七十五個人站在樓上。辯論的一方是：「枕戈待旦」一書的作者林語堂，和屬國民黨籍的美國尼蘇達州衆議員猶德——他是一個天主教神父，在中國傳教十年，去年秋天他還到中國勾留數月。另一方：爲共產黨辯護的是最近作有「中國的反攻」一書的美國記者史沫特萊——她和中國共產黨相處十二載，和曾在華北住過的美國記者福爾曼——他最近著有「中國紅區的報導」一書。主席是鄧尼。辯論開始前極爲緊張，四人均在看辯論稿，林語堂還一直在「修改」着他的辯論稿。將開始辯論時鄧尼向聽衆說：「你們有多少人同情國民黨政府？」有一陣鼓掌喝彩。聽衆當場有幾個站起來發表意見，其中有位女士說：「希望以後中國政府不要說容話了！」

辯論開始，鄧尼介紹猶德首先發言。他以急促的語句說明他如何不贊成共產黨，他說「美國應該不斷予中央政府以軍事的及精神上的幫助，中國才能統一。」台下報以熱烈的掌聲。

德神父在一九三八年一月從中國寫給朋友的一封信，其中說共產黨很快變成八路軍。猶德承認在中國抗戰初期他很同情共產黨，但後到後來就感失望。他又說許多共產黨員因受不了殘叔行的痛苦而逃出來。史沫特萊大聲喊道：「他們告訴你他們是共產黨員嗎？他們完全是造謠。」（「聽衆對史沫特萊的無修養也有些不滿之聲」。）

辯論終結，聽衆提問題，由四人分別答覆。女作家項美麗（新作有「中國與我」一書）問到「最近國共談判中赫爾利大使提出的原則，蔣委員長立刻接受，而毛澤東完全拒絕，是真的嗎？」林語堂說了很長的話來證明「這是真的。」最後猶德神父對史沫特萊提出他一九三八年的信來表示感謝（！）。他說：「這證明我毫無偏見（！），而是根據事實來確定我的主張。」接着他又談到民主問題，說：「現在世界各國都沒有完全流線型的民主。例如英國就有十年未曾舉行公民選舉了，美國一百六十八年來每四年選舉一次，而最近的一次總統大選，我們的表現似乎也不太好。」台下立刻騷動。聽衆對他最後的一句話，有的喝采，有的斥責。就在那一團亂的時候，主席鄧尼宣告散會。

新中國日報評國民黨六全代會
痛斥蔣介石堅持獨裁準備內戰

【本報訊】中國青年黨機關報新中國日報於五月十日發表社論評述蔣介石在國民黨六全代會上的開幕演講詞，說：「讀了國民黨總裁蔣先生在六全代會的開幕演講詞之後，使人有些焦灼，有些迷惘。似乎這大半年來，大家斷求的民主團結，將有漸歸沉消的趨勢。」繼稱：「「召開國民大會還政於民」，在原則上，我們始終並不反對。而這事必須經過民主團結來共策進行，才會有好果，這是我們不變的主張。因爲這是最嚴肅的事實問題，不是一黨包辦階排道理「混過頭場，混過二場」就可以完備的。」新中國日報說：「從蔣先生的講詞說起吧，以訓政而論，「主持黨政者走了岔路，並未按照孫中山先生所定訓政程序實行訓政綱領。論責任，照蔣先生（五月五日）的說法，是該由日本人負，因爲「十餘年來，受日寇侵略的阻撓，尤其八年來，人民流離顛沛，不遑寧處，所以未能結束訓政」。日寇侵略是事實，不過這事實，在今天不但未減少，而卻是更加强，何以今天卻忽然對國民大會又「必須使之如期實現不可展緩」而且「即使遇到任何困難或阻力，亦應毅然決然的執行……」？」該報說：「我們不必作口舌之爭，且說真的，今天國家需要團結。要團結，才能渡過難關，才能建立一個和平而統一的國家

鄧尼很快又介紹了福爾曼發言。他想[illegible]大[illegible]是：「因共產黨未蒙別人一槍一彈的援助而解放了[illegible]人。」他說他親眼看見中共作戰。最後他指着林語堂的名字說：「他在最近寫的一本書（指『枕戈待旦』）內說：『假如中共不聽中央命令，請蔣介石頒給國民黨三個坦克師團去對付中共吧！』林博士！我代替你害羞！」鄧尼聽見福爾曼指着林語堂的名字攻擊，很不以爲然，他接過來對着播音器說：「謝謝你，福爾曼，你似乎已動用眞武器了！」

接着，是林語堂發言，他預先發給聽衆辯論稿開頭說：「我們，必須先找出中國內部糾紛的原因。在最近幾次的談判中……」可是他在台上說的幾乎和他的講稿完全兩樣，在台上他說：「六年來國共一直在會談，而看不出中共把國家意識放在黨的意識之上。……中共標榜他們的政府是經選舉而產生的，其實那是黨內選舉。他們說報紙不受檢查，其實他們只有黨報。中共喜歡吃得飽甚於言論自由，但是我們需要吃得飽，同時需要言論自由。……」台下掌聲雷動。

史沫特萊一開始說話時，也有許多人鼓掌（原作「捧場」）。她說：「我，一個美國人，現在替中國人民來反對不能代表他們的政府，實在是一件羞恥事。」她說：「你們聽說過中國共產黨跑到美國來享福嗎？你們聽說有共產黨跑到日本（佔領區）成立偽組織嗎？……」一連串的問話使聽衆大鼓掌。然後她又說了很多更有說服力的（原作「更煽動的」）話，林語堂在旁邊記錄着。她又將周恩來最近提出而被國民黨（原作「中央」）拒絕的七點要求讀了一遍。她說：「中央政府簡直把民主這個觀念當作玩意兒。」台下大笑。

史沫特萊說完，鄧尼叫四個人站在一起，展開問答式的舌戰。猶太神父向福爾曼發了許多問題，如中共軍有多少之類，福爾曼都一一答覆。林語堂突然跳上前說：「我可以把問題簡單化嗎？」鄧尼在旁邊說：「好呀，兩個打一個，好呵。」林語堂問的是：「中共在甚麼地方打過日軍？甚麼時候？」福爾曼說他忘記把記載帶在身邊。林語堂便得意的（！）伸出一隻臂，對台下觀衆微笑。後來舌戰更緊張，林語堂被駁倒數次。四個人的聲音攪在一起。台下聽衆亦十分緊張。史沫特萊也不知道從什麼地方找到豬

[illegible]中間有許多不可否認的事實存在着[illegible]解決。[illegible]決這些事實，只能用和平方法，而決不是戰爭。所以我們得使用民主團結來解決事實問題，也就是解決國是，……我們能對這辦法負責。假如這辦法不被採用而現在執政者只在『禦人口給』上用功夫，且欲不顧一切堅持到底；而抹殺團結，使之消滅了事。使人口窮而心不服，任你理論怎樣圓熟，而纏起的事實，依然存在，絕對不會因之而消滅。則事實得不到解決，將會越拉道理越誤國。何況理論也就欠圓熟呢！更假如不幸而演到將來以非和平方式來解決這些現實問題，則我們決不贊成。且我們可以斷言，這樣一來，不但八年血汗將付諸虛擲，而在戰中或戰後，我們國中緊接着的就是分裂、擾亂，這不堪想像的結局，不時誤了國家，對不起同胞，且將使未來的和平世界受其牽涉而釀成另一不幸的局面。……我們對於這一個可以誤國的辦法，不但不能負責，且堅決表示反對。」總之，該報認爲『必經過民主團結形式的過程才能消除一切分裂禍亂的潛在因素。先把這些因素淨化了，實施憲政，才能實際發生其效用。切不可誤會我們如此主張就是「阻力」，其實要開一個黨的國民大會，誰也阻擋不了的。然如未經民主團結而開會，因之而釀成出人意外的結果，即所謂『國民大會開會之日，即中國眞正破裂之時』，眞逼到這境界，又何苦呢？這不是我們危言聳聽，而是要愼重考慮的事實。……我們主張民主團結，最好要在舊金山代表歸國之時立即實現。至少要在第四屆參政會開會之前，有具體結果。我們並不願國家再多事，我們以千萬分誠意，希望負國家重責的，勿忽略現實，勿只用「術」，要澈裏澈外借之以「誠」，要緊：要緊!!千萬深思！」

粵東和平縣城失守

【中央社粵東前綫十五日電】贛南我有力部隊，對由粵省中部向北流竄之敵，予以慘烈之打擊。龍南以西山岳地區，連日均有血戰。敵十一日侵入和平縣城。

【中央社粵東前綫某地十四日電】贛粵邊境戰事，現在定南、和平間展開山岳戰，我軍憑險阻敵，並得勇敢善戰之和平縣民衆協助，殺敵甚衆，河源縣城已（下缺二十餘字）。

【中央社上饒十四日電】浙南我軍，於十三日晨攻克瑞安城，殘敵不支潰竄，我軍追擊迫近永嘉，敵殘部已渡甌江，東北向樂清潰竄，我加緊痛擊中

。

━中央社渝十二日電】桂越邊境方面，敵由南平向越邊重慶府反撲，並以有援隊增加，我守軍××之敵激戰至晚撤退。現在該地附近對戰中。廣東方面新豐敵，於十日竄至連平，同時河源以北燈塔圩附近敵人，向連平以東忠信機鎮進犯，均在我軍阻擊中。贛南方面信豐東區敵一股，於九日晨竄陷向嶺×（信豐南四十里）突竄，被我發見未能得逞。

━中央社重慶十五日電】軍委會發言人談自六月九日至十五日一週戰況，本週在鎮南之西峽口及湘西之瀰寶慶附近，均有小戰鬥。桂省北部我向義寧推進之部隊，與另部我軍，其先頭已進至桂林西北及以西四十公里之地區，並攻克百壽城。又我攻入宜山部隊，遭受頑敵增援反撲，曾被迫轉移城郊，但不旋踵復將該城克復。向柳州推進之我軍先頭部隊，已漸迫近柳城附近至馬。桂南方面，我軍向西南推進，先後克龍州、思樂、明江、寧明等地，現復分向憑祥攻進。又桂省之東南西江流域，我攻佔距梧州西八十里處之藤縣。自三月下旬迄今，我軍會兩度擊退由越邊進犯桂省西部國境之敵，並一度攻入越邊之重慶府，現我敵仍在該地附近對戰。粵省我軍阻止由翁源河源等地向贛邊竄犯之敵，贛南南康敵竄信豐，被我阻擊未逞，福建我克羅源後，續向浙境敗竄之敵尾追，浙東南沿海挺進我軍收復平陽、瑞安後，續向溫嘉方向追擊敗敵。

國民黨軍委會外事局
在長汀設東南辦事處

━中央社長汀十四日電】軍委會外事局，最近在此設置東南辦事處，主任趙君邁，已由廣東梅縣抵此。

━中央社貴陽十四日電】西南公路管理局局長陳延炯，為督導黔桂前綫運務，及公路搶修工程，十三日由筑赴南丹，該局副局長邱秉敏，亦以同一任務，十四日晨赴百色。原駐芷江之戰時運輸局公路工程第二總隊，已調赴黔北。

國民黨安徽省黨部
召開皖南黨務工作會

━中央社屯溪十四日電】省黨部皖南辦事處，為加強黨務工作，配合反攻，迎接勝利，並計劃復員工作，特召開皖南黨務工作檢討會議，定某日開幕，會期將定三日至五日。

━中央社寧都十四日電】青年軍政工班東南分班第二期參訓學員，已定月中結業，即將分發第二〇八及二〇九師擔任政治工作。

━中央社西安十一日電】陝省各縣九日傍晚迄今午，普遍落雨，陝南及寶雞較大，商雒及渭北稍小，韓郃一帶僅有微雨，截至發電時，仍陰雲密佈，

我們當可想像到的，將根據法學院提將代表勞工陣綫發言。前此所討論時論，將佔很短時間，現須加以修正，消息靈通界人士今晨認爲辯論時間可能將延續很長。同時上院亦將舉行辯論。據我所知，上院辯論，將由副印度事務大臣新加爾布勞夫勳爵或達利斯地……自由黨領袖薩繆爾揭開。……與乃是很好的發言人。在上院中，政府發言人恐爲瓦爾納斯。海恩……由伯倫和前任副印度事務大臣利斯托威爾勳爵或提到亦可能參加辯論。……雖認爲很小——前任印度總督林利斯哥勳爵或將發言。

舊金山會議中
經濟及社會合作委員會報告

━中央社舊金山十一日專電】經濟及社會合作委員會本日向其所屬之關於大會之第二大組委員會提出報告，由其所得之一重要結論，即前次頓巴敦建議案中計劃之一空泛而較不重要之經濟社會會議，已成爲一對於獲得和平極具要性及潛在之偉大力量。該委員會之報告闡述自頓巴敦會議以來世界社會及經濟合作之觀念如何，在戰爭世界中增强擴大，並顯示聯合國家認清由經濟及社會理事會消除戰爭之社會及經濟原因，較由安全理事會之努力而防止戰爭者更爲重要。茲略述關於該報告之要點如下：（一）該委員會之表決紀錄可顯示聯合國家間高度協合之象徵，許多之決議案均係一致通過者，其他所有決議亦係由絕大多數所通過；（二）委員會之一致結論經濟社會會議應列爲聯合國之主要機關，可反映聯合國家認爲應考慮平均分配原料、資本、貨物，控制運輸及禁止鴉片及毒性藥品等國際問題；（三）××委員會提出賦與該會議之權利與功能，必可使之成爲國際合作之有效工具，（四）中國或將爲經濟社會會議四十八個代表國家之一，以委員會雖否決給與五強或大國表代席次之修正案，但同意爲使會議得到成功起見，在經濟上文化上社會上均極重要之國家須有代表在內。（五）舊金山會議法規雖禁止委員會以聲明或宣言之方式對戰　國際合作之特殊問題有所決議，然該委員會記錄上仍載明參加該委員會之若干代表團均曾參加關於文化合作衛生毒性藥物，運輸×民男女平等以及復興問題之宣言。中國提議發表宣言召開國際衛生會議，同時中國亦曾參加其他若干××××。

━中央社舊金山十二日專電】據本日下午各委員會對大組委員會之報告所示，關於安全理事會行將援用以實施決議之初步暫行辦法，已由中國有力打開僵局。委員會所通過之中國建議爲：安全理事會可決定任何威脅和平、破

細雨濛濛。

美先鋒論壇報評宋子文訪蘇

【合衆社紐約十三日電】紐約前鋒論壇報本日社論評論宋子文訪問蘇聯之舉，殊關重要。蓋此第一流之外交家，將與蘇聯商討與亞洲和平前途有重大影響之中蘇關係，並將討論中國北部冗長邊界之難題，凡此××××××之利益均有密切關係，美國基本外交政策之一，乃在促進中國之團結强盛及民主化之發展。

傳印督下令釋放尼赫魯等

【中央社倫敦十四日專電】英政府今下午正式宣佈：旨在打開三年來印度政治僵局的重要方案中之一點，爲印總督的行政會議，改組爲臨時政府，包括各政黨領袖在內，改組後之行政會議，除英軍總司令仍任國軍部長外，其餘均將爲印度人。其外交、內政、財政等職務，均由印人充任此項步驟，印度事務當局認爲是自克利浦斯訪印以後，英國政府進行和解之最大努力，目前行政會議之外交，仍由印總督自行處理「新方案中主張今後之外交部長，應由印度領袖組任，爲達到新方案之目的，魏菲爾將軍已邀請包括甘地與金納在內的各政黨領袖，定於六月廿五日在西姆拉開會。魏菲爾並下令立刻釋放印國民大會主席阿沙德與尼赫魯，及其他國民大會執行委員會之委員等。魏菲爾兩月以來與英政府苦心擬劃（缺六），主張於印度各省成立包容各政黨份子之政府。（按：關於此消息，路透社尚無電訊。）

【路透社倫敦十四日電】路透社政治訪員報導。英國會中各反對黨十四個領袖料將同意阿梅利將於本日下午提交下院的官方關於印度白皮書的政策。政策方針……於聯合政府辭職之前，下院關於印度的討論約於下午一時十五分至卅分揭開，屆時阿梅利將宣讀白皮書。我在前此一通訊中已經指出，該文件比較短，最多十分鐘就可以讀完。阿梅利讀完該文件後，將對各建議加以一般解釋（至少要廿分鐘），這樣辯論便揭開。截至目前爲止，現尚無跡象，表示有其他政府發言人發言。但若爲必要時，阿梅利將親自結束該辯論。直至本日清晨，工黨尚未洩露其主要發言人爲誰，惟一般人認爲工黨領袖阿特里將親自出馬，或他將此任務委諸格林伍德，……在聯合政府時期中……貝文，擯……至前錢，……。費浦爵士有很大可能代表其黨（「正統」自由黨）發言。除上述各領袖外，其他反對派發言人亦希望能發言，在這些發言人中有工黨左翼領袖貝文和印度同盟領袖之一索倫森。

壞和平或侵略行動是否存在。該理事會並得按照當時情勢提出建議，決定須料當施之措施，並得要求有關國家遵守臨時措施。中國方面由顧維鈞、陳紹寬、胡世澤以及其他將領代表出席。委員會報告之其他要點爲：（一）委員會同意於非經參加會議不採用軍事行動之原則，以故未主張任何國家一經被要求以武力支持安全理事會，即將被邀參加理事會之討論；（二）委員會認爲關於侵略之定義非屬舊金山會議及憲章宗旨之範圍，以故對於威脅和平、破壞和平及侵略行爲之定義，委員會已決定留付安全理事會加以全盤討論。

宋子文四謁杜魯門

【合衆社華盛頓十四日電】宋院長今晨第四次謁杜魯門總統，辭出白宮後稱，渠與總統繼續談話關於中美之互助事宜，渠不擬重返舊金山出席聯合國會議，對外傳杜魯門總統及蔣主席開可能之會晤未加評論。

由加爾各答至昆明修築二千英里之電話綫

【美新聞處昆明卅日電】由加爾各答抵昆明之世界最長電話綫之一，已於今日正式通話，中國戰區美軍副參謀長貝雅特與中國戰區美軍後勤部總部司令與[illegible]均在昆參加通話儀式，並宣稱此綫築已正式完成；同時並準備與現在新德里之印緬區總司令索爾登二級上將通話。此綫長約二千英里，並有銅鋼電綫×××時×通數處談話，此等保隨油管及史迪威公路由印至華，可供此兩運輸機構之使用。此綫受美軍之完全監督管理與維護，並將專供軍用。由加爾各答至阿薩密之查普亞一段，完全係由美軍所設，此綫與通往中國之新綫相通接，中國交通部於工作（缺數字）中國技術人員數擬人員×××五百餘人，（下缺），昨日曾與緬北之八莫及加爾各答、昆明及其他各×通話。

敵給國民義勇隊頒發國民交戰必攜

【同盟社東京六日電】當此國民義勇隊在全國日益結成之際，大本營陸軍部特會同陸務省，向各地義勇隊頒發「國民交戰必攜」，其要點如下：（一）若敵人在本土登陸，將以一億特別攻擊隊的精神，擊滅敵人，保衛家鄉，保衛皇國；（二）國民義勇隊必需進行戰鬥訓練，構築陣地，一面保衛自己的鄉土，一面協助軍隊作戰；（三）決戰中的訓練要點如下：1、服從指揮官，2、學習阻擊（？）手榴彈的投彈方法，3、學習斬入戰法，和坦克的肉搏方法，此外如狙擊敵人的降落傘部隊，利用地形，游擊戰法等，均有明確詳盡之指示。

參考消息

（只供參考）

第九一二號

解放日報
新華社 編

今日出半張

卅四年六月十七日

星期日

按照雅爾塔會議的表決程序通過情形

【中央社舊金山十三日專電】委員會今晨通過頓巴敦橡樹會議建議案第六章第三節，關於安全理事會表決程序之條款，該節最重要之×××，包括五強否決規定之第三段，該段提付口頭表決時，卅國表示同意，二國表示反對，十五國不表示，三國缺席未到。表示同意者：有巴西、白俄羅斯、加拿大、中國、哥斯達利加、捷克、丹麥、阿比西尼亞、法國、希臘、洪都拉斯、印度、伊拉克、黎巴嫩、里比利亞、盧森堡、墨西哥、挪威、菲律濱、敍利亞、土耳其、烏克蘭、蘇聯、南非聯邦、英聯合王國、美國、烏拉圭、委內瑞拉、南斯拉夫及多米尼加共和國，反對者爲古巴及哥倫比亞，不予表決者爲阿根廷、澳洲、比利時、玻利維亞、智利、埃及、薩爾瓦多、危地馬拉、伊朗、墨西哥、荷蘭、紐西蘭、巴拿馬、巴拉圭及秘魯。缺席者爲厄瓜多爾、海地、沙特阿拉伯、「三〇九」特阿拉伯（？）代表團四代表昨夜到會，但未作表決，表決前續有八國代表致詞，其論點仍循前此演詞之趨向，到會國家顯可分爲三類，一類贊成雅爾塔表決方式，一類反對雅爾塔表決方式，其他一類則接受上述方式。但盼憲章日後得能修正，以使否決權「自由化」，美國代表史塔生上校於表決開始前，闡明一點，渠稱：五強任何一國，於安全理事會拒絕表決，並非否決之謂，昨夜贊同澳洲代表案之兩國，今晨表決贊成雅爾塔方式，昨夜拒絕表決之九國，本日亦隨大多數表決贊成雅爾塔方式，此點頗得注意。

中國代表團對雅爾塔表決方式表示不滿

【中央社舊金山十三日專電】我國代表團發言人，今日下午在招待記者席上解釋我國對委員會所通過之安全理事會表決方式之立場，發言人稱，中國代表團感覺雅爾塔表決方式頗多令人難於滿意之點，並在許多方面同情小國，但中國代表團之意見，認爲非在理想與不滿意之表決方式加以選擇之問題，而爲設有効與無能之新世界機構，加以選擇之問題，在此種前提之下，中國代表團深覺雅爾塔之表決方式，殊難令人滿意，然與舊國聯相較，該方式實予新機構以更大之効力，中國乃根據其在東北事件發生時，與舊國聯往還之經驗而獲得此一結論，當時控制國聯者爲英法意三國，而美德蘇三國，均未加入國聯，當中國向國聯控訴時，英法意三國，甚至拒絕日本爲侵略者，因不知彼未參加國聯之美德蘇三國，將有何種反映，蘆溝橋事變發生時，蘇俄已加入國聯，但意德兩國業已退出，而美國仍未加入，故國聯因知德意袒護日本，而美國之態度不明，故絕無絲毫作爲，該發言人續稱：如與所有舊國聯會員國一致表決之規定相較，則新世界機構，已代表一個進展，即在軍事及非軍事制裁行動之時，僅五強之一致表決，五強之一致表決之步驟，在安全理事會中，可自調查以至實施制裁時採用之，我國於兩者之間，取其經，並認無論如何五強一致表決，在目前情況下仍爲完成最強大世界組織之最有効辦法，如五強於十項爭執中，能對八項爭執，採取一致之行動，則此已較舊國聯大有進步，蓋舊國聯在採取任何制裁之前，所有會員國，必須完全一致也。該發言人續述我國未出席雅爾塔會議，故對雅爾塔表決方式之解釋，不能負責，我國接受該方式，並同意以團結一致之精神，擔任邀請國，實因我國欲使聯合國國際機構會議可能儘早舉行，因我國曾出席頓巴敦橡樹會議，我國乃四邀請國之一，故我國必須與其以三國取得一致步驟，此間五強舉行討論時，美英蘇同樣主張對雅爾塔表決方式，作嚴格解釋，由我國自身利益之觀點而言，雅爾塔表決方式，並非完全理想或美滿者。

同盟社評論
歐戰中的損失

【同盟社里斯本十三日電】歐洲戰爭已經在各參加國莫大的犧牲與物資的消耗中結束了。五月六日，紐約時報在「龐大犧牲」標題下論稱：從歐戰開始以來到結束爲止，共經過了六十八個月，在這幾年中間，人力的犧牲與物資的損失是非常鉅大，這種龐大的犧牲與損失，在歷史上的任何一次戰爭中都是沒有見過的。根據最可靠的材料，在歐洲戰場損失的人命共達九百萬乃至一千萬人，比外再加上因負傷而變成殘廢的九百萬至一千萬人。同時輕傷的人還有數百萬名。被敵俘虜的，估計約爲一千二百萬人。敵我兩陣營的損失大體相同，各爲約一千五百萬人。其中蘇聯遭受了三分之二以上的損失，美軍在歐洲戰場的損失，約爲七十萬人，其中已經陣亡的爲十四萬五千人。至於一般非戰鬥員，則傷亡數百萬人，此外在戰爭中雖獲生還，但從身心的消耗中過着普通生活的人了，其數目更是非常之大。關於非戰鬥員們的傷亡，雖不能作正確的統計，但其中一部份即因敵機的轟炸以及火箭砲、飛彈的攻擊而傷亡的英國非戰鬥員，即達十四萬五千人之多。

敵稱 美蘇利害關係在東亞衝突

【同盟社斯托哥爾姆十五日電】此間之每日郵報，於十四日之社論中，指出美蘇利害關係，在東亞亦是處於很尖銳的衝突狀態中，其論述如下：美國在東亞的作戰目的，是在於使中國、菲島、錫蘭、馬達加斯加等貿易國家，處於其經濟壓榨之下，美國要達到它的這一目的，一定使東亞民衆的獨立要求，與美國的利害關係的矛盾、更加激烈，日本亦仍在繼續頑强抵抗，蘇聯在德國敗北後，亦有插足於東亞之勢，美國對蘇聯在東亞參戰一事表示苦惱，舊金山會議中蘇聯的態度，表示了與美國是一種相反的方向，蘇聯不能坐視美國在東亞獲得基地的意向是很明瞭的，在蘇聯看來，日本的敗北並不有利，蘇聯的目的，是在維持戰力的平衡。

德外長被捕訊

【合衆社蒙哥馬利總部十五日電】今晚官方公佈：里賓特洛甫與一位三十五歲很漂亮的離過婚的淺黑色皮膚的女人一道住在漢堡一間屋子裏，他對抓他的人說：他正在進行已死的元首的使命，他承認他最後一次在柏林看見希特勒，是在四月當希特勒表示決心戰至最後的時候。問他是否希特勒眞的死了，他回答說：我確定他已死了，自然我可能是錯誤的，他在漢堡的女伴已被捕了。但官方並未宣佈她的名字。

國民黨戰況

【中央社重慶十五日電】軍委會十五日發表戰訊，廣西方面黔桂路南江我軍，於十四日上午二時再克宜山城，我軍於十三日拂曉由西北南三面續向宜山猛烈攻擊，敵據城郊陣地頑抗，並三度反撲但未得逞，激戰至晚，我西南部隊衝破敵陣，攻入西城，我北面部隊於同時强渡宜山東側之柳江成功，攻至東城，復由兩面夾擊，城內殘敵突出南門退竄南郊馬地、九龍岩、鰲魚峯頑抗，我於十四日上午二時遂再度完全克復宜山城。十五日續向南郊高地攻擊，經數小時之激戰後，奪得各該高地先後攻克，我南門部隊於同時攻克宜山以南卅四里之據點屯[illegible]，殘敵向柳州方向潰竄，我正追擊中。廣東方面，忠信（連平東）以北地區敵，於十一日侵陷和平，向北進犯，我軍阻擊，迄至十三日仍在定南以南地區戰鬥中。我軍在敵後部隊，配合地方團隊，於十日收復新豐縣城，十三日收復和平。粵贛邊境方面，虔南以南波頭圩地區敵，於十二日北犯虔南，我正阻擊中。浙江方面，我軍於收復瑞安後，續沿濱海公路綫，向北推進，業已迫近永嘉，敵大部向甌江北岸退却，一部被我抑止於永嘉城，現正痛擊中。

【中央社渝十六日電】軍委會十六日發表戰訊，廣西方面我軍克復宜山部隊，續沿鐵路公路綫追擊前進，至十四日晚，我沿鐵路追擊部隊，向東進展八里，攻抵七家浦地區。沿公路進擊部隊，向東南進展十二里，攻達鳳山嶺、宜山林場，板安村之綫，敵抵抗仍甚頑强。我繼續行攻擊中。黔桂鐵路南段北側，我軍現已攻抵宜山以東廿里洛西街地區，側擊由宜山東竄之敵，頗有斬獲。粵贛邊境方面我軍，於虔南龍南定南各以南地區，阻擊由粵省來犯之敵，迄至十四日，仍在繼續戰鬥中。由贛南信豐以南，向南流竄敵，被我堵止於鐵石口（龍南東北七十里）地區，現正進行戰鬥。

【中央社渝十五日電】中戰戰區美軍司令部發表中國戰區作戰司令部昆明十五日訊，中國軍隊於十四日克復廣西之宜山，該地爲美第十四航空隊柳州基地之外圍防禦稜堡，原爲中國軍隊收復，但旋於次日被日軍反攻奪回，日軍於十四日復被逐出該城後，沿大塘公路向東南退却四公里，該區敵軍可能由此首先退至大塘，然後再退至距大塘卅七公里之柳州東北一帶。據戰地消息稱，敵軍唯一之行動，乃對湖南新寧城東北六公里與寶慶西南百公里處之中國防綫，加以突擊，但其規模殊屬有限，此次攻擊，已因中國軍隊將日軍驅回原來陣地而告中止。

日寇任命十二個情報局參預

【同盟社東京十日電】政府此次決定更動情報局「參預」，共十二人，已於八日發佈命令：日本出版會會長石川×美、日本廣播協會會長大橋八郎、日本映畫公社社長大谷竹次郎、國民義勇隊協議會副主席諸方竹虎、日本言論報國會理事長鹿木員信、每日新聞社社長高石信五郎、日本文學報國會理事長高島米峯、國際文化振興會理事長永井松三、朝日新聞社社長村山長擧（？）、同盟社社長古野伊之助、大日本藝能會會長酒井忠正伯爵、讀賣新聞社社長勝力松太郎，上述十二人任參預。

參攷消息

（只供參考）

第九一三號

解放日報社 新華社 編

今日出半張

卅四年六月十八日

星期一

格魯否認因私隙逮捕進步份子六人

【合衆社華盛頓十五日電】美副國務卿格魯向報界極力否認外間對其指×謂彼之發動調查逮捕觸犯戰時間諜法之六犯，純以私隙之故，渠稱余毫不×捕×任何×人間之意見；格魯此項聲明，針對外間所傳六人之被捕，××××××政策有衝突所致。

敵通過瑞典活動『和平』

【路透社斯托哥爾姆十六日電】瑞典××說：對於日本經過斯托哥爾姆進行任何和平活動，毫無所悉，今日紐約時報刊載的聲明說，日本正竭力經過瑞典京城的著名的日本人，與盟國外交界勾搭，以期進行和平談判。據說日本和平建議，是包括放棄日本在亞洲所佔領的一切區域，滿洲亦包括在內。

敵稱美軍擴充新設空軍基地

【同盟社西南基地十四日電】讀賣特派員發：敵人趁戰鬥處於膠着狀態，極力擴充新設沖繩島的空軍基地，現在已經有十個飛機場落入敵人手中，這就是北、中、伊江三飛機場外，還有南飛機場小祿飛機場（那霸北方）、及恩納、予那原、與間、泡瀨、具志川五處，有的已經竣工，有的正在建築。南飛機場、小祿飛機場是利用過去存在的設備，其他五個飛機場是新修理的，在最近一個禮拜才動工的。敵人在北飛機場及伊江島飛機場，現在連日以甚多之巨型運輸機運輸器材，以建設新的飛機場。在伊江島已有跑道二千米達長的兩處機場已經竣工，稱爲伊江島的東飛機場與伊江島的中飛機場，與已經設立的北飛機場，均可看到B二四式機的活動。而且在菲島，據得到的情報，已經停留着由歐洲運來的很多B二四式、B一七式飛機，從這裏可以看到敵人企圖的輪廓。

沖繩之戰進入最後階段

【同盟社東京十六日電】沖繩本島慘絕之極的地上戰鬥，不顧惡劣的天候與泥濘不堪的道路，一刻也不休息，繼續展開激戰，十三日敵小型機累計三百二十架，自沖繩島北、中兩個飛機場起飛，終日任意轟炸島尻南部地區之我軍陣地，並攻擊系滿，由神港河外之敵艦船兩艘與巡洋艦、驅逐艦各數艘構成之敵艦艇，一直進抵海岸綫，對我軍之主陣地，以猛烈的艦砲射擊，沖繩本島的我陸上部隊，雖然遭受敵軍壓倒優勢的火力與兵力之壓迫，但我海軍部隊仍在那霸西南方之小祿，拚命地阻止敵軍的猛攻，堅守小祿，又我軍主力正在系滿以南之國光附近，經與神港河以西之具志頭附近一綫警備綫，以便盡一切力量阻止敵之猛攻，敵戰艦一艘之艦砲射擊的發彈數量，相當於敵小型機一千五百個的投彈量，根據這一點可以想像到：該方面的我軍將士，是處於很激烈（危急？）的情況下，其激烈程度，至少與小型機三千一百架以上的投彈量相彷彿。但我守備部隊全體將士，都確信最後勝利，拚命地阻止敵軍的龐大的物量攻勢，而在艱苦奮戰中，由此可以窺見我守備隊將士的神一般的姿態。

【同盟社西南諸島基地十四日電】西南諸島方面，最近已入雨季，十六日天候仍極不良，敵我雙方的空戰完全沒有看到，沖繩島的地上戰鬥，我方仍堅持陣地繼續勇戰，並與敵人展開白刃戰。

敵稱 意海軍望參加對日作戰

【同盟社蘇黎世十四日電】據羅馬來電，可靠消息稱：意大利駐美大使，已向本國政府提議，使海軍參加對日作戰，而意海軍當局則支持此提議，認爲據此可以恢復海軍的力量，和獲得聯合國的地位。

【同盟社北平十五日電】華北政務委員會汪蔭泰委員長，根據「國民政府」訓令，十二日已通知在北平德國大使館稱：由於鄧尼茲政權失去作用，已不能承認該大使館爲德國的代表機關，又北平日本大使館亦於十二日午後由楠木公使向在北平德國大使館參事亞爾蒂布魯格提出同樣照會。

合衆社傳麥克阿瑟與巴頓不和

【合衆社紐約十六日電】華盛頓電台說：巴頓不去太平洋的理由是麥克阿瑟不要他，巴頓抵美的時間與目的是當設首腦部給他以對日作戰的指揮（權），這一要求曾向麥克阿瑟麥氏提出來，說：不，個性上的衝突是一鮮明的理由，麥克阿瑟喜歡冷靜自持的人，而不喜歡如像巴頓這樣顯赫的虛誇者在他之下工作。

敵陷龍南定南

【中央社渝十七日電】據軍委會十七日發表戰訊，廣西方面（略），贛粵邊境方面，我軍於龍南、定南各以南地區與倍我之敵激戰後，已轉進至預定地帶，十四日晚龍南、定南被敵竄陷，現我敵續在定南以北之下歷司及西北之汶龍圩附近地區戰鬥中。龍南東北地區戰鬥，十五日續在距城七十六里處之隘高圩及距九二里處之葛州𡍼各地區進行。

鮑威爾認為日本將發生變亂 敵寇調整重要工業

【合衆社米蘇里州哥倫比亞城八日電】前密勒氏評論報主筆鮑威爾演講稱，余個人相信，日本可能發生變亂，日方已監禁日人六萬人。渠等具有危險思想，目前維一爆發潛在革命方法，即深入日本，並開始剷除天皇之帝拜。

【中央社重慶九日電】據東京八日廣播，日本政府為應付因可能在本土發動決戰所引起之新情勢，已擬定調整所有重要工業尤其飛機生產之計劃。政府已決定管理工業會討之特別現規，以期進行上述計劃。據今日由大藏省及軍需省公佈之新計劃，及法規規定保障某一限度之利潤將由抽取過分紅利得一點視之，可說明政府策劃將走入國營企業之途。新計劃之要點如次：遇有下列必要時將採取強制措施，以使生產順利進行，生產活動之轉移，重要工業生產品之改變，材料之運輸交換分配及修整等，更將特別注意於工人之調整。以及可能通貨澎脹之防止並觀環境所需鼓勵或實行企業合併。

敵冲繩縣長配合軍隊頑抗

【同盟社東京十日電】自四月上旬敵軍登陸以來，冲繩島島民曾協助皇軍將士抵抗敵人，冲繩島島民的姿態，實足充分地表現了我國國民的忠勇精神。壯年男子固不必說，不分男女老幼都手執手榴彈，敷埋炸藥，對敵進行悽絕與壯烈的戰鬥，關於此事，我國電報已屢加報導，驚嘆不迭。島田縣知事在該處率領官民共同組成的義勇挺進隊，配合軍隊，担任陣頭指揮，並管理非常的決戰行政。現據云島田縣知事以下，仍然平安無事。在上月十四日地方長官會議上，會致電該知事予以激勵，現該知事已直接覆電報告，文內會吐露知事以下一般島民的決心與信念，描述其勇戰奮鬥的情形。

日寇擬發武器給義勇隊

【同盟社東京十日電】那須陸軍兵務局長在衆院義勇兵法委員會上，答覆詢問時說明了將發若干手榴彈等武器給義勇隊員。同時關於義勇隊員的身份階段，亦有所解答，其談話要旨如下：義勇隊担負的主要任務，是作戰的後方勤務，及其他聯絡情報，但在情況緊張時，由於需要自衛或進行游擊戰鬥。軍事當局準備在許可情況下，由師團或當地軍發給手榴彈等武器給予義勇隊員，其次關於階段入份，義勇隊即或作戰鬥單位，義勇隊的人份階段，亦照樣適用，例如，生產工場職業上的階段，並不一定和軍的官職一致。

【同盟社東京十日電】在十日的委員會上，坐井內省政務次官曾答覆關於產業報國會警防團的將來的質問，稱：『當國民義勇隊組成時，產業報國會與勤勞報國會，於整理現在與產業界的關係部門後，將迅速地合併於義勇隊。又警防團亦擬使其迅速地編入義勇隊。

旅渝台灣革命同盟會紀念台灣淪陷五十週年

【中央社渝十六日電】十七日爲台灣淪陷五十年紀念，旅渝台灣革命同盟會，定十七日在該會舉行紀念會。

【美新聞處華盛頓十四日電】中國行政院長宋子文，自率領中國代表團出席舊金山會議後，本日第四次謁杜魯門總統會商。宋院長語報界稱，彼對外傳杜魯門總統與蔣主席間會商之計劃，未曾討論，且彼於歸國以前，不擬再返舊金山出席大會，蓋一大部份之重要問題，均已圓滿解決。渠前曾宣佈於取道返國時，將訪問莫斯科。

【中央社渝十六日電】墨首任駐華大使葉斯加蘭特將軍，預計十七日可到渝。

【中央社南鄭十五日電】代表甘肅之青年軍慰問團一行十一人，跋涉關山，行程廿日，昨已抵此。今午訪行營李主任宗仁，定十六日開始慰問遠離家園集訓此間之青年軍。

【中央社重慶十六日電】中央研究院物理研究所長丁燮林，十六日晨乘機離渝飛印，轉蘇參加蘇聯科學院二百廿週年紀念大會。

【中央社重慶十五日電】戰時運輸管理局，成立內運管理處，十六日起辦公，統籌戰時船舶補充與調度等事宜。

參攷消息

【只供參考】
第九一四號
解放日報 新華社 編
今日出一大張
卅四年六月十九日
星期二

敵『讀賣報知新聞』論國共武力衝突

【同盟社東京十八日電】『讀賣報知新聞』今日在其社論中，以『國共武力衝突之激化』爲題，大要論稱如下：最近在重慶地區值得注意的動向，是美式化的重慶軍在雲南、廣西方面××××及共產軍積極地展開對重慶軍的武力鬥爭。前者如其說是重慶軍的自主的活動，倒不如說是美國在中國的活動（譯註：此句電碼殘缺模糊，不能譯出，只作爲參考）。（又缺一句）前此美國政府由於重慶當局的訴苦，聲明不承認延安政權並不援助武器給延安，表明了只支持重慶的態度，但另一方面美國對華政策的這一轉變，深深地刺激了延安與蘇聯，因而後者對重慶的言論與行動，自此以後便顯著地激烈起來，極盡謾罵詆毀之能事。如『戰爭與工人階級』、『消息報』、『眞理報』表示新疆、外蒙、蘇聯的對蔣謀略，就是由於上述美國的態度而發生的結果。這樣，重慶以美國爲後台，延安以蘇聯爲後台，充分地證明了東亞將爲東亞以外的勢力所支配的傾向。（譯註：此電多處丟錯，很難譯對，只供參考）

中央社稱收復溫州 國民黨軍在綏南活動

【中央社渝十八日電】軍委會十八日發表戰訊，浙西方面我軍於十八日上午六時克復永嘉（即溫州），殘敵向甌江北岸退卻，我跟蹤追擊中。

【中央社渝十八日電】軍委會十八日發表戰訊，廣西方面我軍續沿黔桂鐵路及宜柳公路綫向柳州攻擊前進，於沿途擊潰敵之强烈抵抗後，十七日已攻抵距柳州西九十里之三岔街。（鐵路綫）各地區敵抵抗仍甚頑强，我正猛攻中。我軍於擊退由柳州西南向遷江進犯之敵後，即乘勢沿邕柳公路綫追擊前進。十三日已攻克距柳州西南一百一十里處之思織圩。我另一部隊於同日攻達邕柳路以東，距柳州八十里之七洞街地區。粵贛邊境方面，我軍增援部隊現已增到前綫戰場，於十六日拂曉開始向定南反攻，經終日激戰後，當晚八、敵新編第四十九軍，由××××企圖阻擊我軍，從十八日夜至十九日晨，進行夜襲與拂曉攻擊，突破山麓上的據點壕，全部突入敵陣地，十九日下午九時將該城佔領。

英國各界讚揚政府對印度新方案 邱吉爾說他未與維希締結協定

【中央社倫敦十五日專電】英各政黨及全國各界，對英政府採取印督魏菲爾所擬之新方案以打開印度政治僵局一節，咸認政府於促進印度自治已具誠意，故莫不極表讚揚。昨日各黨議員在下院之演說，及今日各報之社論，均已指出英國最近之方案，當可消除英人幫助印度獲得充分自治領地位之任何懷疑。各界評論均一致指出兩點：（一）新方案之提出足證印度總督魏菲爾已盡其苦心擬劃之政治家之責任；（二）問題第二步之能否愉快解決，端在印人對方案是否接受，倫敦泰晤士報稱：新方案實際爲旨在予印度以自治領地位，印度政治領袖如決定接受此新方案，則新總督行政會議目前實即成爲印度全國領袖之內閣，因有各政黨之信任故能具有威權。

【合衆社愛丁堡十四日電】會於四二年訪印以謀求印局之解決之克利浦斯爵士，今夜發表演說，認爲英國政府本日發表解決印度問題之白皮書「極受歡迎」，並稱：新方案雖就立法觀點言似無若何令人特別注意之處，但對制憲問題實已提供更進一步之調整手段，而新方案所提改組總督行政會議一點，亦爲印度走向自治政府之初步，克利浦斯對國民大會黨執行委員之獲釋特表欣慰，並盼其他政治人士亦均能獲得自然，英國任命高級官員在印代表英國之利益，將加強印度總督之職權，並可減少任何有關經濟或相似問題之爭執，今後成立之印度中央政府，實際上將完全包含印度本國之人士，而英印勢力之對比，亦將因此完全改變，此項建議在新方案中實爲重要之項目，因此項建議已爲走向自治政府之初步，並能提供一更佳之機會，使印各黨派人士與英國取得充分之合作，以謀解決印度問題之最後步驟。

【路透社倫敦十五日電】倫敦新德里兩地發表之白皮書，詳細羅列建議事項，內稱：如印人接受建議，彼等必須與同盟國竭誠合作對日作戰，一九四二年春季克利浦斯爵士提示之建議仍屬有效，魏菲爾總督自新德里發表廣播演說稱，現行建議之目的，在使憲法問題更易獲得長期之解決，渠並宣布，釋放刻仍在羈禁中之國民大會常務委員會委員八人，印督定廿五日在西姆拉與印度領袖會見，組織白皮書所建議之新行政會議。

『缺頭』今日表示誠懇期望其邀請印度政治領袖參加英印政府一舉能獲援

時克復該城，殘敵被迫向該城西北流竄。我正尾追截殲中。龍南東北葛洲塘隘高圩之敵，於十六日向安遠進犯，我軍當予堵止。信豐以南我軍於同時向敵後攻擊，敵兩面受攻，被迫向安遠以南龍頭圩（距城廿里）退却，我正追擊中。

【中央社榆林十六日電】（一）郭長青司令與其參謀長楊成甫，分率所部先後渡河，在綏南游擊，現已在和林摩天嶺山會合。（二）我將平綏鐵道破壞，並於綏包鐵路畢克齊車站『四五六五』號密橋用地雷炸毀敵火車一列。（三）五月十日鄧部於綏南廠黑賴村與敵激戰數小時，斃敵小林繁雄少將一員。

日寇在豫西控制盧氏公路

【同盟社河南前綫十七日電】河南方面我各精銳部隊，突於五月十三日拂曉，對重慶第一戰區軍開始新的行動。至十八日攻克片口、五厚、新店、五厚窰，十九日攻克盧氏公路上之要衝館莊、岔道口，更不予潰退之敵以重整旗鼓的機會，一直沿盧氏公路南下，至二十三日佔領館道口以北之石太山、馬家山、百家村以西高地，確保館道口附近之戰略要點。館道口是敵第四十軍、第三十八兩軍之連絡要衝，敵人在皇軍勢如破竹的進攻前狼狽不堪，急忙使第九十軍主力自盧氏北上。另方面並在該地週圍集中約五個師的兵力，表示着反擊的態勢。我軍在盧氏公路陣地上截擊敵人並痛擊來襲駱（洛？）馬坡第四十軍第一百六十師部份，迫其敗走。因此，已使敵第一戰區軍之中樞陷於混亂狀態。自作戰開始後到五月底爲止之綜合戰果如下：收容敵屍一千零七十四具，俘敵六十二名，以及大批鹵獲品。

【同盟社河南前綫十七日電】盧氏公路在皇軍進擊之下已被我軍控制，該路是連結×××、靈寶、盧氏、西安之敵第一戰區的最重要公路。敵人由於喪失這一據點已非常恐慌，於是乃淵淵不絕地集結河南東部與後方第二基地之預備軍。敵以僅在此次的作戰區域內，即出動了三個軍（九個師），拚命地阻止我軍的南下，特別是把第四十軍戰時幹部訓練團之學生約三百名調赴岔道口，第五十三師則集結於樹洞口方面，九十軍亦漸次向前綫出動，企圖挽回大勢。

【同盟社河南前綫十七日電】金山要塞化的堅固的岔道口，在我軍面前已呈動搖之狀。正因是一要塞，所以敵人利用一切地形、構作交通壕及散兵壕受，英王會於西門財長在上院代其宣讀之文件中，向印度表示此意稱：『余之政府會命印督邀請印度政治領袖參加英印政府，熱切盼望印度接受此意，則關於對日作戰及戰後印度之發展問題均可獲與印度輿論界密切合作』。

【路透社倫敦十一日電】邱吉爾首相今日在下院宣稱：英國並未與維希政府締結任何協定。

同盟社一週戰況

【同盟社東京十七日電】（上缺）正在進攻，今後在該方面敵空軍兵力必將繼續增強。

（呂宋島方面）呂宋島的我軍，堅守巴萊特岬、及塞爾沙克岬的險要，仍在繼續激戰中。其他方面的戰況，嗣後無大的變化，在巴萊特、塞爾沙克戰綫上，自三月中旬以來，繼續激戰了三個月，我軍以壯烈的肉彈戰，順利地挫敗敵軍的進攻企圖。敵軍依仗其優勢的砲兵以及絕對優勢的空軍，企圖突破上述兩岬，我方仍堅守各處陣地，進行惡戰；將士的士氣很健旺，馬尼拉東方據點的我軍，也仍然憑藉深溝高壘的陣地，予敵人以重大的損失。該方面從至五月底已查明的綜合戰果（馬尼拉市街戰及可里幾多除外）計殺傷敵方人員約四萬三千六百，破壞各種大砲二百一十三門，破壞汽車等車輛達一千五百輛。

（西南太平洋方面）敵人執拗地在婆羅洲方面進行活動，在塔拉甘，自從敵軍進攻以來，爲時已將及一月有半，敵我之間，連日連夜地進行反復的激戰，敵於十五日聲稱，其第一綫部隊已不得不換防，由此可見鬥爭的激烈程度，該方面從至最近爲止，已擊殺傷敵軍二千數百名的戰果。另一方面，敵方爲求挽回戰爭形勢，乃於七日正午前後，以艦艇五十艘以上，來襲婆羅洲島西北岸婆羅乃灣，並於八日十二時半起，在該處附近的小島上登陸，該股敵軍爲澳洲軍第九師團，當地我駐軍予迎擊，現正在激戰中，另外敵頻繁地空襲巴里八扳，十五日並出現由二十幾艘船艦組成的敵艦艇隊。

（緬甸方面）緬甸方面已進入雨季，但敵軍的攻擊仍然非常激烈，其總兵力達十一個師乃至十三個師。曼德勒東南方面，我軍自五月下旬起，即在廃公頓、勞依勒姆、加爾附近一線，猛擊敵人，倘古方面之敵，自五月下旬起，開進攻該地東北方我軍陣地，企圖切斷從倘古通往泰國鐵道之公路。

（印度洋方面）我小艦艇於十三日在薩班附近，與敵驅逐艦交戰。

（北方方面）十二日下午六時半到七時過後，巡洋艦。驅逐艦等七艘敵艦，逼近千島烈島之松輪島，進行砲擊，但被我方將其擊退。

敵同盟社稱
美國在準備次期作戰

「同盟社東京十六日電」由於我海、空特別攻擊隊與陸上部隊的猛攻，使敵繩戰局現已到了嚴重的階段，敵軍覆軍遭受到空前未有的消耗與犧牲。沖地盤翻地攻擊，以期完全控制沖繩海面，與此相平行，似已在準備下一次的進攻作戰。如沖繩海面斯普魯恩斯所屬第五艦隊與海爾賽所部第三艦隊之換防，在英國之蔚里特所屬第八航空部隊之飛往遠東，麥克阿瑟與史迪威在馬尼拉舉行會談，斯特拉梅耶所屬美國航空部隊撤出東南亞軍司令部，這些事情說明敵陣營之新的動向，但敵人下一次的作戰，將直接地在日本本土登陸或逐島地進攻本土，或者是進行登陸大陸作戰，現在還不能冒然地預斷。不過不管採取那一個作戰，敵軍今後對日的航空總攻擊，不管在其規模上或其頻繁的程度上，都將是空前的激烈，這一點當然是可以預料到的。即是說首先我們應當考慮到，敵軍在沖繩海面還要建築很多的航空基地羣，並加强既有基地羣以及配合着馬里安納基地飛機之攻擊我國本土，而進行戰術的與戰略的轟炸。尋找我軍的間隙，以航艦航空部隊進行轟炸。同時更不容忽視的，是敵空軍在大陸的動向，據云斯特拉梅耶所屬東亞美空軍司令部與會在印度擁有基地之美第廿一轟炸機隊，都已經開往中國大陸，這一報導暗示着來自大陸方面的敵航空作戰，因此是值得注目的，如上所述，敵方正在着着準備：將以太平洋與大陸航空隊再加上航艦航空隊，對我國本土進行大規模的空軍攻勢，如美國總統杜魯門會大言不慚地說過：今後在對日作戰中，將使用三百五十萬人的空軍兵力，又德里特也說過：「對日作戰首應以空軍的轟炸削弱日本，使陸上部隊的登陸日本本土成爲可能」。敵人並準備在我國本土登陸，企圖以空軍的轟炸，消滅日本的決戰力量。（本文待續）

同盟社稱
呂宋日軍士氣日益旺盛

「同盟社菲島基地十六日電」在呂宋島迎擊敵人美軍，已經五月，我第一線將士士氣愈益旺盛，甚至到最後一兵亦要戰鬥，最近返抵某基地的部隊幹部，談述第一線將士的活動情形如下：在某個陣地，有我軍將士七人抵抗十數倍的敵人，戰至只剩官兵三人尚繼續作戰，死守陣地，在距敵人數米達的地方，我參謀與士兵一齊作戰，敵人的炮彈使附近的山地變爲赤色，斬入隊的勇士們，則

波蘭之自由獨立並能創造一與蘇聯合作之空氣，渠極贊同與蘇聯成立協議與諒解。（二）工黨領袖阿特里已接受邱吉爾之請，以友人××顧問之資格參加不久即將舉行之三巨頭會議，此足確證英國各黨之間對於外交政策之意見已趨一致。阿特里之態度在英國受到普遍之歡迎，蓋以果然如此則英國將因普選而產生一新政府，則邱吉爾與杜魯門、斯大林等所作之種種協議在此新政府中亦不致反對。（三）由敘黎糾紛所引起英法外交關係，因法外長比道爾在諮詢會議中對於英國在敘利亞之干涉加以隱××趨緊張，比道爾稱：法國政府絕不願放棄法國在近東或（缺十七字）對於黎敘糾紛施行國際調查。今晨倫敦獲悉法國諮詢會議中之英法合作派已促×下院速派上下兩院×聯合代表團赴黎敘調查眞相。

香港近況

「同盟社香港十四日電」處於防衛華南第一線的香港，仍然在明朗捍鬥的口號下，努力增强戰鬥力量，以下是香港最近的通訊：（一）爲了回答高度的日語熱，四年前即規定了日語檢定考試制，這期間施行了四年的檢定考試，此次報告考試者人數之多，說明了一般市民高度的日語熱，報告考試的人比去年約增加一倍。（二）祈禱勝利，爲了與內地各地神社的「擊滅敵人、祈禱勝利」，此間日本香港神社，自五月二十起，亦舉行「祈禱必勝祭」，歷時一星期，日本人不必說，即華人、印度人、第三國人代表亦出席參加，表示貫徹戰爭的決心。（三）印度人希望「大東亞戰爭勝利之日，即印度解放之時」，所有在香港的日本人，最近有顯著的進步，經過獨立聯盟支部的斡旋，最近曾選拔了約十名印度人，組成挺進隊，或在伐木，或在搬運物資，作爲增產戰士，活躍非常。

發現德寇大量未使用的新武器

「同盟社里斯本十七日電」德境美駐軍中的隨軍記者，星期日泰晤士報的特派員報導，調查德軍放棄的武器資材的專門家，已發現好幾種祕密武器。其中包括有新型火箭彈、電氣魚雷、大型遠射程大砲（具有七十五哩的射程）。據哈珠基兵工廠所製的關於祕密武器的情報，其中並包括有Q・K・A・S・一一七號無線電駕駛的火箭砲推進機，及防空武器A・T・A・S・二九三號、二一四號、二九〇號、二九六號、二九七號、及二九八號。此外並發現德軍用以攻擊敵轟炸機的T・A・S・三四四號空中火箭，以及R・一〇〇號空中火箭，並傳聞德軍擁有由曲角射擊敵人的步槍。

在山洞中休息看準備出擊，從前線送到後方的傷兵在路上是吃芋類，如果問糧食到什麼地方去了，他們就會笑着回答送給戰友了，這樣的軍隊是無敵的軍隊。

西班牙法西斯匪黨舉行反英美示威

【路透社馬德里十六日電】西班牙法西斯集團長槍會會員一百人，昨在巴塞隆那舉行反英美示威。示威者擁一日人撕毀美影片的廣告畫，並擬衝入一電影院，但被警察阻止。美雜誌公司數家被搗毀，示威者至大街時，又撕去圖畫多幅，說圖中有表示「殺害我日本兄弟」的意思，並高呼「打倒英國」，「打倒邱吉爾」口號。

【合衆社巴黎十六日電】法國新聞處正式否認，十五日有任何西班牙藍色師團人員乘火車，遭受法國民衆攻擊的情事。據說，火車中僅有西班牙二人及外交官二人，該處又否認西班牙人有十二人殞命之事，但說雙方均無死者。

【合衆社倫敦十七日電】瑞士本日廣播巴黎訊，被襲列車內的西班牙乘客多爲平民，內有自歐洲各國回國的西班牙公使館及領事館人員。瑞士總領事本日午後會訪受傷者所入之日內瓦醫院，他說，該車西班牙乘客計四七〇人，來襲法人約五六百人，當時並未鳴槍，惟西人多名衣服均已破碎，失踪者計廿三人。據紐約方面消息，西班牙政府已正式提出抗議，並否認該車乘客中有藍色師團人員在內。

【同盟社里斯本十六日電】據巴黎路透電稱：法國抗戰集團人員約一千名在古魯諾布爾車站襲擊由瑞士裝載西班牙人返國的列車，將西班牙人趕下列車施以私刑，殺傷西班牙人多名，此種事件的發生使法西關係忽然緊張起來。據馬德里來電，西班牙外長立即發表聲明稱：被襲擊的列車裝運在德國勞動的西班牙人五百人，他們得到法國政府的同意，經由法國返國，由於法國抗戰集團的襲擊，約有廿名受傷乃至失踪。據另一電報稱，該列車裝運西班牙人四百廿名，其中包括由歐洲各國回來的西班牙外交官多人。這些西班牙人死傷十二名，約有一百廿名受傷。

中央社論歐局

【中央社倫敦十六日專電】本日之歐局可綜述如下：（一）前波蘭總理米科拉茲柯與波蘭社會黨領袖斯托克茲克於倫敦滯留兩月後於今晨搭機飛莫斯科出席討論組織一統一之波蘭臨時政府之會議。斯托克茲克離英前稱：如能保證

佛朗哥僞裝西班牙「普選」

【路透社倫敦十七日電】路透社外交訪員寫道：佛朗哥將軍發表的聲明在此間消息靈通人士中引起頗大興趣，那個聲明說西班牙政府正在進行全國選舉的準備工作，而西班牙政府計劃回返民主制度一事，卻是馬德里方面的首次公開××，但另一方面，此間一般認爲：西班牙××民主當爲人們所極其願望實現之事，因人們迄未發現有任何具體準備工作，且在現存憲法下，真正選舉如何始能實行，亦爲人們所不易瞭解。以佛朗哥爲首領的長槍黨綱領，乃現存制度之基礎，這就不容各政黨存在，而沒有反對黨的正常政治活動，舉行選舉自將成爲形式而已。不但如此，而且人們指出：約有廿五萬共和政府時代各黨黨員不在西班牙境內，這些政治亡命者中，有些是具有國際盛譽和名望的人，他們的政見則參差不齊，從極左到極右的都有，而這些人不在西班牙，則選舉不能代表整個西班牙人民。

不邀請尼赫魯、阿薩德出席辛姆拉會議

【同盟社里斯本十六日電】孟買來電，傳英國政府不擬邀請十四日夜被釋放的尼赫魯、阿薩德二人出席辛姆拉會議，印度國家主義派表示了非常××，尼赫魯被釋放後，十六日發表下列聲明，批評英國的「掛羊頭賣狗肉」政策。『印度如不能解放，則世界上不會有正常的秩序。國民大會的基本目的，仍然是過去所說的印度獨立，在一個國家繼續支配很多國家的社會中，要達到印度的獨立是不可能的，印度四萬萬民衆如得不到自由，則不可能有世界安定的秩序』。又國民大會與回教徒聯盟所結成的有力黨派——全印黨代表，此次未被邀請參加辛姆拉會議，該黨領袖已提出抗議，當辛姆拉會談在十日之後舉行之際，印度政界之活動趨向突然險惡。

英國空軍的損失

【同盟社斯托哥爾姆十七日電】倫敦來電，英國空軍部於十六日，發表自開戰以來迄今爲止，英國空軍的損失情況如下：轟炸機九千一百六十三架、戰鬥機三千五百五十八架、其他飛機七十架、第二線空軍飛機二千一百一十一架、沿岸警戒機一千四百七十九架，合計共損失一萬六千三百八十一架。

參攷消息

（不供參考）

第九一五號

解放日報
新華社 編

今日出一大張

卅四年六月二十日

星期三

同盟社稱 國共對立轉向外交鬥爭

【同盟社廣州十九日電】根據最近之各種情報稱，延安政權自在四月下旬的七全大會上對重慶表示強硬態度後，終於準備隨時進行武力鬥爭。渝延雙方的對立，已瀕於嚴重的危機。重慶言論界對其前途，亦是非常之注意。敵方報紙論調如下：（一）承認渝、延關係面臨正面衝突的事實，但是仍不放棄相互妥協的志願。（二）認識到利用目前的關係，雙方欲一面抗戰、一面內戰是絕對不利的。（三）重慶與延安的距離，阻止兩軍發生全面衝突。（四）由於國際情勢的激變，雙方還不能確定根本方針。（缺一句）因此乃得出結論謂：在目前的情勢下，渝、延雙方還不能開始進行大規模的武力衝突。另方面又說：只要抗戰的對象——日軍仍在大陸，是不會爆發內戰的。然而雙方的葛藤都在利用背後的勢力，只要是『藉外力以遂本願』的鬥爭，那末雙方的抗爭亦必然將隨着國際情勢的演變而進展。延安已看透了美國的居心，因而由親蘇、美路線轉移到單獨的親蘇路線。與此相反，重慶仍然是顧此失彼，極端地懼怕延安離開美、蔣關係的方策。因此現在的渝、延關係，令人深深感到已由過去的內部鬥爭轉為爭奪背後勢力的外交鬥爭。並且可以認為雙方『以夷制夷』的政策得以實現時，便能全面地爆發正規性的武力鬥爭。

敵在贛南發動攻勢 控制龍南、定南、虔南

【同盟社華南前線十九日電】【華南派遣軍發表（六月十八日十九時）】——敵第七戰區軍在龍南、定南、虔南地區，經常地叫囂着反攻，我軍乃制敵機先——痛擊第七戰區軍。我軍於六月初分成數隊，從各方面開始進擊，敵軍於察知我軍進攻後即想逃掉，但被我軍迅速果敢的進擊所阻止，予敵以莫大的損失，追敵逃往內地。這樣，第七戰區軍的反攻地盤，已完全被我覆滅。

新世界組織原則一章所說之三段，並已通過世界憲章之序言及關於宗旨之一段。（二）蘇代表葛羅米柯在中美英會議之際，說明大組織會所通過大會有更廣泛之權力一節，蘇方不能接受，因此舊金山會議於六月廿三日閉幕之計劃又受影響。（三）新國際法院章程草案共七十條，十五日經司法組織大組委會一致通過，法院所在將設海牙，章程規定必要時可移至任何地點執行職務。（四）世界憲章中原則一章內涉及不干涉國家內政，四邀請國於共同修正案中已承認此項不干涉原則。（五）關於修改憲章問題，加拿大認為憲章案於五年至十年後可予修改，提出建議五年後十年前召集憲章修改大會，投票結果均被否決。國際要聞（一）美英官方證實三巨頭會議將在柏林舉行。（二）蔣夫人參觀紐約女監獄與囚犯人談話。（三）宋院長十五日首途返國。（四）艾森豪威爾十五日離巴黎赴美，預定在×留九小時。（五）蘇聯紅星報（缺十二字）軍在日沿海登陸實有可能。（六）美國×××建廿萬瓦特之新國際×短波廣播機。十五日起對日及其佔領區播音。（七）我駐法大使錢泰在巴黎舉行歡迎孫立人將軍會，戴高樂及法各部長均到。（八）缺。

同盟社稱 重慶否認外蒙古共和國

【同盟社廣東十八日電】值此六大全會、決定再度否認外蒙古共和國的宣言，當蘇聯與重慶的關係，表現在延安與重慶的政治鬥爭愈益微妙之際，這一措施懷孕着重大波紋，值得加以注意。外蒙古共和國從一九二一年，在蘇聯援助下獨立以來，重慶即繼續否認直至今日。此次趁六大全會再度表示否認一事，從任何角度來看，都不是一種對蘇友好措置，無寧說是強烈刺激蘇聯感情的一種措置。但在同一大會上（六大全會），曾將加強對蘇友好關係作為一重要議題，因而這一措施是極為矛盾的。但無論如何否認外蒙古共和國，表示了重慶對蘇聯的媚態是有限度的，對於蘇聯與重慶的國交關係（以下缺）。

美出版家包韋爾稱：遠東對美國較歐洲對美國一千倍重要

【本報訊】五月六日大美晚報重慶版載稱：美出版家包韋爾（John B. Powell）三年前在一個日本的禁閉營內失去了二足，將於本月內從紐約的長老會醫療中心 Harkness Pavilian 出來，從事於促進美國與東方間的了解。他是以前密勒氏評論週刊的編輯，於日本進攻珍珠港的次晨，被日本嚴密禁錮起來。日本人很早就反對他的作品，但最後同意他於一九四二

「同盟社華南前綫基地十九日電」過去在我打通粵漢綫南部作戰中，遭我痛烈打擊的余漢謀指揮的第七戰區軍主力，其後在廣東省東北部及江西省南端之山岳地帶，重新整備兵力，最近爲了配合美軍在中國沿岸登陸作戰，其蠢動之徵象日益明顯。我華南派遣軍制敵機先，準備將敵人殲滅，遂於六月初開始行動，由南北數方面包圍進攻敵人，六日完全控制龍南、定南、虔南。（均在江西省南部），予敵人以重大打擊，澈底粉碎敵人集積物資的後方，更追擊向該地東方安遠方面潰走的敵人，戰果正在擴大中。

「中央社渝十九日電」據軍委會十九日發表戰訊，廣西方面，我軍沿黔桂鐵路綫攻達三岔圩（柳州西九十里地區）後，擊退敵之三度反撲，於十七日午將該據點攻克，並繼續向東進展三十里，攻達流山圩附近。我軍攻克邕柳公路綫上思練圩部隊，現已超越邕柳、宜柳兩路會合點之大塘圩，續向柳州攻擊前進。粵贛邊境方面，我軍於十七日續向定南以北、安遠以西地區之敵攻擊，敵被迫向龍南方面退却，我仍追擊中。

「中央社南寧十九日電」攻抵百朋（柳州南二十公里）我軍，正向北猛攻中。另一部我軍十八日亦攻入柳州西南二十五里之里高圩，敵據拉堡、三都、洛滿、黍塘之綫希圖頑抗。

中央社新聞資料

對倭戰況（一）廣西方面，我軍克宜山部隊沿鐵路追擊，攻抵七家角地區。沿公路追擊的部隊攻達鳳凰嶺、宜山、林場、板安村之綫。黔桂路南段北側我軍攻抵宜山以東廿里洛西街地區。粵贛邊境方面，我軍於虔南、定南各以南地區阻擊由粵來犯之敵，仍在戰鬥中。（二）我空軍第五大隊十六日在曲江毀敵倉庫二座，木船七十餘，卡車十七，火車一輛。在郴縣毀敵高射砲，斃敵卅餘。在邕江口炸敵水陸交通工具。（三）英軍到達喀喇當，此次大規模軍事行動，皇家空軍運輸總部之達哥塔式機已出動運兵，首批爲英空軍。（四）美第十軍長巴克納上將推測，琉球本島之殘餘日軍，於一週內可完全肅清。小祿半島戰事結束時，日軍一四五名向美海軍陸戰隊第六師投降。琉球南部進迫八重瀨區，有重要進展。美九六師於高原地帶推進數百碼，東面[illegible]兵師推進七百碼，攻破敵據點多處。（五）麥克阿瑟總部公報，拉濱島敵軍最後陣地已被攻陷。盟機晝夜襲台灣，沿亞洲海岸至東印度、新幾內亞各地。在台灣西南及敵機場投彈三八六顆。盟機並向上海沿岸投彈。（六）（缺）國內要聞（缺）聯合國會議（一）聯合國會議第一大組委員會，十五日晨通過

年六月在格立沙姆船上回美國。經過一系列痛苦的外科手術後，他已裝上了新的足，他說他計劃儘早回到中國。他說：「東方對於美國較歐洲一千倍地重要，東方是非常富饒而未開發的領土，它巴望着美國幫助建立鐵路，衛生設備，水廠發展醫藥救濟和改進教育機會。東方願望開發，有錢支付，有勞力工作，在對日戰爭中美國在東方的威信已大大提高」。

他又說：「日本必須被完全擊敗和粉碎，日本的軍事力量艦隊，和重工業須粉碎，這樣她再不能處於一個危害和平的地位。如果其他協定不能達到的話，美國必須佔領琉璜島，馬紹爾群島，馬里亞納群島，加羅林群島，和羅加斯島。」

當他進行手術的過程中，他根據他試圖殺戮美國人民以太平洋戰爭的背底宿願，寫了一本書。

大美晚報載
國民黨在廣東的游擊隊

「本報訊」四月廿九日大美晚報重慶版載署名P．T．閣的「廣東的游擊活動」一文。

如下：最近的一個報告說，游擊隊成功地在廣九鐵路上日本的據點和重要交通中心石龍附近放了炸彈，敵人的一輛火車頭和九十呎鐵軌被炸毀。另一報告說，由於在廣州三角洲上中山縣附近地方一個爆炸的結果，有四十個高級日本人被殺，而這個爆炸是由中國的游擊隊所放的地雷發生的。這不過是廣東游擊活動的二個例子。這些游擊活動是無數小戰鬥，射擊和與敵人怨恨衝突的景象。

這些游擊隊是高度運動的單位，他們在這個區域內到處散佈着分爲大小不同的各個組，大部份是小規模的。他們不穿制服，不住在鄉村裏，這樣避免敵人的注意，而挽救敵人對這些鄉村的報復。在這個區域內，這些游擊活動的效率有着很多證明：敵人報告內提到的經常的掃蕩行動，敵人突然開始強迫登記鄉村內的居民；登記證的需要和庇護「匪徒」的重罰。當日本人提到「匪徒」，他們的意思就是游擊隊。

廣東東南的游擊隊大體上在三個指揮之下：惠陽、淡水指揮區，潮州、汕頭指揮區和海豐陸豐指揮區，這些指揮區控制了整個廣東東南的海岸，在廣九鐵路沿綫直到廣州作戰，每一區的指揮官直接屬於戰區司令長官，而這個區司令長官是由重慶的軍事委員會任命的。在廣州和廣州三角洲作戰的游擊隊是在吳廣其（譯音）少將和楊泰（譯音）少將領導之下。日本人以誘人的報酬懸賞捉捕這二個將軍，活捉或死捉。吳將軍是廣州人，六十五歲。在

中國革命以前他是保定軍官學校的學生，後來在鄧部要職教官，當北伐革命軍明他是孫中山的同伴，吳將軍在若干年前退出軍務生活，但當一九三八年他的鄉近地區為日本人侵略時，他就為當地民兵的領袖。他的部隊現在廣州北郊及西北郊一帶作戰。這是一個有趣的改變滑的戰爭景象的側影，吳將軍現在直接在戰區司令長官余漢謀指揮之下，而若干年前余是吳在保定軍官學校的學生。

楊將軍是孫中山出生地中山縣的縣長，他的游擊部隊主要在珠江三角洲作戰，一九四〇年二月五日楊將軍的士兵完成了著名的戰績，他們用機關槍打下了一架日本海軍運輸機。這架飛機內載了敵人最有野心最有勢力之人之一大角海軍上將和他的參謀人員包括後方海軍上將佐賀彥次郎，角田高雄司令官，片濱司令官，忠五郎司令官及秀端松田中尉。大角海軍上將那時是日本海軍內所謂「南進」派的領袖，是這次中日戰爭中第一個為中國人殺死的敵人頂高級海軍將領。由於中國游擊隊把他殺死和繳獲了他的文件，使敵人的「南進」計劃不得不修改，事實上這個計劃一直延遲到一九四一年十二月太平洋戰爭的爆發。

同盟社傳美國內對沖繩戰鬥失利極為不滿

「同盟社東京十九日電」我方在沖繩島的局勢，逐漸趨於困難，但敵方也將無止境地繼續損失下去，最近，敵——美國國內，對於美統帥部指揮沖繩作戰的非難，似已逐漸抬頭，即是說，敵自四月一日登陸以來，投入沖繩島的兵力共計有八個師團，即陸軍第七十七師，第二十七師、第七師、第九十六師等四個師團，以及海軍陸戰隊第七、第一、第六、第二等四個師團。但在過去××戰鬥中，陸軍第七十七師，第二十七師，及海軍陸戰隊第七師等三個師團，曾遭受毀滅性的打擊，完全喪失了戰鬥力，而現在和我軍對峙於南部島尻地區的第七、第九十六、海軍陸戰隊第一等各個師團，也都遭受了重大的打擊，其戰鬥力已減低大半，只有最近登陸的海軍陸戰隊第二師團，算是保持着戰鬥師團的形態。敵軍的實際損失，將殺傷與失蹤者合計在一起，已達七萬三千五百人以上，在敵方說來，這是它自開始太平洋攻作戰以來最大損失。對此，在美國國內逐漸引起了非難美軍戰略的呼聲，軍事評論家鮑綸斯，甚至在華盛頓郵報上嚴厲地論稱：「沖繩作戰是太平洋上最大的悲劇。美軍的損失，超過珍珠港的敗仗以上。由於美國在沖繩遭受人員與實且不過是登陸作戰的準備工作而已，而決定戰役的勝負時，必須是陸上部隊主力的作戰，加以一億國民都將變成特別攻擊隊，繼陸上部隊的主力之後，以其肉體來鑄成祖國的防備要塞，因此，當然敵人的新作戰，並要非常慎重地準備的。（完）

敵稱美軍損失重武器八十六萬五千件

「同盟社里斯本十四日電」巴黎來電，歐洲盟軍司令部發表由去年六月六日諾曼第登陸以來至德國投降後，十一個月間，美軍共損失重兵器，達八百六十萬五千五百六十二件，其中二千二百六十三件是各種砲。八萬×千六十九件是包括裝甲車，卡車在內機動兵器。

梅景周稱：戰後在日本維持佔領軍

「合衆社舊金山×日電」中國出席舊金山會議代表團人員之一駐檀香山總領事梅景周，發表廣播演說稱：聯合國在戰後十年內必須在日本維持佔領軍，以保證太平洋之未來和平，國際軍隊佔領日本的目的，不在懲罰日本而僅在協助自由主義份子改造其國家，實現自由與正義。日本天皇實為日本之禍根，如容認繼續在位，則惟有使日本人民的日益瘋狂，必須予以推翻，使日本之民主勢力有自由表現之機會。

希臘解放軍領袖與反動派作戰陣亡

「路透社雅典十八日電」一九四二年希臘人民解放軍（左翼軍）創始人阿里·維勞赫斯（是個共產黨員，無疑），六月十六日在希臘境內與希臘國民軍作戰時被擊斃。此外，尚有四個希臘人民解放軍領袖被擊斃，一個被俘。上述消息係本日由情報部長披露的。那些不遵照與政府所簽訂協定，不交出武器逃到山地中的希臘民族解放軍，已被希臘軍搜捕中。維勞赫斯與蒂斯的屍首將送到前希臘人民解放軍統帥部所在地特里略剌城以供公衆閱覽。

敵酋鈴木談勝利信心

「同盟社東京十五日電」鈴木首相於十四日在首相官邸接見記者團，記者團與首相問答內容如下：（一）問：「為了對付本土決戰的日趨嚴重，內閣的必勝對策若何？」答：「我在議會上曾說過沖繩戰局對我不利，但只是說到不利，關於將來如何，則未言及。我認為無論琉璜島失陷也好，沖物質的巨大損失和消耗，美國的戰略遭遇了最大的挫折，需要很好地以第三者組織調查委員會，以探究沖繩作戰的真相。」對此，負直接責任的尼米茲卻說：「美軍在沖繩遭受了出於意料的消耗和損失，這是事實，但在作戰上並沒有任何錯誤。日軍在沖繩島上依據堅固的防禦陣地，進行頑強的抵抗，對於在美軍前面的路，除了打以外，就沒有別的辦法。羅倫斯的說法，是對前一線將士的侮辱。」兩者之間，展開了相互的論爭。戰爭的最高負責人，對國內批評作戰指導採取正面的辯駁，的確還是開戰以來最初發生的事情。這說明了美軍的巨大損失與消耗，予美國國民以極大的衝擊和恐怖。

敵報導巴克納陣亡經過

「同盟社東京十九日電」沖繩本島我軍的苦戰搏鬥，予敵人美軍以極大之出血，此次敵人在沖繩島的重大犧牲，使美國國內最高指揮官巴克納極為不滿，他乃不孚人望已成為眾矢之的。此次遭我砲彈射擊，巴在前線陣亡。巴克納在就任沖繩島登陸總指揮官之前，曾担任阿拉斯加防衛司令官，指揮過阿圖島、吉斯卡島的反攻。在我們來說他是不應忘記的仇敵之一。巴克納在美國軍官中，是一少有的慎重前進者，在沖繩作戰以來，即再三警告國內的樂觀論調，並且說：如果要把沖繩島防禦陣地的日軍趕走，須像拔去瓶口上的木塞一樣，須要一個一個的殲滅」，告訴想早日結束戰鬥的國民輿論，最近國攻擊巴克納的呼聲日益高漲，焦慮之餘遂到前線督戰，終於陣亡。

敵軍在準備次期作戰（續昨）

敵軍之所以非常慎重地準備本作戰的原因，是由於第一，根據沖繩作戰的實例，深深地體驗到愈是接近日本本土，困難的程度愈是增加，徒自損失累累。第二，在本土登陸作戰時，其情形與過去的「離島作戰」完全相反，日軍可以把一切能戰鬥的人員投入戰線，與如相反，美軍的供應與增援，比過去是更加困難，因此作戰失敗的可能性很大。第三，敵（美）人特別是畏懼我特別攻擊隊的威力，因此首先傾注全力，阻止我軍的特別攻擊，敵軍首腦部雖然政略方面作誇大的宣傳，但深知僅以普通與登陸的手段，不能使本土登陸作戰獲得勝利，因之他們便以他們所謂的徹底的「焦土轟炸」，企圖徹底破壞我特攻基地、生產設施，以及交通道路，動以砲擊與爆炸，喪失我們國民的戰意，然而不管敵人是如何加猛轟炸，充

沖繩島戰況不利也好，實在說來也不足悲觀的。何以言之？當在進行戰爭途中，戰爭的勝負當然會連續不斷地發生。戰爭的勝負不能因一些土地被敵佔領，就可以輕率地預斷說是失敗。沖繩島之戰和它與元朝的侵入相比較未必是恰當的，但（缺一句），今後敵或將在九州作戰，或在本土之其他地點登陸，也說不定。然而我軍只要經常保持旺盛的戰鬥意志，在任何戰場上都能發揮搏鬥精神，則敵人務必更用更多的兵力。敵人將會感到：戰爭若是這樣無限期延長，是太（）了。（缺一句）在這一點說來，如其說我軍與敵沖繩作戰，倒不如說在說國民的戰意。（二）問：「首相曾說過敵人愈是接近日本本土，戰局愈是對我有利，不知其具體的方針如何？又開始組閣時的戰爭觀與現在的戰爭觀，是否有變更？」答：「只要國民充滿着熱烈的戰鬥意志，我們就必然會勝利。敵人不能一下子把一百萬兵力登陸，而將逐漸地登陸。然而即使以五十萬的兵力登陸，亦需要數個月的時間。同時在供應方面，亦需要相當的準備。在這次歐洲戰爭中，美國的大軍曾在法國登陸，但那只要渡過狹隘的英吉利海峽就可以了。然而從美國到我國本土，卻有着不可比擬的遙遠的距離，對敵人來說，這也是一個重大問題。……這一點和過去的島嶼作戰不同，敵人的兵器和「物量」無論怎樣較優於我們，但我們不必要憂慮說趕不上敵人，可以確信這裏有必勝之道。（掉一節）。首相最後說：我曾參加過日清戰爭與日俄戰爭，當時全國國民，都担心國家將被滅亡，當時國民們會有一種悲壯的心，認為打下去即使被滅亡也好！德國是被打垮了，但德國國民是否貫徹了純粹精神？軍隊是否貫徹了純粹精神而作戰？不，決不是那樣，在德軍陣亡者之中，究竟有幾個將軍與士兵一道戰死了呢？難道不是幾乎沒有嗎？這是和我軍將士完全不同的地方。例如在塞班與琉璜島作戰中，皇軍無論將軍或士兵，莫不英勇地為國而戰。在這一點上，德國國民和日本國民之間，德國軍隊和日本軍隊之間，是有天壤之別的。因此以德國的例子，來衡量日本，那是個很大的錯誤。在日本軍人看來，德國擁有那麼龐大的軍隊卻不能堅持到最後，是不可思議的。不錯，在武器和「物量」上，我們或許不能跟敵人相比，但一旦決心踏上戰場時，日本人卻有其獨特的一手。我們惟有以這種強大的力量，將全體國民融為一體，堅決地戰鬥到最後。

參攷消息
（內供參考）
第九一六號
解放日報 新華社 編
今日出一大張
卅四年六月二十一日
星期四

敵稱三南作戰 覆滅第七戰區主力

【同盟社西南前綫基地二十日電】此次三南地區的作戰，可說是我大陸作戰軍獨特的得意的殲滅戰，即我軍能够巧妙地隱蔽意圖，從南北包圍夾擊，一下子覆滅了敵之根據地。即是說我軍兩個縱隊，於六月一日自粵北地區開始行動，一個縱隊自惠州方面開始行動，當北上襲擊時，另一縱隊則與此相呼應，自粵漢路上之要衝韶關與曾爲美空軍基地之南雄方面開始行動。因此我軍是從三方面一齊開始行動，接踵而至，南下進擊。各隊俱於十五、十六兩日，殺至三南地區，夾擊敵第七戰區軍主力第十二集團軍。第六十三、第六十五兩軍（約六個師，兵力六萬），刻正在追擊敗敵，擴大戰果中，又由於我軍的進擊神迅非常，因此疲憊之極的敵人簡直沒有搬運堆積物資的時間，全部留下而逃走，因而全部物資均爲我軍鹵獲。於此，敵第七戰區軍事殘存勢力，幾乎完全毀滅，事實上已毀損了敵第七區軍的原形。敵方會拚命宣傳如何在準備西南總反攻與策應美軍登陸之體制，但看了被我方佔領的敵根據地——三南地區的實情，則絲毫也見不到增强戰力或美式化的痕跡。而且當敵軍察知我軍之進攻企圖時，余漢謀以下首腦幾乎未打一仗就逃跑了，完全沒有一點戰意。

【同盟社華南前綫基地二十日電】華南派遣軍於覆滅三南地區之敵反攻地盤後，更繼續追擊潰退之敵，並掃蕩與肅清佔領地區內之殘敵。同時正在準備次期作戰中。在此次作戰中，疲憊之極之敵軍非常狼狽，特別是敵在龍南之中樞部，似乎僅以身免，落荒而逃。敵人爲了準備反攻，到處都堆積着兵器、彈藥、食糧及其他軍需物資。自此次作戰開始以來到十七日止，所獲戰果業已判明如下：斃敵八百零五名，俘敵五百八十名。繳獲品：高射砲十八門，各種大砲五十四門，輕重機槍七十挺，以及其他彈藥等無算。

【同盟社廣州二十日電】我華南軍精銳於六月初旬，突然開始攻擊敵第七

林翼中談最近粵情

【本報訊】據大公報韶訊：五月一日，廣東省臨參會議長林翼中（出席六全代會到渝）應『廣東戰後復員問題的研究會』及『廣東新聞記者聯誼會』之邀，在中宣部禮堂報告『最近粵情』。林翼中說：自曲江淪陷後，省府即設龍川，該地距敵不過兩日路程，『故社會人心，仍感不安』。省府另於信豐設南路行署（按：主任羅翼羣），就正指揮行政工作。關於民生情形，他說：僑匯方面，南洋已不通，美僑匯款亦以匯率太低，即能寄遞國內，亦難維持生活，故僑眷生活頗感困難。目前東江米價雖幾近千多元一担，但『粵省本爲缺糧省份，一到青黃不接時期，米荒必無可避免，餓死人的現象，到時即難免重見。……去年北江曾有老百姓聚衆殺死縣府人員情事發生，據省府方面調查，謂有人操縱指使；另據綏署向省參議會正式報告，則謂另有原因。俟省府更換當地縣長後，滋事民衆隨即散而歸鄉。故政治有待於改善，無可否認。……藉此抗戰時，徵實徵糧工作，有時滋貪污機會，故政治效率低而貪污之風盛。』談及軍事，林氏說：『廣東「民衆武裝」……照現行規定，國民兵之組訓，權屬國民兵團，但對一般民衆有號召能力者，又多爲舊時[illegible]宿老，彼等事實上又不願亦不可能接受國民兵團的所謂領導，故民衆武裝，之是敵來則集，敵去則散，雖有經常之訓練，此爲事實上之困難。』關於軍事情報的無能，他說：『此次曲江淪陷前，敵從道縣方面侵入粵邊，時官方情報，有謂將我在湖南敗退之部隊，又有謂係部份『亂民』，且有報謂已予招撫，平安無事者。及後在某地被我民衆擊斃十餘人，查實均穿着皮鞋，始因確係敵人。此種情報不實不盡情形之發生，乃基因於下層組織之空虛。終（敵人臨境，而手足無措。省府及省銀行職員眷屬被俘甚多，則非事實。』關於文化教育方面，他說：現中山大學已分別在梅縣焦嶺等地復課；國民大學，則於第一次疏散時，已遷分校於茂名；現遷中山大學、嶺南大學等借讀生在內，共有二千餘人；嶺大校長李應林，正奔走於興寧、龍川等地，擬擇地復課。『大光』、『建國』兩報，疏散時損失較小，已分別復刊。中山日報損失較大，現尚未見復刊」云。

劉尼也說杜特將敗於阿梅利

【路透社伯明翰十八日電】叔爾麥（三角競選中的工黨候選人）長老代理人劉尼也本晚向路透社記者表示下列信心：斯巴克布魯克選舉區阿梅利的競爭人杜特（印度人共產黨員）將輸掉其選舉押金。按法

四六八

戰區。攻擊開始後，立即攻克江西省之三南地區，將敵第七戰區軍的反攻地盤殲滅，十六日之重慶廣播，在其戰況報導中亦承認這一事實稱：廣東、廣西兩省之重慶軍，正在等待援軍之到來。在十六日晨被日軍攻克之定南，展開奪還該城之戰，又在該地以西地區，正與日軍激戰中，同時在龍塘墟附近，攻擊攻克安遠之日軍。

宋子文返渝

【中央社渝廿日電】宋院長子文偕蔣夢麟、劉鍇及隨員等十三人，於二十日晨乘專機飛返渝。

【合衆社重慶廿日電】大公報稱，刻在舊金山的參政員已被敦促於七七之前歸返中國，因七七爲第四屆國民參政會開會日期。國民參政會秘書長邵力子稱：會議約將開十四天。會議開始時即將選出主席團。

【路透社重慶十八日電】中國幾家報紙評論英國解決印度僵局的建議。掃蕩報稱英政府建議爲計劃以重組總督行政委員會，成爲暫時的包括印度各個政黨的領袖的國民政府，並說：「這是達到實現印度人民的獨立與自治政府開明的步驟。」時事新報稱「建議爲英國政府努力解決三年來印度政治僵局的有力表示。」大公報宣稱：印度政治情勢的解決將大大加速日本的敗北。

【中央社榆林十七日電】綏遠僞新編蒙古軍第五師第四團團長金晉達爾罕率所部三百餘人，向國軍投誠，當日開赴指定地點。又駐托縣境乃只蓋村之僞蒙古軍任志高部於五月十二日全連向我投誠，已改編就緒。五月十五日我軍襲擊歸綏兩郊之山梁兩村，十六日歸綏敵增援，並有鐵甲車兩輛，我軍當與敵展開肉搏戰，我一中士張連厚持手擲彈跑至鐵甲車左方，由空隙投入，將敵車內四人同時炸死，而我張中士亦作爲肉彈殉國。是役因我軍英勇，幾純爲肉搏戰，敵人大砲與機槍失效。轟動平綏路之所謂「毛太君」即敵聯隊長每利三郎，當場被我擊斃，敵軍死者卅餘人，傷者六十餘人。我獲三八式平山槍卅三支。

赫爾利、魏特梅耶
發表聯合聲明稱：兩人之間和諧無間

【中央社重慶廿日電】據美新聞處訊，美駐華大使赫爾利及中國戰區美軍總司令魏特梅耶將軍本日發表聯合聲明稱：「外傳吾人或我僚屬之間公私兩面均有意見。此項謠傳，純屬子虛，吾人之間，雖有異見，但經常均能圓滿解決。美國在華之外交及軍事代表現正努力工作，和諧無間，且將繼續不變。」

律規定，每個國會候選人須出六、一五〇押金，杜特若得不到所投的全部票數的八分之一，則他就要輸掉這項押金。劉尼也說到：相信杜特將從工黨那裏奪一些選舉票，但從阿梅利那裏奪不了甚麼選票，但是劉尼也又說道，「即或杜特奪得一些選票，也不足以改變工黨將得千數以上的大多數選票這個定局」。劉尼也說道：印度將在地方選舉中是一個重要因素，至少就候選人而言，是如此。「工黨關於印度政策……自然……，但斯巴克布魯克人民的要求是佔首要地位。」他又說：「在斯巴克布魯克的一般人，對印度問題不感興趣」。

三頭會談最近召開

【同盟社斯托哥爾姆十五日電】美英蘇三國會談，即將在最近舉行，地點大約是在柏林，時間杜魯門已在接見記者時稱：「在四十日以內」，會談內容約有下列：（一）統一調整對德政策。（二）的里雅斯特問題。（三）波蘭問題。（四）法國的領土要求及××××問題。

英蘇報紙論中國戰場
在對日作戰中之重要性

【中央社倫敦十七日專電】倫敦本日各報復見及中國戰場在對日作戰中之重要性，觀察家稱：以作戰所需大砲，及坦克車運往中國，並設立足以集中攻勢強大部隊之基地而言，在中國作水陸登陸戰實屬必要。蘇聯紅星報某軍事評論家，於十六日撰文稱：中國具有廣大土地，並有相當良好之交通設備，較火山群島及菲律濱更適宜爲進攻日本之基地，火山群島等面積有限，菲律濱與日本之距離亦不利於盟軍。

沖繩美日軍處於混亂狀態中

【同盟社東京二十日電】敵軍在沖繩本島南部之島尻地區，自十六、十七日起，漸次突破本島之中部戰線，以謀深入腹地，但我方於十七日予敵以猛烈的反擊，奪回八重瀨岳方面之獨立高地，因此戰線得以暫時安定，然而敵軍自十七日晨起，在激烈的轟炸與砲擊的掩護下，再次沿着整個戰線發動攻勢，特別在東部八重瀨岳正面，展開壯烈的激戰，我軍目下正頑强地確保仲坐以南八重瀨岳南麓，到西海岸一綫，現在該方面戰況，敵我之間正處於犬牙交錯的混戰狀態，似在繼續着悽慘的殊死決戰中。又十九日敵機轟炸琉球列島全綫之數目，共約九十架左右。

【同盟社西南諸島基地二十日電】沖繩本島南部地區的敵人，由東海岸向八重瀨岳地區我陣地進攻，我軍進行白刃戰使敵人遭受犧牲，現仍繼續戰鬥中。小祿地區的戰況，在各地展開激戰，該地之我海軍部隊，於十八日下午七時三十分，一齊開始總突擊，以白刃殺至敵人陣地，此方面之戰況，已進入最後階段之模樣。

二　敵稱美軍逐漸向南方活動

【同盟社西南基地十九日電】沖繩島南部島尻地區的敵人，逐漸企圖南下，十六日進入八重瀨岳的我軍陣地，深達一五〇〇米達，從仲×村至八重瀨岳一帶活動。我部隊猛烈反擊，十八日奪回八重瀨岳西南麓一五七．六高地，及其南方地區，其後繼續反擊，頑強地阻止敵人的猛攻。在中央及西海岸，戰鬥無大變化，現在圍繞大里南方五百米附近高地進行激戰。

【同盟社西南諸島基地十九日電】沖繩島南部島尻地區的敵人，在熾烈砲擊之下，向我防禦陣地進攻，與我軍展開熾烈作戰，現在敵人的活動綫是由西海岸的伊豆滿附近，經予座岳、八重瀨岳以達東海岸綫，其中敵人對予座岳、八重瀨岳的進攻極爲激烈，予座岳在伊豆滿東方三公里，八重瀨岳又在予座岳東方 均是標高一五〇米達的丘陵，是南部島尻地區我軍防衛陣地的最有力據點，我部隊充分利用這一地形，予敵人以極大損失。小祿地區之戰綫現正在犬牙交錯狀態，戰綫各處均在戰鬥中，我軍不爲悽慘之戰鬥所屈服，仍然在敵人火焰包圍下繼續作戰，但我軍作戰區域，不論島尻地區，不論小祿地區均已縮小，予我軍以相當困難。

【同盟社西南基地十九日電】小祿南方的我部隊，與侵入飛機場周圍之敵展開激戰，予敵人以極大損失。據我空軍之偵察，至六月中旬，敵我之戰綫，形成膠着狀態，逐漸侵入我第一綫，適後我軍即分散至各處，依據要地繼續奮戰。

【同盟社西南基地十九日電】西南諸島方面，十八日仍然天候惡劣，敵機來襲已減少至一百架內外，地上戰鬥，在八重瀨岳方面的敵人有若干的活動，「該山山頂終於落入敵人手中」。又我空軍冒惡劣天候，從十八日夜到十九日晨出擊，進攻周圍之敵船，及本島地上之飛機場，戰果現尚不明。

【同盟社西南諸島基地廿日電】沖繩方面之氣候，至十九日仍然惡劣，因之航空作戰突然不甚活躍，對列島綫之轟炸，只不過九十架左右而已，另方面敵機動部隊於十九日下午分成兩隊，各以航艦五艘，戰艦一艘與戰艦三艘爲基幹，出現於宮古島附近海面，又在沖繩本島週圍，亦發見航艦一艘，戰

輛，小型卡車、與吉普車、坦克、救護車五百五十五輛，吉普車四百七十一輛，合計共有各類車輛二千六百二十五輛，維持一個師團的坦克，一年需要供應一百五十萬噸的零件，而這些零件需要六百輛貨車，將它運到裝運的港口。維持四百輛吉普車，一年需要供應四十七萬四千噸的零件。向太平洋基地來回一趟，需時需要十六個星期。一個步兵師團就需要消耗彈藥五百噸，一個機械化師團前進一百哩，需要汽油七萬五千加侖。空中堡壘B17式機現在還沒被用於太平洋方面，如果使用一架B17式空中堡壘，×年就需要消耗彈藥一千零四噸，炸彈一萬五千噸，汽油三萬噸，潤滑油七百噸，其他什物四萬四千噸。過去在仁牙因登陸時，參加的艦船爲一千零卅三艘，出動有關的海軍人員計廿七萬三千人，參加琉璜島之戰的艦艇爲八百艘，海軍人員達廿二萬人，太平洋的戰爭伴隨着上面所列舉那樣的困難。

美國兩大報
論宋子文任行政院長

【美國新聞處六月二日紐約電】紐約時報一日發表社評論及中國行政院易長及團結問題，摘要如次：

蔣委員長並非不再做中國的第一號要人，他也許不能夠不幹，如果他願意的話。他現在不過不做內閣總理而已，國民政府主席和華軍統帥的職務他還是保留着的，繼任行政院長宋子文氏，是蔣夫人宋美齡女士的哥哥，是蔣委員長的親信，蔣氏政策的擁護者，宋先生曾住居美國，說得一口流俐的英語，有許多美國朋友。因爲他是出席舊金山會議中國代表團的團長，故名譽更隆。他對於中國共產黨，比較他的妹夫更有忍耐性，故他的陞任行政院長，也許是意味着重慶將再度努力以求與共產黨妥協。

這種努力——不但來自重慶，同時也來自共產黨本身——時機顯然是成熟了。日軍在華南的地位正在逆轉，也許準備退出那個他們從未穩固據守過的廣大區域。美軍可能在中國海岸登陸。如果像這樣的大事即將發生的話，建立中國聯合戰線便更有理由了。事實也是這樣，如果沒有這樣的聯合戰綫，必難使美軍在中國對日軍進攻。自然，打敗日本的形勢如果受內戰所阻害，那是中國人民和正在協助中國的盟邦所不能容忍的。

【美國新聞處六月二日紐約電】紐約前鋒論壇報六月一日社評，論及中國政府局部改組，大意如下：

蔣委員長辭去行政院長並任命宋子文氏繼任，不是中國政府的根本改變，

艦一艘以及其他巡洋艦、驅逐艦若干艘，在慶良間列島之泊船處，集結着百餘艘之運輸艦。

敵稱沖繩美軍比琉璜島的損失增加一倍

「同盟社東京二十日電」進攻沖繩的敵人美軍，在我海、陸、空三位一體必死決心的猛攻下，已遭受重大的消耗與損失，華盛頓太陽報記者納倫斯，甚至激烈地非難說：「沖繩作戰已遭受較珍珠港更重大的挫折……」。在美國國內，由於美軍遭受了空前未有的損失，已引起人聲鼎沸的反應，現在我地方部隊仍據守沖繩島南部，繼續痛擊優勢的敵軍。敵軍兵員的殺傷，已達七萬五千××人。另一方面，我特別攻擊隊也日以繼夜地向沖繩周圍的敵艦船，以及敵方新修築的飛機場，進行反復的猛攻，敵人的消耗與損失，正在飛躍地增長中，敵軍首腦部企圖在敵國民前面隱瞞這樣巨大的犧牲，便發表虛構的損失數，玩弄着一切狡猾的手段，關島十六日廣播宣稱：「美軍在沖繩島的損失，出乎意外地重大，五月十五日（原文如此）的公報，曾公佈戰死與失踪人員約為一萬人，死傷的總數達三萬五千一百一十六人，比琉璜島的損失增多一倍，這些損失，大部份為海軍人員，他們受日本特別攻擊隊的襲擊而喪失了生命。」如上所述，敵人已率直地承認我特別攻擊隊的猛攻，我特別攻擊隊可怕的威力，已使敵軍人員為之心寒胆戰。

敵報稱太平洋供應綫困難

「同盟社里斯本廿日電」紐約來電，紐約時報軍事記者漢森·鮑爾溫，論述美軍在太平洋上供應的困難稱，太平洋戰爭要比歐洲戰爭更加困難，即是說，對日作戰的基本問題，是供應綫問題，美國自參戰以來，到歐戰結束為止，美軍死傷和失踪人數已突破一百萬名，到擊敗日本時，美軍的損失，將達到龐大的數目。欲使美國的損失減低到最少限度，我們必須將美國壓倒性的「物量」，投入對日作戰。在歐洲戰區需要一隻運輸船為裝運的東西，在太平洋上就需要三艘裝運它。為了補助使用於太平洋戰區的運輸船的不足，現在正改裝一百艘勝利型貨船為軍隊運輸船，要替式解放型貨船一百七十二艘，也同樣地改裝為軍隊運輸船，裝有充分裝備的步兵一個師團，需要貨船以及軍隊運輸船各六艘到七艘，那末裝運機械化師團之需要更多的船舶，其理由不說也可以明了，美國一個機械化師團的構成部分，包括有坦克二百六十九輛，自動推進砲八十七門，卡車六百三十九輛，曳引車六百零二

然此舉是以加强宋氏之威信。這是他代理行政院長期內工作優異的確認，在國內及與華盛頓，莫斯科，倫敦接觸時，行政院長的新任命使他更有「面子」。然此事對蔣委員長為國府主席，最高統帥，及國民黨領袖之地位，毫無影響。若干政策雖由宋氏計劃，但蔣委員長仍是最後決定者，所以若說宋氏為中國內閣總理，似乎太過了一點。但這在我們政治術語中，內閣總理一詞適合於表示他的工作，像任何名詞一樣，因為他是中國五院之一的行政部門的首長。宋氏賢能，開明而善於合作，對於當前的任何工作，都是勇往直前的。這些素質使他在美國獲得聲望，但是沒有使他在中國老政治家中獲得擁愛。除此以外，若干中國人士指出他沒有政治集團的擁護的事實。在若干方面，這是一種優點，因為這意味着宋氏不受專作官不作事的朋黨的束縛。在國際問題上，宋氏希望中美之間有親密的友誼，迫切地希望改善中蘇關係。對於中國共產黨，他的態度是溫和的，一句話說完，他似乎是最適當最精明有力解決他所面對的困難的人選了。

格魯關於六人被捕案的聲明

「美新聞處華盛頓十五日電」雜誌發表報導：副國務卿格魯今日在記者會議上關於最近因發表國務院機密文件的間諜逮捕案發表如下的聲明，關於這一事件毫無神秘，我們聽到雞圈裏有人，便去看一看誰在那裏，我們所發現的業已公佈了，任何人有關個人所聽到的任何觀念或議論是××考慮，調查是制止廣播涉及國防的秘密文件中的重大××。陸軍及海軍部要求聯邦調查局進行這次調查，引起逮捕的根據××。從調查一開始，全部案件即歸司法部處理，至於就我個人來說，我可以告訴你們，我不知道任一株連的個人的名字，亦不知「美亞雜誌」助理編輯被牽連在內，至於羅斯海軍上尉，我不知道會寫了一本書，據悉這本書包括××××。我第一次聽到羅斯的書是在六月十日的廣播中，（這句話費解，或謂：意想不到之事）這對我似乎是在灌木林背後，大批發幻想的印度人。

國民黨戰報稱距柳州甚近

「中央社渝廿日電」軍委會廿日發表戰訊：廣西方面，我軍現已攻克距柳州西南廿里處公路上之拉堡，該處距柳州城南飛機場僅十里。我另兩支部隊於同時攻迫柳州西南兩面郊區，正與敵戰鬥中。廣東方面，雷州半島敵於十五日晨由廉江北向東田進犯，另敵一部十六日晨向廉江東北六十里處石角進犯，我軍分別阻擊中。

參考消息
（作參考）
第九一七號
解放日報、新華社編
今日出一大張
卅四年六月二十二日
星期五

同盟社報導

中共對國民參政會的態度

【同盟社東京廿一日電】（上缺）重慶政權公佈將於七月七日召集國民參政會，但延安政權反對重慶偽裝的民主主義，表示將不參加國民參政會，並由新華通訊社聲明延安將堅決地繼續進行政治抗爭，表示了强硬的態度。即新華社曾於十六日廣播稱，中共中央執行委員會對中共是否出席這次重慶參政會的質問，回答如下：『七月七日的國民參政會，延安將一個人也不出席，爲什麼不出席呢？因爲自從去年九月以來，延安政權，中國民主同盟，及其他第三政黨，曾堅持要求重慶廢除一黨專政，組織臨時聯合政府，發表民主綱領，及實現民主改革，但直到現在還沒有正式答覆。而且重慶當局在召集參政會時，任意地指定代表，延安方面的代表也是重慶指定的。在重慶未結束一黨獨裁之前，不消說參政會就是連十一月十二日的國民大會也絕對不參加。』

龍南敵竄向安遠

【中央社渝廿一日電】軍委會廿一日發表戰訊，廣西方面我沿黔桂綫追擊前進部隊，於十九日進抵距柳州三十四里之魚山村地區。我沿宜柳公路綫前進部隊，十七日晚將據大塘圩頑抗之敵驅逐後，續行向東推進，至十九日與沿邕柳公路綫東側攻擊部隊會合於距柳州西南廿里之思賢鄉地區，現正準備××柳州郊區之敵攻擊中。粵贛邊境方面我軍，於十七日午後四時，續將定南以北四十里處之汶龍攻克。龍南東北地區之敵，於十七日晚增援向安遠以西龍頭圩反撲，被我痛擊，敵未獲逞。浙江方面，由永嘉退至甌江北岸之敵，和十九日沿濱海公路綫竄至盤石舖（永嘉東四十二里），其一部於廿日經樂清竄至該縣東北卅里平盤山地區，我正追擊戰鬥中。

【中央社渝廿日電】中國戰區美軍司令部發表中國戰區美軍作戰司令部十

情形特殊，公債之發募，儲蓄之推行，亦較他國困難遞甚，使政府不得不增發通貨，以供應此龐大之作戰經費。同時政府正竭盡×法吸收游資，調節發行，緊縮信用，增加國防民生所必須之物資，通貨膨脹之威脅，可以減輕。關於吸收游資一端，過去七八月間，因出售黃金及辦理法幣折合黃金存款，所收回之法幣，已達七百餘億元，儲蓄方面亦有二百餘億元之數。現在勝利在望，人民心理已有顯著之轉變，心理因素過去既爲物價高漲之重要原因，此後當爲穩定物價之重要力量也。

又某記者問新聞記者法實施期限如何？張參事答稱：新聞記者法在民國卅二年二月公佈迄未有定期施行之決定，若干主管機關以該法若干條文與現狀不能相宜，正提請展緩施行中。

取消在華美軍後方梯隊司令部

【中央社渝廿日電】據美新聞處訊，中國戰區美軍總司令魏特梅耶將軍本日稱，×不久即將設立一擊×衛司令部，爲其戰地司令部，同時目前在華美軍所有之後方梯隊司令部，即將取消，該部之大多數人員及行政機構，將劃歸重慶新成立之司令總部，由中國戰區美軍副司令×××負責，××由葛維斯任魏氏之參謀總長，至麥克魯氏則仍任蔣委員長之副參謀長。

劉健羣主張 實施『憲政』後仍加强黨治

【本報訊】劉健羣（曾任復興社書記、十三太保之一）在十二卷第四期上發表題爲『實現民生主義之困難及解決之途徑』的論文（此文後復在國民黨六全代會上印成小冊子散發）主張爲着避免『在矛盾夾攻中衰廢』，慾限制官吏財產，改善官僚制度，在政治上實施憲政並不是結束黨治，反之却要加緊訓練阿斗，以組織對抗一切妨礙三民主義實現的組織。劉健羣說：『帝國主義的基礎在科學、工業及殖民地』，『帝國主義之侵略重在經濟，次殖民地之復興亦重在經濟』主張中國建設應『以工業爲農業之鎧甲』，即所謂『依民生主義之原則，實施計劃經濟發展國家資本，以迎頭趕上之精神，加速完成工業化』。至此，劉健羣說，要完成國家資本的工業化，就要有兩個先決條件：『（一）有健全的政治制度，多數官吏，廉潔不貪；（二）有健全的社會組織，民間對於政府能發生相當監督的作用。』作者把貪污遍地的現象輕輕一推，歸之於『幾千年遺留下來的官僚傳統』，還說甚麼『這裏所謂官僚，指九日昆明訊，中國軍隊由西面及西南向柳州合攻後，十八日續有進展，此項進展，已對日軍佔據之前十四航空隊柳州基地增加威脅。西南方沿南寧柳州公路一帶，據前綫訊，中國軍一隊已越過公路交叉點大塘墟，該地位於宜山及南寧柳州兩公路之交叉點上。日軍自五月由南寧撤退及向柳州東北撤退以後，即固守大塘墟作為其柳州外圍防禦基地，並藉以保持宜山大塘墟公路，供其使用，故敵人之由大塘墟撤退，或為我軍克復或由中國人予以破壞，無論任何一種情形發生，其對軍事前途意義極大。大塘墟至柳州約三十五航空公里，其意義即中國軍隊之越過大塘墟，現距柳州必在三十公里以內，或不及廿英里。在柳州以西中國軍隊由宜山驅逐敵軍東退之後，業已進抵黔桂鐵路上之三岔一帶，該地距柳州五十航空公里，其他中國軍隊沿宜山大塘墟公路向東南施行壓迫，但在此方面彼等前進最遠之點，報告未詳，其他方面無重要發展。

【路透社重慶十八日電】今日中國公報說：沿南寧柳州公路前進的中國軍隊，已攻克前美國超空堡壘襲擊東京的基地柳州東南四十四哩的思練圩。南寧柳州公路以東的其他部隊已抵達柳州西北廿五哩的地方。

重慶舉行外記者招待會
俞鴻鈞談財政狀況

【中央社渝廿日電】外記者招待會廿日下午三時舉行。俞部長鴻鈞，吳次長國楨，張參事平群出席主持。俞部長發表談話謂吾國在蔣主席領導之下，堅苦抗戰，已及八載，在此時期財政負荷，實甚艱鉅，本年度國家總預算數字，較之抗戰前一年約增加一百九十倍，將來為應付反攻軍事需要，實際開支恐將超出預算甚多。最近整軍，改善士兵及公務員待遇，增加戰時生產及因應付物價上漲等措施，更使政府之開支增加。但軍事第一，勝利第一，為加緊爭取全面勝利起見，政府決不緊縮必要之作戰開支。中國戰費之籌撥，雖儘可能範圍就稅收及儲蓄方面設法，但終緩不濟急，為謀稅收之增加，一方面調整機構，健全人事，簡化稽征，以求效率之提高，一方面廢除苛雜，提高累進稅率以求平均負担。最近財政部為提高行政效能，並節省非必要之開支起見，曾澈底裁併駢枝機關五〇九所，遣散員工共一萬七千九百九十六名，此舉得使政府於年內節省開支一十六萬一千四百萬元。此外又撤銷各省之查緝機構，使全國貨物得以暢流無阻。上述及其他財政上之改革，迄今已獲得相當之成效。但今日政府收支仍相差懸殊，因戰事關係，稅收方面遭受影響，且因吾國經濟

廣義的官僚而言，換言之，即凡不參加生產而依賴社會生產以為生活的人，都可以稱之為官僚。因此不單在朝的可稱為官僚，在野的也未常不是官僚。……所謂官僚病態，亦即指全國知識分子士大夫階級的通病而言」。作者所說的官僚病態，即指所謂『舊病』的『多』，『貪』，『顧上不顧下』，『做官不做事』，『做文章不做事』；及所謂『新病』的『官民隔閡』，『官商不分』。作者武斷地歸納說：知識分子『以私害公利令智昏』，這就是實行民生主義的困難，有『在矛盾的夾攻中衰廢』的危險。作者所主張的『治療方法』，分為內治與外治：『內治——根本的治療，即治心的方法』，四配洋治心的方法是上帝，『中國知識分子的心理相當複雜，有時連上帝也支不了』，認為有效的治心法是宣揚『好德如好色』的『儒術』。『外治——治標的辦法』，採取『一點法家的手段』。所謂外治又分為（一）『高度治療：簡單一句話，就是要限制官吏財產。』『現在世界上講民主的不外兩種，一種是所謂無產階級的民主……一種是資產階級的民主，……我們是超階級的民主』，故要『規定資產階級在政權行使中活動的範圍』：國民大會中資本家和地主的成份不得超過百分之十到百分之五；政府院部會長及省長規定資本家地主不能充當。可是作者接着聲明：『高度治療的方法，只算是引起革命同志的注意，不敢期望前目的實行。』作者說：期望目前實行的則是所謂『低度治療』，即『（一）切實執行官不經商的議決案；（二）規定豢廉的俸給，保障官吏的生活；（三）登記官吏財產（先從簡任以上之主官及國營事業主持人着手，力求簡而不繁）；（四）檢查官吏的財產……有無來歷不明的享受與增加，有則罰戒，無則嘉勉。』劉健羣繼即論到所謂實施憲政的問題，赤裸裸的露出了假憲政的真面目，他說：『有人說：社會和政治的進步，與民衆知識的進步成正比例，所以今日的中國，與其望少數官僚的自覺，不如望多數民衆之自覺，與其望官吏愛惜人民，不如望人民監督官吏，這種主張在理論上似乎無可非議，事實上，當前中國，大多數的民衆，一字不識，如何訓練識字。行使四權？在過渡時期担任以後知後覺不知不覺的責任，還是以知識分子為中堅，以民為本，以官訓民。……還是『能治官方能治民』，訓政的重要，即在於此。普通以為憲政的實施，人民的一切問題都可解決，那是錯誤的見解，如何充實民主憲政的內容？完成民權主義之實現？全靠訓政的得力。實施憲政正是訓練民權的一種方法。並不是結束黨治。……黨在今天有三大任務：（一）訓練阿斗使之長成。（二）保障三民主義

，使之全部實現。（三）以組織對抗一切妨礙三民主義實現的組織。所以黨治與民權；是不可分離。而憲政與訓政，是相互的成就。這才是正當的觀念。綜上所得結論，是：以發展國家資本，建立經濟基礎，求國家的眞正平等。以改善官僚制度爲發展國家資本的主要條件。以黨爲中堅，訓練民權，達成實現主義。建設新中國的目的。」

同盟社稱蘇聯的統治力躍進

【同盟社東京廿日電】德國管制委員會，雖發表了形式上的宣言，但實際上調整對德政策卻歸失敗，德國現正處於兩個相爭的勢力下被分割着。讀賣新聞斯托哥爾姆特電，報導此種情況如下：佔領德國的蘇聯與美英兩國，各自停留在佔領區不使聯絡軍官越過境界，互相競爭，要擴大勢力，德國管制委員會，在調整對德政策上是失敗了，事實上德國被分割爲兩個互相離叛，互相鬥爭的部分。首先在美英方面，除食糧店外禁止五人以上的集會，禁止一切政治活動，蘇聯方面開放音樂會、劇院、以促進柏林的文化生活，並正式承認結成政黨和勞工組合。第二在統治方式上亦根本有所不同，蘇聯在自己的管理下，促進反納粹的一切組織及勞工組合，陸續任命反納粹的著名人物，担任負責的職務，美英軍政當局則與此相反，不但壓制德國人的政治活動，有時還利用與納粹合作的人，使軍政當局與人民之間造成離叛和不睦。共產主義者攻擊美英佔領地政策，對其抑壓急進的社會集團和優待反動主義者極爲不滿，第三（蘇聯？）比美英擁有更多的佔領兵力，反對美英的不供給政策，利用×××的豐富食糧，採取提高德國人民生活水準的政策。第四蘇聯的勢力是在躍進，而美英勢力因缺乏決定的政策因此受到挫折。前英國廣播協會會長格魯斯曼，曾在「新政治家」報上，批評美英缺乏積極政策，他說：美英兩國在佔領德國問題上，不但沒有整備組織，而且亦沒有確立原則，關於德國，不論是爲了榨取或爲了解放，不論是爲了縮小工業，或再教育，都沒有行動的標準和慣例，只是採取强硬的態度。

布爾塞維克雜誌論日本

【合衆社莫斯科二十日電】阿瓦里尼於共產黨中央委員會官方機關報「布爾塞維克」權威雜誌著名稱：日本統治階級從不會夢想到無條件投降，檢討了美英在太平洋緬甸的戰爭之後，他稱讚盟國的戰略，這戰略已把日本帶到毀滅的邊緣，但斷言：不管是軍事上的失敗，經濟政治上的枯竭，卻

門爲轉機，對我本土進行正規的作戰。即是說，敵人爲計日本進行新的攻戰，它正在宣傳將動員空軍三百五十萬人，海軍三百萬人，陸軍三百五十萬人，合計一千萬人的大軍，但如何將這支大軍，運到作戰用兵的地點，卻是一個重大問題，據某評論家說，在太平洋需要動員較在歐洲作戰多二倍的船舶。縱使現在敵方的船舶問題已獲得解決，但敵人將選擇太平洋的那個地點作爲這批士兵的供應基地，這可又是一個問題。現在敵人被迫需要在太平洋上，把上述問題付諸實施，麥克阿瑟乃任命其麾下斯汀沙中將爲司令官。但其地點將在沖繩馬里亞納或者其他地方，卻還不清楚。然而可以預料，這種新的機關，定將設在太平洋上某個地點，敵人——美國在太平洋上的運輸、供應像過去僅依靠於運輸船，特設航空母艦那樣的方法，已趕不上了。敵人考慮到今後作戰的繁重將急於消除運輸、供應綫的不安定性，克服太平洋戰綫上的供應綫漫長的地理條件。

同盟社稱英軍承認日軍勇敢戰鬥

【同盟社斯托哥爾姆廿日電】英第十四軍司令歐廉姆，於十九日由緬甸歸返華盛頓接見記者時，警告英國民稱：日本人即是斷絕了最後的希望，但仍頑强到底，日本軍的士兵，無不戰至最後的呼吸，英國設若不傾全力進行戰爭，則對日作戰將是長期的，二十日倫敦各報紙均一齊登載上述談話，每日郵報特寫長篇社論評稱：在對日軍的作戰上，有很多地方是美英軍從所未遇到的大困難，因而我們必需用全力進行這個戰爭，又每日紀事報評論道：英國人應該很好的記着第十四軍司令的話，我們必需日本人表示，我們決以全力，進行作戰到底。

【同盟社東京廿一日電】沖繩島南部地區，十七日以來，全面展開激戰，至廿日爲止，仍未停止，特別在戰綫的中央地區——瀬底岳，敵人的攻擊，非常激烈，企圖在此實行中央突破，我軍正在勇敢地截擊中。

圍繞着莫斯科會議的三國會議

【同盟社斯托哥爾姆廿日電】莫斯科來電：英國駐莫斯科大使，於十九日夜在大使館內舉行晚餐會，招待蘇維埃聯邦外交人民委員部副部長維辛斯基，美國駐蘇大使，席間並討論新波蘭聯合政府的成立問題，十九日波蘭民主主義各派，並舉行會議，預定於日內開會討論具體提案，但由於倫敦流亡政府反蘇陰謀的軍事裁判，衆已水落石出，會議的融和空氣，已在改變中。

沒有根據使人相信：在軍事經濟方面日本已經完蛋了，作者指出：除了四百五十萬（？）的陸海軍之外，日本在朝鮮台灣還有五十萬軍隊，在中國、滿洲、泰國有不少於四百萬（？）的附庸國軍隊，而且，每年還召募四十萬新兵，阿瓦里尼雖强調美國轟炸機對於日本工業的破壞，於指出最重要的軍火工廠已被疏散時，警告勿過於誇大其轟炸效果。

同盟社評舊金山會議

【同盟社東京二十一日電】舊金山會議於四月二十五日在誇大宣傳的空氣中開幕，迄今已化費了兩個月的時間，而現在即將閉幕。然而這一會議的收獲到底是什麼呢？原來舊金山會議是為了把各聯合國之團結誇示於世界而召開的，但其成果除了大國的專橫以及在大國同志的牢籠中爭吵起來（就中如美蘇兩勢力的對立，與小國方面的反抗）以外，難道還有什麼呢？每日新聞斯托哥爾姆專電會以「舊金山會議究竟獲得什麼？」為題，報導各種事情如下：舊金山會議自開幕以來，已經化費了兩個月的時間，它將於二十三日閉幕。但會議的結果，只不過通過了不現實的保障國際安全憲章（又稱舊金山憲章）的大要，此次舊金山會議，雖然暫告結束，但是國際安全機構最需要實際處理的問題，如波蘭問題、奧地利問題、處理德國邊界問題等都沒有得到解決……。不待言理事會是五大强國攻擊或侵略小國的東西，小國沒有絲毫權利干涉或構成理事會，因此舊金山會議，僅在地區上作了規定，承認加盟國保有地區性的安全條約的權利，會議這樣有招致失敗的可能，均可以由各國返回保衛自已的事情中，預料得到這一點。蘇聯與美國在會上，要在各自半球內，確立絕對的安全機構。其次國際委任問題亦發生對立，美國主張此次大戰中奪自戰敗國的一切區域及上次大戰後國際聯盟所委任的地區，均作為委任地，佔領國關於該地區之行政，須對總會任命的信託委員會負責，但美國在太平洋所佔領的島嶼，則不受信託委員會的監督。蘇聯看到按照這一方案，如果美國獲得太平洋上戰略的島嶼，則妨礙蘇聯在太平洋上的活動，於是蘇聯代表反抗美國，未經四大國的同意，而於六月十四日之技術委員會席上，突然提出憲章要規定這一條，即可以允許各加盟國，因為任何理由隨時退出會議，這個提議是舊金山會議最後惹人注意的事情。

敵稱美軍供應困難

【同盟社東京廿一日電】以沖繩為中心的太平洋戰局，有漸趨重大發展的徵象，現繼續着戰史上史無前例的激戰。敵兵正在蠢動，似乎想以沖繩島地面戰營

敵稱救護蘇聯船員

【同盟社樺太島××廿日電】本月十三日，蘇聯貨船一艘自巴西歸國，在樺太島附近海面遭受美國潛艇攻擊，九十四名船員，被收容於西海岸（日？）本斗町之旅館，給予親睦的救護，該船於十三日上午一時許，由××港外西進，遭受美潛水艇之攻擊，當即被擊沉，船員立即分乘四艘救生艇，滿載四十四名船員之二艘，在數個小時內，為我海軍哨戒艇所救。此外，載有五十名之二艘，即漂流於樺太島附近海面，又於十四日上午六時，被日本漁船救護，樺太廳當局急派阿部登敎（？）課長以下前赴該地，採取完備的措置，船員失踪×十名安穩與否，尚不得而知，被救護的船員，莫不感激非常。

敵報論日本戰局

【美新聞處保佛邏城十九日電】京都日報稱：最近幾月來，在對日戰爭中除了中國軍事軍氣的突然改變之後，沒有更令人歡迎的發展，……華軍已突然與勝利地對侵略者進行攻勢，此戲劇性的改變最合理的解釋是：日本把他們的佔領軍向北撤退，東京指揮官必須痛切知道：他們在亞洲大陸上，已惡劣地太過於擴展，並處於極不利的地位，他們在南洋奪取的領土列已負債多過於資產。同時，和他們作戰的華軍，已比戰爭初期組織得更好，裝備得更好，訓練得更好與打得更好，也是無可爭辯的，緬甸戰事的結束，已解放了史迪威將軍訓練的老兵宿將部隊，且供應品正大量運達中國。

路透社傳 波捷發生爭礦區所有權的糾紛

【路透社倫敦十八日電】捷克當局與波蘭臨時政府間，因邊界重要礦城特斯真的所有權問題，發生衝突。特斯真城自被紅軍佔領以後，形勢即趨混亂。以後，——捷軍佔領，與一九三八年失掉的其他捷克領土一起自動復歸捷克。關於此城所有權和西里西區所有權或將由中央管制委員會解決。但也有這種可能，即布拉格和華沙將堅持主張在盟國……批准前由爭論雙方直接解決之。

【同盟社里斯本十八日電】據倫敦路透社電訊，關於波蘭捷克國境的礦產都市——特斯真的主權問題，使波蘭臨時政府與捷克政府之間發生糾紛，特斯真原屬捷克領土，一九三八年與方克納地區一齊被波蘭奪去，今年年初經紅軍佔領後，並未決定特斯真最後屬於何方，而暫由波蘭臨時政府管理。捷克政府主張特斯真仍應歸還捷克，波蘭政府則不答應。現仍由波蘭臨時政府正理，同時提交德國管制理事會請求解決。

參考消息
（只供參考）
第一八九一號
解放日報
新華社 編
今日出一大張
卅四年六月
二十三日
星期六

日軍自東南沿海撤退

【合眾社重慶廿二日電】中國政府軍事發言人今天下午招待記者席上稱：敵軍沿福建上海地區撤退的日軍，向溫州以北沿海道路前進二十英里。發言人稱：日本人用民船把裝備和有限數量的人員，撤退到杭州灣地區。日本裝部隊從寧波向何移動，稱該敵人撤退。五月間，福州與廈門的日本陸軍各縣日大概從一萬人減到：廈門估計有二三千人，汕頭有一二千人。他繼稱：閩浙贛敵雖明證些已減少的駐軍已在撤退，而這些軍隊很像是留下來作掩護守部隊。日本從海南島約撤退五千人，包括海南島至雷州半島幾乎全部的步兵力。此獨立混合旅團目前正擔任防敵人據守的雷州半島沿岸，並與東廉江及其東北廿英里石角的華軍。

【合眾社重慶廿一日電】時威報紙大公報說，自從日寇在福建撤退以來，沿海各省偽軍正大批向我投降。駐扎福建沿海海壇小島上約一千五百名（？）偽軍和他們的指揮官，一起投降華方。偽和平救國軍指揮官二名攜帶武器並若干日寇俘虜向中國軍投降。現在改編中。

【中央社渝廿二日電】軍委會廿二日發表戰訊，廣西方面我軍頭由鳳山村沿黔桂鐵路線向東推進，擊潰敵之抵抗後，於廿日攻克距柳州廿里之思賢鄉。我軍攻抵柳邕公路線上思賢鄉部隊，向柳州攻擊前進，續有進展。柳邕公路以南地區我軍，於廿日攻克柳州以南卅四里之據點四方塘，由柳州至武宣公路上之敵之聯絡，已被我切斷。我軍挺進部隊於廿日攻擊柳州城南機場，予敵重創，我另一支挺進部隊，於廿一日晚突入柳州城南郊之柳江南岸（柳江西岸），與敵發生混戰，我軍已向該站急進增援中。黔桂鐵路線北側我軍向柳城（柳州北）攻擊前進，於廿日下午四時攻達該城郊區，正與敵進行戰鬥。粵贛邊境方面我軍，於十八日擊由龍南東北向安遠以西龍頭圩反撲之敵，並乘勢追擊前進，十九日已進抵龍南附近地區，正準備向龍南攻擊中。

同盟社傳重慶公布[illegible]條例

更進一步[illegible]

【同盟社[illegible]】[illegible]政府宣佈，在七月十二日召開國民大會，而且允許取消[illegible]，[illegible]由一黨獨裁政治移到民主政治，但據十四日之美聯社[illegible]訊，[illegible]當局規定了「禁止反對國家的消息文章的條例」，言論界對自由愈益受到束縛。其報導如下：內政部社會部，於六月一日所公佈的「禁止反國家的消息文章的條例」，對於中國的新聞記者是一種新措置，新聞記者在此條例公佈後的三日以內，如得不到社會部或地方行政機關的證明書，則禁止其職務。而且要新聞有關人員宣誓要宣傳三民主義，違反之人不但得不到證明書，並將民權亦被掠奪。重慶當局所以採取此種措置，不待言是重慶國民黨對抗延安及第三黨的宣傳思想攻勢的方策。最近國民黨在六全大會及一中全會上，聲明實行民主政治，擁護言論自由，重慶所製造的此種矛盾，說明了言論界對國民黨獨裁專政的批評是對的。

魏特梅耶到川康

視察空軍基地

【中央社渝廿二日電】美新聞處成都廿一日電：中國戰區美軍司令兼參謀長魏特梅耶將軍，今日在此稱，渠於巡視中國西部之中美軍隊後，「深感滿意」。對於中美人民之高度合作精神，印象尤深，並對四川省主席張羣及西康省主席劉文輝氏在川康區美空軍所作之服務，極為讚揚。渠曾視察空軍基地，行踪異常迅速，同行者莫不深感跟隨困難云。

【合眾社重慶廿日電】裝有螺旋推進機的飛機正在中國戰場試用，以救護在不可接觸及孤立地區跳傘及被迫降落的駕駛員。此事是今天美軍總部聲明中透露的，那個聲明說：第十四航空隊搜索救護組，已附有一個緊急救護大隊。新的大隊裝備着DC三式飛機，這是一種改裝來應付搜索需要的飛機和裝有螺旋推進機的飛機——他將實行實際救護使命，這種飛機正以裝在運輸機中的方法大量由美運華。

【合眾社華盛頓廿一日電】美國會領袖多人，包括眾院議長雷明，眾院多數黨領袖麥考馬克，及少數黨領袖馬丁，本日邀請孔祥熙氏午宴。孔氏明日將訪美財長摩根索。

國民黨修南疆公路

【中央社蘭州十九日電】自河西走廊尖端，西循陽關故道，沿阿爾〇僞軍以南我軍，於廿日攻克大塘舖（修水南四十里），殘敵向東敗竄，我正追擊中。豫西方面淅川以北及西峽口以西之敵，於廿一日晨分股向鷹咀、十牙、關帝君台、毛坪、韓營迄騎三岔以南之線進犯，我軍迎擊，迄至廿二日晨，仍在該線戰鬥中。

敵稱宋子文不訪蘇京 反映渝延關係更趨緊張

「同盟社里斯本二十一日電」重慶行政院院長宋子文，已放棄預定訪問莫斯科的念頭，一直返回重慶，這事令人感到它也反映了延安、蘇聯與重慶、美國的微妙關係。路透社於二十一日，曾就此事報導如下：宋子文之所以放棄於舊金山返國途中訪問莫斯科的念頭，是表示蘇聯對重慶關係的冷淡。蘇聯政府機關報「真理報」（譯者按：大概係消息報之誤）已攻擊重慶謂：「國民黨政府是鐵腕佔中國政治」，而且傳稱重慶軍近數日來，已準備用美國武器攻擊延安勢力圈。重慶與延安的抗爭也許會更趨激化。另方面參謀總長何應欽亦非難延安稱：「共產軍計劃攻擊國軍，而且已經爆發了局部的衝突」。

合衆社轉播 我黨不參加本屆國參會

「合衆社重慶廿二日電」中國共產黨宣佈其代表將不參加定於七月七日召開即將到臨的第四屆國民參政會，延安共產黨廣播電台與拒絕參加參政會會議發表三個理由：一，中國沒有鑑立聯合政府。二，參政員是由政府指定而不是選出的。三，不管人民的反對，重慶政府正籌措進行今年十一月召開非代表的國民大會之計劃以實施憲政。共產黨參政員爲：毛澤東，周恩來夫妻，林祖涵，秦邦憲，陳紹禹，吳玉章及董必武（他並爲出席舊金山會議的共產黨代表）。據稱：各小黨派，包括中國民主同盟正在考慮拒絕參加參政會，但「尚未作最後決定」。（路透社亦有此消息，但至三點理由以後即完，三點理由以前，電文發佈）。

「中央社轉播合衆社紐約廿日電」紐約前鋒論壇報社論批評中共拒絕出席未來之國民參政會謂：「中共作此決定，似表示純粹拒絕調停。中國國民參政會乃最類似議會之機構，俾中共黨衡充足，遊說請國民參政會。查該會乃推行憲政之理想所在地。中共拒絕出席國民參政會，亦即拒絕討論與談判之方法，且自處於增加內戰危機之地位中」。

金山之陽，直抵塔里木盆地之南疆公路，（東起安西，銜接甘新公路，出敦煌以達諾羌）長約八百餘公里，迄甘省界劃歸甘新兩段，各設工程處，並派王竹亭、劉良湛充任處長，刻已着手勘測，並擬開工，來日此一鉅大工程之完成，不僅甘新交通開一新紀元，而以諾羌爲起點，北通吐魯番，西延疏勒，且將成爲開發南疆之動脈。

「中央社辰谿十八日電」此間三月未雨，以致米價暴漲，今晨天氣忽轉陰涼，迄三時甘霖普降，農民無不歡欣，若惟雨量尚感不足。又常德連日亦澤甘霖，今仍續降未已。

尼米茲辯釋沖繩之戰

「美軍新聞處關島十七日電」尼米茲海軍元帥今日於此舉行特別招待記者會議，駁斥華盛頓郵報政論家台維德・勞倫斯對沖繩島戰事的批評，並辯護美第十軍軍長巴克納中將所指揮的戰事。尼米茲說：這次戰役的軍事及戰術決定，是巴克納將軍擬定的，但這些決定都得到他（尼米茲）的同意。他說：岸上的傷亡，就這種戰爭而言，尚屬平常，「但我必須承認，傷號的人員較我原來預料收到的要多些。」尼米茲說：勞倫斯的文章，如果不加更正，就它所通的話，那麼「對於在沖繩島作戰的官兵說來是不公平的」。他說，編輯纔文章顯示，「作者是拙劣地獲得一些錯誤的情報，而且拙劣至如此程度以致造成這種印象，即他利用這些情報，是爲着不合於美國最高利益的某些目的」。尼米茲又說：「我還不知道勞倫斯的情報是從那裏得來的，但這必然是某些別有企圖的人。」尼米茲上將說：沖繩戰事由於泥濘及大雨而延緩，這種大雨對我軍運動的影響遠甚於日軍，因爲敵人是防守，我們則是前進。尼米茲上將說：勞倫斯的批評從美國優勢地位的觀點上看，似乎是正確的批評。但是，爲了使對一般優秀軍人的公平起見，這事需要由我來駁斥它。尼米茲將宣讀一事先準備好的聲明，他在其中答覆了勞倫斯的斷言：「一般的天氣較對日本人更適地阻礙我們的陸上戰事，因爲日本是居於守勢」。又說：但是，沖繩島四分之三已在相當短期內落入美軍手中，給予美第十軍以極多空軍機場的地盤。和勞倫斯的論斷相反，並不是因爲地上部隊未能更快地運動，以致造成長期沒有從陸上起飛的掩護。天氣的惡劣以及良好建築材料（例如珊瑚）的缺乏，延長了在沖繩島建立機場所需要的時間。尼米茲說：在進攻沖繩之先，島上每個可能登陸的海灘均經一再攝成影片，並由太平洋最有資格的軍官擬定計劃，這些軍官負責以有限的資源，將我們的部隊運至的內將入口袋，而在這時，對德戰爭的不要對盟佔有優先權。」

他說：首次會議是在預定的情況下進行的，「事實發展顯示需要的證明。」曾飛至沖繩島與巴克納及其僚屬舉行會談二日，因為他清楚了解，在岸上遇將增加嚴重的損失」。他們甚至討論過未數後新登陸的可能，但是許利的條件，及這種作戰將包括很重傷亡的事實。幾乎沖繩島上之全部日已被消滅，美國損失比較仍是小的，雖然也是嚴重的。他說：「我們以軍兩方目標同樣，一致進攻沖繩島，這種目標的一致，使我們以前的勝為可能。尼米茲將軍讚揚各陸軍的將領的「輝煌」表現。「在戰爭中，兵種部遭有損失，每一兵種都殺傷了敵人。各兵種之間，有害的亂就不破壞我國人民對戰爭部隊的信任，或在太平洋作戰的各部隊互相的榮譽任。

是由於目標的一致，行動的一致，以及技術上、力量上、裝備上的優勢們才能完全戰勝日本人。沖繩島戰事的勝利結束將具有很重要的廣泛影們部隊之立足於沖繩，若就海上交通而論，實際上已切斷了日本一切南陣地，它使日軍在中國、緬甸及荷屬東印度的形成為不穩固的，並迫使撤退，此等撤退，現正為我駐華部隊利用中。

它使我們的部隊立足於日本的內防線，這種情形的後果，在將來將更加出來。只要指出陸軍、陸戰隊將領們以及掩護與支持他們的那些人們，地」很技巧地完成他們的責任就夠了。他們已在最困難的條件下，作了大價值的貢獻。他們值得國人的感謝」。

敵推測美將在九州登陸

「路透社倫敦廿日電」九州島日地方長官預料，盟軍不久可能在日本最南之九州島登陸，東京廣播提及此點，並稱：盟方兩路特種混合部隊」及艦艇一百艘，集結於琉球本島某空軍基地海外，該基地在本州島以南，僅有廿五鐵道公里，九州島地方長官稱：本島人民堅信「敵」人即企圖於九島登陸，島上防禦配備幾已完成。

英工黨領袖摩里遜談對三國會議態度

「路透社倫敦十九日電」摩利遜在外國記者會上談到對蘇政策時說道；工黨在處理對蘇關係上特別好。我們了解蘇聯。我們不同意他們的政府，但是我們對他們的經濟政策有很大的

艾瓦·布朗的屍體在總理府的地下掩蔽部緊急出口處焚燒中。他不知道死的方法。他說，他與[illegible]分子認出希特勒，根據古怪的黑絨認出布朗。卡勞說，「我看了軍醫之後即斷定。」臭味令人不堪忍受。」卡勞說，希特勒與艾瓦可能是服毒死的）。

比國反動黨派建議投票解決比王退位問題

「路透社布魯塞爾廿日電」正當比國共產黨號召在全國進行反對利奧波德復位的不斷增長的示威時，今天，有一個某某政府閣員阿克斯（保守黨員）提出以全民投票方法，解決憲法危機的建議。而建議以複決投票法解決比王退位問題的，就是天主教黨的司法部長瓦爾納夫，他在布魯塞爾右翼報紙「勒科特旦」上撰文說：「那可能是我們大多數人民表示意志的唯一道路，假如意志能適當的控制下冷靜而自由地表示出來的話。」布魯塞爾無線電台今日說：天主教黨的支持比王復位的黨派，已經改組，比佛連尼斯和瓦隆支部容納到黨裏，而且現在大家都知道它是「基督教民黨」。該黨政策是基督教的社會的及民主的。今天共產黨在該黨機關報「德拉爾雷恩」上所發表的決議案中力主「立刻確商××，××獲得對阿克斯的政策的同意。上述決議案說：××將無充分的利用該黨所有的合法條件。「明白宣佈實施比王迅速而確定的退位，而且極力反抗獨裁和法西斯詭計」。今日宣佈說：比王在被釋前，住在奧地利薩爾斯堡附近一個山間避難處，當斯塔波看守他和他的家屬，而只是當盟軍進入奧境時，他們的生命才獲救。

「同盟社蘇黎世廿日訊」要求比利時國王退位的意見，日趨激烈，樊納克內閣之司法部長瓦爾納，於××日表明要求比王退位，意欲取消國王，另方面共產黨執行委員會，亦於廿日舉行反對國王歸國的全國性的示威運動，企圖一下子決定國王的命運，阿克爾內閣已在提倡國民投票，以合法的手段，實現使國王退位的目的。

英國反對將立泛特危機提示聯合國國際機構處理

「合衆社倫敦廿日電」外交部評論員今天在提及星期六載商樂的建議（這似建議說：立泛特危機將提請聯合國國際組織處理）時說：英國政府覺得：解決立泛特危機需要迅速行動。評論員說：英國覺得：有一種可能在任何時候惡化的地方性情勢，而且對任何會使解決延期的建議，都應該覺得遺憾的」。他說：另一方面，英國的態度是：波蘭和捷克關於特斯頁的糾紛應由和會解決

情。摩里遜報說：當阿特里參加三巨頭會議時，他將在會議上提出工黨的見，當他能够使工黨的意見被接受之後而回來時，工黨將支持三巨頭決定否則工黨保留批評的權力。

希魔的衛士向加軍自首
聲稱親見希魔死於柏林總理府

【路透社第廿一集團軍司令部廿二日電】路透社特派記者×報導：希特勒本人衛士之一今夜於此告我以他親見希特勒死於柏林帝國總理府的故事。希特勒是和艾瓦·布朗一道死的，後者曾有許多消息稱她是希特勒的夫人。說出這個故事的人是卅二歲的卡勞，他是親衛隊的黨衛軍警察，他最近通過×（美）軍防綫，自首於加軍。他說，希特勒死於五月一日，希特勒於四月底與艾瓦·布朗結婚。卡勞說：「我於一九四五年二月十九日調貝茲加登，我在貝茲加登時見到希特勒及布朗所住的房間，（缺）。沒一個准許叫布朗夫人，而只能稱爲『×××』。當我回至柏林時，衛隊中說，希特勒與布朗於四月底結了婚。四月卅日，我在地下掩蔽部中看見艾瓦·布朗一個人在那裏。她表現非常痛苦並說：『我寧願死在這裏，我不閑了』。我想叫她叫布朗夫人，她答話道：『你現在可以叫我叫希特勒夫了』。在柏林被圍的最後幾天中，帝國總理府中的衛士們准許通過希特勒地下密室。這是因爲蘇軍的砲轟太猛烈。希特勒每天夜晚都住在還密室的×中，但在四月十八日他進入其密室後，無論日間或夜晚均未出來過。五一日，當我通過密室去取早餐配給時，我見到了希特勒。他坐在椅子上抽他站起來去迎接×××並和他握手。希特勒問他說：『消息如何？』這我聽到的希特勒的最後的一句話。下午約五時，我回至密室，室內已空無人。我在張首黨證時見到希特勒的隨身參謀之一斯凱爾，他狀極痛苦，喊說：『元首死了，正焚燒中。』我跑到室外，見到希特勒與布朗×××在緊急出口三碼之外。（缺一句）氣味極難聞。兩個屍體都在燃燒中。

【合衆社倫敦廿一日電】（上缺）他說，他在五月二日上午三時至四時間見到三個納粹領袖受傷，可能是致命的創傷，同時他們正在設法逃出柏林這三個人便是馬爾第·波爾曼、威納爾·勞曼（她與希特勒結了婚）及希勒的私人醫生斯登斐克爾博士。（據蒙哥馬利司令部合衆社記者克拉克來電，警察赫爾提·卡勞告盟國當局稱，他於五月一日下午親自見到希特勒與

，而不由任一有關國家的片面行動解決。他說：波蘭在慕尼黑會議上撈了一把的事實，並未確認它對那一地區的領土要求。

【合衆社卡利斯爾（英格蘭）廿日電】前英國駐敘利亞公使斯庇爾少將今天在接見記者時說：戴高樂昭示英國曾企圖把法國人逐出立泛特一點，乃是『胡說八道』。他批評戴高樂的演說，而且立泛特的公務人員是『維希的奴僕』，其中有些一到一九四一年以後還是。他說：對轟擊大馬士革一舉應負責任的維格特將軍，在一九四一年還以維希軍隊對英國作戰。斯庇爾說：敘利亞人和黎巴嫩人對法國人所感覺痛心的事情之一，乃是在四年中英國人所已做的事情比法國人還多得多。

英國反對捷政府
遣送蘇台德區德人

【路透社倫敦十七日電】關於將二百萬蘇台德區德國人移出捷境問題，英政府已對捷政府採取外交步驟。結果，雖貝奈斯總統內閣對此問題意見分歧，捷政府總已同意暫緩移送蘇台德區德國人。英國照會說：第一，英政府並未同意大批移送政策，第二，無論如何，英皇政府認爲這件事是管制國——蘇、法、美、英的事，而決不僅僅是捷克一國的事。貝奈斯總統指出：捷政府改組是期五晚在美國管制區比爾森所說的政策。他號召人民極力審慎並說『德國人問題將在蘇英美協議中予以解決』。這個聲明與捷克副總理費林格和次長克洛梯斯先前的聲明正相反，他們兩位曾經斷定：而今而後，布拉格將把它的政策完全與蘇聯的政策聯系在一起。

敵加强金融統制

【同盟社東京十九日電】日本銀行鑑於目前各種情勢，乃吸收現在散在全國各地五十處的支票交換所歸爲該行，由該行統一地執掌支票交換事務以及支票的結算事宜，於十七日經大藏省承認後，於當日發表其內容如下：（一）支票的交換事務，今後在有日本銀行本行、支行的地方，全部由日本銀行本行，支行執掌。（二）沒有日本銀行本行、支行的地方，由特定的銀行代理執掌支票交換的事務。（三）日本銀行接收各地支票交換所後，現行的支票交換方式將予刷新，以求其簡素化，但短時期內仍保持現行的交換方式，以作爲目前的暫定措置。（四）東京的支票交換所，於十九日執行解散的決議，二十日起，由日本銀行本行執掌支票的交換事務。其他的支票交換所於準備就緒後，於六月底解散，由七月一日起[illegible]入新的制度。（五）隨着日本銀行接收各地的支票交換所，現在支票交換所的[illegible]全部轉入日本銀行任職，[illegible]銀行支票交換事務。

參考消息

（供參考）
第一九一九號
延安新華總社編
今日出一大張
卅四年六月二十四日
星期日

中央日報社論表示 堅守反動政策不變

【中央社重慶二十一日電】（英文廣播）中央日報社論，今日指出國民黨第六次全國代表大會對共產黨問題所通過的決議，重申中央政府盡力以政治方法解決共產黨問題的決心。中國共產黨縱以組織起來的原則與理論是不相信民主理想的。共產黨既定計劃在策略上或戰略上都想對民主機關、特別是國會制度進行鬥爭。然而為了策略目的，共產黨亦可以為下列目標而採用民主的口號，其目標是：「改變民主革命為社會主義革命，以便達到他們無產階級專政的目的。中國共產黨今日宣稱他們是為民主而奮鬥。如果他們真有那樣的意思，他們首先應該考慮在建立民主中國所克服的巨大艱困。僅在一再失敗之後，同盟會才得以建立了中國共和國。同盟會難道在一九一一年不想完成中國革命的民主建設嗎？但是歷史教導我們，辛亥革命僅只推翻帝制而未能建立民主機關。辛亥革命的勝利繼以對封建軍閥的內戰時期。在這一歷史教訓之後，國民黨對其革命計劃付以特別的注意，了解到不僅建立民主機關，而應保護這一機關，勿使這一機關被任何政黨用作引起國內混亂的藉口。國民黨必須努力建立一完好無恙的民主國家，還政於民。國民黨這一目的貫通着反袁運動，北伐戰爭及目前的抗日戰爭。在我們遭受了一切考驗與艱苦之後，我們相信我們必須堅守我們的革命方法與我們的決心，不管有任何足以使共和國滅亡的威脅[illegible]戰略而毫不動搖。我們熱誠希望中國一切民主人士具有促進民主立憲作為國民革命勝利結束的真誠與決心。中國共產黨如它真實具有促進民主主義的意向，亦應具有同樣的真誠與決心。

同盟社說重慶亦確認 延安不參加國民參政會

【同盟社里斯本廿二日電】延安政權看破重慶的意圖，已決定不參加重慶所謂「走向確

形之報告等案，決議修正通過。（三）閩參政員公采等提，請政府飭令衛生警察等機關發動人民防疫工作案，決議送請政府辦理。（四）許參政員孝炎等提，湖南災情慘重，擬請政府迅撥鉅款辦理急賑及普發救濟，以拯災黎而利抗戰案，決議送請政府迅速辦理。（五）許參政員孝炎等提，湖南環境特殊，擬請政府准以糧食庫券抵解徵糧配額，並將軍糈需要及副食品費若干就地供應，以減輕地方負担案，決議送請政府斟酌辦理。十一時半散會。

國民黨軍委會 發表一週戰況

【中央社渝廿二日電】軍委會發言人談，本週（六月十六日至廿三日）一週戰況，除豫西鄂南及湘西我軍繼續與敵保持接觸外，在桂省方面我軍分路向柳州推進之部隊，於柳州西南廿里處會合後，現已進迫柳州外圍，柳州城南之機場，亦已在我攻擊中。沿黔桂鐵路及柳宜公路線追擊前進之部隊，會同沿柳邕公路及其右側地區推進之部隊，刻已將柳州西面迄南約十至十五公里地區之外圍各據點攻佔。一部我軍並已推進至柳州西部，突入柳江南端，與敵發生混戰。該軍站與柳州相對，僅柳江一水之隔，尚不滿三公里。又我沿黔桂路鐵北側推進之部隊，已攻迫柳州以北之柳城城郊，正激戰中。竄入粵贛邊境龍東、定南之敵，於十六、十七兩日來在我軍反攻下，其勢已挫，定南縣城已為我克復，現正對龍南之敵攻擊中，我收復連平、新豐之部隊，予敵側背之威脅甚大，該敵唯一退路，僅龍南經翁源至曲江之公路，亦感受我阻塞之威脅。浙東沿海，我克溫州後，繼續追擊向磐石、樂清敗敵。至雷州半島敵，由廉江北犯，已被我擊退回寶

【中央社重慶廿三日電】軍委會廿三日發表戰訊，廣西方面我軍，繼續分沿黔桂鐵路柳邕公路及柳州公路綫，向柳州攻迫中。我軍攻達柳州城南飛機場及城西柳江南端之推進部隊，廿二日晨仍與敵激戰中。豫南方面淅川以北地區，敵約二千向北進犯，廿二日午後兩時，曾一度侵陷張家寨、鐵佃溝，我軍在空軍掩護下，向敵反攻，經激戰後，將敵擊退，並斃敵二百餘。

陳逆公博巡視蘇、皖、豫

【同盟社南京二十三日電】國民政府陳代理主席，前此視察安徽、淮海與河南三省的軍政情況，現已於二十二日返回南京。陳代理主席談此次巡視的目的如下：此次之巡視地方，是為了檢察在緊迫的時局下各個地方的軍事與政治是否適應時局，明確地說明各地方長官的責任，並

立民主政體第一階段」的國民參政會。重慶政權已經把延安的上述態度。二十二日作如下報導：延安雖決定派遣六名參政員至國民參政會，但又決定不參加七月七日召開的參政會。延安不派遣委員參加會議的理由：是國在戰爭期間不成立聯合政府，所謂參政會議員全是重慶指定的，並不是人民選舉的

國民黨對通貨膨脹的對策 就是向美國要金子

【同盟社里斯本廿三日電】重慶來電，現在重慶政權的預算達到中國事變前的一百九十倍。因此可以想像到重慶政權統治區通貨膨脹的情況。據財政部長俞鴻鈞說，到本月底以前，可由美國借到大量的金子，這表示美國對重慶的貸款中包含有金條。

【同盟社廣州二十三日電】當去年秋天重慶政權改組時，孔祥熙被免去行政院副院長職務，現在正居留美國；現在他已向蔣介石表明：因養病之故，暫時不能返回重慶，而曾經對孔祥熙的財政政策懷抱不滿的重慶言論界，對此紛紛加以抨擊，最近敵方廣東發行之大衆報，對於此種不滿情緒報導如下：自孔祥熙掌握重慶財政後，惡性通貨膨脹有如燎原之火在擴大着，使民生陷於極度貧窮的狀態。孔當然要吐出他的財力幫助抗戰，若在龐大的療養費之外尚有剩餘的錢，就應當送給傷病員。若能實踐這一點，那末重慶軍將士對孔的感情，可以緩和一些。

英國邀宋子文等訪英

【中央社舊金山廿一日專電】據悉，英政府曾邀請中國代表團長宋子文、王寵惠、陳紹寬、吳貽芳四位於舊金山會議結束後，訪問英國。宋子文氏雖已返渝，然仍有訪英之可能。王寵惠氏須視其身體之健康情況，始能定奪。致陳吳二氏，則已作訪英之計劃。

國民參政會駐會委員會 舉行第十九次會議

【中央社重慶廿二日電】國民參政會駐會委員會，廿二日晨九時舉行第十九次會議，因係最末一次會，未請政府長官出席報告，到主席團張伯苓、王世杰、江庸，參政員李永新、許德珩、羅衡、孔庚、陳啟天、褚輔成、王啟江、黃炎培、江一平、冷遹、許孝炎、王雲五、陳博生、錢公來、胡健中、李中襄，秘書長邵力子，副秘書長雷震。由張伯苓主席。討論事項：（一）駐會委員會會務報告草案，決議修正通過。（二）駐會委員會檢討第三屆第三次大會建議各案，政府實施情

闡明中央的政策是絕對不變的。向各地方長官強調：中國只有澈底粉碎英美侵略勢力，除此以外是不能完成中國獨立的。希望他們更加努力，以期貫澈和平、反共、建國的目的。現在延安雖正在努力擴大地盤，加深了人民的痛苦。為了全國的統一與國家的完整，亦必須剷除這一障礙，敦促各地官警奮起，而各地建設情況，都帶着一種新氣象。傾注一切力量，以便適應參戰中國的情況。

黔贛旱象

【中央社貴陽廿二日電】黔東旱象已成，貴陽附近亦久不雨，致米價飛漲，各街道不時有禱神祈雨行列出現。迨二十一日夜，雷電至廿二日拂曉始已，現仍雨雲未散。×××遲至夏至，故秋禾當可補種。

【中央社上饒廿二日電】贛東各地久晴不雨，旱象嚴重，於七日前微雨，今復大雨不已，農田獲此甘霖，水量已不感缺乏，糧價亦趨穩定。

【中央社成都廿二日電】資委會在江油海待籌探測之油田，定八月中旬開鑿，所需器材約三百噸，大部已運到該處，儲油量據估計尤大於甘肅油礦，美國地質學會會長關爾博士，曾往考察，謂該油礦甚有開採價值。

【中央社寧都廿三日電】贛參政員王枕心、吳健陶、楊不平、王德輿，廿二日赴某地候機飛渝，出席四屆國參會第一次大會。

中央社專論 六全大會關於民生主義決策的重點

【本報訊】中央社關於「六全大會關於民生主義決策之重點」（黃元彬作）稱：六全大會議決的政綱政策，已由本屆一中全會議決送交國民政府，分別性質，分交各院會部署限於三個月內切實訂定實施方案，貫澈施行，其有須交立法程序者，應由主管院提出議案，並且將其考核，以此為獎懲之標準。此次議決的政綱政策，當可免於「議決而不行」之譏。茲僅就民生主義之土地政策言之，規定於綱四項，其關決如左：

都市土地一律收為公有，農地除公營者外，應以最迅速有效之方法，實行耕者有其田，凡非自耕之土地，概由國家發行土地債券，逐步收贖並分配之。這個「土地問題能夠解決，民生問題便可解決一半了」。因為中國現在最大收入的資本家，只是地主，並無擁有鉅額的大資本家，所以我們此時來平均地權，節制資本，解決土地問題，便是一件很容易的事。」

[illegible]，在沒有大資本家的中國，解決土地問題就可把平均地權[illegible]切於一段』。所以在中國不但平均地權，要解決土地問題，就是節制資本，也要解決土地問題，因為『中國現在最大收入的資本家，只是地主』。我們這樣解釋，則前所述第二段『平均地權節制資本』八字，始有着落。又上文『並擁有機器的大資本家』一句，與下文『節制資本』一句，乃能豁然貫通，在『並無擁有機器的大資本家』和『最大收入的資本家只是地主』的中國平均地權，關在解決土地問題，雖不是節制資本的全部，最少是節制資本的重要部份，民生主義第二講（丫）應該是民生主義的全貌，簡明說，『國民黨對於民生主義，定了兩個辦法，第一個是平均地權，第二個是節制資本』，然而前段只是申述『歐美社會黨解決社會問題的』激烈派與和平派的兩項辦法，中段是講平均地權，末段只歸發達國家資本，在中段與末段之間，還有一段論及節制資本的話。

我們在中國要解決民生問題，想一勞永逸，單靠節制資本的辦法，是不足的。現在外國所行的所得稅，就是節制資本之一法，但是他們的民生問題究竟解決了沒有呢，中國和外國比單行節制資本是不足的』。

在中段平均地權之後，忽接此段，如果不把平均地權為節制資本的重要部份，是無法理解的。所以土地問題的解決『民生問題便可解決一半』，無總裁的解釋，就是以和平的手段採：（一）平均地權，（二）節制私人資本，（三）發達國家資本三個途徑，前兩個途徑只是一個對象，其餘一半就是發達國家資本，所以所得稅和合作社等等，由民生主義看來只是『外國所行之一法』，或『旁枝的事情』。第一講雖是構成節制資本，當無可疑，惟這個解釋，仍有待於研討與裁定。

明×者則立六全代會民生主義第四項土地政策的議決，是民生主義的一半，餘一半為實業計劃，則規定於第一項，爾以前屆十一中全會通過之工業建設綱領為基礎，此兩項議決，亦可包括民生主義的全貌，其餘八項，只是兩項的補充手段，或只是『旁枝的事情』。本黨今後是否實行民生主義，當以是否實行此兩項政策以為斷。六全大會關於民生主義的政策之重點在此，今後關於民生主義措施之重點，亦應在此。或者對土地問題的決策，對於戰後外資之利用，不無障礙，這一精神過敏的話，除一想來，中國除以地皮做澳

圖國[illegible]大的[illegible]形[illegible]打擊[illegible]，[illegible]經[illegible]困難，我們可以看出敵人是要以沖繩為[illegible]作戰的最大據點，[illegible]是很明白的，美軍的計劃是在日本列島及大陸建設基地，而沖繩就是對本土作戰或對大陸作戰的最重要的前進據點。（擁有航空母艦的新西蘭到達）冲繩島周圍敵艦船的動向，最近日見活潑，資材的陸續運到一躍大增，十五日特設航空母艦以下的艦艇，已到達冲繩附近。航空基地除北、中飛機場、伊江飛機場，現在激戰中的小祿機場外，尚有下澈、恩納、小那、金武四個新機場，已經竣工，飛機場的數目已達十個，將來可收容飛機千架以上，敵人如何利用冲繩基地，現正是很清楚的，截至十五日所收容之飛機，北飛機場有二百二十架，伊江島與中飛機場各一百三十架，共計四百八十架，若按飛機種類來看，北飛機場有B××式機三十架。伊江島有P五一式機六十架，北飛機場有格拉曼式機一百七十架，在各飛機場有P三八式機十架，戰鬥機轟炸機的聯合攻擊，今後即將開始，其目的就是為炸毀航空決戰基地，破壞日本的航空戰。敵人現正利用雨季準備下期作戰，充實著基地，建設新基地，大量集中各種飛機，另一方面對南九州連日實行慣熟飛行與偵察。我們要阻止敵人這一企圖，以全力準備即將開始的航空決戰，實行各種措施。在敵人動作之前，即將敵人殲滅，我軍的戰鬥士氣極為旺盛，在梅雨即將過去的時候，××本土決戰運命的航空決戰的時機已經成熟。

敵戰災地區的住宅對策

『同盟社東京廿日電』敵府鑑於敵人之大規模空襲，各大都市的許多住宅都被燒毀。為了確保主要都市的居留要員，正計劃進行主要的居住設備，並且要建設戰災疏散者的必要住所，使之迅速參加戰鬥行列。十八日之內閣會議上由安倍內相、岡田厚生大臣報告，經通過後即於該日正式發表。其綱要：第一，為了保證在戰災地要員的生活，在戰災地的一定地區選定住宅，使之復興並組織鄰組及町會，共同進行建設關於戰時住宅將發動防空法或收容令，關於土地將考慮發動戰時緊急措置法。第二，關於建設戰災疏散者的住宅，應多建設中小房屋。戰時居住區域的選定，目前以東京、川崎、橫濱、名古屋、大阪、神戶六大都市為對象，關於建設戰時住宅是以京濱、阪神、名古屋、北九州各地區為對象，建設家庭農園、集體農園等。

洲醉㵼的富翁的外國人外，這個決策對於外資，不但毫無障礙，恰恰相反，倒有招徠的効果。外國資本家到中國開辦工礦事業，正和我國農民從事農業的心理一樣，如果土地國有，農民既不需籌措購地資金，又可免地主的剝削，農民自無不歡迎之理。外人來中國開辦實業，也是一樣，國策既在迎歡外資，其所需用之土地，自可依法予以便利，外人自無不歡迎之理。不特此也前次歐戰後在英國兩次執政的工黨，照時事新報譯載格林伍特（Agreenw[illegible]）所報導的該黨政綱亦有，有些較大的財產及服務×××有如同土地，謀電力事業以及運輸等一項土地收歸國有，以為此次競選的口號，以資本主義策源地的英國，正在與保守黨爭天下之工黨，也要以土地國有相號召，英國共產黨更不用說，據該報譯載海瑞鮑利德所報導的該黨政綱亦有『我們主張對於煤炭料及電力工業鋼鐵運輸鐵路在內××及銀行等，均應國營』一項，可知潮流所趨，在不少的國家，土地國有，已成許多政黨政綱和識者的主張，惟其實施步驟，務求詳密』，地價應該由地主自己去定，照價征稅照價收買，由政府去定其未收買××××施行日期，土地法還要修正，自可得到『折中的市價』，政府和地主自然是兩不吃虧，但必要等到幣值穩定，市場利率上××之後，才可實施，否則因地價日有變動，政府和地主訂不免吃虧，先從首都辦起，已為中央設計局局內同人多年來的定論，管理問題尤其繁複，應慎密研討，土地債券的信用，更為問題之關鍵。最好能使地主享有好像英國的『Corsos』長期公債的利益，其價格隨市場利率的高低，而反比例的變動，只有政治安定，照期償付利息和成立債券市場，即可×××無怨言，且亦樂於這樣作。。

敵稱美軍在婆羅乃以南米魯以北登陸

【同盟社南方前線基地廿三日電】在婆羅乃方面登陸之敵，其後以數十艘艦艇（包括大型艦）游弋於婆羅乃南方之米魯附近海面，進行砲擊與掃海偵察，二十日，敵軍以運輸艦四艘，大型舟艇十艘，登陸用舟艇三十艘，開始在米魯北二十公里處之蘭圖附近（？）登陸，我所在部隊目下正迎擊敵人，展開激戰中，另方面婆羅乃灣東岸威斯頓地區之我軍，自八日起，會猛烈地攻入敵登陸軍陣地，予敵以損失。

同盟社論
戰機成熟的航空決戰

【同盟社東京廿日電】（上缺）沖繩島我守備軍的此種鬥魂足，以使沖繩島美軍沮戰心寒，給予美

敵評西姆拉會議與印度

【同盟社東京廿三日電】最近傳說英國對印度提出新提案，印度總督魏菲爾將於廿五日在西姆拉邀請各派領袖開會，以協議這一問題，究竟此次提案的內容是什麼呢？（一）改組行政參議會，由印回兩派各派出同數代表，各少數派代表亦使之參加。參議會除總督及印度軍最高司令官外，悉數由印人辦理。（二）參議會的外交委員（外長），任用印度人，因此印度在外交上，與自治領及各外交國的外國使節、國際會議等，均讓印度人派遣代表。（三）任命印人為高級官員，此等高級官員，可代表自治領及英國的權益，與印度政府當局交涉。

根據這一提案總督對參議會過半數的決定仍保有否決權，國防大權是在印度軍最高司令官之手，參議會的國防委員，亦由印度軍司令官兼任，而且參議會對立法院不負責任，這就是說參議會即是改組，支配它的總督的權力是絲毫不會變更。最後的否決權仍然保持。所謂把外交委員讓予印度人，實際上並不是『自治』，亦不是『獨立』，所謂付與印度外交自主權究竟有什麼東西，關於高級官員，據說是以等於自治領的地位，給予印度人，使印度人陷入錯覺，完全是等於兒戲。是一種不澈底的臨時的措置。克利浦斯的提案『最後予印度以自治領地位』就是如此。目前的西姆拉會議，究竟如何尚不得而知，其結果將把印度人引誘到對日作戰，還將是西姆拉會議的失敗。

敵軍似將撤離海南島

【合衆社重慶十九日電】據××入士稱，從上週日軍的行動判斷，他們行將放棄海南島，該處駐軍可能調遣廣州灣港口前法國放棄之領土……廣東沿岸雷州半島，消息最靈通方面稱……。從安南，廣西邊界鎮南關撤退二百英里之後，日軍今日由……西河灣撤退，停頓該處，大概是使從廣州灣港口撤退……開放道路……該處駐軍已逐漸稀少，目前留在海南島的日駐軍大概已遠不足以對付盟軍的進攻——還是此間知悉的，然而，同時日本……從海南為中心……前哨部佈滿雲南廣西邊界，防衛華軍可能的推進。這解釋為日本決定據守安南北部對付盟國從港（海？）上和陸上的進攻，此間可靠消息稱：日本約留下五十萬軍隊在南洋被切斷的走廊即：安南、泰國、馬來亞、新加坡，荷屬東印度諸地方獨自作戰，該消息稱：除了陸上走廊被切斷之外，唯一的海路，除了有限數量的小汽船，民船得以在沿海防與西貢之間沿岸偷運而過此間，實際上亦斷切被，……日本放棄越南……走廊，因為通行了走海對全然不可能性已增長。……飢餓、……因為運輸困難終於……（不全）

參攷消息
（只供參考）
第九二〇號
新華社 解放日報社 編
今日出一大張
卅四年六月廿五日 星期一

敵論美軍登陸與渝延關係

【同盟社北京廿三日電】歐洲戰爭結束後，關於美軍接近大陸沿岸的評論在表面上似已終止，這不僅是因為美國輿論都討論分割統治歐洲問題，而且美國在大陸登陸的企圖本身也反映了抗戰中國內部更加不統一這個因素。由美國的立場來說，配合美軍登陸作戰的重慶、延安兩陣營的抗日統一戰線的破綻，減少登陸作戰的效果，如果要干涉內政，那麼美國當然要袒護重慶，但美國有這樣的苦惱，必須顧到它跟蘇聯（它是延安背後勢力）的關係，而不能自由行動。美國這種苦惱也是重慶的苦惱。重慶關於處理內政問題及對延安的問題，也受到國內外各方面的牽制。六月九日重慶合衆社電訊稱：「現在必須注其全力於國家統一之時，議論美軍登陸作戰問題是無益的。如果不解決內戰問題，那末美軍登陸亦不能展開共同戰線。」這透露美將合作必須清理對延安的問題。另一方面延安的苦惱，就是美軍登陸有造成發動武力剿滅延安之動因的危險性。如果重慶公然或暗中獲得美國的同意，發動武力對付延安，那末縱使不能完全剿滅延安，但亦有實力使其處於極度的窮境，而延安亦害怕這一點。最近重慶軍事委員會對其隸屬下的各部隊發表的訓令中說，即使對日作戰作某種程度的犧牲，亦要壓迫延安。最近傳說的湖南、浙江、江蘇、山西、河南、山東各省渝、延兩軍的武力衝突，是延安焦慮的具體表現。但是重慶、延安對於美軍在大陸登作戰有共同的苦惱，這就是在現在的形勢下，美軍一登陸，就要掌握大陸作戰的指導權，而掌握這個指導權將延長至處理大陸的戰後問題時為止。因此美軍的武力將使抗戰中國多年的願望化為烏有。它們對於這些抱着很大的不安。重慶欲依靠美軍的力量把日本驅逐出大陸，但是這卻向世界暴露了中國的脆弱，甚至更受美國軍事、經濟的重大壓力而不能轉身，這是非常明顯的事情。美軍在中

廢止以前設在昆明的美軍司令部（羅倫特・馬克魯為司令官），任命道格拉斯・魏德邁特為新司令部的司令。

【同盟社大陸基地廿四日電】森田報導班員報導：重慶拚命宣傳對日總反攻的時機已經迫近了，但是其賴以作為總反攻基礎的重慶軍的美式化及其戰略體制都是不統一和薄弱。譬如說美式化軍隊的目標是三十個師，但是觀其編制和裝備，那末師團的砲火仍以迫擊砲為主力，一部份配以野砲、山砲。美國正式師團的砲火裝備是以十生的、十五生的榴彈砲為主力，一個團也配有六生的、八生的野山砲。因此重慶美式化師團與美國正規師團相比，只是第三流的師團。由發揮戰鬥力的觀點來看，美國正式師團與重慶美式化師團之間相差太遠。美式化師團絕對需要的條件就是確保燃料、彈藥的供給，重慶縱使依靠中印航路及史迪威公路，但是由於供應路綫的不完備和路綫的尚未完成以及貯蓄燃料彈藥的困難，因此不能進行長期的作戰。同時要培養卅個師的戰力需要長久的準備時間。去夏拚命宣傳的由青年學生組成的青年軍十個師都受美國軍官的訓練，但是形成美式重慶軍之基幹的部隊只有由緬甸撤退的新編第一軍的兩師以及最近要移動的新編第六軍，而其戰力的配置亦頗不統一。重慶配合美軍登陸作戰而要進行的對日總反攻，其實際情況與宣傳相差甚遠。

重慶財部發言人說 以黃金緊縮通貨相當成功

【中央社渝廿四日電】財政部發言人稱，自政府運用黃金政策以來，截至現在為止，收回法幣已達八百餘億元，對於緊縮通貨，調節發行，已收相當成效。現因各地糧食銀根均趨緊迫，為安定金融市場起見，所有法幣折合黃金存款，應於六月廿五日起各地一律暫行停辦，以資[illegible]額，俟七月底大量黃金運到，除清還前售現貨及到期存款外，再於八月初繼續售現，以貫徹原定政策。

【中央社渝廿三日電】新聞記者法令奉府令定本年七月一日起施行，茲因該法係民卅二年二月十五日公佈，經時較久，其內容與現在情形尚有未盡適合之處，經國防最高委會及宣傳部商得主管院部同意，請予展緩施行，業奉國府明令展緩。

【中央社渝廿三日電】中央大學校長顧毓琇呈請辭職，已由教部懇切慰留。聞顧校長日前曾將向教部辭職一節呈報蔣主席，蔣主席已電復顧氏，略以

國登陸，把中國投入戰禍和動亂的漩渦中，不僅重慶和延安，就是中國四億民衆亦在活地獄中呻吟着。兩者對於這一點的苦惱是同一的。延安在政治宣傳戰上是比重慶高明一些，即重慶所採取的態度是依靠美國進行盲目抗戰以覆網現狀，而毛澤東在最近接見記者團席上言明「至於兩黨國共關係，不許任何外國人干涉，只有全中國民衆才能解決這個問題」。他在七全代會的政治報告中亦指出：『美軍在大陸登陸，使中國遭受到與歐洲小國同樣的痛苦』。這跟蔣介石對美獻媚的態度是一個很好的對照。

先驅論壇報

論日軍北撤與中國政治軍事危機

「合衆社紐約廿三日電」先驅論壇報社論宣稱，如果日寇向北撤退在中國共產黨游擊區域建立力量的話，美國在中國的軍事和政治的困難就要加緊了。該報說『因爲委員長部隊與共產黨部隊之間軍事衝突的可能性，形勢的危險是太明顯了，日益增長的緊張情勢顯然已在國共雙方猛烈的批評中反映到美國。儘管現在在討論中國問題時惡聲相向已是那樣的平常，可是對於×××××的最大希望乃是建立團結基礎××××。痛苦的分裂×××××，對於美國人——中國在大強國中之最親密朋友——×××××恢復談判造成軍事的合作和政治的協議。要放棄美國爲創立一個統一的。強大的、民主的中國之政策，是沒有多大理由存在的。』

「路透社重慶廿三日電」中國軍隊的官方報紙掃蕩報今日預計日本最南部的九州將成爲美軍下一登陸地點。報紙在評論沖繩島勝利時說：進攻日本本土較沖繩戰役需要更多的人力與武器。並警告在登陸準備工作完成以前尚須一些時期，沖繩基地的飛機將轟炸日本。

「中央社重慶廿四日電」軍委會廿四日發表戰訊，廣西方面，我軍已進至柳州城西郊之柳江南岸，協力×軍部隊攻擊據車站內頑抗之敵，至廿二日晚，擊斃敵百餘，刻仍激戰中。浙江方面，由永嘉退至樂清敵，廿二日晚向北流竄至黃巖地區，我正截擊中。

「中央社樂部廿三日電」贛南我各路大軍痛擊流竄之敵，廿二日已攻抵龍南附近地區與敵激戰，敵傷亡頗衆，刻向粵北潰竄，我正追殲中。

重慶設立美軍戰術司令部

美式化軍隊質量低劣

「同盟社廣州廿三日電」據重慶來電，駐華美軍此次決定在重慶設立美軍戰術司令部，

大學校長宜久於其事，以宏作育，該校長請辭說經教部慰留，務希體中樞倚畀之意，繼續負責云。

「中央社莫斯科廿一日專電」中英科學合作館顧問自中國來蘇代表英國科學界參加蘇聯科學院紀念會之尼德漢（李約瑟）博士，昨在紀念會之生物館發表簡短演說，敍述中國科學技術界在戰爭中之成就，對於在困難情況下所得成功，備加讚揚。記者前往訪問時，彼對於中國科學界代表未能及時趕到參加紀念會極表遺憾。渠對於中國科學發展之前途極表樂觀。

「合衆社重慶廿三日電」權威的大公報說：蔣委員長規定華僑匯至中國的款子匯率爲法幣四八〇元對美元一元。蔣致僑務委員會函中指出財政部最近匯兌從法幣二十元對美元一元，提高至法幣一百元對一元。蔣說：財政部將決定這一匯率是否予以修正。

「合衆社華盛頓廿三日電」利用租借法案款項來美深造之中國學生約六百人，本日抵華盛頓。各生將在農工兩部門學習，其中攻農者約一百五十人。

敵稱沖繩島的戰史是本土決戰的榜樣

「同盟社東京廿三日電」敵人的空襲日益激烈，其目的是封鎖我國，破壞戰力資源以及惑亂國民戰鬥意志。現在的敵人已準備下期作戰，至於目前的戰爭的形勢，我們可以坦率的說，我們的體勢就是等待敵人出動，今天的戰局是在近處迎擊敵人，因此不必要對前途懷抱悲觀，我們不應忘記：沖繩的戰鬥，給予前途以極大光明。沖繩島戰鬥是離島作戰的（缺）但在兩個半月中進行的死鬥，給了我們什麼教訓，不待看勞倫斯記者與尼米茲的爭吵，亦可知道以沖繩島美軍的重大損失爲中心鄙視美軍統帥，而欲傾覆之，這是事實。正如勞倫斯對尼米茲的批評，只進行陸上作戰的人們激怒了，我們應該了解尼米茲的心情是這樣的，內心對於海軍減少一半感到痛苦，但是採取威壓的辦法不使人知道這種痛苦。米內海相說：『根據我方之估計，敵人進行着比較我們還要苦的戰鬥』，的確完全就是這樣。敵人宣稱用三百五十萬空軍，三百萬海軍，三百五十萬陸軍攻日，要把這一千萬兵員完全運到進攻日本的第一綫，是非常困難的，美國記者鮑爾溫已充分說明此點，他說：對日作戰的最大困難，是在距離與運輸，在歐洲需要一艘船隻，在太平洋就要三艘，船舶問題才是決定日美決戰的命運。即使若干敵人在本土登陸，那麼比它多一倍十倍的我軍，定能展開戰史上未曾有的殲滅戰，我們不能不確認，

在沖繩島作戰則可預料到在本土決戰的榜樣。

同盟社之沖繩與婆羅洲戰況

【同盟社西南諸島某基地廿二日電】我航空部隊及特別攻擊隊，繼續攻擊沖繩周圍的敵艦船群，廿日擊沉和擊傷敵巡洋艦及運輸艦等四艘以上，其詳報如下：十九日黃昏我特別攻擊隊全部衝入伊江島及久米島方面的敵艦船隊中，其戰果正在調查中，同日二十時在伊江島南方海面，擊沉敵運輸船一艘，另外擊傷一艘，同一時刻，另一隊飛機擊傷和擊沉敵運輸船各一艘，同日二十三時半，擊沉那霸港外的敵輕型巡洋艦一艘，二十一日仍攻擊慶良間的敵艦船，目下正在調查其戰果。

【同盟社前綫航空基地二十一日電】我準備就緒，待機出動的振武隊，配合沖繩島南部地區地上部隊的果敢的出血作戰，相繼於二十一日薄暮，二十二日拂曉，突入沖繩島南部海面的敵艦船隊，截至現在為止，已衝入戰艦二艘，驅逐艦二艘，及艦種不明者十四艘。

【同盟社南方某基地廿一日電】札木中隊在塔拉甘戰綫的作戰，特別有顯著的成績，海軍陸戰隊亦發揮其本領，被中隊看穿敵人在塔拉甘島東岸登陸是欺騙的行動，於是攻擊敵人的弱點，給予很大的損失。特別在本月十二、十三兩日的戰鬥中，尋找侵入中隊正面的敵人的弱點，進行突擊，完全殲滅之。繳獲坦克，步槍及手榴彈等，在此期間另有敵軍企圖切斷札木中隊的退路，札木中隊即實行反轉作戰，粉碎敵人後，即退回原防，其迅速果敢的行動，博得全軍的稱讚。

比自由黨拒絕接受組閣任務

【合衆社布魯塞爾廿一日電】據消息靈通人士稱：利奧波德今晨企圖組織新政府，以鋪平他返位的道路，同時，自由黨岡夏夫拒絕接受組織新政府的任務。這些與政府接近的人士獲悉，岡夏夫今晨拒絕比王的要求是在比王要求他研討組織新政府問題廿四小時後及獎納克同樣拒絕組閣後的事。可是，岡夏夫計劃到薩爾斯堡去，使人想像到他將重新考慮比王的要求。政治家們解釋比王揀擇岡夏夫組閣可能是比王企圖分裂社會黨——共產黨——自由黨反里奧波德聯盟。岡夏夫在目前危機中××地具有雙重使命。作為比利時最高法官之一，戰前縣長和現任國軍「審計長」，比王無疑希望在轉入在危機中的多方面法律問題中得到他的協助，今天這一點也就說明他不組新閣而到薩爾茲堡去的理由。合衆社並獲悉：自由黨領袖

法國在德境佔領區劃定

【路透社巴黎廿三日電】盟國遠征軍總部法國在德境的佔領區業經劃定，包括萊茵省南部的一半地區，萊茵省的帕爾替內特巴登省的大部及穿過瓦登，至巴伐利亞的走廊地帶，並包括與地利的復拉爾堡省，法軍須自巴伐利亞撤退，以便美軍接防，官方公告短期內可望發表。

三巨頭會議可能於七月初舉行

【中央社日內瓦廿二日專電】杜邱斯會議之時間仍保持祕密，但外交界預料將在七月初舉行。理由為邱吉爾首相在七月中旬之後，將因大選事務而非常忙碌，且據稱，斯大林個人擬直接指揮西伯利亞蘇軍夏季演習。

五強對建議權成立協議

【中央社舊金山廿日專電】五強為消除及早完成草擬憲章工作之最後障礙，已於今日午後十二時半之會議中，對草擬約束大會討論及建議權力之一般獲致協議，協議涉及蘇聯對澳洲外長伊瓦特所提折衷修正案之修正，處理大會權力問題之技術委員會，定於本日午後集會，屆時可能將折衷方案有被通過之可能，蓋伊瓦特已同意蘇聯之修正，且伊瓦特既有小國代表之稱，故最後可能獲得一致同意，折衷方案團即可列入委員會，對大組委員會會議所提之報告，蘇方修正之內容，猶未宣佈，但悉莫斯科最近之提議，同意大會得討論世界組織五主要機構權力及功能範圍以內之任何事項，伊瓦特所提之修正案，主張大會得討論安全憲章範圍以內之任何事項。最近數日內蘇聯代表團以美澳兩國方案，是交莫斯科，由後者作抉擇。按：美澳兩國方案，一般意義相同，惟措辭不同而已，先是莫斯科之答覆，並經伊瓦特拒絕，惟伊瓦特於本日五強會議中，則接受蘇方最後修正案，會議由是得可及早結束。

波流亡總理阿基塞夫斯基反對蘇聯審判十五人案

【合衆社倫敦廿一日電】波總理阿基塞夫斯基今日舉行記者招待會，他在會上說：倫敦波蘭政府對莫斯科審判波蘭領袖結果，將向杜魯門及邱吉爾呼籲，他沒有說出行將發出的呼籲底形式。他說：他的政府不能承認莫斯科審判及對波蘭地下組織領袖所判罪刑合法。他說：『加諸波人的罪名「太過於狂妄了，目前不能詳加駁斥。但將於適當時機為之」。他對波蘭地下軍縱容德軍的罪名，特加否認，鬚髮皆白的總理說，從前支持他們的國家——顯然指的英美——

吉爾隆在這次普講比玉時準備建議比王退位，人們相信；天主教黨的××已赴薩爾茲堡，他隨帶者一個妥協建議書，其目的在結束危機，避免常常被人們提及的暴力及革命的可能性，此二者且將使瓦納克政府繼續執政，並使加速進行總選。

敵在荷印擴充防衛軍

【同盟社查卡爾塔廿二日電】爪哇第八屆中央參議院的『答申案』，於廿一日在大會上表決通過，並已將它和關於振興農村的建議案一起，送交最高司令官，該案披露了當今天美、英、荷等敵軍已來攻摩洛泰、塔拉甘、新幾內亞等等東印度所屬各地時全體居民強烈的敵愾心之後，熱望全面地強化與擴充防衛義勇軍，由義勇軍將校訓練全體青年和少年，全面地普及游擊戰術——中學以上的學生加入義勇軍受訓，以作為徵兵制度的第一步，並倡導要實施之。

流亡波蘭駐美大使向國務院遞呈備忘錄

【美國新聞處華盛頓廿二日電】波蘭大使詹·塞加諾夫斯基昨夜向國務院遞交一正式備忘錄，批評蘇聯對十六個波蘭人的審訊，認為這是對『為聯合國共同事業』而戰的『幾個波蘭地下運動』的審訊。倫敦波蘭政府官方聲明指出，蘇聯選擇恰巧波蘭政治談判現正在莫斯科舉行之際，進行審訊，並謂蘇聯企圖以『不信任波蘭各界合法當局及消滅波蘭某些民主集團』的辦法，保持華沙波蘭政府。聲明中稱，『這十六位波蘭人因他們在他們自己國內的愛國活動而被一外國法庭審訊了』。

同盟社傳

德國兩政黨共同決議案

【同盟社蘇黎世廿二日電】據柏林來電：德國社會民主黨及共產黨，在紅軍的勸告下，廿二日於柏林舉行聯合會議，討論關於將來德國各政黨合作問題，結果成立下列決議案：（一）聯合委員會應避免過去的錯誤和弱點，而擁護勤勞大眾的民主權利與自由，確立民主主義議會制共和國。（二）聯合委員會為根絕納粹，把德國放在鞏固的基礎上，執行必要的緊急措置。（三）聯合委員會為結成有力的德國戰線，應努力和其他民主主義政黨，成立協定，關於理論上的諸問題，則彼此間進行協商。

的失敗大有可能使一切中歐國家在心目中不相信國家保證的價值，和作這些保證的國家的道德，這一點可能蘇聯在歐洲鼓勵那一部分權力（？）及獨立運動（目的在依照以尊重西歐行動標準為基礎的西方民主模範之政府）已佔壓倒優勢的權力。波爾將軍（華沙保衛者及波軍總司令）亦出席記者招待會，他譴責說：『蘇聯人引用為證據的若干文件，都是故意偽造的』。他說：『所謂彼繳獲的指令，波人進行對付蘇軍的軍事諜報，『實際上是指令僅僅對付德軍的軍事情報。』阿基謝夫斯基洩露：他任職以來，他的政府與波蘭的交通，都經英國檢查過的，『十分顯然的，英國不會放過任何反對蘇軍的電訊』。在招待會結束時演戲一樣站起來發言的高齡總理大聲的說：『波蘭向全世界自由人民的良心提出這個呼籲。』波蘭已一貫希望與蘇聯保持友好關係。在這次戰爭中，波蘭已經充分盡了作戰責任，現在，她要得到一份那些在這個事業中作過戰的人所學生的利益？波爾將繼續進行爭得自由的戰鬥。』他說：蘇聯關於波蘭與德軍合作的譴責，『是兇狠而愚笨的』。對德戰爭使波蘭犧牲五百萬人。如果任何意志薄弱的人胆敢與德軍合作，他會被其他波蘭人消滅。總理說：現在莫斯科的討論，並不甚依照克里米亞決定的精神和實質進行的，雅爾塔會議並未建議說：民主黨派的代表，應受軍事法庭審判。

羅斯福夫人反對美共

【合眾社海德公園廿二日電】羅斯福總統之夫人頃在其『每日專欄』中撰文稱：渠因親身體驗美國共產黨之欺騙，故對彼等不能表示信任，渠認美人可與蘇聯及其人民合作，一如與他國合作然，渠之反對美國共產黨人，非因彼等之公開收納會員，或甚至發表其所持目標，而實因歷年來，共產黨人在美國教人欺騙哲學（？），教人忠黨，及接受黨魁之命令，其旨趣之與美國迥異，實極顯然。

由伊朗撤兵問題

【路透社貝魯特二十日電】此間公佈：英中東總司令巴吉特將軍今日由貝魯特抵達伊朗，路透社稱：伊朗英軍數月前即歸巴吉特將軍指揮。上月，伊朗曾致函三強要求英美蘇軍隊隨着歐戰之結束而由伊朗撤退。一九四二年一月條約規定：盟國軍隊應於盟國與德國及其聯盟者之間的一切戰鬥結束後不出六個月即由伊朗撤退。這就是說：合法的撤退無需到太平洋戰爭結束後六月才實行。據悉：英美蘇之間關於伊朗的請求正在商談。

參考消息
（只供參考）
第九二一號
新華社 解放日報社 編
今日出一大張
卅五年六月
二十六日
星期二

路透社報導 民主同盟也將不出席國參會

【路透社重慶廿四日電】共產黨不參加七月七日開會的國民參政會之決定，進一步擴大了政府與共產黨人間的裂痕。民主同盟（包括八個小黨派的代表）或將採取同樣行動。此問題現正在討論中。政府於本年初曾保證以允參加參政會來解決小黨派問題。共產黨代表增加了一倍，現爲八人（包括該黨領袖毛澤東在內）（下缺）

蔣夢麟任行政院秘書長

【中央社重慶廿五日電】中樞紀念週與行政院院長宋子文、副院長翁文灝、政務處長徐道鄰之移交就職典禮，廿五日晨九時在國府禮堂合併舉行。中央特派吳鐵城監誓，蔣主席領導行禮。宣誓授印後，主席相繼致詞，勉宋院長等努力建國工作，遵循總理遺教，建設三民主義新中國。旋宋氏代表宣誓人致答詞，禮成。

【中央社重慶廿五日電】國府廿五日令：（一）行政院秘書長張厲生呈請辭職，張厲生准免本職。此令。（二）特任蔣夢麟爲行政院秘書長。此令。

【中央社渝廿五日電】（缺數字）由魏特梅耶將軍之助理參謀長奧姆斯特丹主持，內分六組：（一）需要與支配組；（二）生產組；（三）購料組；（四）民用經濟組；（五）軍政組；（六）機要組。分由華克上校、席維司特中校、莫爾斐中校、賓司費爾德中校、楊格上校、愛德華中校主持。

【中央社渝廿四日電】交長俞飛鵬廿四日對記者談，黔桂等省鐵路公路修復工程均在積極進行，所有工款均一次撥足，以期工事迅速完成。公路方面除撥高一般標準外，桂省某一段並已着手重修。俞氏述及交通復員工程謂，合勝與鐵路之工程隊，均已組成，開始工作。郵電方面亦在積極籌備。將來

有機動性。』就是說。蔣介石要把臭名遠著的孔宋財閥力量排低一下以敷衍人民。同時顧慮政（政學系）、陳光甫（宋子文系）等則，於六月初將翁邁國。』（六月一日貴州日報載『今後貫徹政策電』）而改組行政院。除宋子文、翁文灝分任正副院長外，『並開行政院各部人事，不久均有合理的調整，預料今後行政院將吸收趨向民主政治的有力人物，而將作政綱刷新一番。』（六月二日貴州日報社論）

（三）國民黨中央組織問題。爲『表示廉潔』，有所謂確定中央執監委員會『無給職』案，據說現在國民黨中委待遇爲每人每月四萬元，此案經一中全會『一致通過』，據說每月開支即可節省二千萬元』。爲了表示『民主』，據同日貴州日報稱：『中央黨部中樞重要人選之決定，今後將不採用交換意見方式推定，而改用選舉方式選定之。』關於中央黨部的組織機構，五月廿九日的一中全會上，『討論中央組織問題，至爲熱烈。爲實施『還政爲民』起見，將組織各種委員會，爲地方自治委員會等是，藉以推動國民大會召開之前，亟應完成之各種工作。中央並可能設勞工部，婦女部。』（五月卅日貴陽中央日報載重慶專電）

（四）所謂『深入下層』的宣傳活動。據六月三日貴陽大剛報載重慶專電：中宣部於六月二日下午召集出席六全代會負責宣傳工作的代表舉行會議，由王部長（世杰）主席，對淪陷區與敵後宣傳工作人員的艱苦奮鬥精神，備加讚譽。』王氏並指示今後宣傳工作，『應深入下層，普及鄉村，主張都市要辦勞動報，鄉村要辦農民報，內容要通俗。』對國共團結問題，王氏表示不悲觀也不樂觀，認欲促使國內團結『需要二種力量，一爲國內外輿論督促，二爲軍事與政治力量力求進步。』此外爲了『爭取』工人，國民黨宣傳局曾於五月一日成立所謂『勞工福利協會』，但在成立會中，即演了一幕內部派門爭的全武行。據六月一日新華日報副刊所載一個工人的投稿說，會場上當剛從國外歸來的據說是工人總代表（朱學範！）演說時，許多人叫好，說擁護他當負責人，也有『要不得』『噓噓』的聲音。於是穿莊青西裝的一羣青年同另外的一羣就打起來了，觀衆就跑散了。有明白情形的說『嗐子事？還不是爲了美金，一個團體借爲工人謀福利的名義拿了美國人的捐款，另外一些人眼紅，於是也來一個工人團體，這邊的自然也要想別的辦法去對付，這樣自然難免就非打架不可了。』

（五）準備『取消軍隊中的黨部』，但不取消實際上是特務機關的『政治

在反攻階段，對隨軍記者傳遞消息，決特別配置電台，予以便利。並稱無線電報工作之主要困難爲器材缺之，最近中航公司之大型貨運機業已加入飛行，但所需器材與實際需要相差仍多。

「合衆社重慶廿四日電」國民公報載，重慶衞戍司令部正組織政治工作隊。經一個時期的正式訓練之後，各隊將分送城外地區協助村區長「偵察、逮捕機關壞人」的工作：隊員案件將由衞戍司令部處置。

「路透社重慶廿三日電」中國軍隊訓練中心總監竇爾頓宣稱：現爲訓練中國軍隊，開設了若干的新學校。在喜馬拉雅山麓，在雲南省，野砲訓練中心是訓練完備的裝備優良的現代化砲兵部隊，以作爲將來反攻日軍之用。另一個訓練學校是教中國軍隊使用現代化步兵武器。

「中央社成都廿四日電」川省獻糧運動，現已普遍展開。忠縣配額一八八六三石，業於十五日掃除。瀘縣九四九八六石，十日已收達八成以上。內江七七一五五石，本月內可掃除。儀隴配額已於二十日收清。

「中央社成都廿四日電」川康興業公司爲發展川省紡織工業，決在川北設立×××紡織廠，現已在英國訂妥五萬錠紡紗機一部，訂貨合同已簽約（缺）爲最新式者，平均每萬錠約需織工百人（下缺）

「中央社吉安廿四日電」贛西、湘東各縣二十三、二十四日遍獲甘霖，夏收有望，農民歡欣。

六全代會後國民黨「新」措施
將在行政院內設立情報部等

「本報訊」據各報載，國民黨六全代會後採取的種種僞裝民主的措施，綜合如下：

（一）宣傳部及特務劃歸政府。據五月卅一日貴陽大剛報刊載三十日重慶專電稱：「今日一中全會已決定將中宣部改爲宣傳委員會，另在政府機構內設情報部，直屬行政院。中宣部、中統、軍統兩局及國際問題研究所（按：該所主任爲王芃生）等機構均歸併於該部，部長人選尚未決定。」

（二）行政院將繼續調整人事。孔祥熙除辭去行政院副院長職外，同時「辭去中央銀行總裁之職務」（六月一日貴州日報）蔣介電孔「望即日回國」。另據新民報訊：「黃金案要犯郭錦坤（孔系）亦被傳訊及以五百億元保釋後，已罷免中央銀行業務局長。並聞與黃金有關的財部長（指俞鴻鈞）「亦部」。據五月二十六日大剛報載稱：「軍委會政治部副部長談：軍校黨部取消後，政治部以『三民主義』爲最高原則，繼續存在，其工作有三項：（一）「教育」工作，（二）「文化」工作，（三）「服務」工作。」

「本報訊」五月三十日大公晚報載：國民大會開會地點已定爲政校之中正堂。據稱：十一月十二日將如期舉行之國民大會，因蔣主席此次參加國民黨中央政治學校校慶典禮時，藉機將中正堂內外上下巡視一週後，就作了這個決定云。

敵確保靈寶盧氏一綫

「同盟社河南前綫廿五日電」河南方面之我軍，於十六日向重慶第一戰區軍發動攻擊，確保黃河畔的靈寶、盧氏、連結西安的戰略要綫，使呼號總反攻的第一戰區軍的中樞部陷入混亂狀態，遂得作戰所預期的目的。敵人非常畏懼我軍南下，遂在東方正面及後方集中了戰略預備軍，其兵力已有三個軍（九個師），强力阻止我軍的南下。又華南之我部隊，於六月初旬向余漢謀指揮的第七戰區軍主力進攻（該敵最近企圖配合美軍在中國登陸而進行猛烈的活動），包圍敵人的根據地——江西省南部的三南地區，完全控制該地區，予敵人以極大損失，現正追擊向安遠潰退之敵，節節擴大戰果中。

「中央社渝廿五日電」軍委會廿五日發表戰訊。廣西方面我軍由長寧鄉（柳州西廿里）沿黔桂鐵路繼續向柳州推進，桂省北部我軍於廿二日向義寧（桂林西北）攻擊前進，在該城以北廿里惠元圩地區遭遇敵人頑強抵抗。經激戰後，將敵擊潰。

「中央社衡寧廿三日電」十九日午，廉江敵一部分兩路竄犯龍頭嶺及黃崗（廉江東北），激戰至下午六時敵大量增援，我乃扼守黃崗外圍高地，正予阻擊中。

俞頌華認爲
「中國無內戰世界不反蘇」

「本報訊」俞頌華在六月一日貴陽大剛報發表題爲「中國無內戰世界不反蘇」之論文。作者首稱：戰後兩個問題是戰後新世界命運關鍵所在。作者肯定打敗日本的中國無內戰。理由是：目前「人民都不要內戰」，只要驅逐敵軍出境，把綠營流寇打敗。團結上下，也一致希望我們集中力量，戰勝敵寇，縮短戰爭，絕不願意我們有內戰，領袖早已預見到這種情形與趨勢，故對中共寬大爲，且曾一再向中外人士保證，將用政治手段解決國共間的糾紛。最近六全代會對中共問題的決議，亦與領袖的意思完全相同。』接着作者又斷定中國戰後亦沒有內戰，他說：過去內戰的發生不外兩個原因：第一是『人民忍無可忍』而起的『完全合乎民心民意的』內戰；第二是『擁兵者弱肉強食』，『違反民意』的『互相混戰』，『在背後得到外面帝國主義的陰援（或予借款，或售以軍火）』。他認爲在戰後中國這兩個原素都不存在了，第一，『人民只盼在和平中實現三民主義』，不願『再發生流血革命』；第二，『盟邦都希望中國成爲自由、民主團結統一的強國，能夠在戰後和平時期，負起亞洲方面國際和平的重責。將來即使有人欲發動內戰，他不僅得不到外面的陰援，並且將一定爲國內外一致反對而倒台。』

在該文中，作者又斷定『世界不反蘇』。他的理由是『蘇聯捲入戰爭以後，民主各國與蘇聯間的利害關係完全一致』；『識時務的蘇聯當局』『自動取消』了『推動世界革命的第三國際』，而消除了『潛伏於世界各國的反蘇因素』，以及羅邱斯克里米亞的明白宣言等。

周炳琳主張國共兩黨外之人士建立新黨

「本報訊」四月二十六日出版之昆明『人民周報』第一期於『昆明雜綴』內載稱：自從周炳琳教授返昆，於聯大演講，倡導國共兩黨外之國人，應建立新黨，以便代表另一部份民意，貢獻政府之後，唱和者頗不乏人，聯大教授同意的亦不在少數』。按周炳琳在國民黨六全代會開會時，被『推』爲大會主席團之一，他自去年開參政會返昆明後，於演說中主張實行團結民主。

美政府將有重要人事更動

「中央社華盛頓廿四日專電」紐約時報華盛頓訊：於（缺廿餘字）有重要人事更動，前最高法院法官貝爾納斯將出任國務卿，斯退丁紐斯則調勳美駐英大使兼聯合國臨時委員會主席，紐約時報自承：官方對此華府政界盛傳之人事調勳，尚未證實。又傳財長摩根索俟下月第七次戰時公債勸募運動完成後，可能去職，內長伊克斯，不日亦將退休，由戰時生產局長克魯格或懷俄明州參議員奧馬荷奈繼任內長，斯退丁紐斯及貝爾納斯二人，前皆曾隨羅斯福總統參加雅爾塔會議，此次均將隨同出席三巨頭會議，貝爾納斯，被認爲在華府諸大員中，特別能幹之政治家，曾爲羅斯福在戰爭時期中之信託者。

「同盟社東京廿五日電」關於國民義勇隊（作爲本土決戰體制之基礎）的諸法令，已於廿二日公佈並即日施行，同時關於國民義勇戰鬥隊的服役，給與令及該戰鬥隊員適用陸海軍刑法軍法會議的法令，亦已公佈。國民義勇戰鬥隊計服裝及給與令中主要事項，計有（一）戰鬥隊員需佩帶一定形制的白布胸章，其中寫有『戰』字。而隊員中的職員須佩帶臂章。（二）隊員在對敵行動期間，給與所定的糧食，和薪水。（三）隊員因公務而死亡或負傷之時，給與一定的治喪費，治療費。

冲繩敵牛島最高司令官的訣別辭

「同盟社東京廿五日電」冲繩島的最高司令官牛島滿中將，於向敵軍主力實施最後攻勢的前一天，即六月十九日向有關方面寄發從此再不回營之訣別辭，首稱：『雖經奮戰力鬥，但事與願違的長恨，則千載難消。』繼稱：『決心變成護國之鬼，粉碎敵對我本土之進攻，或變爲神風，魂飛九霄。』披瀝了死不甘休的，皇國武人本色的七生報國（七生爲轉生七次之意——譯註）的陣中決心。牛島最高指揮官寄給祖國的訣別辭如下：『奉大命率軍，專心於殲滅醜惡的敵人，勇敢悍鬥於茲，已及三閱月。全軍各進行驚天地泣鬼神的奮戰力鬥，但仍未能粉碎敵軍的攻勢，事態已瀕危急。麾下的部隊自進駐冲繩本島以來，在當地同胞的獻身協同下，曾銳意地向準備作戰之途邁進。在迎擊敵人時，曾與航空部隊互相配合，以期皇土——冲繩島的防衞能臻於完璧。但由於滿（自稱——譯註）缺之才德，事與願違，終於不得不負起戰敗之罪的責任。雖說已盡忠於神、陛下，但實有愧於國民。事至今日，唯有率領部屬展開最後一戰，即使成了阿修羅（即鬼神之意——譯註），也將格殺敵軍，引爲遺憾的是未能完成重大的責任，長恨千載難消。當此最後決鬥之際，謹與已犧牲了的麾下將士的英靈一起，祈禱皇室的繁榮，確信皇國的必勝，決心成爲護國之鬼以粉碎進攻我本土之敵，或成爲神風、魂飛九霄，庶幾無愧於必勝之戰。在此，特向一貫地予我以指導與關懷，和曾經担任過配合作戰的各位上司，以及各個部隊，表示衷心的謝意。遙遙地披瀝微意，以爲訣別之辭。』

冲繩一個月內美軍登陸十萬人

「同盟社里斯本十日電」華盛頓來電，美國陸軍部二十三日發表稱，美軍在冲繩島作戰以來，在最初三十日內，冲繩島

中美英蘇同意波蘭參加世界機構

【中央社舊金山廿三日專電】中美英蘇四邀請國家已同意：一俟波蘭履行若干條件後，即允許他為最初參加新世界機構的第五十一國，波蘭所須履行之條件中，有下列二項（一）依照雅爾塔方案，成立全國性之波蘭政府。（二）新政府須經美蘇英三國之承認，惟波蘭是否能於本月廿六日之前，履行上項條件，以便及時參加簽訂憲章，誠為疑問。

同盟社稱 美國對日作戰之困難

【同盟社里斯本廿四日電】美國當局欲短期結束對日作戰的方針，與依賴美國供給戰後復興物資的歐洲各國之利害，似乎未必是一致的。美國現擔當着進行對日作戰，與救濟歐洲各國人民之飢荒的雙重任務，因此，可以看出美國的苦惱正在逐漸地明顯起來。每日郵報駐紐約訪員，廿一日就此事報導如下：放鬆遠東的作戰俾能供給歐洲更多的救濟物資的要求，對於美國是越發成為一個大的壓力，根據華盛頓外交界人士說，美國當局若不改變方針的話，則今冬歐洲將要遭遇飢荒，又若不採取適當的糧食供應對策，則歐洲大陸有招致無秩序與革命、失却和平之慮，而其結果將使共產主義活躍與法西斯主義復活。

美再訓練對日作戰的飛機駕駛員

【同盟社里斯本廿四日電】科羅萊多溫泉來電：前此返國的美第八航空司令官，於視察太平洋戰場後，已於廿二日抵科羅萊多溫泉，到達後立即在巴達遜飛機場設置司令部，司令部是擔任再訓練參加對德戰爭的駕駛員，以便使其參加對日作戰。

「日政」設置「戰時綱紀肅正部」

【同盟社東京廿五日電】大日本政治會，配合戰時緊急措置法的公佈實行，為了具體徹到信賞必罰，打開增加民間戰力的隘路，於二十二日之總務會上，決定設立一個有權威的機關。上述機關簡稱為「戰時綱紀肅正部」，並將起用副總裁級的大人物為部長，以期進行猛烈的活動。二十六日之總務會議將決定具體綱要及部長委員。

登陸的美兵員約十萬人，供應物資達二億五千萬噸，上述供應物資，幾全部是由美國直接運來者。

沖繩殘敵仍在頑抗

【同盟社西南諸島基地廿四日電】我航空部隊配合沖繩本島南部島尻地區之激鬥，於二十一日以後，連日以來趁着惡劣天候的間隙，猛攻沖繩南端附近海面之敵艦船，自二十一日起到二十四日止，該方面的攻擊情形如下，自二十一日黃昏到夜間止，數次猛攻附有航空母艦的敵艦船，以特攻飛機轟炸航艦、戰艦與艦種未詳之艦船數艘，我雷擊隊在該方面，對於敵艦船群亦進行果敢的魚雷攻擊擊毀巡洋艦一艘，並猛烈轟炸北、中兩飛機場，各處發生大火。另一方面在加提那港外海上，可以望見有數處發生大火。二十二日拂曉，有特攻機十數架向敵艦船撞擊，該日晝間我特攻隊在有力的制空部隊掩護下，突入沖繩島周圍之敵艦，該日晚間雷擊機隊出動，擊沉艦種未詳之艦船一艘，二十三日黃昏至二十四日晨，反復突入敵艦船，予敵人以極大損失。

【同盟社西南諸島基地二十四日電】沖繩本島之地上戰鬥，仍在繼續激戰中，在南部島尻地區，我軍對企圖突破我東西兩據點軍的中間地帶之敵，繼續展開悲壯的反擊，嗣後沒有什麼大的變化。

敵稱盟軍將在巴里八板登陸

【同盟社西南太平洋基地廿五日電】敵軍現正拚命地企圖在巴里八板登陸，在塔拉干登陸作戰中吃了敗仗之敵軍，復在採取慎重的作戰步驟，連日以來以全部航空兵力，進行執拗的與激烈的轟炸，以便使我軍的防禦陣地趨於毀滅。同時積極以艦砲射擊，找尋登陸的機會。這種情況到了二十一日，已經六天，但仍然見不到要開始登陸的模樣，目下敵艦艇的勢力非常低劣，亦無運輸船逼近海岸的模樣，我現地守備部隊，正在整備食糧自給與防衛體制，以便防備敵之登陸，當地居民之向內地疏散亦已完畢，全部日僑均拿起武器，準備參加作戰，充滿着堅決的戰鬥意志，只要敵人敢於登陸，將使其一兵不剩地殲滅之，敵人之進攻巴里八板，是在預料中的事，當敵艦艇一旦出現時，我現地軍最高指揮官與將兵幕僚，在最前綫的搶林彈雨中，親自指揮作戰。又陣中日報雖在敵機的盲目轟炸下，但仍在不顧一切困難地發行，在報導戰況上、將士的陣中學習上，與向當地居民宣傳上，正在積極地進行艱鉅工作。

參攷消息

（只供參考）

第九二二號

解放日報 新華社 編

今日出一大張

卅四年六月二十七日

星期三

何應欽在昆明談話

〔美聯社昆明廿六日電〕蔣介石參謀長何應欽告記者稱：他歡迎蘇聯參加對日作戰，並願看到美軍攻入日本並同時在中國登陸。繼稱：中國擬收復台灣與滿洲，鈴木必須作爲戰爭罪犯來審判懲罰。參謀長接見記者詢問關於美記者妨問中國事宜時很坦白地作這些回答。記者會議係於進餐前在蔣氏昆明私寓舉行的，何應欽於其準備好的聲明中強調指出：美國給與中國的每一件戰時租借物品均用諸反對日本，沒有對付中國共產黨軍隊。他說，中央政府與北方共產黨的和解是『決定於延安』。他預言對日戰爭再打一年就結束，並謂：東南華軍的前進就是中國大反攻的第一階段。亦預言日軍在如像廣州、漢口、天津、南京、北平諸大城市的最大抵抗。他表示希望華軍能在日本登陸參加鎮壓日本的軍事力量。他說：日本皇宮應予以轟炸以加速勝利。他贊同解除日本工業……

同盟社說董老在美招待記者聲明我黨對國民參政會問題的態度

〔同盟社北平廿五日電〕延安代表董必武，曾在舊金山接見外國記者，散發以『中國的現狀與國民的要求』爲題的小冊子，暴露了抗戰中國的狀況。據二十日之紐約美聯社電訊：傳董必武再度接見記者，就參加國民參政會問題，關於陳誠對渝延武力抗爭的聲明，美國對延安的物資援助談述如下：在參政會二百四十四名參政員中，如果沒有二十個人簽名，就不能提出提案，而且延安代表僅有八人，並是由重慶指定者，因此我黨當然表示不參加。關於重慶延安的武力衝突，軍政部長陳誠聲明說：『沒有用援蔣物器去攻擊延安』，但是我想重慶如僅用自己生產的武器，是不會向延安進行那樣積極的攻勢。（下缺）

〔同盟社里斯本廿四日電〕據合衆社重慶電，中共當局於廿四日，以無線電廣播，就不參加國民參政會及其理由，發表聲明如下：『根據下列理由，延安不派代表參加七月七日召開的國民參政會，即（一）中國還沒有成立聯合政府。（二）國民參政會的參政員係重慶政權指定，不是由選舉所產生的。（三）重慶政權不顧延安政權的反對，堅決地企圖強行預定於十一月十一日召集的國民大會。』

〔同盟社北京廿六日電〕據最近的情報稱，延安政權爲防備以美國爲背景的、重慶的武力壓迫，現正派相當數量的延安黨員，潛入重慶軍內部，以進行混亂其內部及組織工作。據我軍在山東方面以及河南地區俘獲的重慶軍將士說：『延安窺伺着美國式裝備重慶軍的空間，派優秀份子潛入重慶前線地區，以煽動擾亂及組織工作，進行蠶食。在這些延安派出的具有幹部地位的份子中，有的曾接到延安中央的機密指令。』從此可以看到渝延之間的武力抗爭的複雜性。

國民黨湘冀兩省主席易人

〔中央社重慶廿六日電〕行政院廿六日例會決議吳奇偉繼任湖南省政府主席，孫連仲繼任河北省政府主席。

頃播。號政院決議稿全文撤銷，改發如下：渝廿六日開第七〇一次會議，各部會署長官均出席，軍事外交報告外，決議各案摘載如下：（一）擬定本年七月一日爲省參議會組織條例、省參議員選舉條例施行日期案，決議通過。（三）遵照六全大會決議，各縣參議會統限本年十一月一日以前成立案，決議通過。（三）積谷條例草案，決議修正通過，送立法院審議。（四）善後救濟分署組織條例草案，決議修正通過，送立法院審議。（五）修改市參議會組織條例第四條，增加市參議員名額案，決議通過，送立法院審議。（六）修正儲藏委員會及所屬機關組織法規，決議修正通過，送立法院審議。（七）農業部所屬機關組織法規案，決議修正通過，送立法院審議。（八）教育部財務教育委員會及體育委員會組織條例草案，決議修正通過，送立法院審議。（九）修正外交部特派員公署組織條例第四條條文案，決議修正通過，送立法院審議。（十）糧食部所屬川東區軍糧包裝材料徵購處等四機關組織法規案，決議修正通過，送立法院審議。（十一）農林部西南獸疫防治處組織條例草案，決議修正通過，送立法院審議。（十二）農林部西北羊毛改進處組織條例草案，決議修正通過，送立法院審議。（十三）四川省合作事業會理處組織規程案，決議修正通過。（十四）貴州省田賦糧食管理處組織條例案決議修正通過，送立法院審議。（十五）廣西省政府衛生處組織規程案，決議修正通過。（十六）獎四級遂省五縣縣商會理事長車雲生案，決議頒給人甲榮譽獎狀一方。任免事項決議案：（1）湖南省政府委員兼主席薛岳呈請辭職，應免本兼各職。（2）任命吳奇偉為湖南省政府委員兼主席。（3）儲職委員會李增天、李壬、曾少魯、田崐山均另有任用，應予免職。任命蘇營佺，邦達儲幹，趙錫昌為該省委員。（4）湖北省政府委員兼民政廳廳長羅貢華另有任用，應免本兼各職。委員劉千俊，林逸聖呈請辭職，應均予免職，任命王開化為該省政府委員兼民政廳廳長，鄭逸俠、樓絅烈為委員。（5）本院參事譚光呈請辭職，應予免職。

【中央社渝廿五日電】中央常務委員會今舉行第二次會議，討論要案多件，並通過人事案兩件：（一）中央執行委員會增設副秘書長一人，任命鄭彥棻充任。（二）行政院秘書長張厲生辭職照准，特任蔣夢麟為行政院秘書長。

【中央社昆明廿五日電】今午抵昆之美國會代表六人，定廿六日晨飛印返美。據稱，此行純為訪問性質，彼等對我國一般印象極佳，並希望於中國擊敗日本後能再來觀光。

【美新聞處昆明廿五日電】美國報紙雜誌與廣播記者十二人今日抵昆，渠等將在自由區中國作兩週之旅行，參觀軍事設備及訪問中美軍事領袖。渠等之路程包括訪問重慶及訪問蔣主席、赫爾利大使、魏特梅耶將軍。渠等係乘B五四式專機運輸機越過喜馬拉雅山進入中國。在仰光曾受蒙特巴頓之歡迎。抵此間時，若干美國軍官，及何總司令應欽之代表鮑靜安少將，均往歡迎。

【中央社昆明廿五日電】歐洲戰場美記者一行十二人，今午由印飛抵昆，下午五時美國新聞處開歡迎會歡迎，介紹與昆新聞界相見，晚八時何總司令歡宴。

【中央社渝廿六日電】國府廿五日令：（一）江西省第四區行政督察專員兼區保安司令蔣經國，呈請辭職，蔣經國准免本兼各職。此令。（二）派楊明為江西省第四區行政督察專員。此令。派楊明兼江西第四區保安司令。此令。

【中央社蘭州廿四日電】教部為加強培植西北，決將國立西北醫學院自漢中遷蘭，並與西北醫專合併，刻正籌備遷移中。

敵大本營發表沖繩戰鬥公報

【同盟社東京廿五日電】大本營發表（六月廿五日下午四時三十分）

（一）六月中旬以後，沖繩本島南部，戰況如下：甲、我部隊在小祿地區及南部島尻地區整理陣綫後，予在優勢的空軍海軍支援下的敵七個師以極大損失，六月十六日敵人逐漸侵入我主要陣地。乙、太田實少將所指揮的小祿地區海軍部隊，於我主力南部島尻地區轉移掩護後，實行全員攻後斬入敵。丙、沖繩方面，最高指揮官牛島滿中將，於六月二十日，以全部力量向敵人主力實行最後的攻擊。丁、其後我軍一部即在南部島尻地區死守最後據點，二十二日以後，該方面之戰況即不明。

（二）我航空部隊繼續捕捉良好機會，進攻該島周圍的敵艦船及空軍基地，並協助地上作戰。

（三）作戰開始以來予敵人之損失，在地上約殺傷敵人八萬名，擊沉擊毀列島綫周圍之敵艦船約六百艘。

（四）沖繩方面戰場的我官民，以島田叡知事為中心，與軍民一體，為了護衛皇國而始終悍鬥。

【同盟社東京廿五日電】我地上部隊在沖繩本島南部地區有組織的抵抗，終於結束，但這事並不是意味着該方面的戰鬥就此結束，我軍仍在南部島尻地區兩據點繼續悍鬥，使敵損傷累累。又我航空部隊，仍在反復地猛攻本島週圍之敵艦船群與飛機場，我方可說是在戰略上失掉了沖繩地區，這顯然將使敵機對本土的航空攻擊非常激烈，這一航空攻擊是在本土登陸作戰之前進行的，使沖繩島變成海、空的雙有力基地，以便使本土登陸作戰到達最後階段，我航空部隊，在沖繩島在戰略意義上的失陷後，將全體變成特攻隊員仍將猛烈地進行壯烈的航空攻擊，而予敵之此種企圖以痛擊，同時期待對於進行供應工作的敵艦隊與艦船群，發揮驚人的特攻威力，使敵軍更加消耗力量。

英國候選人截止

【同盟社斯托哥爾姆廿五日電】據倫敦路透社電：英國總選舉已於廿五日截止候選人，各派的競選陣容大約已經明晰。但尚未獲得最後的××。擁有最多候選人的工黨計有六百多人、保守黨五百五十多人，自由黨三百多人，自由國民黨五十多人，工黨勢力抬頭是很顯著的，增加了一百五十多席，比現在議席一百七十席比較，約為一倍，因此保守黨的絕對多數的地位已削弱了。

參考消息
（只供參考）
第九二三號
解放日報 新華社 編
今日出一大張
卅四年六月二十八日
星期四

國民黨殖民地化的表現
美國在華設G5處

【中央社渝廿六日電】中國戰區美軍司令部息：被敵飛行員與生產計劃或波動之匯兌率與增加游擊隊作戰效率，似難有所關聯，但在華某一美軍少將，與其助手則僅說上述各節爲其每日進作之一部份，魏特梅耶將軍之助理參謀長奧姆斯丹特，現主持中國戰區一最複雜之機構，渠之職掌即管理美軍與中國人民以及民用機關接觸之大部份工作。此後，渠每一工作之完成，須賴數百萬個人有組織之合作，每月G5處（按該處接管我進攻部隊佔領區內當地政府之行政），於協助中國經濟配合作戰努力此形成近代之奇蹟，此外奧姆斯丹特與其助手，由當地工廠取得軍用供應品，刺激軍用與主要民用物品之生產，及在控制通貨膨脹與發展長期經濟政策（其目的則在造成進步與現代化之中國）方面，備中國政府之諮詢，亦視爲其指定工作之一部分。中國戰區之G5處，爲獨特之組織，該處功能與責任在其他戰區尚付缺如，歐洲盟軍艾森豪威爾指揮下之G5處涉及軍政府與民政，中國之G5處僅爲一軍政府組織。奧將軍於一九二二年由美陸軍大學畢業，爲一熱心與幹練之軍人，且爲擔任需要高級軍事與軍事經驗之工作之理想人物，渠曾任德美因華盛災害保險公司董事長，在正規軍國防軍與有組織後備隊方面，渠有廿七年之軍事經驗，並曾於第一次世界大戰中，參加作戰，兼有軍人與商人經驗之人物，恰爲此種工作之所需者。奧氏在華六月，曾協助魏特梅耶將軍與中國政府及所有中國與其他盟國之人民團體，建立和諧之關係，蓋渠所主持之機構之複雜事物，使其與上述各團體發生接觸。協助奧氏爲一批美軍官與工人，其中大部份工人實爲與G5處密切合作之其他機構中之人員。與氏最接近之助手，爲唐納遜少將，重慶

此種計劃，因之中國經濟會有若干改革，黃金政策已予改正，並繼續以黃金空運來華，若干民用品亦經運入，並以實物交易之方式，換取金融情況特別嚴重之各區之主要物品。此組之第二目的，在求發現消滅囤積之方法，定量分配及物價管制，已經證明，倘無西方各國經濟之社會機構，實不可能。例如中國並無正確之人口統計，倘實行定量分配，不獨困難，抑且無用。目前在中國防止囤積之唯一方式，在使囤積者無利可圖，其辦法當先以課稅或其他方法，登記所有囤積之主要物資，爲此則可獲得在更嚴密統制經濟制度下，實行定量分配之同樣結果。民用經濟組，在與美國及盟國在華之商業事業往還時，代表戰區總司令，目前此地之商業多，有可供軍用之器材，而新成立之商業團體，或欲擴充其在華之業務者，須保證其一切活動與戰事無礙。此組代表戰區總司令，料理與美國戰時情報局等美國機關及與民營事業有關之中國及盟國機關之事務，此乃其重要部份之工作。民用經濟組另一較關係緊要之責任，爲管制一般軍用飛機及運輸之作爲民用交通工具，在運輸困難之中國，普通旅客認爲除乘軍用機外，其他旅行方法，均屬不易，在依照軍事需要之原則下，管制所有民用交通，乃民用交通管理人員之責任。（五）軍政府組，第五爲軍政府組，此組組長爲楊格上校，大體爲中國政府之計劃及顧問機構，如提出之建議，均被通過，則將負責成立一軍政府學校，其中由美人教授，將在經日軍佔領後收復之區域中，擔當軍政府行政人員之中國軍官。中國軍官較外國人士更爲明瞭國內各地及人民之情形，故較宜處理在此種情況中之人民善後問題。此組之另一工作，爲與中國情報機關聯系，而擬定一攻入淪陷區敵人佔領之各港埠區之計劃，在連續之研究中，所有關於中國東部沿海兩主要城市之專家，均已齊集一處，並擬定各該城市可能登陸及佔領時各階段之詳細計劃，此一計劃在需要時，即可應用。此組與救濟機關（尤其善後救濟總署）將切合作，俾於解決特種問題時（例如目前貴州難民問題），獲得最高限度之聯繫。（六）機要組G5處之最後一組，爲在愛德華中校所領導之名爲勤人之機要組，是爲各種類似軍事活動之聯繫機構，此組之工作，在求使美中及其他盟國間力量之調協，以其資源獲得最大之攻擊力量，而由類似軍事之方法，打擊敵人。G5處工作之效果，頗難分析，然其中若干表現，於生產統計中，而尤表現於中國各廠商所生產之日益增多之軍需品。然在此次華軍肅清敵軍佔領之走廊地帶，以重大代價克復

G5處辦公處，為影響或破中國每一軍事行動所影響之活動網之神經中樞，由該處所作之決定，可反映中國戰區美軍總司令利用每一機會改善人民關係及增加中國所需戰時物資與主要民用品，藉以改善軍事戰略之意旨。G5處為執行此項政策，現共分為六組，每組皆具有獨立與互相聯繫之功能，又各組並與盟方及人民團體合作：（一）需要與支配組，第一組為華克上校所主持之需要與支配組，成立該組之初意係欲應付對華租用租借品問題，因運輸物品入華之主要及唯一途徑，現受美軍管制，故G5處應經由G4處（供應處）決定全部軍事之需要，俾對民用租借物之運輸量，規定一最高之限額，本組工作人員與美對外經濟之民用品專家，取得聯繫，對外經濟處檢討人民之要求，視其需要，以決定其優先權。此外並根據研究結果，提出此項要求，移送G5處核准。（二）生產組，第二組為生產組，此組之任務在激勵中國之工業，以期能迅速在中國國內，獲得一切可能之軍事供應，俾減少購料問題所遭遇之遲延與浪費，此組組長為席維司特中校，協助從事此項計劃者，為現在中國之各項生產人員廿五人，渠等即繼納爾遜代表團而來華之美國生產代表團，其主要任務為以合格之專門顧問，供中國戰時生產局之諮詢，在此項工作中，已有令人興奮之收穫，軍需及主要民用物品亦已改進，然今日大部軍需品，仍賴由印飛越駝峯或經中印公路運來，故中國工業界尚應作更多更大之努力。與姆斯丹特將軍，於談及G5處計劃中之此項工作時稱，此項計劃之實施，亦久亦暫，除應付緊急軍需外，生產技術之增進，以及工業界之知（？）識，其結果如何，均為戰後強大統一之中國之保障。生產組會議激發中國對其自身能力與天然資源之關注，以竭力激發未來之中國在經濟上成為一健全之國家。（三）購料組，第三組為購料組，由莫爾斐中校主持，與生產組經常取得密切聯系。蓋其常取得生產組製造之供應品也。此組之政策乃盡量以返租借方式，購買戰時中國物資，實行隨買隨付之辦法，其戰後之債務，將因此大為減少，但由於中國不甚穩定之財政及通貨膨脹關係，每使返租借辦法實行之際，亦感複雜。購料組之另一工作，亦常因通貨膨脹而更困難者，即美軍在華購買物品之各項財務問題，其問題之一，即軍用購買品一律免稅，但由中國政府付給決定任何購買品所納之稅額，尤其間接稅，實為困難。（四）民用經濟組，第四為民用經濟組，此組主要目的，為對通貨膨脹程序之管制，組長為賓司費爾法中校，今日似難於停止中國之通貨膨脹，而使之緊縮，然後於恢復平時狀態時，重建其經濟，並成立目前所難成立之全國經濟機構。奧姆斯丹將於四月間隨宋院長赴華府，徵求並商討實施之[illegible]及基地中，其所表現者尤多。然魏氏及其輔佐人員所獲之成功，一如魏特梅耶將軍指揮下其他各職之貢獻，其真正衡量之標準，不在某一成就或若干成就中，而在其共同努力之戰爭之全部勝利。

蘇聯抨擊國民黨腐敗

【同盟社斯托哥爾姆廿五日電】最近美國輿論假借延安與重慶抗爭之激化，日益露骨地攻擊蘇聯。據最近到達此間的美國時代雜誌，在六月四日號曾就蘇聯的抨擊國民黨中央敘述如下：延安對重慶態度的強硬，是與莫斯科有表裏一致的關係。蘇聯的「戰爭與工人階級」雜誌，曾把蔣介石以下國民黨領袖，比之為南斯拉夫的米海諾維奇與挪威的吉斯林，消息報則抨擊重慶軍在抗日戰爭中的態度，是消極的旁觀態度。蘇聯已在東歐建立了蘇聯勢力化的緩衝地帶，因此在中國恐怕也要玩這一手法。

外國記者問 國民黨對漢奸將採何種態度

【中央社重慶廿七日電】外國記者招待會，廿七日下午三時舉行，由王部長世杰、吳次長國楨、張參事平群主持。王部長論及聯合國制憲工作時稱，雲集舊金山之聯合國代表，已××一致通過聯合國憲章在此制憲工作中，大國與小國均已充分表現維護和平之意願與責任心。此次通過之憲章，固不能使任何一方完全滿意，但憲章之缺點，將來可依修正方案修正。未修正前仍可以聯合國之合作、互讓精神，予以彌補，使其實際上不成為障礙。中國今後對於維護和平之努力，將於以前及今日對於抗戰同樣忠實同樣堅決。關於此次舊金山會議之成就，吾人對美國政府中各領袖之努力，特表欽佩。因美政府不但須調和各聯合國家之立場，以求得聯合國之統一，在其國內尚須使意見不同之各派，化除成見，接受此國際組織。其工作實較中英蘇諸國領袖為困難。此艱重工作，現在均已達成，廿七年以前威爾遜總統為國際聯盟講話，惟能代表其黨而已，杜魯門總統今天則為代表美國全國，為聯合國憲章談話；此實應使美國人及其他聯合國人民感覺安慰與興奮者。外國記者問英國奸細哈哈爵士，今已被捕，將來若認為有罪，必處死刑，中國對於漢奸將如何處置？張參事答，我政府處置漢奸，決以公正為原則，依法究辦，絕不姑息。對於甘心與敵寇合作者，必更嚴厲處罰，至此張參事並舉例說明。（編者按：據後方消息：前在皖南被捕之張逆善琨，已被國民黨當局釋放。）

國民黨政府延期 實施管制記者法案

【美聯社重慶廿四日電】此間官方宣佈，無限期延遲管制中國新聞記者的法案之實施。該法案原訂於就七月一日起生效。該法案是由內政部及社會部於六月十四日宣佈的，內容是禁止中國新聞記者撰寫任何違反國家利益的文章。宣佈延遲的官員稱，這些新聞記者將被迫參加社會部地方機關監督下的記者協會。宣佈延遲的官員稱，這次延遲是根據中國宣傳部的要求而決定的，以便能『根據政府目前的政策及國內改變了的情況，加以某些修改』。

【中央社蘭州廿六日電】藏青寧省參政員拉敏盎、喜楚臣、馬鵬雲、李德淵、周生祜，廿六日乘機飛渝出席國參會。

盟軍攻下冲繩後 敵閣通過『內閣告諭』表明抵抗決心

【同盟社東京廿六日電】冲繩本島的地上戰鬥，雖然有海、陸、空將士的勇戰奮鬥與官民一致的協助，但是終於結束了。政府爲了表示應付敵人進攻本土日趨緊迫之新階段中的決心，與希望一億國民奮起，遂決定公佈內閣告諭，已在二十六日之定例閣議上通過，鈴木首相於同日下午二時入宮拜謁並上奏天皇，得蒙批准後，於下午四時半，由情報局公佈之。首相在此告諭中表明與敵勢不兩立的莫大決心——即只有遵循宣戰詔書中所昭示的聖訓，擊滅敵人於千里之外的決心。他斷定隨着確立決戰方法，充實戰力，施策之進展與國民組織的整備，抱有堅決的本土決戰必勝之信心，最後並希望一億國民貫澈視死如歸的日本精神，同時應集中一切行動於戰爭的勝利，此次的內閣告諭，可說是一億國民走向本土決戰之總進軍的大號令，此點是非常值得注目的。

『內閣告諭』——雖然有皇軍陸、海、空軍將士的善戰勇鬥，與官民不屈不撓的協力，但終於不能守備冲繩本島，這實在令人惶恐之至，然而由於冲繩本島的作戰，予敵人的損失非常巨大，同時不僅使敵軍在遂行作戰上發生了齟齬，而且在精神上予敵人的打擊很大，大大地有利於今後我國的遂行作戰，可是敵機的空襲今後將更加激烈，亦須預期到敵人對本土的新的進攻，現在實是外寇入侵以來，從所未有的國難，以及決定帝國存亡的關頭，神州將與我們生死與共，它是需要保衛與叫子孫繼承下來的土地，絕不允許外敵之侵入，無論什麼時候，也不能任敵蹂躪，即是說我們要謹遵聖訓，義勇奉公，朝野相依，隣保相扶，克盡道義，善於節制，各人都要精勵其職務，更加昂揚士氣，只有竭盡國家的一切力量，擊滅敵人於千里之外，現在作戰的方策已經決定，充實戰力的施策，亦逐日有進展，自國民義勇隊成立後，已

德共開始公開活動

【路透社莫斯科廿五日電】路透社駐莫斯科特派員胡伯報導：十二年來在納粹統治下××的德國共產黨現在又一次作爲合法政黨在工作了。××××××在柏林×××××。該黨要求建立反法西斯議會政權，促請從官方職位中清除一切積極的納粹分子，懲罰戰爭罪犯及一切參加希特勒反對德國人民的罪行的人。

舊金山會議中國代表團 研討世界憲章第三次草稿

【中央社舊金山廿三日專電】我國出席舊金山會議代表團，今晨舉行或爲最末次的每日會議，研討今晨五時方行完成的世界憲章第三次草稿，研討結果，咸覺滿意。我國代表數人，曾協助聯系委員會由法學家組成之顧問委員會，及國際秘書處以會議之五種文字，草擬世界憲章之第一——三次底稿，我代表團專門委員(缺)代表，我代表團顧問徐謨爲法學家顧問委員會之我國代表，代表團秘書長胡世澤，及專門委員柴新民，協助草擬憲章之俄語稿，而吳經熊顧問，則與舊金山會議秘書處協同担任憲章之中文稿之工作，憲章由英譯中之工作以兩種文字之造句結構等均不同，故甚爲困難，而中文稿經最後通過後，也可再加修改。

敵自供美軍對九洲空襲將日益激烈

【同盟社前線空軍基地二十六日電】由冲繩基地起飛的小型機，向九洲本土的來襲逐漸激烈。五月廿八日敵小型機之首次來襲南九洲後，直至現在已經達廿次，今後將更加激烈。如果以現在敵人來襲的狀況爲基礎，以檢討將來敵人作何動向的話，可作如下數點：（一）來襲目的是以妨礙阻止我特別攻擊隊出擊爲主要目的。（二）來襲機種，五月下旬至六月上旬僅是F六F式機。但從五月上旬起，即有P四七式機出現，最近P四七式機已成主體，一部分是P五一式機及少數的P三八式機。（三）來襲機數之最多者是本月二日與八日，約二百三十架乃至二百四十架，但大部份爲三十架乃至四十架。（四）攻擊目標，六月中旬專門集中於九州南部，特別是海軍基地，六月中旬以後其行動圈擴大至長崎地區，二十三日更擴大至福岡地區，來襲之機數均是三十架。（五）戰鬥機轟炸機聯合來襲：上月三十一日，B二四式機在P三八式機掩護下，偵察宮崎東岸；這是戰鬥機轟炸機聯合行動的首次，廿一日B二四式機十二

經有了國民的隊伍，政府當按照過去屢次所聲明的信念，果斷地向前邁進。

本大臣關在帝國存亡的關頭，希望全國人民接受宣戰大詔中的聖旨，貫徹生死如一的日本精神，自奮自勵，相互信賴，忍受日益加重的苦難，使一切行動集中於戰勝這一點上，以期克服國難。

敵尚欧噓沖繩之戰獲得勝利

「同盟社東京廿六日電」以牛島中將爲最高指揮官的沖繩本島的我陸軍部隊，太田（按：盟軍稱太田已死）少將指揮的海軍守備部隊，以極少之本島兵力，以本島南部地區爲據點，極盡一切力量作戰，向中外宣揚皇軍之戰力。小祿南部，島尻地區我軍的有組織戰鬥均已停止，週後即呈零星戰鬥狀態。但我殘留之精銳，仍依據本島南部的據點寨，不屈不撓地進行頑强肉搏，我空軍對沖繩本島周圍敵艦船及敵飛機場的攻擊，今後當更强烈進行，但沖繩本島戰力的失去，已經到達不能不率直承認的階段，儘管我陸海軍部隊神奇的善戰勇鬥，已不能挽狂瀾於既倒，招來了今日的局勢，使今後我戰略的環境更加艱苦，試冷靜觀察以沖繩本島爲中心，而展開的陸海空戰的全部過程，（這是大東亞戰爭中日美的大戰）我們決不應急燥或者自慰，沖繩本島的攻防戰，從××上來看，是我方大勝利的記錄。行將到來的本土作戰的結果，我國將獲得勝利，此即我軍的善防勇戰達三個月之久，將敵人對日作戰主力吸收在島嶼綫的一點上，在此期間敵人損失達八萬人，以特別攻擊隊爲中心的空軍襲擊，計擊沉擊毀敵艦六百艘，予敵人海上戰力極大打擊。這一龐大的敵人艦船的損失，究竟予敵人陣營以多大刺激，而且在推進對日作戰上受到多大的阻礙，最近已由敵人陣營自身暴露了這一苦惱，引起內部的糾紛。沖繩島戰鬥是我軍作戰的勝利，這一偉大的作戰勝利，爲什麼不能取得優秀的成果，達到××沖繩本島的志願呢？這是因爲沖繩本島是遠離本土的一個島嶼，如果在沖繩島上，我軍能經常不斷投入新的戰鬥力量，則敵人將一兵不剩地被殲滅在海裏，以八萬人的流血，六百艘艦艇損失的代價，敵人得到些什麼東西呢，它所得到的是沖繩本島南部島尻地區寬約六公里，縱深十五公里，平均九十平方公里的地面，從敵人付出這一大血債的沖繩作戰中可以看出，當我皇軍與皇民一致站在我國領土上作戰的時候，物質的戰力即很難估計，而應認識世界民族無可比擬的超人的神力量。

架，P五一式，F六F式機偵察甑島附近地區。現在沖繩島基地向在準備擴充時期中，在基地整備完了後、來襲將更激烈。

總之沖繩基地敵機的來襲九洲本土，隨着基地整備的結束與空軍力量的加强，今後將更加激烈。特別是從P五一式、P三八式、P四七式機的續航距離來看，使空襲九洲全土成爲可能。不但小型機，巨型機可單獨來襲，而且必須認識到沖繩基地起飛的戰鬥機、轟炸機聯合襲擊亦將加强。

英國旁觀者報評印國內形勢

「路透社倫敦廿一日電」本週出版的「旁觀者」報發表一篇文章，强調印度領袖們於本週中將面臨着困難。作者歡迎魏菲爾伯爵的「印度新政」。並說：看來印度方面似乎難能綜合起來反對此計劃。作者繼續說：「如若國民大會與回教聯盟能溝通他們的分歧，那嗎，「就會有很大的意義」。但是那裏還有其他大黨派，和必須爭取的强有力的少數派。此外還有大量的不會完全達到政治覺悟的人們，他們大多不會被組織起來，也不說話。雖然他們的利益也要求予以考慮。總督已邀請被壓迫階級某領袖，參加未來的會議。他將荷負非常重大的責任，因爲，如果這個被壓迫的偕大集團，不能得到公平待遇的話，那嗎，任何暫時的或永久的改良，都將失去許多價值。據說：這個偕大集團有團員六千萬，佔回教徒三分之二。此外，還有另一個大的農業集團，他們在政治上是不被重視的，但任何一個政治改變對他們却有極大影響。把大家集合攏來，並且引導一個對這麼多而複雜的問題，能有所貢獻的會議，不是一件容易的事情。魏菲爾伯爵作了一個重大的開導，而英國及印度人士，對於他在解決面前正擺着的沉重任務，付以極大的信心。首先，他們將隨着他的願望來建立一種好意的精神，後者之於任何愉快的結果，是重要的」。旁觀者在其社論中寫道：「建議大胆地表示了信任，而在印度已造就深刻的印象，雖然甘地和尼赫魯對之非常愼重而緘默，目前印度面前清楚地擺着兩個建議，一是爲現在，一是爲將來」。旁觀者報强調：從新實驗的一開始，即建爲着將來的建議提到前面是很重要的。

（下面一句無法譯）

參攷消息

（只供參考）

第九二四號

解放日報
新華社編

今日出半張

卅四年六月二十九日

星期五

宋子文赴蘇京

【塔斯社重慶廿八日電】中國行政院院長（內閣總理）宋子文，今日離此赴莫斯科。

【合衆社重慶二十七日電】據中央社莫斯科電：郭沫若已赴列寧格勒參加蘇聯科學院大會途中曾抵達莫斯科。並說：郭氏經印度、伊朗由於戰時延遲旅行三週以上。郭氏於最近離去全國軍事委員會文化工作委員會主席的職務。他的左傾思想使右翼文化工作者不悅，雖然爲中國左翼知識份子所歡迎。（王）

美記者團抵渝

【中央社渝廿八日電】美國記者團一行十二人，廿八日下午五時廿分自昆抵渝，其中男七人，計阿本德、唐西岱、佛蘭納萊、葛雷遠、古德、郝爾、留海；女五人，計伊登、佛烈達力克、麥可米、包麥、文思。阿本德曾住中國十五年，原名安埒德，係下午二時卅分步行抵此者。下午三時半，參加蔣主席之招待會，其餘十一人因飛機誤時，未能出席，該團在華時間共計十二日，留渝日程大致決定廿九日上午參觀俘虜營，並拜訪中宣部王部長，卅日上午參觀兵工廠，下午一時應王部長之宴，下午五至七時則由美方商會招待，一日即飛西安，再返成都，然後飛昆返國。

【中央社芷江廿八日電】自歐洲戰場來華之美記者團一行，昨晚飛抵芷江觀察。

華西日報評蔣介石六全代會演說詞

主張現在必須產生舉國一致的民主機構
實行普泛的民主政策

【本報訊】五月八日華西日報以『還政於民須從何處做起』爲題，評論蔣介石在六全代會上的開幕演說詞，認爲『還政於民』『能否做得眞實，不決於將來，而決於現在，決於現在能否產生舉國一致民主機構實行普泛的民主政策這一過渡辦法』。該報說：必須『對於將來召開的國民大會，諦實保證其不會被包辦、操縱，而能眞正是代表人民的國民大會，……因爲如果對此不能提供可靠的保證，則國民大會，可能是非國民之大會，還政於民，可能是無關於民的還政。不幸而如此，則不特目前的一切重大問題無法獲得解決，即將來的後患，亦將火上添油，愈演愈烈』」因此，該報認爲『至少要堅決做到如此兩點。』『第一、要有過渡時期的民主政策……從今天起，就要頒佈民主政綱，使全國人民，除了漢奸外，悉享民主自由。』『第二、……要有監督政策之執行的機構。……能够行使監督大權，使民主政策廣泛實施，不致成爲紙上空文。這種機構（被删二十七字）必須是具有實際權力足使政策充分貫徹，決不是有名無實，僅被顧問或諮詢一類的機構。』『總之，「過渡政策和機構問題，能否解決，乃是『還政於民』能否獲得實際意義的決定關鍵。』

華西晚報亦於五月八日發表社論：『諾言於實踐』，說：『全國今日，已沒有任何人敢於公然反對民主，就是政府與執政的黨，亦皇皇然對國人提出『實施憲政、還政於民』的諾言。……不過，諾言的實效，在於實踐。不管諾言如何，苟無實踐使其兌現，不特無補於信用反而要更加損害信用。……從今日起，應不應該有實踐來證明諾言的一定要兌現，一定能兌現呢？絕對應該。因爲若不立即有所表現，有所努力，而反忌諱表現，避免努力，那就無異證明諾言是一回事，實踐又是一回事。不拿實踐決實現諾言。即等於在實踐上取消諾言』（以下半篇開天窗。）

雨後延市糧價下跌

【本報訊】延市因獲雨引起糧價大跌。在本月廿三日，小米價爲每斗流通券八百元，廿四日漲至九百元，廿五日爲一千元，廿六日爲一千一百五十元，廿七日上午陡漲至一千四百五十元。但前日下午大雨後，小米價即陡跌至八百元，昨日復穩定在八百元牌價上。但按今年小米上漲情形，在五月十五日爲三百二十五元，旱災情況發生後，逐步上漲，至五月底漲至八百元，本月初因糧食局進行調劑，使小米價回跌至五百五十元，繼因天仍不雨，夏收無望，秋禾難保，又逐步上漲。目前因夏田麥收只有三分之一至四分之一的收成，而秋田又已受損一部份，因此糧價在昨前兩日已穩定於八百元上下，恐難務。在此情況下，露政軍民舉全體勵義搶穫，增產糧食，應成爲緊迫的任務。

國民黨戰報

【中央社重慶廿八日電】據軍委會廿八日發表戰訊：廣西方面我軍於廿五日完全攻克柳州西郊之柳州南站，並於同日攻站城南飛機場一部，敵由城東南羊角山增援反撲，仍被我擊退。我掃蕩柳州西北洛滿圩及西南三都圩各附近殘敵，現已大部肅清。我軍攻克柳城（柳州北）以北大埔鎮部隊，續向柳城推進，現已進至距柳城廿里之沙塘地帶，我另一部隊並已挺進至柳城東北郊區白虎山，正與敵戰鬥中。來賓縣境殘敵，經我軍掃蕩，刻已全部肅清。浙江方面黃巖以北地區，敵於廿六日向海門方向潰竄，我正側擊中。我軍協同地方團隊，於廿六日下午三時收復黃巖。

敵國盛傳 盟軍將登陸馬來

【合衆社倫敦廿七日電】東京無線電說，日本權威軍事評論家伊藤在今日朝日新聞中寫道，我認爲沒有理由可以預計美軍將完全佔領沖繩現在將立即在日本本土登陸。伊藤說，這將有些拖延，因爲沖繩島『完全不適於作大規模戰事的基地。』伊藤預測美軍戰略目標『或爲以空戰割裂日本本土並且使這些小塊互相孤立』。

【合衆社倫敦廿七日電】東京無線電新加坡電稱，當地防守措施正迅速準備中，以對付未來馬來半島戰略性戰事。無線電說，土人已組織義勇隊，中國居民製造武器，軍火及食物並以成千艘民船攜載供應品。

敵說機械技術隊 轉移母機赴滿洲

【同盟社東京廿八日電】軍需省機械局，爲了迅速提高大陸機械工業的技術水準，充實補給基地，決定成立『工作機械技術隊』，將母機及其他的機械工廠移向滿洲。二十七日上午十時在機械局長室成立，其後即舉行送行會。工作機械技術隊員，由某優秀工作機械工廠之技術家及熟練工人三十二人組成，派遣至工作機械工廠進行技術指導：先遣隊員十七名將於某某日出發。又滿洲的工作機械工廠，按照現有的優秀設備機械，加工技術×××，此次技術隊員的活動，更會有長足的進步。

同盟社報導 駐歐美軍達四十三個師團

【同盟社里斯本廿四日電】據美國以前線將士爲對象的花旗報自第十二集團軍司令部發出的報導稱，現在駐紮於德國、奧地利、捷克斯拉夫的美軍，共爲四十三個師團，其中的十個師，將永久性地佔領德國，並半永久性地佔領奧地利。

【同盟社斯托哥爾姆廿七日電】倫敦來電，駐英美軍參謀次長布爾喬斯上校，於廿七日接見記者團時聲稱：美軍將從歐洲撤退三百萬人的兵力，預定約有五十萬兵力留駐於德國，以守備美軍佔領區，並担任警察工作。在撤退時，將使用超級巨型輪船，一個月能運送五萬多將士回美國。

【同盟社里斯本二十七日電】華盛頓來電：美國陸軍部二十五日發表稱：歐戰中共損失貨物五十三萬七百六十五噸。上述數量相當於××的自由型船艦五十四艘，向歐洲戰區航行中的船隻，約有一百零五艘。

西姆拉會議開幕

【同盟社里斯本廿五日電】據西姆拉來電稱，西姆拉會議已於廿五日開幕，據傳魏菲爾會說新提案的宗旨，發表演講，參加會議者之一，加爾各答大學教授斯西爾·錢德拉森說：『根據這次提案，印度教徒的權利將被侵犯，但除此之外，別無打開印度目前僵局的辦法。應該接受總督發表的白皮書。』同時，他並要求：『希望闡明這次提案中的中央政府，和印度土著王國間的關係。這種關係因過去印度國民經濟的迫切希望，其概念已模糊動搖。』

【同盟社里斯本廿五日電】魏菲爾於廿四日會與國民大會派，回教徒聯盟三首腦會見，作爲西姆拉會議之準備工作。據西姆拉美聯社電訊，甘地與總督會見結果，決定他個人不出席二十五日之正式會議，國民大會主席阿沙德，將代表國民大會派出席，上述美聯社電訊稱：甘地雖不出席西姆拉會議，將作爲國民大會派及印度總督雙方的顧問，暫留於西姆拉，實際上第一措置，就是甘地與英國妥協，使印度政府與國民會議派獲得協議。

【同盟社里斯本廿七日電】英國的總選舉已經迫近，印度國民大會派，展開要求獨立運動，據倫敦來電：以布魯克威爲委員長的『印度獨立期成委員會』，廿八日夜在倫敦近郊之魏德賓德舉行演說會上說：甘地、阿沙德及其他印度領袖，均不斷給該會激勵電報。

更正

上月二十日參考消息所載『美出版家包韋爾稱：遠東對美國較歐洲對美國一千倍重要』內，最後第二行『……他試圖殺發……殺發係『教育』之誤，特此更正。

參攷消息
（只供參考）
第九二五號
解放日報社編
新華社
今日出半張
卅四年六月三十日
星期六

國民黨又乘機挑釁 廣播鄜縣等地發現煙苗

【中央社渝廿九日電】陝北鄜縣所屬之史家岔及甘泉所屬之臨眞鎮王家溝一帶，近發現煙苗甚多。據報有奸民分發罌粟種籽普遍種植。中央聞訊已飭陝府嚴密查究。

【中央社渝廿九日電】國府廿九日令，省參議會組織條例及省參議員選舉條例，均定自本年七月一日起實行。此令。

【中央社成都廿八日電】內政部戶政司長包惠僧率領內政部戶政督導團團員楊振青，故（承）？鈞等三人，於廿七日飛蓉，將於日內舉行川康兩省戶政督導會議，現在正與主管機關商洽。

日寇稱宋子文訪蘇的目的

【同盟社里斯本廿八日電】路透社外交記者金姆赤，二十八日就宋子文訪問莫斯科一事評論稱：宋氏由舊金山歸國後，立即訪問莫斯科，說明過去三個月來的國共關係，是惡化的。蘇聯當無意干涉中國的國內問題，然而可能有意出而調停雙方的關係。

【中央社渝廿九日電】據莫斯科二十九日廣播，宋子文院長於本月廿七日由重慶首途赴莫斯科，已經官方證實。

美記者參觀團名單

【中央社渝廿八日電】據美新聞處息，美陸軍部邀集參觀中國戰區中美作戰設施之記者男女十餘人，於廿八日抵達重慶，分別代表英國各報社、通訊社、新聞及特寫社、無綫電台、雜誌社及出版公司，其姓名如下：阿本德、代表北美報業聯合會，曾任紐約時報駐華通訊員及該報遠東分社主任

海口岸打通，則年內輸送之物資可達六萬×以上。××據本版發爲對中國共產黨××供應任何×料、物資。故照時局發展情勢觀之，美國可在上海或廣州登陸，華南尤爲適宜，廣州或爲第一目標。

【本報訊】五月十三日的大美晚報重慶版載稱：美國和英國已開始把他們的人員，物資，和船隻轉移到太平洋戰場上來，這一轉移將隨時間的進展而加速，現在歐洲的三百十萬美國戰鬥人員將於船運允許的情況下，迅速地轉運到亞洲區域來，更多人員將從其他區域運來，直到稍少於七百萬的人員投入於對日作戰。加上三百萬以上的軍官和海軍人員將使美國的戰鬥力量大約在一千萬左右。

一致的意見認爲日本的失敗是注定了，這個島國將於二年內完全被征服。

在衡陽投敵之 國民黨軍隊師長四人返渝

【中央社渝廿八日電】保衛衡陽將領容有略、葛先才兩師長，暨潘濟賀，彭問津兩副師長，於五月一日夜半由衡陽突破敵綫三層鐵絲網，並以徒手奪獲敵狙擊兵槍枝，終於脫險得慶生還，經湘西安江辰谿等地，今已安抵重慶。

【中央社渝廿八日電】中國計劃建設學會，廿八日下午三時舉行成立大會，熊式輝主席，通過會章，並推選理監事。

【中央社渝廿八日電】中央爲宣導考察全國各省市獻糧獻金，特選派大員分赴指定區域辦理獻糧獻金宣導考察等事項，現已分途出發者，計有陝豫鄂區王陵三、王普涵，及晉察綏區薛篤弼等，其餘各區大員亦準備起程中。

【中央社成都廿七日電】川省獻糧限期即屆，各界刻正積極趕辦中，截至廿六日止，省府已接到報告掃解者計有雲陽、儀隴、忠縣、汶川、梓潼等縣，足八成以上者計有瀘、郫等縣，預料全川獻糧決可如限完成。

【中央社渝廿八日電】官兵之犒賞，自本年七月一日起增加，爲傷將五千元，傷校二千五百元，傷尉一千五百元，傷兵五百元，病官五百元，病兵一百元，殘廢官兵則比照負傷官兵例，增加一倍發給。

【中央社寧都廿八日電】贛東南各縣，痢疾瘧疾頗爲猖獗，此間本週日有十數人死亡，經省衛生處派員施行強迫注射防疫針，並趕運奎寧丸二百萬粒分發各縣。

。關為美國雜誌撰稿，曾著關於遠東問題之書籍八冊。唐西侶，代表國際新聞社，曾任體育記者，最近曾任該社及紐約郵報記者，並為『東京上空卅秒』一書之著者之一。伊登（女），代表浦特南出版公司，曾任派拉蒙影片公司歐洲攝影廠及柯達製片公司之劇本說明書作者及譯述人。佛蘭納萊，代表哥倫比亞廣播公司，曾久任新聞記者、廣播新聞編輯及廣播新聞評述人，渠曾任哥倫比亞廣播公司柏林記者，著有『柏林之行』一書。佛列達力克（女），代表西部報紙聯合會，曾任華盛頓各報及特寫社記者及特寫作家，並任廣播公司之特別廣播員。葛雷遜，代表報紙聯合會，曾任西岸各報之體育記者及特欄作家，任紐約世界電訊報之體育版編輯，現任報紙聯合會體育新聞版編輯。古德與其妻，同為主婦與家庭雜誌編輯，曾任記者，文學評論家，戲劇新聞編輯及戲劇評論家，後始改任雜誌編輯。郝爾，代表時代週刊，曾任美東南部各報記者編輯多年，一九四〇年以來任時代及生活雜誌南部辦事處主任。雷海，代表芝加哥每日新聞報，曾任該報勞工新聞記者及駐華盛頓特派員，渠曾於哈佛大學研究新聞學並為美國各雜誌撰述勞工問題專論。麥可米，代表讀者文摘，曾於上海大陸報任記者三年，一度為紐約世界報作家及專欄作家，過去數年中為各雜誌撰稿。包麥，代表家友、家庭之友社，曾任紐約各報時裝作家，婦女版編者及專欄作家，並為雜誌寫述專文。文恩（女），代表本週雜誌，曾任某婦女雜誌編者及報紙星期增刊特約編輯及撰述人，現任本週雜誌撰述人及小說（？）編輯。

【中央社渝廿九日電】二十九日下午四時，中國戰區美軍總司令魏特梅耶將軍，舉行美國記者團招待會，向記者團報告中國戰區情形。下午七時並設宴款待。明日記者團參觀各兵工廠，中午王部長世杰設宴招待，下午五時至七時美方舉行酒會歡迎記者團。該團於一日晨即飛西安。

華爾街報稱 美軍可能在一年內登陸中國

【合衆社華盛頓廿八日電】華爾街報稱美國可能在一年內登陸中國而佔領沿海之主要港口。由海上進攻中國大陸當在肅清日本諸島以前。佔領中國沿海主要港口乃第一目標。美國擬利用此港以租借物資供應中國，以恢復其生產及作戰能力。如年內租借供應僅較諸目前預計數增加一倍，則美國不能充分配備中國軍隊使其參加亞洲戰場之大戰。且大規模訓練中國軍隊使用美國武器，亦需要若干時日。華爾街報指出，自本年七月一日開始之一年內對華租借物資預定額在××美元以上，較過去對華供應之總量為多。如最近可能將沿

納爾遜說中國能在便宜的紡織貿易上代替日本。

【本報訊】五月六日大美晚報重慶版載稱：納爾遜為中國將代替日本為亞洲的大紡織業國家和東方超越的商業國家。納爾遜上星期在『柯里』雜誌上根據他最近二次來到中國所作的觀察而寫的文章中說：中國成為四強之一，這一事實對全世界有着巨大重要性，他強調這個重要性時說，中國必須在亞洲十萬萬以上的人民中担負起領導的任務，否則將發生混亂。他警告，不這樣將留着一個商業的空隙，這個空隙『將不僅是一件政治上不安定的事，』而且是生活上的完全紛擾，失業與缺乏之物品的可怖景象』。他發表一個更加樂觀的意見說：『中國人是一種具有高度智能的人民，他們將了解，只有他們是一個有力和工業的國家，他們才能是一個強國，他們在物力方面缺乏的東西，以人力和工作的願望來補足，他們將需要我們的幫助，而不需要我們的慈悲。』在專門提到紡織業的情況時，他說：『我相信中國能夠在便宜的紡織貿易上代替日本』。他預言：『當和平到來時，我們能夠從美國裝運紡織機器到中國，而在很短時期內把牠們裝配起來。中國將有大量熟練的技術家』。（譯報簡訊社譯稿）

同盟社傳國民黨 青年從軍兵素質很壞

【同盟社河南前綫二十一日電】重慶政權會大肆宣傳說：『青年從軍運動，於三個月內已徵募了十五萬人』。但據最近到達此間的電報悉，另一戰區及第十五軍軍長武庭麟所屬之第六十五師以及第六十×師，其中的大部份青年從軍兵都是文盲，而且體格孱弱者又是非常之多。因此對於這些青年從軍兵會寄以莫大希望的軍長以下各級幹部，便大大地惱怒起來，現已向重慶當局及其主要徵募地之安徽省徵募委員會，提出嚴重抗議。

行政院公佈改善核發 中央公粮代金辦法

【中央社重慶廿八日電】行政院頃公佈改善核發中央公粮代金辦法：（一）各地公粮代金區域，係按粮價情形劃定，如以後粮價有特殊變動，由各省公粮稽核委員會（或省政府）隨時報請粮食部予以調整，但一省以不超過十八區為原則。（二）公粮代金數額以各區中等熟米市價為標準。在以麥為主食物地區，改照麥價標準並依規定以米麥折合率為計算。前項麥價標準地區，應由各省公粮稽核委員會報請粮食部核定。（三）公粮代金由各省公粮稽核委員會按月照前條規定開會核定

，在公糧稽核委員會尚未成立省份，由省政府召集該省行政處、田賦糧食管理處、審計處、會計處、省區稅務管理局、高等法院、監察使署（未××省份從略）、省黨部等機關會同核定之。（四）各省公糧稽核委員會（或省政府）應於每月十五日以前召集會議，核定該月各地區之公糧代金數額，通知駐省國庫分庫並通告駐省各中央機關及全省各縣與地區先行照辦，以應需要，一面電報糧食部轉報行政院備案。（五）各機關公糧代金，應於每年度開始時由財政部照上年度十二月份實發數預撥六個月，交由各地國庫存入各機關戶頭，各機關按照規定手續按月支領，以後再由財政部斟酌各地米價漲落情形，按月或兩個月撥發一次。其由主管機關統領轉發或當局無國庫設立，須由各該機關直接預取者，得預撥兩個月。（六）重慶區公糧代金數額，由糧食部按月擬訂，報請行政院核定，領撥手續仍照向例辦理。（七）全部淪陷省區公糧代金數額，仍由糧食部與中央總書處商定之。（八）本辦法自卅四年八月起施行。

預言英帝國潰崩的必然性

【同盟社斯德哥爾摩十七日電】倫敦來訊，英國在這次戰爭中，耗盡了約十億磅在外的資產，此外並負了二十三億磅外債，變成了世界上第一個借債國。欲逃脫這個經濟的窮困處境的唯一的辦法，除以英帝國集團的名義，向各自治領搾取之外，別無其他途徑。然而最近一兩年來，各自治領離叛性的傾向，突趨顯著，它從根基上震撼了英帝國。英國著名的經濟學者亞爾、弗菲西亞教授，於六月十二日在齊亞塔姆大廈向實業家團體，發表演說，預言英帝國潰崩的必然性，以及英帝國本國的孤立化，使聽衆陷入深刻的不安。講演的要旨如下：認為英帝國集團能夠有效地具諸實現的人，必須體會到幻滅的悲哀。為什麼這樣說呢？那是因為自治領各國絲毫也不想使其本國將來的經濟照顧英國近視的利益。自治領各國的見解，認為保障將來經濟繁榮的必須條件，是在英聯合王國外部樹立通商關係。加拿大希望下決心縮小世界通商的障礙和壁壘，俾能積極地從事自由的通商活動。加拿大佔支配地位的經濟界，由於它和美國密切地連結在一起，當地必須無止境地償付美國的巨額的輸入貨值時，那末在這種情況未終止之前，她就不能參加排外性的英帝國集團。南非聯邦對英帝國的態度，常常是冷淡的其所以如此，就是為了她的比加拿大更複雜有多角性世界通商的利益。美國是澳洲的肉類、小麥以及羊毛等物的購買國，姑且撇開純經濟性的考慮，美國也將常提

梅利，本年大出版的回答共產黨對他印度分會政策的小冊子的序言中，描述阿梅利夫人對印度人民所作的許多工作，阿梅利說：『五年多來阿梅利夫人為印度慰勞基金委員會主席，並負責寄送給歐洲印度戰俘的約八萬人以包裹，食品與棉衣』。『如果沒有這些援助，他們大多數可能在德寇集中營內凍餓而死。同樣的，印度慰勞基金委員會每年兩次供給四萬印度海員及每年來英國各海港的印人每人的暖和的羊毛衣。去年冬季送往回歸意大利山地醫院的印度英勇軍隊暖和的羊毛衣十萬件。許多供應品正送往依然在戰地的印度部隊，準備下一冬季之用，關於這一工作，阿梅利夫人獲得英國十萬太太的援助，幫織毛衣，包括斯巴克布魯克的工作委員會在內。』而印度委員會的職員五年來為包裝分發這些急需的慰勞品每日工作』。這一小冊子摘引了孟加拉省災荒委員會的報告，及印督行政會議糧食委員斯里瓦斯塔發爵士的信函措述『阿梅利個人應對孟加拉的災荒負責』的譴責為『背信棄信的謊言』，該國小冊子以下面的話結束：『上面所發的許多事實，顯示本國負責領袖給予印度的許多眞實的善意與眞實的幫助。這是與共產黨宣傳所說的印度情勢的許多事實的歪曲顯然不同的。對共產黨的工作表示鄙棄，主張投票選阿梅利。

印奸博斯說魏菲爾提案毫無意義

【同盟社昭南廿七日電】由於最近緬戰況的變化，自由印度臨時政府所在地乃被迫後撤。此外英國政府在此歐戰結束後條件下，其對印度的態度，亦乘機積極起來。所以臨時政府的獨立鬥爭進入嚴重的考驗階段。特別是最近提出的對印新政策——魏菲爾的手腕，這一政策的實質，就是給以自治的形式，而不給以獨立，未超出克利浦斯案一步，其欺騙性質雖甚明顯，但在印度國內一部份要人中，大有承認之趨勢。所以現在已不單是臨時政府的問題，對國內國外獨立鬥爭的將來，均有重大影響。臨時政府對此考驗，自然是鬥爭到底，軍官民團結一致，為祖國的解放繼續努力。博斯主席並親自於廿九日發表廣播演講，以伊拉奶猫、興多斯坦語，孟加拉語，英語，呼籲印度國內同志反擊英國政策，其演講要旨如下：魏菲爾提案的目的，無非是想利用印度的血，進行其侵略遠東的戰爭，在提案中連將來獨立的字眼都沒有，所以結果國民大會派所得到的，只是在行政參議會上，多得幾席，而參議會員的任命權，否決權等，依然握在總督手裏。提案中雖說把內政、財政部長的位子給印度人，可是依然命總司令官是英

支配澳洲的作用。另一方面，英帝國間的保障安全組織不實現時，富澳洲的獨裁政治和它的工業能得最大限度的發展後，英國有很大可能將因而被摒逐出來。新西蘭也跟澳洲相同，至於印度，則很明顯地正在向孤立主義的傾向發展。

格魯發表演說

不許德國恢復經濟力

【同盟社里斯本廿五日電】華盛頓來電，美國副國務卿格魯，於廿三日出席華盛頓國際問題研究機關的會議，席間曾發表演說，涉及美國的經濟問題。演說的內容大體如下：美國跟維持着武力相同，也維持着龐大的經濟力。這個問題，必須和管理德國佔領區聯系起來，予以慎重的考慮。德國人是生產力旺盛的國民，如果使該國國民重新恢復其經濟力，則維持世界和平將重又發生混亂。第一次世界大戰以後，美國築起交換的壁壘，而主張償付戰債。。另一方面，美國貸出龐大的借款給外國。這種行為對美國×××。因如，這次將互惠通商協定延長三年，以及設立國際銀行和穩定國際匯兌資金，暗示了美國今後前進的道路。

同盟社說

美國糧食缺乏

【同盟社里斯本二十五日電】據美國糧食缺乏，已趨嚴重。據華盛頓來電，戰時糧食局局長喬治二十三日突然發表稱：為了緩和民需方面的緊急事態，要減少對軍隊的配給——肉類、罐頭、菜蔬、水果等。這說明了美國糧食不足已進入危機階段。據喬治說：對軍隊食糧的不足，今後應將肉類減少百分之十到百分之二十，家禽類減少百分之七十至百分之九十，罐頭水果減少百分之五，罐頭菜蔬減少百分之十，此等食物中，肉類的不足極為顯著。按地區來說：東部大都市地方特別嚴重，例如這些都市的肉食販賣店之中。沒有牛肉賣的佔百分之七十，沒有豬肉賣的佔百分之九十。糧食的缺乏，予一般市民生活以極大影響，在底特律，布利牛斯車輛工廠之工人七千五百名，抗議對勞動者肉食比例不足，二十三日開始罷工，召集人紐約州長戴尤爾：『食糧問題才是目前最重要的問題』，另一州長亦說：『美國在開戰當初所碰到的問題，是儘可能多生產飛機，坦克，而現在的糧食問題，其嚴重程度並不比上述問題為劣』。美國食糧不足的最大原因，是因運輸、配給肉類罐頭的缺陷。穀類方面則因天候不順。（缺）

阿梅利用他老爹的援印工作

粉飾其對印政策的劣績

【路透社斯巴克布魯克廿六日電】印度事務大臣阿梅里斯巴克布魯克保守黨候選人阿

國人，所以這種戰爭的實質，是無容置疑的，設若國民黨不承認該點，就要被迫全面地協助英國對日作戰。

路透社論蘇土關係

【路透社倫敦廿六日電】[illegible]來茲制[illegible]韃靼尼爾海峽[illegible]，他說：土耳其的問題，似乎是行將在柏林舉行的三強會議的主題之一。關於[illegible]問題，土蘇政府交談性質尚無官方顯示，但它們在某種程度上和敘利亞的衝突於近東一般形勢糾纏在一起，現在是很顯然的。形勢似乎將是，蘇聯要求與土耳其政府重訂友誼互助條約，這樣將要關於韃靼尼爾海峽的蒙特婁協約大部份成為多餘的。咸信蘇聯建議將是禁止一切外國軍艦進口，但允許土蘇軍艦自由通航。據稱：為保證這一點，蘇聯政府已建議以聯合蘇土防衛韃靼尼爾海峽。據悉，蘇聯要求土耳其更多民主與代表的政府，似乎已引起土耳其政府人士的憂慮。擬議中的土耳其卡斯地方邊界之更改被信為較小問題，建議：土耳其將敘利亞北部阿勒波×××某些官方人士亦建議：近東地由三強軍隊共同佔領，但已悉美國拒絕英國這樣的建議：美國軍隊協同英國兵巡邏近東（原文不清）。此地區之另一因素為：在伊朗北部阿塞爾拜疆地區（蘇軍駐紮此間）要求將此地區歸併蘇聯之鼓動，此種伊朗領土之轉給蘇聯倘若發生，將切斷土耳其與伊朗的直接聯系，而讓蘇聯與伊拉克的聯系[illegible]。

久米島介紹

【同盟社東京廿八日電】久米島是沖繩島最西的一個火山島，周圍四千米達，約與平櫃城島相似，有阿良岳、宇江城等高地。並為密林所覆。嘉手刹川流域，不僅有植芋類的田地，而且水田亦很多。主要市鎮有儀同、真謝等地方，島內居民以養蠶為業，近海處珊瑚礁的發達極為顯著，東南有亂南岬，東面有二千米達長的×××岬。

德國糧食問題嚴重

【同盟社蘇黎世二十二日電】據黎來電悉：攻歐軍軍政部參謀長，格拉特指出美、英軍在其佔領地域之深刻的糧食不足，以及美、英、蘇三國對於軍政方式絲毫也不統一的事實，他說：德國管制委員會，最近將以柏林為中心而開始活動，最初將遭遇到的困難問題，是要克服食糧、燃料不足等之非常事態，以便計劃將來再建德國之工作，現在由於運輸上的困難，若干地域的德國人，每天只能攝取八千五加路里的熱度，現在並未從紅軍佔領地帶運來糧食，但德國管制委員會對於德國的這一根本問題，將不按着地域而應該作為一個總體來統一地解決。

參考消息

（只供參考）

第九二六號

解放日報 新華社 合編

卅四年七月一日

宋子文抵莫斯科

王世杰盛讚赫爾利

【路透社倫敦卅日電】據莫斯科廣播，中國行政院院長宋子文偕隨員五十八人，已抵莫斯科。

【中央社重慶卅日電】王世杰部長三十日歡宴美記者團，並即席發表演說，盛讚赫爾利大使、魏特梅耶將軍在華工作之卓越。渠稱：美記者對在華美軍於魏特梅耶將軍領導下所表現之成績，足可引以為豪。美記者可深信，有魄力之赫爾利大使，已促進中美間之合作。此種合作精神，將加速吾共同敵人之崩潰。戰後此種良好精神，將保證太平洋兩岸愛好和平之兩國間永久之友誼。國際新聞之代表廣西偕代表美記者團致謝，並轉致美國人民對中國英勇抗戰之敬意。美代表團於今晨訪渝郊之某×營廠，明晨擬往西安。

【中央社重慶廿九日電】據美新聞處華盛頓二十八日電，蔣主席曾電杜魯門總統，表達中國人民對舊金山會議圓滿結束之賀意，原電如次：「余能代表中國人民對聯合國國際安全機構會議之圓滿結束及世界憲章之成立，謹向閣下敬致余最熱誠之賀意。此兩大成就，誠為全人類之偉大福祉。會議之成就，悉由於美國之發端及聯合國家之和諧合作。閣下之睿智領導，不僅有助於實現故羅斯福總統之理想，且亦鑄成擊潰侵略暴力之一有力武器。然欲獲於完全成功，聯合國尚需於獲得此初步成就以後，繼續努力不懈。中國乃最先熱烈要建立一世界安全機構之國家之一，故將竭力以求我共同目標之實現。余並願藉此機會表達敝人對貴國政府予我代表團一切招待及便利之深摯謝意。」

【中央社重慶卅日電】前直接稅署長高秉坊貪污案，卅日上午十時半宣判，高秉坊處死刑。前直接稅署合作社經理姚還齡，處十五年有期徒刑。

【中央社南寧卅日電】桂省第四行政區（南寧區）淪陷各縣，已先後

五〇四

敵以創傷。豫南、豫西戰況迄今我仍與敵保持接觸，不斷發生前哨戰，戰地無何變化。桂省我攻迫柳州外圍各部隊，次第將柳江西岸及南岸各[illegible]敵之抵抗予以摧毀，繼向郊區推進，至二十五日完全攻克柳江南站，並攻城南機場。我軍一部並由長寧鄉附近渡過柳江東岸，進迫柳州，該城之克，僅時間問題而已。又我進迫柳城郊區部隊，連日與敵鏖戰，對該城已形成包圍態勢。另部我軍向桂林西北之義寧推進，在城北約廿里地區擊破敵之頑強抵抗，現正繼續攻進中。我軍對贛粵邊境向龍南、虔南之敵實行反攻，卒於二十八日晨爲我攻克，敵向南雄方向退去，我正加以猛追中。浙東南沿海我軍，於廿六日收復黃巖，並側擊經臨海向寧波流竄之敵。計自五月十八日攻克福州迄今一月另十一天，我軍沿閩浙海岸窮作長距離之追擊戰，使敵不得喘息，疲於奔命，敵現仍繼續向北潰退。

何應欽對美記者說
國民黨軍隊獨自反攻很困難

【同盟社廣東廿九日電】據重慶中央社電：在重慶美國記者，於視察湖南芷江方面之前綫後，廿七日赴昆明與重慶軍總司令何應欽會見，席間何應欽回答記者質問，強調日軍的戰鬥力，並率直承認重慶獨自反攻頗爲困難。問答要點如下：問：美軍如不在中國登陸，重慶軍是否能獨自驅逐日軍？答：如果那樣做，必須加強美國對武器供應，而且需要相當的期間。問：如果把日本本土的交通切斷，大陸的日軍能否繼續作戰？答：即使切斷日本本土的交通，中國大陸日軍仍能繼續作戰，到那時候，日軍可用滿洲的資源作戰。

美陸次說
可能分佔奧地利

【中央社華盛頓廿八日專電】美陸次柏德遜本日於記者招待會上說：意境盟軍第十五集團軍總司令克拉克，業經任命爲奧地利美駐軍總司令，除若干變動外，佔領軍將以對德國同樣的情形佔領奧地利。即分爲四區，由英、美、法、蘇佔領，維也納與柏林相若，亦將劃爲四區，由四強佔領。

同盟社稱
蘇聯採取和平攻勢

【同盟社里斯本二十八日電】蘇聯政府在解決聯合國當局與各種懸案上，[illegible]發制人，以確保今後的指導作用。廿[illegible]路透社電訊，曾作如下報導。

繼，應的時候

【同盟

參攷消息

（只供參考）

第九二七號

解放日報 新華社 編

今日出一大張

卅四年七月二日 星期一

張君勱在美主張 擴大參政會職權立即成立一聯合政府

【本報訊】據六月二日成都新中國日報重慶訊稱：張君勱在舊金山對紐約大美晚報記者發表談話，有謂：『中國迫切需要統一，故應立即成立一聯合政府，國民參政會之人數亦應增多，其立法與審核預算之權應加强。此參政會可視為一過渡之國會；戰時內閣或聯合政府，應對之負責。在憲政政府未成立以前，此種政局，應維持至兩年之久，庶幾獲致統一，適應國情。』據聞張氏此論，頗得美國關心我國政情之人士重視云。

【又訊】再生社於六月九日重慶新華日報刊登啓事，說『再生』雜誌第一百期最近出版。啓事說：『本刊原為中國國家社會黨機關雜誌，現為適應民主運動之需要，自本期起，放棄黨派立場，獻給從事民主運動之青年戰士。新編輯同人（另悉：主編人為孫寶毅），包括中間黨派和無黨派的份子，我們的基本思想雖未必全同，但我們對於目前的政治主張却是完全一致的。本期要目有：「再生新使命」、「民主與團結筆談會」（執筆者有黃炎培、沈鈞儒、鄧初民、張申府、俞頌華、劉清揚、鐵僧）、「世界民主大同盟的成長」、「青年共同來」等文。』

宋子文赴蘇時 道經印伊等國

【中央社莫斯科卅日電】宋院長一行，搭乘美駐華大使赫爾利氏上次飛抵莫斯科時之同一飛機，於廿七日晨自重慶啓程，當晚抵達加爾各答，休息約二小時後，即直飛卡拉蚩，稍停後續飛德黑蘭。次日清晨抵德黑蘭。據某隨員云，比行殊覺快慰，且極迅速，至德黑蘭後伊朗國王曾接見宋院長，並由總理及外交部長設宴招待，勾留一日後，全體人員旋於翌日七時半，啓程赴莫斯科。

點偽太賊『對其動態殊須警戒』。東京等五大都市既已喪失轟炸價值，靜岡福岡濱松鹿兒島等中小都市，又在燒夷彈威力下，成為邱墟。如此節節緊逼，沖繩已歸陷落，彼曾開始深恐盟軍利用該島原有及新修機場等十處，作摧毀其本土之據點，乃一面廣播『琉球島之死門，使沖繩之戰況增加目所不見之戰力，沖繩之死門，對本土決戰之戰備有如何之貢獻，誠為想像所不得及。』表示本土防衛工作，已及時完備，國民不必着慌，但另一方面於二十三日新增設中國四國兩軍管區及北海東北東海北陸四國九州等五地方。軍部復自露其忙亂之本色，惟有宣佈將軍事特別措置法適用範圍擴大至全國各地，以資統制與壓抑。又單獨在四國設立鐵路局，加強該島鐵運工作，然從其限制國內外郵件，只遞送書信及明信片一點以觀，足知其運輸力依然薄弱而無從。二、盟國預定調動海陸空大軍一千萬人，一致蕩平三島，而倭酋即指此項兵力，須動用三倍於歐洲戰場所使用之運輸船艦，並以盟軍補給線過長，為一最大弱點，言可調集七個或十倍的兵力，殲×於海上或海岸，但馬里亞納及琉球既足作盟軍登陸倭本土及中國大陸之前站，而今又已設立太平洋補給司令部，專門担任總攻擊時運輸彈藥裝備糧食兵員等之任務，及於太平洋新設航空隊，負戰略轟炸專責，不知倭酋將何以自解。又鈴木曾以俄日戰役相提並論，以為只須全國上下鼓起『敢鬥』精神，從事決戰，即可致勝，抑××當時倭國確為×兵，而今則僅是被美國在珍珠港之恥未雪，與盟國力持之正義人道未伸之前，同為×兵故勝敗誰屬，不待智者。其次鈴木每夢想元軍征倭遇風故事，復現於今日，除到處參拜神社之外，並擬大規模舉行『强擊敵攻戰，勝祇願祭典』，不知今日之艦堅砲利，遠非昔比。然倭國大勢已去。鈴木亦未嘗不明白，觀其內閣各省設行政委員，從貴衆兩院議員中，選任×名為負『監察』責任，實欲令其同作亡國大夫。鈴木召開第一次地方總監會議，僅歷五小時，除政府草草報告外，並無討論議題，是鈴木政權可以『騙國民哄自己』六個字概之。

國民黨偽裝民主 全川保甲人員『民選』

【中央社成都卅日電】全川鄉鎮保甲人員，已實行民選者，據省府統計，共有一三六縣，二、九九六區鄉鎮，四五、四八八保，四八六、一一〇甲。

【中央社成都廿八日電】川省經濟建設基金，財部於五月份已撥交五億元，以後按月撥交。關於此項經濟之保管，省府擬定經濟建設基金臨時保管委

〔中央社莫斯科卅日專電〕隨宋院長訪蘇之一行名單如下：胡世澤、沈鴻烈、朱光沐、蔣經國、錢昌照、劉澤榮、卜道明、張福運、萬異、倪光華、吳兆洪等十五人，蘇聯駐中國大使彼特洛夫及參事祕書等亦同行。

紐約時報社論說 蔣介石的難關已渡過

〔合衆社紐約卅日電〕「紐約時報」社論「中國的新希望」，詳述蔣介石在招待記者席上的談話稱：「美國能接受委員長這樣的保證，征服日本三島這可喜與有希望的任務，若沒有加上美軍在中國進軍數千英里這必要條件，那是十足的惡夢。當有充份訓練的武裝了的中國人都是良好士兵的時候……需要多少華軍，多少美國裝備才能把日本打出中國，這是沒有人能有把握地估計的。主要島嶼一旦孤立起來，戰鬥就不會像某些戰略家所壁劃的那麼困難。……裝備完善的華軍對付裝備拙劣之敵人的時候會到來的。在這種戰鬥當中，中國以及美國人駕駛的美國超級機將起決定性的作用。假使日本敢於削弱他們沿蘇聯邊界的軍隊勢必延長戰爭，但因有下列二理由未必採取此步驟：他們最近知悉美國租借法物資剛正在西伯利亞運行，宋子文剛赴莫斯科與斯大林談判中蘇關係，此關係越改善，日本在滿洲地位的隱定性也越減少，因而他們就要在那裏駐紮更多的軍隊。再過一週，中國作戰就已經八年了，不管蔣介石政府有什麼錯誤，可是它在最可怕的災難與可能有某些誘惑的請求底下，却具有着一種最高的德行——堅持到底。」

同盟社稱：我重視偽渝統一救國運動

〔同盟社南京廿九日電〕延安政府對於國民政府統治區的統一救國運動異常關心，向來對此抱着沉默的態度，但是到了最近它的態度逐漸明顯，它認爲統一救國運動帶有一大民族運動的性格，它策動要糾合重慶延安兩政權統治區的民衆，同時從側面加深渝延的糾紛，它很重視此種運動。廿五日新華社電訊稱：南京的統一救國運動是不可輕視的，這種運動擴大至各地，對此運動的言論也很活躍，延安不能忽視南京正在釀成糾合全國民衆促進中國統一的機運的事態，它拚命防止這種運動的擴大。

中央社敵情週報

〔中央社「敵情週報」〕一、美潛水艇數艘潛入日本海，機雷偏佈各要港，倭酋

員會，組織規程聘請省參議會按區所推選之基金保管委員卅四人爲臨時基金保管委員。臨時保管委員會，已於廿七日正式成立，並票選馬秀峯等七人爲常委，呂徵修與主委。

〔中央社寧都廿九日電〕贛保安處，防空司令部，決合併爲保安司令部，由曹浩森兼司令，廖士×任副司令，曾戎初任保安處長，傅朝梧任防空處長，刻正辦理交接，定七月一日正式成立。

〔中央社雲和廿九日電〕省主席黃紹竑，於上月杪赴浙西各區縣巡視政情，察訪民隱，並召集行署主任各級專員縣長開會，商討編整團隊，節省軍隊副食費，救濟戰區退出青年及強化地方行政機構等，現已公畢返省。不日將繼續出發巡視浙東各縣，俟全省巡視完畢，將於九月下旬召開全省行政會議及參議會，檢討施政得失，及革興事宜。

〔中央社重慶廿九日電〕國立武漢大學校長王星拱辭職後，遺缺由周鯁生繼任。周氏在該校任教多年，近年在美講學，本月十二日始返抵重慶。

〔中央社平遙廿七日電〕粵參議員黃堃一、××王若周、張良修、陸宗騏聯袂入閩，赴渝出席參政員大會，×察富劉蕙英亦取道桂黔赴會。

黃金漲價洩漏消息案

〔中央社重慶卅日電〕本年三月廿九日黃金提價洩漏消息案，由重慶實驗法院偵察完畢，認有關人員有刑法與懲戒貪汚條例所舉之罪嫌，已提起公訴，其所根據之事實摘要如下：本年三月廿八日政府擬議調整黃金存款價格，中央銀行業務局局長郭景琨會於是日上午十時赴宋代院長化龍橋私邸參與會議，並親聽宋代院長，諭知黃金價格改爲每兩三萬五千元，已奉委員長核准，郭景琨因與李祖永前在滬濱時相從甚密，交誼素篤，復知其存有巨額現款，遂將前項因職務所得之消息，向其洩漏，使之得利，李祖永即於四日下午乘機，簽發匯豐銀行支票三紙，計國幣六千六百萬元，分書廿戶名單紙，由該公司職員分赴中央銀行業務局長、中央信託局信託處，辦理購存黃金手續，前者購存黃金二千兩，後者購存黃金一千三百兩，合計三千三百兩。財政部總務司司長王紹齋，利用職務上機會，於是日下午四時親赴中央信託局說財部總務司暫存戶公款，提取國幣四十萬元，簽發支票一紙，向該局信託處換取本票化名張志明戶，轉向儲蓄處，購存黃金廿兩。自前聞調整黃金價格消息洩漏後，渝市各承辦行局，經黃金存款之數額，突形增加，交通銀行副理沈笑春，亦以該行支票一紙計五十萬元，化名沈太太等六戶，購存黃金

二十五兩，爲該行是日收存之最末戶，已逾辦公時間。中央信託局信託科主任胡仁山利用職務上機會，除用自已眞名購存一部外，復以其×徐瑞祥名義，分存四戶，將大同銀行支票一紙，計五十四萬元，購存黃金廿七兩，楊管北許子毅××調鑒黃金價格消息較遲，楊管北先向中南銀行借得本票一紙，計六千萬元，轉向金城銀行調換轉賬，申請書×時，辦銀行公時間之過，遂勾結交通銀行襄理沈慰之，利用職權機會圖利，化×六戶向該行購存黃金三百兩。當日取得存單，許子毅亦於是日五時之後將同心銀行轉賬申請書一紙，計五十萬元，勾結交通銀行儲蓄股主任馮韶，利用職務上機會圖利，化名許城等三戶，向該行購存黃金二十五兩，由監察院函送依法辦理，業經檢察官調查完備，認爲有刑法第一百卅二條第一項懲治貪污條例第一項後段第二條第六款第二條第六七兩款之罪嫌，依法提起公訴，即送刑庭審理，至各承辦行局主管經管人員，接收儲戶，轉賬申請書，是否違法部份，應俟各承辦行局呈奉財政部核示辦理，再行核辦。

蘇土將訂新約
傳英國焦慮蘇聯外交攻勢

「路透社倫敦廿九日電」波蘭問題既得解決，歐洲目前最緊張之外交問題爲蘇土兩國訂立新友好協定以代四月中廢棄之協定之交涉，據非官方消息：蘇聯準備訂立新約之條件，或包括以下數點，土國交還蘇聯在一九一一年時，割與土國高加索邊界卡斯及阿爾達罕兩地區，蘇聯在黑海上獲得基地、以及土國內政之改革，咸信土外長經由倫敦歸國時，將與邱吉爾及艾登討論此數問題。

「同盟社斯托哥爾姆廿九日電」外間傳說蘇聯與土耳其重新締結互助條約的前提，就是要求管理達達尼爾海峽，以及修改卡斯邊界，這種蘇土關係是波蘭紛爭後的重大外交問題。英國跟蘇聯在土耳其有重大的利害關係。因此英國對蘇聯外交攻勢驚惶失色，現在攷慮對策。土耳其外長由舊金山返國途中，逗留倫敦，會見邱吉爾與艾登，以蘇聯的要求爲中心，徵詢英國意見，完全喪失自己的地位。

美反動派調查美共活動情形

「合衆社華盛頓廿九日電」美衆院軍委會頃報告調查美共產黨之結果，報告書顯示美國共產黨並未改變其思想，且決不停止建立共產主義美國之企圖，據稱：自一九一九年以來，共產黨即會獲得大量援助，倘力量許可亦將滲入軍中，其目的在以暴力顛覆政府。德蘇戰爭後，其建

綱領，複大原則及崇高目的，聯合國安全機構憲章現已完成，並已簽署，在若干時期內將由各與會國政府予以批准。吾人仍須繼續謀求相互信託，並友好合作，以使此一最偉大之國際試驗成爲實在之偉大成功，受重大生命鮮血及財物犧牲之一艱辛共同奮鬥中所作努力之正當酬報。人類之智慧已擬定一項計劃，並完成一件工作，吾人熱誠希冀合作精神將時時指導工作之推行，以達成其崇高目的。吾人在舊金山已勾留兩月之久，美國政府所作之卓越佈置，使吾人留時期內愉快而發效果。中國代表團員乃邀請國之一之代表，故對東道主之美國尤表感謝。吾人亦願對舊金山城及該城人民之熱誠招待，表達深切之謝意。但余於結束此一演說之前，尚須表明吾人對美國國務卿兼美國代表團首席代表斯退丁紐斯之光榮及最具價值工作之敬意。渠於會議中担任各種重要任務並在幹練祕書處之協助下，對會議之成功貢獻甚大。吾人對渠及具卓越有爲之代表團同人極表感謝，吾人首向其敬致謝忱及敬意，余深忱相信不僅吾人具有此感，與會之其他代表團亦莫不皆然也。

敵稱冲繩之戰是美國
自珍珠港以來的大損失

「同盟社蘇黎世卅日電」紐約先驅論壇報特派員非加特，最近由關島報導冲繩戰爭的情形稱：『自從珍珠港事件以來，美軍再沒有遭受比這次更大的損失，美軍遭冲繩堅強陣地的日軍後備隊的急襲，消耗了較一般戰鬥更多的兵力。冲繩的敵軍，進行了不愧爲軍人的奮鬥。我們過低估計日軍的兵力，但我們很快就認識到這種估計的錯誤。首里的敵軍防禦工事的堅固，是冲繩戰事之所以延長如許久長的原因。由於美軍源源地補充兵力，機械化師團才得以繼續進行戰鬥。從正面進攻孤立於首里的山嶺時，戰鬥繼續一晝夜之久，第六師團的損失最大，其他第七師團，第二十七師團，也遭受了重大損失。

敵國雜訊

「同盟社東京廿四日電」日移動展覽會協會，決定組織宣傳義勇隊，於三十日在東京中野中學校內設置臨時本部，舉行成立典禮，宣傳義勇隊由中等學校學生六百人，日本移動展覽會會員五十人組成，在情報局指示下，在全國進行報導宣傳。

「同盟社東京廿四日電」大日本相撲協會，於本月十日在國技館舉行國民義勇隊的成立典禮，春日野爲隊長，雙葉山等爲副隊長，全體力士但成六個中隊，決定秋海爲第一中隊長，鹽黑山爲第二中隊長，照國爲第三中隊長，敦賀峯爲第四中隊長，前田山爲第五中隊長，玉海爲第六中隊長，各中隊

立共產國家之企圖在共黨之宣傳中會不復見，然今日吾人已進入一新時代，在此時代中無人能預覩未來事情之變化也。

顧維鈞在聯合國會議閉幕大會上的演說全文

【中央社舊金山廿六日專電】我國代表團代理首席代表顧維鈞博士，本日於聯合國會議末次全體大會致詞，全文如次：聯合國國際安全機構會議已完成了擬定憲章的重大使命，我信此一工具本身將證明爲一劃時代之文件，其對國際正義和平之貢獻，將與英國大憲章及美國憲法對政治自由及代議政府之貢獻，同垂不朽。吾人同顧過去八週爲此艱鉅任務所作之努力，不禁欣然，憶及各技術委員會之週詳討論，熱誠辯論及辛苦工作。此因素均有助於使憲章成爲有崇高理想並富實用智慧之工具。各代表團之全部願望或未悉予容於憲章之中，但余信彼等將同意憲章已有建立一促進國際正義和平及繁榮之世界組織所需之主要特點。然無所有與會代表團之有價值貢獻，則吾人不能獲致此一光榮成果。基於一切愛好和平國家主權平等原則，以及大小國家均得加入共同維繫和平安全之基礎，及早建立一普遍國際機構之理想，首係美故總統羅斯福及老練政治家赫爾前任美國國務卿時所孕育，此一理想已於莫斯科四强宣言中，後復由頓巴敦橡樹會議所擬定之若干具體建議加以補充，×則已於舊金山會議中……。關於四邀請國向會議共同提出廿九項修正案及其他與會國家提出數百件其他修正案二點，即知其欲使頓巴敦橡樹林會議計劃完成爲一永久憲章之共同願望及決心，吾人所見今日之完整工具載有甚多新增特點，吾人已於憲章中添增用以强調國際爭端之調整，或解決應與正義及國際法原則一致之諸項條款，旨在促進並鼓勵尊重人權及全人類之基本自由及種族語言信仰或性別而有歧異，此項條款明白承認個人或團體於遭受武裝攻擊時之自衛權利，此項條款强調以合作方式解決國際經濟社會文化及其他人類問題之重要，此項條款授權經濟社會理事會建立委員會，負責上述各項之活動。我中國代表團此次來舊金山與他國共同合作，吾人欲察合作乃此種個會議之愉快主調。新世界組織將爲全世界帶來持久之和平及繼續之繁榮，此並非烏托邦之夢想，吾人相信此乃一合度之志願，及合理之希望，保其徹底實現時，實將爲吾人於遭受損失且將仍令吾人忍受苦果，此項條款更規定一廣泛而自由之國際託治制，以獨立自治爲其基本目標之一，此乃最後一點，但意義實大。上述僅爲提綱說明，但余對此已足示新憲章之廣闊

都進行增强生產的工作和指導體育。第二中隊五十人，赴山形縣增產松根油，以確保飛機的燃料。

【同盟社東京廿四日電】今春入中等學校，高等學校，專門學校，大學預料等上級學校的學生於六月底以前，在原來學校出動工作的地方繼續勞作，自七月起，他們都升入上級學校，因此其工作的場所也改變了，這些上級學校一齊轉換，不但對生產有影響，而且運輸的狀況亦不許這樣作，因此文部省通知各校，命令這些學生延期離開現在工作的場所，並且與有關當局接此洽項問題，各學校大概可於七月初旬以前，決定學生轉換工作的場所，新生在新的工作場所進行勞動，並且在校長指導下，按照計劃進行教育三個月。

【同盟社東京廿四日電】第八十七屆議會通過的勇義兵役法，已爲陛下批準，和該法執行令、執行規則，國民義勇戰鬥隊統帥令，一同於廿二日公佈並即日實施之。根據此等法令，國民義勇軍在法律上的編制手續，完全具備，由此全國國民均可根據國家的需要，進行戰鬥，全體皆爲義勇兵，在維護皇國的大使命下，或從事鐵道、通訊、生產工作，或與皇軍一體的站在戰鬥的戰列中，皇帝陛下並於頒佈該法時，發佈上諭，由阿南陸相於廿三日向全國廣播。（上諭）：朕當此曠古的難局，特嘉獎忠良的臣民，奮勇挺身，保衛皇土，發揚國威，因而特批准議會通過的義勇兵役法，並令政府公佈之。

同盟社雜訊

【同盟社里斯本廿五日電】倫敦來電：邱吉爾於廿五日在工業中心地利物浦發表競選演說，其後特別涉及對日作戰稱：在國內亦有人認爲我們的任務已經完成了大半，但如不使日本國民與德國同樣××，則我們的任務不能完結，我們一定要與美國合作以對日作戰。

【同盟社蘇黎世廿七日電】瑞士於廿六日，發表任命麥伯爾特．米齊生爲駐神戶的名譽領事。

【同盟社東京廿七日電】五月上旬在柏林郊外失掉消息的每日新聞社柏林分社加藤、大島、信田、左藤各特派員一行五人，已於廿日安抵莫斯科，旋即首途歸國。

【同盟社東京廿七日電】在我國出版界早佔有獨自的地位，而且對學術及文化出版事業具有偉大貢獻的岩波書店，將於最近解散，結束一切出版事業，索又出版學術、圖書的傳統著稱，創刊於昭和二年七月的岩波文庫亦決定禁止出版這個小冊子，作爲教育及前線閱讀的書籍，爲人民所喜愛。